Elogios antecipados para o *Use a Cabeça! Servlets & JSP™*

"Este livro, Use a Cabeça! Servlets & JSP, é tão bom quanto o Use a Cabeça! EJB, que me fez rir E me garantiu 97% de aproveitamento na prova!"

— **Jef Cumps, Consultor de J2EE, Cronos**

"Para nossas aulas de Servlet/JSP, nós compramos mais de dez livros, sem encontrar nenhum, de fato, satisfatório para nossas necessidades de ensino... Até que encontrarmos esta 'jóia' pedagógica que você tem agora nas mãos! Os livros da série Use a Cabeça! nos tornaram melhores professores."

— **Philippe Maquet: Instrutor Sênior da Loop Factory, Bruxelas**

Elogios para o *Use a Cabeça! EJB™* e para o formato da série *Use a Cabeça!*

"A tecnologia Java está em todos os lugares – em telefones celulares, carros, câmeras, impressoras, jogos, PDAs, ATMs, smart cards, bombas de gasolina, estádios, equipamentos médicos, webcams, servidores, você escolhe. Se você desenvolve software e não conhece Java, definitivamente, está na hora de você mergulhar de cabeça – **Use a Cabeça!**."

— **Scott McNealy, Chairman, Presidente e CEO, Sun Microsystems**

(Nota do departamento de marketing: isto foi o melhor que você conseguiu do Scott? Veja se consegue fazer com que ele acrescente algo do tipo: "Se nós tivéssemos os livros da série Use a Cabeça! há dois anos, ainda podíamos ter aquela ilusão...").

"Um livro incrivelmente agradável. Dividido e interconectado como uma rede de conhecimentos. Como professor da Purdue University, com especialização em desenvolvimento avançado de software utilizando tecnologias baseadas em Java, estou em constante busca por materiais de apoio que ofereçam motivação e uma linguagem compreensiva direcionada para o exame, mas que ao mesmo tempo não desestimulem os alunos. O livro 'Use a Cabeça! EJB' preenche estes requisitos facilmente! Livros como estes são extremamente raros.

Incluí este livro como um dos textos essenciais para as futuras turmas do curso de graduação avançada que eu dou de 'Desenvolvimento de Aplicações para Empresas'. Parabéns para os autores; continuem com o excelente trabalho!"

— **Professor Dan Gill, Departamento de Tecnologia de Computadores, Purdue University.**

"Além do estilo envolvente que o levará do nível de leigo ao status de guerreiro aclamado no Java, o livro Use a Cabeça! Java traz um grande número de questões práticas, que outros títulos tratam como o temível 'exercício para o leitor...' Ele é inteligente, irônico, descolado e prático – existem poucos livros com estas características e que são capazes de ensinar sobre serialização de objetos e protocolos de execução em rede ao mesmo tempo."

— **Dr. Dan Russel, Diretor de Pesquisas Experimentais e Científicas com Usuários, IBM Almaden Research Center (e professor de Inteligência Artificial na Stanford University).**

Que maneira maravilhosa de aprender!!! EU NÃO CONSIGO LARGAR ESTE LIVRO!!! Meu filho de 3 anos acordou à 1h40 da manhã, e eu o coloquei de volta na cama segurando o livro e uma lanterna, e continuei lendo por mais uma hora.

— **Ross Goldberg**

"O Use a Cabeça! Java, escrito por Kathy e Bert, dá às suas páginas impressas uma aparência GUI como você jamais viu. De um jeito diferente e descolado, os autores transformam a aprendizagem em Java em uma empolgante experiência, do tipo 'qual será a próxima surpresa?'"

— **Warren Keuffel, Revista Software Development.**

Parabéns pelo formato *Use a Cabeça!*

"É rápido, irreverente, divertido e envolvente. Cuidado – você pode realmente aprender alguma coisa!"

— **Ken Arnold, ex-Engenheiro Sênior da Sun Microsystems e co-autor (com James Gosling, criador do Java) do livro "The Java Programming Language"**

"Eu passei no exame SCBCD com 94% de aproveitamento. Realmente, o 'P! EJB' é demais! Eu li o livro todo em 10 dias..."

— **Basavaraj Devershetty**

"... a única maneira de saber o valor de um tutorial é saber se ele realmente ensinará bem. Use a Cabeça! Java é excelente para ensinar. Tudo bem, eu pensei que ele fosse bobinho... mas, me dei conta de que estava aprendendo os tópicos totalmente, à medida que avançava pelo livro."

"O estilo do Use a Cabeça! Java tornou meu aprendizado, digamos, mais fácil."

— **slashdot (análise do site honestpuck)**

"Eu jamais poderia imaginar que alguém pudesse rir enquanto lesse um livro de TI! Usando o material do Use a Cabeça! EJB eu consegui uma ótima pontuação (91%) e estabeleci um recorde mundial como o mais jovem SCBCD, com 14 anos de idade."

— **Afsah Shafquat (o mais novo SCBCD do mundo)**

"Esse livro é tão bacana que me deu vontade de CHORAR! Estou chocado."

— **Floyd Jones, Escritor Técnico Sênior/Garoto da piscina, BEA**

"Se você quer *aprender* Java, não procure mais: bem-vindo ao primeiro livro técnico com características GUI! Com seu formato revolucionário e elaborado com perfeição, o livro oferece vantagens que outros títulos sobre Java simplesmente não conseguem... Prepare-se para um passeio realmente extraordinário pelo universo Java."

— **Neil R. Bauman, Diretor Executivo e capitão da Geek Cruises (www.GeekCruises.com)**

"Se existe alguém no mundo familiarizado com o conceito do 'Use a Cabeça!', este sou eu. Este livro é tão bom que eu me casaria com ele na TV!"

— **Rick Rockwell, comediante.
O noivo original do programa "Quem Quer Se Casar com um Milionário?" ("Who Wants to Marry a Millionaire"), da FOX Television**

"O Use a Cabeça! Java é como o Monty Python meets the gang of four[1]... o texto está tão bem dividido entre quebra-cabeças e histórias, questionários e exemplos, que você obtém uma abrangência que nenhum livro de informática conseguiu até agora."

— **Douglas Rowe, Comunidade de Usuários de Java, Columbia.**

"'Use a Cabeça! Java'... dá um novo significado à frase de marketing da O'Reilly: 'Existe um O'Reilly para isso'[2]. Eu o escolhi, pois muitas outras pessoas que eu admiro o classificaram como 'revolucionário' e eu descrevi uma técnica totalmente diferente para este livro. Eles estavam (estão) certos... Sem fugir do típico formato da O'Reilly, eles conseguiram um formato científico, mas bem aceito. O resultado é divertido, irreverente, atual, interativo e brilhante... A sensação de ler este livro é a de estar sentado bem próximo aos alto-falantes em uma sala de reunião, aprendendo – e rindo – com os colegas... Se você quer ENTENDER Java, compre logo o seu."

— **Andrew Pollack, www.thenorth.com**

"Lembra quando você estava no jardim de infância? Não? Bem, e quando você aprendeu pela primeira vez o alfabeto? É difícil lembrar? Bem, não faz mal. Lendo o Use a Cabeça! Java, você vai voltar a se divertir enquanto aprende... Para aqueles que se interessam por aprender novas linguagens de programação e não vieram da área de ciência da computação ou da programação, este livro é uma preciosidade... Ele torna divertido o aprendizado de uma linguagem difícil de computação. Espero que existam mais autores interessados em quebrar o velho e corriqueiro modelo 'tradicional' do estilo de escrever. Aprender linguagens de computação deveria ser prazeroso e não oneroso."

— Judith Taylor, Comunidade de Usuários da Macromedia, Southeast Ohio.

"Há poucos dias, recebi minha cópia do Use a Cabeça! Java, de Kathy Sierra e Bert Bates. Eu ainda estou no começo do livro, mas o que me encantou foi que, mesmo estando com sono naquela primeira noite, me peguei pensando: 'tudo bem, só mais uma página e vou dormir.'"

— Joe Litton

"FINALMENTE, um livro de Java escrito tal qual eu escreveria se tivesse sido eu.
Falando sério, este livro simplesmente arrasa qualquer outro livro de software que eu já li... É muito difícil escrever um bom livro... É preciso muito tempo para explicar os assuntos, em uma seqüência natural e cujo foco é o leitor. É muito trabalho. Muitos autores, notoriamente, não estão prontos para o desafio. Parabéns à equipe do Use a Cabeça! EJB por este trabalho primoroso!

P.S. Quando vai sair o projeto Use a Cabeça! J2EE? E o Use a Cabeça! Desenvolvedor de Componentes para a Web? E como eu faço para que meu videocassete grave um jogo de futebol enquanto estou trabalhando?"

— Wally Flint

"Se você é relativamente um iniciante em programação e está interessado em Java, eis o seu livro... Abordando tudo – desde objetos para a criação de interfaces gráficas de usuário (GUI), tratamento de exceções (erros), redes (sockets) e multitarefas, até como agrupar suas pilhas de classes em um único arquivo de instalação –, este livro é completíssimo... Se você gostar do estilo, estou certo de que irá adorar o livro assim como eu. Espero que a série Use a Cabeça! possa ser estendida a vários outros assuntos!"

— LinuxQuestions.org

"Quando eu li o 'Use a Cabeça! Java', do mesmo autor, eu pensei que é impossível escrever outro livro (aquele sobre EJB também) de uma forma tão brilhante. Porém, agora eles nos surpreenderam com este livro ainda mais legal. Os livros da série Use a Cabeça! tornaram-se algo necessário (QUASE UMA EXIGÊNCIA) em todos os assuntos. Eu queria ser uma criança para poder aprender tudo da maneira como ensina este livro."

— Anshu Mishra

Eu trabalhei com EJB há cerca de 4 anos e o achei uma bagunça às avessas. Depois de ler as especificações 2.1 e 2.0, eu descobri que é apenas uma t*** [3] fumegante que ficou maior. Seu livro respondeu à maioria das incontáveis perguntas que martelavam meu cérebro de amendoim e permitiu-me passar na prova com uma pontuação de 92%...
Vencendo facilmente aquele colega de 14 anos de idade por 1 ponto. :-) Muito obrigado.

— Jim Steiner

"Eu me VICIEI nos contos do livro, nos códigos com anotações, nas entrevistas preparatórias e nos exercícios para o cérebro."

— Michael Yuan, autor, Enterprise J2ME

Outros títulos da Série Use a Cabeça!

Use a Cabeça Java
Use a Cabeça Análise & Projeto Orientado a Objetos (A&POO)
Use a Cabeça Ajax Iniciação Rápida
Use a Cabeça HTML com CSS e XHTML
Use a Cabeça Padrões de Projeto
Use a Cabeça Servlets e JSP
Use a Cabeça PMP
Use a Cabeça SQL
Use a Cabeça Desenvolvimento de Software
Use a Cabeça JavaScript
Use a Cabeça C#
Use a Cabeça PHP & MySQL (2009)
Use a Cabeça Física (2009)
Use a Cabeça Algebra (2009)
Use a Cabeça Ajax Profissional (2009)
Use a Cabeça Estatística
Use a Cabeça Ruby on Rails

Use a Cabeça Servlets & JSP™

Segunda Edição

2ª Reimpressão 2011

Não seria fantástico se existisse um livro sobre Servlets que fosse mais interessante do que apagar spam da sua caixa de mensagens? Talvez isso seja uma ilusão...

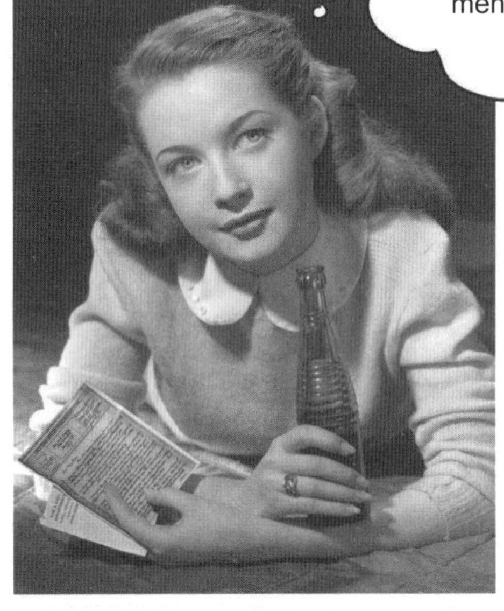

Bryan Basham
Kathy Sierra
Bert Bates

ALTA BOOKS
EDITORA
Rio de Janeiro, 2011

Use a Cabeça! Servlets e JSP ™, Tradução da 2º Edição Copyright © 2010 da Starlin Alta Editora e Consultoria Ltda. ISBN:978-85-7608-429-7

Produção Editorial
Starlin Alta Ed. e Con. Ltda

Gerência Editorial
Anderson da Silva Vieira

Supervisão de Produção
Angel Cabeza
Augusto Coutinho
Leonardo Portella

Equipe Editorial
Andréa Bellotti
Cristiane Santos
Deborah Marques Requena
Heloísa Pereira
Sérgio Cabral
Sergio Luiz A. de Souza
Taiana Ferreira

Tradução
Eveline Vieira Machado

Revisão Gramatical
Fernanda Rigamond

Revisão Técnica
Helder Borges

Diagramação
Equipe Alta Books

Fechamento
Sergio Luiz A. de Souza

2º Reimpressão, 2011

Erratas e atualizações: Sempre nos esforçamos para entregar ao leitor um livro livre de erros técnicos ou de conteúdo. Porém, nem sempre isso é conseguido, seja por motivo de alteração de software, interpretação ou mesmo quando há alguns deslizes que constam na versão original de alguns livros que traduzimos. Sendo assim, criamos em nosso site, www.altabooks.com.br, a seção Erratas, onde relataremos, com a devida correção, qualquer erro encontrado em nossos livros.

Impresso no Brasil

Editora Alta Books
Rua Viúva Claudio, 291 - Jacaré
Rio de Janeiro - RJ CEP 20551-010
Tel: 21 3278-8069 Fax: 21 3277-1253
www.altabooks.com.br
altabooks@altabooks.com.br

Esse livro é dedicado a todos aqueles que decidiram que EL implicit object para um parâmetro de contexto deveria ser chamado de *init*Param...

Os "procurados" da série Use a Cabeça! (e deste livro)

Beart Bates

Kathy Sierra

Bryan Basham

Bert é um antigo desenvolvedor e arquiteto de software, mas um período de 10 anos em inteligência artificial o fez se interessar por teoria da aprendizagem e treinamento via computador. Ele passou a primeira década de sua carreira como desenvolvedor viajando pelo mundo e ajudando clientes como a rádio Nova Zelândia, o The Weather Channel e a rede de entretenimentos Arts and Entertainment Network (A&E) em suas transmissões. Atualmente, ele é membro da equipe da Sun responsável pelo desenvolvimento de diversos exames de certificação em Java, incluindo o recente SCWCD.

Bert é um antigo e incorrigível aficionado pelo Go[1] e vem trabalhando há bastante tempo em um programa. O Java há de se tornar uma linguagem expressiva o suficiente para que ele finalize seu projeto. Ele é um bom guitarrista e, atualmente, está experimentando o banjo. Sua mais recente aventura foi a compra de um cavalo islandês, o que deverá trazer novos desafios aos seus conhecimentos na área de treinamento...

Kathy gosta de teoria da aprendizagem e assuntos relacionados à mente desde a época em que era designer de jogos (ela escreveu jogos para a Virgin, MGM e Amblin') e desenvolvedora em I.A.[2] Grande parte do formato da série Use a Cabeça! foi desenvolvido enquanto lecionava Interatividade Usando Novas Mídias, no programa de extensão de Estudos em Entretenimento da Universidade da Califórnia (UCLA). Recentemente, se tornou instrutora-chefe da Sun Microsystems e ensina os instrutores de Java a divulgarem as mais novas tecnologias desta linguagem. Além disso, desenvolve diversos exames para certificações Sun, incluindo o SCWCD. Junto com Bert Bates, ela tem aplicado extensivamente os conceitos da série Use a Cabeça! no ensino de milhares de desenvolvedores. Ela fundou uma das maiores comunidades em Java no mundo virtual, a javaranch.com, premiada em 2003 e 2004 com o Prêmio Produtividade em Desenvolvimento de Software. Ela adora correr, esquiar, montar a cavalo, andar de skate e ciências esotéricas.

Bryan tem mais de vinte anos de experiência em desenvolvimento de software, incluindo um período com software de automação avançada usando técnicas de I.A. na NASA. Ele também atuou em uma consultoria, desenvolvendo aplicações comerciais em OO personalizadas. Atualmente, Bryan é Desenvolvedor de Cursos da Sun, com ênfase nos princípios de design em Java e em OO. Ele já trabalhou em diversos cursos de Java da Sun, incluindo JDBC, J2EE, Servlets e JSP, além de Desenvolvimento de Software utilizando OO. Ele foi também o primeiro designer dos exames SCWCD, nas versões original e atual.

Bryan pratica o Zen Budismo, joga Ultimate Frisbee, adora som e pratica o ski telemark.

Escreva para a gente:
terrapin@wickedlysmart.com
kathy@wickedlysmart.com
bryan@wickedlysmart.com

Conteúdo (Sumário)

Conteúdo (a coisa real)

Introdução

Seu cérebro pensando em Servlets. Aqui está *você* tentando *aprender* algo, enquanto seu *cérebro* lhe presta o favor de certificar-se de que tal aprendizado não será *interrompido*. Ele pensa, "é melhor reservar espaço para coisas mais importantes, como qual animal selvagem evitar e se esquiar sem roupa é ruim mesmo". Então, como você *vai* induzi-lo a pensar que sua vida depende do conhecimento em Servlets?

Por que usar servlets & JSPs?

As aplicações web estão na moda. Quantas aplicações GUI você conhece que são usadas por milhões de usuários em todo o mundo? Como desenvolvedor de aplicações web, você não precisará se prender aos problemas de distribuição presentes em toda aplicação standalone e irá distribuir sua aplicação a qualquer pessoa que possua um browser. Mas você precisará dos servlets e dos JSPs, pois as velhas e estáticas páginas HTML são tão, digamos, "1999". Saiba como mudar do *site* na web, para a *aplicação* na web.

Arquitetura da aplicação web

Os servlets precisam de ajuda. Quando uma solicitação chega, alguém tem que instar o servlet ou, pelo menos, alocar uma thread para tratar a solicitação. Alguém tem que chamar ou o método doPost() ou o método doGet() do servlet. Alguém precisa levar a solicitação e a resposta para o servlet. Alguém precisa gerenciar a vida, a morte e os recursos do servlet. Neste capítulo, vamos estudar o lar uma primeira olhada no padrão MVC.

Servlet
Controlador
JSP
Java antigo
View
Modelo
DB
Banco de Dados

3 Minitutorial do MVC

Criando e distribuindo uma aplicação MVC. Chegou a hora de colocar a mão na massa e escrever um formulário HTML, um controlador de servlet, um modelo (classe Java simples), um deployment descriptor XML e uma view em JSP. É hora de criar, distribuir e testar. Antes, porém, você deverá configurar seu ambiente de *desenvolvimento*. Em seguida, você terá que configurar o seu ambiente de *distribuição*, de acordo com as especificações do servlet e do JSP, e as exigências do Tomcat. Concordo, esta *é* uma aplicação pequena... Porém, quase NÃO existe aplicação que seja tão pequena e use o MVC.

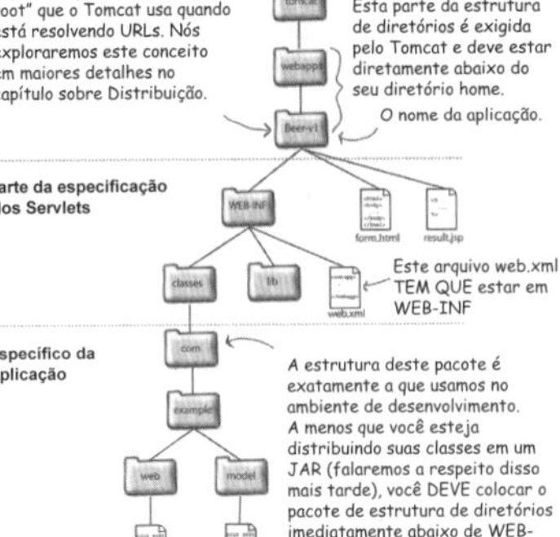

4 Sendo um servlet

Servlets vivem para servir clientes. A função de um servlet é receber uma ***solicitação*** do cliente e devolver uma ***resposta***. A solicitação talvez seja simples: "*traga-me a página de Boas-vindas*". Ou pode ser complexa: "*Finalize o processo do meu carrinho de compras.*" A **solicitação** carrega dados cruciais e o código do seu servlet tem que saber como *encontrá-los* e *utilizá-los*. E ele tem mo *enviar* uma **resposta**. Ou *não*...

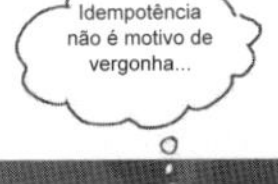

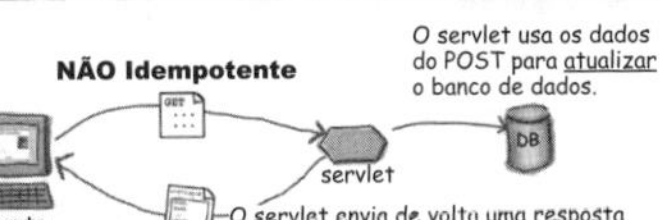

5 Sendo uma aplicação web

Nenhum servlet vive sozinho. Nas aplicações web atuais, vários componentes trabalham em conjunto por um objetivo. Temos os modelos, os controladores e as views. Temos os parâmetros e os atributos. Temos as classes helper. Mas, como juntar os pedaços? Como permitir que os componentes *compartilhem* informações? Como você *oculta* informações? *Como você torna uma informação thread-safe?* Seu trabalho pode depender destas respostas.

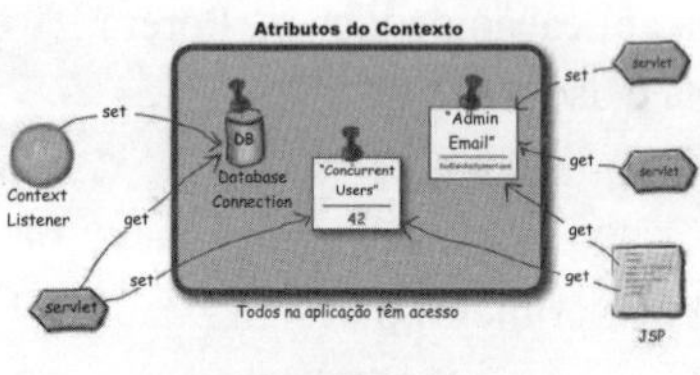

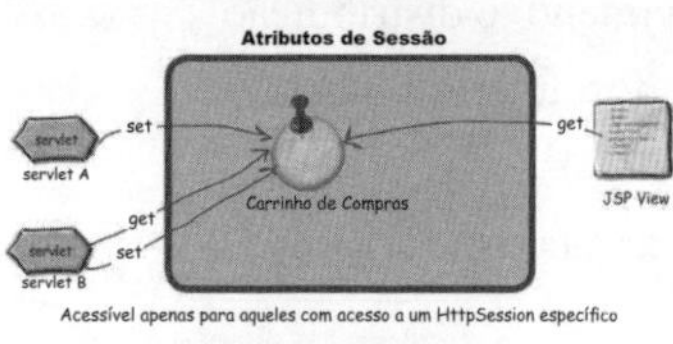

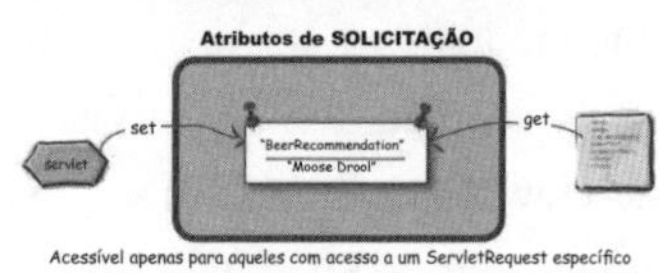

Estado de conversação

Os servidores web não têm memória curta. Assim que eles lhe enviam uma resposta, eles esquecem quem você é. Na próxima vez que você fizer uma solicitação, eles não o reconhecerão. Eles não se recordam do que você solicitou no passado e nem do que eles enviaram como resposta. Nada. Porém, algumas vezes você precisa manter o estado de conversação com o cliente *durante várias solicitações*. Um carrinho de compras não funcionaria se o usuário tivesse que escolher seus produtos e finalizar a compra *de uma única vez*.

Sendo um JSP

Um JSP torna-se um servlet. Um servlet que *você* não cria. O Container olha o seu JSP, o traduz em código-fonte Java e o compila em uma classe servlet de Java completa. Porém, você tem que saber o que acontece quando o código que você escreveu em JSP se transforma em código Java. Você *pode* escrever códigos Java em JSP, mas será que você deveria? E se não for um código Java, o que você *pode* escrever? Como ele *faz a tradução* para o código Java? Veremos seis diferentes tipos de elementos JSP – cada um com seu próprio propósito e, sim, *sintaxe única*. Você aprenderá como, por que e o que escrever no seu JSP. E você aprenderá o que *não* escrever.

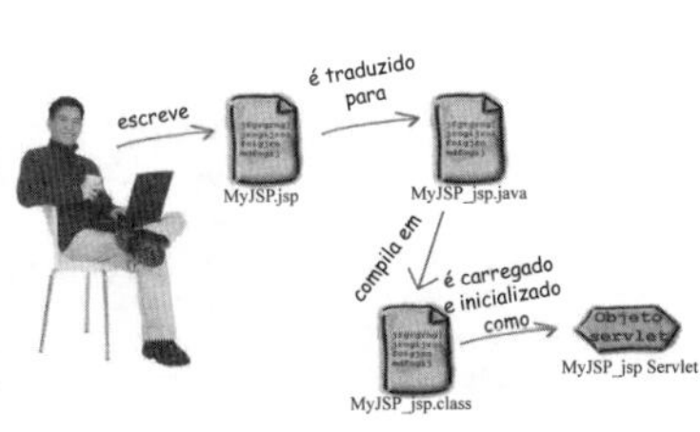

8 Páginas sem scripts

Fuja do scripting. Será que seus webdesigners precisam mesmo saber Java? Será que eles pensam que quem programa Java para servidores tornar-se-á, digamos, designer gráfico? E mesmo que a equipe seja só *você*, você quer mesmo um monte de bits e pedaços de códigos Java nos seus JSPs? Você sabe o que significa "um pesadelo na hora da manutenção"? Escrever páginas sem scripts não só é *possível*, como também é *mais fácil* e mais flexível com a nova especificação JSP 2.0, graças à nova Expression Language (EL). Padronizada depois do JavaScript e do XPATH, os webdesigners sentir-se-ão em casa com a EL. E você também vai gostar (assim que você se acostumar). Porém, existem algumas armadilhas... a EL se *parece* com o Java, mas não é. Às vezes, a EL se comporta de forma diferente de como comportar-se-ia a mesma sintaxe no Java. Portanto, fique atento!

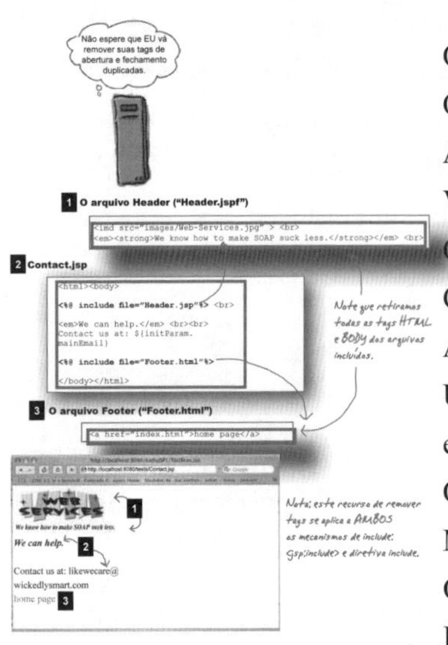

As tags customizadas são poderosas

Em alguns casos, você precisa de mais do que a EL ou ações-padrão. E se você quisesse fazer um loop através dos dados de um array, exibindo em seguida um item por linha em uma tabela HTML? Você *sabe* que poderia escrever isso em dois segundos, usando um loop for em um scriptlet. Mas você está tentando evitar os scripts. Sem problema. Quando a EL e as ações-padrão não forem suficientes, você pode usar *tags customizadas*. Elas são tão fáceis de usar em um JSP quanto as ações-padrão. Melhor ainda, alguém já escreveu boa parte das tags de que você mais provavelmente precisará, e as juntou na JSTL (JSP Standard Tag Library, ou Biblioteca de Tags JSP Padrão). *Neste* capítulo, aprenderemos a *usar* tags customizadas, e no capítulo seguinte, aprenderemos a criar as nossas próprias tags.

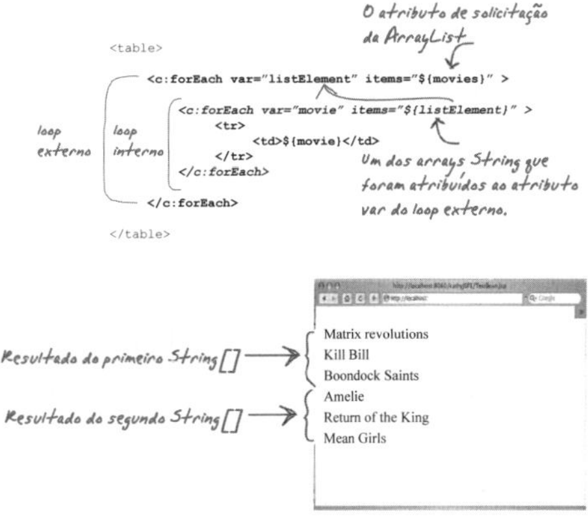

Quando nem a JSTL é o bastante...

Em alguns casos, a JSTL e as ações-padrão não são suficientes. Quando você precisa de algo customizado, e não quer voltar aos velhos scripts, você pode escrever os seus *próprios* tag handlers. Dessa maneira, os seus desenvolvedores de páginas poderão usar a sua *tag* nas suas páginas, enquanto todo o trabalho *duro* é feito nos bastidores, na sua *classe* tag handler. Mas há três maneiras diferentes de se criar os seus próprios tag handlers, então, há muito o que aprender. Dessas três, duas foram introduzidas com o JSP 2.0 para tornar a sua vida mais fácil (Simple Tags e Tag Files).

11 Distribuindo sua aplicação web

Finalmente, sua aplicação está pronta para o horário nobre. As suas páginas estão finalizadas, seu código está testado e ajustado, e o prazo de entrega era há duas semanas atrás. Mas, para onde vai isso tudo? Tantos diretórios, tantas regras. Que nome *você* dá aos seus diretórios? Qual nome o *cliente* pensa que eles têm? O que é que o cliente realmente solicita, e como o Container sabe onde procurar?

Referência a um bean local

```
<ejb-local-ref>
   <ejb-ref-name>ejb/Customer</ejb-ref-name>
   <ejb-ref-type>Entity</ejb-ref-type>
   <local-home>com.wickedlysmart.CustomerHome</local-home>
   <local>com.wickedlysmart.Customer</local>
</ejb-local-ref>
```

O nome de busca JNDI que você usará no código.

Estes devem ser nomes completamente qualificados das interfaces expostas do bean.

Servlet

Um bean LOCAL significa que o cliente (neste caso, um servlet) e o bean **devem** estar rodando na mesma JVM.

Referência a um bean remoto

```
<ejb-ref>
   <ejb-ref-name>ejb/LocalCustomer</ejb-ref-name>
   <ejb-ref-type>Entity</ejb-ref-type>
   <home>com.wickedlysmart.CustomerHome</home>
   <remote>com.wickedlysmart.Customer</remote>
</ejb-ref>
```

Servlet

12 Mantenha em segredo, mantenha seguro

Sua aplicação web está em ***perigo*****.** O perigo espreita em cada canto da rede. Você não quer os Caras Maus xeretando nas transações da sua loja virtual, roubando números de cartões de crédito. Também não quer os Caras Maus convencendo o seu servidor de que eles na verdade são os Clientes Especiais Que Recebem Grandes Descontos. E você não quer *ninguém* (amigo OU inimigo) olhando dados confidenciais dos empregados. Será que o Jim, do departamento de marketing, precisa mesmo saber que a Lisa, do departamento de engenharia, ganha três vezes mais do que ele?

As Dez Melhores Razões para realizar a sua segurança *declarativamente*

10. *Um pouco mais de prática com XML não faz mal a ninguém.*
9. Freqüentemente, as declarações casam naturalmente com os cargos (papéis de trabalho) já existentes no departamento de TI da empresa.
8. Fica muito bem no seu currículo.
7. Permite que você use, de formas mais flexíveis, servlets que já tenha escrito.
6. Está no exame.
5. Permite aos desenvolvedores de aplicações reutilizarem servlets, mesmo sem acesso ao código-fonte.
4. É legal, simplesmente.
3. Reduz a manutenção requerida à medida que a sua aplicação cresce.
2. Finalmente, uma forma de justificar o preço que pagamos pelo Container...
1. Dá suporte à idéia do desenvolvimento baseado em componentes.

13 O poder dos filtros

Os filtros lhe permitem interceptar a solicitação. E se puder interceptar a *solicitação*, você poderá também controlar a *resposta*. E, melhor de tudo, o **servlet nem percebe o que aconteceu**. Ele nunca ficará sabendo que alguém intercedeu entre a solicitação do cliente e a invocação do método service() do servlet pelo Container. O que isso significa para você? Mais férias. Porque o tempo que você levaria reescrevendo apenas *um* dos seus servlets pode ser despendido, em vez disso, escrevendo e configurando um filtro com a capacidade de afetar *todos* os seus servlets. Adicionar tracking das solicitações do usuário a *todos* os servlets da sua aplicação? Sem problema. Manipular o output de cada *servlet* da sua aplicação? Sem problema. E você não precisa nem sequer *tocar* no código do servlet.

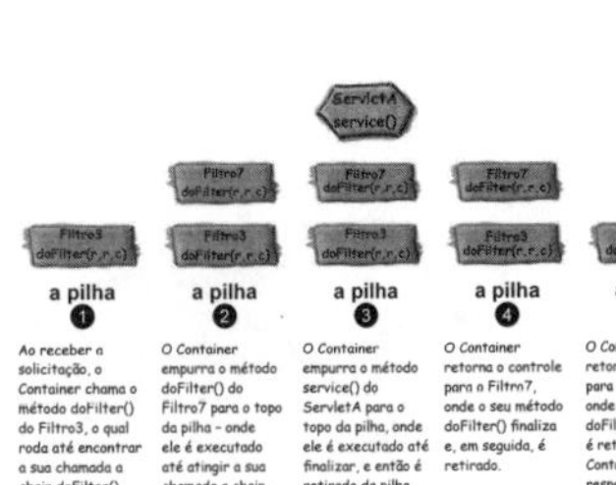

14 Padrões de Design Enterprise

Alguém já fez isso antes. Se estiver começando agora a desenvolver aplicações web em Java, você tem sorte. Poderá se beneficiar do saber coletivo das dezenas de milhares de desenvolvedores que já trilharam esse caminho e sobreviveram para contar. Usando tanto os padrões de design específicos do J2EE quanto *outros* padrões, é possível simplificar o seu código *e* a sua vida. E o padrão de design mais significativo para aplicações web, o MVC, possui até mesmo um framework absurdamente popular, o Struts, que ajudará você a criar um servlet Front Controller flexível e de fácil manutenção. Você deve a si mesmo tirar vantagem do trabalho dos *outros* para que possa despender mais tempo nas coisas mais importantes da vida...

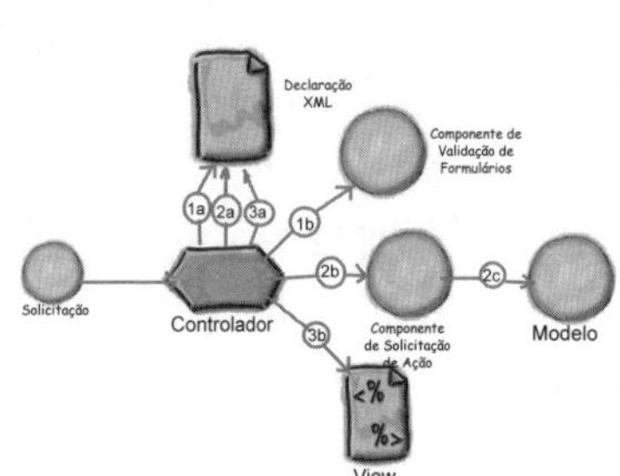

A

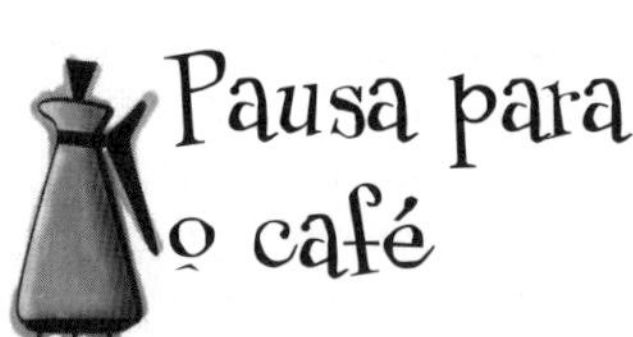

O Teste Preparatório final. É isso, 69 perguntas. A aparência, os assuntos abordados e o nível de dificuldade são praticamente idênticos aos da prova *oficial. Nós sabemos.*

Índice

Como usar este livro?

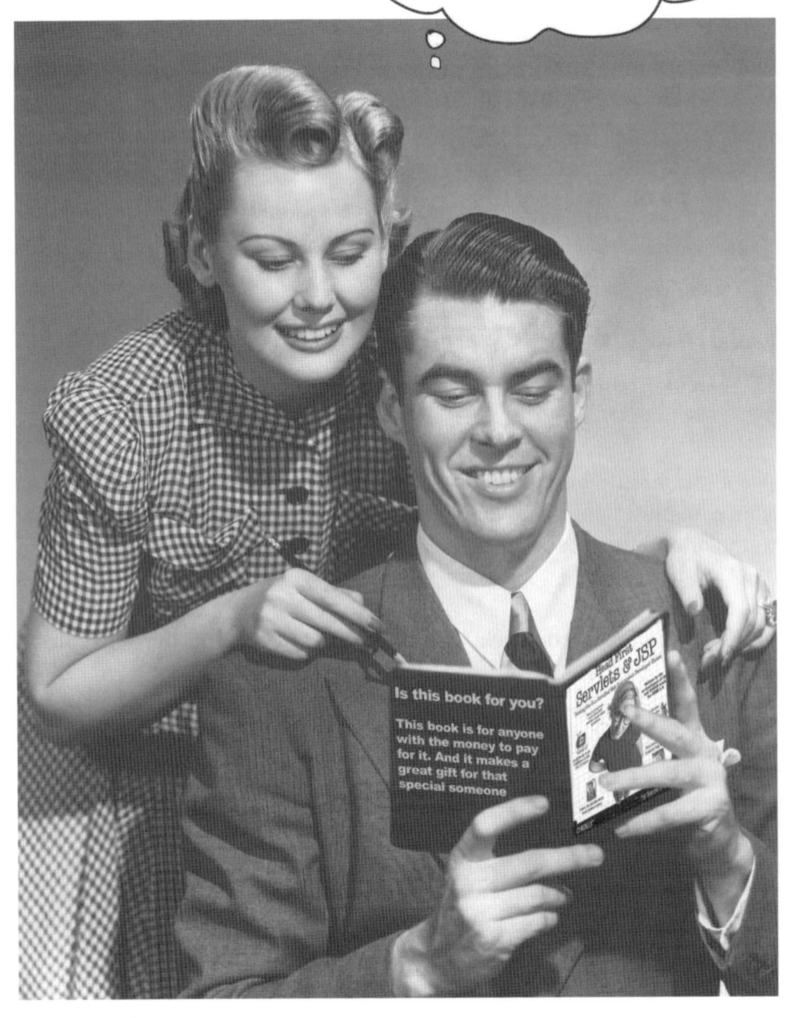

Neste capítulo, nós respondemos à inquietante pergunta: Por que eles colocaram ISSO em um livro de programação?

A quem se destina este livro?

Se você responder "sim" a todas estas perguntas:

1. **Você sabe Java? (não precisa ser um guru)**

2. Você gosta de consertar – você **aprende fazendo**, ao invés de apenas ler? Você deseja **aprender**, **compreender**, **lembrar** dos servlets e dos JSPs e **passar no exame SCWD for Java EE 1.5**?

3. **Você prefere uma conversa descontraída em uma festa a palestras acadêmicas sem graça e tediosas este livro é para você.**

este livro não é para você.

Quem provavelmente deveria manter-se longe deste livro?

Se você responder "sim" a alguma destas perguntas:

1. **Você é totalmente inexperiente em Java?** Você não precisa estar em um nível avançado, mas, definitivamente, deve ter alguma experiência. Se não tiver, pegue um exemplar do Use a Cabeça! Java agora mesmo. Hoje! E só então retorne a este livro.

2. Você é um desenvolvedor Java "forçado" em busca de **um livro de consulta**?

3. Você é um veterano em J2EE em busca de técnicas ultra-avançadas e "como-fazer" específicos para servidores, projetos para empresas e códigos complexos, robustos e reais?

4. Você tem **medo de experimentar coisas diferentes**? Você prefere fazer um canal no seu dente a misturar listras num tecido xadrez? Você acha que um livro técnico perde a credibilidade se os componentes Java tiverem aparência humana?

este livro não é para você. 

[Nota do marketing: este livro para qualquer pessoa que tenha cartão de crédito].

Nós sabemos o que você está pensando.

"Como este livro de programação pode ser sério?"

"Com tantas ilustrações?"

"Eu consigo realmente aprender desta forma?"

Seu cérebro acredita que ISTO é importante.

E nós sabemos o que seu cérebro está pensando.

Seu cérebro clama por novidades. Está sempre procurando, examinando e esperando por algo diferente. Ele foi criado assim e o ajuda a se manter vivo.

Atualmente, é pouco provável que você vire o lanchinho de um tigre, mas seu cérebro continuará em alerta. Nunca se sabe.

Então, como seu cérebro faz para lidar com todas as coisas rotineiras, comuns e normais com as quais você se depara? Tudo o que ele puder fazer para impedir que tais coisas interfiram no seu real trabalho: registrar o que interessa. Não faz mal guardar as coisas fúteis; elas nunca passarão pelo filtro que retém o que "obviamente não importa".

Como seu cérebro reconhece o que é importante? Suponha que você tire um dia para fazer uma caminhada e um tigre pule na sua frente. O que acontece com a sua cabeça e o seu corpo?

Os neurônios disparam. As emoções são ativadas. As reações químicas explodem.

E é assim que seu cérebro reconhece...

Isto pode ser importante! Não esqueça!

Mas, imagine que você está em casa, ou em uma biblioteca. É um local seguro, acolhedor e sem tigres. Você está estudando. Preparando-se para um exame. Ou tentando aprender um assunto técnico e difícil, que seu chefe acredita que levará uma semana, dez dias no máximo.

Só um problema. Seu cérebro está tentando lhe fazer um grande favor. Ele está tentando assegurar-se de que aquele conteúdo, obviamente irrelevante, não vá confundir os poucos recursos. Recursos estes que seriam melhores se usados para armazenarem coisas realmente importantes. Como tigres. Como o perigo do fogo. Ou como você nunca mais deveria praticar snowboard de short.

E não existe um jeito simples de dizer ao seu cérebro, "Ei cérebro, muito obrigado, mas não importa se o livro é tedioso, ou o quanto estou registrando agora na escala Richter emocional, eu realmente quero que você guarde estas coisas por aqui."

Beleza. Só mais 500 páginas chatas, tediosas e sem graça.
Seu cérebro acredita que ISTO não vale a pena armazenar.

Nós consideramos o leitor do "Use a Cabeça!" um aprendiz.

Então, o que é necessário para se aprender algo? Primeiro, você precisa absorver e depois se certificar de que não irá esquecer. Não tem nada a ver com enfiar coisas na sua cabeça. Baseando-se nas últimas pesquisas em ciência cognitiva, neurobiologia e psicologia educacional, o ato de aprender envolve muito mais que textos em uma página. E nós sabemos o que faz o seu cérebro funcionar.

Alguns princípios de aprendizagem da série Use a Cabeça:

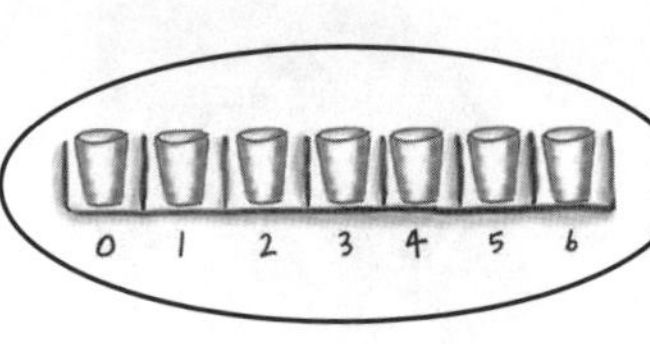

Dê ênfase **à parte visual**. As imagens são muito mais fáceis de serem memorizadas do que palavras soltas e tornam o aprendizado muito mais produtivo (aumenta em até 89% a memória e o aprendizado usando a técnica da transferência). E facilita a compreensão. **Ponha as palavras dentro ou próximas às respectivas figuras**, em vez de no rodapé ou em outra página e os leitores serão até duas vezes mais capazes de solucionar os problemas relacionados com aquele conteúdo.

Use um estilo próprio e em forma de conversa. Em estudos recentes, o desempenho dos alunos nas provas realizadas após aprenderem a matéria, melhorava em 40% se o conteúdo falasse diretamente ao leitor usando a primeira pessoa, com um estilo que simulasse uma conversa em lugar do tom formal. Conte histórias em vez de dar palestras. Use a linguagem coloquial. Evite ser muito sério. Em que você prestaria mais atenção: em uma companhia interessante na festa ou em uma palestra?

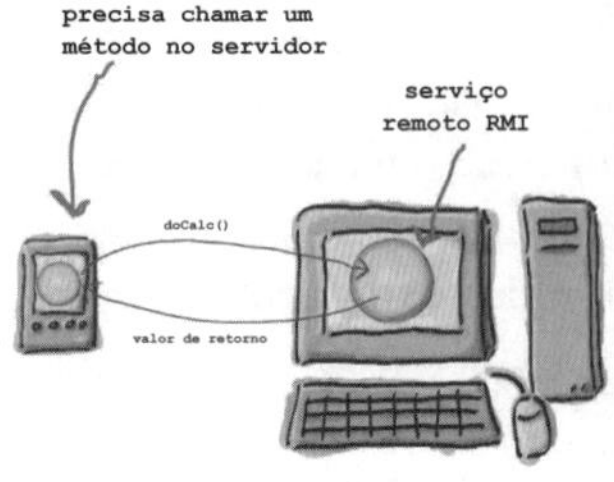

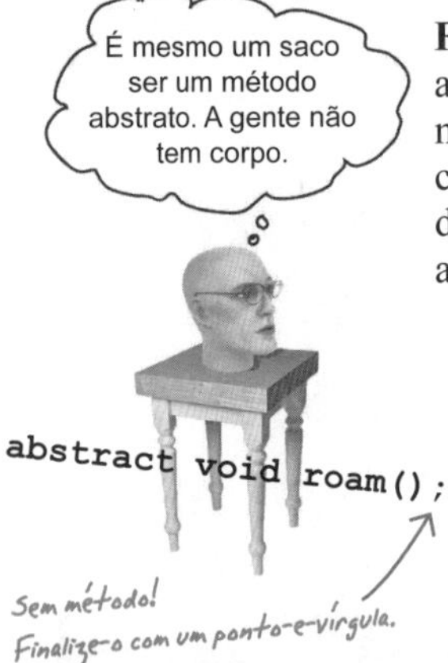

Faça o aluno refletir. Em outras palavras, nada acontece na sua cabeça a menos que você exercite muito os seus neurônios. O leitor precisa estar motivado, atraído, curioso e inspirado para resolver problemas, tecer conclusões e gerar um novo conhecimento. E para isso você precisa de desafios, exercícios e perguntas que estimulem o raciocínio, além de atividades que envolvam ambos os lados do cérebro e os múltiplos sentidos.

Prenda – e segure – a atenção do leitor. Todos nós já pensamos "eu realmente gostaria de aprender isto, mas eu não consigo me manter acordado depois da primeira página". Seu cérebro presta atenção a coisas que são extraordinárias, interessantes, estranhas, atraentes e inesperadas. Aprender um assunto novo, difícil e técnico não precisa ser chato. Seu cérebro aprenderá muito mais rápido se o assunto for interessante.

Mexa com a emoção do leitor. Agora nós sabemos que sua capacidade de recordar algo depende enormemente do seu conteúdo emocional. Aquilo que você se preocupa, você se recorda. Você se recorda quando sente algo. Não, nós não estamos falando de histórias de sofrimento entre um menino e seu cão. Estamos falando de emoções como a surpresa, a curiosidade, a diversão, o "caramba!..." e aquela sensação de "Eu sou o cara!" que vem quando você consegue matar uma charada, aprender algo que todos acham difícil ou perceber que sabe uma coisa que o "bam-bam-bam" da engenharia não sabe.

Metacognição: pensando sobre pensar

Se você realmente quer aprender – e aprender mais rápida e definitivamente –, preste atenção em como você presta atenção. Pense em como você pensa. Aprenda como você aprende.

A maioria de nós não fez cursos de metacognição ou teoria do aprendizado enquanto crescia. Esperam que aprendamos, mas raramente nos ensinam a aprender.

Supomos que se você está segurando este livro, você quer aprender servlets e, provavelmente, não quer perder muito tempo. Considerando que você fará a prova, você terá que lembrar do que leu. Logo, precisa entender o que foi lido. Para obter o máximo deste livro – ou de qualquer outro livro ou forma de aprendizado –, dê responsabilidades ao seu cérebro. Faça-o ficar atento a este conteúdo.

O truque é fazer com que seu cérebro encare como Realmente Importante o novo material que você está aprendendo. Crucial para o seu bem-estar. Tão importante quanto um tigre. Caso contrário, você estará constantemente em conflito, com o seu cérebro dando o melhor de si para não assimilar o assunto novo.

Então, como você FAZ para que seu cérebro considere os servlets um tigre faminto?

Existem as formas lenta e tediosa e a mais rápida e efetiva. A forma lenta é a pura repetição. É claro que você sabe que será capaz de aprender e relembrar até mesmo o assunto mais estúpido se o ficar repetindo. Com uma repetição intensa seu cérebro diz, "isto não parece importante para ele, mas ele fica olhando para a mesma coisa repetidamente, então eu imagino que deva ser".

A maneira mais rápida é fazer qualquer coisa que aumente sua atividade cerebral, principalmente atividades de tipos diferentes. O que foi dito na página anterior é uma grande parte da solução e foi comprovado como forma de ajudar seu cérebro a trabalhar em seu favor. Por exemplo, estudos demonstram que colocando as palavras dentro das figuras que elas representam (em vez de soltas na página, como uma explicação ou dentro do texto) faz com que seu cérebro entenda como as figuras e as palavras se relacionam, ativando mais neurônios. Mais neurônios ativados significa mais chances do cérebro entender que determinado assunto merece atenção e, possivelmente, deve ser registrado.

O estilo interativo também ajuda, pois as pessoas tendem a prestar mais atenção quando percebem que estão em uma conversa, já que se espera que elas acompanhem até o final. O interessante é que seu cérebro não se importa necessariamente que a "conversa" seja entre você e um livro! Por outro lado, se o estilo de escrever for seco e formal, seu cérebro entenderá isso do mesmo modo que você o faria se estivesse em uma palestra numa sala repleta de participantes indiferentes.

Porém, as figuras e o estilo que simula uma conversa são só o começo.

Eis o que NÓS fizemos:

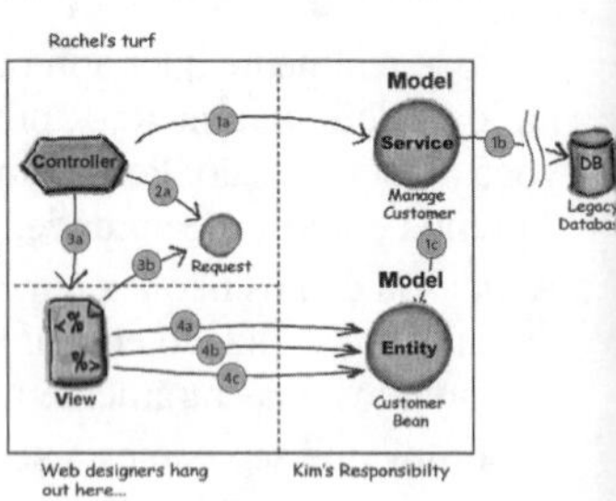

Nós usamos **figuras**, pois seu cérebro está adaptado ao que é visual, não texto. Para ele, uma imagem vale 1.024 palavras. E quando figuras e textos trabalham juntos, nós inserimos o texto na imagem, pois seu cérebro funciona melhor quando o texto está dentro daquilo a que se refere, diferente de estar numa observação ou escondido em algum lugar no texto.

Nós usamos a **repetição**. Dizemos a mesma coisa de formas distintas e através de meios diferentes – e múltiplos sentidos –, para aumentar as chances de o assunto ser registrado em mais de uma área cerebral.

Nós usamos os conceitos e as figuras de maneira ***inesperada***, pois seu cérebro é ativado quando encontra uma novidade. E usamos figuras e idéias com pelo menos *algum* **conteúdo** emocional, pois seu cérebro está predisposto a dar mais atenção à bioquímica das emoções. Aquilo que te faz sentir algo tende a ser mais facilmente lembrado, ainda que esta sensação não passe de um pouco de ***humor, surpresa ou interesse.***

Nós usamos um estilo próprio ***que simula uma conversa***, porque seu cérebro tende a prestar maior atenção quando acredita que você está participando de uma conversa e não assistindo passivamente a uma apresentação. É assim que funciona mesmo quando você está lendo.

Nós incluímos mais de 40 ***atividades***, pois seu cérebro está habituado a aprender e a relembrar mais quando você ***faz*** alguma coisa do que quando você lê a respeito. E colocamos exercícios difíceis, porém possíveis de serem feitos, pois é como a maioria das *pessoas* prefere.

Nós usamos ***métodos diferentes de aprendizado***, pois você poderia preferir os procedimentos passo a passo, enquanto outra pessoa poderia preferir entender primeiro as figuras grandes, enquanto outras, simplesmente ver os exemplos de códigos. Mas, independentemente da sua própria preferência de aprendizado, todos se beneficiam vendo o mesmo conteúdo representado sob múltiplas formas.

Nós colocamos assuntos ***para serem usados po***r ***ambos os lados do seu cérebro***, pois quanto mais você usar do seu cérebro, mais chances terá de aprender e lembrar, além de mais tempo de concentração. Já que colocando para funcionar um lado do cérebro significa geralmente a oportunidade do outro lado descansar, você poderá produzir mais por mais tempo.

E nós incluímos ***estudos de caso*** e exercícios que apresentam ***mais de um ponto de vista***, pois seu cérebro está adaptado a aprender mais intensamente, quando forçado a fazer avaliações e julgamentos.

Nós inserimos ***desafios*** com exercícios e ***perguntas*** que nem sempre têm respostas diretas, pois seu cérebro está mais propenso a aprender e lembrar quando tem que se esforçar por algo. Pense nisso – você não consegue manter seu corpo em forma apenas observando as pessoas na academia. Porem, nós fizemos o melhor possível para garantir que, quando você estiver trabalhando duro, será pelas coisas certas. E que ***você não estará desperdiçando nenhum dendrito a mais***, tentando entender um exemplo complicado ou analisando um texto difícil, repleto de jargões, ou então, extremamente resumido.

Nós usamos ***pessoas*** nas histórias, nos exemplos, nas figuras, etc. Afinal, você é uma pessoa e seu cérebro dá maior atenção a pessoas do que a coisas.

Nós usamos a técnica do ***80/20***. Entendemos que se você pretende ser um PhD em JSP, este não deve ser seu único livro. Logo, não falamos sobre tudo. Apenas da matéria que você realmente precisará.

Recorte e coloque na porta da geladeira.

Eis o que VOCÊ pode fazer para dominar seu cérebro

Então, fizemos a nossa parte. O resto é com você. As dicas a seguir são o ponto de partida. Preste atenção no seu cérebro e descubra o que serve e o que não serve para você. Experimente novidades.

1. **Vá devagar. Quanto mais você entender, menos terá que memorizar.**
   Não leia apenas. Pare e pense. Quando o livro perguntar algo, não pule para a resposta. Imagine que alguém esteja realmente lhe fazendo a pergunta. Quanto mais você forçar o seu cérebro a pensar, melhores serão as chances de aprender e recordar.

2. **Faça os exercícios. Faça suas próprias anotações.**
   Nós os colocamos no livro, mas se nós resolvermos, vai parecer que alguém está fazendo a ginástica para você. E não basta olhar os exercícios. Use um lápis. Está provado que a atividade física, enquanto se estuda, pode melhorar o aprendizado.

3. **Leia a seção "Perguntar não ofende".**
   Ou seja, todas elas. Elas não são barras laterais opcionais. Elas s ão parte do conteúdo principal! Não as pule.

4. **Antes de ir dormir, faça desta a sua última leitura. Ou pelo menos a última que lhe exija raciocínio.**
   Parte do aprendizado (especialmente a transferência para a memória de longa duração) acontece depois que você fecha o livro. Seu cérebro necessita do seu próprio tempo para maior processamento. Se você puser uma informação nova durante este tempo de processamento, o que você acabou de aprender será perdido.

5. **Beba água. Muita água.**
   Seu cérebro funcionará melhor se receber um belo banho. A desidratação (que pode acontecer bem antes de você sentir sede) reduz a função cognitiva. A cerveja, ou algo mais forte, será bem-vinda quando você passar no exame.

6. **Fale. Em voz alta.**
   Falando, você ativa uma parte diferente do cérebro. Se você estiver tentando entender algo ou aumentar sua chance de recordar mais tarde, leia em voz alta. Melhor ainda, tente explicar isto para outra pessoa em voz alta. Você aprenderá mais rápido e talvez observe idéias que você não havia percebido que estavam ali enquanto lia.

7. **Ouça seu cérebro.**
   Observe se o seu cérebro não está ficando sobrecarregado. Se você se pegar passando a mão na superfície do livro ou esquecendo o que acabara de ler, é hora de uma pausa. Uma vez que você ultrapasse um determinado ponto, você não aprenderá mais rápido se tentar "enfiar" mais informação na cabeça e poderá até comprometer o processo.

8. **Sinta algo!**
   Seu cérebro precisa saber que isto é importante. Envolva-se com as histórias. Crie suas próprias legendas para as fotos. Dar um sorriso amarelo quando uma piada não tem graça ainda é melhor do que não esboçar reação.

9. **Faça o Teste Preparatório Final só DEPOIS de acabar o livro.**
   Se você fizer o teste muito cedo, você não terá uma idéia clara da sua preparação para o exame. Espere até sentir que você está quase pronto e então faça o teste em, no máximo, 135 minutos – o tempo verdadeiro do SCWCD.

O que você precisa para este livro:

Além do seu cérebro e um lápis, você precisa do Java, do Tomcat 5 e de um computador.

Você não precisa de nenhuma outra ferramenta de desenvolvimento como o Integrated Development Environment (IDE). Definitivamente, recomendamos que você não use nada além de um editor simples até terminar o livro. Um IDE que reconhece servlet e JSP poderá privá-lo de algum detalhe realmente importante (e que cairá na prova). Por isso, é melhor você evitar desenvolver todo o bean manualmente. Uma vez que você realmente entenda o que está acontecendo, poderá utilizar uma ferramenta que automatize alguns dos passos para a criação e distribuição do servlet/JSP. Se você já sabe como usar o Ant, poderá usá-lo após o capítulo 3 para ajudar na distribuição. Porém, não recomendamos usar o Ant até que você tenha memorizado completamente a estrutura de distribuição da aplicação web.

OBTENDO O TOMCAT

- Caso ainda não possua o **Java SE v1.5** ou superior, você vai precisar (de preferência 1.4).
- Se você não tem ainda o Tomcat 5, obtenha-o em:
  http://tomcat.apache.org/
  Selecione "Tomcat v5.5" no menu Downloads no lado esquerdo da home page.
- Pagine até a seção "Binary Distributions" (Distribuições Binárias) e faça o download da versão escolhida. Se não souber, então, selecione a distribuição "Core" (Básico); é tudo que você precisa.
- Salve o arquivo de instalação em uma pasta temporária.
- Instale o Tomcat.
  Para Windows, dê um duplo-clique no arquivo install.exe e siga as instruções do assistente de instalação.
  Para os outros sistemas, descompacte o arquivo de instalação no diretório onde você quer que o Tomcat resida.
- Para facilitar as instruções do livro, renomeie para "tomcat" o diretório home do Tomcat (ou configure um cognome "tomcat" que aponte para o home verdadeiro do Tomcat).
- Configure as variáveis de ambiente para **JAVA_HOME** e **TOMCAT_HOME**, da mesma forma como você normalmente faz em sua máquina.
- Você deve ter uma cópia das especificações, embora não precise delas para passar no exame. Até o lançamento deste livro, as especificações eram:
  Servlet 2.4 (JSR #154) http://jcp.org/eng/jsr/detail?id=154
  JSP 2.0 (JSR #152) http://jcp.org/eng/jsr/detail?id=152
  JSTL 1.1 (JSR #52) http://jcp.org/eng/jsr/detail?id=52
  Vá até a página JSR e clique em Download Page para o lançamento mais recente.
- Teste o Tomcat rodando o script tomcat/bin/startup (startup.sh para os sistemas Linux/Unix/OSX). Digite na barra de endereços do seu browser:
  http://localhost:8080/ e você verá a página inicial do Tomcat.

Java 2 *Standard Edition* 1.5
Tomcat 5
O exame abrange as seguintes especificações:

- Servlets 2.4
- JSP 2.0
- JSTL 1.1

Coisas de última hora que você precisa saber:

Isto é uma experiência de aprendizado e não um livro de referência. Nós retiramos deliberadamente tudo que pudesse atrapalhar o caminho do aprendizado, independentemente do que estejamos trabalhando no livro. E, desde o primeiro instante, comece do começo, pois o livro faz considerações quanto àquilo que já foi visto e aprendido.

Nós usamos diagramas simples e *parecidos* com UML.
Embora exista uma grande chance de você já saber UML, isto não é cobrado no exame e não é um pré-requisito para o livro. Então, você não terá que se preocupar em aprender servlets, JSP, JSTL *e* UML ao mesmo tempo.

Usamos um UML falso, modificado e mais simples.

Diretor
getMovies getOscars() getKevin BaconDegrees()

Nós não cobrimos todos os detalhes minuciosos da especificação.
O exame *é* muito detalhado, mas, nós também somos. Porém, se existe um detalhe na especificação que não é cobrado no exame, só o citaremos se for importante para a maioria dos desenvolvedores de componentes. O que você precisa saber para começar a desenvolver componentes web (servlets e JSPs), e o que precisa para passar no exame, cobre cerca de 85%. Nós incluímos algumas coisas que não caem na prova, mas sinalizamos para que você não se preocupe em memorizá-las. Nós criamos o *verdadeiro* exame, portanto, sabemos onde você deverá concentrar sua energia! Se houver a possibilidade de um mínimo detalhe figurar em uma questão da prova, mas se o esforço para aprendê-lo realmente não valha a pena, provavelmente ou o omitiremos, ou o abordaremos sucintamente, ou o colocaremos em uma questão do teste preparatório.

As atividades NÃO são opcionais.
Os exercícios e as atividades não são meros adicionais; eles são parte do conteúdo principal do livro. Alguns estão lá para ajudar na memorização, outros para ajudar na compreensão, enquanto outros o ajudarão a aplicar o que você aprendeu. Não pule nada.

A redundância é intencional e importante.
Uma coisa que é claramente diferente em um livro da série Use a Cabeça! é que nós queremos muito, muito, muito que você entenda. E gostaríamos que você terminasse o livro lembrando o que aprendeu. A maioria das informações e dos livros de referências não tem, necessariamente, a retenção e a lembrança como objetivos, mas aqui você verá alguns conceitos aparecerem mais de uma vez.

Os códigos-exemplos são os mais resumidos possíveis.
Nossos leitores têm relatado o quanto é frustrante ler minuciosamente 200 linhas de códigos procurando por aquelas duas linhas que eles precisam. A maioria dos exemplos deste livro é exibida dentro dos menores contextos possíveis, para que a parte que você precisa fique clara e simples. Não espere que o código seja robusto ou completo. Esta é sua tarefa para quando terminar o livro. Os exemplos aqui são escritos especialmente para aprender e nem sempre são totalmente funcionais. Alguns exemplos de código para o livro estão disponíveis em www.altabooks.com.br

Sobre o exame SCWCD (para Java EE 1.5)

O exame SCWCD atualizado é chamado de "Sun Certified Web Component Developer for Java Platform, Enterprise Edition 5" (CX-310-083), mas não fique confuso com o título. O exame atualizado ainda é designado para o Java EE v1.4, para o servlet v2.4 e as especificações JSP v2.0.

Primeiro tenho que passar no SCJP?

Sim. O exame Web Component Developer, exame Business Component Developer, exame Mobile Application Developer, exame Web Services Developer e exame Developer requerem que você seja um Sun Certified Java Programmer.

Quantas questões?

Você terá 69 questões quando fizer o exame. Ninguém têem as mesmas 69 questões; existem muitas versões diferentes do exame. Mas todas têm o mesmo grau de dificuldade e o mesmo equilíbrio de tópicos. No exame real, espere ver pelo menos uma questão do objetivo de cada exame e existem alguns objetivos nos quais você terá *mais* de uma questão.

Quanto tempo tenho para completar o exame?

Você tem três horas (180 minutos). A maioria das pessoas não acha que isso é um problema, pois essas questões não são longas, complicadas, complexas. A maioria das questões é muito curta, tem múltipla escolha e você sabe a resposta ou não.

Como são as questões?

Elas são quase exatamente como as nossas perguntas simuladas do exame, com uma grande diferença – o exame *real* informa-o quantas respostas estão corretas, nós não. Contudo, você verá algumas perguntas do tipo arrastar e soltar que não podemos fazer aqui. Mas as questões com arrastar e soltar são apenas o modo interativo de coincidir uma coisa com outra.

Quantas tenho que responder corretamente?

Você deve ter 49 questões corretas (70%) para passar no exame. Quando terminar de responder a todas as questões, mantenha o cursor do mouse sobre o botão Done (Terminado) até que tenha coragem de clicá-lo. Em cerca de seis nanossegundos, você saberá se passou (claro, você *passará*).

Por que os exames simulados no livro não informam quantas opções escolher para a resposta correta?

Queremos que nossos exames sejam apenas um pouco mais difíceis que o exame real, para lhe dar uma idéia mais verdadeira para saber se você está pronto para fazer o exame. As pessoas tendem a ter notas mais altas nos exames simulados do livro porque refazem o mesmo teste mais de uma vez e não queremos que você tenha uma falsa sensação de sua aptidão para o exame. Os leitores têm informado que a pontuação conseguida no exame real é muito próxima da pontuação que eles têm no exame simulado final neste livro.

O que acontece depois de fazer o exame?

Antes de deixar o centro de teste, obtenha o relatório de seu exame. Ele mostra um resumo de sua pontuação em cada área maior e se passou ou falhou. *Guarde-o*! É sua prova inicial de que você foi certificado. Em poucas semanas depois do teste, você receberá um pequeno pacote da Sun Educational Services que inclui seu certificado impresso *real*, uma carta de felicitação da Sun e um adorável alfinete de lapela informando Sun Certified Web Component Developer em uma fonte tão pequena que você poderia declarar ser certificado em qualquer coisa que quisesse e ninguém poderia ler para saber a diferença. Não inclui a bebida alcoólica que você estará querendo depois de passar no exame.

Quanto custa e como me registro?

O exame custa US$200. E é por isso que você precisa deste livro... para assegurar que passará na primeira vez. Você registra-se através do Sun Educational Services, fornecendo o número de seu cartão de crédito. Em troca, receberá um número de *voucher*, que usará para agendar um encontro em um Prometric Testing Center mais próximo de você.
Para obter detalhes on-line e comprar um voucher do exame, comece em: http://www.sun.com/training/certification/. Se estiver nos Estados Unidos, estará marcado. Se não, poderá selecionar um país na barra de menus à direita.

Como é o software do exame?

É bem simples de usar – você tem uma questão e responde-a. Se não quiser responder, poderá pulá-la e voltar para ela mais tarde. Se a responder, mas não estiver certo e quiser voltar para ela se tiver mais tempo, poderá "marcar" uma questão. Assim que tiver terminado, verá uma tela que mostra todas as questões que você não respondeu ou marcou, para que possa voltar para elas.
Bem no início do exame, você obterá um pequeno tutorial sobre como usar o software, onde conseguir um pequeno teste prático (não sobre Servlets). O tempo gasto no tutorial não conta como o tempo gasto no exame SCWCD. O relógio não iniciará até que você tenha terminado o tutorial do software de exame e estiver pronto para começar.

Onde posso encontrar um grupo de estudo e quanto tempo levará para me preparar?

O melhor grupo de análise on-line para este exame é aquele que os autores presidem! (Deus, quais são as probabilidades?) Pare em javaranch.com e vá para Big Moose Saloon (é onde estão todos os fóruns de discussão). Você não pode perder. Sempre haverá *alguém* para responder suas perguntas, inclusive *nós*. JavaRanch é a comunidade Java mais amistosa na Internet, portanto, você será bem-vindo não importando o nível em que estiver no Java. Se você ainda precisar ter o SCJP, iremos ajudá-lo com ele também.
Quanto tempo leva para ficar pronto para o exame depende muito de quantos servlets e experiência JSP você tem. Se você for *novo* nos servlets e no JSP, poderá precisar de 6 a 12 semanas, dependendo de quanto tempo pode dedicar a cada dia. Aqueles com muitos servlets recentes e experiência JPS geralmente poderão estar prontos em até três semanas.

Beta testers & Revisores Técnicos

Outras pessoas a quem ~~culpar~~ dar crédito:

Na O'Reilly:

Nossos maiores agradecimentos a **Mike Loukides** na O'Reilly, por iniciar tudo e ajudar a dar forma ao conceito Use a Cabeça em uma série. Adoramos ter um editor que é um Verdadeiro Java. E um grande agradecimento à força motriz por trás do Use a Cabeça, **Tim O'Reilly**. Felizmente para nós, ele sempre está pensando no futuro e gosta de ser uma influência destruidora. Obrigado a **Kyle Hard** "a mamãe da série" Use a Cabeça inteligente por descobrir como o Use a Cabeça encaixa-se no resto dos livros de computador.

***Nossos revisores intrépidos*:**

Tudo bem, então, o livro levou um pouco mais de tempo do que tínhamos planejado. Mas sem o gerente de revisão JavaRanch **Johannes deJong**, ele teria ficado *assustadoramente* atrasado. Você é nosso herói, Johannes. E nossos agradecimentos especiais a **Joe Konior** cujo feedback em cada capítulo foi quase do mesmo *tamanho* do capítulo. Estamos profundamente agradecidos pelo esforço inexorável e experiência (e alegria) de **Philippe Macquet**. Todos os três autores adoram-no tanto que queremos casar com ele... mas isso seria estranho. E estamos muito gratos a **Andrew Monkhouse** pelo feedback técnico *e* ajuda nas traduções sutis do inglês para a língua australiana. **Jef Cumps**, sua interpretação MP3 da canção "setHeader" foi impressionante (exceto talvez por ser um pouco *emo*) e seus comentários técnicos foram *realmente* úteis.

Dave Wood trabalhou com afinco em *tudo* e foi carinhoso ao apontar para as primeiras páginas e dizer: "*Isso* não é o estilo Use a Cabeça". Também tivemos um feedback excelente dos moderadores JavaRanch **Jason Menard**, **Dirk "cara de peixe" Shreckmann**, **Rob Ross**, **Ernest Freidman-Hill** e **Thomas Paul**. E como sempre, agradeço especialmente ao chefe javaranch.com, **Paul Wheaton**.

Agradecimentos especiais aos seguintes revisores técnicos pela segunda edição: **Bear Bibeault**, **Theodore Casser**, **Ulf Dittmer**, **Preetish Madalia**, **Sergio Ramirez**, **Oliver Roell**, **Neeraj Singhal** e **Collins Tchoumba**.

Perguntas do examine simulado

Se você se encontrar balançando a cabeça em uma questão simulada JSP particularmente capciosa, não nos culpe – culpe Marc Peabody! Obrigado Marc por ajudar a manter todos os candidatos SCWCD em alerta. Marc passa uma quantidade enorme de seu tempo livre moderando no JavaRanch, onde é conhecido por estimular os usuários Ranch a construir misturas horríveis de suas tecnologias Java EE inocentes.

Marc Peabody

Tem mais gente ainda*

Por Bryan Basham

Eu poderia começar agradecendo à minha mãe, mas isso já foi feito antes... Meu conhecimento em desenvolvimento web com Java tem como base algumas aplicações de média escala que escrevi, mas esta base foi melhorada e refinada por anos de debate em Java como instrutor da Sun, usando um e-mail com um nome fictício. Em particular, gostaria de agradecer a Steve Stelting, Victor Peters, Lisa Morris, Jean Tordella, Michael Judd, Evan Troyka e Keith Ratliff. Muitas pessoas ajudaram a lapidar meu conhecimento, mas estes seis foram as facas que melhor me esculpiram.

Como em todos os projetos de livro, os últimos três meses foram muito difíceis. Gostaria de agradecer à minha noiva, Kathy Collina, por ter sido paciente comigo. Eu quero agradecer a Karma e Kiwi (nossos gatos) pelas sessões de lambidas tarde da noite e as pancadas no teclado.

Por último, e mais importante, tenho que agradecer à Kathy e ao Bert por sugerirem que levássemos adiante o projeto. Kathy Sierra é mesmo única no mundo. Seu conhecimento em metacognição e design educacional só se comparam à sua essência criativa que transborda nos livros desta série. Eu tenho trabalhado com educação há cinco anos e praticamente tudo o que aprendi foi com a Kathy... Oh, não se preocupe com minha mãe; ela receberá uma grande dedicatória em meu próximo Use a Cabeça!. Eu te amo, mãe!

Por Kathy e Bert

Isso foi tão sentimental, Bryan, ohhhh... (Não que a Kathy não goste de rasgar uma seda). Mas, concordamos quando fala sobre sua noiva. Mas não por ela ter sentindo saudades suas, enquanto jogava Ultimate o verão todo e nós trabalhávamos feito cachorro em nossos Powerbooks1. Mas você realmente fez disso uma experiência recompensadora, Bryan, e hoje é o melhor(NA) co-autor que já tivemos! Chega quase a assustar o quanto você é calmo e feliz o tempo todo.

Todos nós adoramos a equipe que trabalha duro nos exames de certificação da Sun, em especial a Gerente de Certificação em Java, Evelyn Cartagena. Queremos agradecer também a todos os colegas que ajudaram a desenvolver as especificações dos JSRs para Servlet e JSP.

* O grande número de agradecimentos é porque estamos testando uma teoria de que todos os mencionados na seção de agradecimentos do livro comprarão pelo menos uma cópia, talvez mais, contando os parentes e tudo. Se você quiser estar na seção de agradecimentos do nosso próximo livro, e se tiver uma família grande, escreva-nos.

[1] Ponto de esclarecimento: O Bryan foi o único co-autor que nós tivemos, mas isto não diminui em nada a nossa intenção.

1 introdução e visão geral

Por que usar Servlets & JSPs?

As aplicações web estão na moda. Claro, as aplicações GUI podem usar aquelas coisas exóticas do Swing, mas quantas aplicações GUI você conhece que são usadas por milhões de usuários em todo o mundo? Como desenvolvedor de aplicações web, você não precisará se prender aos problemas de distribuição presentes em toda aplicação standalone e irá distribuir sua aplicação a qualquer pessoa que possua um browser. Porém, para construir uma aplicação web poderosa mesmo, você precisa do Java. Dos servlets. Dos JSPs. Pois as velhas e estáticas páginas HTML são tão, digamos, "1999". Hoje, os usuários esperam por sites dinâmicos, interativos e customizáveis. Aqui, você aprenderá como mudar do *site* na web, para a *aplicação* na web.

Objetivos

Visão geral dos Servlets & JSP

1.1 Para cada um dos Métodos HTTP (como GET, POST, HEAD e assim por diante):

- Descrever os benefícios do Método HTTP
- Descrever as funcionalidades do Método HTTP
- Listar os triggers que podem levar um Cliente (geralmente um browser) a usar o método

Também faz parte do Objetivo 1.1, mas não será abordado neste capítulo:

- Identificar o método HttpServlet que corresponda ao Método HTTP

Notas sobre a Abrangência:

Os objetivos deste capítulo são abordados completamente em outro capítulo, então, considere este capítulo como uma base, em primeira mão, para o que virá adiante. Em outras palavras, não se preocupe em terminar este capítulo sabendo (e lembrando) de itens específicos destes objetivos; apenas use isto como uma base. Se você já domina estes assuntos, poderá simplesmente dar uma olhada rápida e passar para o capítulo 2.

Você não encontrará nenhuma pergunta no teste prático sobre estes assuntos até que você chegue ao capítulo mais específico, onde eles serão abordados.

Todos querem um website

Você tem uma idéia fantástica para um website. Para aniquilar com os concorrentes, você precisa de uma arquitetura flexível e escalonável. Você precisa de servlets e JSPs.

Antes de começarmos a construção, vamos dar uma olhada na rede mundial de computadores, a uma distância de aproximadamente 40k pés. O que mais nos importa neste capítulo é como os ***clientes*** e ***servidores*** web se comunicam entre si.

Provavelmente, as muitas das páginas a seguir serão uma revisão para você, principalmente se você já é um desenvolvedor. Contudo, teremos a chance de definir algumas das terminologias que usaremos no decorrer do livro.

A web consiste em zilhões de clientes (usando browsers como o Mozilla ou o Safari) e servidores (rodando aplicações como o Apache), conectados através de redes com fio e wireless. Nosso objetivo é construir uma aplicação que os clientes ao redor do mundo possam acessar. E nos tornarmos estupidamente ricos.

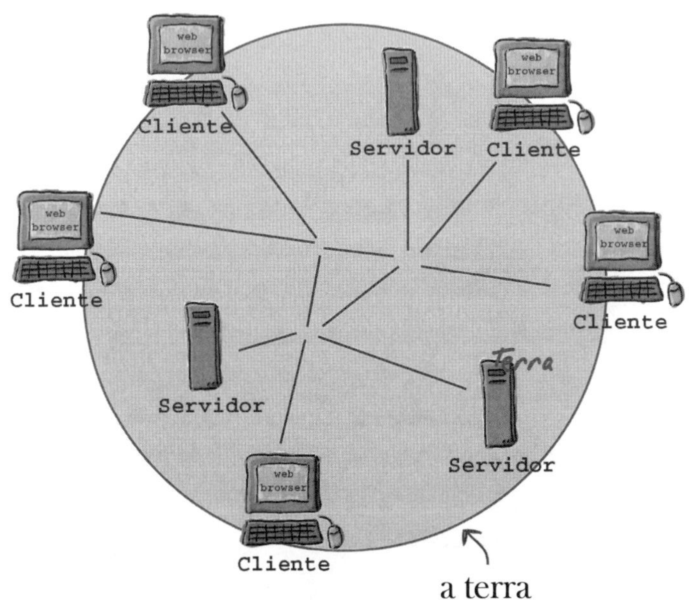

O que o seu servidor web faz?

Um servidor web recebe uma solicitação e devolve algo para o cliente.

Um *browser* permite ao usuário solicitar um *recurso*. O *servidor* pega a solicitação, encontra o recurso e retorna com algo para o usuário. Algumas vezes este recurso é uma *página HTML*. Outras, uma *figura*. Ou um arquivo de *som*. Ou até mesmo um documento *PDF*. Não importa – o cliente solicita uma coisa (recurso) e o servidor a envia de volta.

A menos que o recurso não esteja lá. Ou pelo menos, não está onde o servidor esperava encontrá-lo. Certamente, você já está bem familiarizado com o erro "404 Not Found" – a resposta que você recebe quando o servidor não pode encontrar o que ele acha que você solicitou.

Quando dizemos "servidor", estamos querendo dizer *ou* a máquina física (hardware), ou a aplicação do servidor web (software). Ao longo do livro, se a diferença entre o hardware e o software do servidor importar, nós diremos explicitamente a qual dos dois (hardware ou software) nos referimos.

A solicitação do cliente contém o nome e endereço (a URL), daquilo que o cliente está procurando.

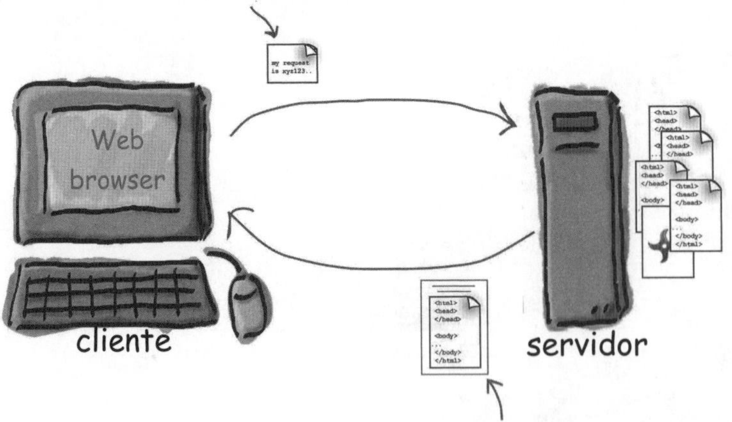

Geralmente, o servidor tem muito conteúdo que pode ser mandado para o usuário. Este conteúdo pode ser páginas, JPEGs e outros recursos.

A resposta do servidor contém o documento verdadeiro que o cliente solicitou (ou um código de erro se o pedido não puder ser processado).

O que um <u>cliente</u> web faz?

Um cliente web permite ao usuário fazer <u>solicitações</u> ao servidor, exibindo para ele o <u>resultado</u> do pedido.

Quando falamos em *clientes*, no entanto, geralmente queremos dizer ao mesmo tempo o *usuário* e o *browser* (ou um dos dois) .

O *browser* é o software (como o Netscape ou o Mozilla) que sabe se comunicar com o servidor. A outra grande tarefa do browser é interpretar o código HTML e *exibir* a página ao usuário.

Então, a partir de agora, quando usarmos o termo *cliente*, geralmente não nos preocuparemos se estamos falando do usuário *ou* do browser. Em outras palavras, o *cliente* é o *browser fazendo aquilo que o usuário solicitou.*

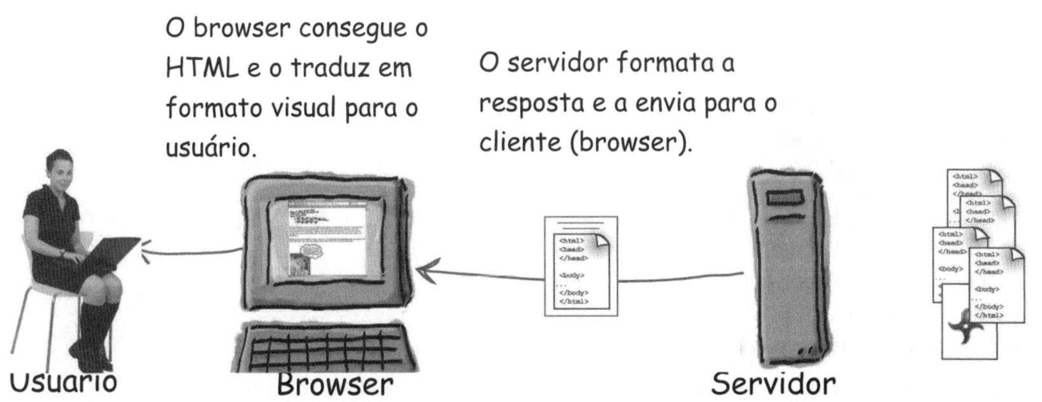

Os clientes e os servidores conhecem HTML e HTTP

HTML

Quando um servidor responde a uma solicitação, ele geralmente envia algum tipo de conteúdo para o browser, para que este possa exibi-lo. Os servidores geralmente enviam instruções para o browser escritas em HTML (HyperText Markup Language). O HTML diz ao browser como apresentar o conteúdo ao usuário.

Todos os browsers sabem o que fazer com o HTML, embora algumas vezes um browser *mais antigo* possa não entender partes de uma página que tenha sido escrita usando as versões *mais recentes* do HTML.

HTTP

A maioria das conversas que ocorre na web entre clientes e servidores é mantida através do protocolo HTTP, que possibilita conversas de request e resposta simples. O cliente envia uma solicitação HTTP e o servidor retorna uma resposta HTTP. Conclusão: ***se você é um servidor web, você fala HTTP.***

Quando um servidor envia uma página HTML ao cliente, o faz usando o HTTP. (Você verá os detalhes de como tudo isto funciona nas próximas páginas.)

(Para Sua Informação: HTTP significa Protocolo de Transferência de Hipertexto.)

Mas como os clientes e os servidores comunicam-se?

Sábia pergunta. Para se comunicarem, eles têm que compartilhar uma linguagem em comum. Na Web, os clientes e os servidores devem falar o HTTP e os browsers devem conhecer o HTML.

O HTML informa ao browser como exibir o conteúdo ao usuário.

O HTTP é o protocolo que os clientes e os servidores usam para se comunicarem.

O servidor usa o HTTP para enviar o HTML ao cliente.

Guia rápido de HTML

Quando você desenvolve uma página, você usa o HTML para descrever que aparência a página deve ter e como deve se comportar.

O HTML tem dúzias de ***tags*** e centenas de ***atributos*** de tag. O objetivo do HTML é, a partir de um documento texto, adicionar tags que dirão ao browser como formatá-lo. Abaixo estão as tags que usaremos nos diversos capítulos a seguir. Se você precisar de um conhecimento completo em HTML, recomendamos o livro *HTML & XHTML The Definitive Guide*.

Tag	Descrição
`<!– –>`	onde você põe seus *comentários*
`<a>`	*âncora* – geralmente para colocar um hyperlink
`<align>`	*alinha* os comentários à esquerda, à direita, centralizado ou justificado
`<body>`	define os limites do *corpo* do documento
` `	pular linha
`<center>`	*centraliza* o conteúdo
`<form>`	define um *formulário* (que geralmente oferece um campo para a entrada de dados)
`<h1>`	o *cabeçalho* de primeiro nível
`<head>`	define os limites do header do documento
`<html>`	define os limites do documento HTML
`<input type>`	define um *tipo de entrada* em um formulário
`<p>`	um novo *parágrafo*
`<title>`	o *título* do documento HTML

(Tecnicamente, as tags <center> e <align> caíram em desuso com o HTML 4.0, mas estamos usando-as em alguns de nossos exemplos, por serem mais simples de serem lidas do que suas respectivas alternativas, até porque você não está aqui para aprender HTML.)

O que você escreve... (o HTML)

Imagine que você está criando uma página de login. O HTML simples poderia se parecer com isto:

```
<html>
<!– Um HTML exemplo – >   ← Um comentário HTML
<head>
(A)  <title>A Login Page</title>
</head>
<body>
(B) <h1 align="center">Skyler's Login Page</h1>

<p align="right">
(C)  <img src="SKYLER2.jpg" width="130" height="150"/>
</p>

<form action="date2">
(D)     Name: <input type="text" name="param1"/><br/>
  Password: <input type="text" name="param2"/><br/><br/><br/>

  <center>
    <input type="SUBMIT"/>
(E) </center>
</form>

</body>
</html>
```

A tag <img> está aninhada dentro de uma tag <align> do parágrafo, a fim de colocar a imagem mais ou menos onde queremos. (Lembre-se, a tag <align> caiu em desuso, mas decidimos usá-la por ser simples de ser lida.)

O servlet para o qual enviaremos a solicitação.

As tags <br> servem para pular linhas.

Oportunamente, falaremos mais sobre formulários, mas para resumir, o browser pode capturar o input do usuário e retorná-lo ao servidor.

O botão "Submit" no formulário.

Relaxe

Você só vai precisar dos conhecimentos mais básicos em HTML.

O HTML "pipoca" durante todo o exame. Mas você não está sendo *testado* em HTML. No entanto, você vai se deparar com o HTML no contexto de várias perguntas. Portanto, você precisará ao menos de uma idéia do que está acontecendo quando vir um HTML simples.

O que o browser cria...

O browser lê todo o código HTML, cria a página e a transforma em imagem para o usuário.

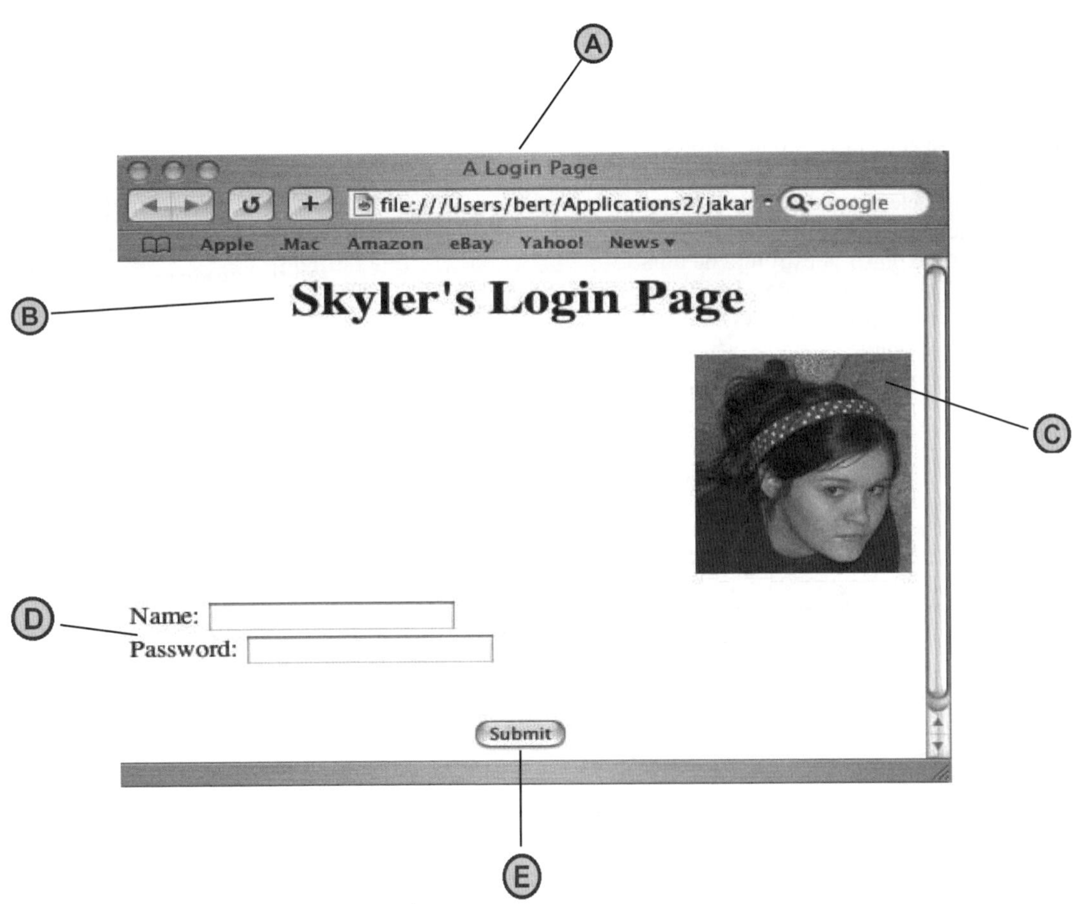

O que é o protocolo HTTP?

O HTTP roda no topo do TCP/IP. Se você não está familiarizado com estes protocolos de rede, temos aqui um curso rápido: O TCP é responsável por garantir que um arquivo enviado de um nó da rede para outro chegue íntegro ao seu destino, ainda que o arquivo esteja dividido em blocos no momento do envio. O IP é o protocolo de sustentação que transfere/roteia os blocos (pacotes) de um host para o outro no seu caminho até o destino. Ou seja, o HTTP é outro protocolo de rede que tem características específicas para web, mas ele depende do TCP/IP para obter a solicitação e a resposta completas de um lugar para o outro. A estrutura de uma conversa HTTP é uma seqüência simples de **Solicitação/Resposta**; um browser *solicita* e um servidor *responde*.

***Principais elementos do fluxo de* solicitação:**

- O método HTTP (a ação de ser executada)
- A página que será acessada (uma URL)
- Os parâmetros do formulário (como argumentos para um método)

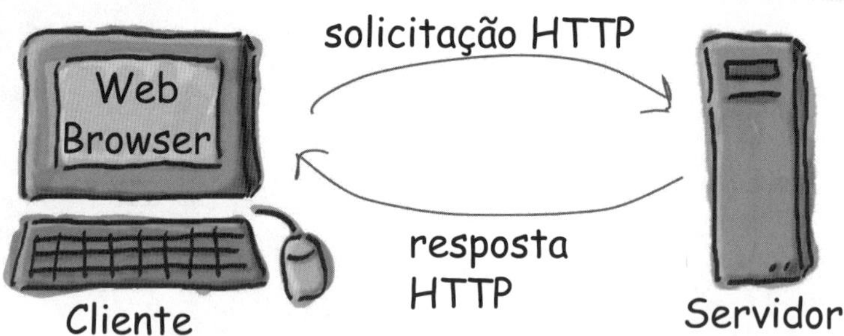

***Principais elementos do fluxo de* resposta:**

- Um código de status (no caso de uma solicitação bem sucedida)
- Tipo de conteúdo (texto, imagem, HTML, etc.)
- O conteúdo (o HTML real, a imagem, etc.)

Você não precisa memorizar a especificação do HTTP.

Se você quer mesmo saber (felizmente, o exame não espera que você queira), o protocolo HTTP segue o padrão IETF, RFC 2616.

O Apache é um exemplo de servidor Web que processa solicitações HTTP. O Mozilla é um exemplo de browser que dá ao usuário o mecanismo para realizar solicitações HTTP e visualizar os documentos retornados pelo servidor.

O HTML é parte da resposta HTTP

Uma resposta HTTP pode *conter* o HTML. O HTTP acrescenta a informação do header no topo de qualquer que seja o conteúdo da resposta (em outras palavras, *aquilo* que retorna do servidor). Um browser HTML usa aquela informação de header para ajudar no processamento da página HTML. Considere o conteúdo do HTML como um dado que foi colado dentro de uma resposta HTTP.

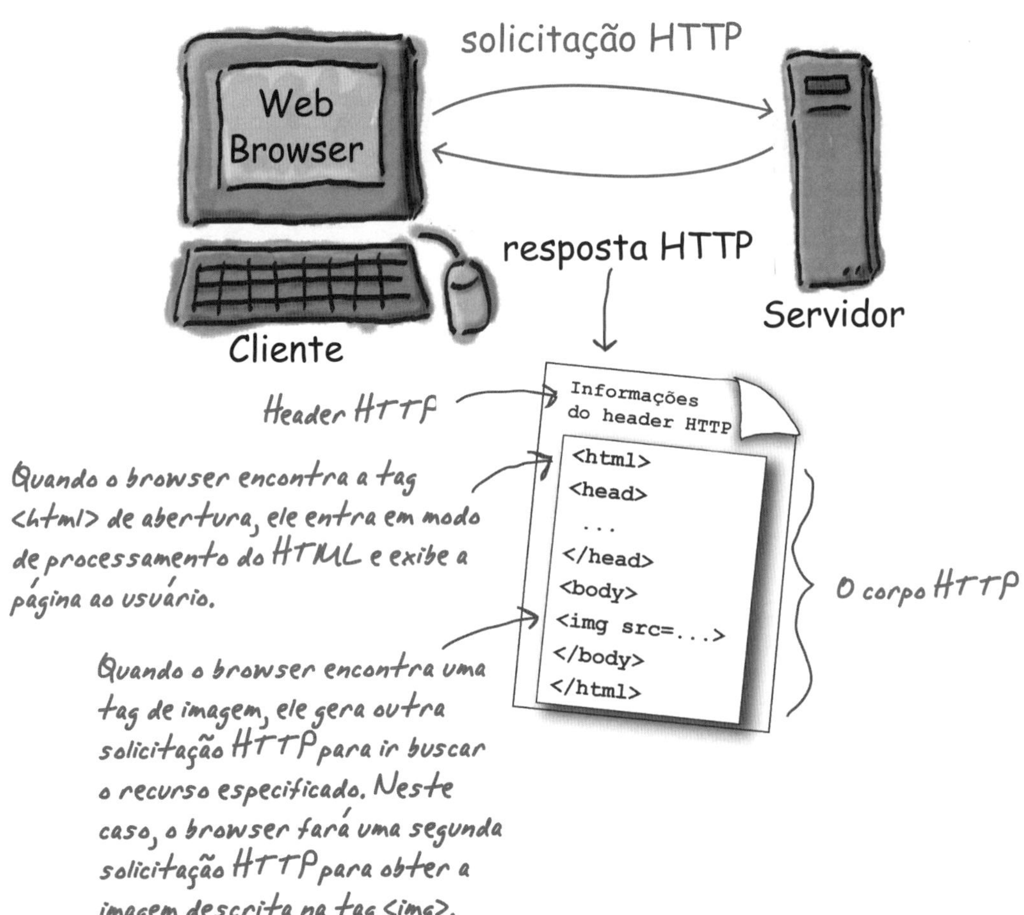

Se esta é a resposta, o que consta na solicitação?

A primeira coisa que você encontrará é o nome do *método* HTTP. Estes não são métodos *Java*, mas a idéia é semelhante. O nome do método informa ao servidor o tipo de solicitação que está sendo feita e como o resto da mensagem será formatada. O protocolo HTTP possui diversos métodos, mas os que você usará com mais freqüência são o *GET* e o *POST*.

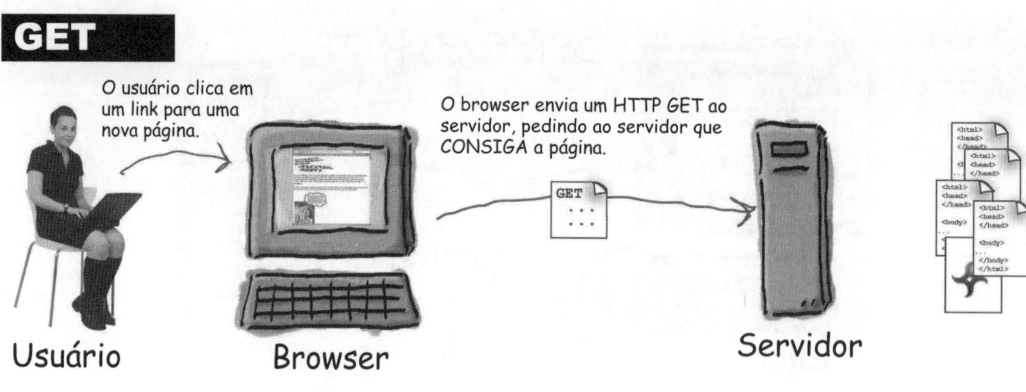

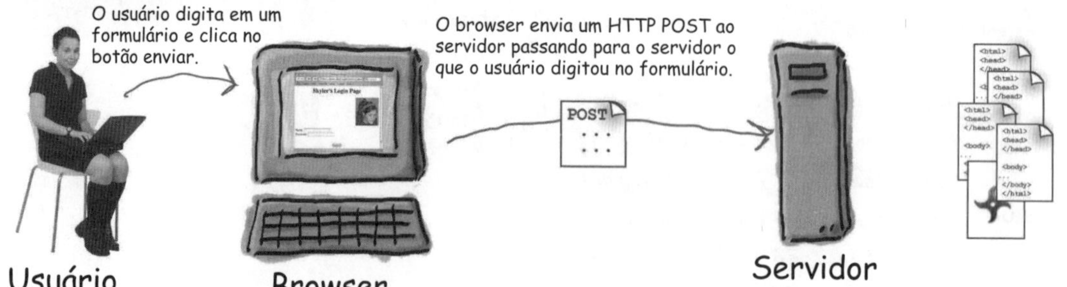

O GET é uma simples solicitação, o POST pode enviar dados do usuário

O GET é o método mais simples do HTTP e seu principal trabalho na vida é pedir ao servidor que *consiga* um recurso e enviá-lo de volta. Tal recurso pode ser uma página HTML, um JPEG, um PDF, etc. Não importa. O objetivo do GET é *conseguir* alguma coisa do servidor.

O POST é uma solicitação mais poderosa. É como se fosse um GET++. Com o POST, você pode *solicitar* algo e, ao mesmo tempo, *enviar* os dados de um formulário para o servidor (mais adiante neste capítulo, veremos o que o servidor pode fazer com esses dados).

Não existem Perguntas Idiotas

P: E com relação aos outros métodos HTTP além do GET e do POST?

R: Estes são os dois métodos mais usados por todo mundo. Mas, existem alguns raramente usados (e os Servlets podem tratá-los), tais como HEAD, TRACE, PUT, DELETE, OPTIONS e CONNECT.

Você realmente não precisa saber muito sobre estes outros para o exame, embora você possa encontrá-los em alguma pergunta. O capítulo A Vida e a Morte de um Servlet aborda o resto dos detalhes dos métodos HTTP que você poderá precisar.

Espere um momento...
Eu poderia jurar que vi solicitações GET que enviavam alguns dados por parâmetros ao servidor.

É verdade... você pode enviar alguns dados com o HTTP GET

Mas você pode não querer. As razões para usarmos o POST no lugar do GET incluem:

1. O total de caracteres no GET é realmente limitado (dependendo do servidor). Se o usuário digitar, digamos, um trecho extenso em uma caixa de entrada do tipo "Procurar", o GET pode não funcionar.

2. Os dados que você envia através do GET são anexados à URL, lá em cima, na barra de endereços do browser; portanto, seja o que for, ficará exposto. Melhor não colocar a senha ou outra informação sensível como parte de um GET!

3. Devido ao item 2 acima, o usuário não pode adicionar aos seus favoritos a página que envia um formulário, se você usar o POST em lugar do GET. Dependendo de sua aplicação, você pode querer ou não que os usuários sejam capazes de armazenar a página resultante do envio de um formulário.

A "?" separa o caminho dos parâmetros (os dados extras). O total de dados que você pode enviar através do GET é limitado e exposto aqui em cima no browser, para todo mundo ver. Juntos, formam a string da URL que é enviada com a solicitação.

A URL original antes dos parâmetros extras.

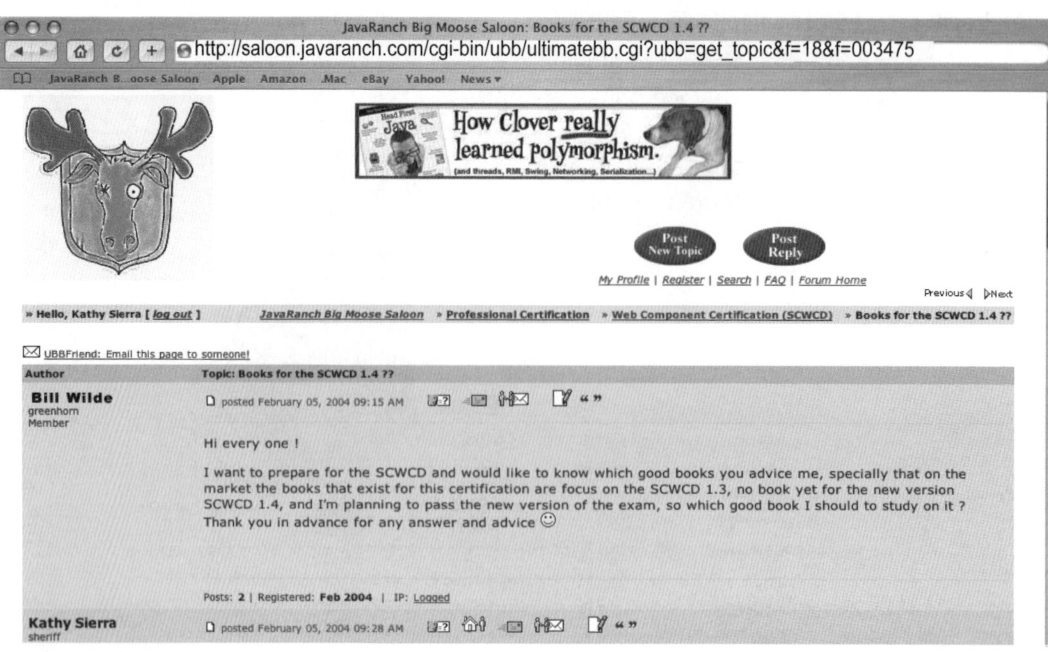

Anatomia de uma solicitação HTTP GET

O caminho até o recurso e quaisquer parâmetros adicionados à URL estão incluídos na "linha de solicitação".

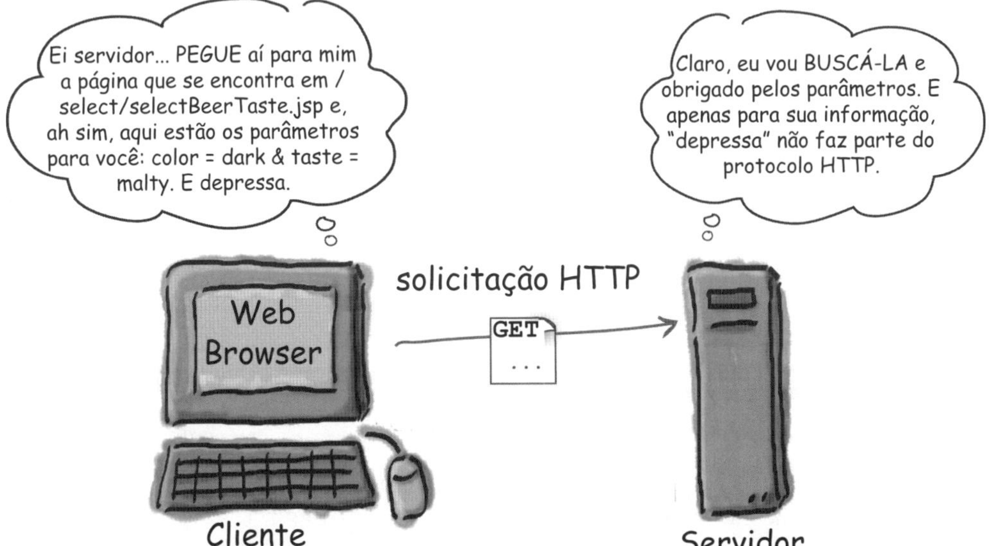

Anatomia de uma solicitação HTTP POST

As solicitações HTTP POST são designadas para serem usadas pelo browser em solicitações complexas para o servidor. Por exemplo, se o usuário acabou de preencher um longo formulário, a aplicação poderá querer que todos os dados do formulário sejam adicionados a um banco de dados. Os dados a serem enviados de volta ao servidor são conhecidos como "corpo da mensagem" ou "payload" e podem ser bem extensos.

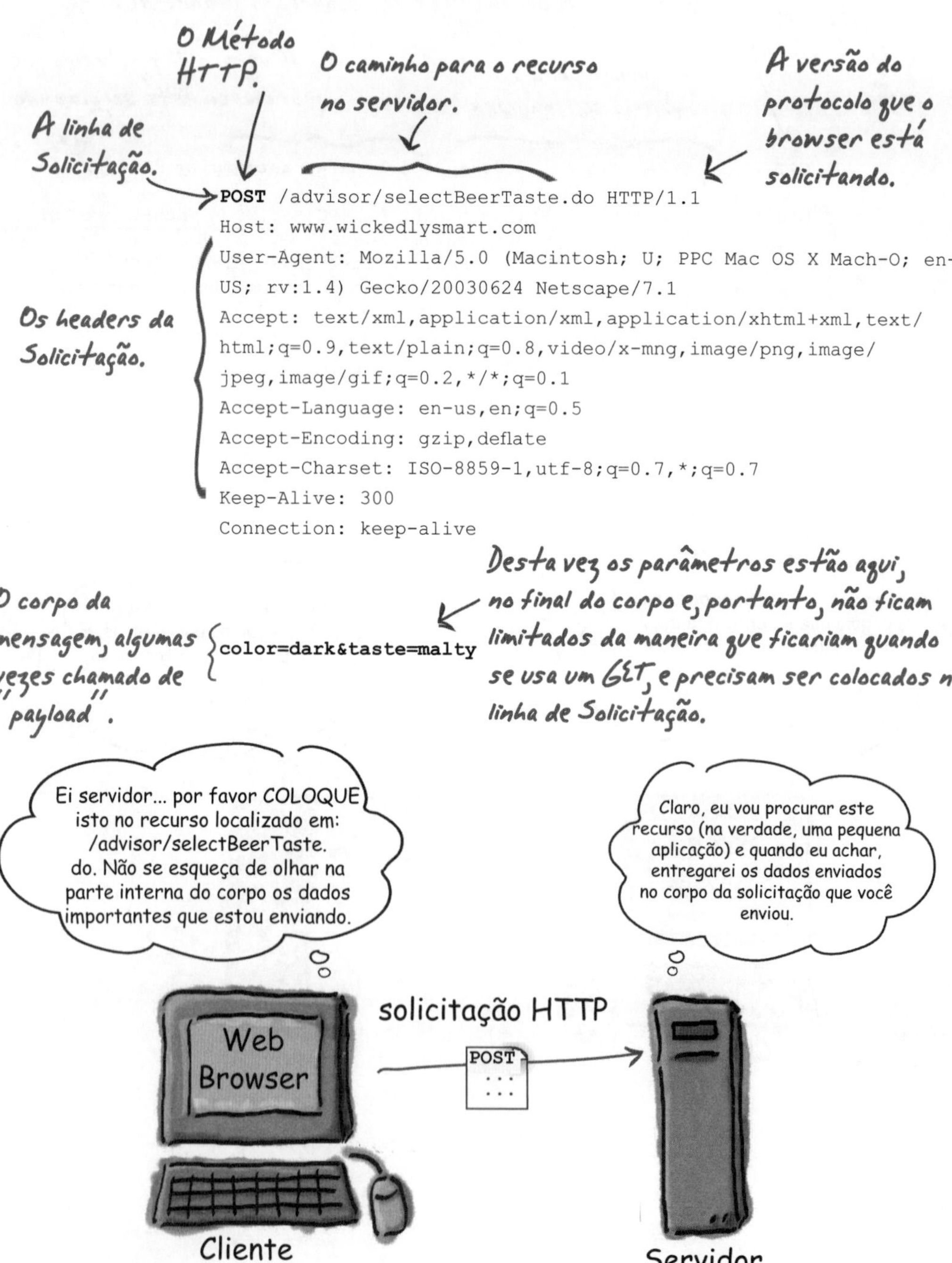

Anatomia de uma resposta HTTP e que negócio é esse de "MIME type"?

Agora que já vimos as solicitações do browser para o servidor, vamos dar uma olhada no que o servidor envia de volta como resposta. Uma resposta HTTP é composta de header e corpo. A informação do header informa ao browser o protocolo que está sendo usado, se a solicitação obteve êxito e que tipo de conteúdo está incluído no corpo. O corpo possui o conteúdo (por exemplo, o HTML) que o browser exibirá.

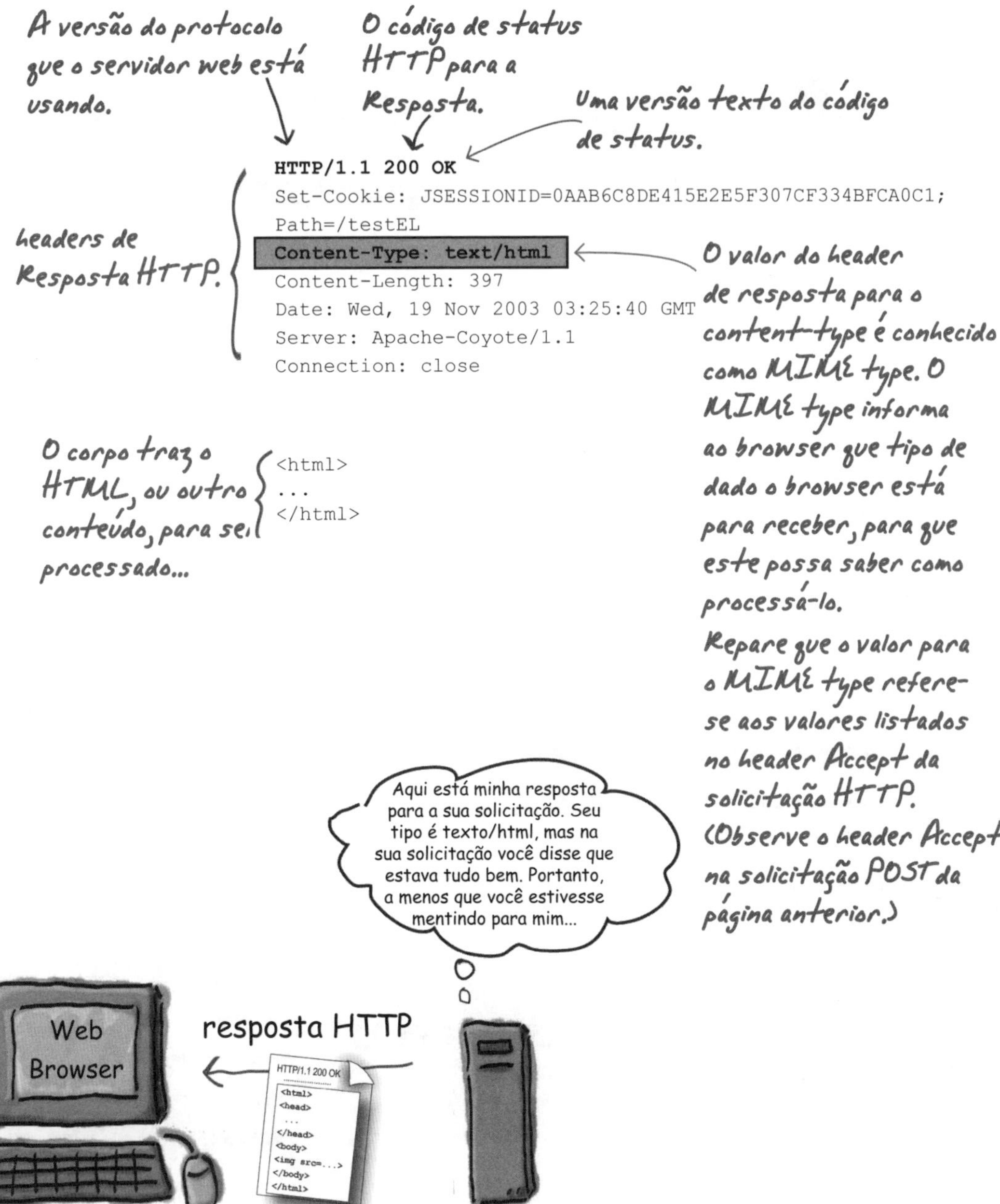

Todos os blocos. Em uma única página.

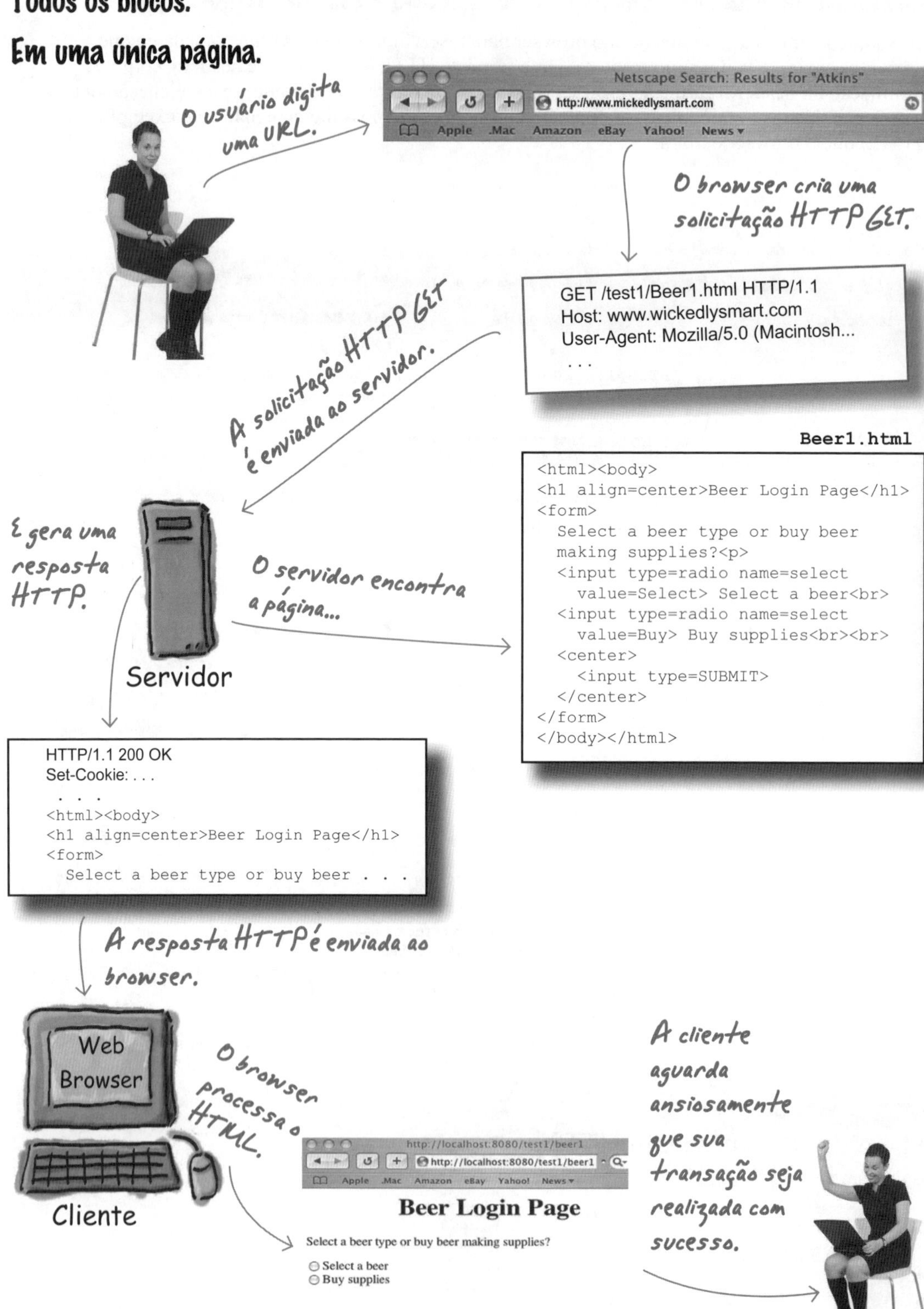

GET ou POST?

Para cada descrição, circule POST ou GET, dependendo de que método HTTP você usaria para implementar isso funcionalmente. Se você achar que pode ser ambos, circule os dois, mas esteja preparado para defender suas respostas...

POST	GET	*Um usuário digitando um login e uma senha.*
POST	GET	*Um usuário solicitando uma nova página via hyperlink.*
POST	GET	*Um usuário em uma sala de bate-papo enviando uma resposta.*
POST	GET	*Um usuário clica no botão "next" para ver a próxima página.*
POST	GET	*Um usuário clica no botão de "logout" num site seguro de um banco.*
POST	GET	*Um usuário clica em "Voltar" no browser.*
POST	GET	*Um usuário envia um formulário com nome e endereço para o servidor.*
POST	GET	*Um usuário faz uma escolha em um botão de seleção.*

URL. O que quer que você faça, não pronuncie "Earl".

Quando você procura a letra U no dicionário de acrônimos ocorre um congestionamento... URI, URL, URN, onde isso termina? Por enquanto, vamos focar nas URLs, ou **U**niform **R**esource **L**ocators (Localizadores Uniformes de Recursos), que você conhece e ama. Todo recurso na web tem seu endereço único próprio, no padrão URL.

Protocolo: Informa ao servidor qual protocolo de comunicação (neste caso o HTTP) que será usado.

Porta: Esta parte da URL é opcional. Um único servidor suporta várias portas. Uma aplicação é identificada por uma porta. Se você não especificar uma porta em sua URL, a porta 80 será o padrão e, coincidentemente, esta é a porta-padrão para os servidores web.

Recurso: O nome do conteúdo sendo solicitado. Pode ser uma página HTML, um servlet, uma imagem, PDF, música, vídeo ou qualquer outra coisa que o servidor queira disponibilizar. Se esta parte opcional for omitida, a maioria dos servidores irá procurar por index.html por padrão.

```
http://www.wickedlysmart.com:80/beeradvice/select/beer1.html
```

Servidor: O nome único do servidor físico pelo qual você está procurando. Este nome aponta para um único endereço IP. Os endereços IP são numéricos e assumem a forma "xxx.yyy.zzz.aaa". Você pode especificar um endereço IP aqui em vez de um nome, mas um nome é bem mais fácil de lembrar.

Caminho: O caminho para a localização, no servidor, do recurso que está sendo solicitado. Em virtude de a maioria dos servidores web mais novos rodar Unix, a sintaxe Unix ainda é usada para descrever as hierarquias de diretórios.

Não mostrado:
Query String Opcional: Lembre-se, se fosse uma solicitação GET, a informação extra (parâmetros) seria anexada ao final desta URL, começando por um ponto de interrogação "?" e com cada parâmetro (nome/valor par) separado por um "&".

Uma porta TCP é apenas um número

Um número de 16 bits que identifica um programa específico no hardware do servidor.

Os números mais conhecidos de portas TCP para as aplicações mais comuns que rodam em servidores

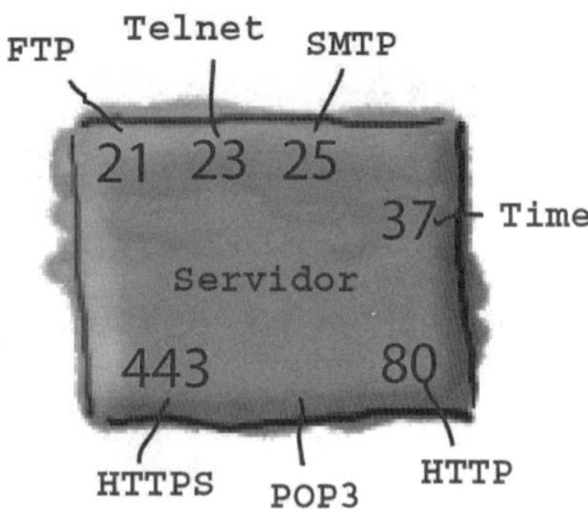

O software do seu servidor de internet (HTTP) roda na porta 80. Isto é padrão. Se você possui um servidor de Telnet, ele rodará na porta 23. FTP? 21. Servidor de e-mail POP3? 110. SMTP? 25. O Time server fica na 37. Considere as portas como identificadores únicos. Uma porta representa uma conexão lógica para um determinado software rodando no *hardware* do servidor. Só isso. Você não pode virar o seu gabinete e encontrar uma porta TCP. Por um motivo, você tem 65536 delas em um servidor (0 a 65535). Além disso, não conectamos dispositivos físicos nelas. Elas são apenas números representando uma aplicação para servidor.

Usando uma aplicação por porta, um servidor pode ter até 65536 aplicações diferentes rodando (embora seja possível rodar mais de uma aplicação na mesma porta se elas usarem protocolos distintos).

Sem os números das portas, o servidor não teria meios de saber a qual aplicação o cliente gostaria de se conectar. E já que cada aplicação deve ter seu próprio protocolo, imagine o problema que você teria sem estes identificadores. E se o seu browser, por exemplo, fosse parar no servidor POP3 em vez do servidor HTTP? O servidor de e-mail não sabe analisar uma solicitação HTTP! E mesmo que soubesse, o servidor POP3 não sabe nada sobre disponibilidade de páginas HTML.

Se você está escrevendo serviços (programas de servidores) para rodar na rede de uma empresa, você deve checar com o administrador de sistemas quais portas já estão sendo usadas. Seu administrador poderá dizer, por exemplo, que você não pode usar nenhuma porta inferior a, digamos, 3000.

Os números das portas TCP de 0 a 1023 são reservados para serviços já conhecidos (incluindo a Principal para nós - a porta 80). Não use estas portas para os seus programas particulares!

A estrutura de diretórios para um site Apache simples

Nós falaremos mais sobre o Apache e o Tomcat mais adiante, mas por enquanto vamos admitir que nosso site simples esteja usando o Apache (um servidor web bastante popular, de código aberto e que provavelmente você já está usando). Como parecer-se-ia a estrutura de diretórios para um site chamado www.wickedlysmart.com, hospedando duas aplicações, uma dando conselhos sobre esquiar e a outra, sobre assuntos relacionados à cerveja? Imagine que o Apache esteja rodando na porta 80.

Marcamos cada uma das páginas .html com uma letra (A, B, C, D) para o exercício na próxima página.

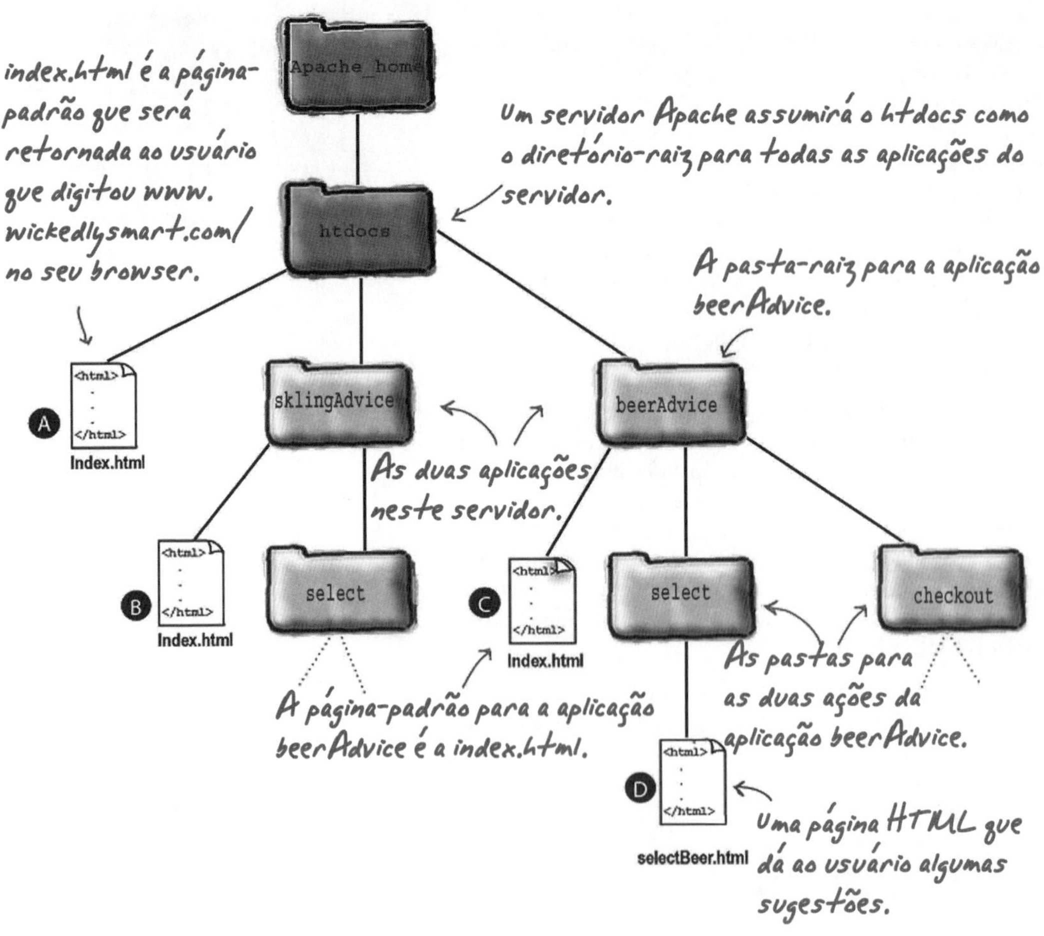

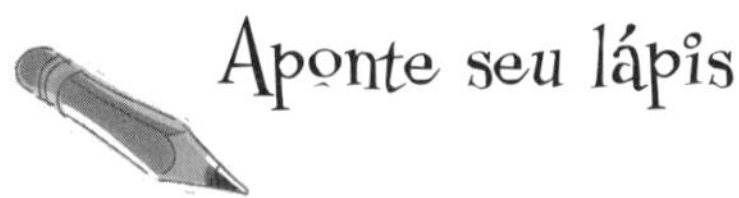

Apontando as URLs para o conteúdo

Observe a estrutura de diretórios da página ao lado e escreva a URL que levaria você a cada uma das quatro páginas .html marcadas com as letras A, B, C e D. Nós fizemos a primeira (A) para você, porque é assim que nós somos. Para o exercício, considere que o Apache esteja rodando na porta 80. (As respostas estão no rodapé da próxima página.)

Fará com que o servidor retorne para você a página index.html no ponto  A

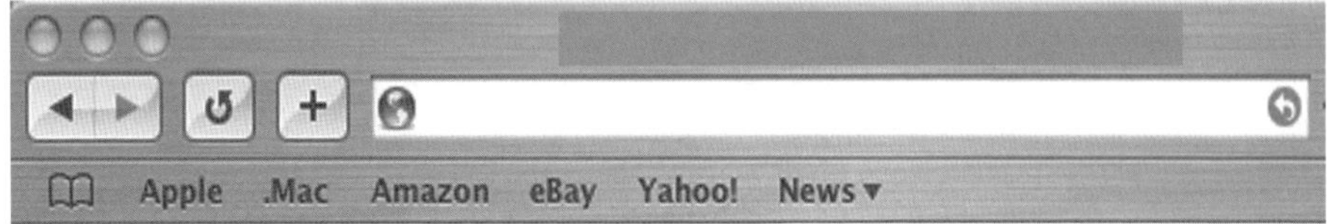

Fará com que o servidor retorne para você a página index.html no ponto B

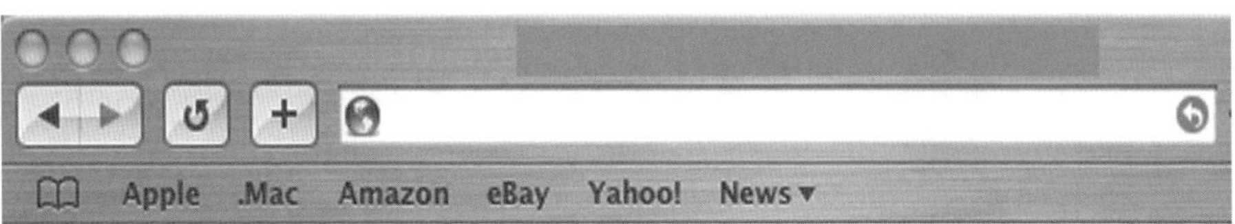

Fará com que o servidor retorne para você a página index.html no ponto C

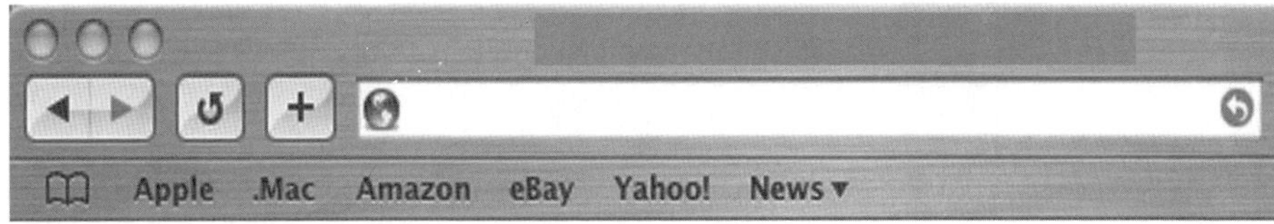

Fará com que o servidor retorne para você a página selectBeer.html no ponto D

Servidores Web amam servir páginas Web estáticas

É isto que eu faço. Peça-me uma página, eu a encontro e te devolvo. Com alguns headers. Mas é só isso. NÃO me peça, por exemplo, que faça alguma coisa com a página.

Uma página <u>estática</u> apenas repousa lá dentro do diretório. O servidor a encontra e a devolve para o cliente como está. Todo o cliente vê a mesma coisa.

Estas páginas vão direto para o cliente, exatamente como elas foram colocadas no servidor.

Mas e se eu quiser, digamos, que a hora atual apareça na minha página? E se eu quiser uma página com conteúdo dinâmico? Eu não poderia ter algo como uma variável dentro do meu HTML?

E se quisermos encaixar alguma coisa variável dentro da página HTML?

```
<html>
<body>
The current time is [insertTimeOnServer].
</body>
</html>
```

Respostas:

B- www.wickedlysmart.com/skiingAdvice/
C- www.wickedlysmart.com/beerAdvice/
D- www.wickedlysmart.com/beerAdvice/select/selectBeer.html

Mas algumas vezes você precisa de mais do que só o servidor

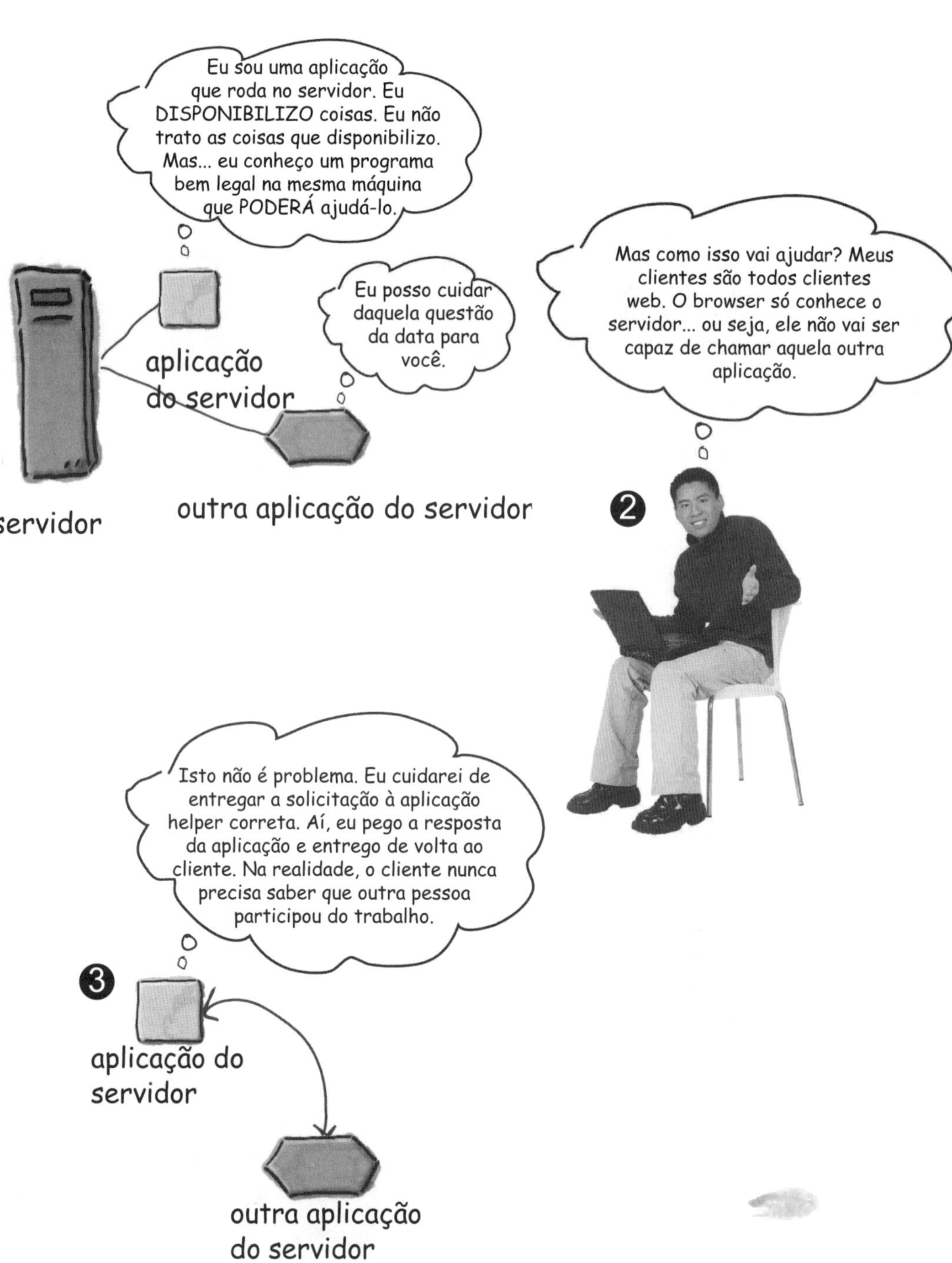

Duas coisas que o servidor não faz sozinho

Se você precisa de páginas instantâneas (páginas criadas dinamicamente e que não existiam antes da solicitação) e da capacidade para escrever/salvar dados no servidor (que significa escrever em um arquivo ou banco de dados), você não pode contar apenas com o servidor.

As páginas instantâneas não existem antes de ser feita a solicitação. É como fazer uma página HTML de repente.

A solicitação chega, a aplicação helper "escreve" o HTML, e o servidor retorna ao cliente.

1 Conteúdo dinâmico

A aplicação que roda no servidor disponibiliza somente páginas estáticas, porém uma outra aplicação "assistente", com a qual o servidor pode se comunicar, pode construir páginas dinâmicas instantaneamente. Uma página dinâmica poderia ser qualquer coisa, desde um catálogo até um weblog, ou até mesmo uma página que escolha imagens aleatoriamente para exibi-las.

Quando em vez disto:

```
<html>
<body>
The curent time is
always 4:20 PM
on the server
</body>
</html>
```

Você quer isto:

```
<html>
<body>
The curent time is
[insertTimeOnServer]
on the server
always 4:20 PM
on the server
</body>
</html>
```

2 Salvando os dados no servidor

Quando o usuário envia os dados em um formulário, o servidor analisa os dados e pensa: "E aí? Eu devo me preocupar?". Para processar esses dados, salvá-los em um arquivo ou banco de dados, ou até mesmo para usá-los na criação da página de resposta, você precisa de outra aplicação. Quando o servidor recebe uma solicitação para uma aplicação helper, ele considera que aqueles parâmetros são destinados ao assistente. Assim, o servidor passa os parâmetros, fornecendo à aplicação uma forma de gerar uma resposta ao cliente.

O termo não-Java para uma aplicação helper que roda no servidor é o "CGI"

A maioria dos programas CGI é escrita como scripts em Perl, mas várias outras linguagens podem servir, incluindo o C, o Python e o PHP. (CGI significa Common Gateway Interface – Interface de Passagem Comum –, e não nos importamos por que ele é chamado assim.)

Usando o CGI, veja abaixo como funciona uma página dinâmica que possui a data atual do servidor.

1

O usuário clica em um link que tem uma URL, que chama um CGI em vez de uma página estática.

2

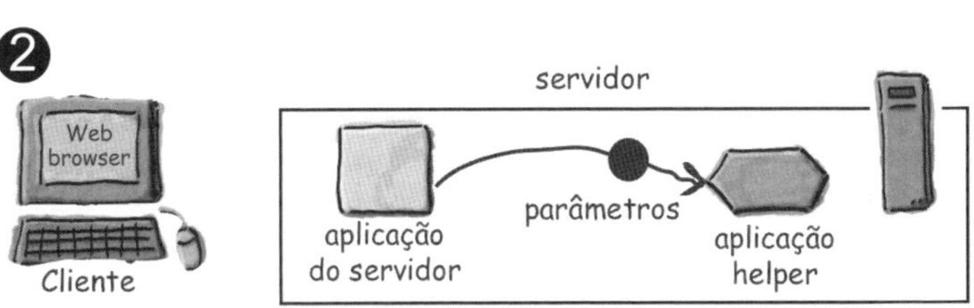

A aplicação do servidor "vê" que a solicitação é para o programa assistente, então o servidor abre e roda o programa. A aplicação do servidor envia junto os parâmetros do GET ou POST.

3

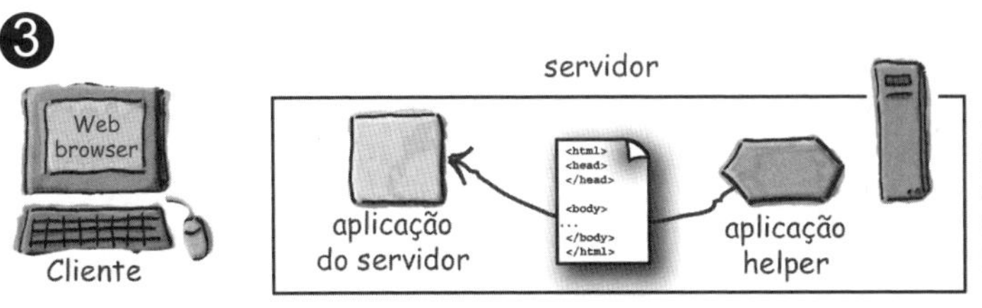

A aplicação helper constrói a nova página (que tem a data atual inserida) e devolve o HTML ao servidor. Para o servidor, o HTML da aplicação helper é uma página estática.

4

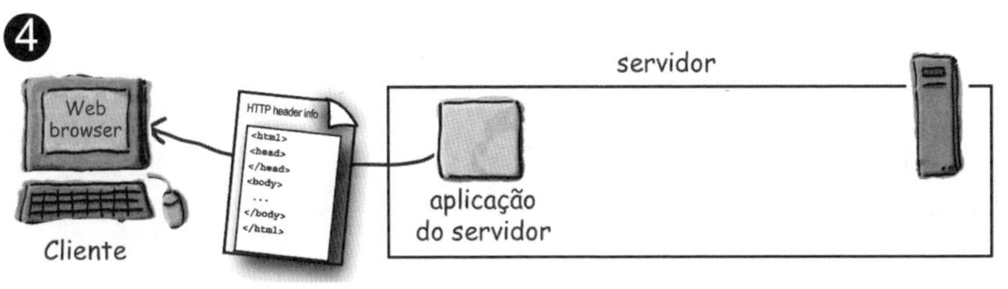

A aplicação helper é fechada e o cliente recebe de volta uma página HTML contendo a data atual, agora estática, como parte

Os Servlets e o CGI atuam como uma aplicação helper no servidor

Preste atenção na conversa dos nossos dois faixas-pretas sobre os prós e os contras do CGI e dos Servlets.

CGI

Servlets

O CGI é melhor que os Servlets. Nós criamos os scripts CGI em Perl na nossa empresa, pois todo mundo sabe Perl.

Com todo o respeito, mestre, existem muitas vantagens em se usar o Java, em vez do Perl, para essas coisas que você quer fazer com o CGI.

Eu acho que é legal usar Java, se você souber. Mas certamente, não valerá a pena para nós mudar para Java. Não há nenhuma vantagem.

Desempenho, por exemplo. Com o Perl, o servidor tem que rodar um processo superpesado para todas as solicitações que sejam para este recurso!

Você está me desafiando? Em quais assuntos?

Ah, sim, mas os Servlets ficam carregados e as solicitações dos clientes para um recurso do Servlet são tratadas como *threads* de um único Servlet em execução. Não existe overhead ao carregar a JVM, as classes e tudo mais...

Isto não é diferente do Java... O que você chama de JVM? Cada ocorrência da JVM não é um processo superpesado?

Eu vejo que você esqueceu muita coisa. Atualmente, os servidores web são capazes de manter um único programa Perl rodando entre as solicitações dos clientes. Por isso, seu argumento de que ele é mais pesado não vale de nada.

Eu não esqueci, mestre. Mas não são todos os servidores que podem fazer isso. Você está se referindo a um caso isolado que não se aplica a todos os programas CGI em Perl. Porém, os Servlets serão sempre mais eficientes quando isso ocorrer. E não vamos esquecer que um Servlet pode ser um cliente J2EE e um programa CGI em Perl não.

Do que você está falando? Qualquer coisa compatível com o CORBA pode ser um cliente J2EE.

Eu não quero dizer um cliente *para* um programa J2EE, e sim um cliente que *é* um J2EE. Um Servlet rodando em um container J2EE pode participar da segurança e das transações com enterprise beans e existem...

Chega, estou atrasado para minha aula de Pilates. Mas não pense que acabou. Vamos terminar isso mais tarde.

continua...

Eu duvido que *todos* saibam Perl. Eu gosto do Perl, mas todos somos programadores Java aqui na empresa; então, preferimos Java.

Aponte seu lápis

Solicitação Resposta

Complete as caixas escrevendo o que acontece durante cada passo no processo. Esta é uma cópia da página 18. Ou seja, ao terminar, volte lá para comparar suas respostas.

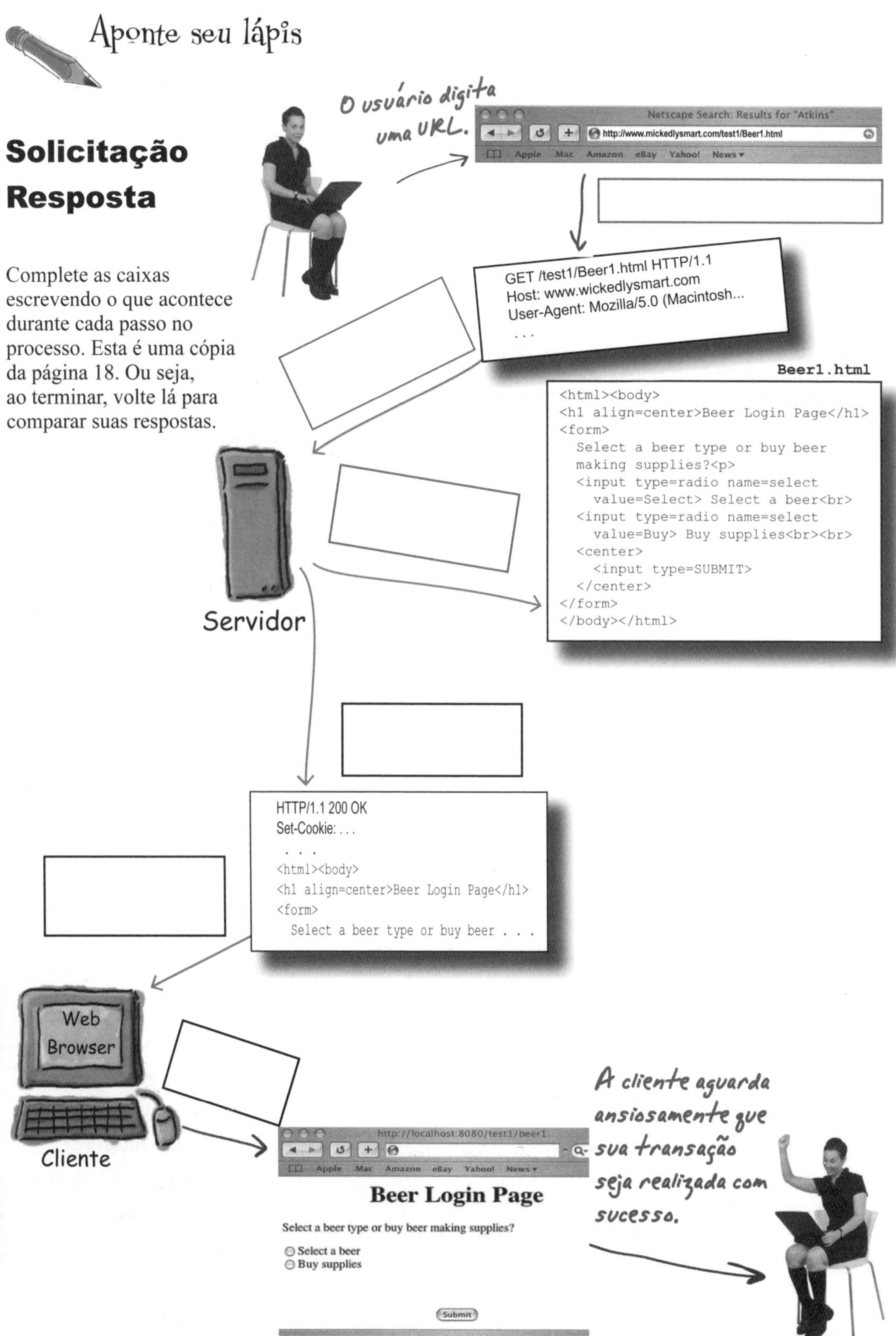

Servlets Desmistificados (criar, distribuir, executar)

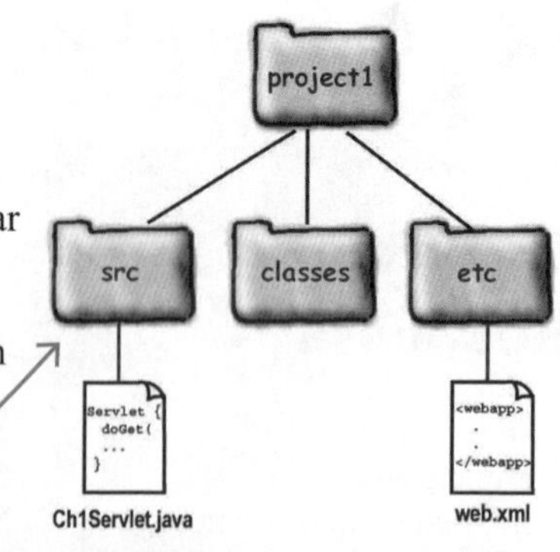

Pois é, os novatos em servlets já podem parar de prender a respiração; aqui está um guia rápido para criar, distribuir e executar um servlet. Este guia pode gerar mais perguntas que respostas – ***não se assuste***! Você não precisa *fazê-lo* neste exato momento. É apenas uma rápida demonstração para aqueles que não conseguem esperar. O próximo capítulo inclui um tutorial mais detalhado.

1. Construa esta árvore de diretórios (em qualquer lugar, *exceto* sob o tomcat).

2. Crie um servlet chamado Ch1Servlet.java e o coloque no diretório *src* (para simplificar este exemplo, não colocaremos o servlet em um pacote; mas após este, todos os outros exemplos com servlet neste livro estarão em pacotes).

```
import javax.servlet.*;
import javax.servlet.http.*;
import java.io.*;

public class Ch1Servlet extends HttpServlet {

   public void doGet(HttpServletRequest request,
                     HttpServletResponse response)
                     throws IOException {

      PrintWriter out = response.getWriter();
      java.util.Date today = new java.util.Date();
      out.println("<html> " +
                "<body>" +
                "<h1 align=center>HF\'s Chapter1 Servlet</h1>" +
                + "<br>" + today + "</body>" + "</html>");
   }
}
```

Declarações-padrão do servlet (você encontrará cerca de 400 páginas falando sobre isso).

HTML inserido em um programa Java. É lindo, não é mesmo?

3. Crie um deployment descriptor (DD) chamado web.xml e ponha-o no diretório *etc*.

```
<?xml version="1.0" encoding="ISO=8859-1" ?>
<web-app xmlns="http://java.sun.com/xml/ns/j2ee"
     xmlns:xsi="http://www.w3.org/2001/XMLSchema-instance"
     xsi:schemaLocation="http://java.sun.com/xml/ns/j2ee/
     http://java.sun.com/xml/ns/j2ee/web-app_2_4.xsd"
   version="2.4">
   <servlet>
     <servlet-name>Chapter1 Servlet</servlet-
     name>
     <servlet-class>Ch1Servlet</servlet-class>
   </servlet>

   </servlet-mapping>
     <servlet-name>Chapter1 Servlet</servlet-
     name>
     <url-pattern>/Serv1</url-pattern>
   </servlet-mapping>
</web-app>
```

Considerações importantes:
– Um DD para cada aplicação web.
– Um DD pode declarar vários servlets.
– Um <servlet-name> amarra o elemento <servlet> ao elemento <servlet-mapping>.
– Um <servlet-class> é a classe Java.
– Um <url-pattern> é o nome que o cliente usa para a solicitação.

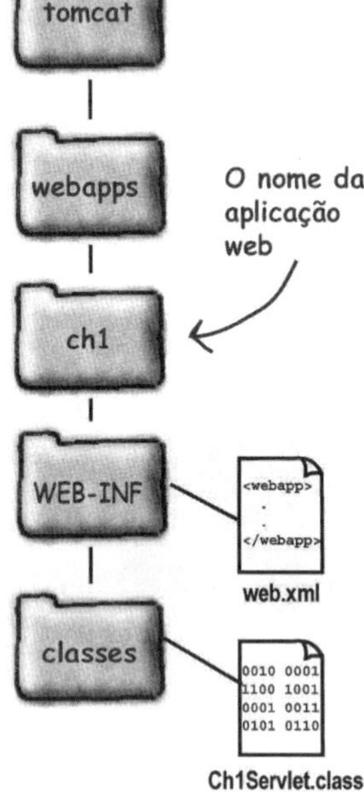

4 Construa esta árvore de diretórios abaixo do diretório *tomcat* existente...

5 Do diretório *project1*, compile o servlet...

```
%javac -classpath /your path/tomcat/common/lib/
servlet-api.jar -d classes src/Ch1Servlet.java
```

(Isto tudo é um único comando.)

(o arquivo Ch1Servlet.class vai terminar em *project1/classes*)

6 Copie o arquivo Ch1Servlet.class para *WEB-INF/classes*, e o arquivo web.xml para o diretório *WEB-INF*.

7 Rode o Tomcat a partir do diretório *tomcat*...

```
%bin/startup.sh
```

8 Abra seu browser e digite:

```
http://localhost:8080/ch1/Serv1
```

deve aparecer:

A aplicação chama-se 'ch1' e o servlet chama-se 'Serv1'.

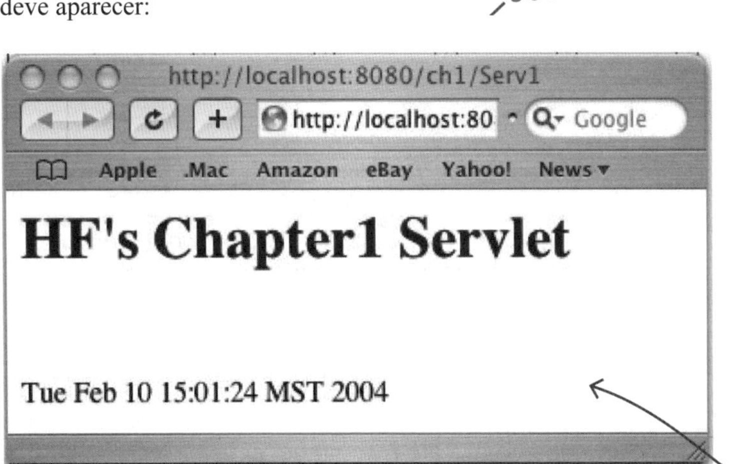

Sua data pode variar...

9 Por enquanto, toda vez que você atualizar ou uma classe de servlet, ou o deployment descriptor, dê um shutdown no Tomcat:

```
%bin/shutdown.sh
```

Sem ofensas, mas existe alguma coisa SERIAMENTE errada com esta figura sobre servlets... tentando enfiar o HTML dentro de um println()?? Isso não pode estar correto...

É assim que você cria uma página dinâmica em um servlet. Você tem que exibir tudo para uma saída externa (na verdade, isso é parte da resposta HTTP para onde você está exibindo).

```
out.println("<html> " +
        "<body>" +
        "<h1>Skyler\'s Login Page</h1>"
        +
        "<br>" + today +
        "</body>" +
        "</html>");
```

Na verdade, tentar formatar o HTML dentro de um out.println() no servlet é pior ainda.

Esta é uma das piores partes (não, *a* pior parte) dos servlets. Enfiar tags HTML, devidamente formatadas, dentro do println(), só para que você possa inserir variáveis e métodos de chamadas é simplesmente uma crueldade. Nem *pense* em inventar coisas, ainda que pouco sofisticadas.

P: Não pode ser *tão* ruim assim... Por que eu não posso simplesmente copiar uma página HTML inteira do meu editor, como o Dreamweaver, e colar dentro do println()? Não é só para eu ser capaz de *ler* o código lá dentro?

R: Obviamente, você ainda não tentou fazer isso. Que *bom*. Sim. Eu faço minha página em um editor decente (ou até mesmo um simples arquivo de texto seria mais fácil que no meu código Java) e, então, faço um copiar/colar rapidinho no println() e pronto!

Pena que você vai receber 1.378 erros de compilação.

Lembre-se de que você não pode ter um carriage return (retorno de carro) de verdade dentro de uma String literal. E já que estamos falando de Strings... o que dizer do seu HTML com todas aquelas aspas duplas?

Oh, se pelo menos existisse uma maneira de colocar o Java dentro de uma página HTML, em vez de colocar o HTML dentro de uma classe Java.

Ela não conhece o JSP

```
<html>
<body>
<h1>Skyler's Login Page</h1>
<br>
<%= new java.util.Date() %>
</body>
</html>
```

Opa! Isto se parece com um pequeno Java, bem no meio de um HTML?!

skylerlogin.jsp

Uma página JSP é bem parecida com uma página HTML, com a diferença de que você pode inserir Java (e coisas relacionadas ao Java) dentro da página. Portanto, é realmente semelhante a inserir uma variável no seu HTML.

JSP foi o que aconteceu quando alguém apresentou o Java ao HTML

Inserir o Java no HTML é a solução para dois problemas:

1 Nem todos os designers que fazem páginas em HTML conhecem Java

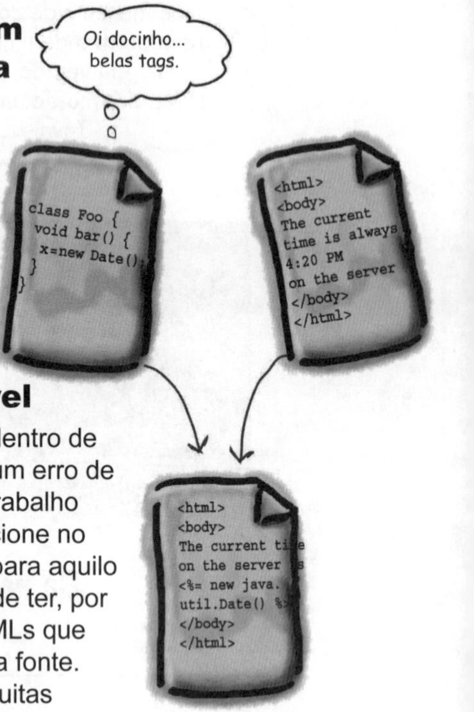

Os desenvolvedores de aplicação sabem Java. Já os designers de páginas sabem HTML. Com o JSP, os desenvolvedores Java fazem a parte Java, enquanto que os desenvolvedores HTML fazem as páginas.

2 Formatar o HTML dentro de uma String literal é REALMENTE terrível

Inserir um HTML, mesmo que levemente complexo, dentro de um argumento em um println() é esperar que ocorra um erro de compilação. Pode ser que você tenha que fazer um trabalho enorme para formatar o HTML, de forma que ele funcione no browser do cliente, mas satisfaça as regras do Java para aquilo que ele for designado a fazer na String. Você não pode ter, por exemplo, carriage returns, embora a maioria dos HTMLs que você baixa e edita terá carriage returns de verdade na fonte. As aspas podem significar um problema também – muitas tags HTML usam aspas antes e depois dos valores para atributos, por exemplo. E você sabe o que acontece quando um compilador dá de cara com as aspas duplas... ele pensa "este deve ser o final da String literal". Naturalmente, você pode voltar e substituir suas aspas duplas pelos escape codes... mas isso tudo aumenta demais a chance de erros.

P: **Espere... ainda tem algo de errado aqui! A vantagem número 1 diz que "nem todos os designers de páginas sabem Java...", mas quem cria páginas em HTML ainda tem que escrever o Java dentro da página JSP! O JSP alivia o programador Java de escrever o HTML, mas ele não ajuda, de fato, o designer que cria o HTML. Poderia ser *mais fácil* escrever o HTML em um JSP, em vez de num println(), mas o profissional que escreve o HTML ainda terá que saber Java.**

R: Parece que sim, não parece? Mas com a nova especificação para o JSP – e seguindo alguns conselhos –, o desenvolvedor da página incluirá, de Java mesmo, muito pouco (ou nenhum) no JSP. Eles terão que aprender *alguma coisa*... mas algo como colocar labels que de fato *chamem* os métodos Java, em vez de escrever o código Java real na página mesmo. E terão que aprender a sintaxe JSP, mas não a linguagem Java.

Pontos de Bala

- HTTP significa HyperText Transfer Protocol (Protocolo para Transferência de Hipertexto), e é o protocolo de rede usado na Web. Ele roda no topo do TCP/IP.
- O HTTP usa um modelo solicitação/resposta – o cliente faz uma solicitação HTTP e o servidor web devolve uma resposta HTTP, que o browser então calcula como tratá-la (dependendo do tipo de conteúdo da resposta).
- Se a resposta vinda do servidor for uma página HTML, o HTML é adicionado à resposta HTTP.
- Uma solicitação HTTP inclui a solicitação URL (o recurso que o cliente está tentando acessar), o método HTTP (GET, POST, etc.) e (opcionalmente) os dados de parâmetros do formulário (também chamado de "query string").
- Uma resposta HTTP inclui um código de status, o tipo de conteúdo (também conhecido por MIME type) e o conteúdo real da resposta (HTML, imagem, etc.).
- Uma solicitação GET anexa dados do formulário no final da URL.
- Uma solicitação POST inclui dados do formulário no corpo da solicitação.
- Um MIME type informa ao browser que tipo de dados ele deverá receber, para que o browser saiba como tratá-los (processar o HTML, mostrar o gráfico, tocar a música, etc.).
- URL significa Uniform Resource Locator (Localizador Uniforme de Recursos). Todo recurso na web tem seu próprio e único endereço neste padrão. Ele começa com o protocolo, seguido pelo nome do servidor, um número de porta opcional e geralmente um caminho específico acompanhado do nome do recurso. Opcionalmente, ele também pode incluir uma query string, se a URL for para uma solicitação GET.
- Os servidores web são bons em disponibilizar páginas HTML estáticas, mas se você precisa de dados gerados dinamicamente na página (como a hora atual, por exemplo), você precisará de algum tipo de helper que possa trabalhar com o servidor. O termo não-Java para estas aplicações assistentes (freqüentemente escritas em Perl) é CGI (que significa Common Gateway Interface – Interface de Passagem Comum).
- Colocar o HTML dentro de uma declaração println( ) é terrível e suscetível a erros, mas os JSPs solucionam este problema ao permitir colocar Java em uma página HTML, em vez de colocar o HTML dentro de um código Java.

2 visão geral de alto nível

A arquitetura da aplicação web

Os servlets precisam de ajuda. Quando uma solicitação chega, alguém tem que instanciar o servlet ou, pelo menos, criar uma nova thread para tratar a solicitação. Alguém tem que chamar ou o método doPost() ou o método doGet() do servlet. E, claro, esses métodos possuem um argumento crucial – os objetos request e response HTTP. Alguém precisa levar a request e a response para o servlet. Alguém precisa gerenciar a vida, a morte e os recursos do servlet. Esse alguém é o Container. Neste capítulo, vamos ver como sua aplicação roda no Container e daremos uma primeira olhada na estrutura de uma aplicação usando o padrão de projeto Model View Controller (MVC).

A Arquitetura das Aplicações de Alto Nível

1.1 Para cada Método HTTP (como GET, POST, HEAD e assim por diante), descrever o seu propósito e as características técnicas do protocolo do Método HTTP, listar os triggers que podem levar o cliente (geralmente um browser) a usar o Método e identificar o método HttpServlet que corresponde ao Método HTTP.

1.4 Descrever o propósito e a seqüência de eventos do ciclo de vida do servlet: (1) carregar a classe do servlet, (2) instanciar o servlet, (3) chamar o método init, (4) chamar o método service, e (5) chamar o método destroy.

2.1 Construir a estrutura de arquivo e diretórios de uma aplicação que contenha (a) conteúdo estático, (b) páginas JSP, (c) classes do servlet, (d) o deployment descriptor, (e) bibliotecas de tags, (f) arquivos JAR, e (g) arquivos de classe Java; e descrever como proteger os arquivos de recurso do acesso HTTP.

2.2 Descrever o propósito e a semântica para cada um dos seguintes elementos do deployment descriptor: instância do servlet, nome do servlet, classe do servlet, parâmetros de inicialização do servlet e a URL que aponta para o respectivo servlet.

Notas sobre a Abrangência:

Todos os objetivos nesta seção serão abordados completamente em outros capítulos. Portanto, considere este capítulo como uma base para o que virá depois. Em outras palavras, não se preocupe em terminar este capítulo sabendo (e recordando) assuntos específicos destes objetivos.

Não existirá nenhuma pergunta sobre estes assuntos nos testes práticos, até que você chegue ao capítulo específico em que eles serão abordados.

Aproveite este material legal, simples e que servirá de base enquanto você pode!

PORÉM... você precisa conhecer estes assuntos para prosseguir. Se você já tem alguma experiência com servlet, poderá simplesmente pular as páginas, olhar as figuras, fazer os exercícios e avançar para o capítulo 3.

O que é um Container?

Os servlets não possuem um método main(). Eles estão sob o controle de outra aplicação Java chamada Container.

O Tomcat é um exemplo de Container. Quando sua aplicação web (como o Apache) recebe uma solicitação para um *servlet* (ao contrário de, digamos, uma antiga e estática página HTML), o servidor entrega a solicitação não ao servlet em si, mas para o Container no qual o servlet é *distribuído*. É o Container que entrega ao servlet a request e a response HTTP, e chama os métodos do servlet (como o doPost() ou o doGet()).

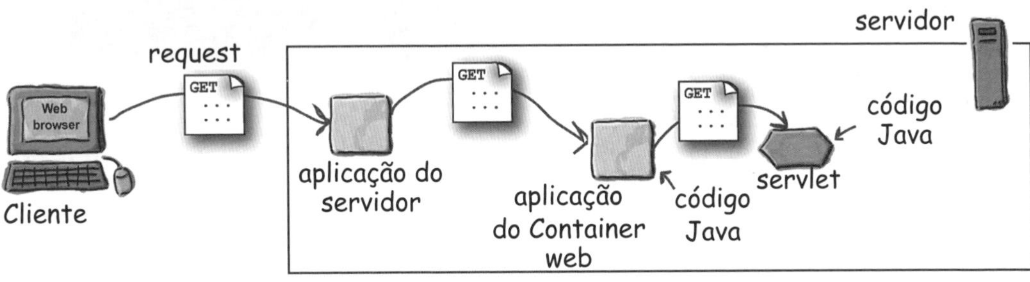

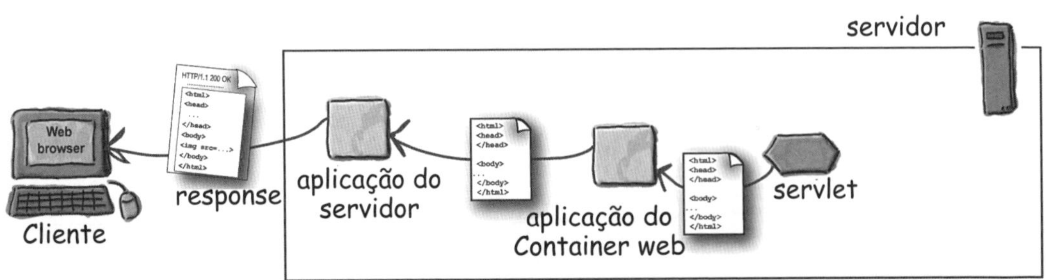

E se você tivesse o Java e não tivesse nem servlets, nem Containeres?

Um verdadeiro guerreiro não usaria um Container. Ele escreveria tudo usando simplesmente as mãos e o J2SE.

E se você tivesse que escrever um programa em Java para tratar as solicitações dinâmicas que chegam na aplicação do servidor (como o Apache), mas sem um Container como o Tomcat? Em outras palavras, imagine que não exista nada como os servlets e tudo que você tem são as bibliotecas principais do J2SE? (É claro que você pode admitir que tem a possibilidade de configurar a aplicação do servidor para que ela possa chamar a sua aplicação Java). Tudo bem, você ainda não sabe bem o que o Container faz. Apenas imagine que você precise de um suporte ao lado do servidor para uma aplicação e tudo o que você tem é um Java antigo e comum.

Liste algumas das funções que você teria que implementar numa aplicação J2SE se não existisse o Container:

*Criar uma conexão por socket com o servidor e criar um listener para o socket.

Respostas possíveis: Criar um gerenciador de threads, implementar segurança, que tal filtrar coisas como logs, suporte JSP... êpa!, gerenciamento de memória...

O que o Container oferece?

Nós sabemos que é o Container que gerencia e roda o servlet, mas *por quê*? Vale a pena o overhead extra?

Suporte para comunicações

O container oferece uma maneira simples para seus servlets se comunicarem com seu servidor. Você não precisa construir um ServerSocket, escutar uma porta, criar tráfego, etc. O Container conhece o protocolo entre o servidor e ele mesmo, para que seu servlet não tenha que se preocupar com uma API entre, digamos, o servidor Apache e o código da sua própria aplicação. Tudo o que você tem que se preocupar é com a lógica do seu próprio negócio, que está contida em seu Servlet (como aceitar um pedido na sua loja virtual).

Gerenciamento do ciclo de vida

O Container controla a vida e a morte dos seus servlets. Ele cuida de carregar as classes, instanciar e inicializar os servlets, chamar os métodos do servlet e tornar as instâncias do servlet aptas a coletar o lixo. Com o Container no controle, *você* não precisa se preocupar tanto com o gerenciamento dos recursos.

Suporte a multithread O Container cria automaticamente uma nova thread em Java para cada request do servlet recebida. Quando o servlet conclui a execução do método de serviço HTTP para a solicitação daquele cliente, a thread termina (isto é, morre). Isto não significa que você está liberado da segurança do thread – você ainda pode ter problemas de sincronização. Porém, contar com o servidor para criar e gerenciar as threads para as várias solicitações ainda nos poupa de muito trabalho.

Certeza de segurança Com um Container, você pode usar um deployment descriptor XML para configurar (e modificar) a segurança, sem ter que escrever direto no código da classe do seu servlet (ou qualquer outro). Pense nisso! Você pode gerenciar e alterar sua segurança sem tocar, ou recompilar, seus arquivos-fonte em Java.

Suporte ao JSP Você já sabe como os JSPs são legais. Bem, quem você pensa que se encarrega de traduzir aquele código JSP em Java de verdade? É claro. O *Container*.

Graças ao Container, VOCÊ pode se concentrar mais na lógica do seu próprio negócio, em vez de se preocupar em escrever códigos para threads, segurança e rede.

VOCÊ tem que canalizar toda a sua energia na criação de uma loja virtual fabulosa para embalagens de plástico-bolha e deixar os serviços de suporte, como a segurança e o processamento JSP, para o container.

Agora, tudo o que eu tenho que me preocupar é como vender meu suado plástico-bolha, em vez de escrever todos aqueles códigos para as coisas que o Container fará para mim...

Como o Container trata uma solicitação

Vamos economizar alguns dos cartuchos para mais tarde, mas aqui está um breve esquema:

1

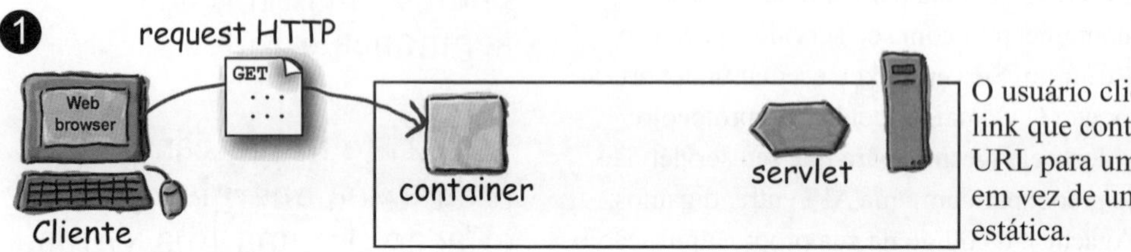

O usuário clica em um link que contém uma URL para um servlet, em vez de uma página estática.

2

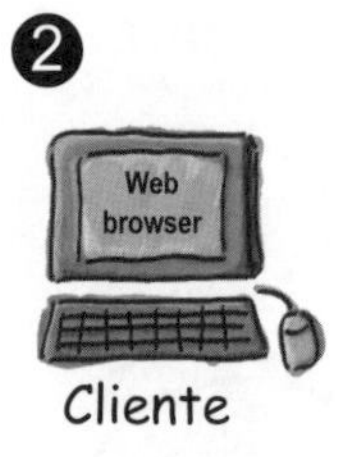

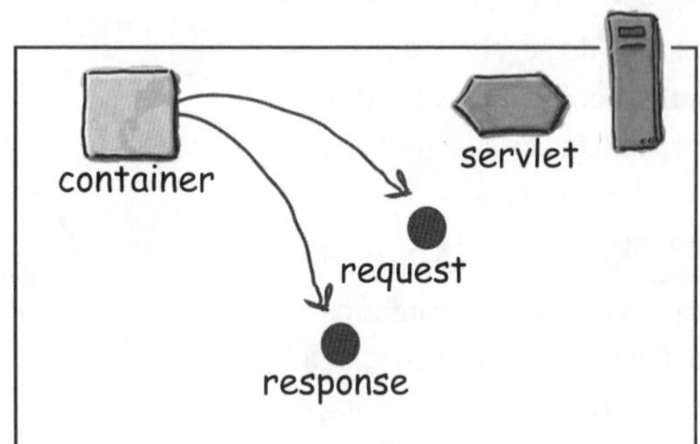

O container "vê" que a request é para um servlet e então ele cria dois objetos:

1) HttpServletResponse

2) HttpServletRequest

3

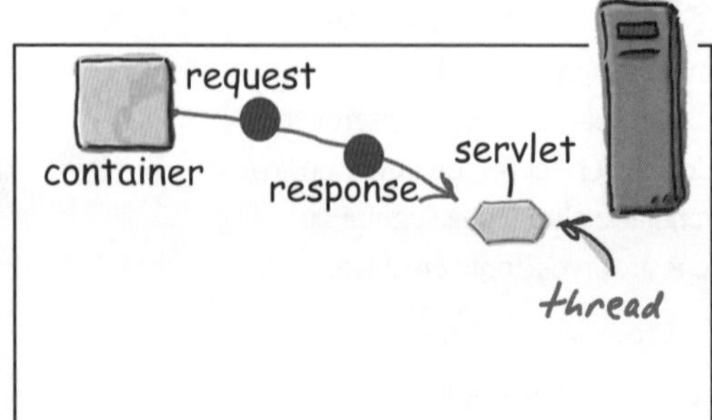

O container encontra o servlet correto baseado na URL da request, cria ou aloca uma thread para essa request, e passa os objetos request e response para a thread do servlet.

4

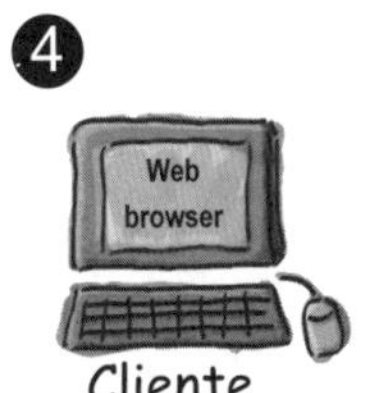

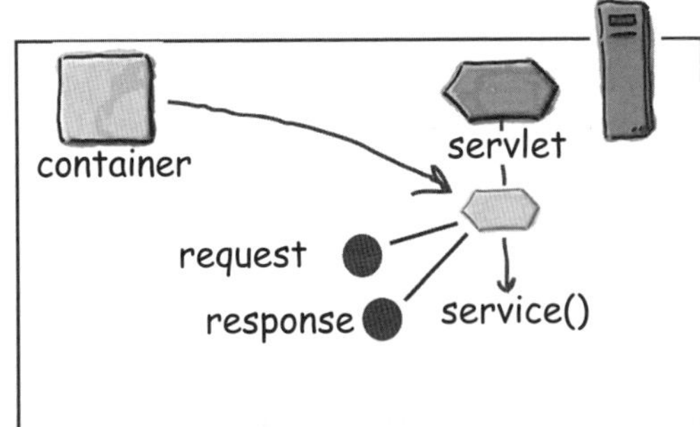

O container chama o método service() do servlet. Dependendo do tipo de request, o método service() chama ou o método doGet(), ou o método doPost().

Para este exemplo, consideraremos que a request foi um HTTP GET.

5

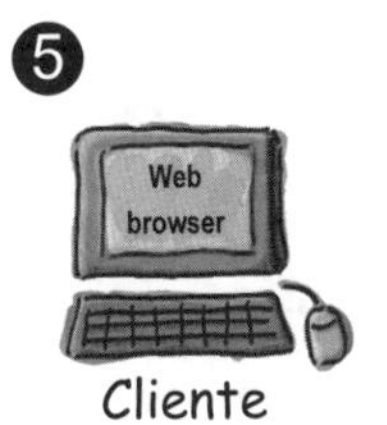

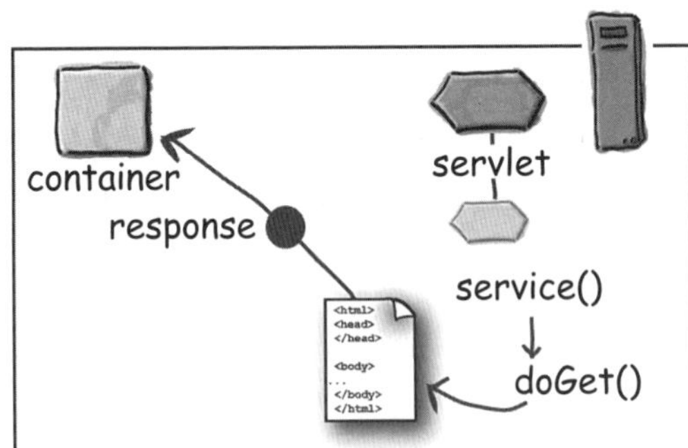

O método doGet gera uma página dinâmica e a insere no objeto response. Lembre-se, o container ainda tem uma referência do objeto response!

6

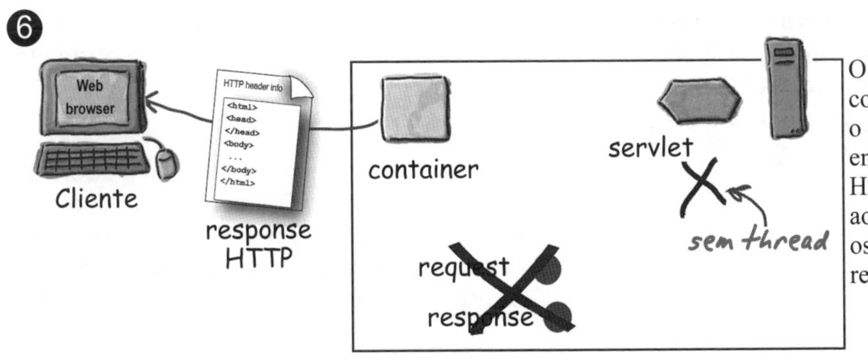

O thread termina, o container converte o objeto response em uma response HTTP, envia de volta ao cliente e apaga os objetos request e response.

Como fica o código (o que torna um servlet um servlet)

No mundo real, 99,9% de todos os servlets anulam ou o método doGet(), ou o doPost().

99,9999% de todos os servlets são HttpServlets.

Repare... nenhum método main(). Os métodos do ciclo de vida do servlet (como o doGet()) são chamados pelo Container.

É aqui que o seu servlet consegue as referências dos objetos request e response que o container cria.

```
import javax.servlet.*;
import javax.servlet.http.*;
import java.io.*;

public class Ch2Servlet extends HttpServlet {

  public void doGet(HttpServletRequest request,
                    HttpServletResponse response)
                    throws IOException {

     PrintWriter out = response.getWriter();
     java.util.Date today = new java.util.Date();
     out.println("<html> " +
                "<body>" +
                "<h1 style="text-align:center>" +
                "HF\'s Chapter2 Servlet</h1>" +
                "<br>" + today +
                "</body>" +
                "</html>");
  }
}
```

Você pode conseguir um PrintWriter do objeto response que o seu servlet recebe do Container. Utilize o PrintWriter para escrever texto HTML no objeto response. (Você pode ter outras opções de saída além do PrintWriter, para escrever, digamos, uma figura, em vez de um texto HTML.)

Não existem
Perguntas Idiotas

P: Você foi muito superficial ao explicar como o container *encontrou* o servlet correto... ou seja, como uma URL se relaciona com um servlet? O usuário tem que digitar o caminho exato e o nome do arquivo de classe do servlet?

R: Não. Mas esta é uma boa pergunta. Mas ela nos leva a um Assunto Bem Grande (mapeamento de servlet e padrões de URL). Portanto, daremos apenas uma rápida olhada nas próximas páginas, mas veremos muito mais detalhes adiante (no capítulo sobre Distribuição).

P: Eu me lembro de ter visto o *doGet()* e o *doPost()*, mas na página anterior você mostrou o método *service()*? De onde ele surgiu?

R: Seu servlet herdou isso do HttpServlet, que herdou isso do GenericServlet, que herdou isso do... ahhh, nós veremos muita hierarquia de classes no capítulo Sendo um Servlet; portanto, aguarde só um pouquinho.

Você está se perguntando como o Container encontrou o Servlet...

De alguma forma, a URL que chega como parte da solicitação do cliente é *mapeada* para um servlet específico no servidor. Este mapeamento de URLs para servlets pode ser tratado de várias formas e é um dos assuntos fundamentais que você irá lidar como desenvolvedor de aplicação. A solicitação do usuário deve mapear para um servlet específico e cabe a você entender e (geralmente) *configurar* este mapeamento. O que você acha?

EXERCITE SUA MENTE

Como o Container deveria mapear os servlets para as URLs?

O usuário faz *alguma coisa* no browser (clica num link, clica no botão "Enviar", digita uma URL, etc.) e espera-se que esta *ação* envie a solicitação para um servlet *específico* (ou outra aplicação como o JSP) que você construiu. Como isso pôde acontecer?

Para cada um dos seguintes procedimentos, considere os prós e os contras.

1. *Escrever o mapeamento direto no código da sua página HTML. Em outras palavras, o cliente está usando o caminho exato e nome do arquivo (de classe) do servlet.*

   PRÓS:

   CONTRAS:

2. *Usar as ferramentas do fabricante do seu Container para criar o mapeamento:*

   PRÓS:

   CONTRAS:

3. *Usar algo como uma tabela de propriedades para armazenar os mapeamentos:*

   PRÓS:

   CONTRAS:

Um servlet pode ter TRÊS nomes

Um servlet tem um *nome do caminho para o arquivo*, obviamente, como classes/registration/SignUpServlet.class (um caminho para um arquivo de classe real). O legítimo desenvolvedor da classe do servlet escolhe o nome da *classe* (e o nome do pacote que define parte da estrutura de diretórios), e o local no servidor define o nome completo do caminho. Mas qualquer pessoa que distribua o servlet também pode atribuir a ele um *nome de distribuição* especial. Um nome de distribuição é simplesmente um nome *interno secreto*, que não precisa ser igual ao nome da classe ou do arquivo. Ele *pode* ser igual ao nome da *classe* (registration.SignUpServlet) ou o caminho relativo para o *arquivo* da classe (classes/registration/SignUpServlet.class), mas também pode ser algo completamente diferente (como *EnrollServlet*).

Pra terminar, o servlet tem um *nome público de URL* – o nome que o *cliente* conhece. Ou seja, o nome codificado no HTML de modo que, quando o usuário clicar em um link, que se supõe que vá àquele servlet, este nome público de URL é enviado ao servidor na solicitação HTTP.

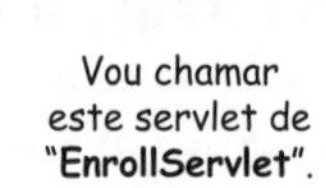

classes

registration

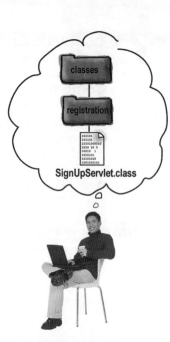

SignUpServlet.class

Nome da URL conhecido pelo cliente

O cliente vê uma URL que liga a um servlet (no HTML), mas não sabe realmente como esse nome de servlet mapeia para verdadeiros arquivos e diretórios de volta ao servidor. O nome público de URL é um nome falso, criado para os clientes.

Nome interno secreto conhecido pelo distribuidor

O distribuidor pode criar um nome que somente seja conhecido apenas por ele e pelos outros que participam da área operacional de verdade. Este também é um nome falso, criado somente para a distribuição do servlet. Ele não precisa coincidir nem com a URL pública usada pelo cliente, NEM com o nome do arquivo verdadeiro ou o caminho da classe do servlet.

Nome do arquivo verdadeiro

A classe do servlet do desenvolvedor tem um nome completamente qualificado, que inclui os nomes da classe e do pacote. O *arquivo* de classe do servlet possui um nome de arquivo e caminho real, dependendo de onde o pacote com a estrutura de diretórios resida no servidor.

Nossa, é interessante como todo mundo quer expressar sua criatividade e aparecer com seus próprios nomes para se referir à mesma coisa. Mas por que será?! Realmente? Por que nós todos não usamos o único, real e inconfundível nome do arquivo?

Mapear o nome dos servlets aumenta a flexibilidade e a segurança da sua aplicação.

Pense nisso.

Então, você escreveu direto no código o caminho verdadeiro e o nome do arquivo em todos os JSPs e nas outras páginas HTML que usam aquele servlet? Ótimo. Agora, o que acontecerá quando você precisar reorganizar sua aplicação e, possivelmente, mover coisas para diferentes estruturas de diretórios? *Você realmente quer forçar todos que usam aquele servlet a conhecer (e seguir eternamente) esta mesma estrutura de diretórios?*

Mapear o nome, em vez de codificar o verdadeiro caminho e nome do arquivo, garante-lhe flexibilidade ao mover as coisas. E evita aquele pesadelo na hora de acompanhar e mudar o código do cliente que aponta para a antiga localização dos arquivos dos servlets.

E quanto à segurança? Você realmente quer que o cliente saiba exatamente como é a estrutura no seu servidor? Você quer que eles, digamos, tentem navegar diretamente para o servlet, sem passar pelas páginas e formulários corretos? Pois, se o usuário final puder ver o caminho *verdadeiro*, ele pode digitá-lo em seu browser e tentar acessá-lo diretamente.

Usando o Deployment Descriptor para mapear as URLs aos servlets

Quando você for distribuir seu servlet em seu Container, você criará um documento XML, razoavelmente simples, chamado Deployment Descriptor (DD), para informar ao Container como executar seus servlets e JSPs. Embora você use o DD para outras tarefas além de simples mapeamento de nomes, você usará dois elementos XML para mapear as URLs aos servlets – um para mapear o nome *público de URL* conhecido pelo cliente para o seu próprio nome *interno*, e o outro para mapear seu próprio nome *interno* para um *nome de classe* completamente qualificado.

Os dois elementos do DD para mapeamento de URL:

<servlet>

mapeia o nome interno para o nome da classe completamente qualificado

<servlet-mapping>

mapeia o nome interno para o nome público de URL

Existem MUITO mais informações que acompanham esta tag de abertura <web-app>, mas não queremos mostrá-las agora (há um exemplo no final deste capítulo).

Esta aplicação possui dois servlets.

O elemento <servlet-name> é usado para unir um elemento <servlet> a um elemento específico <servlet-mapping>. O usuário final NUNCA vê este nome; ele é usado somente em outras partes do DD.

O elemento <servlet> informa ao Container quais arquivos de classe pertencem a uma aplicação em particular.

Você insere o nome completamente qualificado da classe (sem acrescentar a extensão ".class").

Considere o elemento <servlet-mapping> como aquilo que o Container usa na execução, quando uma solicitação chega para perguntar, "qual servlet eu devo chamar para esta URL solicitada?"

Isto é o que o cliente vê (e usa) para chegar ao servlet... mas este é um nome criado, que NÃO é o nome verdadeiro da classe do servlet.

```
<web-app ...>

  <servlet>
    <servlet-name>Internal name 1</servlet-name>
    <servlet-class>foo.Servlet1</servlet-class>
  </servlet>

  <servlet>
    <servlet-name>Internal name 2</servlet-name>
    <servlet-class>foo.Servlet2</servlet-class>
  </servlet>

  <servlet-mapping>
    <servlet-name>Internal name 1</servlet-name>
    <url-pattern>/Public1</url-pattern>
  </servlet-mapping>

 <servlet-mapping>
    <servlet-name>Internal name 2</servlet-name>
    <url-pattern>/Public2</url-pattern>
 </servlet-mapping>

</web-app>
```

É possível usar wildcards no elemento <url-pattern>... adiante, veremos mais sobre isso e caminhos.

Mas espere! Tem mais coisa que você pode fazer com o DD

Além de mapear URLs aos servlets verdadeiros, você pode usar o DD para personalizar outros aspectos da sua aplicação, incluindo atribuições de segurança, páginas de erro, bibliotecas de tags, informações sobre a configuração inicial e, se for um servidor J2EE completo, você pode inclusive declarar que estará acessando enterprise javabeans específicos.

Não se preocupe ainda com os detalhes. O ponto crucial, por enquanto, é que o DD oferece uma maneira de modificar declaradamente a sua aplicação, sem alterar o código-fonte!

Pense nisso... significa que mesmo aqueles que não são programadores Java podem personalizar sua aplicação Java, sem precisar arrancá-lo das suas férias ao sol.

O deployment descriptor (DD) oferece um mecanismo "declarado" para a customização das suas aplicações, sem tocar no código-fonte!

Não existem
Perguntas Idiotas

P: Estou confuso. Olhando para o DD, você ainda não tem nada que indique o verdadeiro nome do caminho do servlet! Apenas diz o nome da classe. Isto ainda não responde à pergunta de como o Container usa aquele nome de classe para encontrar um arquivo de classe de um servlet específico. Existe ainda UM OUTRO mapeamento em algum lugar que diga que tal nome da classe, mapeia para tal arquivo em tal lugar?

R: Você prestou atenção. Você está certo, pois colocamos apenas o nome da *classe* (totalmente qualificada para incluir o nome do pacote) no elemento <servlet-class> . Isso é porque o Container tem um lugar específico em que procurará por todos os servlets para os quais você especificou um mapeamento no DD.

Aliás, o Container usa um sofisticado esquema de regras para encontrar um par entre a URL que chega da solicitação do cliente, e uma classe Java real localizada em algum lugar do servidor. Mas entraremos neste assunto em um capítulo mais adiante (em Distribuição). Por enquanto, o mais importante que você deve lembrar é que você pode fazer isto mapeando.

Os Benefícios do DD

- Reduz a necessidade de alteração do código-fonte que já foi testado.
- Permite que você ajuste os recursos da sua aplicação, mesmo que você não *possua* o código-fonte.
- Permite que você adapte sua aplicação de acordo com diferentes recursos (como bancos de dados), sem ter que recompilar e testar nenhum código.
- Facilita a manutenção das informações dinâmicas sobre segurança, tais como listas de controle de acessos e funções de segurança.
- Permite que aqueles que não sejam programadores modifiquem e distribuam suas aplicações, enquanto *você* dá mais atenção às tarefas mais interessantes. Por exemplo, se o seu guarda-roupas está apropriado para uma viagem ao Havaí.

História: Bob Constrói um Site de Encontros

Marcar um encontro está difícil hoje em dia. Quem tem tempo, quando tem sempre um outro disco para ser desfragmentado? Bob, que quer uma fatia desse mercado virtual (o que sobrou, pelo menos), acredita que criar um site de encontros específico para nerds é o seu passaporte para deixar o emprego Dilbertiano[1] que ele tem agora.

O problema é que Bob já é um gerente de software há tanto tempo, que ele está, digamos, por fora das práticas atuais de engenharia de software. Mas ele conhece alguns conceitos básicos, um pouco de Java e já leu um pouco sobre servlets. Ele então faz um projeto rápido e começa a escrever o código...

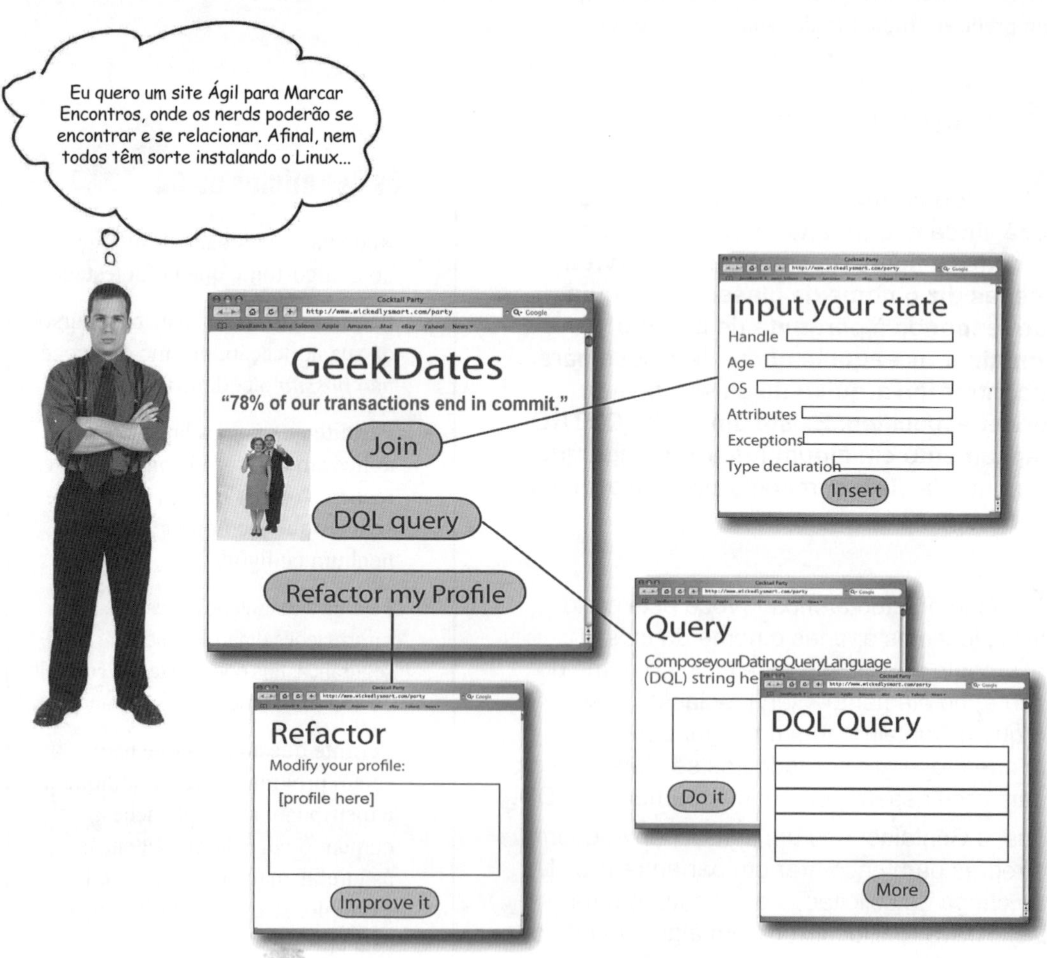

Ele começa a construir uma porção de servlets... um para cada página

Ele pensava em ter um único servlet, cheio de testes *if*, mas decidiu que servlets separados seriam mais OO – cada servlet deveria ter uma responsabilidade, como a página de questionário, a página de cadastro, a página com os resultados da busca, etc.

Cada servlet terá toda a lógica de negócio que precisa para modificar ou ler o banco de dados e exibir o HTML de volta com os dados da resposta do cliente.

Este é um ótimo design OO. Todos os meus servlets desempenham exatamente um trabalho.


```
// declarações de import

public class DatingServlet extends HttpServlet {

  public void doGet(HttpServletRequest request,
                HttpServletResponse response)
                throws IOException {

    // a lógica de negócio entra aqui,
dependendo
    // do que este servlet deve fazer
    // (escrever para o banco de dados, fazer a query, etc.)

    PrintWriter out = response.getWriter();

    // escreve a página HTML dinâmica
    out.println( "something really ugly goes
here");
    }
}
```

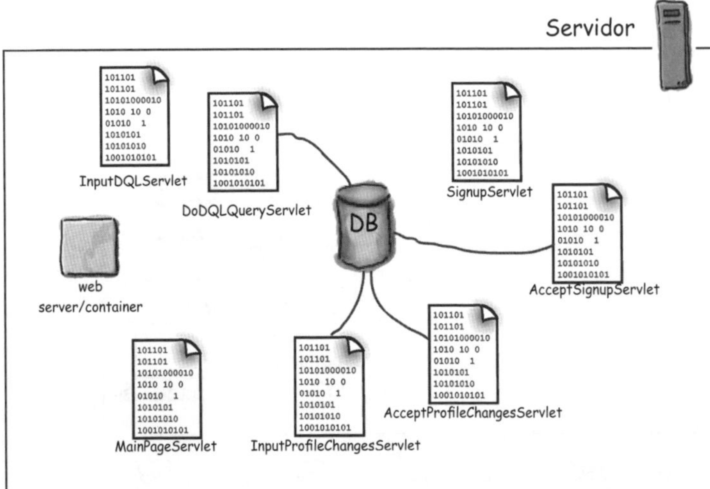

O servlet faz o que quer que ele precise para processar a solicitação (como inserir um dado ou procurar no banco de dados) e retorna a página HTML na response HTTP. Toda a lógica de negócio e a página de response HTML do cliente estão dentro do código do servlet.

Mas fica horrível e ele acrescenta os JSPs

Aquelas declarações println() irritantes para saída de resposta se tornam realmente terríveis muito rapidamente. Ele lê sobre os JSPs e decide fazer com que cada servlet faça qualquer que seja a lógica de negócios de que ele precise (query no banco de dados, inserir ou atualizar um novo registro, etc.) *e encaminhe a solicitação para um JSP*, que fará o HTML para a resposta. Ele também separa a *lógica de negócio* da *apresentação*... e já que ele andou lendo sobre design, ele sabe que *separar as preocupações* é um Ótimo Negócio.

O design deste JSP está muito tranqüilo. Agora, o código do servlet está mais claro... cada servlet roda sua própria lógica e chama um JSP específico para tratar o HTML que será usado na resposta, separando a lógica de negócio da apresentação.

```
// declarações de import

public class DatingServlet extends HttpServlet {

   public void doGet(HttpServletRequest request,
        HttpServletResponse response)
               throws IOException {

     // a lógica de negócio entra aqui,
     // dependendo do que este servlet deve fazer
     // (escrever para o banco de dados, fazer a query, etc.)
     // envia a solicitação a uma página JSP específica
     // em vez de tentar exibir o HTML
     // junto com os dados de saída
   }
}
```

InputSignupServlet — InputSignupJSP
AcceptSignupServlet — AcceptSignupJSP
InputProfileChangesServlet — InputProfileChangesJSP
AcceptProfileChangesServlet — AcceptProfileChangesJSP
MainPageServlet — MainPageJSP
InputDQLServlet — InputDQLJSP
DoDQlQueryServlet — DoDQLQueryJSP

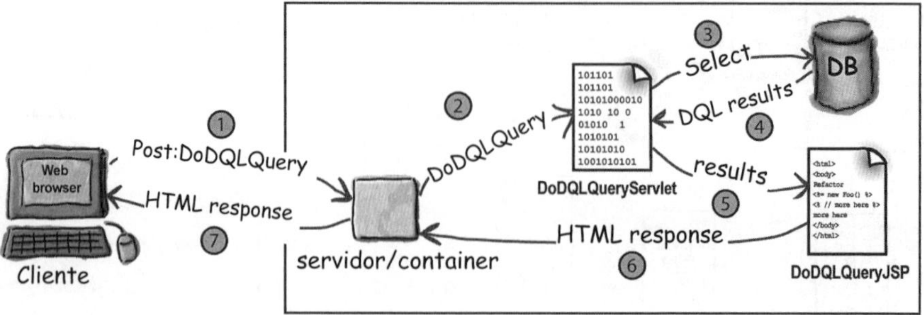

O cliente preenche o formulário DQL Query e clica no botão "Do it". Este envia uma solicitação HTTP POST para o DoDQLQuery. O servidor web chama o servlet, o servlet executa a query no banco de dados e então a solicitação é encaminhada ao JSP apropriado. O JSP constrói a response HTML e a devolve.

Mas então o seu amigo diz: "Você ESTÁ usando MVC, certo?"

Kim quer saber se o serviço de encontro pode ser acessado a partir de uma aplicação GUI Swing. Bob diz: "Não, eu não pensei nisso." Então, Kim fala: "Bem, isso não é problema porque eu estou certo de que você usou MVC, então nós podemos preparar num instante um cliente GUI Swing, que possa acessar as classes lógicas de negócio."

Bob: "Glup."

Kim: "Não me diga... você **não** usou MVC?"

Bob: "Bem, eu separei a apresentação da lógica de negócio..."

Kim: "Já é um começo... mas deixe-me adivinhar... a lógica do seu negócio está toda dentro de *servlets*?!"

Bob percebe, rapidamente, porque ele se tornou gerente.

Porém, ele está determinado a fazer isto corretamente. Então, ele pede a Kim uma explicação bem rápida sobre MVC.

E se você quiser fazer uma aplicação GUI Swing para o serviço de encontros e ela usar a mesma lógica de negócio?

Com o MVC a lógica de negócio não fica apenas separada da apresentação... ela sequer sabe que EXISTE uma apresentação.

A essência do MVC é que você pode separar a lógica de negócio da apresentação, mas ponha algo *entre* elas para que a lógica de negócio possa agir sozinha como uma classe Java reutilizável, sem precisar saber nada sobre a view.

Bob estava quase lá, separando a lógica de negócio da apresentação, mas sua lógica ainda tem uma forte *ligação* com a view. Ou seja, *ele misturou a lógica de negócio no servlet*, o que significa que ele não poderá reutilizar sua lógica em outros tipos de view (como um GUI Swing ou até mesmo uma aplicação wireless). Sua lógica está presa em um servlet, quando deveria estar em uma classe Java standalone que ele pudesse reutilizar!

O Padrão de Projeto Model-View-Controller (MVC) conserta isto

Se Bob tivesse entendido o padrão de design MVC, ele saberia que a lógica de negócio não deveria estar inserida em um servlet. Ele teria percebido que com a lógica de negócio embutida no servlet, ele ficaria "em maus lençóis" caso algum dia tivesse que acessar o serviço de encontro de uma maneira diferente. Como na aplicação GUI Swing. Nós falaremos mais sobre o MVC (e outros padrões) mais adiante, mas você precisa de um rápido entendimento agora, pois o tutorial que construímos no final deste capítulo usa o MVC.

Se você já está familiarizado com ele, então você já sabe que o MVC não é específico para servlets e JSPs – a clara separação da lógica de negócio da apresentação é igualmente válida para qualquer outro tipo de aplicação. Porém, com aplicações web é *realmente* importante, porque você nunca deveria considerar que sua lógica será acessada *apenas* da web! Estamos certos de que você trabalha neste negócio há tempo suficiente para saber que a única garantia em desenvolvimento de software é: ***a especificação sempre muda.***

O Model*View*Controller (MVC) retira a lógica de negócio fora do servlet e a coloca em um "Modelo" - uma antiga classe Java, plana e reutilizável. O Modelo é a combinação dos dados de negócio (como o estado de um carrinho de compras) e os métodos (regras) que operam nesses dados.

O MVC no mundo Servlet & JSP

CONTROLADOR
Retira da solicitação do usuário os dados de entrada e interpreta o que eles significam para o modelo. Obriga o modelo a se atualizar e disponibiliza o estado do novo modelo para a view (o JSP).

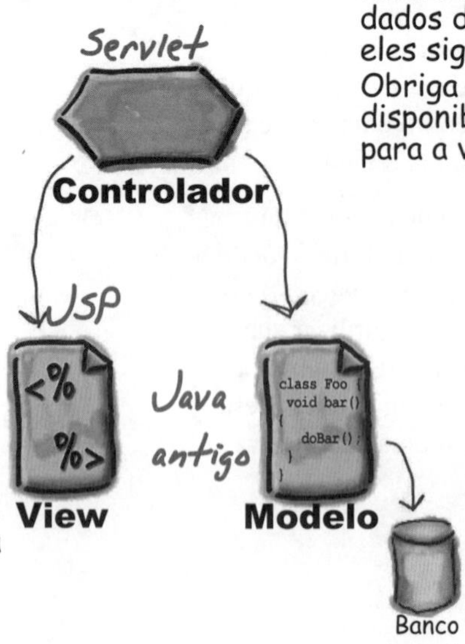

VIEW
Responsável pela apresentação. Ela recebe o estado do modelo do Controlador (embora não diretamente; o Controlador põe os dados do modelo em um lugar onde a View possa encontrá-lo). Também é a parte que recebe os dados de entrada do usuário que volta ao Controlador.

MODELO
Abriga a verdadeira lógica e o estado do modelo. Em outras palavras, ele conhece as regras para obtenção e atualização do estado.
O conteúdo de um Carrinho de Compras (e as regras sobre o que fazer com isso) seria parte do Modelo no MVC.
É a única parte do sistema que se comunica com o banco de dados (embora ele provavelmente use outro objeto para a verdadeira comunicação com o DB, mas guardaremos este padrão para mais tarde...).

Aplicando o padrão MVC na aplicação de encontros

Pois bem, Bob sabe o que precisa fazer. Separar a lógica de negócio dos servlets e criar uma classe Java normal para cada um... para representar o Modelo.

Com isso, o servlet legítimo será o Controlador, a nova classe para a lógica de negócio será o Modelo e o JSP será a View.

Para cada página na aplicação, ele possui agora um Controlador para o servlet, um Modelo para a classe Java e uma View JSP.

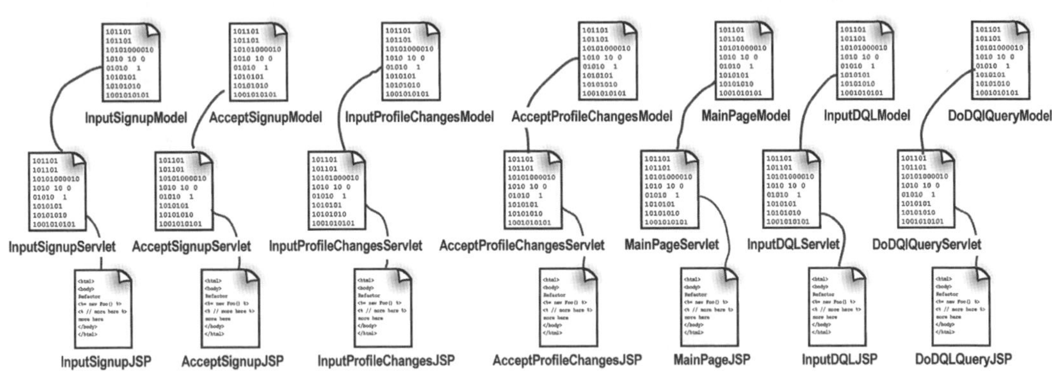

Que tal? Eu sou bom ou não sou? Um projeto MVC perfeito.

Neste momento, seu amigo Kim dá uma olhada

Kim aparece e diz que embora esse SEJA um projeto MVC, ele é ruim. Claro, a lógica de negócio foi colocada em um Modelo, e os servlets atuam como Controladores trabalhando entre os Modelos e as Views, para que o Modelo possa be brain-dead about the Views[2]. Isso tudo é muito bom. Mas olhe para todos aqueles pequenos servlets.

O que eles *fazem* mesmo? Agora que a lógica de negócio está "guardada" com segurança no Modelo, o Controlador do servlet não está fazendo nada além de alguns trabalhos comuns para esta aplicação e, ah sim, ele atualiza o Modelo e coloca a View para funcionar.

Mas o pior é que toda aquela simples lógica de aplicação é repetida em cada um daqueles malditos servlets! Se algo requerer alteração, terá que ser alterado em todos os lugares. A manutenção de um trem destroçado está por vir.

"Sim, eu não gostei muito deste código duplicado", diz Bob. "Mas o que mais eu posso fazer? Naturalmente, você não quer que eu ponha tudo em um simples servlet novamente? Como *isso* funcionaria?"

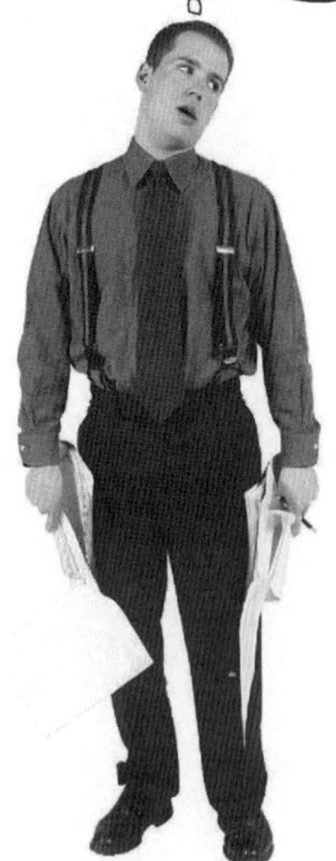

Existe uma resposta?

Será que o Bob deveria voltar para apenas um Controlador de servlet para evitar código duplicado? Isso seria um modelo OO ruim, pois os servlets estão realmente fazendo coisas diferentes? O Keanu Reeves luta mesmo Kung Fu?

EXERCITE SUA MENTE

Deixe isto para você meditar. É o que nós vamos fazer.

O que você acha? Você sabe a resposta? EXISTE uma resposta? Você concordaria com Bob e deixaria os servlets como eles são, ou colocaria o código dentro de um único Controlador de servlet? E se você usar mesmo apenas um Controlador para tudo, como ele saberá qual Modelo e View chamar?

A resposta para esta pergunta não virá antes do final deste livro, então pense nisso por alguns momentos e depois coloque numa thread em background na sua mente...

Aponte seu lápis

1. Usando o MVC no mundo servlet & JSP, cada um destes três componentes (JSP, classe Java e Servlet) desempenha um papel MVC. Circule "M", "V" ou "C", dependendo de qual parte do MVC o componente executa. Circule apenas uma letra por componente.

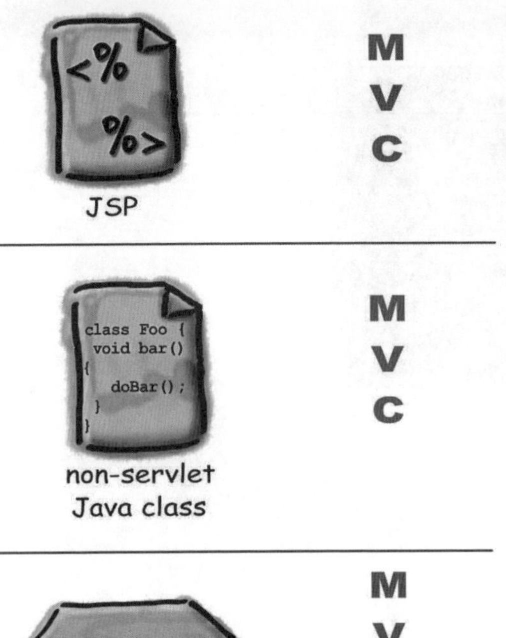

Pontos de bala

- O Container oferece à sua aplicação web suporte em comunicações, gerenciamento do ciclo de vida, suporte a multithread, segurança declarada e suporte para JSPs, para que você possa se concentrar em sua própria lógica de negócio.
- O Container cria um objeto request e response que os servlets (e outras partes da aplicação) podem usar para conseguir informações sobre a request e enviar dados ao cliente.
- Um servlet típico é uma classe que estende o HttpServlet e sobrepõe um ou mais métodos de serviço que correspondem aos métodos HTTP ativados pelo browser (doGet(), doPost(), etc.).
- O distribuidor pode mapear uma classe de servlet para uma URL, que o cliente pode usar para solicitar tal servlet. O nome pode ser completamente diferente do verdadeiro nome do *arquivo* da classe.

2. O que as letras MVC representam no padrão de design MVC?

M significa ________________________________

V significa ________________________________

C significa ________________________________

Quem é o responsável?

Preencha a tabela abaixo, indicando se é o servidor, o container ou um servlet o mais responsável pela tarefa listada. Em alguns casos, mais de uma opção pode ser verdadeira para a tarefa especificada. Para justificar, acrescente um breve comentário descrevendo o processo.

Tarefa	Servidor	Container	Servlet
Cria os objetos request e response			
Chama o método service()			
Inicia uma nova thread para tratar as solicitações			
Converte um objeto response em uma response HTTP			
Conhece HTTP			
Acrescenta o HTML ao objeto response			
Tem uma referência para o objeto response			
Encontra URLs no DD			
Apaga os objetos request e response			
Coordena o preparo de conteúdos dinâmicos			
Gerencia os ciclos de vida			
Tem um nome que coincide com o elemento <servlet-class> no DD			

Exercícios

Imãs de Geladeira

Um servlet funcionando e o seu DD são misturados em uma frigideira. Você é capaz de unir os pedaços de código recortados à direita com a listagem incompleta à esquerda, a fim de criar um servlet e um DD que funcionem e cuja URL termine com /**Dice**? É possível que alguns códigos à direita não sejam usados!

— Servlet

```
public class
```

```
extends HttpServlet {
```

```
public void doGet(
```

```
throws IOException {
```

```
    String d1 = Integer.toString((int)((Math.random()*6)+1));
    String d2 = Integer.toString((int)((Math.random()*6)+1));

    out.println("<html> <body>" +
       "<h1 align=center>HF\'s Chap 2 Dice Roller</h1>" +
       "<p>" + d1 + " and " + d2 + " were rolled" +
       "</body> </html>");
  }
}
```

— DD

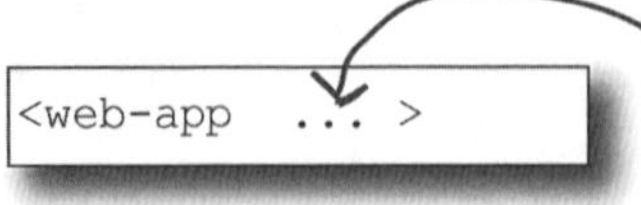

```
<web-app ... >
```

(Lembre-se, esta não é a tag de abertura <web-app> completa. O exemplo completo encontra-se no final deste capítulo. Isto não afeta o exercício).

```
C2dice </servlet-name>
```

```
</web-app>
```

Códigos magnéticos, continuação...

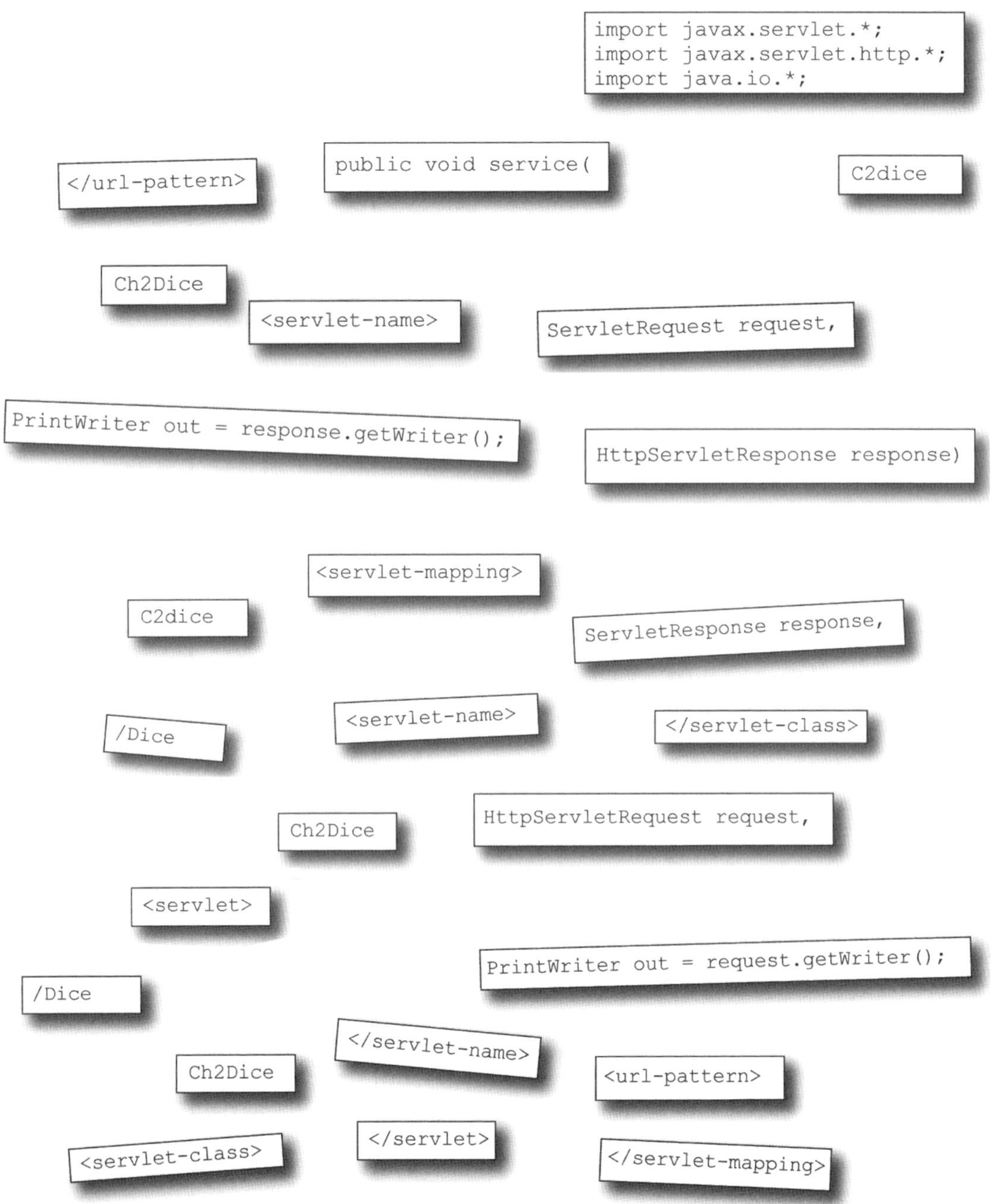

Solução dos Exercícios

Tarefa	Servidor web	Container	Servlet
Cria os objetos request e response		Logo antes de iniciar a thread.	
Chama o método service()		Aí o método service( ) chama o doGet( ) ou o doPost( )	
Inicia uma nova thread para tratar as solicitações		Inicia uma thread de servlet.	
Converte um objeto response em uma response HTTP		Usa-o para falar com o browser do cliente.	
Conhece HTTP	Sabe como encaminhar ao Container.		
Acrescenta o HTML ao objeto response			O conteúdo dinâmico para o cliente.
Tem uma referência para o objeto response		O Container gera a stream de response HTTP a partir dos dados do objeto response.	Usa-o para exibir uma response
Encontra URLs no DD		O Container as entrega ao servlet.	
Apaga os objetos request e response		Para encontrar o servlet correto para a request.	
Coordena o preparo de conteúdos dinâmicos		Quando o servlet é finalizado.	
Gerencia os ciclos de vida		Sabe a quem chamar	
Tem um nome que coincide com o elemento <servlet-class> no DD		Chama o método service (e outros que você conhecerá).	classe pública qualquer coisa

Continuação da Solução dos Exercícos...

Servlet

```
import javax.servlet.*;
import javax.servlet.http.*;
import java.io.*;

public class Ch2Dice extends HttpServlet {

  public void doGet( HttpServletRequest request,
                     HttpServletResponse response)
                     throws IOException {

    PrintWriter out = response.getWriter();

    String d1 = Integer.toString((int)((Math.random()*6)+1));
    String d2 = Integer.toString((int)((Math.random()*6)+1));

    out.println("<html> <body>" +
      "<h1 align=center>HF\'s Chap 2 Dice Roller</h1>" +
      "<p>" + d1 + " and " + d2 + " were rolled" +
      "</body> </html>");
  }
}
```

DD

```
<web-app ...>
  <servlet>
    <servlet-name> C2dice </servlet-name>
    <servlet-class> Ch2Dice </servlet-class>
  </servlet>

  <servlet-mapping>
    <servlet-name> C2dice </servlet-name>
    <url-pattern> /Dice </url-pattern>
  </servlet-mapping>
</web-app>
```

Um Deployment Descriptor (DD) "funcionando"

Não se preocupe com o que isto realmente significa (você verá isto em *outros* capítulos e fará testes). Aqui, nós quisemos apenas demonstrar um DD web.xml que *funciona* de verdade. Ficaram faltando muitos pedaços a serem inseridos na tag de abertura <web-app> nos outros exemplos deste capítulo. (Você pode perceber porque nós geralmente não incluímos isso em nossos exemplos.)

A forma que geralmente mostramos no livro

```
<web-app ...>

  <servlet>
    <servlet-name>Ch3 Beer</servlet-name>
    <servlet-class>com.example.web.BeerSelect</servlet-class>
  </servlet>

  <servlet-mapping>
    <servlet-name>Ch3 Beer</servlet-name>
    <url-pattern>/SelectBeer.do</url-pattern>
  </servlet-mapping>

</web-app>
```

Esta tag de abertura <web-app> está incompleta.

Você NÃO precisa memorizar jamais nenhuma destas tags de abertura. Basta copiá-las quando você estiver usando um Container compatível com a especificação servlet 2.4 (como o Tomcat 5).

A forma que REALMENTE funciona

```
<web-app xmlns="http://java.sun.com/xml/ns/j2ee"
    xmlns:xsi="http://www.w3.org/2001/XMLSchema-instance"
    xsi:schemaLocation="http://java.sun.com/xml/ns/j2ee/web-app_2_4.xsd"
    version="2.4">

  <servlet>
    <servlet-name>Ch3 Beer</servlet-name>
    <servlet-class>com.example.web.BeerSelect</servlet-class>
  </servlet>

  <servlet-mapping>
    <servlet-name>Ch3 Beer</servlet-name>
    <url-pattern>/SelectBeer.do</url-pattern>
  </servlet-mapping>

</web-app>
```

Como o J2EE cabe nisso tudo

O Java 2 Enterprise Edition é meio um "superspec" – ele incorpora outras especificações, incluindo a especificação Servlets 2.4 e a especificação JSP 2.0. Isto é para o Web Container. Porém, a especificação J2EE 1.4 também inclui a especificação Enterprise JavaBean 2.1 para o Container EJB. Em outras palavras, o Container web é para componentes *web* (Servlets e JSPs) e o Container EJB é para componentes de *negócios*.

Um servidor de aplicação totalmente compatível com o J2EE deve ter *tanto* um Container web, *como* um Container EJB (além de outras coisas, como uma JNDI e uma implementação JMS). O Tomcat é apenas um Container web! Embora esteja de acordo às porções da especificação J2EE que se referem ao Container web.

O Tomcat é um Container web e não uma aplicação J2EE completa, pois ele não possui um Container EJB.

Um servidor de aplicação J2EE inclui tanto o Container web, como o Container EJB. O Tomcat é um Container web, mas NÃO um servidor de aplicação J2EE completo. Um servidor J2EE 1.4 inclui a especificação Servlet 2.4, a especificação JSP 2.0 e a especificação EJB 2.1.

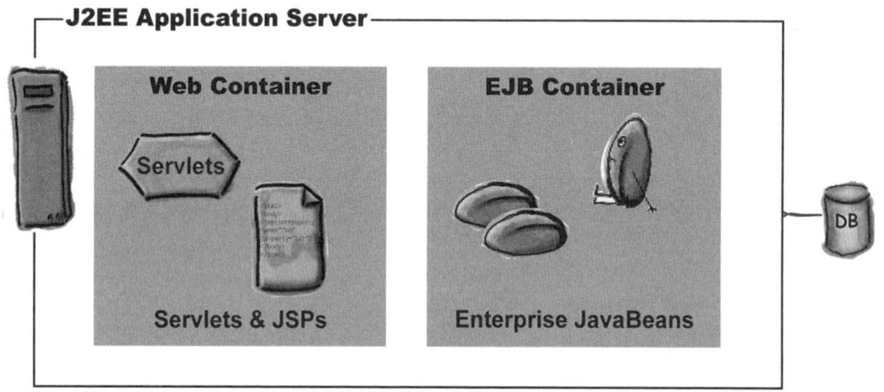

P: Então o Tomcat é um Container web standalone... isso significa que também existem Containeres EJB standalone?

R: Antigamente, digamos, no ano 2000, você encontrava servidores J2EE completos, Containeres web standalone e Containeres EJB standalone. Hoje, porém, quase que todos os Containeres EJB são parte de servidores J2EE completos, embora existam ainda poucos Containeres web standalone, incluindo o Tomcat e o Resin. Geralmente, os Containeres web standalone são configurados para trabalharem com um servidor HTTP (como o Apache), embora o Container Tomcat possa atuar como um servidor HTTP básico. Mas, para a função de servidor HTTP, o Tomcat nem se aproxima da robustez do Apache. Por isso, as aplicações web não-EJB mais comuns usam o Apache e o Tomcat configurados juntos – com o Apache como Servidor HTTP e o Tomcat como Container.

Alguns dos servidores J2EE mais comuns são o Weblogic da BEA, o JBoss AS de código aberto e o WebSphere da IBM.

3 praticando com o MVC

Minitutorial do MVC

Criando e distribuindo uma aplicação Web MVC. Chegou a hora de colocar a mão na massa e escrever um formulário HTML, um controlador de servlet, um modelo (classe Java simples), um deployment descriptor XML e uma view em JSP. É hora de criar, distribuir e testar. Antes, porém, você deverá configurar seu ambiente de desenvolvimento – uma estrutura de diretórios para o projeto que esteja separado da sua aplicação real distribuída. Em seguida, você terá que configurar o seu ambiente de distribuição, de acordo com as especificações do servlet e do JSP, e as exigências do Tomcat. A partir daí, você estará apto a começar a escrever, compilar, distribuir e executar. Concordo, construímos uma aplicação bem pequena. Porém, quase NÃO existe aplicação que seja tão pequena e use o MVC. Afinal, a aplicação pequena de hoje é o sucesso da internet de amanhã...

Objetivos

Distribuição Aplicação Web

2.1 Construir a estrutura de arquivo e diretórios de uma aplicação que possa conter (a) conteúdo estático, (b) páginas JSP, (c) classes servlet, (d) o deployment descriptor, (e) bibliotecas de tags, (f) arquivos JAR, e (g) arquivos de classe Java. Descrever como proteger os arquivos de recursos do acesso HTTP.

2.2 Descrever o propósito e a semântica de cada um dos seguintes elementos do deployment descriptor: error-page, init-param, mime-mapping, servlet, servlet-class, servlet-mapping, servlet-name e welcome-file.

2.3 Construir a estrutura correta para cada um dos seguintes elementos do deployment descriptor: error-page, init-param, mime-mapping, servlet, servlet-class, servlet-name e welcome-file.

Notas sobre a Abrangência:

Todos os objetivos nesta seção são abordados completamente no capítulo sobre Distribuição; aqui daremos apenas uma primeira olhada. Este é o único capítulo com um tutorial completo, do início ao fim. Portanto, se você pulá-lo, poderá ter problemas mais tarde, quando for testar alguns outros exemplos nos próximos capítulos (não repetiremos cada detalhe novamente). Assim como nos anteriores, você não precisará se preocupar em memorizar o conteúdo deste capítulo. Apenas vá e faça.

Vamos construir uma (pequena) aplicação de verdade

Nós vimos a função de um container, falamos um pouco sobre deployment descriptors e demos uma primeira olhada na arquitetura do MVC Model 2. Mas você não pode ficar aí sentado e *lendo* o dia todo – agora é hora de realmente *fazermos* alguma coisa.

Os quatro passos que seguiremos:

1. Revisar as ***views* do usuário** (o que o browser mostrará) e a ***arquitetura*** de alto nível.

2. Criar o **ambiente de *desenvolvimento*** que usaremos neste projeto (que você poderá usar para qualquer outro exemplo no livro).

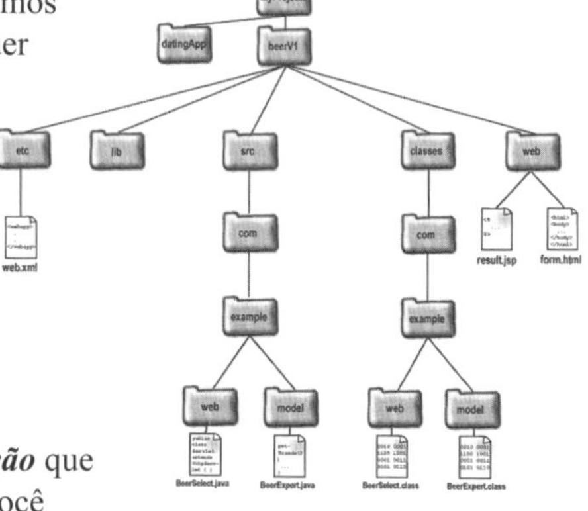

3. Criar o **ambiente de *distribuição*** que usaremos neste projeto (que você poderá usar para qualquer outro exemplo no livro).

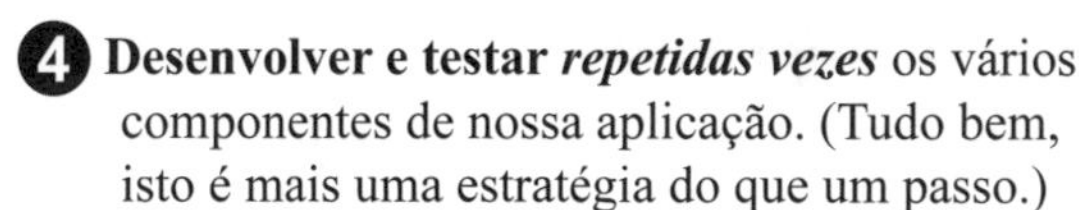

4. **Desenvolver e testar *repetidas vezes*** os vários componentes de nossa aplicação. (Tudo bem, isto é mais uma estratégia do que um passo.)

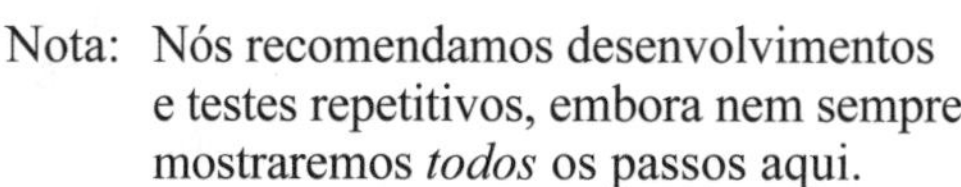

Nota: Nós recomendamos desenvolvimentos e testes repetitivos, embora nem sempre mostraremos *todos* os passos aqui.

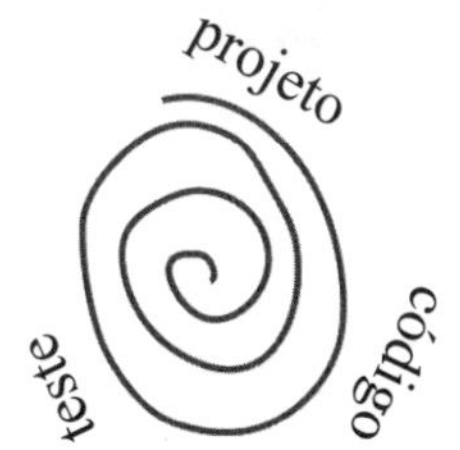

A View do Usuário para a aplicação "Beer Advisor" (Especialista em Cervejas)

Nossa aplicação será uma especialista em cervejas. Os usuários poderão navegar em nossa aplicação, responder perguntas e receber conselhos valiosíssimos sobre cervejas.

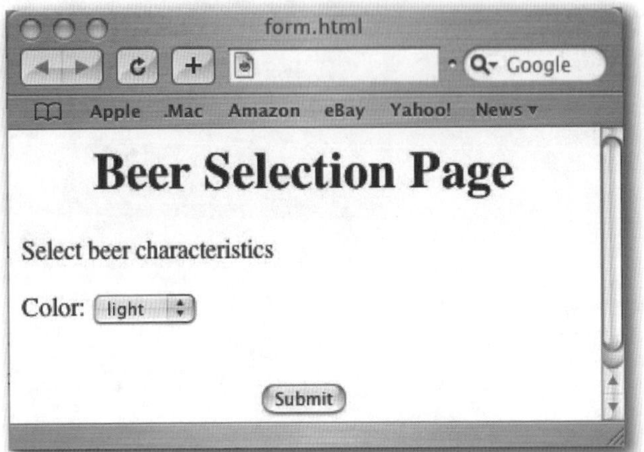

Esta página será escrita em HTML e irá gerar uma resposta HTTP Post, enviando como parâmetro a cor que o usuário escolheu.

Esta será uma página JSP que dá o conselho com base na escolha do usuário.

P: Por que estamos criando uma aplicação que dá conselhos sobre cervejas?

R: Depois de uma exaustiva pesquisa de mercado, concluímos que 90% dos nossos leitores apreciam cerveja. Para os outros 10%, basta simplesmente substituir a palavra "cerveja" por "café".

Aqui está a arquitetura...

Ainda que esta seja uma aplicação bem pequena, vamos construí-la usando uma arquitetura MVC simples. Desta forma, quando ela se tornar O SITE mais badalado da web, estaremos prontos para aumentá-la.

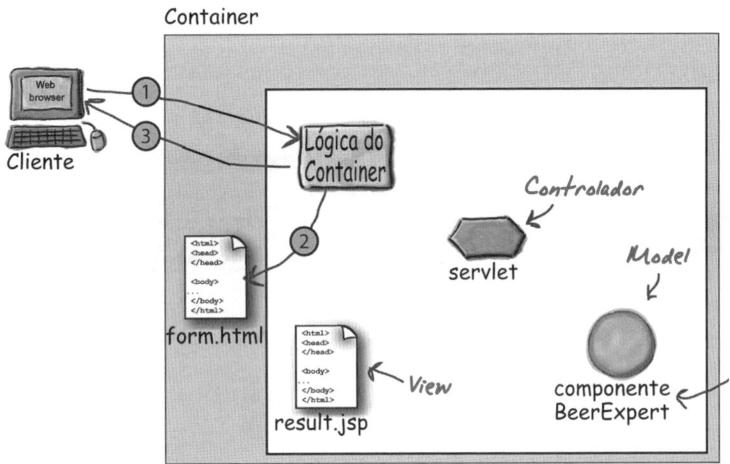

1 - O cliente solicita a página *form.html*.

2 - O Container vai buscar a página *form.html*.

3 - O Container retorna a página ao browser, o usuário responde às perguntas do formulário e...

Apenas um POJO - Plain Old Java Object (objeto Java simples).

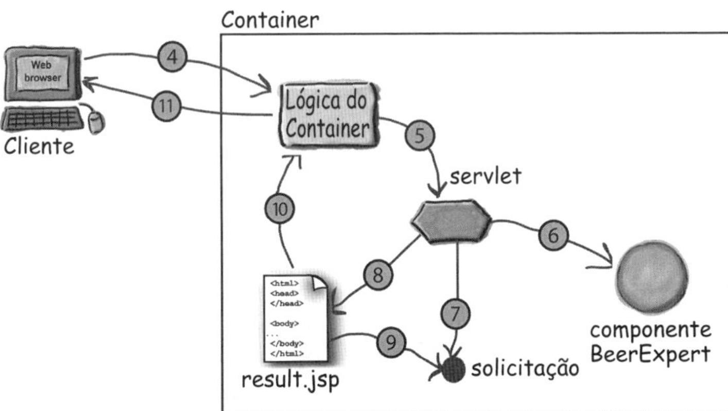

4 - O browser envia os dados da solicitação ao container.

5 - O Container encontra o servlet correto baseado na URL e passa a solicitação para o servlet.

6 - O servlet pede ajuda ao BeerExpert.

7 - A classe responsável retorna uma resposta, a qual o servlet adiciona ao objeto solicitação.

8 - O servlet encaminha a solicitação ao JSP.

9 - O JSP recebe a resposta do objeto solicitação.

10 - O JSP gera uma página para o Container.

11 - O Container retorna a página para o usuário feliz.

Daqui em diante, quando você não vir a figura do servidor, faça de conta que ele existe.

Criando o seu ambiente de desenvolvimento

Existem várias formas de você organizar a sua estrutura de diretórios de desenvolvimento, mas esta é a que recomendamos para projetos de pequeno e médio portes. Na hora de distribuir a aplicação, copiaremos uma porção disso para onde quer que o nosso Container específico queira. (Neste tutorial, usaremos o Tomcat 5.)

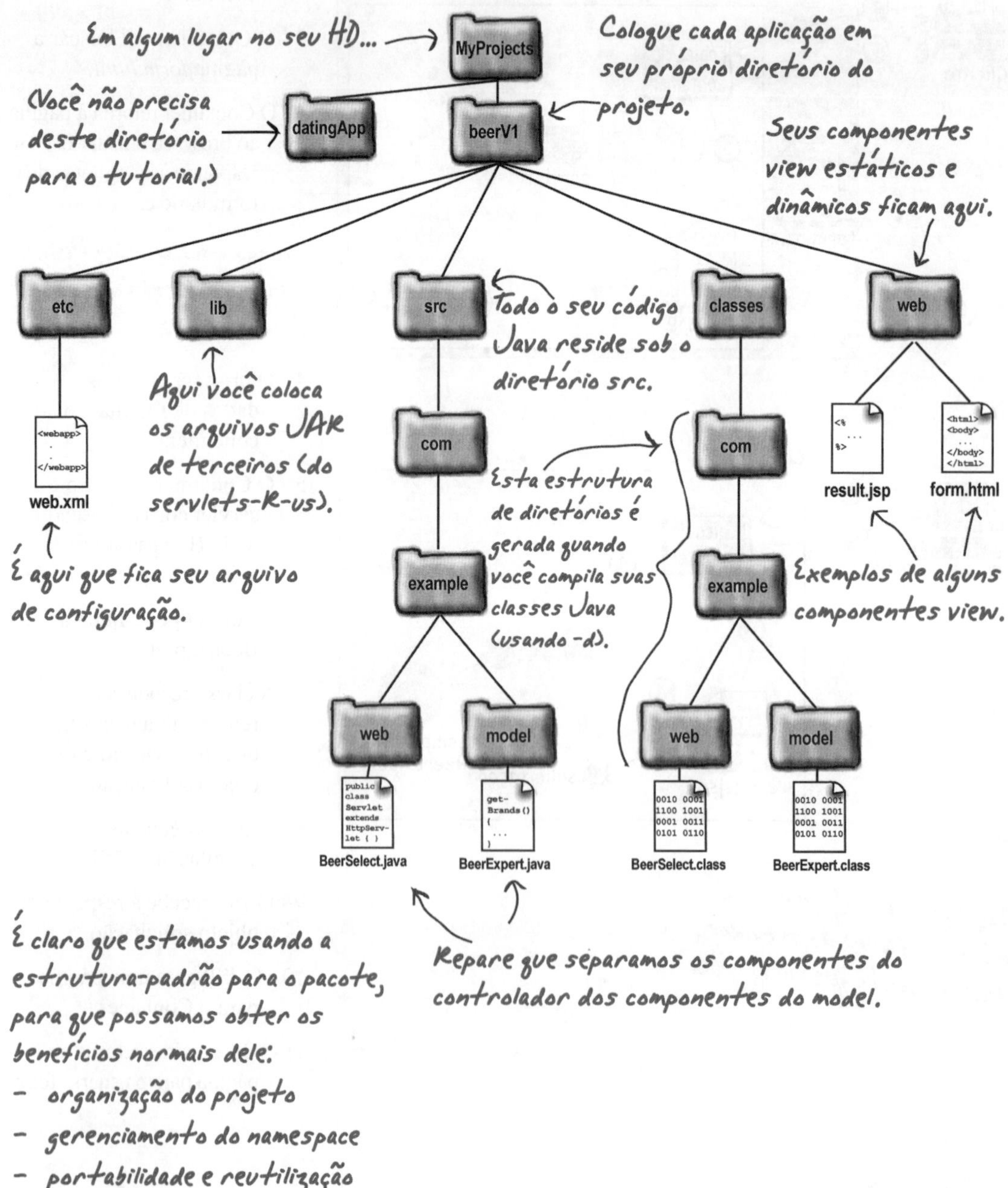

Criando o ambiente de distribuição

Distribuir uma aplicação envolve seguir regras específicas do Container e requerimentos das especificações dos Servlets e JSPs (se você não está usando o Tomcat, terá que descobrir onde exatamente a sua aplicação ligar-se-á ao *seu* Container). No nosso exemplo, tudo abaixo do diretório "Beer-v1" é igual, *independentemente* do seu Container!

Este é o diretório home do Tomcat; ele poderia ter sido chamado de algo diferente, como: jakarta-tomcat-5.0.19.

Específico para o Tomcat

tomcat

Esta parte da estrutura de diretórios é exigida pelo Tomcat e deve estar diretamente abaixo do seu diretório home.

webapps

Este nome de diretório também representa o "context root" que o Tomcat usa quando está resolvendo URLs. Nós exploraremos este conceito em maiores detalhes no capítulo sobre Distribuição.

Beer-v1

O nome da aplicação.

Tudo ABAIXO desta linha pontilhada é a aplicação, que será a mesma, independentemente do fabricante do seu Container.

WEB-INF

<html>
<body>
...
</body>
</html>

form.html

<%
...
%>

result.jsp

Parte da especificação dos Servlets

classes

lib

<webapp>
.
.
</webapp>

web.xml

Este arquivo web.xml TEM QUE estar em WEB-INF

com

A estrutura deste pacote é exatamente a que usamos no ambiente de desenvolvimento. A menos que você esteja distribuindo suas classes em um JAR (falaremos a respeito disso mais tarde), você DEVE colocar o pacote de estrutura de diretórios imediatamente abaixo de WEB-INF/classes.

Específico da Aplicação

example

web

model

0010 0001
1100 1001
0001 0011
0101 0110

BeerSelect.class

0010 0001
1100 1001
0001 0011
0101 0110

BeerExpert.class

Mapa para a construção da aplicação

Quando iniciamos este capítulo, definimos um processo de quatro etapas para desenvolvermos nossa aplicação. Até agora nós já:

1 - Revisamos as *views* do usuário para nossa aplicação.

2 - Vimos a *arquitetura*.

3 - Criamos os ambientes de *desenvolvimento* e *distribuição* para montar e distribuir a aplicação.

Agora é a vez da etapa 4: *criar* a aplicação.

Nós tiramos isso de várias metodologias conhecidas de desenvolvimento (muita programação e incansáveis repetições) e adequamos aos nossos propósitos malignos...

Os cinco passos que seguiremos (no passo 4):

4a **Construir e testar o formulário HTML** que o usuário irá solicitar primeiro.

4b **Construir e testar a versão 1 do servlet controlador** com o formulário HTML. Esta versão é invocada via formulário HTML e exibe o parâmetro que ela recebe.

4c **Construir uma classe teste** para a classe modelo/expert, além de construir e testar a classe modelo/expert em si.

4d **Atualizar o servlet para a versão 2.** Esta versão nos dá a capacidade de chamar a classe modelo a fim de obter os conselhos sobre cervejas.

4e ***Construir o JSP e atualizar o servlet para a versão 3*** (que agrega a capacidade de entregar para o JSP), e testar toda a aplicação.

O HTML do formulário da página inicial

O HTML é simples – ele coloca o cabeçalho, a lista drop-down de onde o usuário seleciona uma cor para a cerveja e o botão Submit.

```
<html><body>
<h1 align="center">Beer Selection Page</h1>
<form method="POST"
  action="SelectBeer.do">
  Select beer characteristics<p>
  Color:
  <select name="color" size="1">
    <option value="light"> light </option>
    <option value="amber"> amber </option>
    <option value="brown"> brown </option>
    <option value="dark"> dark </option>
  </select>
  <br><br>
  <center>
    <input type="SUBMIT">
  </center>
</form></body></html>
```

Por que escolhemos POST em vez de GET?

O HTML pensa que o servlet tem este nome. Não há NADA na sua estrutura de diretórios chamado SelectBeer.do! Isto é um nome lógico...

Foi assim que criamos o menu pull-down, mas suas opções podem variar. (Você entendeu o size="1"?)

P: Por que o formulário está enviando para "SelectBeer.do" se não há NENHUM servlet com esse nome? Nas estruturas de diretórios que vimos anteriormente, não havia nada com o nome "SelectBeer.do". E o que significa a extensão ".do" afinal ?

R: SelectBeer.do é um nome lógico, não um nome de arquivo de verdade. É simplesmente o nome que queremos que o cliente use! Aliás, o cliente JAMAIS terá acesso direto ao arquivo de classe servlet. Portanto, você não cria, por exemplo, uma página HTML com um link ou ação que inclua um caminho para um arquivo de classe servlet.
O truque é, nós usaremos o Deployment Descriptor XML (web.xml) para mapear o que o cliente requisita ("SelectBeer.do"), para um arquivo real de classe servlet que o Container usará quando entrar uma solicitação "SelectBeer.do". Por enquanto, considere a extensão ".do" como uma simples parte do nome lógico (e não um tipo de arquivo *mesmo*). Mais adiante, você aprenderá outras maneiras de usar as extensões (reais ou fictícias/lógicas) em seus mapeamentos de servlet.

Distribuindo e testando a página inicial

Para testá-la, você precisa distribuí-la na estrutura de diretórios do Container (Tomcat), iniciar o Tomcat e acessar a página em um browser.

❶ Crie o HTML no seu ambiente de *desenvolvimento*

Crie este arquivo HTML, chame-o de *form.html* e salve-o em seu ambiente de desenvolvimento, sob o diretório */beerV1/web/*.

❷ Copie o arquivo para o ambiente de *distribuição*

Coloque uma cópia do arquivo *form.html* em *tomcat/webapps/Beer-v1/*. (Lembre-se, o diretório home do seu tomcat pode ter um nome diferente).

tomcat
webapps
Beer-v1
form.html

❸ Crie o DD em seu ambiente de *desenvolvimento*

Crie este documento XML, nomeie-o de *web.xml* e salve-o em seu ambiente de desenvolvimento, sob o diretório */beerV1/etc/*.

Você não precisa conhecer nada disso, apenas digite.

```
<web-app xmlns="http://java.sun.com/xml/ns/j2ee"
    xmlns:xsi="http://www.w3.org/2001/XMLSchema-instance"
    xsi:schemaLocation="http://java.sun.com/xml/ns/j2ee/web-app_2_4.xsd"
    version="2.4">

  '<servlet>
     '<servlet-name>Ch3 Beer</servlet-name>
     '<servlet-class>com.example.web.BeerSelect</servlet-class>
  </servlet>

  <servlet-mapping>
     <servlet-name>Ch3 Beer</servlet-name>
     '<url-pattern>/SelectBeer.do</url-pattern>
  </servlet-mapping>

</web-app>
```

Este é um nome fictício que você usará APENAS em outras partes do DD.

Nome totalmente qualificado do arquivo de classe servlet.

É assim que queremos que o cliente se refira ao servlet. O ".do" é apenas uma convenção.

Não se esqueça de começar com uma barra.

A principal função deste DD é definir o mapeamento entre o nome lógico que o cliente usa na solicitação ("SelectBeer.do") e o arquivo de classe servlet verdadeiro (com.example.web.BeerSelect).

4 Copie o arquivo para o ambiente de *distribuição*

Coloque uma cópia do arquivo *web.xml* em *tomcat/webapps/Beer-v1/WEB-INF/*.
Você DEVE colocá-lo aí para que o Container o encontre; do contrário, nada funcionará, e você ficará deprimido.

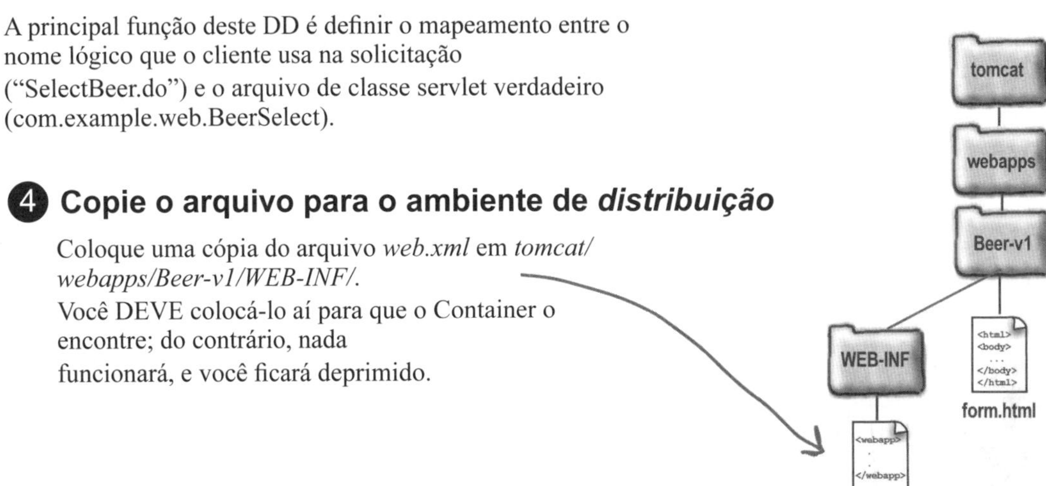

5 Inicialize o Tomcat

Estamos usando ao longo do livro o Tomcat tanto como *Servidor*, quanto como *Container*. No mundo real, você provavelmente usará um web server mais robusto (como o Apache) configurado com um Container (como o Tomcat). Mas o Tomcat é um servidor perfeitamente decente para tudo o que precisamos neste livro.

Para iniciar o Tomcat, vá para o diretório home do tomcat e execute o *bin/startup.sh*.

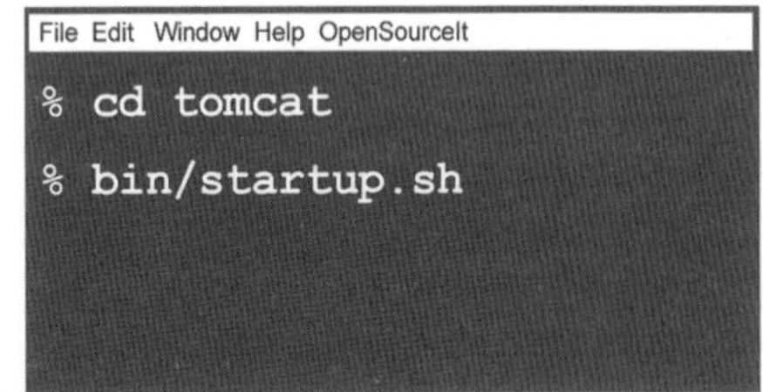

6 Teste a página

Abra a página HTML no seu browser e digite:

http://localhost:8080/Beer-v1/form.html.

Você deverá ver algo parecido com esta tela.

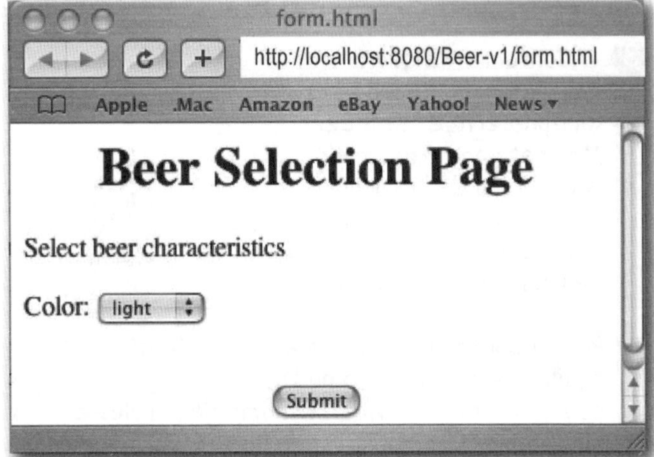

Mapeando o nome lógico para um arquivo de classe servlet

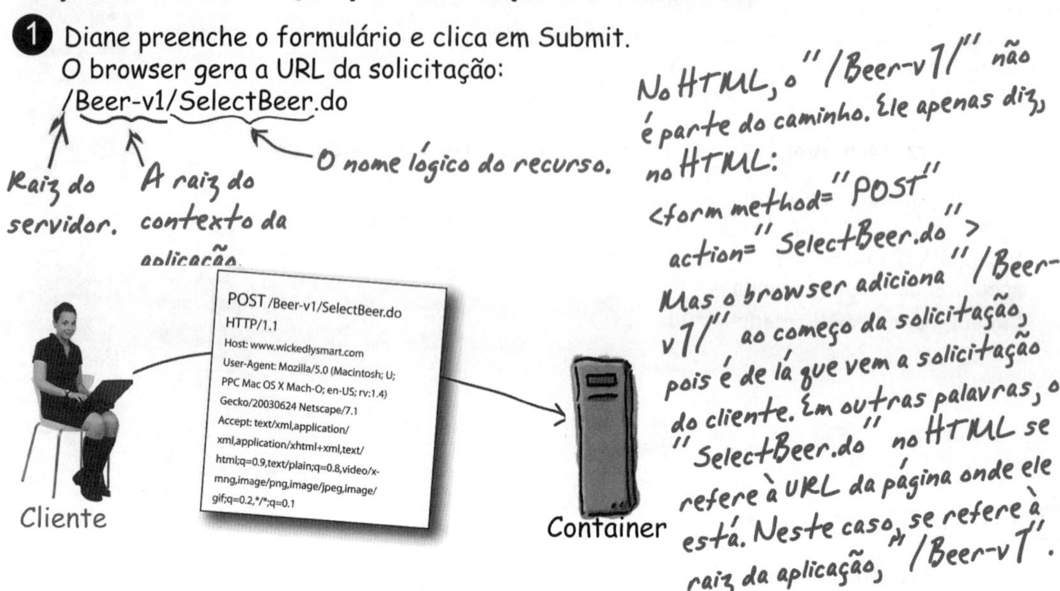
1 Diane preenche o formulário e clica em Submit.
O browser gera a URL da solicitação:
/Beer-v1/SelectBeer.do
Raiz do servidor.
A raiz do contexto da aplicação.
O nome lógico do recurso.
No HTML, o "/Beer-v1/" não é parte do caminho. Ele apenas diz, no HTML:
<form method="POST"
action="SelectBeer.do">
Mas o browser adiciona "/Beer-v1/" ao começo da solicitação, pois é de lá que vem a solicitação do cliente. Em outras palavras, o "SelectBeer.do" no HTML se refere à URL da página onde ele está. Neste caso, se refere à raiz da aplicação, "/Beer-v1".
POST /Beer-v1/SelectBeer.do
HTTP/1.1
Host: www.wickedlysmart.com
User-Agent: Mozilla/5.0 (Macintosh; U; PPC Mac OS X Mach-O; en-US; rv:1.4) Gecko/20030624 Netscape/7.1
Accept: text/xml,application/xml,application/xhtml+xml,text/html;q=0.9,text/plain;q=0.8,video/x-mng,image/png,image/jpeg,image/gif;q=0.2,*/*;q=0.1
Cliente
Container

2 O Container procura o DD e encontra um <servlet-mapping> com um <url-pattern>, que coincide com o /SelectBeer.do, onde a barra (/) representa a raiz do contexto da aplicação e o SelectBeer.do é o nome lógico de um recurso.

Container

```
<web-app>
  <servlet>
    <servlet-name>
      Ch3 Beer
    </servlet-name>
    <servlet-class>
      com.example.web.BeerSelect
    </servlet-class>
  </servlet>

  <servlet-mapping>
    <servlet-name>
      Ch3 Beer
    </servlet-name>
    <url-pattern>
      /SelectBeer.do
    </url-pattern>
  </servlet-mapping>
</web-app>
```

3 O Container vê que o <servlet-name> para esta <url-pattern> é "Ch3 Beer". Mas este não é o nome verdadeiro de um arquivo de classe servlet. "Ch3 Beer" é o nome de um servlet, e não de uma classe de servlet.

Container

Para o Container, servlet é aquilo que foi definido no DD, abaixo da tag <servlet>. O nome do servlet é simplesmente o nome usado no DD, para que as outras partes do DD possam mapeá-lo.

4 O Container procura dentro das tags <servlet> a tag <servlet-name> "Ch3 Beer".

5 O Container usa a <servlet-class> da tag <servlet> para descobrir que classe servlet é responsável por tratar esta solicitação. Se o servlet não tiver sido inicializado, a classe é carregada e o servlet é inicializado.

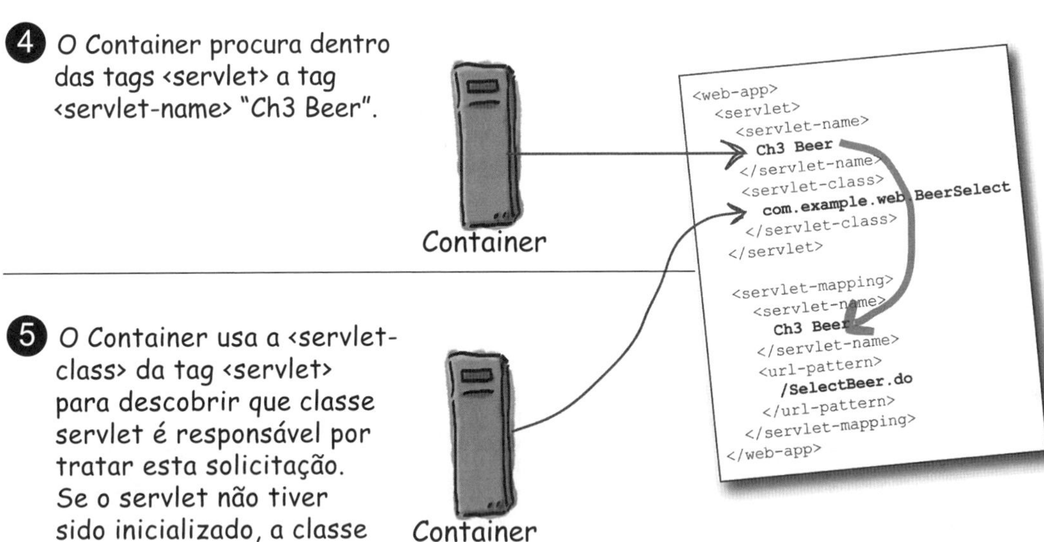

6 O Container inicia uma nova thread para tratar a solicitação, e passar a solicitação para a thread (para o método service() do servlet).

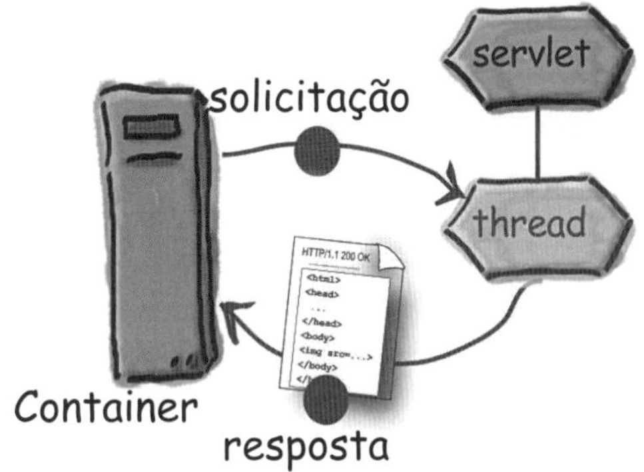

7 O Container envia a resposta (através do servidor, claro) de volta ao cliente.

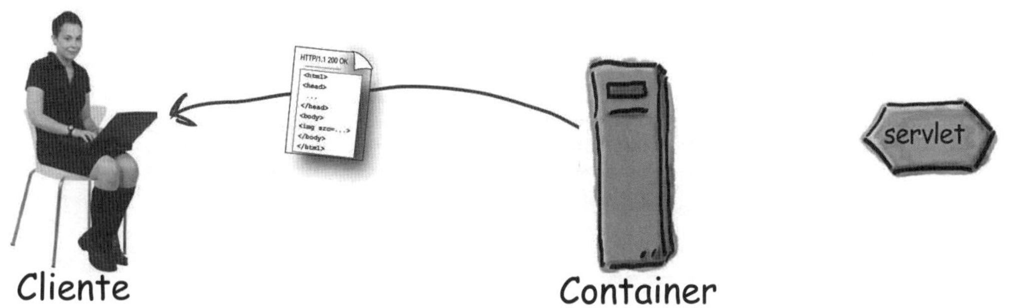

A primeira versão do controlador servlet

Nosso plano é construir o servlet em etapas, testando os vários links de comunicação, conforme avançamos. No final, lembre-se, o servlet aceitará um parâmetro que venha da solicitação, invocará um método no modelo, salvará a informação em um lugar que o JSP possa encontrá-la e encaminhará a solicitação ao JSP. Mas para esta primeira versão, nosso objetivo é apenas garantir que a página HTML possa chamar adequadamente o servlet e que o servlet esteja recebendo o parâmetro HTML da forma correta.

Código do servlet

Esteja certo de que você usou as mesmas estruturas de desenvolvimento e distribuição que criamos anteriormente.

```
package com.example.web;

import javax.servlet.*;
import javax.servlet.http.*;
import java.io.*;

public class BeerSelect extends HttpServlet {

    public void doPost(HttpServletRequest request,
                       HttpServletResponse response)
                       throws IOException, ServletException {

        response.setContentType("text/html");
        PrintWriter out = response.getWriter();
        out.println("Beer Selection Advice<br>");
        String c = request.getParameter("color");
        out.println("<br>Got beer color " + c);
    }
}
```

O HttpServlet estende o GenericServlet, que implementa a interface do Servlet...

Este método vem da interface ServletResponse.

Este método vem da interface ServletRequest. Repare que o argumento coincide com o valor do atributo "name" na tag <select> do HTML.

Usaremos o doPost para tratar a solicitação HTTP, pois o formulário HTML diz: method=POST

Não estamos retornando nenhum conselho aqui, mas apenas mostrando informações de teste.

APIs importantes

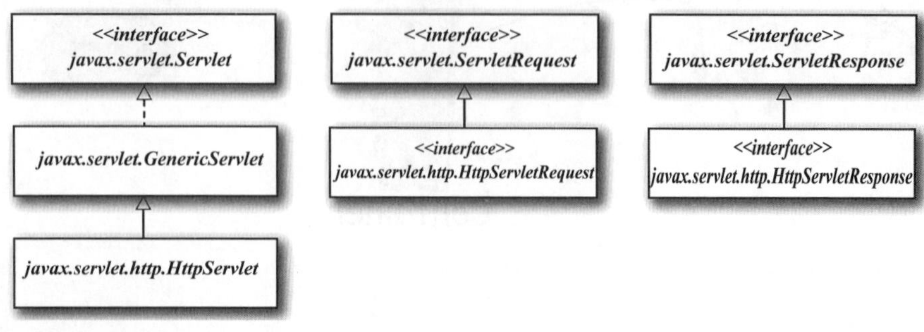

Compilando, distribuindo e testando o controlador servlet

Perfeito! Nós construímos, distribuímos e testamos nosso HTML, e construímos e distribuímos nosso DD (bem, colocamos o web.xml no ambiente de distribuição, mas tecnicamente o DD não será distribuído até reiniciarmos o Tomcat). Agora é hora de compilar a primeira versão do servlet, distribuí-lo e testá-lo via formulário HTML. Vamos reiniciar o Tomcat para garantir que ele "enxergue" o web.xml e a classe servlet.

Compilando o servlet

Compile o servlet usando -d para colocar a classe no ambiente de *desenvolvimento*.

Configure isto para que coincida com o caminho de diretórios no seu sistema! Tudo após "tomcat/" será igual.

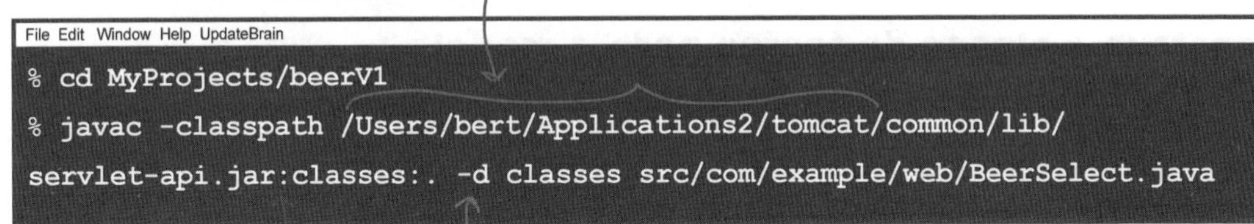

Use o ponto e vírgula ";" no sistema operacional windows

Use a opção -d para informar ao compilador para colocar o arquivo .class no diretório de classes, dentro da estrutura correta do pacote. Seu arquivo .class vai acabar em /beerV1/classes/com/example/web/.

Distribuindo o servlet

Para distribuir o servlet, faça uma cópia do arquivo .class e mova-o para o diretório /Beer-v1/WEB-INF/classes/com/example/web/ na estrutura de distribuição.

Testando o servlet

1 - **Reinicie o tomcat!**

2 - Abra seu browser e digite: http://localhost:8080/Beer-v1/form.html

3 - Selecione uma cor de cerveja e clique em "Submit"

4 - Se o seu servlet estiver funcionando, você deverá ver no browser a resposta do servlet parecida com:

Conselhos sobre Escolha de Cerveja
Você escolheu a cerveja marrom

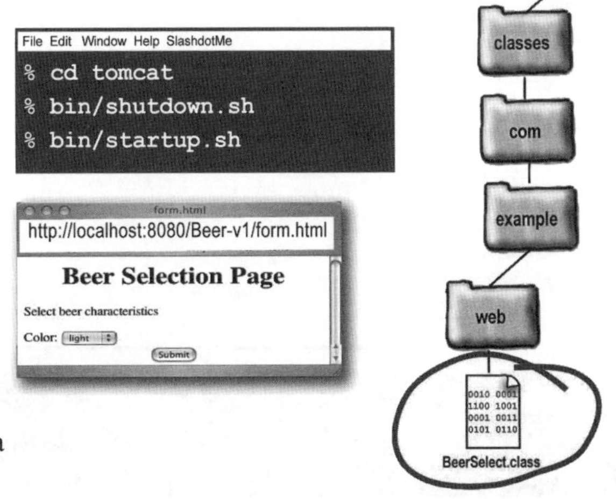

Construindo e testando a classe modelo

No MVC, o modelo tende a ser o "back-end" da aplicação. Em geral, é o sistema tradicional que está sendo exposto na web atualmente. Em muitos casos ele é apenas um código Java simples, sem saber que talvez possa ser chamado pelos servlets. O modelo não deve ficar restrito a ser usado por somente uma única aplicação, portanto ele deve ficar dentro dos seus próprios pacotes de utilidades.

As especificações para o modelo

- Seu pacote deve ser **com.example.model**
- Sua estrutura de diretórios deve ser /WEB-INF/classes/com/example/model
- Ela disponibiliza um método, **getBrands()**, que obtém uma cor preferida (como um String) e retorna uma ArrayList de marcas de cervejas recomendadas (também como Strings).

Construa a classe de testes para o modelo

Crie a classe de testes para o modelo (sim, *antes* de construir o modelo em si). Aqui, você está por sua própria conta, pois não temos uma neste tutorial. Lembre-se, o modelo ainda estará no ambiente de desenvolvimento quando você testá-lo pela primeira vez – é como outra classe Java qualquer, e você pode testá-lo sem o Tomcat.

Construa e teste o modelo

Os modelos podem ser extremamente complicados. Eles freqüentemente envolvem conexões com bancos de dados tradicionais e chamadas a lógicas complexas. Aqui está nosso sofisticado e inteligente sistema baseado em regras que dá conselhos sobre cerveja:

```
package com.example.model;
import java.util.*;

public class BeerExpert {
  public List getBrands(String color) {
    List brands = new ArrayList();
    if (color.equals("amber")) {
       brands.add("Jack Amber");
       brands.add("Red Moose");
    }
    else {
       brands.add("Jail Pale Ale");
       brands.add("Gout Stout");
    }
    return(brands);
  }
}
```

Repare como capturamos as informações especializadas e complexas do exemplo da cerveja, usando expressões condicionais avançadas.

```
File Edit Window Help PlayGo
% cd beerV1
% java -d classes src/com/example/model/BeerExpert.java
```

Melhorando o servlet para chamar o modelo, para obtermos conselhos DE VERDADE...

Nesta *segunda* versão do servlet, iremos melhorar o método doPost() para chamar o modelo para oferecer o conselho (a versão *três* fará com que o conselho venha de um JSP). As alterações de código são triviais, mas a parte importante é entender a redistribuição da aplicação melhorada. Você pode tentar escrever o código, recompilar e distribuir por sua própria conta, ou então virar a página e seguir adiante...

Melhorando o servlet, versão dois

Esqueça os servlets por um minuto, vamos pensar apenas em Java. Quais são os passos que devemos tomar para realizar estas tarefas?

1. Melhorar o método doPost() para chamar o modelo.
2. Compilar o servlet.
3. Distribuir e testar a aplicação atualizada.

```
public class BeerSelect extends HttpServlet {
```

O código do servlet versão dois

Lembre-se, o modelo é apenas Java simples, então o chamaremos como faríamos para qualquer outro método Java: instanciar a classe modelo e chamar o seu método!

```
package com.example.web;

import com.example.model.*;
import javax.servlet.*;
import javax.servlet.http.*;
import java.io.*;
import java.util.*;

public class BeerSelect extends HttpServlet {

    public void doPost(HttpServletRequest request,
                        HttpServletResponse response)
                        throws IOException, ServletException {

        String c = request.getParameter("color");
        BeerExpert be = new BeerExpert();
        List result = be.getBrands(c);

        response.setContentType("text/html");
        PrintWriter out = response.getWriter();
        out.println("Beer Selection Advice<br>");


        Iterator it = result.iterator();
        while(it.hasNext()) {
            out.print("<br>try: " + it.next());
        }

    }

}
```

Não se esqueça do import para o pacote onde o BeerExpert está inserido.

Estamos modificando o servlet original, e não criando uma nova classe.

Instanciar a classe BeerExpert e chama o getBrands().

Exibe o conselho (as opções de marcas de cervejas no ArrayList retornadas pelo modelo). Na versão final (a terceira), o conselho será exibido a partir de um JSP, em vez de um servlet.

Os principais passos para o servlet versão dois

Temos duas tarefas importantes a fazer: ***recompilar o servlet*** e ***distribuir a classe modelo.***

Compilando o servlet

Nós usaremos o mesmo comando compilador que usamos quando construímos a primeira versão do servlet.

```
File Edit Window Help PlayGo
% cd beerV1
% javac -classpath /Users/bert/Applications2/tomcat/common/lib/
servlet-api.jar:classes:. -d classes src/com/example/web/BeerSelect.java
```

Distribuindo e testando a aplicação

Agora, além do servlet, nós também temos que distribuir o modelo. Os principais passos são:

1 - Mova uma cópia do arquivo .class do servlet para:

../Beer-v1/WEB-INF/classes/com/example/web/

Isto ***substitui*** a primeira versão do arquivo de classe do servlet!

2 - Mova uma cópia do arquivo .class do modelo para:

../Beer-v1/WEB-INF/classes/com/example/model/

3 - Feche e **reinicie o tomcat**

4 - **Teste a aplicação** via form.html; o browser deverá mostrar algo como:

Conselhos sobre Escolha de Cerveja

experimente: Jack Amber

experimente: Red Moose

```
File Edit Window Help SellHigh
% cd tomcat
% bin/shutdown.sh
% bin/startup.sh
```

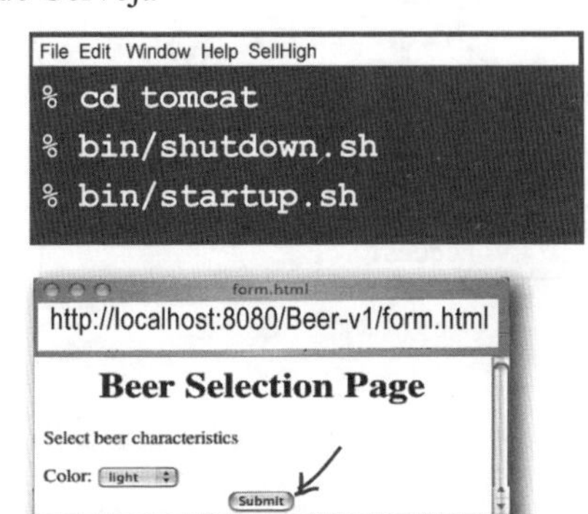

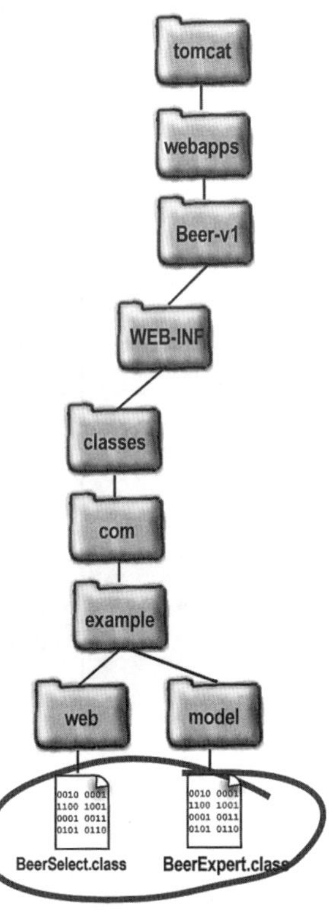

Revendo a aplicação MVC, parcialmente completa, que dá conselhos sobre cervejas

O que está funcionando até aqui...

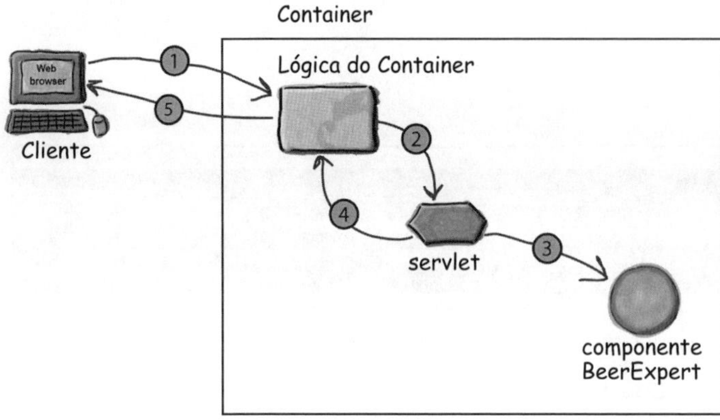

1 - O browser envia os dados da solicitação para o Container.

2 - O Container encontra o servlet correto baseado na URL e passa a solicitação para o servlet.

3 - O servlet chama o BeerExpert para ajudar.

4 - O servlet exibe a resposta (que exibe o conselho).

5 - O Container retorna a página para o usuário feliz.

O que nós QUEREMOS...

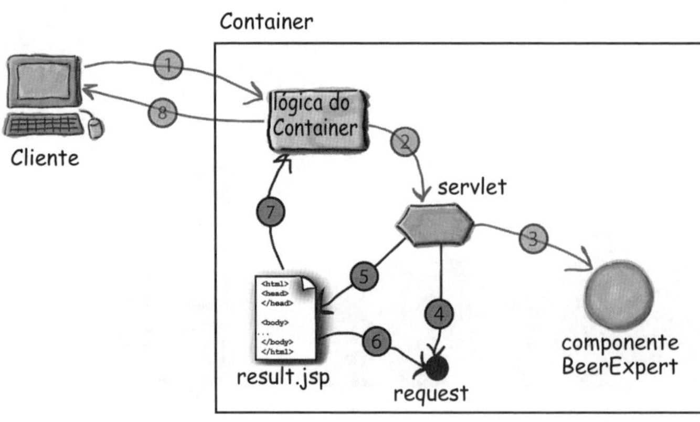

1 - O browser envia os dados da solicitação ao Container.

2 - O Container encontra o servlet correto baseado na URL e passa a solicitação ao servlet.

3 - O servlet chama o BeerExpert para ajudar.

4 - A classe responsável retorna uma resposta, que o servlet adiciona ao objeto request.

5 - O servlet encaminha a solicitação para o JSP.

6 - O JSP recebe a resposta do objeto request.

7 - O JSP gera uma página para o Container.

8 - O Container retorna a página para o usuário feliz.

Criando a "view" JSP que dá o conselho

Não fique tão ansioso. Você terá que esperar mais alguns capítulos antes de realmente começarmos a falar sobre JSPs. Na verdade, este JSP nem é tão bom assim (devido ao seu código scriptlet, que falaremos mais adiante). Por agora, ele deve ser bem fácil de ser lido, e se você quiser experimentá-lo, mãos à obra. Embora nós *pudéssemos* testar agora este JSP direto do browser, vamos esperar até depois de modificarmos o servlet (versão três) para ver se ele funciona.

Aqui temos o JSP...

```
<%@ page import="java.util.*" %>

<html>
<body>
<h1 align="center">Beer Recommendations JSP</h1>
<p>

<%
  List styles = (List)request.getAttribute("styles");
  Iterator it = styles.iterator();
  while(it.hasNext()) {
    out.print("<br>try: " + it.next());
  }
%>

</body>
</html>
```

Esta é uma diretiva de página (estamos considerando que o que ela faz seja bem óbvio).

Algum HTML padrão (que é conhecido como template text no mundo JSP).

Aqui, estamos recebendo um atributo do objeto solicitação. Um pouco mais adiante, explicaremos tudo sobre atributos e como conseguimos obter o objeto solicitação...

Algum Java padrão dentro das tags <% %> (conhecido como código scriptlet).

Distribuindo o JSP

Nós não compilamos o JSP (o Container faz isso na primeira solicitação). Mas nós *temos* que:

1 - Chamá-lo de "result.jsp".

2 - Salvá-lo no ambiente de *desenvolvimento*, em: /web/.

3 - Criar uma cópia dele no ambiente de *distribuição*, em: /Beer-v1/.

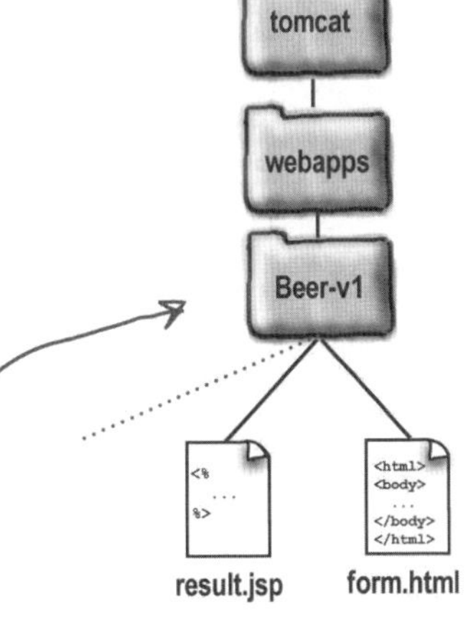

Melhorando o servlet para "chamar" o JSP (versão três)

Neste passo, modificaremos o servlet para "chamar" o JSP para gerar o resultado (view). O Container providencia um mecanismo chamado "request dispatching", que permite que um componente gerenciado pelo Container chame por outro. É assim que usaremos: o servlet receberá a informação do modelo, irá salvá-la no objeto solicitação e ***entregará a solicitação para o JSP***.

Mudanças importantes que devemos fazer no servlet:

1 - Adicionar a resposta do componente modelo ao objeto request, para que o JSP possa acessá-la.

2 - Pedir ao Container que encaminhe a solicitação para "result.jsp" (passo 5).

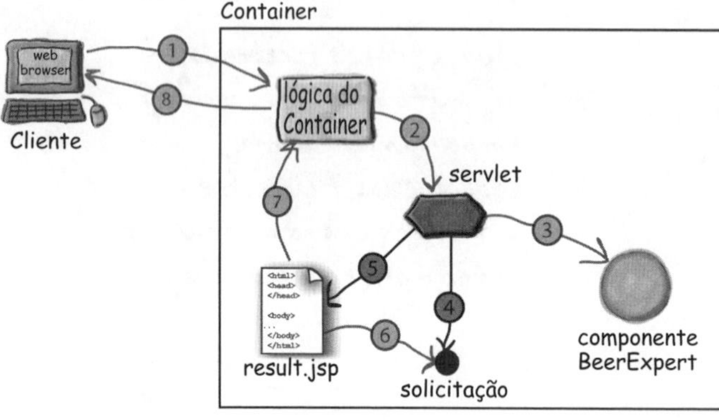

1 - O browser envia os dados da solicitação para o container.

2 - O Container encontra o servlet correto baseado na URL e passa a solicitação ao servlet.

3 - O servlet chama o BeerExpert para ajudar.

4 - A classe responsável retorna uma resposta, que o servlet adiciona ao objeto solicitação.

5 - O servlet despacha para o JSP.

6 - O JSP recebe a resposta originada do objeto solicitação.

7 - O JSP gera uma página para o Container.

8 - O Container retorna a página para o usuário feliz.

O código para o servlet versão três

Eis aqui o que modificamos no servlet para adicionar a resposta do componente modelo ao objeto solicitação (assim o JSP poderá recuperá-la) e como pedimos ao Container para despachar ao JSP.

```
package com.example.web;

import com.example.model.*;
import javax.servlet.*;
import javax.servlet.http.*;
import java.io.*;
import java.util.*;

public class BeerSelect extends HttpServlet {

    public void doPost(HttpServletRequest request,
                       HttpServletResponse response)
            throws IOException, ServletException {

String c = request.getParameter("color");
BeerExpert be = new BeerExpert();
List result = be.getBrands(c);

        // response.setContentType("text/html");
        // PrintWriter out = response.getWriter();
    // out.println("Beer Selection Advice <br>");

        request.setAttribute("styles", result);

        RequestDispatcher view =
              request.getRequestDispatcher("result.jsp");

        view.forward(request, response);
    }
}
```

Agora que o JSP vai gerar o resultado, devemos remover do servlet o resultado do teste. Transformamos em comentário para que você ainda possa vê-lo aqui.

Adiciona um atributo ao objeto solicitação para o JSP usar. Note que o JSP está procurando por styles.

Instancia um request dispatcher para o JSP.

Usa o request dispatcher para pedir ao Container que inicialize o JSP, enviando para ele a solicitação e a resposta.

Compile, distribua e teste a aplicação final!

Neste capítulo, construímos uma aplicação MVC completa (embora pequena), usando HTML, servlets e JSPs. Você já pode incluir isso no seu currículo.

Compilando o servlet

Usaremos o mesmo comando compilador que usamos antes:

```
File Edit Window Help RunItsATrap
% cd beerV1
% javac -classpath /Users/bert/Applications2/tomcat/common/lib/
servlet-api.jar:classes:. -d classes src/com/example/web/BeerSelect.java
```

Distribuindo e testando a aplicação

Agora é hora de redistribuir o servlet.

1 - Mova uma cópia do arquivo .class do servlet para ../Beer-v1/WEB-INF/classes/com/example/web/ (novamente, isto irá ***substituir*** o arquivo .class da versão dois anterior).

2 - Feche e reinicie o tomcat.

3 - Teste a aplicação via form.html.

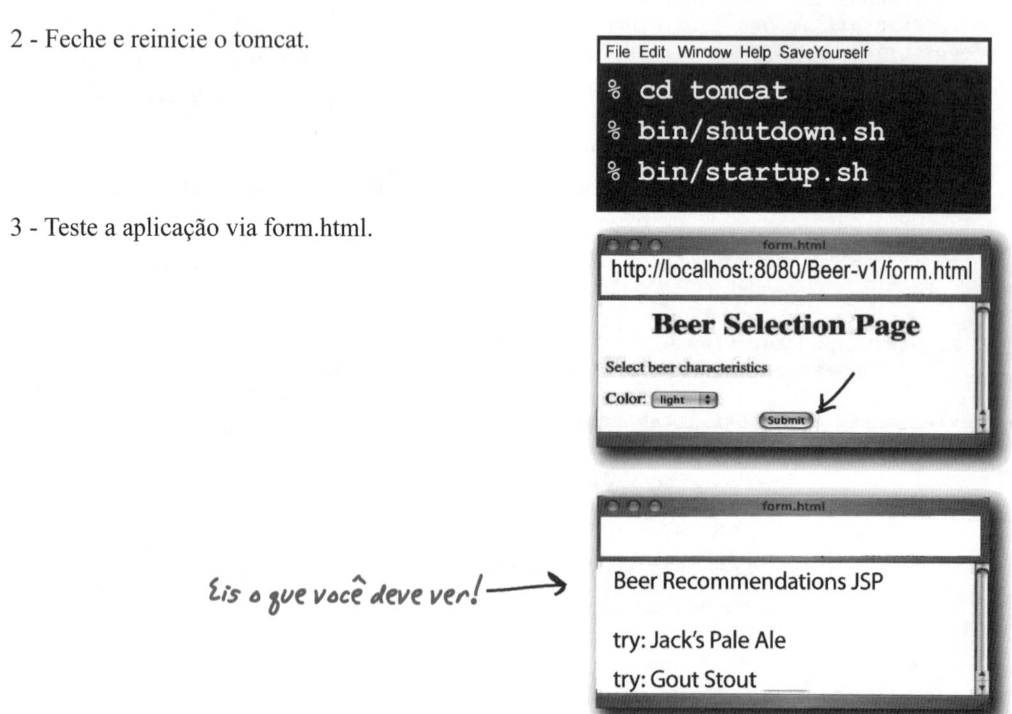

Tudo bem, então agora ele sabe fazer uma aplicação MVC, mas ele ainda não tem nenhuma idéia de como usar a linguagem JSP ou JSTL. Ele não sabe nem usar uma tag customizada, nem um filtro. E eu o flagrei escutando um CD do Weezer... e isso foi DEPOIS daquele álbum verde. Ele ainda tem MUITO o que aprender...

Ainda há muito o que aprender.

A festa acabou. Você teve três capítulos inteiros para curtir, escrever um pequeno código e revisar tudo sobre solicitação/ resposta HTTP.

Mas ainda existem 200 perguntas preparatórias esperando por você neste livro. E elas começam no próximo capítulo. A menos que você já esteja familiarizado com desenvolvimento e distribuição de servlets, você não deveria virar a página antes de realmente *fazer* o tutorial deste capítulo.

Não que estejamos tentando pressioná-lo, ou fazê-lo se sentir culpado, ou algo parecido...

4 solicitação e resposta

Sendo um Servlet

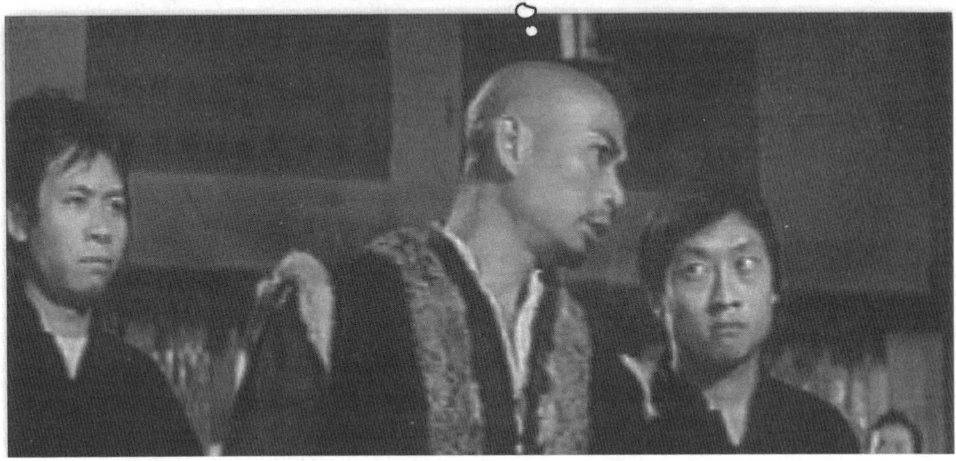

Ele usou uma solicitação GET para atualizar o banco de dados. A punição será a mais severa... sem aulas de "Ioga com Suzy" por 90 dias.

Servlets vivem para servir clientes. A função de um servlet é receber uma ***solicitação*** do cliente e devolver uma ***resposta***. A solicitação talvez seja simples: "*traga-me a página de Boas-vindas*". Ou pode ser complexa: "*Finalize o processo do meu carrinho de compras.*" A solicitação traz consigo dados cruciais e o código do seu servlet tem que saber como *encontrá-los* e *utilizá-los*. A resposta leva a informação que o browser precisa para montar uma página (ou baixar alguns dados) e o código do seu servlet tem que saber como *enviá-los*. Ou *não*... em vez disso, seu servlet pode decidir encaminhar a solicitação *adiante* (para outra página, servlet ou JSP).

O Modelo de Tecnologia do Servlet

1.1 Para cada um dos Métodos HTTP (como GET, POST, HEAD e assim por diante), descrever o propósito do método e as características técnicas do protocolo do Método HTTP, listar triggers que possam levar o cliente (geralmente um browser) a usar o Método e identificar o método HttpServlet que corresponda ao Método HTTP.

1.2 Usando a interface HttpServletRequest, escrever o código que retira da solicitação os parâmetros do formulário HTML, a informação do header da solicitação HTTP ou os cookies.

1.3 Usando a interface HttpServletResponse, escrever o código que cria um header para a resposta HTTP, configura o tipo de conteúdo da resposta, recebe um stream de texto para a resposta, recebe um stream binário para a resposta, redireciona uma solicitação HTTP para outra URL, ou adiciona cookies na resposta.*

1.4 Descrever o propósito e a seqüência de eventos do ciclo de vida de um servlet: (1) carregar a classe servlet, (2) instanciar o servlet, (3) chamar o método init(), (4) chamar o método service(), e (5) chamar o método destroy().

Notas sobre a Abrangência:

Todos os objetivos desta seção são cobertos completamente neste capítulo, com exceção da parte dos cookies, no objetivo 1.3. Grande parte do conteúdo deste capítulo foi comentada no capítulo dois, mas lá nós dissemos: "Não se preocupe em decorar isto."
Neste capítulo, você TEM que ir devagar, realmente estudar e memorizar o conteúdo. Nenhum outro capítulo cobrirá estes objetivos com detalhes; então, esta é a hora.
Faça os exercícios, revise o material e faça seu primeiro teste preparatório no final deste capítulo. Se você não conseguir pelo menos 80% das respostas corretas, volte para descobrir o que você deixou escapar, ANTES de passar para o capítulo cinco.
Algumas das perguntas do teste preparatório que fazem parte destes objetivos foram colocadas nos capítulos 5 e 6, por requererem um conhecimento adicional de alguns assuntos que não explicamos até aqui. Isto significa que teremos um número menor de questões preparatórias neste capítulo e maior nos próximos, evitando testá-lo naquilo que você ainda não viu.

Nota importante: enquanto os três primeiros capítulos abordaram assuntos que servem de base, desta página em diante quase tudo o que você verá está diretamente relacionado ou é explicitamente parte do exame.

*Não falaremos muito a respeito dos objetivos relacionados aos cookies até o capítulo que trata das Sessões.

Os Servlets são controlados pelo Container

No capítulo dois nós vimos as funções completas do Container na vida do servlet: ele cria os objetos request e response, cria ou aloca uma nova thread para o servlet e chama o método service() do servlet, passando as referências de request e response como argumentos. Aqui vai uma rápida revisão...

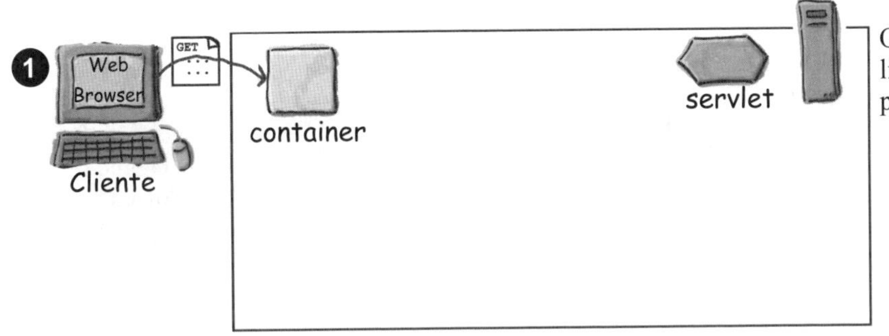

O usuário clica em um link que tem uma URL para um servlet.

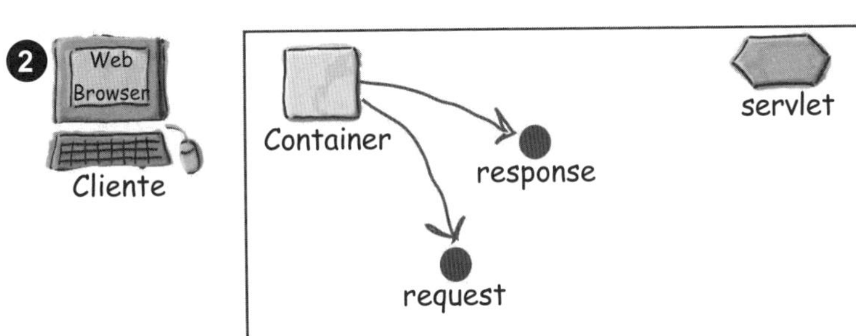

O Container "vê" que a solicitação é para um servlet e cria dois objetos:

1) HttpServletResponse
2) HttpServletRequest

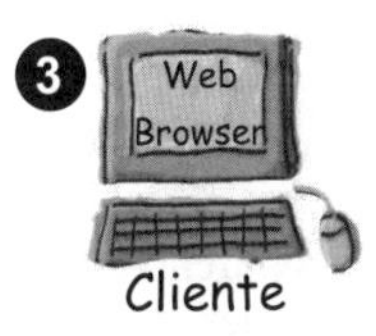

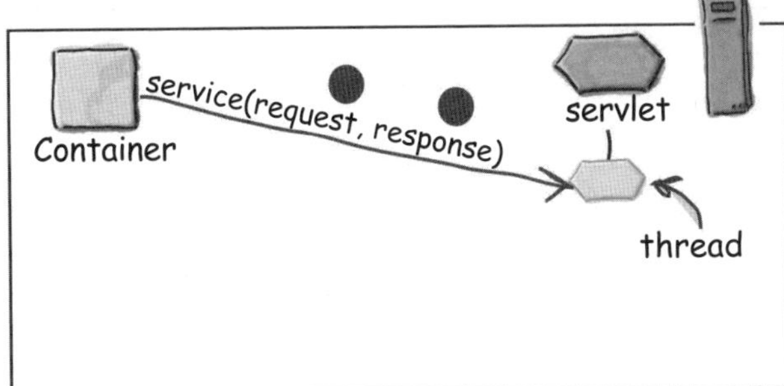

O Container encontra o servlet correto baseado na URL da solicitação, cria ou aloca uma thread para a solicitação e chama o método service() do servlet, passando como argumentos os objetos request e response.

A história continua...

4

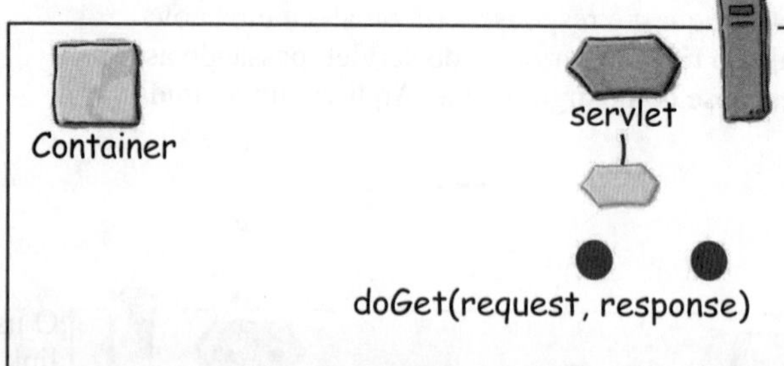

O método service() descobre qual método do servlet chamar, baseado no Método HTTP (GET, POST, etc.) enviado pelo cliente.

O cliente envia uma solicitação HTTP GET, para que o método service() chame o método doGet() do servlet, passando como argumentos os objetos request e response.

5

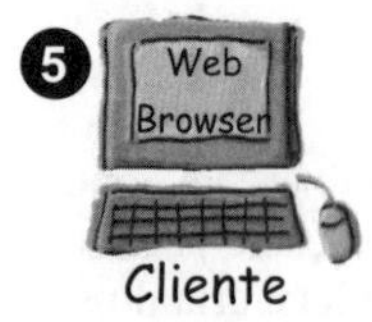

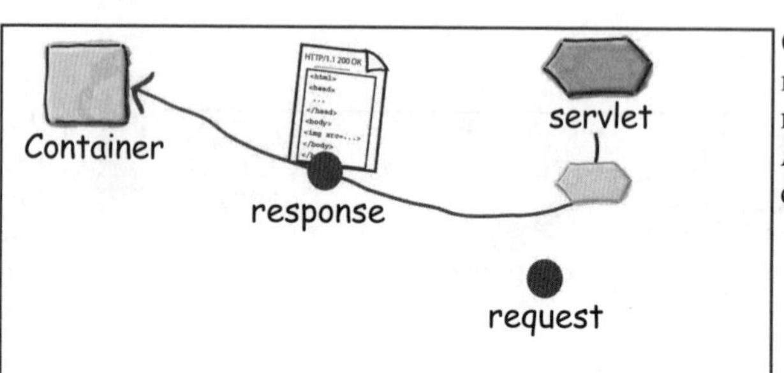

O servlet usa o objeto resposta para escrever a resposta para o cliente. A resposta volta através do Container.

6

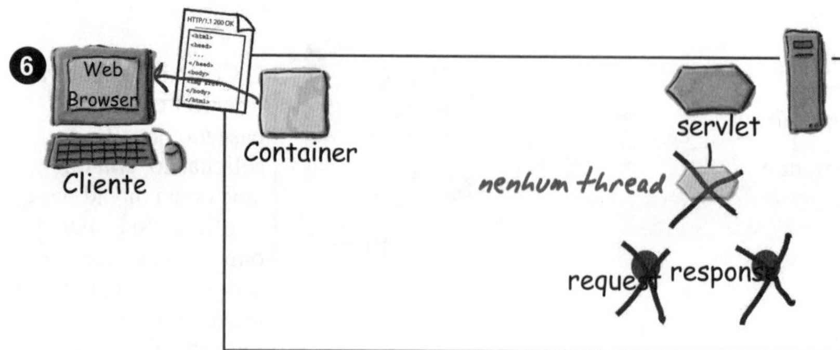

Quando o método service() termina, a thread morre ou retorna para um pool de threads gerenciadas pelo Container. As referências dos objetos solicitação e resposta saem do escopo e eles se dão mal (prontos para virarem lixo). O cliente obtém a resposta.

Mas a vida do servlet não é só isso

Nós fomos até o meio da vida do servlet, mas ainda existem perguntas: Quando a classe servlet foi carregada? Quando o construtor do servlet foi executado? Quanto tempo vive o objeto servlet? Quando o seu servlet deve iniciar os recursos? E quando ele deve limpá-los?

O ciclo de vida do servlet é simples: existe apenas um estado principal – ***inicializado***. Se o servlet não está inicializado, ou ele está *sendo inicializado* (rodando seu construtor ou o método init()), *sendo destruído* (rodando seu método destroy()), ou simplesmente ***não existe***.

não existe
construtor
init()
destroy()
inicializado
service()

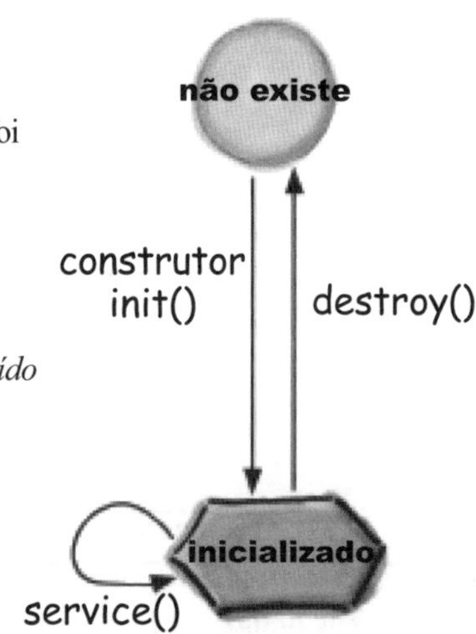

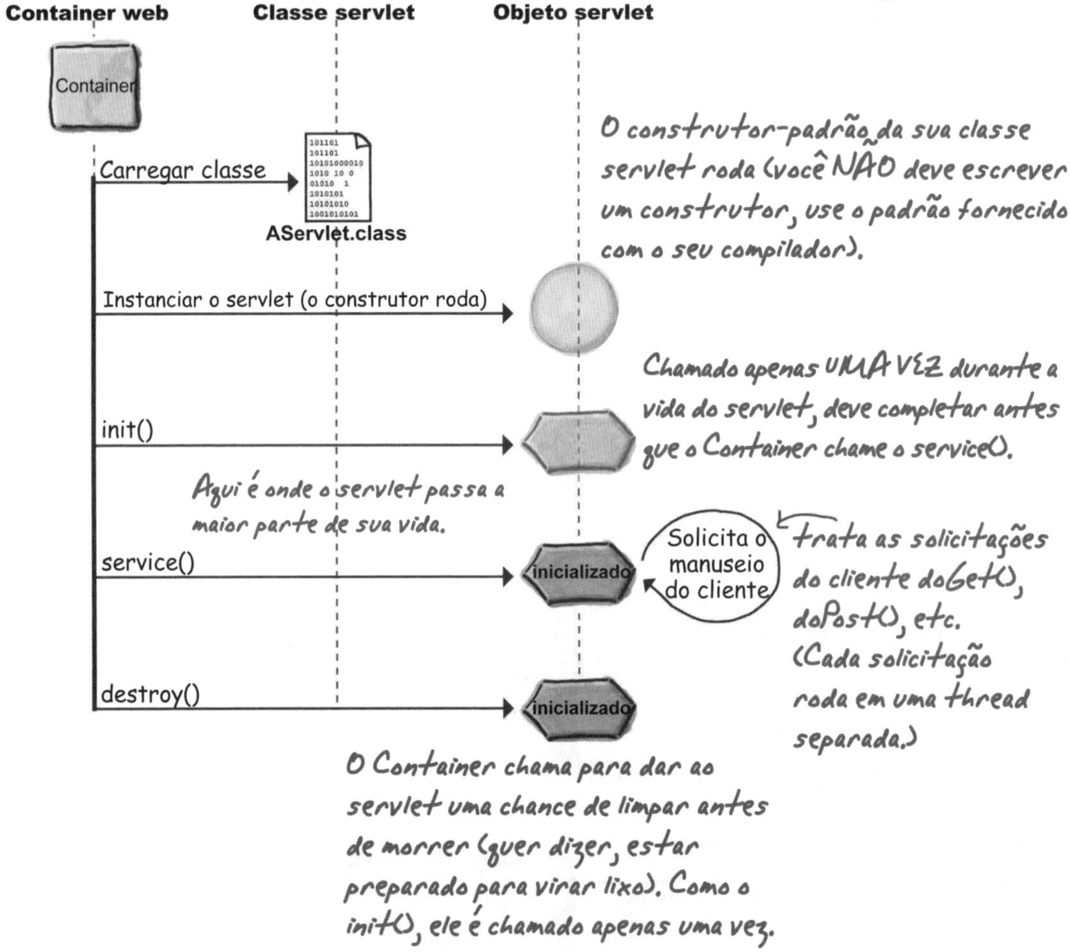

Container web
Classe servlet
Objeto servlet
Container
Carregar classe
AServlet.class
Instanciar o servlet (o construtor roda)
O construtor-padrão da sua classe servlet roda (você NÃO deve escrever um construtor, use o padrão fornecido com o seu compilador).
init()
Chamado apenas UMA VEZ durante a vida do servlet, deve completar antes que o Container chame o service().
Aqui é onde o servlet passa a maior parte de sua vida.
service()
inicializado
Solicita o manuseio do cliente
trata as solicitações do cliente doGet(), doPost(), etc. (Cada solicitação roda em uma thread separada.)
destroy()
inicializado
O Container chama para dar ao servlet uma chance de limpar antes de morrer (quer dizer, estar preparado para virar lixo). Como o init(), ele é chamado apenas uma vez.

Nota: NÃO tente memorizar tudo isto agora! Apenas sinta como a API trabalha...

Seu servlet herda os métodos do ciclo de vida

<<interface>> Servlet
service(ServletRequest, ServletResponse)
init(ServletConfig)
destroy()
getServletConfig()
getServletInfo()

A interface Servlet
(javax.servlet.Servlet)

A interface Servlet diz que todos os servlets possuem estes cinco métodos (os três em negrito são métodos referentes ao ciclo de vida).

GenericServlet
service(ServletRequest, ServletResponse)
init(ServletConfig)
init()
destroy()
getServletConfig()
getServletInfo()
getInitParameter(String)
getInitParameterNames()
getServletContext()
log(String)
log(String, Throwable)

A classe GenericServlet
(javax.servlet.GenericServlet)

A GenericServlet é uma classe abstrata que implementa a maioria dos métodos básicos do servlet que você precisará, incluindo aqueles da interface Servlet. Você provavelmente NUNCA fará um extend nesta classe. A maioria do "comportamento servlet" do seu servlet vem daqui.

HttpServlet
service(HttpServletRequest, HttpServletResponse)
service(ServletRequest, ServletResponse)
doGet(HttpServletRequest, HttpServletResponse)
doPost(HttpServletRequest, HttpServletResponse)
doHead(HttpServletRequest, HttpServletResponse)
doOptions(HttpServletRequest, HttpServletResponse)
doPut(HttpServletRequest, HttpServletResponse)
doTrace(HttpServletRequest, HttpServletResponse)
doDelete(HttpServletRequest, HttpServletResponse)
getLastModified(HttpServletRequest)

A classe HttpServlet
(javax.servlet.http.HttpServlet)

A HttpServlet (também uma classe abstrata) implementa o método service() para refletir as características HTTP do servlet – o método service() não recebe NENHUM servlet de solicitação e resposta antigo, mas uma solicitação e resposta específica para HTTP.

MyServlet
doPost(HttpServletRequest, HttpServletResponse)
myBizMethod()

A classe MyServlet
(com.wickedlysmart.foo)

A maioria das características do seu servlet é tratada pelos métodos das superclasses. Tudo o que você faz é anular os métodos HTTP que você precisa.

Os Três Grandes Momentos do Ciclo de Vida

init( )

Quando ele é chamado

O Container chama o init() na instância servlet *depois* que a instância servlet foi criada, porém, *antes* que o servlet sirva a qualquer solicitação do cliente.

Para que serve

Possibilita que você inicialize seu servlet antes de tratar quaisquer solicitações do cliente.

Ele pode ser anulado?

Possivelmente.
Se você tiver código para inicialização (como estabelecer uma conexão com um banco de dados ou registrar-se em outros objetos), então você anula o método init() na sua classe servlet.

service( )

Quando ele é chamado

Quando chega a primeira solicitação do cliente, o Container inicia uma nova thread ou aloca uma thread do pool, fazendo com que o método service() do servlet seja ativado.

Para que serve

Este método analisa a solicitação, determina o método HTTP (GET, POST, etc.) e chama o respectivo doGet(), doPost(), etc. no servlet.

Ele pode ser anulado?

Não. Dificilmente.
Você NÃO deve anular manualmente o método service(). Seu trabalho é anular os métodos doGet() e/ou doPost() e deixar que a implementação service() do HTTPServlet se preocupe em chamar o método correto.

doGet( )
and/or
doPost( )

Quando ele é chamado

O método service() chama o doGet() ou doPost() baseado no método HTTP (GET, POST, etc.) da solicitação.

(Estamos incluindo aqui apenas o doGet() e o doPost(), pois provavelmente serão os únicos que você usará.)

Para que serve

É aqui que o *seu* código começa! Este é o método responsável por tudo que esperamos que sua aplicação FAÇA.

Você pode chamar outros métodos em outros objetos, é claro, porém tudo começa daqui.

Ele pode ser anulado?

SEMPRE, pelo menos, UM deles! (doGet() ou doPost())

Aquele que você anular irá informar ao Container o que você suporta.
Por exemplo, se você não anular o doPost(), você estará dizendo ao Container que este servlet não dá suporte às solicitações HTTP POST.

Eu acho que entendi... o Container chama o método init() do meu servlet, mas se eu não anular o init(), o método do GenericServlet roda. Então, quando a solicitação chega, o Container inicia ou aloca uma thread e chama o método service(), que eu **não** anulo, e o método service() do HttpServlet roda. O método service() do HttpServlet chama meu doGet() ou doPost() que foi anulado. Então, cada vez que meu doGet() ou doPost() roda, ocorre em uma thread separada.

O método service() é sempre chamado em sua própria pilha...

Inicialização do Servlet

Thread A

O Container chama o init() na instância servlet *depois* que esta é criada, mas *antes* que o servlet atenda alguma solicitação do cliente. Se você tiver código para inicialização (como estabelecer uma conexão com um banco de dados ou se registrar em outros objetos), então você anula o método init() na sua classe servlet. Do contrário, o método init() do GenericServlet roda.

Solicitação do cliente 1

Thread B

Quando a primeira solicitação do cliente chega, o Container inicia (ou localiza) uma thread e induz o método service() do servlet a ser executado. Você normalmente NÃO anulará o método service(), e o método do HttpServlet é que rodará. O método service() descobre qual método HTTP (GET, POST, etc.) está na solicitação e chama o respectivo método doGet() ou doPost(). O doGet() e o doPost() dentro do HttpServlet não fazem nada, então você terá que anular um ou ambos. Esta thread morre (ou é colocada de volta em um pool gerenciado pelo Container) quando o service() é finalizado.

Solicitação do cliente 2

Thread C

Quando a segunda (e todas as outras) solicitações do cliente chegam, o Container novamente cria ou encontra uma outra thread e induz o método service() do servlet a ser executado.

Então, a seqüência do método service() -->doGet() ocorre cada vez que existe uma solicitação do cliente. Em um determinado momento, você terá ao menos, tantas threads sendo executadas, quantas solicitações de clientes houver, limitadas pelos recursos ou políticas/ configuração do Container. (Você pode, por exemplo, ter um Container que permita especificar a quantidade máxima de threads simultâneas, e quando o número das solicitações do cliente ultrapassá-la, alguns clientes terão apenas que esperar).

Cada solicitação roda em uma thread separada!

Você talvez já tenha ouvido alguém dizer coisas como: "Cada instância do servlet...", mas isto está *errado*. Não existem múltiplas *instâncias* de nenhuma classe servlet, exceto para um caso especial (chamado SingleThreadModel, de natureza perversa). Porém, ainda não estamos falando desse caso especial.

O Container roda várias *threads* para processar as várias solicitações para um único servlet.

E cada solicitação do cliente gera um novo par de objetos request e response..

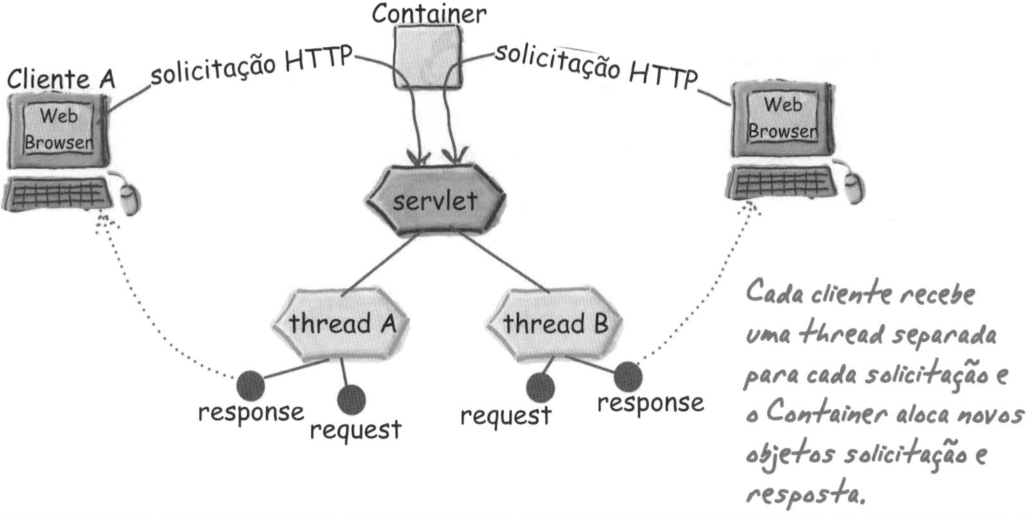

Cada cliente recebe uma thread separada para cada solicitação e o Container aloca novos objetos solicitação e resposta.

Não existem
Perguntas Idiotas

P: Isto está confuso... na figura acima você mostra dois clientes diferentes, cada um com sua própria thread. O que acontece se o *mesmo* cliente fizer várias solicitações? É uma thread por *cliente* ou uma thread por *solicitação*?

R: Uma thread por solicitação. O Container não se importa com quem fez a solicitação – cada solicitação que chega significa uma nova thread/pilha.

P: E se o Container usar cluster e distribuir a aplicação em mais de uma JVM?

R: Imagine que a figura acima é para uma simples JVM e que cada JVM tenha a mesma figura. Então, para uma aplicação distribuída, existiria uma instância de um determinado servlet para cada JVM. Porém, cada JVM ainda teria apenas uma única instância daquele servlet.

P: Eu notei que o *HttpServlet* está num pacote diferente do *GenericServlet*... quantos pacotes servlet existem?

R: Tudo relacionado a servlets (exceto o que se refere ao JSP) está em *javax.servlet* ou em *javax.servlet.http*. E é fácil ver a diferença... o que se refere a HTTP está no pacote javax.servlet.http e o restante (classes genéricas de servlet e interfaces) está em javax.servlet. Veremos capítulos que tratam do JSP mais adiante.

No começo: carregando e inicializando

O servlet nasce quando o Container encontra o arquivo de classe servlet. Isto acontece quase sempre quando o Container inicia (por exemplo, quando você roda o Tomcat). Quando o Container inicia, ele procura por aplicações distribuídas e então localiza os arquivos de classe servlet. (No capítulo sobre Distribuição, nós entraremos em mais detalhes de como, por que e onde o Container procura os servlets.)

Encontrar a classe é o primeiro passo.

Carregar a classe é o segundo passo. E isso acontece na *inicialização do Container* ou na *primeira utilização do cliente*. Seu Container talvez lhe possibilite escolher qual classe carregar, ou talvez carregar a classe sempre que ele quiser. Independentemente de o seu Container preparar o servlet antes ou exatamente no momento que o cliente necessita, *um método service() do servlet não rodará até que o servlet seja inteiramente inicializado.*

Seu servlet é sempre carregado e inicializado ANTES de servir à primeira solicitação do cliente.

O init() sempre termina antes da primeira chamada ao service()

EXERCITE SUA MENTE

Por que existe um método init()? Em outras palavras, por que o *construtor* não é suficiente para inicializar um servlet?

Que tipo de código você deveria colocar no método init()?

Dica: o método init() usa um argumento de referência ao objeto. O que você acha que seria o argumento para o método init() e como (ou por que) você o usaria?

A mesma coisa com a resposta... oHttpServletResponse acrescenta métodos que serão importantes se você estiver usando HTTP: erros, cookies e headers.

A Inicialização do Servlet: quando um objeto torna-se um servlet

O momento mais orgulhoso da minha vida é quando o Grande Mestre Container me transforma em um **servlet**, criando um ServletConfig para mim e chamando meu init(). Até então, eu sou apenas um mero objeto. Mas como um servlet, eu tenho privilégios especiais (além do handshake secreto), como a capacidade de logar eventos, entregar referências para outros recursos e armazenar atributos para outros servlets...

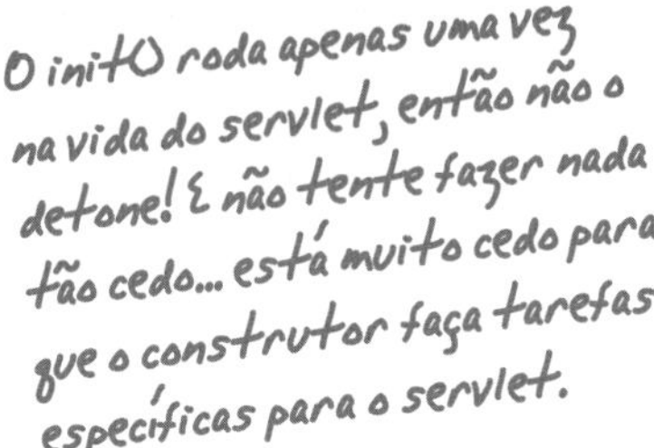

O init() roda apenas uma vez na vida do servlet, então não o detone! E não tente fazer nada tão cedo... está muito cedo para que o construtor faça tarefas específicas para o servlet.

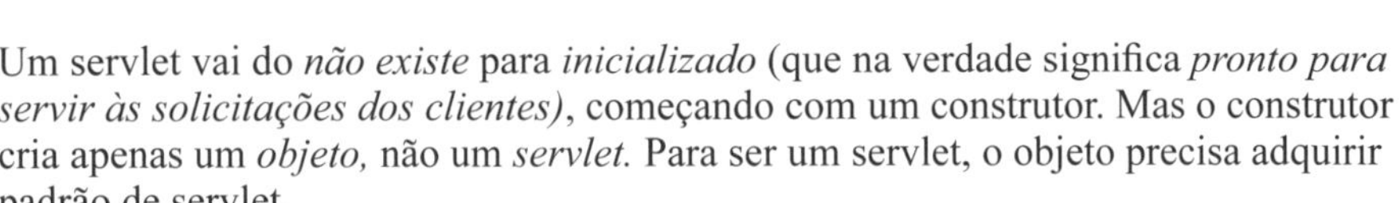
Um servlet vai do *não existe* para *inicializado* (que na verdade significa *pronto para servir às solicitações dos clientes)*, começando com um construtor. Mas o construtor cria apenas um *objeto,* não um *servlet.* Para ser um servlet, o objeto precisa adquirir padrão de servlet.

Quando um objeto torna-se um servlet, ele recebe todos os privilégios que se têm quando se é um servlet, como a capacidade para usar sua referência *ServletContext* para obter informações do Container.

Por que nos preocupamos com os detalhes da inicialização?

Porque em algum lugar entre o construtor e o método init(), o servlet está no estado *servlet Schroedinger**. Você pode possuir um código para inicialização do servlet, como receber informação de configuração da aplicação web, ou procurar por uma referência em outro trecho da aplicação, que irá **dar erro** se você executá-la muito *cedo* na vida do servlet. Contudo, é muito simples se você se lembrar de não colocar nada no construtor do servlet! Não há nada que não possa esperar até o init().

* Se sua parte mecânica está um pouco enferrujada, talvez você queira fazer uma pesquisa no Google por "Schroedinger's Cat" (cuidado: se você ama animais, não a faça). Quando nos referimos ao *estado Schroedinger*, nos referimos a algo que não está nem totalmente morto, nem totalmente vivo, mas em algum lugar estranho entre ambos.

Quanto vale para você "ser um servlet"?

O que acontece quando um servlet vai daqui:

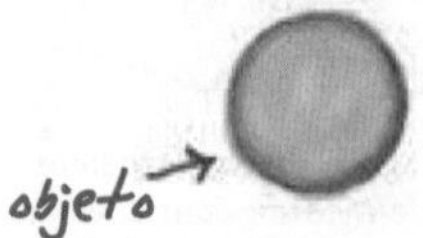

para cá?

Não confunda os parâmetros do Servlet*Config* com os parâmetros do Servlet*Context*!

Nós realmente não falaremos sobre isso até o próximo capítulo, mas já que tantas pessoas se confundem, vamos plantar uma semente agora: **preste atenção nas diferenças.**

Comece olhando pelos nomes:

O Servlet**Config** tem a palavra "config" no nome, que lembra "configuração". Ele lida com valores de tempo de distribuição que você configurou para o servlet (um por servlet). Aquilo que seu servlet pode querer acessar e que você não quer fazer hardcode, como o nome de um banco de dados, por exemplo. Os parâmetros do ServletConfig não mudarão, desde que este servlet esteja distribuído e rodando. Para alterá-los, você terá que redistribuir o servlet.

O Servlet**Context** dever-se-ia chamar AppContext (mas eles não nos deram atenção), pois há somente um por aplicação e NÃO um por servlet. De qualquer jeito, nós entraremos neste assunto no próximo capítulo – isto é só um alerta.

1 Um objeto ServletConfig

- Um objeto ServletConfig por servlet.
- Use-o para passar informações de tempo de distribuição para o servlet (um banco de dados ou a pesquisa do nome de um enterprise bean, por exemplo) que você não queira fazer hardcode no servlet (parâmetros init do servlet).
- Use-o para acessar o ServletContext.
- Os parâmetros são configurados no Deployment Descriptor.

2 Um ServletContext

- Um ServletContext por aplicação. (Eles deveriam tê-lo chamado de AppContext.)
- Use-o para acessar *parâmetros* da aplicação (também configurado no Deployment Descriptor).
- Use-o como se fosse um quadro de avisos da aplicação, onde você pode escrever mensagens (conhecidas como atributos) que as outras partes da aplicação possam acessar (mais sobre isto no próximo capítulo).
- Use-o para obter informações do servidor, incluindo o nome e a versão do Container e a versão da API que é suportada.

Mas a VERDADEIRA função de um Servlet é tratar solicitações. É aí que a vida do servlet faz diferença.

No capítulo seguinte estudaremos o ServletConfig e o ServletContext, mas por hora, estamos vendo em detalhes a solicitação e a resposta. Porque o ServletConfig e o ServletContext existem apenas para darem suporte à Única e Verdadeira Tarefa do servlet: tratar as solicitações do cliente! Portanto, antes de vermos como os seus objetos contexto e configuração podem ajudá-lo em seus trabalhos, teremos que voltar um pouco e rever os fundamentos da solicitação e resposta.

Você já sabe que a solicitação e a resposta são passadas como argumentos para o método doGet() ou doPost(), mas que *poderes* estes objetos request e response oferecem? O que você pode fazer com eles e por que você se importa com isso?

Aponte seu lápis

Coloque o nome nos trechos em branco (as caixas vazias) da linha do tempo do ciclo de vida. (Verifique suas respostas com a linha do tempo mostrada anteriormente neste capítulo.)

Acrescente também suas próprias anotações para facilitar a memorização dos detalhes.

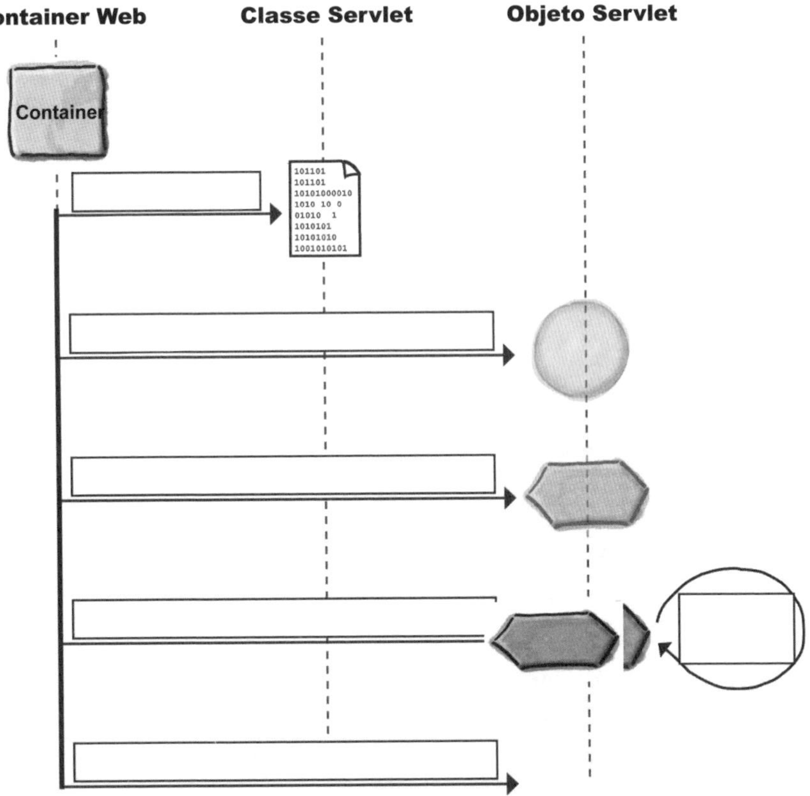

Solicitação e Resposta: a chave para tudo, e os argumentos para o service()*

Interface ServletRequest
(javax.servlet.ServletRequest)

<<*interface*>>
ServletRequest

getAttribute(String) : Object
getContentLength() : int
getInputStream() : ServletInputStream
getLocalPort() : int
getParameter(String) : String
getParameterNames() : Enumeration
// MUITOS outros métodos...

Interface HttpServletRequest
(javax.servlet.http.HttpServletRequest)

<<*interface*>>
HttpServletRequest

getContextPath() : String
getCookies() : Cookie []
getHeader(String) : String
getQueryString() : String
getSession() : HttpSession
getMethod() : String
// MUITOS outros métodos...

Os métodos HttpServletRequest referem-se a assuntos HTTP, como cookies, headers e sessões. A interface HttpServletRequest acrescenta os métodos que se referem ao protocolo HTTP... que seu servlet utiliza para se comunicar com o cliente/browser.

Interface ServletResponse
(javax.servlet.ServletResponse)

<<*interface*>>
ServletResponse

getBufferSize() : int
setContentType(String) : void
getOutputLenght(int) : void
getOutputStream() : ServletOutputStream
getWriter() : PrintWriter
getContentType()
// MUITOS outros métodos...

Interface HttpServletResponse
(javax.servlet.http.HttpServletResponse)

<<*interface*>>
HttpServletResponse

addCookie(Cookie) : void
addHeader(String name, String value) : void
encodeRedirectURL(String url) : String
sendError(int) : void
setStatus(int) : void
// MUITOS outros métodos...

A mesma coisa com a resposta... o HTTPServletResponse acrescenta métodos que serão importantes se você estiver usando HTTP - erros, cookies e headers.

*Os objetos solicitação e resposta também são argumentos para os *outros* métodos HttpServlet que *você* escreve: doGet(), doPost(), etc.

Não existem Perguntas Idiotas

P: Quem implementa as interfaces para o HttpServletRequest e o HttpServletResponse? São aquelas classes na API?

R: Não. O Container. As classes não estão na API, pois fica a cargo dos fabricantes implementá-las. A boa notícia é que você não precisa se preocupar com isso. Apenas creia que quando o método service() é chamado em seu servlet, ele receberá referências para dois excelentes objetos que *implementam* o HttpServletRequest e o HttpServletResponse. Você jamais se preocupa com o nome e o tipo verdadeiros da classe envolvidos nesta implementação. Tudo que interessa é que você terá alguma coisa com todas as funcionalidades do HttpServletRequest e do HttpServletResponse.

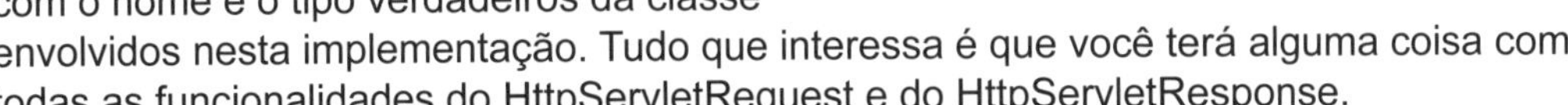

Ou seja, tudo o que você precisa conhecer são *os métodos que você pode chamar* nos objetos que o Container oferece como parte da solicitação! A verdadeira classe na qual serão implementados não faz diferença – você se refere aos objetos request e response *apenas pelo tipo da interface*.

O exame não espera que você saiba desenvolver usando servlets não-HTTP.

Você não precisa saber como usar servlets com um protocolo que não seja HTTP. No entanto, espera-se que você saiba como a hierarquia das classes funciona. Logo, você TEM que saber que o HttpServletRequest e o HttpServletResponse são extensões do ServletRequest e do ServletResponse, e que a maior parte da implementação de um HttpServlet vem, de fato, do GenericServlet. Mas é isso. O exame entende que você é um desenvolvedor HttpServlet.

P: Eu estou lendo esta UML corretamente? Essas interfaces estão *estendendo* interfaces?

R: Sim. Lembre-se, as interfaces podem ter sua própria árvore de herança. Quando uma interface *estende* uma outra interface (e é tudo o que elas podem fazer – pois interfaces não *implementam* interfaces), significa que quem implementar uma interface deve implementar *todos* os métodos definidos na interface e em suas superinterfaces. Isto quer dizer, por exemplo, que aquele que implementar o HttpServletRequest deve prover métodos de implementação para os métodos declarados nas interfaces HttpServletRequest e ServletRequest.

P: Eu ainda estou confuso com o porquê de existir um GenericServlet, um ServletRequest e um ServletResponse. Se ninguém está fazendo nada, exceto os servlets HTTP... qual é a intenção?

R: Nós não dissemos *ninguém*. Alguém, em algum lugar, não sei, está usando o modelo de tecnologia servlet sem o protocolo HTTP. Mas nunca encontramos ou soubemos da existência desse alguém.

Além disso, o modelo servlet possui flexibilidade para atender àqueles que queiram usá-lo com, por exemplo, o SMTP, ou talvez um protocolo proprietário customizado. Porém, a API só oferece suporte nativo ao HTTP, que é o que quase todo mundo usa.

O método de solicitação HTTP define se é o doGet() ou doPost() que rodará

Lembre-se, a solicitação do cliente sempre inclui um Método HTTP específico. Se o Método HTTP for um GET, o método service() chama o doGet(). Se for um POST, o método service() chama o doPost().

GET /select/selectBeerTaste.
do?color=dark&taste=malty
HTTP/1.1
Host: www.wickedlysmart.com
User-Agent: Mozil
Mac OS X Mach-O
20030624 Netsca
Accept: text/xml
xhtml+xml,text
plain;q=0.8,vid
POST /select/selectBeerTaste2.do
HTTP/1.1
Host: www.wickedlysmart.com
User-Agent: Mozilla/5.0 (Macintosh; U; PPC
Mac OS X Mach-O; en-US; rv:1.4) Gecko/
20030624 Netscape/7.1
Accept: text/xml,application/xml,application/
xhtml+xml,text/html;q=0.9,text/
plain;q=0.8,video/x-mng,image/png,image/
jpeg,image/gif;q=0.2,*/*;q=0.1
Accept-Language: en-us,en;q=0.5

solicitações HTTP

Você continua mostrando o doGet() e o doPost() como se eles fossem os únicos... mas EU SEI que existem **oito** métodos no HTTP 1.1.

É bem capaz de você não se importar com os outros métodos HTTP, exceto o GET e o POST

Sim, *existem* outros Métodos HTTP 1.1 além do GET e POST. Temos também o HEAD, TRACE, OPTIONS, PUT, DELETE e CONNECT.

Todos, exceto um, têm um método doXXX() na classe HttpServlet. Ou seja, além do doGet() e doPost(), temos o doOptions(), doHead(), doTrace(), doPut() e doDelete(). Não existe nenhum mecanismo na servlet da API para tratar o doConnect(), então ele não faz parte do HttpServlet.

Mas, enquanto os outros Métodos HTTP talvez sejam importantes para, digamos, um desenvolvedor *web*, um desenvolvedor *servlet* raramente usará outro além do GET ou do POST.

Na maior parte do desenvolvimento servlet (provavelmente *todo*), você usará o doGet() (para solicitações simples) ou o doPost() (para aceitar e processar dados de formulários), e não terá que se preocupar com os outros.

Então, se eles não são importantes para mim... é CLARO que isso significa que eles cairão na prova.

Na verdade, é possível que algum outro Método HTTP faça uma (rápida) aparição no exame...

Se você está se preparando para o exame, deve ser capaz de reconhecer todos eles e ter pelo menos uma idéia de suas funções. Mas não perca muito tempo aqui!

No mundo servlet de verdade, só interessam o GET e o POST.

Para o exame, vai interessar também um pouquinho dos outros Métodos HTTP.

GET	Pede para *obter* a coisa (recurso/arquivo) na URL requisitada.
POST	Pede para o servidor *aceitar* a informação do corpo anexada na solicitação, e a entrega para aquilo que consta na URL solicitada. É como um GET com mais calorias... um GET com informação extra enviada com a solicitação.
HEAD	Pede apenas a parte do *header* daquilo que o GET vai retornar. É como um GET sem corpo na resposta. Informa a URL requisitada sem, de fato, retornar a *coisa*.
TRACE	Solicita um loopback da mensagem de solicitação, para que o cliente veja o que está sendo recebido do outro lado, para teste ou troubleshooting.
PUT	Diz para *colocar* a informação anexada (o corpo) na URL requisitada.
DELETE	Diz para *apagar* a coisa (recurso/arquivo) na URL requisitada.
OPTIONS	Solicita uma *lista* dos métodos HTTP para os quais a coisa na URL requisitada pode responder.
CONNECT	Diz para *conectar* no caso de tunneling.

Exemplo de uma resposta para uma solicitação HTTP OPTIONS:

```
HTTP/1.1 200 OK
Server: Apache-
Coyote/1.1
Date: Thu, 20 Apr
2004 16:20:00 GMT
Allow: OPTIOtNS,
TRACE, GET, HEAD,
POST
Content-Length: 0
```

A diferença entre GET e POST

O POST tem um corpo. Essa é a dica. Ambos podem enviar parâmetros, mas com o GET, o parâmetro é limitado ao que você pode colocar na linha de Solicitação.

O método HTTP

O caminho para o recurso no servidor

Em uma solicitação GET, os parâmetros (se houver algum) são anexados à URL requisitada

A versão do protocolo que o browser web está solicitando

A linha de Solicitação

Os headers da Solicitação

```
GET /select/selectBeerTaste.do?color=dark&taste=malty HTTP/1.1
Host: www.wickedlysmart.com
User-Agent: Mozilla/5.0 (Macintosh; U; PPC Mac OS X Mach-O;
en-US; rv:1.4     Gecko/20030624 Netscape/7.1
Accept: text/xml,application/xml,application/xhtml+xml,text/
html;q=0.9,text/plain;q=0.8,video/x-mng,image/png,image/
jpeg,image/gif;q=0.2,*/*;q=0.1
Accept-Language: en-us,en;q=0.5
Accept-Encoding: gzip,deflate
Accept-Charset: ISO-8859-1,utf-8;q=0.7,*;q=0.7
Keep-Alive: 300
Connection: keep-alive
```

NENHUM corpo... apenas a informação do header

O método HTTP

O caminho

NENHUM parâmetro de solicitação até aqui.

O Protocolo

A linha de Solicitação

Os headers da Solicitação.

```
POST /advisor/selectBeerTaste.do HTTP/1.1
Host: www.wickedlysmart.com
User-Agent: Mozilla/5.0 (Macintosh; U; PPC Mac OS X
Mach-O; en-US; rv:1.4) Gecko/20030624 Netscape/7.1
Accept: text/xml,application/xml,application/
xhtml+xml,text/html;q=0.9,text/plain;q=0.8,video/x-
mng,image/png,image/jpeg,image/gif;q=0.2,*/*;q=0.1
Accept-Language: en-us,en;q=0.5
Accept-Encoding: gzip,deflate
Accept-Charset: ISO-8859-1,utf-8;q=0.7,*;q=0.7
Keep-Alive: 300
Connection: keep-alive

color=dark&taste=malty
```

O corpo da mensagem, algumas vezes chamado de payload.

Desta vez, os parâmetros estão aqui embaixo no corpo e por isso não estão limitados, como estariam se usássemos o GET e tivéssemos que colocá-los na linha de Solicitação.

Parece que a diferença entre o GET e o POST é o tamanho dos dados do parâmetro que você pode enviar?

Não, não se trata só do tamanho

Nós falamos de outros problemas do GET no capítulo um, lembra? Quando você usa o GET, os dados do parâmetro aparecem na barra de endereços do browser, logo após a URL (e separados por um "?"). Imagine uma situação em que você não quisesse que os parâmetros fossem exibidos.

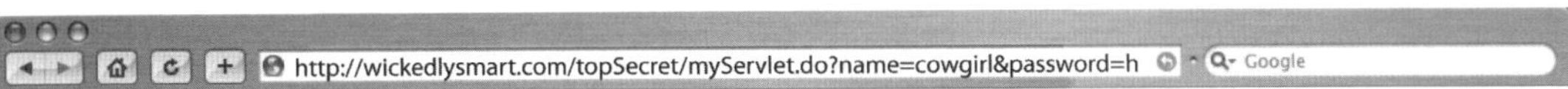

Então, segurança pode ser outro problema.

Outro problema poderia ser se você precisasse ou quisesse que os visitantes fizessem um bookmark da página. As solicitações GET aceitam bookmark; já as POST, não. Talvez seja realmente importante que sua página, digamos, permita aos usuários especificar critérios de busca. Os usuários podem querer retornar uma semana depois e fazer a mesma busca novamente, quando existirão novos dados no servidor.

Mas *além* de tamanho, segurança e bookmark, existe outra diferença crucial entre o GET

e o POST: a maneira como *devem* ser usados. O GET deve ser usado para *obter* coisas. Ponto. Simplesmente receber. Claro, você deve usar os parâmetros para ajudar a descobrir o que enviar de volta, mas a questão é: você não está fazendo nenhuma mudança no servidor! O POST deve ser usado para *enviar dados para serem processados*. Isto pode ser tão simples como pesquisar parâmetros usados para descobrir o que será enviado de volta, assim como no GET. Mas quando você pensa em POST, você pensa em *atualização*. Você pensa: usar os dados do corpo do POST para *mudar alguma coisa no servidor*.

E isso traz um outro problema... se a solicitação é *idempotente*. Se *não* for, você pode estar diante de um problema que aquele pequeno comprimido azul não resolverá. Se você não está familiarizado com a maneira com que o termo "idempotente" é usado no mundo web, continue lendo...

A história da solicitação não-idempotente

Diane tem uma necessidade. Ela está tentando desesperadamente comprar o "Use a Cabeça Tricô" na livraria on-line Wickedly Smart que, sem que ela saiba, ainda está na fase de testes. Ela tem pouco dinheiro – apenas o suficiente para comprar *um* livro. Ela pensou em comprar direto do Amazon ou do O'Reilly.com, mas decidiu que queria uma cópia *autografada*, disponível apenas no Wickedly Smart. Decisão que ela futuramente viria a se arrepender...

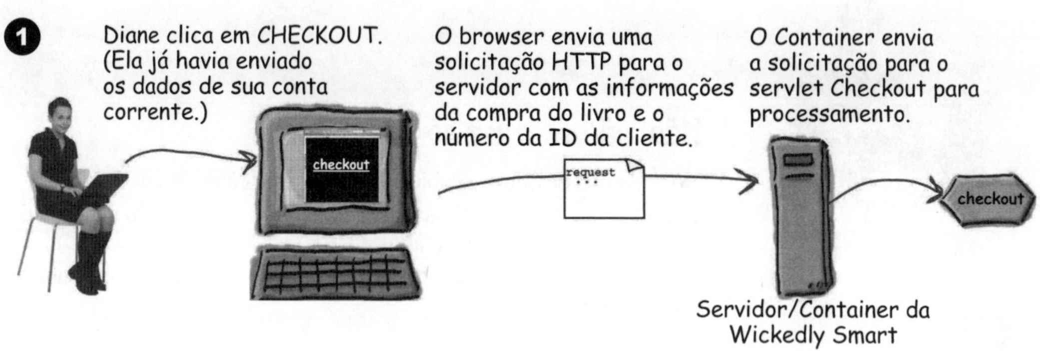

1
Diane clica em CHECKOUT. (Ela já havia enviado os dados de sua conta corrente.)
checkout
O browser envia uma solicitação HTTP para o servidor com as informações da compra do livro e o número da ID da cliente.
request
O Container envia a solicitação para o servlet Checkout para processamento.
checkout
Servidor/Container da Wickedly Smart

O servlet atualiza o banco de dados (tira o livro do estoque, cria um novo pedido de entrega, etc.).

4
O servlet NÃO envia uma respos óbvia, Diane vê a mesma página do carrinho de compras e pensa...
Talvez eu não tenha clicado direito. É melhor eu clicar no CHECKOUT novamente.
checkout
O browser envia uma solicitação HTTP para o servidor com as informações da compra do livro e o número da ID da cliente.
solicitação
Servidor/Container da Wickedly Smart

Nossa história continua...

5 O Container envia a solicitação para o servlet Checkout para processamento.

Servidor/Container da Wickedly Smart

6 O servlet não quer saber se Diane está comprando o mesmo livro novamente

Eu acho que ela realmente gosta muito deste livro de tricô... ela está comprando duas vezes. Legal.
checkout

7 O servlet faz um débito eletrônico da conta bancária da Diane, pela segunda vez.

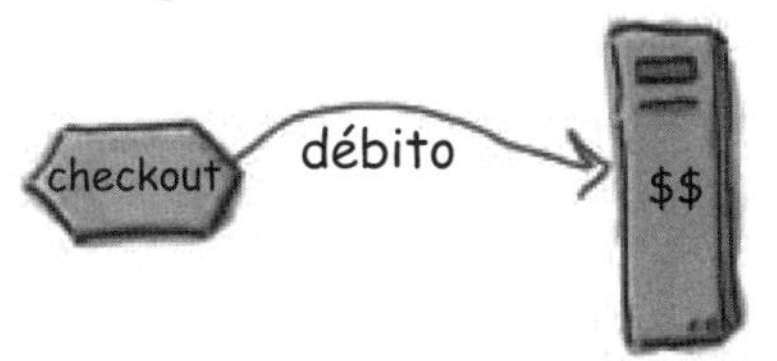

Servidor remoto da conta bancária

8 O banco de Diane aceita o débito, mas cobra uma tarifa por ultrapassar seu limite.

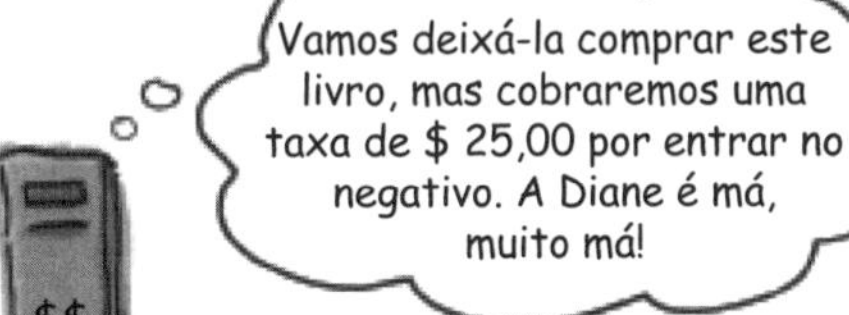

Vamos deixá-la comprar este livro, mas cobraremos uma taxa de $ 25,00 por entrar no negativo. A Diane é má, muito má!

Servidor remoto da conta bancária

9 Por fim, Diane acessa a página de Verificar Status do Pedido e percebe que tem DOIS pedidos para o livro de tricô...

Isto não está certo... Eu pretendia comprar apenas UM livro. Quem foi o idiota que desenvolveu ISTO? O site deveria ter reconhecido uma transação duplicada...
orders

10

Alô, é do banco? É que um programador idiota cometeu um erro e...

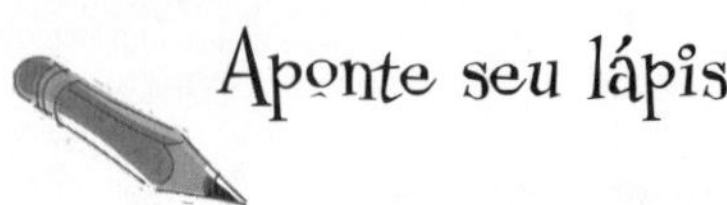

Quais dos métodos HTTP você acha que são (ou deveriam ser) idempotentes? (Baseado em seu prévio entendimento da palavra e/ou na história da compra duplicada de Diane que você acabou de ler.) As respostas estão no final desta página.

- [ ] GET
- [ ] POST
- [ ] PUT
- [ ] HEAD

(Deixamos o CONNECT de fora de propósito, visto que ele não faz parte do HttpServlet.)

EXERCITE SUA MENTE

O que houve de errado com a transação da Diane? (E não foi apenas UMA coisa... provavelmente, o desenvolvedor terá que consertar diversos problemas.)

Quais seriam algumas formas do desenvolvedor reduzir riscos como esse? (Dica: talvez elas não sejam todas soluções de *programação*.)

A especificação HTTP1.1 declara GET, HEAD e PUT como idempotentes, ainda que você POSSA escrever um método doGet() não-idempotente sozinho (mas não deveria). O POST não é considerado idempotente pela especificação HTTP 1.1.

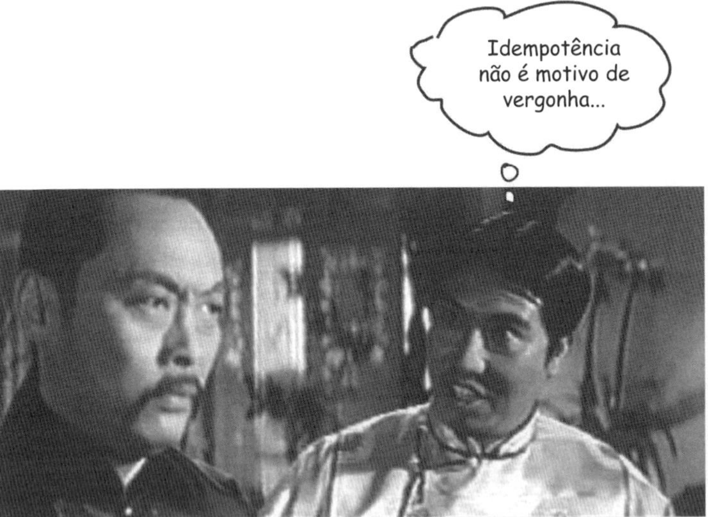

Ser idempotente é BOM. Significa que você pode fazer a mesma coisa repetidamente, sem os indesejáveis efeitos colaterais!

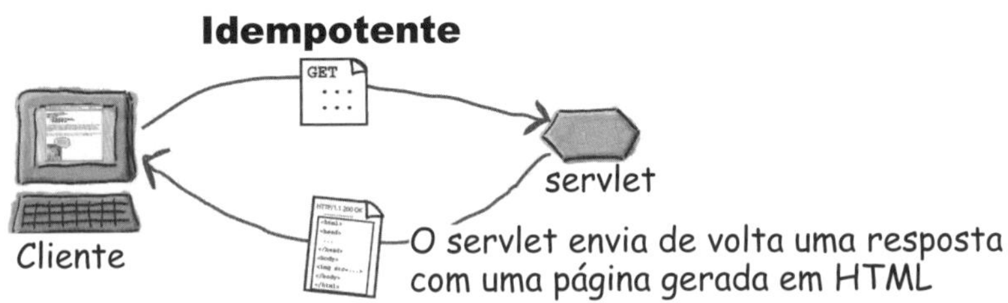

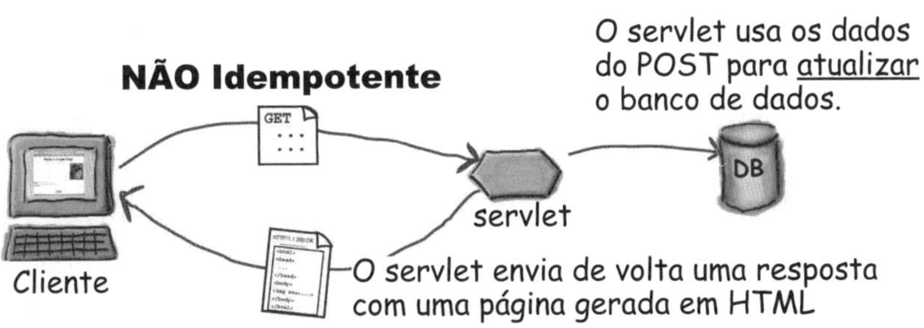

O POST não é idempotente

O HTTP GET é usado apenas para *conseguir* coisas e não deve *mudar* nada no servidor. Então um GET é, por definição (e de acordo com a especificação HTTP), idempotente. Ele pode ser executado mais de uma vez, sem causar qualquer efeito colateral danoso.

O POST *não* é idempotente. Os dados submetidos no corpo de um POST podem ser destinados a uma transação que não pode ser desfeita. Portanto, tenha cuidado com a funcionalidade do seu doPost()!

O GET é idempotente. O POST, não. Cabe a você ter certeza de que a lógica da sua aplicação pode lidar com casos como o de Diane, em que o POST aparece mais de uma vez

O que vai me impedir de usar parâmetros no GET para atualizar o servidor?

O GET é sempre considerado idempotente no HTTP 1.1...

...mesmo que você encontre códigos no exame que usem parâmetros GET que causem efeitos colaterais! Ou seja, o ***GET é idempotente de acordo com a especificação HTTP.*** *Mas não existe nada que possa impedi-lo de implementar um método doGet() não-idempotente no seu servlet. A solicitação GET dos clientes deve ser idempotente, ainda que a SUA manipulação dos dados cause um efeito negativo. Tenha sempre em mente a diferença entre o método HTTP GET e o método doGet() do seu servlet.*

Nota: há várias acepções para a palavra "idempotente". Nós estamos usando-a voltada para o HTTP/servlet para nos definir que a mesma solicitação pode ser feita duas vezes, sem nenhuma conseqüência negativa para o servidor. Nós *não* usamos "idempotente" para dizer que a mesma solicitação sempre retorna a mesma resposta e NEM para dizer que uma solicitação não tem NENHUM efeito colateral.

O que determina se o browser enviará uma solicitação GET ou POST?

GET

Um hyperlink simples sempre significa GET

```
<A HREF="http://www.wickedlysmart.com/index.html/">click here</A>
```

POST

Se você DISSER explicitamente method=POST, então, curiosamente, ele será POST

```
<form method="POST" action="SelectBeer.do">
  Select beer characteristics<p>
  <select name="color" size="1">
    <option>light
    <option>amber
    <option>brown
    <option>dark
  </select>
  <center>
    <input type="SUBMIT">
  </center>
</form>
```

Quando o usuário clica no botão "SUBMIT", os parâmetros são enviados no corpo da solicitação POST. Neste exemplo, há somente um parâmetro, chamado color e o valor é a <option> referente à cor da cerveja que o usuário selecionou (clara, âmbar, marrom ou escura).

O que acontece se você NÃO disser method="POST" no seu <form>?

Desta vez, não há nenhum method = "POST" aqui

```
<form  action="SelectBeer.do">
  Select beer characteristics<p>
  <select name="color" size="1">
    <option>light
    <option>amber
    <option>brown
    <option>dark
  </select>
  <center>
    <input type="SUBMIT">
  </center>
</form>
```

AGORA, o que acontece com os parâmetros quando o usuário clica no botão SUBMIT, se o formulário não possui um method="POST"?

O POST NÃO é o padrão!

Se você não colocar **method="POST"** no seu formulário, o padrão será uma solicitação HTTP GET. Isso quer dizer que o browser envia os parâmetros no header da solicitação, mas este é o menor dos seus problemas. Em virtude de a solicitação chegar como GET, significa que você estará com um problemão no momento da execução, se você tiver no seu servlet apenas um doPost() e não um doGet()!

Se você fizer isto:

Nenhum "method=POST" no formulário HTML

```
<form   action="SelectBeer.do">
```

E depois isto:

```
public class BeerSelect extends HttpServlet {

   public void doPost(HttpServletRequest request, HttpServletResponse response)
                                        throws IOException, ServletException
{
      // code here
   }
}
```

Nenhum método doGet() no servlet.

Você terá isto:

ERRO! Se o seu formulário HTML usa GET em vez de POST, você TEM que ter o doGet() na sua classe servlet. O método-padrão para formulários é GET.

P: E se eu quiser suportar tanto GET como POST em um único servlet?

R: Os desenvolvedores que querem dar suporte a ambos os métodos geralmente colocam a lógica no doGet(), e fazem com que a implementação doPost() delegue poderes àquela doGet():

```
doPost() method delegate to the
doGet() method if necessary.
public void doPost(...)
                   throws ... {
   doGet(request, response);
}
```

Enviando e utilizando um único parâmetro

Formulário HTML

```
<form method="POST"   action="SelectBeer.do">
  Select beer characteristics<p>
  <select name="color" size="1">
    <option>light
    <option>amber
    <option>brown
    <option>dark
  </select>
  <center>
    <input type="SUBMIT">
  </center>
</form>
```

O browser enviará uma destas quatro opções na solicitação, associada com o nome "color". Por exemplo, "color = amber".

Solicitação HTTP POST

```
POST /advisor/SelectBeer.do HTTP/1.1
Host: www.wickedlysmart.com
User-Agent: Mozilla/5.0 (Macintosh; U; PPC Mac OS X Mach-O; en-US; rv:1.4)
Gecko/20030624 Netscape/7.1
Accept: text/xml,application/xml,application/xhtml+xml,text/html;q=0.9,text/
plain;q=0.8,video/x-mng,image/png,image/jpeg,image/gif;q=0.2,*/*;q=0.1
Accept-Language: en-us,en;q=0.5
Accept-Encoding: gzip,deflate
Accept-Charset: ISO-8859-1,utf-8;q=0.7,*;q=0.7
Keep-Alive: 300
Connection: keep-alive

color=dark
```

Lembre-se, é o browser que gera esta solicitação; logo, você não precisa se preocupar em criá-la, mas é assim que ela se parece quando vem do servidor...

Classe servlet

```
public void doPost(HttpServletRequest request, HttpServletResponse response)
                                          throws IOException, ServletException
{
   String colorParam = request.getParameter("color");
     //  mais códigos esclarecedores aqui...
}
```

Isto coincide com o nome no formulário

(Neste exemplo, a String colorParam tem o valor "dark".)

Enviando e usando dois parâmetros

Formulário HTML

```
<form method="POST"   action="SelectBeerTaste.do">
  Select beer characteristics<p>
  COLOR:
  <select name="color" size="1">
    <option>light
    <option>amber
    <option>brown
    <option>dark
  </select>
  BODY:
  <select name="body" size="1">
    <option>light
    <option>medium
    <option>heavy
  </select>
  <center>
    <input type="SUBMIT">
  </center>
</form>
```

O browser enviará uma destas quatro opções no corpo da solicitação para o parâmetro chamado "color".

O browser enviará uma destas três opções na solicitação, associada com o nome "body"

Solicitação HTTP POST

```
POST /advisor/SelectBeerTaste.do HTTP/1.1
Host: www.wickedlysmart.com
User-Agent: Mozilla/5.0 (Macintosh; U; PPC Mac OS X Mach-O; en-US; rv:1.4)
Gecko/20030624 Netscape/7.1
Accept: text/xml,application/xml,application/xhtml+xml,text/html;q=0.9,text/
plain;q=0.8,video/x-mng,image/png,image/jpeg,image/gif;q=0.2,*/*;q=0.1
Accept-Language: en-us,en;q=0.5
Accept-Encoding: gzip,deflate
Accept-Charset: ISO-8859-1,utf-8;q=0.7,*;q=0.7
Keep-Alive: 300
Connection: keep-alive

color=dark&body=heavy
```

Agora, a solicitação POST possui ambos os parâmetros separados por um "&"

Classe servlet

```
public void doPost(HttpServletRequest request, HttpServletResponse response)
                                         throws IOException, ServletException
{
   String colorParam = request.getParameter("color");
   String bodyParam = request.getParameter("body");
     // mais código aqui
}
```

Agora, a variável String colorParam tem o valor "dark" e a bodyParam tem o valor "heavy".

Você pode ter vários valores para um único parâmetro! Isto significa que você precisará que o getParameterValues() retorne um array, e não um getParameter() que retorne uma String.

Veja isto!

Alguns tipos de entrada de dados, como um grupo de checkboxes, podem ter mais de um valor. Isso quer dizer que um único parâmetro ("tamanhos", por exemplo) terá diversos valores, dependendo de quantos boxes o usuário assinalou. Um formulário em que o usuário possa selecionar diversos tamanhos de cerveja (indicando que ele está interessado em TODOS aqueles tamanhos) será algo como:

```
<form method=POST
  action="SelectBeer.do">
  Select beer characteristics<p>
  Can Sizes: <p>
  <input type=checkbox name=sizes value="12oz"> 12 oz.<br>
  <input type=checkbox name=sizes value="16oz"> 16 oz.<br>
  <input type=checkbox name=sizes value="22oz"> 22 oz.<br>
  <br><br>

  <center>
    <input type="SUBMIT">
  </center>
</form>
```

No seu código, você usará o método getParameterValues() que retorna um array:

```
String one = request.getParameterValues("sizes")[0];

String [] sizes = request.getParameterValues("sizes");
```

Se você quiser ver tudo no array, só por diversão ou teste, pode usar:

```
String [] sizes = request.getParameterValues("sizes");
for(int x=0; x < sizes.length ; x++) {
   out.println("<br>sizes: " + sizes[x]);
}
```

(Considere que "out" é um PrintWriter que você obteve da resposta)

Além dos parâmetros, o que mais eu posso obter de um objeto Request?

As interfaces ServletRequest e HttpServletRequest possuem uma tonelada de métodos que você pode chamar, mas você não precisa memorizar todos eles. Sozinho, você *realmente* deveria ver todas a API para javax.servlet.ServletRequest e javax.servlet.http.HttpServletRequest, mas aqui nós só veremos os métodos que você mais usará no seu trabalho (e que podem também aparecer no exame).

No mundo real, você estará com sorte (ou *sem* sorte, dependendo de sua perspectiva), se usar mais de 15% da API de solicitação. ***Não se preocupe se não ficou claro para você como ou por que você usaria cada uma delas***; nós veremos mais detalhes de algumas delas (principalmente os cookies) mais adiante.

A plataforma do cliente e a informação do browser

```
String client = request.getHeader("User-Agent");
```

Os cookies associados a esta solicitação

```
Cookie[] cookies = request.getCookies();
```

A sessão associada a este cliente

```
HttpSession session = request.getSession();
```

O Método HTTP da solicitação

```
String theMethod = request.getMethod();
```

Um stream de dados da solicitação

```
ServletInputStream input = getInputStream();
```

Interface ServletRequest
(javax.servlet.ServletRequest)

<<*interface*>>
ServletRequest

getAttribute(String)
getContentLength()
getInputStream()
getLocalPort()
getRemotePort()
getServerPort()
getParameter(String)
getParameterValues(String)
getParameterNames()
// MUITOS outros métodos...

Interface HttpServletRequest
(javax.servlet.http.HttpServletRequest)

<<*interface*>>
HTTPServletRequest

getContextPath()
getCookies()
getHeader(String)
getIntHeader(String)
getMethod()
getQueryString()
getSession()
// MUITOS outros métodos...

Não existem Perguntas Idiotas

P: Por que algum dia eu iria *querer* obter uma InputStream da solicitação?

R: Com uma solicitação GET, não há nada além da informação header da solicitação. Em outras palavras, não há corpo com que se preocupar. MAS... com um HTTP POST, há informação de corpo. Na maioria das vezes, tudo o que interessa em relação ao corpo é retirar os valores dos parâmetros (por exemplo, "color=dark") usando o request.getParameter(), mas esses valores podem ser enormes. Se você quer analisar a fundo tudo o que chega com a solicitação, você pode usar o método getInputStream(). Com ele você pode, por exemplo, destrinchar todas as informações do header e processar byte a byte o payload (o corpo) da solicitação, copiando imediatamente para um arquivo no servidor, talvez.

P: Qual é a diferença entre getHeader() e get*Int*Header()? Pelo que eu posso dizer, headers são *sempre Strings*! Até mesmo o método getIntHeader() leva uma String representando o nome do header; então, para que serve o *int*?

R: Os headers têm um *nome* (como "User-Agent" ou "Host") e um *valor* (como "Mozilla/5.0 (Macintosh; U; PPC Mac OS X Mach-O; en-US; rv:1.4) Gecko/20030624 Netscape/7.1" ou "www.wickedlysmart.com"). Os valores retornados dos headers estão sempre no formato String, mas para alguns casos, a String representa um número. O header "Content-Length" retorna o número de bytes que compõe o corpo da mensagem. O header HTTP "Max-Forwards", por exemplo, retorna um valor inteiro, indicando quantos hops (saltos de roteadores) a solicitação pode fazer. (Você pode querer usar este header se estiver tentando fazer um trace da solicitação, que você suspeite estar presa em um loop em algum lugar.)

Você pode obter o valor do header "Max-Forwards" usando o getHeader():

```
String forwards = request.getHeader("Max-Forwards");
int forwardsNum = Integer.parseInt(forwards);
```

E isso funciona perfeitamente. Mas se você *souber* o valor que o header deve assumir como int, você pode usar o getIntHeader() como um método de ***conveniência*** para poupá-lo da etapa de conversão da String para int:

```
int forwardsNum = request.getIntHeader("Max-Forwards");
```

getServerPort(), getLocalPort() e getRemotePort() são confusos!

*O getServerPort() deveria ser auto-explicativo... até que você se perguntasse para que serve então o getLocalPort(). Vamos começar pelo mais fácil: getRemotePort(). Primeiro você vai perguntar "remoto em relação a quem?" Neste caso, já que é o servidor quem solicita, remoto é o CLIENTE. O cliente é remoto na visão do servidor. Logo, get**Remote**Port() significa "obter a porta do **cliente**". Ou seja, o número da porta do cliente de onde partiu a solicitação. Lembre-se: se você for um servlet, **remoto** significa **cliente**.*

*A diferença entre get**Local**Port() e get**Server**Port() é mais sutil: o getServerPort() diz "para qual porta a solicitação foi inicialmente ENVIADA?", enquanto que o getLocalPort() diz "em qual porta a solicitação FOI PARAR?". Sim, tem uma diferença, porque embora as solicitações sejam **enviadas** para uma única porta (a qual o **servidor** está escutando), o servidor encontra uma porta local **diferente** para cada thread, para que a aplicação possa atender a vários clientes ao mesmo tempo.*

Revisão: Ciclo da vida do servlet e API

Pontos de bala

- O Container inicializa um servlet carregando a classe, invocando o construtor-padrão do servlet e chamando o método init() do servlet.
- O método init() (que o desenvolvedor pode anular) é chamado apenas uma vez no ciclo de vida do servlet, e sempre antes do servlet atender a qualquer solicitação do cliente.
- O método init() dá ao servlet acesso para os objetos ServletConfig e ServletContext, que o servlet precisa para conseguir informações sobre a configuração do servlet e a aplicação web.
- O Container termina com a vida de um servlet chamando seu método destroy().
- O servlet passa a maior parte da sua vida rodando um método service() para uma solicitação do cliente.
- Cada solicitação para um servlet roda em uma thread separada! Só existe apenas uma instância para qualquer classe servlet.
- Seu servlet quase sempre estenderá o javax.servlet.http.HttpServlet, do qual ele herda uma implementação do método service(), que traz um HttpServletRequest e um HttpServletResponse.
- O HttpServlet estende o javax.servlet.GenericServlet – uma classe abstrata que implementa a maioria dos métodos básicos do servlet.
- O GenericServlet implementa a interface Servlet.
- As classes servlet (exceto aquelas relacionadas aos JSPs) estão em um dos dois pacotes: javax.servlet ou javax.servlet.http.
- Você pode anular o método init() e deve anular pelo menos um método de serviço (doGet(), doPost(), etc).

<<interface>>
javax.servlet.Servlet

service(ServletRequest, ServletResponse)
init(ServletConfig)
destroy()
getServletConfig()
getServletInfo()

javax.servlet.GenericServlet

service(ServletRequest, ServletResponse)
init(ServletConfig)
init()
destroy()
getServletConfig()
getServletInfo()
getInitParameter(String)
getInitParameterNames()
getServletContext()
log(String)
log(String, Throwable)

javax.servlet.http.HttpServlet

service(HttpServletRequest, HttpServletResponse)
service(ServletRequest, ServletResponse)
doGet(HttpServletRequest, HttpServletResponse)
doPost(HttpServletRequest, HttpServletResponse)
doHead(HttpServletRequest, HttpServletResponse)
doOptions(HttpServletRequest, HttpServletResponse)
doPut(HttpServletRequest, HttpServletResponse)
doTrace(HttpServletRequest, HttpServletResponse)
doDelete(HttpServletRequest, HttpServletResponse)
getLastModified(HttpServletRequest)

com.wickedlysmart.examples.MyServlet

doPost(HttpServletRequest, HttpServletResponse)
myBizMethod()

Revisão: HTTP e HttpServletRequest

Pontos de bala

- Os métodos doGet() e doPost() do HttpServlet levam um HttpServletRequest e um HttpServletResponse.
- O método service() determina se o doGet() ou o doPost() rodará, baseado no método HTTP (GET, POST, etc.) da solicitação HTTP.
- As solicitações POST têm um corpo; as solicitações GET, não, mas as solicitações GET podem ter parâmetros anexados à URL da solicitação (algumas vezes chamada "query string").
- As solicitações GET são idempotentes por herança (de acordo com a especificação HTTP). Elas devem ser capazes de rodar várias vezes, sem causar nenhum efeito colateral no servidor. As solicitações GET não devem *mudar* nada no servidor. Mas você *pode* escrever um método doGet() não-idempotente e maldoso.
- O POST é não-idempotente por herança e cabe a você projetar e codificar sua aplicação, de forma que, se o cliente enviar uma solicitação duas vezes por engano, você possa cuidar disso.
- Se um formulário HTML não diz explicitamente "method=POST", a solicitação é enviada como um GET e não como POST. Se você não possui um doGet() em seu servlet, a solicitação falhará.
- Você pode receber parâmetros da solicitação com o método getParameter("paramname"). O resultado é sempre uma String.
- Se você tem múltiplos valores de parâmetros para um determinado parâmetro, use o método getParameterValues ("paramnane") que retorna um array de Strings.
- Você pode obter *outras* coisas do objeto solicitação, como headers, cookies, uma sessão, a query string e um stream de dados.

Interface ServletRequest
(javax.servlet.ServletRequest)

<<interface>>
ServletRequest

getAttribute(String)
getContentLength()
getInputStream()
getLocalPort()
getRemotePort()
getServerPort()
getParameter(String)
getParameterValues(String)
getParameterNames()
// MUITOS outros métodos...

Interface HttpServletRequest
(javax.servlet.http.
HttpServletRequest)

<<interface>>
HTTPServletRequest

getContextPath()
getCookies()
getHeader(String)
getIntHeader(String)
getMethod()
getQueryString()
getSession()
// MUITOS outros métodos...

Então, essa foi a Solicitação... vejamos agora a Resposta

A resposta é o que volta para o cliente. Aquilo que o browser recebe, analisa e retribui ao usuário. Tipicamente, você usa o objeto response para conseguir um stream de saída (geralmente um Writer), e você usa este stream para escrever o HTML (ou outro tipo de conteúdo) que retorna para o cliente. Contudo, o objeto responde tem outros métodos de E/S (em inglês, I/O) além do output. Veremos alguns deles com mais detalhes.

Na maioria das vezes, você usa a Resposta apenas para enviar dados de volta para o cliente. Você chama dois métodos na resposta: setContentType() e getWriter().
Depois disso, você estará fazendo simplesmente I/O para escrever o HTML (ou algo mais) no stream.
Mas você também pode usar a resposta para configurar outros headers, enviar erros e adicionar cookies.

interface ServletResponse
(javax.servlet.
ServletResponse)

<<interface>>
ServletResponse

getBufferSize()
setContentType()
getOutputStream()
getWriter()
setContentLength()
//MUITOS outros métodos...

Estes são alguns dos métodos mais geralmente usados.

interface HttpServletResponse
(javax.servlet.http.
HttpServletResponse)

<<interface>>
HttpServletResponse

addCookie()
addHeader()
encodeURL()
sendError()
setStatus()
sendRedirect()
//MUITOS outros métodos...

Às vezes você verá estes também...

Espere um momento... Eu pensei que não íamos enviar HTML de um servlet, porque é horrível formatá-lo para o stream de saída...

Usando a resposta para o I/O

Tudo bem, deveríamos estar usando JSPs em vez de enviar HTML de volta no stream de saída a partir de um servlet. Formatar um HTML para enfiá-lo no método println() do stream de saída é *penoso*.

Mas isso não significa que você nunca terá que trabalhar com um stream de saída do seu servlet.

Por que?

1) Seu provedor de hospedagem pode não suportar JSPs. Existem vários servidores e containers mais antigos por aí que suportam servlets, mas não JSPs, então, você fica "preso".

2) Você não tem a opção de usar JSPs por algum outro motivo, como um gerente chato que não permite usar JSPs porque em 1998 seu cunhado lhe dissera que os JSPs eram ruins.

3) Quem disse que *HTML* era a única coisa que você poderia enviar de volta em uma resposta? Você pode devolver *outras* coisas em vez de HTML ao cliente. Algo para o qual um stream de saída faça sentido.

Imagine que você queira enviar um JAR para o cliente...

Digamos que você tenha criado uma página para downloads onde o cliente pode baixar códigos a partir de arquivos JAR. Em vez de enviar de volta uma página HTML, a resposta contém os bytes representando o JAR. Você *lê* os bytes dos arquivos JAR e os *escreve* no stream de saída dos dados da resposta.

1. Diane está desesperada para fazer o download do JAR com um código do livro que ela está usando para aprender servlets e JSPs. Ela acessa o site do livro e clica no link "código jar", que se refere a um servlet chamado "Code.do".

O browser envia uma solicitação HTTP para o servidor com o nome do servlet requisitado ("Code.do").

O Container envia a solicitação para o servlet CodeReturn (mapeado para o nome "Code.do" no DD) para processamento.

CODE JAIR

solicitação

CodeReturn

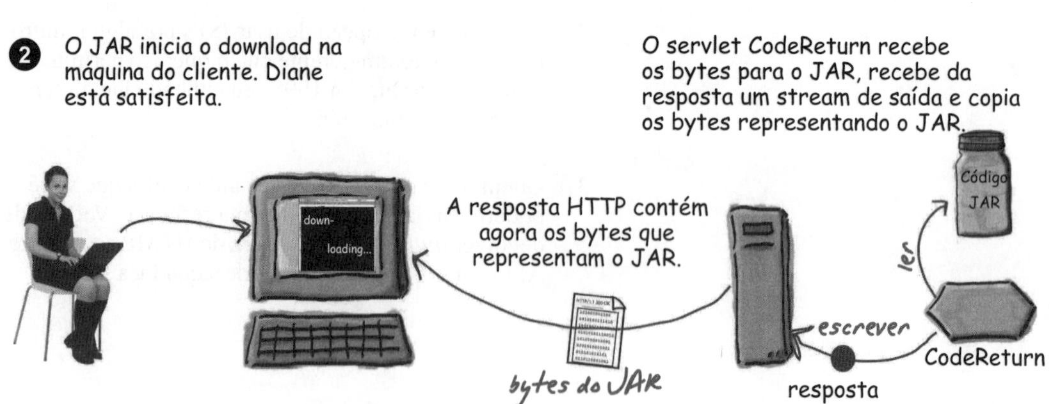

2 O JAR inicia o download na máquina do cliente. Diane está satisfeita.
O servlet CodeReturn recebe os bytes para o JAR, recebe da resposta um stream de saída e copia os bytes representando o JAR.
down-
loading...
A resposta HTTP contém agora os bytes que representam o JAR.
Código JAR
ler
escrever
CodeReturn
resposta
bytes do JAR

O código servlet que faz o download do JAR

```
// um monte de imports aqui

public class CodeReturn extends HttpServlet {

   public void doGet(HttpServletRequest request, HttpServletResponse response)
                                          throws IOException, ServletException {

      response.setContentType("application/jar");

      ServletContext ctx = getServletContext();
      InputStream is = ctx.getResourceAsStream("/bookCode.jar");

      int read = 0;
      byte[] bytes = new byte[1024];

      OutputStream os = response.getOutputStream();
      while ((read = is.read(bytes)) != -1) {
         os.write(bytes, 0, read);
      }
      os.flush();
      os.close();
   }
}
```

Nós queremos que o browser reconheça que isto é um JAR, não um HTML; então, configuramos o tipo de conteúdo para "application/jar"

Isto diz apenas "dê-me um stream de entrada para o recurso chamado bookCode.jar"

Esta é a parte fundamental, mas é apenas um I/O simples!! Nada especial, somente lê os bytes do JAR e os escreve para o stream de saída que nós conseguimos do objeto resposta.

Não existem Perguntas Idiotas

P: Onde estava localizado o arquivo JAR "bookCode.jar"? Em outras palavras, onde o método getResourceAsStream() PROCURA para localizar o arquivo? Como você lida com o caminho?

R: O getResourceAsStream() requer que você inicie com uma barra ("/"), que representa a raiz da sua aplicação. Já que a aplicação foi chamada de ***JarDownload***, então a estrutura de diretórios é semelhante à figura. O diretório ***JarDownload*** está dentro de ***webapps*** (o diretório-pai para todos os outros diretórios da aplicação), e dentro do ***JarDownload*** nós colocamos o ***WEB-INF*** e o código JAR em si. Assim, o arquivo "bookCode.jar" está situado no nível raiz da aplicação ***JarDownload***. (Não se preocupe, nós entraremos em maiores detalhes sobre a estrutura de diretórios de distribuição quando chegarmos no capítulo que trata da distribuição.)

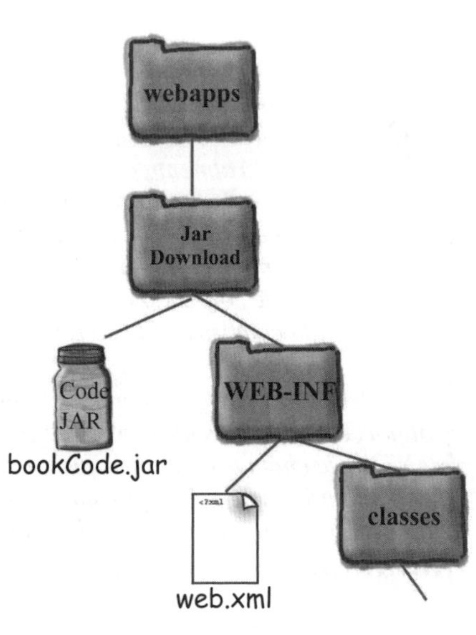

Opa. Qual é o problema com o tipo do conteúdo?

Você deve estar surpreso com esta linha:

```
response.setContentType("application/jar");
```

Ou pelo menos *deveria*. Você tem que dizer ao browser o que você está devolvendo, para que ele possa ***fazer a coisa certa***: abrir uma aplicação "assistente", como um leitor PDF ou um player de vídeo, criar um HTML, salvar os bytes da resposta como um arquivo de download, etc. E já que você está aí se perguntando, sim, quando nós dizemos *tipo do conteúdo*, queremos dizer a mesma coisa que tipo MIME. O tipo do conteúdo é um header HTTP que *deve* ser incluído na resposta HTTP.

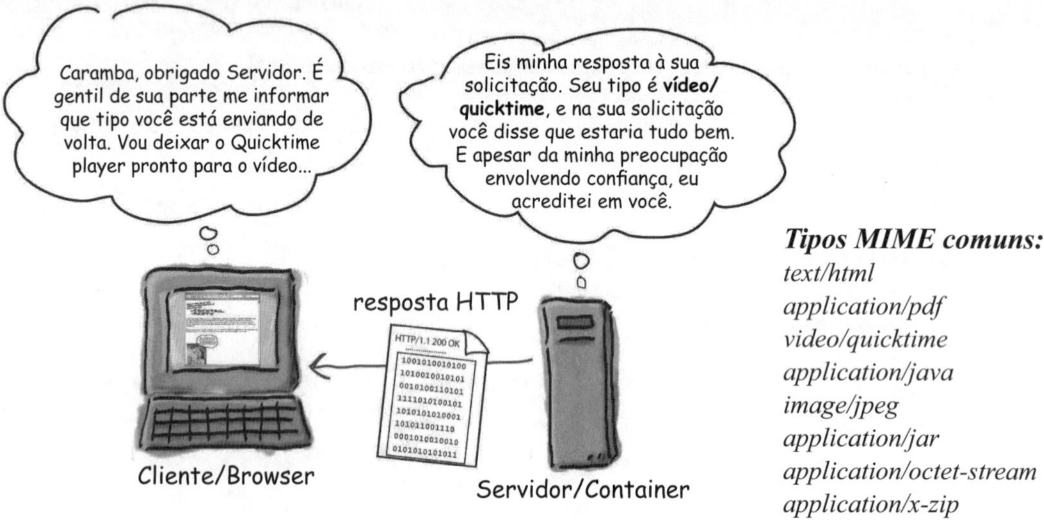

Tipos MIME comuns:

text/html
application/pdf
video/quicktime
application/java
image/jpeg
application/jar
application/octet-stream
application/x-zip

Você não precisa memorizar um monte de tipos do conteúdo.

Relaxe

Você deve saber o que o setContentType() faz e como usá-lo, mas você não precisa saber nem mesmo os mais comuns tipos de conteúdo, exceto o text/html. O que você precisa saber sobre o setContentType() geralmente é de senso comum... por exemplo, não será bom para você mudar o tipo de conteúdo DEPOIS de ter escrito o que vai para o stream de saída da resposta. Óbvio. Isso quer dizer que você não pode configurar um tipo de conteúdo, escrever algo e, em seguida, mudar o tipo de conteúdo e escrever outra coisa. Pense um pouco: como o browser lida com isso? Ele só pode tratar um tipo de COISA da resposta de cada vez.

Para ter certeza de que tudo funciona bem, o que você deveria fazer (e em alguns casos é um requisito) é sempre chamar o setContentType() primeiro, ANTES de chamar o método que gera o stream de saída (getWriter() ou getOutputStream()). Isto garantirá que você não terá conflitos entre o tipo de conteúdo e o stream de saída de dados.

Não existem Perguntas Idiotas

P: Por que você tem que definir o tipo de conteúdo? Os servidores não podem descobrir isso a partir da extensão do arquivo?

R: A maioria dos servidores *pode*, para conteúdo estático. No Apache, por exemplo, você pode configurar os tipos MIME mapeando a extensão do arquivo (.txt, .jar, etc.) para um tipo de conteúdo específico, e ele usará isso para configurar o tipo de conteúdo no header HTTP. Mas estamos falando sobre o que acontece dentro de um servlet quando NÃO HÁ nenhum arquivo! É você quem está enviando de volta a resposta; o Container não tem idéia do que você está enviando.

P: E com respeito ao último exemplo onde você lê um arquivo JAR? O Container não pode ver que você está lendo um JAR?

R: Não. Tudo o que fizemos do servlet foi ler os bytes de um arquivo (por acaso era um arquivo JAR), e escrever de volta esses dados para um stream de saída. O Container não faz idéia do que fazíamos quando líamos aqueles bytes. Pelo o que ele saiba, nós estávamos lendo a partir de um tipo de informação e escrevendo algo completamente diferente na resposta.

P: Como eu posso descobrir quais são os tipos comuns de conteúdo?

R: Faça uma busca no Google. Sério. Novos tipos MIME estão sendo adicionados todo o tempo, mas você pode encontrar facilmente listas na Web. Você também pode dar uma olhada nas suas preferências do browser por uma lista daqueles que foram configurados para seu browser, e também pode checar seus arquivos de configuração. Novamente, você não precisa se preocupar com isto para o exame e provavelmente não lhe causará muito estresse no mundo real também.

P: Espere um segundo... por que você precisaria usar um servlet para enviar de volta aquele arquivo JAR, quando você pode ter o servidor enviando-o como um recurso? Em outras palavras, por que não fazer com que o usuário clique em um link que vá para o JAR em vez do servlet? O servidor não pode ser configurado para enviar o JAR diretamente sem sequer PASSAR pelo servlet?

R: Sim. Boa pergunta. Você PODERIA configurar o servidor de forma que o usuário clique em um link HTML que o leve, digamos, ao arquivo JAR localizado no servidor (assim como qualquer outro recurso estático, como JPEGs e arquivos de texto), e o servidor simplesmente o enviaria na resposta.

Mas... estamos considerando que você tenha outras coisas que queira fazer no servlet ANTES de enviar de volta o stream. Você pode, por exemplo, precisar que a lógica no servlet que defina *qual* arquivo JAR a enviar. Ou você pode estar devolvendo bytes que você esteja criando ali mesmo, na hora. Imagine um sistema em que você recebe parâmetros do input do usuário e os usa para gerar dinamicamente um som que você devolve. Um som que não existia antes. Ou seja, um arquivo de som que não se encontra em lugar algum no servidor. Você acaba de criá-lo e agora está enviando-o na resposta.

Então você está certo, talvez o nosso exemplo de enviar apenas um JAR localizado no servidor seja meio manjado, mas por favor... use sua imaginação e enfeite-o com tudo aquilo que você puder adicionar para torná-lo um servlet de *verdade*. Talvez seja algo tão simples como inserir um código no seu servlet que – junto com a devolução do JAR – escreva alguma informação no banco de dados sobre este usuário em particular. Ou talvez você tenha que checar para ver se ele está liberado para fazer o download deste JAR, baseado em alguma coisa que você tenha detectado no banco de dados.

Você tem duas opções para saída: caracteres ou bytes

Isto é apenas um simples java.io, exceto pela interface ServletResponse que oferece apenas *duas* opções de streams para escolher: ServletOutputStream para bytes ou PrintWriter para dados em caracteres.

▶ Printwriter

Exemplo:

```
PrintWriter writer = response.getWriter ;

writer.println("some text and HTML");
```

Usado para:

Exibir dados de texto para um stream de caracteres. Embora você ainda *possa* exibir dados em caractere usando o OutputStream, é ele que você utilizará para tratar seus dados em caractere.

▶ OutputStream

Exemplo:

```
ServletOutputStream out = response.
getOutputStream();

out.write(aByteArray);
```

Usado para:

Escrever *qualquer outra coisa!*

Você DEVE memorizar estes métodos

*Você tem que saber isso para o exame. E é uma armadilha. Note que para escrever em um **ServletOutputStream** você invoca o método **write()**, porém, para escrever para um **PrintWriter** você... **println()**! É comum considerar que você escreve para um escritor, mas não. Se você já usa o java.io, já passou por isso. Se não, lembre-se:*

println()** para um **PrintWriter
write()** para um **ServletOutputStream

E não se esqueça de que os nomes dos métodos para obter o stream ou o escritor perdem a primeira palavra, conforme segue:

```
ServletOutputStream
    response.getOutputStream()

PrintWriter
    response.getWriter()
```

Você precisa reconhecer nomes FALSOS, como:

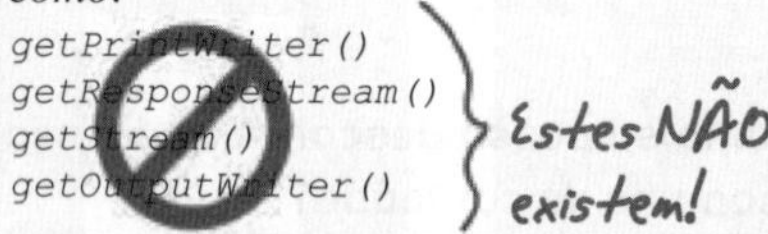

Para Sua Informação: O PrintWriter na verdade empacota o ServletOutputStream. Ou seja, o PrintWriter tem uma referência para o ServletOutputStream e delega os chamados para ele. Apenas UM stream de saída de dados volta para o cliente, mas o PrintWriter o embeleza adicionando métodos de alto nível capazes de tratar os caracteres.

Você pode definir (em inglês, set) cabeçalhos (em inglês, headers) de resposta, você pode adicionar headers de resposta

E você pode querer saber qual é a diferença. Mas pense nisso por um segundo e faça o exercício.

Correlacione a chamada ao método com o seu comportamento

Trace uma linha do método HttpResponse para o seu comportamento. Nós fizemos o mais óbvio para você.

`response.setHeader("foo", "bar");`	Adiciona um novo header e um novo valor na resposta, ou acrescenta um outro valor para um header existente.
`response.addHeader("foo", "bar");`	Um método de conveniência que substitui o valor de um cabeçalho (em inglês, header) por esse inteiro, ou acrescenta um novo header e um novo valor na resposta.
`response.setIntHeader("foo", 42);`	Se um header com este nome já existir na resposta, o valor é alterado por este. Ou então, acrescenta um novo header e um novo valor na resposta.

Bem fácil quando você os vê todos juntos.

Mas para a prova, você deve memorizá-los, pois se na próxima terça-feira o cara no final do corredor perguntar: "Qual é o método de resposta que me permite acrescentar um valor para um header existente?", você possa dizer, sem pestanejar: "É o addHeader, e ele possui duas Strings, para nome e valor." Assim mesmo.

O setHeader() e o addHeader() acrescentarão um header e um valor na resposta, se o header (o primeiro argumento para o método) ainda não estiver lá. A diferença entre configurar e adicionar aparece quando o header *está* lá. Nesse caso:

***set*Header() sobrescreve o valor existente**
***add*Header() adiciona um novo valor**

Quando você chama o setContentType ("text/html"), você está configurando um header como se dissesse:

setHeader("content-type", "text/html");

Então, qual é a diferença? Nenhuma... *considerando que você digite corretamente o header "content-type"*. O método setHeader() não vai reclamar se você escrever errado o nome dos headers – ele simplesmente acha que você está adicionando um outro tipo de header. Porém, algo dará errado lá na frente, já que agora você não configurou corretamente o tipo de conteúdo da resposta!

Guarde Isso!

Don't go there
Wash Cat
Call Tim re: missed deadline

Veio uma resposta do nó
com headers e muito payload.
Eu garanto, nenhum header
com mais de um valor
para setHeader() foi usado no código.

(o oposto do addHeader(), entendeu?)

(A primeira pessoa que nos enviar um arquivo mp3 recitando este poema, no ritmo certo e tudo mais, ganha uma camiseta especial.)

Mas algumas vezes você mesmo não quer lidar com a resposta...

Você pode decidir que algo diferente trate a resposta para a sua solicitação. Você pode ou *redirecionar* a solicitação para uma URL completamente diferente, ou *despachá-la* para algum outro componente da sua aplicação (geralmente um JSP).

Redirecionando

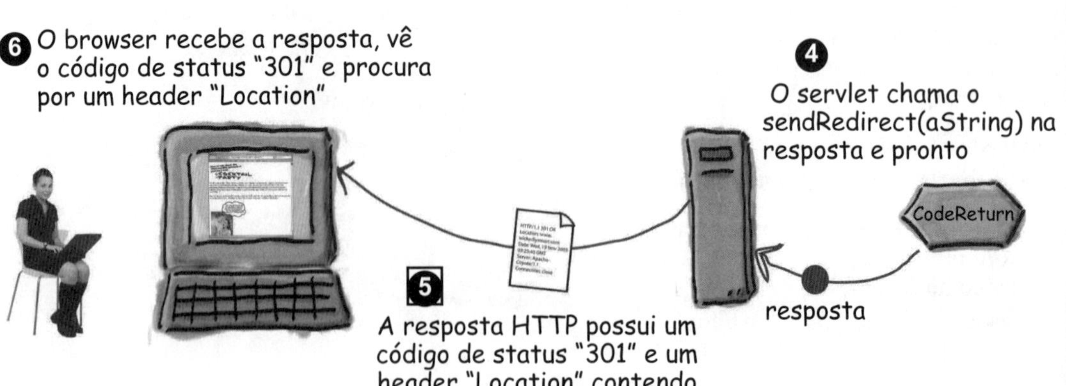

6 O browser recebe a resposta, vê o código de status "301" e procura por um header "Location"
4 O servlet chama o sendRedirect(aString) na resposta e pronto
CodeReturn
resposta
5 A resposta HTTP possui um código de status "301" e um header "Location" contendo uma URL como valor

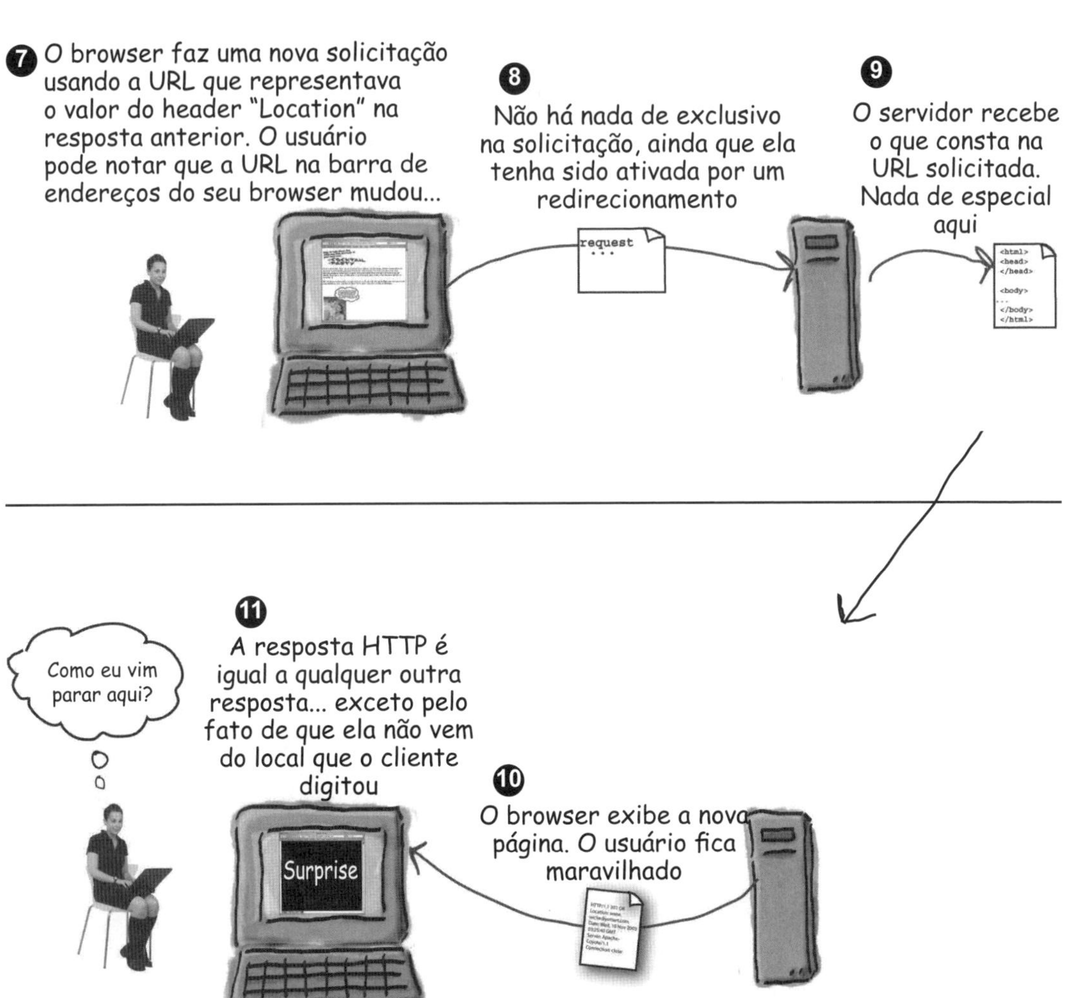
7 O browser faz uma nova solicitação usando a URL que representava o valor do header "Location" na resposta anterior. O usuário pode notar que a URL na barra de endereços do seu browser mudou...
8 Não há nada de exclusivo na solicitação, ainda que ela tenha sido ativada por um redirecionamento
request
9 O servidor recebe o que consta na URL solicitada. Nada de especial aqui
<html>
<head>
</head>
<body>
</body>
</html>
Como eu vim parar aqui?
11 A resposta HTTP é igual a qualquer outra resposta... exceto pelo fato de que ela não vem do local que o cliente digitou
Surprise
10 O browser exibe a nova página. O usuário fica maravilhado

O redirecionamento do Servlet faz o browser trabalhar

O redirecionamento deixa o servlet completamente aliviado. Após perceber que ele não poderá desempenhar o trabalho, o servlet simplesmente chama o método *sendRedirect()*:

```
if (worksForMe) {
  //  trata a solicitação
} else {
   response.sendRedirect("http://www.oreilly.com");
}
```

A URL que você quer que o browser use para a solicitação. É isso que o cliente vê

Usando URLs relativas no sendRedirect()

Você pode usar uma URL *relativa* como um argumento para o sendRedirect(), em vez de especificar o endereço completo "http://www...". As URLs relativas vêm em dois sabores: com ou sem a barra ("/") inicial.

Imagine que o cliente digitou primeiramente:

```
http://www.wickedlysmart.com/myApp/cool/bar.do
```

Quando a solicitação chega ao servlet chamado "bar.do", ele chama o sendRedirect() com a URL relativa que NÃO inicia com a barra:

```
sendRedirect("foo/stuff.html");
```

O Container constrói a URL completa (ele precisa dela para o header "Location" que ele coloca na resposta HTTP), relativa à URL da solicitação inicial:

```
http://www.wickedlysmart.com/myApp/cool/foo/stuff.html
```

O Container sabe que a URL de solicitação original partiu do caminho myApp/cool; portanto, se você não usar a barra, esta parte do caminho é acrescentada ao começo de "foo/stuff.html".

Mas se o argumento para o sendRedirect() INICIAR com a barra:

```
sendRedirect("/foo/stuff.html");
```

A barra no começo significa relativa à raiz do container web.

O Container constrói a URL completa relativa ao container web em si, em vez de relativa à URL original da solicitação. Assim, a nova URL será:

```
http://www.wickedlysmart.com/foo/stuff.html
```

"foo" é um aplicativo Web, separado do aplicativo web "myApp".

Você não pode fazer um sendRedirect() depois de escrever a resposta!

Isto provavelmente é óbvio, mas é a LEI e nós estamos apenas ratificando. Se você procurar o sendRedirect() na API, você verá que ele envia uma IllegalStateException se você tentar chamá-lo depois "da resposta já ter sido criada". Eles querem dizer com "criada" que a resposta foi ***enviada****. Isso significa que os dados foram enviados para o stream. Na prática, significa que* ***você não pode escrever na resposta e depois chamar o sendRedirect()!*** *Mas um professor exigente diria que, tecnicamente, você pode escrever no fluxo de dados sem que haja o flush, e o sendRedirect() não geraria uma exceção. Mas isto seria algo completamente estúpido e, por isso, não vamos tocar no assunto. (Se bem que... acabamos de falar...) No seu servlet, decida, pelo amor de Deus! Ou trate a solicitação, ou faça um sendRedirect() para que OUTRA entidade a trate. (Aliás, este papo de "uma vez enviada, já era" também se aplica à configuração de headers, cookies, códigos de status, o tipo de conteúdo e assim por diante...)*

O sendRedirect() recebe um objeto do tipo String e NÃO um objeto do tipo URL!

Bem, ele carrega uma String que É uma URL. A questão é: o sendRedirect() NÃO carrega um objeto do tipo URL. Você passa para ele uma String que é uma URL completa ou relativa. Se o Container não puder transformar uma URL relativa numa URL completa, ele manda uma IllegalStateException. O que confunde é lembrar que ISTO é errado:

sendRedirect(new URL("http://www.altabooks.com.br"))

Não! Parece muito certo, mas está MUITO errado. O sendRedirect() carrega uma String e pronto!

O request dispatch acontece no lado do servidor

E esta é a grande diferença entre um redirecionamento e um request dispatch – o *redirecionamento* faz o *cliente* executar o trabalho, enquanto que o *request dispatch* faz com que outro componente no *servidor* execute o trabalho. Então, lembre-se: redirecionamento = *cliente*, request dispatch = *servidor*. Nós falaremos mais sobre o request dispatch mais adiante, porém, estas duas páginas deverão dar a você uma noção dos pontos mais importantes.

O Request Dispatch

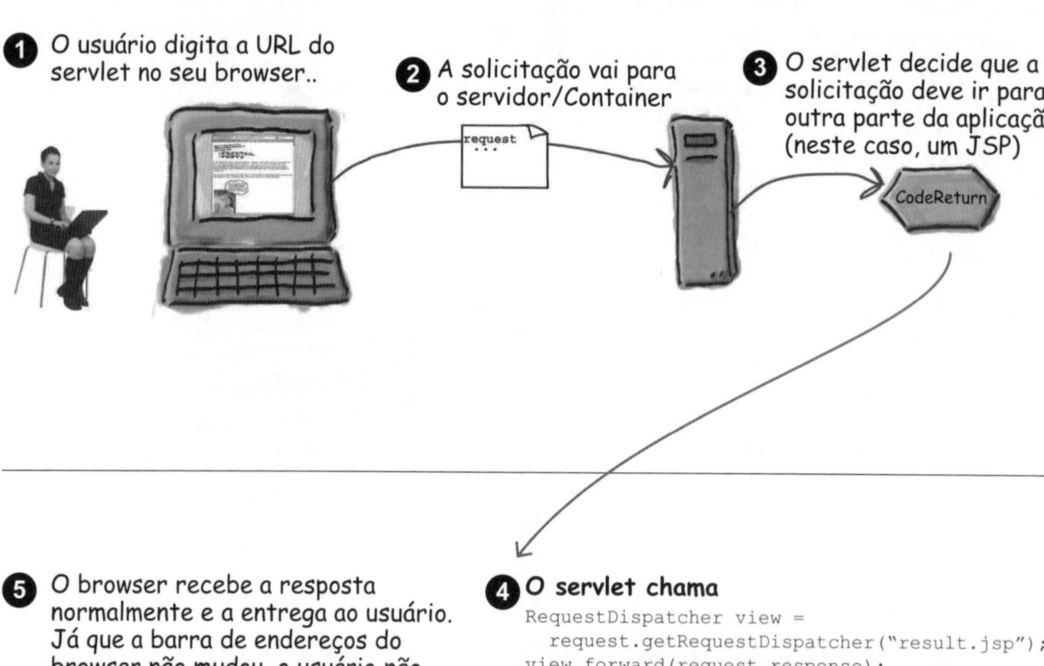

1 O usuário digita a URL do servlet no seu browser..
2 A solicitação vai para o servidor/Container
request
...
3 O servlet decide que a solicitação deve ir para outra parte da aplicação (neste caso, um JSP)
CodeReturn
5 O browser recebe a resposta normalmente e a entrega ao usuário. Já que a barra de endereços do browser não mudou, o usuário não sabe que foi o JSP que gerou a resposta.
New!!
4 O servlet chama
RequestDispatcher view =
request.getRequestDispatcher("result.jsp");
view.forward(request,response);
e o JSP cuida da resposta

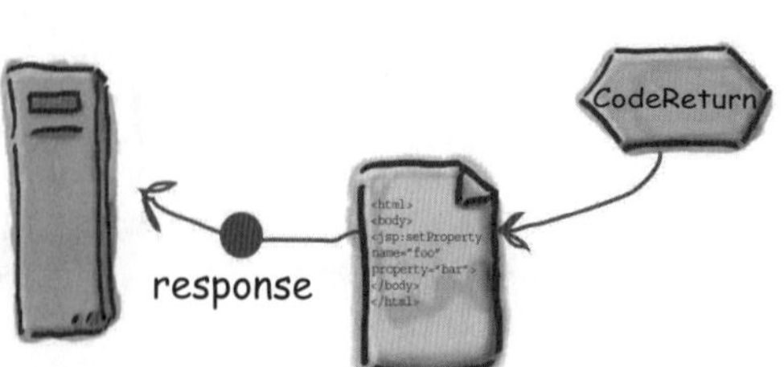

Redirecionamento X Request Dispatch

Eu não tenho tempo para isto! Escuta, por que você não liga para o Barney? Talvez ELE tenha tempo para esta besteira.

Oi Kari, aqui é o Dan... Eu quero a sua ajuda com um cliente. Vou encaminhar para você os detalhes de como retornar para ele, mas eu preciso que você cuide disso agora. Sim, eu SEI que você também tem suas necessidades... sim, eu SEI como a View é importante para o MVC... não, eu não creio que consiga outro JSP como aquele... o quê? Não entendi? A ligação está ruim... desculpe... eu não consigo ouvir nada... perdendo pacotes...

Redirecionamento

Request Dispatch

Quando um servlet faz o **request dispatch**, é como se pedíssemos que um colega de trabalho cuidasse de um cliente. O colega de trabalho acaba respondendo ao cliente, mas o cliente não se importa, desde que alguém o responda. O usuário nunca sabe que outra pessoa assumiu o controle, pois a URL no browser não muda.

Quando um servlet faz um **redirecionamento**, é como se pedíssemos que o cliente ligasse para outra pessoa. Neste caso, o cliente é o browser, e não o usuário. O browser faz a nova chamada em benefício do usuário, depois do servlet que foi originalmente requisitado dizer: "Desculpe, chame este cara aqui..."

O usuário vê a nova URL no browser.

Revisão: HttpServletResponse

Pontos de bala

- Você usa a Resposta para enviar dados de volta para o cliente.
- Os métodos mais comuns que você chamará no objeto response (HttpServletResponse) são o setContentType() e o getWriter().
- Tome cuidado – muitos desenvolvedores acreditam que o método seja get*Print*Writer(), mas é getWriter().
- O método getWriter() permite fazer I/O por caractere para criar o HTML (ou algo mais) para o stream.
- Você também pode usar a resposta para configurar headers, enviar erros e adicionar cookies.
- No mundo real, você provavelmente usará um JSP para enviar a maioria das respostas HTML, mas você ainda poderá usar um stream de resposta para enviar dados binários (como um arquivo JAR, talvez) ao cliente.
- O método que você chama na sua resposta para receber um stream binário é getOutputStream().
- O método setContentType() diz ao browser como tratar os dados vindos na resposta. Os tipos de conteúdos mais comuns são "text/html", "application/pdf" e "image/jpeg".
- Você não precisa memorizar os tipos de conteúdos (também conhecidos como tipos MIME).
- Você pode configurar headers de resposta usando o addHeader() ou o setHeader(). A diferença depende de o header já fazer parte da resposta. Se já fizer, o *set*Header() irá *substituir* o valor, mas o *add*Header *acrescentará um valor adicional* à resposta existente. Se o header ainda não fizer parte da resposta, então o setHeader() e o addHeader() comportam-se exatamente do mesmo modo.
- Se você não quiser responder a uma solicitação, você pode redirecionar a solicitação para outra URL. O browser encarregar-se-á de enviar a nova solicitação para a URL que você fornecer.
- Para redirecionar uma solicitação, utilize o sendRedirect(aStringURL) na resposta.
- Você não pode chamar o sendRedirect() após a resposta ter sido gerada! Ou seja, se você já escreveu alguma coisa para o stream, é muito tarde para fazer um redirecionamento.
- Um *redirecionamento* de uma solicitação é diferente de um *dispatch*. O *request dispatch* (mais detalhado em outro capítulo) acontece no *servidor*, enquanto que um *redirecionamento* ocorre no *cliente*. No caso do dispatch, a solicitação é entregue para outro componente no servidor, geralmente na mesma aplicação. Um *redirecionamento* simplesmente informa ao browser para ir para uma URL diferente.

interface ServletResponse
(javax.servlet.ServletResponse)

<<interface>> ***ServletResponse***
getBufferSize() ***setContentType()*** ***getOutputStream()*** ***getWriter()*** *setContentLength()* *// MUITOS outros métodos...*

Interface HttpServletResponse
(javax.servlet.http. HttpServletResponse)

<<interface>> ***HttpServletResponse***
addCookie() *addHeader()* *encodeURL()* *sendError()* *setStatus()* *sendRedirect()* *// MUITOS outros métodos...*

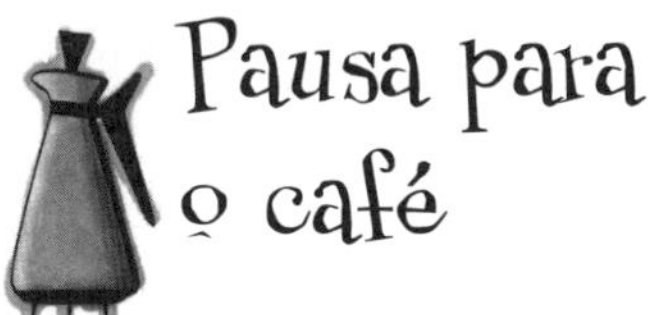

Teste Preparatório – Capítulo 4

---

1 Como o código do servlet de um método service (por exemplo, `doPost()`) obteria o valor do header “User-Agent” da solicitação? (Escolha todas as que se aplicam.)

- [ ] A. `String userAgent = request.getParameter("User-Agent");`
- [ ] B. `String userAgent = request.getHeader("User-Agent");`
- [ ] C. `String userAgent = request.getRequestHeader("Mozilla");`
- [ ] D. `String userAgent = getServletContext().getInitParameter("User-Agent");`

---

2 Quais são os métodos HTTP usados para mostrar ao cliente o que o servidor está recebendo? (Escolha todas as que se aplicam.)

- [ ] A. GET
- [ ] B. PUT
- [ ] C. TRACE
- [ ] D. RETURN
- [ ] E. OPTIONS

---

3 Qual método do `HttpServletResponse` é usado para redirecionar uma solicitação HTTP para outra URL?

- [ ] A. `sendURL()`
- [ ] B. `redirectURL()`
- [ ] C. `redirectHttp()`
- [ ] D. `sendRedirect()`
- [ ] E. `getRequestDispatcher()`

4 Quais os métodos HTTP que NÃO são considerados idempotentes? (Escolha todas as que se aplicam.)

- [ ] A. GET
- [ ] B. POST
- [ ] C. HEAD
- [ ] D. PUT

---

5 Sendo `req` um `HttpServletRequest`, qual das alternativas recebe um stream de entrada de dados binários? (Escolha todas as que se aplicam.)

- [ ] A. `BinaryInputStream s = req.getInputStream();`
- [ ] B. `ServletInputStream s = req.getInputStream();`
- [ ] C. `BinaryInputStream s = req.getBinaryStream();`
- [ ] D. `ServletInputStream s = req.getBinaryStream();`

---

6 Como você configuraria um header chamado "CONTENT-LENGTH" no objeto `HttpServletResponse`? (Escolha todas as que se aplicam.)

- [ ] A. `response.setHeader(CONTENT-LENGTH,"1024");`
- [ ] B. `response.setHeader("CONTENT-LENGTH","1024");`
- [ ] C. `response.setStatus(1024);`
- [ ] D. `response.setHeader("CONTENT-LENGTH",1024);`

---

7 Escolha o trecho do código do servlet que recebe um stream binário para escrever uma imagem, ou outro tipo binário, no `HttpServletResponse`.

- [ ] A. `java.io.PrintWriter out = response.getWriter();`
- [ ] B. `ServletOutputStream out = response.getOutputStream();`
- [ ] C.
```
java.io.PrintWriter out =
        new PrintWriter(response.getWriter());
```
- [ ] D. `ServletOutputStream out = response.getBinaryStream();`

8 Quais métodos são usados por um servlet para tratar os dados do formulário vindos de um cliente? (Escolha todas as que se aplicam.)

- ☐ A. `HttpServlet.doHead()`
- ☐ B. `HttpServlet.doPost()`
- ☐ C. `HttpServlet.doForm()`
- ☐ D. `ServletRequest.doGet()`
- ☐ E. `ServletRequest.doPost()`
- ☐ F. `ServletRequest.doForm()`

---

9 Quais dos seguintes métodos são declarados no **`HttpServletRequest`** ao contrário do **`ServletRequest`**? (Escolha todas as que se aplicam.)

- ☐ A. `getMethod()`
- ☐ B. `getHeader()`
- ☐ C. `getCookies()`
- ☐ D. `getInputStream()`
- ☐ E. `getParameterNames()`

---

10 Como os desenvolvedores de servlet devem tratar o método **`service()`** do **`HttpServlet`** quando estenderem o **`HttpServlet`**? (Escolha todas as que se aplicam.)

- ☐ A. Eles devem anular o método **`service()`** na maioria dos casos.
- ☐ B. Eles devem chamar o método **`service()`** do **`doGet()`** ou **`doPost()`**.
- ☐ C. Eles devem chamar o método **`service()`** do método **`init()`**.
- ☐ D. Eles devem anular pelo menos um método **`doXXX()`** (como um **`doPost()`**).

Respostas – Capítulo 4

---

1 Como o código do servlet de um método service (por exemplo, `doPost()`) obteria o valor do header "User-Agent" da solicitação? (Escolha todas as que se aplicam.)

(API)

- [ ] A. `String userAgent = request.getParameter("User-Agent");`
- [x] B. `String userAgent = request.getHeader("User-Agent");`
- [ ] C. `String userAgent = request.getRequestHeader("Mozilla");`
- [ ] D. `String userAgent = getServletContext().getInitParameter("User-Agent");`

– A opção B mostra a chamada correta ao método que passa o nome do header como um parâmetro String.

---

2 Quais são os métodos HTTP usados para mostrar ao cliente o que o servidor está recebendo? (Escolha todas as que se aplicam.)

(Cap. 4, métodos HTTP)

- [ ] A. GET
- [ ] B. PUT
- [x] C. TRACE
- [ ] D. RETURN
- [ ] E. OPTIONS

– Este método é usado tipicamente para troubleshooting e não para produção.

---

3 Qual método do `HttpServletResponse` é usado para redirecionar uma solicitação HTTP para outra URL?

(API)

- [ ] A. `sendURL()`
- [ ] B. `redirectURL()`
- [ ] C. `redirectHttp()`
- [x] D. `sendRedirect()`
- [ ] E. `getRequestDispatcher()`

– A opção D está correta e dos métodos listados, é o único que existe no HttpServletResponse.

4 Quais os métodos HTTP que NÃO são considerados idempotentes? (Escolha todas as que se aplicam.)

(Cap. 4, solicitações idempotentes)

- [ ] A. GET
- [x] B. POST
- [ ] C. HEAD
- [ ] D. PUT

– Por design, o POST deve conduzir as solicitações para atualizar o estado do servidor. Em geral, a mesma atualização não deve ser aplicada várias vezes.

---

5 Sendo **req** um **HttpServletRequest**, qual das alternativas recebe um stream de entrada de dados binários? (Escolha todas as que se aplicam.)

(API)

- [ ] A. `BinaryInputStream s = req.getInputStream();`
- [x] B. `ServletInputStream s = req.getInputStream();`
- [ ] C. `BinaryInputStream s = req.getBinaryStream();`
- [ ] D. `ServletInputStream s = req.getBinaryStream();`

– A opção B especifica o método e o tipo de retorno corretos.

---

6 Como você configuraria um header chamado "CONTENT-LENGTH" no objeto **HttpServletResponse**? (Escolha todas as que se aplicam.)

(API)

- [ ] A. `response.setHeader(CONTENT-LENGTH,"1024");`
- [x] B. `response.setHeader("CONTENT-LENGTH","1024");`
- [ ] C. `response.setStatus(1024);`
- [ ] D. `response.setHeader("CONTENT-LENGTH",1024);`

– A opção B mostra a maneira correta de configurar um header HTTP com dois parâmetros Strings, um representando o nome do header, e o outro, o valor.

---

7 Escolha o trecho do código do servlet que recebe um stream binário para escrever uma imagem, ou outro tipo binário, no **HttpServletResponse**.

(API)

- [ ] A. `java.io.PrintWriter out = response.getWriter();`
- [x] B. `ServletOutputStream out = response.getOutputStream();`
- [ ] C. `java.io.PrintWriter out =`
  `new PrintWriter(response.getWriter());`
- [ ] D. `ServletOutputStream out = response.getBinaryStream();`

– A opção A está incorreta, porque ela usa um PrintWriter orientado por caractere.

8 Quais métodos são usados por um servlet para tratar os dados do formulário vindos de um cliente? (Escolha todas as que se aplicam.)

(API)

- [ ] A. `HttpServlet.doHead()`
- [x] B. `HttpServlet.doPost()`
- [ ] C. `HttpServlet.doForm()`
- [ ] D. `ServletRequest.doGet()`
- [ ] E. `ServletRequest.doPost()`
- [ ] F. `ServletRequest.doForm()`

– As opções C e F estão erradas, porque estes métodos não existem.

---

9 Quais dos seguintes métodos são declarados no `HttpServletRequest` ao contrário do `ServletRequest`? (Escolha todas as que se aplicam.)

(API)

- [x] A. `getMethod()`
- [x] B. `getHeader()`
- [x] C. `getCookies()`
- [ ] D. `getInputStream()`
- [ ] E. `getParameterNames()`

– As opções A, B e C referem-se aos componentes de uma solicitação HTTP.

---

10 Como os desenvolvedores de servlet devem tratar o método `service()` do `HttpServlet` quando estenderem o `HttpServlet`? (Escolha todas as que se aplicam.)

(API)

- [ ] A. Eles devem anular o método `service()` na maioria dos casos.
- [ ] B. Eles devem chamar o método `service()` do `doGet()` ou `doPost()`.
- [ ] C. Eles devem chamar o método `service()` do método `init()`.
- [x] D. Eles devem anular pelo menos um método `doXXX()` (como um `doPost()`).

– A opção D está correta. Os desenvolvedores geralmente usam os métodos doGet() e doPost().

5 atributos e listeners

Sendo uma Aplicação Web

Mas mestre... ele usou um atributo de contexto quando deveria ter usado um atributo de solicitação. Ele tem que morrer.

Você tem que entender como as partes de uma aplicação interagem e deve respeitar as threads. Se você se sair bem nos testes preparatórios deste capítulo, eu pouparei a sua vida.

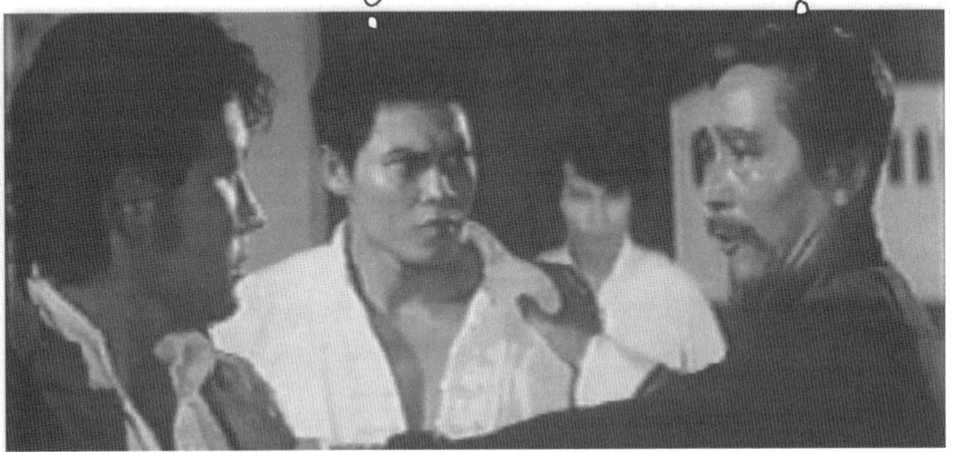

Nenhum servlet vive sozinho. Nas aplicações web atuais, vários componentes trabalham em conjunto por um objetivo. Temos os modelos, os controladores e as views. Temos os parâmetros e os atributos. Temos as classes helper. Mas, como juntar os pedaços? Como permitir que os componentes *compartilhem* informações? Como você *oculta* informações? *Como você torna uma informação thread-safe?* Sua vida pode depender destas respostas. Portanto, certifique-se de que você tenha bastante chá quando for ler este capítulo. *E que não seja aquela erva descafeinada detestável.*

Objetivos

O Modelo do Container Web

3.1 Para os parâmetros de inicialização do servlet e do ServletContext: escrever o código servlet para acessar os parâmetros de inicialização e criar os elementos do deployment descriptor para declarar os parâmetros de inicialização.

3.2 Para os atributos de escopo básicos do servlet (solicitação, sessão e contexto): escrever o código servlet para adicionar, processar e remover os atributos; dado um determinado cenário, identificar o escopo adequado para um atributo e as questões relacionadas a multi-threading em cada escopo.

3.3 *Descrever os elementos do modelo do container para o processamento de solicitações: Filtro, cadeia de Filtros, wrappers para solicitação e resposta e recursos Web (servlet ou página JSP).*

Explicado no capítulo que trata sobre os Filtros.

3.4 Descrever o ciclo de vida do Container para solicitações, sessões e aplicações web; criar e configurar classes de listener para o ciclo de vida do escopo; criar e configurar as classes listeners para o ciclo de vida de cada escopo e, dado um cenário, identificar o atributo de listener adequado para o uso.

3.5 Descrever o mecanismo RequestDispatcher; escrever o código servlet para criar um request dispatcher; escrever o código servlet para encaminhar ou incluir o recurso desejado; e identificar os demais atributos do escopo request fornecidos pelo container para o recurso desejado.

Notas sobre a Abrangência:

Todos os objetivos desta seção serão totalmente abordados neste capítulo, exceto o 3.3, que será abordado no capítulo que trata dos Filtros.

A maioria dos assuntos deste capítulo aparecerá em outras partes do livro, mas se você for fazer a prova, é AQUI que esperamos que você aprenda e memorize os objetivos.

Eu quero que meu endereço de e-mail apareça na página das cervejas que o meu servlet cria... mas acho que ele vai mudar e eu não quero ter que recompilar meu servlet só para alterar isso...

Kim quer configurar seu e-mail no DD, e não escrevê-lo dentro da classe servlet

Eis o que Kim ***não*** quer em seu servlet:

```
PrintWriter out = response.getWriter();
out.println("blooper@wickedlysmart.com");
```

Fazer um hard-code do endereço é FURADA! O que acontece se o e-mail dele mudar? Ele terá que recompilar...

É melhor que ele coloque seu e-mail no *Deployment Descriptor* (arquivo web.xml), para que, ao distribuir sua página, o servlet possa, de alguma forma, "ler" o seu endereço de e-mail a partir do DD. Assim, ele não terá que fazer um hard-code do seu e-mail dentro da classe servlet. Quando quiser alterá-lo, basta modificar apenas o arquivo web.xml, *sem ter que mexer no seu código servlet original.*

Os Parâmetros Init dão uma força

Você já viu os parâmetros de solicitação que podem vir no doGet() ou doPost(), mas os servlets também podem conter parâmetros de inicialização.

No arquivo DD (web.xml):

Você especifica um param-name e um param-value. Simples, basta ter certeza de que esteja DENTRO do elemento <servlet> no DD.

```
<servlet>
<servlet-name>BeerParamTests</servlet-name>
<servlet-class>TestInitParams</servlet-class>

<init-param>
        <param-name>adminEmail</param-name>
   <param-value>likewecare@wickedlysmart.com</param-value>
</init-param>

</servlet>
```

No código servlet:

```
out.println(getServletConfig().getInitParameter("adminEmail"));
```

Todo servlet herda um método getServletConfig()

O método getServletConfig() retorna um... espera pelo... ServletConfig. E, um dos seus métodos é o getInitParameter()

Você não pode usar os parâmetros init do servlet sem que ele tenha sido inicializado

Você acabou de aprender que seu servlet herda o getServletConfig(); portanto, você pode chamá-lo de qualquer método do servlet para conseguir uma referência ao ServletConfig. Uma vez que você tenha uma referência ao ServletConfig, você pode chamar o getInitParameter(). Mas, lembre-se, *você não pode chamá-lo direto do seu construtor*! A vida do servlet está apenas começando... ele não terá toda a sua funcionalidade até que o Container chame o init().

Quando o Container inicializa um servlet, constrói um único ServletConfig para ele. O Container "lê" os parâmetros init do servlet através do DD e os passa ao ServletConfig. Em seguida, passa o ServletConfig para o método init() do servlet.

não existe
NADA de ServletConfig por enquanto. Muito cedo...
construtor
É aqui que o servlet obtém o seu objeto ServletConfig
init(ServletConfig)
destroy()
inicializado
service()
Quando o servlet começa a rodar os métodos de serviço (doGet(), doPost(), etc.), ele recebe um ServletConfig

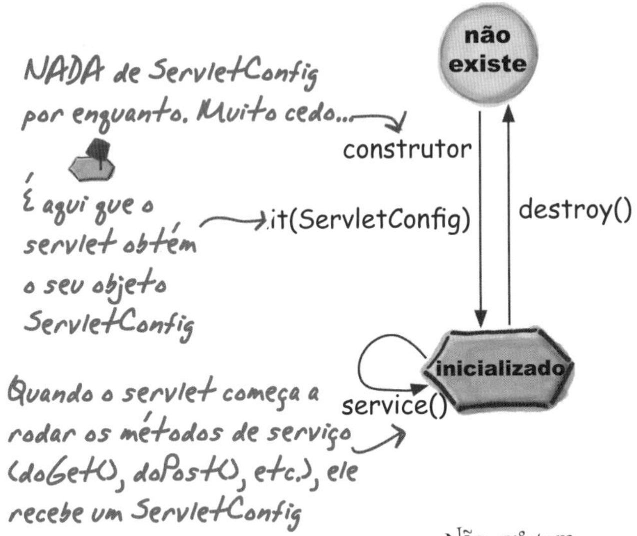

Não existem
Perguntas Idiotas

P: Lá no capítulo anterior você disse que um servlet requer DUAS coisas para tornar-se um servlet válido e fez-wearing. Você mencionou o ServletConfig e um tal de ServletContext.

R: Tudo bem, sim, vamos falar sobre o Servlet*Context* dentro de algumas páginas. Por enquanto, vamos ver só o Servlet*Config*, pois é aí que você especifica os parâmetros init do seu servlet.

P: Espere um pouco! No capítulo anterior você disse que podíamos anular o método init() e ninguém disse uma palavra sequer sobre o argumento ServletConfig!

R: Nós não dissemos que o init() carrega um ServletConfig porque ***aquele que você anula não carrega um***. Sua superclasse inclui duas versões do init(): uma que traz um ServletConfig e uma versão de conveniência que é padrão. O método init(ServletConfig) que foi herdado chama o método-padrão init(). Assim, o único que você precisa anular é o da versão-padrão.

Não há regra que o impeça de anular aquele que carrega o ServletConfig, mas se quiser FAZER isso, é melhor que você chame o super. init(ServletConfig)! Porém, realmente NÃO há razão para que você queira anular o método init(ServletConfig), já que você *terá* sempre o seu ServletConfig chamando o método herdado getServletConfig().

Os parâmetros init do servlet são lidos apenas UMA VEZ: quando o Container inicializa o servlet

Quando o Container cria um servlet, ele lê o DD e cria os pares nome/valor para o ServletConfig. O Container nunca lê os parâmetros init novamente! Uma vez que os parâmetros estão no ServletConfig, eles não serão lidos novamente até que (ou a menos que) você recrie o servlet. *Pense nisso.*

1. O Container lê o Deployment Descriptor para este servlet, incluindo os parâmetros init (<init-param>)

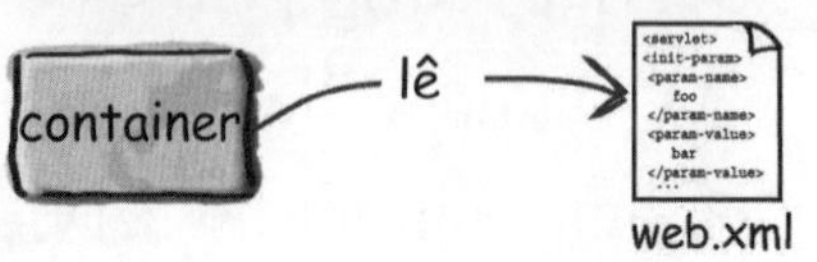

2. O Container cria uma nova instância ServletConfig para este servlet

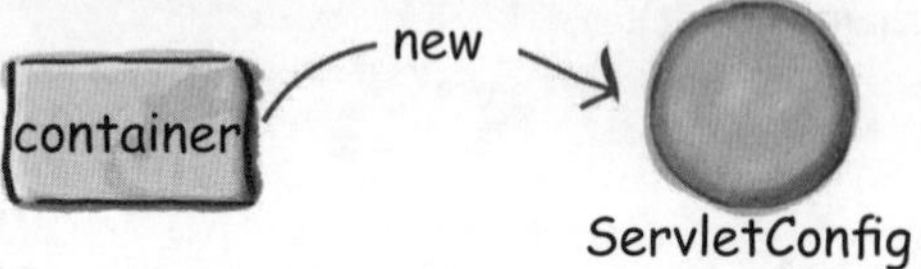

3. O Container cria um par de Strings nome/valor para cada parâmetro init do servlet. Considere que temos apenas um.

4. O Container dá ao ServletConfig as referências para os parâmetros init nome/valor

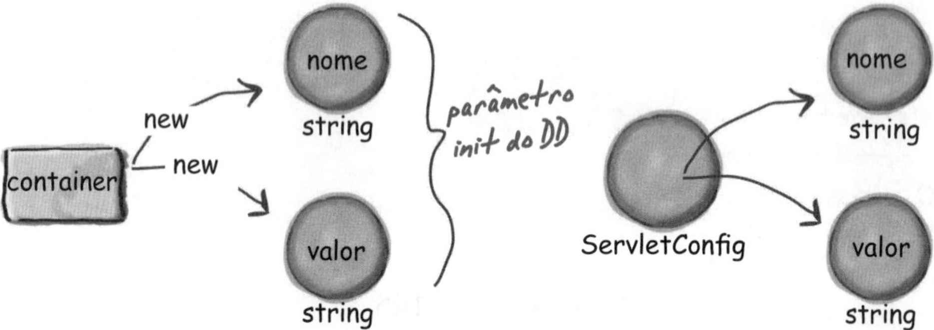

5. O Container cria uma nova instância da classe servlet

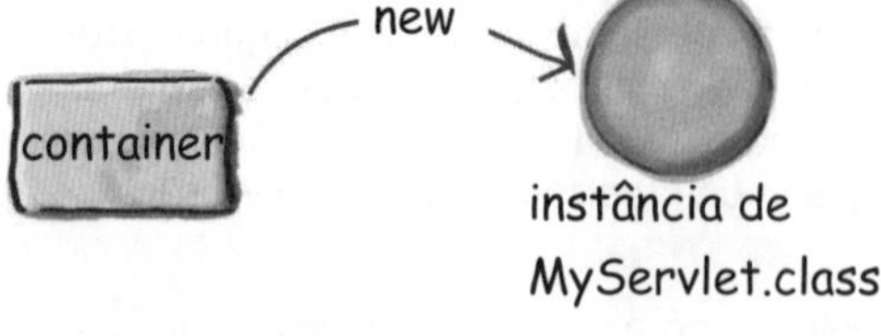

6. O Container chama o método init() do servlet, passando a referência para o ServletConfig

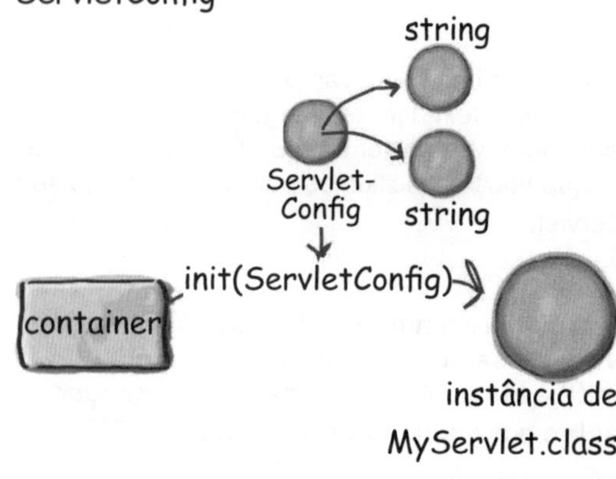

Não existem
Perguntas Idiotas

P: Então, bem, onde está este tal botão "redistribuir" no Tomcat?

R: O Tomcat *não possui* uma ferramenta administrativa, que seja simples como um botão, para distribuição e redistribuição (embora *exista*, de fato, uma ferramenta administrativa que acompanha o Tomcat). Mas, pense comigo – qual é a pior coisa que você tem para fazer para alterar os parâmetros init de um servlet? Você faz uma rápida alteração no arquivo web.xml, fecha o Tomcat (bin/shutdown.sh) e o reinicia (bin/startup.sh). Na reinicialização, o Tomcat pesquisa seu diretório *webapps* e distribui tudo o que ele encontrar lá.

P: É claro que é fácil encerrar e reinicializar o Tomcat, mas e quanto às aplicações que estiverem rodando? Todas elas têm que ser encerradas?!

R: Tecnicamente sim. Encerrar suas aplicações para que você possa redistribuir um servlet é meio cruel, especialmente se houver demasiado tráfego em seu site. Mas é por isso que a maioria dos Containers de qualidade permite que você faça uma ***redistribuição quente***, o que significa que você não precisa reiniciar seu servidor ou derrubar nenhuma outra aplicação. Aliás, o Tomcat inclui sim uma ferramenta de *gerenciamento* que permite distribuir, desfazer e redistribuir aplicações inteiras *sem* reinicializá-lo. Em um ambiente de produção, é assim que você faria. Porém, para teste, é mais fácil simplesmente reiniciar o Tomcat. Você poderá obter informações sobre a ferramenta de gerenciamento em: *http://jakarta.apache.org/tomcat/tomcat-5.0-doc/manager-howto.html*
No mundo real, até uma redistribuição quente é Importante. E tirar do ar uma aplicação, simplesmente por causa de uma mudança no valor de um parâmetro init, pode ser uma péssima idéia. Se os valores dos seus parâmetros init forem mudar com freqüência, é melhor que os métodos do seu servlet obtenham os valores de um arquivo ou banco de dados, mas esta prática resultaria em muito mais tráfego sempre que o código servlet rodar, em vez de uma única vez na inicialização.

Testando seu ServletConfig

A principal função do ServletConfig é disponibilizar os parâmetros init. Ele também pode fornecer um ServletContext, mas geralmente obtemos o contexto de uma outra forma e o método getServletName() raramente ajuda.

javax.servlet.ServletConfig

<<*interface*>> ***ServletConfig***
getInitParameter(String) *Enumeration getInitParameterNames()* *getServletContext()* *getServletName()*

A maioria das pessoas nunca usa este método

No arquivo DD (web.xml):

```
<?xml version="1.0" encoding="ISO-8859-1"?>
<web-app xmlns="http://java.sun.com/xml/ns/j2ee"
    xmlns:xsi="http://www.w3.org/2001/XMLSchema-instance"
    xsi:schemaLocation="http://java.sun.com/xml/ns/j2ee/web-app_2_4.xsd"
    version="2.4">
  <servlet>
    <servlet-name>BeerParamTests</servlet-name>
    <servlet-class>com.example.TestInitParams</servlet-class>
    <init-param>
      <param-name>adminEmail</param-name>
      <param-value>likewecare@wickedlysmart.com</param-value>
    </init-param>
    <init-param>
      <param-name>mainEmail</param-name>
      <param-value>blooper@wickedlysmart.com</param-value>
    </init-param>
  </servlet>
  <servlet-mapping>
    <servlet-name>BeerParamTests</servlet-name>
    <url-pattern>/Tester.do</url-pattern>
  </servlet-mapping>
</web-app>
```

Em uma classe servlet:

```
package com.example;
import javax.servlet.*;
import javax.servlet.http.*;
import java.io.*;

public class TestInitParams extends HttpServlet {
   public void doGet(HttpServletRequest request, HttpServletResponse response)
                                          throws IOException, ServletException {
      response.setContentType("text/html");
      PrintWriter out = response.getWriter();
      out.println("test init parameters<br>");

      java.util.Enumeration e = getServletConfig().getInitParameterNames();
      while(e.hasMoreElements()) {
      out.println("<br>param name = " + e.nextElement() + "<br>");
      }
      out.println("main email is " + getServletConfig().
getInitParameter("mainEmail"));
      out.println("<br>");
      out.println("admin email is " + getServletConfig().getInitParameter("adminEmail"));
   }
}
```

Hum, acabei de lembrar que na minha aplicação verdadeira estou usando o JSP para retribuir a página. O JSP "enxerga" os parâmetros init do servlet?

JSP consegue obter os parâmetros init do servlet?

O *Servlet*Config foi feito para a configuração do *servlet* (não é *JSP*Config). Portanto, se você quiser que *outras* partes da sua aplicação usem a mesma informação declarada nos parâmetros init do servlet dentro do DD, você precisará de algo mais.

Que tal a maneira como fizemos com a aplicação da cerveja? Nós passamos a informação do modelo para o JSP usando um atributo de solicitação...

Você se lembra? Obtivemos a cor que o cliente escolheu através da solicitação.

```
// dentro do método doPost()
String color = request.getParameter("color");

BeerExpert be = new BeerExpert();
List result = be.getBrands(color);

request.setAttribute("styles", result);
```

Em seguida, nós instanciamos e usamos o MODELO para obter a informação que precisávamos para a VIEW

Na seqüência, estabelecemos um "atributo" na solicitação e o JSP, que recebe esta solicitação, conseguiu recebê-lo

Nós *poderíamos* ter feito assim. O objeto request nos permite criar *atributos* (considere-os como sendo o par nome/valor, onde o valor pode ser qualquer objeto) que qualquer servlet ou JSP que receba esta solicitação conseguirá usá-lo. Isto significa que para qualquer servlet ou JSP para o qual a solicitação é enviada, usa-se o *RequestDispatcher*. Vamos falar em detalhes sobre o RequestDispatcher no final deste capítulo. Por enquanto, nossa preocupação é passar os dados (neste caso, o endereço de e-mail) para os trechos da aplicação que deles necessitam, e não apenas para um único servlet.

Criar um atributo de solicitação funciona... mas só para o JSP que recebe a solicitação

No exemplo da cerveja, fez sentido armazenar as informações do modelo para a solicitação do cliente no *objeto solicitação*, pois o próximo passo foi *encaminhar* a solicitação ao JSP responsável por criar a view. Como o JSP precisava dos dados do modelo e estes eram relevantes apenas para aquela solicitação específica, tudo funcionou.

Mas isso não nos ajuda no caso do e-mail, pois podemos precisar usá-lo em toda a aplicação! Existe uma forma de fazermos um servlet ler os parâmetros init e armazená-los em um lugar onde outras partes da aplicação possam usá-los. Mas, neste caso, precisaríamos saber *qual* servlet seria sempre o primeiro a rodar no momento da distribuição da aplicação, e qualquer alteração na aplicação poderia estragar tudo. Não, isso também não funcionaria.

Mas eu quero mesmo é que TODAS as partes da minha aplicação acessem o endereço de e-mail. Com os parâmetros init, eu tenho que configurá-los no DD para cada servlet e, em seguida, fazer com que todos os servlets disponibilizem-nos para os JSPs. Que chato, não?! E pouco prático. Preciso de algo mais global.

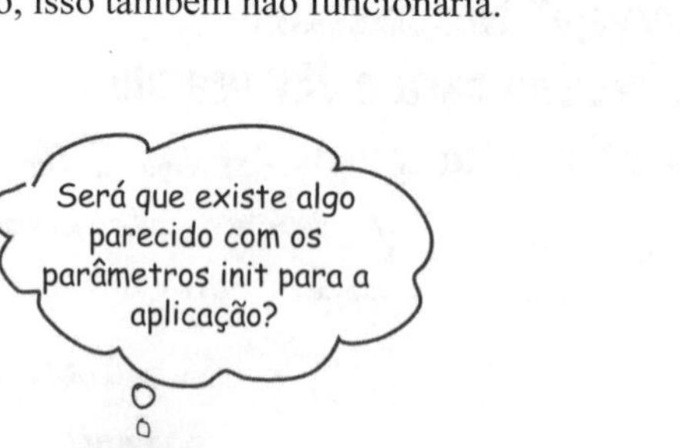

Será que existe algo parecido com os parâmetros init para a aplicação?

Os parâmetros init do contexto dão uma força

Os parâmetros init do *contexto* funcionam como os parâmetros init do *servlet*, exceto pelo fato de que os parâmetros do contexto ficam disponíveis para toda a aplicação, e não apenas para um único servlet. Isso significa que qualquer servlet e JSP da aplicação automaticamente têm acesso a eles. Portanto, não precisamos nos preocupar em configurar o DD para cada servlet, e quando o valor for alterado, você terá que mudá-lo em um só lugar!

No arquivo DD (web.xml):

Removemos o elemento <init-param> de dentro do elemento <servlet>

```
<servlet>
    <servlet-name>BeerParamTests</servlet-name>
    <servlet-class>TestInitParams</servlet-class>
</servlet>

<context-param>
    <param-name>adminEmail</param-name>
    <param-value>clientheaderror@wickedlysmart.com</param-
value>
</context-param>
```

Você coloca um param-name e um param-value, da mesma forma que você faz com os parâmetros init do servlet, embora desta vez eles estejam dentro do elemento <context-param>, em vez de <init-param>

IMPORTANTE!! O <context-param> vale para TODA a aplicação, por isso ele não está aninhado a nenhum elemento <servlet>!! Coloque o <context-param> dentro do <web-app>, mas FORA de quaisquer declarações <servlet>

No código servlet:

```
out.println(getServletContext().getInitParameter("adminEmail"));
```

Cada servlet herda um método getServletContext() (e os JSPs também têm acesso especial ao contexto).

O método getServletContext() retorna, curiosamente, um objeto ServletContext. E um dos seus métodos é o getInitParameter().

OU:

```
ServletContext context = getServletContext();
out.println(context.getInitParameter("adminEmail"));
```

Aqui nós dividimos o código em DUAS partes – recebendo a referência do ServletContext e chamando seu método getInitParameter().

Lembre-se da diferença entre os parâmetros init do servlet e os parâmetros init do contexto

Aqui está uma revisão das principais diferenças entre os parâmetros init do *contexto* e os parâmetros init do *servlet*. Preste bastante atenção ao fato de que nos referimos a ambos como parâmetros *init*, ainda que apenas os parâmetros init do *servlet* recebam a palavra "init" na configuração DD.

parâmetros init do Contexto	**parâmetros init do Servlet**

Deployment Descriptor

parâmetros init do Contexto:

Dentro do elemento <web-app>, mas NÃO inserido em um elemento específico <servlet>

```
<web-app ...>
  <context-param>
    <param-name>foo</param-name>
    <param-value>bar</param-value>
  </context-param>

 <!-- outros comandos, incluindo
declarações do servlet -->
</web-app>
```

Note que no DD não existe mais o init para os parâmetros init do contexto, como existe para os parâmetros init do servlet.

parâmetros init do Servlet:

Dentro do elemento <servlet> para cada servlet específico

```
<servlet>
  <servlet-name>
     BeerParamTests
  <servlet-name>
  <servlet-class>
     TestInitParams
  </servlet-class>
  <init-param>
    <param-name>foo</param-name>
    <param-value>bar</param-value>
  </init-param>

  <!-- outros comandos -->
</servlet>
```

Código do Servlet

```
getServletContext().getInitParameter("foo");
```

```
getServletConfig().getInitParameter("foo");
```

Este método tem o mesmo nome!

Disponibilidade

parâmetros init do Contexto: Para quaisquer servlets e JSPs incluídos nesta aplicação.

parâmetros init do Servlet: Somente para o servlet para o qual o <init-param> foi configurado.

(Embora o servlet possa decidir aumentar sua abrangência armazenando-o em um atributo.)

ServletConfig é um por servlet
ServletContext é um por aplicação

Existe um único ServletContext para toda a aplicação e todas as partes da aplicação compartilham-no. Porém, cada servlet na aplicação tem seu próprio ServletConfig. O Container cria um ServletContext quando uma aplicação é distribuída, disponibilizando-o para cada Servlet e JSP (que se transforma em servlet) na aplicação.

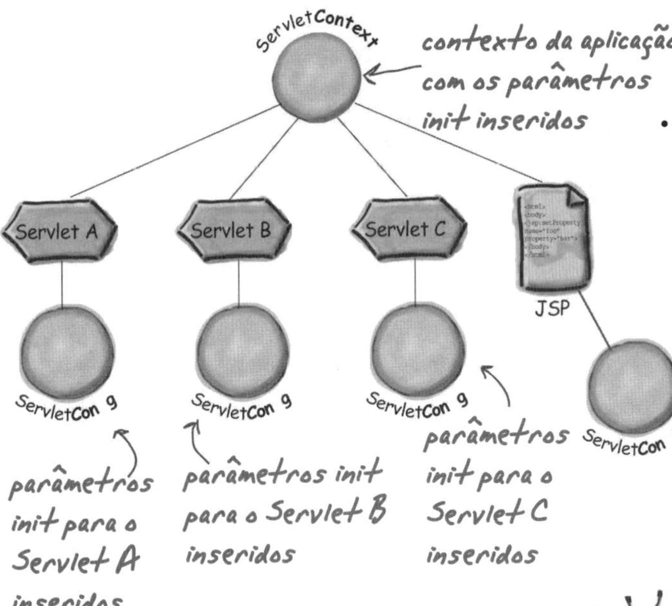

Inicialização da aplicação web:

- O Container lê o DD e cria um par de String nome/valor para cada <context-param>.
- O Container cria uma nova instância do ServletContext.
- O Container dá ao ServletContext uma referência a cada par nome/valor dos parâmetros init do contexto.
- Cada servlet e JSP distribuído como parte de uma única aplicação tem acesso àquele mesmo ServletContext.

Sim, os JSPs são transformados em servlets de primeira classe e também recebem seus próprios ServletConfig

Não confunda parâmetros Servlet*Config* com parâmetros Servlet*Context*!

Veja Isto!

Você realmente tem que saber isso para o exame, mas confunde. Você TEM QUE saber que tanto o Servlet**Config**, como o Servlet**Context** possuem parâmetros init e ambos usam o mesmo método getter – getInitParameter(). MAS... você também tem que saber que os parâmetros init do contexto são criados com <context-param> (e não dentro de um elemento <servlet>), enquanto que os parâmetros init do servlet usam <init-param> dentro das declarações <servlet> no DD.

Se a aplicação for distribuída, existirá um ServletContext por JVM!

Veja Isto!

Se sua aplicação for distribuída por vários servidores (provavelmente em um ambiente de cluster), ela até PODE ter mais que um ServletContext. O **ServletContext é único por aplicação, mas só se a aplicação estiver em uma única JVM!**

Em um ambiente distribuído você terá **um ServletContext por JVM**. É até possível que não dê problemas, mas se você tiver uma aplicação distribuída, é melhor avaliar as conseqüências de possuir contextos diferentes para cada JVM.

Não existem
Perguntas Idiotas

P: O que acontece com a nomeação inconsistente do esquema? Como podem os elementos do DD serem <context-param> e <init-param>, porém no código servlet, AMBOS usam o método getInitParameter()?

R: Eles não nos solicitaram para ajudá-los a proporem um nome. Se eles tivessem pedido, é claro que nós teríamos dito que deveriam ser getInitParameter() e getContextParameter(), para coincidir com os elementos XML no DD. Ou, eles poderiam ter usado diferentes elementos XML – possivelmente <servlet-init-param> e <context-init-param>. Mas não, isto teria absorvido toda a graça de tentar mantê-los corretos.

P: De qualquer forma, por que eu usaria <init-param>? Eu não poderia sempre querer usar <context-param>, de modo que as outras partes da minha aplicação poderiam reutilizar os valores e eu não teria que duplicar o código XML para toda declaração do servlet?

R: Tudo depende de qual parte da sua aplicação supõe-se que veja o valor. A sua lógica da aplicação talvez requeira de você usar um valor que você queira restringir a um servlet individual. Mas tipicamente, os desenvolvedores acham os parâmetros init do contexto da aplicação inteira mais auxiliar, do que um dos parâmetros init do servlet de um servlet específico. Talvez o uso mais comum de um parâmetro do contexto está armazenado no banco de dados dos nomes de procura. Você gostaria que todas as partes da sua aplicação tivessem acesso ao nome correto, e quando isso mudasse, você gostaria de mudar isso em apenas um lugar.

P: O que acontece se eu der a um parâmetro init do contexto o mesmo nome de um parâmetro init do servlet na mesma aplicação?

R: O buraco negro do tamanho de uma molécula criada milagrosamente em um centro de pesquisas em Nova Jersey vai se livrar do seu campo de retenção magnética, deslizar até o centro da Terra e destruir o planeta.
Ou talvez nada, porque não existe nenhum conflito de nomes, visto que você obteve os parâmetros através de dois objetos diferentes (ServletContext ou ServletConfig).

P: Se você modificar o XML para alterar o valor de um parâmetro init (ou servlet ou context), quando o servlet, ou o resto da aplicação, reconhecerão a mudança?

R: APENAS quando a aplicação for redistribuída. Lembre-se de que nós falamos sobre isso antes – o servlet é inicializado apenas uma vez, no começo da sua vida, e isso acontece quando é dado a ele o seu ServletConfig e o seu ServletContext. O Container lê os valores pelo DD quando ele cria estes dois objetos e configura os valores.

P: Eu não posso fazer isso configurando os valores no runtime? Certamente existe uma API que me permite mudá-los dinamicamente...

R: Não, não existe. Procure no ServletContext ou no ServletConfig e você encontrará um getter (getInitParameter()), mas você não encontrará um setter. Não existe nenhum setInitParameter().

P: Isto é terrível.

R: Eles são parâmetros init. Init do latim inicialização. Se você considerá-los simplesmente como constantes para o momento da distribuição, você terá a perspectiva correta. Na verdade, isso é tão importante que nós falaremos sobre isso de um jeito mais ousado:

Considere os parâmetros init como constantes para o momento da distribuição!

Você pode *obtê-los* no runtime, mas você não consegue *configurá-los*. Não existe nenhum setInitParameter().

Ímã de Geladeira

Rearrume os ímãs para formar um DD que declara um parâmetro que coincide com o código servlet:

```
getServletContext().getInitParameter("foo");
```

Você não usará todos os ímãs!
(Nota: quando você encontrar <web-app...>, lembre-se de que isso é o nosso atalho para economizar espaço na página. Você não pode distribuir um arquivo web.xml, a menos que a tag <web-app> possua todos os atributos dos quais necessita.)

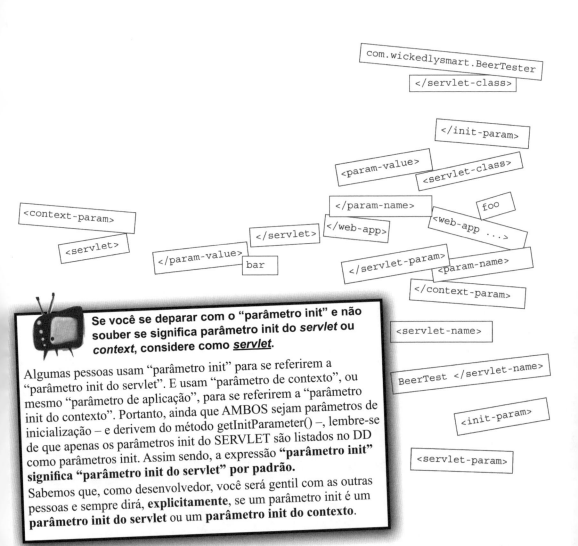

com.wickedlysmart.BeerTester
</servlet-class>
</init-param>
<param-value>
<servlet-class>
</param-name>
foo
<context-param>
</web-app>
<web-app ...>
</servlet>
<servlet>
</param-value>
bar
</servlet-param>
<param-name>
</context-param>
<servlet-name>
BeerTest </servlet-name>
<init-param>
<servlet-param>

Se você se deparar com o "parâmetro init" e não souber se significa parâmetro init do *servlet* ou *context*, considere como *servlet*.

Algumas pessoas usam "parâmetro init" para se referirem a "parâmetro init do servlet". E usam "parâmetro de contexto", ou mesmo "parâmetro de aplicação", para se referirem a "parâmetro init do contexto". Portanto, ainda que AMBOS sejam parâmetros de inicialização – e derivem do método getInitParameter() –, lembre-se de que apenas os parâmetros init do SERVLET são listados no DD como parâmetros init. Assim sendo, a expressão **"parâmetro init" significa "parâmetro init do servlet" por padrão.**
Sabemos que, como desenvolvedor, você será gentil com as outras pessoas e sempre dirá, **explicitamente**, se um parâmetro init é um **parâmetro init do servlet** ou um **parâmetro init do contexto**.

O que mais você pode fazer com o seu ServletContext?

Um ServletContext é uma conexão de JSP ou de servlet com o Container e os outros trechos da aplicação. Eis alguns métodos do ServletContext. Colocamos em negrito aqueles que você deverá saber para a prova.

<<interface>>
ServletContext

getInitParameter(String)
getInitParameterNames()
getAttribute(String)
getAttributeNames()
setAttribute(String)
removeAttribute(String)

getMajorVersion()
getServerInfo()

getRealPath(String)
getResourceAsStream(String)
getRequestDispatcher(String)

log(String)
// mais métodos

Obtém os parâmetros init e obtém/especifica atributos

Obtém informações sobre o servidor/container.

Falaremos adiante neste capítulo sobre o RequestDispatcher.

Obtém os parâmetros init e obtém/especifica atributos

Escreve no arquivo de log do servidor (específico por fabricante) ou no System.out.

Você pode obter o ServletContext de duas maneiras diferentes...

Um objeto ServletConfig do servlet sempre retém uma referência para o ServletContext para este servlet. Então, não se engane caso encontre um código servlet no exame que diga:

```
getServletConfig().getServletContext().getInitParameter()
```

Além de ser válido, faz o mesmo que:

```
this.getServletContext().getInitParameter()
```

Em um servlet, a única vez que você PRECISARIA recorrer ao ServletConfig para obter seu ServletContext seria quando você estivesse numa classe Servlet que não estendesse HttpServlet ou GenericServlet (o método getServletContext() que você herdou do GenericServlet). Mas a chance de ALGUÉM usar um método não-HTTP é praticamente zero. Então, basta chamar seu próprio método getServletContext(), mas não fique confuso se você encontrar um código que utiliza o ServletConfig para obter o contexto. Mas, e se o código estiver dentro de uma classe que NÃO seja um servlet (uma classe assistente/utilitária, por exemplo)? Alguém pode ter passado um ServletConfig para essa classe e seu código terá que usar o getServletContext() para receber a referência para o objeto ServletContext.

P: **Como cada parte de uma aplicação consegue acesso ao seu próprio ServletContext?**

R: Para os servlets, você já sabe: chame o seu método getServletContext() herdado.

Para JSPs é um pouco diferente – os JSPs têm o que chamamos de "objetos implícitos", e o ServletContext é um deles. Você verá exatamente como o JSP usa o ServletContext quando chegarmos aos capítulos sobre JSP.

P: **Então temos um logging ativo através do contexto? Parece MUITO útil!**

R: Hum, não. A menos que você tenha uma aplicação bem pequena mesmo. Existem formas de fazer logging bem melhores. O mecanismo mais popular e robusto de logging é o Log4j. Você pode encontrá-lo no site do Apache:

`http://jakarta.apache.org/logj4j`

Você também pode usar a API logging do java.util.logging, acrescentada ao J2SE na versão 1.4. É legal usar o método ServletContext log() para experiências simples, mas em um ambiente real de produção você provavelmente vai querer usar algo diferente. O livro *Java Servlet & JSP CookBook*, da O'Reilly, explica muito bem sobre logging de aplicações com e sem o uso do Log4j. O logging não faz parte dos objetivos do exame, mas é importante. Felizmente, as APIs são fáceis de usar.

Detesto estragar a festa do seu ServletContext, mas estes parâmetros init não passam de STRINGS! É isso! E se eu quiser inicializar minha aplicação com um banco de dados DataSource, que todos os servlets podem usar?

E se você quiser um parâmetro init na aplicação que seja um DataSource de banco de dados?

Os parâmetros do contexto não passam de Strings. Afinal, você não pode inserir direito um objeto *Dog* em um deployment descriptor XML. (Na verdade, você *poderia* representar um objeto serializado em XML, mas não há nenhum recurso para isso na especificação do servlet atualmente... talvez no futuro.)

E se você realmente quiser que todas as partes da sua aplicação tenham acesso a uma conexão com um banco de dados compartilhado? Com certeza, você pode colocar o nome de lookup do DataSource em um parâmetro init do contexto. Este é, provavelmente, o uso mais comum dos parâmetros de contexto hoje em dia.

Mas então ***quem faz o trabalho de transformar o parâmetro String em uma referência real ao DataSource*** que todas as partes da aplicação possam compartilhar?

Você não pode mesmo colocar este código no servlet, pois qual servlet você escolheria para ser Aquele Que Pesquisa No DataSource E O Armazena Em Um Atributo? Você gostaria *mesmo* de tentar garantir que um determinado servlet rodasse sempre primeiro? Pense nisso.

EXERCITE SUA MENTE

Como você solucionaria este problema?

Como você conseguiria inicializar uma aplicação com um objeto? Considere que você precise da String parâmetro init do contexto, a fim de criar este objeto (imagine o exemplo do banco de dados).

Poxa, se ao menos existisse uma forma de ter algo como um método principal para minha aplicação toda. Algum código que sempre rodasse antes de QUAISQUER servlets ou JSPs...

O que ela realmente quer é um listener

Ela quer escutar um evento de inicialização do contexto, de forma que ela possa obter os parâmetros init do contexto e ***rodar um código antes que o resto da aplicação possa servir um cliente.***

Ela precisa de algo que possa estar situado lá, esperando para ser avisado que a aplicação foi iniciada.

Mas qual parte da aplicação poderia fazer esse trabalho? Você não iria escolher um servlet – já que esta não é uma tarefa dele.

Não há nenhum problema com uma aplicação Java simples standalone, pois você tem o main()! Mas, se for com um servlet, o que você faz?

Você precisa de *algo diferente*. Não um servlet ou JSP, mas algum outro tipo de objeto Java cujo único propósito na vida seja inicializar a aplicação (e, possivelmente, *não* inicializá-la também, limpando os recursos ao perceber que a aplicação foi encerrada...).

Ela quer um ServletContextListener

Podemos criar uma classe separada, não um servlet ou JSP, que possa escutar os dois eventos principais na vida de um ServletContext – a inicialização (criação) e a destruição. Essa classe separada implementa o javax.servlet.ServletContextListener.

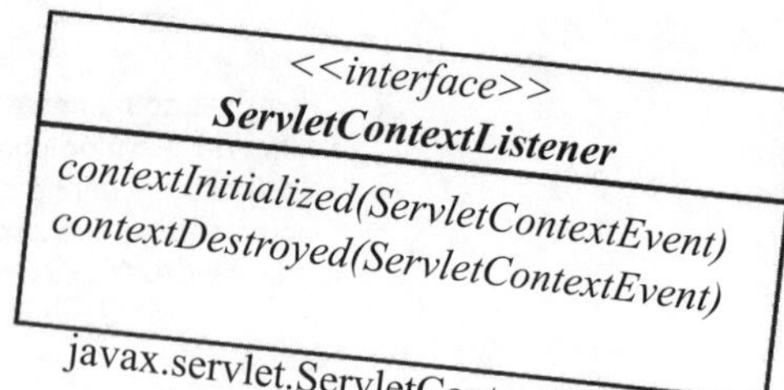

Precisamos de um objeto à parte que possa:

- Ser notificado quando o contexto é inicializado (a aplicação está sendo distribuída).
    - Conseguir os parâmetros init do contexto através do ServletContext.
    - Usar o nome de lookup do parâmetro init para fazer uma conexão com o banco de dados.
    - Armazenar a conexão com o banco de dados como um atributo, para que todas as partes da aplicação possam acessá-la.
- Ser notificado quando o contexto é destruído (a aplicação é retirada do ar ou cai).
    - Encerrar a conexão com o banco de dados.

Uma classe ServletContextListener:

O listener do contexto é simples: implementa o ServletContextListener

O ServletContextListener está no pacote javax.servlet

```
import javax.servlet.*;

public class MyServletContextListener implements ServletContextListener {

   public void contextInitialized(ServletContextEvent event) {
     //código para inicializar a conexão com o banco de dados
     //e armazená-la como um atributo do contexto
   }

   public void contextDestroyed(ServletContextEvent event) {
     //código para encerrar a conexão com o banco de dados
   }
}
```

Estas são as duas notificações que você recebe. Ambas exibem um ServletContextEvent

Tudo bem, eu tenho uma classe listener. O que eu faço agora? Onde a coloco? Quem a instancia? Como eu passo a aparecer nos eventos? Como o listener especifica o atributo no ServletContext correto?

EXERCITE SUA MENTE

Qual é o mecanismo que você acha que é usado para fazer com que um listener seja parte de uma aplicação específica?

Dica: como você informa ao Container sobre *outros* trechos da sua aplicação? Onde o Container pode encontrar seu listener?

Tutorial: um ServletContextListener simples

Agora nós iremos construir e executar um ServletContextListener. Trata-se de uma simples classe de teste, para que você veja como todas as partes funcionam juntas. Não iremos usar o exemplo da conexão com o banco de dados, pois você precisaria configurar um para fazê-la funcionar. Mas os passos são os mesmos, *independentemente* do código que você colocou nos métodos de callback do listener.

Neste exemplo, transformaremos um parâmetro init String em um objeto real – um Dog. A tarefa do listener é conseguir o parâmetro init do contexto para a raça do cão (Beagle, Poodle, etc.) e usar esta String para construir um objeto Dog. O listener insere o objeto Dog no atributo ServletContext, de forma que o servlet possa recuperá-lo.

A questão é que agora o servlet tem acesso a um *objeto* compartilhado da aplicação (neste caso o Dog), sem precisar ler os parâmetros do contexto. Se o objeto compartilhado é um Dog ou uma conexão com o banco de dados, não importa. O importante é usar os parâmetros init para criar um único objeto que todas as partes da aplicação compartilharão.

Neste exemplo, colocaremos um Cão dentro de um ServletContext.

Nosso exemplo Dog:

- O objeto listener pede ao objeto ServletContextEvent uma referência para o ServletContext da aplicação.

- O listener usa esta referência para que o ServletContext consiga o parâmetro init do contexto para "breed", que é uma String que representa uma raça de cão.

- O listener usa a String da raça do cão para construir um objeto Dog.

- O listener usa a referência para o ServletContext para *configurar* o atributo Dog no ServletContext.

- O servlet que faz o teste na aplicação *recebe* o objeto Dog do ServletContext e chama o método getBreed().

Criando e usando o context listener

Talvez você ainda esteja curioso para saber como o Container descobre e usa o listener... ***Você configura um listener da mesma forma que você informa ao Container sobre o resto da sua aplicação – através do Deployment Descriptor web.xml!***

❶ Crie uma classe listener

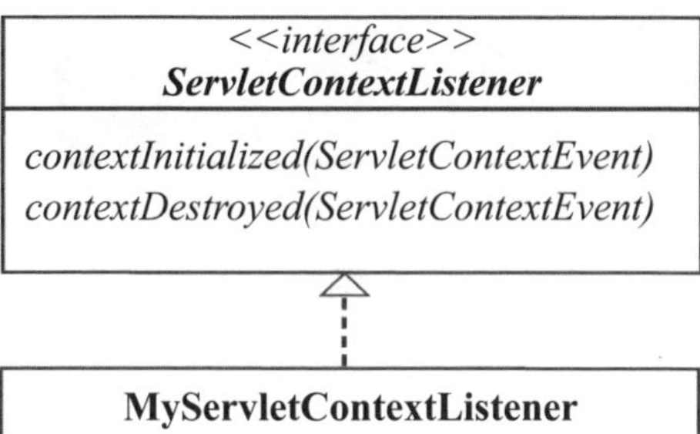

Para escutar os eventos ServletContext, escreva uma classe listener que implemente o ServletContextListener, coloque-a no diretório WEB-INF/classes e informe ao Container, colocando um elemento <listener> no Deployment Descriptor.

❷ Coloque a classe em WEB-INF/classes

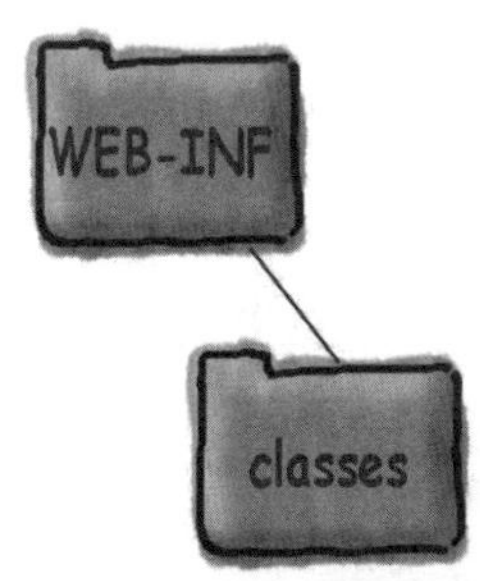

(Este não é o ÚNICO lugar para onde ela pode ir... O WEB-INF/classes é um dentre muitos lugares que o Container pode procurar pelas classes. Nós falaremos sobre os demais no capítulo sobre Distribuição.)

❸ Coloque um elemento <listener> no Deployment Descriptor web.xml

```
<listener>
   <listener-class>
      com.example.MyServletContextListener
   </listener-class>
</listener>
```

Uma pergunta para você: em que parte do DD entra o elemento <listener>? Ele entra num elemento <servlet> ou simplesmente abaixo do <web-app>? Pense.

Precisamos de três classes e um DD

Para o nosso teste com o listener de contexto, precisaremos escrever as classes e o arquivo web.xml.

Para facilitar nosso teste, colocaremos todas as classes no mesmo pacote: *com.example*

❶ O ServletContextListener

MyServletContextListener.java

Esta classe implementa o ServletContextListener, recebe os parâmetros init do contexto, cria o Dog e o configura como um atributo de contexto.

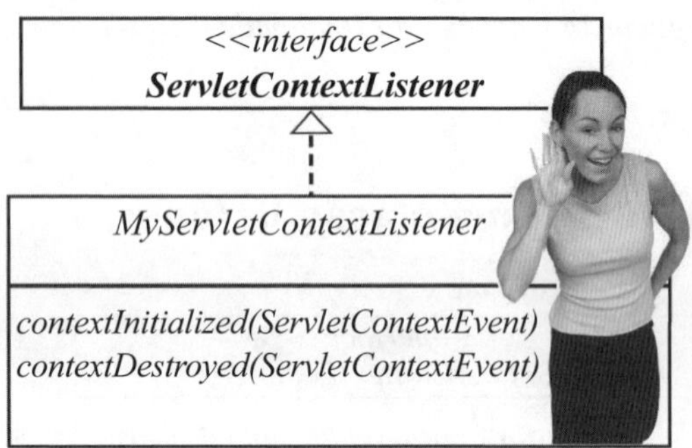

❷ A classe atributo

Dog.java

A classe Dog é simplesmente uma classe Java simples. Sua função é ser o valor do atributo que o ServletContextListener instancia e configura no ServletContext para alimentar o servlet.

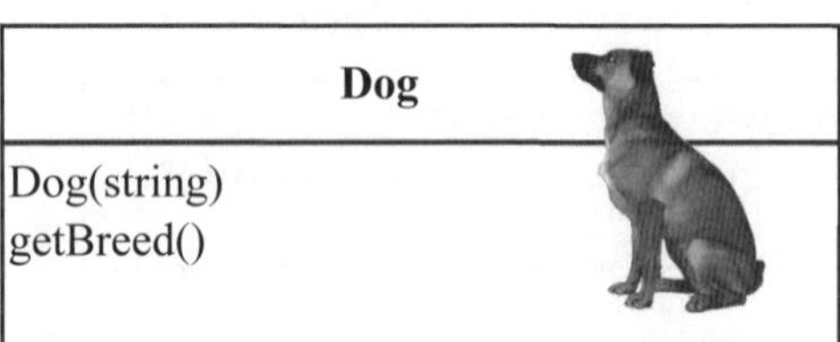

❸ O Servlet

ListenerTester.java

Esta classe estende o HttpServlet. Sua função é verificar se o listener funcionou através do recebimento do atributo Dog oriundo do contexto, chamando o getBreed() no Dog e exibindo o resultado para a resposta (portanto, é isso que veremos no browser).

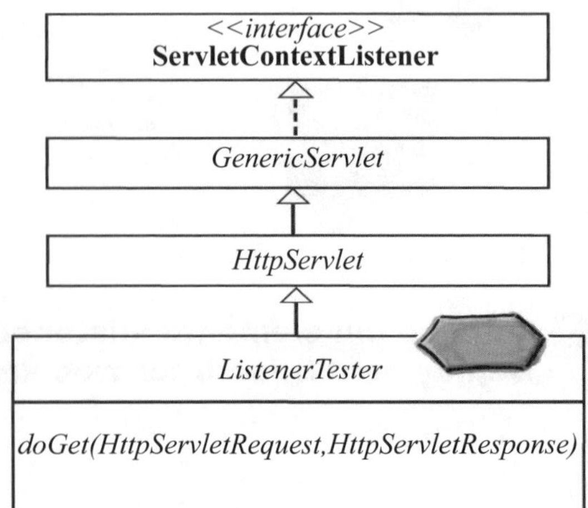

Escrevendo a classe listener

Ela funciona como qualquer outro tipo de listener que você já deve estar familiarizado, como os tratadores de eventos GUI Swing. Lembre-se, tudo que precisamos fazer é obter os parâmetros init do contexto para descobrir a raça do cão, criar o objeto Dog e colocá-lo dentro do contexto como atributo.

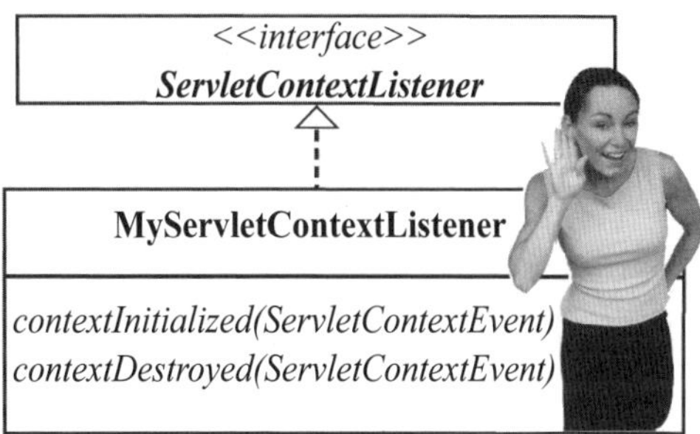


```
package com.example;

import javax.servlet.*;

public class MyServletContextListener implements ServletContextListener {

    public void contextInitialized(ServletContextEvent event) {

        ServletContext sc = event.getServletContext();

        String dogBreed = sc.getInitParameter("breed");

        Dog d = new Dog(dogBreed);

        sc.setAttribute("dog", d);
    }

  public void contextDestroyed(ServletContextEvent event) {
    //  nada a fazer aqui
  }
}
```

Implementa a javax.servlet.ServletContextListener

Solicita o ServletContext ao evento.

Usa o contexto para obter o parâmetro init

Cria um novo Dog

Usa o contexto para especificar um atributo (um par nome/objeto) Dog. Agora, outros trechos da aplicação serão capazes de receber o valor do atributo (o Dog)

Não precisamos de nada aqui. O Dog não precisa ser limpo... quando o contexto termina, significa que toda a aplicação vai finalizar, incluindo o Dog

Escrevendo a classe atributo (Dog)

Naturalmente, precisamos de uma classe Dog – a classe que representa o objeto que armazenaremos no ServletContext, depois de ler os parâmetros init do contexto.

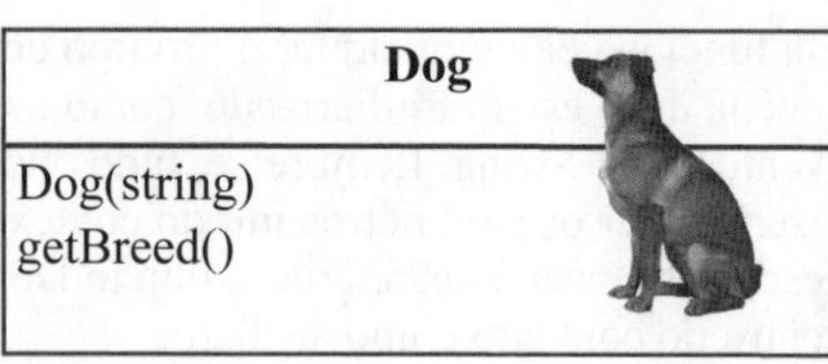


```
package com.example;

public class Dog {
   private String breed;

   public Dog(String breed) {
     this.breed = breed;
   }

   public String getBreed() {
      return breed;
   }
}
```

Nada de especial aqui. Apenas uma classe Java simples

(Usaremos os parâmetros init do contexto como argumento para o construtor Dog.)

Nosso servlet receberá o Dog do contexto (o Dog que o listener configura como atributo), chamará o método getBreed() do Dog e copiará a raça na resposta, para que possamos vê-la no browser

P: Eu achei que tivesse lido em algum lugar que os atributos do servlet tinham que ser Serializáveis...

R: Pergunta interessante. Existem vários tipos diferentes de atributos e se o atributo tem que ser Serializável só interessa aos atributos Session. E *apenas* quando a aplicação está distribuída em mais de uma JVM é que ele é realmente importante. Nós falaremos mais sobre isso no capítulo das Sessões.

Não existe nenhuma *necessidade* técnica para que qualquer atributo (incluindo os atributos Session) sejam Serializáveis, embora você possa considerar criar todos os seus atributos Serializáveis por padrão. A não ser que você tenha uma boa razão para NÃO fazê-lo.

Pense nisso: será que você está mesmo seguro de que ninguém jamais vai querer usar aqueles objetos como argumentos ou retornar valores como parte de uma chamada remota a um método? Você pode mesmo garantir que alguém que use esta classe (Dog, neste caso) nunca rodará em um ambiente distribuído?

Então, embora tornar os atributos serializáveis não seja uma *exigência*, você *deveria* sempre que pudesse.

Escrevendo a classe servlet

Esta é a classe que testa o ServletContextListener. Se estiver tudo funcionando corretamente no momento em que o método doGet() do Servlet rodar pela primeira vez, o Dog será esperado como um atributo no ServletContext.

HttpServlet

ListenerTester
doGet(HttpServletRequest,HttpServletResponse)

```
package com.example;

import javax.servlet.*;
import javax.servlet.http.*;
import java.io.*;

public class ListenerTester extends HttpServlet {

  public void doGet (HttpServletRequest request, HttpServletResponse response)
                                        throws IOException, ServletException {

     response.setContentType("text/html");
     PrintWriter out = response.getWriter();

     out.println("test context attributes set by listener<br>");

     out.println("<br>");

     Dog dog = (Dog) getServletContext().getAttribute("dog");

     out.println("Dog's breed is: " + dog.getBreed());
  }
}
```

Nada de especial até aqui... apenas um servlet comum

Aqui obtemos o Dog através do ServletContext. Se o listener funcionou, o Dog vai estar ali ANTES que o método service seja chamado pela primeira vez

Não esqueça o cálculo!!

Se algo não funcionou, é AQUI que descobriremos... vamos receber um enorme NullPointerException se tentarmos chamar o getBreed() e não houver nenhum Dog

O getAttribute() retorna um Objeto! Você precisa fazer a conversão do retorno!

Mas o getInitParameter() retorna uma String. Ou seja, você precisa converter a resposta do getAttribute(), mas o retorno do getInitParameter() pode ser atribuído diretamente a uma String. Portanto, não seja iludido por aqueles códigos escritos nos exames que não usam uma conversão:

Dog d = ctx.getAttribute("dog"); ← Errado!!

(Considere ctx como um ServletContext.)

Escrevendo o Deployment Descriptor

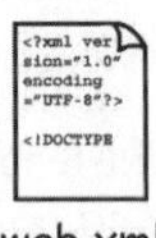

Agora, informamos ao Container que temos um listener para esta aplicação, usando o elemento <listener>. Este elemento é simples – só precisa do nome da classe. Só isso.

Este é o arquivo web.xml para esta aplicação, dentro do diretório WEB-INF

```
<web-app xmlns="http://java.sun.com/xml/ns/j2ee"
    xmlns:xsi="http://www.w3.org/2001/XMLSchema-instance"
    xsi:schemaLocation="http://java.sun.com/xml/ns/j2ee/web-app_2_4.xsd"
    version="2.4">

  <servlet>
    <servlet-name>ListenerTester</servlet-name>
    <servlet-class>com.example.ListenerTester</servlet-class>
  </servlet>

  <servlet-mapping>
    <servlet-name>ListenerTester</servlet-name>
    <url-pattern>/ListenTest.do</url-pattern>
  </servlet-mapping>

  <context-param>
    <param-name>breed</param-name>
    <param-value>Great Dane</param-value>
  </context-param>

  <listener>
    <listener-class>
      com.example.MyServletContextListener
    </listener-class>
  </listener>

</web-app>
```

Precisamos de um parâmetro init do contexto para a aplicação. O listener precisa dele para construir o Dog

Registre esta classe como um listener. IMPORTANTE: o elemento <listener> NÃO vai dentro de um elemento <servlet>. Isto não funcionaria, pois o listener do contexto é para um evento ServletContext (que significa para toda a aplicação). A questão toda é inicializar a aplicação ANTES que qualquer servlet seja inicializado.

Não existem Perguntas Idiotas

P: Espera aí... como você está informando ao Container que isso é um listener para os eventos do ServletContext? Não parece ser um elemento XML para o <listener-type>, ou algo que diga para que tipo de evento serve este listener. Porém, eu percebi que você tem um "ServletContextListener" como parte do nome da classe. É assim que o Container entende? Pelo nome?

R: Não. Não há nenhuma convenção de nomes. Nós só fizemos assim para tornar mais óbvio o tipo de classe que criamos. O Container descobre ao inspecionar a classe e notar a presença da interface listener (ou interfaces; um listener pode implementar mais de uma interface listener).

P: Isto significa que existem outros tipos de listeners na API servlet?

R: Sim, existem vários outros tipos de listeners que falaremos em um minuto.

Compile e distribua

Vamos fazer tudo funcionar. Eis os passos:

Lembre-se: TUDO que pertença ao seu webapps fica aqui (cada um com a sua própria estrutura de diretórios)

A raiz para esta aplicação. Este diretório deve estar dentro do diretório webapps do Tomcat

1 Compile as três classes

Elas estão todas no mesmo pacote...

2 Crie uma nova aplicação no Tomcat

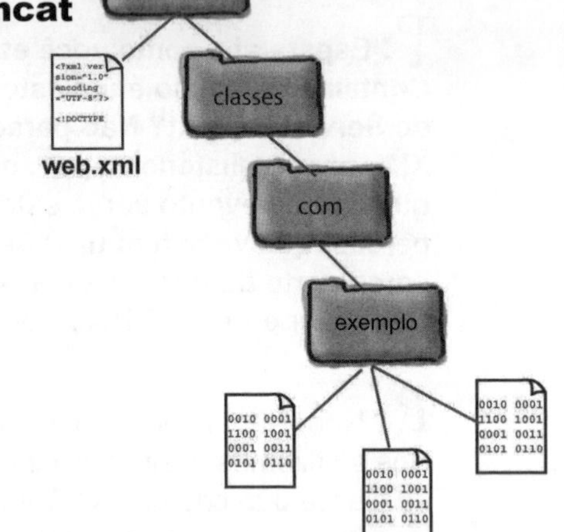

- Crie um diretório chamado listenerTest e coloque-o dentro do diretório webapps do Tomcat.
- Crie um diretório chamado WEB-INF e coloque-o dentro do diretório listenerTest.
- Coloque o seu arquivo web.xml no diretório WEB-INF.
- Crie um diretório de classes dentro do WEB-INF.
- Crie uma estrutura de diretórios dentro das classes, que coincida com a estrutura do seu pacote: um diretório chamado com, que contém o exemplo.

3 Copie seus três arquivos compilados para dentro da estrutura de diretórios da sua aplicação no Tomcat

```
listenerTest/WEB-INF/classes/com/example/Dog.class
listenerTest/WEB-INF/classes/com/example/ListenerTester.class
listenerTest/WEB-INF/classes/com/example/MyServletContextListener.class
```

4 Coloque o seu Deployment Descriptor web.xml no diretório WEB-INF desta aplicação.

```
listenerTest/WEB-INF/web.xml
```

5 Distribua a aplicação, desligando e reiniciando o Tomcat.

Vamos experimentar

Abra seu browser e vamos direto ao servlet. Nós não nos incomodamos em fazer uma página HTML. Por isso, iremos acessar o servlet, digitando a URL do mapeamento servlet no DD (ListenTest.do).

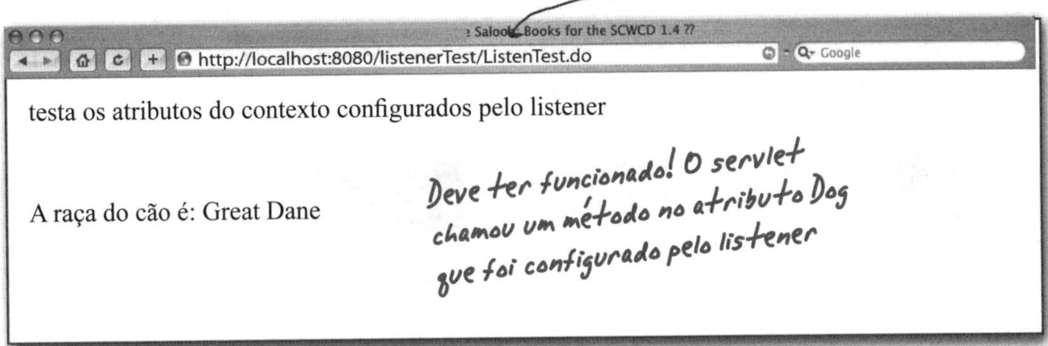

Troubleshooting

Se você receber um NullPointerException, você não recebeu um Dog do getAttribute(). Verifique o nome da String usado no *set*Attribute() e certifique-se de que ele coincide com o nome da String que você está usando no *get*Attribute().

Verifique novamente seu web.xml e tenha certeza de que o <listener> está registrado.

Tente olhar nos logs do servidor para descobrir se o listener está mesmo sendo chamado.

Para complicar o máximo possível, nós atribuímos nomes sutilmente diferentes. Queremos ter certeza de que você está atento a como estes nomes são usados e quando dar a eles o mesmo nome. É difícil dizer como os nomes afetam sua aplicação.

Nome da classe **Servlet**: **ListenerTester.class**

Nome do diretório da **aplicação**: **listenerTest**

URL padrão mapeada para o servlet: **ListenTest.do**

Tenha cuidado com Listener ou Listen, Tester ou Test

A história completa...

Eis o cenário desde o início (inicialização da aplicação) até o final (o servlet rodando). Você verá no passo 11 que resumimos a inicialização do servlet em um grande passo.

1. O Container lê o Deployment Descriptor para esta aplicação, inclusive os elementos <listener> e <context-param>.

2. O Container cria um novo ServletContext, que todas as partes da aplicação compartilharão.

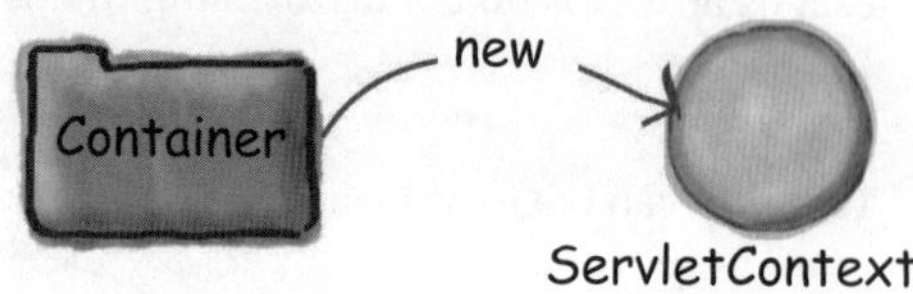

3. O Container cria um par de Strings nome/valor para cada parâmetro init do contexto. Suponha que tenhamos apenas um.

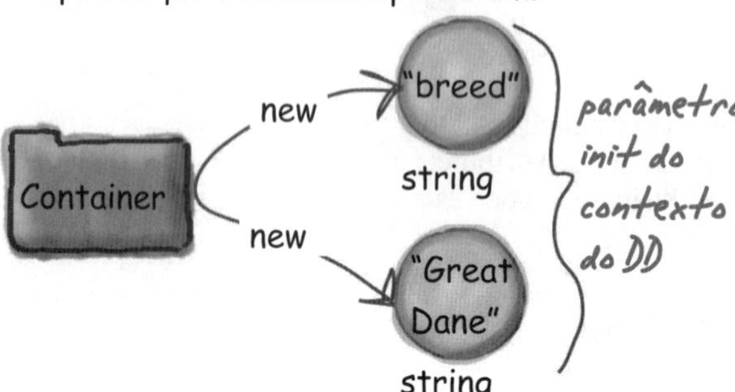

4. O Container dá aos parâmetros nome/valor as referências do ServletContext.

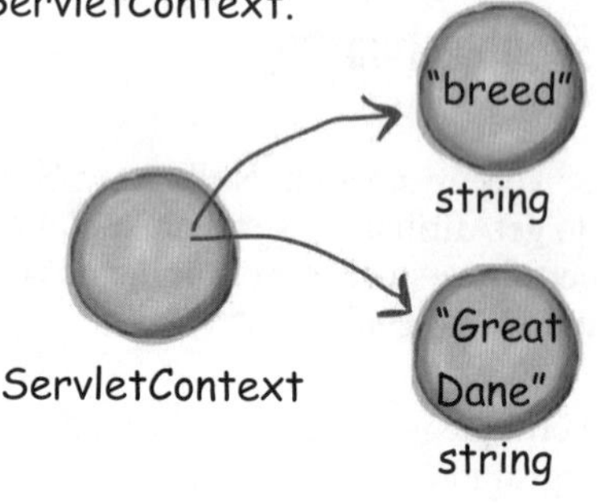

5. O Container cria uma nova instância da classe MyServletContextListener.

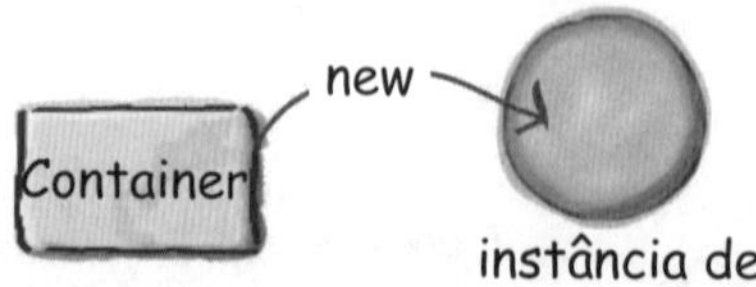

6. O Container chama o método contextInitialized() do listener, passando em um novo ServletContextEvent. O objeto de evento tem uma referência para o ServletContext, então o código que trata o evento consegue obter o contexto através do evento e consegue obter o parâmetro init do contexto através do contexto.

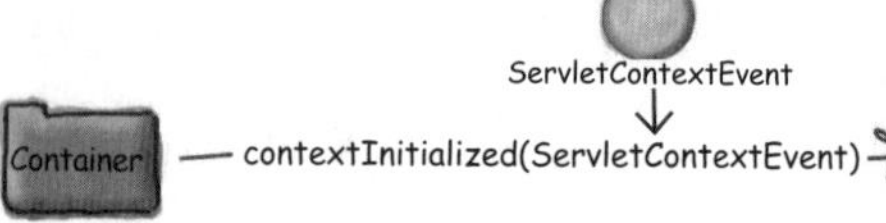

A história continua...

7 O listener solicita ao ServletContextEvent uma referência para o ServletContext.

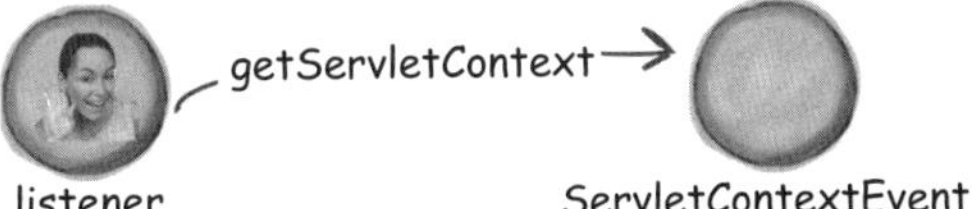

8 O listener solicita ao ServletContext o parâmetro init do contexto "breed".

9 O listener usa o parâmetro init para construir um novo objeto Dog.

10 O listener configura o Dog como um atributo no ServletContext.

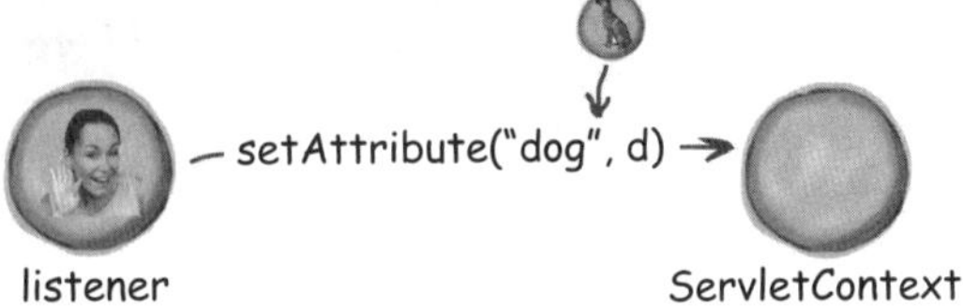

11 O Container cria um novo Servlet (isto é, cria um novo ServletConfig com parâmetros init, dá ao ServletConfig uma referência para o ServletContext e chama o método init() do Servlet).

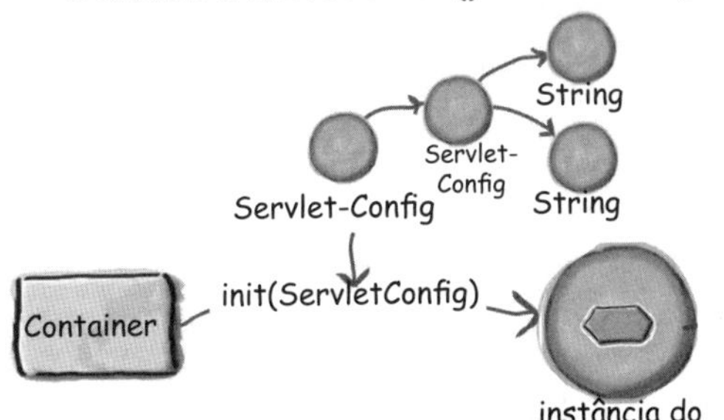

12 O servlet recebe uma solicitação e pede ao ServletContext o atributo "dog".

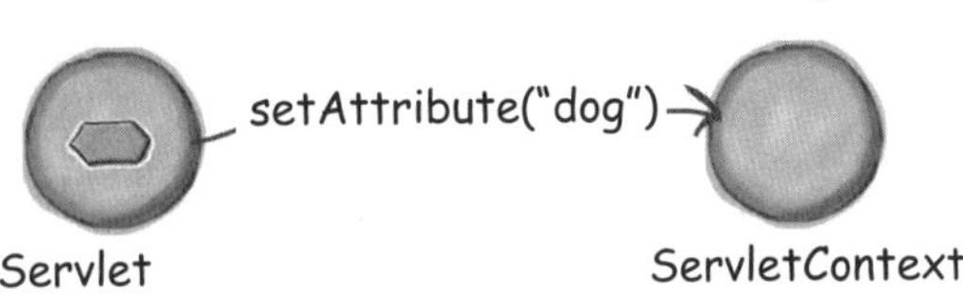

13 O servlet chama o getBreed() no Dog (e exibe-o no HttpResponse).

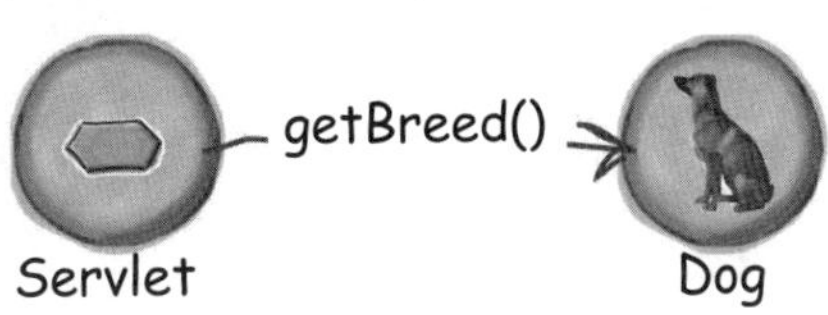

Acabo de pensar numa coisa... já que os atributos podem ser configurados através de um programa (ao contrário dos parâmetros init), eu posso escutar os eventos do atributo? Como se alguém acrescentasse ou substituísse o Dog?

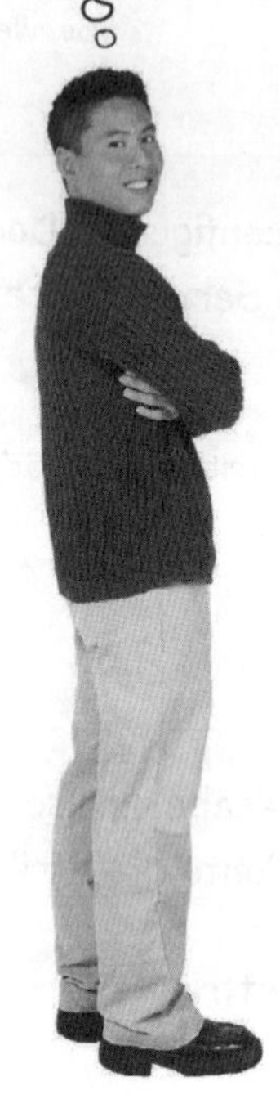

Listeners: não só para os eventos do contexto...

Onde existe um *momento do ciclo de vida*, geralmente existe um *listener* para escutá-lo. Além dos eventos do contexto, você pode escutar eventos relacionados aos *atributos* do contexto, atributos e solicitações do servlet, e sessões HTTP e atributos da sessão.

Você não precisa saber toda a API listener.

Com exceção do ServletContextListener, você realmente não precisa memorizar os métodos de cada interface do listener. Mas... você PRECISA conhecer os tipos de eventos que você pode escutar.

Os objetivos do exame são claros: você receberá um cenário (o trabalho de um desenvolvedor numa aplicação) e você precisará decidir qual é o tipo certo do listener, ou se é POSSÍVEL ser notificado sobre esse evento do ciclo de vida.

Nota: não falaremos sobre sessões até o próximo capítulo, portanto não se preocupe se você ainda não sabe o que é uma sessão HTTP ou por que você iria querer saber...

Escolha o listener

Correlacione o cenário da esquerda com a interface do listener (no final da página) que suporta tal objetivo. Use cada interface uma única vez. (*Sim, nós SABEMOS que ainda não vimos essas. Veja como você consegue descobrir apenas olhando os nomes. As respostas começam nesta mesma página, então não olhe!*)

Cenário	**Interface do Listener**
Você quer saber se um atributo em um contexto da aplicação foi adicionado, removido ou substituído.	______________
Você quer saber quantos usuários concorrentes existem. Em outras palavras, você quer rastrear as sessões ativas.	______________
Você quer saber todas as vezes que uma solicitação chegar, para então poder logá-las.	______________
Você quer saber se um atributo da solicitação foi adicionado, removido ou substituído.	______________
Você tem uma classe de atributo (uma classe para um objeto que será colocado em um atributo) e você quer que objetos deste tipo sejam notificados quando eles forem associados ou removidos de uma sessão.	______________
Você quer saber quando um atributo de sessão foi acrescentado, removido ou substituído.	______________

Selecione as interfaces abaixo.
Use cada listener apenas uma vez.

`HttpSessionAttributeListener` `ServletRequestListener`

`HttpSessionBindingListener` `HttpSessionListener`

`ServletContextAttributeListener` `ServletRequestAttributeListener`

Os oito listeners

Cenário	Interface do Listener	Tipo de Evento
Você quer saber se um atributo em um contexto da aplicação foi adicionado, removido ou substituído.	javax.servlet.**ServletContextAttributeListener** *attributeAdded* *attributeRemoved* *attributeReplaced*	ServletContextAttributeEvent
Você quer saber quantos usuários concorrentes existem. Em outras palavras, você quer rastrear as sessões ativas. (Falaremos em detalhes sobre sessões no próximo capítulo.)	javax.servlet.http.**HttpSessionListener** *sessionCreated* *sessionDestroyed*	HttpSessionEvent
Você quer saber todas as vezes que uma solicitação chegar, para então poder logá-las.	javax.servlet.**ServletRequestListener** *requestInitialized* *requestDestroyed*	ServletRequestEvent
Você quer saber se um atributo da solicitação foi adicionado, removido ou substituído.	javax.servlet.**ServletRequestAttributeListener** *attributeAdded* *attributeRemoved* *attributeReplaced*	ServletRequestAttributeEvent
Você tem uma classe de atributo (uma classe para um objeto que será colocado em um atributo) e você quer que objetos deste tipo sejam notificados quando eles forem associados ou removidos de uma sessão.	javax.servlet.http.**HttpSessionBindingListener** *valueBound* *valueUnbound*	HttpSessionBindingEvent
Você quer saber quando um atributo de sessão foi acrescentado, removido ou substituído.	javax.servlet.http.**HttpSessionAttributeListener** *attributeAdded* *attributeRemoved* *attributeReplaced* Cuidado com esta inconsistência de nomes! O Evento para o HttpSessionAttributeListener NÃO é o que você espera (você espera um HttpSessionAttributeEvent).	HttpSessionBindingEvent
Você quer saber se um contexto foi criado ou destruído.	javax.servlet.**ServletContextListener** *contextInitialized* *contextDestroyed*	ServletContextEvent
Você tem uma classe de atributo e você quer que objetos deste tipo sejam notificados quando a sessão na qual eles estão associados estiver migrando entre JVMs.	javax.servlet.http.**HttpSessionActivationListener** *sessionDidActivate* *sessionWillPassivate*	HttpSessionEvent NÃO é "HttpSessionActivationEvent"

O HttpSessionBindingListener

Você pode estar confuso sobre a diferença entre um HttpSession*Binding*Listener e um HttpSession*Attribute*Listener. (Bem, não *você*, mas alguém que trabalha contigo.)

Um HttpSession*Attribute*Listener simples é apenas uma classe que quer saber onde *qualquer* tipo de atributo foi acrescentado, removido ou substituído em uma Sessão. Mas o HttpSession*Binding*Listener existe para que o atributo *em si* possa descobrir quando *ele* foi adicionado ou removido de uma Sessão.

Com este listener, eu estou mais ciente da **minha** função na aplicação. Eles **me** dizem quando **sou** adicionado (ou removido) a uma sessão.

```
package com.example;

import javax.servlet.http.*;

public class Dog implements HttpSessionBindingListener {
   private String breed;

   public Dog(String breed) {
     this.breed=breed;
   }

   public String getBreed() {
     return breed;
   }

   public void valueBound(HttpSessionBindingEvent event) {
     // código para rodar agora que eu sei que estou em uma sessão
   }

   public void valueUnbound(HttpSessionBindingEvent event) {
     // código para rodar agora que eu sei que eu não faço mais parte de uma
sessão
   }
}
```

Aqui o atributo Dog é TAMBÉM um Listener... ouvindo quando o Dog em si é adicionado ou removido de uma Sessão. (Nota: os binding listeners NÃO são registrados no DD... isso acontece automaticamente.)

Eles utilizam a palavra "bound" e "unbound" para dizer "adicionado a" e "removido de".

P: Tudo bem, eu entendi como funciona. Eu entendi que o Dog (um atributo que será adicionado à sessão) quer saber quando ele está dentro ou fora de uma sessão. O que não entendi é *POR QUE*.

R: Se você sabe algo sobre Entity beans... então pode imaginar esta capacidade como um "entity bean dos pobres". Se você *não* conhece os entity beans, você deveria correr para a livraria mais próxima e comprar dois exemplares do livro *Use a Cabeça! EJB* (um para você e outro para o seu amor, para que compartilhem momentos especiais discutindo sobre isso).

Por enquanto, eis uma forma de pensar sobre isso: imagine que o Dog é uma classe Cliente com cada instância ativa representando as informações – de nome, endereço, pedido, etc. – de cada cliente. A informação *real* é armazenada em um determinado banco de dados. Você usa as informações do banco de dados para preencher os campos do objeto Cliente, mas a questão é *como e quando você mantém o registro do banco de dados sincronizado com a informação do Cliente?* Você sabe que sempre que um objeto Cliente for adicionado à sessão, é hora de atualizar os campos do Cliente nos registros do banco de dados, com os dados deste cliente. Então, o método valueBound() é como um gatilho que diz: "Carregue-me com dados recentes do banco de dados... só para garantir, caso algo tenha mudado desde a última vez que fui utilizado." Por sua vez, o valueUnbound() diz: "Atualize o banco de dados com os valores dos campos do objeto Cliente."

Relembrando os listeners

Faça o possível para preencher os espaços na tabela abaixo. Tenha em mente que as interfaces do listener e os métodos seguem um padrão consistente de nomes (a maioria). As respostas estão no final do capítulo.

Listeners de Atributos	
Outros listeners do ciclo de vida	
Métodos em todos os listeners de atributos (exceto binding listener)	
Eventos do ciclo de vida relacionados às sessões (exceto eventos relacionados aos atributos)	
Eventos do ciclo de vida relacionados às solicitações (exceto eventos relacionados aos atributos)	
Eventos do ciclo de vida relacionados ao contexto do servlet (exceto eventos relacionados aos atributos)	

O que é, de fato, um atributo?

Nós vimos como o listener ServletContext criou o objeto Dog (depois de conseguir o parâmetro init do contexto) e foi capaz de inserir (configurar) o Dog no ServletContext como um atributo, de for que as outras partes da aplicação pudessem ter acesso a ele. Antes disso, com o exemplo da cerv nós vimos como o servlet foi capaz de inserir os resultados da chamada para o modelo no objeto (geralmente o HttpServletRequest) da Solicitaçã como um atributo (para que o JSP/view pudesse conseguir o valor).

Attributes
Quem pode ver este quadro de avisos?
Quem pode receber e configurar os atributos?

Um atributo é um objeto configurado (denominado bound) em um dos três outros objetos da API servlet – ServletContext, HttpServletRequest (ou ServletRequest) e HttpSession. Você pode considerá-lo simplesmente um par nome/valor (onde o nome é uma String e o valor é um Objeto) e uma variável da instância do mapeamento. Na verda nós não sabemos – e nem nos importa – como isto é implementado de verdade. Tudo que nos preocupa é escopo no qual o atributo existe. Em outras palavras, quem pode vê-lo e por quanto tempo ele vive.

Um atributo é como um objeto preso em um quadro de avisos. Alguém o afixou no quadro para que outros possam pegá-lo.
As grandes perguntas são: quem tem acesso ao quadro de avisos e quanto tempo ele permanece lá? Em outras palavras, qual é o escopo do atributo?

Os atributos não são parâmetros!

Se você é um iniciante em servlets, talvez precise de mais tempo reforçando as diferenças entre atributos e parâmetros. Mas saiba que quando elaboramos a prova, nós gastamos um pouquinho mais de tempo para garantir que as questões que se referem a atributos e parâmetros sejam as mais confusas possíveis.*

	Atributos	**Parâmetros**
Tipos	Application/context Request Session *Não há nenhum atributo específico para o servlet (basta usar uma variável da instância)*	Application/parâmetros init do contexto Parâmetros da solicitação Parâmetros init do servlet *Não existem parâmetros da sessão!*
Método para configuração	setAttribute(nome da String, valor do Objeto)	Você NÃO PODE configurar os parâmetros init da Application e do Servlet – eles são configurados no DD, lembra? (Com os parâmetros da Solicitação, você pode ajustar a query String, mas é diferente.)
Tipo de retorno	Objeto	String *Grande diferença!*
Método para obtenção	ServletContext.getAtribute (String name) HttpSession.getAttribute (String name) ServletRequest.getAttribute (String name)	ServletContext.getInitParameter (String name) ServletConfig.getInitParameter (string name) Servlet Request.get Parameter (string name)

Não se esqueça de que os atributos devem ser convertidos, já que o tipo do retorno é Objeto

*É verdade. Se nós fizéssemos uma prova simples e objetiva, você não teria aquele orgulho e a sensação de realização ao ser aprovado. Fazer um exame difícil o suficiente para garantir que você precisaria comprar um guia de estudo para passar na prova nunca, EM ALGUM MOMENTO, passou pela nossa cabeça. Não mesmo. Nós só estávamos pensando em você.

Os Três Escopos: Contexto, Solicitação e Sessão

Atributos do Contexto

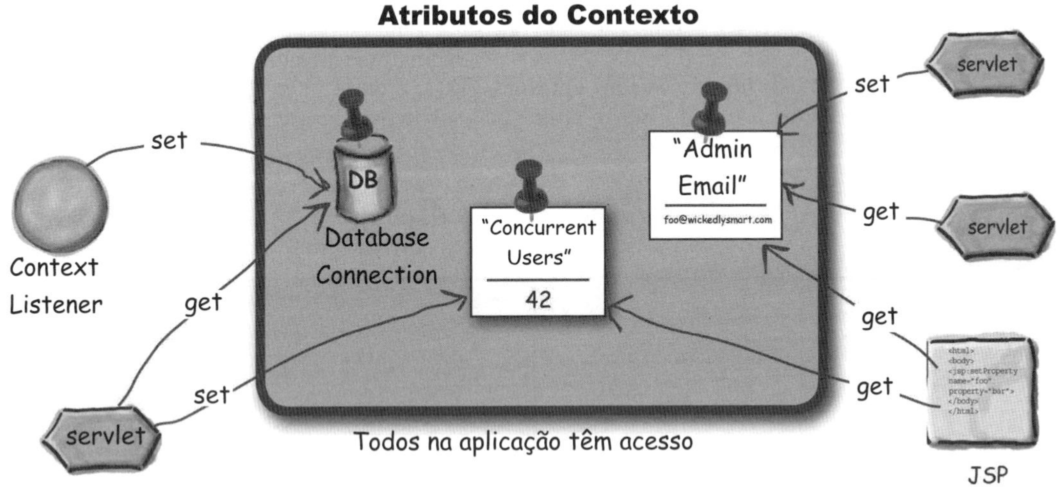

Todos na aplicação têm acesso

Atributos de Sessão

Acessível apenas para aqueles com acesso a um HttpSession específico

Atributos de SOLICITAÇÃO

Acessível apenas para aqueles com acesso a um ServletRequest específico

Escopo Atributo

Faça o melhor possível para preencher os espaços nesta tabela. Você REALMENTE tem que entender o escopo atributo para o exame (e para o mundo real), porque você tem que saber qual escopo é a melhor opção para um determinado cenário. A resposta encontra-se algumas páginas à frente, mas não vale olhar! Se você vai fazer o exame, confie em nós... você deve fazer o exercício sozinho, com o tempo necessário para pensar nas questões.

	Acessibilidade (quem pode ver)	**Escopo** (por quanto tempo vive)	**Para que serve**
Contexto			
HttpSession			
Solicitação			

(Nota: você deve levar em consideração as implicações da coleta de lixo quando você pensar em escopo... alguns atributos não serão coletados até que a aplicação seja desativada ou morta. Não há nada no exame sobre projeto com gerenciamento de memória em mente, mas você deve se precaver.)

A API Atributo

Os três escopos do atributo – contexto, solicitação e sessão – são tratados pelas interfaces ServletContext, ServletRequest e HttpSession. Os métodos da API para atributos são exatamente os mesmos em cada interface.

Object getAttribute(nome da String)
setAttribute(nome da String, valor do Objeto)
removeAttribute(nome da String)
Enumeration getAttributeNames()

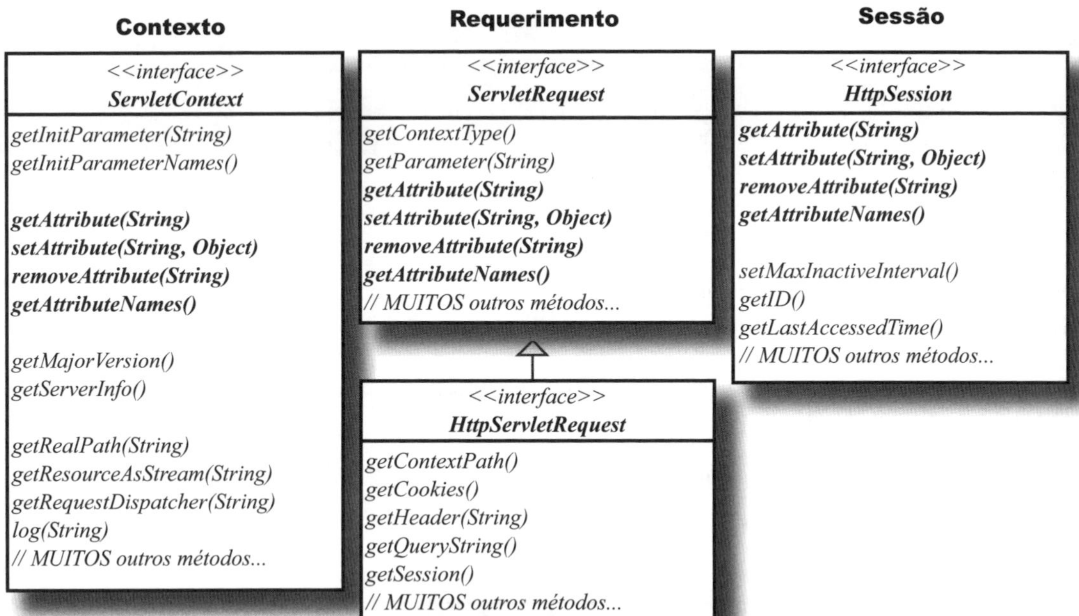

O lado negro dos atributos...

Kim decide testar os atributos. Ele configura um atributo e, imediatamente, recebe o valor do atributo e o mostra na resposta. Seu doGet() se parece com o seguinte:

```
public void doGet(HttpServletRequest request, HttpServletResponse response)
                                        throws IOException, ServletException {

    response.setContentType("text/html");
    PrintWriter out = response.getWriter();

    out.println("test context attributes<br>");

    getServletContext().setAttribute("foo", "22");
    getServletContext().setAttribute("bar", "42");

    out.println(getServletContext().getAttribute("foo"));
    out.println(getServletContext().getAttribute("bar"));
}
```

Eis o que ele vê na primeira vez que o executa.
É exatamente o que ele esperava.

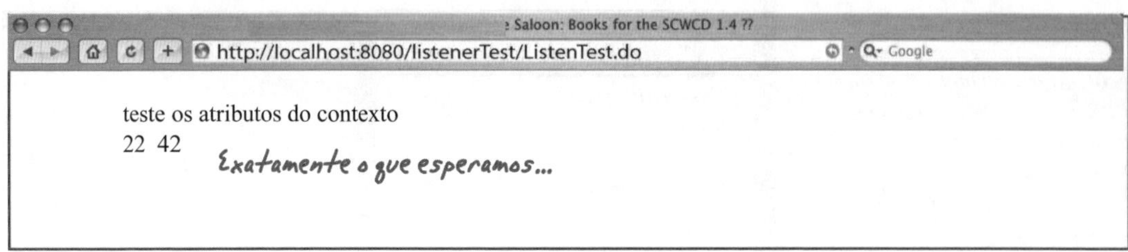

Mas algo dá terrivelmente errado...

Na segunda vez que ele executa o comando, ele se choca ao ver:

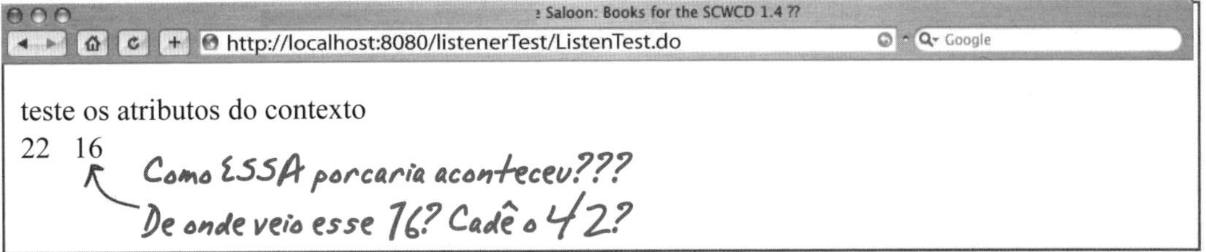
Saloon: Books for the SCWCD 1.4 ??
http://localhost:8080/listenerTest/ListenTest.do
Google
teste os atributos do contexto
22 16
Como ESSA porcaria aconteceu???
De onde veio esse 16? Cadê o 42?

EXERCITE SUA MENTE

Observe o código atentamente e imagine o que está acontecendo. Você saberia explicar onde está o problema?

Você pode não ter informações suficientes para solucionar o problema, por isso aqui vai outra dica: Kim colocou este código em um servlet de teste que é parte de uma aplicação teste bem maior. Ou seja, o servlet que possui o método doGet() foi distribuído como parte de uma grande aplicação.

Agora você consegue descobrir?

Você saberia como ele poderia resolver isso?

Deve haver outro servlet acionando o mesmo atributo do contexto...

O escopo do contexto não é thread-safe!

Esse é o problema.
Lembre-se, todos na aplicação têm acesso aos atributos do contexto, e isso significa vários servlets. E vários servlets significam que você pode ter várias threads, já que as solicitações estão sendo tratadas ao mesmo tempo, cada uma em uma thread separada. Isto acontece independentemente das solicitações estarem chegando para o mesmo servlet, ou não.

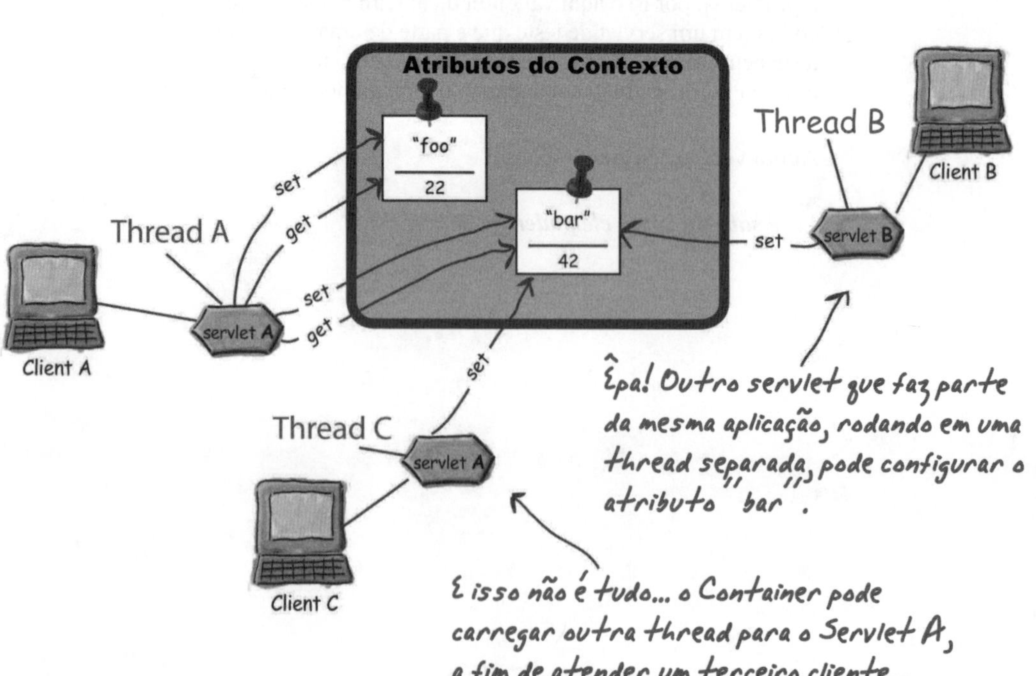

E isso não é tudo... o Container pode carregar outra thread para o Servlet A, a fim de atender um terceiro cliente...

O problema em câmera lenta...

Eis o que aconteceu com o servlet de teste do Kim.

1 O servlet A configura o atributo do contexto "foo" com o valor "22".

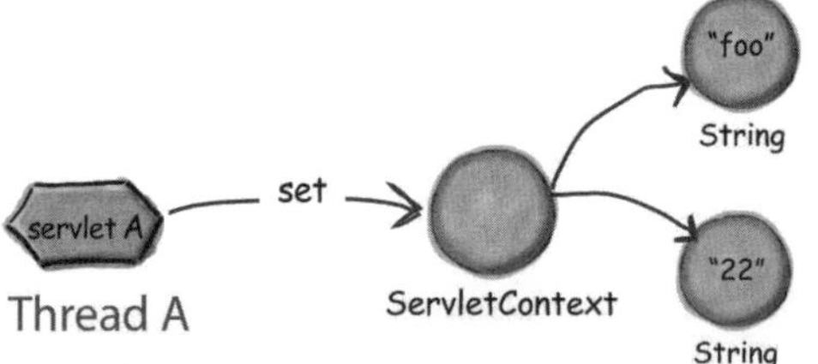

2 O servlet A configura o atributo do contexto "bar" com o valor"42".

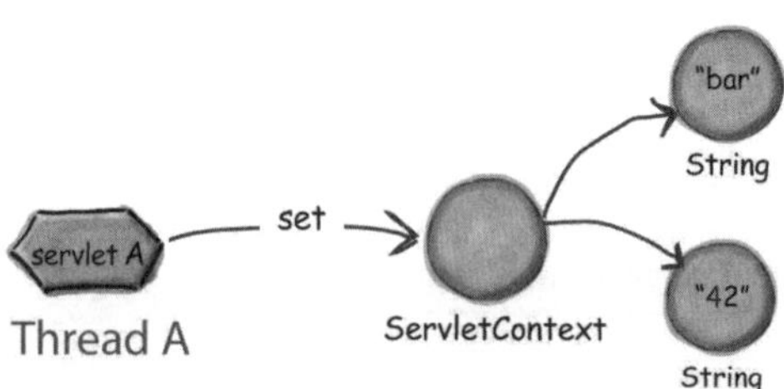

3 A thread B torna-se a thread que está sendo executada (a thread A retorna ao estado de Executável-mas-não-Executando) e configura o atributo do contexto "bar" com o valor "16". (O 42 agora já era.)

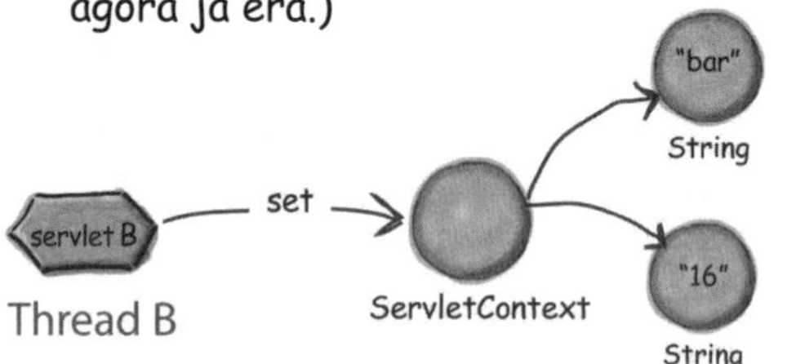

4 A thread A torna-se a thread que está sendo executada novamente e recebe o valor de "bar", copiando-o na resposta.

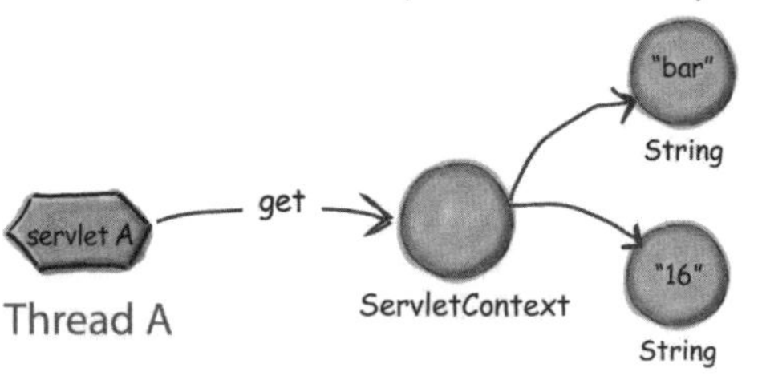


```
getServletContext().setAttribute("foo", "22");
getServletContext().setAttribute("bar", "42");

out.println(getServletContext().getAttribute("foo"));
out.println(getServletContext().getAttribute("bar"));
```

Entre as etapas em que o servlet A configura o valor de bar e o recupera, outra thread do servlet entra em ação e configura bar com um valor diferente. Então, quando o servlet A exibe o valor de bar, ele já foi mudado para 16.

Como tornamos os atributos do contexto thread-safe?

Vamos ouvir o que alguns desenvolvedores têm a dizer...

Eu estou pensando que eu podia sincronizar o método doGet(), mas isso não parece mesmo certo. Mas eu não sei mais o que fazer.

Sincronizar o doGet() quer dizer tchau para a sua capacidade de processo simultâneo. Se você sincronizar o doGet(), significa que o servlet só poderá tratar apenas UM cliente por vez!

Por que os desenvolvedores da especificação do Servlet não sincronizaram os métodos de atributo get e set no ServletContext, a fim de tornarem os atributos thread-safe?

É CLARO que eles não sincronizaram os métodos no ServletContext. Puxa... Isto significaria que toda chamada para obter e configurar um atributo receberia toda a sobrecarga da sincronização. Que grande desperdício seria se você não fosse precisar disso. Não, proteger os atributos é problema SEU... não espere que a API irá ajudá-lo. (Eu não posso acreditar que ela chegou a sugerir isto.)

Sincronizar o método de serviço é uma PÉSSIMA idéia

Tudo bem, então já sabemos que sincronizar o método de serviço vai detonar a nossa capacidade de processo simultâneo, mas protegerá a thread, certo? Dê uma olhada neste código legítimo e verifique se ele evitaria o problema que o Kim teve com o atributo do contexto sendo trocado por outro servlet...

```
public synchronized void doGet(HttpServletRequest request, HttpServletResponse
response)
                                    throws IOException, ServletException {

    response.setContentType("text/html");
    PrintWriter out = response.getWriter();

    out.println("test context attributes<br>");

    getServletContext().setAttribute("foo", "22");
    getServletContext().setAttribute("bar", "42");

    out.println(getServletContext().getAttribute("foo"));
    out.println(getServletContext().getAttribute("bar"));
}
```

Isto não pode funcionar! Bom, é legítimo na função de servlet, mas eu não vejo como ele resolveria o problema...

O que você acha? Isto consertará o problema do Kim? observe novamente o código e as figuras, caso não tenha certeza.

Sincronizar o método de serviço não protegerá um atributo do contexto!

Sincronizar o método de serviço significa que apenas uma thread de cada vez em uma classe do servlet pode estar rodando... mas isto não impede outros servlets ou JSPs de acessarem um atributo!

Sincronizar o método de serviço impediria outras threads do mesmo servlet de acessar os atributos do contexto, mas isto não fará qualquer coisa para interromper um servlet completamente diferente.

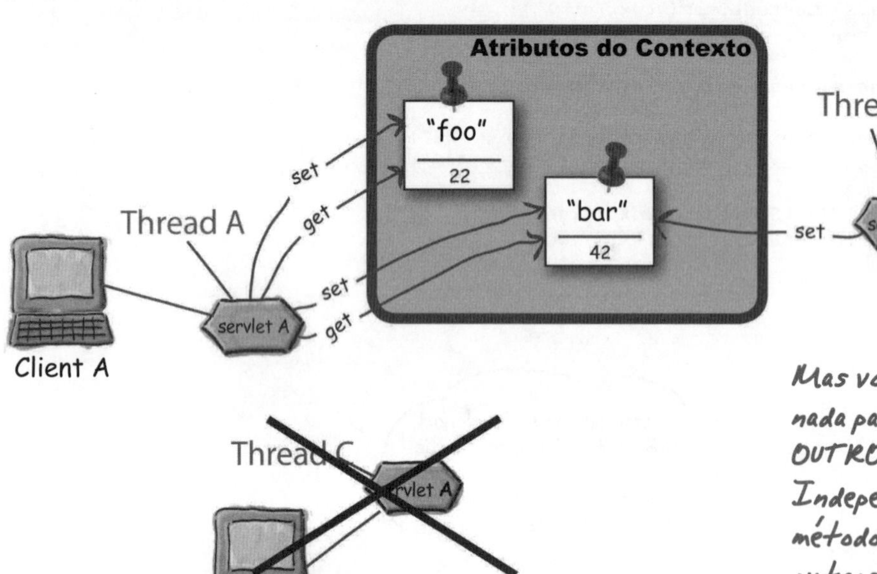

Mas você não fará nada para impedir os OUTROS servlets! Independentemente do[s] métodos de serviço em outros servlets estar[em] sincronizados ou não... [além] disso, outros trechos [da] aplicação têm acesso aos atributos do context[o]

Se você sincronizar o método de serviço, você irá IMPEDIR que o Container inicie qualquer outro método para as novas solicitações que, chegarem ao servlet A. Portanto, isto IRÁ proteger os atributos do contexto de serem acessados por mais de uma thread rodando o método de serviço do Servlet A.

Você não precisa de um lock no servlet ...

Você precisa do lock no contexto!

A maneira típica para proteger o atributo do contexto é sincronizar NO próprio objeto contexto. Se todos que acessarem o contexto tiverem que primeiro receber o lock no objeto contexto, você terá garantido que apenas uma thread por vez possa estar obtendo ou configurando o atributo do contexto. Mas... ainda existe um se aí. Só funciona se todos os outros códigos que manipulam os mesmos atributos do contexto TAMBÉM sincronizarem no ServletContext. Se o código não solicitar o lock, ele ainda é livre para alcançar os atributos do contexto. Mas se você está projetando a aplicação, então você pode decidir fazer com que todos solicitem o lock antes de acessarem os atributos.

Para os atributos do contexto, não vai adiantar nada sincronizar no Servlet, pois outras partes da aplicação ainda serão capazes de acessar o contexto!

```
public void doGet(HttpServletRequest request, HttpServletResponse response)
                                throws IOException, ServletException {

   response.setContentType("text/html");
   PrintWriter out = response.getWriter();

   out.println("test context attributes<br>");


   synchronized(getServletContext()) {
      getServletContext().setAttribute("foo
      getServletContext().setAttribute("bar", "42");

      out.println(getServletContext().getAttribute("foo"));
      out.println(getServletContext().getAttribute("bar"));
   }
}
```

Agora estamos recebendo o lock direto do contexto!! Esta é a maneira de proteger o estado do atributo do contexto. (Você não quer synchronized(this))

Já que temos o lock do contexto, estamos considerando que uma vez que entremos no bloco sincronizado, os atributos do contexto estarão salvos de outras threads até que saiamos do bloco... mais ou menos. Salvos significa "salvo de qualquer outro código que TAMBÉM faça sincronização no ServletContext".
Mas esta é a melhor opção que você vai conseguir para tornar os atributos do contexto thread-safe.

Aguarde para ver muitos códigos sobre segurança contra threads

No exame, você verá vários códigos mostrando estratégias diferentes para criar atributos thread-safe. Você terá que descobrir se o código funciona, dado um determinado objetivo. O fato de o código ser legítimo (compila e roda) não significa que resolverá o problema.

Os atributos de Sessão são thread-safe?

Pense um pouco.

Ainda não falamos sobre as sessões HTTP em detalhes (falaremos no capítulo Sessões), mas você já sabe que uma sessão é um objeto usado para manter o estado de conversação com um cliente. A sessão persiste por várias solicitações do mesmo cliente. Mas ainda estamos nos referindo a um único cliente.

Mas se é um cliente – e um único cliente só pode pertencer a uma solicitação por vez –, isso automaticamente já não significa que as sessões sejam thread-safe? Ou seja, mesmo que vários servlets estejam envolvidos, seja qual for o momento, só haverá uma solicitação de cada cliente... então, apenas uma thread estará rodando naquela sessão. Certo?

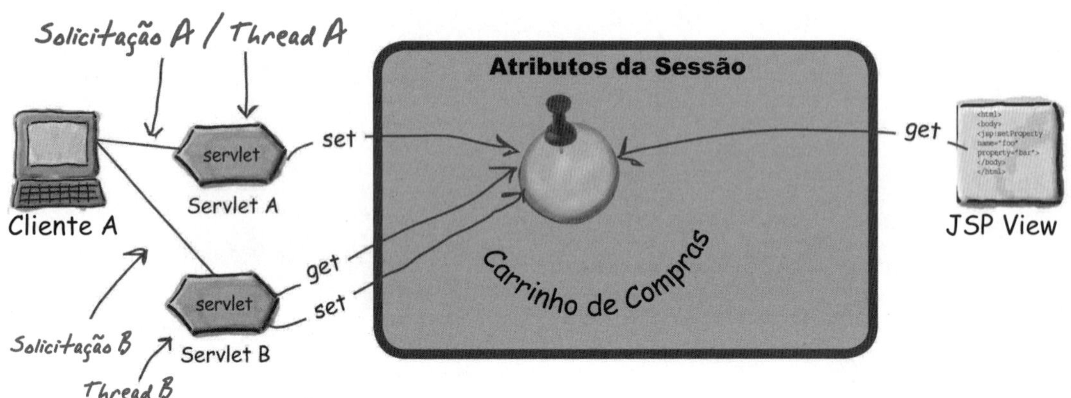

Embora ambos os servlets possam acessar os atributos da Sessão em threads separadas, cada thread pertence a uma única solicitação. Então, parece seguro.

A não ser que...

Você seria capaz de pensar numa situação em que poderia existir mais de uma solicitação, no mesmo momento, do mesmo cliente?
O que você acha? Os atributos de sessão são thread-safe mesmo?

O que é REALMENTE verdade sobre os atributos e a segurança contra threads?

Preste atenção em como os nossos dois faixas-pretas discutem as questões sobre como proteger o estado dos atributos contra os problemas de multi-threading.

Nós sabemos que os atributos de contexto NÃO são seguros por natureza, pois todos os trechos da aplicação podem acessar os atributos de contexto a partir de qualquer solicitação (leia-se, qualquer thread).

Sim, mestre. E eu sei que sincronizar o método de serviço não é a solução, pois embora evite que o servlet sirva a mais de uma solicitação por vez, ele NÃO irá impedir que *outros* servlets e JSPs na mesma aplicação acessem o contexto.

Muito bom. E sobre os atributos de Sessão. Eles são seguros?

Sim, mestre. Eles servem para apenas *um* cliente e as leis da física evitam que um cliente faça mais de uma solicitação por vez.

Você tem muito o que aprender, gafanhoto. Você não conhece a verdade sobre os atributos de sessão. Medite sobre isto antes de perguntar novamente.

Mas mestre, eu tenho meditado e ainda não sei como o cliente poderia ter mais de uma solicitação...

Você deve pensar além do Container. Use a criatividade. Arrisque-se.

Muito sábio conselho, mestre! Eu entendi! ***O cliente poderia abrir uma nova janela no browser!*** Então o Container ainda poderá usar a mesma sessão, embora venha de uma instância diferente do browser?

Sim! O Container pode ver a solicitação da segunda janela como se viesse da mesma sessão.

Logo, os atributos de Sessão *não* são thread-safe e eles também devem ser protegidos. Meditarei sobre esta questão...

E como você protege estes atributos de sessão contra o caos de várias threads?

Ah... Eu devo sincronizar a parte do meu código que acessa os atributos de sessão. Do mesmo jeito que fizemos para os atributos de contexto.

Ótimo! Sim, mas sincronizar o quê?

Eu devo sincronizar o HttpSession!

Proteja os atributos de sessão sincronizando o HttpSession

Observe a técnica que usamos para proteger os atributos de contexto. O que nós fizemos?

Você pode fazer a mesma coisa com os atributos de sessão, sincronizando o objeto HttpSession!

```
public void doGet(HttpServletRequest request, HttpServletResponse response)
                                    throws IOException, ServletException {

    response.setContentType("text/html");
    PrintWriter out = response.getWriter();

    out.println("test context attributes<br>");
    HttpSession session = request.getSession();

    synchronized(session) {
       session.setAttribute("foo", "22");
       session.setAttribute("bar", "42");

       out.println(session.getAttribute("foo"));
       out.println(session.getAttribute("bar"));
    }
}
```

Desta vez, nós sincronizamos o objeto HttpSession, para proteger os atributos de sessão

Não existem Perguntas Idiotas

P: Isto não seria um desperdício? Seria, de fato, possível... que o cliente abrisse uma nova janela no browser?

R: Claro que sim. Certamente, você mesmo já o fez sem pensar duas vezes – abriu uma segunda janela porque estava cansado de esperar pela resposta da outra, ou porque você minimizou uma, ou colocou a janela em lugar errado sem perceber, etc. O fato é que você não pode arriscar quando precisar de segurança contra threads para as suas variáveis de sessão. Você tem que saber que é perfeitamente possível para um atributo do escopo sessão ser usado por mais de uma thread em um determinado momento.

P: Não é ruim sincronizar código, já que causaria muito overhead e afetaria o processamento simultâneo?

R: Você deve SEMPRE pensar com cuidado antes de sincronizar qualquer código, pois você está certo – ocorrerá algum acréscimo no controle, na aquisição e na liberação de locks. Se você precisa de proteção, use o sincronismo, mas lembre-se da regra-padrão para o uso de locks: mantenha o lock o menor tempo possível para concluir sua tarefa! Em outras palavras, não sincronize aquele código que não irá acessar o estado protegido. Faça com que seu bloco sincronizado seja o menor possível. Consiga o lock, entre, obtenha o que for preciso e saia para que o lock possa ser liberado e outras threads possam rodar o código.

SingleThreadModel é designado a proteger as variáveis de instância

É isto que a especificação do servlet diz sobre a interface SingleThreadModel (ou STM):

Eis a parte principal...

> Assegura que os servlets lidem apenas com uma solicitação de cada vez.
>
> Esta interface não tem nenhum método. Se um servlet implementar essa interface, você terá a garantia de que dois encadeamentos não serão executados simultaneamente no método de serviço do servlet. O contêiner do servlet pode assegurar isso sincronizando o acesso a uma única instância do servlet ou mantendo um pool de instâncias do servlet e enviando cada nova solicitação a um servlet livre.

Seu servlet deve estender o HTTPServlet...

...mas pode também implementar a interface SingleThreadModel

HTTPServlet
{from javax.servlet}

<<interface>>
SingleThreadModel

MyServlet

Como MyServlet implementa o STM, o contêiner da Web irá assegurar que este servlet tenha apenas que lidar com uma solicitação de cada vez.

Mas como o contêiner da Web assegura que o servlet obterá apenas uma solicitação de cada vez?

O revendedor do contêiner da Web tem uma opção. O contêiner pode manter um único servlet, mas colocar em fila cada solicitação e processar uma solicitação completamente antes de permitir que a próxima solicitação prossiga. Ou o contêiner pode criar um pool de instâncias do servlet e processar cada solicitação simultaneamente, um por instância do servlet.

Qual estratégia STM você acha ser melhor?

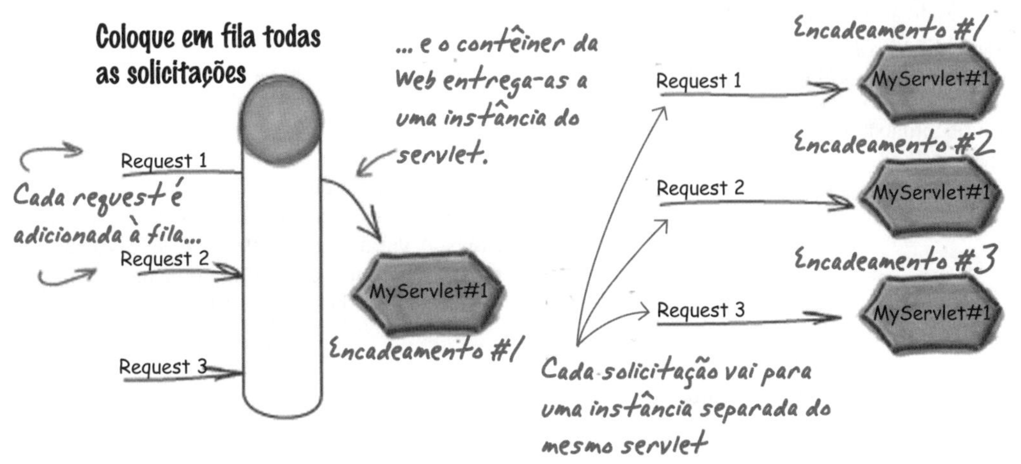

Qual é a melhor implementação STM?

Mais uma vez, devemos consultar nossos mestres. Os caras devem saber qual é a melhor implementação STM. Iremos vê-los lutando para tomar uma decisão...

Coloque em fila todas as solicitações

Envie as solicitações através de um pool

Colocar em fila as solicitações em um único servlet faz mais sentido. Implementa claramente o que os escritores da especificação pretendiam.

Mas mestre, o desempenho não sofrerá um impacto? Certamente, colocar em fila cada solicitação impedirá que diversos usuários tenham acesso ao mesmo servlet?

Sim, mas é o único modo de proteger as variáveis de instância do servlet.

Mas mestre, o contêiner também pode criar um pool de instâncias do servlet. Então, o contêiner pode processar uma solicitação com uma instância do servlet e outra solicitação com uma segunda instância. Cada solicitação é lidada paralelamente.

Ah, você vê profundamente no biscoito da sorte, meu aluno, mas não vê como poderia ser perigosa essa sorte...

Você fala por charadas, mestre. O que poderia dar errado, possivelmente, com a estratégia do pool?

A especificação do servlet define que uma única declaração do servlet no descritor de distribuição torna-se uma única instância do objeto durante a execução, mas agora usando a interface STM, essa definição não é mais válida. Você pode imaginar uma situação onde ter diversas instâncias do servlet falha?

Hmm, e se uma das variáveis de instância for para registrar quantas solicitações foram processadas. A variável do contador teria diversas contagens diferentes e nenhuma delas seria correta... apenas sua soma seria correta.

SIM! Você entrou profundamente no ardil que é o pool de servlets. A semântica da definição de "uma instância do servlet" é perdida. O servlet perdeu a noção de realidade.

Não existem Perguntas Idiotas

P: Qual é o problema? Por que a especificação do servlet é tão insípida?

R: Os escritores da especificação queriam dar aos revendedores do contêiner a oportunidade de competirem entre si em termos de desempenho e flexibilidade.

Você não precisa conhecer as estratégias STM do contêiner para o exame.

Só precisa saber que o STM tenta proteger as variáveis da instância do servlet.

P: Como sei qual estratégia meu revendedor usa?

R: Bem, felizmente está escrito em alguma parte da documentação para o contêiner da Web. Se não, você deve encontrar em contato com ele e perguntar.

P: Como a estratégia STM mudará como escrevo o código de meu servlet?

R: Se o contêiner usar uma estratégia de fila, então, a semântica de "uma instância do servlet" ainda existirá e você não precisará fazer nenhuma mudança no código. Mas se o contêiner usar uma estratégia de pool, então, a semântica de algumas variáveis de instância poderá mudar. Por exemplo, se você tiver uma variável de instância que mantém um "contador de solicitações", então, essa variável não poderá mais ser contada quando diversas instâncias do servlet forem criadas no pool. Neste caso, você poderá escolher tornar a variável do contador uma variável de classe.

P: Mas as variáveis da classe têm um encadeamento seguro?

R: Não, não têm e o mecanismo STM não ajuda com as variáveis da classe. Sim, ele protege as variáveis de instância contra o acesso simultâneo, mas colocando no pool as diversas instâncias, a semântica do servlet muda. E mais, o STM não ajuda com os outros escopos da variável ou do atributo. Você está sozinho...

P: É bom usar o SingleThreadModel?

R: Não, realmente. É por isso que o STM foi desaprovado na API do servlet!

Mas você ainda precisa saber para o exame.

Aponte seu lápis

Marque com um X as opções que NÃO são thread-safe. (Nos fizemos a primeira.)

- [x] Atributos do escopo contexto
- [ ] Atributos do escopo sessão
- [ ] Atributos do escopo solicitação
- [ ] Variáveis de instância no servlet
- [ ] Variáveis locais nos métodos de serviço
- [ ] Variáveis estáticas no servlet

Apenas os atributos da Solicitação e as variáveis locais são thread-safe!

E pronto! (Nós incluímos os parâmetros do método quando dizemos "variáveis locais".) Todo o resto está sujeito à manipulação por várias threads, a menos que você faça algo para evitar.

Não existem Perguntas Idiotas

P: Então as variáveis de instância não são thread-safe?

R: Isso mesmo. Se você tem vários clientes fazendo solicitações nesse servlet, significa várias threads rodando o código desse servlet. E todas as threads possuem acesso às variáveis de instância do servlet, portanto, as variáveis de instância não são thread-safe.

P: Mas elas SERIAM thread-safe se você implementasse o SingleThreadModel, certo?

R: Sim, porque você nunca teria mais de uma thread para o servlet, então as variáveis da instância seriam thread-safe. Mas é claro que ninguém mais aceitaria você no clube dos servlets novamente.

P: Eu só estava dando um exemplo. Como, "se alguém FOI estúpido o suficiente para implementar o SingleThreadModel...". Não que eu já tenha feito isso. Mas, já que estamos apenas levantando hipóteses... se eu tivesse um amigo que, digamos, sincronizasse o método de serviço, isso TAMBÉM não tornaria as variáveis de instância thread-safe?

R: Sim. Mas seu amigo seria um idiota. O efeito de implementar o SingleThreadModel é quase o mesmo que sincronizar o método de serviço. Ambos podem "arruinar" a aplicação sem proteger o estado da sessão e do atributo.

P: Mas se você não vai usar o SingleThreadModel e nem sincronizar o método de serviço, como você TORNA as variáveis de instância thread-safe?

R: Não tem como. Observe um servlet bem escrito e pode ser que você não encontre nenhuma variável de instância. Pelo menos não uma definitiva. (E sendo um programador Java, você sabe que mesmo uma variável definitiva ainda pode ser manipulada, a menos que ela seja imutável.)

Então, não use variáveis de instância se você precisar de segurança contra threads, pois as threads para esse servlet podem sobrepor as variáveis de instância.

P: Então, o que você DEVE usar se precisar que várias instâncias do servlet compartilhem algo?

R: Espera um pouco! Você disse "várias instâncias do servlet". Nós sabemos que você não quis dizer isso, pois sempre haverá apenas UMA instância do servlet. Uma instância, muitas threads.

Se você quiser que todas as threads acessem um valor, decida qual estado do atributo faz mais sentido e armazene o valor nele. Há chance de você resolver seus problemas de uma destas duas maneiras:

1) Declare a variável como uma variável local no método de service, em vez de como uma variável de instância.

OU

2) Use um atributo no escopo mais apropriado.

Atributos da Solicitação e Request dispatching

Os atributos da solicitação fazem sentido quando você quiser que algum outro componente da aplicação assuma o controle de toda a solicitação ou de parte dela. Nosso exemplo simples e característico é uma aplicação MVC que inicia com um servlet controlador, mas termina em uma view JSP. O controlador comunica-se com o modelo e obtém os dados que a view necessita para construir a resposta. Não há nenhuma razão para colocar os dados em um contexto ou atributo de sessão, já que só vale para esta solicitação. Desta forma, o colocamos no escopo da solicitação.

Então, como fazemos para que outra parte do componente assuma a solicitação? Com um RequestDispatcher.

```
// código em um doGet()
BeerExpert be = new BeerExpert();
ArrayList result = be.getBrands(c);

request.setAttribute("styles", result);

RequestDispatcher view =
  request.getRequestDispatcher("result.
jsp");

view.forward(request, response);
```

Coloque os dados do modelo no escopo da Solicitação.

Consiga um dispatcher para a view JSP.

Mande o JSP assumir a solicitação e, ah sim, aqui estão os objetos Solicitação e Resposta.

---

1 O servlet Beer chama o método getBrands() no modelo, que retorna com alguns dados de que a view precisa.

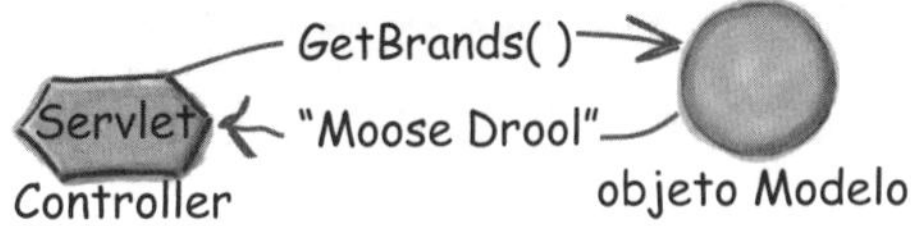

2 O servlet configura um atributo para a Solicitação chamado "styles". (Primeiro, ele coloca o "Moose Drool" em um ArrayList.)

setAttribute("styles", results)

Controller

HttpRequest

---

3 O servlet solicita ao HttpRequest um RequestDispatcher, passando em um caminho relativo para a view JSP.

getRequestDispatcher(uriToView)

Servlet

Controller

HttpRequest

4 O servlet chama o forward() no RequestDispatcher para mandar o JSP assumir a solicitação. (Não mostrado: o JSP recebe a solicitação encaminhada e obtém o atributo "styles" do escopo Solicitação.)

forward(request,response)

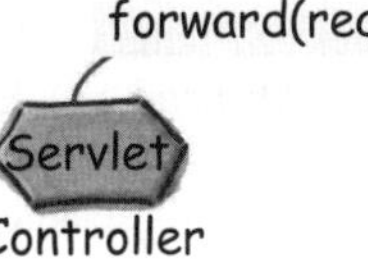

Controller

RequestDispatcher

O RequestDispatcher revelado

O RequestDispatcher possui apenas dois métodos – forward() e include(). Ambos levam os objetos solicitação e resposta (os quais o componente que você está encaminhando precisará para terminar a tarefa). Dos dois métodos, o forward() é de longe o mais popular. É muito improvável que você use o método include de um servlet controlador; porém, por debaixo dos panos, o método include está sendo usado por JSPs na ação-padrão <jsp:include> (que nós revisaremos no capítulo 8). Existem duas formas de conseguirmos um RequestDispatcher: através da solicitação ou do contexto. Independentemente de onde ele venha, você deve informar a ele para qual componente web você está encaminhando a solicitação. Em outras palavras, o servlet ou o JSP que assumirá o controle.

<<interface>> **RequestDispatcher**
forward(ServletRequest, ServletResponse) *include(ServletRequest, ServletResponse)*

javax.servlet.RequestDispatcher

Obtendo o RequestDispatcher através de um ServletRequest

```
RequestDispatcher view = request.getRequestDispatcher("result.jsp");
```

O método getRequestDispatcher() no ServletRequest usa um caminho String para o recurso o qual você está encaminhando a solicitação. Se o caminho começar com uma barra ("/"), o Container entende como "iniciar a partir da raiz desta aplicação". Se o caminho NÃO iniciar com uma barra, ele é considerado como relativo à solicitação original. Mas você pode tentar enganar o Container a olhar para fora da aplicação atual. Ou seja, só porque você tem muitas "../../../", não significa que vá funcionar se ele alcançar além da raiz da sua aplicação atual!

Este é um caminho relativo (pois não há nenhuma barra ("/") inicial). Então, neste caso o Container procura pelo result.jsp no mesmo lugar lógico que a solicitação estiver inserida. (Nós falaremos em detalhes sobre os caminhos relativos e os lugares lógicos no capítulo sobre Distribuição.)

Obtendo o RequestDispatcher através de um ServletContext

```
RequestDispatcher view = getServletContext().getRequestDispatcher("/result.jsp");
```

Assim como o método equivalente no ServletRequest, este método getRequestDispatcher() usa um caminho String para o recurso o qual você está encaminhando a solicitação, EXCETO se você não puder especificar um caminho relativo ao recurso atual (aquele que recebe a solicitação). Isto significa que você deve iniciar o caminho utilizando a barra!

Você DEVE usar a barra com o método getRequestDispatcher() do ServletContext.

Chamando o forward() no RequestDispatcher

```
view.forward(request, response);
```

Simples. O RequestDispatcher que você obteve através do contexto ou da solicitação conhece o recurso que você está encaminhando – o recurso (servlet, JSP) que você passou como argumento para o getRequestDispatcher(). Então, você está dizendo: "Ei, RequestDispatcher, por favor encaminhe esta solicitação para aquela coisa que eu disse anteriormente (neste caso, um JSP), quando nos falamos pela primeira vez. Eis a solicitação e a resposta, pois esta nova coisa vai precisar delas para terminar de tratar a solicitação."

O que há de errado com este código?

O que você acha? O código deste RequestDispatcher parece que funcionará do jeito que você esperava?

```
public void doGet(HttpServletRequest request, HttpServletResponse response)
                                        throws IOException, ServletException {

    response.setContentType("application/jar");
    ServletContext ctx = getServletContext();
    InputStream is = ctx.getResourceAsStream("bookCode.jar");
    int read = 0;
    byte[] bytes = new byte[1024];
    OutputStream os = response.getOutputStream();
    while ((read = is.read(bytes)) != -1) {
       os.write(bytes, 0, read);
    }
    os.flush();
    RequestDispatcher view = request.getRequestDispatcher("result.jsp");
    view.forward(request, response);
    os.close();
}
```

Suponha que tudo isto funciona

Você vai receber um enorme IllegalStateException!

Você não pode transferir a solicitação se você já submeteu uma resposta!

E por "cubmeteu uma resposta" entenda como, "enviou a resposta para o cliente". Observe o código novamente. O grande problema é:

os.flush();

Esta é a linha que faz com que a resposta seja enviada ao cliente e, neste ponto, esta resposta foi CONCLUÍDA. TERMINADA. JÁ ERA. Possivelmente, você não poderá encaminhar a solicitação neste estágio, pois ela já é história! Você já respondeu e isso só acontece uma vez.

Então, não seja iludido por questões do exame que enviam a solicitação DEPOIS da resposta ter sido enviada. O Container vai mostrar um IllegalStateException.

P: Como você não falou sobre o método include() do RequestDispatcher?

R: Um dos motivos é porque ele não está no exame. Outro: nós já mencionamos que ele não é muito usado na vida real. Porém, para satisfazer a sua curiosidade, o método include() envia a solicitação para outro lugar (geralmente outro servlet), para realizar alguma tarefa e então voltar para o remetente! Em outras palavras, significa que o include() pede por ajuda no tratamento da solicitação, mas não chega a ser uma ajuda completa. É apenas uma transferência de controle temporária, e não, permanente. Com o forward(), você está dizendo: "É isso aí, eu não vou fazer mais nada para processar esta solicitação e esta resposta." Porém, com o include(), você está dizendo: "Eu quero que outra pessoa faça algumas coisas com a solicitação e/ou resposta, mas quando ela terminar, eu mesmo quero acabar de tratar a solicitação e a resposta (embora eu talvez queira fazer outro include ou forward depois disso...").

Relembrando os Listeners

RESPOSTAS

Listeners de atributos	ServletRequestAttributeListener ServletContextAttributeListener HttpSessionAttributeListener
Outros listeners do ciclo de vida	ServletRequestListener ServletContextListener HttpSessionListener HttpSessionBindingListener HttpSessionActivationListener (Observe que a única diferença entre estes e os listeners de atributo é a palavra Attribute no nome da interface.)
Métodos em todos os listeners de atributos (exceto binding listener)	attributeAdded() attributeRemoved() attributeReplaced()
Eventos do ciclo de vida relacionados às sessões (exceto eventos relaciona-dos aos atributos) quando a sessão é criada e quando ela é destruída	Onde a seção é criada, e onde é destruída. sessionCreated() sessionDestroyed() (Nota: existem outros que serão falados no capítulo sobre Sessões.)
Eventos do ciclo de vida relacionados às solicitações (exceto eventos relacionados aos atributos) quando a sessão é inicializada ou destruída	Onde a seção é criada, e onde é destruída. sessionCreated() sessionDestroyed() (Observe as diferenças entre os eventos de sessão e os de solicitação. Para sessão é sessionCreated(), e para solicitação é requestInitialized().)
Eventos do ciclo de vida relacionados ao contexto do servlet (exceto eventos relacionados aos atributos) quando o contexto é inicializado ou destruído	when the context is initialized or destroyed contextInitialized() contextDestroyed()

Escopo Atributo

RESPOSTAS

	Acessibilidade (quem pode ver)	**Escopo** (por quanto tempo vive)	**Para que serve**
Contexto (NÃO thread-safe!)	Qualquer parte da aplicação, incluindo servlets, JSPs, ServletContextListeners e ServletContextAttributeListeners.	A vida da sessão. Uma sessão pode ser destruída por meio de programa ou simplesmente por time-out. (Falaremos detalhadamente no capítulo sobre Gerenciamento de Sessão)	Recursos que você queira que a aplicação inteira compartilhe, incluindo as conexões ao banco de dados, os nomes de lookup JNDI, endereços de e-mail, etc.
HttpSession (NÃO thread-safe!)	Qualquer servlet ou JSP com acesso a esta sessão específica. Lembre-se, uma sessão estende-se além da solicitação de um determinado usuário para transpor as várias solicitações do mesmo cliente, que podem ser encaminhadas para servlets diferentes.	Todo o tempo de vida do ServletContext, o que significa a vida da aplicação distribuída. Se o servidor ou a aplicação cair, o conteúdo é destruído (junto com seus atributos).	Dados e recursos relativos à sessão deste cliente, e não apenas uma única solicitação. Algo que requer uma conversa com o cliente. Um carrinho de compras é um bom exemplo.
Solicitação (Thread-safe)	Qualquer parte da aplicação que tenha acesso direto ao objeto Solicitação. Na maioria das vezes, isso quer dizer apenas os servlets e os JSPs para onde a solicitação foi encaminhada usando o RequestDispatcher. Também os listeners relacionados à Solicitação.	A vida da Solicitação, que significa até o fim da execução do método service() do Servlet. Ou seja, durante a vida da thread (pilha) que estiver tratando esta solicitação.	Passar informações sobre o modelo do controlador para a view... ou qualquer outro dado específico para a solicitação de um cliente.

Ímã de Geladeira

RESPOSTAS
(configurando um parâmetro de contexto no DD)

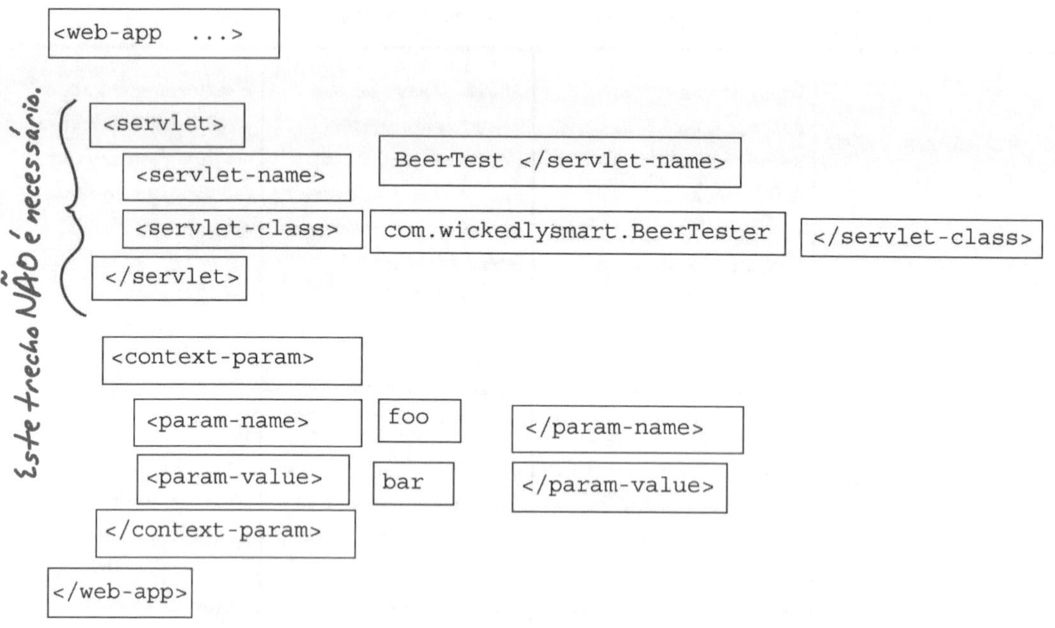

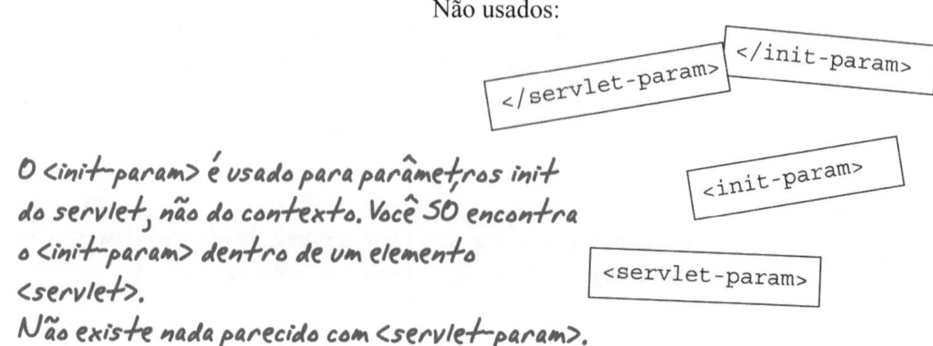

Não usados:
</servlet-param>
</init-param>
<init-param>
<servlet-param>
O <init-param> é usado para parâmetros init do servlet, não do contexto. Você SÓ encontra o <init-param> dentro de um elemento <servlet>.
Não existe nada parecido com <servlet-param>.

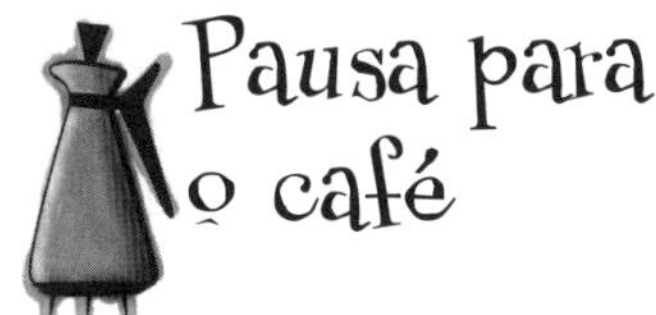

Teste Preparatório – Capítulo 5

---

1 Usando um `RequestDispatcher`, o uso de qual dos métodos pode nos levar a uma `IllegalStateException`? (Escolha todas as que se aplicam.)

- ☐ A. `read`
- ☐ B. `flush`
- ☐ C. `write`
- ☐ D. `getOutpuStream`
- ☐ E. `getResourceAsStream`

---

2 Quais declarações sobre os parâmetros de inicialização do `ServletContext` são verdadeiras? (Escolha todas as que se aplicam.)

- ☐ A. Eles devem ser usados para dados que raramente mudam.
- ☐ B. Eles devem ser usados para dados que freqüentemente mudam.
- ☐ C. Eles podem ser acessados usando o `ServletContext.getParameter()`.
- ☐ D. Eles podem ser acessados usando o `ServletContext.getInitParameter()`.
- ☐ E. Eles devem ser usados para dados que são específicos de um determinado servlet.
- ☐ F. Eles devem ser usados para dados que servem para toda a aplicação.

3 Quais tipos definem os métodos `getAttribute()` e `setAttribute()`? (Escolha todas as que se aplicam.)

❑ A. `HttpSession`

❑ B. `ServletRequest`

❑ C. `ServletResponse`

❑ D. `ServletContext`

❑ E. `ServletConfig`

❑ F. `SessionConfig`

4 Se um servlet for invocado usando-se o método `forward` ou `include` do `RequestDispatcher`, quais métodos do objeto solicitação do servlet podem acessar os atributos da solicitação configurados pelo container? (Escolha todas as que se aplicam.)

❑ A. `getCookies()`

❑ B. `getAttribute()`

❑ C. `getRequestPath()`

❑ D. `getRequestAttribute()`

❑ E. `getRequestDispatcher()`

5 Quais chamadas oferecem informações sobre os parâmetros de inicialização que podem ser usados por toda a aplicação? (Escolha todas as que se aplicam.)

❑ A. ServletConfig.getInitParameters()

❑ B. ServletContext.getInitParameters()

❑ C. ServletConfig.getInitParameterNames()

❑ D. ServletContext.getInitParameterNames()

❑ E. ServletConfig.getInitParameter(String)

❑ F. ServletContext.getInitParameter(String)

6 Quais declarações sobre os listeners são verdadeiras? (Escolha todas as que se aplicam.)

- ☐ A. O `ServletResponseListener` pode ser usado para executar uma ação quando uma resposta do servlet foi enviada.
- ☐ B. O `HttpSessionListener` pode ser usado para executar uma ação quando der time-out no `HttpSession`.
- ☐ C. O `ServletContextListener` pode ser usado para executar uma ação quando o contexto do servlet estiver prestes a ser encerrado.
- ☐ D. O `ServletRequestAttributeListener` pode ser usado para executar uma ação quando um atributo tiver sido removido do `ServletRequest`.
- ☐ E. O `ServletContextAttributeListener` pode ser usado para executar uma ação quando o contexto do servlet tiver sido criado e estiver disponível para servir à sua primeira solicitação.

7 O que seria mais coerente de ser armazenado como atributo no escopo sessão?

- ☐ A. A cópia do parâmetro de uma query que o usuário digitou.
- ☐ B. O resultado de uma query ao banco de dados para ser retornado imediatamente ao usuário.
- ☐ C. O objeto da conexão com o banco de dados usado por todos os componentes da aplicação.
- ☐ D. Um objeto representando um usuário que acaba de se logar no sistema.
- ☐ E. A cópia do parâmetro de inicialização recuperado de um objeto `ServletContext`.

---

8 Dado o código de um **HttpServlet** válido que também foi registrado como um **ServletRequestAttributeListener**:

```
public void doGet(HttpServletRequest req,
                                      HttpServletResponse res)
         throws IOException, ServletException {
  req.setAttribute("a", "b");
  req.setAttribute("a", "c");
  req.removeAttribute("a");
}
public void attributeAdded(ServletRequestAttributeEvent ev) {
  System.out.print(" A:" + ev.getName() + "->" + ev.getValue());
}
public void attributeRemoved(ServletRequestAttributeEvent ev) {
  System.out.print(" M:" + ev.getName() + "->" + ev.getValue());
}
public void attributeReplaced(ServletRequestAttributeEvent ev) {
  System.out.print(" P:" + ev.getName() + "->" + ev.getValue());
}
```

Qual dos logs é gerado?

- ❑ A. **A:a->b P:a->b**
- ❑ B. **A:a->b M:a->c**
- ❑ C. **A:a->b P:a->b M:a->c**
- ❑ D. **A:a->b P:a->b P:a->null**
- ❑ E. **A:a->b M:a->b A:a->c M:a->c**
- ❑ F. **A:a->b M:a->b A:a->c P:a->null**

---

9 Ao declararmos um listener no DD, quais subelementos do elemento **<listener>** são necessários? (Escolha todas as que se aplicam.)

- ❑ A. **<description>**
- ❑ B. **<listener-name>**
- ❑ C. **<listener-type>**
- ❑ D. **<listener-class>**
- ❑ E. **<servlet-mapping>**

10 Quais tipos de objetos podem armazenar atributos? (Escolha todas as que se aplicam.)

- ☐ A. `ServletConfig`
- ☐ B. `ServletResponse`
- ☐ C. `RequestDispatcher`
- ☐ D. `HttpServletRequest`
- ☐ E. `HttpSessionContext`

---

11 O que é verdade? (Escolha todas as que se aplicam.)

- ☐ A. Quando uma aplicação está prestes a ser encerrada, o pedido de notificação do listener não é garantido.
- ☐ B. Quando um evento que aceita um listener ocorre, o pedido de chamada do listener não é previsível.
- ☐ C. O container registra os listeners baseado nas declarações do deployment descriptor.
- ☐ D. Apenas o container pode invalidar uma sessão.

---

12 Quais declarações sobre o `RequestDispatcher` são verdadeiras (quando verdadeiras, considere que o `RequestDispatcher` não foi obtido via uma chamada ao `getNamedDispatcher()`)? (Escolha todas as que se aplicam.)

- ☐ A. O `RequestDispatcher` pode ser usado para encaminhar uma solicitação a outro servlet.
- ☐ B. O único método na interface do `RequestDispatcher` é o `forward()`.
- ☐ C. Os parâmetros especificados na query string usada para criar o `RequestDispatcher` não são encaminhados pelo método `forward()`.
- ☐ D. O servlet para o qual uma solicitação é encaminhada pode acessar a query string original, chamando o `getQueryString()` no `HttpServletRequest`.
- ☐ E. O servlet para o qual uma solicitação é encaminhada pode acessar a query string original, chamando o `getAttribute("javax.servlet.forward.query_string")` no `ServletRequest`.

13 Qual é a maneira recomendada para lidarmos com segurança de servlets e threads?

☐ A. Fazer com que o código do servlet estenda ThreadSafeServlet.

☐ B. Fazer com que o servlet implemente o SingleThreadModel.

☐ C. Logar todas as chamadas dos métodos.

☐ D. Usar exclusivamente variáveis locais, e se você tiver que usar as variáveis de instância, sincronizar o acesso a elas.

14 Dados os seguintes métodos:

- ggetCookies

- getContexPath

- getAttribute

Coincida os métodos acima com as seguintes classes ou interfaces. Note que cada método pode ser usado mais de uma vez.

HttpSession ....

ServletContext ....

HttpServletRequest ....

15 O que é verdadeiro sobre a interface **RequestDispatcher**? (Escolha tudo que se aplica.)

☐ A. De seus dois métodos, **forward( )** é usado com mais freqüência.

☐ B. Seus métodos têm os seguintes argumentos: recurso, solicitação e resposta.

☐ C. Dependendo da classe cujo método cria um **RequestDispatcher**, o caminho para o recurso a ser enviado mudará.

☐ D. Independentemente da classe cujo método cria um **RequestDispatcher**, o caminho para o recurso a ser enviado NÃO mudará.

☐ E. Se seu servlet chamar **RequestDispatcher.forward**, poderá enviar sua própria resposta para o cliente antes, mas não depois da chamada de envio.

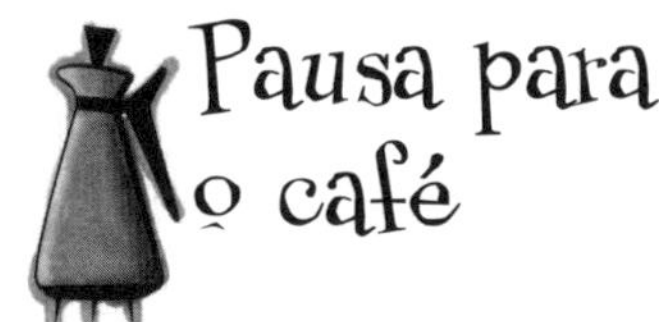

Respostas – Capítulo 5

---

1 Usando um **RequestDispatcher**, o uso de qual dos métodos pode nos levar a uma **IllegalStateException**? (Escolha todas as que se aplicam.)

(Servlet v2.4, pág. 167)

- [ ] A. **read**
- [x] B. **flush**
- [x] C. **write**
- [ ] D. **getOutpuStream**
- [ ] E. **getResourceAsStream**

– Uma IllegalStateException é causada quando uma resposta já foi "cometida" para o cliente (o método flush faz isso), e você tenta fazer um forward.

---

2 Quais declarações sobre os parâmetros de inicialização do **ServletContext** são verdadeiras? (Escolha todas as que se aplicam.)

(Servlet v2.4, pág. 31)

- [x] A. Eles devem ser usados para dados que raramente mudam.
- [ ] B. Eles devem ser usados para dados que freqüentemente mudam.
- [ ] C. Eles podem ser acessados usando o **ServletContext.getParameter()**.
- [x] D. Eles podem ser acessados usando o **ServletContext.getInitParameter()**.
- [ ] E. Eles devem ser usados para dados que são específicos de um determinado servlet.
- [x] F. Eles devem ser usados para dados que servem para toda a aplicação.

– A opção B está incorreta, porque os parâmetros init do ServletContext só são lidos na hora em que o Container é inicializado.
– A opção C está incorreta, porque este método não existe.
– A opção E está incorreta, porque só existe um objeto ServletContext por aplicação.

3 Quais tipos definem os métodos `getAttribute()` e `setAttribute()`? (Escolha todas as que se aplicam.)

(Servlet v2.4, págs. 32, 36 e 59)

- [x] A. `HttpSession`
- [x] B. `ServletRequest`
- [ ] C. `ServletResponse`
- [x] D. `ServletContext`
- [ ] E. `ServletConfig`
- [ ] F. `SessionConfig`

---

4 Se um servlet for invocado usando-se o método `forward` ou `include` do `RequestDispatcher`, quais métodos do objeto solicitação do servlet podem acessar os atributos da solicitação configurados pelo container? (Escolha todas as que se aplicam.)

(Servlet v2.4, pág. 65-66)

- [ ] A. `getCookies()`
- [x] B. `getAttribute()`
- [ ] C. `getRequestPath()`
- [ ] D. `getRequestAttribute()`
- [ ] E. `getRequestDispatcher()`

– A opção B apresenta o método correto. Com ele, você pode acessar os atributos preenchidos do container javax.servlet.forward.Xxx e javax.servlet.include.Xxxx.

– As opções C e D se referem a métodos que não existem.

---

5 Quais chamadas oferecem informações sobre os parâmetros de inicialização que podem ser usados por toda a aplicação? (Escolha todas as que se aplicam.)

(Servlet v2.4, pág. 32)

- [ ] A. ServletConfig.getInitParameters()
- [ ] B. ServletContext.getInitParameters()
- [ ] C. ServletConfig.getInitParameterNames()
- [x] D. ServletContext.getInitParameterNames()
- [ ] E. ServletConfig.getInitParameter(String)
- [x] F. ServletContext.getInitParameter(String)

– As opções A e B estão incorretas, porque estes métodos não existem.

– As opções C e E estão incorretas, porque oferecem acesso aos parâmetros de inicialização específicos do servlet.

6 Quais declarações sobre os listeners são verdadeiras? (Escolha todas as que se aplicam.)

(Servlet v2.4, pág. 80)

- [ ] A. O `ServletResponseListener` pode ser usado para executar uma ação quando uma resposta do servlet foi enviada.
- [x] B. O `HttpSessionListener` pode ser usado para executar uma ação quando der time-out no `HttpSession`.
- [x] C. O `ServletContextListener` pode ser usado para executar uma ação quando o contexto do servlet estiver prestes a ser encerrado.
- [x] D. O `ServletRequestAttributeListener` pode ser usado para executar uma ação quando um atributo tiver sido removido do `ServletRequest`.
- [ ] E. O `ServletContextAttributeListener` pode ser usado para executar uma ação quando o contexto do servlet tiver sido criado e estiver disponível para servir à sua primeira solicitação.

– A opção A está incorreta, porque não se refere a uma interface do ServletResponseListener.

– A opção E está incorreta, porque usaríamos um ServletContextListener para este propósito.

7 O que seria mais coerente de ser armazenado como atributo no escopo sessão?

(Servlet v2.4, pág. 58)

- [ ] A. A cópia do parâmetro de uma query que o usuário digitou.
- [ ] B. O resultado de uma query ao banco de dados para ser retornado imediatamente ao usuário.
- [ ] C. O objeto da conexão com o banco de dados usado por todos os componentes da aplicação.
- [x] D. Um objeto representando um usuário que acaba de se logar no sistema.
- [ ] E. A cópia do parâmetro de inicialização recuperado de um objeto `ServletContext`.

– A opção A está incorreta, porque o parâmetro de uma query é geralmente mais usado para realizar uma operação.

– A opção B está incorreta, porque tal dado geralmente é imediatamente retornado ou armazenado no escopo solicitação.

– A opção C está incorreta, porque (já que não é específico de uma determinada sessão) ele deveria ser armazenado no escopo contexto.

– A opção E está incorreta, porque os parâmetros do contexto servlet deveriam estar no objeto ServletContext.

8 Dado o código de um **`HttpServlet`** válido que também foi registrado como um **`ServletRequestAttributeListener`**:

(Servlet v2.4, pág. 199-200)

```
public void doGet(HttpServletRequest req,
                                        HttpServletResponse res)
        throws IOException, ServletException {
  req.setAttribute("a", "b");
  req.setAttribute("a", "c");
  req.removeAttribute("a");
}
public void attributeAdded(ServletRequestAttributeEvent ev) {
  System.out.print(" A:" + ev.getName() + "->" + ev.getValue());
}
public void attributeRemoved(ServletRequestAttributeEvent ev) {
  System.out.print(" M:" + ev.getName() + "->" + ev.getValue());
}
public void attributeReplaced(ServletRequestAttributeEvent ev) {
  System.out.print(" P:" + ev.getName() + "->" + ev.getValue());
}
```

Qual dos logs é gerado?

– Pegadinha! O método getValue retorna o valor ANTIGO do atributo se este for substituído.

☐ A. **`A:a->b P:a->b`**

☐ B. **`A:a->b M:a->c`**

☑ C. **`A:a->b P:a->b M:a->c`**

☐ D. **`A:a->b P:a->b P:a->null`**

☐ E. **`A:a->b M:a->b A:a->c M:a->c`**

☐ F. **`A:a->b M:a->b A:a->c P:a->null`**

---

9 Ao declararmos um listener no DD, quais subelementos do elemento **`<listener>`** são necessários? (Escolha todas as que se aplicam.)

(Servlet v2.4, seções 10.4-13.4.9)

☐ A. **`<description>`**

☐ B. **`<listener-name>`**

☐ C. **`<listener-type>`**

☑ D. **`<listener-class>`**

☐ E. **`<servlet-mapping>`**

– O subelemento <listener-class> é o ÚNICO elemento indispensável do elemento <listener>.

10 Quais tipos de objetos podem armazenar atributos? (Escolha todas as que se aplicam.) (API)

- [ ] A. `ServletConfig`
- [ ] B. `ServletResponse`
- [ ] C. `RequestDispatcher`
- [x] D. `HttpServletRequest`
- [ ] E. `HttpSessionContext`

– As opções A, B e C são inválidas, porque elas não armazenam atributos.

– A opção E é inválida, porque não existe.

Nota: Os outros dois tipos referentes ao servlet que podem armazenar atributos são o HttpSession e o ServletContext.

11 O que é verdade? (Escolha todas as que se aplicam.) (Servlet v2.4, págs. 87 a 84)

- [ ] A. Quando uma aplicação está prestes a ser encerrada, o pedido de notificação do listener não é garantido.
- [ ] B. Quando um evento que aceita um listener ocorre, o pedido de chamada do listener não é previsível.
- [x] C. O container registra os listeners baseado nas declarações do deployment descriptor.
- [ ] D. Apenas o container pode invalidar uma sessão.

– As opções A e B estão incorretas, porque o container usa o DD para definir a ordem de notificação para os listeners registrados.

– A opção D está incorreta, porque um servlet pode invalidar uma sessão usando o método HttpSession.invalidate().

12 Quais declarações sobre o `RequestDispatcher` são verdadeiras (quando verdadeiras, considere que o `RequestDispatcher` não foi obtido via uma chamada ao `getNamedDispatcher()`)? (Escolha todas as que se aplicam.) (Servlet v2.4, pág. 65)

- [x] A. O `RequestDispatcher` pode ser usado para encaminhar uma solicitação a outro servlet.
- [ ] B. O único método na interface do `RequestDispatcher` é o `forward()`.
- [ ] C. Os parâmetros especificados na query string usada para criar o `RequestDispatcher` não são encaminhados pelo método `forward()`.
- [ ] D. O servlet para o qual uma solicitação é encaminhada pode acessar a query string original, chamando o `getQueryString()` no `HttpServletRequest`.
- [x] E. O servlet para o qual uma solicitação é encaminhada pode acessar a query string original, chamando o `getAttribute("javax.servlet.forward.query_string")` no `ServletRequest`.

– A opção B está incorreta, porque a interface também possui um método include.

– A opção C está incorreta, porque estes parâmetros serão encaminhados neste caso.

- A opção D é incorreta porque esse método retorna a string de consulta no padrão URL a partir do RequestDispatcher.

13 Qual é a maneira recomendada para lidarmos com segurança de servlets e threads?

(especificação do Servlet, pág. 27)

- [ ] A. Fazer com que o código do servlet estenda ThreadSafeServlet.
- [ ] B. Fazer com que o servlet implemente o SingleThreadModel.
- [ ] C. Logar todas as chamadas dos métodos.
- [x] D. Usar exclusivamente variáveis locais, e se você tiver que usar as variáveis de instância, sincronizar o acesso a elas.

– As opções A e B são incorretas porque o ThreadSafeServlet não existe na Servlet API e o SingleThreadModel é desaprovado na versão 2.4 e não recomendado.

14 Dados os seguintes métodos:

(API)

- **ggetCookies**
- **getContexPath**
- **getAttribute**

Coincida os métodos acima com as seguintes classes ou interfaces. Note que cada método pode ser usado mais de uma vez.

HttpSession	getAttribute		
ServletContext	getAttribute		
HttpServletRequest	getCookies	getAttribute	getContextPath

Neste ponto, realmente não deve ser sobre memorização tanto como sobre quais métodos fariam sentido em cada escopo.

15 O que é verdadeiro sobre a interface **RequestDispatcher**? (Escolha tudo que se aplica.)

- [x] A. De seus dois métodos, **forward( )** é usado com mais freqüência.
- [ ] B. Seus métodos têm os seguintes argumentos: recurso, solicitação e resposta.
- [x] C. Dependendo da classe cujo método cria um **RequestDispatcher**, o caminho para o recurso a ser enviado poderá mudar.
- [ ] D. Independentemente da classe cujo método cria um **RequestDispatcher**, o caminho para o recurso a ser enviado NÃO mudará.
- [ ] E. Se seu servlet chamar **RequestDispatcher.forward**, poderá enviar sua própria resposta para o cliente antes, mas não depois da chamada de envio.

– Opção B: o recurso é especificado no momento da criação do objeto.

– Opção E: se seu servlet usar um RD, nunca poderá enviar sua própria resposta.

Estado de conversação

Os servidores web não têm memória curta. Assim que eles lhe enviam uma resposta, eles esquecem quem você é. Na próxima vez que você fizer uma solicitação, eles não o reconhecerão. Em outras palavras, eles não se recordam do que você solicitou no passado e nem do que eles enviaram como resposta. Nada. Algumas vezes isso é bom. Porém, algumas vezes você precisa manter o estado de conversação com o cliente *durante várias solicitações*. Um carrinho de compras não funcionaria se o usuário tivesse que escolher seus produtos e finalizar a compra *de uma única vez*. **Você vai encontrar uma solução extremamente simples na API Servlet.**

Gerenciamento de Sessão

4.1 Escrever o código do servlet para armazenar os objetos dentro de um objeto sessão e restaurar os objetos a partir de um objeto sessão.

4.2 Dada uma situação, descrever as APIs usadas para acessar o objeto sessão, explicar quando ele foi criado, descrever os mecanismos usados para destruí-lo e quando ele foi destruído.

4.3 Utilizando os listeners da sessão, escrever o código para responder a um evento quando um objeto é adicionado a uma sessão; escrever o código para responder a um evento quando um objeto sessão migra de uma VM para outra.

4.4 Dada uma situação, descrever qual o mecanismo de gerenciamento da sessão o Container pode empregar, como os cookies podem ser usados para gerenciar as sessões, como a reescrita de URL pode ser útil no gerenciamento das sessões e escrever o código do servlet para executar a reescrita de URL.

Notas sobre a Abrangência:

Todos os quatro objetivos do exame sobre gerenciamento da sessão são completamente cobertos neste capítulo (embora alguns destes tópicos tenham sido falados no capítulo anterior). Este capítulo é a sua única chance para aprender e memorizar estes assuntos; portanto, vá com calma.

Eu quero que a aplicação da cerveja tenha uma conversa bidirecional com o cliente... não seria legal se o usuário respondesse a uma pergunta, e a aplicação respondesse com uma nova pergunta, baseada nas respostas anteriores?

Kim quer manter a conversação específica com o cliente durante as várias solicitações

Agora, a lógica do negócio no modelo checa o parâmetro que vem da solicitação e devolve uma resposta (o *conselho*). Ninguém na aplicação se lembra de *nada* que tenha ficado com este cliente antes da solicitação atual.

O que ele tem AGORA:

```
public class BeerExpert {
   public ArrayList getBrands(String color) {
      ArrayList brands = new ArrayList();
      if (color.equals("amber")) {
        brands.add("Jack Amber");
        brands.add("Red Moose");
      } else {
        brands.add("Jail Pale Ale");
        brands.add("Gout Stout");
      }
      return brands;
   }
}
```

Nós checamos o parâmetro de entrada (cor) e devolvemos a resposta final (uma relação das marcas que possuem aquela cor). Este não é um conselho muito esperto...

O modelo (a lógica do negócio) tem que descobrir se há informação suficiente para fazer uma recomendação (ou seja, dar a dica final), e caso não haja, ele tem que enviar a próxima pergunta ao usuário.

O que ele QUER:

```
public class BeerExpert {
   public NextResponse getAdvice(String answer) {
     // Processar a resposta do cliente
procurando em TODAS as
     //respostas anteriores dele, assim como na
resposta da
     //solicitação atual. Se houver informação
suficiente,
     //retornar o conselho final, ou então,
retornar a próxima pergunta
   }
}
```

Suponha que a classe NextResponse encapsule o próximo item a ser exibido para o usuário e algo que indique se este é o conselho final ou outra pergunta.

Deve funcionar como uma conversa NORMAL...

Precisamos de bebidas melhores nesta festa. Tenho que ligar para o Kim...

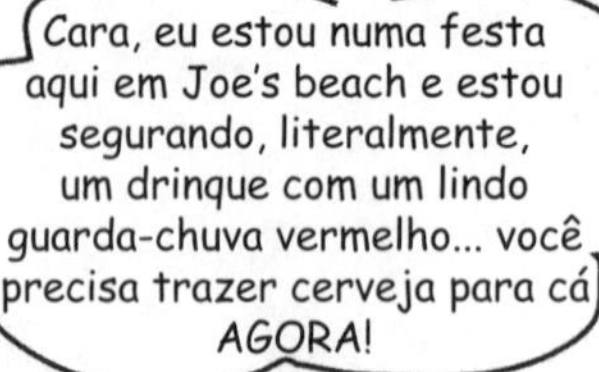

Cara, eu estou numa festa aqui em Joe's beach e estou segurando, literalmente, um drinque com um lindo guarda-chuva vermelho... você precisa trazer cerveja para cá AGORA!

Drinque com guarda-chuva vermelho? Oooooh, isso é RUIM. Foi bom você ter ligado... deixe-me perguntar uma coisa: primeiro, você quer escura, bock ou clara?

Bem, eu prefiro escura... mas esse pessoal é meio devagar, então, vou escolher bock por segurança.

Humm... Eu tenho muitas bock... você se importa com o preço?

Cara... eu estaria aqui trabalhando como modelo para livros de informática se eu não precisasse de dinheiro? É CLARO que eu me importo com o preço!

Sem problemas... eu tenho aqui umas amargas e "genéricas" que eu posso mandar.

Como ele pode monitorar as respostas do cliente?

O projeto do Kim só funcionará se ele puder acompanhar *tudo* que o cliente já tenha dito durante a conversa, e não apenas a resposta da solicitação *atual*. Ele precisa do servlet para conseguir os parâmetros da solicitação que representam as opções do cliente e salvá-los em algum lugar. Cada vez que o cliente responde uma pergunta, o mecanismo de conselhos usa *todas* as respostas anteriores dele para retornar ou uma *outra* pergunta, ou a recomendação final.

Quais são as opções?

Usar um enterprise javabean stateful session

Claro, ele poderia fazer isso. Ele poderia transformar seu servlet em um cliente para um bean stateful session, e toda vez que uma solicitação chegasse, ele poderia localizar este bean. Daria um certo trabalho, mas sim, você pode certamente usar um bean stateful session para armazenar um estado de conversação.

Mas *isto* geraria muito tráfego. *Mataria* a aplicação! Além disso, o provedor de hospedagem do Kim não tem um servidor J2EE completo com um Container EJB. Ele tem um Tomcat (um Container web) e só.

Usar um banco de dados

Isto também funcionaria. O provedor dele *permite* acesso ao MySQL; portanto, ele poderia fazer isto. Ele poderia escrever os dados do cliente em um banco de dados... mas isto impacta a performance de runtime, da mesma forma que o enterprise bean o faria, talvez até *mais*. E muito mais do que ele precisa.

Usar um HttpSession

Mas você já sabia disso. Nós podemos usar um objeto HttpSession para manter o estado de conversação durante várias solicitações. Ou seja, para uma *sessão* inteira com este cliente.

(De fato, o Kim ainda teria que usar um HttpSession, mesmo que ele *escolhesse* outra opção, como um banco de dados ou uma sessão bean, pois se o cliente é um browser, ele ainda teria que fazer coincidir um cliente específico com um banco de dados específico, ou a ID do session bean. Como você verá neste capítulo, o HttpSession cuida desta identificação.)

O objeto HttpSession pode manter o estado de conversação durante várias solicitações do mesmo cliente.

Em outras palavras, ele persiste por uma sessão inteira com um determinado cliente.

Podemos usá-lo para guardar tudo que recebemos do cliente em todas as solicitações que ele faz durante uma sessão.

Como as sessões funcionam

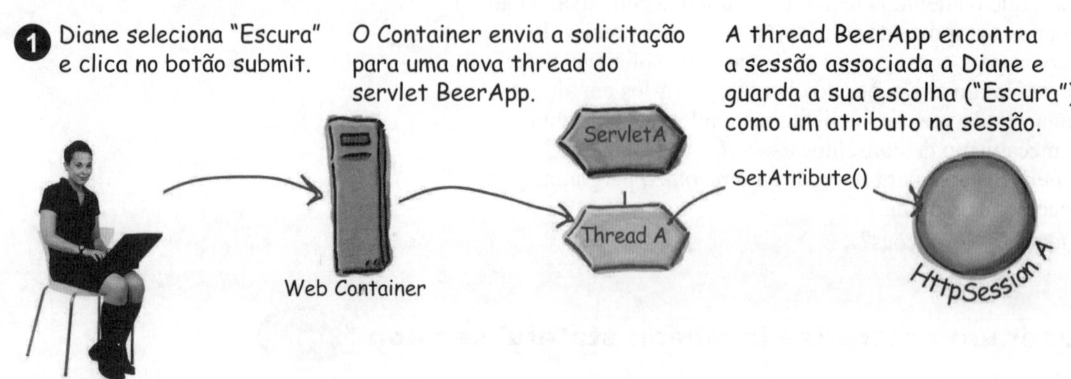

1
Diane seleciona "Escura" e clica no botão submit.
O Container envia a solicitação para uma nova thread do servlet BeerApp.
A thread BeerApp encontra a sessão associada a Diane e guarda a sua escolha ("Escura") como um atributo na sessão.
ServletA
SetAtribute()
Thread A
Web Container
HttpSession A

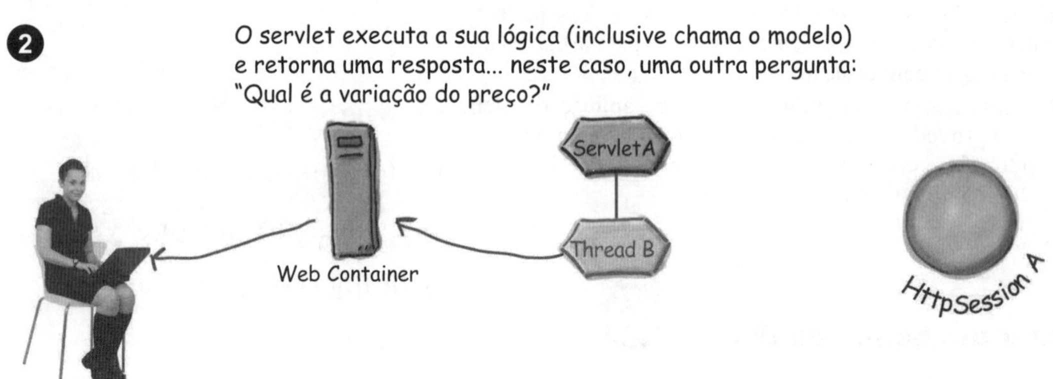

2
O servlet executa a sua lógica (inclusive chama o modelo) e retorna uma resposta... neste caso, uma outra pergunta: "Qual é a variação do preço?"
ServletA
Thread B
Web Container
HttpSession A

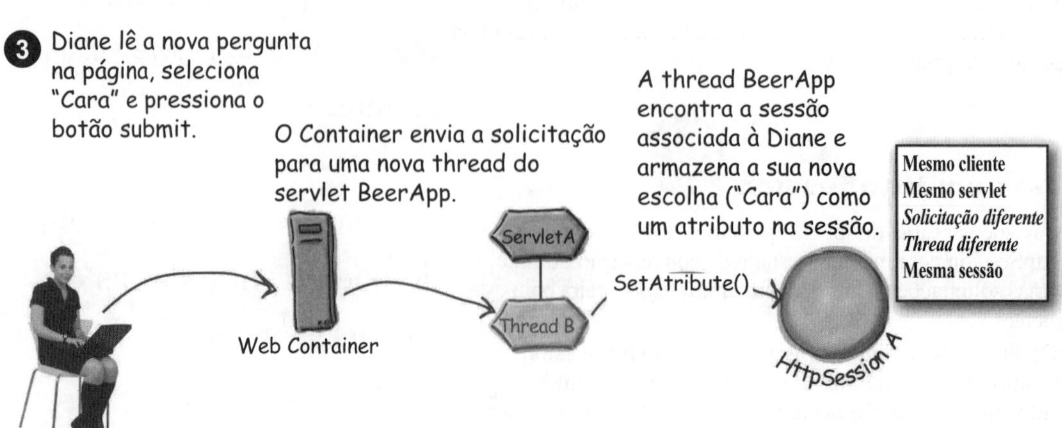

3
Diane lê a nova pergunta na página, seleciona "Cara" e pressiona o botão submit.
O Container envia a solicitação para uma nova thread do servlet BeerApp.
A thread BeerApp encontra a sessão associada à Diane e armazena a sua nova escolha ("Cara") como um atributo na sessão.
Mesmo cliente
Mesmo servlet
Solicitação diferente
Thread diferente
Mesma sessão
ServletA
SetAtribute()
Thread B
Web Container
HttpSession A

4 O servlet roda sua lógica (inclusive chama o modelo) e retorna uma resposta... neste caso, uma outra pergunta.

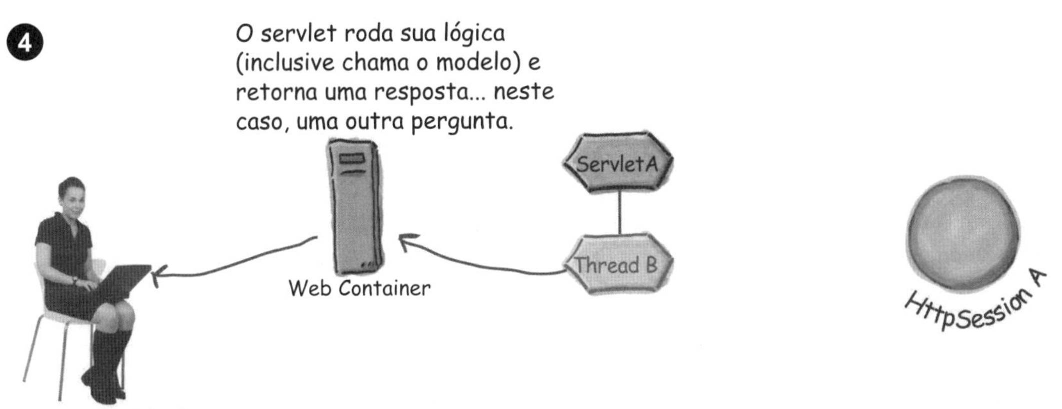

Nesse meio tempo, imagine que OUTRO cliente vai para o site de cerveja...

5 A sessão de Diane ainda está ativa, mas enquanto isso, Terri seleciona "Clara" e pressiona o botão submit.

O Container envia a solicitação de Terri para uma nova thread no servlet BeerApp.

A thread BeerApp inicia uma nova Sessão para Terri e chama o setAttribute() para armazenar a sua escolha ("Clara").

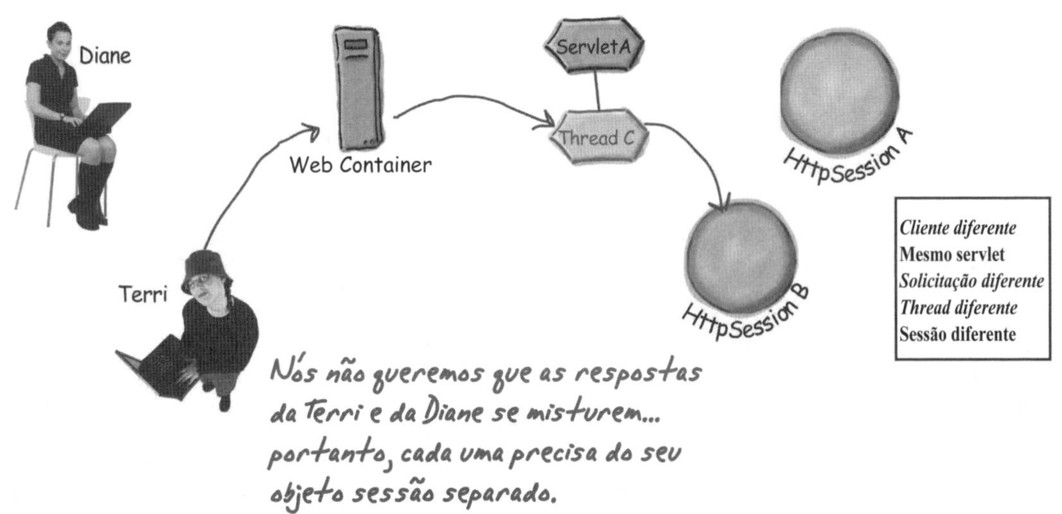

Nós não queremos que as respostas da Terri e da Diane se misturem... portanto, cada uma precisa do seu objeto sessão separado.

Um problema... como o Container vai saber quem é o cliente?

O protocolo HTTP usa conexões stateless. O browser do cliente faz uma conexão para o servidor, envia a solicitação, obtém a resposta e fecha a conexão. Ou seja, a conexão existe apenas para uma única solicitação/resposta.

Devido à conexão não persistir, o Container não reconhece que o cliente que fez a segunda solicitação é o mesmo de uma solicitação anterior. Para o Container, cada solicitação é de um novo cliente.

Mas as coisas iam tão bem... eu pensei que nós tivéssemos um relacionamento...

Eu sinto muito, mas não me lembro de você. Tenho certeza que nós dividimos bons momentos juntos, mas teremos que recomeçar.

Como o Container reconhecerá que é a Diane e não a Terri? O HTTP é stateless, portanto, cada solicitação é uma nova conexão...

Não existem Perguntas Idiotas

P: Por que o Container não pode simplesmente usar o endereço IP do cliente? É parte da solicitação, certo?

R: Ah, o Container *pode* obter o endereço IP da solicitação, mas isso identifica *exclusivamente* o cliente? Se você está em uma rede IP local, você tem um único endereço IP, mas há chances de que ele não seja reconhecido externamente. Para o servidor, seu endereço IP é o endereço do roteador; logo, você tem o mesmo endereço IP que todo mundo tem na sua rede! Então o IP não ajudaria! Você teria o mesmo problema: os itens do carrinho do Jim poderiam ir parar no carrinho do Pradeep e vice-versa. Então não, o endereço IP não é uma solução que identifique *exclusivamente* um determinado cliente na internet.

P: Que tal as informações de segurança? Se o usuário está logado e a conexão é segura (HTTPS), o Container sabe EXATAMENTE quem é o cliente, certo?

R: Sim, se o usuário está logado e a conexão é segura, o Container pode identificar o cliente e associá-lo a uma sessão. Mas isto é um ***grande "se"***. A maioria dos bons webdesigners diz: "Não force o usuário a fazer login até que seja realmente necessário, e não troque a segurança (HTTPS) enquanto não for realmente preciso." Se os seus usuários estão só navegando, mesmo que estejam só colocando artigos no carrinho de compras, você talvez não queira a sobrecarga (para você ou eles) de tê-los autenticados no sistema até que decidam finalizar a compra! Por isso, precisamos de um mecanismo que crie um link entre um cliente e uma sessão que não requeira autenticação segura. (Entraremos em detalhes sobre segurança no... espere por ele... *capítulo de Segurança*.)

O cliente precisa de uma única session ID

A idéia é simples: na primeira solicitação do cliente, o Container gera uma única session ID e a devolve para o cliente juntamente com a resposta. ***O cliente envia de volta a session ID com cada solicitação subseqüente.*** O Container verifica o ID, encontra a sessão correspondente e a associa à solicitação.

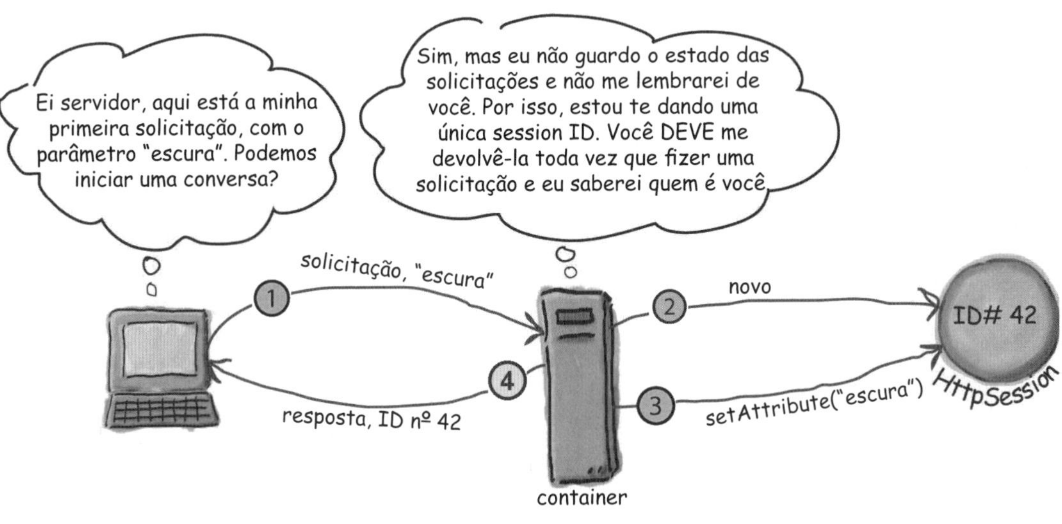

Como o Cliente e o Container trocam as informações da Session ID?

De alguma forma, o Container tem que entregar a session ID para o cliente como parte da resposta. Por sua vez, o cliente tem que devolver a session ID como parte da solicitação. A maneira mais simples e comum para essa troca de informações é através de *cookies*.

Cookies

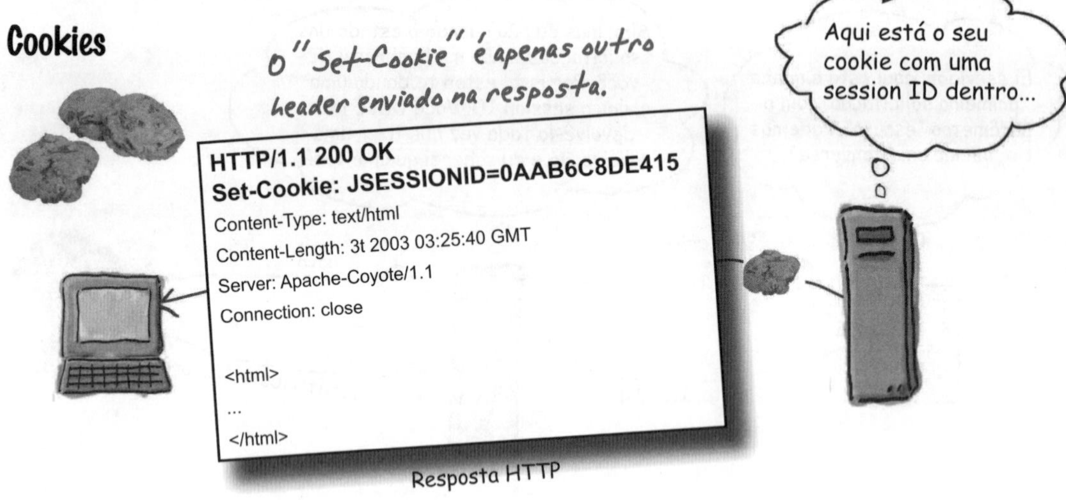

Resposta HTTP

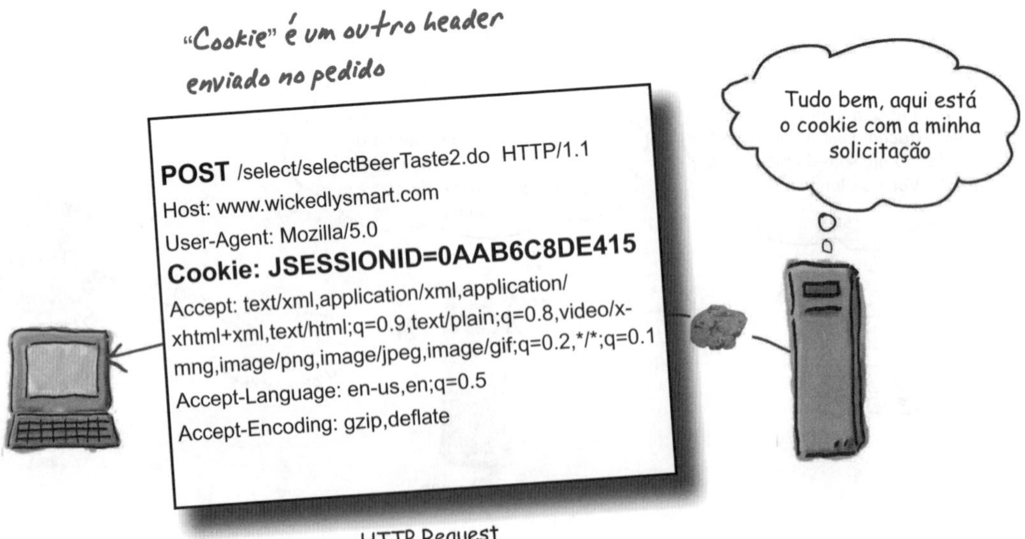

HTTP Request

A melhor parte: o Container faz quase todo o trabalho do cookie!

Você *tem* que informar ao Container que você quer criar ou usar uma sessão, mas é o Container que gera a session ID, criando um novo objeto Cookie, inserindo a session ID dentro do cookie e configurando o cookie como parte da resposta. E nas solicitações subseqüentes, o Container recebe a session ID de um cookie da solicitação, compara-a com uma sessão existente e associa essa sessão com a solicitação atual.

Enviando um cookie de sessão na RESPOSTA:

```
HttpSession session = request.getSession()
```

Você pede uma sessão e o Container põe tudo em ação. Você não precisa fazer mais nada! (Este método faz mais do que simplesmente criar uma sessão. Na PRIMEIRA vez que você o invoca na solicitação, ele fará com que seja enviado um cookie com a resposta. Contudo, ainda não há garantia de que o cliente ACEITARÁ o cookie... mas vamos com calma.)

É isso aí. Em algum lugar do seu método você solicita uma sessão e as demais tarefas acontecem *automaticamente*.

Você não cria o novo objeto HttpSession.

Você não gera a session ID exclusiva.

Você não cria o novo objeto Cookie.

Você não associa a session ID com o cookie.

Você não configura o Cookie na resposta (sob o header *Set-Cookie*).

Todo o trabalho do cookie acontece nos bastidores.

Obtendo a sessão ID da SOLICITAÇÃO:

```
HttpSession session = request.getSession();
```

O método para OBTER um cookie session ID (e correlacioná-lo a uma sessão existente) é o mesmo para ENVIAR um cookie session ID. Você mesmo nunca VÊ a session ID (embora você possa solicitar à sessão que o informe).

Parece familiar? Sim, é exatamente o mesmo método usado para gerar a session ID e o cookie para a resposta!

IF (a solicitação inclui um cookie da session ID)

encontrar a sessão que se correlaciona com a ID

ELSE IF (não existe nenhum cookie session ID **or** não existe no momento nenhuma sessão correlacionada à session ID)

criar nova sessão

Todo o trabalho do cookie acontece nos bastidores.

E se eu quiser saber se a sessão já existia ou foi criada agora?

Boa pergunta. O método de solicitação-padrão, getSession(), retorna uma sessão *independentemente de existir uma sessão anterior*. Já que você *sempre* obtém uma instância HttpSession daquele método, o único jeito de saber se a sessão é nova seria ***perguntando a ela.***

```
public void doGet(HttpServletRequest request, HttpServletResponse response)
                                        throws IOException, ServletException {

    response.setContentType("text/html");
    PrintWriter out = response.getWriter();
    out.println("test session attributes<br>");

    HttpSession session = request.getSession();

    if (session.isNew()) {

       out.println("This is a new session.");
    } else {
       out.println("Welcome back!");
    }
}
```

O getSession() sempre retorna uma sessão... mas você não pode afirmar se é uma sessão nova, a menos que você pergunte a ela.

O isNew() retorna com verdadeiro se o cliente ainda não respondeu com este session ID.

P: Você obtém uma sessão chamando o request.getSession(), mas esse é o único jeito de consegui-la? Não podemos usar o ServletContext?

R: Você obtém uma sessão através do objeto response porque – adivinha – a sessão é identificada pela solicitação. Quando você chama o getSession() no Container você está dizendo: "Eu quero uma sessão para ESTE cliente... ou a sessão que coincide com a session ID enviada pelo cliente, ou uma nova. Mas, em ambos os casos, *a sessão é para o cliente associado com esta solicitação.*"

Mas existe um outro jeito de você conseguir a sessão... através de um objeto *evento* da sessão. Lembre-se, uma classe listener não é um servlet ou um JSP – é apenas uma classe que quer conhecer os eventos. Por exemplo, o listener pode ser um atributo tentando descobrir quando ele (o objeto atributo) foi adicionado ou removido de uma sessão.

Os métodos que tratam o evento, definidos pelas interfaces do listener relacionados às sessões, recebem um argumento do tipo HttpSessionEvent, ou sua subclasse, HttpSessionBindingEvent. E o HttpSessionEvent tem um método getSession()!

Então, se você implementa alguma das quatro interfaces listener relacionadas às sessões (falaremos sobre esse assunto mais adiante neste capítulo), você pode acessar a sessão através dos métodos de callback que tratam o evento. Por exemplo, este código é de uma classe que implementa a interface HttpSessionListener:

```
public void
sessionCreated(HttpSessionEvent
event) {
      HttpSession session = event.
getSession();
      // evento que segura o código
}
```

E se eu quiser APENAS uma sessão pré-existente?

Você pode se deparar com uma situação na qual o servlet quer usar apenas uma sessão já criada. Pode não fazer sentido para o servlet responsável pelo checkout, por exemplo, iniciar uma *nova* sessão. Então, existe um método sobrecarregado getSession (booleano) apenas para esse propósito. Se você não quer criar uma sessão nova, chame o getSession (false) e você obterá ou um HttpSession nulo, ou um já existente.

O código abaixo chama o getSession (false) e verifica se o valor retornado foi nulo. Se *foi* nulo, o código exibe uma mensagem e *então* cria uma nova sessão.

```
public void doGet(HttpServletRequest request, HttpServletResponse response)
throws IOException, ServletException {

    response.setContentType("text/html");
    PrintWriter out = response.getWriter();
    out.println("test sessions<br>");

    HttpSession session = request.getSession(false);

    if (session==null) {
       out.println("no session was available");
       out.println("making one...");
       session = request.getSession();
    } else {
       out.println("there was a session!");
    }
}
```

Passar "falso" significa que o método retorna uma sessão pré-existente ou nula, caso não haja nenhuma sessão associada a este cliente.

Aqui nós podemos testar se já existia uma sessão (o getSession() padrão NUNCA retornaria um resultado nulo).

Aqui nós SABEMOS que estamos criando uma nova sessão.

P: O código acima não é simplesmente uma forma ineficiente e tola de fazer a mesma coisa da página anterior? No fim das contas, você acabou criando uma nova sessão.

R: Você está certo. O código acima é apenas para testar como funcionam as duas versões do getSession() . No mundo real, a única vez que você pode querer usar o getSession (false) é quando você NÃO quer criar uma sessão nova. Se o seu objetivo *for* criar uma sessão nova e ainda assim, responder de forma diferente se você sabe que ela é uma sessão nova (e não uma que já exista), use o método getSession() padrão e pergunte à sessão se ela está usando agora o método isNew() do HttpSession.

P: Então, parece que o getSession(true) é exatamente o mesmo que o getSession()...

R: Acertou novamente. A versão-padrão é uma conveniência para aquelas ocasiões em que você sabe que quer uma sessão nova ou existente. A versão que leva um booleano é útil quando você sabe que *não* quer uma nova sessão, ou quando a decisão de se criar uma nova versão acontece no runtime (e você está passando uma variável no método getSession(algum Booleano)).

Bem... isso tudo parece muito bonito, mas aí vão as ÚLTIMAS NOTÍCIAS: qualquer pessoa com apenas metade do cérebro desativa os cookies. Como você criará as sessões se você não puder usar os cookies?

Você pode criar as sessões mesmo quando o cliente não aceitar os cookies, mas dará um pouco mais de trabalho...

Não concordamos que alguém com metade do cérebro desative os cookies. Na verdade, a maioria dos browsers já tem cookies habilitados e tudo é maravilhoso. ***Mas não há garantias.***

Se sua aplicação *depende* das sessões, você precisa de um modo diferente para o cliente e o Container trocarem informações sobre a session ID. Sorte para você, pois o Container sabe como tratar um cliente que recusa um cookie, mas isto requer um pouco mais de esforço da sua parte.

Se você usar o código da sessão da página anterior – chamando o getSession() na solicitação – o Container tenta usar os cookies. Se os cookies não estiverem habilitados, significa que o cliente nunca se juntará à sessão. Ou seja, ***o método isNew() da sessão sempre retorna verdadeiro.***

O cliente com os cookies desabilitados irá ignorar os headers "Set-Cookie" da resposta

Se um cliente não aceitar cookies, você não receberá nenhuma exceção. Nenhuma campainha ou sirene soará para informá-lo de que a sua tentativa de obter uma sessão para este cliente falhou. Não, isto só quer dizer que o cliente ignora a sua tentativa de configurar um cookie com a session ID. No seu código, se você NÃO reescreve a URL, significa que o getSession() sempre retornará uma NOVA sessão (isto é, uma que sempre retorne "verdadeiro" quando você chamar o isNew() nela). O cliente nunca devolve uma solicitação que tenha um header do cookie da session ID.

Reescrita de URL: uma alternativa

Se o cliente não aceitar cookies, você pode usar a reescrita de URL como uma segunda opção. Supondo que você faça a sua parte corretamente, a reescrita de URL *sempre* funcionará – o cliente não se importa com o que está acontecendo e não faz nada para impedir. Lembre-se de que o objetivo é que o cliente e o Container troquem informações sobre a session ID. Trocar cookies é a maneira *mais simples* de compartilhar session IDs. Mas se você não puder colocar uma ID num cookie, onde você o colocará? A reescrita de URL carrega a session ID que está no cookie e a encaixa bem no final de cada URL que a aplicação recebe.

URL + ;jsessionid=1234567

Imagine uma página em que todos os links tenham um pouco de informação extra (a session ID) direcionada para o final da URL. Quando o usuário clicar naquele link "melhorado", a solicitação vai para o Container com aquele bit extra no final, e o Container simplesmente retira a parte extra da URL e a usa para encontrar a sessão correspondente.

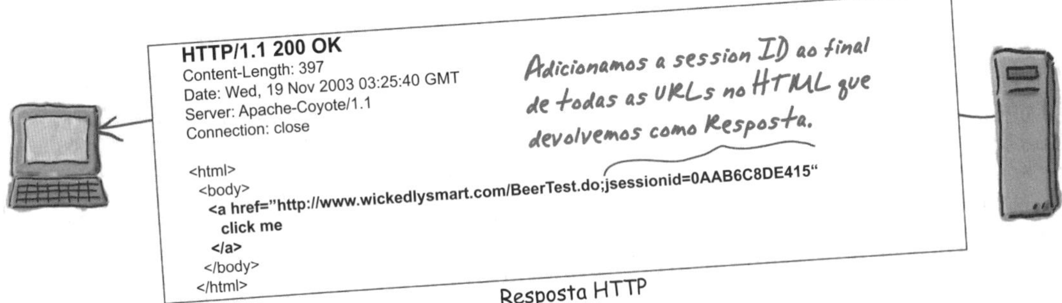
HTTP/1.1 200 OK
Content-Length: 397
Date: Wed, 19 Nov 2003 03:25:40 GMT
Server: Apache-Coyote/1.1
Connection: close
<html>
<body>
<a href="http:/www.wickedlysmart.com/BeerTest.do;jsessionid=0AAB6C8DE415"
click me
</a>
</body>
</html>
Adicionamos a session ID ao final de todas as URLs no HTML que devolvemos como Resposta.
Resposta HTTP

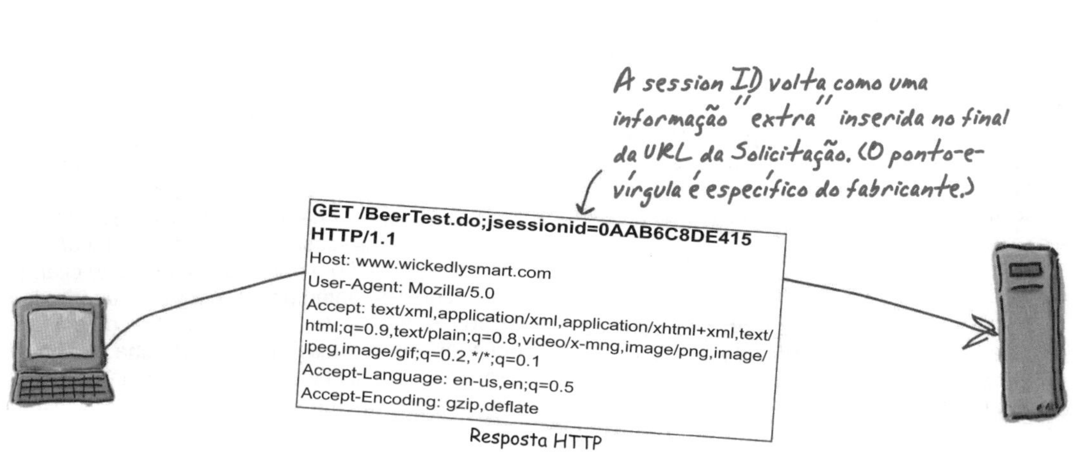
A session ID volta como uma informação "extra" inserida no final da URL da Solicitação. (O ponto-e-vírgula é específico do fabricante.)
GET /BeerTest.do;jsessionid=0AAB6C8DE415
HTTP/1.1
Host: www.wickedlysmart.com
User-Agent: Mozilla/5.0
Accept: text/xml,application/xml,application/xhtml+xml,text/html;q=0.9,text/plain;q=0.8,video/x-mng,image/png,image/jpeg,image/gif;q=0.2,*/*;q=0.1
Accept-Language: en-us,en;q=0.5
Accept-Encoding: gzip,deflate
Resposta HTTP

A reescrita de URL Só entra em cena se os cookies falharem e Só se você mandar a resposta codificar a URL

Se os cookies não funcionarem, o Container recorre à reescrita de URL, porém *só* se você tiver feito o trabalho extra de codificar todas as URLs que você enviará na resposta. Se você quiser que o Container fique configurado por padrão para usar os cookies primeiro, com a reescrita de URL apenas em último caso, você pode relaxar. É exatamente assim que ele funciona (exceto na primeira vez, mas chegaremos lá num minuto). Mas se você não ***codificar as suas URLs explicitamente*** – e o cliente não aceitar cookies –, ***você não precisa usar as sessões***. Se você codificar *mesmo* as suas URLs, o Container primeiro tentará usar os cookies para o gerenciamento da sessão e recorrerá à reescrita de URL apenas se a técnica do cookie falhar.

```
public void doGet(HttpServletRequest request, HttpServletResponse response)
                                                        throws IOException {
    response.setContentType("text/html");
    PrintWriter out = response.getWriter();
    HttpSession session = request.getSession(); ← obter uma sessão

    out.println("<html><body>");
    out.println("<a href=\"" + response.encodeURL("/BeerTest.do") + "\">click me</a>");
    out.println("</body></html>");
}
```

Adiciona a informação extra da session ID para esta URL.

P: Espere um momento... como o Container SABE que os cookies não estão funcionando? E em que ponto o Container decide usar a reescrita de URL?

R: Um Container burro de verdade não se preocupa se os cookies estão funcionando ou não – ele vai sempre tentar enviar o cookie E fazer uma reescrita de URL toda vez, mesmo que os cookies estejam funcionando. Mas eis como um Container *decente* trata isso:

Quando o Container vê uma chamada para o getSession() sem que tenha recebido a session ID com a solicitação do cliente, ele sabe que deve tentar *iniciar* uma nova sessão com o cliente. Até aqui, o Container não sabe se os cookies funcionarão, mas com esta *primeira* resposta enviada ao cliente, ele tenta os cookies e a reescrita de URL.

P: Por que ele não pode tentar os cookies *primeiro*... e fazer a reescrita de URL na próxima resposta, caso não consiga receber um cookie?

R: Lembre-se, se o Container não conseguir uma session ID do cliente, ele nem SABERÁ que esta é a *próxima* solicitação daquele cliente. O Container não tem como saber que ele tentou os cookies da última vez e que eles não funcionaram. Lembre-se, a ÚNICA forma de o Container reconhecer que ele já viu tal cliente antes é se o cliente enviar uma session ID!

Então, quando o Container percebe que você chamou o request.getSession(), ele entende que precisa iniciar uma nova sessão com este cliente. Ele envia a resposta com um header "Set-Cookie" para a session ID, *e* esta, anexada à URL (supondo que você usou o response.encodeURL()).

Agora imagine a *próxima* solicitação deste cliente. Ela terá a session ID anexada à URL da solicitação, mas se o cliente aceitar cookies, a solicitação TAMBÉM terá um cookie session ID. Quando o servlet chama o request.getSession(), o Container lê a session ID para a solicitação, encontra a sessão e pensa consigo, "Este cliente aceita cookies, então posso *ignorar* as chamadas response.encodeURL(). Na resposta, vou enviar um cookie, pois eu sei que ele funciona. E não há nenhuma necessidade de uma reescrita de URL, por isso, eu nem me preocupo..."

A reescrita de URL funciona com o sendRedirect()

Você pode encontrar uma situação em que você queira redirecionar a solicitação para uma URL diferente, e ainda assim usar uma sessão. Existe um método para escrever uma URL especial para isso:

```
response.encodeRedirectURL("/BeerTest.do")
```

P: E quanto a todas as minhas páginas HTML estáticas... elas estão cheias de links <a href>. Como eu faço reescrita de URL nessas páginas estáticas?

R: Você não faz! A única maneira de usar a reescrita de URL é se TODAS as páginas que são parte de uma sessão forem dinâmicas! Você não pode fazer um hard-code das session IDs, obviamente, visto que o ID não existe até o momento da execução. Então, se você depende das sessões, você precisa da reescrita de URL como uma estratégia alternativa. E já que você precisa da reescrita de URL, você tem que gerar dinamicamente as URLs na resposta HTML! O que significa que você teria que processar o HTML no runtime.

Sim, esta é uma questão de performance. Portanto, você deve pensar com carinho sobre os lugares onde as sessões são importantes para a sua aplicação – e se elas são críticas ou simplesmente boas.

A reescrita de URL é automática... mas só se você codificou suas URLs. VOCÊ tem que rodar todas as suas URLs através do método de um objeto resposta - encodeURL() ou encodeRedirectURL() - e o Container faz todo o resto.

P: Você disse que para usarmos a reescrita de URL, as páginas devem ser dinâmicas. Portanto, quer dizer que eu posso fazer isso com os JSPs?

R: Sim! Você pode criar uma reescrita de URL em um JSP. Existe até uma tag JSTL bem simples que faz isso facilmente, <c:URL>, que você verá quando chegar no capítulo que trata das tags customizadas.

P: A reescrita de URL é específica por fabricante?

R: Sim, a reescrita de URL é específica por fabricante. O Tomcat usa o ponto-e-vírgula ";" para anexar a informação *extra* à URL. Outro fabricante talvez use uma vírgula ou algo diferente. A questão é, aquilo que o Container usa como separador é reconhecido por ele quando uma solicitação chega. Então, quando o Container encontra um separador que *ele* usa (ou seja, o separador que *ele* adicionou durante a reescrita de URL), ele sabe que tudo o que vem depois é "informação extra" que ele mesmo colocou lá. Em outras palavras, o Container sabe como reconhecer e analisar o material extra que *ele* (o Container) anexou à URL.

A codificação da URL é tratada pela Resposta!

Não se esqueça de que o método encodeURL() é algo que você chama no seu objeto HttpServletResponse! Você não o chama na solicitação, nem no seu contexto ou no objeto sessão. Lembre-se de que o processo de codificação da URL é todo relacionado à resposta.

Não seja enganado com o parâmetro da solicitação "jsessionid" ou o header "JSESSIONID".

VOCÊ não deve jamais usar o "jsessionid". Se você encontrar um parâmetro de solicitação "jsessionid", alguém está fazendo algo errado. Você nunca deveria ver algo assim:

```
String sessionID = request.getParameter("jsessionid");
```

← Não!!

E você não deveria ver um header customizado "jsessionid" em uma solicitação ou resposta:

```
POST /select/selectBeerTaste.do HTTP/1.1
User-Agent: Mozilla/5.0
JSESSIONID: 0AAB6C8DE415
```

← Não faça isso! Supõe-se que seja um cookie!

Aliás, o ÚNICO lugar em que um "jsessionid" deve ficar é dentro de um header cookie:

```
POST /select/selectBeerTaste.do HTTP/1.1
User-Agent: Mozilla/5.0
Cookie: JSESSIONID=0AAB6C8DE415
```

← Isto está certo, mas não faça por si mesmo.

Ou, anexado no final de uma URL como "informação extra":

```
POST /select/selectBeerTaste.do;jsessionid=0AAB6C8DE415
```

← O resultado da reescrita de URL (você também não deve fazer isto).

Pontos de bala

- A reescrita de URL adiciona a session ID no final de todas as URLs no HTML que você escreve na resposta.
- A session ID retorna com a solicitação como informação "extra" no final da URL solicitada.
- A reescrita de URL ocorrerá automaticamente se os cookies não funcionarem com o cliente, mas você tem que codificar explicitamente todas as URLs que você escrever.
- Para codificar uma URL, chame response.encodeURL(umaString).

```
out.println("<a href='"
  + response.encodeURL("/BeerTest.do")
  + "'>click me</a>");
```

- Não existe forma de conseguir uma reescrita de URL automática nas suas páginas estáticas. Logo, se você depende das sessões, você deve usar as páginas geradas dinamicamente.

Eu REALMENTE não quero um monte de sessões velhas guardadas no meu servidor e ocupando meu valioso espaço...

(Ele quer guardar espaço na sua máquina para jogar "The Sims" com o pacote "Hot Date".)

Livrando-se das sessões

A cliente entra, inicia uma sessão, muda de idéia e sai do site. Ou a cliente entra, inicia uma sessão e seu browser trava. Ou a cliente entra, inicia uma sessão e a finaliza fazendo uma compra (check-out do carrinho de compras). Ou o computador dela trava. *Seja o que for.*

A questão é que os objetos da sessão usam recursos. Você não quer que as sessões fiquem lá além do tempo necessário. Lembre-se, o protocolo HTTP não tem nenhum mecanismo que informe ao servidor que a cliente já foi. (Em termos de aplicação distribuída, para aqueles que estão familiarizados, não há nenhum *leasing*.)*

Mas como o Container (ou *você*) *sabe* que a cliente foi embora? Como o Container *sabe* que o browser da cliente travou? ***Como o Container sabe que é seguro destruir uma sessão?***

EXERCITE SUA MENTE

Quais seriam as estratégias que você (e o Container) usariam para gerenciar o número de sessões e eliminar as desnecessárias? Quais são algumas das maneiras possíveis que o Container poderia saber que uma sessão não é mais necessária?

Pense um pouco e dê uma olhada na API HttpSession algumas páginas adiante para conseguir algumas dicas.

*Algumas aplicações distribuídas usam o leasing como forma do servidor saber que a cliente se foi. A cliente recebe um lease do servidor e deve renová-lo em intervalos específicos, informando ao servidor que ela ainda está lá. Se o lease da cliente expirar, o servidor sabe que pode destruir qualquer recurso que mantinha para a cliente.

Como queremos que ele funcione...

Gostaríamos que o Container reconhecesse quando uma sessão ficasse inativa por muito tempo e a destruísse. É claro que teríamos que brigar com o Container para que ele soubesse o que "muito tempo" realmente quer dizer. Vinte minutos é muito tempo? Uma hora? Um dia? (Talvez exista uma maneira de informarmos ao Container o que é "muito tempo".)

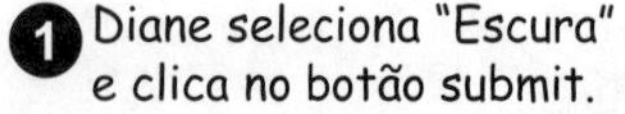

1 Diane seleciona "Escura" e clica no botão submit.

O Container envia a solicitação para uma nova thread do servlet BeerApp.

O Container cria uma nova sessão, ID nº 343. O cookie "JSESSIONID" é enviado de volta para Diane na resposta (não exibido).

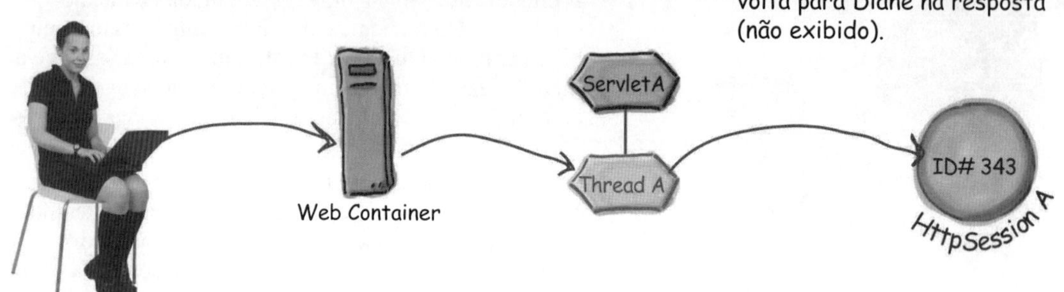

2 Diane desaparece misteriosamente.

O Container faz o que qualquer Container faria em seu tempo vago (embora provavelmente haja um monte de clientes a serem atendidos).

A sessão iniciada por Diane ainda está lá... esperando... abandonada.

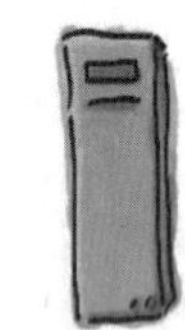

3 Diane não retorna. Os minutos passam...

O Container checa o estado da sessão nº 343 e descobre que nenhuma solicitação chegou com aquela session ID durante 20 minutos.

O Container diz "20 minutos é muito tempo. Ela não voltou.", e destrói a pobre e abandonada sessão.

A interface HttpSession

Tudo com o que você se preocupa quando chama o getSession() é que você receba uma instância de uma classe que implemente a interface HttpSession. É tarefa do Container criar a implementação.

Uma vez que você consegue uma sessão, o que você pode *fazer* com ela?

Na maioria das vezes, você usará as sessões para receber e configurar os atributos do escopo sessão.

Mas tem mais, é claro. Veja se você consegue descobrir sozinho alguns dos métodos mais importantes. (As respostas estão na próxima página, então não vire!)

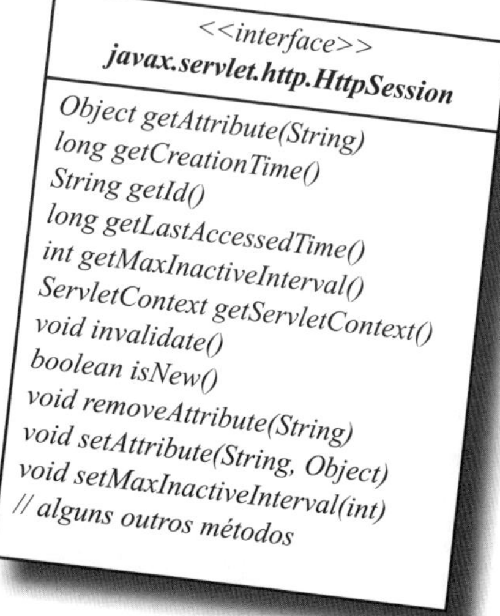

<<interface>>
javax.servlet.http.HttpSession
Object getAttribute(String)
long getCreationTime()
String getId()
long getLastAccessedTime()
int getMaxInactiveInterval()
ServletContext getServletContext()
void invalidate()
boolean isNew()
void removeAttribute(String)
void setAttribute(String, Object)
void setMaxInactiveInterval(int)
// alguns outros métodos

Aponte seu lápis

	O que ele faz	Para que você o usaria
getCreationTime()		
getLastAccessedTime()		
setMaxInactiveInterval()		
getMaxInactiveInterval()		
invalidate()		

Os principais métodos HttpSession

Você já conhece os métodos para atributos (getAttribute(), setAttribute(), removeAttribute()), mas aqui estão alguns dos mais importantes de que você pode precisar na sua aplicação (e que podem cair na prova).

	O que ele faz	Para que você o usaria
getCreationTime()	Retorna o momento em que a sessão foi criada pela primeira vez.	Descobrir a duração da sessão. Você pode decidir restringir que certas sessões ultrapassem um determinado período de tempo. Por exemplo, você pode dizer: "Uma vez logado, você tem exatamente 10 minutos para completar este formulário..."
getLastAccessedTime()	Retorna a última vez que o Container recebeu uma solicitação com esta session ID (em milisegundos).	Para descobrir quando um cliente acessou pela última vez esta sessão. Você pode usá-lo para decidir que, caso o cliente tenha saído há muito tempo, você enviará um e-mail perguntando se ele vai retornar. Ou usar o invalidate() na sessão.
setMaxInactiveInterval()	Especificar o tempo máximo, em segundos, que você quer permitir entre as solicitações do cliente nesta sessão.	Para fazer com que uma sessão seja encerrada, depois que um certo período de tempo tenha passado, sem que o cliente tenha feito nenhuma solicitação nesta sessão. Esta é uma das formas de reduzir a quantidade de sessões paradas no seu servidor.
getMaxInactiveInterval()	Retorna o tempo máximo, em segundos, permitido entre as solicitações do cliente para esta sessão.	Para determinar por quanto tempo uma sessão pode permanecer inativa sem perder a validade. Você pode usá-lo para julgar quanto tempo um cliente inativo ainda possui, antes que sua sessão seja invalidada.
invalidate()	Finaliza a sessão. Isto inclui *desvincular* todos os atributos da sessão atualmente armazenados nesta sessão. (Falaremos mais sobre esse assunto ainda neste capítulo.)	Para matar uma sessão, caso o cliente esteja inativo ou se você SOUBER que a sessão terminou (por exemplo, depois que o cliente finaliza uma compra ou se loga). A instância da sessão *em si* pode ser reciclada pelo Container, mas isso não nos importa. O invalidate significa que a session ID não existe mais e os atributos foram removidos do objeto sessão.

Agora que você já conhece estes métodos, você consegue definir uma estratégia que elimine as sessões abandonadas?

Você não pode estar falando sério... então quer dizer que eu tenho que acompanhar a atividade da sessão e que eu tenho que matar as sessões inativas? O Container não pode fazer isso?

Configurando o timeout da sessão

Boas notícias: *não* é você que vai acompanhar isto. Está vendo aqueles métodos acima? Você não tem que usá-los para se livrar das sessões mortas (inativas). O Container pode fazer isto para você.

Três formas de matar uma sessão:

- Por timeout
- Você chama o invalidate() no objeto sessão
- A aplicação cai (trava ou não é distribuída)

1 Configurando o timeout da sessão no DD

Configurar o timeout no DD tem quase o mesmo efeito que chamar o setMaxInactiveInterval() em cada sessão que é criada.

```
<web-app ...>
  <servlet>
    ...
  </servlet>
 <session-config>
    <session-timeout>15</session-timeout>
  </session-config>
</web-app>
```

O 15 está em minutos. Ele diz que se o cliente não fizer nenhuma solicitação nesta sessão em 15 minutos, mate-a.*

2 Configurando o timeout para uma sessão *específica*

Se você quiser alterar o valor do session-timeout para uma instância de sessão específica (sem afetar a duração do timeout em nenhuma sessão da aplicação):

```
session.setMaxInactiveInterval(20*60);
```

Só a sessão na qual você chama o método é afetada.

O argumento para o método está em segundos, e quer dizer que se o cliente não fizer nenhuma solicitação em 20 minutos, mate-a.*

Os timeouts no DD estão em MINUTOS!

Eis aqui uma enorme inconsistência que devemos prestar atenção... você especifica timeouts no DD usando MINUTOS, mas se você configurar um timeout programático, você especifica em SEGUNDOS!

* A sessão, não o cliente.

Ímã de Geladeira

Especifique no DD e programaticamente, que uma sessão deve ser destruída, se ela não receber nenhuma solicitação por 20 minutos. Nós colocamos o primeiro ímã no servlet para você e é possível que você nem use todos.

DD

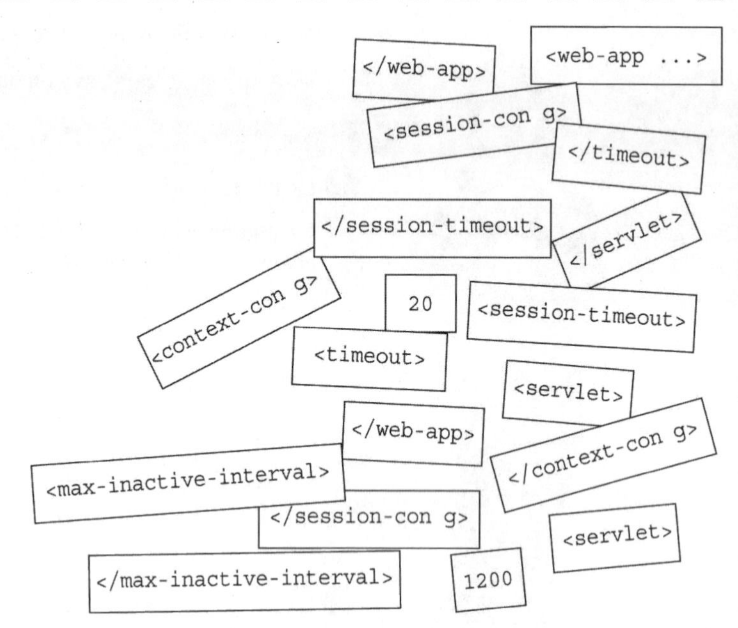

Servlet

```
public void doGet(HttpServletRequest request, HttpServletResponse response)
                                                    throws IOException {
```

HttpSession

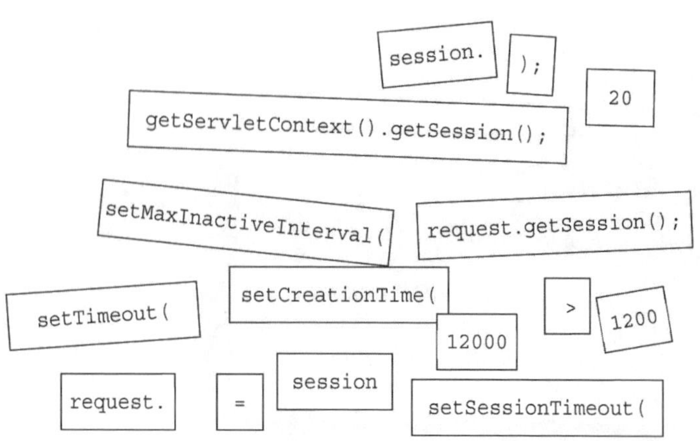

SEJA o Container

Cada um dos códigos abaixo foi retirado de um HttpServlet compilado. Seu trabalho é pensar como o Container e determinar o que vai acontecer quando cada um destes servlets for chamado duas vezes pelo mesmo cliente. Descreva o que acontece na primeira e na segunda vez que o mesmo cliente acessa o servlet.

1

```
public void doGet(HttpServletRequest request, HttpServletResponse response)
                                                        throws IOException {
        response.setContentType("text/html");
        PrintWriter out = response.getWriter();
        HttpSession session = request.getSession();
        session.setAttribute("foo", "42");
        session.setAttribute("bar", "420");
        session.invalidate();
        String foo = (String) session.getAttribute("foo");
        out.println("Foo: " + foo);
}
```

2

```
public void doGet(HttpServletRequest request, HttpServletResponse response)
                                                        throws IOException {
        response.setContentType("text/html");
        PrintWriter out = response.getWriter();
        HttpSession session = request.getSession();
        session.setAttribute("foo", "42");
        session.setMaxInactiveInterval(0);
        String foo = (String) session.getAttribute("foo");
        if (session.isNew()) {
           out.println("This is a new session.");
        } else {
            out.println("Welcome back!");
        }

        out.println("Foo: " + foo);
}
```

Ímã de Geladeira Respostas

Especifique no DD e programaticamente, que uma sessão deve ser destruída, se ela não receber nenhuma solicitação por 20 minutos.

DD

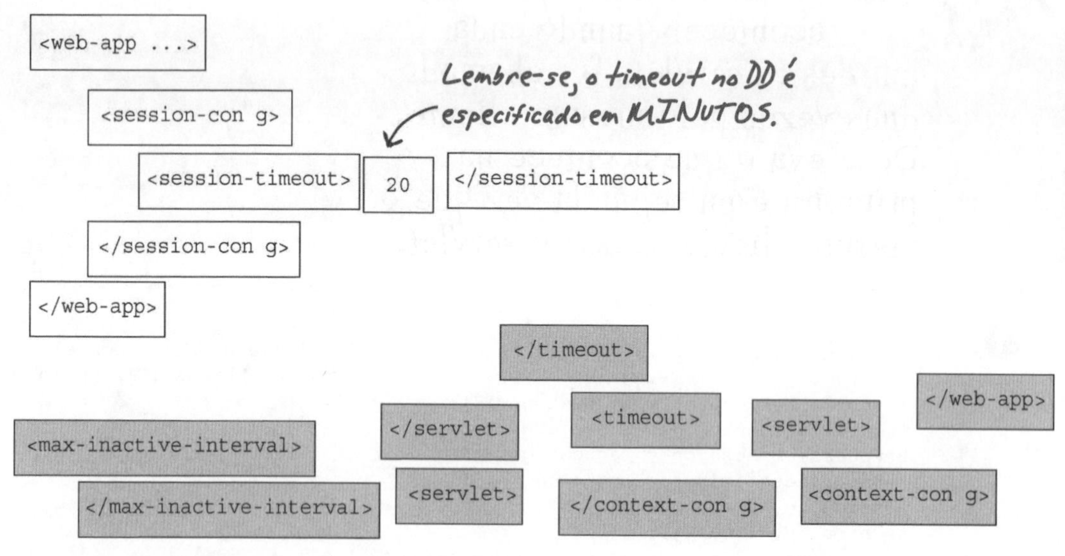
<web-app ...>
<session-con g>
<session-timeout>
20
</session-timeout>
</session-con g>
</web-app>
Lembre-se, o timeout no DD é especificado em MINUTOS.
</timeout>
<timeout>
<servlet>
</web-app>
</servlet>
<max-inactive-interval>
</max-inactive-interval>
<servlet>
</context-con g>
<context-con g>

Servlet

```
public void doGet(HttpServletRequest request, HttpServletResponse response)
                                                    throws IOException {
```

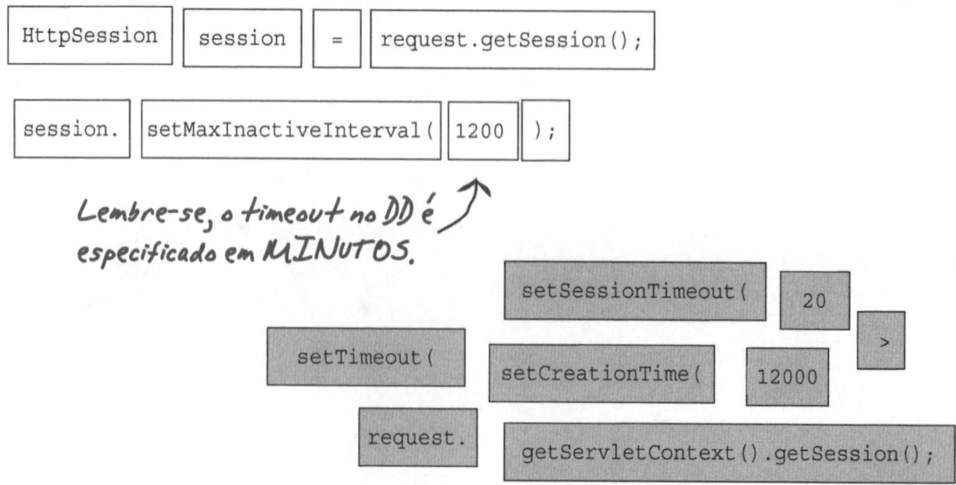
HttpSession
session
=
request.getSession();
session.
setMaxInactiveInterval(
1200
);
Lembre-se, o timeout no DD é especificado em MINUTOS.
setSessionTimeout(
20
>
setTimeout(
setCreationTime(
12000
request.
getServletContext().getSession();

SEJA o Container
Respostas

1

```
public void doGet(HttpServletRequest request, HttpServletResponse response)
                                                          throws IOException {
    response.setContentType("text/html");
    PrintWriter out = response.getWriter();
    HttpSession session = request.getSession();
    session.setAttribute("foo", "42");
    session.setAttribute("bar", "420");
    session.invalidate();

    String foo = (String)session.getAttribute("foo");

    out.println("Foo: " + foo);
}
```

aqui nós invalidamos a sessão

Resultado: ocorrerá uma exceção de runtime (IllegalStateException), porque você não pode ter um atributo DEPOIS que uma sessão já tenha sido invalidada.

Xi! Muito tarde para chamar o getAttribute() na sessão porque ela já FOI invalidada!

2

```
public void doGet(HttpServletRequest request, HttpServletResponse response)
                                                          throws IOException {
    response.setContentType("text/html");
    PrintWriter out = response.getWriter();

    HttpSession session = request.getSession();
    session.setAttribute("foo", "42");
    session.setMaxInactiveInterval(0);

    if (session.isNew()) {
       out.println("This is a new session.");
    } else {
       out.println("Welcome back!");
    }
    out.println("Foo: " + session.getAttribute("foo"));
}
```

Aqui estamos forçando um timeout IMEDIATO da sessão, pois estamos dizendo: timeout depois de 0 segundo de inatividade.

Você não pode chamar o isNew() em uma sessão que já foi invalidada. Portanto, este é o mesmo problema do código acima... você não pode chamar este método em uma sessão invalidada.

Resultado: ocorrerá uma exceção de runtime (IllegalStateException), porque você não pode chamar o isNew() na sessão DEPOIS que ela tenha sido invalidada. Configurar o intervalo máximo de inatividade em 0 significa que a sessão vai expirar e ser invalidada imediatamente!

Posso usar cookies para outras coisas, ou eles são apenas para sessões?

Ainda que os cookies *tenham sido* originalmente desenvolvidos para ajudar no suporte do estado da sessão, você *pode* usar cookies customizados para outras tarefas. Lembre-se, um cookie nada mais é do que um pequeno pedaço de dados (um par String nome/valor) trocado entre o cliente e o servidor. O servidor *envia* o cookie para o cliente e este retorna o cookie quando fizer uma nova solicitação. Uma coisa legal dos cookies é que o usuário não se envolve – esta troca é automática (supondo que o cliente tenha habilitado cookies, naturalmente).

Por padrão, um cookie vive somente enquanto dura uma sessão; uma vez que o cliente fecha o browser, o cookie desaparece. É assim que o cookie "JSESSIONID" funciona. ***Mas você pode mandar um cookie permanecer mesmo DEPOIS que o browser é fechado.***

Dessa forma, a sua aplicação ainda pode obter a informação do cookie, mesmo que a sessão com o cliente já tenha sido finalizada há muito tempo. Imagine que o Kim queira mostrar o nome do usuário cada vez que ele retorne ao site da cerveja. Então, ele configura o cookie na primeira vez que recebe o nome do cliente, e se obtiver o cookie de volta com uma solicitação, ele sabe que não tem que pedir o nome de novo. *E não importa se o cliente simplesmente reiniciou o browser ou esteve fora por uma semana!*

Você pode usar os cookies para trocar os pares de String nome/valor entre o servidor e o cliente. O servidor envia o cookie ao cliente, que o envia de volta em cada solicitação subseqüente. Os cookies da sessão somem quando o browser do cliente é encerrado, mas voce PODE dizer ao cookie para permanecer no cliente mesmo depois que ele fechar seu browser.

```
HTTP/1.1 200 OK
Set-Cookie: username=TomasHirsch
Content-Type: text/html
Content-Length: 397
Date: Wed, 19 Nov 2003 03:25:40 GMT
Server: Apache-Coyote/1.1
Connection: close

<html>
...
</html>
```

O servidor envia isto primeiro.

```
POST /select/selectBeerTaste2.do HTTP/1.1
Host: www.wickedlysmart.com
User-Agent: Mozilla/5.0
Cookie: username=TomasHirsch
Accept: text/xml,application/xml,application/xhtml+xml,text/
html;q=0.9,text/plain;q=0.8,video/x-mng,image/png,image/
jpeg,image/gif;q=0.2,*/*;q=0.1
Accept-Language: en-us,en;q=0.5
Accept-Encoding: gzip,deflate
```

O cliente envia isto de volta.

Usando cookies com a API Servlet

Você *pode* obter headers relacionados ao cookie através da solicitação e da resposta HTTP, mas você *não deve*. Tudo o que você precisa fazer com os cookies foi encapsulado na API Servlet em três classes: HttpServletRequest, HttpServletResponse e Cookie.

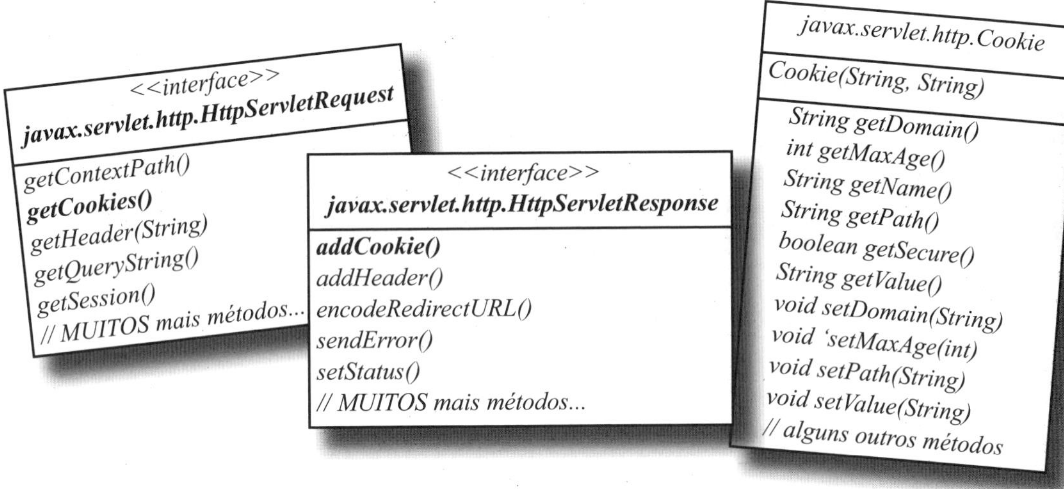

Criando um novo cookie

```
Cookie cookie = new Cookie("username", name);
```

O construtor Cookie leva um par String nome/valor.

Configurando o tempo que um cookie permanecerá no cliente

```
cookie.setMaxAge(30*60);
```

O setMaxAge é definido em SEGUNDOS. O código diz: "permaneça vivo no cliente por 30*60 segundos" (30 minutos). Configurar o max age para -1 faz com o que o cookie desapareça quando o browser fechar. Portanto, se você chamar o getMaxAge() no cookie "JSESSIONID", o que você receberá de volta?

Enviando o cookie ao cliente

```
response.addCookie(cookie);
```

Recebendo o(s) cookie(s) da solicitação do cliente

```
Cookie[] cookies = request.getCookies();
for (int i = 0; i < cookies.length; i++) {
    Cookie cookie = cookies[i];
    if (cookie.getName().equals("username")) {
        String userName = cookie.getValue();
        out.println("Hello " + userName);
        break;
    }
}
```

Não há o método getCookie(String)... você só pode obter cookies em um array Cookie e você terá que fazer um loop no array para encontrar aquele que você quer.

Exemplo simples de um cookie customizado

Imagine que o Kim deseje criar um formulário que peça ao usuário para enviar o seu nome. O formulário chama um servlet que recebe o parâmetro username da solicitação e usa este valor para criar um cookie na resposta.

Na próxima vez que o usuário fizer uma solicitação em QUALQUER servlet nesta aplicação, o cookie retorna com a solicitação (supondo que o cookie ainda esteja vivo, baseando-se no valor maxAge dele). Quando um servlet na aplicação vê este cookie, ele pode colocar o nome do usuário em uma resposta gerada dinamicamente, e a lógica do negócio sabe que não tem que pedir ao usuário que digite o seu nome novamente.

Este código é uma versão de teste simplificada da situação que acabamos de descrever.

O servlet que cria e CONFIGURA o cookie

```
import javax.servlet.*;
import javax.servlet.http.*;
import java.io.*;

public class CookieTest extends HttpServlet {

   public void doPost(HttpServletRequest request, HttpServletResponse response)
                                        throws IOException, ServletException {

      response.setContentType("text/html");

      String name = request.getParameter("username");

      Cookie cookie = new Cookie("username", name);

      cookie.setMaxAge(30*60);

      response.addCookie(cookie);

      RequestDispatcher view = request.getRequestDispatcher("cookieresult.jsp");
      view.forward(request, response);
   }
}
```

Recebe o nome do usuário enviado no formulário.

Cria um novo cookie que armazena o nome do usuário.

Mantém o cookie vivo no cliente por 30 minutos.

Adiciona o cookie como um header de resposta "Set-Cookie."

Permite que um JSP crie a página de resposta.

O JSP que cria a view a partir deste servlet

```
<html><body>
 <a href="checkcookie.do">click here</a>
</body></html>
```

Tudo bem, claro, não há nada com características de JSP nisso, mas nós odiamos gerar uma saída em HTML de um servlet, ainda que seja DESTE tamanho. O fato de estarmos encaminhando para um JSP não muda a configuração do cookie. O cookie já está na resposta no momento em que a solicitação é encaminhada ao JSP...

Exemplo de um cookie customizado, continuação...

O servlet que RECEBE o cookie

```
import javax.servlet.*;
import javax.servlet.http.*;
import java.io.*;

public class CheckCookie extends HttpServlet {

   public void doGet(HttpServletRequest request, HttpServletResponse response)
                                    throws IOException, ServletException {

      response.setContentType("text/html");
      PrintWriter out = response.getWriter();

      Cookie[] cookies = request.getCookies();

      if ( cookies != null) {
         for (int i = 0; i < cookies.length; i++) {
            Cookie cookie = cookies[i];
            if (cookie.getName().equals("username")) {
               String userName = cookie.getValue();
               out.println("Hello " + userName);
               break;
            }
         }
      }

   }
}
```

Recebe os cookies da solicitação.

Loop através do array do cookie procurando por um cookie chamado "username". Se ele for encontrado, obtenha o valor e exiba-o.

Não confunda Cookies com headers!

Quando você adiciona um **header** *em uma resposta, você passa as Strings nome e valor como argumentos:*

```
response.addHeader("foo", "bar");
```

Mas quando você adiciona um **Cookie** *em uma resposta, você passa um objeto Cookie. Você configura o nome do Cookie e o valor no construtor Cookie.*

```
Cookie cookie = new Cookie("name", name);
response.addCookie(cookie);
```

E lembre-se também de que existem o método **set***Header() e o* **add***Header() (o* **add***Header* **adiciona** *um novo valor a um header existente, caso exista, e o* **set***Header* **troca** *o valor existente). Porém, NÃO existe um método setCookie(). Existe apenas o* **add***Cookie()!*

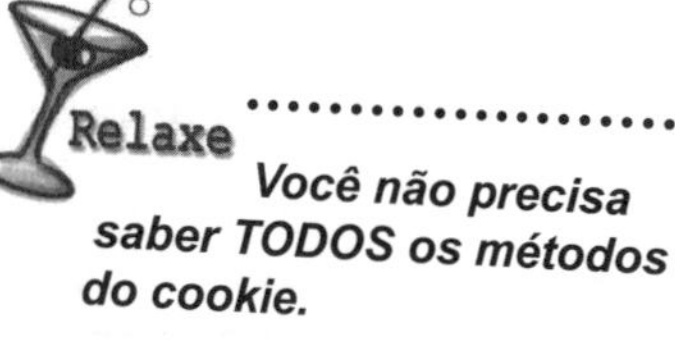

Você não precisa saber TODOS os métodos do cookie.

Para a prova, você não terá que memorizar cada um dos métodos na classe cookie, mas deverá conhecer os métodos de solicitação e resposta para obter e adicionar Cookies. Você também deve conhecer o construtor Cookie e os métodos getMaxAge() e setMaxAge().

Os principais momentos de um HttpSession

Os momentos mais importantes na vida de um objeto HttpSession:

A sessão é criada ou destruída.

Os atributos da sessão são adicionados, removidos ou substituídos por outras partes da aplicação.

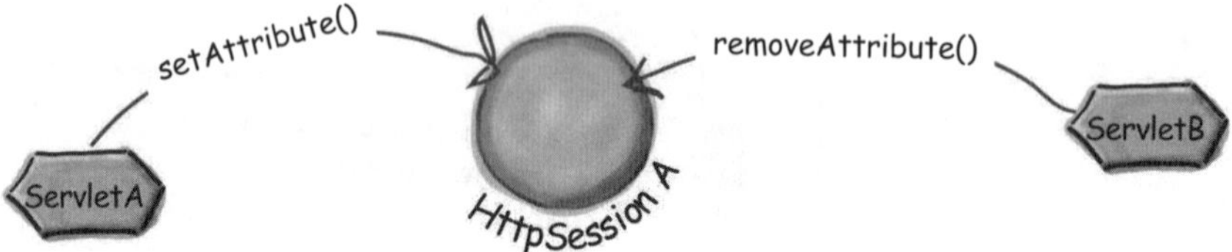

A sessão torna-se passiva em uma VM e é ativada em outra dentro de uma aplicação distribuída.

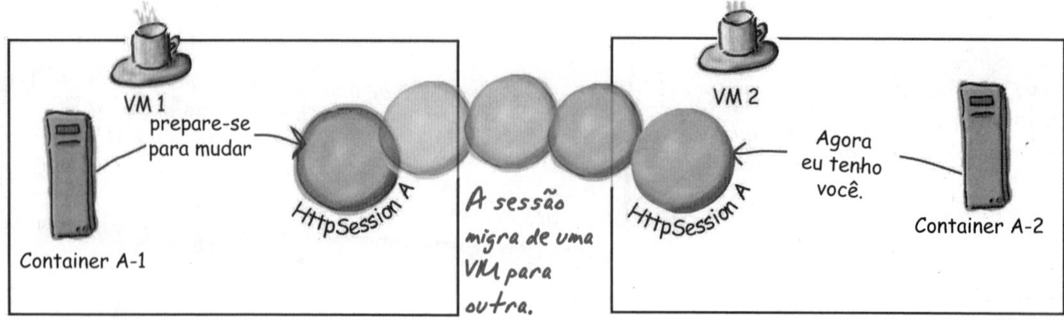

Eventos do ciclo de vida da sessão

Momento | **Tipo de Evento e Listener**

Ciclo de vida

A sessão foi *criada*

Quando o Container cria uma sessão pela primeira vez. Neste momento, a sessão ainda é considerada *nova* (em outras palavras, o cliente ainda não enviou uma solicitação com uma session ID).

A sessão foi *destruída*

Quando o Container invalida uma sessão (porque houve um timeout da sessão, ou alguma parte da aplicação chamou o seu método invalidate()).

HttpSessionEvent

HttpSessionListener

Atributos

Um atributo foi *adicionado*

Quando alguma parte da aplicação chama o setAttribute() na sessão.

Um atributo foi *removido*

Quando alguma parte da aplicação chama o removeAttribute() na sessão.

Um atributo foi *substituído*

Quando alguma parte da aplicação chama o setAttribute() na sessão e o nome do atributo já esteja associado a ela.

HttpSessionBindingEvent

HttpSession**Attribute**Listener

Migração

A sessão está *a ponto de* se tornar *passiva*

Quando o Container está *prestes* a migrar (mudar) a sessão para uma VM diferente. É chamado *antes* de a sessão ser movida, de forma que os atributos tenham a chance de se preparar para a migração.

A sessão *foi ativada*

Quando o Container *acaba* de migrar (mudar) a sessão para uma VM diferente. É chamado antes que qualquer outra parte da aplicação possa chamar o getAttribute() na sessão, para que os atributos recém-movidos possam se preparar para o acesso.

HttpSessionEvent

HttpSession**Attribute**Listener

Não se esqueça do HttpSessionBindingListener

Os eventos da página anterior são para os momentos principais na vida da *sessão*. Mas o HttpSessionBindingListener é para os momentos mais importantes na vida de um *atributo* sessão. Lembre-se do capítulo 5, onde nós vimos como você pode usá-lo – se, por exemplo, o seu atributo quer saber quando ele é adicionado a uma sessão, para que ele possa sincronizar-se com o banco de dados em questão (e atualizar o banco de dados quando for removido de uma sessão). Veja abaixo uma pequena revisão do capítulo anterior:

Este listener é justo e **eu** posso saber quando **sou** colocado (ou retirado) de uma sessão. Ele não vai me dizer nada sobre os outros eventos da sessão.

```
package com.example;

import javax.servlet.http.*;

public class Dog implements HttpSessionBindingListener {
   private String breed;

   public Dog(String breed) {
     this.breed=breed;
   }

   public String getBreed() {
     return breed;
   }

   public void valueBound(HttpSessionBindingEvent event) {
     // código a ser executado agora que eu sei que estou numa sessão
   }

   public void valueUnbound(HttpSessionBindingEvent event) {
     // código a ser executado agora que eu sei que não faço mais parte da sessão
   }
}
```

Este listener está no pacote javax.servlet.http.

Aqui, o atributo Dog é TAMBÉM um HttpSessionBindingListener... escutando quando o Dog em si é adicionado ou removido de uma Sessão.

A palavra "Bound" significa que alguém ADICIONOU este atributo em uma sessão.

Você já deve suspeitar o que significa "Unbound".

Você NÃO configura todos os listeners session binding no DD!

Se uma classe atributo (como a classe Dog aqui) implementa o HttpSessionBindingListener, o Container chama os callbacks que tratam eventos (valueBound() e valueUnbound()) quando uma instância dessa classe é adicionada ou removida de uma sessão. É isso. E funciona.
Mas isto NÃO vale para os outros listeners de sessão da página anterior. O HttpSessionListener e o HttpSessionAttributeListener devem ser registrados no DD, visto que eles são relacionados às sessões em si, diferentemente de um atributo individual localizado na sessão.

A migração da sessão

Lembra no capítulo anterior que nós falamos brevemente sobre aplicações distribuídas, onde os pedaços da aplicação poderiam ser replicados por vários de nós na rede? Em um ambiente de clusters, o Container pode fazer um *balanceamento de carga*, recebendo as solicitações dos clientes e enviando-as para as JVMs (que podem estar, ou não, em máquinas diferentes, mas isso não é relevante para nós). O fato é que a aplicação está em diversos lugares.

Isso significa que cada vez que o mesmo cliente faz uma solicitação, esta pode acabar indo para uma instância *diferente* do mesmo servlet. Ou seja, a solicitação A para o Servlet A pode acontecer numa VM, e a solicitação B para o Servlet A pode ir parar numa outra VM. Então a questão é, o que acontece com os componentes como o ServletContext, ServletConfig e objetos HttpSession?

Resposta simples, implicações importantes:

Apenas os objetos HttpSession (e seus atributos) são movidos de uma VM para outra.

Existe apenas um ServletContext *por VM.* Existe um único ServletConfig *por servlet, por VM.*

Mas existe apenas um objeto HttpServlet para uma determinada session ID por aplicação, independentemente de em quantas VMs a aplicação esteja distribuída.

A aplicação Cerveja distribuída em duas VMs

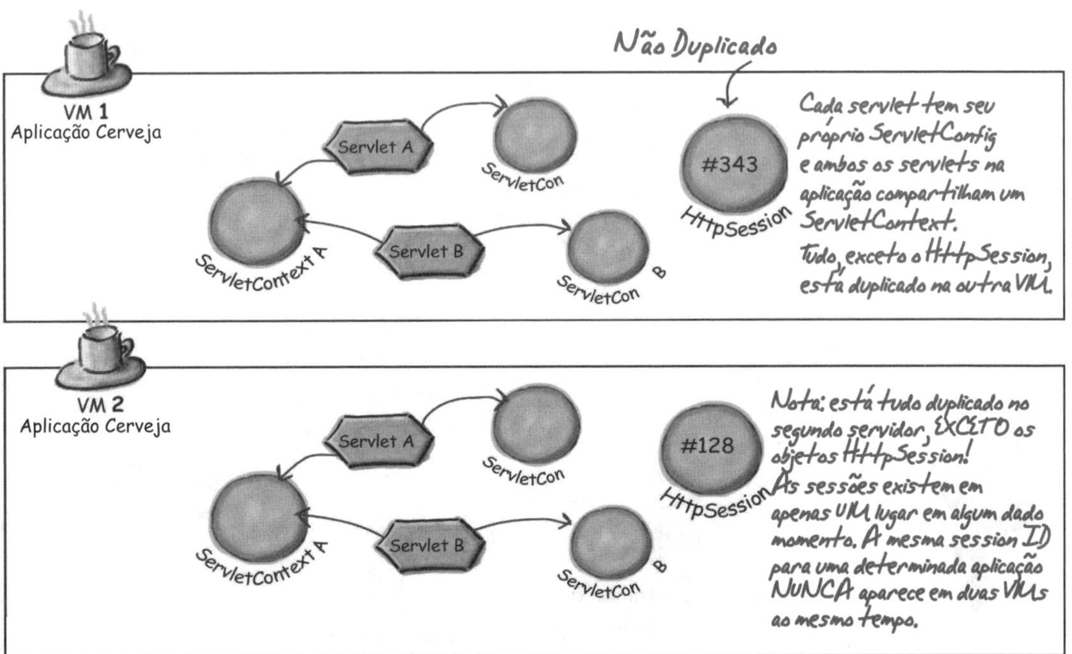

A migração da sessão em ação

A forma como os fabricantes de servidores lidam com clustering e distribuição de aplicações web varia. Não há nada na especificação J2EE que obrigue um fornecedor a dar suporte a aplicações distribuídas. Mas a figura abaixo nos dá uma idéia interessante de como isso funciona. O fundamental é que, enquanto que as outras partes da aplicação são *replicadas* em cada nó/VM, os objetos sessão são *movidos*. E isto *é* garantido. Logo, se o fornecedor *realmente* suporta aplicações distribuídas, o Container é *requerido* para migrar as sessões através das VMs. E isso inclui migrar os atributos da sessão também.

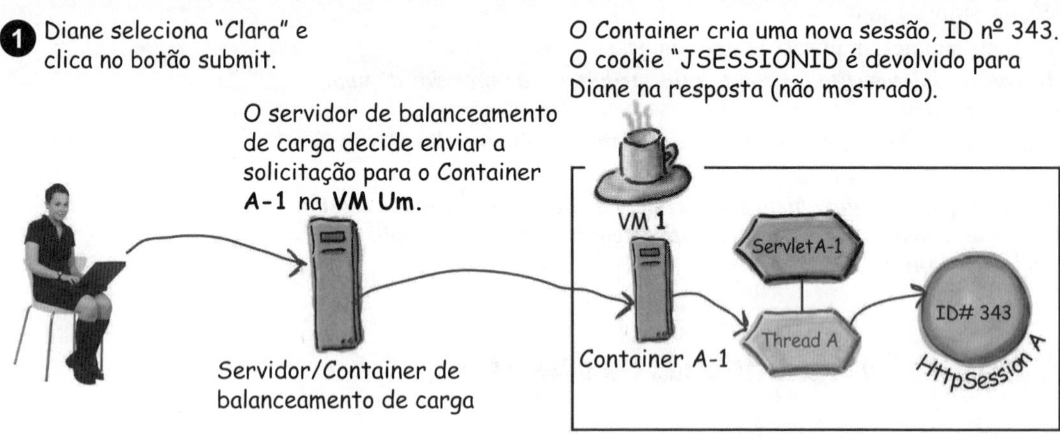

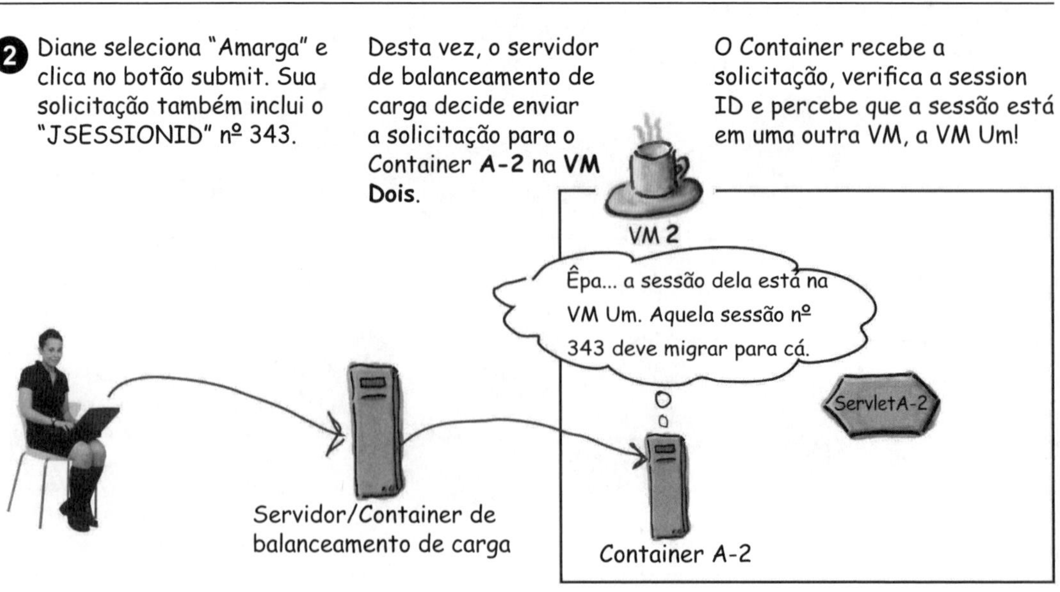

2 Diane seleciona "Amarga" e clica no botão submit. Sua solicitação também inclui o "JSESSIONID" nº 343.
Desta vez, o servidor de balanceamento de carga decide enviar a solicitação para o Container **A-2** na **VM Dois**.
O Container recebe a solicitação, verifica a session ID e percebe que a sessão está em uma outra VM, a VM Um!
VM 2
Êpa... a sessão dela está na VM Um. Aquela sessão nº 343 deve migrar para cá.
ServletA-2
Servidor/Container de balanceamento de carga
Container A-2

3 A sessão nº 343 migra da VM Um para a VM Dois. Ou seja, **ela não existe mais na VM Um**, já que ela se mudou para a VM Dois.

Esta migração significa que a sessão se tornou **passiva na VM Um** e foi **ativada na VM Dois**.

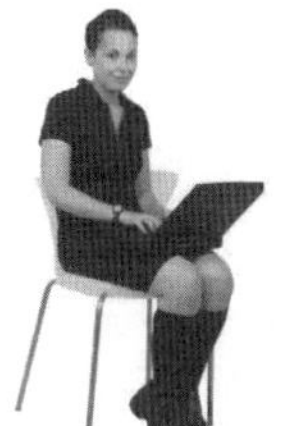

Servidor/Container de balanceamento de carga

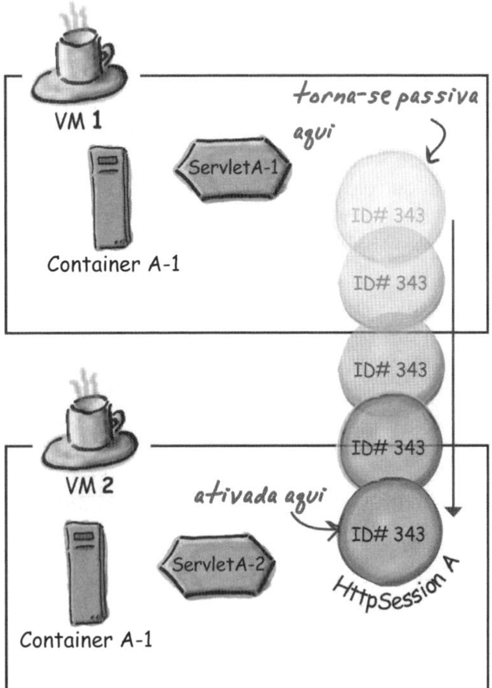

4 O Container cria uma nova thread para o Servlet A e associa a nova solicitação à sessão recém-movida nº 343.

A nova solicitação de Diane é enviada para a thread e todos saem felizes. Diane não tem idéia do que aconteceu (exceto pelo breve atraso/latência na espera da migração da sessão).

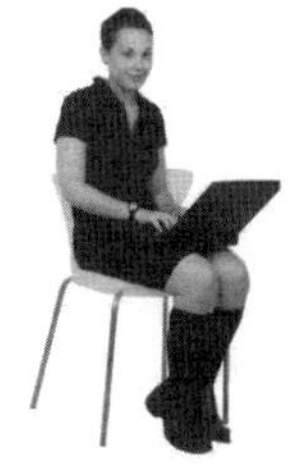

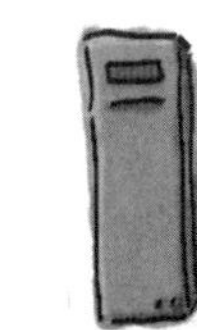

Servidor/Container de balanceamento de carga

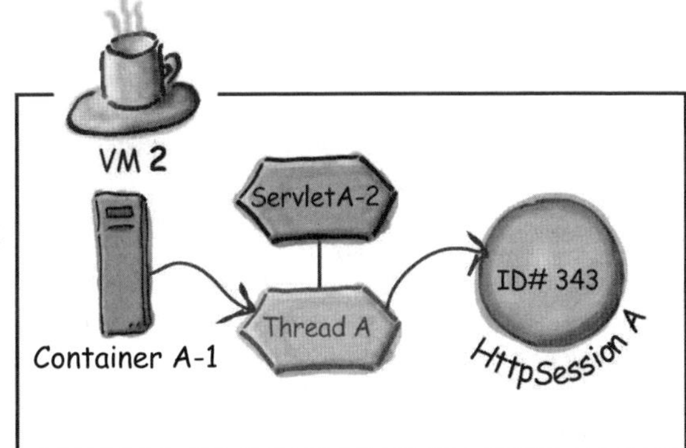

O HttpSessionActivationListener deixa os atributos prontos para a grande mudança...

Já que é *possível* migrar um HttpSession de uma VM para outra, os desenvolvedores da especificação pensaram que seria legal se alguém se preocupasse em dizer aos atributos dentro das sessões que eles também estão prestes a mudar. Dessa forma, os atributos podem garantir que sobreviverão à mudança.

Se todos os seus atributos são objetos Serializáveis de verdade, que não se importam onde eles serão colocados, você talvez nunca use este listener. Aliás, imaginamos que 95,324% de todas as aplicações nunca usem este listener. Mas ele está lá caso você precise. Seu uso mais provável é dar aos atributos uma chance de preparar as variáveis da sua instância para a Serialização.

Este listener é tão parecido com um atributo, que eu consigo descobrir quando **eu** estou para ser movido para uma nova VM como parte de uma sessão, e posso ter certeza de que as variáveis da minha instância estão prontas...

A migração da sessão e a Serialização

Agora fica meio confuso...

Um Container é exigido para a migração dos atributos Serializáveis (o qual assume que todas as variáveis da instância dentro do atributo ou são Serializáveis, ou são nulas).

Mas um Container não é exigido para usar a Serialização para migrar o objeto HttpSession!

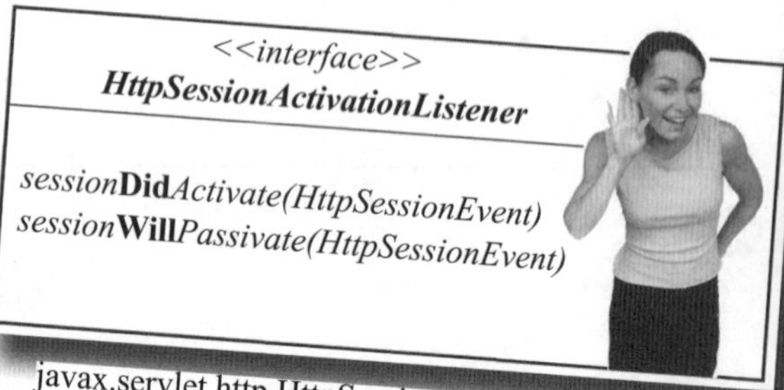

javax.servlet.http.HttpSessionActivationListener

O que isto significa para você? Simples: garanta que os tipos das suas classes de atributos sejam Serializáveis e você nunca terá que se preocupar com isso. Mas se eles *não* forem Serializáveis (em virtude de uma das variáveis da instância do objeto atributo não ser Serializável), faça com que a classe do seu objeto atributo implemente o HttpSessionActivationListener e use os callbacks ativação/passividade para contornar o problema.

O Container não é REQUERIDO para usarmos a Serialização, por isso não há nenhuma garantia de que o readObject() e o writeObject() serão chamados no atributo Serializável ou em uma das variáveis da sua instância!

Se você está familiarizado com a Serialização, você sabe que uma classe que implementa esse recurso também pode escolher implementar um método writeObject(), chamado pela VM sempre que um objeto for serializado, e um método readObject(), chamado quando ocorrer o inverso. Um objeto Serializável pode usar estes métodos para, por exemplo, configurar nulos os campos não-Serializáveis durante a Serialização (writeObject()), e então restaurar os campos quando ocorrer o processo inverso (readObject()). (Se você NÃO está familiarizado com os detalhes da Serialização, não se preocupe.) Mas os métodos não serão, necessariamente, chamados durante a migração da sessão! Portanto, se você precisa salvar e restaurar o estado da variável da instância no seu atributo, use o HttpSessionActivationListener e use os dois eventos de callbacks (sessionDidActivate() e sessionWillPassivate()), assim como você usaria o readObject() e o writeObject().

Exemplos de listener

Nas duas páginas a seguir, preste atenção nos tipos do objeto evento e se o listener é também uma classe atributo.

O contador da sessão

Este listener permite que você acompanhe a quantidade de sessões ativas na aplicação. Muito simples.

```
package com.example;
import javax.servlet.http.*;

public class BeerSessionCounter implements HttpSessionListener {

   static private int activeSessions;

   public static int getActiveSessions() {
      return activeSessions;
   }

    public synchronized void sessionCreated(HttpSessionEvent event) {
        activeSessions++;
    }

   public synchronized void sessionDestroyed(HttpSessionEvent event) {
      activeSessions--;
   }
}
```

Esta classe será distribuída em WEB-INF/classes como todas as outras classes da aplicação, para que todos os servlets e as outras classes assistentes possam acessar este método.

Estes métodos carregam um HttpSessionEvent.

Configurando o listener no DD

```
<web-app ...>
  ...
   <listener>
     <listener-class>
       com.example.BeerSessionCounter
     </listener-class>
   </listener>
 </web-app>
```

Para Sua Informação - isto não funcionaria corretamente se a aplicação fosse distribuída em várias JVMs, porque não há como manter as variáveis estáticas em sincronismo. Se a classe for carregada em mais de uma JVM, cada classe terá o seu próprio valor para a variável estática do contador.

Exemplos de listener

O Listener Attribute

Este listener permite rastrear cada vez que algum atributo é acrescentado, removido ou substituído em uma sessão.

Este listener usa um nome inconsistente – apesar de ser um listener Attribute, recebe um evento Binding.

```
package com.example;
import javax.servlet.http.*;

public class BeerAttributeListener implements HttpSessionAttributeListener {

    public void attributeAdded(HttpSessionBindingEvent event) {

        String name = event.getName();
        Object value = event.getValue();

        System.out.println("Attribute added: " + name + ": " + value);
    }

    public void attributeRemoved(HttpSessionBindingEvent event) {
        String name = event.getName();
        Object value = event.getValue();
        System.out.println("Attribute removed: " + name + ": " + value);
    }

    public void attributeReplaced(HttpSessionBindingEvent event) {
        String name = event.getName();
        Object value = event.getValue();
        System.out.println("Attribute replaced: " + name + ": " + value);
    }
}
```

O HttpSessionEvent permite a você obter o nome e o valor do atributo que desencadeou este evento.

Configurando o listener no DD

```
<web-app ...>
  ...
  <listener>
    <listener-class>
      com.example.BeerAttributeListener
    </listener-class>
  </listener>
</web-app>
```

P: **Ei, onde você está exibindo? Onde *entra* o System.out na aplicação?**

R: Para onde quer que o Container decida enviá-lo (que você pode ou não configurar). Em outras palavras, um lugar determinado pelo fabricante, geralmente um arquivo de log. O Tomcat coloca a saída em tomcat/logs/catalina.log. Você terá que ler a documentação do seu servidor para descobrir o que o *seu* Container faz com a saída-padrão.

Exemplos de listener

A classe atributo (escutando eventos que afetam o IT)

Este listener permite que um atributo acompanhe os eventos que possam ser importantes para o próprio atributo – quando ele é acrescentado ou removido de uma sessão e quando a sessão migra de uma VM para outra.

```
package com.example;
import javax.servlet.http.*;
import java.io.*;

public class Dog implements HttpSessionBindingListener,
                            HttpSessionActivationListener,Serializable {
   private String breed;
   // imagine outras variáveis da instância, incluindo
   // algumas que não sejam Serializáveis

   // imagine o construtor e outros métodos get e set

   public void valueBound(HttpSessionBindingEvent event) {
     // código a ser executado agora que sei que estou em uma sessão
   }

   public void valueUnbound(HttpSessionBindingEvent event) {
     // código a ser executado agora que sei que não faço mais parte da
sessão
   }

   public void sessionWillPassivate(HttpSessionEvent event) {
     //  código para obter meus campos não-Serializáveis em um estado
     //  que possa sobreviver à mudança para uma nova VM
   }

   public void sessionDidActivate(HttpSessionEvent event) {
     // código para restaurar meus campos... para refazer tudo o que eu não
tenha feito
    // no sessionWillPassivate()
  }
}
```

Eventos de binding da sessão.

Eventos de ativação da sessão (mas observe que os métodos carregam um HttpSessionEvent).

Os Listeners relacionados à Sessão

Cenário	A interface listener/métodos	Tipo do evento	Geralmente implementado por
Você quer saber quantos usuários simultâneos existem. Ou seja, você quer rastrear as sessões ativas.	**HttpSessionListener** (javax.servlet.http) *sessionCreated* *sessionDestroyed*	HttpSessionEvent	☐ Uma classe atributo ☒ Alguma *outra* classe
Você quer saber quando uma sessão é movida de uma VM para outra.	**HttpSessionActivationListener** (javax.servlet.http) *sessionDidActivate* *sessionWillPassivate*	HttpSessionEvent Nota: não existe nenhum HttpSessionActivationEvent específico	☒ Uma classe atributo ☐ Alguma *outra* classe
Você tem uma classe atributo (uma classe para um objeto que será usado como valor de um atributo) e você quer que os objetos deste tipo sejam notificados quando eles forem associados ou removidos de uma sessão.	**HttpSessionBindingListener** (javax.servlet.http) *valueBound* *valueUnbound*	HttpSessionBindingEvent	☐ Uma classe atributo ☒ Alguma *outra* classe
Você quer saber quando atributo da sessão é adicionado, removido ou substituído em uma sessão.	**HttpSessionAttributeListener** (javax.servlet.http) *attributeAdded* *attributeRemoved* *attributeReplaced*	HttpSessionBindingEvent Nota: não existe nenhum HttpSessionAttributeEvent específico	☐ Uma classe atributo ☐ Alguma *outra* classe

Alguns dos eventos relacionados à sessão não seguem os padrões de nomenclatura para os eventos!

*Os métodos Http***Session***Listener adotam os Http***Session***Events.*
*Os métodos HttpSession***Binding***Listener adotam os HttpSession***Binding***Events.*
*Porém, os métodos HttpSession***Attribute***Listener empregam o HttpSession***Binding***Events.*
*E os métodos HttpSession***Activation***Listener empregam o Http***Session***Events.*
Já que as classes HttpSessionEvent e HttpSessionBindingEvent funcionaram perfeitamente bem, não houve necessidade de acrescentar mais duas classes de eventos na API.

Os Listeners para Eventos relacionados à Sessão e uma visão geral da API Objetos Evento

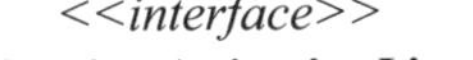

HttpSessionActivationListener

sessionDidActivate(HttpSessionEvent)

sessionWillPassivate(HttpSessionEvent)

HttpSessionEvent

getSession()

<<interface>>

HttpSessionListener

sessionCreated(HttpSessionEvent)

sessionDestroyed(HttpSessionEvent)

HttpSessionBindingListener

valueBound(HttpSessionBindingEvent)
valueUnbond(HttpSessionBindingEvent)

HttpSessionBindingEvent

getSession()
getName()
getValue()

<<interface>>

HttpSessionAttributeListener

attributeAdded(HttpSessionBindingEvent)
attributeRemoved(HttpSessionBindingEvent)
attributeReplaced(HttpSessionBindingEvent)

O getValue() retorna ao valor objeto do atributo que desencadeou o evento. Se o atributo foi adicionado (ou conectado), este é o valor do atributo. Se o atributo foi removido (ou desconectado), este é o valor do atributo removido. Se o atributo foi substituído, este é o antigo valor do atributo.

Os Listeners relacionados à sessão

Sim, esta é uma cópia quase fiel da tabela que vimos duas páginas atrás, então não vale olhar. Tente imaginar estes listeners e anote seus melhores palpites. Você pode esperar por no mínimo duas, ou até quatro perguntas sobre os listeners da sessão na prova. Use a memória e o bom senso para preencher a tabela.

Cenário	**A interface listener/métodos**	**Tipo do evento**	**Geralmente implementado por**
Você quer saber quando uma sessão é criada.			☐ Uma classe atributo ☐ Alguma *outra* classe
Um atributo quer saber quando ele foi movido para uma nova VM.			☐ Uma classe atributo ☐ Alguma *outra* classe
Um atributo quer saber quando ele foi substituído em uma sessão.			☐ Uma classe atributo ☐ Alguma *outra* classe
Você quer ser notificado sempre que *alguma coisa* for associada a uma sessão.			☐ Uma classe atributo ☐ Alguma *outra* classe

Dica: *existem apenas dois tipos de objeto Evento.*

Teste Preparatório – Capítulo6

1 Dado:

```
10. public class MyServlet extends HttpServlet {
11.   public void doGet(HttpServletRequest request,
HttpServletResponse response)
12.           throws IOException, ServletException {
13.     // request.getSession().setAttribute("key", "value");
14.     // request.getHttpSession().setAttribute("key", "value");
15.     // ((HttpSession)request.getSession()).setAttribute("key", "value");
16.     // ((HttpSession)request.getHttpSession()).setAttribute("key", "value");
17.   }
18. }
```

Qual(is) linha(s) poderia(m) ser desanotada(s) sem causar erros de compilação ou runtime? (Escolha todas as que se aplicam.)

- ❑ A. Somente a linha 13.
- ❑ B. Somente a linha 14.
- ❑ C. Somente a linha 15.
- ❑ D. Somente a linha 16.
- ❑ E. Linhas 13 ou 15.
- ❑ F. Linhas 14 ou 16.

---

2 Se um cliente NÃO aceita cookies, qual mecanismo de gerenciamento da sessão o web container pode utilizar? (Escolha uma.)

- ❑ A. Cookies, mas NÃO reescrita de URL.
- ❑ B. Reescrita de URL, mas NÃO cookies.
- ❑ C. Tanto os cookies, como a reescrita de URL podem ser usados.
- ❑ D. Nem os cookies, nem a reescrita de URL podem ser usados.
- ❑ E. Os cookies e a reescrita de URL devem ser usados juntos.

3 Quais declarações sobre os objetos **HttpSession** são verdadeiras? (Escolha todas as que se aplicam.)

- [ ] A. Uma sessão cujo tempo de timeout foi estipulado em -1 nunca expirará.
- [ ] B. Uma sessão tornar-se-á inválida assim que o usuário fechar todas as janelas do seu browser.
- [ ] C. Uma sessão tornar-se-á inválida depois do tempo de timeout definido pelo servlet container.
- [ ] D. Uma sessão pode ser explicitamente invalidada chamando o **HttpSession.invalidateSession()**.

4 Quais das seguintes opções NÃO representam tipos de eventos listener na API J2EE 1.4? (Escolha todas as que se aplicam.)

- [ ] A. **HttpSessionEvent**
- [ ] B. **ServletRequestEvent**
- [ ] C. **HttpSessionBindingEvent**
- [ ] D. **HttpSessionAttributeEvent**
- [ ] E. **ServletContextAttributeEvent**

5 Quais das seguintes declarações sobre o monitoramento da sessão são verdadeiras? (Escolha todas as que se aplicam.)

- [ ] A. A reescrita de URL pode ser usada por um servidor como base para o monitoramento de sessões.
- [ ] B. O SSL tem um mecanismo nativo, que um container servlet pode usar para obter dados usados para definir uma sessão.
- [ ] C. Ao usar cookies para acompanhar as sessões, não há restrições para o nome do cookie que realiza o acompanhamento da sessão.
- [ ] D. Ao usar cookies para acompanhar as sessões, o cookie usado para acompanhar a sessão deve receber o nome de **JSESSIONID**.
- [ ] E. Se o browser de um usuário está desabilitado para receber cookies, o container pode decidir usar um objeto **javax.servlet.http.CookielessHttpSession** para monitorar a sessão do usuário.

6 Dado:

```
1. import javax.servlet.http.*;
2. public class MySessionListener
           implements HttpSessionListener {
3.     public void sessionCreated() {
4.         System.out.println("Session Created");
5.     }
6.     public void sessionDestroyed() {
7.         System.out.println("Session Destroyed");
8.     }
9. }
```

O que há de errado com esta classe? (Escolha todas as que se aplicam.)

☐ A. A assinatura do método na linha 3 está INCORRETA.

☐ B. A assinatura do método na linha 6 está INCORRETA.

☐ C. A declaração import não importará a interface `HttpSessionListener`.

☐ D. O `sessionCreated` e o `sessionDestroyed` NÃO são os únicos métodos definidos pela interface `HttpSessionListener`.

---

7 Quais declarações sobre os atributos da sessão são verdadeiras? (Escolha todas as que se aplicam.)

☐ A. O tipo de retorno do `HttpSession.getAttribute(String)` é `Object`.

☐ B. O tipo de retorno do `HttpSession.getAttribute(String)` é `String`.

☐ C. Os atributos associados a uma sessão ficam disponíveis para qualquer servlet que faça parte do mesmo `ServletContext`, e que trate uma solicitação identificada como sendo parte da mesma sessão.

☐ D. Chamar o `setAttribute("keyA", "valueB")` em um `HttpSession` que já possua um valor para a chave `keyA` causará uma exceção.

☐ E. Chamar o `setAttribute("keyA", "valueB")` em um `HttpSession` que já possua um valor para a chave `keyA` fará com que o valor anterior para este atributo seja substituído pela String `valueB`.

8 Quais interfaces definem um método `getSession()`? (Escolha todas as que se aplicam.)

- [ ] A. `ServletRequest`
- [ ] B. `ServletResponse`
- [ ] C. `HttpServletRequest`
- [ ] D. `HttpServletResponse`

9 Seja um objeto sessão `s` e o código:

```
s.setAttribute("key", value);
```

Quais dos listeners podem ser notificados? (Escolha um.)

- [ ] A. Apenas o `HttpSessionListener`.
- [ ] B. Apenas o `HttpSessionBindingListener`.
- [ ] C. Apenas o `HttpSessionAttributeListener`.
- [ ] D. O `HttpSessionListener` e o `HttpSessionBindingListener`.
- [ ] E. O `HttpSessionListener` e o `HttpSessionAttributeListener`.
- [ ] F. O `HttpSessionBindingListener` e o `HttpSessionAttributeListener`.
- [ ] G. Todos os três.

10 Considerando que `req` é um `HttpServletRequest`, quais das opções criam uma sessão, caso não exista nenhuma? (Escolha todas as que se aplicam.)

- [ ] A. `req.getSession();`
- [ ] B. `req.getSession(true);`
- [ ] C. `req.getSession(false);`
- [ ] D. `req.createSession();`
- [ ] E. `req.getNewSession();`
- [ ] F. `req.createSession(true);`
- [ ] G. `req.createSession(false);`

11 Dado o objeto sessão s com dois atributos chamados **myAttr1** e **myAttr2**, quais alternativas removerão ambos os atributos desta sessão? (Escolha todas as que se aplicam.)

☐ A. `s.removeAllValues();`

☐ B. `s.removeAttribute("myAttr1");s.removeAttribute("myAttr2");`

☐ C. `s.removeAllAttributes();`

☐ D. `s.getAttribute("myAttr1", UNBIND);s.getAttribute("myAttr2", UNBIND);`

☐ E. `s.getAttributeNames(UNBIND);`

---

12 Quais das seguintes declarações sobre os objetos **HttpSession** em um ambiente distribuído são verdadeiras? (Escolha todas as que se aplicam.)

☐ A. Quando uma sessão é movida de uma JVM para outra, quaisquer atributos armazenados na sessão serão perdidos.

☐ B. Quando uma sessão é movida de uma JVM para outra, os objetos **HttpSessionBindingListener** devidamente registrados serão notificados.

☐ C. Quando uma sessão é movida de uma JVM para outra, os objetos **HttpSessionActivationListener** devidamente registrados serão notificados.

☐ D. Quando uma sessão é movida de uma JVM para outra, os valores dos atributos que implementam **java.io.Serializable** serão transferidos para a nova JVM.

---

13 Quais declarações sobre o timeout das sessões são verdadeiras? (Escolha todas as que se aplicam.)

☐ A. As declarações de timeout da sessão que foram criadas no DD aceitam o tempo em segundos.

☐ B. As declarações de timeout da sessão que foram criadas no DD aceitam o tempo em minutos.

☐ C. As declarações de timeout da sessão que foram criadas programaticamente aceitam o tempo em segundos.

☐ D. As declarações de timeout da sessão que foram criadas programaticamente aceitam o tempo em minutos.

☐ E. As declarações de timeout da sessão que foram criadas programaticamente aceitam o tempo em minutos ou segundos.

14 Escolha o trecho do código servlet que ativaria a partir de uma solicitação o valor de um cookie denominado "ORA_UID"? (Escolha todas as que se aplicam.)

❑ A. String value = request.getCookie("ORA_UID");

❑ B. String value = request.getHeader("ORA_UID");

❑ C. javax.servlet.http.Cookie[] cookies =

```
      request.getCookies();
  String cName = null;
  String value = null;
  if (cookies != null){
    for (int i = 0; i < cookies.length; i++){
      cName = cookies[i].getName();
      if (cName != null &&
          cName.equalsIgnoreCase("ORA_UID")){
        value = cookies[i].getValue();
      }
    }
  }
```

❑ D. javax.servlet.http.Cookie[] cookies =

request.getCookies();

```
  if (cookies.length > 0){
     String value = cookies[0].getValue();
  }
```

15 Qual(is) método(s) pode(m) ser usado(s) para pedir ao contêiner para notificar seu aplicativo sempre que uma sessão estiver com o tempo esgotado? (Escolha tudo que se aplica.)

❑ A. HttpSessionlistener.sessionDestroyed;

❑ B. HttpSessionBindingListener.valueBound;

❑ C. HttpSessionBindingListener.valueUnbound;

❑ D. HttpSessionBindingEvent.sessionDestroyed;

❑ E. HttpSessionAttributeListener.attributeRemoved;

❑ F. HttpSessionActivationListener.sessionWillPassivate;

16 Como você usaria o objeto **HttpServletResponse** em um servlet para adicionar um cookie no cliente? (Escolha todas as que se aplicam.)

☐ A. <context-param>

```
    <param-name>myCookie</param-name>
    <param-value>cookieValue</param-value>
</context-param>
```

☐ B. response.addCookie("myCookie","cookieValue");

☐ C. javax.servlet.http.Cookie newCook =

```
    new javax.servlet.http.Cookie("myCookie","cookieValue");
//...set other Cookie properties
response.addCookie(newCook);
```

☐ D. javax.servlet.http.Cookie[] cookies = request.getCookies();

```
String cname = null;
if (cookies != null){
   for (int i = 0; i < cookies.length; i++){
      cName = cookies[i].getName();
      if (cName != null &&
         cName.equalsIgnoreCase("myCookie")){
        out.println( cName + ": " + cookies[i].getValue();
      }
   }
}
```

17 Dado:

```
        public class ServletX extends HttpServlet {
        public void doGet (HttpServletRequest req, HttpServletResponse resp)
        throws IOException, ServletException {
        HttpSession sess = new HttpSession (req);
        sess.setAttribute("attr1",
        sess.invalidate();
        String s = sess.getAttribute("attr1");
    }
}
```

Qual é o resultado? (Escolha tudo que se aplica.)

☐ A. A compilação falha

☐ B. O valor de s é null

☐ C. O valor de s é "value"

☐ D. Uma IOException é enviada

☐ E. Uma ServletException é enviada

☐ F. Uma IllegalStateException é enviada

Respostas – Capítulo6

1 Dado: (especificação Servlet, pág. 59)

```
10. public class MyServlet extends HttpServlet {
11.   public void doGet(HttpServletRequest request,
HttpServletResponse response)
12.           throws IOException, ServletException {
13.   // request.getSession().setAttribute("key", "value");
14.   // request.getHttpSession().setAttribute("key", "value");
15.   // ((HttpSession)request.getSession()).setAttribute("key", "value");
16.   // ((HttpSession)request.getHttpSession()).setAttribute("key", "value");
17.   }
18. }
```

Qual(is) linha(s) poderia(m) ser desanotada(s) sem causar erros de compilação ou runtime? (Escolha todas as que se aplicam.)

- ☐ A. Somente a linha 13.
- ☐ B. Somente a linha 14.
- ☐ C. Somente a linha 15.
- ☐ D. Somente a linha 16.
- ☑ E. Linhas 13 ou 15.
- ☐ F. Linhas 14 ou 16.

– A opção E está correta, porque tanto a linha 13, como a linha 15 chamam o método corretamente. A conversão para o HttpSession NÃO é necessário, mas reflete o tipo correto; logo, ele é válido.

---

2 Se um cliente NÃO aceita cookies, qual mecanismo de gerenciamento da sessão o web container pode utilizar? (Escolha uma.)

(Servlet v2.4, pág. 57

- ☐ A. Cookies, mas NÃO reescrita de URL.
- ☑ B. Reescrita de URL, mas NÃO cookies.
- ☐ C. Tanto os cookies, como a reescrita de URL podem ser usados.
- ☐ D. Nem os cookies, nem a reescrita de URL podem ser usados.
- ☐ E. Os cookies e a reescrita de URL devem ser usados juntos.

– A opção B está correta, porque NÃO PODEMOS usar os cookies, mas a reescrita de URL NÃO depende de que eles estejam habilitados.

3 Quais declarações sobre os objetos **HttpSession** são verdadeiras? (Escolha todas as que se aplicam.)

(Servlet v2.4, pág. 59)

☑ A. Uma sessão cujo tempo de timeout foi estipulado em -1 nunca expirará.

☐ B. Uma sessão tornar-se-á inválida assim que o usuário fechar todas as janelas do seu browser.

☑ C. Uma sessão tornar-se-á inválida depois do tempo de timeout definido pelo servlet container.

☐ D. Uma sessão pode ser explicitamente invalidada chamando o **HttpSession.invalidateSession()**.

– A opção D está incorreta, porque o método que deveria ser usado chama-se invalidate().

– A opção B está incorreta, porque não existe um sinal explícito no protocolo HTTP de que a sessão acabou.

4 Quais das seguintes opções NÃO representam tipos de eventos listener na API J2EE 1.4? (Escolha todas as que se aplicam.)

(API)

☐ A. **HttpSessionEvent**

☐ B. **ServletRequestEvent**

☐ C. **HttpSessionBindingEvent**

☑ D. **HttpSessionAttributeEvent**

☐ E. **ServletContextAttributeEvent**

– Os HttpSessionBindingEvents são usados tanto para os HttpSessionBindingListeners, QUANTO para os HttpSessionAttributeListeners.

5 Quais das seguintes declarações sobre o monitoramento da sessão são verdadeiras? (Escolha todas as que se aplicam.)

(Servlet v2.4, pág. 57)

☑ A. A reescrita de URL pode ser usada por um servidor como base para o monitoramento de sessões.

☑ B. O SSL tem um mecanismo nativo, que um container servlet pode usar para obter dados usados para definir uma sessão.

☐ C. Ao usar cookies para acompanhar as sessões, não há restrições para o nome do cookie que realiza o acompanhamento da sessão.

☑ D. Ao usar cookies para acompanhar as sessões, o cookie usado para acompanhar a sessão deve receber o nome de **JSESSIONID**.

☐ E. Se o browser de um usuário está desabilitado para receber cookies, o container pode decidir usar um objeto **javax.servlet.http.CookielessHttpSession** para monitorar a sessão do usuário.

– A opção E está incorreta, porque não existe esta classe.

– A opção C está incorreta, porque a especificação diz que o cookie que monitora a sessão deve ser o JSESSIONID.

6 Dado: (Servlet v2.4, pág. 276)

```
1. import javax.servlet.http.*;
2. public class MySessionListener
           implements HttpSessionListener {
3.     public void sessionCreated() {
4.         System.out.println("Session Created");
5.     }
6.     public void sessionDestroyed() {
7.         System.out.println("Session Destroyed");
8.     }
9. }
```

– As opções A e B estão corretas, porque estes métodos deveriam ter um parâmetro HttpSessionEvent.

O que há de errado com esta classe? (Escolha todas as que se aplicam.)

☑ A. A assinatura do método na linha 3 está INCORRETA.

☑ B. A assinatura do método na linha 6 está INCORRETA.

☐ C. A declaração import não importará a interface **HttpSessionListener**.

☐ D. O **sessionCreated** e o **sessionDestroyed** NÃO são os únicos métodos definidos pela interface **HttpSessionListener**.

– A opção C está incorreta, porque o listener é definido no pacote importado.

– A opção D está incorreta, porque estes são os dois únicos métodos nesta interface.

7 Quais declarações sobre os atributos da sessão são verdadeiras? (Escolha todas as que se aplicam.)

(Servlet v2.4, pág. 59)

☑ A. O tipo de retorno do **HttpSession.getAttribute(String)** é **Object**.

☐ B. O tipo de retorno do **HttpSession.getAttribute(String)** é **String**.

☑ C. Os atributos associados a uma sessão ficam disponíveis para qualquer servlet que faça parte do mesmo **ServletContext**, e que trate uma solicitação identificada como sendo parte da mesma sessão.

☐ D. Chamar o **setAttribute("keyA", "valueB")** em um **HttpSession** que já possua um valor para a chave **keyA** causará uma exceção.

☑ E. Chamar o **setAttribute("keyA", "valueB")** em um **HttpSession** que já possua um valor para a chave **keyA** fará com que o valor anterior para este atributo seja substituído pela String **valueB**.

– A opção B está incorreta, porque o tipo de retorno é Object.

– A opção D está incorreta, porque esta chamada apenas substituirá o valor já existente.

8 Quais interfaces definem um método `getSession()`? (Escolha todas as que se aplicam.)

(Servlet v2.4, pág. 243)

- [ ] A. `ServletRequest`
- [ ] B. `ServletResponse`
- [x] C. `HttpServletRequest`
- [ ] D. `HttpServletResponse`

9 Seja um objeto sessão `s` e o código:

(Servlet v2.4, pág. 80)

```
s.setAttribute("key", value);
```

Quais dos listeners podem ser notificados? (Escolha um.)

- [ ] A. Apenas o `HttpSessionListener`.
- [ ] B. Apenas o `HttpSessionBindingListener`.
- [ ] C. Apenas o `HttpSessionAttributeListener`.
- [ ] D. O `HttpSessionListener` e o `HttpSessionBindingListener`.
- [ ] E. O `HttpSessionListener` e o `HttpSessionAttributeListener`.
- [x] F. O `HttpSessionBindingListener` e o `HttpSessionAttributeListener`.
- [ ] G. Todos os três.

– A opção F é a correta, porque um HttpSessionAttributeListener é notificado sempre que um atributo é acrescentado, e o objeto valor também será notificado se ele implementar um HttpSessionBindingListener.

10 Considerando que `req` é um `HttpServletRequest`, quais das opções criam uma sessão, caso não exista nenhuma? (Escolha todas as que se aplicam.)

(API)

- [x] A. `req.getSession();`
- [x] B. `req.getSession(true);`
- [ ] C. `req.getSession(false);`
- [ ] D. `req.createSession();`
- [ ] E. `req.getNewSession();`
- [ ] F. `req.createSession(true);`
- [ ] G. `req.createSession(false);`

– As opções A e B criarão uma nova sessão, caso não exista uma. O getSession(falso) retorna um resultado nulo se a sessão não existir.

11 Dado o objeto sessão s com dois atributos chamados `myAttr1` e `myAttr2`, quais alternativas removerão ambos os atributos desta sessão? (Escolha todas as que se aplicam.)

(API)

- [ ] A. `s.removeAllValues();`
- [x] B. `s.removeAttribute("myAttr1");s.removeAttribute("myAttr2");`
- [ ] C. `s.removeAllAttributes();`
- [ ] D. `s.getAttribute("myAttr1", UNBIND);s.getAttribute("myAttr2", UNBIND);`
- [ ] E. `s.getAttributeNames(UNBIND);`

– A opção B está correta. O removeAttribute() é a única forma de removermos um atributo de um objeto sessão, e ele remove um atributo de cada vez.

12 Quais das seguintes declarações sobre os objetos `HttpSession` em um ambiente distribuído são verdadeiras? (Escolha todas as que se aplicam.)

(Servlet v2.4, pág. 60)

- [ ] A. Quando uma sessão é movida de uma JVM para outra, quaisquer atributos armazenados na sessão serão perdidos.
- [ ] B. Quando uma sessão é movida de uma JVM para outra, os objetos `HttpSessionBindingListener` devidamente registrados serão notificados.
- [x] C. Quando uma sessão é movida de uma JVM para outra, os objetos `HttpSessionActivationListener` devidamente registrados serão notificados.
- [x] D. Quando uma sessão é movida de uma JVM para outra, os valores dos atributos que implementam `java.io.Serializable` serão transferidos para a nova JVM.

– A opção A está incorreta, porque os atributos serializáveis serão transferidos.

– A opção B está incorreta, porque os atributos permanecem associados à sessão.

13 Quais declarações sobre o timeout das sessões são verdadeiras? (Escolha todas as que se aplicam.)

(API)

- [ ] A. As declarações de timeout da sessão que foram criadas no DD aceitam o tempo em segundos.
- [x] B. As declarações de timeout da sessão que foram criadas no DD aceitam o tempo em minutos.
- [x] C. As declarações de timeout da sessão que foram criadas programaticamente aceitam o tempo em segundos.
- [ ] D. As declarações de timeout da sessão que foram criadas programaticamente aceitam o tempo em minutos.
- [ ] E. As declarações de timeout da sessão que foram criadas programaticamente aceitam o tempo em minutos ou segundos.

– No DD, se usarmos o elemento <session-timeout>, só podemos especificar os minutos. Se usarmos o setMaxInactiveInterval() do HttpSession, apenas os segundos podem ser especificados.

14 Escolha o trecho do código servlet que ativaria a partir de uma solicitação o valor de um cookie denominado "ORA_UID"? (Escolha todas as que se aplicam.)

(API)

- [ ] A. String value = request.getCookie("ORA_UID");
- [ ] B. String value = request.getHeader("ORA_UID");
- [x] C. javax.servlet.http.Cookie[] cookies =

```
    request.getCookies();
String cName = null;
String value = null;
if (cookies != null){
  for (int i = 0; i < cookies.length; i++){
    cName = cookies[i].getName();
    if (cName != null &&
        cName.equalsIgnoreCase("ORA_UID")){
      value = cookies[i].getValue();
    }
  }
}
```

- [ ] D. javax.servlet.http.Cookie[] cookies =

request.getCookies();

```
if (cookies.length > 0){
   String value = cookies[0].getValue();
}
```

– A opção A refere-se a um método que não existe.

– A opção C recebe um array Cookie usando o request.getCookies(), e depois verifica a existência de um cookie de nome específico.

– A opção D olha apenas o primeiro Cookie no array.

15 Qual(is) método(s) pode(m) ser usado(s) para pedir ao contêiner para notificar seu aplicativo sempre que uma sessão estiver com o tempo esgotado? (Escolha tudo que se aplica.)

- [x] A. HttpSessionlistener.sessionDestroyed;
- [ ] B. HttpSessionBindingListener.valueBound;
- [ ] C. HttpSessionBindingListener.valueUnbound;
- [ ] D. HttpSessionBindingEvent.sessionDestroyed;
- [ ] E. HttpSessionAttributeListener.attributeRemoved;
- [ ] F. HttpSessionActivationListener.sessionWillPassivate;

- Opção C: este é um tipo de desvio, mas se você tiver uma classe do atributo, este será um modo de ser informado sobre o tempo esgotado.

- Opção E: remover um atributo não está muito associado a uma sessão com tempo esgotado.

- Opção F: tornar passivo é diferente de uma seção com tempo esgotado.

16 Como você usaria o objeto **HttpServletResponse** em um servlet para adicionar um cookie no cliente? (Escolha todas as que se aplicam.)

- ☐ A.
```
<context-param>
    <param-name>myCookie</param-name>
    <param-value>cookieValue</param-value>
</context-param>
```
- ☐ B. response.addCookie("myCookie","cookieValue");
- ☑ C.
```
javax.servlet.http.Cookie newCook =
        new javax.servlet.http.Cookie("myCookie","cookieValue");
//...set other Cookie properties
response.addCookie(newCook);
```
- ☐ D.
```
javax.servlet.http.Cookie[] cookies = request.getCookies();
String cname = null;
if (cookies != null){
   for (int i = 0; i < cookies.length; i++){
      cName = cookies[i].getName();
      if (cName != null &&
         cName.equalsIgnoreCase("myCookie")){
        out.println( cName + ": " + cookies[i].getValue();
      }
   }
}
```

– A opção B está incorreta, porque o método addCookie() emprega um objeto Cookie, e não Strings...
– A opção D está incorreta, porque ela mostra um servlet ativando, e não criando um cookie.

17 Dado:

```
13.        public class ServletX extends HttpServlet {
14.        public void doGet (HttpServletRequest req, HttpServletResponse resp)
15.        throws IOException, ServletException {
16.        HttpSession sess = new HttpSession (req);
17.        sess.setAttribute("attr1",
18.        sess.invalidate();
19.        String s = sess.getAttribute("attr1");
20.    }
21. }
```

Qual é o resultado? (Escolha tudo que se aplica.)

- ☑ A. A compilação falha
- ☐ B. O valor de s é null
- ☐ C. O valor de s é "value"
- ☐ D. Uma IOException é enviada
- ☐ E. Uma ServletException é enviada
- ☐ F. Uma IllegalStateException é enviada

- Opção A: a linha 16 é incorreta. Você adquire um objeto que implementa HttpSession usando req.getSession( ).

7 usando o JSP

Sendo um JSP

Ele não conhece uma diretiva do scriptlet, mas ELE conseguiu a sala do canto, a poltrona reclinável e uma massagem duas vezes por semana? Eu já tive isso.
Relaxe... quando ele for reprovado no exame, NÓS sabemos o que acontecerá. Só espero que eles não sujem a poltrona de sangue...

Um JSP torna-se um servlet. Um servlet que *você* não cria. O Container olha o seu JSP, o traduz em código-fonte Java e o compila em uma classe servlet de Java completa. Porém, você tem que saber o que acontece quando o código que você escreveu em JSP se transforma em código Java. Você *pode* escrever códigos Java em JSP, mas será que você deveria? E se você não escrever o código Java, o que você *escreverá*? Como ele faz a tradução para o código Java? Neste capítulo, veremos seis diferentes tipos de elementos JSP – cada um com seu próprio propósito e, sim, *sintaxe única*. Você aprenderá como, por que e o que escrever no seu JSP. Talvez o mais importante, você aprenderá o que *não* escrever no seu JSP.

O Modelo de Tecnologia do JSP

6.1 Identificar, descrever ou escrever o código JSP para os seguintes elementos: (a) template text, (b) elementos de scripting (comentários, diretivas, declarações, scriptlets e expressões), (c) ações-padrão e customizadas, e (d) elementos da expression language.

6.2 Escrever o código JSP que usa as diretivas: (a) *page* (com os atributos *import*, *session*, *contentType* e *isELIgnored*), (b) *include*, e (c) *taglib*.

6.3 *Escrever um Documento JSP (documento baseado em XML) que usa a sintaxe correta.*

6.4 Descrever o propósito e a seqüência de eventos do ciclo de vida de uma página JSP: (1) tradução da página JSP, (2) compilação da página JSP, (3) carregar a classe, (4) criar a instância, (5) chamar o método jspInit, (6) chamar o método jspService, e (7) chamar o método jspDestroy.

6.5 Dado um objetivo de design, escrever o código JSP, usando os objetos implícitos apropriados: (a) request, (b) response, (c) out, (d) session, (e) config, (f) application, (g) page, (h) pageContext, e (i) exception.

6.6 Configurar o deployment descriptor para declarar uma ou mais bibliotecas de tags, desativar a linguagem de avaliação e desativar a linguagem de scripting.

6.7 *Dado um objetivo de projeto específico para incluir um segmento JSP em outra página, escrever o código JSP que usa o mecanismo de inclusão mais apropriado (a diretiva include ou a ação-padrão jsp:include).*

Notas sobre a Abrangência:

A maioria é tratada neste capítulo, mas os detalhes que envolvem as (c) ações-padrão e customizadas e (d) os elementos da expression language serão abordados nos próximos capítulos.

A diretiva de página será abordada neste capítulo, mas o include e a taglib serão abordados nos próximos capítulos.

Não será abordado aqui; verifique o capítulo sobre Distribuição.

Tudo abordado neste capítulo. (Dica: estas serão algumas das perguntas mais tranqüilas do exame, uma vez que você aprendeu o básico neste capítulo.)

Tudo abordado neste capítulo, embora se espera que você já saiba o que a maioria deles significa, baseado nos dois capítulos anteriores.

Nós falamos sobre tudo aqui, exceto declarar as bibliotecas de tags, que será visto no capítulo Usando a JSTL.

Não é abrangido aqui; verifique no próximo capítulo (JSP sem scripts).

No fim das contas, o JSP é só um servlet

O seu JSP torna-se um servlet completo rodando em sua aplicação. É muito parecido com qualquer outro servlet, exceto pelo fato de que a classe do servlet é escrita *para* você – pelo Container.

O Container utiliza o que você escreveu no seu JSP, o ***traduz*** para um arquivo-fonte da classe servlet (.java) e o ***compila*** em uma classe servlet Java. Depois disso, ele será só um servlet e rodará exatamente do mesmo jeito, como se você mesmo tivesse escrito e compilado o código. Ou seja, o Container carrega a classe servlet, instancia-a e inicializa-a, cria uma thread para cada solicitação e chama o método service() do servlet.

A questão mais importante para este capítulo é a seguinte: qual a função que seu código JSP executa na classe do servlet final?

Em outras palavras, *onde* vão parar os elementos do JSP no código-fonte do servlet gerado?

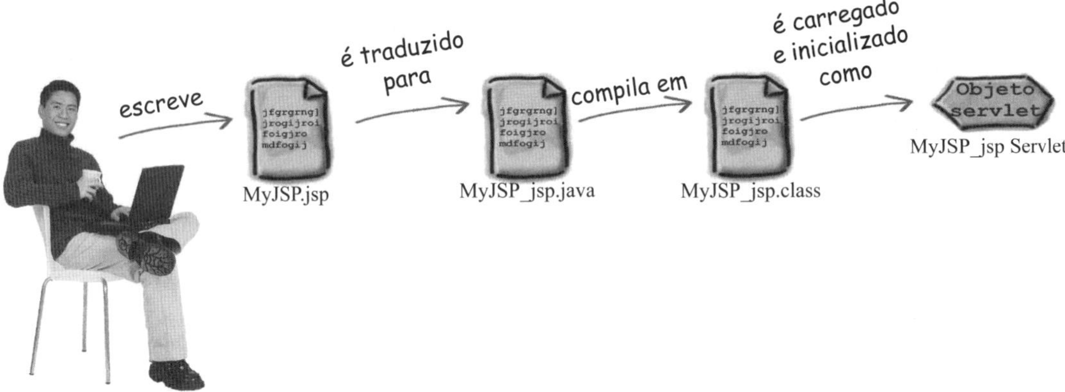

Algumas das perguntas que responderemos neste capítulo são:

- Para onde vai cada parte do seu arquivo JSP no código-fonte do servlet?
- Você tem acesso às características "sem servlet" da sua página JSP? Por exemplo, o JSP tem noção do ServletConfig ou do ServletContext?
- Quais são os tipos de elementos que você pode inserir em um JSP?
- Qual é a sintaxe para os diferentes elementos de um JSP?
- Qual é o ciclo de vida de um JSP? Você pode interferir nele?
- Como os diferentes elementos de um JSP interagem no servlet final?

Criando um JSP que exiba quantas vezes ele foi acessado

Pauline quer usar JSPs em suas aplicações – ela está *realmente* cansada de escrever HTML no seu método println() do PrintWriter do seu servlet. Ela decide aprender JSPs, criando uma página dinâmica simples que exibe o número de vezes que ela foi solicitada. Ela sabe que você pode colocar um código Java normal em um JSP usando um ***scriptlet*** – que significa simplesmente o código Java dentro de uma tag **<% ... %>**.

Já que eu posso colocar código Java no JSP, vou criar um método estático em uma classe Counter, para manter a variável estática de contagem de acessos e chamar este método a partir do JSP...

BasicCounter.jsp

```
<html>
<body>
The page count is:
<%
  out.println(Counter.getCount());
%>
</body>
</html>
```

O objeto "out" está implícito lá. Tudo entre <% e %> é um scriptlet, que é apenas Java simples.

Counter.java

```
package foo;

public class Counter {
   private static int count;
   public static synchronized int getCount()
{
      count++;
      return count;
   }
}
```

Classe assistente Java simples.

Ela distribui e testa o JSP

Distribuir e testar é trivial. A única parte confusa é garantir que a classe Counter esteja disponível para o JSP. E isso é fácil: basta colocá-la no diretório WEB-INF/classes da aplicação. Ela acessa o JSP direto pelo browser:

http://localhost:8080/testJSP1/BasicCounter.jsp

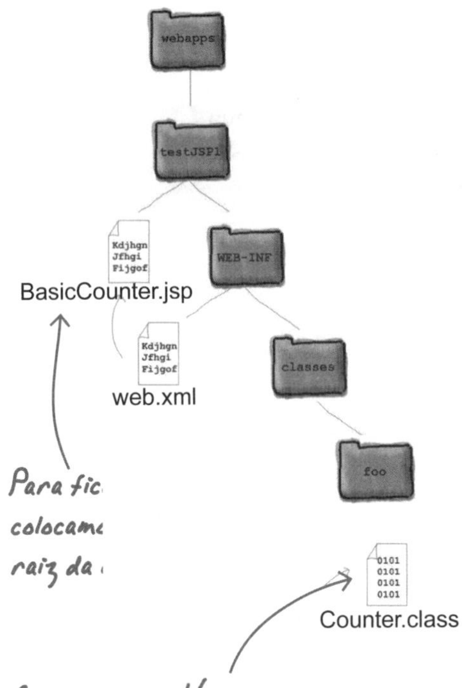
webapps
testJSP1
BasicCounter.jsp
WEB-INF
web.xml
classes
foo
Counter.class
Para fic
colocam
raiz da

Coloque o diretório do pacote e o arquivo .class no diretório WEB-INF/classes, e qualquer parte desta aplicação será capaz de vê-lo.

O que ela esperava:

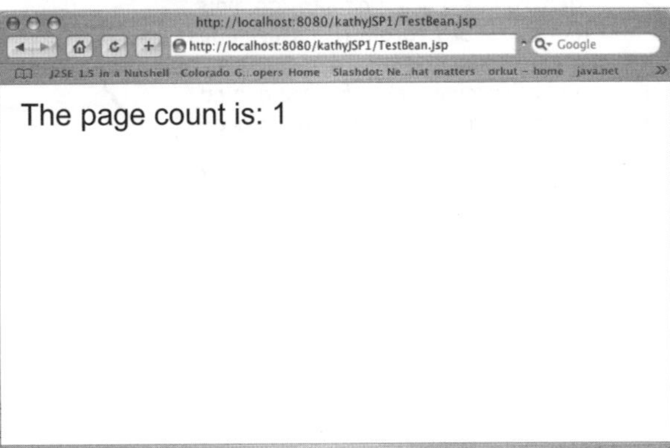
http://localhost:8080/kathyJSP1/TestBean.jsp
The page count is: 1

O que ela conseguiu:

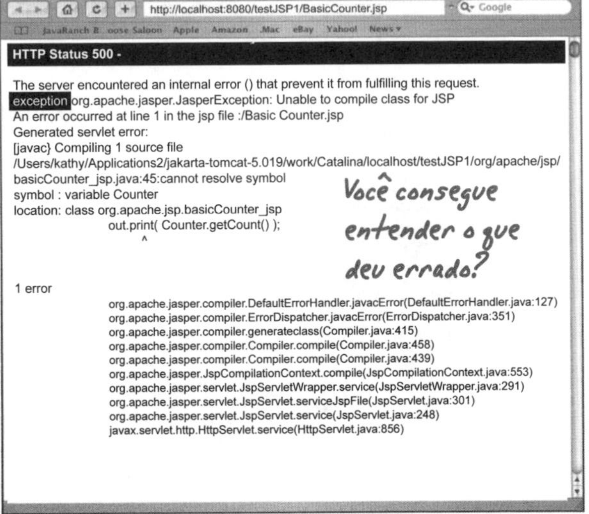
Cocktail Party
http://localhost:8080/testJSP1/BasicCounter.jsp
HTTP Status 500 -
The server encountered an internal error () that prevent it from fulfilling this request.
exception org.apache.jasper.JasperException: Unable to compile class for JSP
An error occurred at line 1 in the jsp file :/Basic Counter.jsp
Generated servlet error:
[javac} Compiling 1 source file
/Users/kathy/Applications2/jakarta-tomcat-5.019/work/Catalina/localhost/testJSP1/org/apache/jsp/
basicCounter_jsp.java:45:cannot resolve symbol
symbol : variable Counter
location: class org.apache.jsp.basicCounter_jsp
out.print(Counter.getCount());
^
1 error
org.apache.jasper.compiler.DefaultErrorHandler.javacError(DefaultErrorHandler.java:127)
org.apache.jasper.compiler.ErrorDispatcher.javacError(ErrorDispatcher.java:351)
org.apache.jasper.compiler.generateclass(Compiler.java:415)
org.apache.jasper.compiler.Compiler.compile(Compiler.java:458)
org.apache.jasper.compiler.Compiler.compile(Compiler.java:439)
org.apache.jasper.JspCompilationContext.compile(JspCompilationContext.java:553)
org.apache.jasper.servlet.JspServletWrapper.service(JspServletWrapper.java:291)
org.apache.jasper.servlet.JspServlet.serviceJspFile(JspServlet.java:301)
org.apache.jasper.servlet.JspServlet.service(JspServlet.java:248)
javax.servlet.http.HttpServlet.service(HttpServlet.java:856)
Você consegue entender o que deu errado?

O JSP não reconhece a classe Counter

A classe Counter está no pacote *foo,* mas não há nada no JSP capaz de reconhecê-la. É idêntico ao que acontece com você em qualquer outro código Java. E você conhece a regra: importe o pacote ou use o nome da classe totalmente qualificado no seu código.

Eu acho que você tem que usar o nome da classe totalmente qualificado dentro dos JSPs. Faz sentido, pois todos os JSPs foram transformados em código servlet Java simples pelo Container. Mas é claro que eu gostaria que você pudesse colocar imports no seu código JSP...

Counter.java

```
package foo;

public class Counter {
   private static int count;
   public static int getCount() {
       count++;
       return count;
   }
}
```

O código JSP *era*:

```
<% out.println(Counter.getCount()); %>
```

O código JSP *deveria ser*:

```
<% out.println(foo.Counter.getCount()); %>
```

Agora vai funcionar.

Mas você PODE
incluir declarações
import num JSP...
basta ter uma
diretiva.

Use a diretiva de página para importar pacotes

A *diretiva* é um recurso que você tem para dar instruções especiais ao Container no momento da tradução da página. As diretivas vêm em três sabores: ***page***, ***include*** e ***taglib***. Nós veremos as diretivas include e taglib nos próximos capítulos. Por enquanto, nossa preocupação será com a diretiva ***page***, porque ela é a única que nos permite *importar*.

Para importar um *único* pacote:

```
<%@ page 'import="foo.*" %>

<html>
<body>
The page count is:
<%
  out.println(Counter.getCount());
%>
</body>
</html>
```

Esta é uma diretiva page com um atributo import. (Observe que não há nenhum ponto-e-vírgula no final da diretiva).

Os scriptlets são Java normais; logo, todas as declarações em um scriptlet devem terminar com um ponto-e-vírgula!

Para importar *múltiplos* pacotes:

```
<%@ page import="foo.*,java.util.*" %>
```

Use uma vírgula para separar os pacotes. A lista inteira de pacotes vem entre aspas!

Reparou a diferença entre o código Java que exibe o contador e a diretiva de página?

O código Java vem entre os símbolos **<% e %>**. Mas a diretiva acrescenta um caractere a mais no começo do elemento – o símbolo **@** (arroba)!

Se você vir um código JSP que começa com **<%@**, *você já sabe que se trata de uma diretiva.* (Nós entraremos em maiores detalhes sobre a diretiva de página mais adiante.)

Mas em seguida Kim menciona as "expressões"

Justo quando você pensou que fosse seguro, o Kim percebe o scriptlet com uma declaração out.println(). Isto é JSP, pessoal. Grande parte da razão do JSP é *evitar* o println()! É por isso que existe um elemento *expressão* no JSP – ele exibe automaticamente aquilo que você colocou entre as tags.

Você não precisa dizer **out.println()** em um JSP! Basta usar uma **expressão**...

O código *scriptlet*:

```
<%@ page import="foo.*" %>
<html>
<body>
The page count is:
<% out.println(Counter.getCount()); %>
</body>
</html>
```

O código *expressão*:

```
<%@ page import="foo.*" %>
<html>
<body>
The page count is now:
<%= Counter.getCount() %>
</body>
</html>
```

A expressão é mais curta – nós não precisamos escrever o print...

Notou a diferença entre a tag para o código scriptlet e a tag da expressão? O código *scriptlet* vem entre os sinais de porcentagem **<%** e **>%**. Já as *expressões* recebem um caractere adicional no início do elemento: um sinal de *igual* (=).

Até agora nós já vimos três tipos diferentes de elementos do JSP:

Scriptlet:	<%	%>
Diretiva:	<%@	%>
Expressão:	<%=	%>

ALÔ! Se você vai nos dizer como melhorar nosso código, você poderia PELO MENOS acertar a sintaxe Java, certo... **não há nenhum ponto-e-vírgula tenebroso no final da expressão!**

Onde está o ponto-e-vírgula?

```
<%= Counter.getCount() %>
```

As expressões se tornam o argumento para um out.print()

Em outras palavras, o Container carrega *tudo* o que você digita entre <%= e >% e acrescenta como argumento para uma declaração que exibe para a resposta implícita *out* do PrintWriter.

Quando o Container encontra *isso*:

```
<%= Counter.getCount() %>
```

Ele o transforma *nisso*:

```
out.print(Counter.getCount());
```

Se você colocou *mesmo* um ponto-e-vírgula na sua expressão:

```
<%= Counter.getCount(); %>
```

Isso é mau. Significaria *isso*:

```
out.print(Counter.getCount(););
```

Xi!! Isto nunca compilará.

NUNCA termine uma expressão com um ponto-e-vírgula!

<%= nuncaColoqueUmPontoEVírgulaAqui %>

<%= porqueIstoÉUmArgumentoParaPrint() %>

Não existem Perguntas Idiotas

P: Bem, se você tem que usar as expressões EM VEZ DE colocar o out.println() em um scriptlet, então por que existe um "out" implícito?

R: Você provavelmente não usará a variável out implícita de dentro da sua página JSP, mas você pode passá-la *adiante*... alguns outros objetos que são parte da sua aplicação não têm acesso direto ao stream de saída de dados da resposta.

P: Em uma expressão, o que acontece se o método não retornar coisa alguma?

R: Você receberá um erro!! Você não pode, e NÃO DEVE, usar um método com um tipo de retorno void como uma expressão. O Container é esperto o suficiente para descobrir que ***não haverá nada a exibir se o método tem um tipo de retorno void!***

P: Por que a diretiva import começa com a palavra "page"? Por que é <%@ page import...%> em vez de simplesmente <%@ import... %>?

R: Boa pergunta! Em vez de possuir uma enorme pilha de diretivas, a especificação JSP tem apenas três diretivas, que podem ter atributos. O que você chamava de "a diretiva import" é na verdade "o atributo import da diretiva da página".

P: Quais são os outros atributos para a diretiva da página?

R: Lembre-se, a diretiva da página é para dar ao Container a informação de que ele precisa quando traduz seu JSP para servlet. Os atributos que nos importam (além do import) são: session, content-Type e isELIgnored (falaremos deles mais adiante neste capítulo).

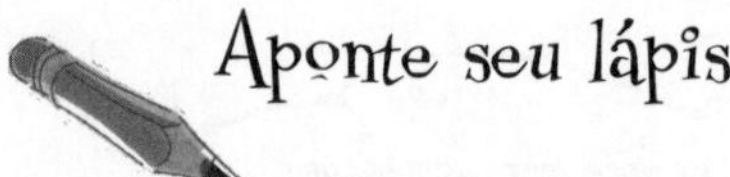

Aponte seu lápis

Diga quais das seguintes expressões são válidas, ou não, e por quê. Nós não abordamos todos os exemplos aqui; portanto, use a sua imaginação, baseado no que você já sabe sobre o funcionamento das expressões.
(As respostas estão mais adiante neste capítulo; então, faça o exercício AGORA).

Válido? (Verifique se é válido ou não, justificando quando não for.)

- ❑ <%= 27 %>
- ❑ <%= ((Math.random() + 5)*2); %>
- ❑ <%= "27" %>
- ❑ <%= Math.random() %>
- ❑ <%= String s = "foo" %>
- ❑ <%= new String[3]) %>
- ❑ <% = 42*20; %>
- ❑ <%= 5 > 3 %>
- ❑ <%= false %>
- ❑ <%= new Counter() %>

Kim solta a bomba final...

Você não PRECISA nem da classe Counter... você pode fazer tudo no JSP.

Humm... eu sei que o JSP se transforma em um servlet. Então, talvez eu possa declarar uma variável contadora em um scriptlet que transformar-se-ia numa variável no servlet. Será que funcionaria?

O que ela tentou:

```
<html>
<body>
<% int count=0; %>
The page count is now:
<%= ++count %>
</body>
</html>
```

Isto vai *compilar*?

Vai *funcionar*?

Declarando uma variável em um scriptlet

A declaração da variável é *válida*, mas não funcionará conforme Pauline esperava.

O que ela tentou:

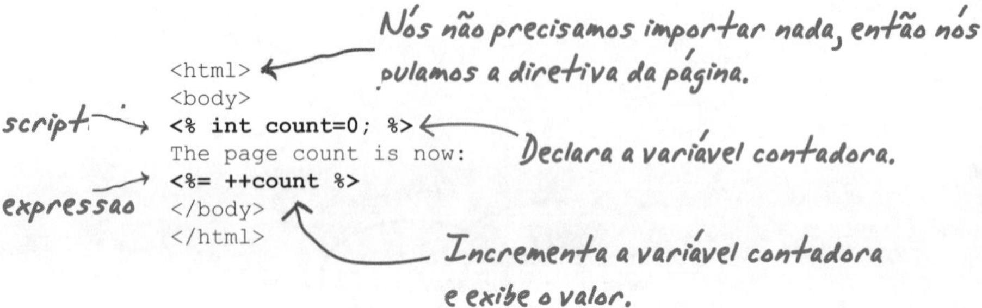

Nós não precisamos importar nada, então nós pulamos a diretiva da página.
<html>
<body>
scriptlet
<% int count=0; %>
Declara a variável contadora.
The page count is now:
<%= ++count %>
expressão
</body>
</html>
Incrementa a variável contadora e exibe o valor.

O que ela viu na primeira vez que abriu a página:

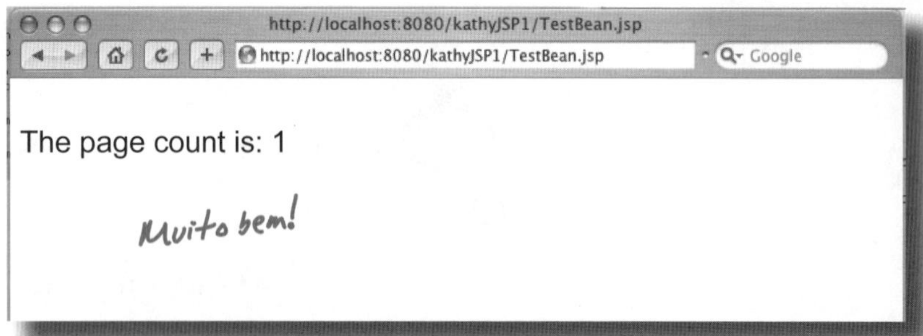

O que ela viu na segunda, na terceira e em todas as outras vezes em que ela abriu a página:

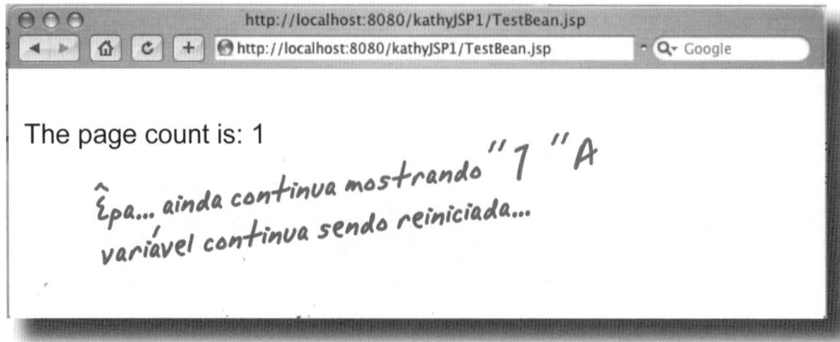

O que REALMENTE acontece com o seu código JSP?

Você *escreve* um JSP, mas ele *vira* um servlet. A única maneira de saber realmente o que está acontecendo é ver o que o Container faz com o seu código JSP. Ou seja, como o Container *traduz* o seu JSP em servlet?

Uma vez que você saiba onde os diferentes elementos do JSP se encontram no arquivo de classe do servlet, você achará muito mais fácil de saber como criar a estrutura do seu JSP.

O código do servlet nesta página *não* é o código verdadeiro gerado pelo Container – nós o simplificamos e aproveitamos o essencial. O arquivo do servlet gerado pelo Container é, digamos, *mais feio*. O verdadeiro código-fonte do servlet gerado é um pouco mais difícil de ser lido, mas nós o veremos nas próximas páginas. Contudo, por enquanto, o que nos interessa é *onde* o nosso código JSP realmente termina na classe servlet.

Este JSP:

```
<html><body>
<% int count=0; %>
The page count is now:
<%= ++count %>
</body></html>
```

Torna-se este servlet:

```
public class basicCounter_jsp extends
SomeSpecialHttpServlet {

public void _jspService(HttpServletRequest request,
   HttpServletResponse response)throws java.
   io.IOException,
     ServletException {

   PrintWriter out = response.getWriter();
   response.setContentType("text/html");
   out.write("<html><body>");
   int count=0;
   out.write("The page count is now:");
   out.print( ++count );
   out.write("</body></html>");

   }
}
```

O Container coloca todo o código em um método service genérico. Pense nele como um pacotão doGet/doPost que pega tudo.

TODOS os códigos do scriptlet e das expressões ficam em um método service.

Isto significa que as variáveis declaradas em um scriptlet são sempre variáveis LOCAIS!

Nota: Se você quiser checar o código do servlet gerado a partir do Tomcat, veja em HomeDirDoSeuTomcat/work/Catalina/NomeDoSeuServidor/NomeDaSuaAplicação/org/apache/jsp. (Os nomes sublinhados mudarão, dependendo do seu sistema e da sua aplicação.)

Não me diga - deve existir outro tipo de elemento JSP para a declaração de variáveis de **instância**, em vez de variáveis locais...

Precisamos de outro elemento JSP...

Declarar a variável contadora no scriptlet nos mostrou que a variável foi reinicializada cada vez que o método de serviço rodou. Quer dizer que ***ela foi reiniciada para 0 a cada solicitação***. De alguma forma, precisamos tornar count uma variável de *instância*.

Até agora, nós vimos as diretivas, os scriptlets e as expressões. As ***diretivas*** são para instruções especiais para o Container, os ***scriptlets*** são Java simples localizados dentro de um método service do servlet gerado, e o resultado de uma ***expressão*** sempre se torna o argumento para um método print().

Mas existe um outro elemento JSP chamado ***declaração***.

```
<%! int count=0; %>
```

Coloque um ponto de exclamação (!) depois do sinal de porcentagem (%).

Isto não é uma expressão - você PRECISA do ponto-e-vírgula aqui!

As declarações JSP servem para declarar membros da classe do servlet gerado. ***Isto significa as variáveis e os métodos!*** Portanto, tudo que estiver entre a tag <%! e %> é adicionado à classe *fora* do método service. Logo, você pode declarar os métodos e as variáveis estáticas e de instância.

As declarações JSP

Uma declaração JSP é sempre definida *dentro* da classe, mas *fora* do método service (ou qualquer outro). É simples assim: as declarações servem para as variáveis estáticas e de instância e para os métodos. (Na teoria, sim, você poderia definir outros membros, incluindo as classes internas, mas em 99,9999% das vezes você utilizará as declarações para os métodos e as variáveis.) O código abaixo resolve o problema de Pauline; agora, o contador é incrementado cada vez que um cliente solicitar a página.

A Declaração da Variável

Este JSP:

```
<html><body>
<%! int count=0; %>
The page count is now:
<%= ++count %>
</body></html>
```

Torna-se este servlet:

```
public class basicCounter_jsp extends HttpServlet {

    int count=0;

    public void _jspService(HttpServletRequest
request,                    HttpServletResponse
response)throws java.io.IOException {

        PrintWriter out = response.getWriter();
        response.setContentType("text/html");
        out.write("<html><body>");
        out.write("The page count is now:");
        out.print( ++count );
        out.write("</body></html>");
    }
}
```

Desta vez, estamos incrementando uma variável de instância em vez de uma variável local.

A Declaração do Método

Este JSP:

```
<html>
<body>
<%! int doubleCount() {
      count = count*2;
      return count;
    }
%>
<%! int count=1; %>
The page count is now:
<%= doubleCount() %>
</body>
</html>
```

Torna-se este servlet:

```
public class basicCounter_jsp extends HttpServlet {

    int doubleCount() {
      count = count*2;
      return count;
    }
    int count=1;

    public void _jspService(HttpServletRequest request,
         HttpServletResponse response)throws java.
io.IOException {
        PrintWriter out = response.getWriter();
        response.setContentType("text/html");
        out.write("<html><body>");
        out.write("The page count is now:");
        out.print( doubleCount() );
        out.write("</body></html>");
    }
}
```

O método permanece idêntico ao que você digitou no seu JSP.

Isto é Java; então, sem problemas quanto às referências de forward (declaração da variável DEPOIS que você a utilizou em um método).

Hora de ver o VERDADEIRO servlet gerado

Estávamos vendo uma versão bem simplificada do servlet que o Container realmente cria a partir do seu JSP. Não há necessidade de se ver o código gerado pelo Container durante o desenvolvimento, mas você pode usá-lo para ajudá-lo a *aprender*. Uma vez que você veja o que o Container faz com os diferentes elementos de um JSP, você não precisará mais ver os arquivos-fonte .java gerados pelo Container. Alguns fabricantes não *deixarão* que você veja a fonte Java gerada, mantendo apenas os arquivos .class compilados.

Não se intimide quando você notar partes da API que você não conheça. Os tipos de classe e interface são, na maioria, implementações específicas do fabricante que você não deve se preocupar.

O que o Container faz com o seu JSP

- Olha as ***diretivas***, em busca de informações de que ele possa necessitar durante a tradução.

- Cria uma subclasse HttpServlet.

  Para o Tomcat 5, o servlet gerado estende:
  `org.apache.jasper.runtime.HttpJspBase`

- Se houver uma *diretiva de página* com um atributo ***import***, ele escreve as instruções do import no topo do arquivo classe, logo abaixo da declaração do pacote.

  Para o Tomcat 5, a declaração do pacote (*com a qual você não deve se preocupar*) é:
  `package org.apache.jsp;`

- Se houver ***declarações***, ele escreve-as no arquivo classe, geralmente logo abaixo da declaração da classe e antes do método service. O Tomcat 5 por si só declara uma variável estática e um método de instância.

- Cria o método **service**. O nome real do método é `_jspService()`. Ele é chamado pelo método ativado service() da superclasse do servlet e recebe o HttpServletRequest e o HttpServletResponse. Como parte da construção desse método, o Container declara e inicializa todos os ***objetos implícitos***. (Você verá mais objetos implícitos quando mudar de página.)

- Mistura o HTML simples (chamado template text) com os ***scriptlets*** e as ***expressões*** no método service, formatando tudo e escrevendo no PrintWriter da resposta.

A prova fala pouco sobre a classe gerada.

Nós estamos mostrando o código gerado de forma que você possa entender como o JSP é traduzido para o código servlet. Mas você não precisa saber em detalhes como um determinado fabricante faz isso e nem a aparência verdadeira do código gerado. Tudo o que você precisa saber é como se comporta cada tipo de elemento (scriptlet, diretiva, declaração, etc.) e como aquele elemento funciona dentro do servlet gerado. Você precisa saber, por exemplo, que seu scriptlet pode usar objetos implícitos, e você precisa conhecer os tipos de objetos implícitos da API Servlet. Mas você NÃO precisa conhecer o código usado para disponibilizar tais objetos.

A única coisa que você precisa saber sobre o código gerado são os três métodos do ciclo de vida do JSP: jspInit(), jspDestroy e _jspService(). (Falaremos sobre eles ainda neste capítulo.)

A classe gerada pelo Tomcat 5

```
<html><body>
<%! int count=0; %>
The page count is now:
<%= ++count %>
</body></html>
```

```
package org.apache.jsp;
import javax.servlet.*;
import javax.servlet.http.*;
import javax.servlet.jsp.*;

public final class BasicCounter_jsp extends org.apache.jasper.runtime.HttpJspBase
                    implements org.apache.jasper.runtime.JspSourceDependent
{

  int count=0;
  private static java.util.Vector _jspx_dependants;

  public java.util.List getDependants() {
    return _jspx_dependants;
  }

  public void _jspService(HttpServletRequest request, HttpServletResponse
response)
                                        throws java.io.IOException,
ServletException {
      JspFactory _jspxFactory = null;
      PageContext pageContext = null;
      HttpSession session = null;
      ServletContext application = null;
      ServletConfig config = null;
      JspWriter out = null;
      Object page = this;
      JspWriter _jspx_out = null;
      PageContext _jspx_page_context = null;

      try {
        _jspxFactory = JspFactory.getDefaultFactory();
        response.setContentType("text/html");
        pageContext = _jspxFactory.getPageContext(this, request, response, null,
true, 8192, true);
        _jspx_page_context = pageContext;
        application = pageContext.getServletContext();
        config = pageContext.getServletConfig();
        session = pageContext.getSession();
        out = pageContext.getOut();
        _jspx_out = out;
        out.write("\r<html>\r<body>\r");
        out.write("\rThe page count is now: \r");
        out.print( ++count );
        out.write("\r</body>\r</html>\r");
      } catch (Throwable t) {
         if (!(t instanceof SkipPageException)){
           out = _jspx_out;
         if (out != null && out.getBufferSize() != 0)
             out.clearBuffer();
           if (_jspx_page_context != null) _jspx_page_context.
handlePageException(t);
         }
      } finally {
         if (_jspxFactory != null) _jspxFactory.releasePageContext(_jspx_page_
context);
     }
   }
 }
```

Se você tiver imports da diretiva de página, eles aparecerão aqui (nós não temos nenhum import neste JSP).

O Container coloca as SUAS declarações (aquelas dentro das tags <%! %>) e algumas delas próprias abaixo da declaração da classe.

O Container declara um monte de variáveis locais dele próprio, incluindo aquelas que representam os objetos implícitos que o seu código pode precisar, como "out" e "request".

Aqui ele tenta inicializar os objetos implícitos.

E ele tenta rodar e enviar seu HTML JSP, seu scriptlet e seu código da expressão.

É claro que algo pode dar errado...

A variável out não é o único objeto implícito...

Quando o Container transforma o JSP em um servlet, o começo do método service é uma pilha de declarações de ***objetos implícitos*** e atribuições.

Com os objetos implícitos, você pode escrever um JSP, sabendo que o seu código fará parte de um servlet. Em outras palavras, você pode aproveitar as suas características de servlet, mesmo que você não esteja escrevendo *diretamente* uma classe servlet.

Lembre-se dos capítulos 4, 5 e 6. Quais foram alguns dos objetos importantes que você usou? Como o seu servlet conseguiu seus parâmetros init? Como o seu servlet obteve a sessão? Como ele conseguiu os parâmetros enviados pelo cliente em um formulário?

Estas são algumas das razões que seu JSP pode precisar para usar alguns dos recursos disponíveis para o servlet. Todos os objetos implícitos apontam para algum item da API Servlet/JSP. O objeto implícito *request*, por exemplo, é uma referência ao objeto ***HttpServletRequest***, passado para o método service pelo Container.

API	Objeto Implícito
JspWriter	out
HttpServletRequest	request
HttpServletResponse	response
HttpSession	session
ServletContext	application
ServletConfig	config
JspException	exception
PageContext	pageContext
Object	page

Quais destes representam os escopos do atributo para a solicitação, a sessão e a aplicação? (Tudo bem, muito óbvio). Mas agora temos um quarto NOVO escopo, page-level, e os atributos do escopo da página são armazenados no pageContext.

Este objeto implícito é disponível apenas para páginas de erro definidas. (Você verá isso mais tarde.)

Um PageContext encapsula outros objetos implícitos. Assim, se você passar uma referência PageContext a algum objeto helper, ele poderá usar essa referência para obter referências para OUTROS objetos implícitos e atributos de todos os escopos.

P: Qual é a diferença entre um JspWriter e um PrintWriter que eu recebo de um HttpServletResponse?

R: Não muita. O JspWriter É UM PrintWriter com algumas funções de buffer. O único momento em que você deve realmente dar maior atenção a ele é quando você estiver criando tags customizadas. Portanto, falaremos um pouco a respeito das habilidades especiais do JspWriter no capítulo que aborda o desenvolvimento das tags customizadas.

SEJA o Container

Cada um dos trechos vem de um JSP. Seu trabalho será descobrir o que acontecerá quando o Container tentar transformar o JSP num servlet. O Container será capaz de traduzir o seu JSP em um código servlet legítimo e compilável? Se não, por que? Em caso afirmativo, o que acontece quando um cliente acessar o JSP?

1

```
<html><body>
Test scriptlets...
<% int y=5+x; %>
<% int x=2; %>
</body></html>
```

2

```
<%@ page import="java.util.*" %>
<html><body>
Test scriptlets...
<% ArrayList list = new ArrayList()
   list.add(new String("foo"));
%>
<%= list.get(0)  %>
</body></html>
```

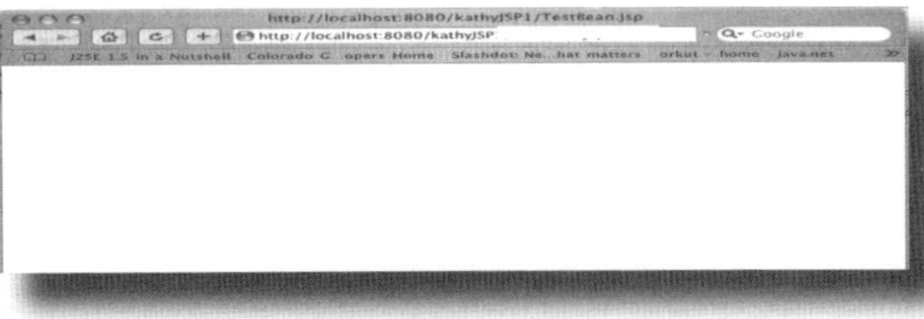

3

```
<html><body>
Test scriptlets...
<%! int x = 42; %>
<% int x = 22; %>
<%= x %>
</body></html>
```

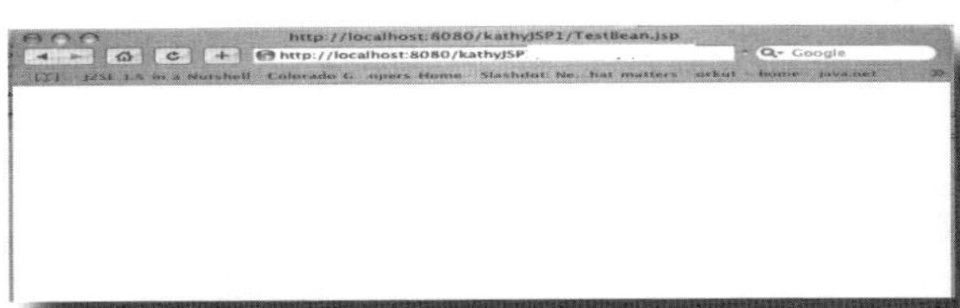

Ímã de Geladeira (Teste Preparatório)

Estude o cenário (e o restante nesta página) e coloque os ímãs no JSP para criar um arquivo legítimo que produziria o resultado correto. Você não deve usar um ímã mais de uma vez e nem usará todos eles. Este exercício supõe que existe um servlet (que você não precisa ver) que recebe a solicitação inicial, associa um atributo no escopo da solicitação e encaminha para o JSP que você está criando.

(Nota: nós chamamos este exercício de "Ímã de Geladeira (Teste Preparatório)" em vez de "Ímã de Geladeira", pois a prova está repleta de perguntas "arrastar e soltar" como esta).

Objetivo do Projeto

Criar um JSP que produzirá isto:

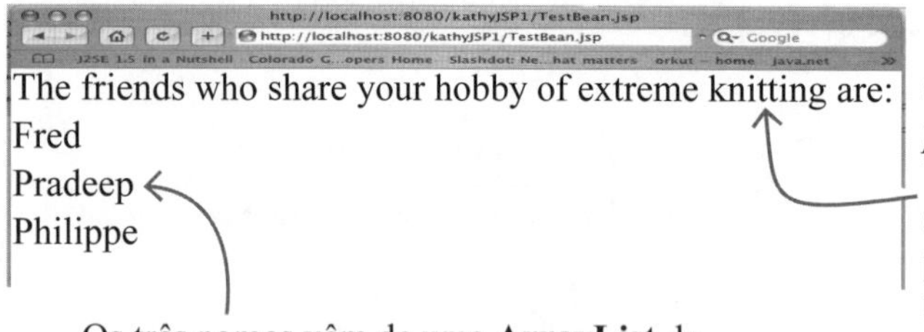

O texto "extreme knitting" vem de um *parâmetro* do formulário de solicitação. Você precisa receber esse parâmetro do seu JSP. O servlet obterá a solicitação primeiro (e então a encaminhará ao JSP), mas isto não muda a forma como você receberá o parâmetro no seu JSP.

Os três nomes vêm de uma **ArrayList** de *atributos* da solicitação, chamados "names". Você terá que *receber* o atributo do objeto solicitação. Considere que o servlet recebeu esta solicitação e configurou um atributo no escopo da mesma.

O formulário HTML

Isto vai para o servlet que configura o atributo solicitação e depois encaminha a solicitação para o JSP que você está escrevendo.

```
<html><body>
<form method="POST"

   action="HobbyPage.do">
   Choose a hobby:<p>

   <select name="hobby" size="1">
     <option>horse skiing
     <option>extreme knitting
     <option>alpine scuba
     <option>speed dating
   </select>
  <br><br>
  <center>
    <input type="SUBMIT">
  </center>
 </form>
</body></html>
```

Conselhos e dicas importantes

- O atributo da solicitação é do tipo java.util.ArrayList.
- A variável implícita para o objeto HttpServletRequest é chamada de *request* e você pode usá-la em scriptlets ou expressões, mas *não* em diretivas ou declarações. Independentemente do que você fizer com um objeto solicitação em um servlet, você o fará dentro do seu JSP.
- O método servlet do JSP pode processar os parâmetros request, pois lembre-se, seu código vai estar dentro do método service do servlet. Você não precisa se preocupar com o método HTTP (GET ou POST) que foi usado na solicitação.

Nós colocamos algumas linhas para você. O código que você colocar neste JSP DEVE funcionar com o código que já está aqui. Quando você tiver terminado, ele deve ser compilável e produzir o resultado na página anterior (você deve CONSIDERAR que já exista um servlet funcionando, que primeiro recebe a solicitação, configura o atributo “names” da solicitação e encaminha a solicitação para esse JSP).

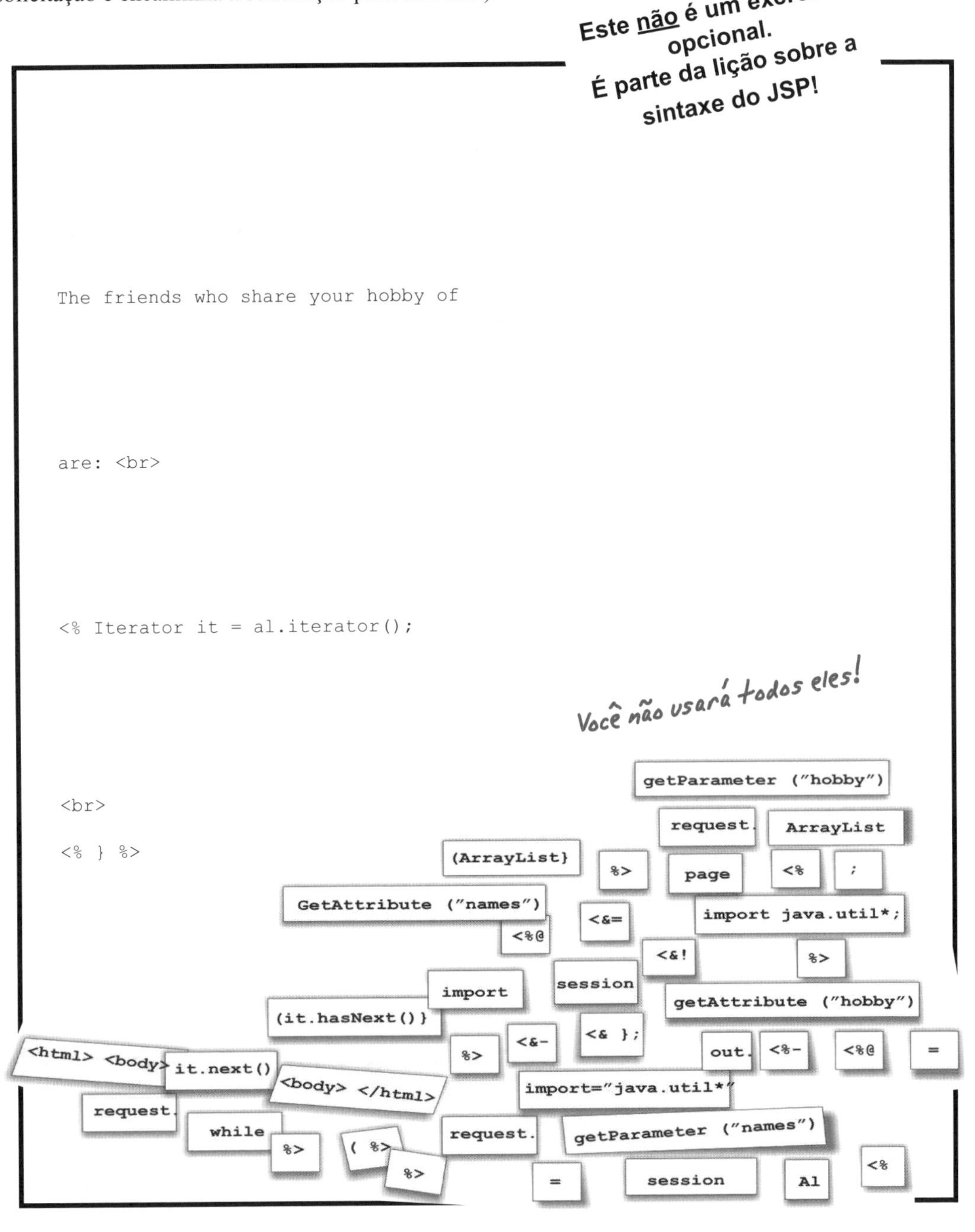

SEJA o Container Respostas

O nº 2 é fácil de entender e funciona. O nº 1 é uma questão básica da linguagem Java (usar uma variável local antes que ela seja declarada) e o nº 3 também demonstra uma questão básica da linguagem Java – aquilo que acontece quando você tem uma variável local e de instância com o mesmo nome. Então veja... se você traduzir o código JSP no código Java do servlet, você não terá problemas em descobrir o resultado. Uma vez que o conteúdo do seu JSP estiver dentro do servlet, isso é Java.

1

```
<html><body>
Test scriptlets...
<% int y=5+x; %>
<% int x=2; %>
</body></html>
```

Este não irá compilar! É exatamente como escrever um método com:

```
void foo() {
  int y = 5 + x;
  int x = 2;
}
```

Você está tentando usar a variável x ANTES que ela seja definida. A linguagem Java não permite isso e o Container não se incomoda em rearrumar a ordem do seu código scriptlet.

2

```
<%@ page import="java.util.*" %>
<html><body>
Test scriptlets...
<% ArrayList list = new ArrayList();
   list.add(new String("foo"));
%>
<%= list.get(0)  %>
</body></html>
```

Test scriptlets... foo

Sem problemas; exibe o primeiro (e único) objeto da ArrayList.

3

```
<html><body>
Test scriptlets...
<%! int x = 42; %>
<% int x = 22; %>
<%= x %>
</body></html>
```

O scriptlet declara uma variável local x (que esconde a variável de instância x), portanto, se você quer exibir a variável de instância x (42), em vez da variável local x (22), mude a expressão para: <%= isto.x %>

Test scriptlets... 22

Ímã de Geladeira Respostas

Se a sua resposta parecer um pouco diferente e você ainda acreditar que ela deve funcionar – tente! Você terá que fazer o servlet que carrega o formulário de solicitação configurar um atributo e encaminhar (despachar) a solicitação para o JSP.

```
<%@ page import="java.util.*" %>
<html><body>

The friends who share your hobby of
<%= request.getParameter("hobby") %>

are: <br>
<% ArrayList Al = (ArrayList) request.getAttribute("names") ; %>

<% Iterator it = al.iterator();
while (it.hasNext()) { %>
<%= it.next() %>

<br>

<% } %>

</body></html>
```

Nós precisamos da diretiva de página import, por causa da ArrayList e do Iterator.

Inicie o scriptlet aqui...

e o finalize aqui.

Use uma expressão.

Encerre o bloco de loop while! (Se você esquecer isto, ele não compilará.)

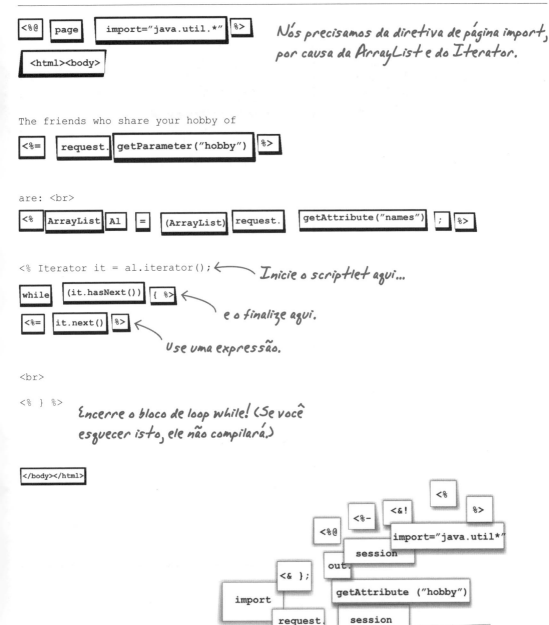

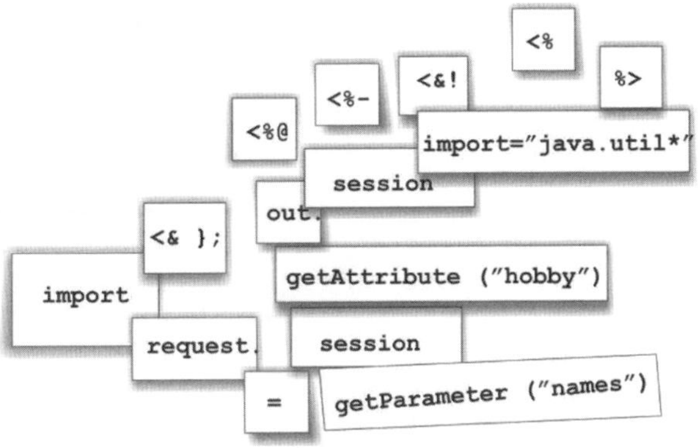

```
<%   %>   <&!   <%-   <%@   import="java.util*"   session   out.
<& };   import   getAttribute ("hobby")   request.   session   =   getParameter ("names")
```

Um comentário...

Sim, você pode colocar comentários no seu JSP. Se você é um programador Java com alguma experiência em HTML, você pegar-se-á digitando:

// isso é um comentário

sem pensar duas vezes. Mas se você o fizer, a não ser que esteja dentro de um scriptlet ou em uma tag de declaração, você acabará EXIBINDO isso para o cliente como parte da resposta. Portanto, para o Container aquelas duas barras são simplesmente mais texto, como "Olá" ou "E-mail é:".

Você pode colocar dois tipos diferentes de comentários em um JSP:

- **<!-- comentário HTML -->**

  O Container passa isso diretamente para o cliente e o browser o interpreta como um comentário.

- **<%-- comentário JSP --%>**

  Estes são para os desenvolvedores de páginas e, tal qual com os comentários Java em um arquivo-fonte Java, eles são tirados da página traduzida. Se você estiver digitando um JSP e quiser adicionar comentários da maneira como você os usaria em um arquivo-fonte Java, use um comentário JSP.

  Se você quiser que os comentários façam parte da resposta HTML que vai para o cliente (embora o browser não os mostrará ao cliente), use um comentário HTML.

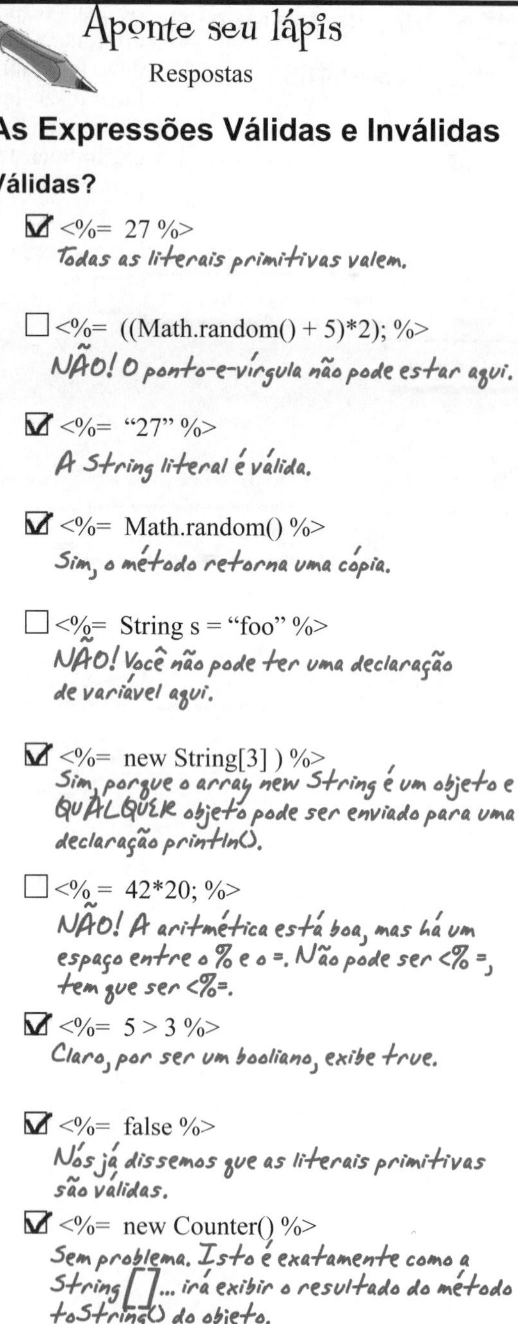

Aponte seu lápis

Respostas

As Expressões Válidas e Inválidas

Válidas?

☑ <%= 27 %>
Todas as literais primitivas valem.

☐ <%= ((Math.random() + 5)*2); %>
NÃO! O ponto-e-vírgula não pode estar aqui.

☑ <%= "27" %>
A String literal é válida.

☑ <%= Math.random() %>
Sim, o método retorna uma cópia.

☐ <%= String s = "foo" %>
NÃO! Você não pode ter uma declaração de variável aqui.

☑ <%= new String[3]) %>
Sim, porque o array new String é um objeto e QUALQUER objeto pode ser enviado para uma declaração println().

☐ <% = 42*20; %>
NÃO! A aritmética está boa, mas há um espaço entre o % e o =. Não pode ser <% =, tem que ser <%=.

☑ <%= 5 > 3 %>
Claro, por ser um booliano, exibe true.

☑ <%= false %>
Nós já dissemos que as literais primitivas são válidas.

☑ <%= new Counter() %>
Sem problema. Isto é exatamente como a String[]... irá exibir o resultado do método toString() do objeto.

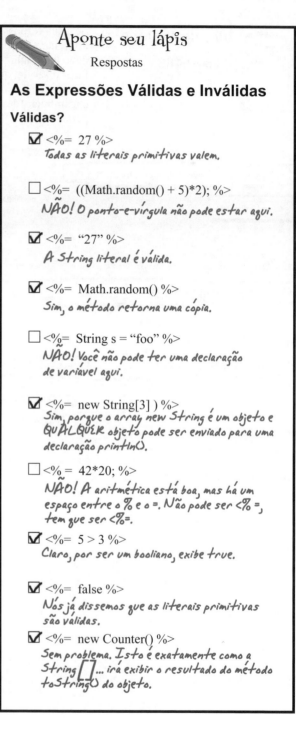

A API para o servlet gerado

O Container gera uma classe a partir do seu JSP, que implementa a interface HttpJspPage. Esta é a única parte da API do servlet gerado que você precisa saber. Não se incomode se no Tomcat, por exemplo, a sua classe gerada estenda:

```
org.apache.jasper.runtime.HttpJspBase
```

Tudo o que você precisa saber são os três métodos principais:

<<interface>>
javax.servlet.jsp.HttpJspPage

_jspService(HttpServletRequest, HttpServlet

Você NÃO PODE anular este!

- **jspInit()**
  Este método é chamado pelo método init(). Você pode anular este método. (Você consegue imaginar *como*?)

- **jspDestroy()**
  Este método é chamado pelo método destroy() do servlet. Você também pode anular este método.

- **_jspService()**
  Este método é chamado pelo método service() do servlet, o que significa que ele roda em uma thread separada para cada solicitação. O Container passa para este método os objetos Solicitação e Resposta.
  Você pode anular este método! Você não pode fazer NADA por sua própria conta neste método (exceto escrever o código que vai dentro dele), e é responsabilidade do fabricante do Container aceitar seu código JSP e adaptar o método _jspService() que irá utilizá-lo.

Observe o underscore no início do método _ jspService()

Ele NÃO aparece no início dos outros dois métodos, jsplnit() e jspDestroy(). Faça de conta que o underscore no início do método significa "não toque"!

Portanto, nenhum underscore no início do nome significa que você pode anulá-lo. Mas se EXISTIR um underscore no início você não DEVE tentar anulá-lo!

O ciclo de vida de um JSP

Você escreve o arquivo ***.jsp***.
O ***Container*** escreve o arquivo ***.java*** para o servlet no qual o seu JSP se transformou.

1 Kim escreve um arquivo .jsp e o distribui como parte de uma aplicação.

O Container "lê" o web.xml (DD) para esta aplicação, mas não faz mais nada com o arquivo .jsp (até que ele seja solicitado pela primeira vez).

Está justamente localizado no servidor... esperando pela solicitação de um cliente.

Web Container

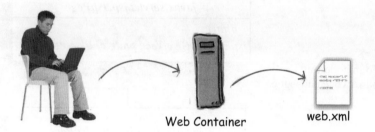

web.xml

MyJSP.jsp

2 O cliente clica em um link que solicita o .jsp.

O Container tenta TRADUZIR o .jsp em código-fonte .java para uma classe servlet.

3 O Container tenta COMPILAR o código-fonte .java do servlet em um arquivo .class.

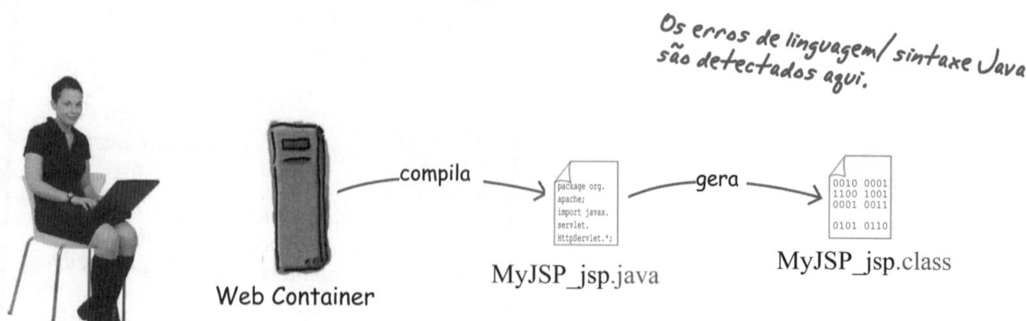

O ciclo de vida do JSP continua...

4

O Container CARREGA a classe do servlet gerada recentemente.

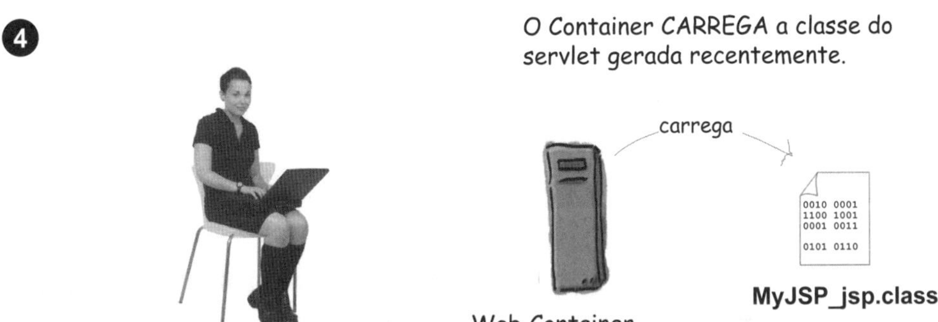

5

O Container insta o servlet e faz com que o método jspInit() dele rode.

O objeto agora é um servlet completo, pronto para aceitar as solicitações do cliente.

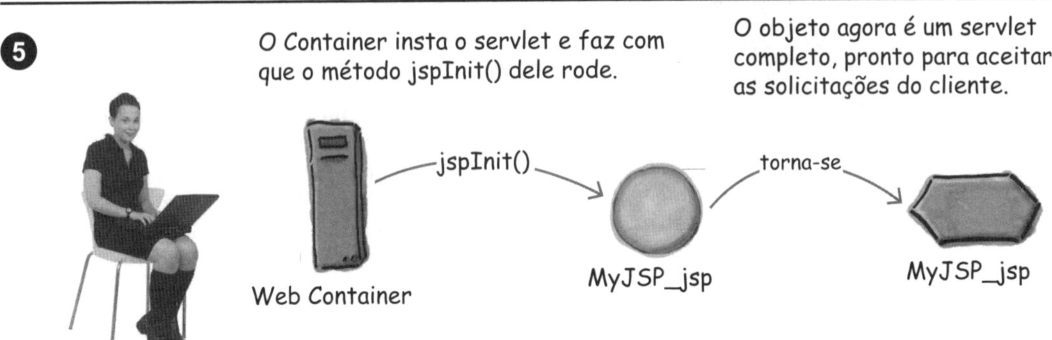

6

O Container cria uma nova thread para tratar a solicitação deste cliente, e o método _jspService() do servlet roda.

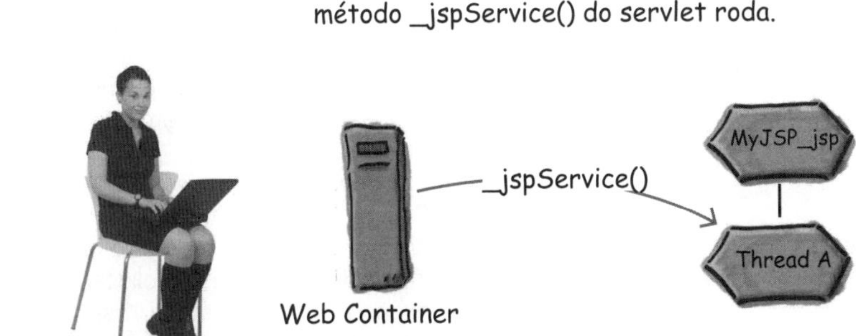

Tudo o que acontece depois disso é simplesmente a rotina normal do servlet para tratamento de solicitações.

Por fim, o servlet envia uma resposta de volta para o cliente (ou encaminha a solicitação para outro componente da aplicação).

Nossa! Estou muito impressionada. Eu nunca teria imaginado que eles pudessem fazer com que uma solicitação JSP pudesse gerar tanto overhead, quanto chamar um método em um EJB. Estou imaginando que o cliente tenha que esperar, tipo, uns cinco minutos para o processo de tradução, compilação e inicialização?

A tradução e a compilação acontecem UMA única vez

Quando você distribui uma aplicação com um JSP, toda a etapa de tradução e compilação acontece uma única vez na vida do JSP. Uma vez que esteja traduzido e compilado, ele fica exatamente como qualquer outro servlet. E como qualquer outro servlet, uma vez que tenha sido carregado e inicializado, a única coisa que acontece na hora da solicitação é a criação ou a alocação de uma thread para o método service. Portanto, a figura mostrada na página anterior e nesta é apenas para *a primeira solicitação*.

P: **Tudo bem, quer dizer que somente o primeiro cliente a solicitar o JSP é que leva a pancada. Mas DEVE haver uma maneira de configurar o servidor para pré-traduzir e compilar... certo?**

R: Embora apenas o primeiro cliente tenha que esperar, a maioria dos fabricantes de Container OFERECE uma forma de fazer toda a tarefa de tradução e compilação acontecer antecipadamente, de forma que até mesmo a primeira solicitação aconteça como em qualquer outra solicitação do servlet.
Mas cuidado, isso depende do fabricante e não é garantido. EXISTE uma menção na especificação JSP (JSP 11.4.2) que sugere um protocolo para a pré-compilação do JSP. Você faz a solicitação para o JSP anexando uma query string "?jsp_precompile" e o Container pode (caso queira) fazer a tradução/compilação ali mesmo, em vez de esperar pela primeira solicitação real do cliente.

Se o JSP se transforma em um servlet, eu gostaria de saber se posso configurar os parâmetros init do servlet... e já que estou aqui, será que posso anular o método init() do servlet...

Aponte seu lápis

Observe estas perguntas. Dê uma olhada nas páginas anteriores (e capítulos), caso ache necessário, mas não continue antes de terminar.

Sim, você PODE obter os parâmetros init do servlet através de um JSP, então, as questões são:

1) Como você os *restaurou* de seu código? (Grande, imensa, embaraçosa dica: muito parecido com a maneira que você o restaura em um servlet "comum". De qual objeto você normalmente obtém os parâmetros init do servlet? Ele está disponível para o seu código JSP?)

2) Como e onde você *configura* os parâmetros init do servlet?

3) Suponha que você queira *mesmo* anular o método init()... como você o faria? Há alguma outra maneira de se fazer e que traga o mesmo resultado?

Inicializando seu JSP

Você *pode* fazer tarefas relacionadas à inicialização do servlet com seu JSP, mas é *um pouco* diferente do que você faz num servlet comum.

Configurando os parâmetros init do servlet

Você configura os parâmetros init do servlet para o seu JSP, quase da mesma maneira que você os configura para um servlet normal. A única diferença é que você tem que acrescentar um elemento <jsp-file> na tag <servlet>.

```
<web-app ...>
  <servlet>
    <servlet-name>MyTestInit</servlet-name>
    <jsp-file>/TestInit.jsp</jsp-file>
    <init-param>
      <param-name>email</param-name>
      <param-value>ikickedbutt@wickedlysmart.com</param-value>
    </init-param>
  </servlet>
  <servlet-mapping>
    <servlet-name>MyTestInit</servlet-name>
    <url-pattern>/TestInit.jsp</url-pattern>
  </servlet-mapping>
</web-app>
```

Esta é a única linha que é diferente de um servlet comum. Diz basicamente: aplique tudo desta tag <servlet> no servlet criado por esta página JSP...

Quando você define um servlet para um JSP, você deve igualmente definir um servlet mapeando à página de JSP

Anulando o jspInit()

É simples assim. Se você implementar um método **jspInit()**, o Container o chama no começo da vida desta página como um servlet. Ele é chamado pelo método init() do servlet, portanto, na hora em que este método roda, haverá um ServletConfig e um ServletContext disponíveis para o servlet. Isto significa que você pode chamar o getServletConfig() e o getServletContext() de dentro do jspInit().

Este exemplo usa o jspInit() para recuperar um parâmetro init do servlet (configurado no DD) e usa este valor para configurar um atributo de escopo application.

Anula o método jspInit() usando uma declaração.

```
<%!
  public void jspInit() {
    ServletConfig sConfig = getServletConfig();
    String emailAddr = sConfig.getInitParameter("email");
    ServletContext ctx = sConfig.getServletContext();
    ctx.setAttribute("mail", emailAddr);
  }
%>
```

Você está num servlet; portanto, pode chamar seu getServletConfig() herdado!

Isto é EXATAMENTE o que você faz num servlet normal.

Consegue uma referência para o ServletContext e configura um atributo de escopo application.

Os atributos em um JSP

O exemplo da página anterior mostra o JSP configurando um atributo application, usando uma declaração que anule o jspInit(). Porém, na maioria das vezes você usará um dos quatro *objetos implícitos* para receber e configurar os atributos correspondentes aos quatro escopos disponíveis no JSP.

Sim, quatro. Lembre-se, além dos escopos-padrão do servlet – request, session e application (contexto), o JSP acrescenta um quarto escopo – o escopo page –, que você obtém de um objeto pageContext.

Geralmente, você não precisará (e nem se preocupar) do escopo page, a menos que você esteja desenvolvendo tags customizadas. Por isso, não entraremos em maiores detalhes, até o capítulo que trata das tags customizadas.

	Em um servlet	Em um JSP (usando objetos implícitos)
Application	**getServletContext()**.setAttribute("foo", barObj);	**application**.setAttribute("foo", barObj);
Request	**request**.setAttribute("foo", barObj);	**request**.setAttribute("foo", barObj);
Session	**request.getSession()**.setAttribute("foo", barObj);	**session**.setAttribute("foo", barObj);
Page	Não se aplica!	**pageContext**.setAttribute("foo", barObj);

Mas não é só isso! Em um JSP, existe uma *outra* maneira de receber e configurar os atributos em *qualquer* escopo, usando apenas o objeto implícito pageContext. Continue e descubra como...

Não existe um escopo "context"... mesmo que os atributos no escopo application estejam associados ao objeto ServletContext.

*A convenção de nomenclatura pode levá-lo a pensar que os atributos armazenados no Servlet***Context** *são... do escopo* **context**. *Não existe isso. Lembre-se, quando você encontrar "Context", pense em "application". Porém, existe uma diferença entre os nomes servlet e JSP usados para obter os atributos do escopo application: num servlet, você diz:*

```
getServletContext().getAttribute("foo")
```

mas em um JSP você diz:

```
application.getAttribute("foo")
```

Usando o PageContext para atributos

Você pode usar uma referência PageContext para obter atributos a partir de qualquer escopo, inclusive o escopo page para atributos associados ao PageContext.

Os métodos que funcionam com os outros escopos usam um argumento int para indicar o escopo. Embora os métodos de acesso derivem do JspContext, você encontrará as constantes para os escopos na classe PageContext.

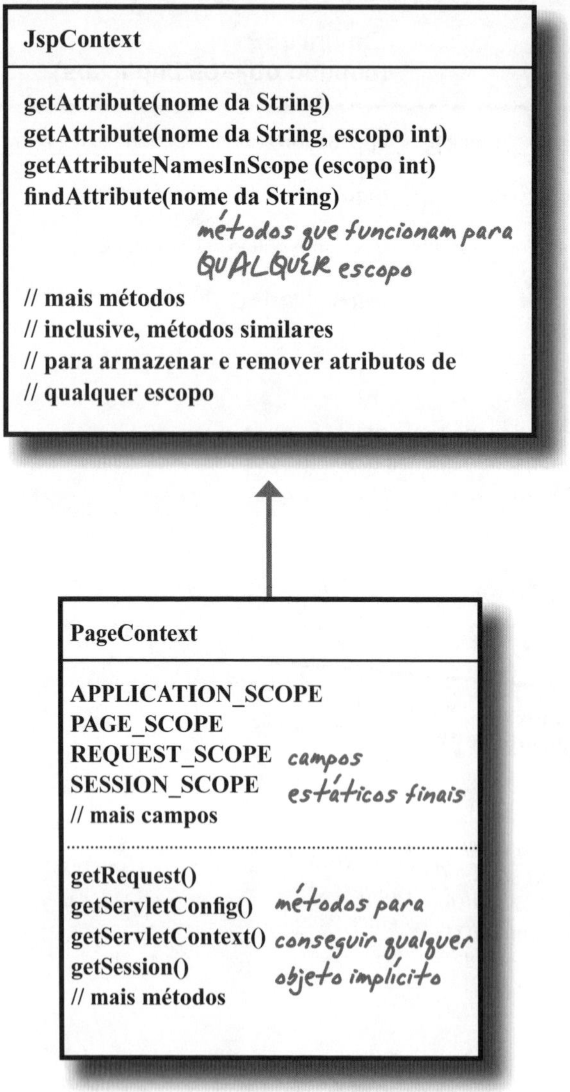

JspContext

getAttribute(nome da String)
getAttribute(nome da String, escopo int)
getAttributeNamesInScope (escopo int)
findAttribute(nome da String)

métodos que funcionam para QUALQUER escopo

// mais métodos
// inclusive, métodos similares
// para armazenar e remover atributos de
// qualquer escopo

PageContext

APPLICATION_SCOPE
PAGE_SCOPE
REQUEST_SCOPE
SESSION_SCOPE
// mais campos

campos estáticos finais

getRequest()
getServletConfig()
getServletContext()
getSession()
// mais métodos

métodos para conseguir qualquer objeto implícito

Exemplos usando o pageContext para obter e configurar atributos

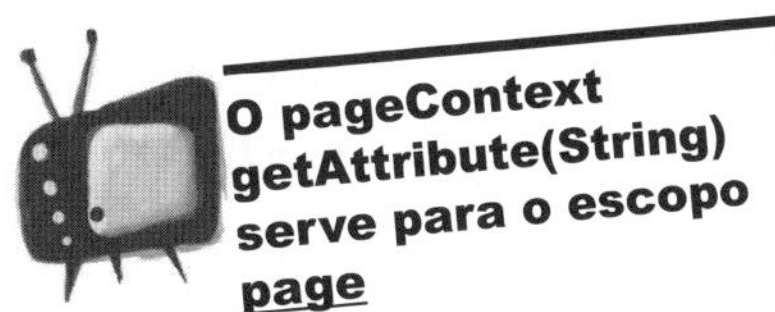

O pageContext getAttribute(String) serve para o escopo page

Existem DOIS métodos getAttribute() muito usados que você pode chamar no pageContext: um de um só argumento (String) e outro de dois argumentos (String e int). O primeiro funciona como todos os outros – para atributos associados AO objeto pageContext. O segundo, porém, pode ser usado para obter atributos de QUALQUER um dos quatro escopos.

Configurando um atributo do escopo *page*

```
<% Float one = new Float(42.5); %>
<% pageContext.setAttribute("foo", one); %>
```

Obtendo um atributo do escopo *page*

```
<%= pageContext.getAttribute("foo") %>
```

Usando o pageContext para configurar um atributo do escopo *session*

```
<% Float two = new Float(22.4); %>
<% pageContext.setAttribute("foo", two, PageContext.SESSION_SCOPE); %>
```

Usando o pageContext para obter um atributo do escopo *session*

```
<%= pageContext.getAttribute("foo", PageContext.SESSION_SCOPE) %>
```

(Que é idêntico a: `<%= session.getAttribute("foo") %>`)

Usando o pageContext para obter um atributo do escopo *application*

```
Email is:
<%= pageContext.getAttribute("mail", PageContext.APPLICATION_SCOPE) %>
```

Dentro de um JSP, o código acima é idêntico a:

```
Email is:
<%= application.getAttribute("mail") %>
```

Usando o pageContext para encontrar um atributo quando você não *conhece* o escopo

```
<%= pageContext.findAttribute("foo") %>
```

encontrá-lo onde?

Onde o método findAttribute() olha? Ele olha primeiro no page context, e se houver um atributo "foo" com o escopo page context, então, chamar o *find*Attribute(nome da String) num PageContext funcionará exatamente como chamar o *get*Attribute(nome da String) num PageContext. Mas se não existir nenhum atributo "foo", o método começa procurando em outros escopos, do mais restrito ao menos restrito – ou seja, primeiro o escopo request, depois o session e, finalmente, o application. ***O primeiro que ele encontrar com este nome ganha.***

Já que estamos falando sobre isso... vamos falar mais sobre as três *diretivas*

Nós já vimos as diretivas usadas para inserir as declarações import na classe do servlet gerado pelo seu JSP. Foi a diretiva *page* (um dos três tipos de diretivas) com um atributo *import* (um dos 13 atributos da diretiva page). Nós agora daremos uma rápida olhada nas outras, embora algumas não sejam abordadas em detalhes até os próximos capítulos. Outras, inclusive, nem serão *muito* faladas aqui, pois são raramente usadas.

1 A diretiva page

```
<%@ page import="foo.*" session="false" %>
```

Define propriedades específicas da página, como códigos de caracteres, o tipo de conteúdo para a resposta e se esta página deveria possuir o objeto implícito session. Uma diretiva page pode utilizar até 13 atributos diferentes (como o atributo import), embora apenas quatro sejam cobrados no exame.

2 A diretiva taglib

```
<%@ taglib tagdir="/WEB-INF/tags/cool" prefix="cool" %>
```

Define as bibliotecas de tags disponíveis para o JSP. Nós ainda não falamos sobre o uso das tags customizadas e ações padronizadas; portanto, talvez não faça sentido neste momento. Fique com isto por enquanto... teremos dois capítulos inteiros sobre bibliotecas de tags vindo em breve.

3 A diretiva include

```
<%@ include file="wickedHeader.html" %>
```

Define os textos e os códigos que são acrescentados na página atual no momento da tradução. Isto lhe permite construir pedaços reutilizáveis (como um título-padrão para a página ou a barra de navegação), que podem ser acrescentados a cada página, sem precisar repetir todo aquele código em cada JSP.

P: **Estou confuso... o título deste tópico diz: "Já que estamos falando sobre isso...", mas eu não vejo o que as *diretivas* têm a ver com pageContext e atributos.**

R: Nada a ver, realmente. Nós só dissemos aquilo para disfarçar a transição inexistente e patética entre dois tópicos não relacionados. Esperávamos que ninguém notasse, mas NÃO... você simplesmente não permitiria, não é mesmo?

Os atributos para a diretiva page

Dos 13 atributos da diretiva page da especificação JSP 2.0, apenas *quatro* são cobrados no exame. Você NÃO precisa memorizar a lista inteira, mas veja o que você pode fazer. (Veremos os atributos *isELIgnored* e os dois atributos relacionados a erros mais adiante.)

PODE cair na prova

import Define as declarações import do Java que serão adicionadas à classe do servlet gerado. Você tem alguns import de graça (por padrão): *java.lang* (óbvio), *javax.servlet*, *javax.servlet.http* e *javax.servlet.jsp*.

isThreadSafe Define se o servlet gerado precisa implementar o SingleThreadModel que, como você já sabe, é uma Coisa Terrivelmente Ruim. O valor-padrão é... "true", o que significa: "Minha aplicação é thread-safe e eu NÃO preciso implementar o SingleThreadModel, pois sei que é ruim por natureza." A única razão para especificar este atributo seria se você precisasse configurar o valor do atributo para "false", o que significa que você quer que o servlet gerado use o SingleThreadModel, ***mas você nunca fará isto.***

contentType Define o tipo MIME (e o código opcional do caractere) para a resposta JSP. *Você conhece o padrão.*

isELIgnored Define se as expressões EL serão ignoradas quando a página for traduzida. Nós só falaremos a respeito da EL no próximo capítulo. Por enquanto, saiba apenas que você talvez queira ignorar a sintaxe EL em sua página, e este é um dos dois modos que você pode informar ao Container.

isErrorPage Define se a página atual representa *uma outra* página de erro dos JSPs. O valor-padrão é "false", mas se for true, as páginas têm acesso ao objeto implícito *exception* (que é uma referência ao inconveniente Throwable). Se for false, o objeto implícito exception fica indisponível para o JSP.

errorPage Define uma URL para o recurso para onde os uncaught Throwables devem ser enviados. Se você definir um JSP aqui, então *este* JSP terá um atributo **isErrorPage="true"** *na sua* diretiva page.

NÃO cairá na prova

language Define a linguagem scripting usada nos scriptlets, expressões e declarações. No momento, o único valor possível é "java", mas ele está aqui pensando no futuro – quando outras linguagens provavelmente serão usadas.

extends Define a superclasse da classe que este JSP tornar-se-á. Você não o usará, a menos que REALMENTE saiba o que está fazendo – ele anula a hierarquia da classe fornecida pelo Container.

session Define se a página terá um objeto implícito *session.* O valor-padrão é "true".

buffer Define como o buffering é tratado pelo objeto implícito *out* (referente ao JspWriter).

autoFlush Define se a saída bufferizada está limpa automaticamente. O valor-padrão é "true".

info Define uma String que é inserida na página traduzida, exatamente para que você possa *obtê-la* usando o método getServletInfo() herdado do servlet.

pageEncoding Define o código de caracteres para o JSP. O padrão é "ISO-8859-1" (a menos que o atributo contentType já o tenha definido ou a página use a sintaxe XML Document).

Que capítulo lindo, com explicações APAIXONANTES de como colocar um código Java em um JSP! Mas olha só este memorando para a empresa inteira que acabei de receber.

```
Memorando Intra-escritórios do
Gerente de Tecnologia
---------------------------------
URGENTE

Para efeito imediato, qualquer um
que seja pego usando scriptlets,
expressões ou declarações no seu
código JSP será suspenso, sem
direito a pagamento, até que seja
determinado se o programador foi
totalmente responsável ou estava
simplesmente tentando manter o
código de algum OUTRO idiota.

Se, aliás, for detectado que
o programador é na verdade o
responsável, a companhia efetuará
a sua dispensa.
---------------------------------
Rick Forester
Gerente de Tecnologia
---------------------------------
"Lembre-se: there is no 'I' in TEAM."

"Ao escrever seu código, faça
de conta que o próximo cara* a
mantê-lo é um maníaco homicida
que sabe onde você mora."

[*Nota para o RH: ao usarmos
"cara" não especificamos gênero.]
```

Scriptlets consideradas prejudiciais?

Isso é verdade? *Poderia* haver uma desvantagem em se colocar todo este Java no seu JSP? Afinal, não é este todo o PROPÓSITO do JSP? De forma que você escreva seu Java no que é essencialmente uma página HTML, ao contrário de escrever o HTML em uma classe Java?

Algumas pessoas acreditam (tudo bem, tecnicamente um *monte* de gente, inclusive as equipes que criaram as especificações do JSP e do servlet) ser uma *prática ruim* colocarmos todo este Java no seu JSP.

Por que? Imagine que você foi contratado para construir um grande site. A sua equipe inclui uns poucos programadores Java e um enorme grupo de "webdesigners" – artistas gráficos e profissionais que criam páginas utilizando o Dreamweaver e o Photoshop para construírem aquelas páginas fabulosas. Eles não são *programadores* (bem, existem aqueles que continuam achando que HTML é " programação").

Atores aspirantes trabalhando como webdesigners enquanto esperam por sua grande oportunidade no showbiz.

Duas perguntas: POR QUE você está nos ensinando isso e QUAL é a alternativa? Que outra m**** EXISTE, além do HTML, já que não podemos usar scriptlets, declarações e expressões no JSP?

Não EXISTIA nenhuma alternativa.

Isso significa que já existem *montanhas* de arquivos JSP abarrotados de código Java enfiados em cada pedaço da página, acomodados entre scriptlets, expressões e tags de declarações. Já está lá e não há nada que alguém possa fazer para mudar o passado. Portanto, significa que você tem que saber como *ler* e *entender* estes elementos e como *manter* páginas escritas com eles (a menos que você tenha a chance de recriar todo o JSP da sua aplicação).

Cá entre nós, até achamos que ainda há lugar para coisas desse tipo – não há nada melhor do que um pouco de Java no JSP para testar rapidamente algo no seu servidor. Mas na maioria das vezes, você não vai querer usar isso nas suas páginas verdadeiras e em produção.

A razão para tudo isto estar no exame é que as *alternativas* ainda são novidade. Por isso, a maioria das páginas hoje ainda é "da antiga". ***Por enquanto, você ainda tem que ser capaz de trabalhar assim!*** Em algum momento, quando novas técnicas que dispensem Java atingirem um público considerável, os objetivos deste capítulo provavelmente não constarão mais na prova. E respiraremos aliviados pela morte do Java-em-JSPs.

Mas esse dia ainda não é hoje.

(Nota para pais e professores: a palavra de cinco letras implícita no balão acima, que começa com "m" seguida por quatro asteriscos, NÃO é o que vocês estão pensando. É simplesmente uma palavra que achamos engraçada demais para ser incluída aqui, sem que distraísse o leitor. Por isso ela foi truncada. Porque é engraçada. E não, *imprópria*.)

Poxa, se pelo menos existisse uma maneira do JSP usar tags simples que permitissem que os métodos Java rodassem, sem ter que colocar na página o código Java em si.

EL: a resposta para, digamos, tudo.

Ou *quase* tudo. Mas certamente uma resposta para duas grandes reclamações sobre colocar o Java no JSP:

1. Os designers não precisariam saber Java.

2. O código Java existente no JSP é difícil de mudar e manter.

EL significa "Expression Language" e, oficialmente, tornou-se parte da especificação a partir da especificação JSP 2.0. A EL é quase sempre o jeito mais simples de se fazer algo que você normalmente faria com scriptlets e expressões.

É claro que neste momento você está pensando: "Mas se eu quiser que meu JSP use métodos customizados, como poderei declará-los e escrevê-los se não posso usar Java?"

Ahhhh... escrever a funcionalidade real (o código do método) *não* é o propósito da EL. O propósito da EL é oferecer um jeito simples de *invocar* o código Java – mas o código em si pertence a *algum outro lugar*. Ou seja, uma classe Java simples normal, que funcione como um JavaBean, uma classe com métodos estáticos, ou aquilo que chamamos de Tag Handler. Em outras palavras, você não escreve o código do método no seu JSP se você estiver seguindo as Melhores Práticas de hoje em dia. Você escreve o método Java em *algum outro lugar* e o *chama* usando a EL.

Uma apresentação rápida da EL

O capítulo seguinte fala só sobre EL, portanto não entraremos em detalhes aqui. A única razão de estarmos falando dela é devido ao fato de ela ser um outro elemento (com sua própria sintaxe) que o JSP aceita. E os objetivos da prova que constam neste capítulo incluem reconhecer tudo o que possa estar em um JSP.

Uma expressão EL SEMPRE se parece com: ${alguma coisa}

Ou seja, ela vem SEMPRE entre chaves e precedida pelo símbolo ($).

Esta expressão EL:

```
Please contact: ${applicationScope.mail}
```

É o mesmo que esta expressão Java:

```
Please contact: <%= application.getAttribute("mail") %>
```

Não existem Perguntas Idiotas

P: Não querendo ser chato, mas creio não ter visto nenhuma grande diferença entre a EL e a expressão Java. Claro que ela é um pouco menor, mas vale a pena mudar toda a linguagem scripting e os códigos no JSP?

R: Você AINDA não viu as vantagens da EL. As diferenças tornar-se-ão óbvias no próximo capítulo, quando mergulharemos no assunto de cabeça. Mas você deve se lembrar que para um programador Java, a EL NÃO oferece, necessariamente, uma gigantesca vantagem no desenvolvimento. Na realidade, para um programador Java ela simplesmente significa "uma coisa a mais (com sua própria sintaxe e tudo) para aprender, quando, psiu, eu já SEI Java..."

Mas não é só com relação a *você*. A EL é *muito* mais fácil para alguém que não programe em Java aprender rapidamente. E para um programador Java, ainda é muito mais fácil manter uma página sem scripts.

Sim, é mais uma coisa a aprender. Ela não deixa os webdesigners completamente a salvo, mas você verá em breve que é mais intuitivo e natural para eles usar a EL. Por enquanto, aqui neste capítulo, você simplesmente precisará ser capaz de *reconhecer* uma EL quando se deparar com ela. E não se preocupe ainda em diferenciar se a EL é válida – tudo que queremos saber agora é se você consegue identificar uma expressão EL em uma página JSP.

E COMO você espera que meus programadores parem de usar scripting em seus JSPs?

Fácil, você pode colocar um elemento no DD que desabilite todos os elementos scripting!

Usando <scripting-invalid>

É simples, você pode impedir que um JSP possua elementos scripting (scriptlets, expressões Java ou declarações), colocando uma tag <scripting-invalid> no DD:

```
<web-app ...>
 ...
  <jsp-config>
     <jsp-property-group>
     <url-pattern>*.jsp</url-pattern>
     <scripting-invalid>
       true
     </scripting-invalid>
    </jsp-property-group>
  </jsp-config>
 ...
</web-app>
```

Isto desabilita os elementos scripting para TODOS os JSPs na aplicação (porque usamos o *.jsp como padrão de URL).

Cuidado – você pode ter visto outros livros e artigos mostrando uma diretiva page que desabilita o scripting. Na versão *rascunho* da especificação 2.0, havia um atributo da diretiva page:

<%@ page isScriptingEnabled="false" %>

Isto não funciona! O atributo isScriptingEnabled não consta mais na especificação do JSP!

mas ele foi removido da especificação definitiva!!

A ***única*** forma de invalidarmos o scripting agora é através da tag <scripting-invalid> no DD.

Você pode decidir ignorar a EL

Sim, a EL é uma coisa legal que salvará o mundo, como nós já sabemos. Mas algumas vezes você pode querer desabilitá-la. Por quê?

Lembre-se de quando a palavra-chave *assert* foi adicionada na linguagem Java versão 1.4. De uma hora para outra, o identificador perfeitamente legal e não reservado "assert" passou a *significar* algo para o compilador. Então, se você tivesse, digamos, uma variável chamada *assert*, você estaria "ferrado". Com exceção da versão J2SE 1.4, que veio com as declarações desabilitadas por padrão. Se você soubesse que estaria escrevendo (ou recompilando) um código que não usasse *assert* como identificador, você poderia escolher habilitar as tais declarações.

Ou seja, é quase o mesmo que desabilitar a EL – se você decidiu ter template text (HTML simples ou texto) em um JSP que incluísse algo parecido com a EL (${alguma coisa}), você estaria com um Grande Problema, caso não pudesse informar ao Container para ignorar tudo que se parecesse com a EL, em vez de tratar como qualquer outro texto comum. Exceto pelo fato de haver uma grande diferença entre a EL e as assertions:

A EL é habilitada por padrão!

Se você quiser que os elementos do seu JSP parecidos com a EL sejam ignorados, você tem que dizer explicitamente, ou através de uma diretiva page ou de um elemento no DD.

A diretiva page tem prioridade sobre a configuração do DD!

Se houver um conflito entre a tag <el-ignored> configurada no DD e o atributo isELIgnored da diretiva page, a diretiva sempre ganha! Isto permite a você determinar o comportamento-padrão no DD, mas, também, anulá-lo em uma página específica, usando uma diretiva page.

Inserindo <el-ignored> no DD

```
<web-app ...>
 ...
  <jsp-config>
      <jsp-property-group>
      <url-pattern>*.jsp</url-pattern>
      <el-ignored>
        true
      </el-ignored>
    </jsp-property-group>
  </jsp-config>
 ...
</web-app>
```

Cuidado com as inconsistências na nomenclatura!

A tag do DD é <el-ignored>, portanto, alguém poderia pensar, com toda razão, que o atributo da diretiva page seria, talvez, elIgnored. Mas não, esse alguém estaria errado se chegasse a tal conclusão. O DD e a diretiva para ignorar a EL são distintos! Não caia na armadilha da <is-el-ignored>.

Usando o atributo isELIgnored da diretiva page

```
<%@ page isELIgnored="true" %>
```

O atributo da diretiva page começa com "is", mas a tag no DD não!

Mas espere... existe um outro elemento JSP que nós ainda não vimos: as ações

Até aqui, você viu cinco diferentes tipos de elementos que podem aparecer em um JSP: scriptlets, diretivas, declarações, expressões Java e expressões EL.
Mas nós não vimos as ***ações***. Elas vêm em dois sabores: *padrões* e... *não-padrões*.

Ação-Padrão:

```
<jsp:include page="wickedFooter.jsp" />
```

Outra Ação:

```
<c:set var="rate" value="32" />
```

Por enquanto, não se preocupe com o que elas fazem ou como funcionam, apenas reconheça uma ação quando você encontrar a sintaxe em um JSP. Mais tarde, entraremos em detalhes.

Embora possa parecer confuso, existem ações que não são consideradas *ações-padrão*, mas que ainda fazem parte de uma biblioteca agora padronizada. Ou seja, você aprenderá mais tarde que algumas ações não-padrão (os objetivos referem-se a elas como *customizadas*) são... padrões, mas ainda não são consideradas "ações-padrão". Sim, é isso mesmo: elas são ações customizadas padronizadas não-padrão. Agora não ficou mais claro?
Num capítulo mais adiante, quando chegarmos em "usando tags", usaremos um vocabulário um pouco mais rico, em que trataremos deste assunto mais detalhadamente. Então, relaxe. **Agora, tudo o que nos interessa é que você reconheça uma ação quando se deparar com ela em um JSP!**

Observe a sintaxe de uma ação e compare-a com a sintaxe de outros tipos de elementos JSP. E responda:

1) Quais são as diferenças entre o elemento de uma ação e um scriptlet?

---

2) Como você reconheceria uma ação?

Matriz de Avaliação

O que acontece quando cada uma destas configurações (ou a combinação delas) ocorre? Você verá as respostas quando virar a página; portanto, faça AGORA.

Faça um X na coluna avaliado, se as combinações levarem as expressões EL a serem avaliadas, OU faça um X na coluna ignorado, se a EL for tratada como outro texto template. Nenhuma linha terá as duas opções marcadas, é claro.

1 Avaliação da EL

Configuração no DD <el-ignored>	diretiva de página isELIgnored	avaliado	ignorado
não-especificado	não-especificado		
falsa	não-especificado		
verdadeira	não-especificado		
falsa	falsa		
falsa	verdadeira		
verdadeira	falsa		

Faça um X na coluna avaliado, se as configurações levarem as expressões de scripting a serem avaliadas, OU faça um X na coluna erro, se o scripting gerar um erro de tradução.

2 Validade do scripting

Configuração no DD <scripting-invalid>	avaliado	ignorado
não-especificado		
verdadeira		
falsa		

Ímã de Geladeira (Elementos JSP)

Correlacione o elemento JSP com o seu trecho de código, associando o código à caixa que o representa. Lembre-se de que você terá questões "arrastar e soltar" no exame, semelhante a este exercício; então, não o pule!

Tipo de elemento JSP

diretiva

declaração

expressão EL

scriptlet

expressão

ação

Trecho de código JSP

Arraste e solte na caixa correspondente.

```
<% Float one = new Float (42.5); %>
```

```
<%! int y = 3; %>
```

```
<% @ page import="java.util.*"%>
```

```
<jsp:include file="foo.html"/>
```

```
<%= pageContext.getAttribute("foo")%>
```

```
email: ${applicationScope.mail}
```

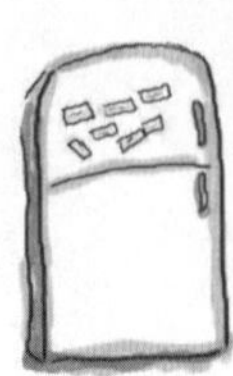

Ímã de Geladeira (Elementos JSP): Continuação

Você sabe o nome deles, mas você se lembra ***onde eles ficam no servlet gerado***? É claro que sim. Mas este é só mais um reforço antes de passarmos para um capítulo e um assunto diferentes.

(Considerando o arquivo da classe servlet, coloque o elemento no quadro onde o código gerado por ele ficará. Note que o ímã, em si, não representa o código REAL que será gerado.)

```
public final class BasicCounter_jsp extends org.apache.jasper.runtime.HttpJspBase
                    implements org.apache.jasper.runtime.JspSourceDependent {

public void _jspService(HttpServletRequest request, HttpServletResponse response)
                              throws java.io.IOException, ServletException {

      ...

      ...
   }
}
```

A ordem destes três ímãs é irrelevante.

```
<%= request.getAttribute("foo") %>
email: ${applicationScope.mail}
<%! int y = 3; %>
<% @ page import="java.util.*"%>
<% Float one = new Float (42.5); %>
```

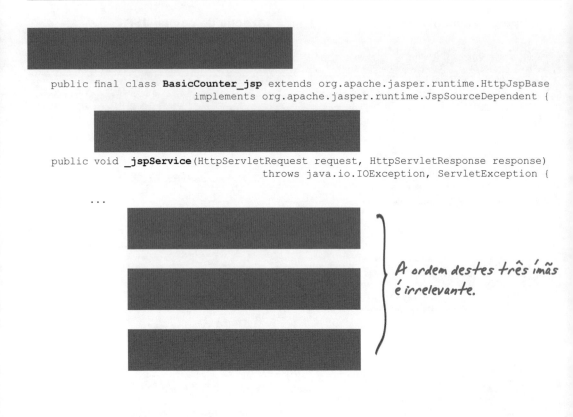

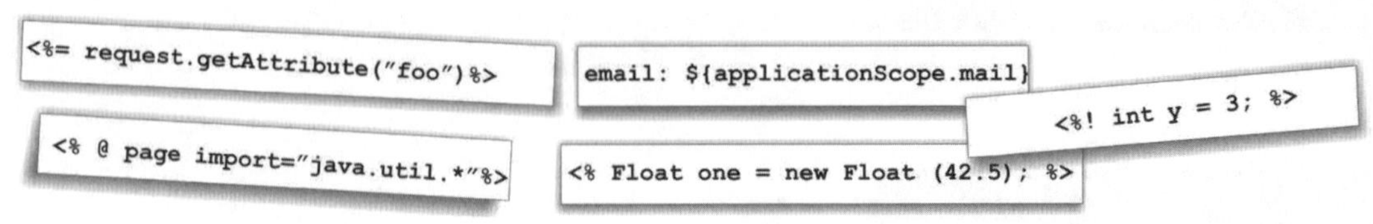

Matriz de Avaliação
RESPOSTAS

1 Avaliação da EL

Configuração no DD <el-ignored>	diretiva de página isELIgnored	avaliado	ignorado
não-especificado	não-especificado	✓	
falsa	não-especificado	✓	
verdadeira	não-especificado		✓
falsa	falsa	✓	
falsa	verdadeira		✓
verdadeira	falsa	✓	

2 Validade do scripting

Configuração no DD <scripting-invalid>	avaliado	ignorado
não-especificado	✓	
verdadeira		✓
falsa	✓	

Ímã de Geladeira (Elementos JSP)

Respostas

Tipo de elemento JSP	Trecho de código JSP

`<% @ page import="java.util.*"%>` — **diretiva**

`<%! int y = 3; %>` — **declaração**

`email: ${applicationScope.mail}` — **expressão EL**

`<% Float one = new Float (42.5); %>` — **scriptlet**

`<%= pageContext.getAttribute("foo") %>` — **expressão**

`<jsp:include file="foo.html" />` — **ação**

A palavra "expressão" significa "expressão scripting", e NÃO "expressão EL".

É claro que a palavra "expressão" é muito usada pelos elementos JSP. Se você encontrar a palavra "expressão", ou "expressão scripting", elas querem dizer o mesmo: uma expressão que usa a sintaxe da linguagem Java:
<%= foo.getName() %>
A única vez que a palavra "expressão" se refere à EL, é quando você especificar "EL" no label ou nas descrições! Portanto, considere sempre que o padrão para a palavra "expressão" é "scripting/expressão Java", e não EL.

Ímã de Geladeira (Elementos JSP): Continuação

RESPOSTAS

```
<% @ page import="java.util.*"%>
```

Uma diretiva de página com um atributo import vira uma declaração import Java.

```
public final class BasicCounter_jsp extends org.apache.jasper.runtime.HttpJspBase
                    implements org.apache.jasper.runtime.JspSourceDependent {

        <%! int y = 3; %>

public void _jspService(HttpServletRequest request, HttpServletResponse response)
                                  throws java.io.IOException, ServletException {
```

As declarações servem para declarar MEMBROS; logo, elas ficam dentro da classe e fora dos métodos.

```
      ...
            <%=request.getAttribute("foo")%>

            <% Float one = new Float (42.5); %>

            email: ${applicationScope.mail}

      ...
   }
}
```

As expressões viram declarações out.print() no método service.

Os scriptlets ficam dentro do método service.

As expressões EL ficam dentro do método service.

(Nota: a ordem destes três itens é irrelevante.)

NOTA: lembre-se de que o código JSP não FICA, de fato, assim dentro do servlet... é todo traduzido para o código Java. Este exercício serve para mostrar em qual parte da classe gerada estes elementos FICAM, mas não estamos mostrando-lhe o código real gerado para o qual elementos são traduzidos. Por exemplo, a declaração que era <u><%! int y = 3; %></u> torna-se simplesmente <u>int y = 3;</u>

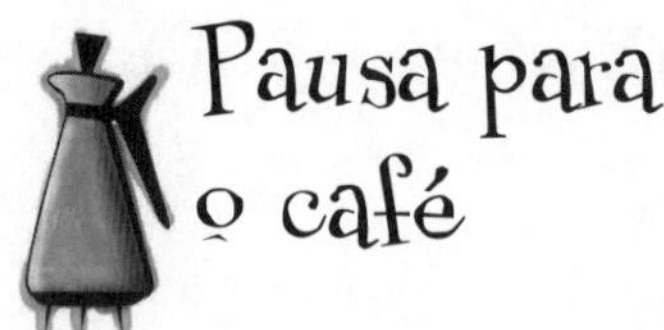

Teste Preparatório – Capítulo 7

1 Dado o elemento DD:

```
<jsp-property-group>
   <url-pattern>*.jsp</url-pattern>
   <el-ignored>true</el-ignored>
</jsp-property-group>
```

O que o elemento faz? (Escolha todas as que se aplicam.)

☐ A. Todos os arquivos com o mapeamento da extensão especificada devem ser tratados pelo container JSP como arquivos que respeitam a sintaxe XML.

☐ B. Todos os arquivos com o mapeamento da extensão especificada devem ter seus códigos EL avaliados pelo container JSP.

☐ C. Por padrão, NENHUM arquivo com o mapeamento da extensão especificada deve ter seus códigos Expression Language avaliados pelo container JSP.

☐ D. Nada. Esta tag NÃO é reconhecida pelo container.

☐ E. Embora esta tag seja válida, ela é redundante, pois o container já faz isso por padrão.

---

2 Quais das diretivas abaixo representam uma resposta HTTP do tipo "image/svg"? (Escolha todas as que se aplicam.)

☐ A. `<%@ page type="image/svg" %>`

☐ B. `<%@ page mimeType="image/svg" %>`

☐ C. `<%@ page language="image/svg" %>`

☐ D. `<%@ page contentType="image/svg" %>`

☐ E. `<%@ page pageEncoding="image/svg" %>`

---

3 Seja o JSP:

```
<%@ page import="java.util.*" %>
<html><body> The people who like
<%= request.getParameter("hobby") %>
are: <br>
<% ArrayList al = (ArrayList) request.
getAttribute("names"); %>
<% Iterator it = al.iterator();
   while (it.hasNext()) { %>
     <%= it.next() %>
<br>
<% } %>
</body></html>
```

Que tipos de códigos encontramos nele? (Escolha todas as que se aplicam.)

- ❑ A. EL
- ❑ B. diretiva
- ❑ C. expressão
- ❑ D. template text
- ❑ E. scriptlet

---

4 Que declarações sobre o `jspInit()` são verdadeiras? (Escolha todas as que se aplicam.)

- ❑ A. Ele tem acesso ao **`ServletConfig`**.
- ❑ B. Ele tem acesso ao **`ServletContext`**
- ❑ C. Só é chamado uma vez.
- ❑ D. Pode ser anulado.

5 Que tipos de objetos estão disponíveis para o método `jspInit()`? (Escolha todas as que se aplicam.)

- [ ] A. `ServletConfig`
- [ ] B. `ServletContext`
- [ ] C. `JspServletConfig`
- [ ] D. `JspServletContext`
- [ ] E. `HttpServletRequest`
- [ ] F. `HttpServletResponse`

---

6 Dado:

```
<%@ page isELIgnored="true" %>
```

O que acontece? (Escolha todas as que se aplicam.)

- [ ] A. Nada. A diretiva **page** NÃO foi definida.
- [ ] B. A diretiva anula a avaliação que o container JSP faz do código da Expression Language em todos os JSPs da aplicação.
- [ ] C. O JSP que possui esta diretiva será tratado pelo container JSP como um arquivo que respeita a sintaxe XML.
- [ ] D. O JSP que possui esta diretiva NÃO deveria possuir nenhum código da Expression Language avaliado pelo container JSP.
- [ ] E. Esta diretiva apenas cancelará a avaliação da EL se o DD declarar um elemento `<el-ignored>true</el-ignored>` com um padrão URL que inclui este JSP.

---

7 Qual declaração referente aos JSPs é verdadeira? (Escolha uma.)

- [ ] A. Apenas o `jspInit()` pode ser anulado.
- [ ] B. Apenas o `jspDestroy()` pode ser anulado.
- [ ] C. Apenas o `_jspService()` pode ser anulado.
- [ ] D. O `jspInit()` e o `jspDestroy()` podem ser anulados.
- [ ] E. O `jspInit()`, o `jspDestroy()` e o `_jspService()` podem ser anulados.

8 Qual das etapas do ciclo de vida do JSP está fora de ordem?

- ❑ A. Traduzir o JSP em servlet.
- ❑ B. Compilar o código-fonte do servlet.
- ❑ C. `Call _jspService()`
- ❑ D. Instar a classe servlet.
- ❑ E. `Call jspInit()`
- ❑ F. `Call jspDestroy()`

9 Quais das variáveis implícitas JSP são válidas? (Escolha todas as que se aplicam.)

- ❑ A. `stream`
- ❑ B. `context`
- ❑ C. `exception`
- ❑ D. `listener`
- ❑ E. `application`

10 Seja uma solicitação com dois parâmetros: um chamado "first", que representa o primeiro nome do usuário, e o outro chamado "last", que representa seu último nome.

Qual código scriptlet JSP gera os valores para estes parâmetros?

❑ A.
```
<% out.println(request.getParameter("first"));
out.println(request.getParameter("last")); %>
```
❑ B.
```
<% out.println(application.getInitParameter("first"));
out.println(application.getInitParameter("last")); %>
```
❑ C.
```
<% println(request.getParameter("first"));
println(request.getParameter("last")); %>
```
❑ D.
```
<% println(application.getInitParameter("first"));
println(application.getInitParameter("last")); %>
```

11 Dado:

```
11. Hello ${user.name}!
12. Your number is <c:out value="${user.phone}"/>.
13. Your address is <jsp:getProperty name="user" property="addr" />
14. <% if (user.isValid()) {%>You are valid!<% } %>
```

Quais declarações são verdadeiras? (Escolha todas as que se aplicam.)

☐ A. As linhas 11 e 12 (e nenhuma outra) contêm exemplos de elementos EL.
☐ B. A linha 14 é um exemplo de código scriptlet.
☐ C. Nenhuma das linhas deste exemplo contém um template text.
☐ D. As linhas 12 e 13 incluem exemplos de ações-padrão JSP.
☐ E. A linha 11 demonstra o uso incorreto da EL.
☐ F. Todas as quatro linhas deste exemplo seriam válidas em uma página JSP.

---

12 Qual tag JSP exibirá o parâmetro de inicialização de contexto chamado "javax.sql.DataSource"?

☐ A. <%= application.getAttribute("javax.sql.DataSource") %>
☐ B. <%= application.getInitParameter("javax.sql.DataSource") %>
☐ C. <%= request.getParameter("javax.sql.DataSource") %>
☐ D. <%= contextParam.get("javax.sql.DataSource") %>

---

13 Quais declarações sobre desabilitar elementos scripting são verdadeiras? (Escolha todas as que se aplicam.)

☐ A. Você não pode desabilitar scripting via DD.
☐ B. Você só pode desabilitar scripting no nível da aplicação.
☐ C. Você pode desabilitar scripting programaticamente, utilizando o atributo de diretiva de página **isScriptingEnabled**.
☐ D. Você pode desabilitar scripting via DD usando o elemento **<scripting-invalid>**.

14 Em seqüência, quais são os tipos Java para os seguintes objetos implícitos JSP: `application`, `out`, `request`, `response`, `session`?

- [ ] A.
```
java.lang.Throwable
java.lang.Object
java.util.Map
java.util.Set
java.util.List
```
- [ ] B.
```
javax.servlet.ServletConfig
java.lang.Throwable
java.lang.Object
javax.servlet.jsp.PageContext
java.util.Map
```
- [ ] C.
```
javax.servlet.ServletContext
javax.servlet.jsp.JspWriter
javax.servlet.ServletRequest
javax.servlet.ServletResponse
javax.servlet.http.HttpSession
```
- [ ] D.
```
javax.servlet.ServletContext
java.io.PrintWriter
javax.servlet.ServletConfig
java.lang.Exception
javax. servlet.RequestDispatcher
```

---

15 Qual das opções representa um exemplo da sintaxe usada para importar uma classe em um JSP?

- [ ] A. `<% page import="java.util.Date" %>`
- [ ] B. `<%@ page import="java.util.Date" @%>`
- [ ] C. `<%@ page import="java.util.Date" %>`
- [ ] D. `<% import java.util.Date; %>`
- [ ] E. `<%@ import file="java.util.Date" %>`

---

16 Dado o JSP:

```
<%@ page isELIgnored="true" %>
<%@ taglib uri="http://java.sun.com/jsp/jsyl/core"
prefix="c" %>
<c:set var="awesomeBand" value="LIMOZEEN"/>
${awesomeBand}
```

Qual será a saída?

- [ ] A. `${awesomeBand}`
- [ ] B. `LIMOZEEN`
- [ ] C. Nenhuma saída
- [ ] D. Uma exceção será enviada porque todas as diretivas taglib devem preceder qualquer diretiva page.

Respostas – Capítulo 7

1 Dado o elemento DD:

(JSP v2.0, pág. 1-87)

```
<jsp-property-group>
  <url-pattern>*.jsp</url-pattern>
  <el-ignored>true</el-ignored>
</jsp-property-group>
```

– A opção C cancela o cálculo das expressões EL pelo container JSP 2.0. Por padrão, o container calcula a EL.

O que o elemento faz? (Escolha todas as que se aplicam.)

☐ A. Todos os arquivos com o mapeamento da extensão especificada devem ser tratados pelo container JSP como arquivos que respeitam a sintaxe XML.

☐ B. Todos os arquivos com o mapeamento da extensão especificada devem ter seus códigos EL avaliados pelo container JSP.

☑ C. Por padrão, NENHUM arquivo com o mapeamento da extensão especificada deve ter seus códigos Expression Language avaliados pelo container JSP.

☐ D. Nada. Esta tag NÃO é reconhecida pelo container.

☐ E. Embora esta tag seja válida, ela é redundante, pois o container já faz isso por padrão.

---

2 Quais das diretivas abaixo representam uma resposta HTTP do tipo "image/svg"? (Escolha todas as que se aplicam.)

(JSP v2.0, seção 1.10.1)

☐ A. `<%@ page type="image/svg" %>`

☐ B. `<%@ page mimeType="image/svg" %>`

☑ C. `<%@ page language="image/svg" %>`

☐ D. `<%@ page contentType="image/svg" %>`

☐ E. `<%@ page pageEncoding="image/svg" %>`

– A opção D apresenta a sintaxe correta para esta diretiva.

3 Seja o JSP:

(JSP v2.0, seção 1)

```
1.  <%@ page import="java.util.*" %>
2.  <html><body> The people who like
3.  <%= request.getParameter("hobby") %>
4.  are: <br>
5.  <% ArrayList al = (ArrayList) request.
getAttribute("names"); %>
6.  <% Iterator it = al.iterator();
7.     while (it.hasNext()) { %>
8.       <%= it.next() %>
9.  <br>
10. <% } %>
11. </body></html>
```

Que tipos de códigos encontramos nele? (Escolha todas as que se aplicam.)

☐ A. EL
☑ B. diretiva
☑ C. expressão
☑ D. template text
☑ E. scriptlet

– Não existe EL neste JSP. Temos uma diretiva na linha 1, expressões nas linhas 3 e 8, template text por todo lado (como na linha 2) e, lógico, elementos scripting.

4 Que declarações sobre o `jspInit()` são verdadeiras? (Escolha todas as que se aplicam.)

(JSP v2.0, seção 11.2.1)

☑ A. Ele tem acesso ao `ServletConfig`.
☑ B. Ele tem acesso ao `ServletContext`
☑ C. Só é chamado uma vez.
☑ D. Pode ser anulado.

5 Que tipos de objetos estão disponíveis para o método `jspInit()`? (Escolha todas as que se aplicam.)

(JSP v2.0, seção 11.2.1)

- [x] A. `ServletConfig`
- [x] B. `ServletContext`
- [ ] C. `JspServletConfig`
- [ ] D. `JspServletContext`
- [ ] E. `HttpServletRequest`
- [ ] F. `HttpServletResponse`

– Os JSPs viram servlets simples e por isso têm acesso aos objetos simples ServletConfig e ServletContext... e é um pouco cedo no ciclo de vida para falarmos sobre solicitações e respostas

6 Dado:

```
<%@ page isELIgnored="true" %>
```

(JSP v2.0, pág. 1-49)

O que acontece? (Escolha todas as que se aplicam.)

- [ ] A. Nada. A diretiva `page` NÃO foi definida.
- [ ] B. A diretiva anula a avaliação que o container JSP faz do código da Expression Language em todos os JSPs da aplicação.
- [ ] C. O JSP que possui esta diretiva será tratado pelo container JSP como um arquivo que respeita a sintaxe XML.
- [x] D. O JSP que possui esta diretiva NÃO deveria possuir nenhum código da Expression Language avaliado pelo container JSP.
- [ ] E. Esta diretiva apenas cancelará a avaliação da EL se o DD declarar um elemento `<el-ignored>true</el-ignored>` com um padrão URL que inclui este JSP.

– A opção B está incorreta, porque a diretiva afeta apenas o JSP que foi incluído.

7 Qual declaração referente aos JSPs é verdadeira? (Escolha uma.)

(JSP v2.0, seção 11)

- [ ] A. Apenas o `jspInit()` pode ser anulado.
- [ ] B. Apenas o `jspDestroy()` pode ser anulado.
- [ ] C. Apenas o `_jspService()` pode ser anulado.
- [x] D. O `jspInit()` e o `jspDestroy()` podem ser anulados.
- [ ] E. O `jspInit()`, o `jspDestroy()` e o `_jspService()` podem ser anulados.

– Lembre-se de que o underscore é a dica de que um método não pode ser anulado.

8 Qual das etapas do ciclo de vida do JSP está fora de ordem?

(JSP v2.0, seção 11)

- [ ] A. Traduzir o JSP em servlet.
- [ ] B. Compilar o código-fonte do servlet.
- [x] C. `Call _jspService()`
- [ ] D. Instar a classe servlet.
- [ ] E. `Call jspInit()`
- [ ] F. `Call jspDestroy()`

– O método jspService nunca pode ser chamado antes do jspInit.

---

9 Quais das variáveis implícitas JSP são válidas? (Escolha todas as que se aplicam.)

(JSP v2.0, seção 1.8.3)

- [ ] A. `stream`
- [ ] B. `context`
- [x] C. `exception`
- [ ] D. `listener`
- [x] E. `application`

– As opções A, B e D não existem como objetos implícitos criados pelo container para os JSPs.

---

10 Seja uma solicitação com dois parâmetros: um chamado "first", que representa o primeiro nome do usuário, e o outro chamado "last", que representa seu último nome.

Qual código scriptlet JSP gera os valores para estes parâmetros?

(JSP v2.0, pág. 1-41)

- [x] A.
```
<% out.println(request.getParameter("first"));
out.println(request.getParameter("last")); %>
```
- [ ] B.
```
<% out.println(application.getInitParameter("first"));
out.println(application.getInitParameter("last")); %>
```
- [ ] C.
```
<% println(request.getParameter("first"));
println(request.getParameter("last")); %>
```
- [ ] D.
```
<% println(application.getInitParameter("first"));
println(application.getInitParameter("last")); %>
```

– A opção A usa o método "out" com o respectivo método println().
– As opções C e D não incluem o objeto implícito "out".

---

11 Dado: (JSPv2.0, pág. 1-10)

```
11. Hello ${user.name}!
12. Your number is <c:out value="${user.phone}"/>.
13. Your address is <jsp:getProperty name="user" property="addr" />
14. <% if (user.isValid()) {%>You are valid!<% } %>
```

Quais declarações são verdadeiras? (Escolha todas as que se aplicam.)

☑ A. As linhas 11 e 12 (e nenhuma outra) contêm exemplos de elementos EL.
☑ B. A linha 14 é um exemplo de código scriptlet.
☐ C. Nenhuma das linhas deste exemplo contém um template text.
☐ D. As linhas 12 e 13 incluem exemplos de ações-padrão JSP.
☐ E. A linha 11 demonstra o uso incorreto da EL.
☑ F. Todas as quatro linhas deste exemplo seriam válidas em uma página JSP.

– A opção C está incorreta, porque todas as quatro linhas possuem template text.
– A opção D está incorreta, porque a linha 12 não inclui uma ação-padrão JSP.
– A opção E está incorreta, porque a EL na linha 11 é válida.

---

12 Qual tag JSP exibirá o parâmetro de inicialização de contexto chamado "javax.sql.DataSource"? (JSPv2.0, pág. 1-41)

☐ A. <%= application.getAttribute("javax.sql.DataSource") %>
☑ B. <%= application.getInitParameter("javax.sql.DataSource") %>
☐ C. <%= request.getParameter("javax.sql.DataSource") %>
☐ D. <%= contextParam.get("javax.sql.DataSource") %>

– A opção B mostra o uso correto do objeto implícito application.

---

13 Quais declarações sobre desabilitar elementos scripting são verdadeiras? (Escolha todas as que se aplicam.) (JSPv2.0, seção 3.3.3)

☐ A. Você não pode desabilitar scripting via DD.
☐ B. Você só pode desabilitar scripting no nível da aplicação.
☐ C. Você pode desabilitar scripting programaticamente, utilizando o atributo de diretiva de página **isScriptingEnabled**.
☑ D. Você pode desabilitar scripting via DD usando o elemento **<scripting-invalid>**.

– Você só pode desabilitar elementos scripting pelo DD. O elemento <JSP-property-group> possibilita que desabilitemos scripting em alguns JSPs, definindo padrões de URLs para serem desabilitadas.

14 Em seqüência, quais são os tipos Java para os seguintes objetos implícitos JSP: `application`, `out`, `request`, `response`, `session`?

(JSPv2.0, pág. 1-41)

- [ ] A. `java.lang.Throwable`
`java.lang.Object`
`java.util.Map`
`java.util.Set`
`java.util.List`
- [ ] B. `javax.servlet.ServletConfig`
`java.lang.Throwable`
`java.lang.Object`
`javax.servlet.jsp.PageContext`
`java.util.Map`
- [x] C. `javax.servlet.ServletContext`
`javax.servlet.jsp.JspWriter`
`javax.servlet.ServletRequest`
`javax.servlet.ServletResponse`
`javax.servlet.http.HttpSession`
- [ ] D. `javax.servlet.ServletContext`
`java.io.PrintWriter`
`javax.servlet.ServletConfig`
`java.lang.Exception`
`javax. servlet.RequestDispatcher`

– A opção C mostra o tipo de cada objeto implícito.

---

15 Qual das opções representa um exemplo da sintaxe usada para importar uma classe em um JSP?

(JSPv2.0, pág. 1-44)

- [ ] A. `<% page import="java.util.Date" %>`
- [ ] B. `<%@ page import="java.util.Date" @%>`
- [x] C. `<%@ page import="java.util.Date" %>`
- [ ] D. `<% import java.util.Date; %>`
- [ ] E. `<%@ import file="java.util.Date" %>`

– As opções A e D são inválidas, porque apenas as declarações Java podem vir entre as tags <% ... %>.
– A opção C é o único exemplo que mostra a sintaxe correta.
– A opção E é inválida, porque não existe diretiva import.

---

16 Dado o JSP:

(JSPv2.0, seção 1.10.1)

```
<%@ page isELIgnored="true" %>
<%@ taglib uri="http://java.sun.com/jsp/jsyl/core"
prefix="c" %>
<c:set var="awesomeBand" value="LIMOZEEN"/>
${awesomeBand}
```

Qual será a saída?

- Opção A: a expressão EL é ignorada e passou textualmente.

- [x] A. `${awesomeBand}`
- [ ] B. `LIMOZEEN`
- [ ] C. Nenhuma saída
- [ ] D. Uma exceção será enviada porque todas as diretivas taglib devem preceder qualquer diretiva page.

8 JSP sem scripts

Páginas sem scripts

Tudo em minha vida ficou melhor desde que parei de usar os scriptlets. Sou mais alto, ganhei quase dois quilos de massa muscular e meu tricô realmente melhorou.

Isso é maravilhoso. Mas você sabe que todas as tecnologias têm uma troca... você costumava ter cabelo.

Fuja do scripting. Será que seus webdesigners precisam mesmo saber Java? Isso é justo? Será que eles pensam que quem programa em Java para servidores tornar-se-á, digamos, designer gráfico? E mesmo que a equipe seja só *você*, você quer mesmo um monte de bits e pedaços de códigos Java nos seus JSPs? Você sabe o que significa "um pesadelo na hora da manutenção"? Escrever páginas sem scripts não só é *possível*, como é *mais fácil* e mais flexível com a nova especificação JSP 2.0, graças à nova Expression Language (EL). Padronizada depois do JavaScript e do XPATH, os webdesigners sentir-se-ão em casa com a EL. E você também vai gostar (assim que você se acostumar). Porém, existem algumas armadilhas... a EL *se parece* com o Java, mas não é. Às vezes, a EL se comporta de forma diferente de como comportar-se-ia a mesma sintaxe no Java. Portanto, fique atento!

Objetivos

Construir páginas JSP usando a Expression Language (EL) e as Ações-padrão

7.1 Escrever um código snippet usando variáveis de alto nível na EL. Isto inclui as seguintes variáveis implícitas: pageScope, requestScope, sessionScope e applicationScope; param e paramValues; header e headerValues; cookies e initParam.

7.2 Escrever um código snippet usando os seguintes operadores EL: property access (o operador ".") e collection access (o operador "[]").

7.3 Escrever um código snippet usando os seguintes operadores EL: operadores aritméticos, operadores relacionais e operadores lógicos.

7.4 Para funções EL: escrever um código snippet usando uma função EL; identificar ou criar a estrutura de arquivos TDL usada para declarar uma função EL; e identificar ou criar um código exemplo para definir uma função EL.

8.1 Dado um objetivo de projeto, criar um código snippet usando as seguintes ações-padrão: jsp:useBean (com os atributos "id", "scope", "type" e "class"), jsp:getProperty e jsp:setProperty (com todos os atributos combinados).

8.2 Dado um objetivo de projeto, criar um código snippet usando as seguintes ações-padrão: jsp:include, jsp:forward e jsp:param.

6.7 Dado um objetivo de projeto específico para a inclusão de um segmento JSP em outra página, escrever um código JSP que use o mecanismo de inclusão mais apropriado (a diretiva include ou a ação-padrão <jsp:include>).

Notas sobre a Abrangência:

Todos os objetivos sobre este assunto são abordados completamente neste capítulo. E ele é bem grande! Vá devagar neste capítulo, pois temos muitos detalhes minuciosos a encarar.

Neste capítulo, vamos falar de AMBOS os mecanismos de include: o <jsp:include>, citado no objetivo 8.2, e a diretiva de página include, mencionada no objetivo 6.7 (a maioria dos objetivos da seção 6 foi abordada no capítulo anterior sobre JSPs).

Nossa aplicação MVC depende dos atributos

Lembra na aplicação MVC original da cerveja, o Servlet *controlador* interagia com o *modelo* (classe Java com a lógica do negócio) e *criava* um atributo no escopo da solicitação antes de enviá-la à *view* JSP.

O JSP tinha que *receber* o atributo do escopo da solicitação e usá-lo para gerar a resposta que seria enviada de volta ao cliente. Eis uma olhada rápida e simplificada de como o atributo vai do controlador para a view (imagine que o servlet se comunique com o modelo):

Código do servlet (controlador)

```
public void doPost(HttpServletRequest request, HttpServletResponse response)
                                    throws IOException, ServletException {

    String name = request.getParameter("userName");
    request.setAttribute("name", name);

    RequestDispatcher view = request.getRequestDispatcher("/result.jsp");
    view.forward(request, response);
}
```

Usa o parâmetro de solicitação do formulário para criar o atributo de escopo da solicitação que o JSP usará.

Encaminha a solicitação para a view.

Código JSP (view)

```
<html><body>
Hello
<%= request.getAttribute("name") %>
</body></html>
```

Use uma expressão de scripting para obter o atributo e exibi-la na resposta.

(Lembre-se: as expressões de scripting serão SEMPRE o argumento para o método out.print()).

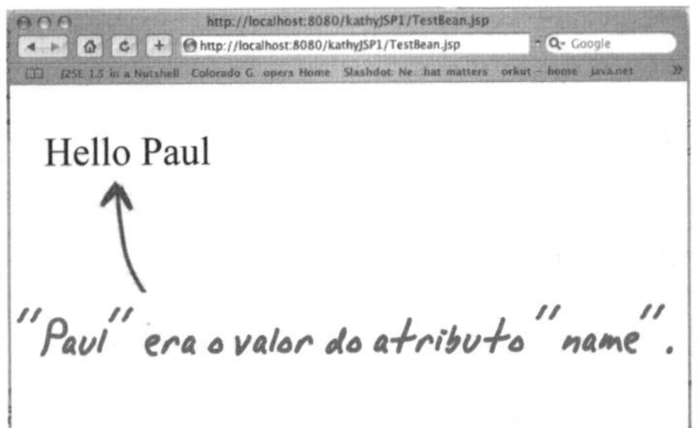
Hello Paul
"Paul" era o valor do atributo "name".

Mas, e se o atributo não for uma String, e sim uma instância de Person?

E não só uma Person, mas uma Person com uma propriedade "name". Estamos usando o termo "propriedade" na forma do JavaBean* não-enterprise – a classe Person tem o par de métodos getName() e setName(), que de acordo com a especificação do JavaBean quer dizer que Person tem uma propriedade chamada "name". Não se esqueça de que a propriedade "name" requer que a primeira letra, "n", seja alterada. Em outras palavras, o nome da propriedade é o que você obtém ao retirar o prefixo "get" ou "set" e transforma em minúscula a primeira letra subseqüente. Portanto, getName/setName vira simplesmente ***name***.

Um JavaBean simples.

foo.Person
public.String getName() public void setName(String)

Podemos afirmar a partir do par get/set que Person possui uma propriedade chamada "name" (observe o "n" minúsculo).

O código servlet

```
public void doPost(HttpServletRequest request, HttpServletResponse response)
                                   throws IOException, ServletException {

     foo.Person p = new foo.Person();
     p.setName("Evan");
     request.setAttribute("person", p);

     RequestDispatcher view = request.getRequestDispatcher("result.jsp");
     view.forward(request, response);
}
```

O código JSP

O que getAttribute() retorna?

```
<html><body>
Person is: <%= request.getAttribute("person") %>
</body></html>
```

O que QUEREMOS:

Person is: Evan

O que CONSEGUIMOS:

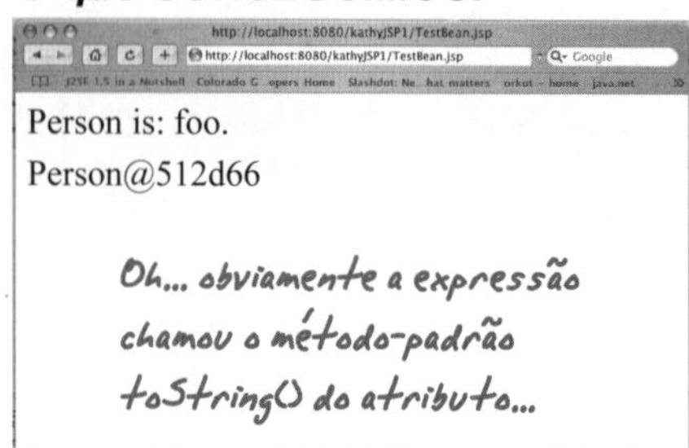
Person is: foo.
Person@512d66
Oh... obviamente a expressão chamou o método-padrão toString() do atributo...

*Falaremos sobre JavaBeans daqui a pouco, mas por enquanto, tenha em mente que ele é só uma classe Java simples, cujos getters e setters obedecem a uma convenção de nomes.

Precisamos de mais código para obter o name de Person

Enviar o resultado do getAttribute() para a declaração de exibir/escrever não nos dá o que queremos – isto só roda o método toString() do objeto. E já que a classe Person não anula o Object.toString() que foi herdado, bem, você sabe o que acontece. Mas nós queremos exibir o *name* de Person.

O código JSP

```
<html><body>

<% foo.Person p = (foo.Person) request.getAttribute("person"); %>
Person is: <%= p.getName() %>

</body></html>
```

Exibe o resultado de getName().

OU usando uma expressão

```
<html><body>

Person is:
<%= ((foo.Person) request.getAttribute("person")).getName() %>

</body></html>
```

O que RECEBEMOS:

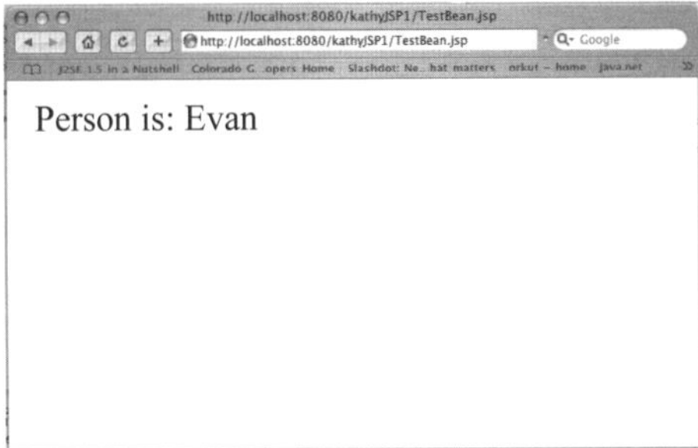

Mas aí recordamos aquele LEMBRETE...

Aquele que pode ser resumido em

"Use Scripts e Morra"

Precisamos de outra técnica.

Person é um JavaBean, logo, usaremos ações-padrão de bean

Com duas ações-padrão podemos eliminar todo o script do nosso JSP (lembre-se: o scripting inclui declarações, scriptlets e expressões) e ainda exibir o valor da propriedade *name* do atributo person. Não se esqueça de que *name* não é um atributo – apenas o objeto *person* é um atributo. A propriedade name é apenas aquilo que é retornado do método getName() de Person.

Sem ações-padrão (usando scripting)

É assim que estamos fazendo

```
<html><body>

<% foo.Person p = (foo.Person) request.getAttribute("person"); %>
Person is: <%= p.getName() %>

</body></html>
```

Com ações-padrão (sem scripting)

NENHUM código Java aqui! Sem scripts. Apenas duas tags de ação-padrão.

```
<html><body>
<jsp:useBean id="person"  class="foo.Person" scope="request" />
Person created by servlet: <jsp:getProperty name="person"  property="name" />
</body></html>
```

Analisando a <jsp:useBean> e a <jsp:getProperty>

Tudo o que realmente queríamos era a funcionalidade do <jsp:getProperty>, pois queríamos apenas mostrar o valor da propriedade "name" de person. Mas como o Container saberá o que quer dizer "person"? Se tivéssemos no JSP apenas a tag <jsp:getProperty>, seria praticamente como se usássemos uma variável não declarada chamada "person". O Container geralmente não faz idéia do que você está falando, a menos que você inclua na página PRIMEIRO uma <jsp:useBean>. A <jsp:useBean> é uma maneira de declarar e inicializar o objeto bean real que você está usando em <jsp:getProperty>.

Declarando e inicializando um atributo bean com <jsp:useBean>

```
<jsp:useBean id="person" class="foo.Person" scope="request"/>
```

<jsp:useBean — Identifica a ação-padrão.

id="person" — Declara o identificador para o objeto bean. Corresponde ao nome usado quando o código servlet dizia: request.setAttribute("person", p);

class="foo.Person" — Declara o tipo da classe (completamente qualificada, claro) para o objeto bean.

scope="request" — Identifica o atributo do escopo para este objeto bean.

Obtendo o valor da propriedade de um atributo bean com <jsp:getProperty>

```
<jsp:getProperty name="person" property="name" />
```

<jsp:getProperty — Identifica a ação-padrão.

name="person" — Identifica o objeto bean real. Isto coincidirá com o valor de "id" da tag <jsp:useBean>.

property="name" — Identifica o nome da propriedade (ou seja, aquilo que possui o getter e setter na classe bean). Nota: esta propriedade "name" não tem nada a ver com o pedaço name="person" desta tag. A propriedade chama-se name simplesmente por causa da forma como a classe Person foi definida.

A <jsp:useBean> também pode CRIAR um bean!

Se <jsp:useBean> não puder encontrar um objeto atributo chamado "person", ele pode construir um! É parecido com a forma com que request.getSession() (ou getSession(true)) funciona: ele primeiro procura por algo existente, mas caso não o encontre, ele cria um.

Observe o código do servlet gerado e você verá o que está acontecendo – tem um teste *if* lá! Ele procura por um bean baseando-se nos valores de ***id*** e ***escopo*** na tag, e se não encontrar um, ele cria uma instância da classe especificada em ***class***, atribui o objeto à variável ***id*** e a configura como um atributo no ***escopo*** que você definiu na tag.

Esta tag

```
<jsp:useBean id="person"  class="foo.Person"
scope="request" />
```

Transforma-se neste código no método _jspService()

```
foo.Person person = null;

synchronized (request) {

   person = (foo.Person)_jspx_page_context.getAttribute("person", PageContext.
REQUEST_SCOPE);

  if (person == null){

     person = new foo.Person();

     _jspx_page_context.setAttribute("person", person, PageContext.REQUEST_SCOPE);

  }
}
```

Declara uma variável baseando-se no valor do id. É esta variável que permite que outras partes do seu JSP (inclusive outras tags do bean) se refiram a ela.

Tenta obter o atributo no escopo que você definiu na tag e atribui o resultado à variável id.

MAS, se NÃO houver um atributo com este nome no escopo...

Crie um e atribua-o à variável id.

Finalmente, configure o novo objeto como um atributo no escopo que você definiu.

Isto pode ser uma coisa ruim - eu não QUERO ter um bean que não tenha seus valores de propriedade configurados! Se o Container cria um bean usando essa tag, o bean não terá valores de propriedade...

Você pode usar a <jsp:setProperty>

Mas você já sabia que onde existe um *get* geralmente existe um *set*. A tag <jsp:**set**Property> é a terceira e última ação-padrão bean. É simples de usá-la:

```
<jsp:useBean id="person"  class="foo.Person" scope="request" />
<jsp:setProperty name="person" property="name" value="Fred" />
```

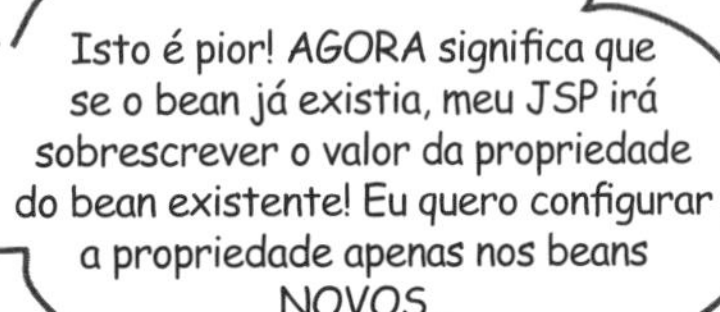

Isto é pior! AGORA significa que se o bean já existia, meu JSP irá sobrescrever o valor da propriedade do bean existente! Eu quero configurar a propriedade apenas nos beans NOVOS...

Com o corpo de uma <jsp:useBean>, você pode ter um código que rode de forma condicional...

SOMENTE se o atributo bean não for localizado e um novo bean for criado.

A <jsp:useBean> pode ter um corpo!

Se você puser seu código set (<jsp:setProperty>) *dentro* do corpo de <jsp:useBean>, **a *configuração da propriedade torna-se condicional!*** Ou seja, os valores da propriedade serão configurados apenas se um *novo* bean for criado. Se for encontrado um bean já existente com aquele *escopo* e *id*, o corpo da tag nunca será executado, e assim, a propriedade não será sobrescrita pelo seu JSP.

Sem a barra!

```
<jsp:useBean id="person" class="foo.Person" scope="page" >

    <jsp:setProperty name="person" property="name" value="Fred" />

</jsp:useBean >
```

Isto é o corpo.

Finalmente, fechamos a tag. Tudo o que existir entre a abertura e o fechamento da tag é o corpo.

Qualquer código dentro do corpo de <jsp:useBean> é CONDICIONAL. Ele SÓ é executado se o bean não for encontrado e um novo for criado.

P: Por que eles não deixam que você simplesmente especifique argumentos no construtor do bean? Por que afinal você tem que se preocupar com a configuração de valores extras?

R: A resposta é simples: beans não podem TER construtores com argumentos! Bem, como uma *classe* Java, eles podem, mas quando um objeto é tratado como bean, a Lei Bean diz que SOMENTE o construtor-padrão público do bean será invocado. Ponto final. Aliás, se você NÃO tiver um construtor-padrão público na sua classe bean, tudo isso vai falhar mesmo.

R: Que negócio é esse de Lei Bean?

P: É a lei que segue a especificação creakingly-ancient dos JavaBeans. Estamos falando de JavaBeans, e NÃO de *Enterprise* JavaBeans (EJB), que não tem nada a ver (vá até a figura). A especificação simples para JavaBeans não-enterprise define o que uma classe precisa para ser um JavaBean. Embora a especificação seja, de fato, um tanto complexa, as únicas coisas que você precisa saber para usar beans com JSP e servlets são estas poucas regras (mostramos apenas aquelas que se aplicam ao que estamos estudando com servlets e JSPs):

1) Você TEM que ter um construtor-padrão público.

2) Você TEM que nomear os seus métodos públicos get e set iniciando com "get"

(ou "is", se for booleano) e "set", seguidos pela mesma palavra (get**Foo**(), set**Foo**()). O nome da propriedade será obtido retirando-se o "get" e o "set" e trocando para minúscula a primeira letra do que restar.

3) O tipo do argumento set e o tipo de retorno do get TÊM que ser idênticos. É isto que define o tipo da propriedade.

int getFoo()   void setFoo(***int*** foo)

4) O nome e o tipo da propriedade derivam do get e set, e NÃO de um membro na classe. Por exemplo, só porque você tem uma variável privada int foo NÃO significa nada em termos de propriedades. Você pode dar às suas variáveis o nome que bem entender. O nome da propriedade "foo" vem dos *métodos*. Em outras palavras, você tem uma propriedade simplesmente porque você tem o get e o set. Como você os implementará fica sob sua responsabilidade.

5) Para uso com JSPs, o tipo da propriedade DEVE ser ou uma String, ou uma primitiva. Caso contrário, ele ainda poderá ser um bean, mas você não poderá confiar apenas nas ações-padrão e terá que usar scripts.

O servlet gerado quando <jsp:useBean> tem um corpo

É simples. O Container coloca o código extra para configuração da propriedade dentro do teste *if*.

O código no _jspService() COM o corpo <jsp:useBean>

```
foo.Person person = null;

person = (foo.Person) _jspx_page_context.getAttribute("person", PageContext.PAGE_
SCOPE);

if (person == null){

   person = new foo.Person();
   _jspx_page_context.setAttribute("person", person, PageContext.PAGE_SCOPE);
```

Declara a variável de referência.

Procura por um atributo existente com o nome e escopo da tag.

Se não existir nenhum, crie uma nova instância.

Amarra o novo objeto bean ao escopo especificado.

ESTA é a única parte que é nova. Ela estará aqui APENAS quando o useBean possuir um corpo.

```
    org.apache.jasper.runtime.JspRuntimeLibrary.introspecthelper(
                              _jspx_page_context.findAttribute("person"), "name", "Fred",
null, null, false);

}
```

Você esperava por: person.setName("Fred"); mas é justamente isso que este código faz. Exceto pelo fato de usar um método genérico para configuração da propriedade que recebe o atributo, a propriedade e o valor como argumentos. O resultado final ainda será o mesmo: no final, ele invoca o setName() no objeto Person. (Lembre-se de que você não precisa conhecer o código para implementação do Tomcat... apenas o resultado final.)

Você sabe fazer referências polimórficas para beans?

Quando você escreve um <jsp:useBean>, o atributo da *classe* determina a classe do novo *objeto* (se algum foi criado). Ele também determina o tipo da variável de *referência* usada no servlet gerado.

A maneira ATUAL no JSP

```
<jsp:useBean id="person" class="foo.Person"
scope="page" />
```

Servlet gerado

```
foo.Person person = null;
// código para recuperar o atributo de person
if (person == null){
person = new foo.Person();
...
```

O atributo da classe na tag representa a referência E o tipo do objeto.

Mas... e se quisermos que o tipo de referência seja *diferente* do verdadeiro tipo do objeto? Nós alteraríamos a classe Person para torná-la *abstrata* e criaríamos uma subclasse concreta Employee. Imagine que queremos que o tipo de *referência* seja Person e o novo tipo do *objeto* seja Employee.

```
package foo;

public abstract class Person {
  private String name;

  public void setName(String name){
    this.name=name;
  }

  public String getName() {
    return name;
  }
}
```

```
package foo;

public class Employee extends Person {
  private int empID;

  public void setEmpID(int empID) {
    this.empID=empID;
  }

  public int getempID() {
    return empID;
  }
}
```

Adicionando um atributo type a <jsp:useBean>

classe abstrata

class Person
String getName() void setName(String)

class Person
String getName() void setName(String)

Com as alterações que acabamos de fazer na classe Person, estaremos em apuros se o atributo não for localizado:

Nosso JSP original

```
<jsp:useBean id="person" class="foo.Person" scope="page"/>
```

Tem este resultado

```
java.lang.InstantiationError: foo.Person
```

Porque o Container tenta:

```
new foo.Person();
```

Person agora é abstrata! Obviamente, você não pode criar uma, mas o Container ainda tenta, baseando-se no atributo da classe na tag.

Precisamos transformar o tipo de variável de *referência* em Person, e o *objeto*, uma instância da classe Employee. Faremos isso adicionando um atributo type à tag.

Nosso novo JSP com um type

```
<jsp:useBean id="person" type="foo.Person" class="foo.Employee"  scope="page">
```

O servlet gerado

```
foo.Person person = null;
// código para recuperar o atributo de person
if (person == null){
person = new foo.Employee();
...
```

Agora, o tipo da referência é a Person abstrata, e o tipo do objeto é o Employee concreto.

O type pode ser um tipo de classe, um tipo abstrato ou uma interface – qualquer coisa que você possa usar como um tipo de referência declarada para o tipo de classe do objeto bean. Você não pode violar as regras de tipos do Java, claro. Se o tipo da classe não puder ser atribuído ao tipo de referência, você está "ferrado". Isso significa que a class deve ser implementação concreta do type.

Usando o type sem a class

O que acontece se declaramos um *type*, mas não uma *class*?
Faz diferença se o tipo é abstrato ou concreto?

JSP

sem class, apenas type

```
<jsp:useBean id="person" type="foo.Person" scope="page"/>
```

Resultado, caso o atributo person já exista no escopo da "page"

Funciona perfeitamente.

Resultado, caso o atributo person NÃO exista no escopo da "page"

```
Java.lang.InstantiationException: bean person não encontrado no escopo
```

NÃO FUNCIONA!!

Se o Type for usado sem uma class, o bean já deve existir.

Se a class for usada (com ou sem o type), a classe NÃO deve ser abstrata, e deve possuir um construtor-padrão público.

P: **No seu exemplo, "foo.Person" é um tipo abstrato, por isso, é ÓBVIO que ele não pode ser instanciado. E se você alterar o type para "foo.Employee"? Ele vai usar o type para a referência E o tipo do objeto?**

R: NÃO! Não vai funcionar. Se o Container descobre que o bean não existe e vê só um atributo tipo sem uma classe, ele sabe que você ofereceu a ele apenas METADE do que ele precisa – o tipo de *referência*, mas não o tipo do *objeto*. Ou seja, *você não disse a ele o propósito de criar uma nova instância!*
Não existe uma regra para prevenção que diga: "se você não encontrar o objeto, use o type para a referência E para o objeto." Não, NÃO é assim que funciona.

Observação importante: se for usar o type sem a class, é melhor ter CERTEZA de que o bean já esteja armazenado como um atributo – no *escopo* – e com a *id* que você especificou na tag.

O atributo escopo aponta como padrão para "page"

Se você não especificar um escopo na tag <jsp:useBean>, nem na <jsp:getProperty>, o Container usa o padrão da "page".

Isto

```
<jsp:useBean id="person" class="foo.Employee" scope="page"/>
```

É o mesmo que isto

```
<jsp:useBean id="person" class="foo.Employee"/>
```

Não confunda type com class!

Observe este código:

```
<jsp:useBean id="person" type="foo.Employee" class="foo.Person"/>
```

Prepare-se para reconhecer que ele NUNCA funcionará! Você vai receber um belo:

```
org.apache.jasper.JasperException: Unable to compile class for JSP
foo.Person is abstract; cannot be instantiated
        Person = new foo.Person();
```

Esteja CERTO de lembrar que:

type = = tipo de referência
class = = tipo do objeto

Ou, explicando de outra forma:

type é o que você DECLARA (pode ser abstrato)
class é o que você INSTÂNCIA (tem que ser concreto)
type x = nova class()

Agora, você deve estar pensando: "Bem, class é sempre classe, mas type não tem que ser – type pode ser uma interface. Portanto, é CLARO que eles usaram 'class' para representar aquilo que SEMPRE tem que ser classe e 'type' para aquilo que pode ser interfaces também." E você estaria certo. Mas você também está pensando, "claro, nem TUDO na especificação tem o nome mais intuitivo e óbvio possível; portanto, é melhor eu ficar esperto". Às vezes (como em security <auth-constraint>), o nome de uma coisa é o oposto do que ela realmente é. Porém, neste caso, class é classe e type é... tipo.

SEJA o Container

Observe esta ação-padrão:

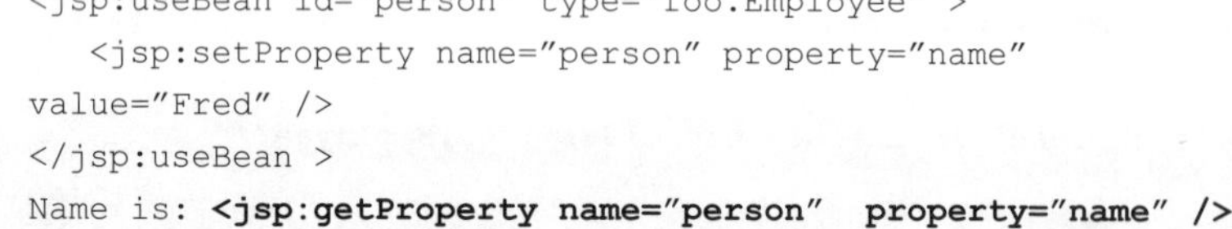

```
<jsp:useBean id="person" type="foo.Employee" >
   <jsp:setProperty name="person" property="name"
value="Fred" />
</jsp:useBean >
Name is: <jsp:getProperty name="person"  property="name" />
```

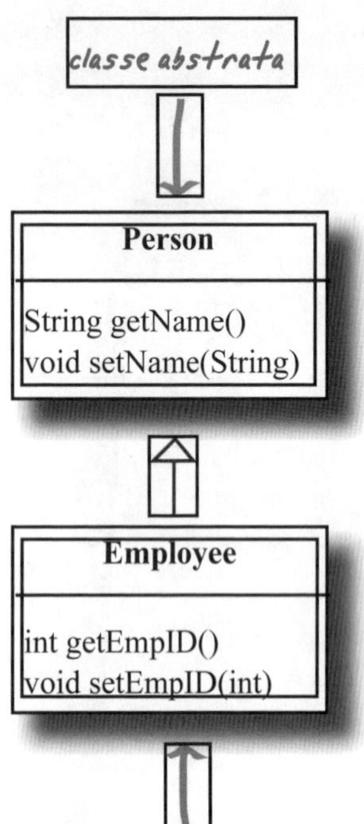

Agora, imagine que um servlet atue e encaminhe a solicitação ao JSP que possui o código acima. Tente descobrir o que este JSP faria para cada um dos dois exemplos de código servlet.
(Respostas no final deste capítulo.)

1 O que acontece se o código do servlet se parecer com:

```
foo.Person p = new foo.Employee();
p.setName("Evan");
request.setAttribute("person", p);
```

2 O que acontece se o código do servlet se parecer com:

```
foo.Person p = new foo.Person();
p.setName("Evan");
request.setAttribute("person", p);
```

Acabei de pensar numa coisa... suponha que não estejamos usando um servlet controlador e o formulário HTML vá direto ao JSP... existe uma forma em que eu possa usar os parâmetros da solicitação para configurar uma propriedade bean, SEM usar script?

Indo direto da solicitação ao JSP sem passar por um servlet...

Imagine que este seja o nosso formulário:

```
<html><body>

<form action="TestBean.jsp">
  name: <input type="text" name="userName">
  ID#: <input type="text" name="userID">
  <input type="submit">
 </form>

</body></html>
```

A solicitação vai DIRETO ao JSP.

Sabemos que podemos fazer isso, combinando ações-padrão com scripting:

```
<jsp:useBean id="person" type="foo.Person" class="foo.Employee"/>
<% person.setName(request.getParameter("userName")); %>
```

Podemos até mesmo fazer isto, com o scripting DENTRO de uma ação-padrão:

```
<jsp:useBean id="person" type="foo.Person" class="foo.Employee">

<jsp:setProperty name="person" property="name"
              value='<%= request.getParameter("userName") %>' />
</jsp:useBean>
```

Sim, você ESTÁ vendo uma expressão DENTRO da tag <jsp:setProperty> (que se encontra dentro do corpo de uma tag <jsp:useBean>). Sim, é feio MESMO.

O atributo param dá uma ajuda

É muito simples. Você pode enviar um parâmetro de solicitação direto para um bean, sem scripts, usando um atributo *param*.

O atributo param permite que você configure o valor de uma propriedade bean para o valor do parâmetro de uma solicitação. SIMPLESMENTE nomeando o parâmetro de solicitação!

Dentro de TestBean.jsp

```
<jsp:useBean id="person" type="foo.Person" class="foo.Employee">
    <jsp:setProperty name="person" property="name" param="userName" />
</jsp:useBean>
```

```
<html><body>

<form action="TestBean.jsp">
  name: <input type="text" name="userName">
  ID#: <input type="text" name="userID">
  <input type="submit">
 </form>

</body></html>
```

O valor do param userName vem do nome do atributo do campo de entrada do formulário.

Mas espere! Ele fica ainda melhor...

E tudo que você tem a fazer é ter certeza de que o *nome do campo de entrada de dados* (o qual se torna o nome do parâmetro da solicitação) seja o mesmo que o *nome da propriedade* no seu bean. Aí, na tag <jsp:setProperty>, você não precisará especificar o atributo param. Se você nomear a *propriedade* e não especificar um *valor* ou *param*, você estará dizendo ao Container que obtenha o valor do *parâmetro da solicitação* cujo nome seja idêntico.

Se alterarmos o HTML para que o nome do campo de entrada de dados coincida com o nome da propriedade:

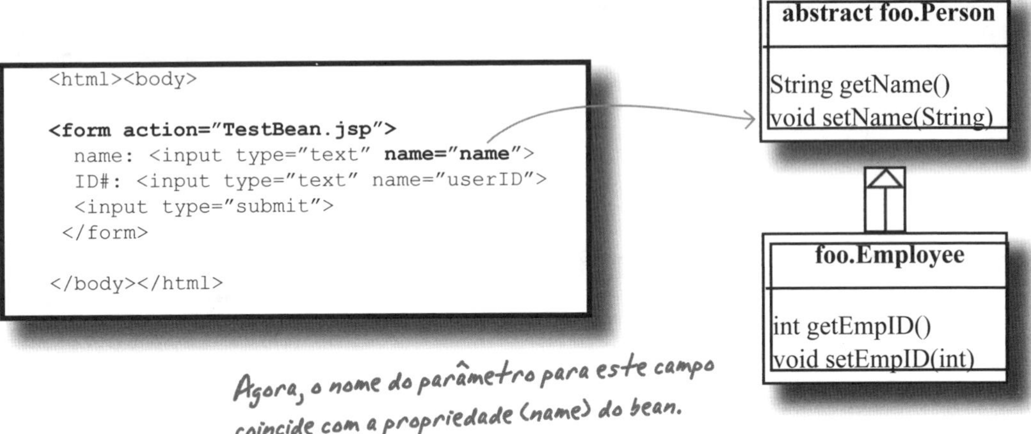

Temos que fazer ISTO

```
<jsp:useBean id="person" type="foo.Person" class="foo.Employee">
    <jsp:setProperty name="person" property="name"  />
</jsp:useBean>
```

Não especificamos NENHUM valor!

Se o nome do parâmetro da solicitação coincidir com o nome da propriedade bean, você não precisa especificar um valor na tag <jsp:setProperty> para aquela propriedade.

Se você agüentar, ele MELHORA ainda mais...

Observe o que acontece se você fizer com que TODOS os nomes dos parâmetros da solicitação coincidam com os nomes das propriedades do bean. O bean *person* (que é uma instância de foo.Employee), na verdade possui duas propriedades--name e empID.

Se alterarmos o HTML novamente

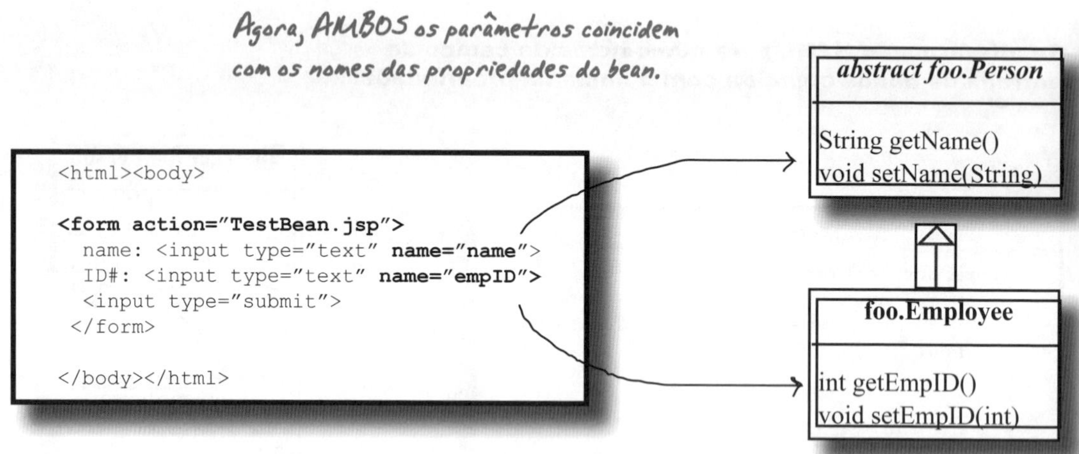


```
<html><body>

<form action="TestBean.jsp">
  name: <input type="text" name="name">
  ID#: <input type="text" name="empID">
  <input type="submit">
 </form>

</body></html>
```

Teremos que fazer isto

```
<jsp:useBean id="person" type="foo.Person" class="foo.Employee">
    <jsp:setProperty name="person" property="*" />
</jsp:useBean>
```

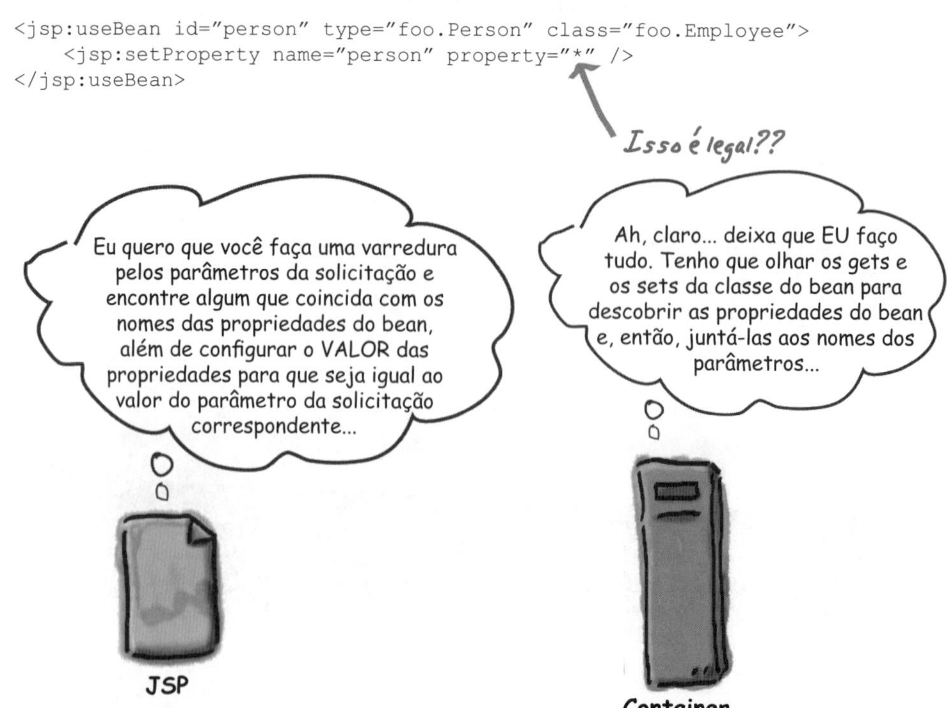

As tags do bean convertem as propriedades primitivas automaticamente

Se você já conhece o JavaBeans há algum tempo, isto não é surpresa alguma.

As propriedades do JavaBean *podem* ser *qualquer coisa*, mas se forem Strings ou primitivas, todo o esforço é feito por você.

Tudo bem – você mesmo não tem que fazer a análise e a conversão.

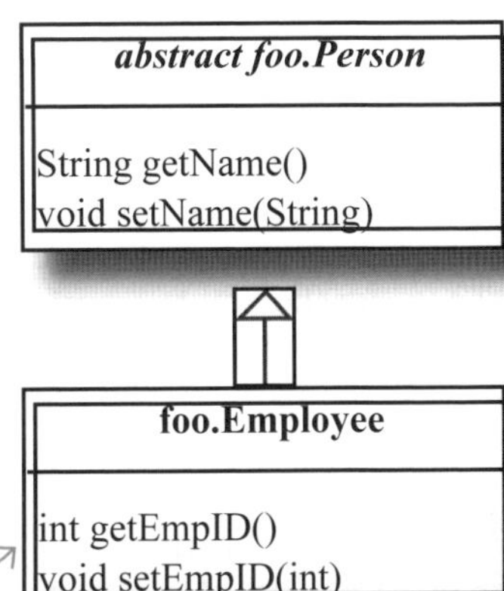

Se colocarmos type *Employee* (em vez de Person)

```
<html><body>
   <jsp:useBean id="person" type="foo.Employee" class="foo.Employee" >
       <jsp:setProperty name="person" property="*"  />
   </jsp:useBean>
   Person is: <jsp:getProperty name="person" property="name" />
   ID is: <jsp:getProperty name="person" property="empID" />
</body></html>
```

Agora, o servlet gerado dirá:
Employee person = new Employee(); em vez de:
Person person = new Employee();

Tudo funciona

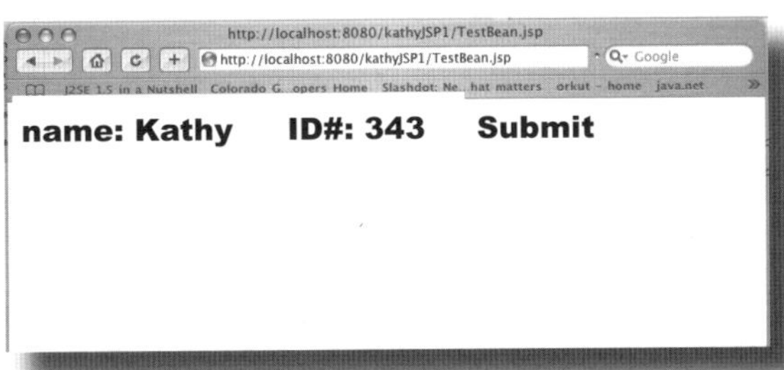

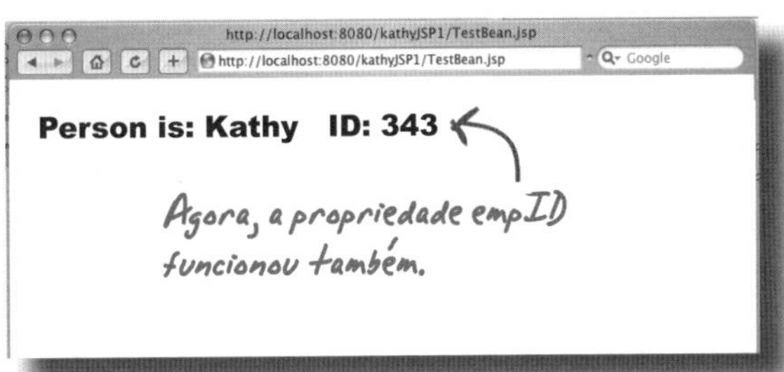

A ação <jsp:setProperty> recebe o parâmetro da solicitação, converte-o para int e passa este int para o método set do bean para aquela propriedade.

Não existem Perguntas Idiotas

P: Tudo certo, estou considerando que o código do Container esteja fazendo algo como Integer.parseInt("343"). Ou seja, você não vai receber um NumberFormatException se o usuário digitar algo que não possa ser transformado em int? Por exemplo, se o usuário digitar "três" no campo ID do employee?

R: Bem pensado. Sim, com certeza algo dará errado se o parâmetro da solicitação para a propriedade empID não puder ser analisada dentro de um int. Você precisa validar o conteúdo do campo para ter certeza de que possui apenas caracteres numéricos. Você pode enviar primeiro os dados do formulário para um servlet, em vez de enviá-los direto para o JSP. Mas se você está determinado a enviá-los diretamente ao JSP – e você não quer scripts –, basta usar JavaScript no formulário HTML para verificar o campo *antes* de enviar a solicitação. Se você não sabe JavaScript (que, na verdade, não tem quase NADA a ver com Java), é uma linguagem baseada em scripts que roda no lado do cliente. Em outras palavras, no browser. Uma busca rápida na internet por "validação de campo JavaScript" deve trazer alguns scripts que você pode usar para impedir que usuários entrem com, digamos, alguma coisa diferente de números em um campo de entrada de dados.

P: Se uma propriedade de um bean não tem que ser uma String ou uma primitiva, então COMO você configuraria a propriedade sem usar scripts? O valor do atributo da tag será sempre String, certo?

R: É *possível* (mas seria *muito* trabalhoso) criar uma classe especial, chamada editor de propriedades, que suporte o bean. Ela recebe o valor da sua String e descobre como transformá-lo em algo que possa ser usado para configurar um tipo mais complexo. Mas, isto é parte da especificação JavaBeans, não da especificação JSP. E também, se o valor do atributo da tag <jsp:setProperty> for uma *expressão*, em vez de uma String literal, e SE tal expressão converter um objeto que seja como o tipo da propriedade do bean, aí provavelmente funcionará. Se você passar uma expressão que converta Dog, por exemplo, o método setDog(Dog) do bean Person será chamado. Mas observe, isto quer dizer que o objeto Dog já deve existir. De qualquer forma, é melhor você NÃO tentar construir novas coisas no seu JSP! Tentar fugir da criação e configuração de tipos de dados relativamente complexos vai ser difícil sem scripts. (E nada disso cai na prova.)

Veja isto!

A conversão automática String-primitiva NÃO funciona se você usar scripts! Ela dá erro, mesmo que a expressão esteja DENTRO da tag <jsp:setProperty>.

Se você usar a tag de ação-padrão <jsp:setProperty> com a propriedade asterisco, OU simplesmente o nome de uma propriedade sem valor ou sem o atributo param (que significa que o nome da propriedade coincide com o nome do parâmetro da solicitação), OU usar um atributo param para indicar que o parâmetro da solicitação cujo valor deve ser atribuído à propriedade do bean, OU usar um valor literal, a conversão automática de String para int funciona. Cada um dos exemplos abaixo converte automaticamente:

```
<jsp:setProperty name="person" property="*" />
<jsp:setProperty name="person" property="empID"  />
<jsp:setProperty name="person" property="empID" value="343" />
<jsp:setProperty name="person" property="empID" param="empID" />
```

Isto tudo funciona!

MAS... se você usar scripts, a conversão automática NÃO funciona:

Isto NÃO funciona!

```
<jsp:setProperty name="person" property="empID" value="<%= request.
getParameter("empID")%>"/>
```

O quê?! Sinto-me TÃO aliviada em descobrir como é muito mais fácil usar as tags, em vez de scripts. Os benefícios pra mim são gigantescos.

Não é por ela! (Mas ela acha que tudo é por ela.) É por eles...

As tags de ações-padrão do bean podem ser mais fáceis para quem não é programador.

Novamente, os benefícios de usarmos tags no lugar dos scripts têm mais a ver com os webdesigners que com *você* (o programador Java). Embora até os programadores Java achem as tags mais fáceis de serem mantidas do que os elementos hard-coded do scripting Java. Com as tags relacionadas a bean, o designer precisa apenas das informações básicas de identificação (nome do atributo, escopo e o nome da propriedade). É verdade, eles têm que conhecer também o nome completamente qualificado da classe, mas pelo que consta para eles, isso é apenas um nome com pontos (.) dentro. O webdesigner não precisa ter qualquer conhecimento sobre o que acontece por trás disto, e eles consideram beans como *registros com campos*. É você quem diz aos designers o registro (a classe e o identificador) e os campos (as propriedades).

Além disso, as ações-padrão do bean não são tão elegantes como poderiam ser.

E é por isso que nossa história sobre páginas sem scripts não termina aqui. Continue lendo...

Mas, e se a propriedade for DIFERENTE da String ou primitiva?

Sabemos o quanto é fácil exibir um *atributo* quando este, em si, é uma String. Aí, nós criamos um atributo que não era um objeto String (uma instância do bean Person). Mas não queríamos exibir o *atributo* (person) – queríamos exibir uma *propriedade* do atributo (no nosso exemplo, o *nome* e o *empID* de person). Isso funcionou bem, pois as ações-padrão conseguem tratar as propriedades primitivas *e* Strings. Portanto, nós sabemos que as ações-padrão podem lidar com atributos de quaisquer tipos, desde que as *propriedades* do atributo sejam Strings ou primitivas.

Mas, e se não forem? E se o bean tiver uma propriedade que *não* seja nem String, nem primitiva? E se a propriedade for um outro tipo de Objeto? Um tipo de Objeto *com suas propriedades específicas*?

E se o que quisermos exibir for justamente a propriedade desta propriedade?

Nota: Person é uma classe concreta neste exemplo.

foo.Person

String getName()
void setName(String)

public Dog getDog()
public void setDog(Dog)

foo.Dog

public String getName()
public voidSetName(String)

Person tem uma propriedade String "name".

Person tem uma propriedade Dog "dog".

Dog tem uma propriedade String "name".

E se quisermos exibir o nome do cachorro da pessoa?

Código servlet

```
public void doPost(HttpServletRequest request, HttpServletResponse response)
                                        throws IOException, ServletException {

    foo.Person p = new foo.Person();
    p.setName("Evan");
    foo.Dog dog = new foo.Dog();
    dog.setName("Spike");
    p.setDog(dog);

    request.setAttribute("person", p);
    RequestDispatcher view = request.getRequestDispatcher("result.jsp");
    view.forward(request, response);
  }
```

Aqui nós criamos um Dog, atribuímos a ele um nome e chamamos setDog() em Person.

Agora que Person tem um valor Dog para a sua propriedade dog, configuramos Person (apenas Person) como um atributo da solicitação.

Tentando exibir a propriedade da propriedade

Sabemos que podemos fazer isto com scripts, mas será que conseguimos, usando as ações-padrão do bean? O que acontece se colocarmos "dog" como propriedade na tag <jsp:getProperty>?

Sem ações-padrão (usando scripting)

Funciona perfeitamente... mas tivemos que usar um script.

```
<html><body>
<%=  ((foo.Person) request.getAttribute("person")).getDog().getName() %>
</body></html>
```

Com ações-padrão (sem scripting)

```
<html><body>
<jsp:useBean id="person"  class="foo.Person" scope="request" />
Dog's name is: <jsp:getProperty name="person"  property="dog" />
</body></html>
```

Mas qual é o valor de "dog"?

O que QUEREMOS

O que CONSEGUIMOS

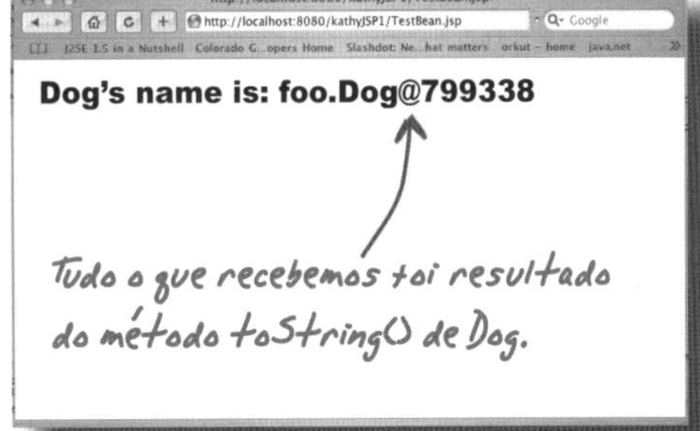

Dog's name is: foo.Dog@799338
Tudo o que recebemos foi resultado do método toString() de Dog.

Você não pode dizer: property="dog.name"

Não podemos combinar as ações-padrão do bean que funcionarão, dado o código servlet original, pois Dog não é um atributo! Dog é uma propriedade do atributo. Logo, você pode exibir Dog, mas você não pode navegar até a propriedade *name* da propriedade *Dog* do atributo *Person*.
A tag <jsp:getProperty> permite que você acesse *apenas* as propriedades do atributo do bean. Isto não vale para propriedades aninhadas, às quais você queira uma propriedade de uma *propriedade*, em vez de uma propriedade de um *atributo*.

A Expression Language (EL) salva o dia!

Sim, bem na hora de nos salvar, a JSP Expression Language (EL) foi adicionada à especificação JSP 2.0, livrando-nos da tirania dos scripts.
Veja como nosso JSP ficou simples e bonito agora...

A EL facilita a exibição de propriedades aninhadas... ou seja, propriedades de propriedades!

Código JSP sem script, usando EL

```
<html><body>

Dog's name is: ${person.dog.name}

</body></html>
```

É isso! Nós sequer declaramos o que significa person... ele simplesmente sabe.

Isto:

```
${person.dog.name}
```

Substitui isto:

```
<%=  ((foo.Person) request.getAttribute("person")).getDog().getName() %>
```

Você não precisa saber TUDO sobre EL.

O exame não espera que você seja um cara "EL-maníaco". Tudo o que você geralmente usa, ou o que pode cair na prova, é abordado nas próximas páginas. Assim, se você quiser estudar a especificação EL, sacrifique a si mesmo. Mas lembre-se de que não fomos NÓS que o induzimos a isso.

Analisando a JSP Expression Language (EL)

A sintaxe e o alcance da linguagem são bem simples. A parte enganosa é que a EL se parece um pouco com o Java, mas se comporta de maneira diferente. Você vai perceber daqui a pouco, quando chegarmos ao operador []. E você encontrará coisas que não funcionariam no Java, mas que funcionam com a EL e vice-versa. Basta não tentar associar as regras de sintaxe/linguagem Java com a EL e você se dará bem. Nas páginas a seguir, tente pensar na EL como se fosse uma maneira de acessarmos objetos Java *sem usar Java*.

As expressões EL estão SEMPRE dentro de chaves, precedidas pelo símbolo cifrão ("$")

```
${person.name}
```

A primeira variável na expressão ou é um objeto implícito, ou um atributo.

```
${firstThing.secondThing}
```

OBJETO IMPLÍCITO EL *ou* **ATRIBUTO**

OBJETO IMPLÍCITO EL

Todos estes são objetos de mapeamento

- pageScope
- requestScope
- sessionScope
- applicationScope
- param
- paramValues
- header
- headerValues
- cookie
- initParam
- pageContext

De todos os objetos implícitos, apenas o pageContext não é um mapeamento. Ele é uma referência real ao objeto pageContext! (E o pageContext é um JavaBean.)

ATRIBUTO

- no page scope
- no request scope
- no session scope
- no application scope

Se a primeira coisa na expressão EL for um atributo, ele pode ser o nome de um atributo armazenado em qualquer um dos quatro escopos disponíveis.

(Lembrete Java: um mapeamento é um conjunto que armazena os pares chave/valor, como Hashtable e HashMap.)

Nota: Os objetos implícitos EL não são os mesmos disponíveis para scripts JSP, exceto o pageContext.

Usando o operador ponto (.) para acessar propriedades e mapear valores

A primeira variável ou é um objeto implícito, ou é um atributo. E o que vem do lado *direito* do ponto será ou um *valor* map (se a primeira variável for um map), ou uma *propriedade* bean, caso a primeira variável seja um atributo que seja JavaBean.

1 Se a expressão possuir uma variável seguida por um ponto, a variável da esquerda TEM QUE ser um Map ou um bean.

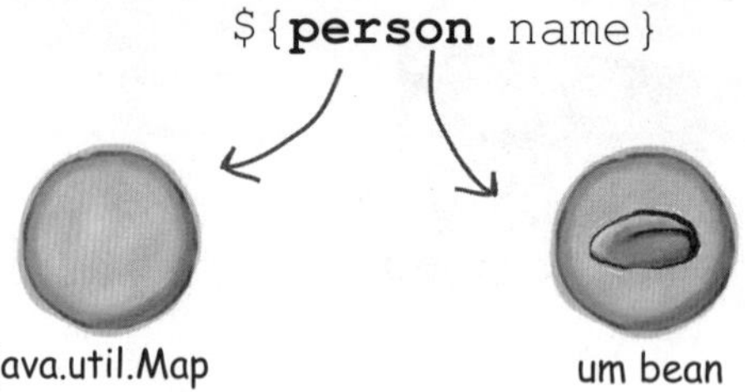

Quando a variável está do lado esquerdo do ponto, ou é um Map (algo com chaves), ou um bean (algo com propriedades).

Isto é verdade, independentemente de a variável ser um um objeto implícito ou um atributo.

O objeto implícito pageContext é um bean - ele possui métodos get. Todos os outros objetos implícitos são Maps.

2 O que estiver do lado direito do ponto TEM QUE ser uma chave de Map ou uma propriedade bean.

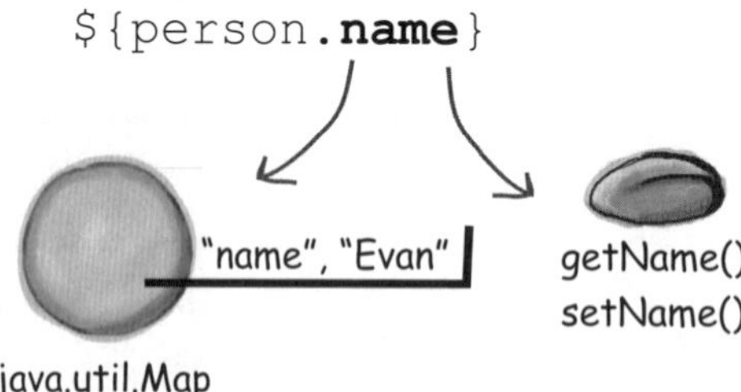

3 E o que está do lado direito deve seguir as regras normais do Java para a nomenclatura dos identificadores.

- Deve iniciar com uma letra, _, ou $.
- Depois do primeiro caractere, você pode incluir números.
- Não pode ser uma palavra-chave Java.

O operador [] é semelhante ao ponto, só que melhor

O operador ponto só funciona quando o que está à direita for uma propriedade bean ou uma chave map para o que está à esquerda. E pronto. Porém, o operador [] é muito mais poderoso e flexível...

Isto:

```
${person["name"]}
```

É o mesmo que *isto*:

```
${person.name}
```

Isso não parece nada melhor. Parece até mais trabalhoso, incluir colchetes e aspas...

A versão simples do operador ponto só funciona porque person é um bean e name é uma propriedade de person.

Mas e se *person* for um *array*?

Ou uma *List*?

Ou, e se name for algo que não possamos expressar de acordo com as regras normais de nomenclatura Java?

O [ ] dá a você mais opções...

Quando você usa o operador ponto, o que vai à esquerda só pode ser ou um Map, ou um bean, e o que vai à direita tem que seguir as regras Java para nomenclatura de identificadores. Porém, com o [], o que vai à esquerda também pode ser uma List ou um array (de qualquer tipo). Isso também significa que a parte da direita pode ser um número, ou qualquer coisa que resolva para um número, ou um identificador que não respeite as regras de nomes Java. Por exemplo, você pode ter uma chave Map que seja uma String com pontos no nome ("com.foo.trouble").

1 Se a expressão tiver uma variável seguida de colchetes ("[]"), a variável da esquerda pode ser um Map, um bean, uma List ou um array.

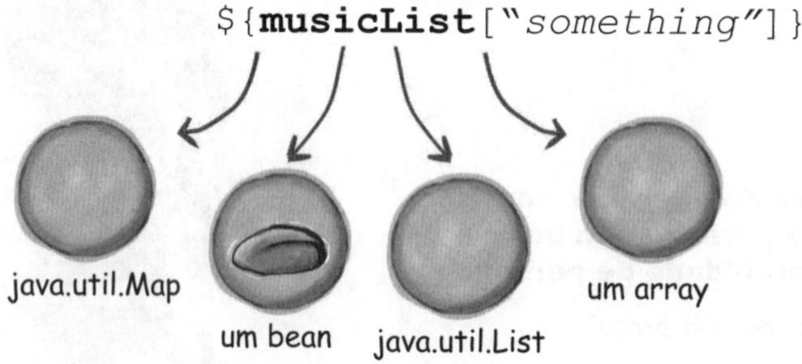

2 Se o que vem dentro dos colchetes for uma String literal (ou seja, entre aspas), ele pode ser uma chave map ou uma propriedade bean, ou ainda um índice dentro de uma List ou array.

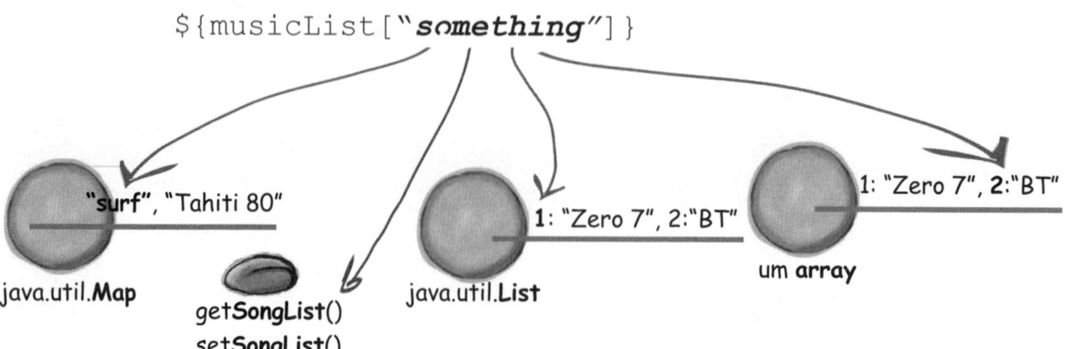

Usando o operador [ ] com um array

No servlet

```
String[] favoriteMusic = {"Zero 7", "Tahiti 80", "BT", "Frou Frou"};
request.setAttribute("musicList", favoriteMusic);
```

No JSP

```
Music is:  ${musicList}
```

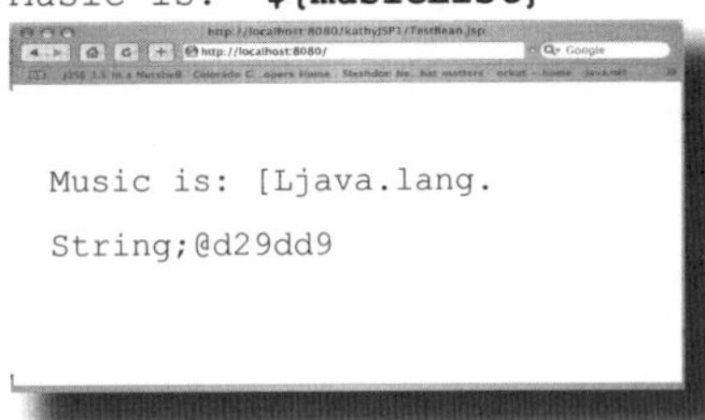
Music is: [Ljava.lang.
String;@d29dd9

Faz sentido... chama toString() no array.

```
First song is: ${musicList[0]}
```

dãh...

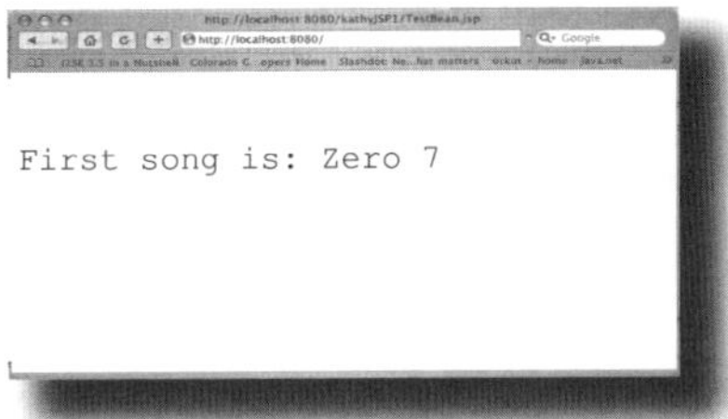
First song is: Zero 7

```
Second song is: ${musicList["1"]}
```

Hein???

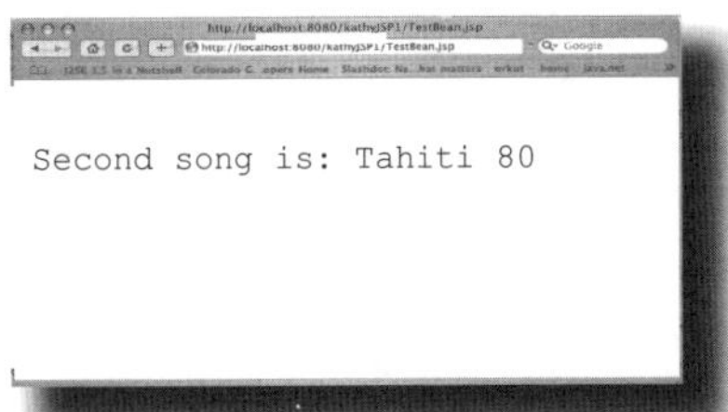
Second song is: Tahiti 80

Isso é uma piada, não é?! Ou então, tem algo mais forte nessa bebida... eu poderia JURAR que aquilo eram aspas em volta do índice do array, e isso não está certo, meu camarada...

Um índice String é forçado no int para os arrays e Lists

A EL para acessarmos um *array* é idêntica à EL para acessarmos uma *List*. Lembrem-se amigos, isto NÃO é Java. Na EL, o operador [] NÃO é o operador para acesso ao array. Não, ele apenas é chamado de operador []. (Nós juramos, procure ele na especificação – ele não tem nome! Apenas o símbolo []. Como o Prince... parecido.) Se ele realmente TIVESSE um nome, seria operador de acesso às propriedades do array/List/Map/bean.

No servlet

```
java.util.ArrayList favoriteFood = new java.util.ArrayList();
favoriteFood.add("chai ice chream");
favoriteFood.add("fajitas");
favoriteFood.add("thai pizza");
favoriteFood.add("anything in dark chocolate");
request.setAttribute("favoriteFood", favoriteFood);
```

No JSP

Obviamente, a ArrayList tem um belo toString() anulado.

```
Foods are: ${favoriteFood}
```

Foods are: [chai ice chrem, fajitas, thai pizza, anything in dark chocolate]

```
First food is ${favoriteFood[0]}
```

certo

```
Second food is ${favoriteFood["1"]}
```

Muito, muito esquisito, mas tudo bem... se for assim que funciona, vou me acostumar com isso.

Se o que estiver à esquerda dos colchetes for um array ou uma List – e se o índice for uma String literal –, o índice é forçado para int.

Isto NÃO funcionaria:

${favoriteFood["one"]}

Porque "one" não pode virar um int. Você terá um erro, caso o índice não possa ser forçado.

Encare os fatos, menino-ponto. Sou muito mais legal que você. Você sabe o que a especificação fala a seu respeito? Ela te chama de "um operador de conveniência". Isso é muito engraçado.

Ah, quê isso! Fala sério, ALGUÉM ainda usa arrays? Arrays e lists são tão... "2003". Lineares. Chatos.

Certo... assim como as Hashtables, que datam da idade da pedra.

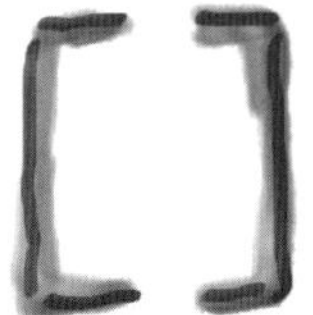

O fato de você usar a palavra Hashtable já demonstra como VOCÊ está desatualizado. Elas já estão ultrapassadas. Estou falando de Maps e JavaBeans. É o que as pessoas usam hoje em dia.

Você já deu uma olhada na data da especificação do JavaBean? Se essa especificação fosse leite, já teria se transformado numa daquelas criaturas repugnantes do Arquivo-X...

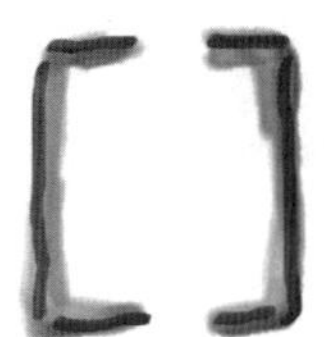

Para beans e Maps, você pode usar ambos os operadores

Para JavaBeans e Maps, você pode usar tanto o operador **[]**, como o operador de conveniência **ponto**. Pense nas chaves Map da mesma forma que você pensa nos nomes de propriedades em um bean.
Você pede pela chave ou pelo nome da propriedade, e recebe o valor de uma ou de outra.

No servlet

```
java.util.Map musicMap = new java.util.HashMap();
musicMap.put("Ambient", "Zero 7");
musicMap.put("Surf", "Tahiti 80");
musicMap.put("DJ", "BT");
musicMap.put("Indie", "Travis");
request.setAttribute("musicMap", musicMap);
```

Crie um Map, adicione a ele algumas chaves Strings e objetos, e transforme isto em um atributo de solicitação.

No JSP

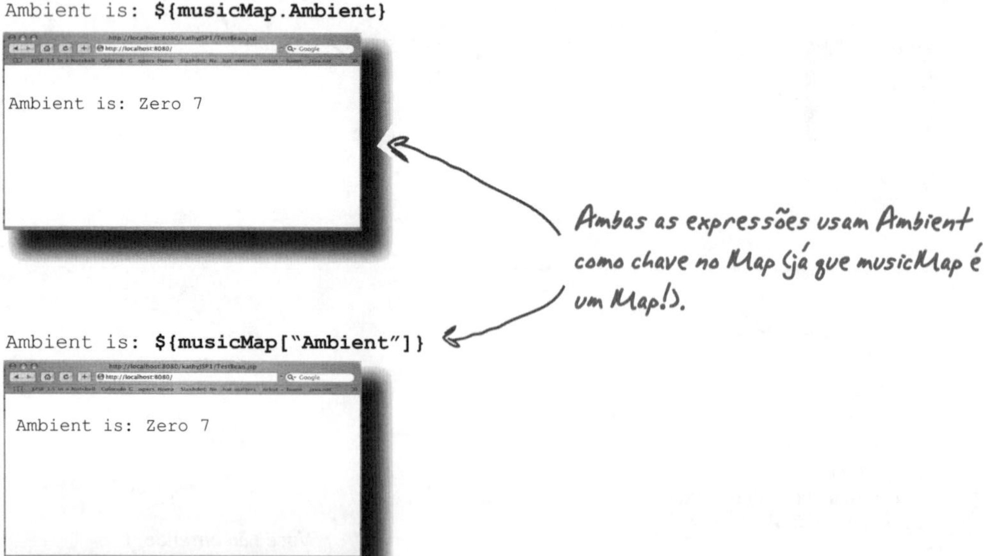

Ambient is: ${musicMap.Ambient}
Ambient is: Zero 7
Ambos as expressões usam Ambient como chave no Map (já que musicMap é um Map!).
Ambient is: ${musicMap["Ambient"]}
Ambient is: Zero 7

Se NÃO for uma String literal, ela é convertida

Se não houver aspas dentro dos colchetes, o Container avalia o que está nos colchetes, procurando por um atributo ligado àquele nome e substitui o valor do atributo. (Se existir um objeto implícito com o mesmo nome, o objeto implícito prevalecerá.)

Sem as aspas em Ambient, isto NÃO funciona!! Já que não existe nenhum atributo bound chamado Ambient, o resultado é nulo...

```
Music is: ${musicMap[Ambient]}
```

Encontre um atributo chamado "Ambient". Use o VALOR deste atributo com chave no Map, ou retorne nulo.

No servlet

```
java.util.Map musicMap = new java.util.HashMap();
musicMap.put("Ambient", "Zero 7");
musicMap.put("Surf", "Tahiti 80");
musicMap.put("DJ", "BT");
musicMap.put("Indie", "Frou Frou");

request.setAttribute("musicMap", musicMap);

request.setAttribute("Genre", "Ambient");
```

Isto *FUNCIONA* no JSP

```
Music is ${musicMap[Genre]} --calcula para--> Music is ${musicMap["Ambient"]}
```

porque EXISTE um atributo na solicitação chamado "Genre" com um valor "Ambient", e "Ambient" é uma chave para musicMap.

Isto *NÃO* funciona no JSP (dado o servlet acima)

```
Music is ${musicMap["Genre"]} --não muda--> Music is ${musicMap["Genre"]}
```

porque NÃO existe nenhuma chave em musicMap chamada "Genre". Com as aspas, o Container não tentou efetuar a conversão e simplesmente considerou que era o nome de uma chave literal.

Esta é uma expressão EL válida, mas que não faz o que nós precisamos.

Você pode usar expressões aninhadas dentro dos colchetes

É tudo expressões na EL. Você aninha expressões em quaisquer níveis. Ou seja, você pode inserir uma expressão complexa dentro de outra expressão complexa, e outra, e outra, e outra... E as expressões são avaliadas dos colchetes mais internos para fora.

Esta parte parecer-lhe-á bastante intuitiva, pois é igual à forma como aninhamos o código Java dentro dos parênteses. A armadilha está em observar pelas aspas X *sem* aspas.

No servlet

```
java.util.Map musicMap = new java.util.HashMap();
musicMap.put("Ambient", "Zero 7");
musicMap.put("Surf", "Tahiti 80");
musicMap.put("DJ", "BT");
musicMap.put("Indie", "Frou Frou");
request.setAttribute("musicMap", musicMap);

String[] musicTypes = {"Ambient", "Surf", "DJ", "Indie"};
request.setAttribute("MusicType", musicTypes);
```

Isto FUNCIONA no JSP

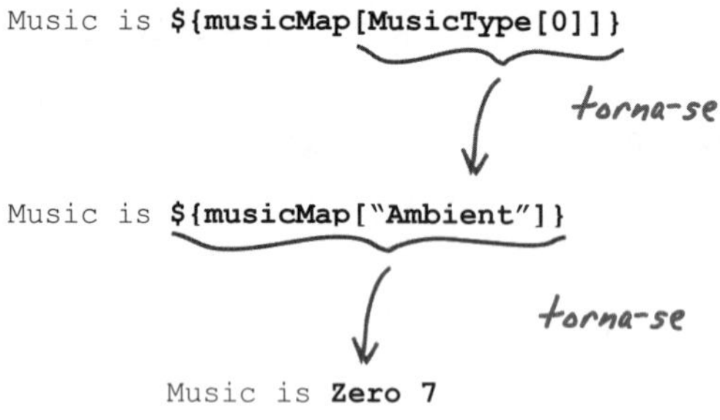

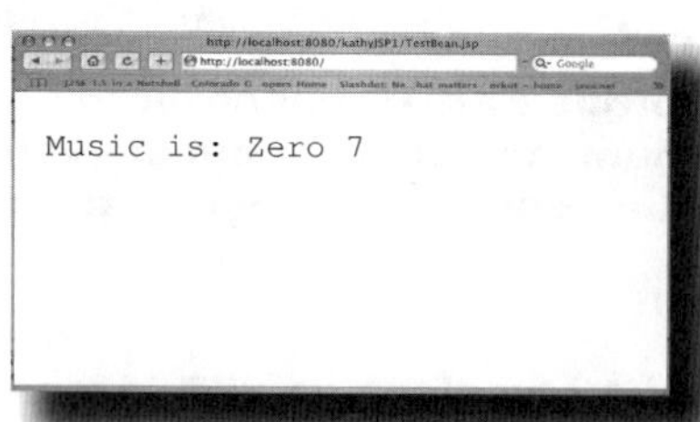

Você não pode fazer ${foo.1}

Com beans e Maps, você pode usar o operador ponto, mas só se o que vier depois do ponto for um identificador Java legítimo.

Isto

```
${musicMap.Ambient}
```

funciona

Mas *isto*

```
${musicMap["Ambient"]}
```

funciona

Se você não for usar isto para um nome de variável no seu código Java, NÃO o coloque depois do ponto.

É o mesmo que *isto*

```
${musicList["1"]}
```

NÃO PODE ser transformado *nisto*

```
${musicList.1}
```

NÃO! NÃO! NÃO!

Aponte seu lápis

O que vai ser exibido?

Dado o código servlet abaixo, tente descobrir o que será exibido (ou se for ocorrer um erro, apenas escreva, você sabe, "erro"). Respostas no final da página.

```
java.util.ArrayList nums = new java.util.ArrayList();
nums.add("1");
nums.add("2");
nums.add("3");
request.setAttribute("numbers", nums);
String[] favoriteMusic = {"Zero 7", "Tahiti 80", "BT", "Frou Frou"};
request.setAttribute("musicList", favoriteMusic);
```

1. `${musicList[numbers[0]]}`
2. `${musicList[numbers[0]+1]}`
3. `${musicList[numbers["2"]]}`
4. `${musicList[numbers[numbers[1]]]}`

(Falaremos mais sobre os operadores EL algumas páginas à frente.)

Ímã de Geladeira

Não se surpreenda se cair uma questão assim na prova (se bem que na prova oficial isso parecerá mais... apavorante).
Estude as três classes nesta página, o código servlet na página seguinte e construa, a partir do Imã de Geladeira, a EL cujo resultado é exibido no browser. (Vire a página para ver as respostas. Mas NÃO ANTES de você finalizar o exercício, principalmente se você for fazer o exame.)

foo.Toy

```
package foo;
public class Toy{
  private String name;
  public void setName(String) name) {
    this.name=name;
  }
  public String getName() {
    return name;
  }
}
```

foo.Person

```
package foo;
public class Person{
  private Dog dog;
  private String name;
  public void setDog(Dog dog) {
    this.dog=dog;
  }
  public Dog getDog() {
    return dog;
  }
  public void setName(String name) {
    this.name=name;
  }
  public String getName() {
    return name;
  }
}
```

foo.Dog

```
package foo;
public class Dog{
  private String name;
  private Toy[] toys;
  public void setName(String name) {
    this.name=name;
  }
  public String getName() {
    return name;
  }
  public void setToys(Toy[] toys) {
    this.toys=toys;
  }
  public Toy[] getToys() {
    return name;
  }
}
```

Respostas do exercício anterior: 1) Tahiti 80 2) BT 3) Frou Frou 4) Frou Frou

código Servlet

```
foo.Person p = new foo.Person();
p.setName("Leelu");
foo.Dog d = new foo.Dog();
d.setName("Clyde");
foo.Toy t1 = new foo.Toy();
t1.setName("stick");
foo.Toy t2 = new foo.Toy();
t2.setName("neighbor's cat");
foo.Toy t3 = new foo.Toy();
t3.setName("Barbie™doll head");
d.setToys(new foo.Toy[]{t1, t2, t3});
p.setDog(d);
request.setAttribute("person", p);
```

Crie a EL para este resultado:

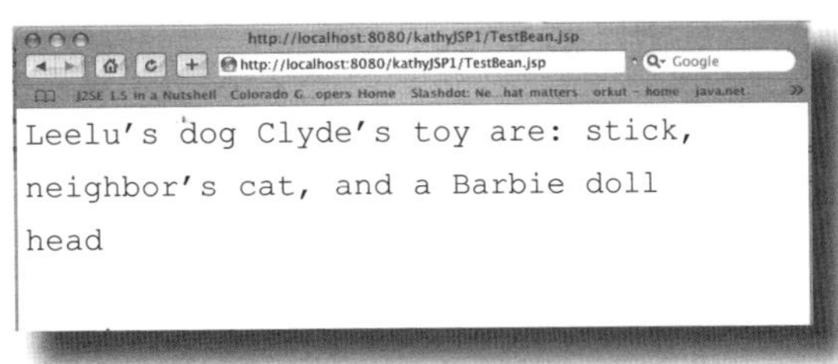

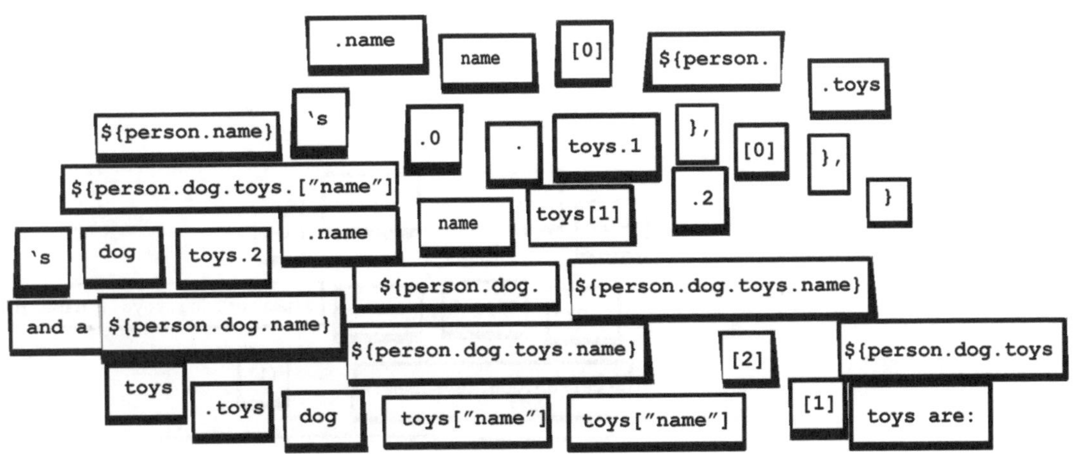

Ímã de Geladeira Respostas

Esta não é a ÚNICA forma de reproduzirmos este resultado, mas é a única existente usando estes ímãs. Exercício de bônus: escreva a expressão EL de forma diferente (esqueça os ímãs), mas que exiba o mesmo resultado.

código Servlet

```
foo.Person p = new foo.Person();
p.setName("Leelu");
foo.Dog d = new foo.Dog();
d.setName("Clyde");
foo.Toy t1 = new foo.Toy();
t1.setName("stick");
foo.Toy t2 = new foo.Toy();
t2.setName("neighbor's cat");
foo.Toy t3 = new foo.Toy();
t3.setName("Barbie™doll head");
d.setToys(new foo.Toy[]{t1, t2, t3});
p.setDog(d);
request.setAttribute("person", p);
```

Crie a EL para este resultado:

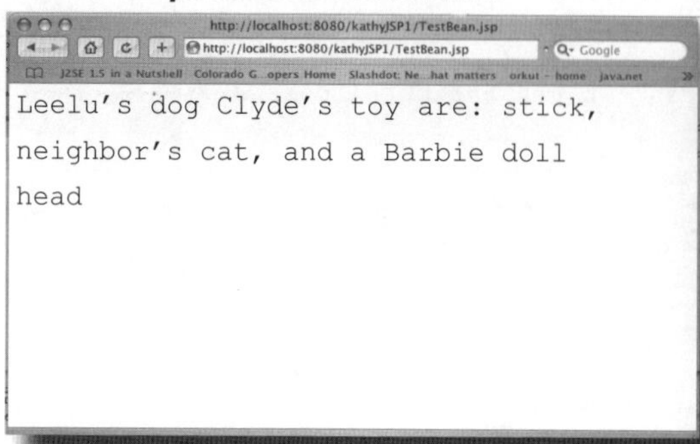

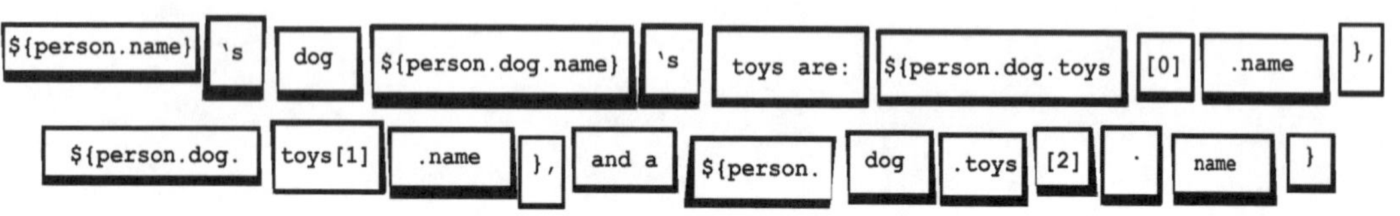


```
${person.name}'s dog ${person.dog.name}'s toys are: ${person.dog.toys[0].name},
${person.dog.toys[1].name}, and a ${person.dog.toys[2].name}
```

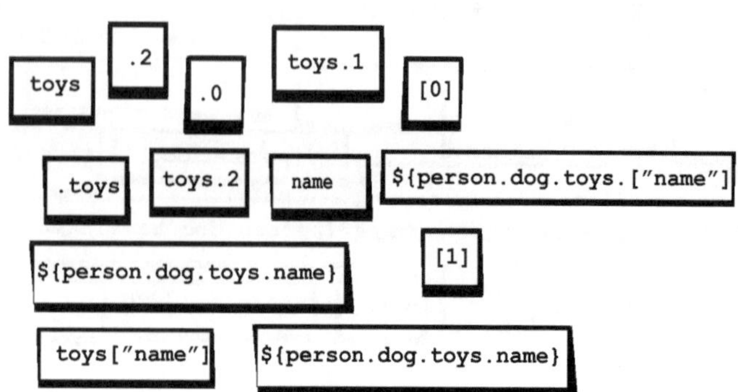

O caso do conteúdo ausente

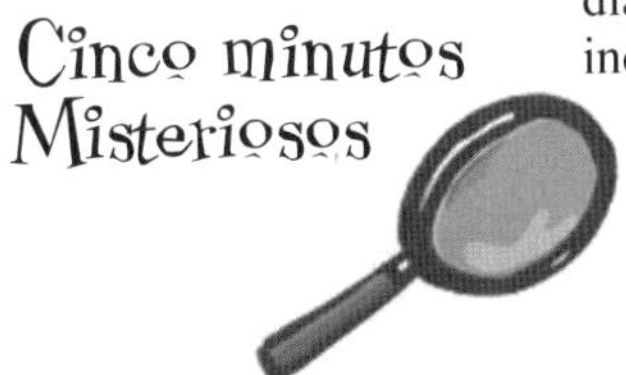

A Documents-R-Us criou um sistema de gerenciamento de conteúdo usado basicamente para criar tutoriais para os aplicativos desktop. Parte dos aplicativos permite que os desenvolvedores do conteúdo criem partes de conteúdo do tipo "Dica do Dia" (Tip of the Day), que são armazenadas no atributo currentTip no escopo da solicitação. Por exemplo, se a dica fosse "Lave seus cabelos dia sim, dia não" (Wash your hair every other day), então, a tela incluiria uma caixa como esta:

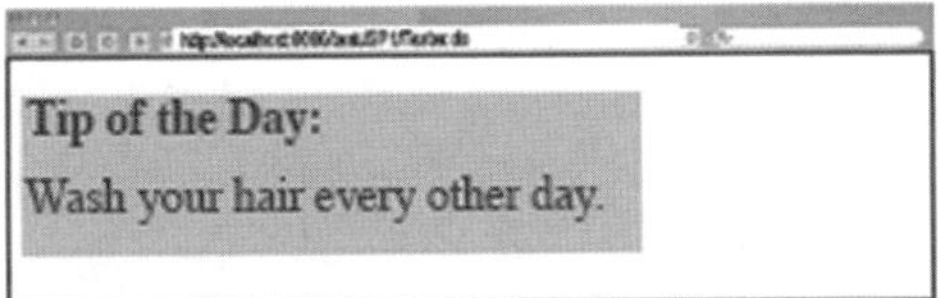

O código JSP para esta caixa de dica é:

```
<div class='tipBox'>
<b>Tip of the Day:</b> <br /> <br />
${c'urrentTip}
</div>
```

Um novo cliente está tentando criar um tutorial usando o sistema, mas parece não poder fazer com que as dicas sejam exibidas corretamente. Por exemplo, a dica "<b></b>tags make things bold!" é apresentada assim:

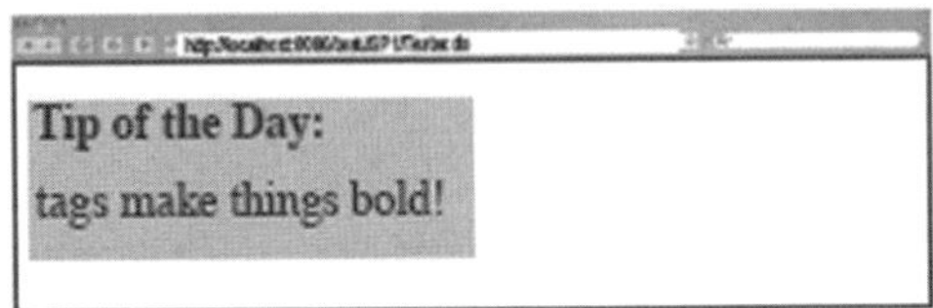

"O que está havendo", exclama Tawny, a principal desenvolvedora JSP do cliente. "Para onde foi o início da dica?" Por que as tags em negrito não foram exibidas?". Ela envia um relatório de erro imediatamente para a Documents-R-Us.

O que você acha? As tags em negrito foram enviadas para o fluxo da saída? Por que não estão sendo exibidas?

EL apresenta o texto bruto, inclusive o HTML

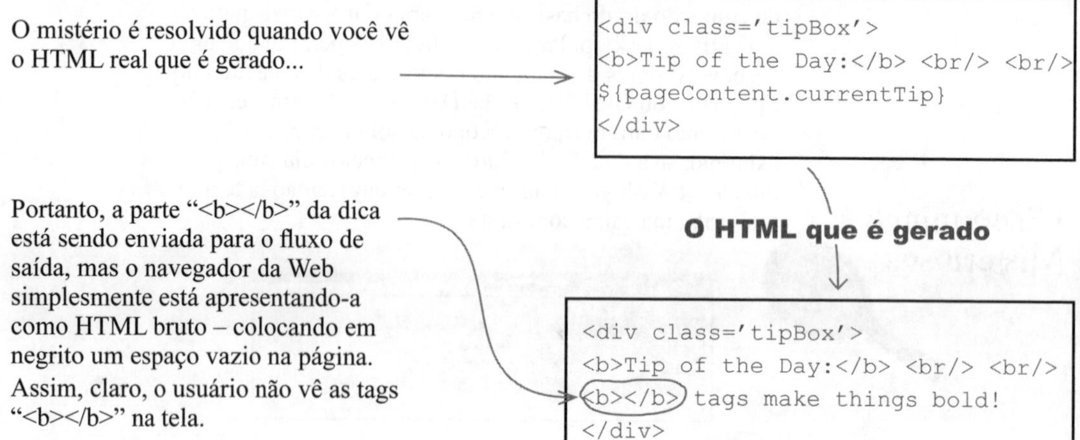

O mistério é resolvido quando você vê o HTML real que é gerado...

```
<div class='tipBox'>
<b>Tip of the Day:</b> <br/> <br/>
${pageContent.currentTip}
</div>
```

O HTML que é gerado

Portanto, a parte "<b></b>" da dica está sendo enviada para o fluxo de saída, mas o navegador da Web simplesmente está apresentando-a como HTML bruto – colocando em negrito um espaço vazio na página. Assim, claro, o usuário não vê as tags "<b></b>" na tela.

```
<div class='tipBox'>
<b>Tip of the Day:</b> <br/> <br/>
<b></b> tags make things bold!
</div>
```

O mesmo ocorre para as tags da expressão JSP...

Tudo que isso avalia será tratado como HTML padrão, portanto, qualquer tag HTML é apresentada, não exibida como texto.

```
<div class='tipBox'>
<b>Tip of the Day:</b> <br/> <br/>
<%= pageContent.getCurrentTip() %>
</div>
```

... e para a ação padrão jsp:getProperty

O mesmo aqui. Um texto como <i></i> e <b></b> é apresentado, não exibido como texto comum.

```
<div class='tipBox'>
<b>Tip of the Day:</b> <br/> <br/>
<jsp:getProperty name='pageContent' property='currentTip' />
</div>
```

EXERCITE SUA MENTE

Tudo bem, então a string de dica está sendo enviada para o fluxo de saída, mas a Documents-R-Us deseja converter os caracteres HTML especiais em um formato que seja apresentado devidamente em suas dicas. Portanto, queremos enviar "<" para que o usuário veja o caractere < real no navegador e ">" para produzir o caractere >.

Como você faria isso?

Lembre-se de que meu formulário HTML vai direto pro meu JSP... existe uma forma para que eu possa usar os parâmetros da solicitação utilizando apenas EL?

Os objetos implícitos da EL

Lembre-se, a EL possui alguns objetos implícitos. Mas que não são os mesmos objetos implícitos do JSP (exceto um, o pageContext). Eis uma relação rápida; vamos estudar alguns deles mais detalhadamente algumas páginas adiante. Você irá observar que todos eles, exceto um (o pageContext de novo), são simples Maps – pares nome/valor.

pageScope
requestScope
sessionScope
applicationScope

Um Map dos atributos do escopo.

param
paramValues

Maps para os parâmetros da solicitação.

header
headerValues

Maps para os headers da solicitação.

cookie

Ooohhhh... este é difícil... será que é um Map para... cookies?

initParam

Um Map dos parâmetros init do contexto (NÃO parâmetros init do servlet!)

pageContext

A única coisa que NÃO é um Map. Este é um real deal – uma referência real ao objeto pageContext, o qual você pode considerar como um bean. Observe na API para os métodos get para PageContext.

Parâmetros de solicitação na EL

Muito fácil. O objeto implícito param é ótimo quando você sabe que possui apenas um parâmetro para aquele nome de parâmetro específico. Use os paramValues quando você tiver mais de um valor de parâmetro para um nome de parâmetro dado.

No formulário HTML

```
<form action="TestBean.jsp">
  Name: <input type="text" name="name">
  ID#: <input type="text" name="empID">

  First food: <input type="text" name="food">
  Second food: <input type="text" name="food">

  <input type="submit">
</form>
```

O name e o "empID" terão, cada um, o seu valor único. Mas o parâmetro "food" pode ter dois valores, se o usuário preencher ambos os campos antes de clicar no botão submit...

Lembre-se: o param é apenas um Map dos nomes e valores do parâmetro. O que está à direita do ponto vem dos nomes especificados nos campos de entrada de dados do formulário.

No JSP

```
Request param name is: ${param.name} <br>

Request param empID is: ${param.empID} <br>

Request param food is: ${param.food} <br>

First food request param: ${paramValues.food[0]} <br>
Second food request param: ${paramValues.food[1]} <br>

Request param name: ${paramValues.name[0]}
```

Embora possam existir diferentes valores para o parâmetro "food", você ainda pode usar o objeto implícito param simples, mas você obterá apenas o primeiro valor.

No browser do cliente (o cliente preenche o formulário e clica em submit)

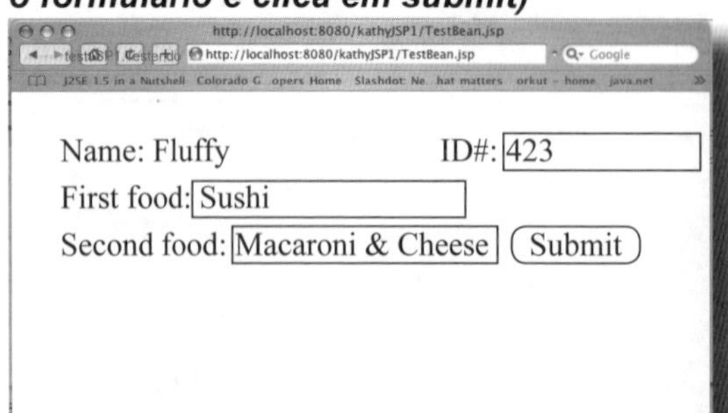

A resposta

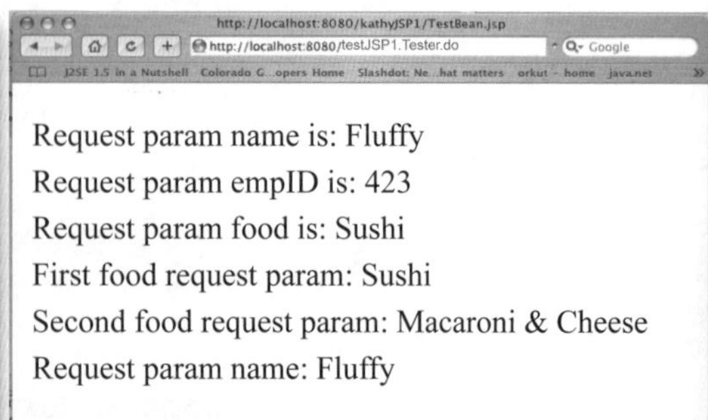

E se você quiser mais informações da solicitação?

E se você quiser, por exemplo, a informação do servidor contida no header "host" da solicitação? Se você olhar na API HttpServletRequest, encontrará um método getHeader(String). Sabemos que, se nós passarmos "host" para o método getHeader(), obteremos algo como "localhost:8080" (pois é onde o servidor está).

Obtendo o header "host"

Sabemos que podemos fazer isto com scripting

```
Host is: <%= request.getHeader("host") %>
```

Mas com a EL, temos o objeto implícito header

```
Host is: ${'header["host"]}

Host is: ${header.host}
```

O objeto implícito header mantém um Map de todos os headers. Use o operador de acesso para passar o nome do header e o valor que ele exibirá. (Nota: existe também o objeto implícito headerValues para headers com vários valores. Funciona igual ao paramValues.)

Obtendo o método de solicitação HTTP

Bem, este é um pouco mais complicado... existe um método na API HttpServletRequest para getMethod(), que retorna GET, POST, etc. Mas como eu consigo isto usando a EL?

Sabemos que podemos fazer isto com *scripting*

```
Method is: <%= request.getMethod() %>
```

Mas com a EL, isto NÃO funciona

```
Method is: ${request.method}
```

NÃO! NÃO! NÃO! Não EXISTE objeto implícito request!

E isto NÃO funciona

```
Method is: ${requestScope.method}
```

NÃO! NÃO! NÃO! EXISTE um requestScope implícito, mas ele NÃO é o objeto solicitação em si.

Você consegue imaginar como fazer isto?

Dica: observe os outros objetos implícitos.

O requestScope NÃO é o objeto request

O requestScope implícito é apenas um Map dos atributos do escopo da solicitação, não o objeto request em si! O que você deseja (o método HTTP) é uma *propriedade* do objeto request, não um atributo do escopo solicitação. Em outras palavras, você quer algo que vem da chamada do método get no objeto request (se considerarmos o objeto request um bean).

Mas não existe nenhum objeto implícito request, apenas requestScope! O que fazer?

Você precisa de algo mais...

Use o requestScope para obter os ATRIBUTOS da solicitação, e não as PROPRIEDADES. Para obter as propriedades, você precisará do pageContext.

Use o pageContext para obter todo o resto...

```
Method is: ${pageContext.request.method}
```

O pageContext possui uma propriedade request
O request possui uma propriedade method

Não confunda os objetos de Map scope com os objetos aos quais os atributos estão associados.

É muito fácil imaginar que, digamos, o applicationScope seja uma referência para o ServletContext, pois é ali que os atributos do escopo da aplicação são associados. Mas, assim como o requestScope e o objeto request, *o Map scope para os atributos de escopo da aplicação é apenas um mapeamento de atributos e nada mais. Você não pode tratá-lo como um Contexto Servlet; portanto, não espere receber as propriedades do ServletContext a partir do objeto implícito applicationScope!*

Se a EL olha em todos os escopos de qualquer maneira, por que eu usaria um dos objetos implícitos do escopo? A única coisa que me vem à cabeça é um conflito de nomes, mas será que haveria algum outro motivo...

Os objetos implícitos de escopo podem salvá-lo

Se tudo o que você precisa é exibir o nome de *person*, e você realmente não está preocupado em saber a qual escopo *person* pertence (ou até está, mas sabe que existe apenas *um* person nos quatro escopos), basta usar:

```
${person.name}
```

Ou, se você estiver muito preocupado com eventuais conflitos de nome, você pode especificar qual person você quer:

```
${requestScope.person.name}
```

Mas, existe outra razão para você querer introduzir o atributo com o objeto implícito do escopo? Além de controlar... escopos?

Imagine esta situação: se você possui um nome que não esteja entre aspas dentro de colchetes [], isso significa que ele respeita as normas de nomenclatura Java, certo? Até aqui, tudo bem, pois person é um nome de variável absolutamente aceitável em Java. Mas isto é assim, porque em algum lugar alguém disse:

```
request.setAttribute("person", p);
```

Mas um nome de atributo é uma String!

As Strings não seguem o padrão para nomes de variáveis em Java! O que significa que alguém *poderia* dizer:

```
request.setAttribute("foo.person", p);
```

Aí você estaria em apuros, pois ISTO não funcionaria:

```
${foo.person.name}
```

NÃO! Isto é certamente aceito, mas o Container acha que "foo" é um atributo de alguma coisa, com uma propriedade "person". Mas o Container jamais encontra um atributo "foo".

Mas você agradeceria aos objetos de escopo, pois os objetos de escopo permitem que você mude para o operador [], que aceita nomes de String que não respeitam os padrões Java.

```
${requestScope["foo.person"].name}
```

Perfeito! Usar o objeto requestScope possibilita-nos colocar o nome do atributo entre aspas.

Recebendo Cookies e init params

Nós vimos todos os objetos implícitos, exceto os cookies e os init params, mas aqui estão eles. E claro, qualquer um deles pode cair na prova.

Exibindo o valor do Cookie "userName"

Sabemos que podemos fazer isto com scripting

```
<% Cookie[] cookies = request.getCookies();

for (int i = 0; i < cookies.length; i++) {
   if ((cookies[i].getName()).equals("userName")) {
      out.println(cookies[i].getValue());
   }
} %>
```

Isto é meio doloroso, pois o objeto request NÃO possui um método getCookie(cookieName)! Temos que obter o array completo do Cookie e repetir ao longo dele nós mesmos.

Mas com a EL, temos o objeto implícito Cookie

```
${cookie.userName.value}
```

MUITO mais fácil. Apenas forneça o nome e o valor será retornado do Map nomes/valores do Cookie.

Exibindo o valor de um parâmetro init do contexto

Temos que configurar o parâmetro no DD

```
<context-param>
    <param-name>mainEmail</param-name>
    <param-value>likewecare@wickedlysmart.com</param-value>
 </context-param>
```

Lembre-se: é assim que você configura os parâmetros de contexto (para toda a aplicação). É diferente dos init params do servlet.

Sabemos que podemos fazer isto com *scripting*

```
email is: <%= application.getInitParameter("mainEmail") %>
```

E com a EL é ainda mais fácil

```
email is: ${initParam.mainEmail}
```

O initParam da EL NÃO é destinado a params configurados que usam <init-param>!

É isso que confunde: os init params do servlet são configurados usando <init-param>, enquanto que os params de contexto usam <context-param>, mas o implícito "initParam" da EL é para params de **contexto***! Se eles tivessem nos consultado, iríamos sugerir que os criadores da especificação colocassem o nome de "contextParam"... mas eles esqueceram de nos consultar novamente.*

Ela não conhece as funções EL

Quando você precisar de uma ajudinha extra de, digamos, um método Java e não quiser usar scripting, você pode usar uma função EL. É uma maneira fácil de escrever uma expressão EL simples, que chama um método estático em uma classe Java simples que você cria. Tudo o que o método retornar será usado na expressão. De fato, isto requer um pouquinho mais de trabalho, mas as funções darão a você muito mais... *funcionalidade*.

Imagine que você queira o seu JSP para jogar dados

Você chegou à conclusão de que seria incrível ter um serviço de jogos de dados on-line. Assim, em vez de caçar os dados *reais* atrás da mesa e debaixo das almofadas do sofá, um usuário iria até a sua página da internet, clicaria no jogo de dados virtual e... pronto! Os dados rolariam!! (É claro que você nem imagina que uma busca no Google provavelmente trará a você por volta de uns 4.420 sites sobre este tema).

❶ Crie uma classe Java com um método estático público.

Isto é só uma classe Java simples e regular. O método DEVE ser público e estático, e pode ter argumentos. Ele deveria (mas não é requerido) ter um tipo de retorno não-void. Afinal, a questão principal é chamá-lo a partir de um JSP e obter algo de volta que você possa usar como parte da expressão ou para exibir.

Insira o arquivo de classe no diretório /WEB-INF/classes (fazendo com que coincida com o diretório apropriado do pacote, tal qual você faria com qualquer outra classe).

❷ Crie um arquivo Tag Library Descriptor (TLD).

Para uma função EL, o TLD oferece um mapeamento entre a classe Java que *define* a função e o JSP que *chama* a função. Desta maneira, o nome da função e o nome do método em si podem ser diferentes. Por exemplo, você pode ter aí uma classe cujo nome do método seja bem estranho, e talvez você queira atribuir um nome mais óbvio ou intuitivo para os webdesigners usando a EL. Nenhum problema – o TLD diz: "esta é a classe Java, esta é a *assinatura* do método para a função (incluindo o tipo do retorno) e este é o *nome* que usaremos nas expressões EL". Em outras palavras, o *nome* usado na EL não precisa ser igual ao nome do método, e é no TLD que você mapeia isso.

Coloque o arquivo TLD dentro do diretório /WEB-INF. Atribua a ele uma extensão .tld. (Existem outros lugares onde o TLD pode ficar; nós falaremos sobre isso nos dois capítulos seguintes.)

❸ Coloque uma diretiva taglib no seu JSP.

A diretiva taglib diz ao Container: "eu vou usar este TLD e, no JSP, quando eu quiser usar uma função deste TLD, vou começar seu nome com..." Em outras palavras, ele permite que você defina o namespace. Você pode usar funções de mais de um TLD, mesmo que elas tenham o mesmo nome. A diretiva taglib é semelhante a dar a todas as suas funções nomes totalmente qualificados. Você invoca a função fornecendo o nome da função E o prefixo do TLD. O prefixo pode ser o que você quiser.

❹ Use a EL para invocar a função.

Esta é a parte fácil. Você chama a função através de uma expressão usando ${prefix:name()}.

A classe function, o TLD e o JSP

O método function DEVE ser público E estático.

A classe com a função

```
package foo;

public class Diceroller {
   public static int rolldice () {
      return (int) ((Math.random() * 6) + 1);
   }
}
```

Arquivo Tag Library Descriptor (TDL)

```
<?xml version="1.0" encoding="ISO-8859-1" ?>

<taglib xmlns="http://java.sun.com/xml/ns/j2ee"
xmlns="http://www.w3.org/2001/XMLSchema-instance"
xsi:schemaLocation="http://java.sun.com/xml/ns/j2ee/web-
jsptaglibrary_2_0.xsd" version="2.0">

<tlib-version>1.2</tlib-version>
<uri>DiceFunctions</uri>
   <function>
      <name>rollIt</name>
      <function-calss>foo.DiceRoller</function-class>
      <function-signature>
         int rolldice()
      </function-signature>
   </function>

</taglib>
```

NÃO se preocupe com tudo isto dentro da tag <taglib...>. Falaremos mais sobre os TLDs nos próximos dois capítulos.

O uri na diretiva taglib informa ao Container o nome do TLD (que NÃO precisa ser o mesmo nome do ARQUIVO!), que o Container precisa para que possa saber a qual método chamar quando o JSP invocar a função EL.

O prefixo mine é apenas o apelido que usaremos NESTA página, para que possamos informar a um TLD sobre o outro (caso você realmente possua mais de um).

O JSP

```
<%@ taglib prefix="mine" uri="DiceFunctions"%>

<html><body>

${mine:rollIt()}

</body></html>
```

O nome da função rollIt() vem do <name> no TLD, e não da classe Java em si.

Distribuindo uma aplicação com as funções estáticas

A única informação nova aqui é o arquivo "myFunctions.tld". Ele deve ficar em algum lugar no WEB-INF ou em um dos seus subdiretórios (a menos que ele tenha sido distribuído em um arquivo JAR, mas falaremos sobre isso mais adiante). Aqui, devido a esta aplicação ser tão simples, nós temos o DD (web.xml) e o TLD (myFunctions.tld) no topo do WEB-INF. Mas você *poderia* organizá-los em subdiretórios.

O importante é que a classe com a função estática DEVE estar disponível para a aplicação, portanto... por hora, você sabe que colocando dentro do WEB-INF/classes funcionará. E lembre-se de que na diretiva *taglib* do JSP nós especificamos um URI que coincide com o URI declarado no TLD. Por enquanto, considere o URI como simplesmente ***o nome que você escolheu para o TLD.*** É só um nome. No próximo capítulo sobre o uso de tags customizadas, trataremos em detalhes dos TLDs e URIs.

```
<%@ taglib prefix="mine" uri="DiceFunctions"%>
```

Este é o identificador que deve coincidir com <uri> no TLD.

A classe com a função (o método estático público) deve estar disponível para a aplicação exatamente como as classes servlet, bean e listener. Ou seja, dentro do WEB-INF/classes...

Insira o arquivo TLD em algum lugar dentro do WEB-INF e assegure-se de que a diretiva taglib no JSP possua um atributo uri que coincida com o elemento <uri> no TLD.

webapps

SampleApp

O JSP que invoca a função EL.

```
<%@ taglib
prefix="mine"
uri="/WEB-INF/
myFunctions.
tld"%>
<html><body>
${mine:rollIt()}
</body></html>
```

TestBean.jsp

WEB-INF

```
<function>
<name>
rollIt
</name>
<function-
class>
foo.DiceRoller
</function-
```

myFunctions.tdl

O TLD que declara a classe function, a assinatura do método e o nome da função.

```
<?xml
version="1.0"
encoding
="UTF-8"?>

<!DOCTYPE
```

web.xml

classes

foo

A classe Java com a função (um método estático público).

```
0010 0001
1100 1001
0001 0011
0101 0110
```

DiceRoller.class

Não existem
Perguntas Idiotas

P: Uma expressão scriptlet comum TEM QUE retornar alguma coisa. Se você diz <%= foo.getFoo() %>, o getFoo() NÃO deve ter um tipo void de retorno. (Pelo menos, foi o que você disse antes.) Então, estou achando que o mesmo acontece com as funções EL?

R: Não! NÃO acontece o mesmo com as funções EL, embora todos acreditem que sim... curiosamente. Imagine o seguinte: você está chamando uma função EL que não retorna nada, então você está chamando-a *apenas para despertar seus efeitos colaterais*! Considerando que parte do objetivo da EL é reduzir a quantidade da lógica em um JSP (um JSP que deve ser a VIEW!), invocar uma função EL só para desencadear seus efeitos colaterais não parece uma boa idéia.

P: Como o Container encontrou o TLD? O URI não coincide nem com o caminho, nem com o nome do arquivo TLD. Foi um milagre?

R: Justamente a pergunta que esperávamos que alguém fizesse. Sim, você está certo, nós nunca *informamos* ao Container exatamente onde encontrar o arquivo TLD em si. Quando a aplicação é distribuída, o Container varre o WEB-INF e seus subdiretórios (ou os arquivos JAR dentro do WEB-INF/lib) à procura dos arquivos .tld. Quando encontra algum, ele lê o URI e cria um mapeamento que diz: "O TLD com *este* URI é, na verdade, *este* arquivo *neste* local..." Existe um pouco mais dessa história que falaremos no próximo capítulo.

P: Uma função EL pode conter argumentos?

R: Certamente. Apenas lembre-se de especificar o nome da classe totalmente qualificada (a menos que ela seja uma primitiva) para cada argumento no TLD. Uma função que emprega um Map seria:

```
<function-signature>
   int rollDice(java.util.Map)
</function-signature>
```

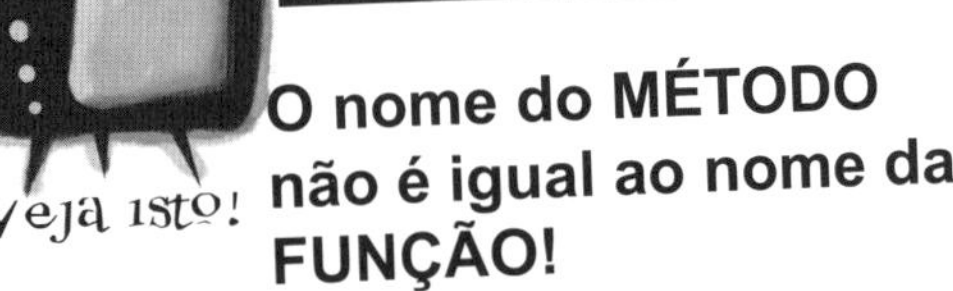

O nome do MÉTODO não é igual ao nome da FUNÇÃO!

Guarde bem as relações entre a classe, o TLD e o JSP. Mais importante, lembre-se de que o nome do MÉTODO NÃO precisa coincidir com o nome da FUNÇÃO. O que você usa na EL para invocar a função deve coincidir com o elemento <name> na declaração <function> no TLD. O elemento <function-signature> está ali para informar ao Container que método chamar quando o JSP usar o <name>.

E o único lugar onde o nome da classe aparece (além da própria declaração class) é no elemento <function-class>.

Oh, e já que estamos falando sobre isso... você percebeu que tudo na tag <function> leva a palavra <function>, EXCETO na tag <name>? Portanto, não se engane:

NÃO!!

```
<function>
    <function-name>rollIt</function-
name>
    <function-class>
        foo.DiceRoller</function-
class>
    <function-signature>
        int rollDice()
    </function-signature>
</function>
```

A tag correta para o nome da função é <name>!

Ótimo!

```
<function>
    <name>rollIt</name>
    <function-class>
        foo.DiceRoller</function-
class>
    <function-signature>
        int rollDice()
    </function-signature>

</function>
```

E alguns outros operadores EL...

Você provavelmente não fará (e *nem deveria*) cálculos e utilizar lógica na EL. Não se esqueça de que o JSP é a View e a tarefa da View é devolver a resposta, e não tomar Decisões Importantes ou efetuar Processamento Pesado. Se você precisar de funcionalidade de verdade, esta é uma tarefa para o Controlador e o Modelo. Se a funcionalidade exigida for menor, você tem as tags customizadas (incluindo as tags JSTL) e as funções EL.

Porém... para os pequenos trabalhos, podemos precisar algumas vezes de alguma aritmética ou um simples teste booliano. Portanto, olhando por este prisma, temos aqui os mais importantes operadores aritméticos, lógicos e relacionais da EL.

Aritméticos (5)

Adição: +
Subtração: -
Multiplicação: *
Divisão: / *e* **div**
Resto: % *e* **mod**

A propósito... você PODE dividir por zero na EL – o resultado é INFINITO, e não um erro.

Mas você NÃO PODE usar o operador Resto com zero – você terá uma exceção.

Lógicos (3)

AND: **&&** *e* **and**
OR: **||** *e* **or**
NOT: **!** *e* **not**

Relacionais (6)

Igual: = = *e* **eq**
Diferente: != *e* **ne**
Menor que: < *e* **lt**
Maior que: > *e* **gt**
Menor ou igual a: <= *e* **le**
Maior ou igual a: >= *e* **ge**

Veja isto!

Não use as palavras reservadas da EL como identificadores!

Você já deve ter visto 11 delas nesta página – as "palavras" alternativas de alguns dos operadores relacionais, lógicos e aritméticos. Mas existem mais algumas:

true *uma literal booleana*

false *a OUTRA literal booleana*

null *significa... nulo*

instanceof *(reservada para "o futuro")*

empty *um operador que checa se algo é nulo ou vazio (por exemplo, ${empty A}) retorna verdadeiro se A for nulo ou vazio (você verá isto funcionando mais adiante neste capítulo)*

Observe o código servlet e descubra o que vai ser exibido ao lado de cada expressão EL. Você terá que adivinhar algumas linhas, já que não vimos todas as regras possíveis. Este exercício vai te ajudar a entender como a EL se comporta. Dica: a EL é flexível e tem bom coração.

Dado o código servlet:

```
String num = "2";
request.setAttribute("num", num);
Integer i = new Integer(3);
request.setAttribute("integer", i);
java.util.ArrayList list = new java.util.ArrayList();
list.add("true");
list.add("false");
list.add("2");
list.add("10");
request.setAttribute("list", list);
```

O que será exibido em cada uma destas lacunas? *Considere que a classe do bean Dog e a função rollIt() estão disponíveis.*

```
_______________   ${num > 3}

_______________   ${integer le 12}

_______________   ${requestScope[integer] ne 4 and 6 le num || false}

_______________   ${list[0] || list["1"] and true}

_______________   ${num > integer}

_______________   ${num == integer-1}


                  <jsp:useBean class="foo.Dog" id="myDog" >
                     <jsp:setProperty name="myDog" property="name"
                     value="${list[1]}" />
                  </jsp:useBean>

_______________   ${myDog.name and true}

_______________   ${42 div 0}
```

Dado o código servlet:

```
String num = "2";
request.setAttribute("num", num);
Integer i = new Integer(3);
request.setAttribute("integer", i);
java.util.ArrayList list = new java.util.ArrayList();
list.add("true");
list.add("false");
list.add("2");
list.add("10");
request.setAttribute("list", list);
```

O atributo "num" foi encontrado e seu valor "2" virou um int.

false ${num > 3}

true ${integer le 12}

Melhor ainda! O valor de Integer foi convertido para o seu valor original e, então, comparado.

false ${requestScope[integer] ne 4 and 6 le num || false}

true ${list[0] || list["1"] and true}

false ${num > integer}

true ${num == integer-1}

Veja se você consegue descobrir a seqüência quando você não usar parênteses. É bem intuitivo (esquerda para direita), e você NÃO deverá ter problemas com seqüência no exame.

Cuidado para não usar = em vez de ==. NÃO existe = na EL.

```
<jsp:useBean class="foo.Dog" id="myDog" >
   <jsp:setProperty name="myDog" property="name"
   value="${list[1]}" />
</jsp:useBean>
```

Sim, você pode usar uma EL dentro de uma tag!

falso ${myDog.name and true}

infinito ${42 div 0}

A EL trata os valores nulos graciosamente

Uma decisão fundamental no projeto com que os desenvolvedores da EL se depararam foi tratar os valores nulos sem gerar exceções. Por que? Porque eles pensaram que "é melhor exibir uma página incompleta, do que exibir uma página de erro ao usuário".

Considere que *não* exista nenhum atributo chamado "foo", mas que EXISTA um atributo chamado "bar", e que este "bar" não possuía uma propriedade ou chave chamada "foo".

EL	O que exibe
`${foo}`	
`${foo[bar]}`	
`${bar[foo]}`	
`${foo.bar}`	
`${7 + foo}`	**7**
`${7 / foo}`	**Infinito**
`${7 - foo}`	**7**
`${7 % foo}`	**Exceção**
`${7 < foo}`	**falso**
`${7 == foo}`	**falso**
`${foo == foo}`	**verdadeiro**
`${7 != foo}`	**verdadeiro**
`${true and foo}`	**falso**
`${true or foo}`	**verdadeiro**
`${not foo}`	**verdadeiro**

Nada é exibido para estas expressões. Se você disser O valor é: ${foo}, você verá somente "O valor é".

Nas expressões aritméticas, a EL trata uma variável desconhecida como "zero".

Nas expressões lógicas, a EL trata uma variável desconhecida como "false".

A EL aceita o zero. Ela trata valores desconhecidos ou nulos de forma que a página ainda possa ser exibida, mesmo se ela não puder encontrar uma chave/propriedade/atributo cujo nome conste na expressão.

Na aritmética, a EL trata o valor nulo como "zero".

Nas expressões lógicas, a EL trata o valor nulo como "falso".

Revisão da Expression Language (EL) do JSP

- As expressões EL estão sempre entre chaves e precedidas por um símbolo cifrão ($): ${expressão}.

- A primeira variável nomeada na expressão ou é um objeto implícito, ou é um atributo em um dos quatro escopos (page, request, session ou application).

- O operador ponto permite que você acesse os valores usando uma chave Map ou um nome de propriedade bean. Por exemplo, ${foo.bar} fornece o valor de *bar*, onde *bar* é o nome da chave Map no Map *foo,* ou *bar* é propriedade do bean *foo*. O que vier à direita do operador ponto, deve seguir as regras normais de nomenclatura Java para os identificadores! (Ou seja, devem começar com uma letra, um underscore ou o símbolo cifrão, podendo incluir números depois do primeiro caractere e nada mais, etc.)

- Você NUNCA pode colocar nada à direita do ponto que não seja válido como identificador Java. Por exemplo, você não pode dizer ${foo.1}.

- O operador [] é mais poderoso que o ponto, pois permite que você acesse arrays e Lists, *e* coloque expressões incluindo variáveis conhecidas dentro dos colchetes, *além* de permitir aninhá-los em qualquer nível que você queira.

- Por exemplo, se musicList é uma ArrayList, você pode acessar o primeiro valor na lista dizendo ${musicList[0]} OU ${musicList["0"]}. A EL não liga se o índice da lista vier entre aspas.

- Se o que estiver dentro dos colchetes não vier entre aspas, o Container avalia. Se estiver entre aspas e não for um índice dentro de um array ou List, o Container irá enxergá-lo como o nome literal de uma propriedade ou chave.

- Todos os objetos implícitos da EL são mapeamentos, exceto um. Através dos objetos implícitos de mapeamento você pode obter os atributos de qualquer um dos quatro escopos, dos valores dos parâmetros da solicitação, valores do header, dos cookies e dos parâmetros init de contexto. O único objeto implícito não-mapeamento é o pageContext, que é uma referência ao... objeto PageContext.

- Não confunda os objetos implícitos de escopo da EL (os mapeamentos dos atributos) com os objetos com os quais os atributos são ligados. Ou seja, não confunda o objeto implícito ***requestScope*** com o objeto implícito ***request*** do JSP em si. A única maneira de acessar o objeto request é através do objeto implícito pageContext. (Embora parte do que você queira da solicitação já esteja disponível por intermédio de outros objetos implícitos da EL, como o *param/paramValues*, *header/headerValues* e *cookie*.)

- As funções EL permitem que você chame um método estático público em uma classe Java simples. O nome da função não precisa coincidir com o nome do método em questão! Por exemplo, ${foo.rollIt()}não significa que deve ter um método chamado rollIt() numa classe que tenha uma função.

- O nome da função (por exemplo, rollIt()) é mapeado para um método estático verdadeiro, usando um arquivo TLD (Tag Library Descriptor). Declara uma função usando o elemento <function>, inclusive o <name> da função (rollIt()), o <function-class> totalmente qualificado e o <function-signature>, que inclui o tipo do retorno, bem como o nome do método e a lista de argumentos.

- Para usar uma função no JSP, você deve declarar o namespace usando uma diretiva taglib. Inclua um atributo inicial na diretiva taglib, para informar ao Container o TLD no qual a função que você está chamando possa ser encontrado. Exemplo:

```
<%@ taglib prefix="mine"
           uri="/WEB-INF/foo.tld"%>
```

Ei galera, vocês perceberam que eles sequer mencionaram A coisa mais importante para um webdesigner?
É mesmo. Eu não ouvi NADA sobre usar layout templates. A última coisa que eu quero fazer é colocar o mesmo código da barra de navegação nos meus 235 JSPs... e se ele mudar?
Hummm... eu sempre pensei que a tal coisa importante fosse ter a certeza de não acabar virando um paginasmediocres.com.

É CLARO que vamos falar sobre os layout templates. Se existe ALGUÉM que conheça os componentes reutilizáveis, este é o programador Java.

Os pedaços reutilizáveis do template

Você tem headers em cada página do seu site. Eles são sempre os mesmos. Você tem o mesmo footer em todas as páginas também. Seria muita tolice criar as mesmas tags para os headers e footers em cada JSP da sua aplicação, não seria?

Se você está pensando como um programador Java (que você certamente é), sabe que fazer isso é como dispensar todas as funcionalidades OO. A sensação de ter todos aqueles códigos duplicados provavelmente o enlouquece. O que acontece se o designer do site fizer, digamos, uma singela *alteração* no header ou no footer?

Você terá que replicar esta mudança em todos os lugares.

Relaxe. Existe um recurso para cuidar disso no JSP chamado ***include***. Você escreve o seu JSP normalmente; porém, em vez de colocar o trecho que se repete explicitamente dentro do JSP que você está criando, você manda o Container *incluir* o outro arquivo na página existente, no lugar que você escolher. É como dizer:

```
<html><body>
<!--insira o arquivo header aqui-->
Bem-vindo ao nosso site...
Blá, blá, blá, mais código aqui...
<!--insira o arquivo footer aqui-->
</body></html>
```

Nesta sessão, nós veremos dois mecanismos de include diferentes: a *diretiva* include e a *ação-padrão* <jsp:include/>.

A diretiva include

A diretiva include diz ao Container o seguinte: *copie* tudo do arquivo *incluído* e *cole neste* arquivo, bem ***aqui***...

Este é o conteúdo HTML que queremos que apareça em cada página da nossa aplicação.

Arquivo header padrão ("Header.jsp")

```
<html><body>

<img src="images/Web-Services.jpg" > <br>
<em><strong>We know how to make SOAP suck less.</strong></em> <br>

</body></html>
```

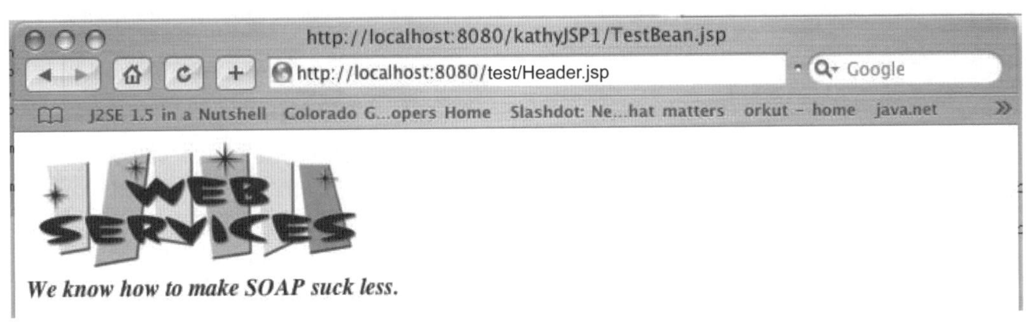

O JSP da aplicação ("Contact.jsp")

```
<html><body>

<%@ include file="Header.jsp"%>

<br>
<em>We can help.</em> <br><br>
Contact us at: ${initParam.mainEmail}
</body></html>
```

Isto diz Insira o arquivo inteiro Header.jsp neste ponto, NESTA página e continue com o restante deste JSP...

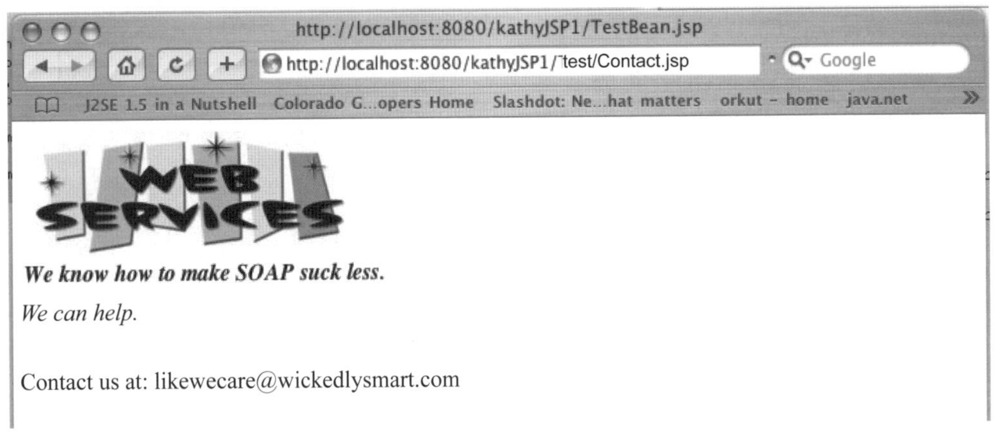

A ação-padrão <jsp:include>

A ação-padrão <jsp:include> *aparece* para fazer o mesmo que a diretiva include.

Arquivo header padrão ("Header.jsp")

É isto que queremos que apareça em CADA página.

```
<html><body>

<img src="images/Web-Services.jpg" > <br>
<em><strong>We know how to make SOAP suck less.</strong></em> <br>

</body></html>
```

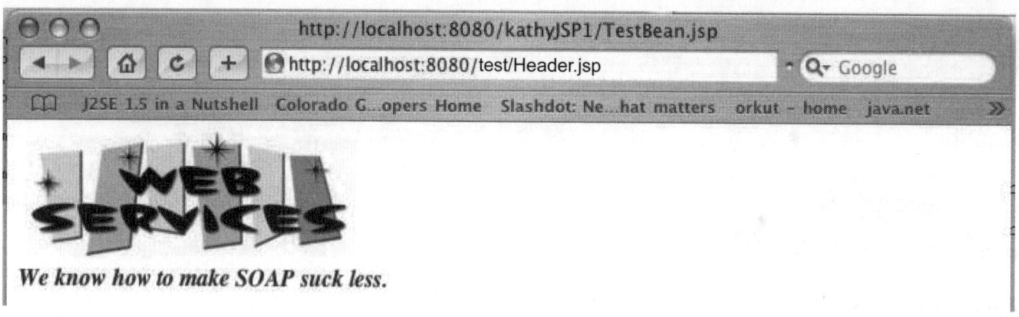

Um JSP da aplicação ("Contact.jsp")

```
<html><body>

<jsp:include page="Header.jsp" />

<br>
<em>We can help.</em> <br><br>
Contact us at: ${initParam.mainEmail}
</body></html>
```

Isto diz Insira a resposta do arquivo Header.jsp neste ponto, NESTA página e continue com o restante deste JSP...

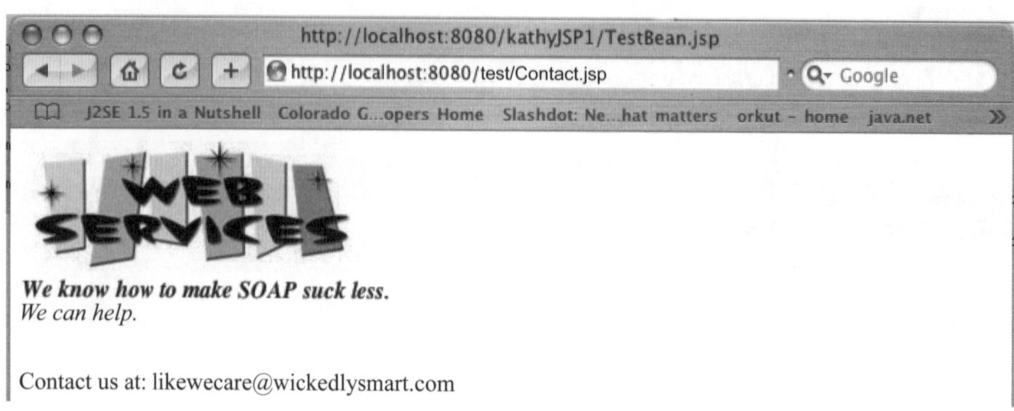

Eles NÃO são os mesmos...

A ação-padrão <jsp:include /> e a diretiva include parecem idênticas, e geralmente dão o mesmo resultado, mas dê uma olhada nos servlets gerados. Nós tiramos este código direto do método _jspService() do código servlet gerado do Tomcat...

Código servlet gerado para o arquivo header

```
out.write("\r<html>\r<body>\r<img src=\"images/Web-Services.jpg\" >
   <br>\r<em><strong>We know how to make SOAP suck less.</strong></em> <br>\r\r
   </body>\r</html>\r");
```

Simples... isto gera a saída.

Servlet gerado para o JSP usando a diretiva include

```
out.write("<html><body>\r");
```

Este trecho em negrito é EXATAMENTE igual ao gerado pela página Header.jsp.

```
out.write("\r<html>\r<body>\r<img src=\"images/Web-Services.jpg\" >
   <br>\r<em><strong>We know how to make SOAP suck less.</strong></em> <br>\r\r
   </body>\r</html>\r");

out.write("\r<br>\r\r\r<em>We can help.</em> <br><br>\r\rContact us at: ");
out.write((java.lang.String) org.apache.jasper.runtime.PageContextImpl.
           proprietaryEvaluate("${initParam.mainEmail}", java.lang.String.class,
              (PageContext)_jspx_page_context, null, false));

out.write("\r\r\r</body></html>");
```

A diretiva include retira o conteúdo do arquivo Header.jsp e o coloca na página Contact.jsp ANTES que esta faça a tradução.

Servlet gerado para o JSP usando a ação-padrão <jsp:include />

```
out.write("<html><body>\r");
```

Aqui é diferente! O arquivo original Header.jsp NÃO vai dentro do servlet gerado. Em vez disso, funciona como uma espécie de chamada de runtime...

```
org.apache.jasper.runtime.JspRuntimeLibrary.include(request, response,
                                              "Header.jsp", out, false);

out.write("\r<br>\r\r\r<em>We can help.</em> <br><br>\r\rContact us at: ");
out.write((java.lang.String) org.apache.jasper.runtime.PageContextImpl.
        proprietaryEvaluate("${initParam.mainEmail}", java.lang.String.class,
        PageContext)_jspx_page_context, null, false));

out.write("\r\r\r</body></html>");
```

A diretiva include acontece no momento da tradução

O <jsp:include> acontece no runtime

Com a ***diretiva*** include, NÃO há diferença se você abrir sua página JSP e colar o conteúdo do "Header.jsp". Em outras palavras, isto é tão difícil quanto você duplicar o código do arquivo header no seu outro JSP. Apenas o Container faz isso para você no momento da tradução, para que você não precise duplicar o código em todo lugar. Você pode escrever todo o seu código com uma diretiva include, e o Container vai se encarregar da tarefa de copiar o código header dentro de cada JSP, antes de traduzir e compilar o servlet gerado.

Mas, com o <jsp:include> a história é completamente diferente. Em vez de copiar o código-fonte do "Header.jsp", a ação-padrão include insere a *resposta* de "Header.jsp" no runtime. O mais importante para o <jsp:include> é que o Container esteja criando um RequestDispatcher do atributo da página e aplicando o método include(). O JSP despachado/incluído roda sobre os mesmos objetos request e response, dentro da mesma thread.

A diretiva include insere a FONTE do "Header.jsp" no momento da tradução.

Mas a ação-padrão <jsp:include /> insere a RESPOSTA do "Header.jsp" no runtime.

P: Então por que você não usa sempre o <jsp:include>? Desta forma, você pode garantir que terá sempre conteúdo atualizado?

R: Pense nisso. Existe um problema extra de performance a cada <jsp:include>. Por outro lado, com a diretiva, o problema só acontece uma vez – quando a página incluída é traduzida. Portanto, se você está seguro de que no ambiente de produção o seu arquivo não vai mudar, a diretiva pode ser a solução. É claro que ainda existe o problema de que a classe servlet gerada torna-se um pouco maior quando você usa a diretiva.

P: Eu tentei isso no Tomcat: criei um HTML estático e o incluí com a diretiva. Em seguida, alterei o HTML, sem redistribuir nem nada, e a saída do JSP reproduziu a alteração. Portanto, se este for o caso, quando usarei então o <jsp:include>?

R: Ahhh... você tem um Container gente boa (Tomcat 5). Sim, a maioria dos Containers atuais tem uma forma de detectar quando os arquivos incluídos sofreram alterações, e eles refazem a tradução perfeita do arquivo incluído e tudo mais. O problema é que A ESPECIFICAÇÃO NÃO GARANTE ISSO! Então, se você escrever um código que dependa disso, sua aplicação não vai, necessariamente, ser compatível com outros Containers.

A diretiva include na primeira solicitação

Com a *diretiva* include, o Container tem bastante trabalho a fazer, mas *apenas* na primeira solicitação. A partir da segunda solicitação, não existirá mais sobrecarga no runtime.

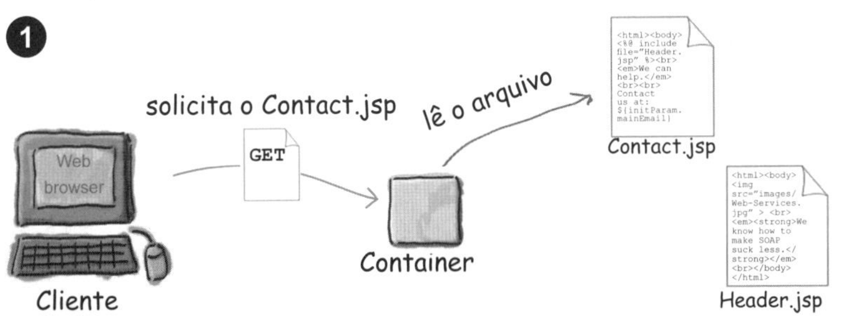

O cliente faz uma solicitação ao Contact.jsp que ainda não foi traduzido. O Container lê a página Contact.jsp para dar início ao processo de tradução.

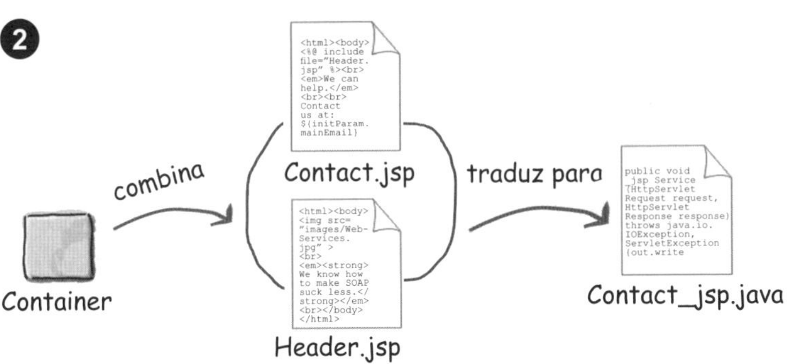

O Container vê a diretiva include, mistura o código-fonte de Header.jsp e Contact.jsp, e cria/traduz o resultado num arquivo-fonte Java para o servlet gerado.

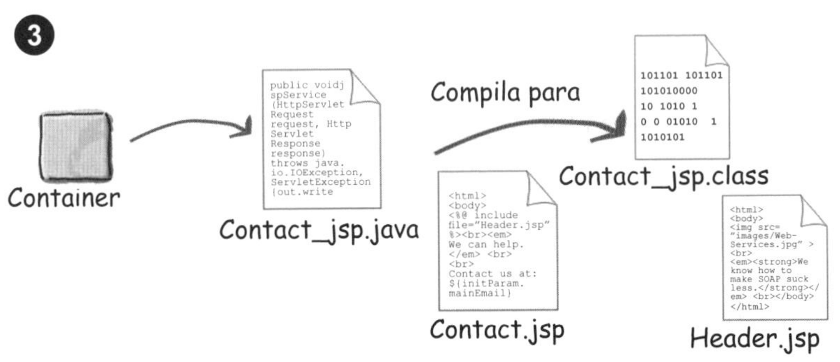

O Container compila o arquivo-fonte traduzido em uma classe servlet. Até aqui, é um servlet como outro qualquer, e o passo anterior não ocorrerá novamente, a menos que o Contact.jsp seja alterado (ou caso seu Container seja inteligente o suficiente para detectar que o *Header*.jsp incluído sofreu alteração).

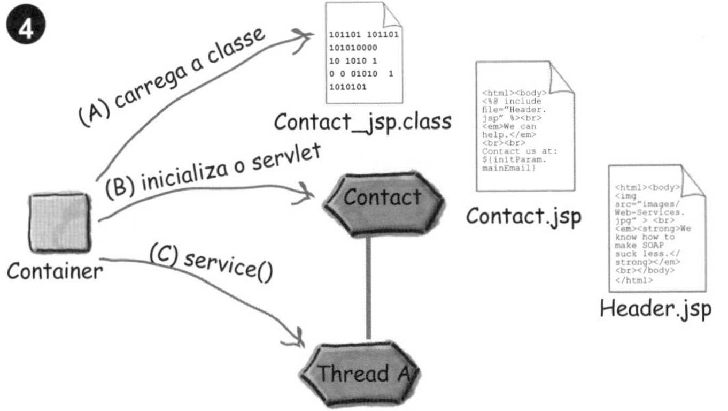

Para concluir a solicitação, o Container carrega a classe recém-compilada, inicializa o servlet (instancia o servlet e chama init() no novo objeto), aloca uma thread para a solicitação e chama o método _jspService(). A partir da segunda solicitação, o Container só realizará o passo (C): alocar uma thread e chamar o método _jspService().

A ação-padrão <jsp:include> na primeira solicitação

1

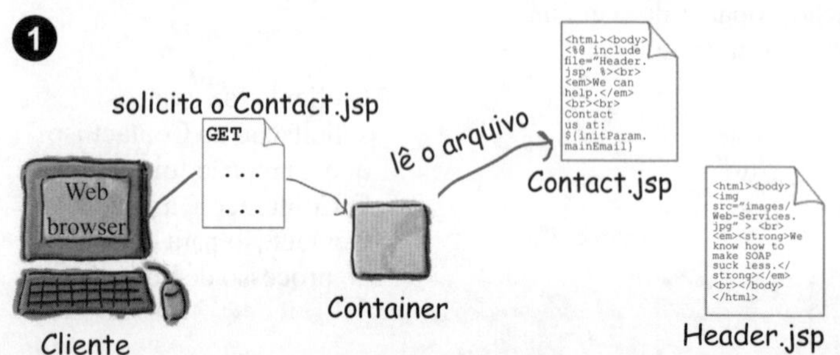

O cliente faz uma solicitação ao Contact.jsp que ainda não foi traduzido. O Container lê a página Contact.jsp para dar início ao processo de tradução.

2

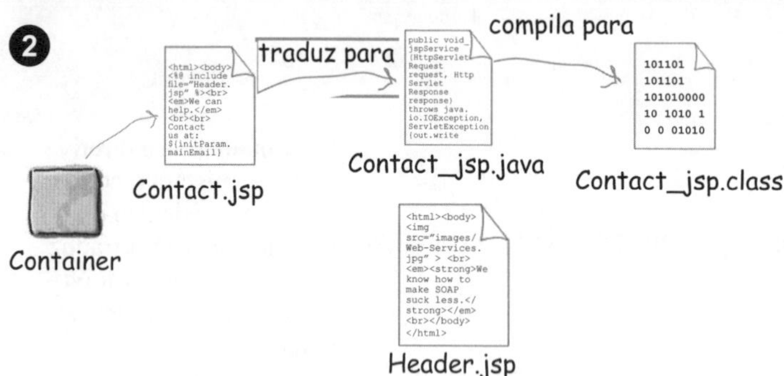

O Container vê a ação-padrão include e utiliza-a para inserir uma chamada a um método no código do servlet gerado que, no runtime, combinará dinamicamente a resposta vindo do Header.jsp, com a resposta vinda do Contact.jsp. O Container gera servlets para ambos os JSPs. (Isto não é determinado pela especificação, portanto, estamos apenas mostrando um exemplo de como isso *funcionaria*.)

3

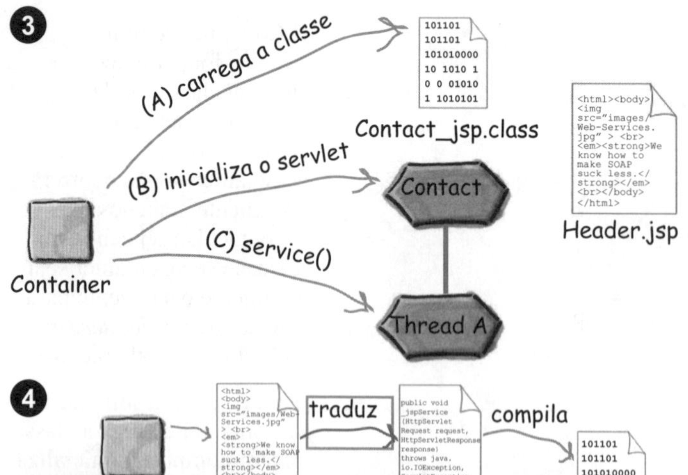

O Container compila o arquivo-fonte traduzido em uma classe servlet. Até aqui, um servlet como outro qualquer. O arquivo de classe do servlet gerado é carregado na JVM do Container e é inicializado. Em seguida, o Container aloca uma thread para a solicitação e chama o método _jspService() do JSP.

4

traduz
compila
Header.jsp
Contact_jsp.java
Contact_jsp.class
Contact
Thread A
RequestDispatcher
Header

O servlet Contact atinge o método que faz o include dinâmico e algo acontece (dependendo do fabricante)! Tudo com que devemos nos preocupar é se a resposta gerada pelo servlet Header esteja combinada com a resposta do servlet Contact (no local apropriado). (NÃO MOSTRADO: em algum momento, o Header.jsp é traduzido e compilado, e a classe do servlet gerado é carregada e inicializada.)

Os nomes dos atributos para a diretiva include e <jsp:include/> são diferentes

Guarde isto! Observe os atributos para os dois mecanismos de include... o que está diferente?

```
<%@ include file="Header.jsp"%>

<jsp:include page="Header.jsp" />
```

Sim! O atributo da diretiva é file, mas o atributo da ação-padrão é page! Para ajudá-lo a memorizar, a diretiva include <%@ include file="foo.jsp"%> é usada apenas no momento da tradução (assim como todas as diretivas). E no momento da tradução, o Container só se preocupa com files – .jsp para .java, e .java para .class.
Porém, a ação-padrão <jsp:include page="foo.jsp">, bem como todas as ações-padrão, roda no momento da solicitação, quando o Container está preocupado com as pages que serão executadas.

A diretiva include é sensível à localização!

E esta é a ÚNICA diretiva para a qual a posição no JSP realmente faz diferença. A diretiva page, por exemplo, pode ser colocada em qualquer lugar na página, embora, por convenção, a maioria das pessoas coloque as diretivas page no topo.

Mas a diretiva include informa ao Container exatamente ONDE inserir a fonte do arquivo incluído! Por exemplo, se você estiver incluindo um cabeçalho e um rodapé, o código parecer-se-á com o seguinte:

```
<html><body>
<%@ include file="Header.html"%> <br>
<em>We can help.</em> <br><br>
Contact us at: ${initParam.mainEmail} <br>
<%@ include file="Footer.html"%>
</body></html>
```

Isto tem que vir no rodapé do seu JSP (antes das tags de fechamento), se for aí que você queira que o conteúdo de Footer.html apareça. Lembre-se, tudo do JSP, mais os dois arquivos incluídos, são combinados em uma grande página e A POSIÇÃO FAZ DIFERENÇA! Naturalmente, a <jsp:include> TAMBÉM é sensível à posição, embora isto seja mais óbvio do que a diretiva da página.

P: O JSP que foi incluído pode possuir seu próprio conteúdo dinâmico? Em seus exemplos, o Header.*jsp* poderia ter sido também uma página estática Header.*html*?

R: Sendo um JSP, sim, ele pode ser dinâmico (mas você está certo, no nosso exemplo poderíamos ter colocado o header em uma página estática HTML e teria funcionado exatamente da mesma forma). Mas existem algumas pequenas limitações: uma página incluída NÃO PODE alterar o código do status da resposta, nem criar headers (o que significa dizer que ele não pode, digamos, chamar o addCookies()). Você não receberá um erro se o JSP incluído tentar fazer algo que ele não possa. Você simplesmente não terá aquilo que solicitou.

P: Mas, se o que foi incluído for dinâmico, e se você estiver usando a diretiva include estática, isto significa que a parte dinâmica será calculada uma única vez?

R: Vamos imaginar que você inclua um JSP que possua uma expressão, que chama a função *rollIt*, que gera um número aleatório. Lembre-se, com a diretiva include, essa expressão EL é simplesmente copiada para dentro do JSP incluído. Assim, cada vez que aquela página for acessada, a expressão EL roda e um novo número aleatório é gerado. Pense assim: ***com a diretiva include, a fonte da parte incluída torna-se PARTE da página com a diretiva include.***

OLÁ! Você OLHOU direitinho o código do servlet gerado para a diretiva include? Nós temos HTML aninhado e tags BODY! Isso está errado e é feio.

Hum. Ela tem razão...

Pense no que fizemos. Construímos uma página para o header, "Header. jsp". Era um belo JSP sozinho, completo, com seus HTML de abertura e fechamento e suas tags BODY. Em seguida, criamos o "Contact.jsp", o qual tinha, também, lindas tags para abertura e fechamento. Bem, nós havíamos dito que *tudo* que existe no arquivo incluído é copiado (praticamente) para dentro da página com o include? ***Isso significa tudo.***

O código abaixo, do servlet gerado, NÃO funciona em todos os browsers. Funcionou no nosso porque demos sorte.

```
out.write("<html><body>\r");

out.write("\r<html>\r<body>\r
          <img src=\"images/Web-Services.jpg\" >
          <br>r<em><strong>We know how to make SOAP suck less.
          </strong></em> <br>\r\r
Opa!! --> </body>\r</html>\r");

out.write("\r<br>\r\r\r<em>We can help.</em>
          <br><br>\r\rContact us at: ");
out.write((java.lang.String) org.apache.jasper.runtime.
          PageContextImpl.proprietaryEvaluate("${initParam.
          mainEmail}", java.lang.String.class,
          PageContext)_jspx_page_context, null, false));

out.write("\r\r\r</body></html>");
```

NÃO coloque HTML de abertura e fechamento e tags BODY dentro dos seus trechos reutilizáveis! Crie e escreva seus templates para blocos de layout (como headers, barras de navegação, etc.), considerando que eles serão incluídos em alguma OUTRA página.

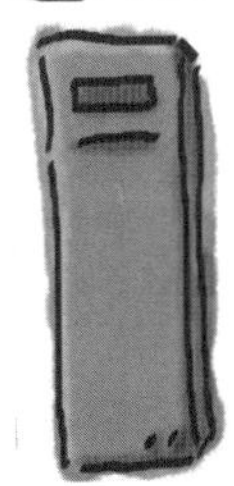

A maneira como DEVERÍAMOS ter feito isso

Aqui nós removemos as tags de abertura e fechamento dos arquivos incluídos. Isto *significa* que os arquivos incluídos não poderão mais gerar páginas HTML sozinhos. Agora, eles *dependem* de serem incluídos em alguma parte mais importante. Algo com as tags <html><body> e </body></html>. Mas esse é o problema, você está criando estes pedaços reutilizáveis para que você possa definir layouts a partir de pedaços menores, sem precisar duplicar o código na mão. Estes blocos reutilizáveis não devem *viver* sozinhos.

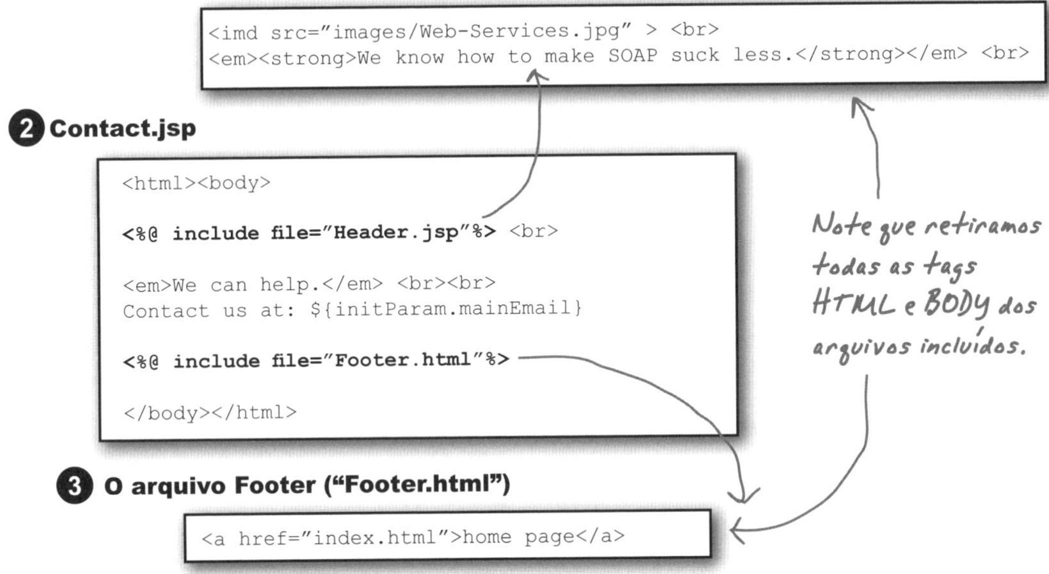

1 O arquivo Header ("Header.jspf")

```
<imd src="images/Web-Services.jpg" > <br>
<em><strong>We know how to make SOAP suck less.</strong></em> <br>
```

2 Contact.jsp

```
<html><body>

<%@ include file="Header.jsp"%> <br>

<em>We can help.</em> <br><br>
Contact us at: ${initParam.mainEmail}

<%@ include file="Footer.html"%>

</body></html>
```

3 O arquivo Footer ("Footer.html")

```
<a href="index.html">home page</a>
```


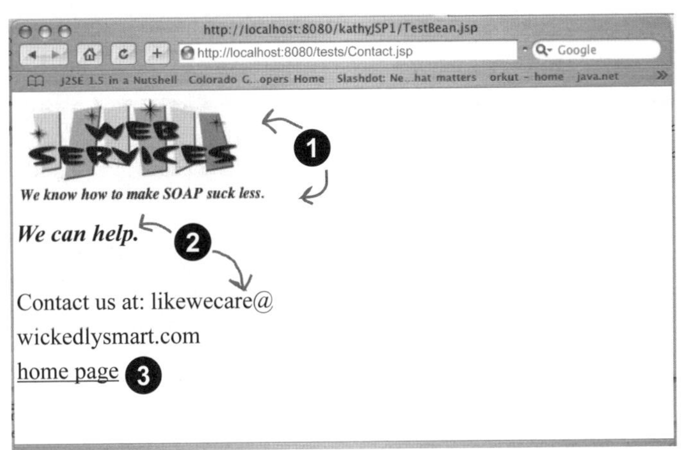

Nota: este recurso de remover tags se aplica a AMBOS os mecanismos de include: <jsp:include> e diretiva include.

Customizando o conteúdo incluído com <jsp:param>

Tudo bem, você tem um header que deve aparecer sempre igual em cada página. Mas e se você quiser customizar parte do header? E se você quiser, por exemplo, uma legenda sensível ao contexto que seja parte do header, mas que seja alterada de acordo com a página?

Você tem algumas opções.

A maneira pouco inteligente: coloque a informação da legenda na pagina principal. Ou seja, a primeira coisa na página depois do include para o header.

A maneira inteligente: passe a informação da legenda como um novo parâmetro de solicitação para a página incluída!

Porque assim é legal: se a informação da legenda deve fazer parte do header, mas é um trecho que muda, você ainda deseja que a parte header do template decida como aquela legenda deva aparecer na página resultante. Em outras palavras, deixe que a pessoa que criou o header decida como a legenda deverá ser exibida!

O JSP que faz o include

```
<html><body>

<jsp:include page="Header.jsp" >
   <jsp:param name="subTitle" value="We take the sting out of SOAP." />
</jsp:include>


<br>
<em>Web Services Support Group.</em> <br><br>
Contact us at: ${initParam.mainEmail}
</body></html>
```

Observe... sem barra de fechamento!

O <jsp:include> pode ter um BODY, para que você adicione (ou substitua) parâmetros de solicitação que o objeto incluído possa usar.

O header incluído que USA o novo param ("Header.jsp")

```
<img src="images/Web-Services.jpg" > <br>
<em><strong>${param.subTitle}</strong></em> <br>
```

Para o arquivo incluído, o parâmetro configurado com <jsp:param> é como QUALQUER outro parâmetro da solicitação. Aqui, estamos usando a EL para obtê-lo.

Nota: o conceito de params não faz sentido com a diretiva include (que não é dinâmica); portanto, ele se aplica APENAS à ação-padrão <jsp:include>.

Isto me fez pensar... se eu posso incluir um JSP no outro, o que aconteceria se eu quisesse enviar de um JSP para outro? Se o cliente acessar minha página sem se logar, eu quero enviar a ele uma página diferente...

A ação-padrão <jsp:forward>

Você PODE encaminhar de um JSP para outro. Ou de um JSP para um servlet. Ou de um JSP para qualquer outro recurso na sua aplicação.

É claro que nem sempre você *desejará* fazer isso em produção, pois se você estiver usando o MVC, a View vai ser a View! E a View não controla a lógica. Ou seja, não deveria ser tarefa da View descobrir se o visitante está logado ou não. Outro indivíduo (o Controlador) deveria ter tomado essa decisão antes de fazer o forward para a View.

Porém, vamos ignorar por enquanto todo esse coerente julgamento do MVC, e ver como *poderíamos* ter feito isso se *tivéssemos* que enviar *de uma* página JSP para outro elemento.

Por que se preocupar se você jamais fará isso? Bem, você *pode* se deparar algum dia com um problema para o qual o <jsp:forward> *possa ser* uma boa solução. Além disso, como em muita coisa aqui no livro (e na prova), o uso do <jsp:forward> ***está aí***. Escondido em zilhões de JSPs que você possa estar mantendo um dia (ou, de preferência, *recriando*).

Um encaminhamento condicional...

Imagine que você é um JSP sendo chamado para uma solicitação que inclui o parâmetro *userName*. Já que você está esperando por aquele parâmetro, você quer checar primeiro se este parâmetro não é nulo. Se não for, sem problemas, conclua a solicitação. Mas se o parâmetro *userName* for nulo, você quer parar por aqui e entregar toda a solicitação a *outro* indivíduo – como um outro JSP que solicitará o *userName*. Por enquanto, sabemos que isso é possível com scripting:

JSP com um encaminhamento condicional (Hello.jsp)

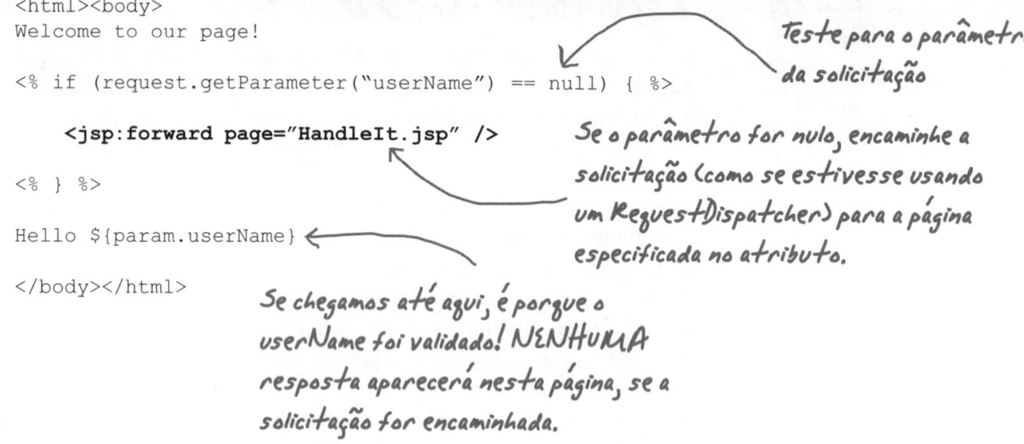
<html><body>
Welcome to our page!
<% if (request.getParameter("userName") == null) { %>
<jsp:forward page="HandleIt.jsp" />
<% } %>
Hello ${param.userName}
</body></html>
Teste para o parâmetro da solicitação
Se o parâmetro for nulo, encaminhe a solicitação (como se estivesse usando um RequestDispatcher) para a página especificada no atributo.
Se chegamos até aqui, é porque o userName foi validado! NENHUMA resposta aparecerá nesta página, se a solicitação for encaminhada.

JSP para o qual a solicitação é encaminhada (HandleIt.jsp)

```
<html><body>
We're sorry... you need to log in again.

<form action="Hello.jsp" method="get">
Name: <input name="userName" type="text">
<input name="Submit" type="submit">
</form>

</body></html>
```

Isto nada mais é do que uma página simples que recebe o input do usuário com o parâmetro da solicitação e, em seguida, solicita o JSP que acabamos de ver... Hello.jsp.

Como funciona...

Na *primeira* vez que você solicita o Hello.jsp, o JSP faz o teste condicional, descobre que não há valor para userName e encaminha para o HandleIt.jsp. Considerando que o usuário tenha digitado um nome no campo name, a *segunda* solicitação não fará o encaminhamento, já que o parâmetro userName possui um valor não-nulo.

Primeira solicitação para o Hello.jsp

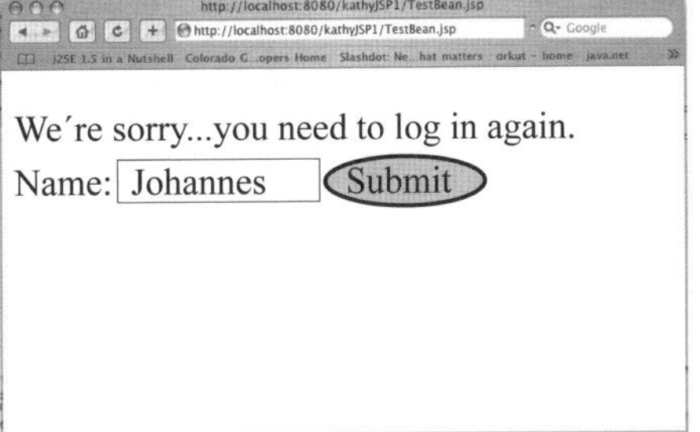
We're sorry...you need to log in again.
Name: Johannes
Submit

Espera um pouco... o que aconteceu com a frase "Welcome to our page!"? Ela estava no Hello.jsp antes de ocorrer o encaminhamento... então, por que ela não aparece na primeira solicitação?

Segunda solicitação para o Hello.jsp

Welcome to our page!
Hello Johannes

Como pode a frase "Welcome to our page!" não ter aparecido na primeira vez?

Com o <jsp:forward>, o buffer é limpo ANTES do encaminhamento

Quando ocorre um encaminhamento, o recurso para o qual a solicitação foi encaminhada inicia com o buffer limpo para respostas! Logo, aquilo que foi escrito na resposta antes do encaminhamento é descartado.

Não existem
Perguntas Idiotas

NADA do que voce escrever antes do encaminhamento aparecerá, se ele for realizado.

P: **Isto faz sentido se a página estiver bufferizada... pois o que você escrever será enviado ao buffer, e o Container apenas irá limpá-lo. Mas, e se você mandar a resposta ANTES de fazer o encaminhamento? Por exemplo, o que acontece se você escrever algo e, em seguida, chamar o flush() no objeto out?**

R: Tudo bem, sabemos que você está perguntando isso por simples curiosidade, já que isto seria um extremo absurdo e completamente sem sentido. Mas você sabe disso.

Mas você *também* sabe que coisas extravagantes podem cair na prova, já que aquele seu colega de trabalho preguiçoso pode incluir uma maluquice dessas no seu código.

Porém, você já deve saber a resposta. Se você escreve algo como:

```
<html><body>
Welcome to our page!
<% out.flush(); %>
<% if (request.getParameter("userName")
== null) { %>
    <jsp:forward page="HandleIt.jsp" />
<% } %>
Hello ${param.userName}
</body></html>
```

O Container envia, com obediência, a frase "Welcome to our page!" como resposta e só *então* vê o que foi encaminhado. Xi! ***Já era.*** E um IllegalStateException ocorre.

Contudo, ninguém vê a exceção! O cliente vê simplesmente "Welcome to our page!"... e *nada mais*. O forward envia uma exceção, mas já é tarde para o Container reter a resposta, e o cliente vê que recebeu o flush e pronto. O forward e o resto da página atual não acontecem. Fim de papo para aquela página. Por isso, ***nunca faça um flush-e-forward!***

Eu não entendo porque acabamos chegando num scriptlet. DISSERAM a mim que não haveria scripting neste capítulo. Se ao menos existisse uma forma de fazermos um teste condicional sem ter que recorrer a scripting...

Ela não conhece as tags JSTL

Quando você precisar de mais funcionalidade, algo além do que você conseguiria com as ações-padrão e a EL, você não tem que recorrer a scripting. No próximo capítulo, você aprenderá a usar a JSP Standard Tag Library 1.1 (JSTL 1.1), para fazer tudo o que você pode precisar, usando uma combinação de tags e EL. Aqui, daremos uma rápida olhada em como faríamos nosso encaminhamento condicional *sem scripting*.

```
<%@ taglib prefix="c" uri="http://java.sun.com/jsp/jstl/core" %>
<html><body>
Welcome to our page!

<c:if test="${empty param.userName}" >
  <jsp:forward page="HandleIt.jsp" />
</c:if>

Hello ${param.userName}
</body></html>
```

Declara uma diretiva taglib que dá nome à biblioteca onde as tags se encontram.

Isto substitui o teste if do scriptlet.

A propósito... você provavelmente não será capaz de fazer isto funcionar, até porque você não possui JSTL na sua aplicação. Faremos isso no próximo capítulo.

Revisão - ações-padrão relacionadas ao bean

- A ação-padrão <jsp:useBean> define uma variável que possui uma referência ou para um atributo bean *existente*, ou, caso o bean ainda não exista, um *novo* bean.

- O <jsp:useBean> TEM QUE ter um atributo "id", que declara o nome da variável que será usada neste JSP para se referir ao bean.

- Se você não incluir um atributo "scope" com a <jsp:useBean>, o escopo será *page* por padrão.

- O atributo "class" é opcional e declara o tipo da classe que será usada, caso um novo bean seja criado. O tipo tem que ser público, não-abstrato e possuir um construtor-padrão público.

- Se você colocar um atributo "type" em <jsp:useBean>, ele tem que ser um type para o qual o bean aceite a conversão.

- Se você tiver um atributo "type" e NÃO tiver um atributo "class", o bean já deverá existir, já que você não especificou o tipo da classe que deveria ser instancia para o novo bean.

- A tag <jsp:useBean> pode ter um corpo, e tudo que existir no corpo rodará APENAS se um novo bean for criado como resultado de <jsp:useBean> (o que significa que nenhum bean com aquele "id" foi encontrado no escopo ou padrão especificado).

- A principal tarefa do <jsp:useBean> é configurar as propriedades do novo bean, usando <jsp:setProperty>.

- O <jsp:setProperty> deve ter um atributo "name" (que deve coincidir com o "id" do <jsp:useBean>) e um atributo "property". O atributo "property" deve ser o nome real da propriedade ou o asterisco (*).

- Se você não incluir um atributo "value", o Container só configurará o valor da propriedade se existir um parâmetro de solicitação com um nome que coincida com o nome da propriedade. Se você usar o asterisco (*) no atributo "property", o Container irá atribuir o valor de todas as propriedades que possuírem um parâmetro de solicitação com este nome (outras propriedades não serão afetadas).

- Se o nome do parâmetro da solicitação for diferente do nome da propriedade, e você quiser configurar o valor da propriedade igual ao valor do parâmetro da solicitação, você pode usar o atributo "param" na tag <jsp:setProperty>.

- Se você especificar um atributo "type" em <jsp:useBean>, você poderá especificar propriedades em <jsp:setProperty> SOMENTE nas propriedades do "type", mas NÃO naquelas que só aparecem no tipo verdadeiro da "class". (Ou seja, as regras de polimorfismo e Java se aplicam.)

- Os valores das propriedades podem ser Strings ou primitivas, e a ação-padrão <jsp:setProperty> fará as conversões automaticamente.

Revisão - o include

- Você pode criar uma página com componentes reutilizáveis, usando um dos dois mecanismos de include: a *diretiva* include ou a *ação-padrão* <jsp:include>.

- A *diretiva* include faz a inclusão no momento da tradução, apenas uma vez. Portanto, a *diretiva* include é considerada o mecanismo apropriado para inclusão de conteúdo que possivelmente não mudará após a distribuição.

- O que a *diretiva* include faz é copiar tudo de dentro do arquivo incluído e colar na página que contém o include. O Container mescla o conteúdo dos arquivos incluídos e compila apenas um para o servlet gerado. No momento do runtime, a página com o include roda exatamente como se você tivesse digitado todo o conteúdo da origem em um único arquivo.

- A *ação-padrão* <jsp:include> inclui a resposta da página incluída na página original, no momento do runtime. Por isso, a *ação-padrão* include, ao contrário da *diretiva*, é considerada adequada para a inclusão de conteúdo que possa ser alterado após a distribuição.

- Ambos os mecanismos podem incluir elementos dinâmicos (código JSP com expressões EL, por exemplo), assim como páginas HTML estáticas.

- A *diretiva* include é a única diretiva sensível à posição. O conteúdo incluído é inserido na página no local exato da diretiva.

- Os atributos para a *diretiva* include e a *ação-padrão* include recebem nomes distintos: a *diretiva* usa "file" como atributo, e a *ação-padrão* usa "page".

- Em seus componentes reutilizáveis, certifique-se de remover as tags de abertura e fechamento. Senão, o resultado terá tags de abertura e fechamento aninhadas, as quais nem todos os browsers podem tratar. Crie e construa seus blocos reutilizáveis, ciente de que eles serão incluídos/inseridos em algum lugar.

- Você pode personalizar um arquivo incluído configurando (ou substituindo) um parâmetro de uma solicitação, usando a ação-padrão <jsp:param> dentro do corpo da <jsp:include>.

- Nós não mostramos isso neste capítulo, mas a tag <jsp:param> também pode ser usada dentro da tag <jsp:forward>.

- Os ÚNICOS lugares onde faz sentido incluirmos uma <jsp:param> são, ou dentro da <jsp:include>, ou dentro da <jsp:forward>.

- Se o nome do param usado em <jsp:param> já tiver um valor como parâmetro de solicitação, o novo valor irá sobrescrever o anterior. Ou então, um outro parâmetro de solicitação será adicionado à solicitação.

- O recurso incluído tem algumas limitações: ele não pode alterar o código de status da resposta e nem configurar headers.

- A ação-padrão <jsp:forward> encaminha a solicitação (como se fosse um RequestDispatcher) para um outro recurso na mesma aplicação web.

- Quando acontece um encaminhamento, o buffer da resposta é limpo antes! O recurso para o qual a solicitação foi encaminhada inicia com uma saída limpa. Portanto, tudo o que foi escrito na resposta *antes* do encaminhamento será descartado.

- Se você processar a resposta *antes* do encaminhamento (chamando out.flush(), por exemplo), o cliente receberá aquilo que foi alvo do flush, mas é assim mesmo. O encaminhamento não acontecerá e o restante da página não será processado.

SEJA o Container Respostas

Nota: aqui temos um type, mas nenhum class, e isto NÃO especifica um escopo. O que significa que ele usa page.

Observe esta ação-padrão:

```
<jsp:useBean id="person" type="foo.Employee" scope="request" >
    <jsp:setProperty name="person" property="name" value="Fred" />
</jsp:useBean >
Name is: <jsp:getProperty name="person"  property="name" />
```

O CORPO nunca rodará! Não adianta colocar um corpo dentro de uma tag <jsp:useBean>, se você tiver um type e nenhum class! Lembre-se, o corpo da tag roda APENAS se for criado um novo bean, o que pode não ocorrer quando apenas um type (sem class) for declarado na tag.

Se chegarmos até aqui, iremos exibir Evan.

O que acontece se o código do servlet se parecer com:

```
foo.Person p = new foo.Employee();
p.setName("Evan");
request.setAttribute("person", p);
```

FALHA no momento da solicitação! O atributo person é armazenado no escopo da solicitação, e a tag <jsp:useBean> não funcionará, já que ela só especifica um tipo. O Container SABE que se você possuir apenas um tipo especificado, DEVE existir um atributo de bean com aquele nome e escopo.

O que acontece se o código do servlet se parecer com:

```
foo.Person p = new foo.Person();
p.setName("Evan");
request.setAttribute("person", p);
```

Na verdade, este servlet dá erro na compilação. Nós trapaceamos um pouco, pois esta questão está mais para Seja o COMPILADOR, em vez de Seja o Container. Agora, foo.Person é abstrata e por isso não podemos instanciá-la.

classe abstrata

Person
String getName() void setName(String)

Employee
int getEmpID() void setEmpID(int)

Ambas as classes estão no pacote "foo".

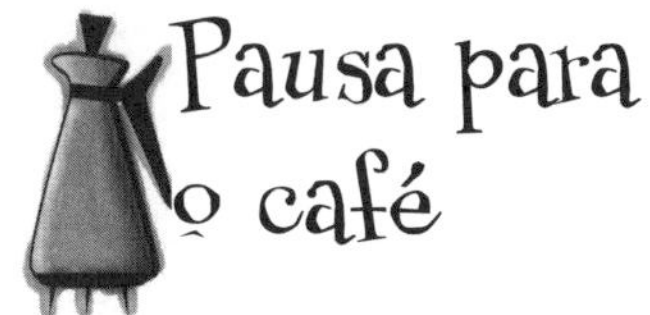

Teste Preparatório – Capítulo 8

---

1 Dado um formulário HTML que usa checkboxes para permitir que o usuário selecione diferentes valores para um parâmetro chamado **hobbies**.

Quais expressões EL calculam o primeiro valor do parâmetro **hobbies**? (Escolha todas as que se aplicam.)

- ☐ A. **`${param.hobbies}`**
- ☐ B. **`${paramValue.hobbies}`**
- ☐ C. **`${paramValues.hobbies[0]}`**
- ☐ D. **`${paramValues.hobbies[1]}`**
- ☐ E. **`${paramValues[hobbies][0]}`**
- ☐ F. **`${paramValues[hobbies][1]}`**

---

2 Considerando uma aplicação que guarde o endereço de correio eletrônico do webmaster no parâmetro de inicialização do contexto do servlet chamado **master-email**.

Quais ativam tal valor? (Escolha todas as que se aplicam.)

☐ A.
```
<a href='mailto:${initParam.master-email}'>
      email me</a>
```

☐ B.
```
<a href='mailto:${contextParam.master-email}'>
      email me</a>
```

☐ C.
```
<a href='mailto:${initParam['master-email']}'>
      email me</a>
```

☐ D.
```
<a href='mailto:${contextParam['master-email']}'>
      email me</a>
```

3 Dada a seguinte classe Java:

```
package com.mycompany;
public class MyFunctions {
  public static String hello(String name) {
    return "Hello "+name;
  }
}
```

Esta classe representa o handler para uma função que é parte de uma tag library.

```
<%@ taglib uri="http://mycompany.com.tags" prefix="comp" %>
```

Qual Tag Library Descriptor define esta função customizada para que ela possa ser usada em uma expressão EL?

❑ A.
```
<taglib>
   ...
   <tag>
      <name>Hello</name>
      <tag-class>com.mycompany.MyFunctions</tag-class>
      <body-content>JSP</body-content>
   </tag>
</taglib>
```

❑ B.
```
<taglib>
   ...
   <function>
      <name>Hello</name>
      <function-class>com.mycompany.MyFunctions</function-class>
      <function-signature>java.lang.String hello(java.lang.String)
         </function-signature>
   </function>
</taglib>
```

❑ C.
```
<web-app>
   ...
   <servlet>
      <servlet-name>hello</servlet-name>
      <servlet-class>com.mycompany.MyFunctions</servlet-class>
   </servlet>
</web-app>
```

❑ D.
```
<taglib>
   ...
   <function>
      <name>Hello</name>
      <function-class>com.mycompany.MyFunctions</function-class>
      <function-signature>hello(java.lang.String)</function-signature>
   </function>
</taglib>
```

4 Dado:

```
package com.example;
public class TheBean {
  private int value;
  public TheBean() { value = 42; }
  public int getValue() { return value; }
  public void setValue(int v) { value = v; }
}
```

Considere que nenhuma instância do **TheBean** tenha sido criada ainda. Quais as declarações da ação-padrão JSP que criam uma nova instância deste bean e a armazena no escopo da solicitação? (Escolha todas as que se aplicam.)

- ☐ A. <jsp:useBean name="myBean" type="com.example.TheBean" />
- ☐ B. <jsp:makeBean name="myBean" type="com.example.TheBean" />
- ☐ C. <jsp:useBean id="myBean" class="com.example.TheBean" scope="request" />
- ☐ D. <jsp:makeBean id="myBean" class="com.example.TheBean" scope="request" />

5 Considere uma arquitetura Modelo 1 na qual uma página JSP trata todas as funções do controlador, e que o controlador JSP precisa despachar a solicitação para uma outra página JSP.

Qual código da ação-padrão realizaria esta tarefa?

- ☐ A. <jsp:forward page="view.jsp" />
- ☐ B. <jsp:forward file="view.jsp" />
- ☐ C. <jsp:dispatch page="view.jsp" />
- ☐ D. <jsp:dispatch file="view.jsp" />

6 Dado:

```
11. <% java.util.List list = new java.util.ArrayList();
12.     list.add("a");
13.     list.add("2");
14.     list.add("c");
15.     request.setAttribute("list", list);
16.     request.setAttribute("listIdx", "1");
17. %>
18. <%– insira o código aqui –%>
```

Quais das opções, que se inseridas na linha 18, são válidas e calculam o valor de **"c"**? (Escolha todas as que se aplicam.)

- ☐ A. `${list.2}`
- ☐ B. `${list[2]}`
- ☐ C. `${list.listIdx+1}`
- ☐ D. `${list[listIdx+1]}`
- ☐ E. `${list['listIdx' + 1]}`
- ☐ F. `${list[list['listIdx']]}`

7 Quais declarações sobre os operadores EL "`.`" (ponto) e "`[ ]`" são verdadeiras? (Escolha todas as que se aplicam.)

- ☐ A. `${foo.bar}` equivale a `${foo[bar]}`
- ☐ B. `${foo.bar}` equivale a `${foo["bar"]}`
- ☐ C. `${foo["5"]}` é uma sintaxe válida se `foo` for um `Map`
- ☐ D. `${header.User-Agent}` equivale a `${header[User-Agent]}`
- ☐ E. `${header.User-Agent}` equivale a `${header["User-Agent"]}`
- ☐ F. `${foo[5]}` é uma sintaxe válida se `foo` for uma `List` ou um `array`

8 Considere uma página JSP com a seguinte linha:

```
${101 % 10}
```

O que será exibido?

☐ A. `1`

☐ B. `10`

☐ C. `1001`

☐ D. `101 % 10`

☐ E. `{101 % 10}`

---

9 Seja:

```
${param.firstname}
${param.middlename}
${param.lastname}
${paramValues.lastname[0]}
```

Qual será a saída resultante desta porção de página JSP ao passarmos a query string `?firstname=John&lastname=Doe`?

☐ A. `John Doe`

☐ B. `John Doe Doe`

☐ C. `John null Doe`

☐ D. `John null Doe Doe`

☐ E. Ocorrerá uma null point exception.

---

10 Quais opções representam o uso correto de variáveis EL implícitas? (Escolha todas as que se aplicam.)

☐ A. `${cookies.foo}`

☐ B. `${initParam.foo}`

☐ C. `${pageContext.foo}`

☐ D. `${requestScope.foo}`

☐ E. `${header["User-Agent"]}`

☐ F. `${requestDispatcher.foo}`

☐ G. `${pageContext.request.requestURI}`

11 O que é verdade sobre a ação-padrão `<jsp:useBean>`? (Escolha todas as que se aplicam.)

- ❑ A. O atributo `id` é opcional.
- ❑ B. O atributo `scope` é requerido.
- ❑ C. O atributo `scope` é opcional e é padrão em `request`.
- ❑ D. Tanto o atributo `class`, quanto o `type` podem ser especificados, mas pelo menos um é requerido.
- ❑ E. É correto incluir os atributos `class` e `type`, mesmo que seus valores NÃO sejam iguais.

---

12 Como você incluiria um conteúdo dinâmico em **JSP**, similar ao server-side include (SSI)? (Escolha todas as que se aplicam.)

- ❑ A. `<%@ include file="/segments/footer.jspf" %>`
- ❑ B. `<jsp:forward page="/segments/footer.jspf" />`
- ❑ C. `<jsp:include page="/segments/footer.jspf" />`
- ❑ D.

```
RequestDispatcher dispatcher
    = request.getRequestDispatcher("/segments/footer.jspf");
dispatcher.include(request,response);
```

---

13 Considerando uma página HTML com rich text e layout gráfico, qual ação-padrão JSP pode ser usada para importar uma figura para dentro da página JSP?

- ❑ A. `<jsp:image page="logo.png" />`
- ❑ B. `<jsp:image file="logo.png" />`
- ❑ C. `<jsp:include page="logo.png" />`
- ❑ D. `<jsp:include file="logo.png" />`
- ❑ E. Isto NÃO é possível usando-se uma ação-padrão JSP.

14 Considere:

```
package com.example;
public class MyFunctions {
  public static String repeat(int x, String str) {
    // corpo do método
  }
}
```

e dado o JSP:

```
1. <%@ taglib uri="/WEB-INF/myfuncts" prefix="my" %>
2. <%-- insira o código aqui --%>
```

Qual é a função de chamada EL correta, se inserida na linha 2 do JSP?

- ☐ A. `${repeat(2, “420”)}`
- ☐ B. `${repeat(“2”, “420”)}`
- ☐ C. `${my:repeat(2, “420”)}`
- ☐ D. `${my:repeat(“2”, “420”)}`
- ☐ E. Uma chamada válida NÃO PODE ser determinada.

---

15 Seja:

```
public class MyBean {
  private java.util.Map params;
  private java.util.List objects;
  private String name;
  public java.util.Map getParams() { return params; }
  public String getName() { return name; }
  public java.util.List getObjects() { return objects; }
}
```

Qual das opções geraria erros (considere que um atributo chamado **mybean** seja encontrado, e é do tipo **MyBean**)? (Escolha todas as que se aplicam.)

- ☐ A. `${mybean.name}`
- ☐ B. `${mybean[“name”]}`
- ☐ C. `${mybean.objects.a}`
- ☐ D. `${mybean[“params”].a}`
- ☐ E. `${mybean.params[“a”]}`
- ☐ F. `${mybean[“objects”].a}`

16 Dada a página JSP:

```
The user has sufficiently logged in or out:
${param.loggedIn or param.loggedOut}.
```

Se a requisição incluir a query string "`loggedOut=true`", qual será o resultado desta declaração?

- [ ] A. `The user has sufficiently logged in or out: false.`
- [ ] B. `The user has sufficiently logged in or out: true.`
- [ ] C. `The user has sufficiently logged in or out: ${param.loggedIn or param.loggedOut}.`
- [ ] D. `The user has sufficiently logged in or out: param.loggedIn or param.loggedOut.`
- [ ] E. `The user has sufficiently logged in or out: or true.`

---

17 O que é verdade sobre os operadores de acesso EL? (Escolha todas as que se aplicam.)

- [ ] A. Podemos usar o operador **[ ]** sempre que o operador . (ponto) for usado.
- [ ] B. Podemos usar o operador . (ponto) sempre que o operador [ ] for usado.
- [ ] C. Se o operador . (ponto) for usado para acessar uma propriedade inexistente de um bean, ocorrerá uma exceção de runtime.
- [ ] D. Existem algumas situações em que o operador . (ponto) deve ser usado, e outras em que devemos usar o operador **[ ]**.

---

18 O seguinte fragmento de código é encontrado em uma página JSP:

```
<jsp:include page="/jspf/header.html"/>
```

Esta página JSP é parte de uma aplicação web cujo contexto raiz é `myapp`.

Considerando que o nome do diretório-pai é `myapp`, qual seria o caminho para o arquivo `header.html`?

- [ ] A. `/header.html`
- [ ] B. `/jspf/header.html`
- [ ] C. `/myapp/jspf/header.html`
- [ ] D. `/includes/jspf/header.html`

19 Um revendedor de jóias on-line deseja personalizar seu catálogo on-line para os usuários que estão conectados. Ele deseja mostrar um produto especial para a pedra associada ao mês de aniversário do usuário. As ofertas especiais da empresa são armazenadas como Map<String, Special[ ]> identificadas como specials no escopo do aplicativo e atualizadas diariamente.

Há um bean armazenado como um atributo no escopo da sessão chamado userInfo. Chamar getBirthdate( ).getMonth( ) nesse bean retornará a pedra associada ao mês de aniversário do usuário.

Qual dos seguintes fragmentos de código poderia recuperar corretamente as devidas ofertas especiais?

- ☐ A. `${applicationScope[userInfo.birthdate.month.specials]}`
- ☐ B. `${applicationScope.specials[userInfo.birthdate.month]}`
- ☐ C. `${applicationScope["specials"].userInfo.birthdate.month}`
- ☐ D. `${applicationScope["userInfo.birthdate.month"].specials}`

20 Um aplicativo baseado na Web para um revendedor de aluguel de filmes on-line maior armazena List<Movie> como um atributo da sessão para conter os filmes que o usuário solicitou. Um trailer do filme aleatório incorporado a partir desta lista deve ser exibido na página principal dos usuários sempre que ela for exibida.

A gerência acha que um recurso parecido será necessário em um futuro próximo nas outras páginas que exibem listas de filmes. Um vídeo contínuo é conseguido com o HTML comum, exatamente como adicionar imagens a uma página, mas com tags mais complexas.

A equipe de desenvolvimento precisa de uma solução que seja flexível e sustentável. Uma possível solução é criar uma função EL. As seguintes instruções são de uma reunião da equipe relativas às funções EL como uma solução para este problema. Quais instruções são verdadeiras? (Escolha tudo que se aplica.)

- ☐ A. As funções EL não podem resolver este problema porque não podem recuperar os atributos da sessão.
- ☐ B. O método que implementa a função EL não deve ser declarado estático para lhe fornecer acesso ao escopo da sessão.
- ☐ C. A função EL pode aceitar um parâmetro java.util.List que permitirá à lista de filmes necessária ser transmitida usando EL.
- ☐ D. Você pode ter que escrever as tags HTML no meio do código Java usando uma função EL, que é mais difícil de manter.

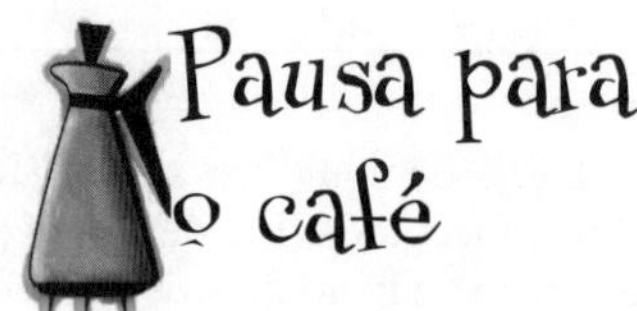

Respostas – Capítulo 8

1 Dado um formulário HTML que usa checkboxes para permitir que o usuário selecione diferentes valores para um parâmetro chamado **hobbies**.

Quais expressões EL calculam o primeiro valor do parâmetro **hobbies**? (Escolha todas as que se aplicam.)

(JSP v2.0, seção 2.2.3)

- [x] A. `${param.hobbies}`
- [ ] B. `${paramValue.hobbies}`
- [x] C. `${paramValues.hobbies[0]}`
- [ ] D. `${paramValues.hobbies[1]}`
- [ ] E. `${paramValues[hobbies][0]}`
- [ ] F. `${paramValues[hobbies][1]}`

– A opção B está incorreta, porque não existe a variável implícita paramValue.
– A opção D está incorreta, porque os arrays são indexados com 0.
– As opções E e F apresentam sintaxe incorreta.

---

2 Considerando uma aplicação que guarde o endereço de correio eletrônico do webmaster no parâmetro de inicialização do contexto do servlet chamado **master-email**.

Quais ativam tal valor? (Escolha todas as que se aplicam.)

(JSP v2.0, seções 2.2.3 e 2.3.4)

- [ ] A. <a href='mailto:${initParam.master-email}'>
  email me</a>
- [ ] B. <a href='mailto:${contextParam.master-email}'>
  email me</a>
- [x] C. <a href='mailto:${initParam['master-email']}'>
  email me</a>
- [ ] D. <a href='mailto:${contextParam['master-email']}'>
  email me</a>

– A opção A tenta subtrair o email do master.
– As opções B e D estão incorretas, porque não existe a variável implícita contextParam.

---

3 Dada a seguinte classe Java:

```
package com.mycompany;
public class MyFunctions {
  public static String hello(String name) {
    return "Hello "+name;
  }
}
```

(JSP v2.0, seção 2.6.3)

Esta classe representa o handler para uma função que é parte de uma tag library.

```
<%@ taglib uri="http://mycompany.com.tags" prefix="comp" %>
```

Qual Tag Library Descriptor define esta função customizada para que ela possa ser usada em uma expressão EL?

☐ A.

```
<taglib>
  ...
  <tag>
    <name>Hello</name>
    <tag-class>com.mycompany.MyFunctions</tag-class>
    <body-content>JSP</body-content>
  </tag>
</taglib>
```

☑ B.

```
<taglib>
  ...
  <function>
    <name>Hello</name>
    <function-class>com.mycompany.MyFunctions</function-class>
    <function-signature>java.lang.String hello(java.lang.String)
      </function-signature>
  </function>
</taglib>
```

– A opção B apresenta a sintaxe correta.

☐ C.

```
<web-app>
  ...
  <servlet>
    <servlet-name>hello</servlet-name>
    <servlet-class>com.mycompany.MyFunctions</servlet-class>
  </servlet>
</web-app>
```

☐ D.

```
<taglib>
  ...
  <function>
    <name>Hello</name>
    <function-class>com.mycompany.MyFunctions</function-class>
    <function-signature>hello(java.lang.String)</function-signature>
  </function>
</taglib>
```

– A opção D está incorreta, porque a função signature está incompleta.

4 Dado:

(JSP v2.0, seção 5.1)

```
package com.example;
public class TheBean {
  private int value;
  public TheBean() { value = 42; }
  public int getValue() { return value; }
  public void setValue(int v) { value = v; }
}
```

Considere que nenhuma instância do **TheBean** tenha sido criada ainda. Quais as declarações da ação-padrão JSP que criam uma nova instância deste bean e a armazena no escopo da solicitação? (Escolha todas as que se aplicam.)

☐ A. `<jsp:useBean name="myBean" type="com.example.TheBean" />`

☐ B. `<jsp:makeBean name="myBean" type="com.example.TheBean" />`

☑ C. `<jsp:useBean id="myBean" class="com.example.TheBean" scope="request" />`

☐ D. `<jsp:makeBean id="myBean" class="com.example.TheBean" scope="request" />`

– A opção A é inválida, porque o atributo type NÃO é usado para criarmos uma nova instância e o atributo de escopo precisa ser especificado (ou, apontar para a página-padrão).

– A opção B é inválida por todos os motivos anteriores, além do fato de que jsp:makeBean NÃO é uma tag real.

– A opção D é inválida, porque jsp:makeBean NÃO é uma tag real.

---

5 Considere uma arquitetura Modelo 1 na qual uma página JSP trata todas as funções do controlador, e que o controlador JSP precisa despachar a solicitação para uma outra página JSP.

Qual código da ação-padrão realizaria esta tarefa?

☑ A. `<jsp:forward page="view.jsp" />`

☐ B. `<jsp:forward file="view.jsp" />`

☐ C. `<jsp:dispatch page="view.jsp" />`

☐ D. `<jsp:dispatch file="view.jsp" />`

(JSP v2.0, seção 5.5)

– A opção A está correta (pág. 7-110).

– A opção B é inválida, porque a ação forward não possui um atributo file.

– As opções C e D são inválidas, porque não existe o comando dispatch.

---

6 Dado:

```
11. <% java.util.List list = new java.util.ArrayList();
12.     list.add("a");
13.     list.add("2");
14.     list.add("c");
15.     request.setAttribute("list", list);
16.     request.setAttribute("listIdx", "1");
17. %>
18. <%– insira o código aqui –%>
```

(JSP v2.0, seção 2.3.4)

Quais das opções, que se inseridas na linha 18, são válidas e calculam o valor de **"c"**? (Escolha todas as que se aplicam.)

- [ ] A. `${list.2}`
- [x] B. `${list[2]}`
- [ ] C. `${list.listIdx+1}`
- [x] D. `${list[listIdx+1]}`
- [ ] E. `${list['listIdx' + 1]}`
- [x] F. `${list[list['listIdx']]}`

– As opções A e C estão incorretas, porque o operador ponto não pode ser usado com um primitivo.

– A opção E está incorreta, porque (listIdx + 1) torna-se uma string.

---

7 Quais declarações sobre os operadores EL "`.`" (ponto) e "`[ ]`" são verdadeiras? (Escolha todas as que se aplicam.)

(JSP v2.0, pág. 1-69)

- [ ] A. `${foo.bar}` equivale a `${foo[bar]}`
- [x] B. `${foo.bar}` equivale a `${foo["bar"]}`
- [x] C. `${foo["5"]}` é uma sintaxe válida se `foo` for um `Map`
- [ ] D. `${header.User-Agent}` equivale a `${header[User-Agent]}`
- [ ] E. `${header.User-Agent}` equivale a `${header["User-Agent"]}`
- [x] F. `${foo[5]}` é uma sintaxe válida se `foo` for uma `List` ou um `array`

– A opção A está incorreta, porque deveria ser foo["bar"].

– A opções D e E estão incorretas, por causa do hífen em User-Agent. Apenas o header["User-Agent"] vai funcionar.

---

8 Considere uma página JSP com a seguinte linha:

```
${101 % 10}
```

(JSP v2.0, pág. 1-77)

O que será exibido?

- [x] A. `1`
- [ ] B. `10`
- [ ] C. `1001`
- [ ] D. `101 % 10`
- [ ] E. `{101 % 10}`

– A opção A está correta. O operador mod retorna o resto de uma divisão.

---

9 Seja:

```
10. ${param.firstname}
11. ${param.middlename}
12. ${param.lastname}
13. ${paramValues.lastname[0]}
```

(JSP v2.0, pág. 1-67 e 1-79)

Qual será a saída resultante desta porção de página JSP ao passarmos a query string `?firstname=John&lastname=Doe`?

- [ ] A. `John Doe`
- [x] B. `John Doe Doe`
- [ ] C. `John null Doe`
- [ ] D. `John null Doe Doe`
- [ ] E. Ocorrerá uma null point exception.

– A opção A é inválida, porque a linha 13 também exibe o último nome do usuário.

– A opções C e D são inválidas, porque a linha 11 exibe simplesmente nulo.

---

10 Quais opções representam o uso correto de variáveis EL implícitas? (Escolha todas as que se aplicam.)

(JSP v2.0, pág. 1-66)

- [ ] A. `${cookies.foo}`
- [x] B. `${initParam.foo}`
- [ ] C. `${pageContext.foo}`
- [x] D. `${requestScope.foo}`
- [x] E. `${header["User-Agent"]}`
- [ ] F. `${requestDispatcher.foo}`
- [x] G. `${pageContext.request.requestURI}`

– A opção A está incorreta, porque a variável é "cookie".

– A opção C está incorreta, porque o pageContext NÃO é um Map e tampouco possui uma propriedade "foo".

– A opção F está incorreta, porque isto NÃO é um objeto implícito.

---

11 O que é verdade sobre a ação-padrão <jsp:useBean>? (Escolha todas as que se aplicam.)

- [ ] A. O atributo `id` é opcional.
- [ ] B. O atributo `scope` é requerido.
- [ ] C. O atributo `scope` é opcional e é padrão em `request`.
- [x] D. Tanto o atributo `class`, quanto o `type` podem ser especificados, mas pelo menos um é requerido.
- [x] E. É correto incluir os atributos `class` e `type`, mesmo que seus valores NÃO sejam iguais.

(JSP v2.0, pág. 1-103 e 1-104)

– A opção A está incorreta, porque a id é requerida.

– As opções B e C estão incorretas, porque o scope é opcional e é padrão na página.

---

12 Como você incluiria um conteúdo dinâmico em **JSP**, similar ao server-side include (SSI)? (Escolha todas as que se aplicam.)

(JSP v.2.0, seção 5.4)

- [ ] A. `<%@ include file="/segments/footer.jspf" %>`
- [ ] B. `<jsp:forward page="/segments/footer.jspf" />`
- [x] C. `<jsp:include page="/segments/footer.jspf" />`
- [ ] D.

```
RequestDispatcher dispatcher
= request.getRequestDispatcher("/segments/footer.jspf")
dispatcher.include(request,response);
```

– A opção A está incorreta, porque usa uma diretiva include, que serve para includes estáticos que acontecem no momento da tradução.

– A opção D estaria correta se isso fosse um scriptlet: funcionaria como na opção C, mas sua sintaxe só serve para servlets.

---

13 Considerando uma página HTML com rich text e layout gráfico, qual ação-padrão JSP pode ser usada para importar uma figura para dentro da página JSP?

(JSP v.2.0, seção 5.4)

- [ ] A. `<jsp:image page="logo.png" />`
- [ ] B. `<jsp:image file="logo.png" />`
- [ ] C. `<jsp:include page="logo.png" />`
- [ ] D. `<jsp:include file="logo.png" />`
- [x] E. Isto NÃO é possível usando-se uma ação-padrão JSP.

– As opções A e B são inválidas, porque não existe uma ação-padrão chamada image.

– A opção C está incorreta, não pelo fato de a sintaxe da ação include estar errada, mas porque não faz sentido importar os dados binários do arquivo de imagem para o conteúdo do JSP.

– A opção D está incorreta, porque a ação include não aceita um atributo file. Esta é uma pergunta capciosa, pois NÃO é possível importar o conteúdo de nenhum arquivo binário para um JSP, que gere uma resposta HTML.

---

14 Considere:

(JSP v2.0, seção 2.6)

```
package com.example;
public class MyFunctions {
  public static String repeat(int x, String str) {
    // corpo do método
  }
}
```

e dado o JSP:

```
1. <%@ taglib uri="/WEB-INF/myfuncts" prefix="my" %>
2. <%-- insira o código aqui --%>
```

Qual é a função de chamada EL correta, se inserida na linha 2 do JSP?

- [ ] A. `${repeat(2, "420")}`
- [ ] B. `${repeat("2", "420")}`
- [ ] C. `${my:repeat(2, "420")}`
- [ ] D. `${my:repeat("2", "420")}`
- [x] E. Uma chamada válida NÃO PODE ser determinada.

– A opção E está correta. A informação de mapeamento necessária NÃO é conhecida.

---

15 Seja:

(JSP v2.0, pág. 1-68)

```
public class MyBean {
  private java.util.Map params;
  private java.util.List objects;
  private String name;
  public java.util.Map getParams() { return params; }
  public String getName() { return name; }
  public java.util.List getObjects() { return objects; }
}
```

Qual das opções geraria erros (considere que um atributo chamado **mybean** seja encontrado, e é do tipo **MyBean**)? (Escolha todas as que se aplicam.)

- [ ] A. `${mybean.name}`
- [ ] B. `${mybean["name"]}`
- [x] C. `${mybean.objects.a}`
- [ ] D. `${mybean["params"].a}`
- [ ] E. `${mybean.params["a"]}`
- [x] F. `${mybean["objects"].a}`

– As opções C e F causarão erros. A letra "a" NÃO é uma propriedade da List, e considerando que o "objects" não é um Map, uma busca não será executada (ao contrário das opções D e E).

---

16 Dada a página JSP:

```
The user has sufficiently logged in or out:
${param.loggedIn or param.loggedOut}.
```

(JSP v2.0, pág. 1-66 e 1-73)

Se a requisição incluir a query string "`loggedOut=true`", qual será o resultado desta declaração?

- [ ] A. `The user has sufficiently logged in or out: false.`
- [x] B. `The user has sufficiently logged in or out: true.`
- [ ] C. `The user has sufficiently logged in or out: ${param.loggedIn or param.loggedOut}.`
- [ ] D. `The user has sufficiently logged in or out: param.loggedIn or param.loggedOut.`
- [ ] E. `The user has sufficiently logged in or out: or true.`

– A opção B está correta, porque a expressão EL que usa o "or" retornará true, se ou o loggedIn, ou o loggedOut for true.

---

17 O que é verdade sobre os operadores de acesso EL? (Escolha todas as que se aplicam.)

(JSP v2.0, pág. 1-69)

- [x] A. Podemos usar o operador **[ ]** sempre que o operador . (ponto) for usado.
- [ ] B. Podemos usar o operador .(ponto) sempre que o operador **[ ]** for usado.
- [x] C. Se o operador . (ponto) for usado para acessar uma propriedade inexistente de um bean, ocorrerá uma exceção de runtime.
- [ ] D. Existem algumas situações em que o operador . (ponto) deve ser usado, e outras em que devemos usar o operador **[ ]**.

– A opção B está incorreta, porque apenas o [] funcionará ao acessarmos: a) Lists e arrays, e b) mapeamentos, em que as chaves não estejam bem escritas.

– A opção D está incorreta, porque o operador ponto sempre pode ser transformado no operador [].

---

18 O seguinte fragmento de código é encontrado em uma página JSP:

```
<jsp:include page="/jspf/header.html"/>
```

(JSP v2.0, seção 5.4)

Esta página JSP é parte de uma aplicação web cujo contexto raiz é **`myapp`**.

Considerando que o nome do diretório-pai é **`myapp`**, qual seria o caminho para o arquivo `header.html`?

- [ ] A. `/header.html`
- [ ] B. `/jspf/header.html`
- [x] C. `/myapp/jspf/header.html`
- [ ] D. `/includes/jspf/header.html`

– O caminho /jspf/header.html quando usado como valor do atributo page da ação <jsp:include> refere-se à aplicação. Logo, a barra ("/") inicial significa "começa no nível mais alto da aplicação".

---

19 Um revendedor de jóias on-line deseja personalizar seu catálogo on-line para os usuários que estão conectados. Ele deseja mostrar um produto especial para a pedra associada ao mês de aniversário do usuário. As ofertas especiais da empresa são armazenadas como Map<String, Special[ ]> identificadas como specials no escopo do aplicativo e atualizadas diariamente.

(JSP v2.0 section 2.3.4)

Há um bean armazenado como um atributo no escopo da sessão chamado userInfo. Chamar getBirthdate( ).getMonth( ) nesse bean retornará a pedra associada ao mês de aniversário do usuário.

Qual dos seguintes fragmentos de código poderia recuperar corretamente as devidas ofertas especiais?

-Option B correctly retrieves our Map<String, Special[ ]> from the application scope. It then attempts to get the month value from the users birthday and uses that as the key to search for a Special[ ] in the Map. Assuming a match is found in the Map, our Special[ ] is returned. This EL could be used in a c:forEach tag to iterate over the returned specials.

- [ ] A. `${applicationScope[userInfo.birthdate.month.specials]}`
- [x] B. `${applicationScope.specials[userInfo.birthdate.month]}`
- [ ] C. `${applicationScope[“specials”].userInfo.birthdate.month}`
- [ ] D. `${applicationScope[“userInfo.birthdate.month”].specials}`

---

20 Um aplicativo baseado na Web para um revendedor de aluguel de filmes on-line maior armazena List<Movie> como um atributo da sessão para conter os filmes que o usuário solicitou. Um trailer do filme aleatório incorporado a partir desta lista deve ser exibido na página principal dos usuários sempre que ela for exibida.

(JSP v2.0 section 2.6)

A gerência acha que um recurso parecido será necessário em um futuro próximo nas outras páginas que exibem listas de filmes. Um vídeo contínuo é conseguido com o HTML comum, exatamente como adicionar imagens a uma página, mas com tags mais complexas.

A equipe de desenvolvimento precisa de uma solução que seja flexível e sustentável. Uma possível solução é criar uma função EL. As seguintes instruções são de uma reunião da equipe relativas às funções EL como uma solução para este problema. Quais instruções são verdadeiras? (Escolha tudo que se aplica.)

- [ ] A. As funções EL não podem resolver este problema porque não podem recuperar os atributos da sessão.
- [ ] B. O método que implementa a função EL não deve ser declarado estático para lhe fornecer acesso ao escopo da sessão.
- [x] C. A função EL pode aceitar um parâmetro java.util.List que permitirá à lista de filmes necessária ser transmitida usando EL.
- [x] D. Você pode ter que escrever as tags HTML no meio do código Java usando uma função EL, que é mais difícil de manter.

-Option A: the movie list can be passed as a parameter to the function.

-Option B: methods that implement EL functions must always be declared public and static.

-Option C: a List may be passed to the function. Doing so provides a more flexible solution than one that requires your EL function to handle session scope as in options a and b.

-Option D: the biggest reason not to choose an EL function as the total solution. The team chose to use a tag file as the solution but then also created an EL function that accepts a Collection and returns a random number based on the size of the collection.

---

9 usando a JSTL

As Tags Customizadas são poderosas

Você quer dizer que eu enviei, todo este tempo, os scriptlets de escrita para coisas que não posso fazer com a EL e as ações padrões, quando poderia ter usado JSTL?

Em alguns casos, você precisa de mais do que a EL ou ações-padrão. E se você quisesse fazer um loop através dos dados de um array, exibindo em seguida um item por linha em uma tabela HTML? Você *sabe* que poderia escrever isso em dois segundos, usando um loop for em um scriptlet. Mas você está tentando evitar os scripts. Sem problema. Quando a EL e as ações-padrão não forem suficientes, você pode usar *tags customizadas*. Elas são tão fáceis de usar em um JSP quanto as ações-padrão. Melhor ainda, alguém já escreveu boa parte das tags de que você mais provavelmente precisará, e as juntou na JSTL (JSP Standard Tag Library, ou Biblioteca de Tags JSP Padrão). *Neste* capítulo, aprenderemos a *usar* tags customizadas, e no capítulo seguinte, aprenderemos a criar as nossas próprias tags.

Objetivos

Construir páginas JSP usando bibliotecas de tags

9.1 Descrever a sintaxe e a semântica da diretiva 'taglib': para uma biblioteca de tags padrão e para uma biblioteca de Tag Files.

9.2 Dado um objetivo de design, criar a estrutura da tag customizada para atingir esse objetivo.

9.3 Identificar a sintaxe da tag e descrever a semântica da ação das seguintes tags JSTL v1.1: (a) tags centrais: out, set, remove e catch, (b) tags condicionais: if, choose, when e otherwise, (c) tags de iteração: forEach, e (d) relacionada à URL: url.

Notas sobre a Abrangência:

Todos os objetivos desta seção são cobertos neste capítulo, embora parte do conteúdo seja coberta novamente no próximo capítulo (Desenvolvendo Tags Customizadas).

Instalando a JSTL 1.1

A JSTL 1.1 NÃO faz parte da especificação JSP 2.0! Ter acesso às APIs dos Servlets e JSP não significa que você tem acesso à JSTL.

Antes de poder usar a JSTL, você precisa instalar o arquivo 'jstl.jar' no diretório WEB-INF/lib do seu aplicativo web. Isso significa que cada aplicativo web precisa de uma cópia.

No Tomcat 5*, a JSTL já se encontra nas aplicações de exemplo que vêm incluídas com o Tomcat, então tudo o que você precisa fazer é copiá-la de algum diretório para o seu próprio diretório WEB-INF/lib.

Copie a JSTL dos exemplos do Tomcat de:

webapps/jsp-examples/WEB-INF/lib/jstl.jar
webapps/jsp-examples/WEB-INF/lib/standard.jar

E coloque-a no diretório WEB-INF/lib do seu próprio aplicativo web.

Tem que haver uma maneira de iterar através de uma coleção em um JSP... sem usar scripts. Eu quero exibir um elemento por linha em uma tabela...

A EL e as ações-padrão são limitadas

O que acontece quando você se choca contra uma parede? Você pode voltar aos scripts, certamente – mas você sabe que esse não é o caminho.

Os desenvolvedores normalmente querem ter *muito* mais ações-padrão, ou, melhor ainda, querem ter a habilidade de criar as suas *próprias* ações.

É para isso que servem as ***tags customizadas***. Em vez de dizer <jsp:setProperty>, você deseja criar algo como <meu:fazerAlgoCustomizado>. E você pode.

Porém, não é tão fácil assim criar o código de apoio que funciona nos bastidores da tag. Para o criador de páginas JSP, é muito mais fácil usar tags customizadas que escrever scripts. Para o programador Java, no entanto, criar o tag *handler* (o código Java chamado quando um JSP usa a tag) customizado é mais complicado.

Felizmente, existe uma biblioteca-padrão de tags customizadas conhecida como **Biblioteca de Tags JSP Padrão** (JSTL 1.1). Uma vez que o seu JSP não deverá estar mesmo executando muita lógica de negócios, é possível que a JSTL (combinada com a EL) seja tudo de que você irá precisar. Ainda assim, poderão existir momentos em que você precise de algo como, por exemplo, uma biblioteca de tags customizadas desenvolvida especificamente para a sua empresa.

Neste capítulo, você aprenderá como usar as tags JSTL centrais, bem como tags customizadas retiradas de outras bibliotecas. No *próximo* capítulo, aprenderemos como criar as classes que manipularão as chamadas às tags customizadas, para que você possa desenvolver as suas próprias.

O caso do HTML desaparecido (reprise)

Na página 384, vimos como EL envia a string bruta de conteúdo diretamente para o fluxo de resposta:

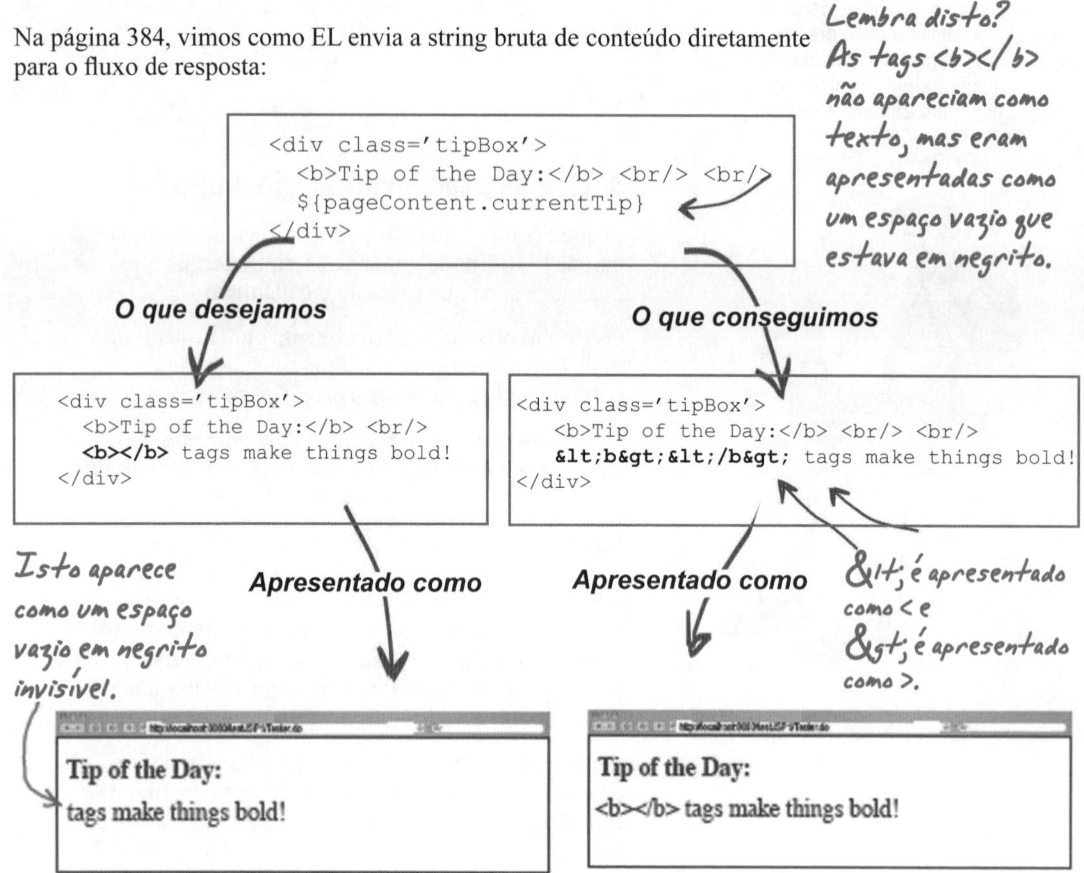
Lembra disto? As tags <b></b> não apareciam como texto, mas eram apresentadas como um espaço vazio que estava em negrito.
<div class='tipBox'>
<b>Tip of the Day:</b>

${pageContent.currentTip}
</div>
O que desejamos
O que conseguimos
<div class='tipBox'>
<b>Tip of the Day:</b>
<b></b> tags make things bold!
</div>
<div class='tipBox'>
<b>Tip of the Day:</b>

<b></b> tags make things bold!
</div>
Isto aparece como um espaço vazio em negrito invisível.
Apresentado como
Apresentado como
< é apresentado como < e > é apresentado como >.
Tip of the Day:
tags make things bold!
Tip of the Day:
<b></b> tags make things bold!

O que precisamos é um modo de converter esses sinais de maior que menor que em alguns navegadores apresentará como sinais de maior que menor e há dois modos de fazer isto. Ambos usam um método Java estático que converte os caracteres especiais HTML em seu formato de entidade:

Use uma função EL

```
<div class='tipBox'>
  <b>Tip of the Day:</b> <br/> <br/>
  ${fn:convEntity(pageContent.currentTip)}
</div>
```

Use um método assistente Java

```
<div class='tipBox'>
  <b>Tip of the Day:</b> <br/> <br/>
  ${pageContent.convertedCurrentTip}
</div>
```

Este é o método assistente para fazer isso funcionar.

```
public String getConvertedCurrentTip() {
  return HTML.convEntity(getCurrentTip());
}
```

Há uma maneira melhor: use a tag <c:out>

Seja qual for a abordagem usada, é um pouco indistinto o que está acontecendo... e você pode ter que escrever esse método assistente para todos os seus servlets. Felizmente, há um modo melhor. A tag <c:out> é perfeita para o serviço. Veja como a conversão funciona:

Você pode declarar explicitamente a conversão das entidades XML

Se você souber ou achar que pode encontrar algumas entidades XML que precisam ser exibidas e não apenas apresentadas, poderá usar o atributo escapeXml em c:out. Definir isso para true significa que qualquer XML será convertido em algo que o navegador Web apresentará, sinais de maior que menor que e tudo mais:

```
<div class='tipBox'>
<b>Tip of the Day:</b> <br/> <br/>
<c:out value='${pageContent.currentTip}' escapeXml='true' />
</div>
```

Seu HTML é tratado como xHTML, que por sua vez é XML... portanto, isso afeta os caracteres HTML também.

Você pode declarar explicitamente NENHUMA conversão das entidades XML

Algumas vezes, você deseja exatamente o comportamento oposto. Talvez, esteja construindo uma página que tem conteúdo e quer exibir esse conteúdo com a formatação HTML. Nesse caso, você poderá desativar a conversão XML:

```
<div class='tipBox'>
<b>Tip of the Day:</b> <br/> <br/>
<c:out value='${pageContent.rawHTML}' escapeXml='false' />
</div>
```

Isto é equivalente ao que tínhamos antes... qualquer tag HTML é avaliada, não exibida como texto.

A conversão ocorre por padrão

O atributo escapeXml tem como padrão true, portanto, você pode omiti-lo se quiser. Uma tag c:out sem um atributo escapeXml é exatamente igual a uma tag c:out com escapeXml definido para "true".

```
<div class='tipBox'>
<b>Tip of the Day:</b> <br/> <br/>
<c:out value='${pageContent.currentTip}' />
</div>
```

Isso é realmente idêntico em funcionalidade.

Não existem
Perguntas Idiotas

Caractere	Código da entidade do caractere
<	**<**
>	**>**
&	**&**
'	**'**
"	**"**

P: **Quais caracteres HTML especiais são convertidos?**

R: Acaba que esta conversão é bem simples. Existem apenas cinco caracteres que requerem o escape: <, >, & e os dois símbolos de aspas, aspas simples e duplas ". Tudo isso é convertido nas entidades HTML equivalentes. Por exemplo, < torna-se <, & torna-se & etc.

P: **No último mês, minha empresa contratou uma consultora Web para fazer uma auditoria em nosso aplicativo Web. Ela notou que estávamos usando EL em todo lugar para produzir as strings fornecidas pelos usuários. Ela disse que era um risco de segurança e recomendou que produzíssemos todas as strings do usuário usando a tag c:out. O que está havendo?**

R: Sua consultora está certa. O risco de segurança ao qual ela está se referindo é chamado de hack com cruzamento de sites ou script com cruzamento de sites. O ataque é enviado do navegador Web de um usuário para outro usando seu aplicativo Web como o mecanismo de envio.

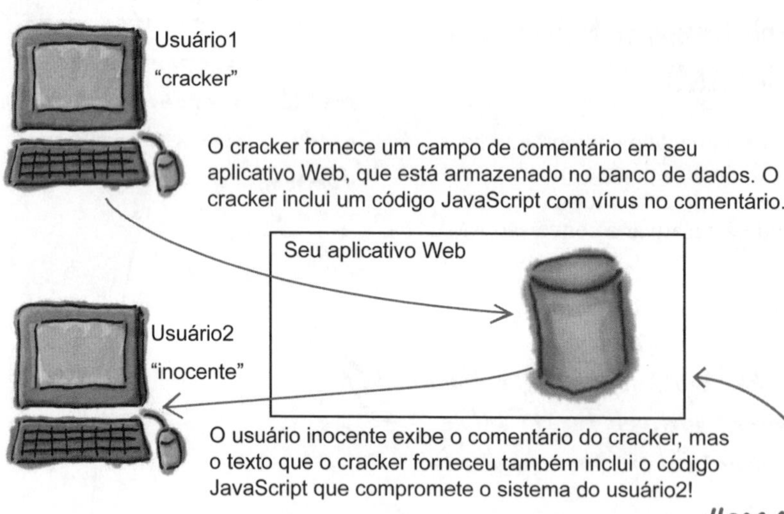

Usar a tag c:out para apresentar o texto dos usuários impede o hack com cruzamento de sites desse formulário de exibir as tags <script> e o código JS no navegador Web do usuário2. Isso impede que o código JS seja interpretado pelo navegador, anulando o ataque o usuário1.

P: **O que acontecerá se o valor da expressão EL for null?**

R: Boa pergunta. Você sabe que uma expressão EL **${evalsToNull}** gera uma string vazia na saída da resposta assim como **<c:out value="$ {evalsToNull}"/>**.

Mas esse não é o final da história de **c:out.** A tag **c:out** é inteligente e reconhece quando o valor é null e pode executar uma ação especial. Essa ação é para fornecer um valor padrão...

Os valores null são apresentados como texto em branco

Suponha que você tenha uma página que dá as boas-vindas dizendo "Hello <user>". Mas recentemente, os usuários não têm se conectado e a saída parece bem estranha:

EL não imprimirá nada se o usuário for null

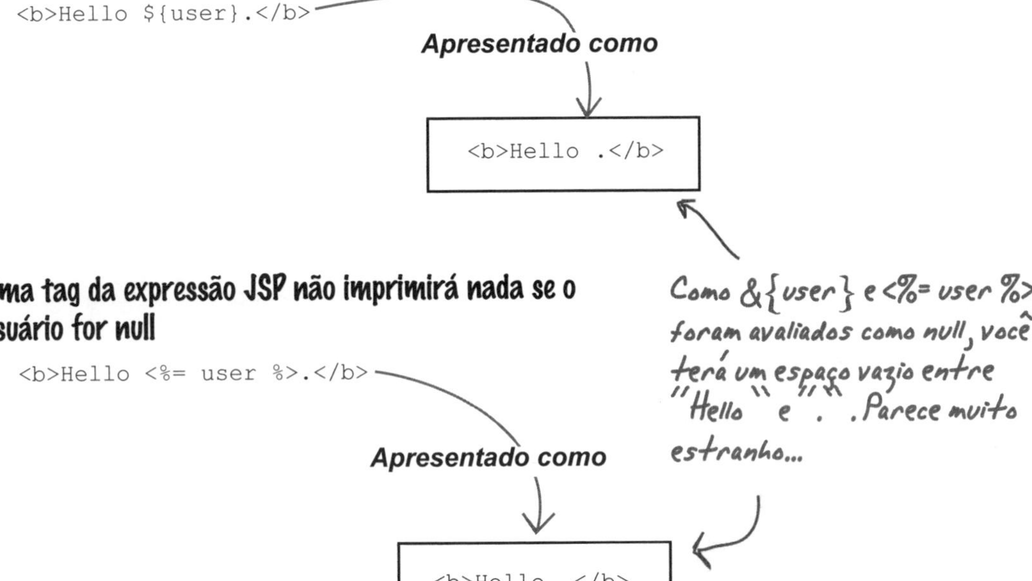
Hello ${user}.
Apresentado como
Hello .
Uma tag da expressão JSP não imprimirá nada se o usuário for null
Hello <%= user %>.
Apresentado como
Hello .
Como &{user} e <%= user %> foram avaliados como null, você terá um espaço vazio entre "Hello" e ".". Parece muito estranho...

Defina um valor padrão com o atributo default

Suponha que você queira mostrar a esses usuários anônimos uma mensagem que diz: "Hello guest" (Olá convidado). Este é um lugar perfeito para usar um valor padrão com a tag **c:out**. Simplesmente adicione um atributo **default** e forneça o valor que deseja imprimir, caso sua expressão seja avaliada como null:

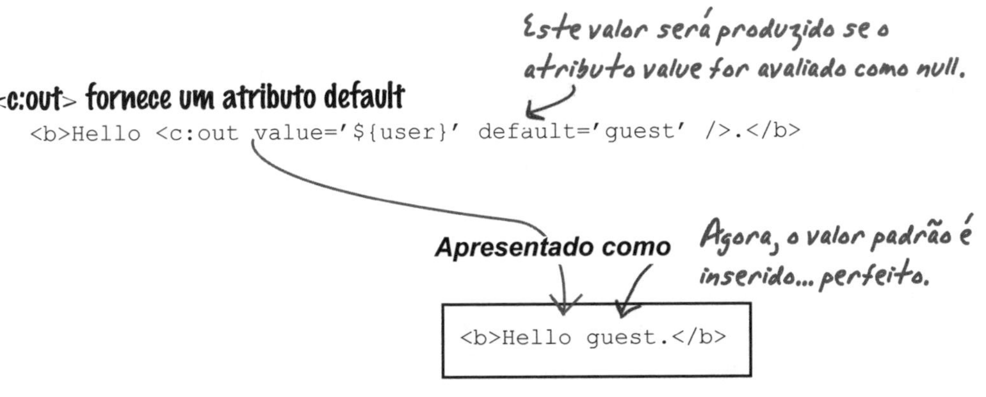
Este valor será produzido se o atributo value for avaliado como null.
<c:out> fornece um atributo default
Hello <c:out value='${user}' default='guest' />.
Apresentado como
Agora, o valor padrão é inserido... perfeito.
Hello guest.

Ou você pode fazer assim:

```
<b>Hello <c:out value='${user}'>guest</c:out></b>
```

Fazendo loops sem scripts

Imagine que você deseja algo que faça um loop através de uma coleção (por exemplo, um array de itens de um catálogo), que retire um elemento de cada vez, e que exiba esse elemento em uma linha de uma tabela gerada dinamicamente. Não é possível programar de antemão a tabela completa – você não tem idéia de quantas linhas existirão no momento da execução e, é claro, você não sabe quais são os valores correspondentes. A resposta é a tag <c:forEach>. Isto requer um conhecimento bastante ligeiro sobre as tabelas HTML, mas incluímos aqui notas para os leitores que não estiverem familiarizados com o tópico.
A propósito, para o exame você *precisa* saber como usar <c:forEach> com tabelas.

Código do Servlet

```
...
String[] movieList = {"Amelie", "Return of the King", "Mean Girls"};
request.setAttribute("movieList", movieList);
...
```

Crie uma String[] com nomes de filmes e defina o array como um atributo da solicitação.

O que você quer

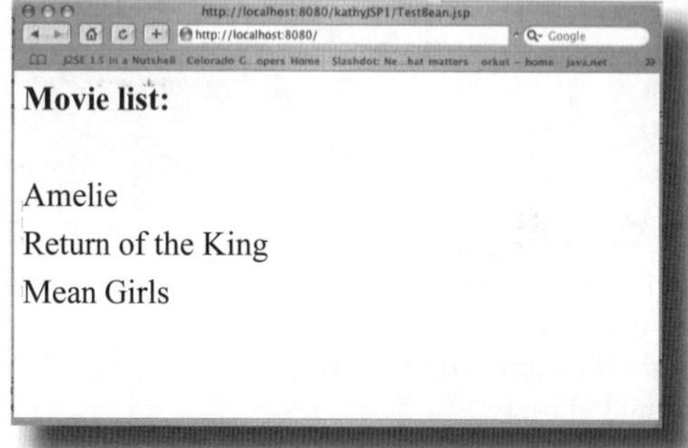

Em um JSP, *com* scripting

```
<table>
<% String[] items = (String[]) request.getAttribute("movieList");
   String var=null;
   for (int i = 0; i < items.length; i++) {
      var = items[i];
 %>
  <tr><td><%= var %></td></tr>
  <% } %>
</table>
```

<c:forEach>

A tag <c:forEach> da JSTL é perfeita para isto – ela lhe fornece uma maneira simples de iterar através de arrays e de coleções.

(Falaremos sobre esta diretiva taglib mais adiante no capítulo.)

Código JSP

```
<%@ taglib prefix="c" uri="http://java.sun.com/jsp/jstl/core" %>
<html><body>
<strong> Movie list:</strong>
<br><br>


<table>
  <c:forEach var="movie" items="${movieList}" >
    <tr>
      <td>${movie}</td>
    </tr>
  </c:forEach>
</table>

</body></html>
```

Faz um loop através do array inteiro (o atributo "movieList") e exibe cada elemento em uma nova linha. (Esta tabela tem apenas uma coluna por linha.)

<tr> significa Table Row (Linha de Tabela).
<td> significa Table Data (Dados de Tabela).

Lembrete rápido sobre tabelas HTML

<table>

<tr>	**<td>***dados para esta célula***</td>**	**<td>***dados para esta célula***</td>**	**<td>***dados para esta célula***</td>**	</tr>
<tr>	**<td>***dados para esta célula***</td>**	**<td>***dados para esta célula***</td>**	**<td>***dados para esta célula***</td>**	</tr>
<tr>	**<td>***dados para esta célula***</td>**	**<td>***dados para esta célula***</td>**	**<td>***dados para esta célula***</td>**	</tr>

</table>

As tabelas são bem simples. Elas possuem *células*, organizadas em *linhas* e *colunas*, e os dados são inseridos dentro das células. O esquema é dizer à tabela quantas linhas e colunas você deseja.

As linhas são definidas com a tag <tr> (Table Row), e as colunas são definidas com a tag <td> (Table Data). O número de linhas vem do número de tags <tr>, e o número de colunas vem do número de tags <td> que você colocar dentro das tags <tr></tr>.

Os dados a serem exibidos são colocados somente dentro das tags <td></td>!

Desconstruindo <c:forEach>

A tag <c:forEach> integra-se perfeitamente a um loop for – a tag repete o *corpo* do elemento com a tag *for each* na coleção (e estamos usando "coleção", significando um array, ou Coleção, ou Map, ou String delimitada por vírgulas). A característica principal é que a tag atribui cada elemento da coleção à variável que você declara com o atributo *var*.

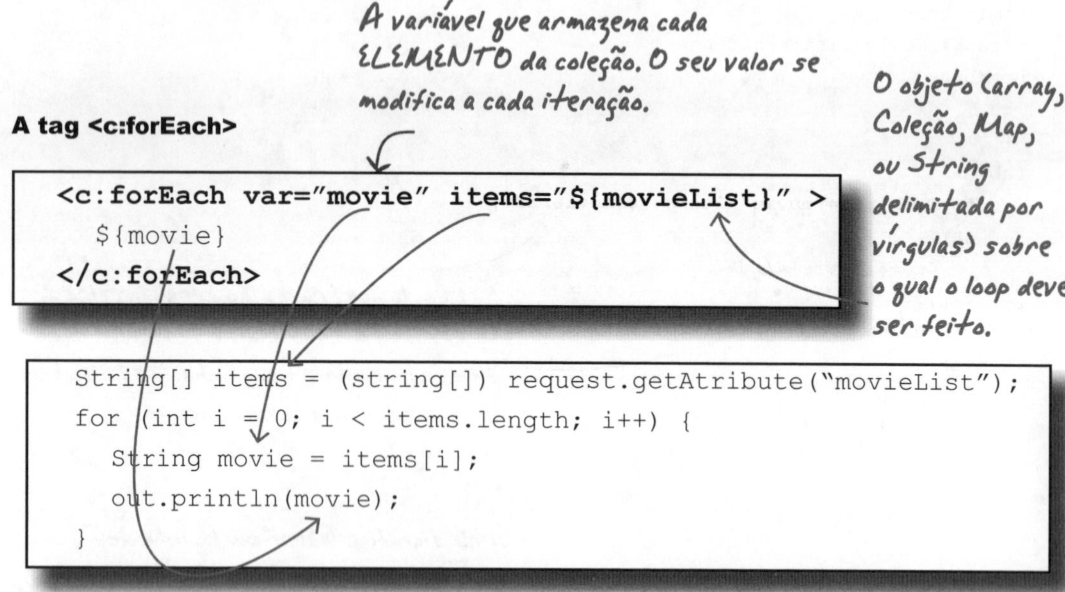
A variável que armazena cada ELEMENTO da coleção. O seu valor se modifica a cada iteração.
A tag <c:forEach>
O objeto (array, Coleção, Map, ou String delimitada por vírgulas) sobre o qual o loop deve ser feito.
<c:forEach var="movie" items="${movieList}" >
${movie}
</c:forEach>
String[] items = (string[]) request.getAtribute("movieList");
for (int i = 0; i < items.length; i++) {
String movie = items[i];
out.println(movie);
}

Obtendo um contador de loops com o atributo opcional varStatus

O varStatus cria uma nova variável que armazena uma instância de javax.servlet.jsp.jstl.core.LoopTagStatus.

```
<table>
  <c:forEach var="movie" items="${movieList}" varStatus="movieLoopCount" >
     <tr>
        <td>Count: ${movieLoopCount.count}</td>
     </tr>
     <tr>
         <td>${movie} <br><br></td>
     </tr>
  </c:forEach>
</table>
```

Torçamos para que a classe LoopTagStatus tenha uma propriedade count que lhe forneça o valor atual do contador de iterações. (Como o i em um loop for.)

Count 1
Amelie

Count 2
Return of the King

Count 3
Mean Girl

Você pode até mesmo aninhar tags <c:forEach>

E se você tiver algo como uma coleção de coleções? Ou um array de arrays? Você pode aninhar tags <c:forEach> para obter estruturas de tabelas mais complexas. Neste exemplo, colocamos arrays String dentro de uma ArrayList, e então tornamos a ArrayList um atributo de solicitação. O JSP precisa fazer um loop através da ArrayList para obter cada um dos arrays String, e depois fazer um loop através de cada array String para exibir os elementos propriamente ditos do array.

Código do Servlet

```
String[] movies1 = {"Matrix Revolutions", "Kill Bill", "Boondock Saints"};
String[] movies2 = {"Amelie", "Return of the King", "Mean Girls"};
java.util.List movieList = new java.util.ArrayList();
movieList.add(movies1);
movieList.add(movies2);
request.setAttribute("movies", movieList);
```

Código JSP

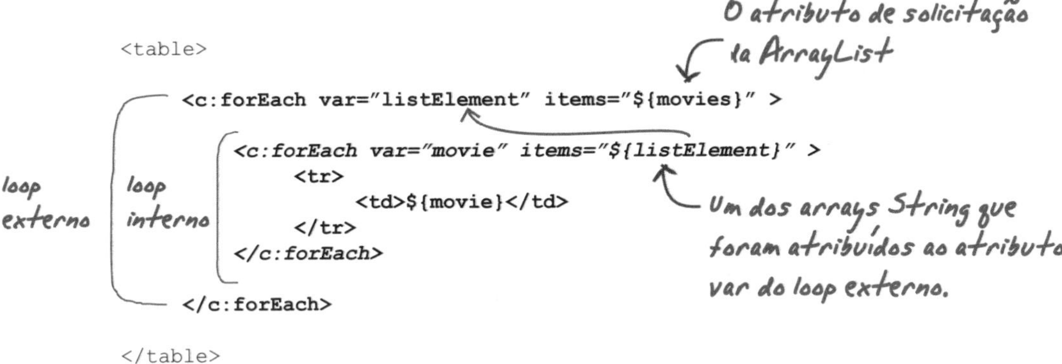


```
<table>
    <c:forEach var="listElement" items="${movies}" >
        <c:forEach var="movie" items="${listElement}" >
            <tr>
                <td>${movie}</td>
            </tr>
        </c:forEach>
    </c:forEach>
</table>
```

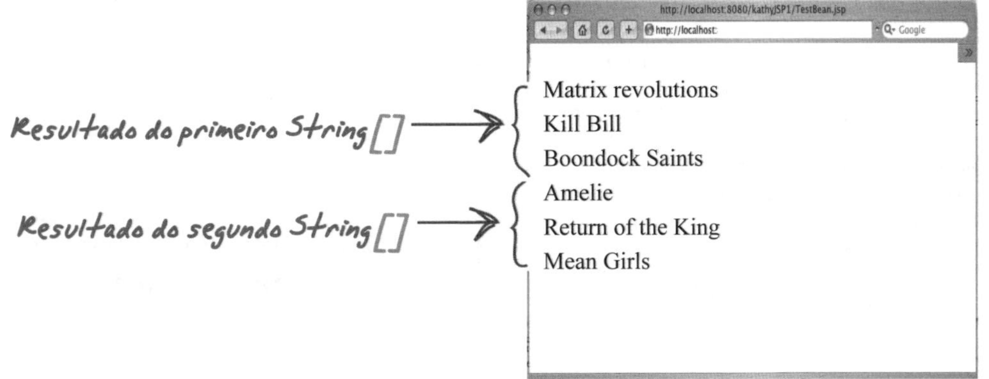

Não existem
Perguntas Idiotas

P: Como você sabia que o atributo "varStatus" era uma instância do que quer que fosse, e como você sabia que era uma propriedade "count"?

R: Eh... nós olhamos na resposta.
Está tudo na especificação da JSTL 1.1. Se você ainda não tiver a especificação, baixe-a AGORA (a introdução deste livro lhe diz onde obter as especificações abordadas no livro). Ela é A referência para todas as tags da JSTL, e lhe informa todos os atributos possíveis (sejam eles opcionais ou obrigatórios), o tipo do atributo, e muitos outros detalhes sobre o modo de usar a tag.
Tudo o que você precisa saber sobre estas tags (para o exame) se encontra neste capítulo. Mas algumas das tags têm algumas outras opções que não abordamos aqui, então você poderá desejar dar uma olhada na especificação.

P: Já que você sabe mais do que está disposto a dizer sobre esta tag... ela fornece uma maneira de modificar os passos da iteração? Em um loop for Java real, eu não preciso fazer i++, posso fazer i +=3, por exemplo, para obter cada terceiro elemento, em vez de todos os elementos...

R: Sem problemas. A tag <c:forEach> possui atributos opcionais para *begin*, *end* (caso você deseje iterar sobre um subconjunto da coleção), e *step*, caso você deseje pular alguns elementos.

P: O "c" em <c:forEach> é um prefixo obrigatório?

R: Bom, é obrigatório usar *algum* prefixo, certamente; todas as tags e funções EL devem ter um prefixo para dar ao Container o namespace para a tag ou nome de função em questão. Mas você não PRECISA nomear o prefixo com "c". Esta é apenas a convenção para o conjunto de tags da JSTL conhecidas como "**c**entrais". Recomendamos usar algo *diferente* de "c" como prefixo sempre que você quiser confundir totalmente os seus colegas de trabalho.

Veja isto!

Cuidado!

A variável "var" tem como escopo APENAS a tag!

É isso mesmo, escopo da tag. Ou seja, não se trata de um escopo abrangente ao qual você possa vincular atributos como nos outros quatro – page, request, session, application. O escopo da tag significa simplesmente que a variável foi declarada DENTRO de um loop.
E você já sabe o que isso significa em termos de Java. Você verá que, para a maioria das outras tags, uma variável definida com um atributo "var" será visível a qualquer escopo que você definir especificamente (usando um atributo "scope" opcional), OU, a variável usará o padrão de escopo de página.
Assim, não se engane com código que tente usar a variável em algum ponto ABAIXO do fim do corpo da tag <c:forEach>!

```
<c:forEach var="foo"
items="${fooList}" >
    ${foo}  <-- OK
</c:forEach>
```

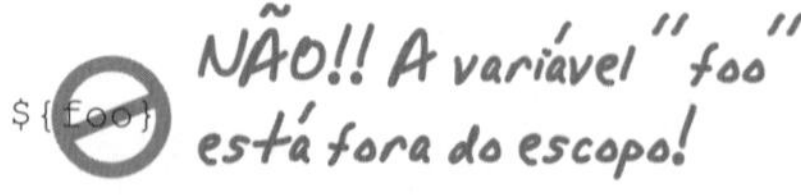

${foo}
NÃO!! A variável "foo" está fora do escopo!

Pode ajudar se você pensar no escopo da tag como sendo idêntico ao escopo do bloco no bom e velho código Java. Um exemplo é o loop for que todos vocês conhecem e amam:

```
for (int i = 0; i < items.length;
i++) {
  x + i;
}
doSomething(i);
```

NÃO!! A variável "i" está fora do escopo!

Fazendo uma inclusão condicional com <c:if>

Imagine que você tenha uma página em que os usuários possam ver comentários deixados por outros usuários. E imagine que os membros também possam postar comentários, mas visitantes que não são membros não possam. **Você deseja que *todos* obtenham a mesma página, mas que os *membros* "vejam" mais informações da página.** Você precisa de um <jsp:include > condicional e, é claro, você não quer fazê-lo com scripts!

O que os membros vêem

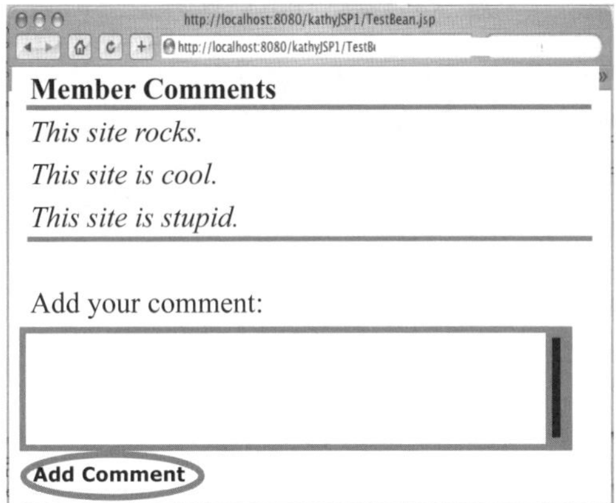

O que os NÃO-membros vêem

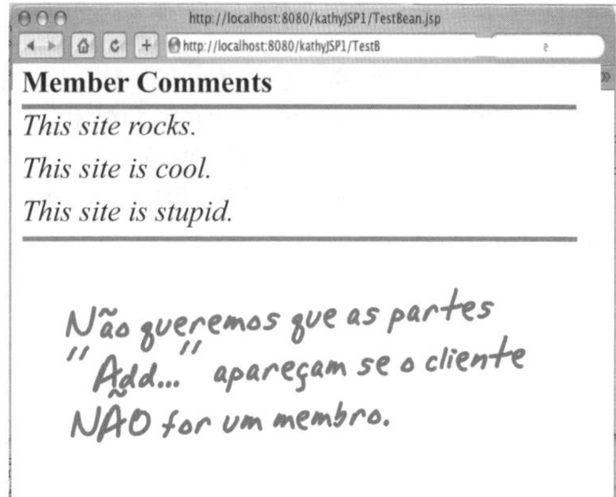

Código JSP

```
<%@ taglib prefix="c" uri="http://java.sun.com/jsp/jstl/core" %>
<html><body>
<strong>Member Comments</strong> <br>
<hr>${commentList}<hr>

<c:if test="${userType eq 'member' }" >

   <jsp:include page="inputComments.jsp"/>
</c:if>
</body></html>
```

Suponha que um servlet defina, em algum ponto, o atributo userType, com base nas informações de login do usuário.

Sim, são aspas SIMPLES envolvendo member. Não se esqueça de que você pode usar aspas duplas OU simples nas suas tags e EL.

Página incluída ("inputComments.jsp")

```
<form action="commentsProcess.jsp" method="post">
Add your comment: <br>
<textarea name="input" cols="40" rows="10"></textarea> <br>
<input name="commentSubmit" type="button" value="Add Comment">
</form>
```

Mas, e se você precisar de um else?

E se você quiser fazer *uma* coisa se a condição for verdadeira, e uma *outra* coisa se a condição for falsa? Em outras palavras, e se quiséssemos exibir *ou* uma coisa *ou* outra, mas sem que *ninguém* veja ambas? A tag <c:if> da página anterior funcionou bem, porque a lógica era: *todos* vêem a primeira parte e, em seguida, se a condição do teste for verdadeira, algo mais é exibido.

Mas imagine agora este cenário: você tem um site de venda de carros, e ***deseja customizar o título que aparece em cada página, com base em um atributo do usuário*** definido anteriormente na sessão. A maior parte da página é a mesma, independentemente do usuário, mas cada um vê um *título* customizado – um que reflita a motivação pessoal do usuário para comprar (afinal, estamos tentando vender-lhe um carro para ficarmos indecentemente ricos). No início da sessão, um formulário pede ao usuário que escolha o que é mais importante...

Imagine um site de uma empresa de venda de carros. A primeira página pergunta ao usuário o que ele acha mais importante. Assim como um bom vendedor, as páginas que falam das características do carro irão customizar a apresentação com base na preferencia do usuário, de modo que cada uma das características do carro pareça ter sido feita com as preferencias pessoais DO USUÁRIO em mente...

No início da sessão:

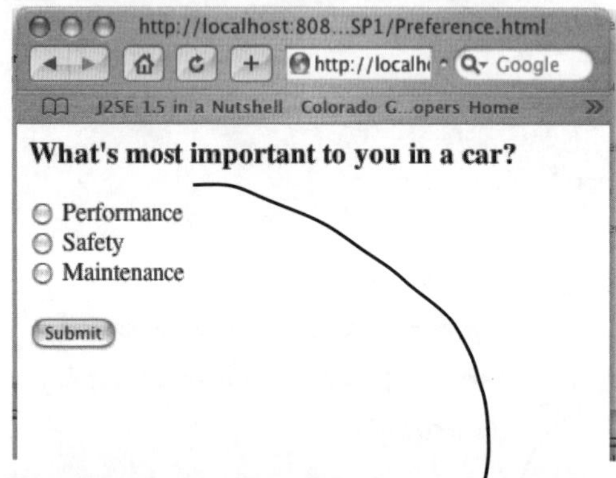

Em algum ponto posterior da sessão:

http://localhost:808...SP1/Preference.html

Now you can stop even if you *do* drive insanely fast.

The Brakes

Our advanced anti-lock brake system (ABS) is engineered to give you the ability to steer even as you're stopping. We have the best speed sensors of any car this size.

A página do usuário foi ligeiramente customizada, para combinar com o seu interesse...

A tag <c:if> não funcionará para isto

Não há como fazer exatamente o que queremos usando-se a tag <c:if>, porque ***ela não possui um "else"***. Podemos quase fazê-lo, usando algo como:

JSP usando <c:if>, mas não funciona corretamente...

```
<c:if test="${userPref=='performance'}" >
    Now you can stop even if you <em>do</em> drive insanely fast..
</c:if>
<c:if test="${userPref=='safety'}" >
    Our brakes won't lock up no matter how bad a driver you are.
</c:if>
<c:if test="${userPref=='maintenance'}" >
    Lost your tech job? No problem—you won't have to service these brakes
    for at least three years.
</c:if>
```

Mas o que acontece se userPref não for nenhuma das opções? Não há uma forma de especificar um título-padrão?

```
<!-- continua com o restante da página que TODOS deverão ver -->
```

A tag <c:if> não funcionará, a não ser que tenhamos CERTEZA de que nunca precisaremos de um valor-padrão. O que realmente precisamos é de algo como um construtor if/else:*

JSP *com* script, fazendo o que desejamos

Considere que "userPref" tenha sido definido em algum momento anterior na sessão.

```
<html><body><h2>
<% String pref = (String) session.getAttribute("userPref");
   if (pref.equals("performance")) {
       out.println("Now you can stop even if you <em>do</em> drive insanely
fast.");
   } else if (pref.equals("safety")) {
       out.println("Our brakes won't lock up, no matter how bad a driver you are.
");
   } else if (pref.equals("maintenance")) {
       out.println(" Lost your tech job? No problem—you won't have to service
these  brakes for at least three years.");
   } else {
       // userPref não é nenhuma das opções, então exibe o título-padrão
       out.println("Our brakes are the best.");
  } %>
</h2><strong>The Brakes</strong> <br>
Our advanced anti-lock brake system (ABS) is engineered to give you the ability to
steer even as you're stopping. We have the
best speed sensors of any car this size. <br>
</body></html>
```

*Sim, nós concordamos que quase *sempre* há uma abordagem melhor do que usar testes if encadeados. Mas você terá que confiar em nós até aprender como tudo isso funciona...

I will CHOOSE you WHEN you are ready to give up your obsession with Pilates. OTHERWISE, I'll have to go with Kenny for the synchronized swim team.

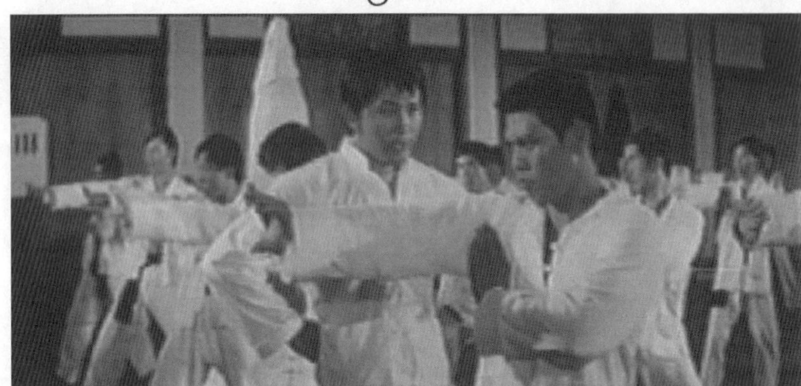

A tag <c:choose> e suas parceiras <c:when> e <c:otherwise>

Apenas UM destes quatro corpos (incluindo o <c:otherwise>) irá rodar. (Não é como um comando switch – não há nenhum fall-through.)

```
<c:choose>
    <c:when test="${userPref == 'performance'}">
        Now you can stop even if you <em>do</em> drive insanely fast.
    </c:when>

    <c:when test="${userPref == 'safety'}">
        Our brakes will never lock up, no matter how bad a driver you are.
    </c:when>

    <c:when test="${userPref == 'maintenance'}">
        Lost your tech job? No problem--you won't have to service these brakes
for at least three years.
    </c:when>

    <c:otherwise>
        Our brakes are the best.
    </c:otherwise>
</c:choose>
<!-- o resto da página segue aqui... -->
```

Se nenhum dos testes <c:when> for verdadeiro, o <c:otherwise> roda como padrão.

Nota: NÃO é obrigatório que a tag <c:choose> tenha uma tag <c:otherwise>.

A tag <c:set>... muito mais legal que a <jsp:setProperty>

A tag <jsp:setProperty> só é capaz de fazer uma coisa: definir a propriedade de um bean. Mas, e se você quiser definir um valor em um Map? E se quiser criar uma *nova* entrada em um Map? Ou, se simplesmente quiser criar um novo atributo no escopo da solicitação? Você tem todas essas possibilidades com <c:set>, mas terá que aprender algumas regras simples. Set vem em dois sabores: ***var*** e ***target***. A versão *var* serve para definir variáveis de atributos, e a versão *target* serve para definir propriedades de beans ou valores de Maps. Cada um dos dois sabores vem com duas variantes: com ou sem um corpo. O corpo de <c:set> é apenas uma outra forma de inserir o *valor*.

Definindo uma variável de atributo var com <c:set>

1 SEM corpo

Se NÃO houver um atributo de escopo da sessão chamado "userLevel", esta tag cria um (supondo-se que o atributo value não é nulo).

```
<c:set var="userLevel" scope="session" value="Cowboy" />
```

O scope é opcional; var é obrigatório. Você TEM QUE especificar um valor, mas pode escolher entre inserir um atributo de valor ou colocar o valor no corpo da tag (ver o nº 2 abaixo).

value não tem que ser uma String...

Se ${person.dog} avaliar como um objeto Dog, então "Fido" é do tipo Dog.

```
<c:set var="Fido" value="${person.dog}" />
```

2 COM corpo

Lembre-se, nada de barra aqui quando a tag tiver um corpo.

```
<c:set var="userLevel" scope="session" >
     Sheriff, Bartender, Cowgirl
</c:set>
```

O corpo é avaliado e usado como o valor da variável.

Se o *valor* for avaliado como nulo, a variável será REMOVIDA! Isso mesmo, *removida*.

Imagine que para o valor (no corpo da tag ou usando o atributo value), você use ${person.dog}. Se ${person.dog} avaliar como nulo (significando que não há nenhuma **person**, *ou a propriedade* **dog** *de person é nula), então, se HOUVER um atributo de variável com um nome "Fido", esse atributo será removido! (Se você não especificar um escopo, ele começará olhando na página, depois na solicitação, etc.) Isto acontece, mesmo se o atributo "Fido" tiver sido definido originalmente como String, Duck ou Broccoli.*

Usando <c:set> com beans e Maps

Este sabor de <c:set> (com as suas duas variantes – com ou sem corpo) serve apenas para duas coisas: propriedades de beans e valores de Maps. Só isso. Você não pode usá-lo para adicionar coisas a listas, nem a arrays. É simples – você fornece a ele o objeto (um bean ou um Map), o nome da propriedade/chave e o valor.

Definindo uma propriedade ou valor de target com <c:set>

1 SEM corpo

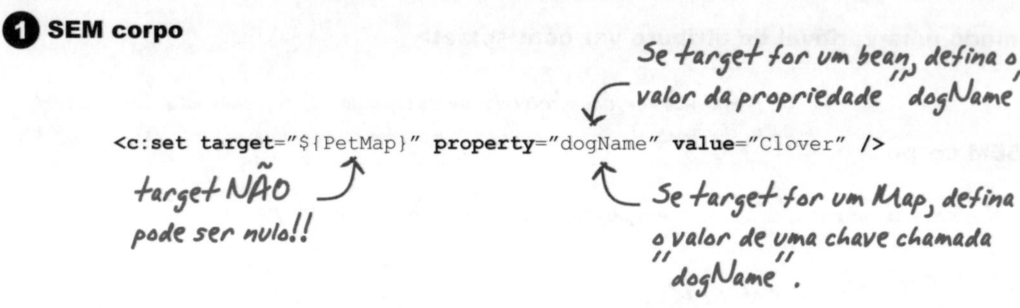

Se target for um bean, defina o valor da propriedade "dogName".
<c:set target="${PetMap}" property="dogName" value="Clover" />
target NÃO pode ser nulo!!
Se target for um Map, defina o valor de uma chave chamada "dogName".

2 COM corpo

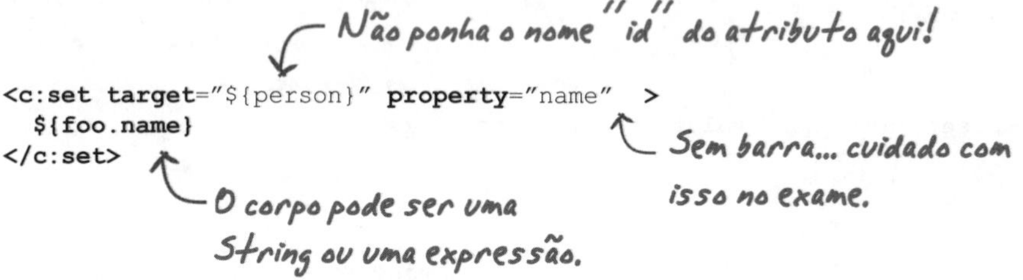

Não ponha o nome "id" do atributo aqui!
<c:set target="${person}" property="name" >
${foo.name}
</c:set>
Sem barra... cuidado com isso no exame.
O corpo pode ser uma String ou uma expressão.

O "target" deve avaliar para o OBJETO! Não digite o nome de String "id" do atributo do bean ou Map!

Isto é importante de se lembrar. Na tag <c:set>, o atributo "target" parece funcionar como o "id" de <jsp:setProperty >. Até mesmo o atributo "var" na outra versão de <c:set> usa uma String literal que representa o nome do atributo do escopo. MAS... não é assim que funciona com "target"!

Com o atributo "target", você NÃO digita a String literal que representa o nome sob o qual o atributo foi vinculado à página, ao escopo, etc. Em vez disso, o atributo "target" precisa de um valor que resolva para o ALVO REAL. Isso significa uma expressão EL ou uma expressão de script (<%= %>), ou algo que ainda não vimos: <jsp:attribute>.

Pontos principais e pegadinhas com <c:set>

Sim, <c:set> é fácil de usar, mas há algumas questões de que você precisa se lembrar:

- **Não é possível ter AMBOS os atributos "var" e "target" ao mesmo tempo em um <c:set>.**
- **"Scope" é opcional, mas, se não usá-lo, o padrão é o *page* scope.**
- **Se o "value" for nulo, o atributo nomeado por "var" será removido!**
- **Se o atributo nomeado por "var" não existir, ele será criado, mas apenas se "value" não for nulo.**
- **Se a expressão "target" for nula, o Container gera uma exceção.**
- **O "target" serve para inserir uma expressão que resolva para o Objeto Real. Se você inserir uma String literal que represente o nome de "id" do bean ou Map, não funcionará. Em outras palavras, "target" não serve para o *nome* do atributo do bean ou Map – e sim, para o próprio *objeto* do atributo.**
- **Se a expressão "target" não for um Map, nem um bean, o Container gera uma exceção.**
- **Se a expressão "target" for um bean, mas este não tiver uma propriedade que coincida com "property", o Container gera uma exceção. Mas cuidado, porque a expressão EL por si mesma NÃO causará uma exceção se a propriedade não existir. Então, embora ${fooBean.notAProperty} não cause uma exceção por si mesma (apenas retorna nulo), se essa *mesma* "notAProperty" for o valor de um atributo "target", o Container gera uma exceção.**

Não existem Perguntas Idiotas

P: Por que eu usaria a versão com corpo, ao invés da versão sem corpo? Parece que elas fazem exatamente a mesma coisa.

R: Isso é porque elas DE FATO... fazem a mesma coisa. A versão com corpo é apenas para conveniência, quando você deseja mais espaço para o valor. Poderia ser uma expressão longa e complexa, por exemplo, e colocá-la no corpo torna-a mais fácil de ler.

P: Se eu não especificar um escopo, isso significa que o Container encontrará atributos APENAS dentro do escopo de página, ou ele faz uma busca começando com o escopo de página?

R: Se você não usar o atributo "scope" opcional na tag, e estiver usando "var" ou "target", o Container buscará escopos na ordem que seria de se esperar – página, depois solicitação, depois sessão, depois aplicação (contexto).
Se você estiver usando a versão "var" sem um escopo, e o Container não conseguir achar um atributo com o nome em questão em nenhum dos quatro escopos, o Container cria um novo atributo no escopo da página.

P: Por que a palavra "atributo" é tão sobrecarregada? Ela significa tanto "as coisas que são colocadas dentro de tags", como "as coisas que são vinculadas a objetos em um dos quatro escopos". Então, no fim das contas você tem um atributo de uma tag cujo valor é um atributo da página e...

R: Tudo bem, já entendemos. Mas é assim que as coisas são. Mais uma vez, ninguém pediu a NOSSA opinião. Nós teríamos chamado os objetos vinculados de algo como, sei lá, "objetos vinculados".

Não acredito que você precisa usar <c:set> para remover um atributo. Isso parece errado.

<c:remove> faz sentido

Concordamos com o Dick – usar um *set* para *remover* algo parece errado (mas lembre-se, o *set* somente *remove* quando você passa a ele um valor nulo).
A tag <c:remove> é intuitiva e simples:

```
<%@ taglib prefix="c" uri="http://java.sun.com/jsp/jstl/core" %>
<html><body>

   <c:set var="userStatus" scope="request" value="Brilliant" />

   userStatus: ${userStatus} <br>

   <c:remove var="userStatus" scope="request" />

   userStatus is now: ${userStatus}

</body></html>
```

O atributo var TEM QUE ser uma String literal! Não pode ser uma expressão!!

O escopo é opcional e, como sempre, o escopo-padrão é o de página.

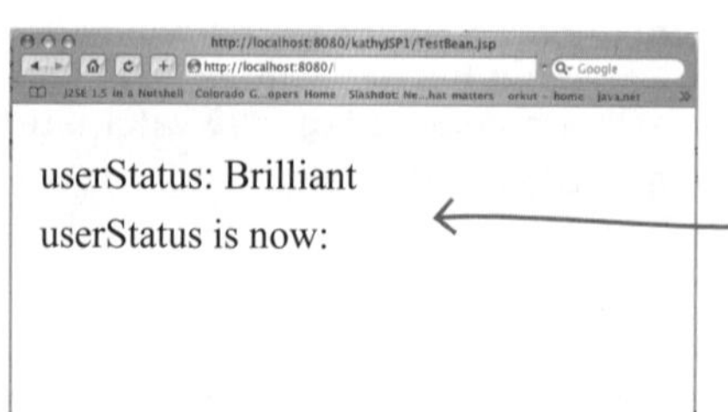

O valor de userStatus foi removido, então, nada é exibido quando a expressão EL é usada DEPOIS da remoção.

Teste a sua memória sobre as Tags

Se estiver estudando para o exame, não pule esta parte. As respostas encontram-se no final do capítulo.

1 Preencha o nome do atributo opcional.

```
<c:forEach var="movie" items="${movieList}"            ="foo" >
   ${movie}
</c:forEach>
```

2 Preencha o nome do atributo que está faltando.

```
<c:if          ="${userPref=='safety'}" >
    Maybe you should just walk...
</c:if>
```

3 Preencha o nome do atributo que está faltando.

```
<c:set var="userLevel" scope="session"          ="foo" />
```

4 Preencha o nome das tags (dois tipos de tags diferentes) e o nome do atributo que está faltando.

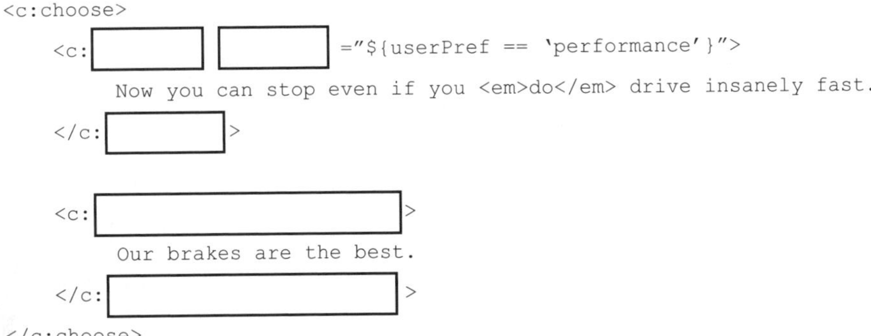

<c:choose>
<c: ="${userPref == 'performance'}">
Now you can stop even if you <em>do</em> drive insanely fast.
</c: >
<c: >
Our brakes are the best.
</c: >
</c:choose>

Com a <c:import>, há agora TRÊS maneiras de incluir conteúdo

Até aqui, temos usado duas maneiras diferentes de adicionar conteúdo de um outro recurso para um JSP. Mas há ainda *uma outra* maneira, usando a JSTL.

1 A *diretiva* include

```
<%@ include file="Header.html" %>
```

Estática: adiciona o conteúdo a partir do valor do atributo *file* para a página atual no momento de *tradução*.

2 A *ação-padrão* <jsp:include>

```
<jsp:include page="Header.jsp" />
```

Dinâmica: adiciona o conteúdo a partir do valor do atributo *page* para a página atual, no momento da ***solicitação***.

Ao contrário dos outros dois includes, a url de <c:import> pode se localizar fora do Container web!

3 A tag JSTL <c:import>

```
<c:import url="http://www.wickedlysmart.com/skyler/horse.html" />
```

Dinâmica: adiciona o conteúdo a partir do valor do atributo *URL* para a página atual, no momento da ***solicitação***. Funciona praticamente da mesma forma que a <jsp:include>, mas é mais poderosa e flexível.

NÃO confunda <c:import> (um tipo de include) com o atributo import da diretiva da página (uma forma de colocar um comando import Java no servlet gerado).

Todos eles têm nomes de atributos diferentes!

(E cuidado com a diferença entre "include" e "import".)

Cada um dos três mecanismos para incluir conteúdo a partir de outro recurso para dentro do seu JSP usa uma palavra diferente para o atributo. A diretiva include usa **file**, *a <jsp:include> usa* **page**, *e a tag JSTL <c:import> usa* **url**. *Isto faz sentido, pensando bem... mas você precisa memorizar todas as três. A diretiva servia originalmente para templates estáticos de layout, como headers HTML. Em outras palavras, um "arquivo". A <jsp:include> servia mais para conteúdo dinâmico vindo de JSPs, então deram ao atributo o nome "page" para refletir isso. O atributo para <c:import> recebeu o nome daquilo que você fornece a ele – uma URL! Lembre-se, os dois primeiros "includes" não podem ir além do Container atual, mas <c:import>* **sim**.

A <c:import> consegue alcançar o LADO DE FORA da aplicação web

Com a <jsp:include> ou a diretiva include, é possível incluir apenas páginas que façam parte da aplicação web atual. Mas agora com a <c:import>, você tem a opção de puxar conteúdo de *fora* do Container. Este exemplo simples mostra um JSP no Servidor A importando o conteúdo de uma URL do Servidor B. No momento da solicitação, o pedaço de HTML do arquivo importado é adicionado ao JSP. O pedaço importado usa uma referência a uma imagem que *também* está no Servidor B.

Servidor A, o JSP fazendo a importação

A

O JSP

```
<%@ taglib prefix="c" uri= "http://java.sun.com/jsp/jstl/core" %>
<html><body>
  <c: import url ="http://www.wickedlysmart.com/skyler/horse.html" />
  <br>
  This is my horse.
</body><html>
```

(Não se esqueça: assim como no caso de outros mecanismos de inclusão, o objeto que você importa deve ser um fragmento de HTML, e NÃO uma página completa com tags de abertura e fechamento <html> e <body>.)

Servidor B, o conteúdo importado

B

O arquivo importado

```
<img arc="http://www.wickedlysmart.com/skyler/horse.gif">
```

"horse.html" e "horse.gif" estão ambos no Servidor B, um servidor web completamente diferente daquele que abriga o JSP.

A resposta

O cavalo vem de um servidor web completamente diferente do da página que contém o texto.

Customizando o que você inclui

Você se lembra quando, no capítulo passado, usamos um <jsp:include> para inserir o header do layout (um gráfico com algum texto), mas queríamos customizar a legenda usada no header? Usamos <jsp:param> para essa finalidade...

1 O JSP com o <jsp:include>

```
<html><body>

<jsp:include page="Header.jsp">

   <jsp:param name="subTitle" value="We take the sting out of SOAP." />

</jsp:include>

<br>
<em>Welcome to our Web Services Support Group.</em> <br><br>
Contact us at: ${initParam.mainEmail}
</body></html
```

2 O arquivo incluído ("Header.jsp")

```
<img src="images/Web-Services.jpg" > <br>

<em><strong>${param.subTitle}</strong></em> <br>
```

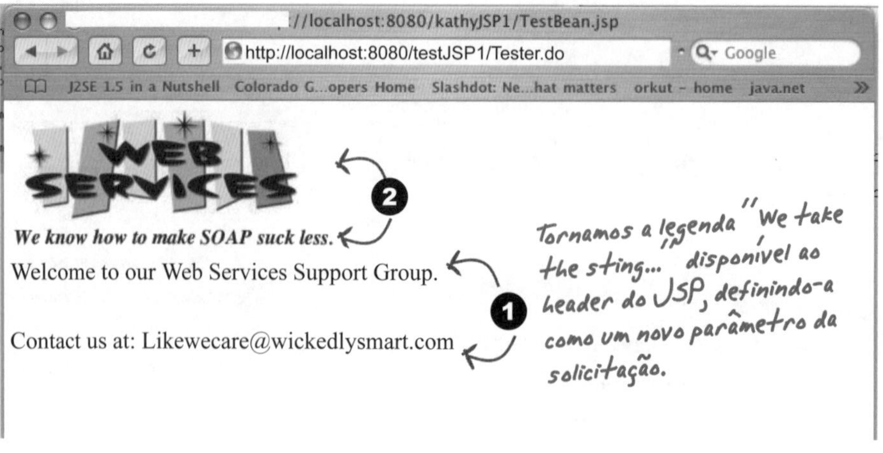

Fazendo o mesmo com <c:param>

Aqui, realizamos a mesma coisa que na página anterior, mas usando uma combinação de <c:import> e <c:param>. Você verá que a estrutura é praticamente idêntica à que usamos com ações-padrão.

1 O JSP com o <c:include>

```
<%@ taglib prefix="c" uri="http://java.sun.com/jsp/jstl/core" %>
<html><body>

<c:import url="Header.jsp" >

   <c:param name="subTitle" value="We take the sting out of SOAP." />

</c:import>

<br>
<em>Welcome to our Web Services Support Group.</em> <br><br>

Contact us at: ${initParam.mainEmail}

</body></html>
```

Sem barra, porque AGORA a tag tem um corpo...

2 O arquivo incluído ("Header.jsp")

```
<img src="images/Web-Services.jpg" > <br>

<em><strong>${param.subTitle}</strong></em> <br>
```

Esta página não se modifica. Ele não se importa sobre COMO o parâmetro chegou lá, desde que lá esteja.

Desculpe mudar de assunto aqui... mas acabei de notar um GRANDE problema com JSPs! Como se faz para garantir o registro da sessão a partir de um JSP... sem usar scripts?

O registro da sessão acontece automaticamente com JSPs, a não ser que você o desabilite explicitamente com uma diretiva de página, que tenha um atributo session que diga session="false".

Ele não entendeu a questão... eu disse "garantir". A minha pergunta, na verdade, é: se o cliente não tiver suporte a cookies, como eu faço para acontecer a reescrita de URL? Como eu faço para a ID da sessão ser adicionada às URLs no meu JSP?

Ahhh... ele certamente não conhece a tag <c:url>. Ela faz a reescrita de URL automaticamente.

A <c:url> para todas as suas necessidades de hyperlink

Você se lembra da época dos servlets, quando queríamos usar uma sessão? Primeiro, tínhamos que *obter* a sessão (ou a existente ou uma nova). Nesse ponto, o Container sabe que deve associar o cliente desta solicitação com uma ID particular de sessão. O Container *quer* usar um cookie – ele quer incluir um cookie único na resposta, para depois o cliente enviar esse cookie de volta a cada solicitação subseqüente. Exceto por um problema... o cliente pode ter um browser com os cookies desabilitados. E aí?

O Container passa automaticamente para a reescrita de URL, caso ele não receba um cookie do cliente. Porém, com servlets, você AINDA precisa codificar as suas URLs. Em outras palavras, *você* ainda tem que dizer ao Container para "anexar a jsessionid ao final desta determinada URL..." para cada URL relevante. Bem, você pode fazer a mesma coisa a partir de um JSP, usando a tag <c:url>.

Reescrita de URL a partir de um servlet

```
public void doGet(HttpServletRequest request, HttpServletResponse response)
                                                        throws IOException,
ServletException {
    response.setContentType("text/html");
    PrintWriter out = response.getWriter();
    HttpSession session = request.getSession();

    out.println("<html><body>");
    out.println("<a href=\"" + response.encodeURL("/BeerTest.do") + "\">click</
a>");
    out.println("</body></html>");
}
```

Adiciona as informações extras da ID da sessão a esta URL.

Reescrita de URL a partir de um JSP

```
<%@ taglib prefix="c" uri="http://java.sun.com/jsp/jstl/core" %>
<html><body>

This is a hyperlink with URL rewriting enabled.

<a href="<c:url value='/inputComments.jsp' />">Click here</a>

</body></html>
```

Isto adiciona a jsessionid ao final da URL relativa a "value" (se os cookies estiverem desabilitados).

E se a URL precisar de codificação?

Lembre-se de que, em uma solicitação HTTP GET, os parâmetros são anexados à URL na forma de uma query string. Por exemplo, se um formulário de uma página HTML tiver dois campos de texto – primeiro nome e sobrenome – a URL requisitada irá inserir os nomes e os valores dos parâmetros no final da solicitação URL. Mas... a solicitação HTTP não funciona corretamente se contiver caracteres *não-seguros* (embora a maioria dos navegadores modernos tenha uma forma de tentar solucionar isso).

Se você for um desenvolvedor web, isso tudo não é novidade para você, mas, caso seja novato em desenvolvimento web, você precisa saber que as URLs freqüentemente precisam ser *codificadas*. A codificação de URL significa substituir os caracteres não-seguros/reservados por outros caracteres, e então, toda a página é decodificada novamente no lado do servidor. Por exemplo, não são permitidos espaços em URLs, mas você pode substituir os espaços por um sinal de mais ("+"). O problema é que a <c:url> NÃO codifica automaticamente as suas URLs!

Usando a <c:url> com uma query string

Lembre-se, a tag <c:url> realiza a reescrita de URL, mas *não* a codificação de URL!

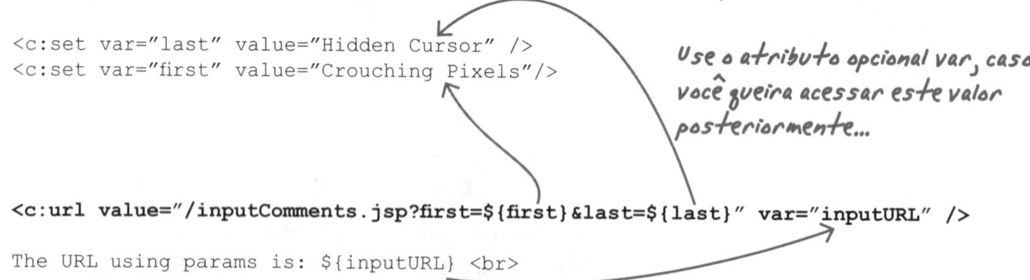

Use o atributo opcional var, caso você queira acessar este valor posteriormente...


```
<c:set var="last" value="Hidden Cursor" />
<c:set var="first" value="Crouching Pixels"/>

<c:url value="/inputComments.jsp?first=${first}&last=${last}" var="inputURL" />

The URL using params is: ${inputURL} <br>
```

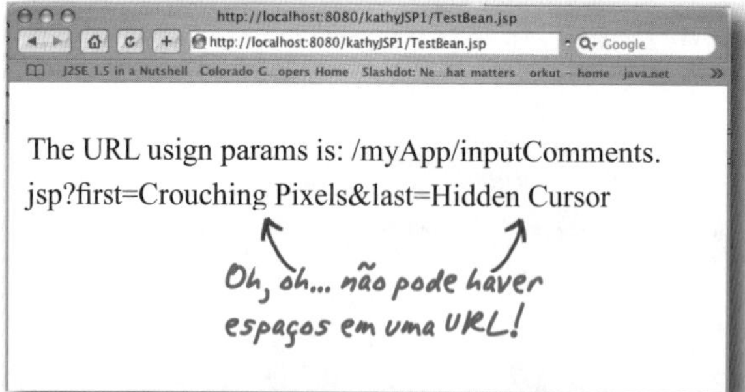

Oh, oh... não pode haver espaços em uma URL!

Haja paciência! Parâmetros de query string precisam ser codificados... espaços, por exemplo, devem ser substituídos por sinais de mais (+).

Usando <c:param> no corpo de <c:url>

Isto resolve o nosso problema! Agora, temos tanto a reescrita de URL, como a codificação de URL.

em barra

```
<c:url value="/inputComments.jsp" var="inputURL" >
   <c:param name="firstName" value="${first}" />
   <c:param name="lastName" value="${last}" />
</c:url>
```

Agora estamos seguros, porque <c:param> cuida da codificação!

Agora a URL se parece com o seguinte:

```
/myApp/inputComments.jsp?firstName=Crouching+Pixels&lastName=Hidden+Cursor
```

Vou interromper esta conversa sobre JSTL por alguns minutos para falar sobre a manipulação de erros. Estamos prestes a fazer algo que poderá causar uma exceção...

Você NÃO quer que seus clientes vejam isto:

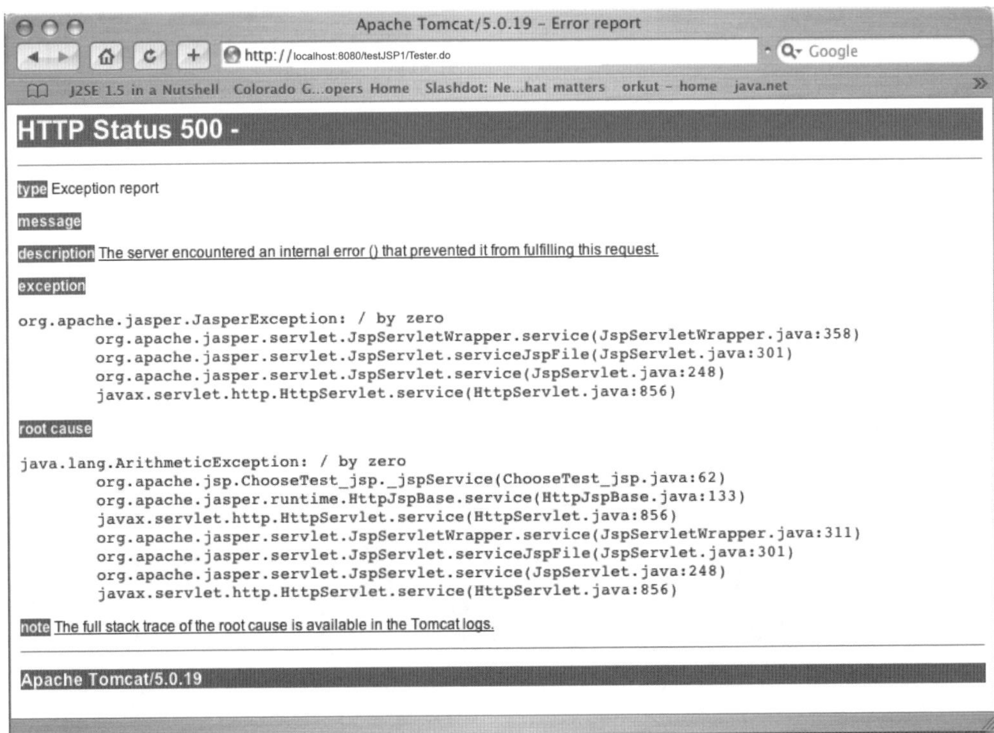

Crie suas próprias páginas de erro

O cara que está surfando pelo seu site não deseja ver o seu stack trace. E ele também não está com muita vontade de receber um "404 Not Found" padrão.

Você não pode prevenir *todos* os erros, certamente, mas você pode pelo menos oferecer ao usuário uma página de resposta de erro mais amistosa (e mais atraente). Você pode elaborar uma página customizada para manipular os erros, e então usar a diretiva page para configurá-la.

A página de ERRO designada ("errorPage.jsp")

```
<%@ page isErrorPage="true" %>
<html><body>
<strong>Bummer.</strong>
<img src="images/bummerGuy.jpg">
</body></html>
```

Confirma para o Container: "Sim, esta é uma página de erro designada oficialmente".

A página DEFEITUOSA que gera uma exceção ("badPage.jsp")

```
<%@ page errorPage="errorPage.jsp" %>
<html><body>
About to be bad...
<% int x = 10/0; %>
</body></html>
```

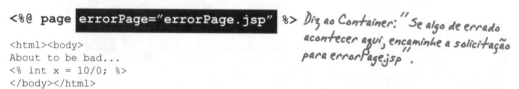

Diz ao Container: "Se algo de errado acontecer aqui, encaminhe a solicitação para errorPage.jsp".

O que ocorre quando você requisita "badPage.jsp"

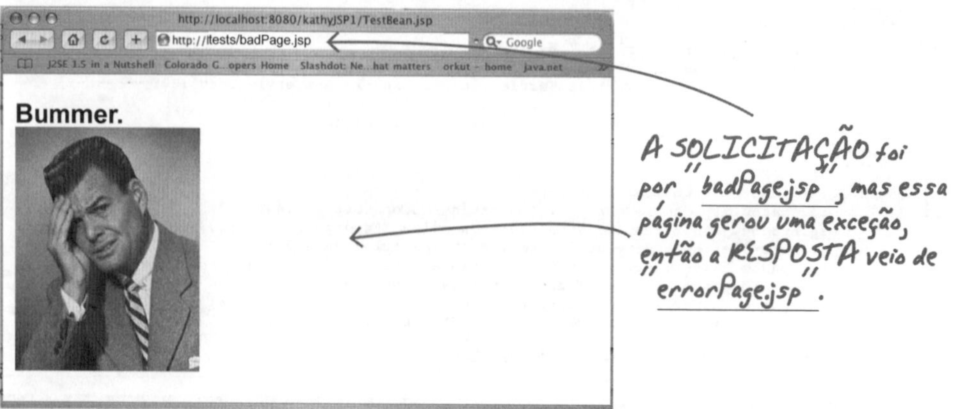

Vai levar uma ETERNIDADE para colocar diretivas page em todos os meus JSPs, para especificar qual página de erro eles devem usar. E se eu quisesse uma página diferente para cada erro? Se pelo menos houvesse um jeito de configurar páginas de erro para toda a aplicação web...

Ela não conhece a tag DD <error-page>.

É possível declarar páginas de erro no DD para a aplicação web inteira, e você pode até mesmo configurar diferentes páginas de erro para diferentes tipos de exceções, ou diferentes tipos de códigos de erros HTTP (404, 500, etc.).

O Container usa a configuração <error-page> no DD como padrão, mas se um JSP tiver uma diretiva *errorPage*, o Container usa essa diretiva.

Configurando páginas de erro no DD

Você pode declarar páginas de erro no DD com base ou no <exception-type>, ou no número do <error-code> HTML. Dessa forma, você pode exibir ao cliente diferentes páginas de erro específicas ao tipo de problema que gerou o erro.

Declarando uma página de erro geral

Esta declaração se aplica a tudo na sua aplicação web – não apenas JSPs. Você pode substituí-la em JSPs individuais, adicionando uma diretiva page com um atributo *errorPage*.

```
<error-page>
  <exception-type>java.lang.Throwable</exception-type>
  <location>/errorPage.jsp</location>
</error-page>
```

Declarando uma página de erro para uma exceção mais explícita

Esta declaração configura uma página de erro que só é chamada quando houver uma ArithmeticException. Se você tiver ao mesmo tempo esta e a declaração geral acima, qualquer exceção diferente de ArithmeticException continuará caindo na "errorPage.jsp".

```
<error-page>
  <exception-type>java.lang.ArithmeticException</exception-type>
  <location>/arithmeticError.jsp</location>
</error-page>
```

Declarando uma página de erro com base em um código de status HTTP

Isto configura uma página de erro que só é chamada quando o código de status para a resposta for "404" (arquivo não encontrado).

```
<error-page>
  <error-code>404</error-code>
  <location>/notFoundError.jsp</location>

</error-page>
```

A <location> DEVE ser relativa ao diretório raiz web-app, o que significa que ela DEVE começar com uma barra. (Isto é verdadeiro, independentemente de a página de erro se basear em <error-code> ou em <exception-type>.)

As páginas de erro têm um objeto extra: exception

Uma página de erro é, em essência, o JSP que *manipula* a exceção, de modo que o Container fornece à página um objeto extra para a *exceção*. Você provavelmente não desejará exibir a exceção ao usuário, mas de qualquer forma tem acesso a ela. Em um scriptlet, você pode usar o objeto implícito *exception* e, a partir de um JSP, pode usar o objeto implícito EL ${pageContext.exception}. O objeto é do tipo java.lang.Throwable, então você pode chamar métodos em um script e, com a EL, pode acessar as propriedades *stackTrace* e *message*.

Nota: o objeto de exceção implícito fica disponível APENAS para páginas de erro com uma diretiva page explicitamente definida:

<%@ page isErrorPage=true %>

Em outras palavras, configurar uma página de erro no DD não é o suficiente para fazer com que o Container forneça essa página ao objeto implícito de exceção!

Uma página de ERRO mais explícita ("errorPage.jsp")

```
<%@ page  isErrorPage="true" %>

<html><body>
<strong>Bummer.</strong><br>

You caused a ${pageContext.exception} on the server.<br>

<img src="images/bummerGuy.jpg">
</body></html>
```

O que acontece quando você requisita "badPage.jsp"

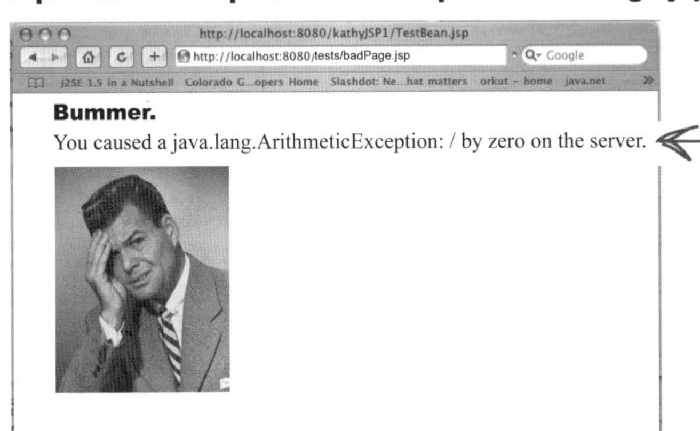

Desta vez, você recebe mais detalhes. Você provavelmente não disponibilizará isto para o usuário... apenas o fizemos para que você pudesse ver o exemplo.

E se eu achar que há uma exceção da qual eu possa me recuperar em um JSP? E se houver alguns erros que eu deseje capturar por minha conta?

A tag <c:catch>. Semelhante a try/catch... mais ou menos

Se você tiver uma página que invoca uma tag arriscada, mas acredita que possa recuperá-la, há uma solução. Você pode usar um tipo de try/catch usando a tag <c:catch> para embrulhar a tag ou expressão arriscada. Porque se você não o fizer, e se uma exceção for gerada, a sua manipulação-padrão do erro será ativada e o usuário receberá a página de erro declarada no DD. A parte que poderá parecer um pouco estranha é que <c:catch> serve como try (tentar), ou como catch (capturar) – não há uma tag *try* separada. Você embrulha as chamadas arriscadas à EL ou às tags, ou o que quer que esteja no corpo de uma <c:catch> e pronto, a exceção fica presa aí. Mas você não pode presumir que isso funcione exatamente como um bloco catch, porque, uma vez ocorrida a exceção, o controle pula para o fim do corpo da tag <c:catch> (falaremos mais sobre isso em um instante).

```
<%@ taglib prefix="c" uri="http://java.sun.com/jsp/jstl/core" %>
<%@ page errorPage="errorPage.jsp" %>
<html><body>

About to do a risky thing: <br>

<c:catch>

    <% int x = 10/0; %>

</c:catch>

If you see this, we survived.

</body></html>
```

Este scriptlet DEFINITIVAMENTE vai causar uma exceção... mas nós a capturamos, em vez de ativarmos a página de erro.

Se esta frase for exibida, então SABEMOS que conseguimos passar pela exceção (o que, neste exemplo, significa que a capturamos com sucesso).

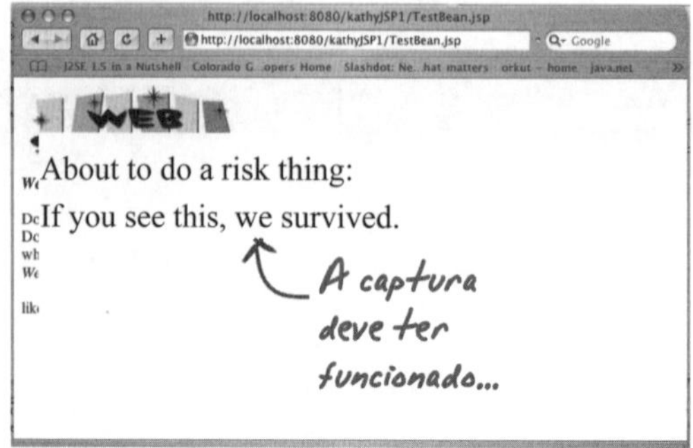

Você pode transformar a exceção em um atributo

Mas como eu consigo acesso ao objeto Exception? Aquele que foi, de fato, gerado? Uma vez que isto não é uma página de erro verdadeira, o objeto implícito de exceção não funciona aqui.

Em um try/catch Java real, o argumento catch é o objeto de exceção. Porém, com a manipulação de erros de aplicações web, lembre-se, *somente as páginas de erro oficialmente designadas recebem o objeto de exceção*. Para qualquer outra página, a exceção simplesmente não existe. Então, isto *não* funciona:

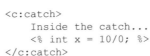

```
<c:catch>
    Inside the catch...
    <% int x = 10/0; %>
</c:catch>

Exception was: ${pageContext.exception}
```

Não funciona, porque esta não é uma página de erro oficial, então, ela não recebe o objeto de exceção.

Usando o atributo "var" em <c:catch>

Use o atributo opcional *var*, se quiser acessar a exceção após o fim da tag <c:catch>. Ele põe o objeto de exceção dentro do escopo da página, com o nome que *você* declara como o valor de *var*.

```
<%@ taglib prefix="c" uri="http://java.sun.com/jsp/jstl/core" %>
<%@ page errorPage="errorPage.jsp" %>
<html><body>

About to do a risky thing: <br>

<c:catch var="myException">

   Inside the catch...
   <% int x = 10/0; %>
</c:catch>

<c:if test="${myException != null}">
  There was an exception:  ${myException.message} <br>
</c:if>

We survived.
</body></html>
```

Isto cria um novo atributo com escopo de página chamado "myException", e atribui o objeto de exceção a ele.

Agora há um atributo myException e, uma vez que é um Throwable, ele possui uma propriedade "message" (porque Throwable tem um método getMessage()).

O fluxo de controle funciona em uma <c:catch> da mesma forma que em um bloco *try* – NADA roda dentro do corpo de <c:catch> *após* a exceção.

Em um bloco try/catch Java normal, uma vez ocorrida a exceção, o código ABAIXO desse ponto no bloco ***try*** *nunca é executado – o controle pula diretamente para o bloco catch. Com a tag <c:catch>, uma vez ocorrida a exceção, duas coisas acontecem:*

1) Se você tiver usado o atributo opcional "var", o objeto de exceção é atribuído a ele.

2) O fluxo pula para ***abaixo*** *do corpo da tag <c:catch>.*

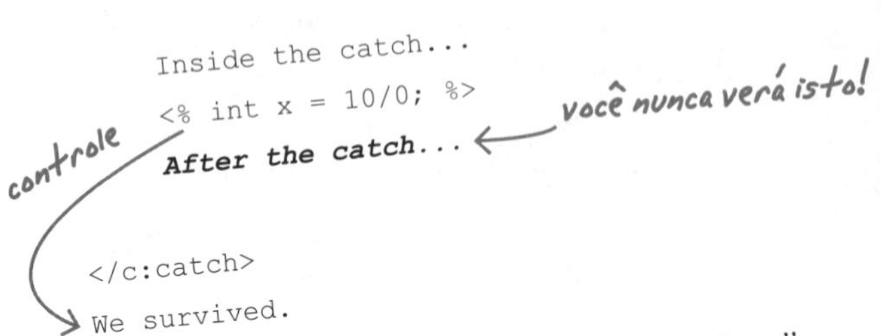

controle
você nunca verá isto!

```
<c:catch>

    Inside the catch...
    <% int x = 10/0; %>
    After the catch...

</c:catch>
We survived.
```

Cuidado com isso. Se quiser usar o objeto de exceção "var", você deve esperar até DEPOIS de chegar ao final do corpo de <c:catch>. Em outras palavras, simplesmente não há maneira de usar qualquer informação sobre a exceção DENTRO do corpo da tag <c:catch>.

É tentador pensar na tag <c:catch> como sendo igual a um bloco catch Java, mas não é. Uma <c:catch> age mais como um bloco ***try****, porque é nela que você insere o código arriscado. Exceto pelo fato de que um try nunca precisa de (nem tem) um bloco catch ou finally. Confuso? A questão é – aprenda esta tag pelo que ela é exatamente, em vez de tentar relacioná-la com o seu conhecimento de como um try/catch normal funciona. E no exame, se você vir código dentro da tag <c:catch>* <u>*abaixo*</u> *do ponto no qual a exceção é gerada, não se deixe enganar.*

E se você precisar de uma tag que NÃO esteja na JSTL?

A JSTL é imensa. A versão 1.1 possui *cinco* bibliotecas – quatro com *tags* customizadas e uma com uma série de *funções* para manipulação de Strings. As tags que abordamos neste livro (que por acaso são as que você precisa saber para o exame) servem para as coisas genéricas de que você mais provavelmente irá precisar, mas é possível que, dentre as cinco bibliotecas, você encontre tudo de que jamais irá precisar. Na página seguinte, começaremos a estudar o que acontece quando as tags abaixo não forem suficientes.

A biblioteca "Central"

Propósitos gerais

<c:out>
<c:set>
<c:remove>
<c:catch>

Condicionais

<c:if>
<c:choose>
<c:when>
<c:otherwise>

Relacionadas à URL

<c:import>
<c:url>
<c:redirect>
<c:param>

Iteração

<c:forEach>
<c:forTokens>

A biblioteca de "Formatação"

Internacionalização

<fmt:message>
<fmt:setLocale>
<fmt:bundle>
<fmt:setBundle>
<fmt:param>
<fmt:requestEncoding>

Formatação

<fmt:timeZone>
<fmt:setTimeZone>
<fmt:formatNumber>
<fmt:parseNumber>
<fmt:parseDate>

A biblioteca "SQL"

Acesso a bancos de dados

<sql:query>
<sql:update>
<sql:setDataSource>
<sql:param>
<sql:dateParam>

A biblioteca "XML"

Ações centrais XML

<x:parse>
<x:out>
<x:set>

Fluxo de controle XML

<x:if>
<x:choose>
<x:when>
<x:otherwise>
<x:forEach>

Ações de transformação

<x:transform>
<x:param>

Não abordamos esta última... ela lhe permite fazer iterações sobre tokens nos quais VOCÊ define o delimitador. Funciona praticamente da mesma forma que a StringTokenizer. Também não abordamos <c:redirect> nem <c:out>, mas isso lhe dá uma ótima desculpa para baixar a documentação JSTL.

Relaxe

Somente a biblioteca "central" é abordada no exame.

A biblioteca "central" (a qual, por convenção, sempre prefixamos com "c") é a única biblioteca JSTL abordada no exame. As demais são especializadas, então não nos aprofundaremos nelas. Mas você deve pelo menos saber que elas existem. As tags de transformação XML, por exemplo, podem salvar a sua vida, caso você tenha que processar emissões RSS. Escrever as suas próprias tags customizadas pode ser uma chateação, então se certifique de que não está reinventando a roda ao escrever uma.

Usando uma biblioteca de tags que NÃO pertence à JSTL

Criar o código que opera *por trás* de uma tag (em outras palavras, o código Java que é invocado quando você coloca a tag em seu JSP) não é trivial. Temos todo um capítulo (o próximo) voltado ao desenvolvimento dos seus próprios tag handlers customizados. Mas a última parte deste capítulo é sobre como *usar* as tags customizadas. O que acontece, por exemplo, se alguém lhe passa uma biblioteca de tags customizadas que a pessoa criou para a sua empresa ou seu projeto? Como você sabe quais são as tags e como usá-las? Com a JSTL é fácil – a especificação JSTL 1.1 *documenta* cada uma das tags, incluindo como usar cada um dos atributos obrigatórios e opcionais. Mas nem toda tag customizada virá tão bem empacotada e bem documentada. Você precisa saber como entender uma tag, mesmo se a documentação for fraca ou inexistente, e mais uma coisa – você precisa saber como *distribuir* uma biblioteca de tags customizadas.

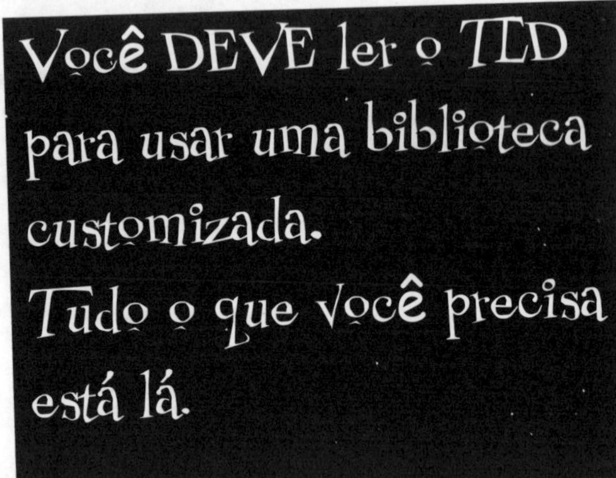

Você DEVE ler o TLD
para usar uma biblioteca
customizada.
Tudo o que você precisa
está lá.

Principais coisas que você precisa saber:

1 O nome e a sintaxe da tag

A tag possui um *nome*, obviamente. Em <c:set>, o *nome* da tag é *set*, e o *prefixo* é *c*. Você pode usar qualquer prefixo desejado, mas o *nome* vem do TLD. A sintaxe inclui coisas como atributos obrigatórios e opcionais, se a tag pode ter um corpo (e em caso afirmativo, o que pode ser inserido nele), o tipo de cada atributo, e se o atributo pode ser uma expressão (em vez de uma String literal).

2 O URI da biblioteca

O URI é um identificador único no Descritor da Biblioteca de Tags (Tag Library Descriptor, ou TLD). Em outras palavras, é um nome único para a biblioteca de tags que o TLD descreve. O URI é o que você coloca na sua diretiva taglib. É o que diz ao Container como identificar o arquivo TLD dentro da aplicação web, da qual o Container precisa para mapear o nome da tag usada no JSP, para o código Java que roda quando você usa a tag.

Aprendendo a usar o TLD

O TLD descreve duas coisas principais: tags customizadas e funções EL. Usamos uma delas quando criamos a função para lançar os dados no capítulo anterior, mas tínhamos apenas um elemento <function> no TLD. Agora, temos que observar o elemento <tag>, que pode ser mais complexo. Além da função que declaramos anteriormente, o DD abaixo descreve uma tag, *advice*.

```
<?xml version="1.0" encoding="ISO-8859-1" ?>
<taglib xmlns="http://java.sun.com/xml/ns/j2ee"
xmlns:xsi="http://www.w3.org/2001/XMLSchema-instance"
xsi:schemaLocation="http://java.sun.com/xml/ns/j2ee/web-jsptaglibrary_2_0.xsd"
version="2.0">

  <tlib-version>0.9</tlib-version>

  <short-name>RandomTags</short-name>
  <function>
    <name>rollIt</name>
    <function-class>foo.DiceRoller</function-class>
    <function-signature>int rollDice()</function-signature>
  </function>

  <uri>randomThings</uri>

  <tag>

  <description>random advice</description>

  <name>advice</name>

  <tag-class>foo.AdvisorTagHandler</tag-class>

  <body-content>empty</body-content>

  <attribute>

    <name>user</name>

    <required>true</required>

    <rtexprvalue>true</rtexprvalue>

  </attribute>

  </tag>
</taglib>
```

Esta é a versão do esquema XML que você usa para o JSP 2.0. Não o memorize... basta copiá-lo para dentro do seu elemento <taglib>.

OBRIGATÓRIA (a tag, não o valor) – o desenvolvedor a inclui para declarar a versão da biblioteca de tags.

OBRIGATÓRIA; para uso de ferramentas, principalmente...

A função EL que usamos no último capítulo.

O nome único que usamos na diretiva taglib!

Opcional, mas é uma boa idéia usar...

OBRIGATÓRIA! Isto é o que usamos dentro da tag (exemplo: <my:advice>).

OBRIGATÓRIA! Isto define como o Container sabe o que chamar quando alguém usa a tag em um JSP.

OBRIGATÓRIA! Isto diz que a tag NÃO pode ter nada no corpo.

Se a sua tag possuir atributos, então é obrigatório usar um elemento <attribute> para cada atributo.

Isto diz que você DEVE inserir um atributo "user" na tag.

Isto define que o atributo "user" pode ser um valor de expressão runtime (runtime expression value), ou seja, não precisa ser uma String literal.

Usando a tag customizada "advice"

A tag "advice" é uma tag simples que usa um atributo – o nome do usuário – e exibe um conselho aleatório. É tão simples que ela *poderia* ter sido apenas uma velha função EL (com um método estático getAdvice(String name)), mas a fizemos na forma de uma tag simples para lhe mostrar como tudo isso funciona...

Os elementos TLD para a tag advice

```
<taglib ...>
...
<uri>randomThings</uri>
<tag>
    <description>random advice</description>
    <name>advice</name>
    <tag-class>foo.AdvisorTagHandler</tag-class>
    <body-content>empty</body-content>

    <attribute>
        <name>user</name>
        <required>true</required>
        <rtexprvalue>true</rtexprvalue>
    </attribute>

</tag>
</taglib ...>
```

Esta é a mesma tag que você viu na página anterior, mas sem as anotações.

O uri é o mesmo do elemento <uri> do TLD.

JSP que usa a tag

```
<html><body>
<%@ taglib prefix="mine" uri="randomThings"%>
Advisor Page<br>
<mine:advice user="${userName}" />
</body></html>
```

É permitido usar EL aqui, porque o <rtexprvalue> no TLD está definido como true para o atributo user. (Suponha que o atributo userName já exista.)

O TLD define que a tag não pode ter um corpo, então a escrevemos como uma tag vazia (o que significa que a tag termina com uma barra).

Cada biblioteca que você usar em uma página precisa ter a sua própria diretiva taglib com um prefixo único.

O tag handler customizado

Este simples tag handler estende SimpleTagSupport (uma classe que você verá no próximo capítulo), e implementa dois métodos importantes: doTag(), o método que faz o trabalho propriamente dito, e setUser(), o método que aceita o valor do atributo.

Classe Java que faz o trabalho da tag

```
package foo;
import javax.servlet.jsp.JspException;
import javax.servlet.jsp.tagext.SimpleTagSupport;
import java.io.IOException;

public class AdvisorTagHandler extends SimpleTagSupport {

    private String user;

    public void doTag() throws JspException, IOException {
        getJspContext().getOut().write( "Hello " + user + " <br>" );
        getJspContext().getOut().write( "Your advice is: " + getAdvice() );
    }

    public void setUser(String user) {
        this.user=user;
    }

    String getAdvice() {
        String[] adviceStrings = {"That color's not working for you.",
                "You should call in sick.", "You might want to rethink that
                haircut."};
        int random = (int) (Math.random() * adviceStrings.length);
        return adviceStrings[random];
    }
}
```

SimpleTagSupport implementa coisas de que precisamos em tags customizadas.

O Container chama doTag() quando o JSP invoca a tag usando o nome declarado no TLD.

O Container chama este método para definir o valor do atributo da tag. Ele usa convenções de nomeação JavaBean para descobrir que um atributo user deve ser enviado ao método setUser().

Nosso próprio método interno.

Tag handlers customizados não usam nomes de métodos customizados!

Com as funções EL, você criava uma classe Java com um método estático, dava ao método o nome que quisesse, e depois usava o TLD para mapear a <function-signature> do método ao <name> da função. Mas com as tags customizadas, o nome do método é SEMPRE ***doTag()****, de modo que você nunca declara o nome do método para uma tag customizada. Apenas as funções usam uma declaração de assinatura do método no TLD!*

Preste atenção ao <rtexprvalue>

O <rtexprvalue> é especialmente importante porque ele lhe diz se o valor do atributo é avaliado no momento da tradução ou da execução. Se o <rtexprvalue> é falso, ou se não estiver definido, você somente pode usar uma String literal como o valor desse atributo!

Se você vir isto:

```
<attribute>
    <name>rate</name>
    <required>true</required>
    <rtexprvalue>false</rtexprvalue>
</attribute>
```

OU isto:

```
<attribute>
    <name>rate</name>
    <required>true</required>

</attribute>
```

Se não houver um <rtexprvalue>, o valor-padrão é falso.

Então você já sabe que ISTO NÃO VAI FUNCIONAR!

```
<html><body>
  <%@ taglib prefix="my" uri="myTags"%>

  <my:handleIt rate="${currentRate}" />
</body></html>
```

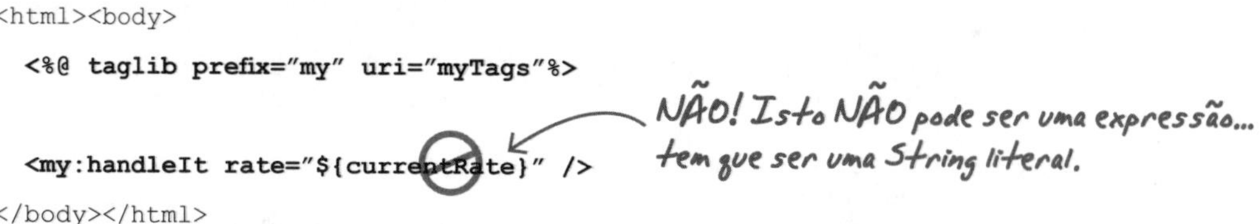

NÃO! Isto NÃO pode ser uma expressão...
tem que ser uma String literal.

P: Você ainda não respondeu a pergunta sobre como é possível saber qual o tipo do atributo...

R: Começaremos com o mais fácil. Se o <rtexprvalue> for falso (ou não existir), então o tipo do atributo SÓ pode ser uma String literal. Mas se puder usar uma expressão, então você tem que rezar para que seja muito óbvio a partir da descrição da tag ou do nome do atributo, OU para que o desenvolvedor tenha incluído o subelemento opcional <type> do elemento <attribute>. O <type> usa um nome de classe completamente qualificado como tipo. Esteja o tipo declarado no TLD ou não, o Container espera que o tipo da expressão coincida com o tipo do argumento no método setter do tag handler para o atributo em questão. Em outras palavras, se o tag handler tiver um método setDog(Dog) para o atributo "dog", então é bom o valor da sua expressão para esse atributo avaliar como um objeto Dog! (Ou algo que possa ser implicitamente atribuído a um tipo de referência Dog.)

O <rtexprvalue> NÃO serve apenas para expressões EL

Você pode usar ***três*** tipos de expressões para o valor de um atributo (ou corpo de tag) que permita expressões runtime.

1 expressões EL

```
<mine:advice user="${userName}" / >
```

2 expressões de scripts

```
<mine:advice user='<%= request.getAttribute("username") %>' / >
```

Precisa ser uma expressão, e não apenas um scriptlet. Assim, precisa ter o sinal de "=" e sem ponto-e-vírgula no final.

3 Ações-padrão de <jsp:attribute>

```
<mine:advice>
   <jsp:attribute name="user">${userName}</jsp:attribute>
</mine:advice>
```

O que é isso?? Eu pensava que essa tag não tinha um corpo...

O <jsp:attribute> permite a você inserir atributos no CORPO de uma tag, mesmo quando o corpo da tag é explicitamente declarado como "empty" no TLD!!

O <jsp:attribute> é simplesmente uma maneira alternativa de definir atributos para uma tag. O ponto principal é que deve haver apenas UM <jsp:attribute> para CADA atributo na tag em questão. Assim, se você tiver uma tag que normalmente usa três atributos DENTRO dela (em vez de no corpo), então dentro do corpo você terá agora três tags <jsp:attribute>, uma para cada atributo. Repare também que <jsp:attribute> tem um atributo próprio, **name**, *no qual você especifica o nome do atributo da tag exterior para o qual está definindo um valor. Há um pouco mais sobre isto a seguir...*

O que pode existir no corpo de uma tag

Uma tag pode ter um corpo *somente* se o elemento <body-content> para a tag em questão não estiver configurado com um valor de **empty**. O elemento <body-content> pode ser um de três ou quatro valores, dependendo do tipo da tag.

```
<body-content>empty</body-content>
```
A tag NÃO pode ter um corpo.

```
<body-content>scriptless</body-content>
```
A tag NÃO pode ter elementos de scripts (scriptlets, expressões de scripts ou declarações), mas PODE ter texto e templates EL, e ações-padrão ou customizadas.

```
<body-content>tagdependent</body-content>
```
O corpo da tag é tratado como texto puro, então a EL NÃO é avaliada e as tags/ações não são iniciadas.

```
<body-content>JSP</body-content>
```
O corpo da tag pode ter qualquer coisa que possa ser inserida em um JSP.

TRÊS maneiras de invocar uma tag que não possa ter um corpo

Todas estas são maneiras aceitáveis de invocar uma tag configurada no TLD com <body-content>**empty**</body-content>.

1 Uma tag *vazia*

```
<mine:advice user="${userName}" />
```
Quando você põe uma barra na abertura da tag, não pode usar uma tag de fechamento.

2 Uma tag com *nada* entre as tags de abertura e de fechamento

```
<mine:advice user="${userName}"> </mine:advice>
```
Temos tags de abertura e de fechamento, mas NADA entre elas.

3 Uma tag apenas com <jsp:attribute> entre as tags de abertura e de fechamento

```
<mine:advice>
   <jsp:attribute name="user">${userName}</jsp:attribute>
</mine:advice>
```

A tag <jsp:attribute> é a ÚNICA coisa que você pode colocar entre as tags de abertura e de fechamento de uma tag com um <body-content> vazio! É apenas uma forma alternativa de inserir os atributos, mas as tags <jsp:attribute> não contam como "body content" (conteúdo do corpo).

O tag handler, o TLD e o JSP

O desenvolvedor do tag handler cria o TLD para dizer tanto ao Container quanto ao desenvolvedor JSP como usar a tag. O desenvolvedor JSP não se preocupa com o elemento <tag-class> no TLD; quem deve se preocupar com isso é o Container. O desenvolvedor JSP preocupa-se mais com o uri, o nome e a sintaxe da tag. A tag pode ter um corpo? Este atributo tem que ser uma String literal, ou pode ser uma expressão? Este atributo é opcional? Para que tipo a expressão precisa avaliar?

Pense no TLD como sendo **a API para tags customizadas**. Você precisa saber como chamá-lo e de quais argumentos ele precisa.

Estes três elementos – a classe tag handler, o TLD e o JSP – são tudo de que você precisa para distribuir e rodar uma aplicação web que usa a tag.

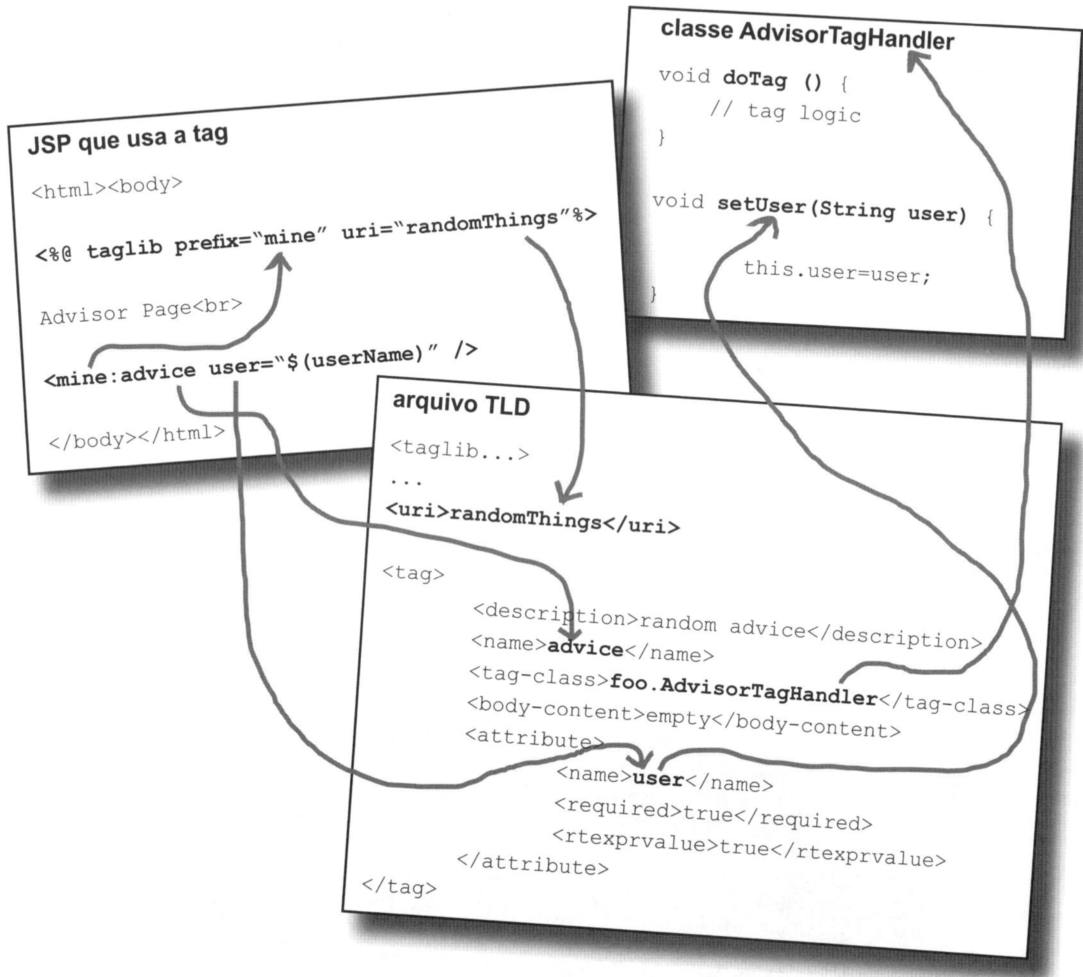

A taglib <uri> é apenas um nome, não um local

O elemento <uri> do TLD é um nome único para a biblioteca de tags. Só isso. Ele NÃO precisa representar nenhuma localização real (caminho ou URL, por exemplo). Ele simplesmente tem que ser um nome – *o mesmo nome que você usa na diretiva taglib.*

"Mas", você pergunta, "por que no caso da JSTL ele indica a URL completa para a biblioteca?" A diretiva taglib para a JSTL é:

```
<%@ taglib prefix="c" uri="http://java.sun.com/jsp/jstl/core" %>
```

Isto PARECE com uma URL para um recurso web, mas não é. É apenas um nome que, por acaso, tem formatação semelhante a uma URL.

O Container web normalmente não tenta *solicitar* algo a partir do uri na diretiva taglib. Ele não precisa usar o uri como uma *localização*! Se você digitar esse texto como uma URL no seu browser, você será redirecionado a uma URL diferente, que tem *informações* sobre a JSTL. O Container não está nem aí se esse determinado uri por acaso também for uma URL válida (com "http://..." e tudo mais). É apenas uma convenção que a Sun usa para o uri, para ajudar a garantir que se trata de um nome único. A Sun poderia ter denominado o uri JSTL como "java_foo_tags", que ele teria funcionado exatamente da mesma maneira. ***Só o que importa é que o <uri> no TLD e o uri na diretiva taglib sejam os mesmos!***

Como desenvolvedor, no entanto, você desejará elaborar um esquema para dar às suas bibliotecas valores <uri> únicos, porque os nomes <uri> precisam ser *únicos* para qualquer aplicação web dada. Você não pode, por exemplo, ter dois arquivos TLD na mesma aplicação web, com o mesmo <uri>. Assim, a convenção de nomes de domínio é uma boa, mas você não precisa usá-la para todo o seu desenvolvimento doméstico.

Tendo dito tudo isso, *existe* uma maneira pela qual o uri poderia ser usado como uma localização, mas essa é considerada como uma prática realmente ruim; se você não especificar um <uri> dentro do TLD, o Container tentará usar o atributo uri na diretiva taglib como um caminho para o próprio TLD. Mas, definir a localização do seu TLD obviamente é uma má idéia, então, simplesmente finja que você não sabe que isso é possível.

O Container procura uma combinação entre o <uri> no TLD e o valor de uri na diretiva taglib. O uri NÃO precisa ser a localização do tag handler propriamente dito!

O Container cria um mapa

Antes do JSP 2.0, o desenvolvedor tinha que especificar um mapeamento entre o <uri> do TLD e a real localização do arquivo TLD. Assim, quando uma página JSP tinha uma diretiva taglib como esta:

```
<%@ taglib prefix="mine" uri="randomThings"%>
```

O Deployment Descriptor (web.xml) tinha que dizer ao Container onde o arquivo TLD com um <uri> correspondente estava localizado. Você fazia isso com um elemento <taglib> no DD.

A maneira ANTIGA (antes do JSP 2.0) de mapear uma taglib uri a um arquivo TLD

```
<web-app>
...
 <jsp-config>
   <taglib>
     <taglib-uri>randomThings</taglib-uri>
     <taglib-location>/WEB-INF/myFunctions.tld</taglib-location>
   </taglib>
 </jsp-config>
</web-app>
```

No DD, mapeie o <uri> no TLD a um caminho real até o arquivo TLD.

A maneira NOVA (JSP 2.0) de mapear uma taglib uri a um arquivo TLD

Nenhuma entrada <taglib> no DD!

O Container automaticamente cria um mapa entre arquivos TLD e nomes <uri>, de modo que, quando um JSP invoca uma tag, o Container sabe exatamente onde encontrar o TLD que descreve a tag.

Como? Olhando em um conjunto específico de localizações onde TLDs podem residir. Quando você distribuir uma aplicação web, e desde que você coloque o TLD em um lugar onde o Container irá buscá-lo, o Container encontrará o TLD e construirá um mapa para a biblioteca de tags em questão.

Se você *de fato* especificar uma <taglib-location> explícita no DD (web.xml), o Container JSP 2.0 irá usá-la! Na verdade, quando o Container começa a construir o mapa <uri>-para-TLD, ele busca *primeiramente* no seu DD para ver se você inseriu quaisquer entradas <taglib> e, se o tiver feito, ele irá usá-las para ajudar a construir o mapa. ***Para o exame, você deverá conhecer a <taglib-location>, mesmo que não seja mais requerida para o JSP 2.0.***

Assim, o nosso próximo passo é ver onde o Container procura por TLDs, e também onde ele procura pelas *classes* tag handler declaradas nos TLDs.

Quatro lugares onde o Container procura por TLDs

O Container procura em diversos lugares por arquivos TLD – você não precisa fazer nada, exceto certificar-se de que os seus TLDs estão em um dos lugares corretos.

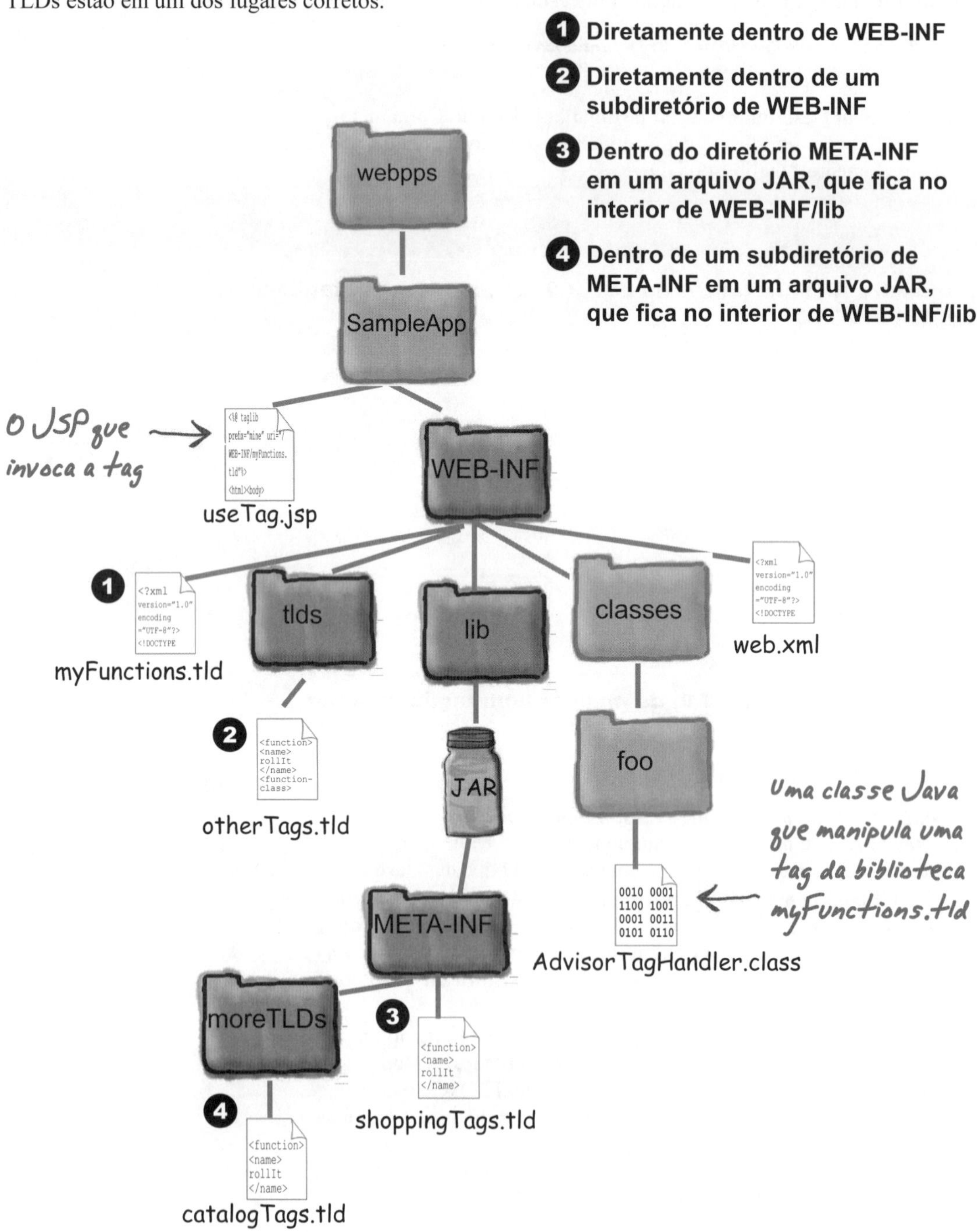

Quando um JSP usa mais de uma biblioteca de tags

Se quiser usar mais de uma biblioteca de tags em um JSP, crie uma diretiva taglib separada para cada TLD. Há algumas questões a se ter em mente...

- ► Certifique-se de que os nomes de uri das taglibs são únicos. Em outras palavras, não insira mais de uma diretiva com o mesmo valor de uri.

- ► NÃO use um prefixo que esteja na lista reservada. Os prefixos reservados são:

  jsp:

  jspx:

  java:

  javax:

  servlet:

  sun:

  sunw:

Aponte seu lápis

Tags vazias

Escreva exemplos de TRÊS maneiras diferentes de se invocar uma tag que deva ter um corpo vazio.
(Verifique as suas respostas revisando o capítulo. Não, não vamos te dizer em qual página está a resposta).

1. ______________________

2. ______________________

3. ______________________

Como o JSP, o TLD e a classe do atributo do bean se relacionam

Preencha os espaços com base nas informações que você pode ver no TLD. Desenhe setas para indicar onde as diferentes informações se conectam. Em outras palavras, para cada espaço em branco, mostre exatamente onde você achou a informação necessária para preenchê-lo.

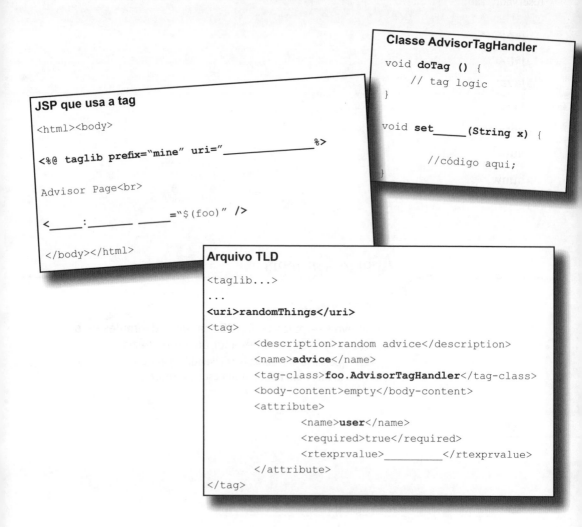

Classe AdvisorTagHandler

```
void doTag () {
    // tag logic
}

void set_____(String x) {

        //código aqui;
}
```

JSP que usa a tag

```
<html><body>

<%@ taglib prefix="mine" uri="_______________%>

Advisor Page<br>

<_____:_______ _____="$(foo)" />

</body></html>
```

Arquivo TLD

```
<taglib...>
...
<uri>randomThings</uri>
<tag>
      <description>random advice</description>
      <name>advice</name>
      <tag-class>foo.AdvisorTagHandler</tag-class>
      <body-content>empty</body-content>
      <attribute>
            <name>user</name>
            <required>true</required>
            <rtexprvalue>_________</rtexprvalue>
      </attribute>
</tag>
```

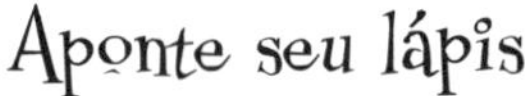

Teste a sua memória sobre as Tags RESPOSTAS

O atributo que dá nome à variável da contagem do loop.

Preencha o nome do atributo opcional.

```
<c:forEach var="movie" items="${movieList}" varStatus ="foo" >
   ${movie}
</c:forEach>
```

Preencha o nome do atributo que está faltando.

```
<c:if test ="${userPref=='safety'}" >
    Maybe you should just walk...
</c:if>
```

A tag <c:set> deve ter um valor, mas você poderia decidir colocar o valor no corpo da tag, em vez de como um atributo.

Preencha o nome do atributo que está faltando.

```
<c:set var="userLevel" scope="session" value ="foo" />
```

Preencha o nome das tags (dois tipos de tags diferentes) e o nome do atributo que está faltando.

```
<c:choose>
   <c: when  test ="${userPref == 'performance'}">
       Now you can stop even if you <em>do</em> drive insanely fast.
   </c: when >

   <c: otherwise >
       Our brakes are the best.
   </c: otherwise >
</c:choose>
```

A tag <c:otherwise> é opcional.

Como o JSP, o TLD e a classe do atributo do bean se relacionam RESPOSTAS

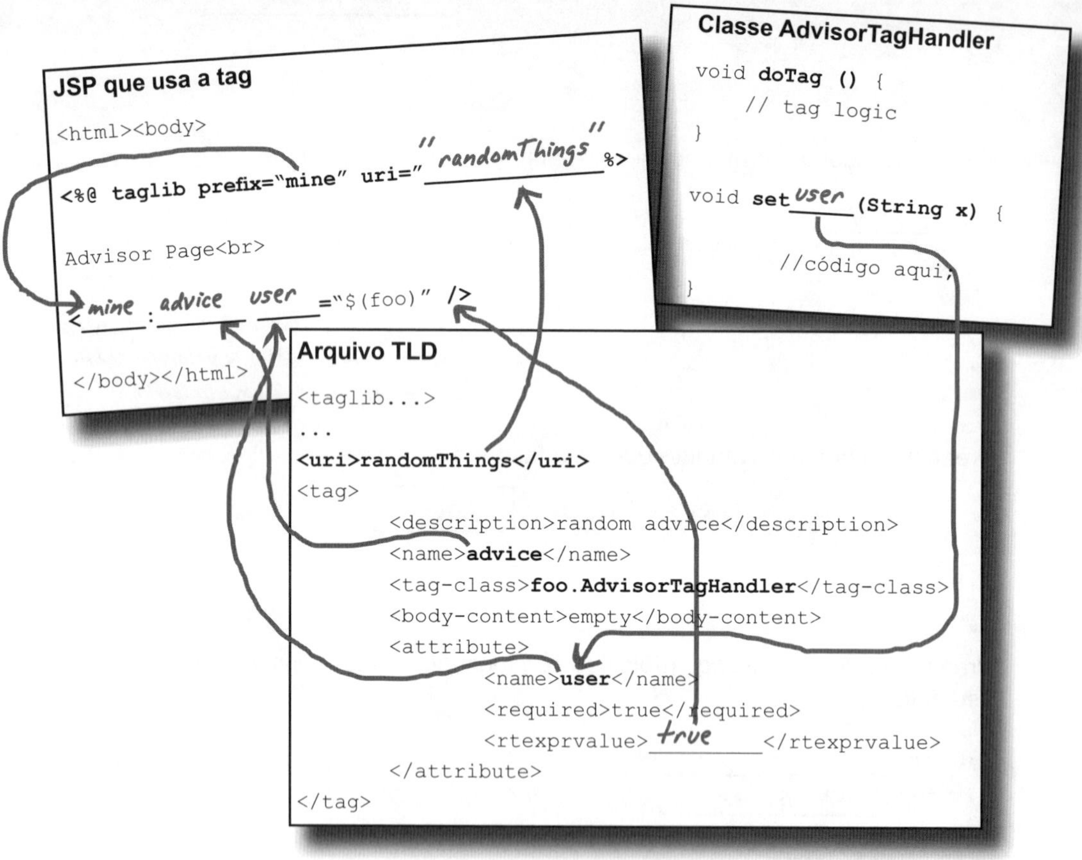

JSP que usa a tag

```
<html><body>

<%@ taglib prefix="mine" uri="randomThings" %>

Advisor Page<br>

<mine:advice user="${foo}" />

</body></html>
```

Classe AdvisorTagHandler

```
void doTag () {
    // tag logic
}

void setuser (String x) {

        //código aqui;
}
```

Arquivo TLD

```
<taglib...>
...
<uri>randomThings</uri>
<tag>
      <description>random advice</description>
      <name>advice</name>
      <tag-class>foo.AdvisorTagHandler</tag-class>
      <body-content>empty</body-content>
      <attribute>
            <name>user</name>
            <required>true</required>
            <rtexprvalue>true</rtexprvalue>
      </attribute>
</tag>
```

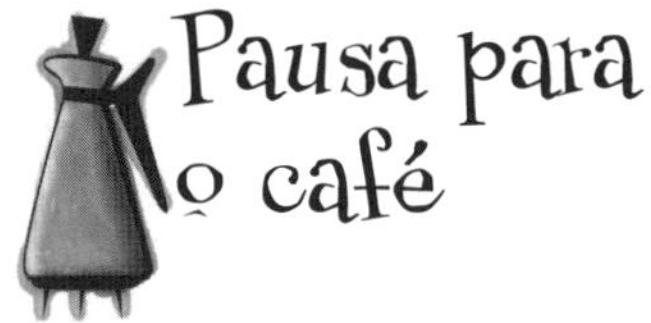

Teste Preparatório – Capítulo 9

---

1 Qual opção é verdadeira sobre os arquivos TLD?

- ❑ A. Os arquivos TLD podem ser colocados em qualquer subdiretório de **`WEB-INF`**.
- ❑ B. Os arquivos TLD são usados para configurar atributos de ambiente JSP, tais como **`scripting-invalid`**.
- ❑ C. Os arquivos TLD podem ser colocados no diretório **`META-INF`** do arquivo WAR.

---

2 Supondo que estejam sendo usadas as convenções de prefixação-padrão da JSTL, quais tags JSTL você usaria para fazer iterações sobre uma coleção de objetos? (Escolha todas as que se aplicam.)

- ❑ A. **`<x:forEach>`**
- ❑ B. **`<c:iterate>`**
- ❑ C. **`<c:forEach>`**
- ❑ D. **`<c:forTokens>`**
- ❑ E. **`<logic:iterate>`**
- ❑ F. **`<logic:forEach>`**

3 Uma página JSP contém uma diretiva **taglib**, cujo atributo **uri** tem o valor **myTags**. Qual elemento do deployment descriptor define o TLD correspondente?

- [ ] A.
```
<taglib>
    <uri>myTags</uri>
    <location>/WEB-INF/myTags.tld</location>
</taglib>
```

- [ ] B.
```
<taglib>
    <uri>myTags</uri>
    <tld-location>/WEB-INF/myTags.tld</tld-location>
</taglib>
```

- [ ] C.
```
<taglib>
    <tld-uri>myTags</tld-uri>
    <tld-location>/WEB-INF/myTags.tld</tld-location>
</taglib>
```

- [ ] D.
```
<taglib>
    <taglib-uri>myTags</taglib-uri>
    <taglib-location>/WEB-INF/myTags.tld</taglib-location>
</taglib>
```

4 Um JavaBean **Person** tem uma propriedade chamada **address**. O valor desta propriedade é outro JavaBean **Address**, com as seguintes propriedades de string: **street1**, **street2**, **city**, **stateCode** e **zipCode**. Um servlet controlador cria um atributo com escopo de sessão chamado **customer**, que é uma instância do bean **Person**.

Quais estruturas de código JSP definem a propriedade **city** do atributo **customer** como o parâmetro de solicitação de **city**?
(Escolha todas as que se aplicam.)

- [ ] A.
```
${sessionScope.customer.address.city = param.city}
```

- [ ] B.
```
<c:set target="${sessionScope.customer.address}"
       property="city" value="${param.city}" />
```

- [ ] C.
```
<c:set scope="session" var="${customer.address}"
       property="city" value="${param.city}" />
```

- [ ] D.
```
<c:set target="${sessionScope.customer.address}"
       property="city">
    ${param.city}
</c:set>
```

5 Quais combinações de elementos **<body-content>** no TLD são válidas para o seguinte fragmento de JSP? (Escolha todas as que se aplicam.)

```
<my:tag1>
  <my:tag2 a="47" />
  <% a = 420; %>
  <my:tag3>
    value = ${a}
  </my:tag3>
</my:tag1>
```

- [ ] A. tag1 body-content is **empty**
  tag2 body-content is **JSP**
  tag3 body-content is **scriptless**

- [ ] B. tag1 body-content is **JSP**
  tag2 body-content is **empty**
  tag3 body-content is **scriptless**

- [ ] C. tag1 body-content is **JSP**
  tag2 body-content is **JSP**
  tag3 body-content is **JSP**

- [ ] D. tag1 body-content is **scriptless**
  tag2 body-content is **JSP**
  tag3 body-content is **JSP**

- [ ] E. tag1 body-content is **JSP**
  tag2 body-content is **scriptless**
  tag3 body-content is **scriptless**

6 Supondo o uso das diretivas **taglib** apropriadas, quais são exemplos válidos do uso de tags customizadas? (Escolha todas as que se aplicam.)

- [ ] A. **<foo:bar />**
- [ ] B. **<my:tag></my:tag>**
- [ ] C. **<mytag value="x" />**
- [ ] D. **<c:out value="x" />**
- [ ] E. **<jsp:setProperty name="a" property="b" value="c" />**

7 Dado o código do seguinte scriptlet:

```
<select name='styleId'>
<% BeerStyles[] styles = beerService.getStyles();
   for ( int i=0; i < styles.length; i++ ) {
     BeerStyle style = styles[i]; %>
  <option value='<%= style.getObjectID() %>'>
    <%= style.getTitle() %>
  </option>
<% } %>
</select>
```

Qual fragmento de código JSTL produz o mesmo resultado?

☐ A.
```
<select name='styleId'>
   <c:for array='${beerService.styles}'>
      <option value='${item.objectID}'>${item.title}</option>
   </c:for>
</select>
```

☐ B.
```
<select name='styleId'>
   <c:forEach var='style' items='${beerService.styles}'>
      <option value='${style.objectID}'>${style.title}</option>
   </c:forEach>
</select>
```

☐ C.
```
<select name='styleId'>
   <c:for var='style' array='${beerService.styles}'>
      <option value='${style.objectID}'>${style.title}</option>
   </c:for>
</select>
```

☐ D.
```
<select name='styleId'>
   <c:forEach var='style' array='${beerService.styles}'>
      <option value='${style.objectID}'>${style.title}</option>
   </c:for>
</select>
```

Respostas – Capítulo 9

1 Qual opção é verdadeira sobre os arquivos TLD?

(JSP v2.0 pgs. 3-16, 1-160)

☑ A. Os arquivos TLD podem ser colocados em qualquer subdiretório de **WEB-INF**.

☐ B. Os arquivos TLD são usados para configurar atributos de ambiente JSP, tais como **scripting-invalid**.

☐ C. Os arquivos TLD podem ser colocados no diretório **META-INF** do arquivo WAR.

– A opção B é inválida, porque os arquivos TLD configuram tag handlers, e não o ambiente JSP.
– A opção C é inválida, porque os arquivos TLD não são reconhecidos no META-INF do arquivo WAR.
– A opção D é inválida, porque os Tag Files podem ser declarados em um TLD (mas é raro).

---

2 Supondo que estejam sendo usadas as convenções de prefixação-padrão da JSTL, quais tags JSTL você usaria para fazer iterações sobre uma coleção de objetos? (Escolha todas as que se aplicam.)

(JSTL v1.1 pg. 4-2)

☐ A. **<x:forEach>**

☐ B. **<c:iterate>**

☑ C. **<c:forEach>**

☐ D. **<c:forTokens>**

☐ E. **<logic:iterate>**

☐ F. **<logic:forEach>**

– A opção A está incorreta, porque esta é a tag usada para se iterar sobre expressões XPath.
– A opção B está incorreta, porque não existe esta tag.
– A opção D está incorreta, porque esta tag é usada para se iterar sobre tokens dentro de uma única string.
– As opções E e F estão incorretas, porque o prefixo 'logic' não é um prefixo JSTL padrão (este prefixo normalmente é usado por tags do pacote Jakarta Struts).

3 Uma página JSP contém uma diretiva **taglib**, cujo atributo **uri** tem o valor **myTags**. Qual elemento do deployment descriptor define o TLD correspondente?

(JSP v2.0 pgs 3-12, 13)

☐ A.
```
<taglib>
  <uri>myTags</uri>
  <location>/WEB-INF/myTags.tld</location>
</taglib>
```

☐ B.
```
<taglib>
  <uri>myTags</uri>
  <tld-location>/WEB-INF/myTags.tld</tld-location>
</taglib>
```

☐ C.
```
<taglib>
  <tld-uri>myTags</tld-uri>
  <tld-location>/WEB-INF/myTags.tld</tld-location>
</taglib>
```

☑ D.
```
<taglib>
  <taglib-uri>myTags</taglib-uri>
  <taglib-location>/WEB-INF/myTags.tld</taglib-location>
</taglib>
```

– A opção D especifica elementos de tag válidos.

4 Um JavaBean **Person** tem uma propriedade chamada **address**. O valor desta propriedade é outro JavaBean **Address**, com as seguintes propriedades de string: **street1**, **street2**, **city**, **stateCode** e **zipCode**. Um servlet controlador cria um atributo com escopo de sessão chamado **customer**, que é uma instância do bean **Person**.

Quais estruturas de código JSP definem a propriedade **city** do atributo **customer** como o parâmetro de solicitação de **city**?
(Escolha todas as que se aplicam.)

(JSTL v1.1, pág. 4-28)

☐ A.
```
${sessionScope.customer.address.city = param.city}
```

☑ B.
```
<c:set target="${sessionScope.customer.address}"
       property="city" value="${param.city}" />
```

☐ C.
```
<c:set scope="session" var="${customer.address}"
       property="city" value="${param.city}" />
```

☑ D.
```
<c:set target="${sessionScope.customer.address}"
       property="city">
  ${param.city}
</c:set>
```

– A opção A é inválida, porque a EL não permite a atribuição.
– A opção C é inválida, porque o atributo var não aceita um valor de runtime, nem trabalha com o atributo da propriedade.

5 Quais combinações de elementos `<body-content>` no TLD são válidas para o seguinte fragmento de JSP? (Escolha todas as que se aplicam.)

(JSP v2.0 Apêndice JSP.C, especificamente págs. 3-21 e 3-30)

```
<my:tag1>
  <my:tag2 a="47" />
  <% a = 420; %>
  <my:tag3>
    value = ${a}
  </my:tag3>
</my:tag1>
```

- [ ] A. tag1 body-content is **empty**
  tag2 body-content is **JSP**
  tag3 body-content is **scriptless**

- [x] B. tag1 body-content is **JSP**
  tag2 body-content is **empty**
  tag3 body-content is **scriptless**

- [x] C. tag1 body-content is **JSP**
  tag2 body-content is **JSP**
  tag3 body-content is **JSP**

- [ ] D. tag1 body-content is **scriptless**
  tag2 body-content is **JSP**
  tag3 body-content is **JSP**

- [x] E. tag1 body-content is **JSP**
  tag2 body-content is **scriptless**
  tag3 body-content is **scriptless**

– A tag1 inclui código de script, de modo que ela deve ter pelo menos body-content do tipo 'JSP'. A tag2 somente é mostrada como uma tag vazia, mas ela poderia conter também body-content tipo 'JSP' ou 'scriptless'. A tag3 não contém nenhum código de script, então ela pode ter body-content 'JSP' ou 'scriptless'.

– A opção A é inválida, porque tag1 não pode ser 'empty'.
– A opção D é inválida, porque tag1 não pode ser 'scriptless'.

6 Supondo o uso das diretivas **taglib** apropriadas, quais são exemplos válidos do uso de tags customizadas? (Escolha todas as que se aplicam.)

(JSP v2.0, seção 7)

- [x] A. `<foo:bar />`
- [x] B. `<my:tag></my:tag>`
- [ ] C. `<mytag value="x" />`
- [x] D. `<c:out value="x" />`
- [ ] E. `<jsp:setProperty name="a" property="b" value="c" />`

– A opção C é inválida, porque não há nenhum prefixo.
– A opção E é inválida, porque este é um exemplo de uma ação-padrão JSP, não de uma tag customizada.

7 Dado o código do seguinte scriptlet: (JSTL v1.1, pág. 6-48)

```
<select name='styleId'>
<% BeerStyles[] styles = beerService.getStyles();
   for ( int i=0; i < styles.length; i++ ) {
     BeerStyle style = styles[i]; %>
  <option value='<%= style.getObjectID() %>'>
    <%= style.getTitle() %>
  </option>
<% } %>
</select>
```

Qual fragmento de código JSTL produz o mesmo resultado?

☐ A.
```
<select name='styleId'>
  <c:for array='${beerService.styles}'>
    <option value='${item.objectID}'>${item.title}</option>
  </c:for>
</select>
```

— A opção B está correta, porque usa os nomes de tag/atributos JSTL corretos.

☑ B.
```
<select name='styleId'>
  <c:forEach var='style' items='${beerService.styles}'>
    <option value='${style.objectID}'>${style.title}</option>
  </c:forEach>
</select>
```

☐ C.
```
<select name='styleId'>
  <c:for var='style' array='${beerService.styles}'>
    <option value='${style.objectID}'>${style.title}</option>
  </c:for>
</select>
```

☐ D.
```
<select name='styleId'>
  <c:forEach var='style' array='${beerService.styles}'>
    <option value='${style.objectID}'>${style.title}</option>
  </c:for>
</select>
```

10 desenvolvimento de tags customizadas

Quando nem a JSTL é o bastante...

Em alguns casos, a JSTL e as ações-padrão não são suficientes. Quando você precisa de algo customizado, e não quer voltar aos velhos scripts, você pode escrever os seus *próprios* tag handlers. Dessa maneira, os seus desenvolvedores de páginas poderão usar a sua *tag* nas suas páginas, enquanto todo o trabalho *duro* é feito nos bastidores, na sua *classe* tag handler. Mas há três maneiras diferentes de se criar os seus próprios tag handlers, então, há muito o que aprender. Dessas três, duas foram introduzidas com o JSP 2.0 para tornar a sua vida mais fácil (Simple Tags e Tag Files). Mas ainda assim, você precisa aprender sobre as tags ***Clássicas***, para aquelas absurdamente raras ocasiões em que nenhuma das outras duas é capaz de fazer o que você quer. O desenvolvimento de tags customizadas lhe fornece um poder praticamente ilimitado, se você puder aprender a manejá-lo...

Objetivos

Construindo uma Biblioteca de Tags Customizadas

10.1 Descrever a semântica do modelo de eventos de tags customizadas "Classic" quando cada método (doStartTag(), doAfterBody() e doEndTag()) dos eventos é executado, e explicar o que significa o valor retornado para cada método; escrever uma classe tag handler.

10.2 Usando a API PageContext, escrever o código tag handler para acessar as variáveis implícitas JSP e acessar atributos das aplicações web.

10.3 Dado um determinado cenário, escrever o código tag handler para acessar a tag parent e uma tag ancestor arbitrária.

10.4 Descrever a semântica do modelo de eventos de tags customizadas "Simple" quando o método (doTag()) do evento é executado; escrever uma classe tag handler; explicar as restrições sobre o conteúdo JSP dentro da tag.

10.5 Descrever a semântica do modelo Tag File; descrever a estrutura das aplicações web para tag files; escrever um tag file; explicar as restrições sobre o conteúdo JSP no corpo da tag.

Notas sobre a Abrangência:

Embora o objetivo 10.1 não mencione explicitamente os métodos do ciclo de vida associados com BodyTag (doInitBody() e setBodyContext()), você pode esperar por vê-los no exame! Tudo o que você precisa saber a respeito das tags Clássicas é abordado neste capítulo, incluindo coisas que você talvez não presumisse a partir do objetivo 10.1.

O objetivo 10.2 (API PageContext) é abordado apenas brevemente neste capítulo, porque a maior parte do que você precisa saber sobre a API PageContext já foi abordada anteriormente no livro. Praticamente todo este objetivo se refere ao uso do PageContext para acessar variáveis implícitas e atributos em escopo, ambos cobertos no capítulo "Páginas sem scripts", embora forneçamos um resumo de uma página novamente neste capítulo.

Eu gosto da idéia de ter pedaços reutilizáveis, mas a <jsp:include> e a <c:import> não são perfeitas. Não há nenhum padrão para os diretórios onde colocar o arquivo incluído, o JSP é difícil de ler, e o fato de que você cria novos parâmetros de solicitação para enviar algo ao arquivo incluído me parece errado...

Includes e imports podem ser bagunçados

Usar <jsp:include> ou <c:import> lhe permite adicionar pedaços de conteúdo reutilizáveis, dinamicamente, às suas páginas. E você pode até mesmo customizar como o arquivo incluído se comporta, definindo novos parâmetros de solicitação que o arquivo incluído pode usar.

Claro, isso funciona bem. Mas será que você realmente deveria criar novos *parâmetros de solicitação* apenas para fornecer ao arquivo incluído algumas informações de customização?

O propósito dos parâmetros de solicitação não deveria ser o de representar dados de formulários enviados *pelo cliente* como parte das solicitações? Embora possa haver boas razões para adicionar ou modificar parâmetros de solicitação na sua aplicação, usá-los para enviar algo ao arquivo incluído não é a abordagem mais elegante.

Antes do JSP 2.0, não havia uma maneira-padrão de distribuir arquivos incluídos – era possível colocar os pedaços incluídos praticamente em qualquer lugar da aplicação web. E um JSP com um monte de tags <jsp:include> ou <c:import> não é a coisa mais fácil de ser lida. Não seria melhor se a própria tag dissesse a você algo sobre o conteúdo sendo incluído? Não seria legal dizer algo como:

<x:logoHeader> ou <x:navBar>

Você entendeu aonde queremos chegar...

Tag Files: iguais ao include, só que melhores

Com Tag Files, você pode invocar conteúdo reutilizável usando uma tag customizada, em vez dos genéricos <jsp:include> ou <c:import>. Você pode pensar nos Tag Files como um tipo de "tag handler júnior", porque eles permitem que os desenvolvedores de páginas criem tags customizadas, sem ter que escrever uma complicada classe Java tag handler, mas os Tag Files na realidade são apenas *includes* "bombados".

Maneira mais simples de se criar e usar um Tag File

Pegue um arquivo incluído (como "Header.jsp") e o renomeie com uma extensão .tag.

```
<img src="images/Web-Services.jpg" > <br>
```

<img src="images/Web-Services.jpg" > — renomeie — Header.jsp → Header.tag

Este é o arquivo inteiro... lembre-se, retiramos as tags <html> e <body> de abertura e de fechamento, para que elas não sejam duplicadas no JSP final.

Coloque o tag file ("Header.tag") em um diretório chamado "tags" dentro do diretório "WEB-INF".

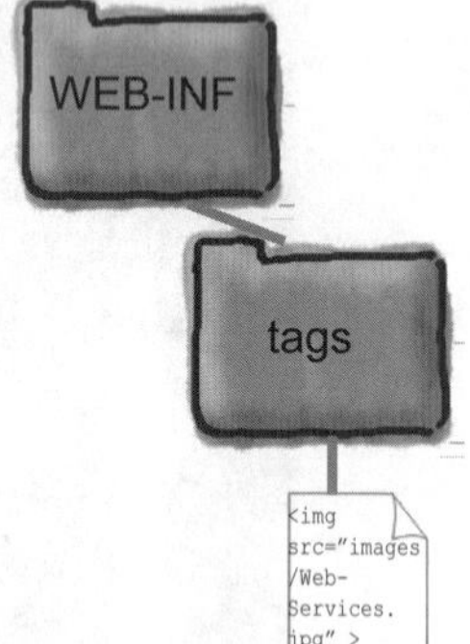

Coloque uma diretiva taglib (com um atributo *tagdir*) no JSP, e invoque a tag.

```
<%@ taglib prefix="myTags" tagdir="/WEB-INF/tags" %>

<html><body>

<myTags:Header/>

Welcome to our site.
</body></html>
```

Use o atributo "tagdir" na diretiva taglib, em vez do "uri" que usamos com TLDs para bibliotecas de tags.

O nome da tag é simplesmente o nome do tag file! (tirando a extensão .tag)

Então, em vez de:
<jsp:include page="Header.jsp" />
agora temos:
<myTags:Header/>

Mas, como enviar parâmetros?

Quando incluímos um arquivo usando <jsp:include>, usamos a tag <jsp:param> dentro de <jsp:include> para passar informações ao arquivo incluído. Para refrescar sua memória sobre como isso funciona com <jsp:include>:

A forma antiga: Um <u>arquivo incluído</u> que usa um *param* (que vem de um <jsp:param> no JSP que faz a chamada)

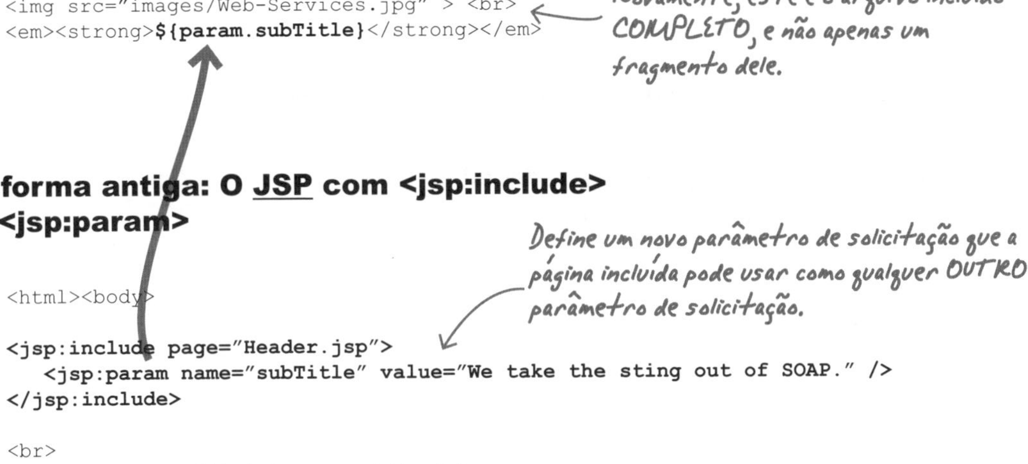
Novamente, este é o arquivo incluído COMPLETO, e não apenas um fragmento dele.
Define um novo parâmetro de solicitação que a página incluída pode usar como qualquer OUTRO parâmetro de solicitação.

```
<img src="images/Web-Services.jpg" > <br>
<em><strong>${param.subTitle}</strong></em>
```

A forma antiga: O <u>JSP</u> com <jsp:include> e <jsp:param>

```
<html><body>

<jsp:include page="Header.jsp">
   <jsp:param name="subTitle" value="We take the sting out of SOAP." />
</jsp:include>

<br>
Contact us at: ${initParam.mainEmail}
</body></html>
```

O resultado

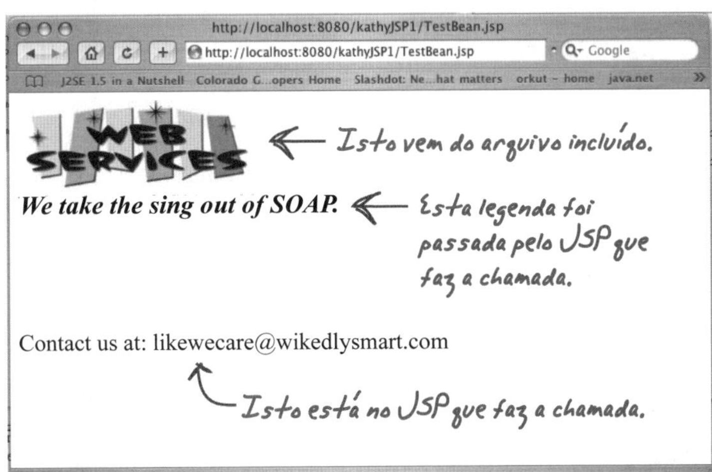
http://localhost:8080/kathyJSP1/TestBean.jsp
J2SE 1.5 in a Nutshell Colorado G...opers Home Slashdot: Ne...hat matters orkut – home java.net
WEB SERVICES
Isto vem do arquivo incluído.
We take the sing out of SOAP.
Esta legenda foi passada pelo JSP que faz a chamada.
Contact us at: likewecare@wikedlysmart.com
Isto está no JSP que faz a chamada.

Para um Tag File, você não envia parâmetros de solicitação, e sim atributos de tag!

Você invoca um Tag File com uma tag, e tags podem ter atributos. Então, é perfeitamente natural que o desenvolvedor de Tag Files deseje invocar a tag com atributos... atributos que são enviados ao Tag File.

Invocando a tag a partir do JSP

Antes ***(usando <jsp:param> para definir um parâmetro de solicitação)***

```
<jsp:include page="Header.jsp">
   <jsp:param name="subTitle" value="We take the sting out of SOAP." />
</jsp:include>
```

Depois ***(usando uma Tag com um atributo)***

```
<myTags:Header subTitle="We take the String out of SOAP" />
```

Usando o atributo do Tag File

Antes ***(usando um valor de parâmetro de solicitação)***

```
<em><strong>${param.subTitle}</strong></em>
```

Depois ***(usando um atributo de Tag File)***

```
<em><strong>${subTitle}</strong></em> <br>
```

Isto se encontra dentro do Tag File propriamente dito (em outras palavras, o arquivo incluído).

Todos os atributos de tags têm escopo de TAG. Isso mesmo, apenas a tag. Uma vez que a tag é fechada, os atributos dela saem do escopo!

Você precisar atentar bastante para isso – o valor de <jsp:include> <jsp:param> entra como um parâmetro de solicitação. Lembre-se, isso não é o mesmo que um atributo com escopo de solicitação. O par nome/valor para <jsp:param> aparece para a aplicação web como se tivesse vindo com a submissão de um formulário. Essa é uma das razões pelas quais nós NÃO gostamos de usá-lo – o valor que você queria passar APENAS para o arquivo incluído acaba visível a qualquer componente da aplicação web que faça parte dessa solicitação (como servlets ou JSPs aos quais a solicitação é encaminhada).

Mas o legal sobre os atributos de tags para os Tag Files é que eles têm escopo para a própria tag. Apenas certifique-se de que você sabe quais são as implicações. Isto NÃO vai funcionar:

```
<%@ taglib prefix="myTags" tagdir="/WEB-INF/tags" %>
<html><body>
<myTags:Header subTitle="We take the String out of SOAP" />
<br>
${subTitle}
</body></html>
```

Isto não funcionará! O atributo está fora do escopo.

Espere... algo está errado aqui. Como a pessoa que está escrevendo o JSP sequer SABE que a tag tem um atributo tal? Cadê o TLD que descreve o tipo do atributo?

Os atributos das tags não são declarados no TLD?

Com tags customizadas, incluindo a JSTL, os atributos de tags são definidos no TLD. Lembra-se? Este é o TLD da tag customizada <my:advice> do capítulo anterior:

```
<tag>
    <description>random advice</
description>
    <name>advice</name>
    <tag-class>foo.AdvisorTagHandler</tag-
class>
    <body-content>empty</body-content>

    <attribute>
        <name>user</name>
        <required>true</required>
        <rtexprvalue>true</rtexprvalue>
    </attribute>
</tag>
```

Assim, estes são pontos que o desenvolvedor que usa uma determinada tag precisa saber. Qual é o nome do atributo? Ele é opcional ou obrigatório? Pode ser uma expressão, ou só pode ser uma String literal?

Porém, embora você especifique atributos de *tags customizadas* em um TLD, você NÃO especifica atributos de *tag files* em um TLD!

Isso significa que ainda temos um problema – como o desenvolvedor da página *sabe* quais atributos a tag aceita e/ou exige?

Os Tag Files usam a diretiva attribute

Existe um tipo novinho de diretiva, que serve especificamente para Tag Files. Nada mais pode usá-la. Funciona exatamente como o subelemento <attribute> na seção <tag> de um TLD, no caso de uma tag customizada.

Dentro do Tag File

(Header.tag)

Isto significa que o atributo não é opcional.

Pode ser uma String literal OU uma expressão.

```
<%@attributte name="subTitle" required="true" rtexprvalue="true" %>

<img src="images/WebServices.jpg" > <br>
<em><strong>${subTitle}</strong></em> <br>
```

Dentro do JSP que usa a tag

```
<%@ taglib prefix="myTags" tagdir="/WEB-INF/tags" %>
<html><body>
<myTags:Header subTitle="We take the String out of SOAP" />

<br>
Contact us at: ${initParam.mainEmail}
</body></html>
```

O que acontece se você NÃO tiver o atributo quando usar a tag

`<myTags:Header />`

Você não pode fazer isto... você não pode deixar de fora o atributo subTitle, porque a diretiva attribute do tag file diz required="true".

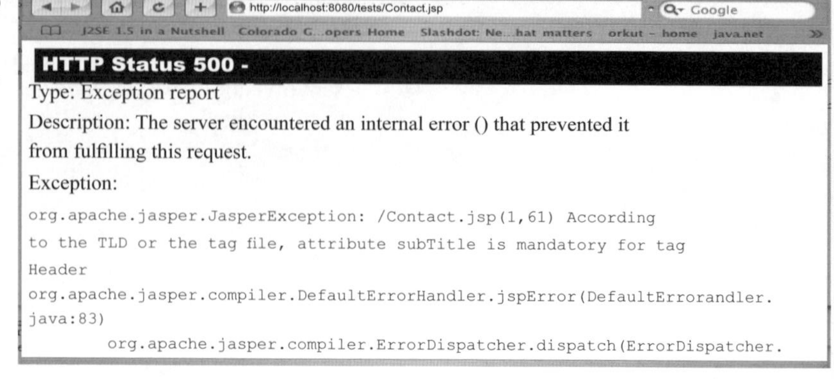

http://localhost:8080/kathyJSP1/TestBean.jsp
http://localhost:8080/tests/Contact.jsp
Google
J2SE 1.5 in a Nutshell
Colorado G...opers Home
Slashdot: Ne...hat matters
orkut - home
java.net
HTTP Status 500 -
Type: Exception report
Description: The server encountered an internal error () that prevented it from fulfilling this request.
Exception:
org.apache.jasper.JasperException: /Contact.jsp(1,61) According to the TLD or the tag file, attribute subTitle is mandatory for tag Header
org.apache.jasper.compiler.DefaultErrorHandler.jspError(DefaultErrorandler.java:83)
org.apache.jasper.compiler.ErrorDispatcher.dispatch(ErrorDispatcher.

Quando o valor de um atributo é realmente grande

Imagine que você tenha um atributo de tag que tenha o tamanho de, digamos, um parágrafo. Colocar tudo isso na tag de abertura pode ficar bagunçado. Assim, você pode optar por colocar o conteúdo no corpo da tag, e depois usá-lo como um tipo de atributo.

Desta vez, *tiraremos* o atributo subTitle da tag e, em vez disso, torná-lo-emos o *corpo* da tag <myTags:Header>.

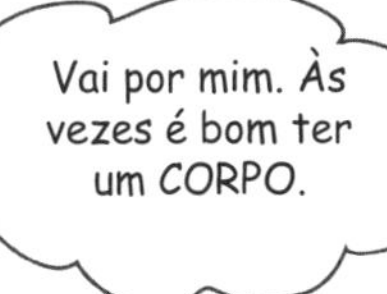

Dentro do Tag File

(Header.tag)

Não precisamos mais da diretiva attribute!

```
<img src="images/Web-Services.jpg" > <br>
<em><strong><jsp:doBody/></strong></em> <br>
```

Isto diz: Pegue o que quer que esteja no corpo da tag usada para invocar este tag file e coloque aqui.

Dentro do JSP que usa a tag

```
<%@ taglib prefix="myTags" tagdir="/WEB-INF/tags" %>
<html><body>

<myTags:Header>
   We take the sting out of SOAP. OK, so it's not Jini,<br>
   but we'll help you get through it with the least<br>
   frustration and hair loss.
</myTags:Header>

<br>
Contact us at: ${initParam.mainEmail}
</body></html>
```

Basta agora darmos um corpo à tag, em vez de colocar tudo isto como o valor de um atributo na tag de abertura.

Mas estamos de volta ao mesmo problema de antes – sem um TLD, onde você declara o tipo body-content?

Declarando body-content para um Tag File

A única maneira de declarar o tipo body-content para um Tag File é com uma outra nova diretiva Tag File, a **diretiva *tag***. A diretiva *tag* é o equivalente Tag File da diretiva *page* em uma página JSP, e compartilha com esta vários dos seus atributos, além de um importante que você *não* encontrará na diretiva *page* – ***body-content***.

Para uma tag customizada, o elemento <body-content> dentro do elemento <tag> de um TLD é obrigatório! Mas o Tag File *não* precisa declarar <body-content> se o padrão – *scriptless* – for aceitável. Um valor de ***scriptless*** significa que você não pode ter elementos de scripts. E os elementos de scripts, lembre-se, são os *scriptlets* (<% ... %>), as *expressões* de scriptlets (<%= ... %> e as *declarações* (<%! ... %>).

Na realidade, ***os corpos dos tags do Tag Files nunca podem ter scripts***, então isso não é uma opção. Mas você *pode* declarar body-content (usando a diretiva tag com um atributo body-content), se quiser usar uma das outras duas opções, *empty* ou *tagdependent*.

Você NÃO PODE usar código de script no corpo de uma tag Tag File! O body-content de um Tag File usa o padrão de "scriptless", então você não precisa declarar body-content, a não ser que queira usar uma das OUTRAS duas opções: "empty" (nada no corpo da tag) ou "tagdependent" (trata o corpo como texto puro).

Dentro do Tag File com uma diretiva *tag*

(Header.tag)

```
<%@ attribute name="fontColor" required="true" %>

<%@ tag body-content="tagdependent" %>


<img src="images/Web-Services.jpg" > <br>
<em><strong><font color="${fontColor}"><jsp:doBody/></font></strong></em> <br>
```

Isto significa que body-content será tratado como texto puro, o que significa que EL, tags e scripts NÃO serão avaliados. Os únicos outros valores possíveis aqui são empty ou scriptless (o padrão).

Dentro do JSP que usa a tag

```
<%@ taglib prefix="myTags" tagdir="/WEB-INF/tags" %>
<html>

<myTags:Header fontColor="#660099">
   We take the sting out of SOAP. OK, so it's not Jini,<br>
   but we'll help you get through it with the least<br>
   frustration and hair loss.
</myTags:Header>

<br>
Contact us at: ${initParam.mainEmail}
</body></html>
```

fontColor é declarado com uma diretiva attribute no Tag File.

O tipo para este body-content é declarado no Tag File usando-se uma diretiva tag com um atributo body-content.

Onde o Container procura por Tag Files

O Container procura por tag files em quatro locais. O tag file DEVE ter um TLD, caso tenha sido distribuído em um JAR, mas se for colocado diretamente dentro da aplicação web (em "WEB-INF/tags" ou um subdiretório), ele não *precisa* de um TLD.

1. **Diretamente dentro de *WEB-INF/tags***
2. **Dentro de um subdiretório de *WEB-INF/tags***
3. **Dentro do diretório *META-INF/tags* em um arquivo JAR, que fica no interior de *WEB-INF/lib***
4. **Dentro de um subdiretório de *META-INF/tags* em um arquivo JAR, que fica no interior de *WEB-INF/lib***
5. ***SE o tag file for distribuído em um JAR, DEVE haver um TLD para o tag file.***

O JSP que invoca a tag

useTag.jsp

Uma classe Java que manipula uma tag da biblioteca catalogTags.

AdvisorTagHandler.class

NavBar.tag

Header.tag

catalogTags.tld

CatalogHead.tld

Footer.tag

Os arquivos "Footer.tag" e "CatalogHead.tag" DEVEM ter um TLD, uma vez que estes tag files são distribuídos em um JAR.

P: O Tag File tem acesso aos objetos implícitos de solicitação e de resposta?

R: Sim! Lembre-se, mesmo sendo um arquivo .tag, ele acabará como parte de um JSP. Você pode usar os objetos implícitos de *solicitação* e de *resposta* (se estiver escrevendo *scripts*... os objetos implícitos EL normais estão sempre lá, também), e você pode ter acesso a um JspContext também.
Você não terá um ServletContext, no entanto – um Tag File usa um ***JspContext*** em vez de um ***ServletContext***.

P: Eu pensei ter visto na página anterior que você tinha dito que não é possível usar scripts em um Tag File!

R: Não, não foi exatamente isso o que dissemos. Você *pode* usar scripts em um Tag *File*, mas *não pode* usar scripts dentro do *corpo* da tag usada para invocar o Tag File.

P: É possível combinar Tag Files e TLDs para tags customizadas no mesmo diretório?

R: Sim. Na verdade, se você criar um TLD que faz referência aos seus Tag Files, o Container considerará tanto os Tag Files quanto as tags customizadas mencionados no *mesmo* TLD como *pertencentes à mesma biblioteca*.

P: Espere – eu pensei que você tinha dito que Tag Files não tinham TLD? Não é por isso que temos que usar uma diretiva attribute? Já que não é possível declarar o atributo em um TLD?

R: Pergunta complicada. Se você distribuir os seus Tag Files em um JAR, eles DEVEM ter um TLD que descreva as suas localizações. Mas ele não descreve atributos, body-content, etc. As entradas no TLD de um Tag File descrevem *somente* a localização do Tag File propriamente dito.
O TLD de um Tag File se parece com o seguinte:

```
<taglib ....>
   <tlib-version>1.0</tlib-version>
   <uri>myTagLibrary</uri>
   <tag-file>
      <name>Header</name>
      <path>/META-INF/tags/Header.tag</
      path>
   </tag-file>
</taglib>
```

Repare que declarar um <tag-file> é bem diferente de declarar uma <tag> propriamente dita.

P: Por que eles fizeram desta forma? Não seria tão mais simples fazer com que as tags customizadas e os Tag Files fossem declarados da mesma maneira em um TLD? Mas NÃO... em vez disso, eles tinham que inventar toda essa forma complicada em que você tem que usar novas diretivas para definir os atributos e o body-content. Então, *por que* as tags e os Tag Files são criados de formas diferentes?

R: Por um lado, sim, teria sido mais simples se as tags customizadas e os Tag Files fossem declarados da mesma forma, usando-se um TLD. A questão é, mais simples para *quem*? Para um desenvolvedor de tags customizadas, é claro. Mas os Tag Files foram adicionados à especificação com uma *outra* categoria em mente – os *desenvolvedores de páginas*.
Os Tag Files fornecem aos desenvolvedores não-Java uma maneira de criar tags customizadas *sem* ter que escrever uma classe Java para manipular as funcionalidades da tag. E não ter que criar um TLD para o Tag File simplesmente torna mais fácil a vida do desenvolvedor de Tag Files. (Lembre-se, os Tag Files *precisam* de um TLD se o arquivo for distribuído no JAR, mas um programador não-Java poderá não estar usando JARs de qualquer modo.)
Enfim: as tags customizadas *devem* ter um TLD, mas os Tag Files podem declarar atributos e body-content diretamente dentro do Tag File, e precisam de um TLD *apenas* se o Tag File estiver dentro de um JAR.

Memorizando Tag Files

Antes de passarmos para um novo tópico, certifique-se de que é capaz de escrever um você mesmo (as respostas estão no final do capítulo).

1 Escreva o que você teria de colocar dentro de um Tag File para declarar que a Tag tem um atributo obrigatório, denominado "title", que possa usar uma expressão EL como o seu valor.

```
<%@                                                          %>
```

2 Escreva o que você teria de colocar dentro de um Tag File para declarar que a Tag NÃO deve ter um corpo.

```
<%@                                                          %>
```

3 Desenhe um documento Tag File em cada um dos lugares onde o Container procura por Tag Files.

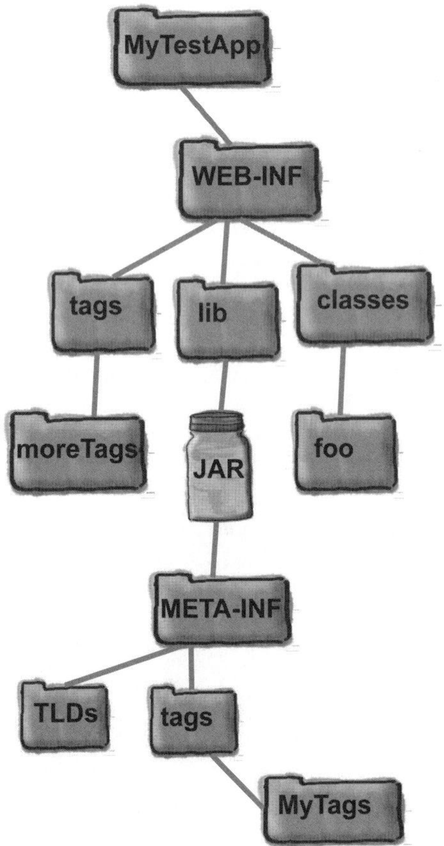

Quando você precisa de mais do que Tag Files... Às vezes você precisa de Java

Os Tag Files funcionam bem quando você está fazendo uma *inclusão* – quando tudo de que você precisa para manipular a tag pode ser feito a partir de um *outro* JSP (renomeado com uma extensão .tag e com as diretivas necessárias adicionadas). Mas, às vezes, você precisa de mais. Em alguns casos você precisa do bom e velho código Java, e não quer fazê-lo a partir de scriptlets, uma vez que isso é o que você está tentando evitar ao usar tags.

Quando você precisa de Java, você precisa de um tag *handler* customizado. Um tag *handler*, diferentemente de um tag *file*, é simplesmente uma classe Java que faz o trabalho da tag. Funciona um pouco como uma função EL, exceto pelo fato de que é muito mais poderoso e flexível. Nos locais onde as funções EL não são nada mais do que métodos estáticos, uma classe tag handler tem acesso aos atributos da tag, ao corpo da tag, e até mesmo ao contexto da página, para que possa obter atributos dentro do escopo e obter também a solicitação e a resposta.

Os tag handlers customizados vêm em dois sabores: *Classic* (Clássico) e *Simple* (Simples). As tags clássicas eram tudo de que você dispunha na versão anterior do JSP, mas com a versão 2.0, foi adicionado um modelo novo e *mais* simples. Será difícil arrumar motivos para usar o modelo clássico quando você precisar de um tag handler customizado, porque o modelo simples (especialmente combinado com a JSTL e os tag files) pode manipular quase tudo o que você poderá querer. Mas não podemos dispensar o modelo clássico por dois motivos, e estes dois motivos são o porquê de você ter de aprendê-lo para o exame:

1) Como os scripts, os *tag handlers clássicos existem e são usados*, e você pode acabar tendo que ler e dar suporte a eles, mesmo se você nunca *criar* um.

2) Existem raras situações para as quais um tag handler clássico é a melhor opção. Isto é bem obscuro, no entanto. Então, a razão nº 1 é de longe a mais importante para se aprender sobre as tags Clássicas.

Começaremos com o primeiro modelo da *Simple tag*, para aquecermos.

Os Tag files implementam a funcionalidade da tag com outra página (usando JSP).

Os Tag handlers implementam a funcionalidade da tag com uma classe Java especial.

Os Tag handlers vem em dois sabores: Simples e Clássico.

Criando um tag handler Simples

Para a mais simples das tags Simples, o processo é... *simples*.

1 Escreva uma classe que estenda SimpleTagSupport

```
package foo;
import javax.servlet.jsp.tagext.SimpleTagSupport;
// são necessários mais imports

public class SimpleTagTest1 extends SimpleTagSupport {
   // insira o código do tag handler aqui
}
```

2 Implemente o método doTag()

```
public void doTag() throws JspException, IOException {
   getJspContext().getOut().print("This is the lamest use of a custom tag");
}
```

O método doTag() declara uma IOException, então você não precisa embrulhar o print em um try/catch.

3 Crie um TLD para a tag

```
<taglib ...>
  <tlib-version>1.2</tlib-version>
  <uri>simpleTags</uri>
  <tag>
     <description>worst use of a custom tag</description>
     <name>simple1</name>
     <tag-class>foo.SimpleTagTest1</tag-class>
     <body-content>empty</body-content>
  </tag>
</taglib>
```

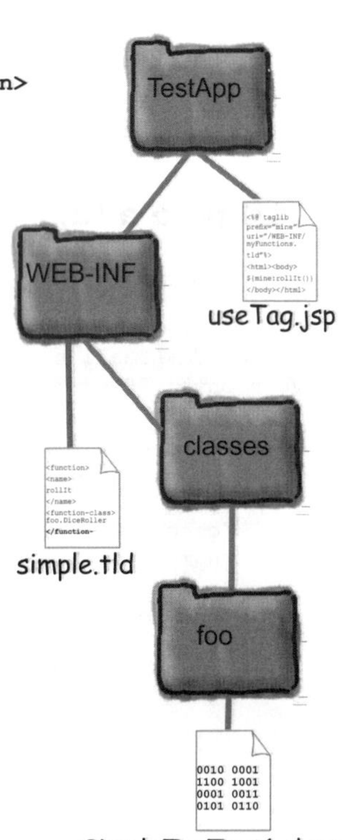

4 Distribua o tag handler e o TLD

Ponha o TLD em WEB-INF, e coloque o tag handler dentro de WEB-INF/classes, usando a estrutura de diretórios do pacote, é claro. Em outras palavras, as classes tag handler vão para o mesmo lugar onde todas as outras classes Java da aplicação web forem.

5 Escreva um JSP que use a tag

```
<%@ taglib prefix="myTags" uri="simpleTags" %>
<html><body>
<myTags:simple1/>
</body></html>
```

Uma tag Simples com um corpo

Se a tag precisar de um corpo, o <body-content> do TLD precisa refletir isso, e você precisa de um comando especial no método doTag().

O JSP que usa a tag

```
<%@ taglib prefix="myTags" uri="simpleTags" %>
<html><body>
Simple Tag 2:

<myTags:simple2>
   This is the body
</myTags:simple2>

</body></html>
```

Desta vez, invocamos a tag COM um corpo...

A classe do tag handler

```
package foo;
import javax.servlet.jsp.JspException;
import javax.servlet.jsp.tagext.SimpleTagSupport;
import java.io.IOException;

public class SimpleTagTest2 extends SimpleTagSupport {

    public void doTag() throws JspException, IOException {
        getJspBody().invoke(null);
    }
}
```

Isto diz, "processe o corpo da tag e exiba-o na resposta". O argumento nulo significa que o output vai para a resposta, em vez de algum OUTRO writer que você informe.

O TLD para a tag

```
<?xml version="1.0" encoding="ISO-8859-1" ?>
<taglib xmlns="http://java.sun.com/xml/ns/j2ee"
xmlns:xsi="http://www.w3.org/2001/XMLSchema-instance"
xsi:schemaLocation="http://java.sun.com/xml/ns/j2ee/web-jsptaglibrary_2_0.xsd"
version="2.0">

  <tlib-version>1.2</tlib-version>
  <uri>simpleTags</uri>
  <tag>
     <description>marginally better use of a custom tag</description>
     <name>simple2</name>
     <tag-class>foo.SimpleTagTest2</tag-class>
     <body-content>scriptless</body-content>
  </tag>
</taglib>
```

Isto diz que a tag pode ter um corpo, mas que o corpo não pode ter scripts (scriptlets, expressões de scripts ou declarações).

A API da tag Simples

Um tag handler Simples deve implementar a interface SimpleTag. A maneira mais fácil de fazê-la é estender SimpleTagSupport e substituir apenas o método de que você precisa, doTag(). Você não *precisa* usar SimpleTagSupport, mas calculamos que 99,999999% dos desenvolvedores de tags simples *usam*.

(javax.servlet.jsp.tagext.JspTag)

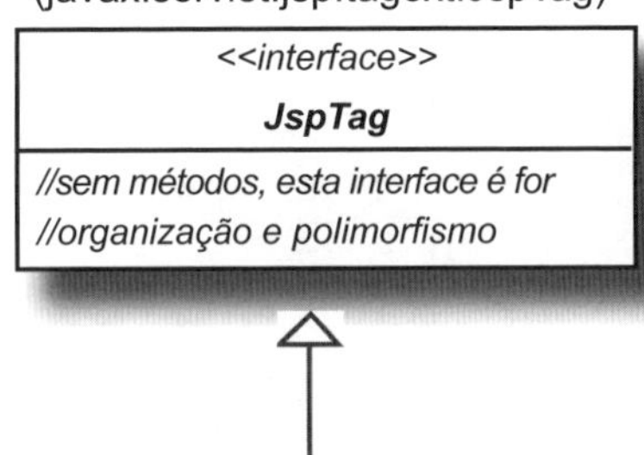

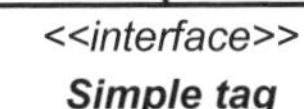

(javax.servlet.jsp.tagext.SimpleTag)

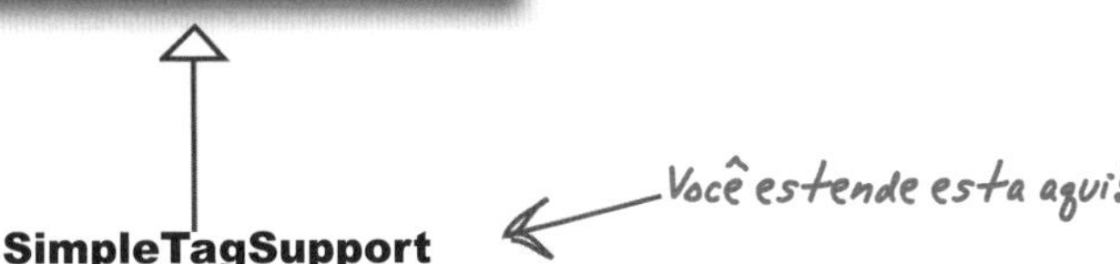

Estes são os métodos do ciclo de vida... o Container os chama sempre que uma tag é invocada. Você consegue adivinhar a ordem em que estes métodos são chamados?

SimpleTagSupport

Você estende esta aqui!

(javax.servlet.jsp.tagext.SimpleTagSupport)

SimpleTagSupport

void doTag()
JspTag findAncestorWithClass (JspTag, Class)
JspFragment getJspBody()
JspContext getJspContext()
JspTag getParent()
void setJspBody(JspFragment)
void setJspContext(JspContext)
void setParent(JspTag parent)

A SimpleTagSupport implementa os métodos de SimpleTag (mas o doTag() não faz nada, então você precisa substituí-lo no seu tag handler). Ela também adiciona três métodos de conveniência, incluindo o mais útil deles – getJspBody().

A vida de um tag handler Simples

Quando um JSP invoca uma tag, uma nova instância da classe tag handler é criada, dois ou mais métodos são chamados para o handler e, quando o método doTag() finaliza, o objeto handler desaparece (em outras palavras, estes objetos handler *não* são reutilizados).

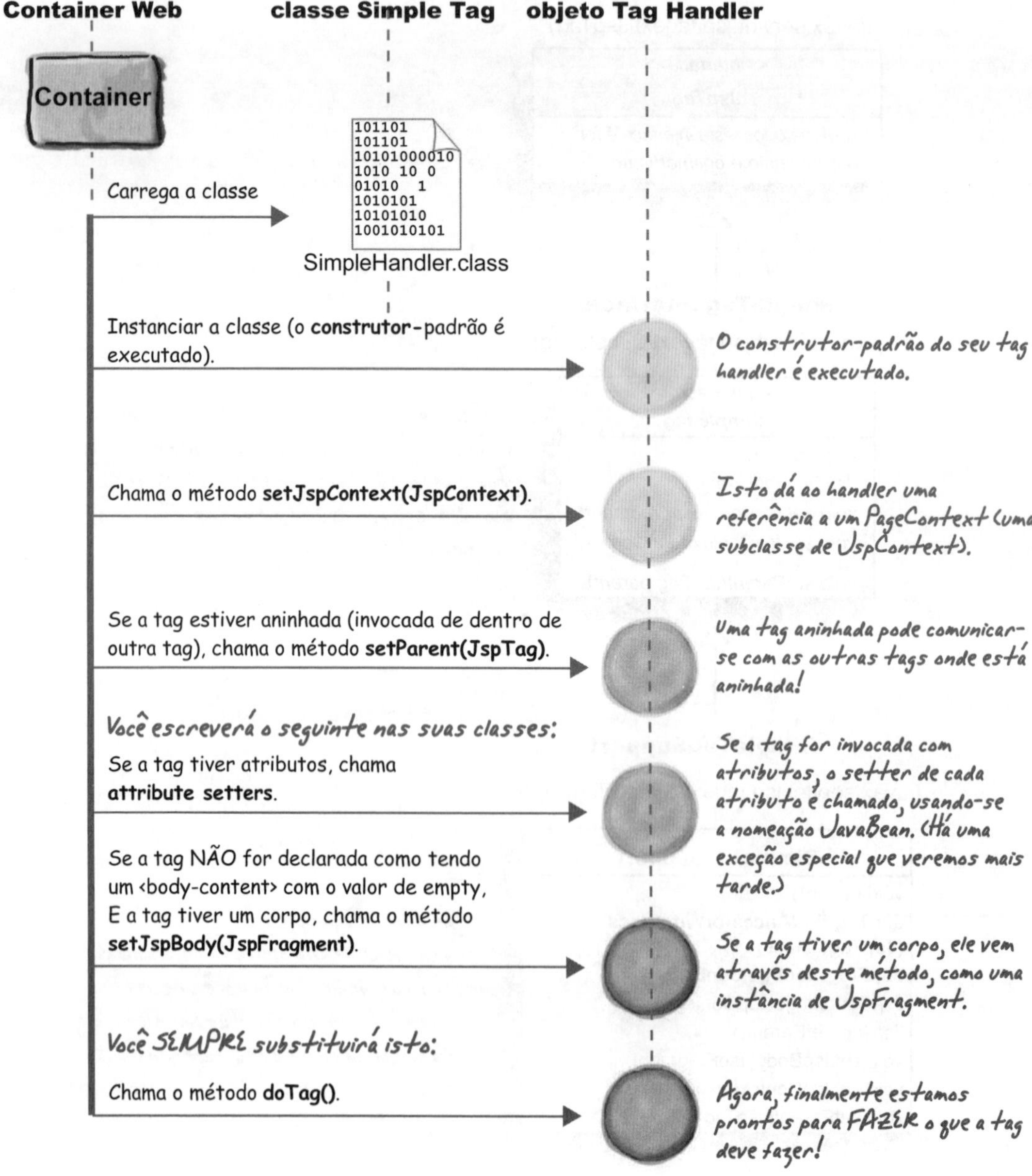

SEJA o Container

Observe cada um dos pares TLD/JSP. Suponha que o tag handler mostre o corpo da tag. Então, responda as seguintes questões sobre cada um... qual é o resultado? Se funcionar, o que será exibido na saída? Quais métodos da classe da tag customizada são invocados?

1

```
<tag>
    <description></description>
    <name>simple</name>
    <tag-class>foo.SimpleTagTest</tag-class>
    <body-content>empty</body-content>
</tag>
```

```
Simple Tag:
<myTags:simple>
   This is the body of the tag
</myTags:simple>
```

O que você vê no browser?

Se isto funcionar, quais métodos do ciclo de vida da SimpleTag são chamados no handler?

☐ void doTag() ☐ JspTag getParent() ☐ void setJspBody() ☐ void setJspContext() ☐ void setParent()

2

```
<tag>
    <description></description>
    <name>simple</name>
    <tag-class>foo.SimpleTagTest</tag-class>
    <body-content>scriptless</body-content>
</tag>
```

```
Simple Tag:
<myTags:simple>
   ${2*3}
</myTags:simple>
```

O que você vê no browser?

Se isto funcionar, quais métodos do ciclo de vida da SimpleTag são chamados no handler?

☐ void doTag() ☐ JspTag getParent() ☐ void setJspBody() ☐ void setJspContext() ☐ void setParent()

SEJA o Container Respostas

```
<tag>
    <description></description>
    <name>simple</name>
    <tag-class>foo.SimpleTagTest</tag-class>
    <body-content>empty</body-content>
</tag>
```

```
Simple Tag:
<myTags:simple>
   This is the body of the tag
</myTags:simple>
```

1 O que você vê no browser?

Não funciona, porque deve ter um corpo vazio.

```
org.apache.jasper.JasperException: /simpleTag1.jsp(1,76)
According to TLD, tag myTags:simple must be empty, but is not
```

Nenhum, porque não funciona.

2 Se isto funcionar, quais métodos do ciclo de vida da SimpleTag são chamados no handler?

☐ void doTag() ☐ JspTag getParent() ☐ void setJspBody() ☐ void setJspContext() ☐ void setParent()

```
<tag>
    <description></description>
    <name>simple</name>
    <tag-class>foo.SimpleTagTest</tag-class>
    <body-content>scriptless</body-content>
</tag>
```

```
Simple Tag:
<myTags:simple>
   ${2*3}
</myTags:simple>
```

3 O que você vê no browser?

Simple Tag: 6

O método setParent() é chamado apenas quando a tag é invocada de DENTRO de outra tag. Já que esta tag não estava aninhada, setParent() NÃO é chamado.

4 Se isto funcionar, quais métodos do ciclo de vida da SimpleTag são chamados no handler?

☑ void doTag() ☐ JspTag getParent() ☑ void setJspBody() ☑ void setJspContext() ☐ void setParent()

E se o corpo da tag usar uma expressão?

Imagine que você tenha uma tag com um corpo que usa uma expressão EL como atributo. Agora imagine que o atributo não exista no momento em que você invoca a tag! Em outras palavras, o *corpo* da tag depende de que o tag *handler* defina o atributo. O exemplo não faz nada de muito útil, mas ele está aqui para lhe mostrar como isto funciona, como preparação para um exemplo maior.

A invocação da tag JSP

```
<myTags:simple3>
   Message is: ${message}
</myTags:simple3>
```

No ponto em que a tag é invocada, message NÃO é um atributo dentro do escopo! Se você tirasse esta expressão da tag, ela retornaria nula.

O método doTag() do tag handler

```
public void doTag() throws JspException, IOException {
    getJspContext().setAttribute("message", "Wear sunscreen.");
    getJspBody().invoke(null);
}
```

O tag handler define um atributo e DEPOIS invoca o corpo.

Aponte seu lápis

Imagine que você tenha uma tag parecida com esta:

```
<table>
<myTags:simple4>
  <tr><td>${movie}</td></tr>
</myTags:simple4>
</table>
```

Imagine que o tag handler tenha acesso a um array de nomes de filmes em String, e você deseja exibir uma linha para cada nome de filme no array. No browser, você verá algo como:

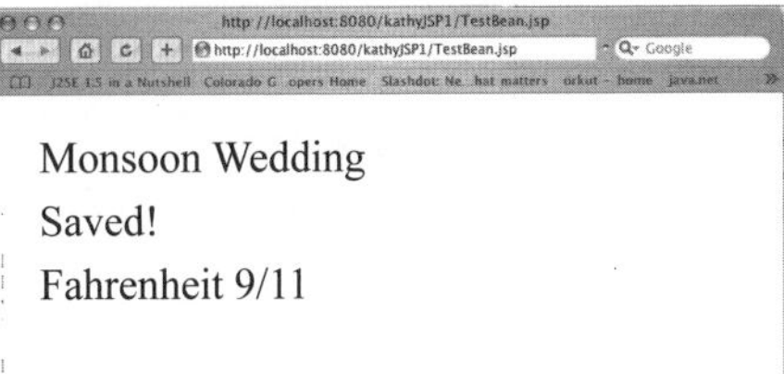

Escreva o método doTag() do tag handler para realizar esta tarefa.

```
public void doTag() throws JspException,
                              IOException {



}
```

Uma tag com dados de linhas dinâmicos: iterando o corpo

Neste exemplo, a expressão EL no corpo da tag representa um único valor em uma coleção, e o objetivo é fazer a tag gerar uma linha para cada elemento da coleção. É simples – o método doTag() só precisa fazer o trabalho em um loop, invocando o corpo em cada iteração do loop.

A invocação da tag JSP

```
<table>
  <myTags:simple4>
    <tr><td>${movie}</td></tr>
  </myTags:simple4>
</table>
```

O atributo movie não existe no momento em que a tag é invocada. Ele será definido pelo tag handler, e o corpo será chamado repetidamente.

O método doTag() do tag handler

```
String[] movies = {"Monsoon Wedding", "Saved!", "Fahrenheit 9/11"};

public void doTag() throws JspException, IOException {
   for(int i = 0; i < movies.length; i++) {
      getJspContext().setAttribute("movie", movies[i]);
      getJspBody().invoke(null);
   }
}
```

Invoca o corpo novamente.

Define o valor do atributo como sendo o próximo elemento do array.

JSP

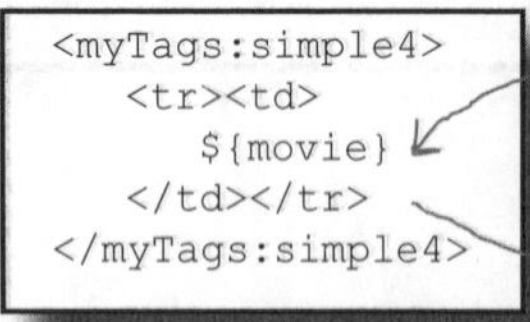

```
<myTags:simple4>
   <tr><td>
      ${movie}
   </td></tr>
</myTags:simple4>
```

Tag handler

```
for (int i = 0; i < movies.leigth; i++){
      getJspContext ().setAttribute("movie", movies[i]);
      getJspBody().invoke(null);
      }
}
```

Cada loop do tag handler reinicia o valor do atributo "movie" e chama getJspBody().invoke() novamente.

Uma tag Simples com um atributo

Se a tag precisar de um atributo, você o declara no TLD, e fornece, no tag handler, um método setter do estilo bean para cada atributo. Se a invocação da tag inclui atributos, o Container invoca um método setter para cada atributo.

A invocação da tag JSP

```
<table>
  <myTags:simple5  movieList="${movieCollection}">
    <tr>
      <td>${movie.name}</td>
      <td>${movie.genre}</td>
     </tr>
  </myTags:simple5>
</table>
```

Trata-se de um atributo como qualquer outro. Não faz diferença que seja um Tag handler Simples cuidando da tag.

A classe tag handler

Não estamos mostrando os imports...

```
public class SimpleTagTest5 extends SimpleTagSupport {

  private List movieList;

    public void setMovieList(List movieList) {
       this.movieList=movieList;
    }


    public void doTag() throws JspException, IOException {
        Iterator i = movieList.iterator();
        while(i.hasNext()) {
            Movie movie = (Movie) i.next();
            getJspContext().setAttribute("movie", movie);
            getJspBody().invoke(null);
        }
    }
}
```

Declare uma variável para armazenar o atributo.

Escreva um método setter estilo bean para o atributo. O nome do método DEVE coincidir com o nome do atributo no TLD (menos o prefixo set e modificando-se a caixa da primeira letra).

O TLD para a tag

```
<tag>
    <description>takes an attribute and iterates over body</description>
    <name>simple5</name>
    <tag-class>foo.SimpleTagTest5</tag-class>
    <body-content> scriptless </body-content>
    <attribute>
        <name>movieList</name>
        <required>true</required>
        <rtexprvalue>true</rtexprvalue>
    </attribute>
  </tag>
```

Use uma declaração <tag> <attribute> regular no TLD, da mesma forma como para outras tags customizadas (com a exceção dos Tag Files).

O que É exatamente um JspFragment?

Um JspFragment é um objeto que representa o código JSP. O seu único propósito na vida é ser invocado. Em outras palavras, trata-se de algo que serve para *rodar* e gerar *output*. O corpo de uma tag que invoca um tag handler simples é encapsulado no objeto JspFragment, e então enviado para o tag handler no método setJspBody().

A coisa mais importante de que você deve se lembrar sobre o JspFragment é que ele NÃO pode conter quaisquer elementos de script! Ele pode conter texto template, ações-padrão e customizadas, e expressões EL, mas não pode scriptlets, declarações ou expressões de script.

Uma coisa legal é que, uma vez que se trata de um objeto, você pode até mesmo passar o fragmento para outros objetos auxiliares. E *esses* objetos, por sua vez, podem obter informações dele invocando o *outro* método do JspFragment – getJspContext(). E é claro que, após obter um contexto, você pode pedir atributos. Assim, o método getJspContext() é, na realidade, uma maneira pela qual o corpo da tag pode obter informações para outros objetos.

Na maior parte do tempo, no entanto, você usará o JspFragment apenas para enviar o corpo da tag para a resposta. Você poderia, não obstante, desejar acesso ao *conteúdo* do corpo. Repare que o JspFragment não possui um método de acesso como getContents() ou getBody(). Você pode *escrever* o corpo para algo, mas não pode *obter* diretamente o corpo. Se você *de fato* quiser acesso ao corpo, poderá usar o argumento do método invoke() para passar um java.io.Writer, e depois usar métodos nesse Writer para processar o conteúdo do corpo da tag.

Para o exame, e para a vida real, isto provavelmente é tudo que você precisará saber sobre os detalhes do JspFragment, então, não despenderemos mais tempo sobre este assunto no livro.

JspFragment
JspContext getJspContext() void invoke(java.io.Writer)

O método invoke() usa um Writer... passe nulo para enviar o corpo à saída da resposta, ou um Writer se quiser acesso direto ao conteúdo do corpo.

O método invoke() usa um java.io.Writer. Se quiser que o corpo seja escrito na saída da resposta, passe nulo para o método invoke.

Na maior parte do tempo, é o que você irá fazer. Mas se quiser acesso ao conteúdo propriamente dito do corpo, você pode passar um Writer, e então usá-lo para processar o corpo de alguma forma.

SkipPageException: interrompe o processamento da página...

Imagine que você esteja em uma página que invoca a tag, e essa tag depende de atributos de solicitação específicos (que ela obtém do JspContext disponível para o tag handler).

Agora imagine que a tag não consiga encontrar os atributos de que precisa, e que ela sabe que o resto da página nunca vai funcionar se a tag não tiver sucesso. O que você faz? Você poderia fazer a tag jogar uma JspException, e isso destruiria a página... mas e se for apenas o *resto* da página que não vai funcionar? Em outras palavras, e se você ainda quisesse que a *primeira* parte da página – a parte que é avaliada *antes* da invocação da tag – ainda aparecesse como a resposta, mas sem que a resposta inclua nada que ainda tenha que ser processado *depois* de a tag jogar uma exceção?

Sem problemas. É exatamente para isso que existe a SkipPageException.

O método doTag() do tag handler

```
public void doTag() throws JspException, IOException {
   getJspContext().getOut().print("Message from within doTag().<br>");
   getJspContext().getOut().print("About to throw a SkipPageException");
   if (thingsDontWork) {
     throw new SkipPageException();
   }
}
```

Neste ponto, decidimos que o resto da tag E o resto da página devem ser interrompidos. Somente a parte da página e da tag ANTES da exceção aparecerão na resposta.

O JSP que invoca a tag

```
<%@ taglib prefix="myTags" uri="simpleTags" %>
<html><body>
About to invoke a tag that throws SkipPageException <br>
<myTags:simple6/>
<br>Back in the page after invoking the tag.
</body></html>
```

A tag manipulada no método doTag() acima (que gera a SkipPageException).

Aponte seu lápis

Qual é o resultado se o teste *thingsDontWork* for Verdadeiro?

Escreva o que você verá no browser:

A SkipPageException mostra tudo até o ponto da exceção

Tudo no método doTag() até o ponto da SkipPageException ainda aparece na resposta. Porém, após a exceção, nada que restar ou na tag ou na página será avaliado.

No JSP

```
<%@ taglib prefix="myTags" uri="simpleTags" %>
<html><body>
About to invoke a tag that throws SkipPageException <br>
<myTags:simple6/>

<br>Back in the page after invoking the tag.

</body></html>
```

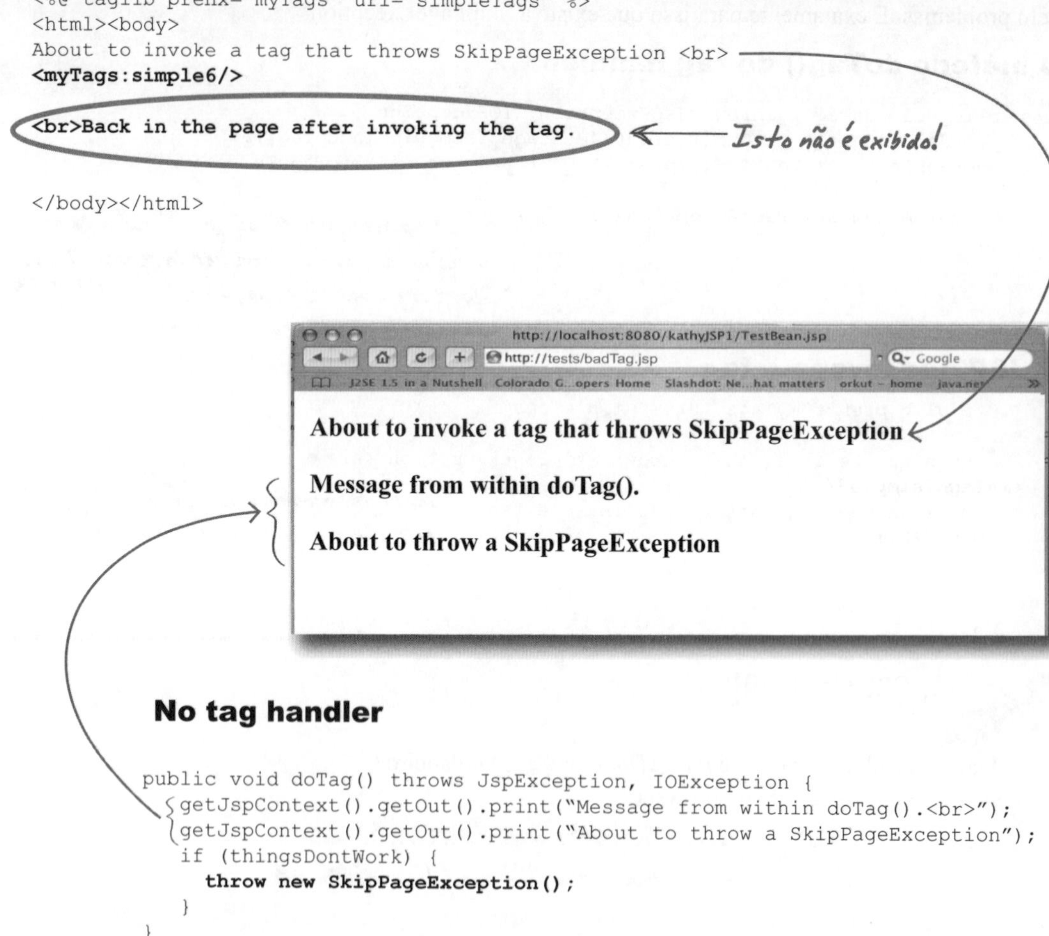

No tag handler

```
public void doTag() throws JspException, IOException {
  getJspContext().getOut().print("Message from within doTag().<br>");
  getJspContext().getOut().print("About to throw a SkipPageException");
  if (thingsDontWork) {
    throw new SkipPageException();
  }
}
```

Mas o que acontece quando a tag é invocada de uma página incluída?

Observe o código abaixo e descubra o que é exibido quando você acessa PageA.
Dica: consulte a API para javax.servlet.jsp.SkipPageException.

Escreva o que você verá no browser:

JSP de PageA que inclui PageB

```
<html><body>
  This is page (A) that includes another page (B). <br>
  Doing the include now:<br>
  <jsp:include page="badTagInclude.jsp" />
  <br>Back in page A after the include...
</body></html>
```

JSP de PageB (o arquivo incluído) que invoca a tag defeituosa

```
<%@ taglib prefix="myTags" uri="simpleTags" %>
This is page B that invokes the tag that throws SkipPageException.
Invoking the tag now:<br>
<myTags:simple6/>
<br>Still in page B after the tag invocation...
```

O método doTag() do tag handler

```
public void doTag() throws JspException, IOException {
   getJspContext().getOut().print("Message from within doTag().<br>");
   getJspContext().getOut().print("About to throw a SkipPageException");
   throw new SkipPageException();
}
```

A SkipPageException interrompe somente a página que invocou diretamente a tag

Se a página que invoca a tag foi incluída a partir de alguma outra página, somente aquela que faz a invocação da tag tem o seu processamento interrompido! A página original que fez a inclusão continua rodando após a SkipPageException.

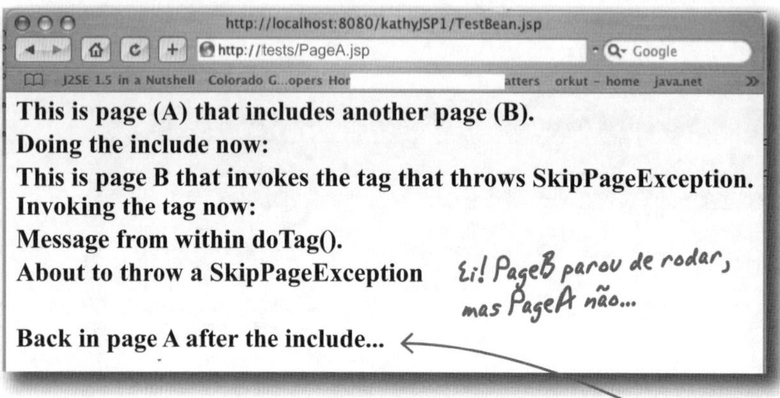
http://localhost:8080/kathyJSP1/TestBean.jsp
http://tests/PageA.jsp
Google
J2SE 1.5 in a Nutshell Colorado G...opers Hor atters orkut - home java.net
This is page (A) that includes another page (B).
Doing the include now:
This is page B that invokes the tag that throws SkipPageException.
Invoking the tag now:
Message from within doTag().
About to throw a SkipPageException
Back in page A after the include...
Ei! PageB parou de rodar, mas PageA não...

JSP de PageA que inclui PageB

```
<html><body>
  This is page (A) that includes another page (B).<br>
  Doing the include now:<br>
  <jsp:include page="badTagInclude.jsp" />
  <br>Back in page A after the include...
</body></html>
```

Ficou surpreso de ver esta linha de PageA ser exibida?

JSP de PageB (o arquivo incluído) que invoca a tag defeituosa

```
<%@ taglib prefix="myTags" uri="simpleTags" %>
This is page B that invokes the tag that throws SkipPageException.
Invoking the tag now:<br>
<myTags:simple6/>

<br>Still in page B after the tag invocation...
```

Isto não foi exibido, como já esperávamos.

O método doTag() do tag handler

```
public void doTag() throws JspException, IOException {
   getJspContext().getOut().print("Message from within doTag().<br>");
   getJspContext().getOut().print("About to throw a SkipPageException");
   throw new SkipPageException();
}
```

Isto interrompe PageB, mas PageA continua rodando.

Não existem
Perguntas Idiotas

P: **O que acontece com um Tag handler Simples depois de finalizar doTag()? O Container o mantém para reutilização?**

R: Não. Os Tag handlers Simples nunca são reutilizados! Cada instância de tag handler cuida de uma só invocação. Então, você nunca precisa se preocupar, por exemplo, sobre se as variáveis da instância de um Tag handler Simples terão os valores iniciais corretos. O objeto Tag handler Simples sempre é inicializado antes que qualquer um dos seus métodos sejam chamados.

P: **Os métodos de atributos em um Tag handler Simples precisam ser de um tipo que possam ser automaticamente convertidos de e para uma String? Em outras palavras, estamos limitados a usar apenas valores primitivos e de String?**

R: Você não estava prestando atenção a algumas páginas, hein? O atributo que enviamos ao Tag handler Simples era uma ArrayList de filmes. Então, a resposta para a sua pergunta seria "não". Mas... se o atributo (que você pode pensar como sendo uma *propriedade*, se você pensar no Tag handler Simples como um bean) NÃO for uma String ou um primitivo, então é melhor que o valor de <rtexprvalue> no TLD seja verdadeiro. Porque essa é a única maneira pela qual você pode definir o valor de um atributo para algo que não pode ser expresso como String na tag. Em outras palavras, você não pode enviar um Dog para a tag se estiver forçado a representar Dog como uma String literal. Mas se puder usar uma expressão como o valor do atributo, então essa expressão pode avaliar para qualquer tipo de objeto de que você precise para coincidir com o argumento para o respectivo método setter do handler.

P: **Em um Tag handler Simples, se a tag for declarada como tendo um corpo, mas for invocada usando-se uma tag vazia (uma vez que não há como dizer que um corpo é obrigatório), setJspBody() ainda é invocado?**

R: Não! O setJspBody() é invocado SOMENTE se estas duas coisas forem verdadeiras:
1) A tag NÃO está declarada no TLD como tendo um corpo vazio.
2) A tag é invocada com um corpo.
Isso significa que, mesmo se a tag for declarada como tendo um corpo não-vazio, o método setJspBody() não será chamado se a tag for invocada de uma das duas seguintes maneiras:
<foo:bar /> (tag vazia)
<foo:bar></foo:bar> (sem corpo).

Pontos de bala

- Os Tag Files implementam funcionalidades de tags usando uma *página*, enquanto que os tag handlers implementam funcionalidades de tags usando uma *classe* Java tag handler.

- Os tag handlers podem ser de dois tipos: ***Clássicos*** e ***Simples*** (tags Simples e Tag files foram adicionados no JSP 2.0).

- Para criar um tag handler simples, estenda **SimpleTagSupport** (que implementa a interface **SimpleTag**).

- Para distribuir um tag handler Simples, você deve criar um TLD que descreva a tag, usando o mesmo elemento <tag> usado pela JSTL e outras bibliotecas de tags customizadas.

- Para usar uma tag simples com um corpo, certifique-se de que a <tag> do TLD para a tag em questão não declare <body-content> como vazio. Em seguida, chame **getJspBody().invoke** para fazer com que o corpo seja processado.

- A classe **SimpleTagSupport** inclui métodos de implementação para tudo na interface **SimpleTag**, além de três métodos de conveniência incluindo **getJspBody()**, que você pode usar para obter acesso ao conteúdo do corpo da tag.

- O ciclo de vida da tag Simples: ***As tags Simples nunca são reutilizadas pelo Container***, de modo que toda vez que uma tag é invocada, o tag handler é instado, e o seu método setJspContext() é invocado. Se a tag é chamada de dentro de outra tag, o método setParent() é chamado. Se a tag é invocada com atributos, um método setter estilo bean é invocado para cada atributo. Se a tag é invocada com um corpo (supondo que o seu TLD NÃO a declare como tendo um corpo vazio), o método setJspBody() é invocado. Finalmente, o método doTag() é invocado e, uma vez finalizado, a instância do tag handler é destruída.

- O ***método setJspBody() é invocado SOMENTE se a tag for realmente chamada com um corpo***. Se a tag for invocada sem um corpo, ou com uma tag vazia <my:tag/>, ou sem nada entre as tags de abertura e de fechamento <my:tag></my:tag>, o método setJspBody() NÃO é chamado. Lembre-se, se a tag tiver um corpo, o TLD deve refletir esse fato, e o <body-content> não pode ter um valor de "empty".

- O método doTag() da tag Simples pode definir um atributo usado pelo corpo da tag, chamando getJspContext().setAttribtue(), seguido de getJspBody().invoke().

- O ***método doTag() declara uma JspException e uma IOException***, então, você pode escrever para o JspWriter sem embrulhá-lo em um try/catch.

- Você pode iterar sobre o corpo de uma tag Simples invocando o corpo (getJspBody().invoke()) em um loop.

- Se a tag tiver um atributo, declare-o no TLD usando um elemento <attribute> e ***forneça um método setter estilo bean na classe tag handler***. Quando a tag for invocada, o método setter será chamado *antes* de doTag().

- O método getJspBody() retorna um JspFragment, que possui dois métodos: **invoke(java.io.Writer)** e **getJspContext()**, que retorna um JspContext que o tag handler pode usar para obter acesso à API PageContext (para obter acesso às variáveis implícitas e aos atributos de escopo).

- Passando *nulo* para o invoke(), ele escreve o corpo avaliado na saída da resposta, mas você pode passar outro Writer, caso deseje acesso direto ao conteúdo do corpo.

- Jogue uma **SkipPageException** se quiser que a página atual tenha o seu processamento interrompido. Se a página que invocou a tag tiver sido incluída a partir de uma outra página, a página que fez a inclusão continua rodando, mesmo que a página incluída tenha o seu processamento interrompido a partir do momento em que a exceção é jogada.

É simplesmente maravilhoso que os designers da especificação JSP tenham nos dado Tags Simples e Tag Files, mas, bem, eles só fizeram isso DEPOIS de a minha empresa escrever cerca de 10 milhões de tags customizadas usando o modelo Clássico...

Você ainda precisa saber sobre os tag handlers Clássicos

Você pode ter sorte. Talvez o seu local de trabalho já esteja começando com o JSP 2.0, e você poderá usar Tag Files e Tag handlers Simples desde o começo.

Isso *pode* acontecer.

Mas provavelmente não vai. É mais provável que você esteja trabalhando (ou irá trabalhar no futuro) em um lugar que já vem usando JSPs desde a era pré-2.0, usando o modelo Clássico de tags para escrever tag handlers customizados.

Você provavelmente precisará, no mínimo, ser capaz de ler o código-fonte de um tag handler Clássico. Você poderia ser chamado para fazer a manutenção ou refatorar uma classe tag handler Clássica.

Mas, mesmo que você nunca tenha que ler ou escrever um tag handler Clássico, eles ainda são abordados (bem de passagem) em um dos objetivos do exame. E agradeça por isso – na versão anterior do exame você poderia ter visto pelo menos sete ou oito perguntas sobre tag handlers Clássicos. Hoje em dia, os candidatos ao exame verão apenas uma ou duas questões sobre os tag handlers Clássicos.

API tag handler

Tudo o que estiver em uma caixa cinza encontra-se no modelo de tag original (Clássico) para tag handlers customizados.

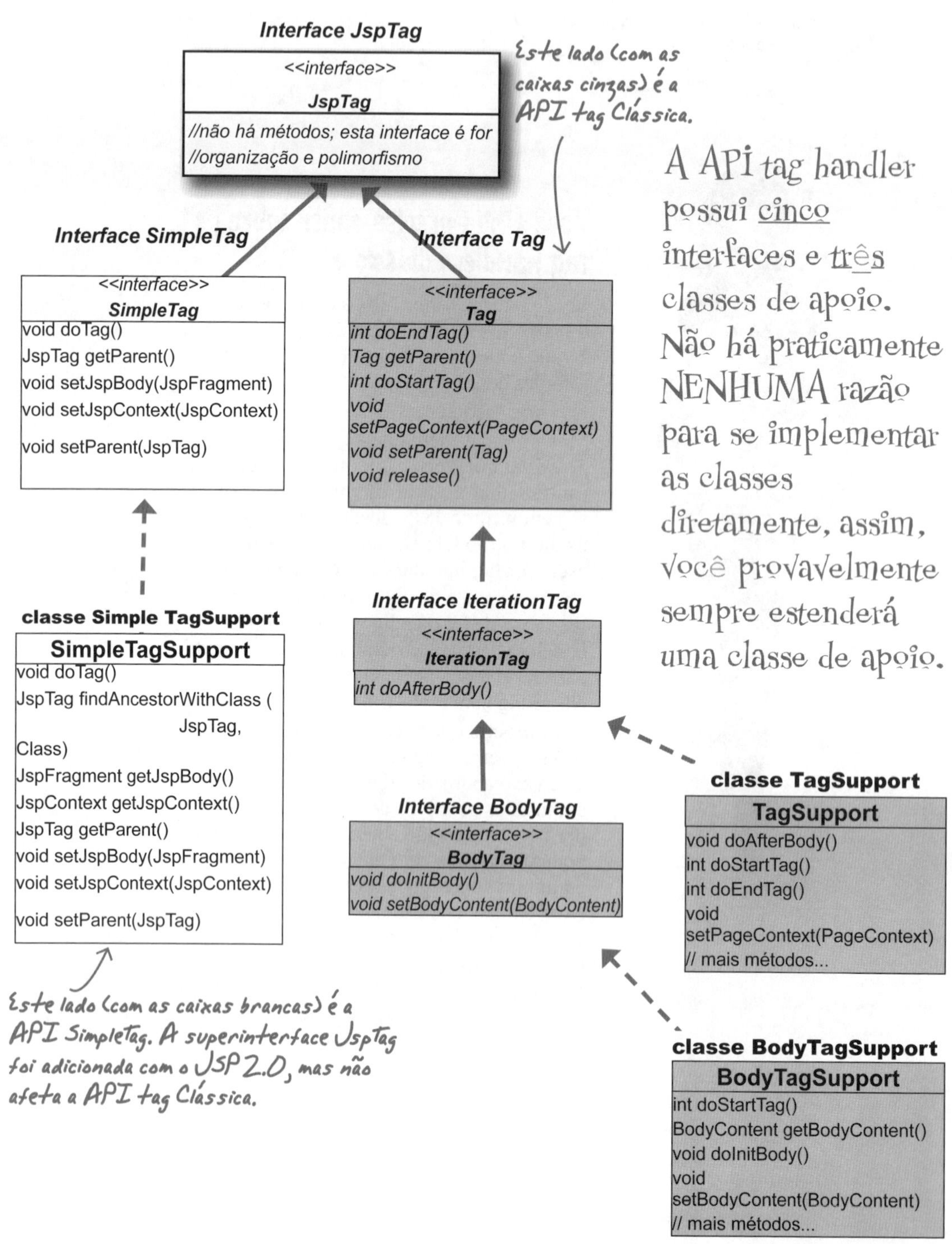

Um tag handler Clássico bem pequeno

Este exemplo é tão básico, que ele não é muito diferente do método doTag() de um Tag handler Simples. Na verdade, as diferenças não vão te incomodar até que você tente processar uma tag com um corpo (mas você terá que esperar para ver isso).

Um JSP que invoca uma tag Clássica

```
<%@ taglib prefix="mine" uri="KathyClassicTags" %>
<html><body>
  Classic Tag One:<br>
  <mine:classicOne />
</body></html>
```

Esta tag usa um tag handler Clássico. Mas, para o JSP, isto parece uma invocação de tag como qualquer outra.

O elemento <tag> do TLD para a tag Clássica

```
<tag>
   <description>ludicrous use of a Classic tag</description>
   <name>classicOne</name>
   <tag-class>foo.Classic1</tag-class>
   <body-content>empty</body-content>
</tag>
```

Não há como saber com certeza se este <tag> é manipulado por um tag handler Clássico, a não ser que você saiba que a classe foo.Classic1 implementa a interface Tag (em vez de SimpleTag). Poderíamos substituir completamente o código de foo.Classic1 para fazê-lo usar uma tag Simples, e o TLD seria o mesmo.

O tag handler Clássico

Ao estender TagSupport, estamos implementando tanto Tag como IterationTag. Aqui, estamos substituindo apenas um método, doStartTag().

```
package foo;
import javax.servlet.jsp.*;
import javax.servlet.jsp.tagext.*;
import java.io.*;

public class Classic1 extends TagSupport {

    public int doStartTag() throws JspException {

       JspWriter out = pageContext.getOut();

        try {
          out.println("classic tag output");
        } catch(IOException ex) {
           throw new JspException("IOException- " + ex.toString());
        }

        return SKIP_BODY;
    }
}
```

Os métodos declaram JspException, mas NÃO uma IOException! (o doTag() de SimpleTag declara IOException).

As tags Clássicas herdam de TagSupport uma variável membro do pageContext (em contraste com o método getJspContext() da SimpleTag).

Aqui devemos usar um try/catch, porque não podemos declarar a IOException.

Temos que retornar um int para dizer ao Container o que fazer em seguida. Você verá muito mais sobre isso a seguir...

Um tag handler Clássico com DOIS métodos

Este exemplo substitui os métodos doStartTag() e doEndTag(), embora ele pudesse ter conseguido o mesmo output sem sair de doStartTag(). A questão com o doEndTag() é que esse método é chamado *depois* do corpo ser avaliado. Não mostraremos o TLD aqui, porque é praticamente idêntico ao anterior, exceto por alguns dos nomes. A tag é declarada como não tendo atributos, e com um corpo vazio.

Um JSP que invoca uma tag Clássica

```
<%@ tagalib prefix="mine" uri="KathyClassicTags" %>
<html><body>
  Classic Tag Two:<br>
  <mine:classicTwo />
</body></html>
```

O tag handler Clássico

Não mostraremos os comandos package ou import, a não ser que adicionemos algo de um novo pacote.

```
public class Classic2 extends TagSupport {
    JspWriter out;

    public int doStartTag() throws JspException {
        out = pageContext.getOut();
        try {
          out.println("in doStartTag()");
        } catch(IOException ex) {
          throw new JspException("IOException- " + ex.toString());
        }
        return SKIP_BODY;
    }

    public int doEndTag() throws JspException {
       try {
          out.println("in doEndTag()");
        } catch(IOException ex) {
          throw new JspException("IOException- " + ex.toString());
        }
      return EVAL_PAGE;
   }
}
```

Isto diz: "Não avalie o corpo se houver um - simplesmente vá direto para o método doEndTag()".

Isto diz, "avalie o resto da página" (em oposição a SKIP_PAGE, que seria como jogar uma SkipPageException a partir de um tag handler Simples).

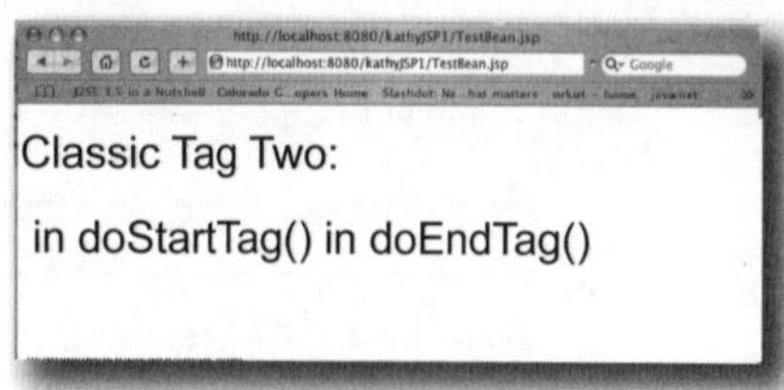

Quando a tag tem um corpo: comparando Simples x Clássico

Agora as coisas começam a ficar diferentes em relação às Tags Simples. Lembre-se de que os corpos das Tags Simples são avaliados quando (e se) você quiser, chamando invoke() para o JspFragment que estiver encapsulando o corpo. No entanto, no caso das tags Clássicas, ***o corpo é avaliado entre os métodos doStartTag() e doEndTag()!*** Ambos os exemplos abaixo têm exatamente o mesmo comportamento.

O JSP que usa a tag

```
<%@ taglib prefix="myTags" uri="myTags" %>
<html><body>
  <myTags:simpleBody>
     This is the body
  </myTags:simpleBody>
</body></html>
```

Uma classe Tag handler Simples

```
// pacote e importações
public class SimpleTagTest extends SimpleTagSupport {
    public void doTag() throws JspException, IOException {
        getJspContext().getOut().print("Before body.");
        getJspBody().invoke(null);
       getJspContext().getOut().print("After body.");
    }
}
```

Isto faz o corpo ser avaliado.

Um tag handler Clássico que faz a mesma coisa

```
// pacote e importações
public class ClassicTest extends TagSupport {
   JspWriter out;

   public int doStartTag() throws JspException {
      out = pageContext.getOut();
      try {
        out.println("Before body.");
      } catch(IOException ex) {
         throw new JspException("IOException- " + ex.toString());
      }
      return EVAL_BODY_INCLUDE;
   }

   public int doEndTag() throws JspException {
      try {
        out.println("After body.");
      } catch(IOException ex) {
         throw new JspException("IOException- " + ex.toString());
      }
      return EVAL_PAGE;
  }
}
```

ISTO é o que faz o corpo ser avaliado em um tag handler Clássico!

Mas como se faz para criar um loop através do corpo? Parece que o doStartTag() é chamado muito cedo, e o doEndTag() tarde demais, e eu não tenho nenhuma maneira de ficar reinvocando a avaliação do corpo...

tag Simples

```
// pacote e importações
public class SimpleTagTest extends SimpleTagSupport {
  public void doTag() throws JspException, IOException {
     for(int i = 0; i < 3, i++) {
       getJspBody().invoke(null);
     }
  }
}
```

É fácil fazer um loop através do corpo de uma tag Simples; basta ficar chamando invoke() para o corpo, de dentro de doTag().

tag Clássica

```
// pacote e importações
public class ClassicTest extends TagSupport {

    public int doStartTag() throws JspException {
       return EVAL_BODY_INCLUDE;
    }
```

Mas onde você faz o loop através do corpo, se o corpo é avaliado entre os métodos, em vez de DENTRO de um método como o doTag()?

```
    public int doEndTag() throws JspException {
       return EVAL_PAGE;
    }
}
```

As tags Clássicas têm um ciclo de vida diferente

As tags Simples são simples – o doTag() faz tudo. Porém, com as tags Clássicas, há um do*Start*Tag() e um do*End*Tag(). E isso gera um problema interessante – quando e como o corpo é avaliado? Não há nenhum método doBody(), mas *há* um método **do*After*Body()**, que é chamado *após* o corpo ser avaliado e antes de doEndTag() rodar.

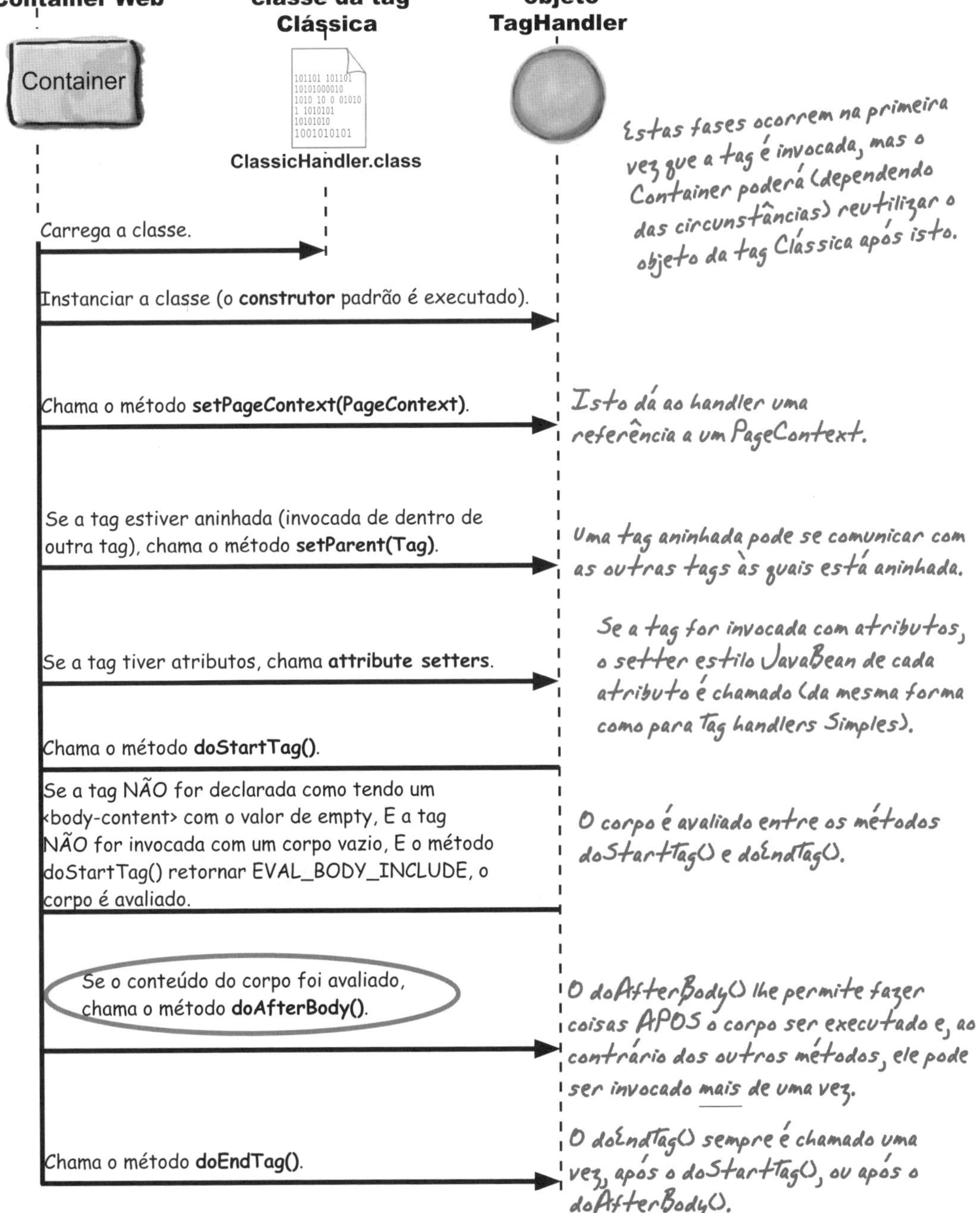

O ciclo de vida Clássico depende dos valores retornados

Os métodos doStartTag() e doEndTag() retornam um int. Esse int diz ao Container o que fazer em seguida. Com o doStartTag(), a pergunta que o Container faz é: "Eu devo avaliar o corpo?" (considerando que há um corpo, e que o TLD não o declare como vazio).
Com o doEndTag(), o Container pergunta: "Devo continuar avaliando o resto da página que fez a chamada?" Os valores retornados são representados por constantes declaradas nas interfaces Tag e Iteration Tag.

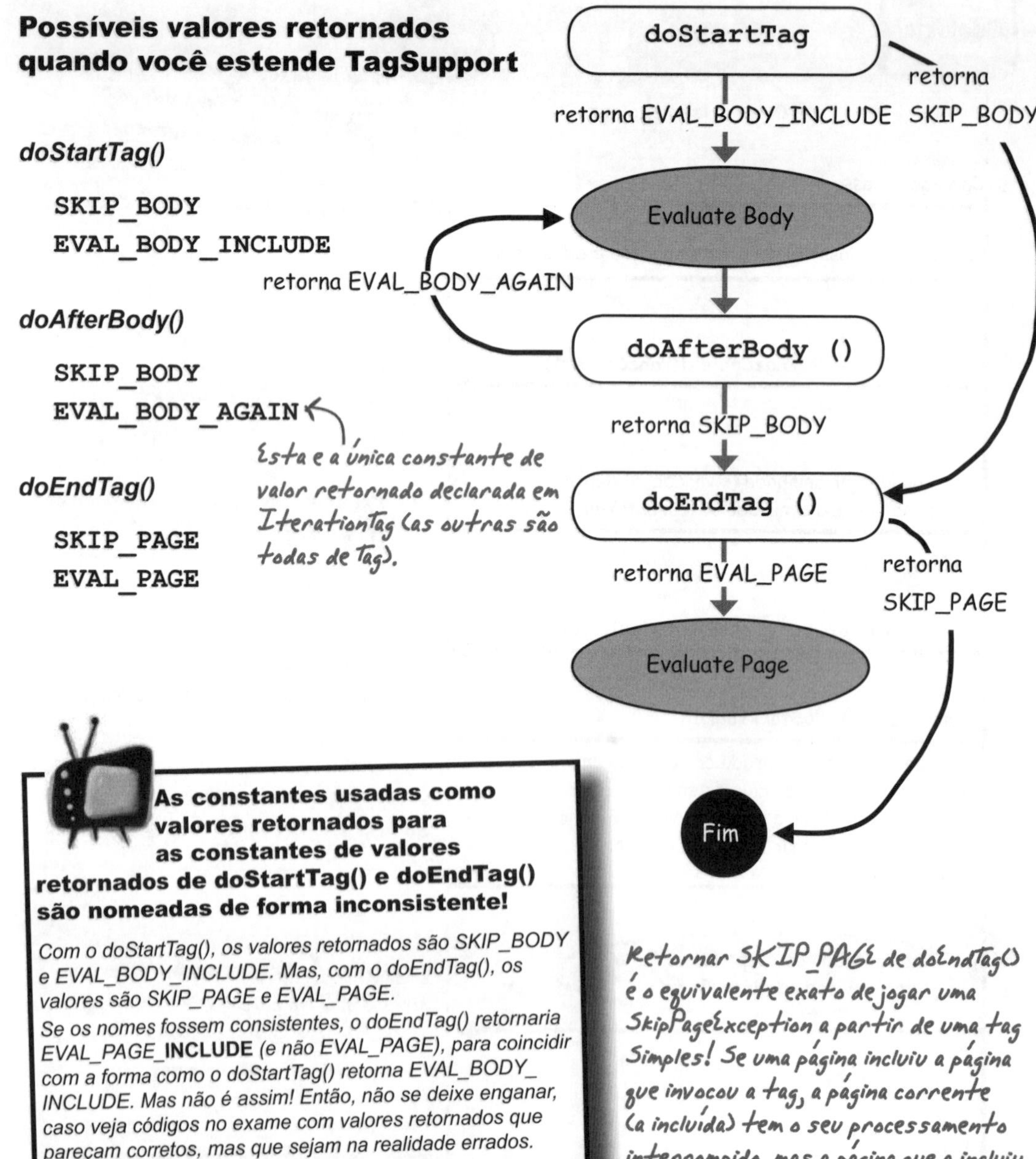

Possíveis valores retornados quando você estende TagSupport
doStartTag()
SKIP_BODY
EVAL_BODY_INCLUDE
doAfterBody()
SKIP_BODY
EVAL_BODY_AGAIN
doEndTag()
SKIP_PAGE
EVAL_PAGE
Esta é a única constante de valor retornado declarada em IterationTag (as outras são todas de Tag).
doStartTag
retorna EVAL_BODY_INCLUDE
retorna SKIP_BODY
Evaluate Body
retorna EVAL_BODY_AGAIN
doAfterBody ()
retorna SKIP_BODY
doEndTag ()
retorna EVAL_PAGE
retorna SKIP_PAGE
Evaluate Page
Fim
As constantes usadas como valores retornados para as constantes de valores retornados de doStartTag() e doEndTag() são nomeadas de forma inconsistente!
Com o doStartTag(), os valores retornados são SKIP_BODY e EVAL_BODY_INCLUDE. Mas, com o doEndTag(), os valores são SKIP_PAGE e EVAL_PAGE.
Se os nomes fossem consistentes, o doEndTag() retornaria EVAL_PAGE_INCLUDE (e não EVAL_PAGE), para coincidir com a forma como o doStartTag() retorna EVAL_BODY_INCLUDE. Mas não é assim! Então, não se deixe enganar, caso veja códigos no exame com valores retornados que pareçam corretos, mas que sejam na realidade errados.
Retornar SKIP_PAGE de doEndTag() é o equivalente exato de jogar uma SkipPageException a partir de uma tag Simples! Se uma página incluiu a página que invocou a tag, a página corrente (a incluída) tem o seu processamento interrompido, mas a página que a incluiu continua a rodar...

A IterationTag lhe permite repetir o corpo

Quando você escreve um tag handler que estende TagSupport, você recebe todos os métodos do ciclo de vida da interface Tag, e mais um método de IterationTag – doAfterBody(). Sem o doAfterBody(), não é possível iterar sobre o corpo, porque o doStartTag() vem cedo demais e o doEndTag() vem tarde demais. Mas, com o doAfterBody(), o seu valor retornado diz ao Container se ele deve repetir a avaliação do corpo (EVAL_BODY_AGAIN), ou chamar o método doEndTag() (SKIP_PAGE).

Interface Tag

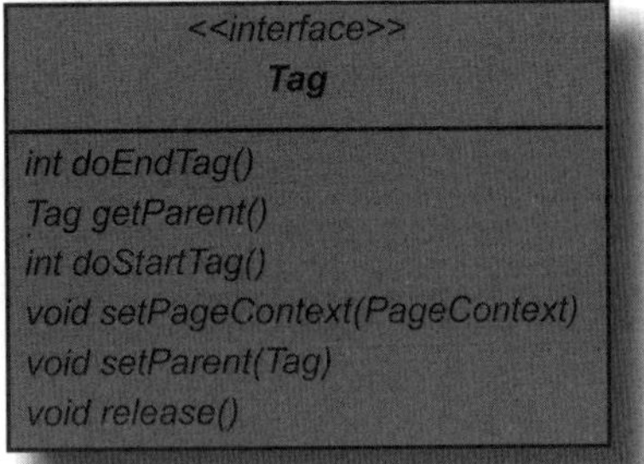

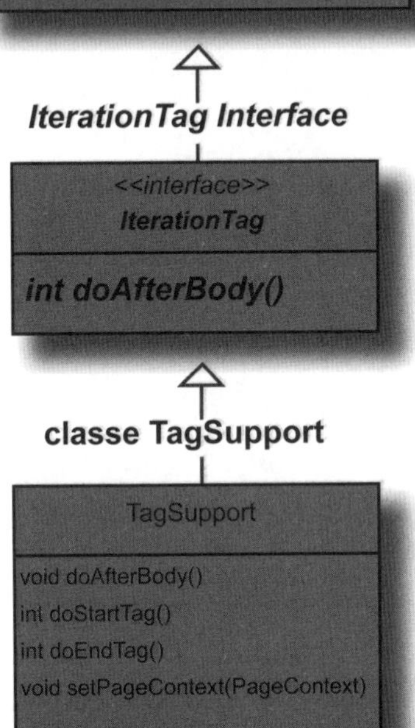

Aponte seu lápis

Tente implementar a mesma funcionalidade deste doTag() de uma tag Simples em um tag handler Clássico. Presuma que o TLD está configurado para permitir conteúdo no corpo.

```
public void doTag() throws JspException,
IOException {
   String[] movies = {"Spiderman", "Saved!",
"Amelie"};
   for(int i = 0; i < movies.length; i++) {
      getJspContext().setAttribute("movie",
movies[i]);
      getJspBody().invoke(null);
   }
}
```

```
// pacotes e importações
public class MyIteratorTag extends TagSupport {

   public int doStartTag() throws JspException {



   public int doAfterBody() throws JspException {



   public int doEndTag() throws JspException {



}
```

SEJA o Container

Observe o código correto do tag handler abaixo e descubra se ele lhe daria o resultado mostrado, levando-se em conta a invocação da tag JSP listada abaixo. Este é também o mesmo resultado produzido pelo tag handler Clássico da página anterior. Sim, estamos respondendo o Aponte seu Lápis com um outro exercício...

A classe tag handler

```
 // pacotes e importações
public class MyIteratorTag extends TagSupport {
    String[] movies= new String[] {"Spiderman", "Saved!", "Amelie"};
    int movieCounter;

    public int doStartTag() throws JspException {
        movieCounter=0;

        return EVAL_BODY_INCLUDE;
    }
    public int doAfterBody() throws JspException {

        if (movieCounter < movies.length) {
           pageContext.setAttribute("movie", movies[movieCounter]);
           movieCounter++;
           return EVAL_BODY_AGAIN;
        } else {
         return SKIP_BODY;
        }
    }
    public int doEndTag() throws JspException {
        return EVAL_PAGE;
    }
 }
```

JSP que invoca a tag

```
<%@ taglib prefix="mine" uri="KathyClassicTags" %>
<html><body>
  <table border="1">
    <mine:iterateMovies>
      <tr><td>${movie}</td></tr>
    </mine:iterateMovies>
  </table>
</body></html>
```

Resultado desejado

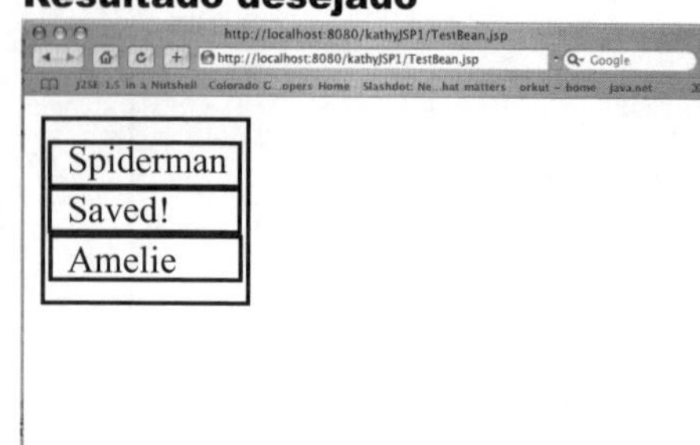

Valores-padrão retornados pela TagSupport

Se você não substituir os métodos do ciclo de vida da TagSupport que retornam um integer, esteja ciente dos valores-padrão que as implementações de métodos da TagSupport retornam. A classe TagSupport supõe que a sua tag não tem um corpo (retornando SKIP_BODY a partir de doStartTag()), e que, se DE FATO houver um corpo a ser avaliado, você deseje que ele seja avaliado apenas uma vez (retornando SKIP_BODY a partir de doAfterBody()). Ela também supõe que você deseja que o resto da página seja avaliado (retornando EVAL_PAGE a partir de doEndTag()).

Valores-padrão retornados quando você não substitui a implementação de métodos da TagSupport

doStartTag()

- (SKIP_BODY)
- EVAL_BODY_INCLUDE

doAfterBody()

- (SKIP_BODY)
- EVAL_BODY_AGAIN

doEndTag()

- SKIP_PAGE
- (EVAL_PAGE)

A classe TagSupport supõe que a sua tag não tem um corpo, ou que, se o corpo FOR avaliado, ele deva ser avaliado apenas UMA VEZ.
Ela também supõe que você sempre deseja que o resto da página seja avaliado.

O doStartTag() e o doEndTag() rodam exatamente uma vez.

Você realmente precisa saber este ciclo de vida para o exame. Não se esqueça de que o doStartTag() e o doEndTag() são sempre chamados, e são chamados apenas uma vez, independentemente de qualquer outra coisa que aconteça. Mas o doAfterBody() pode rodar de zero a várias vezes, dependendo do valor retornado de doStartTag() e chamadas anteriores a doAfterBody().

Você DEVE substituir o doStartTag() se quiser que o corpo da tag seja avaliado!!

Pense nisso! O valor-padrão retornado de doStartTag() é SKIP_BODY, então, se você uiser que o corpo da sua tag seja avaliado, e for estender TagSupport, você DEVE substituir o doStartTag(), mesmo que apenas para retornar EVAL_BODY_INCLUDE.
Com o doAfterBody(), deve ser óbvio que, se você quiser iterar sobre o corpo, deverá substituir também esse método, uma vez que o seu valor retornado é SKIP_BODY.

Resultado desejado

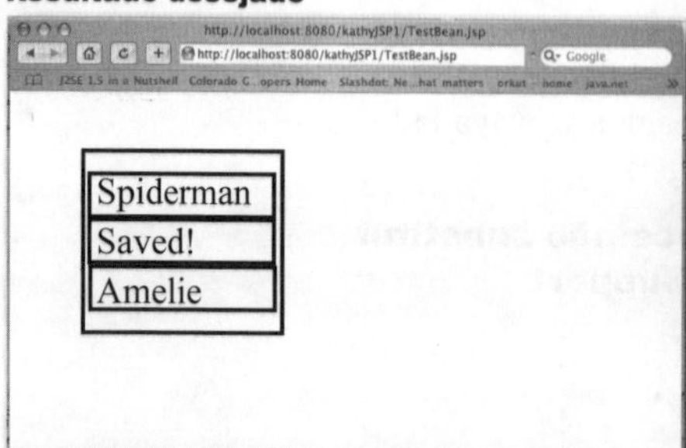

Resultado real (a não ser que você adicione as duas linhas salientadas abaixo)

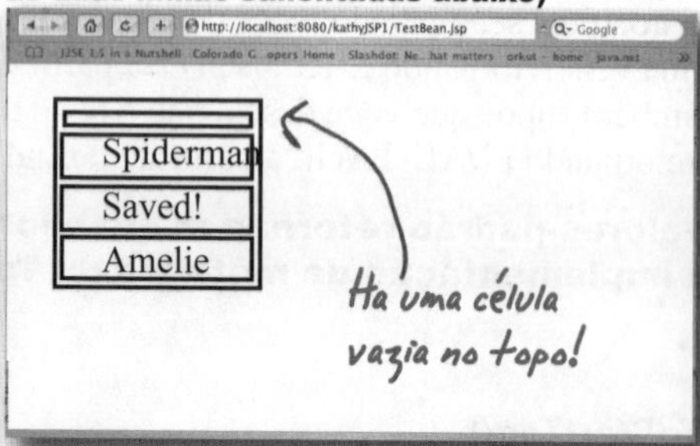

A classe tag handler

Você DEVE adicionar estas duas linhas para produzir a resposta correta.

```
public class MyIteratorTag extends TagSupport {
    String[] movies= new String[] {"Spiderman", "Saved!", "Amelie"};
    int movieCounter;

    public int doStartTag() throws JspException {
        movieCounter=0;

      pageContext.setAttribute("movie", movies[movieCounter]);
      movieCounter++;

        return EVAL_BODY_INCLUDE;
    }
    public int doAfterBody() throws JspException {

        if (movieCounter < movies.length) {
           pageContext.setAttribute("movie", movies[movieCounter]);
           movieCounter++;
           return EVAL_BODY_AGAIN;
        } else {
         return SKIP_BODY;
        }
    }
    public int doEndTag() throws JspException {
        return EVAL_PAGE;
    }
 }
```

Este método doAfterBody() estava correto, mas ele roda apenas DEPOIS de o corpo já ter sido processado uma vez! Sem as duas linhas extras em doStartTag(), o corpo é processado uma vez sem haver um atributo movie, por isso a célula vazia no resultado.

JSP que invoca a tag

```
<%@ taglib prefix="mine" uri="KathyClassicTags" %>
<html><body>
  <table border="1">
    <mine:iterateMovies>
      <tr><td>${movie}</td></tr>
    </mine:iterateMovies>
  </table>
</body></html>
```

Não existem Perguntas Idiotas

P: Isto me parece idiota – existe código duplicado no doStartTag() e no doAfterBody()?

R: Sim, existe código duplicado. Neste caso, se estiver implementando TagSupport e quiser definir valores que o corpo possa usar, você PRECISA definir esses valores de atributos em doStartTag(). Você não pode esperar até o doAfterBody(), porque até você chegar ao doAfterBody(), o corpo já terá sido processado uma vez.
Sim, é meio idiota. E, justamente por isso, é muito melhor usar SimpleTag. É claro que, se você estiver escrevendo o código, você criará um método privado no seu tag handler... digamos, setMovie(), e depois chamará esse método a partir tanto de doStartTag(), como de doAfterBody(). Mas, ainda assim, é uma abordagem esquisita.

P: POR QUE você está definindo o valor da variável da instância para *movieCounter* DENTRO do método doStartTag()? Por que não simplesmente inicializá-la quando você a declara?

R: Ah, não! Ao contrário dos tag handlers Simples, que nunca são reutilizados, um tag handler Clássico pode ser colocado em um pool e ser reutilizado pelo Container. Isso significa que é melhor você reiniciar os valores da sua variável da instância a cada nova invocação da tag (ou seja, em doStartTag()). Caso contrário, o código funcionará na primeira vez, mas da próxima vez que for invocada pelo JSP, a variável *movieCounter* ainda terá o seu último valor, em vez de zero!

O Container pode reutilizar tag handlers Clássicos!

Cuidado – isto é completamente diferente dos tag handlers Simples, que definitivamente NÃO são reutilizados. Isso significa que você tem que ter bastante cuidado com as variáveis de instâncias – você deve reiniciá-las no doStartTag(). A interface Tag até possui um método release(), mas ele só é chamado quando a instância do tag handler está prestes a ser removida pelo Container. Assim, não considere que release() seja uma forma de reiniciar o estado do tag handler entre as invocações da tag!

Tudo bem, sejamos realistas...

Lembra do aplicativo Web de cerveja do Capítulo 3? Iremos melhorá-lo um pouco e automatizar a parte do formulário HTML:

```
<form method="POST" action="SelectBeer.do">
   <p>Select beer characteristics:</p>

   Color:
   <select name='color' size='1' >
      <option value='light'> light </ option>
      <option value='amber'> amber </ option>
      <option value='brown'> brown </option>
      <option value='dark'> dark </option>
   </select>

   <br><br>
   <input type="SUBMIT">
</form>
```

Queremos que o conjunto de nesta tag <select> venha do aplicativo.

Se tornarmos as opções dinâmicas, elas serão mais fáceis de atualizar e mudar, sem mexer no HTML. Ao contrário, queremos que as opções sejam geradas a partir de List do Java criado no aplicativo Web. Então, veja a tag personalizada que queremos construir:

```
<form method="POST" action="SelectBeer.do">
   <p>Select beer characteristics:</p>

   Color:
   <formTags:select name='color' size='1'
      optionsList='${applicationScope.colorList}' />

   <br><br>
   <input type="SUBMIT">
</form>
```

Nossa tag personalizada gera a lista de opções. O nome e o tamanho dos atributos da tag são valores de "transmissão".

Com esta tag, um aplicativo pode mudar as opções sem codificar especificamente os dados comerciais em um formulário HTML.

Aponte seu lápis

Sua missão (se escolher aceitá-la) é completar a implementação da sub-rotina da tag select.

Primeiro, a classe da sub-rotina precisa implementar os métodos setter para cada atributo da tag; veja uma estrutura com a qual iniciar:

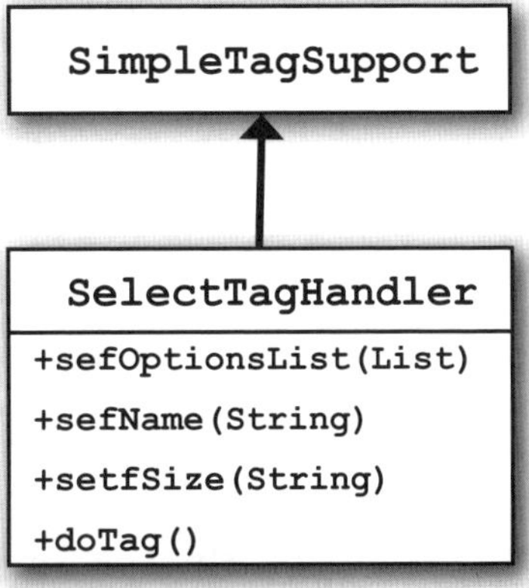


```
package com.example.taglib;
// aceite todas as instruções de importação necessárias

public class SelectTagHandler extends SimpleTagSupport {
   // armazene o atributo 'optionsList'




   // armazene o atributo 'name'




   // armazene o atributo 'size'



}
```

Vá em frente e escreva seu código aqui, nos espaços em branco embaixo dos comentários.

Continua na próxima página

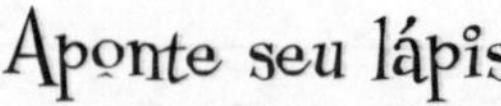

Em seguida, complete a implementação da classe de sub-rotina da tag select escrevendo o método doTag( ). Fornecemos ao método uma assinatura e alguns comentários úteis para ajudá-lo. Não se esqueça de ver o HTML que essa tag precisa gerar na página 542.

```
// gere as tags <select> e <option>
public void doTag( ) throws JspException, IOException {
    PageContext pageContext = (PageContext) getJspContext( );
    JspWriter out = pageContext.getOut( );
    // Inicie a tag HTML <select> com os atributos específicos do HTML




            // Gere as tags <option> a partir de optionsList




            // Termine a tag </select>




            } // // FIM do método doTag( )



        } // FIM de SelectTagHandler
```

Mais código a escrever, aqui... aqui... e aqui.

Se você precisar de variáveis ou constantes adicionais em SelectTagHandler, poderá adicioná-las aqui

Continua na próxima página

Aponte seu lápis

Agora, você precisa configurar a tag select no arquivo TLD. Os elementos repetidos de TLD já são fornecidos. Você só precisa adicionar o elemento para declarar a tag select, sua classe da sub-rotina e todos os seus atributos.

```
<?xml version="1.0" encoding="ISO-8859-1" ?>
<!DOCTYPE taglib
      PUBLIC "-//Sun Microsystems, Inc.//DTD JSP Tag Library 1.2//EN"
      "http://java.sun.com/j2ee/dtds/web-jsptaglibrary_1_2.dtd">
<taglib>
   <tlib-version>1.2</tlib-version>
   <jsp-version>1.2</jsp-version>
   <short-name>Forms Taglib</short-name>
   <uri>http://example.com/tags/forms</uri>
   <description>
        An example tab library of replacements for the HTML form tags.
   </description>

   <tag>
     <!- - Adicione elementos para declarar o nome da tag, classe e tipo do corpo - ->



     <!- - Adicione elementos para o atributo optionsList - ->



     <!- - Adicione elementos para o atributo name - ->



     <!- - Adicione elementos para o atributo size - ->


   </tag>
</taglib>
```

Adicione o XML que falta para o descritor.

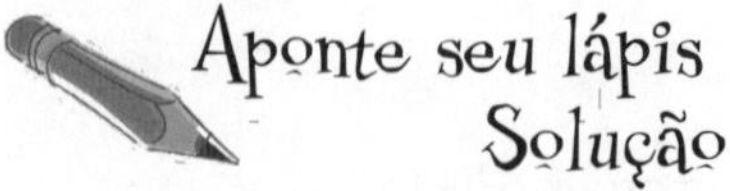

Sua missão (se escolhesse aceitá-la) era completar a implementação da sub-rotina da tag select. A sub-rotina tinha que implementar os métodos setter para cada atributo da tag. A sub-rotina também tinha que implementar o método doTag( ).

SimpleTagSupport

SelectTagHandler
+sefOptionsList(List)
+sefName(String)
+setfSize(String)
+doTag()

```
package com.example.taglib;
// aceite todas as instruções de importação necessárias

public class SelectTagHandler extends SimpleTagSupport {


   private List optionsList;
   // armazene o atributo 'optionsList'
   public void setOptionsList(List value) {
      this.optionsList = value;
   }


   private String name;
   // armazene o atributo 'name'
   public void setName(String value) {
      this.name = value;
   }


   private String size;
   // armazene o atributo 'size'
   public void setSize(String value) {
      this.name = value;
   }


   // outro código SelectTagHandler

}
```

O método setter e a variável de instância para o atributo optionsList.

O método setter e a variável de instância para o atributo name.

O método setter e a variável de instância para o atributo size.

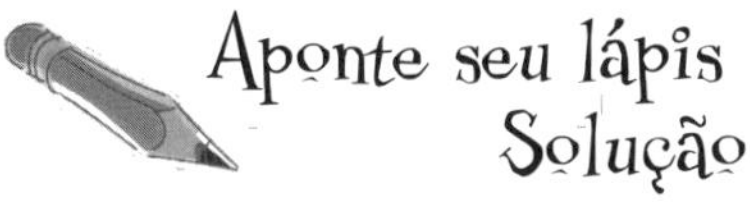

Em seguida, complete a implementação da classe de sub-rotina da tag select escrevendo o método doTag( ). Veja o código usado:

```
// gere as tags <select> e <option>
public void doTag( ) throws JspException, IOException {
   PageContext pageContext = (PageContext) getJspContext( );
   JspWriter out = pageContext.getOut( );

   // Inicie a tag HTML <select> com os atributos específicos do HTML

   out.print("<select ");
   out.print(String.format(ATTR_TEMPLATE, "name", this.name));
   out.print(String.format(ATTR_TEMPLATE, "size", this.size));
   out.println('>');

   // Gere as tags <option> a partir de optionsList
   for ( Object options : this.optionsList ) {
      String optionTag
         = String.format(OPTION_TEMPLATE, option.toString( ));
      out.println(optionTag);
      }

      // Termine a tag </select>
      out.println(" </select>");
   } // FIM do método doTag( )

   private static final String ATTR_TEMPLATE = "%s='%s' ";
   private static final String OPTION_TEMPLATE
      = " <option value='%1$s'> %1$s </options>";
} // FIM de SelectTagHandler
```

A tag de abertura HTML <select> usa os atributos name e size.

O objeto optionsList é usado para criar as tags HTML <option>.

Finalmente, a sub-rotina da tag deve produzir a tag HTML </select> de fechamento.

Nossa implementação usou algumas constantes String para tornar o código mais legível.

Aponte seu lápis Solução

Então, você precisava configurar a tag select no arquivo TLD. Veja o que você fez para adicionar o elemento para declarar a tag **select**, sua classe da sub-rotina e todos os atributos.

```
<?xml version="1.0" encoding="ISO-8859-1" ?>

<!DOCTYPE taglib
    PUBLIC "-//Sun Microsystems, Inc.//DTD JSP Tag Library 1.2//EN"
    "http://java.sun.com/j2ee/dtds/web-jsptaglibrary_1_2.dtd">

<taglib>

  <tlib-version>1.2</tlib-version>
  <jsp-version>1.2</jsp-version>
  <short-name>Forms Taglib</short-name>
  <uri>http://example.com/tags/forms</uri>
  <description>
    An example tab library of replacements for the HTML form tags.
  </description>

  <tag>

    <name>select</name>
    <tag-class>com.example.taglib.SelectTagHandler</tag-class>
    <body-content>empty</body-content>

  <attribute>
    <name>optionsList</name>
    <type>java.util.List</type>
    <required>true</required>
    <rtexprvalue>true</rtexprvalue>
  </attribute>
```

Declare o nome da tag, classe e tipo do corpo.

O atributo optionsList precisa especificar o tipo dos dados. O atributo também deve permitir uma expressão de execução no valor.

Aponte seu lápis Solução

```
<attribute>
   <name>name</name>
   <required>true</required>
</attribute>


<attribute>
   <name>size</name>
   <required>true</required>
</attribute>

</tag>

</taglib>
```

Os atributos name e size são muito mais fáceis porque podemos aceitar o tipo de dados padrão (String).

Poder do Cérebro

Você acha que os atributos name e size devem permitir valores de execução? Por que ou por que não?

Nossa tag <select> dinâmica não está completa...

Espere um pouco. Se nossa tag select estiver tentando imitar a tag <select> HTML padrão, então, precisaremos incluir atributos para todos os atributos da tag <select>, não apenas name e size.

A tag <select> HTML aceita muitos atributos da tag diferentes de name e size:

Atributos essenciais: id, class, style e title

Atributos de internacionalização: lang e dir

Atributos do evento: onclick, ondblclick, onmouseup, onmouseover, onmousemove, onmouseout, onkeypress, onkeyup e onkeydown

Atributos do formulário: name, disabled, multiple, size, tabindex, onfocus, onblur e onchange

Você pode usar isto para criar caixas de listagem e menus de listagem.

Cara! Como posso adicionar um comportamento legal sem os atributos do evento?
Minha habilidade não irá sobressair-se sem conseguir aplicar os estilos.
Não me deixe de mãos atadas... Preciso criar caixas de listagem assim como menus de listagem.

Podemos simplesmente adicionar atributos da tag personalizados...

Não fique perturbado. Posso corrigir isso... sem problemas! Simplesmente adicionarei mais setters do atributo à classe da sub-rotina e declarações ao TLD. Sem confusão, sem preocupações.

O design de Gary é muito simples; apenas precisamos adicionar um método setter para todos os atributos da tag de transmissão HTML. O UML para a classe da tag está à direita, com todos os métodos que precisamos adicionar.

SelectTagHandler
+setOptionsList(List) +setId(String) +setClass(String) +setStyle(String) +setTitle(String) +setLang(String) +setDir(String) +setOnclick(String) +setOndblclick(String) +setOnmouseup(String) +setOnmousedown(String) +setOnmouseover(String) +setOnmousemove(String) +setOnmouseout(String) +setOnkeypress(String) +setOnkeydown(String) +setOnkeyup(String) +setName(String) +setSize(String) +setMultiple(String) +setDisabled(String) +setTabindex(String) +setOnfocus(String) +setOnblur(String) +setOnchange(String) +doTag()

Veja o código para fazer isso funcionar:

```
public class SelectTagHandler extends SimpleTagSupport {
// atributo da tag (setters e variáveis de instância)
public void setOptionsList(List value) {
   this.optionsList = value;


   }
private List optionsList = null;


public void setId(String id) {
   this.id = id;
   }
private String id;


public void setClass(String styleClass) {
   this.styleClass = styleClass;
   }


private String styleClass;


// mais código na próxima página
```

Este é o único atributo que adicionamos à tag select.

O resto dos atributos da tag são para o navegador Web. Esta sub-rotina da tag simplesmente transmite-os para a saída da tag <select>.

O filho de mais atributos da tag

```
public void setStyle(String style) {
   this.style = style;
}
private String style;

public void setTitle(String title) {
   this.title = title;
}
private String title;

public void setLang(String lang) {
   this.lang = lang;
}
private String lang;

public void setDir(String dir) {
   this.dir = dir;
}
private String dir;

public void setOnclick(String onclick) {
   this.onclick = onclick;
}
private String onclick;

public void setOndblclick(String
ondblclick) {
   this.ondblclick = ondblclick;
}
private String ondblclick;

public void setOnmouseup(String onmouseup)
{
   this.onmouseup = onmouseup;
}
private String onmouseup;

public void setOnmousedown(String
onmousedown) {
   this.onmousedown = onmousedown;
}
private String onmousedown;

public void setOnmouseover(String
onmouseover) {
   this.onmouseover = onmouseover;
}
private String onmouseover;

// Mais códigos na próxima página
```

Mais atributo da tag <select> HTML; alguns atributos essenciais e alguns atributos da sub-rotina de eventos.

Mas espere! Tem mais. Codificamos apenas 11 dos 24 atributos HTML. A próxima página mostra os próximos setters do atributo da tag.

A volta do filho de mais atributos da tag

Sim, você entendeu... ainda mais atributos da tag.

```
public void setOnmousemove(String onmousemove) {
   this.onmousemove = onmousemove;
}
private String onmousemove;

public void setOnmouseout(String onmouseout) {
   this.onmouseout = onmouseout;
}
private String onmouseout;

public void setOnkeypress(String onkeypress) {
   this.onkeypress = onkeypress;
}
private String onkeypress;

public void setOnkeydown(String onkeydown) {
   this.onkeydown = onkeydown;
}
private String onkeydown;

public void setOnkeyup(String onkeyup) {
   this.onkeyup = onkeyup;
}
private String onkeyup;

public void setName(String value) {
   this.name = value;
}
private String name;

public void setSize(String value) {
   this.size = value;
}
private String size;

public void setMultiple(String multiple) {
   this.multiple = multiple;
}
private String multiple;

public void setDisabled(String disabled) {
   this.disabled = disabled;
}
private String disabled;

// ainda mais códigos na próxima página
```

Estou ficando enjoado com esses atributos da tag!

```
public void setTabindex(String tabindex) {
   this.tabindex = tabindex;
}
private String tabindex;

public void setOnfocus(String onfocus) {
   this.onfocus = onfocus;
}
private String onfocus;

public void setOnblur(String onblur) {
   this.onblur = onblur;
}
private String onblur;

public void setOnchange(String onchange) {
   this.onchange = onchange;
}
private String onchange;

// gere as tags <select> e <options>
public void doTag( ) throws JspException, IOException {
   PageContext pageContext = (PageContext) getJspContext( );
   JspWriter out = pageContext.getOut( );
   // Inicie a tag HTML <select> com os atributos específicos da HTML
   out.print("<select ");
   // Adicione os atributos obrigatórios
   out.print(String.format(ATTR_TEMPLATE, "name", this.name));
   // Adicione os atributos opcionais
   if ( this.id != null )
      out.print(String.format(ATTR_TEMPLATE, "id", this.id));
   if ( this.styleClass != null )
      out.print(String.format(ATTR_TEMPLATE, "class",
   this.styleClass));
   if ( this.style != null )
      out.print(String.format(ATTR_TEMPLATE, "style", this.style));
   if ( this.title != null )
      out.print(String.format(ATTR_TEMPLATE, "title", this.title));
   if ( this.lang != null )
      out.lang(String.format(ATTR_TEMPLATE, "lang", this.lang));
   if ( this.dir != null )
      out.print(String.format(ATTR_TEMPLATE, "dir", this.dir));
```

... e SIM, finalmente terminamos com os setters do atributo da tag.

Mas não pare aqui. Ainda há mais código. O método doTag( ) ainda deve escrever cada um dos atributos da tag HTML <select> padrões no fluxo de resposta. Existem mais 17 atributos, portanto, há outras 34 linhas de código; pelo menos outra página e meia. E não é bonito também...

Não, PARE, por favor! Já é o bastante.
Ui, veja todos esses métodos setter bobos. Criar um código assim é chato. Tem que haver um modo melhor, certo?

Você está certo. Essa solução consome. E é uma tonelada de código para acompanhar. Pior, e se quisermos criar um conjunto de tags personalizadas para aumentar as ***outras*** tags HTML?!

A classe de sub-rotina da tag deve implementar um método setter para cada um dos atributos da tag declarados no TLD. Mas esses métodos setter realmente não estão fazendo nada interessante. Os valores desses atributos são simplesmente transmitidos para a saída gerada para a tag HTML `<select>`.

Poderíamos aplicar um princípio de projeto: "Encapsule aquilo que varia".* Nesse caso, o conjunto de atributos da tag HTML opcionais é a ***coisa que varia*** nesta sub-rotina da tag. Uma solução seria colocar todos os atributos em uma tabela hash. Isso generaliza o armazenamento de atributos do objeto tag, mas e todos os métodos setter? Não podemos livrar-nos deles, a menos que haja um modo de informar o mecanismo JSP para definir os atributos da tag usando uma interface genérica.

*Este princípio de projeto é visto na Análise e projeto Orientados a Objetos do Use a Cabeça na página 250.

Claro, nunca anunciaríamos cinicamente outro livro Use a Cabeça, certo?

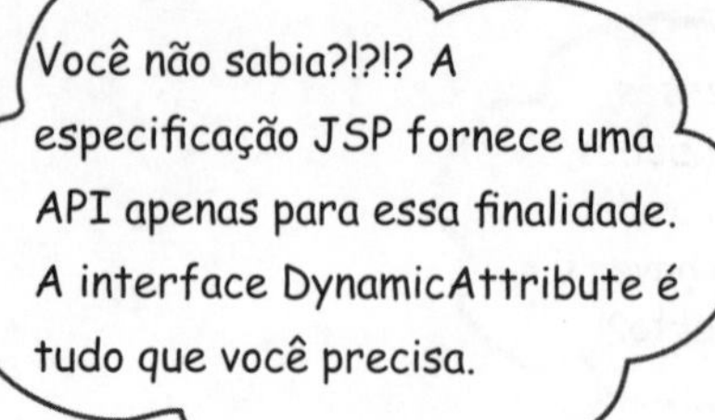
Você não sabia?!?!? A especificação JSP fornece uma API apenas para essa finalidade. A interface DynamicAttribute é tudo que você precisa.

<<interface>>
DynamicAtributes
+setDynamicAtribute(
uri:String,
name:String,
value:Object : void
SimpleTagSupport
SelectTagHandler
-optionsList:List
-tagAttrs:Map<String,Object>
+setOptionsList(List)
+setDynamicAttribute(
uri:String,
name:String,
value:Object) : void
+doTag()
Muito provavelmente você armazenará os atributos dinâmicos em um hashmap.
Este método setter é usado para todo atributo dinâmico. O parâmetro name é o nome do atributo. O parâmetro value é o valor do atributo. O parâmetro uri é o espaço do nome XML que define o atributo. Normalmente, você pode ignorar esse parâmetro.

Relaxe

Você não será testado na assinatura do método e definitivamente não será na finalidade do parâmetro uri.

Caramba, nem mesmo sabemos para que serve.

Nosso código de sub-rotina da tag usando a interface DynamicAttributes

Examinemos como DynamicAttributes fica em ação. Primeiro, nossa classe de sub-rotina da tag deve implementar a interface DynamicAttributes da API JSP. E essa interface requer que você implemente o método setDynamicAttribute( ). Esse método precisa armazenar os pares de nome/valor do atributo; um hashmap é a estrutura de dados perfeita para manter essas informações:

```
package com.example.taglib;

import java.io.IOException;
import java.util.HashMap;
import java.util.List;
import java.util.Map;

import javax.servlet.jsp.JspException;
import javax.servlet.jsp.JspWriter;
import javax.servlet.jsp.PageContext;
import javax.servlet.jsp.tagext.DynamicAttributes;
import javax.servlet.jsp.tagext.SimpleTagSupport;

/**
* A versão três da tag HTML select usa o mecanismo
* dos atributos JSP dinâmicos para armazenar todos os
* atributos HTML de transmissão em um hashmap.
*/
public class SelectTagHandler
      extends SimpleTagSupport
      implements DynamicAttributes {

   // armazene o atributo 'optionsList'
   public void setOptionsList(List value) {
      this.optionsList = value;
      }
   private List optionsList = null;

   // armazene o atributo 'name'
   public void setName(String value) {
      this.name = value;
      }
   private String name;

// armazene todos os outros atributos (dinâmicos)
public void setDynamicAttribute(String uri, String name, Object value) {
      tagAttrs.put(name, value);
}
private Map<String,Object> tagAttrs = new HashMap<String, Object>( );
```

Nossa sub-rotina da tag deve implementar a interface DynamicAttributes.

Geralmente, o método setter apenas armazena cada par de nome/valor do atributo em um hashmap.

O resto do código da sub-rotina de tag

A única coisa que resta é o método doTag( ). A única diferença agora é que a geração dos atributos da tag HTML <select> padrões é armazenada no hashmap. O método doTag( ) deve fazer uma iteração em cada entrada no mapa e gerar o vínculo do atributo HTML no fluxo de saída. Tudo mais fica igual.

Muito fácil, heim?

```
/ gere as tags <select> e <options>
public void doTag( ) throws JspException, IOException {
   PageContext pageContext = (PageContext) getJspContext( );
   JspWriter out = pageContext.getOut( );

   // Inicie a tag HTML <select>
   out.print("<select ");

   // Adicione os atributos obrigatórios
   out.print(String.format(ATTR_TEMPLATE, "name", this.name));

   // Adicione os atributos dinâmicos
   for ( String attrName : tagAttrs.keySet( ) ) {

      String attrDefinition
         = String.format(ATTR_TEMPLATE,
            attrName, tagAttrs.get(attrName));
      out.print(attrDefinition);
      }
   out.println('>');

   // Gere as tags <option> a partir de optionsList
   for ( Object options : optionsList ) {
      String optionTag
         = String.format(OPTION_TEMPLATE, option.toString( ));
      out.println(optionTag);
      }

   // Termine a tag HTML </select>
   out.println(" </select>");
} // // FIM do método doTag

private static final String ATTR_TEMPLATE = "%s='%s' ";
private static final String OPTION_TEMPLATE
      = " <option value='%1$s'> %1$s </options>";

} // FIM de SelectTagHandler
```

Recupere o conjunto de atributos nas chaves do mapa. Cada chave é o nome de um dos atributos dinâmicos.

O valor do atributo é armazenado no mapa. O método get( ) recupera o valor na chave (o nome do atributo).

Tudo bem, há um pouco de configuração no TLD

Ahã! Você não achou que a solução estava apenas no código, achou? Naturalmente, há um elemento da configuração requerido. Ei, é sobre a especificação JSP que estamos falando aqui. Felizmente, a mudança é simples. O elemento que você precisa incluir é chamado <dynamic-attributes>:

```
<?xml version="1.0" encoding="ISO-8859-1" ?>
<!DOCTYPE taglib
     PUBLIC "-//Sun Microsystems, Inc.//DTD JSP Tag Library 1.2//EN"
     "http://java.sun.com/j2ee/dtds/web-jsptaglibrary_1_2.dtd">

<taglib>

   <tlib-version>1.2</tlib-version>
   <jsp-version>1.2</jsp-version>
   short-name>Forms Taglib</short-name>
   <uri>http://example.com/tags/forms</uri>
   <description>
     An example tab library of replacements for the HTML form tags.
   </description>

   <tag>
      <name>select</name>
      <tag-class>com.example.taglib.SelectTagHandler</tag-class>
      <body-content>empty</body-content>
      <description>
            This tag constructs an HTML form 'select' tag. It also generates
            the 'option' tags based on the set of items in a list passed in
            by the optionsList tag attribute.
      </description>
      <attribute>
         <name>optionsList</name>
         <type>java.util.List</type>
         <required>true</required>
         <rtexprvalue>true</rtexprvalue>
      </attribute>
      <attribute>
         <name>name</name>
         <required>true</required>
      </attribute>
      <dynamic-attributes>true</dynamic-attributes>
   </tag>
</taglib>
```

Você ainda precisa declarar todos os atributos obrigatórios. Eles devem ter métodos setter explícitos definidos na sub-rotina da tag.

Este elemento é tudo que você precisa para declarar que esta tag pode aceitar qualquer quantidade de atributos dinâmicos.

Não existem Perguntas Idiotas

P: você estava usando uma tag Simple. Isso funciona com as tags Classic também?

R: Sim, a interface **DynamicAttributes** pode ser implementada por uma tag Classic do mesmo modo como a tag Simple. Até a configuração no arquivo TLD é igual.

P: Os atributos dinâmicos aceitam expressões de execução, como EL ou <%=%>?

R: Absolutamente. Por padrão, todo atributo dinâmico pode usar as tags da expressão EL ou JSP para especificar o valor do atributo. Na verdade, você notou que o tipo de dados do parâmetro value do método `setDynamic Attribute( )` é `Object`, e não `String`? Isso significa que o valor pode ser avaliado como qualquer objeto Java.

P: E se eu precisar "calcular" os dados em um determinado atributo dinâmico?

R: Você pode sempre examinar o parâmetro name e decidir executar algum cálculo ou transformação do valor desse atributo. Mas se precisar desse tipo de funcionalidade, então, provavelmente deverá tornar esse atributo explícito e executar seu cálculo no método setter desse atributo.

P: O que acontecerá se o usuário da tag personalizada fornecer um nome do atributo que é inválido?

R: Esta é a pergunta de R$64.000. Como os nomes do atributo não são declarados explicitamente no TLD, o mecanismo JSP envia todos os outros atributos para a sub-rotina da tag usando o método `setDynamicAttribute( )`. O resultado é que o autor JSP poderia digitar de modo errado o nome de um atributo HTML padrão e nunca saber – pelo menos até o navegador falhar em chamar o comportamento desse atributo. Portanto, a primeira solução que Gary propôs (usar atributos explícitos com setters e declarações TLD) tem seu mérito. Você pode pensar em outras razões para a solução de Gary ser melhor do que a de Kim?

EXERCITE SUA MENTE

A solução de Gary tornou todos os atributos explícitos. A solução de Kim tornou a maioria dos atributos dinâmica. Ambas as soluções têm prós e contras. Há uma solução alternativa?

E os Tag Files?

Os Tag Files (arquivos da Tag) também podem incluir atributos dinâmicos. O mecanismo é basicamente igual, mas com os Tag Files, o mecanismo JSP fornece o objeto **Map** para você. Então, você pode examinar ou fazer uma iteração nesse mapa de pares de atributo/valor usando a tag JSTL forEach.

O valor do atributo dynamic-attributes é uma variável no escopo da página que mantém um hashmap.

```
<%@ tag body-content='empty' dynamic-attributes='tagAttrs' %>

<%@ attribute name='optionsList' type='java.util.List'
            required='true' rtexprvalue='true' %>

<%@ attribute name='name' required='true' %>

<%@ taglib uri="http://java.sun.com/jsp/jstl/core" prefi x="c" %>

<select name='${name}'
    <c:forEach var="attrEntry" items="${tagAttrs}">
      ${attrEntry.key}='${attrEntry.value}'
    </c:forEach>
>

   <c:forEach var="option" items="${optionsList}">
     <option value='${option}'> ${option} </option>
   </c:forEach>

</select>
```

Use a tag JSTL forEach personalizada para fazer uma iteração em cada entrada no hashmap do atributo dinâmico. Lembre-se, a chave da entrada é o nome do atributo e o valor da entrada é o valor do atributo.

A interface `DynamicAttributes` permite que a classe da sub-rotina da tag aceite qualquer quantidade de atributos.

A declaração da tag no TLD deve incluir o elemento `<dynamic-attribute>`.

Os atributos da tag explícitos devem ter um método setter.

Normalmente, você usará um hashmap para armazenar os pares de nome/valor do atributo dinâmicos usando o método `setDynamicAttribute( )`.

Os Tag Files também podem usar atributos dinâmicos

Use o atributo `dynamic-attributes` da diretiva da tag.

O valor de `dynamic-attributes` mantém um hashmap dos atributos dinâmicos.

Geralmente, você usará a ação personalizada JSTL `forEach` para fazer uma iteração no mapa.

Mas, e se você PRECISAR de acesso ao conteúdo do corpo?

Você provavelmente perceberá que, na maior parte do tempo, os métodos do ciclo de vida das interfaces Tag e IterationTag, conforme fornecidas por TagSupport, são suficientes. Usando os três métodos principais (doStartTag(), doAfterBody() e doEndTag()), você consegue fazer praticamente qualquer coisa. Exceto que... você não tem acesso direto ao *conteúdo* do corpo. Se precisar de acesso ao conteúdo do corpo, para que possa, por exemplo, usá-lo em uma expressão ou talvez filtrá-lo ou alterá-lo de alguma forma, estenda BodyTagSupport em vez de TagSupport, e você terá acesso aos métodos da interface BodyTag.

Estender BodyTagSupport lhe fornece mais dois métodos do ciclo de vida, além dos da interface BodyTag - setBodyContent() e doInitBody(). Voce pode usá-los para fazer algo com o CONTEÚDO propriamente dito do corpo da tag usada para invocar o handler.

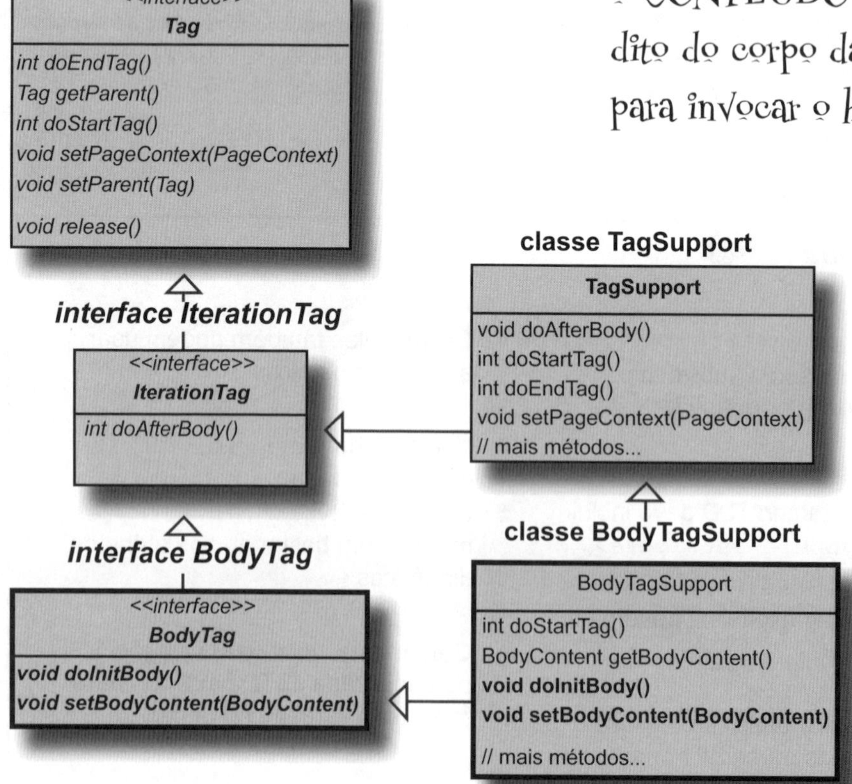

Com BodyTag, você tem dois novos métodos

Quando implementa BodyTag (estendendo BodyTagSupport), você obtém mais dois métodos do ciclo de vida – setBodyContent() e doInitBody(). Você obtém também um novo valor retornado para doStartTag(), EVAL_BODY_BUFFERED. Isso significa que agora há *três* possíveis valores retornados para doStartTag(), em vez dos *dois* que você tem quando estende TagSupport.

Ciclo de vida para uma tag que implementa BodyTag (diretamente ou estendendo BodyTagSupport)

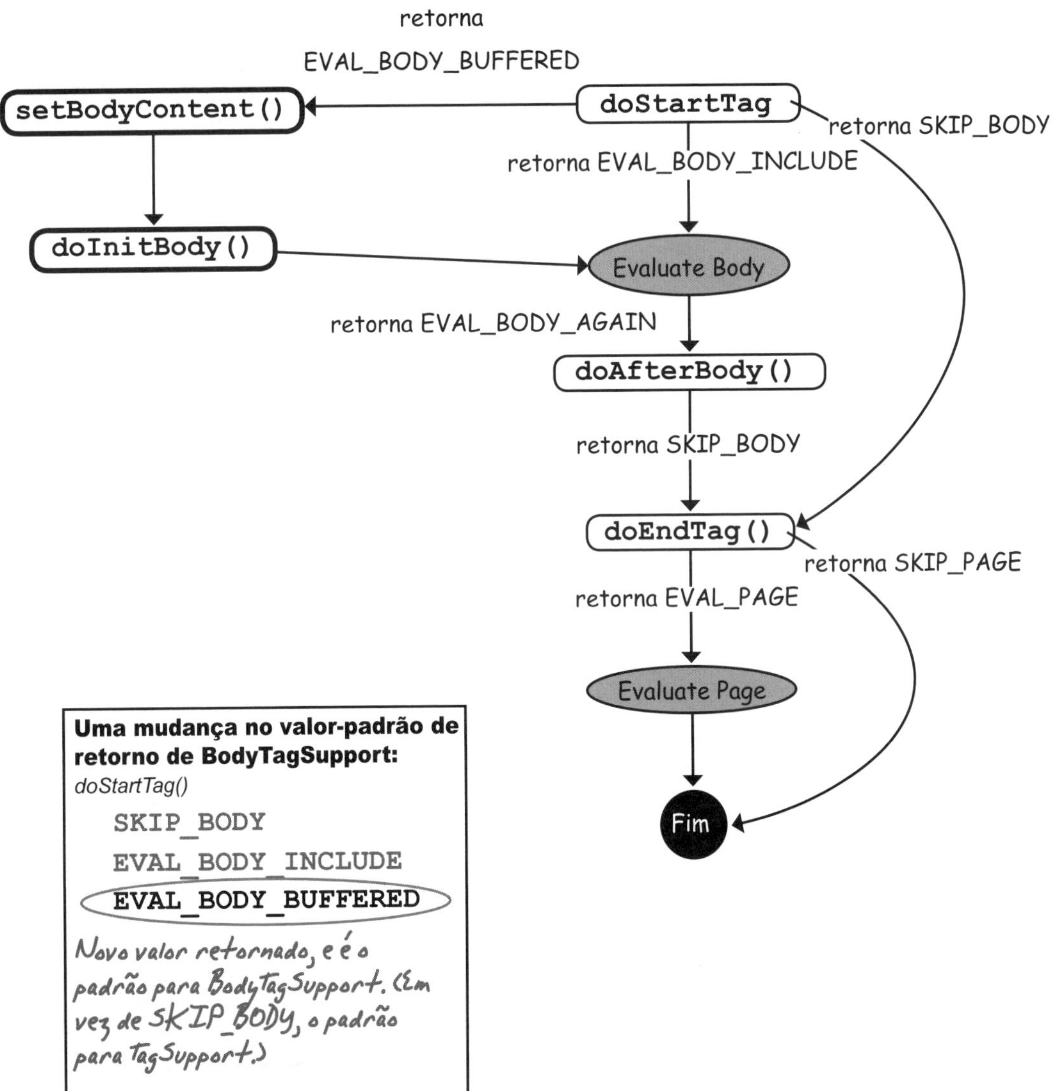

Com BodyTag, você pode armazenar o corpo em buffer

O argumento BodyContent para setBodyContent() é na verdade um tipo de java.io.Writer (sim, não há problema em achar isso perturbador de uma perspectiva OO). Mas isso significa que você pode processar o corpo, por exemplo, encadeando-o a outro stream IO, ou obtendo os bytes puros.

P: O que acontece se eu retornar EVAL_BODY_BUFFERED com a tag que faz a invocação estando vazia?

R: Os métodos setBodyContent() e doInitBody() não serão chamados se a tag que invoca o handler estiver vazia! E por "vazia", queremos dizer que a tag foi invocada usando-se uma tag vazia <my:tag />, ou sem nenhum conteúdo entre as tags de abertura e de fechamento <my:tag><my:tag>.

P: O Container sabe que não há corpo neste caso, e simplesmente pula para o método doEndTag(); então, não há problema.

R: ***A não ser que o TLD declare a tag como tendo um corpo vazio!*** Se o TLD disser <body-content>empty</body-content>, você não tem escolha, e NÃO deve retornar EVAL_BODY_BUFFERED, nem EVAL_BODY_INCLUDE, a partir de doStartTag().

P: E quanto aos atributos em uma tag Clássica? Eles são manipulados da mesma forma que as tags Simples?

R: Sim. No diagrama de seqüência para tanto os tag handlers Simples como os Clássicos, havia um lugar onde os métodos setter estilo bean eram chamados para cada atributo. Isto acontece antes de doTag(), no caso de um tag Simples, ou antes de doStartTag(), no caso de uma Clássica. Em outras palavras, os atributos das tags funcionam exatamente da mesma maneira para tags Clássicas e Simples, incluindo a maneira como são declaradas no TLD.

Você não precisa saber todos os detalhes do uso da BodyTagSupport.

Para o exame (e provavelmente para o resto da sua vida de desenvolvedor JSP), você precisa saber sobre o ciclo de vida de BodyTagSupport, e como ele difere de TagSupport. Você precisa saber, por exemplo, que se NÃO estender BodyTagSupport ou implementar BodyTag, então você NÃO deve retornar EVAL_BODY_BUFFERED a partir de doStartTag(). E você deve conhecer os dois novos métodos da interface BodyTag, mas é só isso.

Se o TLD para uma tag declarar um corpo vazio, doStartTag() DEVE retornar SKIP_BODY!

Isso pode ser óbvio, mas significa que você deve ter cuidado e manter o seu tag handler e o seu TLD sincronizados. Assim, se você declarar uma tag no TLD como tendo <body-content>empty</body-content>, então não faz absolutamente NENHUM sentido implementar BodyTag (ou estender BodyTagSupport). Isso também significa que não faz sentido implementar IterationTag, mas você pode obter isso automaticamente, estendendo TagSupport.

A questão é, você precisa retornar SKIP_BODY de doStartTag() se o seu TLD declarar um corpo vazio para a tag, mesmo SE você implementar IterationTag ou BodyTag.

Métodos do ciclo de vida para tags Clássicas

Preencha o quadro abaixo. Já falamos de *quase* tudo de que você precisa para fazê-lo corretamente, mas você terá que adivinhar em alguns casos. (Não vire a página!)

	BodyTagSupport	TagSupport
doStartTag() valores de retorno *possíveis*		
valor de retorno *padrão* da classe de implementação		
Número de vezes que pode ser chamado (por invocação da tag a partir de um JSP)		
doAfterBody() valores de retorno *possíveis*		
valor de retorno *padrão* da classe de implementação		
Número de vezes que pode ser chamado (por invocação da tag a partir de um JSP)		
doEndTag() valores de retorno *possíveis*		
valor de retorno *padrão* da classe de implementação		
Número de vezes que pode ser chamado (por invocação da tag a partir de um JSP)		
doInitBody() e setBodyContent() Circunstâncias nas quais podem ser chamados, e número de vezes por invocação da tag.		

Métodos do ciclo de vida para tags Clássicas

Você terá de saber tudo isto para o exame!

	BodyTagSupport	TagSupport
doStartTag() valores de retorno *possíveis*	SKIP_BODY EVAL_BODY_INCLUDE EVAL_BODY_BUFFERED	SKIP_BODY EVAL_BODY_INCLUDE
valor de retorno *padrão* da classe de implementação	EVAL_BODY_BUFFERED	SKIP_BODY
Número de vezes que pode ser chamado (por invocação da tag a partir de um JSP)	Exatamente uma vez	Exatamente uma vez
doAfterBody() valores de retorno *possíveis*	SKIP_BODY EVAL_BODY_AGAIN	SKIP_BODY EVAL_BODY_AGAIN
valor de retorno *padrão* da classe de implementação	SKIP_BODY	SKIP_BODY
Número de vezes que pode ser chamado (por invocação da tag a partir de um JSP)	De zero a várias	De zero a várias
doEndTag() valores de retorno *possíveis*	SKIP_PAGE EVAL_PAGE	SKIP_PAGE EVAL_PAGE
valor de retorno *padrão* da classe de implementação	EVAL_PAGE	EVAL_PAGE
Número de vezes que pode ser chamado (por invocação da tag a partir de um JSP)	Exatamente uma vez	Exatamente uma vez
doInitBody() e setBodyContent() Circunstâncias nas quais podem ser chamados, e número de vezes por invocação da tag.	Exatamente uma vez, e SOMENTE se doStartTag() retornar EVAL_BODY_BUFFERED	NUNCA!

E se você tiver tags que funcionam conjuntamente?

Imagine este cenário... você tem uma tag <mine:Menu> que cria uma barra de navegação customizada. Ela precisa de itens para o menu. Então, você usa uma tag <mine:MenuItem> aninhada dentro da tag <mine:Menu>, e a tag do menu obtém (de alguma forma) os itens do menu e os usa para criar a barra de navegação.

```
<mine:Menu >
   <mine:MenuItem itemValue="Dogs" />
   <mine:MenuItem itemValue="Cats" />
   <mine:MenuItem itemValue="Horses" />
</mine:Menu>
```

A tag Menu precisa dos valores dos atributos que se encontram nas tags MenuItem aninhadas...

A grande questão é: como as tags se comunicam umas com as outras? Em outras palavras, como a tag Menu (a tag principal) obtém os valores dos atributos das MenuItems (as tags internas/aninhadas)?

As tags aninhadas são usadas em vários lugares na JSTL; a tag <c:choose>, com as suas tags aninhadas <c:when> e <c:otherwise>, é um bom exemplo. E talvez você nunca precise usar "tags cooperativas" (do nome usado na especificação, "cooperative tags") nos seus trabalhos de desenvolvimento.

Felizmente, há um mecanismo para obter informações para e de tags externas e internas, independentemente do nível do aninhamento. Isso significa que você pode obter informações de uma tag aninhada profundamente, para não apenas a tag imediatamente acima dela, mas para qualquer tag arbitrariamente escolhida dentro da hierarquia de aninhamento.

Aponte seu lápis

Observe a API Tag, reveja o código do tag handler anterior, e tente pensar em como as tags cooperativas conseguem informações umas das outras.

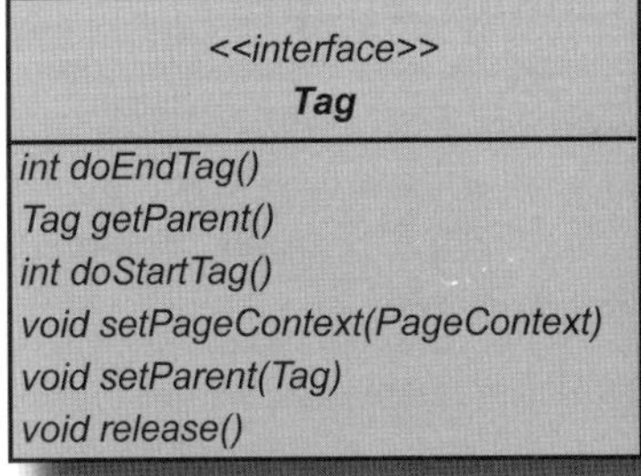

A Tag pode chamar a sua Tag Parent

Tanto SimpleTag como Tag têm um método getParent(). O getParent() de Tag retorna uma *Tag*, mas o getParent() de SimpleTag retorna uma instância de *JspTag*. Veremos as implicações desses tipos de retorno num instante.

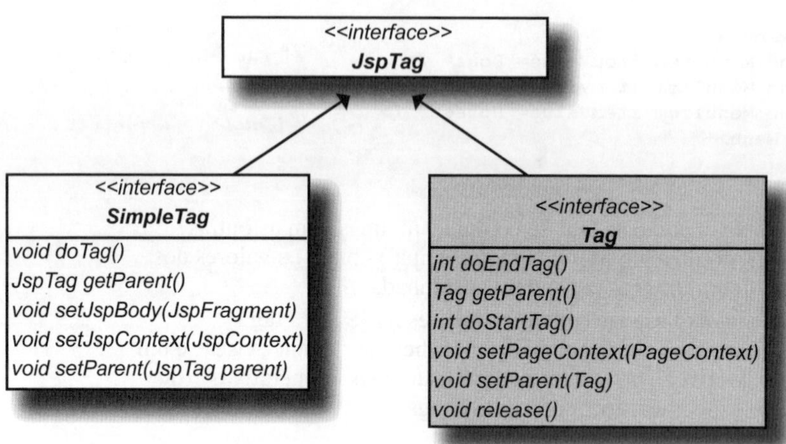

Uma tag aninhada pode acessar a sua tag parent (superior)

```
<mine:OuterTag>
    <mine:InnerTag />
</mine:OuterTag>
```

Neste relacionamento, "OuterTag" é o parent de "InnerTag".

Obtendo a tag parent em um tag handler Clássico

```
public int doStartTag() throws JspException {

    OuterTag parent = (OuterTag) getParent();
    // faça algo com isto
    return EVAL_BODY_INCLUDE;
}
```

Não se esqueça de fazer a conversão aqui!

Obtendo a tag parent em um tag handler Simples

```
public void doTag() throws JspException, IOException {
    OuterTag parent = (OuterTag) getParent();
    // faça algo com isto
}
```

É exatamente o mesmo que em um tag handler Clássico.

Novamente, não se esqueça da conversão.

Descubra até onde vai o aninhamento...

É possível continuar *subindo* na árvore genealógica das tags, chamando-se repetidamente o getParent() para o que quer que tenha sido retornado pelo getParent(). Porque o getParent() retorna ou uma outra tag (à qual você pode chamar o getParent()), ou nulo.

Em um JSP

```
<mine:NestedLevel>
  <mine:NestedLevel>
   <mine:NestedLevel/>
  </mine:NestedLevel>
</mine:NestedLevel>
```

Em um tag handler Clássico

```
package foo;
import javax.servlet.jsp.*;
import javax.servlet.jsp.tagext.*;
import java.io.*;
public class NestedLevelTag extends TagSupport {
   private int nestLevel = 0;

   public int doStartTag() throws JspException {
        nestLevel = 0;
        Tag parent = getParent();   <-- Chama o método getParent() herdado.

        while (parent!=null) {
             parent = parent.getParent();
             nestLevel++;
          }
        }

        try {
          pageContext.getOut().println("<br>Tag nested level: " +
nestLevel);
        } catch(IOException ex) {
             throw new JspException("IOException- " +
ex.toString());
        }
        return EVAL_BODY_INCLUDE;
   }
}
```

Se for nulo, então estamos no nível mais alto, e não temos mais um parent.

Mas, se não for nulo, obtenha o parent do parent que acabamos de receber, e incremente o contador.

Resultado

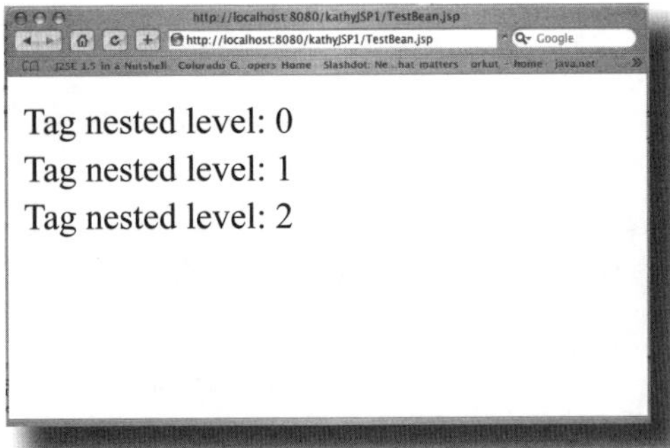

Tags Simples podem ter parents Clássicos

Isto não é um problema, porque o getParent() de uma tag Simples retorna o tipo JspTag, e as tags Clássicas e Simples agora compartilham a superinterface JspTag. Na realidade, as tags *Clássicas* podem ter parents *Simples*, mas é preciso fazer um corte ligeiro para isso funcionar, porque você não pode converter uma SimpleTag no valor de retorno Tag do getParent() da interface Tag. Não falaremos sobre como acessar uma tag parent Simples a partir de uma tag Clássica child*, mas tudo o que você precisa saber para o exame (e quase que certamente para as aplicações web da vida real) é que, usando o getParent(), uma tag Clássica pode acessar tags parents Clássicas, e uma tag Simples pode acessar um parent Clássico ou Simples.

Usando o método getParent(), uma tag Clássica pode acessar tags parents Clássicas, e uma tag Simples pode acessar tanto um parent Clássico, como um Simples.

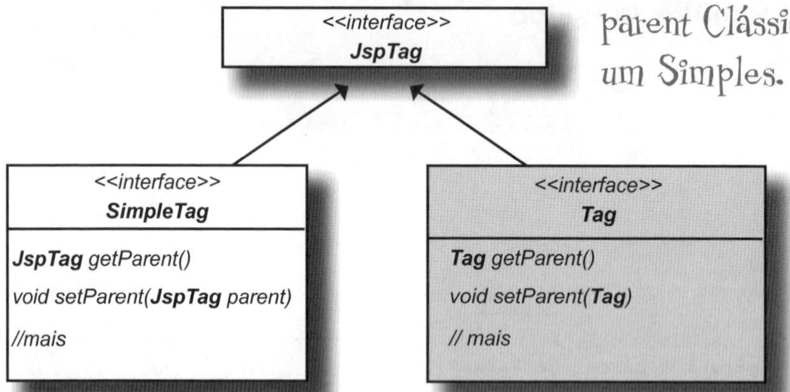

Em um JSP

```
<mine:ClassicParent name="ClassicParentTag">
   <mine:SimpleInner />
</mine:ClassicParent>
```

E se a child (SimpleInner) quiser acesso ao atributo "name" do parent?

No tag handler SimpleInner

É permitido que uma SimpleTag peça um parent Clássico...

```
public void doTag() throws JspException, IOException {
   MyClassicParent parent = (MyClassicParent) getParent();
   getJspContext().getOut().print("Parent attribute is: " + parent.getName());
}
```

Uma vez tendo um parent, você pode chamar métodos para ele como para qualquer outro objeto Java, então, você pode obter atributos da tag parent!

No tag handler ClassicParent

```
public class MyClassicParent extends TagSupport {
   private String name;
   public void setName(String name) {
      this.name=name;
   }
   public String getName() {
      return name;
   }
   public int doStartTag() throws JspException {
      return EVAL_BODY_INCLUDE;
   }
}
```

Forneça um método getter ao atributo, para que a tag child possa obter o valor do atributo.

Se você retornar SKIP_BODY, a tag interna nunca será processada!

*Se você realmente quiser saber, consulte a classe TagAdapter na API J2EE 1.4.

Você pode subir, mas não pode descer...

Há um método getParent(), mas não há um getChild(). No entanto, o cenário que mostramos anteriormente era para uma tag <my:Menu> externa, que precisava de acesso às suas tags <my:MenuItem> aninhadas. O que podemos fazer? Como é possível para uma tag parent obter informações sobre as tags child, quando uma child pode obter uma referência para o parent, mas o parent não pode pedir uma referência para a child?

É tão ruim...

É trágico. Meu filho pode encontrar-me, seu pai, mas não tenho nenhum modo de encontrar meu filho! Simplesmente tenho que esperar que ele ME chame...

Aponte seu lápis

Como uma tag parent poderia obter valores de atributos de uma tag child? Descreva como você implementaria a funcionalidade das tags cooperativas Menu e MenuItem.

Obtendo informações da child para o parent

Temos duas maneiras principais de fazer as tags cooperarem umas com as outras:

1) A tag child precisa de informações (como o valor de um atributo) da sua tag parent.

2) A tag parent precisa de informações de cada uma das suas tags child.

Já vimos como o primeiro cenário funciona – a tag child obtém uma referência ao seu parent usando getParent(), e depois chama métodos getter para o parent. Mas o que acontece quando o parent precisa de informações da child? Temos que fazer o mesmo. Em outras palavras, se o parent precisa de informações da child, é a child que tem a responsabilidade de fornecê-las ao parent!

Uma vez que não há nenhum mecanismo automático para o parent descobrir as suas tags child, você simplesmente tem que usar a mesma abordagem de design para obter informações para o parent, *a partir* da child que você usa para obter informações do parent *para* a child. Você obtém uma referência para a tag parent, e chama métodos. A diferença é que, em vez de getters, desta vez você chamará algum tipo de método *set* ou *add*.

Em um JSP

```
<%@ taglib prefix="mine" uri="KathyClassicTags" %>
<html><body>

<mine:Menu >
   <mine:MenuItem itemValue="Dogs" />
   <mine:MenuItem itemValue="Cats" />
   <mine:MenuItem itemValue="Horses" />
</mine:Menu>

</body></html>
```

Resultado

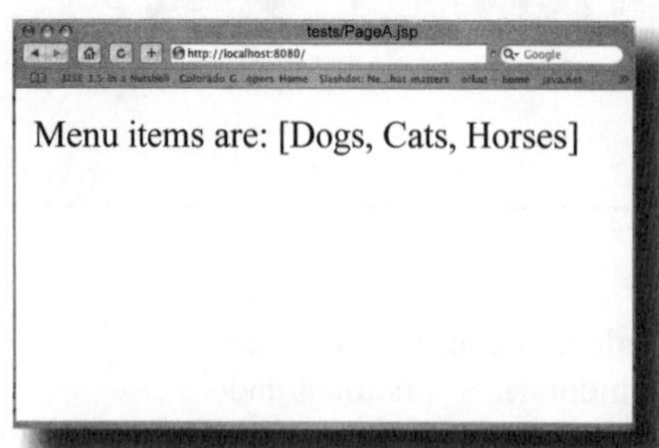

Neste exemplo, nós na realidade NÃO fizemos nada com os itens do menu, exceto provar que os obtivemos, mas você pode imaginar que pode usar os itens para construir uma barra de navegação, por exemplo...

Tag handlers Menu e MenuItem

Na tag child: MenuItem

```
public class MenuItem extends TagSupport {
    private String itemValue;

    public void setItemValue(String value) {
       itemValue=value;
    }

    public int doStartTag() throws JspException {
       return EVAL_BODY_INCLUDE;
    }

    public int doEndTag() throws JspException {
      Menu parent = (Menu) getParent();
      parent.addMenuItem(itemValue);
      return EVAL_PAGE;
    }
}
```

MenuItem tem um atributo declarado no TLD para o itemValue. Este é o valor que precisamos enviar para a tag parent...

Simples – obtenha uma referência para a tag parent e chame o seu método addMenuItem().

Na tag parent: Menu

```
public class Menu extends TagSupport {
   private ArrayList items;

   public void addMenuItem(String item) {
       items.add(item);
   }

   public int doStartTag() throws JspException {
      items = new ArrayList();

      return EVAL_BODY_INCLUDE;
   }
```

Este NÃO é um método setter de atributo! Este método existe APENAS para que uma tag child possa informar à tag parent sobre o valor do atributo da child. (Ele é chamado entre doStartTag() e doEndTag().)

Não se esqueça de reiniciar a ArrayList em doStartTag(), já que o tag handler poderia ser reutilizado pelo Container.

Se você não retornar EVAL_BODY_INCLUDE, as tags child nunca serão processadas!

```
   public int doEndTag() throws JspException {
       try {
          pageContext.getOut().println("Menu items are: " + items);
       } catch(Exception ex) {
           throw new JspException("Exception: " + ex.toString());
       }
       // imagine complex menu-building code here...
       return EVAL_PAGE;
    }
}
```

Obtendo um ancestral arbitrário

Há um outro mecanismo que você pode usar se quiser, digamos, pular alguns níveis de aninhamento e ir direto a um grandparent, ou a algo ainda mais acima na hierarquia de aninhamento das tags. O método encontra-se tanto em TagSupport, como em Simple TagSupport (embora eles tenham comportamentos ligeiramente diferentes), e chama-se findAncestorWithClass().

Obtendo um parent imediato com getParent()

```
OuterTag parent = (OuterTag) getParent();
```

Obtendo um ancestral arbitrário usando findAncestorWithClass()

```
WayOuterTag ancestor = (WayOuterTag) findAncestorWithClass(this, WayOuterTag.
class);
```

```
findAncestorWithClass(this, WayOuterTag.class);
```

tag inicial

a classe da tag que você deseja

O Container examina a hierarquia de aninhamento das tags até achar uma tag que seja uma instância da classe em questão. Ele retorna a *primeira* encontrada, então não é possível dizer "pule a *primeira* tag encontrada que seja uma instância de WayOuterTag.class e me dê a *segunda* instância..." Assim, se você souber com certeza absoluta que deseja a segunda instância de uma tag ancestor desse tipo, você terá que obter o valor de retorno de findAncestorWithClass(), e depois chamar getParent() ou findAncestorWithClass() para *este* valor.

O exame não cobrará quaisquer detalhes do uso de findAncestorWithClass(). Tudo o que você precisa saber é que esse método existe!

Principais diferenças entre tags Simples e Clássicas

	tags Simples	tags Clássicas
Interfaces das tags		
Classes de implementação de suporte		
Principais métodos do ciclo de vida que VOCÊ poderia implementar		
Como se escreve na saída da resposta		
Como se acessam variáveis implícitas e atributos de escopo a partir de uma implementação de suporte		
Como se faz para que o corpo seja processado		
Como se faz para que a avaliação da página seja INTERROMPIDA		

Principais diferenças entre tags Simples e Clássicas

	tags Simples	tags Clássicas
Interfaces das tags	SimpleTag (estende JspTag)	Tag (estende JspTag) IterationTag (estende Tag) BodyTag (estende IterationTag)
Classes de implementação de suporte	SimpleTagSupport (implementa SimpleTag)	TagSupport (implementa IterationTag) BodyTagSupport (estende TagSupport, implementa BodyTag)
Principais métodos do ciclo de vida que VOCÊ poderia implementar	doTag()	doStartTag() doEndTag() doAfterBody() (e para o BodyTag - doInitBody() e setBodyContent())
Como se escreve na saída da resposta	getJspContext().getOut().println (não é preciso try/catch, porque os métodos da SimpleTag declaram IOException)	pageContext.getOut().println (embrulhado em um try/catch, porque os métodos de tags Clássicas NÃO declaram a IOException!)
Como se acessam variáveis implícitas e atributos de escopo a partir de uma implementação de suporte	Com o método getJspContext() que retorna um JspContext (que normalmente é um PageContext)	Com a variável implícita pageContext - NÃO um método, como no caso da SimpleTag!
Como se faz para que o corpo seja processado	getJspBody().invoke(null)	Retornando EVAL_BODY_INCLUDE a partir de doStartTag(), ou EVAL_BODY_BUFFERED, caso a classe implemente BodyTag
Como se faz para que a avaliação da página seja INTERROMPIDA	Jogando uma SkipPageException	Retornando SKIP_PAGE a partir de doEndTag()

Usando a API PageContext para tag handlers

Esta página é apenas uma revisão do que você viu no capítulo "Páginas sem Scripts", mas estamos repetindo aqui, porque estas informações são cruciais para um tag handler. Uma classe tag handler, lembre-se, *não* é um servlet nem um JSP, portanto não tem acesso automático a uma série de objetos implícitos. Mas ela obtém uma referência a um PageContext e, com ela, pode obter todos os tipos de coisas de que precisar.

Lembre-se de que, enquanto as tags Simples obtêm uma referência a um JspContext e as tags Clássicas obtêm uma referência a um PageContext, o JspContext da tag Simples normalmente é uma instância de um PageContext. Assim, se o seu tag handler Simples precisar de acesso a métodos ou campos específicos de PageContext, você terá que convertê-lo de um JspContext para o PageContext que ele de fato é na multidão.

JspContext

getAttribute(String name)
getAttribute(String name, int scope)
getAttributeNamesInScope(int scope)
findAttribute(String name)
getOut()

// além de outros métodos, incluindo
// métodos semelhantes para inserir
// e remover atributos de qualquer escopo

PageContext

APPLICATION_SCOPE
PAGE_SCOPE
REQUEST_SCOPE — campos estáticos
SESSION_SCOPE
// mais campos

getRequest()
getServletConfig()
getServletContext()
getSession()

// mais métodos

métodos para obter qualquer objeto implícito

O getAttribute(String) com um argumento serve APENAS para escopo de página!

Há DOIS métodos getAttribute() sobrecarregados que você pode chamar para o pageContext: com um argumento que usa uma String, e com um dois argumentos que usam uma String e um int. A versão com um argumento funciona como todas as outras – serve para atributos vinculados Ao objeto pageContext. Mas a versão two-arg pode ser usada para obter um atributo de QUALQUER um dos quatro escopos.

O findAttribute() procura em TODOS os escopos, começando pelo PAGE_SCOPE.

Pode ter certeza de que isso cai no exame! A diferença entre getAttribute(String) e findAttribute(String) pode ser dramática – o método getAttribute(String) procura APENAS no escopo de página, enquanto que o findAttribute(STRING) procura em todos os quatro escopos pelo atributo desejado, na ordem de página, solicitação, sessão e aplicação. Ele retorna o primeiro atributo encontrado que coincidir com o argumento de findAttribute(String).

Memorizando Tag Files
RESPOSTAS

1 Escreva o que você teria de colocar dentro de um Tag File para declarar que a Tag tem um atributo obrigatório, denominado "title", que possa usar uma expressão EL como o seu valor.

```
<%@ attribute name="title" required="true" rtexprvalue="true" %>
```

2 Escreva o que você teria de colocar dentro de um Tag File para declarar que a Tag NÃO deve ter um corpo.

```
<%@ tag body-content="empty" %>
```

3 Desenhe um documento Tag File em cada um dos lugares onde o Container procura por Tag Files.

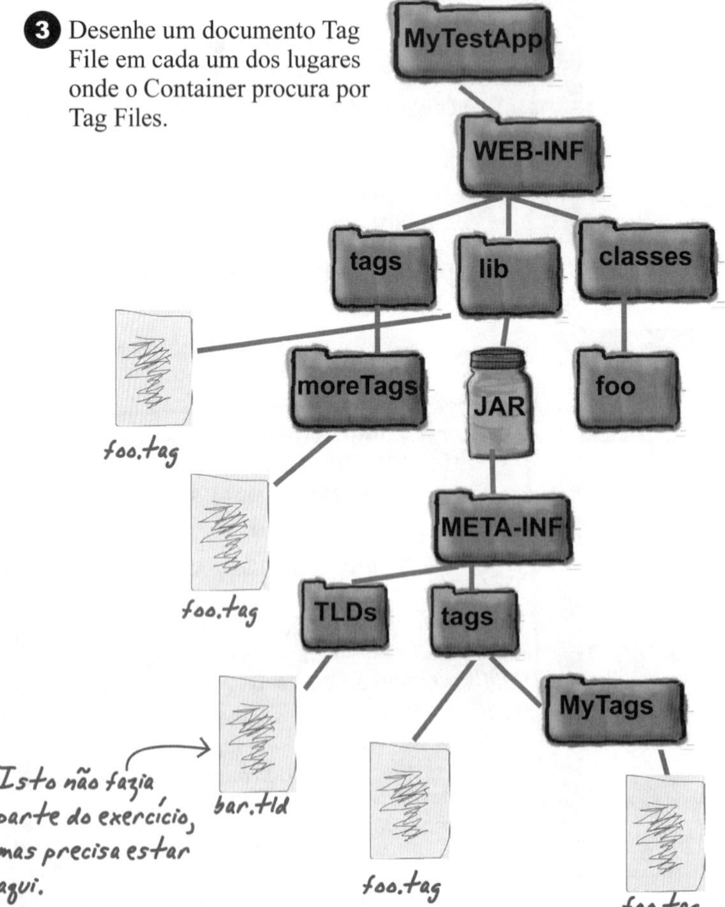

Diretamente dentro de *WEB-INF/tags*

Dentro de um subdiretório de *WEB-INF/tags*

Dentro do diretório *META-INF/tags* em um arquivo JAR, que fica no interior de *WEB-INF/lib*

Dentro de um subdiretório de *META-INF/tags* em um arquivo JAR, que fica no interior de *WEB-INF/lib*

SE o tag file for distribuído em um JAR, DEVE haver um TLD para o tag file.

Teste Preparatório – Capítulo 10

1

Como um tag handler Clássico pode instruir o container a ignorar o restante do JSP que invocou a tag? (Escolha todas as que se aplicam.)

- ☐ A. O método `doEndTag()` deve retornar `Tag.SKIP_BODY`.
- ☐ B. O método `doEndTag()` deve retornar `Tag.SKIP_PAGE`.
- ☐ C. O método `doStartTag()` deve retornar `Tag.SKIP_BODY`.
- ☐ D. O método `doStartTag()` deve retornar `Tag.SKIP_PAGE`.

2

Quais diretivas e/ou ações-padrão são aplicáveis APENAS dentro de tag files? (Escolha todas as que se aplicam.)

- ☐ A. `tag`
- ☐ B. `page`
- ☐ C. `jsp:body`
- ☐ D. `jsp:doBody`
- ☐ E. `taglib`

3

Um website médico oculta o conteúdo seletivo dos usuários que não estão registrados. No lugar do conteúdo oculto, uma mensagem deve ser exibida para encorajar os usuários a se registrarem. Dado o fragmento da sub-rotina da tag Simple:

```
11. public void doTag( ) throws JspException, IOException {
12.String level =
13.   (String) getJspContext( ).findAttribute("accountLevel");
14.if ((level = = null | | "trial".equals(level))) {
15.   String price = "?"; // TODO obtém o parâmetro do contexto
16.   String message = "Content for paying members
                  only.<br/>"+
17.   "<a href="register.jsp">Sign up now for only
                  "+price+"!</a>";
18.   getJspContext( ).getOut( ).write(message);
19.} else {
20.   getJspBody( ).invoke(null);
21.   }
22. }
```

Na linha 15, o preço do registro deve ser recuperado em um parâmetro do contexto chamado registrationFee, porém, não há nenhum método em JspContext para recuperar os parâmetros do contexto. O que pode resolver este problema?

- [ ] A. Recupere o valor com pageContext.getServletContext( ) .getInitParameter("registrationFee");

- [ ] B. Converta JspContext no tipo PageContext para que você possa usar os métodos de PageContext para recuperar o parâmetro do contexto.

- [ ] C. Recupere o valor com getJspContext( ).findAttribute ("registrationFee");

- [ ] D. Gere uma exceção para permitir que o usuário saiba que o preço não pôde ser encontrado.

- [ ] E. Isto é impossível com uma tag Simples. Uma tag Classic deve ser usada.

4

Qual mecanismo de tags Simples faz uma página JSP ter o seu processamento interrompido?

- [ ] A. Retornar `SKIP_PAGE` a partir do método `doTag`.
- [ ] B. Retornar `SKIP_PAGE` a partir do método `doEndTag`.
- [ ] C. Jogar uma `SkipPageException` a partir do método `doTag`.
- [ ] D. Jogar uma `SkipPageException` a partir do método `doEndTag`.

5

Quais das afirmativas abaixo sobre o modelo de tags Clássicas são verdadeiras? (Escolha todas as que se aplicam.)

- [ ] A. A interface `Tag` somente pode ser usada para criar tags vazias.
- [ ] B. A constante `SKIP_PAGE` é um valor de retorno válido do método `doEndTag`.
- [ ] C. A constante `EVAL_BODY_BUFFERED` é um valor de retorno válido do método `doAfterBody`.
- [ ] D. A interface `Tag` fornece apenas duas possibilidades para o valor de retorno do método `doStartTag`: `SKIP_BODY` e `EVAL_BODY`.
- [ ] E. Existem três interfaces de tags: `Tag`, `IterationTag` e `BodyTag`, mas apenas duas classes-base disponíveis: `TagSupport` e `BodyTagSupport`.

6

Quais afirmativas sobre o método **findAncestorWithClass** são verdadeiras? (Escolha todas as que se aplicam.)

- ❑ A. Requer um parâmetro: uma **Class**.
- ❑ B. É um método estático da classe **TagSupport**.
- ❑ C. É um método não-estático da classe **TagSupport**.
- ❑ D. NÃO é definido por nenhuma das interfaces de tag padrão do JSP.
- ❑ E. Requer dois parâmetros: uma **Tag** e uma **Class**.
- ❑ F. Requer um parâmetro: uma **String** representando o nome da tag a ser encontrada.
- ❑ G. Requer dois parâmetros: uma **Tag** e uma **String**, representando o nome da tag a ser encontrada.

7

Quais das afirmativas abaixo devem ser verdadeiras, caso você deseje usar atributos dinâmicos para um tag handler Simples? (Escolha todas as que se aplicam.)

- ❑ A. A sua tag Simples NÃO deve declarar atributos de tag estáticos.
- ❑ B. A sua tag Simples deve usar o elemento **<dynamic-attributes>** no TLD.
- ❑ C. O seu tag handler Simples deve implementar a interface **DynamicAttributes**.
- ❑ D. A sua tag Simples deve estender a classe **DynamicSimpleTagSupport**, que fornece suporte-padrão a atributos dinâmicos.
- ❑ E. A sua tag Simples NÃO PODE ser usada com a ação-padrão **jsp:attribute**, porque essa ação funciona somente com atributos estáticos.

8

Quais afirmativas são verdadeiras sobre os tag files? (Escolha todas as que se aplicam.)

☐ A. Um tag file pode ser colocado em qualquer subdiretório de `WEB-INF`.

☐ B. Um tag file deve ter a extensão `.tag` ou `.tagx`.

☐ C. Um arquivo TLD deve ser usado para mapear o nome simbólico da tag com o tag file propriamente dito.

☐ D. Um tag file NÃO pode ser colocado em um arquivo JAR dentro do subdiretório `WEB-INF/lib`.

9

Dado:

```
10. public class BufTag extends BodyTagSupport {
11.   public int doStartTag() throws JspException {
12.     // insira o código aqui
13.   }
14. }
```

Suponha que a tag tenha sido devidamente configurada para permitir conteúdo no corpo.
Qual comando, se inserido na linha 12, faria o código JSP `<mytags:mytag>BodyContent</mytags:mytag>` gerar o output de `BodyContent`?

☐ A. `return SKIP_BODY;`

☐ B. `return EVAL_BODY_INCLUDE;`

☐ C. `return EVAL_BODY_BUFFERED;`

☐ D. `return BODY_CONTENT;`

10

Quais afirmativas sobre o **`doAfterBody()`** são verdadeiras? (Escolha todas as que se aplicam.)

- ❑ A. O **`doAfterBody()`** somente é chamado para tags que estendam **`TagSupport`**.

- ❑ B. O **`doAfterBody()`** somente é chamado para tags que estendam **`IterationTagSupport`**.

- ❑ C. Supondo que não ocorram exceções, o **`doAfterBody()`** sempre é chamado depois de **`doStartTag()`**, para qualquer tag que implemente **`IterationTag`**.

- ❑ D. Supondo que não ocorram exceções, o **`doAfterBody()`** é chamado depois de **`doStartTag()`**, para qualquer tag que implemente **`IterationTag`** e retorne **`SKIP_BODY`** a partir de **`doStartTag()`**.

- ❑ E. Supondo que não ocorram exceções, o **`doAfterBody()`** é chamado depois de **`doStartTag()`**, para qualquer tag que implemente **`IterationTag`** e retorne **`EVAL_BODY_INCLUDE`** a partir de **`doStartTag()`**.

11

Dada uma página JSP:

```
<%@ taglib prefix="my" uri="/WEB-INF/myTags.tld" %>
<my:tag1>
  <%– JSP content –%>
</my:tag1>
```

O tag handler para **`my:tag1`** é **`Tag1Handler`** e estende TagSupport. O que acontece quando a instância de **`Tag1Handler`** chama o método **`getParent`**? (Escolha todas as que se aplicam.)

- ❑ A. É jogada uma **`JspException`**.

- ❑ B. É retornado o valor **`null`**.

- ❑ C. É jogada uma **`NullPointerException`**.

- ❑ D. É jogada uma **`IllegalStateException`**.

12 Quais afirmativas são verdadeiras sobre o ciclo de vida de uma tag Simples? (Escolha todas as que se aplicam.)

- [ ] A. O método `release` é chamado depois do método `doTag`.

- [ ] B. O método `setJspBody` sempre é chamado antes do método `doTag`.

- [ ] C. Os métodos `setParent` e `setJspContext` são chamados imediatamente antes de os atributos da tag serem definidos.

- [ ] D. O `JspFragment` do corpo da tag é invocado pelo Container antes de o método `doTag` do tag handler ser chamado. Este valor, um objeto `BodyContent`, é passado ao tag handler usando-se o método `setJspBody`.

13 Dados:

```
10. public class ExampleTag extends TagSupport {
11.   private String param;
12.   public void setParam(String p) { param = p; }
13.   public int doStartTag() throws JspException {
14.     // insira o código aqui
15.     // mais código aqui
16.   }
17. }
```

Que comando, inserido na linha 14, atribuiria com certeza o valor do atributo em escopo de solicitação `param` à variável local `p`? (Escolha todas as que se aplicam.)

- [ ] A. `String p = findAttribute("param");`

- [ ] B. `String p = request.getAttribute("param");`

- [ ] C. `String p = pageContext.findAttribute("param");`

- [ ] D. `String p = getPageContext().findAttribute("param");`

- [ ] E. `String p = pageContext.getRequest().getAttribute("param");`

14

Quais são métodos válidos chamados em um objeto **`PageContext`**? (Escolha todas as que se aplicam.)

- [ ] A. `getAttributeNames()`
- [ ] B. `getAttribute("key")`
- [ ] C. `findAttribute("key")`
- [ ] D. `getSessionAttribute()`
- [ ] E. `findAttribute("key", PageContext.SESSION_SCOPE)`
- [ ] F. `getAttribute("key", PageContext.SESSION_SCOPE)`

15

Qual é o método **`JspContext`** mais eficiente a ser chamado para acessar um atributo que se sabe estar no escopo da aplicação?

- [ ] A. `getPageContext()`
- [ ] B. `getAttribute(String)`
- [ ] C. `findAttribute(String)`
- [ ] D. `getAttribute(String, int)`
- [ ] E. `getAttributesScope("key")`
- [ ] F. `getAttributeNamesInScope(int)`

16

Qual é a melhor estratégia, ao se implementar uma tag customizada, para encontrar o valor de um atributo cujo escopo seja desconhecido?

- [ ] A. Verificar todos os escopos com uma só chamada `pageContext.getAttribute(String)`.

- [ ] B. Verificar todos os escopos com uma só chamada `pageContext.findAttribute(String)`.

- [ ] C. Verificar cada escopo com chamadas a `pageContext.getAttribute(String, int)`.

- [ ] D. Chamar `pageContext.getRequest().getAttribute(String)`, depois chamar `pageContext.getSession().getAttribute(String)`, e assim por diante.

- [ ] E. Nenhuma destas opções irá funcionar.

17

Sejam uma tag, `simpleTag`, cujo handler é implementado usando-se o modelo de tags Simples, e uma tag, `complexTag`, cujo handler é implementado usando-se o modelo de tags Clássicas. Ambas as tags são declaradas como não-vazias e não-tags dependentes no TLD.

Quais fragmentos de código JSP são usos válidos destas tags? (Escolha todas as que se aplicam.)

- [ ] A.

```
<my:simpleTag>
    <my:complexTag />
</my:simpleTag>
```

- [ ] B.

```
<my:simpleTag>
    <%= displayText %>
</my:simpleTag>
```

- [ ] C.

```
<my:simpleTag>
    <%@ include file="/WEB-INF/web/common/headerMenu.html" %>
</my:simpleTag>
```

- [ ] D.

```
<my:simpleTag>
    <my:complexTag>
      <% i++; %>
    </my:complexTag>
</my:simpleTag>
```

18

Quais afirmativas são verdadeiras sobre o modelo Tag File? (Escolha todas as que se aplicam.)

- [ ] A. Cada tag file deve ter uma entrada correspondente em um arquivo TLD.
- [ ] B. Todas as diretivas permitidas em páginas JSP são permitidas em Tag Files.
- [ ] C. Todas as diretivas permitidas em Tag Files são permitidas em páginas JSP.
- [ ] D. A ação-padrão `<jsp:doBody>` somente pode ser usada em Tag Files.
- [ ] E. As extensões de arquivos permitidas para Tag Files são `.tag` e `.tagx`.
- [ ] F. Para cada atributo declarado e especificado em um Tag File, o container cria um atributo com escopo de página com o mesmo nome.

19

Quais das opções são válidas em tag files? (Escolha todas as que se aplicam.)

- [ ] A. `<jsp:doBody />`
- [ ] B. `<jsp:invoke fragment="frag" />`
- [ ] C. `<%@ page import="java.util.Date" %>`
- [ ] D. `<%@ variable name-given="date" variable-class="java.util.Date" %>`
- [ ] E. `<%@ attribute name="name" value="blank" type="java.lang.String" %>`

20

Quais dos seguintes métodos retornam a tag incluída quando chamados de dentro de uma classe tag handler? (Escolha todas as que se aplicam.)

- [ ] A. `getParent()`
- [ ] B. `getAncestor()`
- [ ] C. `findAncestor()`
- [ ] D. `getEnclosingTag()`

21

Dada a estrutura de uma aplicação web:

```
/WEB-INF/tags/mytags/tag1.tag
/WEB-INF/tags/tag2.tag
/WEB-INF/tag3.tag
/tag4.tag
```

Quais tags poderiam ser usadas por uma diretiva `taglib` apropriada? (Escolha todas as que se aplicam.)

- ❑ A. `tag1.tag`
- ❑ B. `tag2.tag`
- ❑ C. `tag3.tag`
- ❑ D. `tag4.tag`

22

Um aplicativo Web inclui muitos formulários para os usuários preencherem e enviarem. Nada nas páginas indica que um campo é requerido. A empresa decidiu que um asterisco vermelho deve ser colocado antes dos rótulos do texto dos campos requeridos, mas o gerente de projetos está argumentando que a cor do plano de fundo dos campos requeridos seja um azul claro e outro departamento está pedindo que o aplicativo do projeto seja consistente consigo mesmo, onde o texto dos rótulos está em negrito para os campos requeridos.

Considerando as diferentes perspectivas de como os campos requeridos poderiam ser identificados nas páginas, escolha o uso mais sustentável de uma tag personalizada.

- ❑ A. <cust:requiredIcon/>First Name: <input type="text" name="firstName"/>
- ❑ B. <cust:textField label="First Name" required="true"/>
- ❑ C. <cust:requiredField color="red" symbol="*" label="First Name"/>
- ❑ D. <cust:required>
First Name: <input type="text" name="firstName"/>
</cust:required>

Respostas – Capítulo 10

1

Como um tag handler Clássico pode instruir o container a ignorar o restante do JSP que invocou a tag? (Escolha todas as que se aplicam.)

(JSP v2.0, pág. 2-56)

- ☐ A. O método `doEndTag()` deve retornar `Tag.SKIP_BODY`.
- ☑ B. O método `doEndTag()` deve retornar `Tag.SKIP_PAGE`.
- ☐ C. O método `doStartTag()` deve retornar `Tag.SKIP_BODY`.
- ☐ D. O método `doStartTag()` deve retornar `Tag.SKIP_PAGE`.

– A opção A é inválida, porque este não é um valor de retorno válido para doEndTag().
– A opção C é inválida, porque isto faz apenas com que o corpo da tag seja pulado.
– A opção D é inválida, porque este não é um valor de retorno válido para doStartTag().

2

Quais diretivas e/ou ações-padrão são aplicáveis APENAS dentro de tag files? (Escolha todas as que se aplicam.)

(JSP v2.0 8.5 (pág. 1-179)
JSP v2.0, seção 5.11
JSP v2.0, seção 5.12
JSP v2.0, seção 5.13)

- ☑ A. `tag`
- ☐ B. `page`
- ☐ C. `jsp:body`
- ☑ D. `jsp:doBody`
- ☐ E. `taglib`

– A opção A é válida (pág. 1-179).
– A opção B é inválida, porque a diretiva page nunca é permitida em um tag file (pág. 1-179).
– A opção C é inválida, porque a ação jsp:body pode aparecer em um tag file OU em um JSP.
– A opção D é válida (pág. 1-121).
– A opção E é válida (pág. 1-119).
– A opção F é inválida, porque a diretiva taglib pode aparecer em um tag file OU em um JSP.

3

Um website médico oculta o conteúdo seletivo dos usuários que não estão registrados. No lugar do conteúdo oculto, uma mensagem deve ser exibida para encorajar os usuários a se registrarem. Dado o fragmento da sub-rotina da tag Simple:

```
11. public int doTag( ) throws JspException, IOException {
12.String level =
13.    (String) getJspContext( ).findAttribute("accountLevel");
14.if ((level = = null | | "trial".equals(level))) {
15.    String price = "?"; // TODO obtém o parâmetro do contexto
16.    String message = "Content for paying members
                    only.<br/>"+
17.    "<a href="register.jsp">Sign up now for only
                    "+price+"!</a>";
18.    getJspContext( ).getOut( ).write(message);
19.} else {
20.    getJspBody( ).invoke(null);
21.    }
22. }
```

Na linha 15, o preço do registro deve ser recuperado em um parâmetro do contexto chamado registrationFee, porém, não há nenhum método em JspContext para recuperar os parâmetros do contexto. O que pode resolver este problema?

- Opção A a variável pageContext está disponível apenas para as tags Classic.

☐ A. Recupere o valor com pageContext.getServletContext( ) .getInitParameter("registrationFee");

- Opção B Correta. Nunca mencionamos este truque e você não precisará conhecê-lo para o exame, mas pode ser útil no mundo real!

☑ B. Converta JspContext no tipo PageContext para que você possa usar os métodos de PageContext para recuperar o parâmetro do contexto.

☐ C. Recupere o valor com getJspContext( ).findAttribute ("registrationFee");

☐ D. Gere uma exceção para permitir que o usuário saiba que o preço não pôde ser encontrado.

Opção C Lembre-se, não estamos procurando um atributo, estamos procurando um parâmetro do contexto.

☐ E. Isto é impossível com uma tag Simples. Uma tag Classic deve ser usada.

- Opção D Não desista facilmente! Com determinação, você pode fornecer uma boa solução!

- A Opção E não é possível, apenas capciosa.

4

Qual mecanismo de tags Simples faz uma página JSP ter o seu processamento interrompido? (JSP v2.0, seção 13.6.1)

- [ ] A. Retornar **SKIP_PAGE** a partir do método **doTag**.
- [ ] B. Retornar **SKIP_PAGE** a partir do método **doEndTag**.
- [x] C. Jogar uma **SkipPageException** a partir do método **doTag**.
- [ ] D. Jogar uma **SkipPageException** a partir do método **doEndTag**.

– A opção A é inválida, porque o método doTag não retorna um valor.
– A opção B é inválida, porque uma tag Simples não tem o método de evento de doEndTag.
– A opção D é inválida, porque uma tag Simples não tem o método de evento de doEndTag.

5

Quais das afirmativas abaixo sobre o modelo de tags Clássicas são verdadeiras? (Escolha todas as que se aplicam.) (JSP v2.0, seções 13.1 e 13.2)

- [ ] A. A interface **Tag** somente pode ser usada para criar tags vazias.
- [x] B. A constante **SKIP_PAGE** é um valor de retorno válido do método **doEndTag**.
- [ ] C. A constante **EVAL_BODY_BUFFERED** é um valor de retorno válido do método **doAfterBody**.
- [ ] D. A interface **Tag** fornece apenas duas possibilidades para o valor de retorno do método **doStartTag**: **SKIP_BODY** e **EVAL_BODY**.
- [x] E. Existem três interfaces de tags: **Tag**, **IterationTag** e **BodyTag**, mas apenas duas classes-base disponíveis: **TagSupport** e **BodyTagSupport**.

– A opção A é inválida, porque a interface Tag pode suportar tags com um corpo, mas não é possível iterar nem obter acesso ao conteúdo do corpo.
– A opção C é inválida, porque o doAfterBody pode retornar somente SKIP_BODY ou EVAL_BODY_AGAIN.
– A opção D é inválida, porque o doStartTag retorna SKIP_BODY e EVAL_BODY_INCLUDE.

6

Quais afirmativas sobre o método **findAncestorWithClass** são verdadeiras? (Escolha todas as que se aplicam.) (JSP v2.0, pág. 2-64)

- [ ] A. Requer um parâmetro: uma **Class**.
- [x] B. É um método estático da classe **TagSupport**.
- [ ] C. É um método não-estático da classe **TagSupport**.
- [x] D. NÃO é definido por nenhuma das interfaces de tag padrão do JSP.
- [x] E. Requer dois parâmetros: uma **Tag** e uma **Class**.
- [ ] F. Requer um parâmetro: uma **String** representando o nome da tag a ser encontrada.
- [ ] G. Requer dois parâmetros: uma **Tag** e uma **String**, representando o nome da tag a ser encontrada.

– A opção C é inválida, porque o método é estático.
– As opções A e F são inválidas, porque o método usa dois parâmetros.
– A opção G é inválida, porque o segundo argumento é uma Class.

7

(JSP v2.0, seção 13.3, págs. 2-74, 75)

Quais das afirmativas abaixo devem ser verdadeiras, caso você deseje usar atributos dinâmicos para um tag handler Simples? (Escolha todas as que se aplicam.)

- [ ] A. A sua tag Simples NÃO deve declarar atributos de tag estáticos.
- [x] B. A sua tag Simples deve usar o elemento **<dynamic-attributes>** no TLD.
- [x] C. O seu tag handler Simples deve implementar a interface **DynamicAttributes**.
- [ ] D. A sua tag Simples deve estender a classe **DynamicSimpleTagSupport**, que fornece suporte-padrão a atributos dinâmicos.
- [ ] E. A sua tag Simples NÃO PODE ser usada com a ação-padrão **jsp:attribute**, porque essa ação funciona somente com atributos estáticos.

– A opção A é inválida, porque é possível ter atributos tanto estáticos como dinâmicos em uma tag Simples.
– A opção D é inválida, porque não existe essa classe auxiliar nas APIs disponíveis.
– A opção E é inválida, porque você pode usar a ação jsp:attribute com tags dinâmicas.

8 (JSPv2.0, seção 8.4)

Quais afirmativas são verdadeiras sobre os tag files? (Escolha todas as que se aplicam.)

☐ A. Um tag file pode ser colocado em qualquer subdiretório de **WEB-INF**.

☑ B. Um tag file deve ter a extensão **.tag** ou **.tagx**.

☐ C. Um arquivo TLD deve ser usado para mapear o nome simbólico da tag com o tag file propriamente dito.

☐ D. Um tag file NÃO pode ser colocado em um arquivo JAR dentro do subdiretório **WEB-INF/lib**.

– A opção A é inválida, porque os tag files devem ser colocados dentro do diretório WEB-INF/tags.
– A opção B está correta (pág. 1-176, 8.4.1).
– A opção C é inválida, porque os tag files podem ser descobertos pelo container em vários lugares conhecidos. Este recurso do container é opcional.
– A opção D é inválida, porque você pode armazenar tag files em arquivos JAR, no diretório META-INF/tags.

9 (JSPv2.0, pág. 2-68)

Dado:

```
10. public class BufTag extends BodyTagSupport {
11.   public int doStartTag() throws JspException {
12.     // insira o código aqui
13.   }
14. }
```

Suponha que a tag tenha sido devidamente configurada para permitir conteúdo no corpo.
Qual comando, se inserido na linha 12, faria o código JSP **<mytags:mytag>BodyContent</mytags:mytag>** gerar o output de **BodyContent**?

☐ A. **return SKIP_BODY;**

☑ B. **return EVAL_BODY_INCLUDE;**

☐ C. **return EVAL_BODY_BUFFERED;**

☐ D. **return BODY_CONTENT;**

– A opção A é inválida, porque isto faz com que o corpo da tag seja pulado.
– A opção C é inválida, porque ela direciona o corpo da tag para um buffer que não é processado pela tag.
– A opção D é inválida, porque este não é um código de retorno válido.

10 Quais afirmativas sobre o `doAfterBody()` são verdadeiras? (Escolha todas as que se aplicam.) *(JSP v2.0, pág. 1-152)*

☐ A. O `doAfterBody()` somente é chamado para tags que estendam `TagSupport`.

☐ B. O `doAfterBody()` somente é chamado para tags que estendam `IterationTagSupport`.

☐ C. Supondo que não ocorram exceções, o `doAfterBody()` sempre é chamado depois de `doStartTag()`, para qualquer tag que implemente `IterationTag`.

☐ D. Supondo que não ocorram exceções, o `doAfterBody()` é chamado depois de `doStartTag()`, para qualquer tag que implemente `IterationTag` e retorne `SKIP_BODY` a partir de `doStartTag()`.

☑ E. Supondo que não ocorram exceções, o `doAfterBody()` é chamado depois de `doStartTag()`, para qualquer tag que implemente `IterationTag` e retorne `EVAL_BODY_INCLUDE` a partir de `doStartTag()`.

– A opção A é inválida, porque o doAfterBody() pode ser chamado para qualquer tag que implemente a interface IteratorTag.
– A opção B é inválida, porque não existe essa classe.
– As opções C e D são inválidas, porque o doAfterBody() somente é chamado quando doStartTag() retorna EVAL_BODY_INCLUDE.

11 Dada uma página JSP: *(JSP v2.0 API TagSupport, pág. 2-64)*

```
<%@ taglib prefix="my" uri="/WEB-INF/myTags.tld" %>
<my:tag1>
   <%— JSP content —%>
</my:tag1>
```

O tag handler para `my:tag1` é `Tag1Handler` e estende TagSupport. O que acontece quando a instância de `Tag1Handler` chama o método `getParent`? (Escolha todas as que se aplicam.)

☐ A. É jogada uma `JspException`.

– A opção B é a resposta correta. O método getParent não joga quaisquer exceções.

☑ B. É retornado o valor `null`.

☐ C. É jogada uma `NullPointerException`.

☐ D. É jogada uma `IllegalStateException`.

(JSPv2.0, seção 13.6, págs. 2-80/83)

12 Quais afirmativas são verdadeiras sobre o ciclo de vida de uma tag Simples? (Escolha todas as que se aplicam.)

☐ A. O método `release` é chamado depois do método `doTag`.

☐ B. O método `setJspBody` sempre é chamado antes do método `doTag`.

☑ C. Os métodos `setParent` e `setJspContext` são chamados imediatamente antes de os atributos da tag serem definidos.

☐ D. O `JspFragment` do corpo da tag é invocado pelo Container antes de o método `doTag` do tag handler ser chamado. Este valor, um objeto `BodyContent`, é passado ao tag handler usando-se o método `setJspBody`.

– A opção A é inválida, porque uma tag Simples não possui método release.
– A opção B é inválida, porque setJspBody não é chamado se a tag Simples for uma tag vazia.
– A opção D é inválida, porque o fragmento é invocado pela implementação de doTag, e NÃO antes de o doTag ser chamado.

13 Dados:

(JSPv2.0, pág. 2-27)

```
10. public class ExampleTag extends TagSupport {
11.   private String param;
12.   public void setParam(String p) { param = p; }
13.   public int doStartTag() throws JspException {
14.     // insira o código aqui
15.     // mais código aqui
16.   }
17. }
```

Que comando, inserido na linha 14, atribuiria com certeza o valor do atributo em escopo de solicitação `param` à variável local `p`? (Escolha todas as que se aplicam.)

☐ A. `String p = findAttribute("param");`

☐ B. `String p = request.getAttribute("param");`

☐ C. `String p = pageContext.findAttribute("param");`

☐ D. `String p = getPageContext().findAttribute("param");`

☑ E. `String p = pageContext.getRequest().getAttribute("param");`

– A opção A é inválida, porque não existe este método.
– A opção B é inválida, porque não há nenhuma variável de instância de solicitação.
– A opção C é inválida, porque um atributo em escopo de página seria encontrado antes de se verificar o escopo de solicitação.
– A opção D é inválida, porque não há um método getPageContext().

14

Quais são métodos válidos chamados em um objeto `PageContext`? (Escolha todas as que se aplicam.)

(JSP v2.0, pág. 2-23)

- [ ] A. `getAttributeNames()`
- [x] B. `getAttribute("key")`
- [x] C. `findAttribute("key")`
- [ ] D. `getSessionAttribute()`
- [ ] E. `findAttribute("key", PageContext.SESSION_SCOPE)`
- [x] F. `getAttribute("key", PageContext.SESSION_SCOPE)`

– As opções A e D são inválidas, porque não existem métodos com estes nomes.
– A opção F é inválida, porque findAttribute() não tem um parâmetro scope.

15

Qual é o método `JspContext` mais eficiente a ser chamado para acessar um atributo que se sabe estar no escopo da aplicação?

(JSP v2.0, pág. 2-23)

- [ ] A. `getPageContext()`
- [ ] B. `getAttribute(String)`
- [ ] C. `findAttribute(String)`
- [x] D. `getAttribute(String, int)`
- [ ] E. `getAttributesScope("key")`
- [ ] F. `getAttributeNamesInScope(int)`

– A opção A é inválida, porque não existe este método.
– A opção B é inválida, porque este método somente procura no escopo da página.
– A opção C é inválida, porque este método seria menos eficiente que a opção D, uma vez que ele verifica primeiramente os três outros escopos.
– A opção E é inválida, porque este método recupera o atributo; ele somente lhe diz onde o escopo fica.
– A opção F é inválida, porque seria apenas o primeiro passo de um processo que seria muito menos eficiente que a opção D.

---

16 (JSPv2.0, pág. 2-23)

Qual é a melhor estratégia, ao se implementar uma tag customizada, para encontrar o valor de um atributo cujo escopo seja desconhecido?

- [ ] A. Verificar todos os escopos com uma só chamada `pageContext.getAttribute(String)`.
- [x] B. Verificar todos os escopos com uma só chamada `pageContext.findAttribute(String)`.
- [ ] C. Verificar cada escopo com chamadas a `pageContext.getAttribute(String, int)`.
- [ ] D. Chamar `pageContext.getRequest().getAttribute(String)`, depois chamar `pageContext.getSession().getAttribute(String)`, e assim por diante.
- [ ] E. Nenhuma destas opções irá funcionar.

– A opção A é inválida, porque este método verifica apenas o escopo da página.
– As opções C e D são inválidas, porque são menos eficientes do que simplesmente chamar findAttribute().

---

17 (JSPv2.0 7.1.6, pág. 1-156)

Sejam uma tag, `simpleTag`, cujo handler é implementado usando-se o modelo de tags Simples, e uma tag, `complexTag`, cujo handler é implementado usando-se o modelo de tags Clássicas. Ambas as tags são declaradas como não-vazias e não-tags dependentes no TLD.

Quais fragmentos de código JSP são usos válidos destas tags? (Escolha todas as que se aplicam.)

- [x] A.
```
<my:simpleTag>
    <my:complexTag />
</my:simpleTag>
```
- [ ] B.
```
<my:simpleTag>
    <%= displayText %>
</my:simpleTag>
```
- [x] C.
```
<my:simpleTag>
    <%@ include file="/WEB-INF/web/common/headerMenu.html" %>
</my:simpleTag>
```
- [ ] D.
```
<my:simpleTag>
    <my:complexTag>
      <% i++; %>
    </my:complexTag>
</my:simpleTag>
```

– A opção A está correta; uma tag Simples pode incluir uma tag Complexa no corpo, desde que esta última não contenha código de script.
– A opção B é inválida, porque as tags Simples não podem ter um corpo que contenha uma tag de expressão JSP.
– A opção C está correta, porque a diretiva include é processada antes de o corpo de simpleTag ser convertido em um JspFragment; entretanto, o conteúdo incluído deve também não ter scripts (que é a razão pela qual este exemplo inclui um segmento HTML).
– A opção D não é inválida por causa do uso de complexTag (como na opção A), mas sim porque o corpo de complexTag tem código de script nele.

(JSP v2.0, pág. 1-173)

18 Quais afirmativas são verdadeiras sobre o modelo Tag File? (Escolha todas as que se aplicam.)

- [ ] A. Cada tag file deve ter uma entrada correspondente em um arquivo TLD.
- [ ] B. Todas as diretivas permitidas em páginas JSP são permitidas em Tag Files.
- [ ] C. Todas as diretivas permitidas em Tag Files são permitidas em páginas JSP.
- [x] D. A ação-padrão `<jsp:doBody>` somente pode ser usada em Tag Files.
- [x] E. As extensões de arquivos permitidas para Tag Files são `.tag` e `.tagx`.
- [x] F. Para cada atributo declarado e especificado em um Tag File, o container cria um atributo com escopo de página com o mesmo nome.

– A opção A é inválida, porque os tag files, para serem usados, precisam apenas que sejam colocados no local apropriado.
– A opção B é inválida, porque a diretiva page não está disponível em Tag Files.
– A opção C é inválida, porque as diretivas tag, attribute e variable não estão disponíveis em páginas JSP.

(JSP v2.0, pág. 1-174)

19 Quais das opções são válidas em tag files? (Escolha todas as que se aplicam.)

- [x] A. `<jsp:doBody />`
- [x] B. `<jsp:invoke fragment="frag" />`
- [ ] C. `<%@ page import="java.util.Date" %>`
- [x] D. `<%@ variable name-given="date" variable-class="java.util.Date" %>`
- [ ] E. `<%@ attribute name="name" value="blank" type="java.lang.String" %>`

– A opção C é inválida, porque a diretiva page não é válida em tag files.
– A opção E é inválida, porque não há nenhum valor de atributo definido para a diretiva attribute.

(JSP v2.0, pág. 2-53)

20 Quais dos seguintes métodos retornam a tag incluída quando chamados de dentro de uma classe tag handler? (Escolha todas as que se aplicam.)

- [x] A. `getParent()`
- [ ] B. `getAncestor()`
- [ ] C. `findAncestor()`
- [ ] D. `getEnclosingTag()`

– A opção A está correta; é o único dos métodos apresentados que realmente existe.

(JSP v2.0, pág. 7-176)

21 Dada a estrutura de uma aplicação web:

```
/WEB-INF/tags/mytags/tag1.tag
/WEB-INF/tags/tag2.tag
/WEB-INF/tag3.tag
/tag4.tag
```

Quais tags poderiam ser usadas por uma diretiva `taglib` apropriada? (Escolha todas as que se aplicam.)

- [x] A. `tag1.tag`
- [x] B. `tag2.tag`
- [ ] C. `tag3.tag`
- [ ] D. `tag4.tag`

– As opções C e D são inválidas, porque os tag files devem ser colocados no diretório /WEB-INF/tags, ou em um subdiretório de /WEB-INF/tags.

---

22 Um aplicativo Web inclui muitos formulários para os usuários preencherem e enviarem. Nada nas páginas indica que um campo é requerido. A empresa decidiu que um asterisco vermelho deve ser colocado antes dos rótulos do texto dos campos requeridos, mas o gerente de projetos está argumentando que a cor do plano de fundo dos campos requeridos seja um azul claro e outro departamento está pedindo que o aplicativo do projeto seja consistente consigo mesmo, onde o texto dos rótulos está em negrito para os campos requeridos.
Considerando as diferentes perspectivas de como os campos requeridos poderiam ser identificados nas páginas, escolha o uso mais sustentável de uma tag personalizada.

(JSP v2.0, seção 7)

- [ ] A. <cust:requiredIcon/>First Name: <input type="text" name="firstName"/>
- [x] B. <cust:textField label="First Name" required="true"/>
- [ ] C. <cust:requiredField color="red" symbol="*" label="First Name"/>
- [ ] D. <cust:required>
  First Name: <input type="text" name="firstName"/>
  </cust:required>

- A Opção A funcionaria se você soubesse que o campo recuperado sempre seria marcado com um símbolo prefixado e a única chance em potencial seria o identificador usado. Mesmo assim, seria muito simples usar uma tag img e trocar um ícone .gif em um diretório de imagens.

- A Opção B é a solução mais flexível. Sua tag personalizada recebeu total controle para construir o campo de rótulo e de texto e como eles devem ser exibidos.

- Opção C: especificar uma cor e um símbolo na tag é uma solução insuficiente, pois uma mudança em um desses valores iria requerer que você atualizasse os valores de cada tag em cada JSP.

- Opção D: seria possível fazer as coisas assim, mas sua classe que implementa a tag teria que analisar o corpo e manipulá-lo, criando um pesadelo para a manutenção.

11 distribuição da aplicação web

Distribuindo sua aplicação web

Finalmente, sua aplicação web está pronta para o horário nobre. As suas páginas estão finalizadas, seu código está testado e ajustado, e o prazo de entrega era há duas semanas atrás. Mas, para onde vai isso tudo? Tantos diretórios, tantas regras. Que nome *você* dá aos seus diretórios? Qual nome o *cliente* pensa que eles têm? O que é que o cliente realmente solicita, e como o Container sabe onde procurar? Como você se certifica de que não deixará acidentalmente de fora um diretório quando transferir a aplicação inteira para uma outra máquina? O que acontece se o cliente requisitar um *diretório*, em vez de um *arquivo* específico? Como você configura o DD para páginas de erro, arquivos de boas-vindas, e tipos MIME? Não é tão difícil quanto parece...

Distribuição de Aplicações Web

2.1 Construir o arquivo e a estrutura de diretórios de uma aplicação web que poderá conter: (a) conteúdo estático, (b) páginas JSP, (c) classes servlet, (d) o deployment descriptor, (e) bibliotecas de tags, (f) arquivos JAR, e (g) arquivos de classes Java. Descrever como proteger arquivos de recursos contra acesso HTTP.

2.2 Descrever o propósito e a semântica para cada um dos seguintes elementos do deployment descriptor: error-page, init-param, mime-mapping, servlet, servlet-class, servlet-mapping, servlet-name e welcome-file.

2.3 Construir a estrutura correta para cada um dos seguintes elementos do deployment descriptor: error-page, init-param, mime-mapping, servlet, servlet-class, servlet-name e welcome-file.

2.4 Explicar o propósito de um arquivo WAR, além de descrever o conteúdo de um arquivo WAR e como eles podem ser construídos.

6.3 Escrever um Documento JSP (sintaxe XML) que use a sintaxe correta.

Notas sobre a Abrangência:

Este objetivo foi abordado por todo o livro em outros capítulos, então, a maior parte do conteúdo deste capítulo relacionado a este objetivo serve ou para revisão ou para uma visão um pouco mais aprofundada de algum tópico.

Os objetivos 2.2 e 2.3 se concentram principalmente em detalhes chatos das tags XML relacionadas ao Deployment Descriptor. Embora esta seja provavelmente a parte menos divertida do livro (e do exame), a maior parte do conteúdo é fácil de entender e é simplesmente uma questão de memorizar as tags.
Há uma parte complicada, no entanto, e despenderemos a maior parte do nosso tempo nela – o mapeamento de servlet.

*Decidimos colocar este objetivo neste capítulo por dois motivos: 1) a maior parte deste capítulo tem a ver com XML, e 2) não quisemos adicionar nada aos capítulos referentes a JSP. Decidimos que seria melhor para você concentrar-se mais na sintaxe e no comportamento de todas as outras partes do JSP, em vez de se preocupar também com as versões XML de tudo. Mas agora que você é, bem, um **expert**... acreditamos que você agüentará o tranco.*

A Glória do Deployment

Já abordamos a maior parte das coisas divertidas, mas agora é hora de dar uma olhada com mais detalhes na distribuição.
Neste capítulo, você terá que pensar sobre três questões principais:

1 Onde VOCÊ coloca as coisas na aplicação web?

Onde se colocam os recursos estáticos? E as páginas JSP? E os arquivos de classes dos servlets? E os arquivos de classes JavaBean? E os arquivos de classes dos Listeners? E os Tag Files? E as classes dos tag handlers? TLDs? Arquivos JAR? O DD web.xml? Onde se colocam as coisas que você não deseja que sejam disponibilizadas pelo Container? (Em outras palavras, que partes da aplicação web estão protegidas contra o acesso direto pelos clientes?) Onde se colocam os arquivos "welcome"?

2 Onde o CONTAINER procura por coisas na aplicação web?

Onde o Container procura quando o cliente requisita uma página HTML? E uma página JSP? E um servlet? E algo que não existe como um arquivo real (por exemplo, BeerTest.**do**)? Onde o Container procura por classes de tag handlers? Onde ele procura por TLDs? Tag Files? Arquivos JAR? O Deployment Descriptor? Outras classes das quais os meus servlets dependem? Onde o Container procura por arquivos "welcome"? (Obviamente, assim que você souber isso tudo, tudo o que está no tópico "1" torna-se evidente.)

3 Como o CLIENTE requisita coisas na aplicação web?

O que o cliente digita no browser para acessar uma página HTML? Uma página JSP? Um servlet? Algo que não existe realmente como um arquivo? Em quais lugares o cliente pode fazer uma solicitação direta, e em quais lugares o cliente é proibido de acessar diretamente algum recurso? O que acontece se o cliente digita um caminho até apenas um diretório, e não a um arquivo específico?

Onde colocar o quê em uma aplicação web

Em vários capítulos deste livro, nós observamos as localizações em que os vários arquivos devem ser colocados. No capítulo sobre as tags customizadas, por exemplo, você viu que os Tag Files devem ser distribuídos em /WEB-INF/tags ou um subdiretório, ou em um arquivo JAR dentro de /META-INF/tags ou um subdiretório. Se você colocar um Tag File em qualquer outro lugar, o Container irá ignorá-lo ou tratá-lo como conteúdo estático pronto para ser servido.

As especificações dos Servlets e do JSP têm várias regras chatas sobre onde ficam as coisas, e o pior é que você realmente precisa conhecer a maioria delas. Uma vez que já abordamos quase tudo sobre isso de uma forma ou de outra, estamos usando estas primeiras páginas como um teste para a sua memória e o seu conhecimento. Não pule esta parte! Trate estas primeiras páginas como questões do exame para praticar!

Não existem Perguntas Idiotas

P: Por que eu deveria ter que saber onde tudo é colocado... não é para isso que servem as ferramentas de distribuição? Ou mesmo um script de construção do ANT?

R: Se tiver sorte, você estará usando uma ferramenta de distribuição J2EE, que permitirá a você apontar e clicar através de uma série de telas de um wizard. Então, o seu Container usa essas informações para construir o Deployment Descriptor XML (web.xml), constrói as estruturas de diretórios necessárias e copia os seus arquivos para as localizações apropriadas. Porém, mesmo se *tiver* essa sorte, você não acha que precisa saber o que a ferramenta está fazendo? Você poderia ter que ajustar algo configurado pela ferramenta. Você poderia ter que resolver problemas. Você poderia ter que mudar para um fabricante diferente que não possui uma ferramenta de distribuição automatizada.

Muitos desenvolvedores usam uma ferramenta de construção como o ANT, mas, mesmo assim, você ainda precisa dizer ao ANT o que fazer.

P: Mas eu acabei de pegar um script de construção do ANT na internet, e ele já está configurado para fazer tudo para mim.

R: Novamente, isso é ótimo – mas você ainda precisa saber o que realmente está acontecendo. Se você estiver completamente à mercê de sua ferramenta, terá problemas se algo der errado. Saber como estruturar uma aplicação web é como saber trocar um pneu – talvez você nunca vá precisar fazê-lo você mesmo, mas se forem 3 horas da manhã e você estiver "onde o Judas perdeu as botas", não é bom saber que você *pode* trocar o pneu?
E para os que forem fazer o exame, bem, *vocês* não têm escolha. Praticamente tudo neste capítulo é abordado no exame.

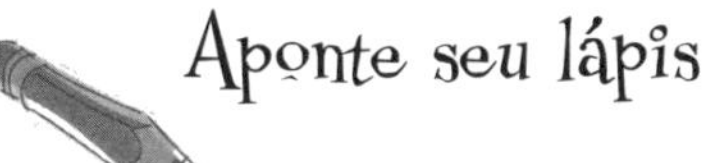

Nomeie os diretórios

Escreva os nomes corretos dos diretórios, dados os arquivos mostrados dentro desses diretórios. Tudo nesta figura já foi apresentado em um capítulo anterior, mas não se preocupe se ainda não tiver memorizado tudo. *Este* é o capítulo em que você tem que *decorar essas informações*.

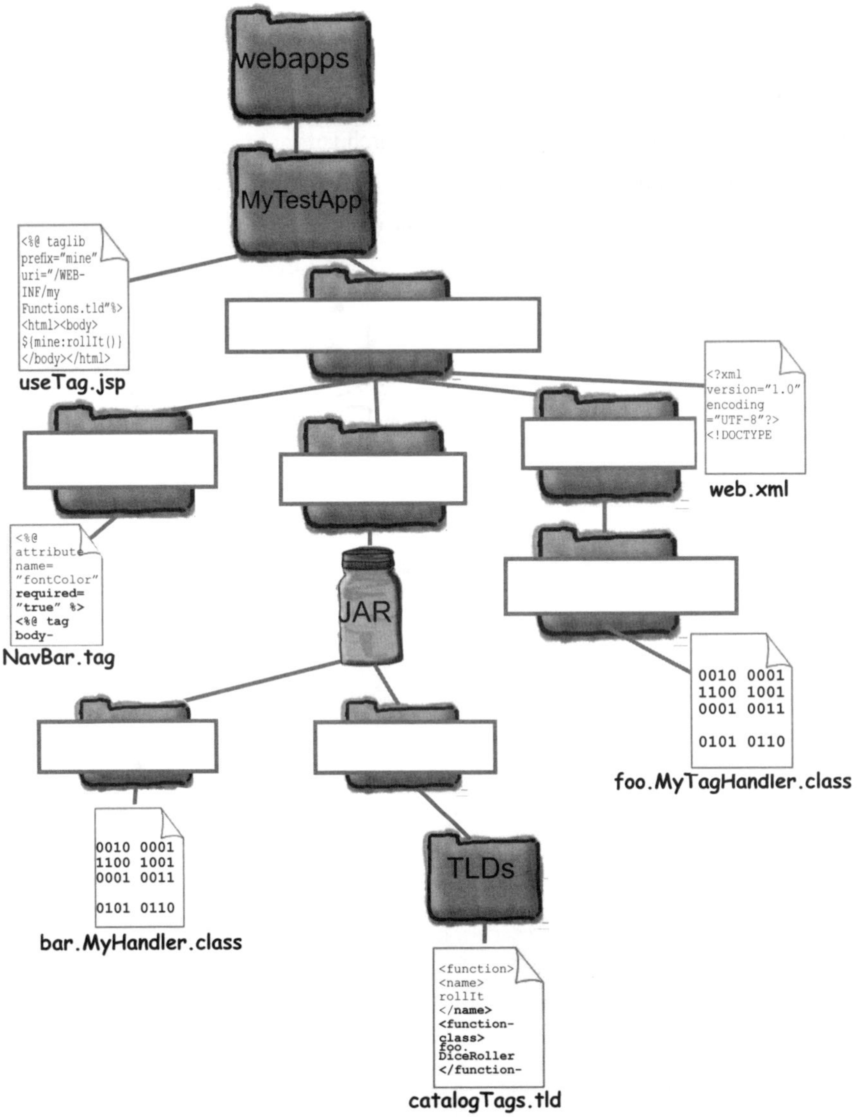

webapps

MyTestApp

```
<%@ taglib
prefix="mine"
uri="/WEB-
INF/my
Functions.tld"%>
<html><body>
${mine:rollIt()}
</body></html>
```

useTag.jsp

```
<?xml
version="1.0"
encoding
="UTF-8"?>
<!DOCTYPE
```

web.xml

```
<%@
attribute
name=
"fontColor"
required=
"true" %>
<%@ tag
body-
```

NavBar.tag

JAR

```
0010 0001
1100 1001
0001 0011

0101 0110
```

foo.MyTagHandler.class

```
0010 0001
1100 1001
0001 0011

0101 0110
```

bar.MyHandler.class

TLDs

```
<function>
<name>
rollIt
</name>
<function-
class>
foo.
DiceRoller
</function-
```

catalogTags.tld

Desenhe a estrutura de diretórios e arquivos

Observe a descrição da seguinte aplicação web e desenhe uma estrutura de diretórios adequada para essa aplicação. Certifique-se de incluir também os arquivos. Pode haver mais de uma maneira de estruturar isto; recomendamos usar a mais simples (ou seja, a com o menor número de diretórios) para organizá-la.

Nome da aplicação: Dating

Conteúdo estático e JSPs: welcome.html, signup.jsp, search.jsp

Servlets: dating.Enroll.class, dating.Search.class

Classe do tag handler customizado: tagClasses.TagOne.class

TLD: DatingTags.tld

JavaBeans: dating.Client.class

DD: web.xml

Arquivos JAR de apoio: DatingJar.jar

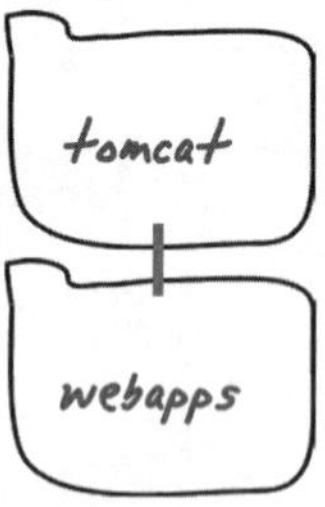

SEJA o Container

O que há de errado com esta distribuição? Há várias coisas aqui que não seguem a especificação Servlet ou JSP em relação a onde eles devem ser colocados. Suponha que todos os arquivos tem os nomes e as extensões corretos.

Liste tudo o que há de errado com esta figura:

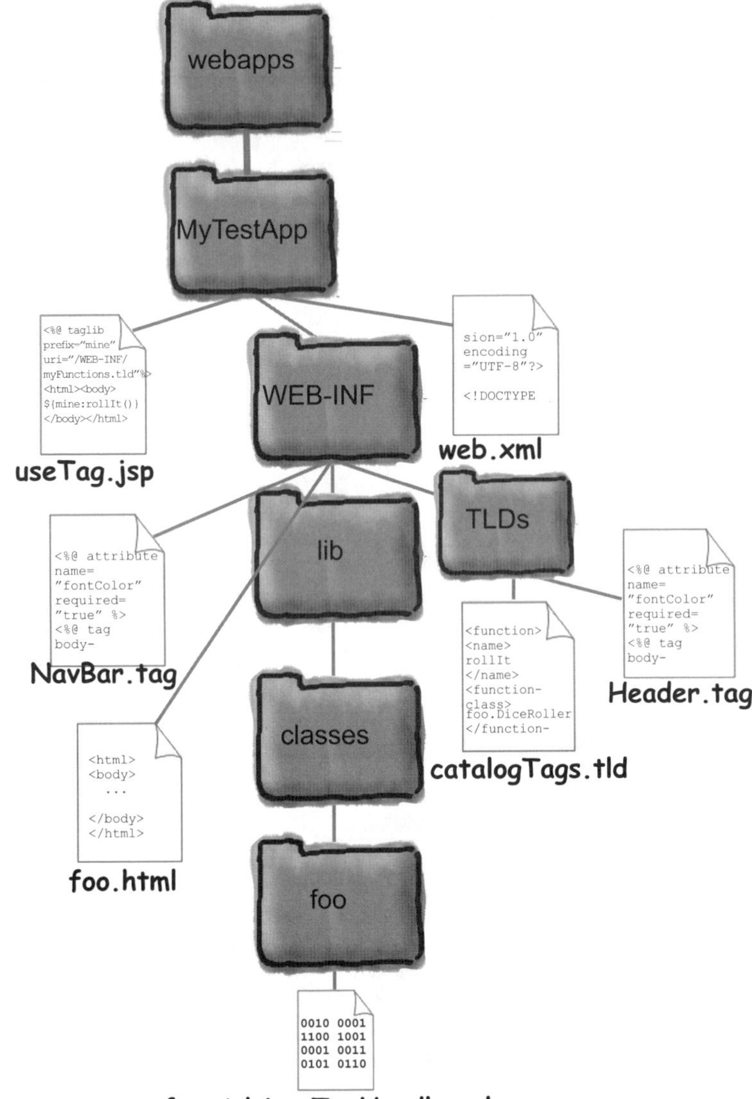

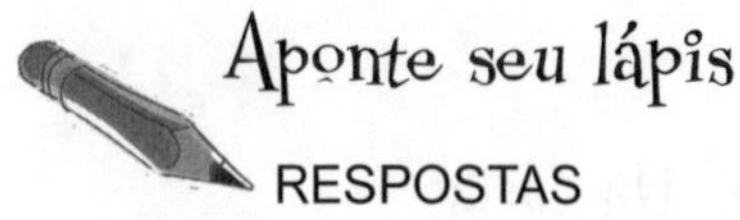

Nomeie os diretórios

Para distribuir com sucesso uma aplicação web, você DEVE seguir esta estrutura. WEB-INF deve estar imediatamente sob o contexto da aplicação ("MyTestApp", neste exemplo). O diretório "classes" deve estar imediatamente dentro de "WEB-INF". A estrutura de empacotamento para as classes deve estar imediatamente dentro de "classes". O diretório "lib" deve estar imediatamente dentro de "WEB-INF", e o arquivo JAR deve estar imediatamente dentro de "lib". O diretório "META-INF" deve estar imediatamente dentro do JAR, e os arquivos TLD de um JAR devem estar em algum lugar sob "META-INF" (eles podem estar em qualquer subdiretório, e não é preciso usar "TLDs" como nome do diretório). Os TLDs que NÃO estejam em um JAR precisam ficar em algum lugar sob "WEB-INF". Os Tag Files (arquivos com uma extensão .tag ou .tagx) devem estar *em algum lugar* sob "WEB-INF/tags" (a não ser que estejam distribuídos em um JAR, em cujo caso eles devam estar em algum lugar sob "META-INF/tags").

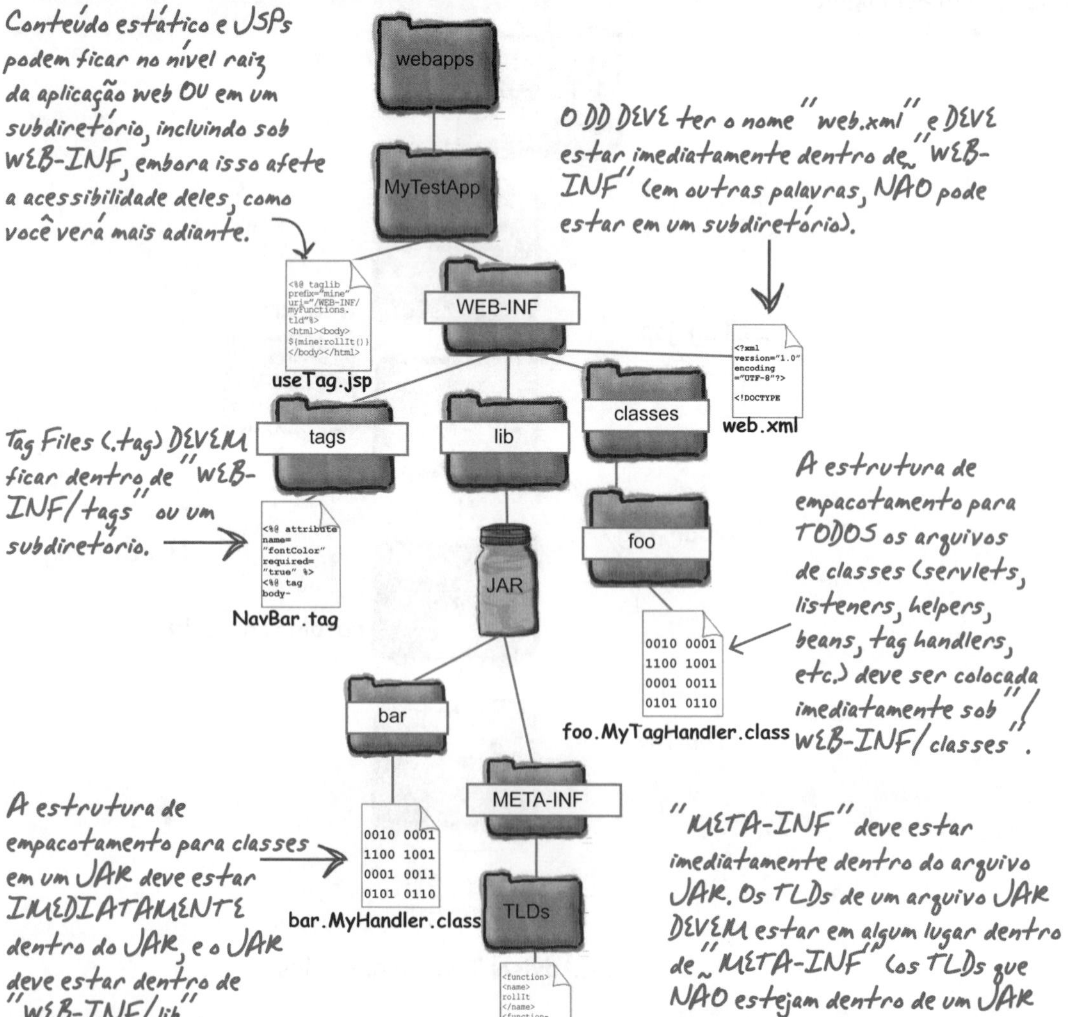

Conteúdo estático e JSPs podem ficar no nível raiz da aplicação web OU em um subdiretório, incluindo sob WEB-INF, embora isso afete a acessibilidade deles, como você verá mais adiante.

webapps

MyTestApp

O DD DEVE ter o nome "web.xml" e DEVE estar imediatamente dentro de "WEB-INF" (em outras palavras, NÃO pode estar em um subdiretório).

WEB-INF

```
<%@ taglib
prefix="mine"
uri="/WEB-INF/
myFunctions.
tld"%>
<html><body>
${mine:rollIt()}
</body></html>
```

useTag.jsp

```
<?xml
version="1.0"
encoding
="UTF-8"?>

<!DOCTYPE
```

web.xml

tags

lib

classes

Tag Files (.tag) DEVEM ficar dentro de "WEB-INF/tags" ou um subdiretório.

```
<%@ attribute
name=
"fontColor"
required=
"true" %>
<%@ tag
body-
```

NavBar.tag

JAR

foo

A estrutura de empacotamento para TODOS os arquivos de classes (servlets, listeners, helpers, beans, tag handlers, etc.) deve ser colocada imediatamente sob "WEB-INF/classes".

```
0010 0001
1100 1001
0001 0011
0101 0110
```

foo.MyTagHandler.class

bar

META-INF

A estrutura de empacotamento para classes em um JAR deve estar IMEDIATAMENTE dentro do JAR, e o JAR deve estar dentro de "WEB-INF/lib".

```
0010 0001
1100 1001
0001 0011
0101 0110
```

bar.MyHandler.class

TLDs

```
<function>
<name>
rollIt
</name>
<function-
class>
foo.DiceRoller
</function-
```

catalogTags.tld

"META-INF" deve estar imediatamente dentro do arquivo JAR. Os TLDs de um arquivo JAR DEVEM estar em algum lugar dentro de "META-INF" (os TLDs que NÃO estejam dentro de um JAR devem estar em algum lugar sob "WEB-INF").

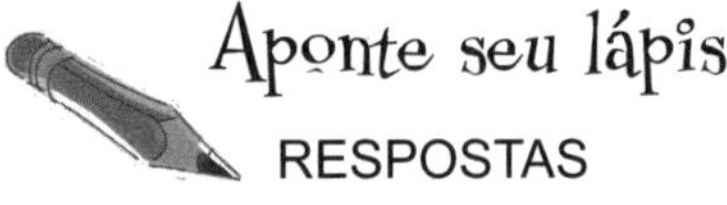

Desenhe a estrutura de diretórios e arquivos

As únicas coisas que poderiam ser diferentes nesta figura são: 1) o conteúdo estático e os JSPs poderiam estar em um subdiretório sob "Dating", ou *escondidos* sob "WEB-INF", e 2) o DatingTags.tld poderia estar em um subdiretório de WEB-INF.

Nome da aplicação: Dating
Conteúdo estático e JSPs: welcome.html, signup.jsp, search.jsp
Servlets: dating.Enroll.class, dating.Search.class
Classe do tag handler customizado: tagClasses.TagOne.class
TLD: DatingTags.tld
JavaBeans: dating.Client.class
DD: web.xml
Arquivos JAR de apoio: DatingJar.jar

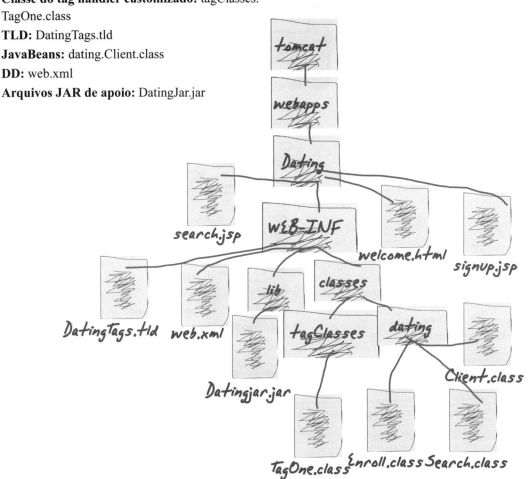

tomcat
webapps
Dating
search.jsp
WEB-INF
welcome.html
signup.jsp
DatingTags.tld
web.xml
lib
classes
Datingjar.jar
tagClasses
dating
Client.class
TagOne.class
Enroll.class
Search.class

Varias coisas estão erradas nesta figura!

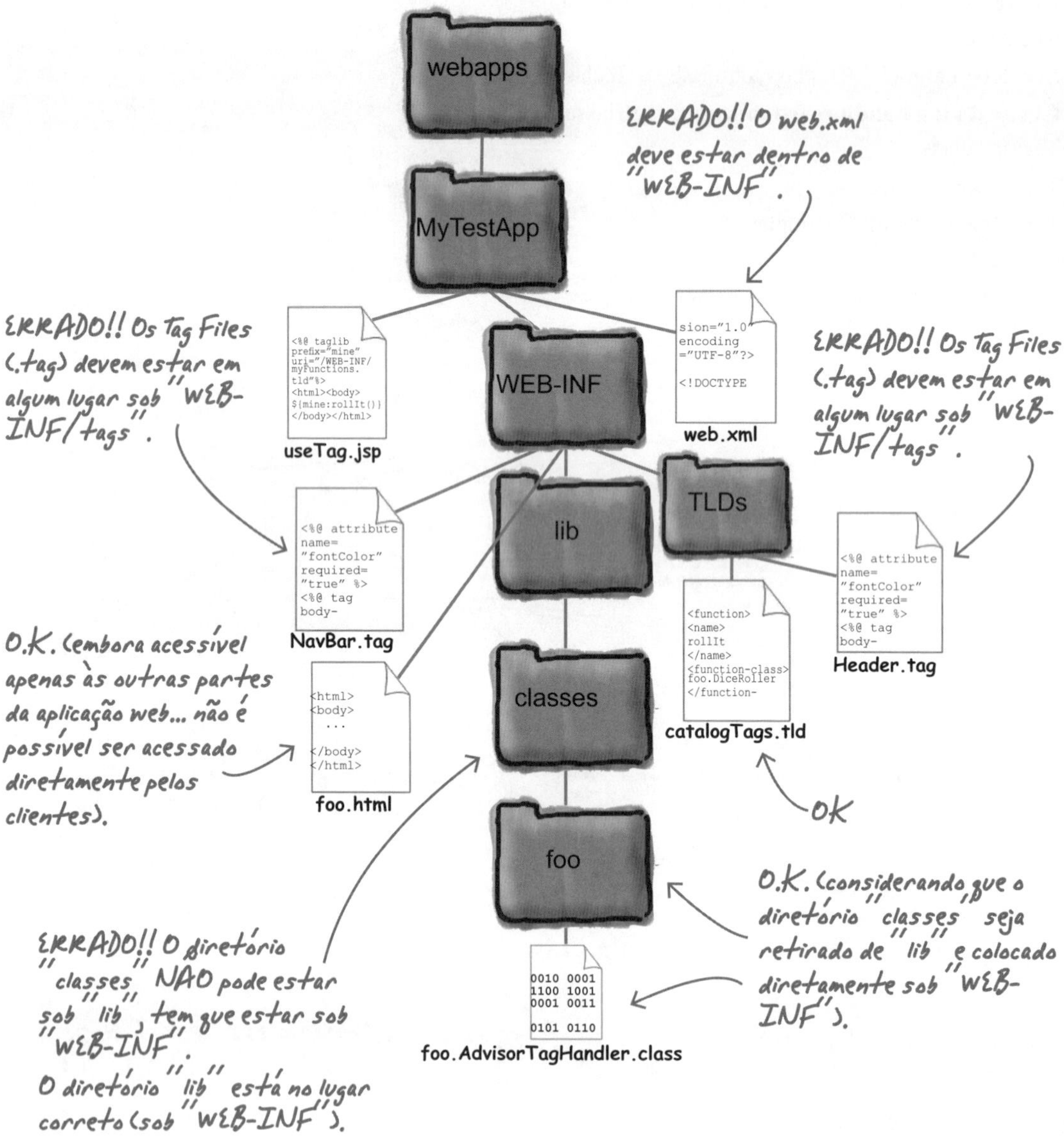

Ah, se houvesse uma maneira de distribuir a minha aplicação inteira em um JAR, para que eu pudesse transferi-la como um único arquivo, em vez dessa pilha enorme de arquivos e diretórios e...

O que ela realmente deseja é um arquivo WAR

A estrutura de diretórios de uma aplicação web é imensa. E tudo tem que estar exatamente no lugar correto. Transferir uma aplicação web pode causar problemas.

Mas existe uma solução, chamada arquivo WAR, que significa **W**eb **AR**chive. E se isso soa parecido demais com um arquivo JAR (**J**ava **AR**chive), é porque um WAR *é* um JAR. Um JAR com uma extensão *.war* em vez de *.jar*.

Arquivos WAR

Um arquivo WAR é simplesmente uma fotografia da estrutura da sua aplicação web em um agradável formato portátil e comprimido (na realidade, é simplesmente um arquivo JAR). Você armazena dentro do jar toda a estrutura da sua aplicação web (menos o diretório de contexto da aplicação web – aquele que fica *acima* de WEB-INF), e dá ao arquivo resultante uma extensão .war. Mas permanece um problema – se você não incluir o diretório específico da aplicação web (BeerApp, por exemplo), como o Container saberá o nome/contexto desta aplicação web?

Isso depende do seu Container. ***No Tomcat, o nome do arquivo WAR torna-se o nome da aplicação web!*** Imagine que você distribua BeerApp como uma estrutura normal de diretórios sob tomcat/webapps/ BeerApp. Para distribuí-la como um arquivo WAR, você inclui no jar todo o conteúdo do diretório BeerApp (mas não o próprio diretório BeerApp), e então nomeia o arquivo JAR resultante como ***BeerApp. war***. Em seguida, você copia o arquivo BeerApp.war para dentro do diretório tomcat/webapps. Só isso. O Tomcat descompacta o arquivo WAR e cria o diretório de contexto da aplicação web, usando o nome do arquivo WAR. Mas repetindo, o *seu* Container poderá lidar com a distribuição e nomeação de arquivos WAR de forma diferente. O que importa para nós aqui é o que é exigido pela especificação, e a resposta é: quase não faz diferença se a aplicação é distribuída dentro ou fora de um WAR! Em outras palavras, você ainda precisará de WEB-INF, web. xml, etc. Tudo das páginas anteriores ainda se aplica.

Quase tudo. Há uma coisa que você pode fazer quando usa um arquivo WAR, que não pode ser feita quando você distribui sem um WAR – ***declarar dependências de bibliotecas.***

Em um arquivo WAR, você pode declarar dependências de bibliotecas no arquivo META-INF/MANIFEST.MF, o qual lhe fornece uma verificação *em tempo de distribuição* para ver se o Container é capaz de encontrar os pacotes e classes dos quais a sua aplicação depende. Isso significa que você não precisa esperar até que um recurso seja requisitado antes de tudo ir para o espaço, porque o Container não achou no seu classpath uma determinada classe de que o recurso requisitado precisa.

Não se deixe enganar por questões sobre arquivos WAR... as regras não mudam!

Questionário rápido: você ainda precisa usar um arquivo chamado "web.xml" se fizer a distribuição na forma de um WAR? Claro que sim. Você ainda precisa de um diretório "WEB-INF" se fizer a distribuição na forma de um WAR? Claro que sim. Você ainda precisa colocar as classes em um diretório "classes" sob "WEB-INF"? Claro que sim. E por aí vai. As regras não mudam só porque você colocou a sua aplicação em um WAR! A única diferença significativa é que um arquivo WAR terá um diretório "META-INF" sob o contexto da aplicação web (um diretório-irmão de "WEB-INF").

A aparência de um arquivo WAR distribuído

Quando você distribui uma aplicação web dentro do Tomcat, colocando o arquivo WAR dentro do diretório webapps, o Tomcat descompacta-o, cria o diretório de contexto (***MyTestApp*** neste exemplo), e a única novidade que você verá será o diretório META-INF (com o arquivo MANIFEST.MF dentro). Você provavelmente *nunca* irá colocar nada dentro do diretório META-INF, então você provavelmente nunca irá se importar se a sua aplicação for distribuída como um WAR, a não ser que precise especificar dependências de bibliotecas no arquivo MANIFEST.MF.

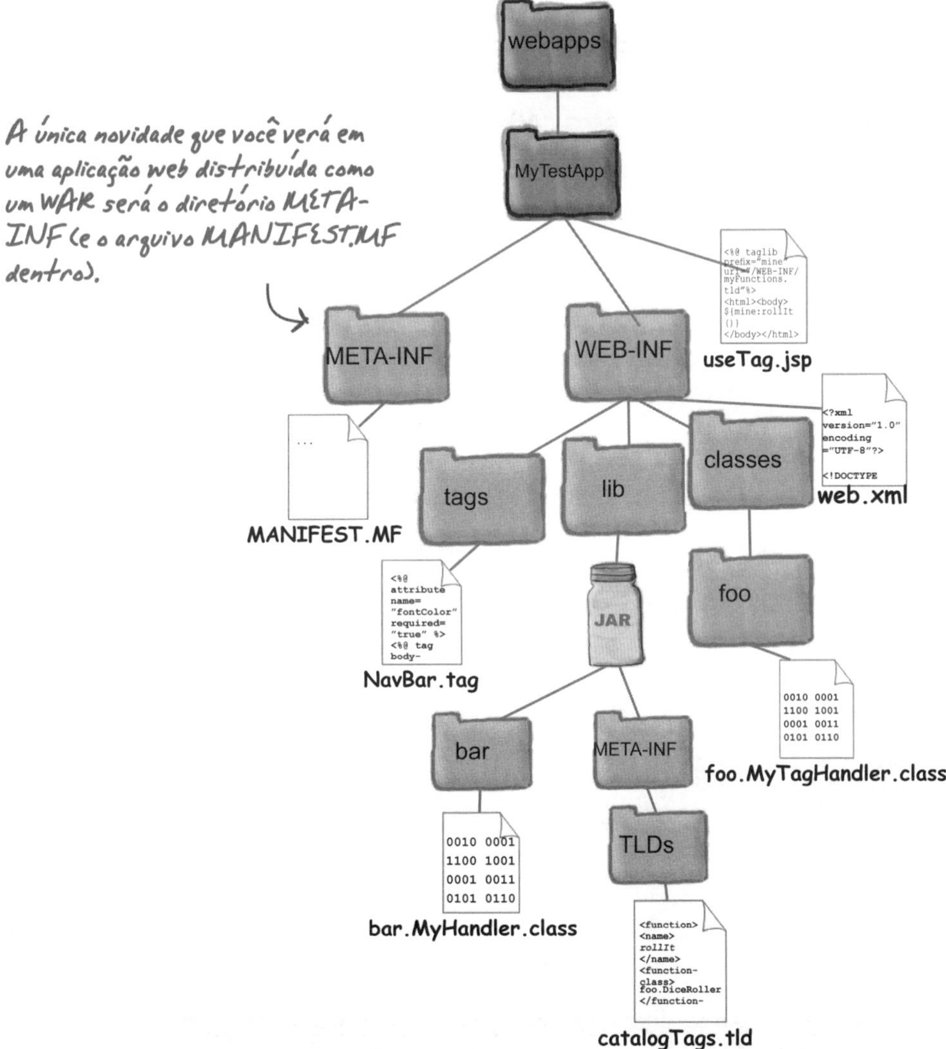

Tornando o conteúdo estático e os JSPs diretamente acessíveis

Quando você distribui HTML estático e JSPs, você pode escolher se deseja torná-los diretamente acessíveis de fora da aplicação web. Por *diretamente acessíveis*, queremos dizer que um cliente pode digitar o caminho até o recurso em seu browser, e o servidor retornará o recurso. Mas você pode impedir o acesso direto, colocando os arquivos sob WEB-INF ou, se estiver distribuindo como um arquivo WAR, sob META-INF.

Este é um caminho diretamente acessível na aplicação web.

Solicitação válida

```
http://www.wickedlysmart.com/MyTestApp/register/signUp.jsp
```

Solicitação inválida (produz um erro "404 Not Found")

```
http://www.wickedlysmart.com/MyTestApp/WEB-INF/process.jsp
```

Não! Nada sob WEB-INF pode ser acessado diretamente.

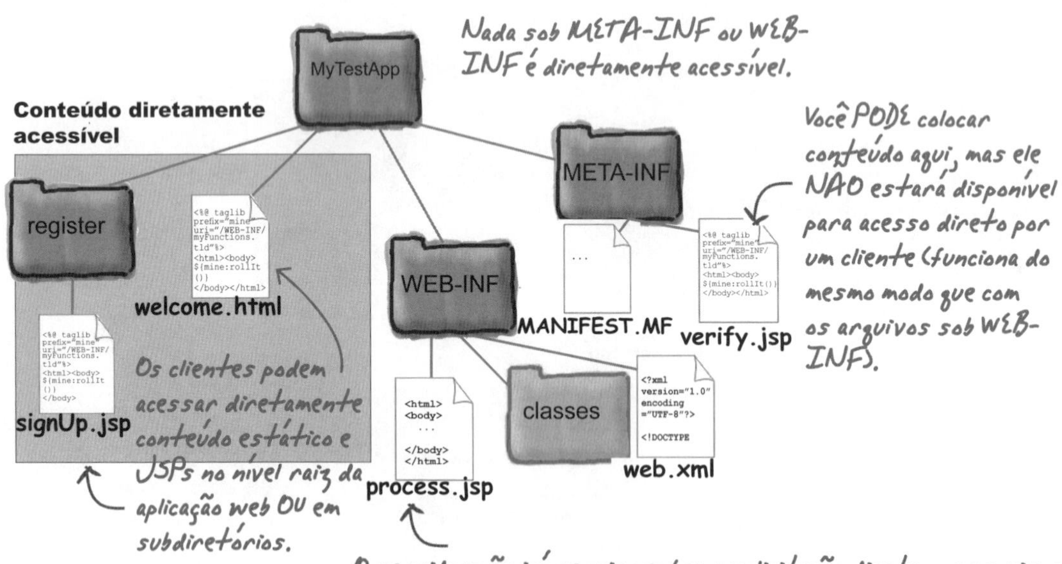

O servidor não irá servir nenhuma solicitação direta por arquivos localizados em qualquer lugar sob WEB-INF (falaremos mais sobre isso em instantes), embora você POSSA colocar arquivos aqui.

Se o servidor receber uma solicitação do cliente pedindo qualquer coisa localizada sob WEB-INF ou META-INF, o Container DEVE responder com um erro 404 NOT FOUND!

Não existem Perguntas Idiotas

P: Se não é possível servir conteúdo a partir de WEB-INF, nem de META-INF, para que então colocar páginas nesses diretórios??!!

R: Pense no seguinte: você tem classes Java e membros de classes com acesso de nível de pacote (o padrão), certo? Estas são classes e membros não disponíveis para o "público", mas que servem para uso interno por outras classes e membros que são expostos publicamente. Funciona do mesmo modo para o conteúdo estático e JSPs não acessíveis. Colocando-os sob WEB-INF (ou, no caso de um arquivo WAR, META-INF), você está protegendo-os contra qualquer acesso direto, e ao mesmo tempo permitindo que outras partes da aplicação web utilizem-nos. Você poderia, por exemplo, desejar encaminhar para ou incluir um arquivo, ao mesmo tempo certificando-se de que nenhum cliente o possa requisitar diretamente. É provável que, se deseja proteger um recurso contra acesso direto, você usará WEB-INF e não META-INF, mas, para o exame, você precisa saber que as regras se aplicam a ambos.

P: E no caso de um diretório META-INF dentro de um arquivo *JAR* no WEB-INF/lib? Ele tem a mesma proteção que um META-INF dentro do arquivo *WAR*?

R: Bem... sim. Mas o fato de o conteúdo estar em META-INF não é a questão principal. Neste caso, você está falando de um arquivo JAR dentro do diretório lib no WEB-INF. E *qualquer coisa* em WEB-INF é protegida contra acesso direto! Assim, não importa *onde* sob WEB-INF está esse conteúdo, ele fica protegido de qualquer forma. Quando dizemos que META-INF é protegido, na verdade estamos falando do META-INF dentro de um arquivo WAR, porque o META-INF dentro de arquivos JAR de WEB-INF/lib sempre é protegido de qualquer forma, devido ao fato de estar sob WEB-INF.

P: Em uma página anterior, você mencionou a possibilidade de se colocar dependências de bibliotecas no arquivo META-INF/MANIFEST.MF. Isto é obrigatório? Não é verdade que tudo dentro de arquivos JAR de WEB-INF/lib e do diretório WEB-INF/classes está automaticamente presente no classpath da aplicação?

R: Sim, as classes que você distribui *dentro/com* a aplicação web, usando o diretório WEB-INF/classes ou um JAR em WEB-INF/lib, ficam disponíveis e você não precisa fazer, nem dizer nada. Eles simplesmente funcionam. Mas... você poderia ter um Container com pacotes opcionais no seu classpath, e talvez você esteja dependendo de alguns desses pacotes. Ou talvez você esteja dependendo de uma determinada *versão* de uma biblioteca! O arquivo MANIFEST.MF lhe fornece um lugar para informar ao Container sobre as bibliotecas opcionais às quais você precisa ter acesso. Se o Container não puder fornecê-las, ele não lhe deixará distribuir a aplicação com sucesso. O que é muito melhor do que se você distribuísse a aplicação e só descobrisse depois, em tempo de solicitação, ao receber algum erro runtime horrível (ou sutil, o que é pior).

P: Como o Container acessa o conteúdo dentro de arquivos JAR em WEB-INF/lib?

R: O Container automaticamente coloca o arquivo JAR dentro do seu classpath, de modo que as *classes* para os servlets, listeners, beans, etc. ficam disponíveis exatamente como estariam se você tivesse colocado-as (usando as suas corretas estruturas de diretórios dos pacotes, é claro) dentro do diretório WEB-INF/classes. Em outras palavras, não importa se as classes estão dentro ou fora de um JAR, desde que estejam nos locais corretos. Tenha em mente, no entanto, que o Container sempre procurará classes no diretório WEB-INF/classes *antes* de procurar dentro de arquivos JAR em WEB-INF/lib.

P: Tudo bem, isso explica os arquivos de classes, mas e quanto aos outros tipos de arquivos? E se eu precisar acessar um arquivo de texto distribuído em um JAR dentro de WEB-INF/lib?

R: Este é um caso diferente. Se o código da sua aplicação web precisa de acesso direto a um recurso (arquivo de texto, JPEG, etc.) que está dentro de um JAR, você precisa usar os métodos getResource() ou getResourceAsStream() do classloader – isto vem do J2SE, não é específico dos servlets. Agora, você poderia reconhecer esses dois métodos (getResource() e getResourceAsStream()), porque eles também existem na API ServletContext. A diferença é que os métodos do ServletContext funcionam apenas para recursos dentro da aplicação web, que *não* são distribuídos dentro de um arquivo JAR (para o exame, você precisa saber que *pode* usar o mecanismo padrão do J2SE para obter recursos de um arquivo JAR, mas você *não* precisa saber os detalhes).

Como o mapeamento de servlets REALMENTE funciona

Você já viu exemplos de mapeamento de servlets nos Deployment Descriptors que usamos em capítulos anteriores, começando com o tutorial.
Todo mapeamento de servlet tem duas partes – o elemento <servlet> e o elemento <servlet-mapping>. O <servlet> define um nome e uma classe para o servlet, e o <servlet-mapping> define o padrão URL que mapeia para um nome de servlet definido em alguma outra parte do DD.

```
<web-app xmlns="http://java.sun.com/xml/ns/j2ee"
  xmlns:xsi="http://www.w3.org/2001/XMLSchema-instance"
  xsi:schemaLocation="http://java.sun.com/xml/ns/j2ee/web-app_2_4.xsd"
  version="2.4">

  <servlet>
    <servlet-name>Beer</servlet-name>
    <servlet-class>com.example.BeerSelect</servlet-class>
  </servlet>

  <servlet-mapping>
    <servlet-name>Beer</servlet-name>
    <url-pattern>/Beer/SelectBeer.do</url-pattern>
  </servlet-mapping>

</web-app>
```

Este nome serve principalmente para uso em outras partes do DD. O cliente NÃO saberá da existência dele.

Quando chega uma solicitação que se parece com isto, o Container encontra o respectivo <servlet-name> em um elemento <servlet>, para saber qual classe é responsável por manipular a solicitação.

Se o cliente requisitar "/Beer/SelectBeer.do", isso se refere ao servlet chamado "Beer".
web.xml

E eu vejo que há um <servlet> com esse <servlet-name>, "Beer", e ele me diz qual classe de servlet irá manipular esta solicitação.
container

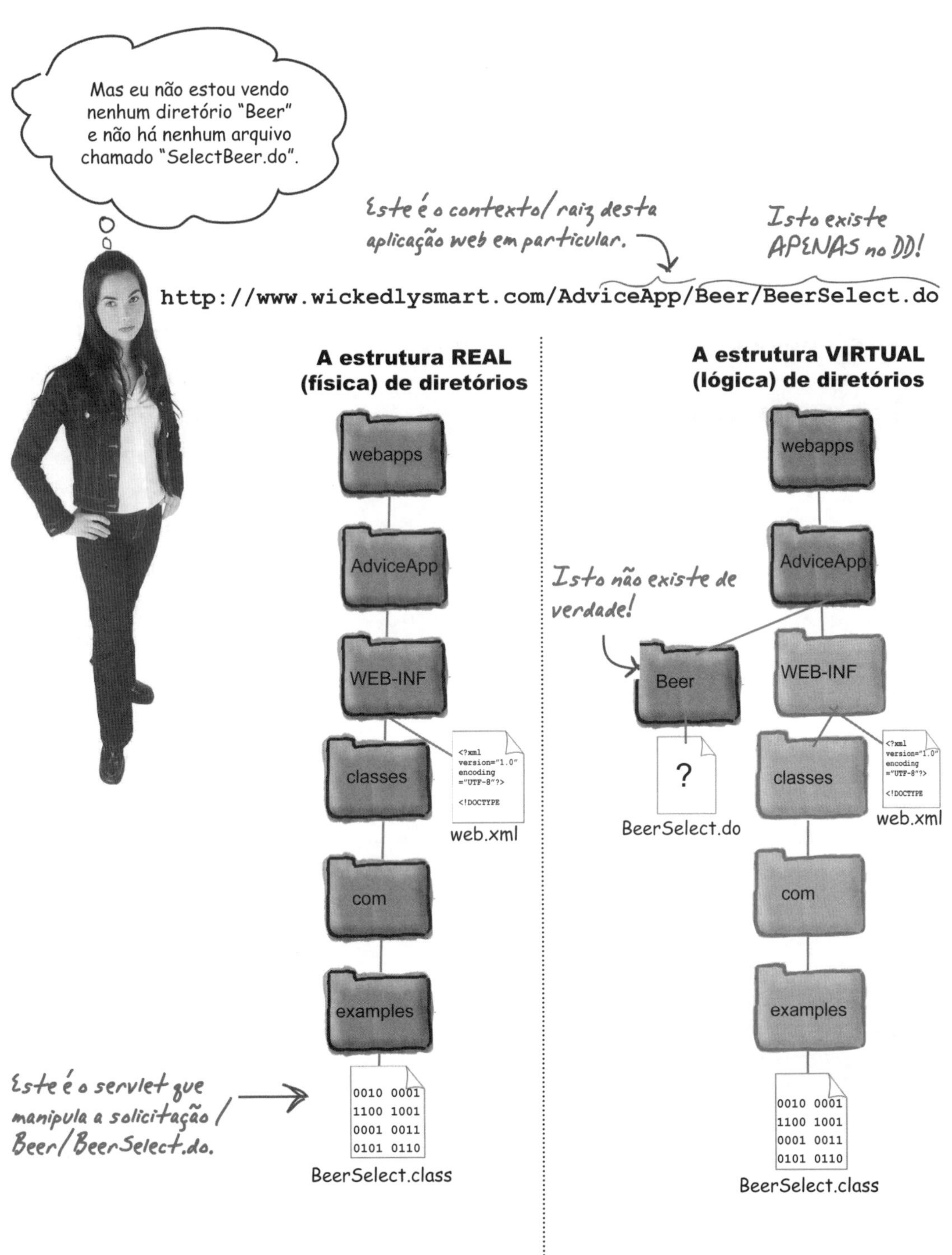
Mas eu não estou vendo nenhum diretório "Beer" e não há nenhum arquivo chamado "SelectBeer.do".
Este é o contexto/raiz desta aplicação web em particular.
Isto existe APENAS no DD!
http://www.wickedlysmart.com/AdviceApp/Beer/BeerSelect.do
A estrutura REAL (física) de diretórios
webapps
AdviceApp
WEB-INF
classes
web.xml
com
examples
BeerSelect.class
Este é o servlet que manipula a solicitação /Beer/BeerSelect.do.
A estrutura VIRTUAL (lógica) de diretórios
webapps
AdviceApp
Isto não existe de verdade!
Beer
?
BeerSelect.do
WEB-INF
classes
web.xml
com
examples
BeerSelect.class

Os mapeamentos de servlets podem ser "falsos"

O padrão de URL que você coloca em um mapeamento de servlet pode ser completamente inventado. Imaginário. Falso. Apenas um nome lógico que você quer fornecer aos clientes. Clientes que não precisam saber de *nada* sobre a *real* estrutura física da sua aplicação web.

Com mapeamentos de servlets, você tem duas estruturas para organizar: a estrutura física *real* de arquivos e diretórios na qual os recursos da sua aplicação web residem, e a estrutura *virtual/lógica*.

A estrutura virtual/lógica existe simplesmente porque voce A INVENTA! Os padrões de URL no DD não mapeiam para nada além de outros elementos <servlet-name> no DD. Os elementos <servlet-name> são a chave para o mapeamento de servlets - eles combinam o <url-pattern> de uma solicitação com uma classe de servlet real. Ponto principal: os clientes requisitam servlets por meio de <url-pattern>, NÃO por <servlet-name> ou <servlet-class>!

Os TRÊS tipos de elementos <url-pattern>

1 Combinação EXATA

```
<url-pattern>/Beer/SelectBeer.do</url-pattern>
```

DEVE começar com uma barra (/).

Pode ter uma extensão, mas não é obrigatório.

2 Combinação de DIRETÓRIO

```
<url-pattern>/Beer/*</url-pattern>
```

DEVE começar com uma barra (/).

Sempre termina com uma barra/asterisco (/*).

Este pode ser um diretório virtual OU real.

3 Combinação de EXTENSÃO

```
<url-pattern>*.do</url-pattern>
```

DEVE começar com um asterisco (*) (NUNCA com uma barra).

Após o asterisco, DEVE ter uma extensão com ponto (.do, .jsp, etc).

SEJA o Container

Qual servlet o Container escolherá com base nos mapeamentos de servlets do DD e nas solicitações de clientes mostradas? Você terá questões como está no exame real!

Regras principais sobre mapeamentos de servlets

1) O Container procura por combinações na ordem mostrada na página anterior. Em outras palavras, ele procura primeiramente por uma combinação exata. Se não puder achar uma combinação *exata*, ele procura uma combinação de diretório. Se não puder achar uma combinação de *diretório*, ele procura uma combinação de *extensão*.

2) Se uma solicitação combinar com diretórios de mais de um <url-pattern>, o Container escolhe o mapeamento mais longo. Em outras palavras, uma solicitação para /foo/bar/myStuff.do mapeará para o <url-pattern> /foo/bar/*, mesmo que ela também coincida com o <url-pattern> /foo/*. A combinação mais *específica* sempre vence.

Mapeamentos:

```
<servlet>
  <servlet-name>One</servlet-name>
  <servlet-class>foo.DeployTestOne</servlet-class>
</servlet>

<servlet-mapping>
  <servlet-name>One</servlet-name>
  <url-pattern>*.do</url-pattern>
</servlet-mapping>


<servlet>
  <servlet-name>Two</servlet-name>
  <servlet-class>foo.DeployTestTwo</servlet-class>
</servlet>

<servlet-mapping>
  <servlet-name>Two</servlet-name>
  <url-pattern>/fooStuff/bar</url-pattern>
</servlet-mapping>


<servlet>
  <servlet-name>Three</servlet-name>
  <servlet-class>foo.DeployTestThree</servlet-class>
</servlet>

<servlet-mapping>
  <servlet-name>Three</servlet-name>
  <url-pattern>/fooStuff/*</url-pattern>
</servlet-mapping>
```

Solicitações:

http://localhost:8080/MapTest/blue.do
Escolha do Container:

http://localhost:8080/MapTest/fooStuff/bar
Escolha do Container:

http://localhost:8080/MapTest/fooStuff/bar/blue.do
Escolha do Container:

http://localhost:8080/MapTest/fooStuff/blue.do
Escolha do Container:

http://localhost:8080/MapTest/fred/blue.do
Escolha do Container:

http://localhost:8080/MapTest/fooStuff
Escolha do Container:

http://localhost:8080/MapTest/fooStuff/bar/foo.fo
Escolha do Container:

http://localhost:8080/MapTest/fred/blue.fo
Escolha do Container:

SEJA o Container
Respostas

Mapeamentos:

```
<servlet>
  <servlet-name>One</servlet-name>
  <servlet-class>foo.DeployTestOne</servlet-class>
</servlet>

<servlet-mapping>
  <servlet-name>One</servlet-name>
  <url-pattern>*.do</url-pattern>
</servlet-mapping>


<servlet>
  <servlet-name>Two</servlet-name>
  <servlet-class>foo.DeployTestTwo</servlet-class>
</servlet>

<servlet-mapping>
  <servlet-name>Two</servlet-name>
  <url-pattern>/fooStuff/bar</url-pattern>
</servlet-mapping>


<servlet>
  <servlet-name>Three</servlet-name>
  <servlet-class>foo.DeployTestThree</servlet-class>
</servlet>

<servlet-mapping>
  <servlet-name>Three</servlet-name>
  <url-pattern>/fooStuff/*</url-pattern>
</servlet-mapping>
```

Solicitações:

http://localhost:8080/MapTest/blue.do
Escolha do Container: DeployTestOne
(coincide com o padrão da *extensão* *.do)

http://localhost:8080/MapTest/fooStuff/bar
Escolha do Container: DeployTestTwo
(combinação *exata* com o padrão /fooStuff/bar)

http://localhost:8080/MapTest/fooStuff/bar/blue.do
Escolha do Container: DeployTestThree
(coincide com o padrão do *diretório* /fooStuff/*)

http://localhost:8080/MapTest/fooStuff/blue.do
Escolha do Container: DeployTestThree
(coincide com o padrão do *diretório* /fooStuff/*)

http://localhost:8080/MapTest/fred/blue.do
Escolha do Container: DeployTestOne
(coincide com o padrão da *extensão* *.do)

http://localhost:8080/MapTest/fooStuff
Escolha do Container: DeployTestThree
(coincide com o padrão do *diretório* /fooStuff/*)

http://localhost:8080/MapTest/fooStuff/bar/foo.fo
Escolha do Container: DeployTestThree
(coincide com o padrão do *diretório* /fooStuff/*)

http://localhost:8080/MapTest/fred/blue.fo
Escolha do Container: 404 NOT FOUND
(não coincide com NADA)

Respostas para o exercício seguinte:
1) DeployTestFour 2) DeployTestTwo

Questões sutis...

Apenas para você se certificar de que entende os mapeamentos de servlets, eis mais um pequeno exemplo. Não passe batido – observe atentamente tanto o mapeamento como as solicitações (neste mini "Seja o Container", as respostas estão no final da página anterior, então não olhe).

SEJA o Container

Qual servlet o Container escolherá?

Mapeamentos no DD

```
<servlet>
    <servlet-name>Two</servlet-name>
    <servlet-class>foo.DeployTestTwo</servlet-class>
</servlet>
<servlet-mapping>
    <servlet-name>Two</servlet-name>
    <url-pattern>/fooStuff/bar</url-pattern>
</servlet-mapping>

<servlet>
    <servlet-name>Four</servlet-name>
    <servlet-class>foo.DeployTestFour</servlet-class>
</servlet>
<servlet-mapping>
    <servlet-name>Four</servlet-name>
    <url-pattern>/fooStuff/bar/*</url-pattern>
</servlet-mapping>
```

Solicitações:

1. `http://localhost:8080/test/fooStuff/bar/`
   Escolha do Container:

2. `http://localhost:8080/test/fooStuff/bar`
   Escolha do Container:

Configurando arquivos de boas-vindas no DD

Você já sabe que se digitar o nome de um site e não especificar um arquivo específico, você (normalmente) recebe algum resultado assim mesmo. Digitar *http://www.oreilly.com* no seu browser te leva ao site da O'Reilly, e mesmo que você não tenha nomeado um recurso específico (como "home.html", por exemplo), você ainda assim recebe uma página-*padrão*.

Você pode configurar seu servidor para definir uma página-padrão para o *site* inteiro, mas estamos preocupados aqui com páginas-padrão (também conhecidas como "welcome", ou de "boas-vindas") para *aplicações web* individuais. As páginas de boas-vindas são configuradas no DD, e este DD determina o que o Container escolherá quando o cliente digitar uma URL *parcial* – uma que inclui um diretório, por exemplo, mas não um recurso específico do diretório.

Em outras palavras, o que acontece se o cliente requisitar:

http://www.wickedlysmart.com/foo/bar — "bar" é apenas um diretório

e "bar" for simplesmente um diretório, e você não tiver um servlet específico mapeado a este padrão de URL. O que o cliente verá?

No DD:

```
<web-app ...>
    <welcome-file-list>
        <welcome-file>index.html</welcome-file>
        <welcome-file>default.jsp</welcome-file>

    </welcome-file-list>
</web-app>
```

Eles NÃO devem começar nem terminar com uma barra!

Múltiplos arquivos de boas-vindas ficam em um único elemento do DD.

*Não importa quantos arquivos de boas-vindas você possa listar, eles são TODOS colocados em uma única entrada no DD: <welcome-file-**list**>. É tentador pensar que cada arquivo poderia ser colocado em um elemento <welcome-file-list> separado, mas é assim que as coisas funcionam! Cada arquivo tem o seu próprio elemento <welcome-file>, mas você coloca TODOS eles dentro de uma só <welcome-file-**list**>.*

Imagine que você tenha uma aplicação web em que vários diretórios diferentes têm as suas próprias páginas HTML padrão, chamadas "index.html". Mas *alguns* diretórios usam, em vez disso, um "default.jsp". Seria extremamente trabalhoso se você tivesse que especificar uma determinada página ou JSP-padrão para cada diretório que precisasse de uma. Em vez disso, você especifica uma lista, na ordem, das páginas que você quer que o Container procure em qualquer que seja o diretório pedido pela solicitação parcial. Em outras palavras, não importa qual diretório seja requisitado, o Container sempre procura na mesma lista – a primeira e única <welcome-file-list>.

O Container escolherá a *primeira* combinação que achar, começando pelo primeiro arquivo de boas-vindas listado na <welcome-file-list>.

Os arquivos no elemento <welcome-file> NÃO começam com uma barra!

Não se confunda. A maneira pela qual o Container combina e escolhe arquivos de boas-vindas não é a mesma maneira como ele combina padrões URL. Se você colocar a barra na frente do nome do arquivo, estará violando a especificação, e coisas ruins acontecerão.

SEJA o Container

Quais arquivos de boas-vindas o Container irá escolher com base no DD e nas solicitações de clientes mostradas? Voce pode esperar algo parecido com isto no exame.

O DD:

```
<welcome-file-list>
   <welcome-file>index.html</welcome-file>
   <welcome-file>default.jsp</welcome-file>
</welcome-file-list>
```

Estrutura de diretórios:

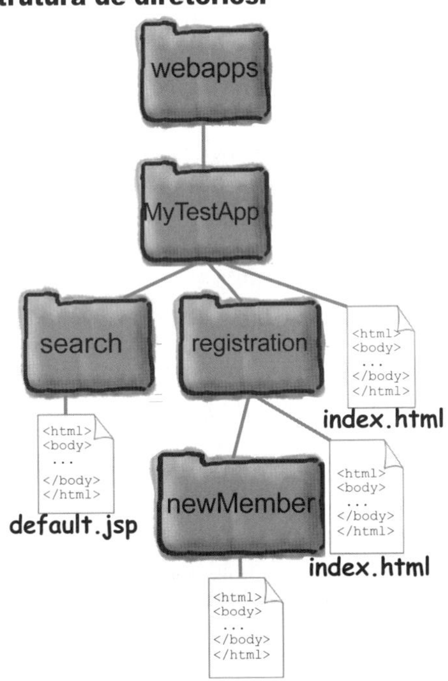

Solicitações:
http://localhost:8080/MyTestApp ***Escolha do Container:***
http://localhost:8080/MyTestApp/registration/ ***Escolha do Container:***
http://localhost:8080/MyTestApp/search ***Escolha do Container:***
http://localhost:8080/MyTestApp/registration/newMember/ ***Escolha do Container:***

O DD:

```
<welcome-file-list>
    <welcome-file>index.html</welcome-file>
    <welcome-file>default.jsp</welcome-file>
</welcome-file-list>
```

Estrutura de diretórios:

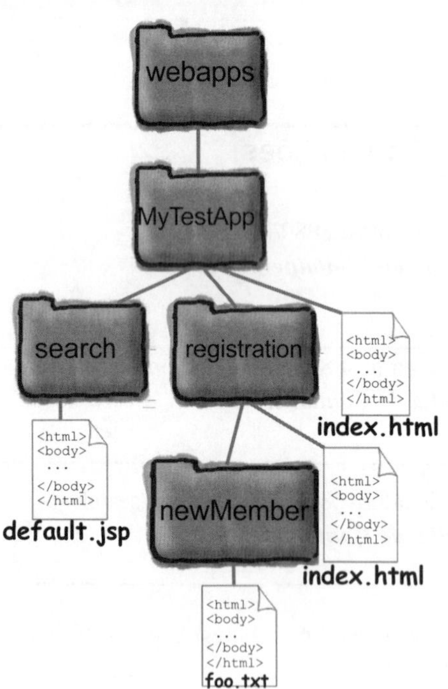

Solicitações:

http://localhost:8080/MyTestApp
Escolha do Container:
MyTestApp/index.html

http://localhost:8080/MyTestApp/registration/
Escolha do Container:
MyTestApp/registration/index.html

http://localhost:8080/MyTestApp/search
Escolha do Container:
MyTestApp/search/default.jsp
(Se HOUVESSE tanto um default.jsp quanto um index.html no diretório "search", o Container teria escolhido o arquivo "index.html", uma vez que ele está listado primeiro no DD.)

http://localhost:8080/MyTestApp/registration/newMember/
Escolha do Container:
Quando não forem encontrados arquivos da <welcome-file-list>, o comportamento depende do programa utilizado. O *Tomcat* mostra um erro 404Not Found. Um outro Container pode mostrar uma listagem do diretório para o diretório newMember, o que mostraria o arquivo 'foo.txt'.

Como o Container escolhe um arquivo de boas-vindas

1 O cliente requisita: **http://www.wickedlysmart.com/MyTestApp/search**

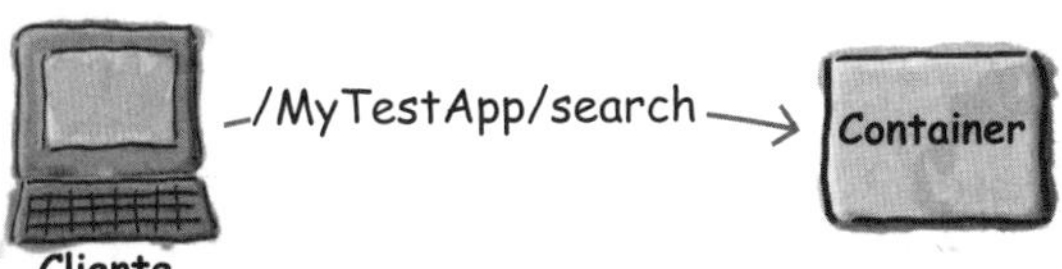

2 O Container procura no DD por um mapeamento de servlet, e não o encontra. Em seguida, o Container procura na <welcome-file-list> e vê "index.html" no topo.

3 O Container procura no diretório /MyTestApp/search por um arquivo "index.html", mas não o encontra.

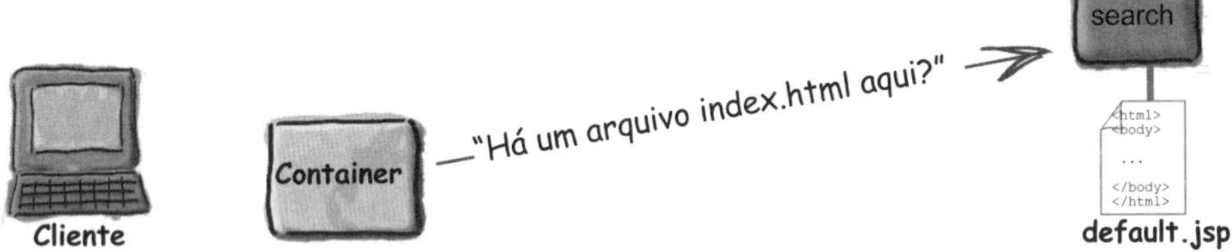

4 O Container procura no próximo <welcome-file> da <welcome-file-list> do DD, e vê "default.jsp".

5 O Container procura no diretório /MyTestApp/search por um arquivo "default.jsp", encontra-o, e serve a sua resposta ao cliente.

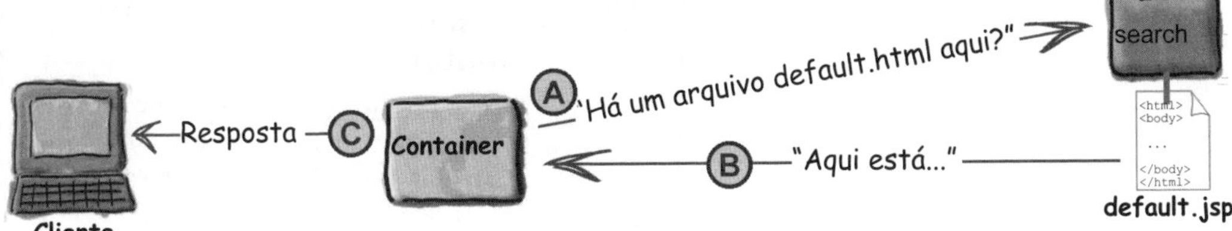

Configurando páginas de erro no DD

É claro que você deseja ser amigável quando o usuário não sabe exatamente qual recurso pedir ao chegar no seu site ou na sua aplicação web, por isso você especifica arquivos padrão/ welcome. Mas você também deseja ser amigável quando *as coisas dão errado*. Já vimos isto no capítulo sobre como Usar Tags Customizadas, então, o que segue é apenas uma revisão.

Declarando uma página de erro para capturar tudo

Isto se aplica a tudo na sua aplicação web – e não somente a JSPs.

```
<error-page>
  <exception-type>java.lang.Throwable</exception-type>
  <location>/errorPage.jsp</location>
</error-page>
```

(Para Sua Informação: você pode substituir isto em JSPs individuais, adicionando uma diretiva page com um atributo *errorPage*.)

Declarando uma página de erro para uma exceção mais explícita

Isto configura uma página de erro que é chamada apenas quando ocorre uma ArithmeticException. Se você tiver tanto esta declaração quanto a de captura total acima, então qualquer exceção que não seja uma ArithmeticException ainda assim vai acabar na "errorPage.jsp".

```
<error-page>
  <exception-type>java.lang.ArithmeticException</exception-type>
  <location>/arithmeticError.jsp</location>
</error-page>
```

Declarando uma página de erro baseada em um código de status HTTP

Isto configura uma página de erro que é chamada apenas quando o código de status da resposta é "404" (arquivo não encontrado).

```
<error-page>
  <error-code>404</error-code>
  <location>/notFoundError.jsp</location>
</error-page>
```

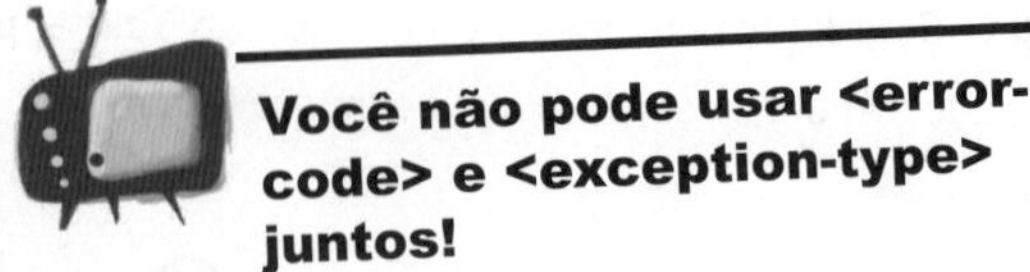
Você não pode usar <error-code> e <exception-type> juntos!

Você pode configurar uma página de erro com base no código de status HTTP OU com base no tipo de exceção jogada, mas você NÃO PODE ter ambos na mesma tag <error-page>.

Não existem Perguntas Idiotas

P: Quais tipos de exceções se podem declarar em <exception-type>?

R: Tudo que for Throwable, então isso inclui java.lang.Error, exceções runtime e qualquer exceção verificada (desde que a classe da exceção verificada esteja no classpath do Container, é claro).

P: Falando de manipulação de erros, eu mesmo posso gerar programaticamente códigos de erros?

R: Sim, pode. Você pode invocar o método sendError() para o HttpServletResponse, e isso dirá ao Container para gerar esse erro, da mesma forma como se o Container tivesse ele mesmo gerado o erro sozinho. E se você tiver configurado uma página de erro para ser enviada ao cliente com base no código de erro em questão, é isso que o cliente irá receber. E a propósito, os códigos de "erros" também são conhecidos como códigos de "status", então, se você vir qualquer um dos dois, eles significam a mesma coisa – códigos HTTP para erros.

P: Que tal um exemplo de como gerar o seu próprio código de erro?

R: Tudo bem, eis um exemplo:

```
response.sendError(HttpServletResponse.SC_
FORBIDDEN);
```

que é o mesmo que:

```
response.sendError(403);
```

Se você olhar a interface HttpServletResponse, verá uma série de constantes definidas para os códigos de erros/status HTTP comuns. Tenha em mente que, para o exame, você não precisa memorizar os códigos de status! Basta simplesmente saber que você *pode* gerar códigos de erros, que é o método **response.sendError()**, e que, em termos das páginas de erro que você definiu no DD, ou de qualquer outra forma de manipulação de erros que você realizar nos seus JSPs, não há diferença entre erros HTTP gerados pelo Container ou gerados pelo programador. Um 403 é um 403, independentemente de QUEM enviou o erro. Ah sim, há também uma versão sobrecarregada, de dois argumentos, de sendError(), a qual usa um int e uma mensagem em String.

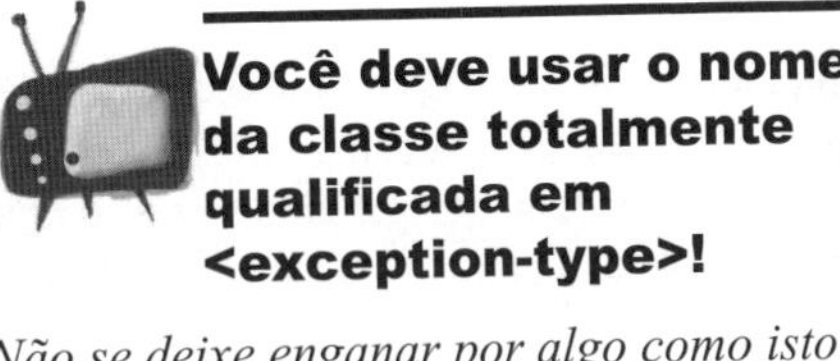

Você deve usar o nome da classe totalmente qualificada em <exception-type>!

Não se deixe enganar por algo como isto:

```
<exception-type>
     IOException
</exception-type>
```

Você DEVE usar o nome da classe totalmente qualificada, e é permitido usar qualquer Throwable.

Configurando a inicialização de servlets no DD

Você já sabe que os servlets, por padrão, são inicializados na primeira vez que são requisitados. Isso significa que o primeiro cliente sofre com o tempo de se carregar a classe, instanciar e inicializar (definir um ServletContext, invocar listeners, etc.), antes que o Container possa fazer o seu trabalho normal – alocar uma thread e invocar o método service() do servlet.

Se você quiser que os servlets sejam carregados em tempo de distribuição (ou em tempo de reinicialização do servidor), em vez de no momento da primeira solicitação, use o elemento <load-on-startup> no DD. Qualquer valor não-negativo para <load-on-startup> diz ao Container para inicializar o servlet quando a aplicação é distribuída (ou em qualquer momento em que o servidor reinicializar).

Se você tiver vários servlets que deseja ter pré-carregados, e quer controlar a ordem em que eles são inicializados, o valor de <load-on-startup> determina a ordem! Em outras palavras, qualquer valor não-negativo significa "carregue antecipadamente", mas a ordem em que os servlets são carregados baseia-se no valor dos diferentes elementos <load-on-startup>. Se você tiver dois ou mais servlets com o mesmo valor, o Container pode escolher a ordem na qual esse subconjunto é inicializado.

Ser o **primeiro** cliente a requisitar um servlet é uma PORCARIA, a não ser que o desenvolvedor use <load-on-startup>.

No DD

```
<servlet>
    <servlet-name>KathyOne</servlet-name>
    <servlet-class>foo.DeployTestOne</servlet-class>
    <load-on-startup>1</load-on-startup>
</servlet>
```

Qualquer número não-negativo significa "inicialize este servlet no momento da distribuição ou da inicialização do servidor, em vez de esperar pela primeira solicitação."

P: Não seria desejável fazer isso SEMPRE? As pessoas não deveriam simplesmente usar <load-on-startup>1</load-on-startup> por padrão?

R: Para responder essa questão, pergunte-se: "Quantos servlets eu tenho na minha aplicação, e qual é a probabilidade de todos eles serem usados?" E você terá que se perguntar também: "Quanto tempo demora para cada servlet ser carregado?" Alguns servlets raramente são usados, então, você poderia desejar conservar recursos ao não carregar antecipadamente os servlets raramente usados. Mas alguns servlets demoram um tempo tão absurdamente longo para carregar (como o *ActionServlet* do Struts), que você não desejará que um cliente sequer tenha que esperar esse tempo todo. Assim, somente você pode decidir – e você provavelmente decidirá caso a caso, avaliando tanto o tempo de espera para carregar, quanto a probabilidade do uso de cada servlet.

Valores maiores do que um não afetam o número de instâncias dos servlets!

*O valor que você usa: <load-on-startup>***4***</load-on-startup> NÃO significa "carregue quatro instâncias do servlet". Significa que este servlet deve ser carregado apenas DEPOIS de os servlets com um número <load-on-startup> menor que 4 terem sido carregados. E se houver mais de um servlet com um <load-on-startup> no valor de* **4***? O Container pode escolher a ordem para carregar os servlets com mesmo valor load on startup.*

Criando um JSP compatível com XML: um Documento JSP

Este tópico não se encaixou bem em nenhum outro lugar, então decidimos colocá-lo neste capítulo, já que estamos falando tanto de XML. O exame não exige que você seja um especialista em XML, mas você precisa saber duas coisas: a sintaxe para os principais elementos do DD, e o básico sobre como criar os chamados *Documentos JSP*. ("Como assim *documento*? Se um JSP normal não é um documento, o que é então?" É o que você está se perguntando, certo? Pense da seguinte forma – um JSP normal é uma *página*, a não ser que tenha sido escrito com os equivalentes XML da sintaxe JSP normal; neste caso ele se torna um *documento*.)

O que isso significa é que, na realidade, há *dois* tipos de sintaxe que você pode usar para criar um JSP. O texto em cinza é o mesmo em ambos os tipos de sintaxe.

	Sintaxe normal das *páginas* JSP	Sintaxe dos *documentos* JSP
Diretivas (exceto taglib)	`<%@ page import="java.util.*" %>`	`<jsp:directive.page import="java.util.*"/>`
Declaração	`<%! int y = 3; %>`	`<jsp:declaration> int y = 3; </jsp:declaration>`
Scriptlet	`<% list.add("Fred"); %>`	`<jsp:scriptlet> list.add("Fred"); </jsp:scriptlet>`
Texto	There is no spoon.	`<jsp:text> There is no spoon. </jsp:text>`
Expressão de Script	`<%= it.next() %>`	`<jsp:expression> it.next() </jsp:expression>`

Isto é tudo o que o exame aborda sobre Documentos JSP.

Não iremos dizer mais nada sobre o tópico, porque escrever documentos JSP compatíveis com XML provavelmente não é algo que você vá fazer. A sintaxe XML é usada principalmente por ferramentas, e a tabela acima lhe mostra apenas como a ferramenta transformaria a sua sintaxe JSP normal em um documento XML. HÁ mais coisas que você tem que saber se for escrever o código à mão – todo o documento, por exemplo, deve estar incluído em uma tag <jsp:root> (que inclui algumas outras coisas), e as diretivas taglib devem estar dentro da tag de abertura <jsp:root>, em vez de na forma de uma <jsp:directive>. Mas tudo o que pode cair no exame encontra-se na tabela acima. Então, fique tranqüilo.

Memorizando as tags relacionadas ao EJB do DD

O exame é sobre componentes web, e não componentes de negócios (embora você verá, no capítulo sobre Padrões, algumas coisas sobre os componentes de negócios). Mas se estiver distribuindo uma aplicação J2EE, com Enterprise JavaBeans (EJBs) na camada de negócios, alguns dos seus componentes web provavelmente terão que buscar e acessar os enterprise beans. Se estiver distribuindo uma aplicação em um Container completamente em conformidade com o J2EE (um que tenha também um Container EJB), você pode definir referências aos EJBs no DD. Você não precisa saber *nada* sobre EJBs para este exame, fora aquilo que você declara no DD, então, não desperdiçaremos o seu tempo explicando isso aqui.*

Referência a um bean local

O nome de busca JNDI que você usará no código.

```
<ejb-local-ref>
   <ejb-ref-name>ejb/Customer</ejb-ref-name>
   <ejb-ref-type>Entity</ejb-ref-type>
   <local-home>com.wickedlysmart.CustomerHome</local-home>
   <local>com.wickedlysmart.Customer</local>
</ejb-local-ref>
```

Estes devem ser nomes completamente qualificados das interfaces expostas do bean.

Um bean **LOCAL** significa que o cliente (neste caso, um servlet) e o bean **devem** estar rodando na mesma JVM.

Referência a um bean remoto

```
<ejb-ref>
   <ejb-ref-name>ejb/LocalCustomer</ejb-ref-name>
   <ejb-ref-type>Entity</ejb-ref-type>
   <home>com.wickedlysmart.CustomerHome</home>
   <remote>com.wickedlysmart.Customer</remote>
</ejb-ref>
```

(Subelementos opcionais para ambas as tags incluem <description> e <ejb-link>, mas você não precisa saber isso para o exame).

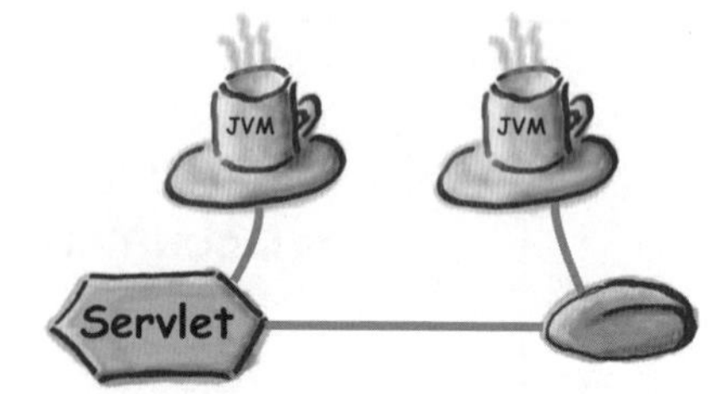

Um bean **REMOTO** significa que o cliente (neste caso, um servlet) e o bean podem estar rodando em diferentes JVMs (possivelmente em máquinas físicas diferentes, também).

*** Mas se estiver interessado em EJB, há um livro muito bom...**

As tags LOCAL e REMOTE são inconsistentes!

Tanto a tag local, quanto a remote para os beans do DD têm dois elementos idênticos:

O <ejb-ref-name>, que lista o nome lógico de busca que você usará no código para realizar uma busca JNDI na interface original de um enterprise bean. (Não se preocupe caso nunca tenha usado EJBs antes e não saiba o que essa última frase significa – você não precisa de conhecimento sobre EJBs para este exame.)

O <ejb-ref-type> descreve se trata-se de um bean Entity ou Session. Esses dois elementos, o nome de busca e o tipo do bean, não dependem de se o bean é local (rodando na mesma JVM que o componente web), ou se é remoto (potencialmente rodando em uma JVM diferente).

Mas... observe os outros elementos, começando com as tags externas: <ejb-local-ref> e <ejb-ref>. Você poderia cair na tentação de achar que é:

<ejb-**local**-ref> ← sim

<ejb-**remote**-ref> ← Errado!!

Mas, NÃO! Para beans remotos, é apenas:

<ejb-ref> ← Certo! Não há remote na tag.

Em outras palavras, a referência local diz que é local, mas a referência remota NÃO inclui a palavra "remote" no nome do seu elemento tag. Por quê? Porque quando <ejb-ref> foi definido originalmente, não havia EJBs "locais". Uma vez que TODOS os enterprise beans eram "remotos", não havia necessidade de diferenciar entre local e remoto, portanto, nenhuma necessidade de colocar "remote" no nome da tag.

Isto também explica a OUTRA inconsistência nos nomes das tags – o nome da tag para a interface original do bean. Um bean local usa:

<**local**-home> ← sim

mas um bean remoto NÃO usa:

<**remote**-home> ← Errado!!

Para beans remotos, é apenas:

<**home**>

Memorizando a tag JNDI <env-entry> do DD

Se estiver familiarizado com EJB e/ou JNDI, isto fará sentido. Se não estiver, na verdade não importa para o exame, desde que você memorize a tag. (Os detalhes acerca das entradas do ambiente JNDI são abordados em livros sobre EJB/J2EE, como o apaixonante *Use a Cabeça! EJB*.)

Pense na entrada de ambiente como sendo algo parecido com uma constante de tempo de distribuição que a sua aplicação pode usar, praticamente da mesma forma que parâmetros de servlets e de inicialização de contextos. Em outras palavras, uma maneira de o distribuidor passar valores para o servlet (ou, neste caso, um EJB também, caso tenha sido distribuído como parte de uma aplicação enterprise em um servidor 100% compatível com o J2EE).

No momento da distribuição, o Container lê o DD e cria uma entrada JNDI (novamente, supondo que esta é uma aplicação totalmente em conformidade com o J2EE, e não simplesmente um servidor com apenas um Container *web*), usando o nome e o valor que você fornece nessa tag do DD. No momento da execução, um componente da aplicação poderá buscar o valor na JNDI, usando o nome listado no DD. Você provavelmente não se preocupará com <env-entry>, a não ser que esteja desenvolvendo também com EJBs, então a única razão pela qual precisa memorizar tudo isto é para o exame.

Declarando a entrada de ambiente JNDI de uma aplicação

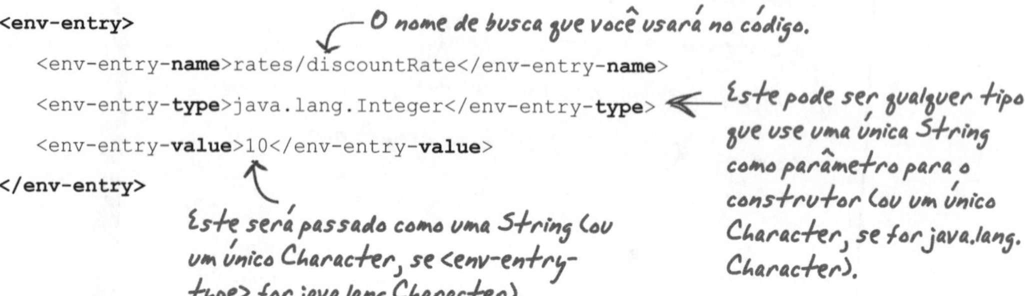

O nome de busca que você usará no código.
Este pode ser qualquer tipo que use uma única String como parâmetro para o construtor (ou um único Character, se for java.lang.Character).
Este será passado como uma String (ou um único Character, se <env-entry-type> for java.lang.Character).


```
<env-entry>
    <env-entry-name>rates/discountRate</env-entry-name>
    <env-entry-type>java.lang.Integer</env-entry-type>
    <env-entry-value>10</env-entry-value>
</env-entry>
```

O <env-entry-type> NÃO pode ser um primitivo!

Ao ver um <env-entry-value> cujo valor é um número inteiro (como o exemplo da página anterior), você poderia pensar que o <env-entry-value> pode ser um primitivo. Mas isso estaria... errado. Você também poderia cair na tentação de pensar que só pode ter Strings e wrappers, mas isso está incorreto também – você pode usar qualquer tipo que use uma única String no seu construtor (ou um único Character, no caso de um tipo Character).

Memorizando a tag <mime-mapping> do DD

Você pode configurar um mapeamento entre uma extensão e um tipo mime no DD. Esta provavelmente será a tag mais fácil de se lembrar, porque ela faz todo o sentido – você mapeia entre uma *extensão* e um *mime-type*, e adivinhe só: em um raro momento de simplicidade e clareza, eles deram aos subelementos da tag os nomes "extension" e "mime-type". Isso significa que você só precisa se lembrar de uma coisa – *que os nomes dos elementos da tag indicam exatamente o que eles são!*

A não ser que você comece a pensar nos tipos em termos de "file-type" e "content-type". Mas não, você não vai fazer isso. Você memorizará a tag exatamente como ela é.

Declarando um <mime-mapping>

NÃO inclua o ponto "."!

```
<mime-mapping>
     <extension>mpg</extension>
     <mime-type>video/mpeg</mime-type>
</mime-mapping>
```

Não inclua o "." na extensão!

A extensão compõe-se apenas dos caracteres, sem o "." que separa o nome do arquivo da extensão.

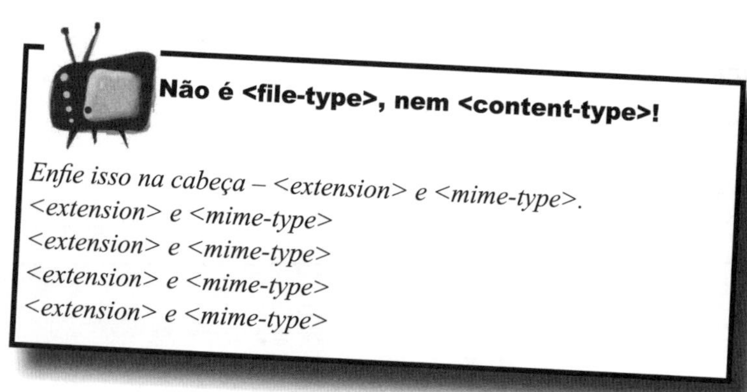
Não é <file-type>, nem <content-type>!
Enfie isso na cabeça – <extension> e <mime-type>.
<extension> e <mime-type>
<extension> e <mime-type>
<extension> e <mime-type>
<extension> e <mime-type>

Onde ficam as coisas

Preencha esta tabela dizendo explicitamente onde, na aplicação web, cada recurso deve estar. Fizemos o primeiro para você. Vire a página para ver as respostas.

Tipo de Recurso	Localização da Distribuição
Deployment Descriptor (web.xml)	*Diretamente dentro de WEB-INF (que fica diretamente dentro da raiz da aplicação web).*
Tag Files (.tag ou .tagx)	
HTML e JSPs (Que você deseja que sejam diretamente acessíveis.)	
HTML e JSPs (Que você deseja "esconder" do acesso direto dos clientes.)	
TLDs (.tld)	
classes dos Servlets	
classes dos Tag Handlers	
arquivos JAR	

Memorizando tags DD

Se você NÃO estiver planejando fazer o exame, não se preocupe em acertar todos estes elementos (embora os dois últimos sejam importantes para quase todo mundo).
Se você FOR fazer o exame, então deverá despender algum tempo memorizando estes elementos.

```
< ____________ >
   < ____________ >ejb/Customer< ____________ >
   <ejb-ref-type>Entity</ejb-ref-type>
   < ____________ >com.wickedlysmart.CustomerHome< ____________ >
   <local>com.wickedlysmart.Customer</local>
< ____________ >
```

```
<ejb-ref>
   < ____________ >ejb/LocalCustomer< ____________ >
   <ejb-ref-type>Entity</ejb-ref-type>
   < ____________ >com.wickedlysmart.CustomerHome< ____________ >
   < ____________ >com.wickedlysmart.Customer< ____________ >
</ejb-ref>
```

```
<env-entry>
   < ____________ >rates/discountRate< ____________ >
   < ____________ >java.lang.Integer< ____________ >
   <env-entry-value>10</env-entry-value>
</env-entry>
```

```
<error-page>
   < ____________ >java.io.IOException< ____________ >
   < ____________ >/myerror.jsp< ____________ >
</error-page>
```

```
< ____________ >
   <welcome-file>index.html</welcome-file>
< ____________ >
```

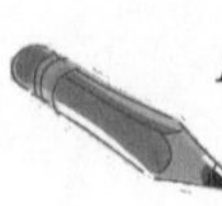

Aponte seu lápis

Onde ficam as coisas

Preencha esta tabela dizendo explicitamente onde, na aplicação web, cada recurso deve estar. Fizemos o primeiro para você. Vire a página para ver as respostas.

Tipo de Recurso	Localização da Distribuição
Deployment Descriptor (web.xml)	Diretamente dentro de WEB-INF (que fica diretamente dentro da raiz da aplicação web).
Tag Files (.tag ou .tagx)	Se NÃO forem distribuídos dentro de um JAR, os Tag Files devem estar dentro de WEB-INF/tags, ou um subdiretório de WEB-INF/tags. Se distribuídos em um JAR, os Tag Files devem estar em META-INF/tags, ou um subdiretório de META-INF/tags. Nota: os Tag Files distribuídos em um JAR devem ter um TLD no JAR.
HTML e JSPs (Que você deseja que sejam diretamente acessíveis.)	Os arquivos HTML e JSP disponíveis aos clientes podem estar em qualquer lugar sob a raiz da aplicação web, ou qualquer um dos seus subdiretórios, EXCETO sob WEB-INF (incluindo subdiretórios). Em um arquivo WAR, eles não podem estar sob META-INF (incluindo subdiretórios).
HTML e JSPs (Que você deseja "esconder" do acesso direto dos clientes.)	As páginas sob WEB-INF (ou META-INF, em um arquivo WAR) não podem ser acessadas diretamente pelos clientes.
TLDs (.tld)	Se NÃO estiverem dentro de um JAR, os arquivos TLD devem estar em algum lugar sob WEB-INF, ou um subdiretório de WEB-INF. Se distribuídos em um JAR, os arquivos TLD devem estar em algum lugar sob META-INF, ou um subdiretório de META-INF.
classes dos Servlets	As classes dos Servlets devem estar em uma estrutura de diretórios que coincida com a estrutura do pacote, colocada diretamente sob WEB-INF/classes (por exemplo, a classe com.example.Ring ficaria dentro de WEB-INF/classes/com/example), ou nos diretórios apropriados do pacote dentro de um JAR, no interior de WEB-INF/lib.
classes dos Tag Handlers	Na verdade, TODAS as classes usadas pela aplicação web (a não ser que façam parte das bibliotecas de classes no classpath) devem seguir as mesmas regras que as classes dos servlets - dentro de WEB-INF/classes, em uma estrutura de diretórios que coincida com a do pacote (ou nos diretórios apropriados do pacote dentro de um JAR, no interior de WEB-INF/lib).
arquivos JAR	Os arquivos JAR devem estar dentro do diretório WEB-INF/lib.

Memorizando tags DD

Respostas

Se você NÃO estiver planejando fazer o exame, não se preocupe em acertar todos estes elementos (embora os dois últimos sejam importantes para quase todo mundo).
Se você FOR fazer o exame, então deverá despender algum tempo memorizando estes elementos.

Uma referência a um bean que tem uma interface "local".

```
< ejb-local-ref >
   < ejb-ref-name >ejb/Customer< /ejb-ref-name >
   <ejb-ref-type>Entity</ejb-ref-type>
   < local-home >com.wickedlysmart.CustomerHome< /
local-home >
   <local>com.wickedlysmart.Customer</local>
< /ejb-local-ref >
```

Uma referência a um bean que tem uma interface remote.

```
<ejb-ref>
   < ejb-ref-name >ejb/LocalCustomer< /ejb-ref-
name >
   <ejb-ref-type>Entity</ejb-ref-type>
   < name >com.wickedlysmart.CustomerHome< / name
>
   < remote >com.wickedlysmart.Customer< /remote >
</ejb-ref>
```

Uma entrada de ambiente é uma forma de incluir constantes de tempo de distribuição em uma aplicação J2EE.

```
<env-entry>
   < env-entry-name >rates/discountRate< /env-
entry-name >
   < env-entry-type >java.lang.Integer< /env-
entry-type >
   <env-entry-value>10</env-entry-value>
</env-entry>
```

Diz ao Container qual página mostrar quando o <exception-type> especificado ocorrer.

```
<error-page>
  < exception-type >java.io.IOException< /
exception-type >
  < location >/myerror.jsp< /location >
</error-page>
```

Diz ao Container qual página procurar quando chega uma solicitação que não coincide com nenhum recurso específico. Pode haver mais de um <welcome-file> especificado na <welcome-file-list>.

```
< welcome-file-list >
   <welcome-file>index.html</welcome-file>
< /welcome-file-list >
```

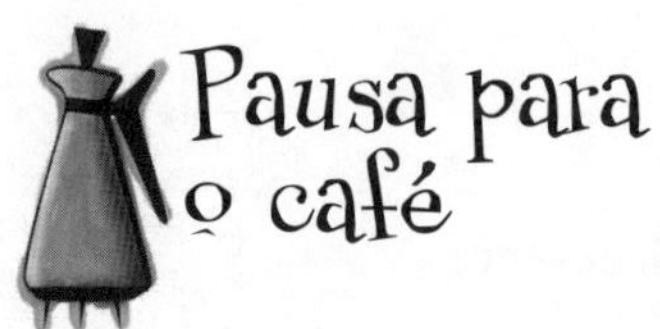

Teste Preparatório – Capítulo 11

1 Onde os elementos `<init-param>` podem aparecer no DD? (Escolha todas as que se aplicam.)

- ☐ A. Como elementos child de `<servlet>`.
- ☐ B. Como descendentes diretos de elementos `<web-application>`.
- ☐ C. Somente após a Document Type Declaration (Declaração do Tipo do Documento).
- ☐ D. Dentro de elementos `<context-param>`, quando você deseja declarar um parâmetro de inicialização de contexto.

2 Onde são armazenados os Tag Library Descriptors (Descritores de Bibliotecas de Tags – TLDs) em uma aplicação web? (Escolha todas as que se aplicam.)

- ☐ A. Somente em `/WEB-INF/lib`.
- ☐ B. Somente em `/WEB-INF/classes`.
- ☐ C. No diretório `/META-INF` de um arquivo JAR dentro de `/WEB-INF/lib`.
- ☐ D. No diretório de nível mais alto da aplicação.
- ☐ E. Em `/WEB-INF` ou um subdiretório dele.

3 Quais afirmativas são verdadeiras sobre os arquivos WAR? (Escolha todas as que se aplicam.)

- ☐ A. WAR significa Web Application Resources file (arquivo de Recursos de Aplicação Web).
- ☐ B. Um arquivo WAR válido deve conter um deployment descriptor.
- ☐ C. Vários arquivos WAR podem compor uma aplicação web.
- ☐ D. Um arquivo WAR não pode conter arquivos JAR embutidos.

4 O seguinte servlet é declarado no DD:

```
<servlet>
  <servlet-name>MyServlet</servlet-name>
  <servlet-class>com.myorg.ServletClass</servlet-class>
</servlet>
```

Onde você pode armazenar a classe do servlet na aplicação web? (Escolha todas as que se aplicam.)

- ❑ A. No `/META-INF` de um arquivo JAR.
- ❑ B. Na árvore de diretórios relacionada ao pacote, começando pelo nível mais alto do diretório da aplicação.
- ❑ C. Em `/WEB-INF/classes`, ou em um arquivo JAR em `/WEB-INF/lib`.
- ❑ D. Em `/WEB-INF/lib` fora de um arquivo JAR.

---

5 Qual é o propósito do deployment descriptor (descritor de distribuição – DD)? (Escolha todas as que se aplicam.)

- ❑ A. Permitir que ferramentas geradoras de código criem servlets dinamicamente a partir de um arquivo XML.
- ❑ B. Transmitir as informações de configuração da aplicação web dos desenvolvedores para os montadores e distribuidores de aplicações.
- ❑ C. Configurar aspectos da aplicação que dependem do software usado.
- ❑ D. Configurar apenas o acesso a bancos de dados e ao Enterprise JavaBean, a partir da aplicação web.

---

6 Onde o `web.xml` deve ser armazenado em um arquivo WAR? (Escolha todas as que se aplicam.)

- ❑ A. Em `/WEB-INF/classes`.
- ❑ B. Em `/WEB-INF/lib`.
- ❑ C. Em `/WEB-INF`.
- ❑ D. Em `/META-INF`.

7 Dados:

```
10. <%@ page import="java.util.*" %>
11. <jsp:import import="java.util.*" />
12. <jsp:directive.page import="java.util.*" />
13. <jsp:page import="java.util.*" />
```

Suponha que o prefixo "jsp" tenha sido mapeado para o namespace `http://java.sun.com/JSP/Page`.
Quais afirmativas são corretas? (Escolha todas as que se aplicam.)

☐ A) As linhas 10 e 12 são equivalentes em qualquer tipo de página JSP.
☐ B) A linha 10 não é válida em um documento JSP (documento baseado em XML).
☐ C) A linha 11 importará corretamente o pacote `java.util`.
☐ D) A linha 12 importará corretamente o pacote `java.util`.
☐ E) A linha 13 importará corretamente o pacote `java.util`.

---

8 Quais afirmativas sobre os elementos `<init-param>` do DD são verdadeiras? (Escolha todas as que se aplicam.)

☐ A. Eles são usados para declarar parâmetros de inicialização para um servlet específico.
☐ B. Eles são usados para declarar parâmetros de inicialização para uma aplicação web inteira.
☐ C. O método que obtém esses parâmetros tem uma assinatura que retorna um `Object`.
☐ D. O método que obtém esses parâmetros usa uma String.

---

9 Quais são os elementos do DD que fornecem acesso JNDI aos componentes J2EE? (Escolha todas as que se aplicam.)

☐ A. `<ejb-ref>`
☐ B. `<entity-ref>`
☐ C. `<resource-ref>`
☐ D. `<session-ref>`
☐ E. `<message-ref>`

10 O seguinte servlet está registrado no DD:

```
<servlet>
  <servlet-name>action</servlet-name>
  <servlet-class>com.myorg.ActionClass</servlet-class>
</servlet>
```

Escolha os mapeamentos corretos para este servlet. (Escolha todas as que se aplicam.)

❑ A.
```
<servlet-mapping>
    <servlet-name>action</servlet-name>
    <url-pattern>*.do</url-pattern>
</servlet-mapping>
```

❑ B.
```
<servlet-mapping>
    <servlet-name>com.myorg.ActionClass</servlet-name>
    <url-pattern>*.do</url-pattern>
</servlet-mapping>
```

❑ C.
```
<servlet-mapping>
    <servlet-name>action</servlet-name>
    <url-pattern>/controller</url-pattern>
</servlet-mapping>
```

❑ D.
```
<servlet-mapping>
    <url-pattern>*.do</url-pattern>
</servlet-mapping>
```

❑ E.
```
<servlet-mapping>
    <servlet-name>action</servlet-name>
</servlet-mapping>
```

11 Para quais tipos de componentes da aplicação web podem ser definidas dependências? (Escolha todas as que se aplicam.)

❑ A. Arquivos JSP
❑ B. Arquivos WAR
❑ C. Classes
❑ D. Bibliotecas
❑ E. Arquivos manifest

---

12 Quais são declarações válidas em um Documento JSP (documento baseado em XML)? (Escolha todas as que se aplicam.)

- [ ] A.
```
<jsp:declaration
     xmlns:jsp="http://java.sun.com/JSP/Page">
   int x = 0;
</jsp:declaration>
```

- [ ] B.
```
<jsp:declaration
     xmlns:jsp="http://java.sun.com/JSP/Page">
   int x;
</jsp:declaration>
```

- [ ] C. `<%! int x = 0; %>`

- [ ] D. `<%! int x; %>`

---

13 Quais elementos da versão 2.4 do deployment descriptor podem aparecer antes do elemento `<web-app>`? (Escolha todas as que se aplicam.)

- [ ] A. `<listener>`
- [ ] B. `<context-param>`
- [ ] C. `<servlet>`
- [ ] D. Nenhum elemento XML pode aparecer antes do elemento `<web-app>`.

---

14 Quais afirmativas sobre o class loader do container são verdadeiras? (Escolha todas as que se aplicam.)

- [ ] A. As aplicações web NÃO devem tentar substituir classes de implementação de containers.
- [ ] B. As aplicações web não devem tentar carregar recursos de dentro de um arquivo WAR usando a semântica J2SE do getResource.
- [ ] C. As aplicações web podem substituir quaisquer classes J2EE no namespace javax.*.
- [ ] D. Um desenvolvedor web pode substituir classes da plataforma J2EE, desde que elas estejam contidas em uma biblioteca na forma de arquivo JAR dentro de um WAR.

Respostas – Capítulo 11

(especificação Servlet, pág. 107)

1 Onde os elementos <init-param> podem aparecer no DD? (Escolha todas as que se aplicam.)

- [x] A. Como elementos child de <servlet>.
- [ ] B. Como descendentes diretos de elementos <web-application>.
- [ ] C. Somente após a Document Type Declaration (Declaração do Tipo do Documento).
- [ ] D. Dentro de elementos <context-param>, quando você deseja declarar um parâmetro de inicialização de contexto.

– A opção B está incorreta, porque o web.xml não contém um elemento chamado <web-application>.
– A opção D está incorreta, porque elementos <context-param> não contêm <init-param>.

(especificação JSP, pág. 196)

2 Onde são armazenados os Tag Library Descriptors (Descritores de Bibliotecas de Tags – TLDs) em uma aplicação web? (Escolha todas as que se aplicam.)

- [ ] A. Somente em /WEB-INF/lib.
- [ ] B. Somente em /WEB-INF/classes.
- [x] C. No diretório /META-INF de um arquivo JAR dentro de /WEB-INF/lib.
- [ ] D. No diretório de nível mais alto da aplicação.
- [x] E. Em /WEB-INF ou um subdiretório dele.

– O container não descobre TLDs automaticamente, caso eles estejam em /WEB-INF/classes ou /WEB-INF/lib.

3 Quais afirmativas são verdadeiras sobre os arquivos WAR? (Escolha todas as que se aplicam.)

(especificação Servlet 9.5 & 9.6)

- [ ] A. WAR significa Web Application Resources file (arquivo de Recursos de Aplicação Web).
- [x] B. Um arquivo WAR válido deve conter um deployment descriptor.
- [ ] C. Vários arquivos WAR podem compor uma aplicação web.
- [ ] D. Um arquivo WAR não pode conter arquivos JAR embutidos.

– WAR significa Web ARchive, e não é possível colocar apenas partes de uma aplicação web em um arquivo WAR; somente a aplicação inteira pode residir dentro de um arquivo WAR.

(especificação Servlet, pág. 70)

4 O seguinte servlet é declarado no DD:

```
<servlet>
  <servlet-name>MyServlet</servlet-name>
  <servlet-class>com.myorg.ServletClass</servlet-class>
</servlet>
```

Onde você pode armazenar a classe do servlet na aplicação web? (Escolha todas as que se aplicam.)

- [ ] A. No **/META-INF** de um arquivo JAR.
- [ ] B. Na árvore de diretórios relacionada ao pacote, começando pelo nível mais alto do diretório da aplicação.
- [x] C. Em **/WEB-INF/classes**, ou em um arquivo JAR em **/WEB-INF/lib**.
- [ ] D. Em **/WEB-INF/lib** fora de um arquivo JAR.

– A opção D está incorreta, porque /WEB-INF/lib serve como o container para arquivos JAR.

(especificação Servlet, pág. 103)

5 Qual é o propósito do deployment descriptor (descritor de distribuição – DD)? (Escolha todas as que se aplicam.)

- [ ] A. Permitir que ferramentas geradoras de código criem servlets dinamicamente a partir de um arquivo XML.
- [x] B. Transmitir as informações de configuração da aplicação web dos desenvolvedores para os montadores e distribuidores de aplicações.
- [ ] C. Configurar aspectos da aplicação que dependem do software usado.
- [ ] D. Configurar apenas o acesso a bancos de dados e ao Enterprise JavaBean, a partir da aplicação web.

– A opção D está incorreta, porque estes tópicos são apenas um subconjunto do propósito geral dos DDs.

(especificação Servlet, pág. 70)

6 Onde o **web.xml** deve ser armazenado em um arquivo WAR? (Escolha todas as que se aplicam.)

- [ ] A. Em **/WEB-INF/classes.**
- [ ] B. Em **/WEB-INF/lib.**
- [x] C. Em **/WEB-INF.**
- [ ] D. Em **/META-INF.**

– O web.xml deve ser armazenado em /WEB-INF, independentemente de se a distribuição envolve um WAR ou uma estrutura de diretórios aberta.

(JSP v2.0, pág. 1-139)

7 Dados:

```
10. <%@ page import="java.util.*" %>
11. <jsp:import import="java.util.*" />
12. <jsp:directive.page import="java.util.*" />
13. <jsp:page import="java.util.*" />
```

Suponha que o prefixo "jsp" tenha sido mapeado para o namespace `http://java.sun.com/JSP/Page`.

Quais afirmativas são corretas? (Escolha todas as que se aplicam.)

- ☐ A) As linhas 10 e 12 são equivalentes em qualquer tipo de página JSP.
- ☑ B) A linha 10 não é válida em um documento JSP (documento baseado em XML).
- ☐ C) A linha 11 importará corretamente o pacote `java.util`.
- ☑ D) A linha 12 importará corretamente o pacote `java.util`.
- ☐ E) A linha 13 importará corretamente o pacote `java.util`.

– A opção A está incorreta, porque a linha 10 seria inválida em um Documento JSP (documento baseado em XML).

– As opções C e E são inválidas, porque não são elementos válidos no namespace http://java.sun.com/JSP/Page.

(especificação Servlet SRV.8 & API)

8 Quais afirmativas sobre os elementos `<init-param>` do DD são verdadeiras? (Escolha todas as que se aplicam.)

- ☑ A. Eles são usados para declarar parâmetros de inicialização para um servlet específico.
- ☐ B. Eles são usados para declarar parâmetros de inicialização para uma aplicação web inteira.
- ☐ C. O método que obtém esses parâmetros tem uma assinatura que retorna um `Object`.
- ☑ D. O método que obtém esses parâmetros usa uma String.

– Os parâmetros de inicialização podem ter escopo de aplicação web ou de servlet. Aqueles com escopo de servlet são nomeados <init-param> no DD, e usam e retornam uma String. Aqueles com escopo de aplicação web são nomeados <context-param> no DD e também usam e retornam uma String.

(especificação Servlet 9.11)

9 Quais são os elementos do DD que fornecem acesso JNDI aos componentes J2EE? (Escolha todas as que se aplicam.)

- ☑ A. `<ejb-ref>`
- ☐ B. `<entity-ref>`
- ☑ C. `<resource-ref>`
- ☐ D. `<session-ref>`
- ☐ E. `<message-ref>`

– Além disso, <ejb-local-ref> também fornece ao criador da aplicação web uma referência JNDI a componentes J2EE.

(especificação Servlet, pág. 86)

10 O seguinte servlet está registrado no DD:

```
<servlet>
  <servlet-name>action</servlet-name>
  <servlet-class>com.myorg.ActionClass</servlet-class>
</servlet>
```

Escolha os mapeamentos corretos para este servlet. (Escolha todas as que se aplicam.)

☑ A.
```
<servlet-mapping>
    <servlet-name>action</servlet-name>
    <url-pattern>*.do</url-pattern>
</servlet-mapping>
```

☐ B.
```
<servlet-mapping>
    <servlet-name>com.myorg.ActionClass</servlet-name>
    <url-pattern>*.do</url-pattern>
</servlet-mapping>
```

☑ C.
```
<servlet-mapping>
    <servlet-name>action</servlet-name>
    <url-pattern>/controller</url-pattern>
</servlet-mapping>
```

☐ D.
```
<servlet-mapping>
    <url-pattern>*.do</url-pattern>
</servlet-mapping>
```

☐ E.
```
<servlet-mapping>
    <servlet-name>action</servlet-name>
</servlet-mapping>
```

– A opção B está incorreta, porque ela confunde o nome do servlet com a classe do servlet.

– A opção D está incorreta, porque omite o elemento <servlet-name> child de <servlet-mapping>.

(especificação Servlet 9.7.1)

11 Para quais tipos de componentes da aplicação web podem ser definidas dependências? (Escolha todas as que se aplicam.)

☐ A. Arquivos JSP
☐ B. Arquivos WAR
☑ C. Classes
☑ D. Bibliotecas
☐ E. Arquivos manifest

– As dependências de bibliotecas podem ser definidas no arquivo /META-INF/MANIFEST.MF.

(JSP v2.0, pág. 1-139)

12 Quais são declarações válidas em um Documento JSP (documento baseado em XML)? (Escolha todas as que se aplicam.)

☑ A.
```
<jsp:declaration
    xmlns:jsp="http://java.sun.com/JSP/Page">
  int x = 0;
</jsp:declaration>
```

☑ B.
```
<jsp:declaration
    xmlns:jsp="http://java.sun.com/JSP/Page">
  int x;
</jsp:declaration>
```

☐ C. `<%! int x = 0; %>`

☐ D. `<%! int x; %>`

– As opções C e D estão incorretas, porque apenas a sintaxe <jsp:declaration> é válida em Documentos JSP.

(especificação Servlet, pág. 107)

13 Quais elementos da versão 2.4 do deployment descriptor podem aparecer antes do elemento **<web-app>**? (Escolha todas as que se aplicam.)

☐ A. **<listener>**
☐ B. **<context-param>**
☐ C. **<servlet>**
(5) D. Nenhum elemento XML pode aparecer antes do elemento **<web-app>**.

– O <web-app> é o elemento raiz do deployment descriptor da aplicação web.

(especificação Servlet 9.7.2)

14 Quais afirmativas sobre o class loader do container são verdadeiras? (Escolha todas as que se aplicam.)

☑ A. As aplicações web NÃO devem tentar substituir classes de implementação de containers.
☐ B. As aplicações web não devem tentar carregar recursos de dentro de um arquivo WAR usando a semântica J2SE do getResource.
☐ C. As aplicações web podem substituir quaisquer classes J2EE no namespace javax.*.
☐ D. Um desenvolvedor web pode substituir classes da plataforma J2EE, desde que elas estejam contidas em uma biblioteca na forma de arquivo JAR dentro de um WAR.

– A opção B está incorreta, porque a aplicação web pode usar o método getResource do class loader da aplicação para acessar qualquer arquivo WAR.
– As opções C e D estão incorretas, porque a aplicação web NÃO deve substituir nenhuma classe nos namespaces java.* ou javax.*.

12 segurança da aplicação web

Mantenha em segredo, mantenha seguro

Eles estão por aí... Os Caras Maus... estão por toda parte! Eu preciso aprender sobre Autenticação e Autorização... eu preciso aprender a transmitir os dados de forma segura.... Eu... Eu... **VOCÊ OUVIU ISSO?**

Sua aplicação web está em *perigo*. O perigo espreita em cada canto da rede, onde crackers, estelionatários e criminosos tentam invadir seu sistema para roubar, tirar vantagem ou simplesmente se divertir com seu site. Você não quer os Caras Maus xeretando nas transações da sua loja virtual, roubando números de cartões de crédito. Também não quer os Caras Maus convencendo o seu servidor de que eles na verdade são os Clientes Especiais Que Recebem Grandes Descontos. E você não quer *ninguém* (amigo OU inimigo) olhando dados confidenciais dos empregados. Será que o Jim, do departamento de marketing, precisa mesmo saber que a Lisa, do departamento de engenharia, ganha três vezes mais do que ele? E você quer que o Jim resolva fazer justiça com as próprias mãos, entrando (sem autorização) no servlet que controla o Pagamento dos Funcionários?

Objetivos

Visão geral sobre Servlets & JSP

5.1 Com base na especificação dos servlets, comparar e contrastar as seguintes questões relativas à segurança: (a) autenticação, (b) autorização, (c) integridade dos dados, e (d) confidencialidade.

5.2 No deployment descriptor, declarar o seguinte: uma restrição de segurança, um recurso Web, a garantia de transporte, a configuração do login e um papel de segurança.

5.3 Dado um tipo de autenticação (BASIC, DIGEST, FORM e CLIENT-CERT), descrever o seu mecanismo.

Notas sobre a Abrangência:

Todos os objetivos desta seção são abordados completamente neste capítulo, incluindo elementos do DD relacionados à segurança que NÃO foram abordados no capítulo sobre a distribuição.

Não podemos transformá-lo em um especialista completo em segurança, mas o conteúdo deste capítulo é um começo, e é tudo de que precisa para o exame.

Os Caras Maus estão por toda parte

No seu trabalho de desenvolvedor de aplicações web você precisará proteger seu site. Há três tipos de *caras maus* com os quais você precisa tomar cuidado: **Imitadores**, **Upgraders** e **Espiões**.

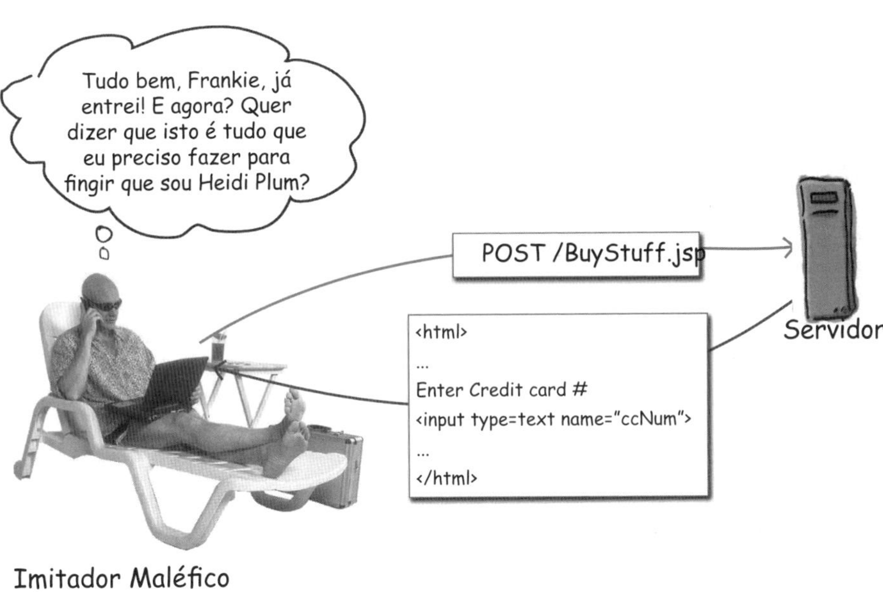

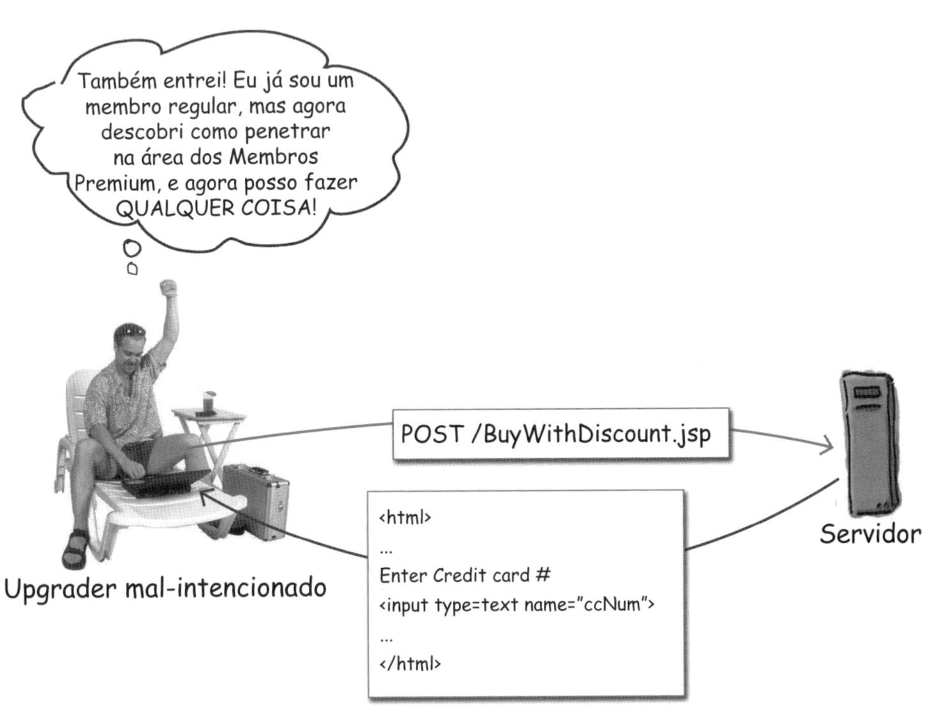

E não é só o SERVIDOR que é afetado...

Os **espiões** podem ser os piores de todos. Não só eles estão tentando fraudar a sua *aplicação web*, como podem fraudar alguns dos seus bons *clientes* também. Um perigo duplo. Se um espião tiver sucesso, ele roubará a informação de cartão de crédito do seu cliente e irá usá-lo até não poder mais.

O Top 4 em segurança de servlets

A segurança dos servlets ajuda você – o desenvolvedor da aplicação web – a evitar Imitadores, Upgraders e Espiões. Para a especificação dos servlets (e, portanto, para o exame), a segurança dos servlets se resume a quatro conceitos centrais: **autenticação**, **autorização**, **confidencialidade** e **integridade dos dados**.

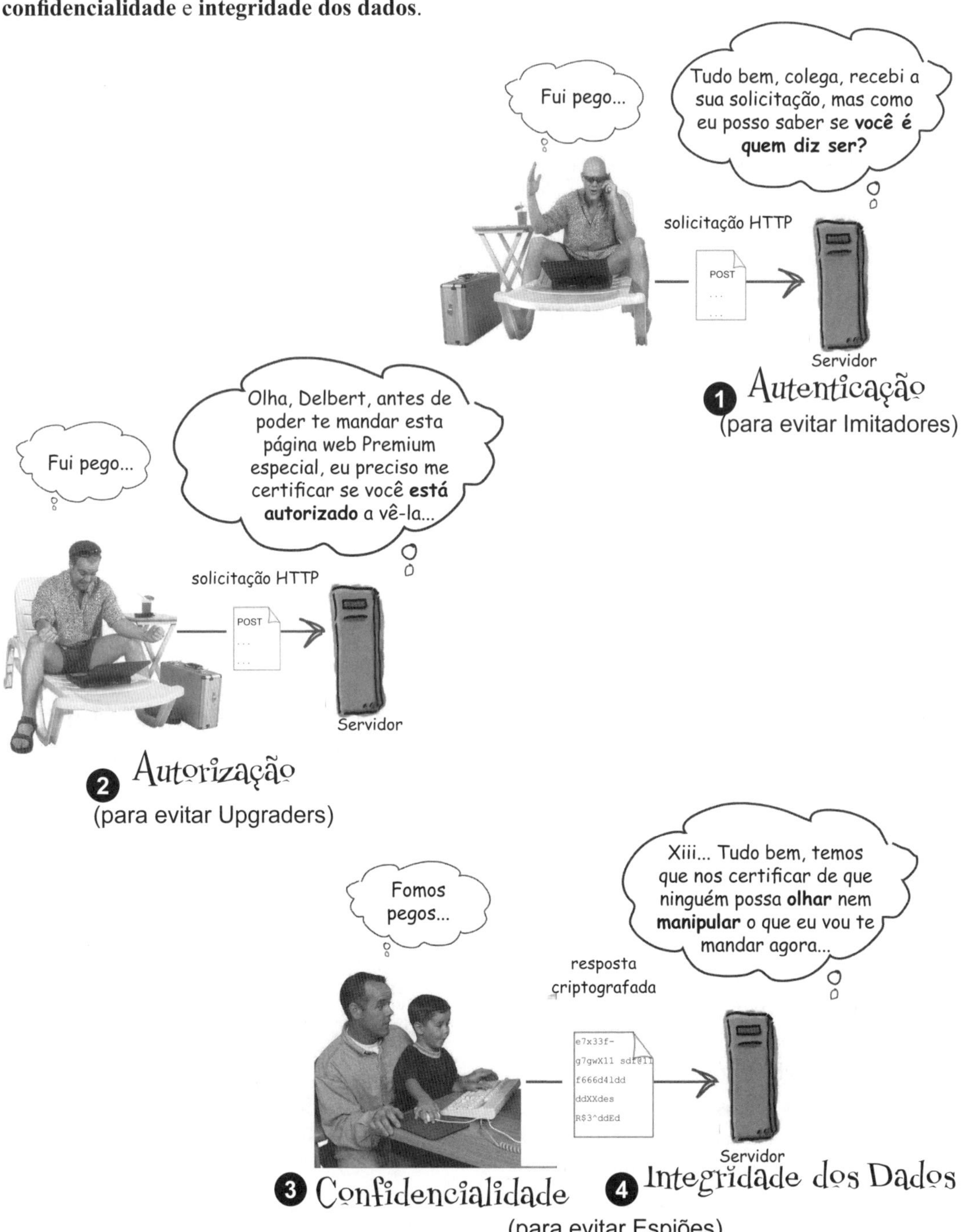

Uma pequena história de segurança

Um dia, o chefe de Bob chamou-o ao seu escritório. "Tenho um projeto novo bem interessante para você!", disse o chefe. Bob murmurou alguma coisa. "Olha, eu sei que te passei alguns trabalhos chatos no passado, mas este vai ser bem divertido... Gostaria que você elaborasse a segurança para o novo site de e-Commerce da nossa empresa."

"Segurança", disse Bob, "é uma coisa difícil e chata". "Não, você está equivocado...", disse o chefe. "No J2EE 1.4, dizem que a segurança dos servlets é bem legal."

O chefe continuou, "Deixe-me te dizer a idéia geral para você se familiarizar, e depois falaremos dos detalhes, assim que você tiver tempo para pensar no assunto." "Tudo bem", suspirou Bob. "Manda bala."

"Como você sabe, este site de cerveja está com uma popularidade bem alta. Adicionamos alguns recursos novos e estamos tendo um retorno muito bom. Alguns dos nossos usuários estão contentes com as receitas *gratuitas* que oferecemos, mas muito mais pessoas do que pensávamos estão dispostas a *pagar* pelas nossas receitas raras e outros ingredientes especiais. Ah, e o nosso programa ***Frequent Brewer*** é um sucesso absoluto. Se o usuário decidir que comprará freqüentemente um determinado ingrediente, ele pode pagar uma taxa única e obter um upgrade para o status ***Brew Master***. Um ***Brew Master*** recebe descontos especiais, e recebe também pontos *Frequent Brewer*, que ele pode trocar por mercadorias de cerveja que oferecemos."

Bob continuava a ouvir, calculando mentalmente o código que ele teria que escrever para implementar tudo isso, e dando adeus às suas sonhadas férias na praia. Enquanto isso, o chefe continuava...

"Mas agora, temos de nos certificar de que, quando um dos nossos usuários fizer uma compra, ninguém possa roubar os dados do seu cartão de crédito. Ah, mais uma coisa: é melhor nos certificarmos também de que, quando um *membro* fizer o login, não seja na verdade um dos *amigos* dele tentando se fazer passar pelo cliente. Acho que precisamos requerer que os membros usem *senhas* daqui em diante."

"Até aqui tudo faz sentido", disse Bob. "Quando os usuários fizerem um pedido, iremos querer dar a eles algum tipo de código de confirmação?" "Ótima idéia", disse o chefe. "Ah, e mais uma coisa que me esqueci – certifique-se de que somente os nossos ***Frequent Brewers*** tenham acesso aos descontos especiais."

"Acho que isso é tudo", disse o chefe. "Mas você sabe... do jeito que as coisas vão indo, provavelmente não vai demorar para que a gente comece a oferecer algum tipo de nível de cliente *platinum*..."

Quais conceitos de segurança são mencionados na história?

Releia a história e grife os lugares onde os requerimentos do chefe se referem a:

— autenticação
— autorização
— confidencialidade
— integridade dos dados

(Sim, sim, sabemos que isso é óbvio, mas estamos apenas nos aquecendo antes de colocar a mão na massa.)

Uma pequena história de segurança

Um dia, o chefe de Bob chamou-o ao seu escritório. "Tenho um projeto novo bem interessante para você!", disse o chefe. Bob murmurou alguma coisa. "Olha, eu sei que te passei alguns trabalhos chatos no passado, mas este vai ser bem divertido... Gostaria que você elaborasse a segurança para o novo site de e-Commerce da nossa empresa."

"Segurança", disse Bob, "é uma coisa difícil e chata". "Não, você está equivocado...", disse o chefe. "No J2EE 1.4, dizem que a segurança dos servlets é bem legal."

O chefe continuou, "Deixe-me te dizer a idéia geral para você se familiarizar, e depois falaremos dos detalhes, assim que você tiver tempo para pensar no assunto." "Tudo bem", suspirou Bob. "Manda bala."

"Como você sabe, este site de cerveja está com uma popularidade bem alta. Adicionamos alguns recursos novos e estamos tendo um retorno muito bom. Alguns dos nossos usuários estão contentes com as receitas *gratuitas* que oferecemos, mas muito mais pessoas do que pensávamos estão dispostas a *pagar* pelas nossas receitas raras e outros ingredientes especiais. Ah, e o nosso programa ***Frequent Brewer*** é um sucesso absoluto. Se o usuário decidir que comprará freqüentemente um determinado ingrediente, ele pode pagar uma taxa única e obter um upgrade para o status ***Brew Master***. Um ***Brew Master*** recebe descontos especiais, e recebe também pontos *Frequent Brewer*, que ele pode trocar por mercadorias de cerveja que oferecemos."

Bob continuava a ouvir, calculando mentalmente o código que ele teria que escrever para implementar tudo isso, e dando adeus às suas sonhadas férias na praia. Enquanto isso, o chefe continuava...

"Mas agora, temos de nos certificar de que, quando um dos nossos usuários fizer uma compra, ninguém possa roubar os dados do seu cartão de crédito. Ah, mais uma coisa: é melhor nos certificarmos também de que, quando um *membro* fizer o login, não seja na verdade um dos *amigos* dele tentando se fazer passar pelo cliente. Acho que precisamos requerer que os membros usem senhas daqui em diante."

"Até aqui tudo faz sentido", disse Bob. "Quando os usuários fizerem um pedido, iremos querer dar a eles algum tipo de código de confirmação?" "Ótima idéia", disse o chefe. "Ah, e mais uma coisa que me esqueci – certifique-se de que somente os nossos ***Frequent Brewers*** tenham acesso aos descontos especiais."

"Acho que isso é tudo", disse o chefe. "Mas você sabe... do jeito que as coisas vão indo, provavelmente não vai demorar para que a gente comece a oferecer algum tipo de nível de cliente *platinum*..."

CONFIDENCIALIDADE & INTEGRIDADE DOS DADOS - Neste ponto, o servidor está retornando informações privadas e importantes. Seria ruim se a informação fosse vista ou alterada por um espião.

AUTORIZAÇÃO - Após termos certeza sobre com quem estamos falando, queremos nos certificar de que a pessoa está autorizada a fazer o que ela deseja fazer.

CONFIDENCIALIDADE - Seria uma falha terrível de segurança se o número do cartão de crédito de um cliente caísse em mãos erradas!

AUTENTICAÇÃO - Sempre que alguém fala de senhas, provavelmente está falando de autenticação... esse cara realmente é quem ele diz ser? Se for, ele deve saber a sua própria senha!

Como Autenticar no Mundo HTTP: o início de uma transação segura

Vamos começar dando uma olhada nas comunicações que ocorrem entre um browser e um container web quando o cliente pede um recurso seguro do site. É realmente BÁSICO.

A perspectiva do HTTP...

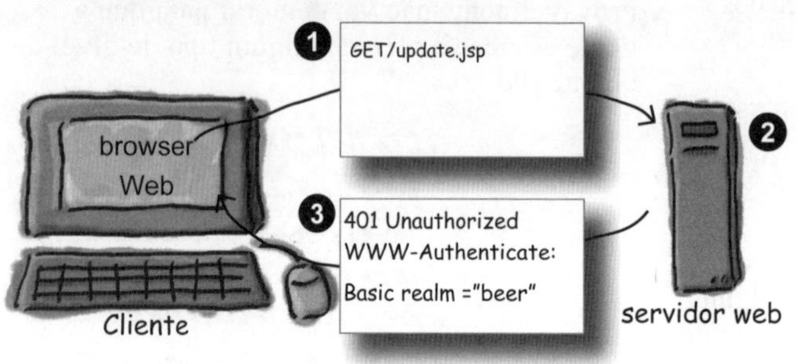

1 O browser cria uma solicitação por um recurso web, "update. jsp".

2 O servidor determina que "update.jsp" é um recurso restrito.

3 O container retorna um HTTP 401 ("Unauthorized"), com um header www-authenticate e informações do realm.

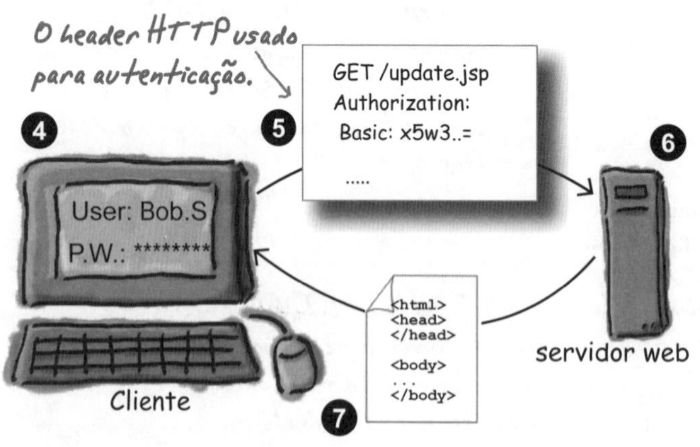

4 O browser recebe o 401 e, baseado nas informações do Realm, pede ao usuário que digite seu nome e senha.

5 O browser pede "update. jsp" novamente (stateless, lembre-se), mas desta vez a solicitação inclui um header de segurança HTTP, além de um username e uma senha.

6 O Container verifica se o username e a senha estão corretos e, se estiverem, realiza a autenticação.

7 Se estiver tudo certo com a segurança, o Container retorna o HTML pedido; se não, retorna outro HTTP 401...

Uma visão um pouco mais detalhada de como o Container realiza a Autenticação e a Autorização

Na página anterior, vimos rapidamente o que o Container estava fazendo. Ao longo deste capítulo, atingiremos diferentes níveis de detalhes, e aqui nos aprofundaremos apenas um pouquinho...

A perspectiva do Container...

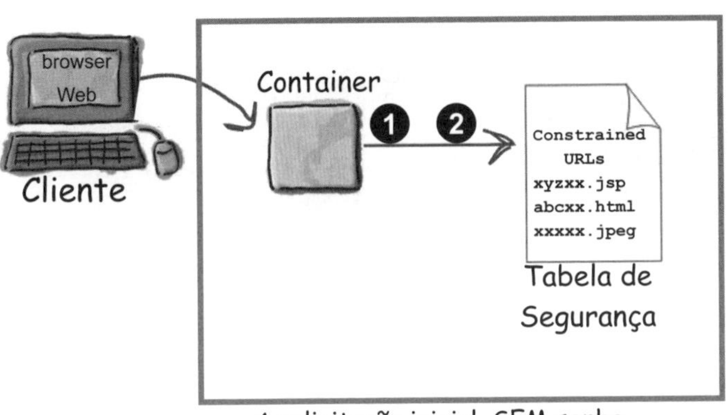

A solicitação inicial, SEM senha

1 Tendo recebido a solicitação, o container encontra a URL na "tabela de segurança" (armazenada no que quer que o Container esteja usando para guardar as informações relativas à segurança).

2 Se o Container encontra a URL na tabela de segurança, ele verifica se o recurso requisitado é restrito. Se for, retorna um 401...

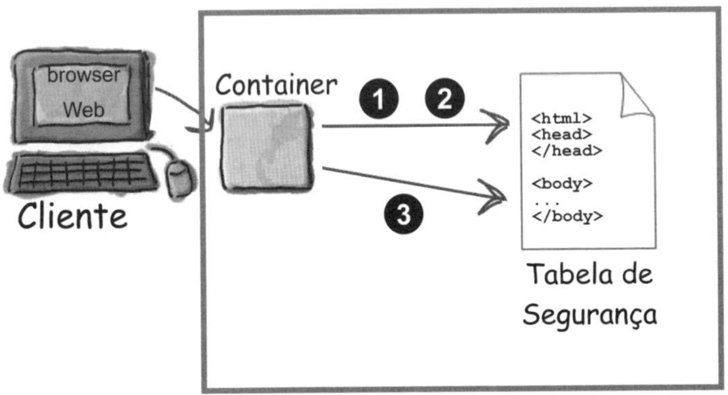

A segunda solicitação, COM senha

1 Quando o Container recebe uma solicitação com um username e uma senha, ele verifica a URL na tabela de segurança.

2 Se encontra a URL na tabela de segurança (e vê que ela é restrita), o Container verifica se as informações de username e senha coincidem com os valores armazenados.

3 Se o username e a senha estiverem certos, o Container verifica se o usuário recebeu o "papel" correto (ou seja, a autorização) para acessar o recurso. Se sim, o recurso é retornado ao cliente.

Como foi que o Container fez isso?

Você acabou de ler uma descrição geral de como o Container manipula a autenticação e a autorização. Mas o que estava acontecendo dentro dele que fez tudo isso acontecer? Vamos especular um pouco sobre o que acontecia nos bastidores, bem nas profundezas do Container...

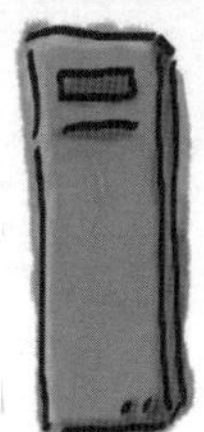

Eu uso MUITO processamento para a segurança! Tudo o que você puder fazer para tornar a segurança mais eficiente será uma grande ajuda para melhorar o desempenho
Servidor

Coisas que o Container fez:

1 Realizou uma *busca* pelo recurso que estava sendo requisitado

Já sabemos que o Container é muito bom em encontrar recursos. Mas agora, após ter encontrado o recurso, ele tem que determinar se trata-se de um recurso que *qualquer um* pode ver, ou se o recurso tem *restrições de segurança (constraints)*. O próprio servlet tem algum tipo de flag de segurança? Há uma tabela em algum lugar?

2 Realizou alguma *autenticação*

Uma vez determinado que ele está lidando com um recurso protegido, o Container precisa *autenticar* o cliente. Em outras palavras, descobrir se "Bob" realmente *é* Bob. (A forma mais comum é vendo se Bob sabe a sua própria senha.)

3 Realizou alguma *autorização*

Uma vez determinado que quem está pedindo o recurso *é* realmente Bob, o Container precisa verificar se Bob tem acesso ***permitido*** a esse recurso. Vejamos, se tivermos 2 milhões de usuários, e 100 servlets na nossa aplicação web, podemos criar uma pequena tabela com 200 milhões de células...
Opa! Isso poderia fugir do nosso controle rapidamente, se não tivermos cuidado.

EXERCITE SUA MENTE

Que partes da lógica e das informações referentes à segurança devem ser escritas diretamente no código do servlet?

nomes e senhas?
papéis dos usuários?
regras de acesso para cada servlet?

Mantenha a segurança fora do código!

Para a maioria das aplicações web, na maior parte do tempo, as restrições de segurança da aplicação deverão ser trabalhadas *declarativamente*, no deployment descriptor. Por quê?

As Dez Melhores Razões para realizar a sua segurança *declarativamente*

10. *Um pouco mais de prática com XML não faz mal a ninguém.*

9. Freqüentemente, as declarações casam naturalmente com os cargos (papéis de trabalho) já existentes no departamento de TI da empresa.

8. Fica muito bem no seu currículo.

7. Permite que você use, de formas mais flexíveis, servlets que já tenha escrito.

6. Está no exame.

5. Permite aos desenvolvedores de aplicações reutilizarem servlets, mesmo sem acesso ao código-fonte.

4. É legal, simplesmente.

3. Reduz a manutenção requerida à medida que a sua aplicação cresce.

2. Finalmente, uma forma de justificar o preço que pagamos pelo Container...

1. Dá suporte à idéia do desenvolvimento baseado em componentes.

Quem implementa a segurança em uma aplicação web?

O meu trabalho é simples. Na maior parte do tempo, eu não tenho nem que pensar sobre a segurança quando estou escrevendo um servlet. E isso é bom, porque a minha filosofia é: "Segurança é muito difícil... então não se ocupe com ela!"

Kim, o fornecedor de servlets

O meu trabalho é mais complicado. Eu decido quais papéis faz sentido haver na aplicação. Para a aplicação da cerveja escrita pelo Kim, os papéis Guest, Member e Admin são essenciais. Então, eu adiciono estes papéis aos usuários no arquivo de usuários do nosso Container. Uma vez que usamos o Tomcat, o nosso arquivo se chama tomcat-users.xml.

AnAnnie, a administradora da aplicação

O meu trabalho é pesadíssimo! Assim que recebo a lista dos papéis da Annie, e uma descrição do que os servlets do Kim fazem, posso decidir quais papéis devem ter acesso a quais servlets. O deployment descriptor me fornece uma maneira fácil, embora meio prolixa, de dizer ao Container quem tem acesso a quais servlets. E vou te dizer, não ganho o suficiente para fazer isso tudo...

Dick, o distribuidor

Não existem Perguntas Idiotas

P: Estou confuso – se estou *criando* servlets, eu não deveria pensar sobre questões de segurança?

R: Sim, você deveria; Kim, o fornecedor dos servlets, estava sendo um pouco sarcástico. Uma questão fundamental ao se elaborar servlets é a modularidade deles. Por exemplo, faz sentido separar as capacidades de navegação das de atualização? Se estes dois tipos de utilização forem implementados em servlets separados, será fácil para o distribuidor atribuir *diferentes* restrições de segurança a eles.

P: Eu não sei onde VOCÊ trabalha, mas, na minha situação, eu tenho que fazer os três serviços: desenvolvedor, administrador e distribuidor.

R: Na verdade, essa é uma situação bastante comum. Ainda assim recomendamos que, quando estiver implementando a segurança, você o faça em *fases* e "imagine" que está fazendo apenas um serviço de cada vez.

P: Como fica a questão da segurança programática?

R: Falaremos da segurança programática mais adiante neste capítulo. Por agora, o que é importante saber é que você provavelmente verá que 95% do trabalho de segurança que irá fazer com servlets será *declarativo*. A segurança programática simplesmente não é muito utilizada. (Ver "As Dez Melhores Razões...")

P: Até agora, tudo o que vocês falaram se refere à autenticação e autorização. E quanto aos outros dois integrantes do "top 4"?

R: Falaremos sobre a *confidencialidade* e a *integridade dos dados* posteriormente neste capítulo. A especificação dos servlets facilita bastante a implementação destes conceitos, então, estamos nos concentrado na autenticação e na autorização porque elas são mais complicadas de se entender e implementar, e – dica! – são mais prováveis de aparecerem no exame.

P: Parece que quando as pessoas falam de segurança de servlets, o termo "papel" é meio sobrecarregado...

R: Boa observação! Quando os técnicos da Sun elaboram especificações J2EE (EJBs, servlets e JSPs), eles normalmente pensam em termos dos *tipos* de pessoas que irão *criar* e *administrar* estes componentes. Em outras palavras, ***papéis de trabalho*** relacionados à TI. Quando os desenvolvedores lidam com segurança de aplicações web, eles pensam sobre os ***tipos de usuários*** que poderão existir. Por exemplo, um "guest" (convidado) poderia ter bem poucos privilégios dentro de uma aplicação web, enquanto que um "member" (membro) poderia ter mais privilégios. Estes "papéis de usuários" são definidos, mapeados e ajustados no Deployment Descriptor.

P: Ouvi falar de um tipo de hacking chamado "cross-site". O que é isso?

R: O hacking cross-site pode acontecer quando um site exibe texto livre adicionado por outros usuários (por exemplo, um site de resenhas de livros feitas pelos usuários). Se um usuário mal-intencionado inserir algum HTML com, digamos, Javascript em uma área de texto, e o servidor não retirar esse código, então os navegadores insuspeitos irão devolver esse potencialmente *perigoso* código escondido, junto com o HTML *inocente*, quando a página for servida. Em outras palavras, o servidor envia aos usuários algo que *outro* usuário digitou, sem verificar ou processar a página para retirar códigos de script mal-intencionados.

P: Então, temos que lidar com o "Top 4". Qual é a dificuldade em configurar e manter estes bichos, quero dizer, vou ter que *suar muito*?

R: Sim, infelizmente você terá que suar *um pouco*. Na realidade, *alguns* aspectos relativos à segurança são bastante simples, enquanto que outros, DE FATO, requerem uma boa quantidade de trabalho. Mas nada muito complicado, apenas potencialmente tedioso.

Os Principais Trabalhos relativos à segurança dos servlets

A tabela abaixo lhe dará uma idéia dos principais itens relativos à segurança dos servlets. A ***Autorização*** é o item mais demorado para se implementar, e a ***Autenticação*** vem em segundo lugar. Da perspectiva do servlet, a Confidencialidade e a Integridade dos Dados são razoavelmente fáceis de se configurar.*

Conceito de segurança	Quem é responsável?	Nível de complexidade	Nível de esforço	Importância para o exame
Autenticação	Administrador	médio	alto	médio
Autorização	Distribuidor (na maioria dos casos)	alto	alto	alto
Confidencialidade	Distribuidor	baixo	baixo	baixo
Integridade dos Dados	Distribuidor	baixo	baixo	baixo

Iremos enfatizar a Autorização neste capítulo, porque este é o mais importante e complexo dos conceitos de segurança globais.

*Na verdade, obter a certificação SSL não é tão simples, então por "fácil", queremos dizer que "você na realidade não precisa fazer nada no código do seu servlet".

Autenticação suficiente para se discutir a Autorização

Posteriormente neste capítulo entraremos em mais detalhes sobre a autenticação, mas, por agora, veremos como inserir no sistema apenas a quantidade necessária de *autenticação* para que possamos nos concentrar na *autorização*. O usuário não pode ser *autorizado* até que tenha sido *autenticado*.

A especificação dos servlets não fala sobre *como* o Container deve implementar o suporte aos dados de autenticação, incluindo usernames e senhas. Mas, a idéia geral é que o Container deverá fornecer uma tabela, que varia conforme o fabricante, contendo usernames e as suas senhas e papéis associados. Mas praticamente todos os fabricantes dão um passo além e fornecem uma maneira de se conectar aos dados de autenticação específicos da sua empresa, freqüentemente armazenados em um banco de dados relacional ou em um sistema LDAP (o que vai além do escopo deste livro). Normalmente, a manutenção destes dados é feita pelo administrador.

O "realm" da segurança

Infelizmente, o ***realm*** é mais um termo sobrecarregado no mundo da segurança. Conforme a especificação dos servlets, um ***realm*** é um local onde as informações de ***autenticação*** são armazenadas. Quando está testando sua aplicação no Tomcat, você pode usar um arquivo chamado "tomcat-users.xml" (localizado no diretório conf/directory do tomcat, e NÃO dentro de webapps). Esse arquivo "tomcat-users.xml" se aplica a TODAS as aplicações distribuídas sob web-apps. É conhecido popularmente como o ***memory realm***, porque o Tomcat carrega este arquivo na memória no momento da inicialização. Embora seja excelente para testes, ele não é recomendado para produção. Um motivo para isso é que você não pode modificar o seu conteúdo sem reinicializar o Tomcat.

O arquivo tomcat-users.xml

O servidor da sua aplicação usará algo diferente... mas DE ALGUMA FORMA ele permitir-lhe-á mapear usuários a senhas e papéis.

```
<tomcat-users>
  <role rolename="Guest"/>
  <role rolename="Member"/>
  <user name="Bill" password="coder" roles="Member, Guest" />
  ...
</tomcat-users>
```

Lembre-se! Isto NÃO faz parte do DD; é uma configuração que varia de fabricante para fabricante.

O controle da autenticação se localiza em algum tipo de estrutura de dados como esta. No Tomcat, você pode usar um arquivo XML chamado "tomcat-users.xml", o qual armazena conjuntos de nome-senha-papel que o Container usa no momento da autenticação.

Habilitando a autenticação

Para fazer a autenticação funcionar (em outras palavras, para fazer o Container pedir um username e uma senha), você precisa inserir algo no DD. Não se preocupe com o que isso significa por agora, mas, se quiser começar a brincar com a autenticação, use isto:

```
<login-config>
   <auth-method>BASIC</auth-method>
</login-config>
```

Falaremos sobre isto mais adiante no capítulo, mas, por agora, você precisa disto no seu DD para a autenticação funcionar.

Autorização, Passo 1: definindo papéis

A forma de autorização mais comum em servlets é o Container determinar se um determinado servlet – e o método que invoca a solicitação HTTP – podem ser chamados por um usuário que recebeu um determinado "papel" de segurança. Assim, o primeiro passo é mapear os *papéis* no *arquivo "users"* (que varia de fabricante para fabricante) aos *papéis* estabelecidos no *Deployment Descriptor*.

Annie é um "Admin", um "Member" e um "Guest".
Diane é tanto um "Member", quanto um "Guest".
Ted é "Gues

VARIA CONFORME O FABRICANTE:

O elemento <role> em tomcat-users.xml

Estrutura de dados de usuários e papéis específica deste fabricante.

```
<tomcat-users>
  <role rolename="Admin"/>
  <role rolename="Member"/>
  <role rolename="Guest"/>
  <user username="Annie" password="admin" roles="Admin, Member, Guest" />
  <user username="Diane" password="coder" roles="Member, Guest" />
  <user username="Ted" password="newbie" roles="Guest" />
</tomcat-users>
```

No Tomcat, o arquivo tomcat-users.xml deve se parecer bastante com este. Repare que um mesmo usuário pode ter vários papéis.

Quando chega o momento da autorização, o container mapeia as suas informações de papéis, específicas do fabricante em questão, a quaisquer <role-name>s que encontrar nos elementos <security-role> do seu DD.

ESPECIFICAÇÃO DO SERVLET:

O elemento DD <security-role> em web.xml

```
<security-role><role-name>Admin</role-name></security-role>
<security-role><role-name>Member</role-name></security-role>
<security-role><role-name>Guest</role-name></security-role>
```

Não se esqueça de que você precisa sempre do elemento <login-config>, caso queira habilitar a autenticação.

```
<login-config>
   <auth-method>BASIC</auth-method>
</login-config>
```

O distribuidor cria elementos <role-name> no DD, para que o Container possa mapear papéis a usuários.

Autorização, Passo 2: definindo restrições de recursos/métodos

Finalmente, a parte legal. É aqui que especificamos, *declarativamente*, que uma dada combinação de recurso/método é acessível somente a usuários com certos *papéis*. A maior parte do trabalho de segurança que você fará provavelmente será com elementos <security-constraint> em seu DD (apresentaremos uma série de regras chatas mais adiante).

Elemento <security-constraint> no DD:

```
<web-app...>
   ...
   <security-constraint>

     <web-resource-collection>

       <web-resource-name>UpdateRecipes</web-resource-name>

       <url-pattern>/Beer/AddRecipe/*</url-pattern>
       <url-pattern>/Beer/ReviewRecipe/*</url-pattern>

       <http-method>GET</http-method>
       <http-method>POST</http-method>

     </web-resource-collection>

     <auth-constraint>
       <role-name>Admin</role-name>
       <role-name>Member</role-name>
     </auth-constraint>

   </security-constraint>
</web-app>
```

Este é um nome obrigatório, usado por ferramentas. Você não verá este nome sendo usado em nenhum outro lugar...

Os elementos <url-pattern> definem os recursos a serem RESTRINGIDOS.

O(s) elemento(s) <http-method> descreve(m) quais métodos HTTP serão restringidos para os recursos definidos pela URL.

O elemento opcional <auth-constraint> lista quais papéis PODEM invocar os métodos HTTP restritos. Em outras palavras, ele diz QUEM está autorizado a realizar GET e POST nos padrões de URL especificados.

Nós duas estamos autorizadas a realizar GET e POST nos recursos dos diretórios /Beer/AddRecipe e /Beer/ReviewRecipe.

Droga. O meu papel (guest) não está listado em <auth-constraint>, então eu não posso realizar GET nem POST em nada que esteja nesses diretórios. Mas POSSO realizar TRACE, HEAD, PUT...

Por estarem no papel "Member", Diane e Annie podem realizar GET e POST em recursos listados nos elementos <url-pattern>. Ted é apenas um "Guest", então não pode realizar nem GET nem POST.

As regras de <security-constraint> para elementos <web-resource-collection>

Lembre-se: o propósito do subelemento <web-resource-collection> é dizer ao container quais combinações de recursos e métodos HTTP devem ser *restringidas*. Gostaríamos de poder dizer que você pode ficar tranqüilo aqui, mas você realmente precisa saber os detalhes destes elementos. Se cometer um pequeno deslize na parte de segurança do seu DD, você poderia deixar as partes mais sensíveis da sua aplicação abertas a... *qualquer um*. Fazer um site feio pode não abalar a sua reputação, mas se você vacilar na parte de segurança... não é bom nem pensar nas conseqüências.

(Na verdade, estamos apenas tentando assustá-lo o suficiente para que você preste atenção nas próximas páginas.)

O subelemento <web-resource-collection> de <security-constraint>

```
<web-app...>
   ...
   <security-constraint>

      <web-resource-collection>

         <web-resource-name>
              UpdateRecipes
         </web-resource-name>

         <url-pattern>/Beer/AddRecipe/*</url-
   pattern>
         <url-pattern>/Beer/ReviewRecipe/*</
   url-pattern>

         <http-method>GET</http-method>

      </web-resource-collection>

      <auth-constraint>
         ....
      </auth-constraint>

   </security-constraint>
</web-app>
```

Estes são os diretórios com restrições.

Principais pontos sobre <web-resource-collection>

- O elemento <web-resource-collection> tem dois subelementos principais: <url-pattern> (um ou mais) e <http-method> (opcional, zero ou mais).
- Os padrões URL e Métodos HTTP trabalham conjuntamente para definir solicitações de recursos que são ***restringidas***.
- É OBRIGATÓRIO ter um elemento <web-resource-collection> (mesmo que você provavelmente não vá usá-lo para nada). (Considere que é para IDE ou uso futuro.)
- Um elemento <description> é OPCIONAL.
- O elemento <url-pattern> usa regras-padrão de nomeação e mapeamento de servlets (consulte novamente o capítulo sobre distribuição para detalhes sobre os padrões de URL).
- Você **deve especificar pelo menos *um* <url-pattern>**, mas *pode* ter vários deles.
- Os Métodos válidos para o elemento <http-method> são: GET, POST, PUT, TRACE, DELETE, HEAD e OPTIONS.
- Se um elemento <web-resource-collection> não contiver nenhum elemento <http-method>, então a coleção inclui o uso de ***TODOS*** os Métodos HTTP em todos os padrões de URL.
- Se você DE FATO especificar um <http-method>, então somente os métodos especificados serão restringidos. Em outras palavras, ao especificar mesmo um só <http-method>, você automaticamente habilita quaisquer Métodos HTTP que *não* tenha especificado.
- Você pode ter mais de um elemento <web-resource-collection> na mesma <security-constraint>.
- O elemento <auth-constraint> aplica-se a TODOS os elementos <web-resource-collection> na <security-constraint>.

As restrições não se encontram no nível do RECURSO. Elas se encontram no nível da SOLICITAÇÃO HTTP.

É tentador pensar que os próprios recursos estão restritos. Mas, na realidade, é a combinação de recurso + Método HTTP que está. Quando você diz "este é um recurso restrito", o que você está realmente dizendo é "este é um recurso restrito com relação ao HTTP GET". O recurso está sempre restrito em um método HTTP por meio do próprio Método, embora você POSSA configurar a <web-resource-collection> de forma tal que TODOS os Métodos sejam restringidos, simplesmente não inserindo NENHUM elemento <http-method>.

O elemento <auth-constraint> NÃO define quais papéis têm autorização para acessar os recursos da <web-resource-collection>. Em vez disso, define quais papéis têm autorização para realizar a ***solicitação restrita****. Não pense nisso em termos de "Bob é um Member, então Bob pode acessar o servlet AddRecipe". Em vez disso, diga "Bob é um Member, então Bob pode realizar uma solicitação GET ou POST no servlet AddRecipe".*

Se você especificar um elemento <http-method>, todos os métodos HTTP que você NÃO especificar serão restritos!

O trabalho do servidor web é SERVIR, então, supõe-se que por padrão você queira que os Métodos HTTP sejam IRrestritos, a não ser que você diga explicitamente (usando <http-method>) que um determinado método deva ser restringido (para os recursos listados por <url-pattern>). Se você colocar APENAS um <http-method>GET</http-method> na restrição de segurança, então POST, TRACE, PUT, etc. não estarão restringidos! Isso significa que qualquer um, independentemente do papel de segurança (ou mesmo independentemente de se o cliente foi autenticado ou não), pode invocar esses Métodos HTTP.

MAS... isto só é verdadeiro APENAS se você tiver especificado pelo menos um elemento <http-method>. Se você NÃO especificar nenhum <http-method>, então estará restringindo TODOS os Métodos HTTP. (Você provavelmente nunca fará isso, porque o propósito de uma restrição de segurança é justamente restringir solicitações HTTP específicas para um determinado conjunto de recursos.)

É claro que os Métodos HTTP não funcionarão em um servlet, a não ser que você substitua o método doXXX(), então, se tiver apenas um doGet() no seu servlet, e especificar um elemento <http-element> apenas para GET, ninguém poderá fazer um POST da mesma forma, porque o servidor sabe que você não oferece suporte a POST.

Então, podemos modificar a regra um pouco para dizer: quaisquer Métodos HTTP suportados pelo seu servlet (porque você substituiu o método de serviço correspondente) serão permitidos, A NÃO SER QUE você faça uma destas duas coisas:

1) Não especificar NENHUM elemento <http-method> no <security-constraint>, o que significa que TODOS os Métodos serão restringidos.

2) Listar explicitamente o Método, usando o elemento <http-method>.

Regras chatas de <security-constraint> para subelementos de <auth-constraint>

Embora tenha a palavra *constraint* (restrição) no seu nome, este é o subelemento que especifica quais papéis têm PERMISSÃO para acessar os recursos web especificados pelo(s) subelemento(s) **<web-resource-collection>**.

O subelemento <auth-constraint> de <security-constraint>

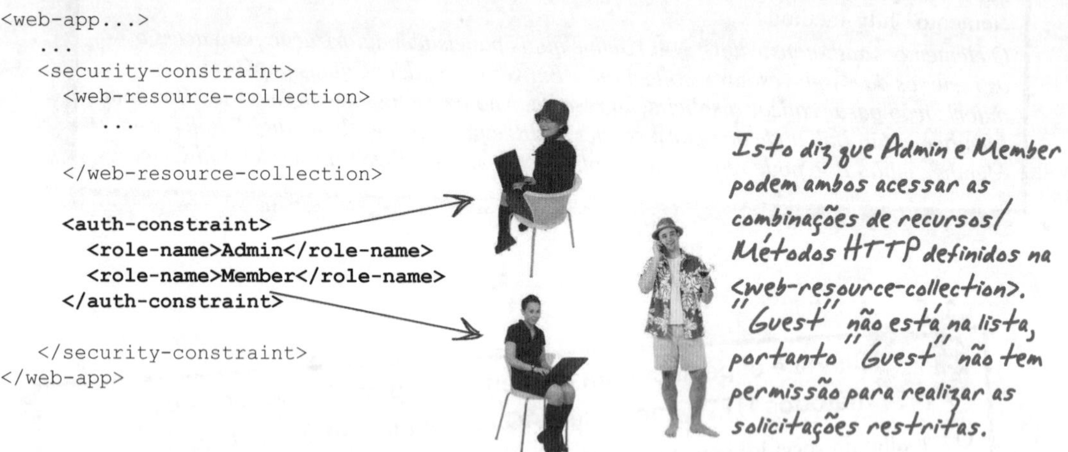

```
<web-app...>
  ...
  <security-constraint>
    <web-resource-collection>
      ...

    </web-resource-collection>

    <auth-constraint>
      <role-name>Admin</role-name>
      <role-name>Member</role-name>
    </auth-constraint>

  </security-constraint>
</web-app>
```

Isto diz que Admin e Member podem ambos acessar as combinações de recursos/Métodos HTTP definidos na <web-resource-collection>. "Guest" não está na lista, portanto "Guest" não tem permissão para realizar as solicitações restritas.

regras de <role-name>

- Dentro de um elemento <auth-constraint>, o elemento <role-name> é OPCIONAL.
- Se existirem elementos <role-name>, eles dizem ao Container quais papéis são PERMITIDOS.
- Se existir um elemento <auth-constraint> sem NENHUM elemento <role-name>, então NENHUM USUÁRIO É PERMITIDO.
- Se <role-name>*</role-name>, então TODOS os usuários são PERMITIDOS.
- Os nomes dos papéis são **sensíveis à caixa alta/baixa**.

regras de <auth-constraint>

- Dentro de um elemento <security-constraint>, o elemento <auth-constraint> é OPCIONAL.
- Se existir um elemento <auth-constraint>, o Container DEVE realizar autenticação para as URLs associadas.
- Se NÃO existir um <auth-constraint>, o Container DEVE permitir acesso não-autenticado para estas URLs.
- Para melhor legibilidade, você pode adicionar uma <description> dentro de <auth-constraint>.

Como o <auth-constraint> funciona

Conteúdo de <auth-constraint>	Quais papéis têm acesso	

`<security-constraint>`
`<auth-constraint>`
`<role-name>`**Admin**`</role-name>`
`<role-name>`**Member**`</role-name>`
`</auth-constraint>`
`</security-constraint>`
	Admin
	Member

`<security-constraint>`
`<auth-constraint>`
`<role-name>`**Guest**`</role-name>`
`</auth-constraint>`
`</security-constraint>`
	Guest	  

`<security-constraint>`
`<auth-constraint>`
`<role-name>`*****`</role-name>`
`</auth-constraint>`
`</security-constraint>`
	Todos	  

Se NÃO houver nenhum <auth-constraint>	**Todos**	  

`<security-constraint>`
`<auth-constraint>`
`</security-constraint>`
	Nenhum	 

Estes dois têm o MESMO efeito!

Êpa! Se você colocar uma tag vazia, então NENHUM papel terá acesso.

Não haver NENHUM <auth-constraint> é o oposto de um <auth-constraint/> VAZIO!

Lembre-se disto: se você não disser **quais** *papéis devam ser restringidos, então* **NENHUM** *papel será. Mas, assim que você insere um <auth-constraint>, então APENAS os papéis explicitamente indicados terão acesso permitido (a não ser que você use o coringa "*" para <role-name>). Se não quiser que NENHUM papel tenha acesso, você DEVE colocar o <auth-constraint/>, apenas deixando-o vazio. Isto diz ao Container: "Eu estou indicando explicitamente os papéis permitidos e, a propósito, nenhum é!"*

Como múltiplos elementos <security-constraint> interagem

Bem quando você tinha pensado que já estava dominando <security-constraint>, você percebe que *múltiplos* elementos <security-constraint> podem acabar entrando em conflito. Observe os fragmentos de DD abaixo e imagine as diferentes combinações de configurações de <auth-constraint> que poderiam ser usadas. O que acontece, por exemplo, se *um* <security-constraint> *negar* acesso, enquanto que *outro* <security-constraint> explicitamente *concede* acesso... ao mesmo recurso restrito, para o mesmo papel? Qual <security-constraint> tem precedência? A tabela na página seguinte tem todas as respostas.

Múltiplos elementos <security-constraint> com os mesmos (ou parcialmente idênticos) padrões URL e elementos <http-method>

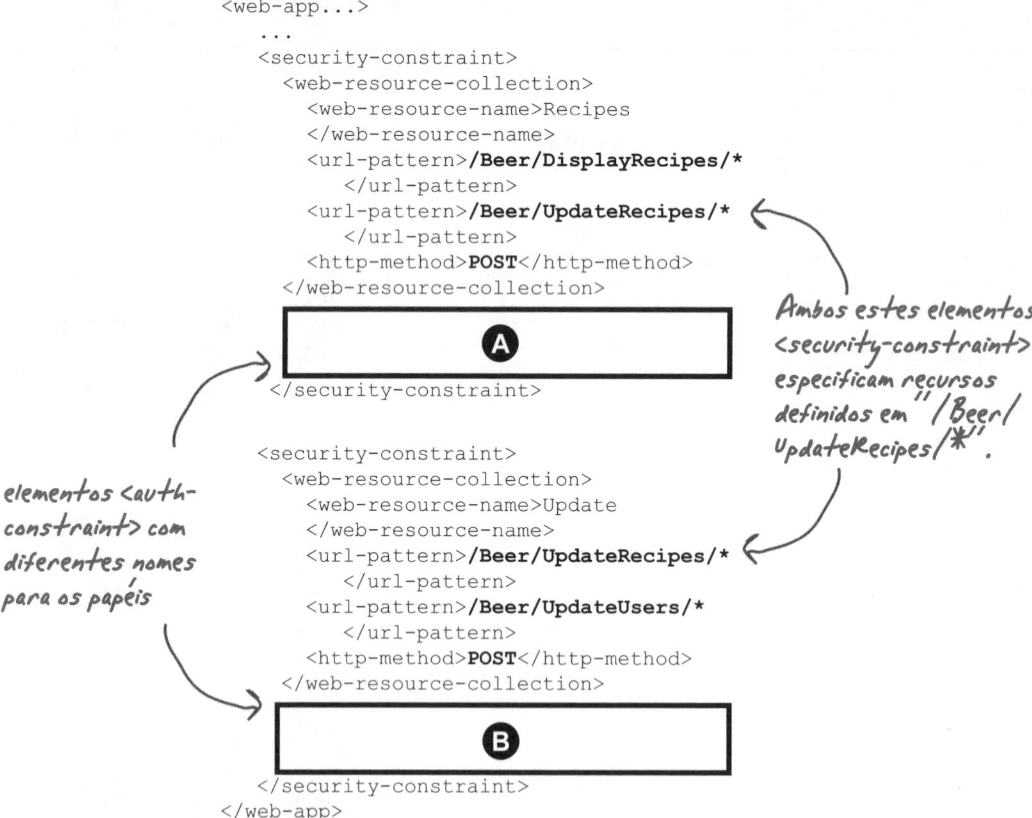

Como o container deve realizar a autorização quando o mesmo recurso é usado por mais de um <security-constraint>?

Elementos <auth-constraint> conflitantes

Se dois ou mais elementos <security-constraint> tiverem elementos <web-resource-collection> parcial ou totalmente conflitantes, eis como o container resolve o acesso aos recursos conflitantes. A e B referem-se ao DD na página anterior.

	Conteúdo de A	Conteúdo de B	Quem tem acesso a 'UpdateRecipes'
1	<auth-constraint> <role-name>**Guest**</role-name> </auth-constraint>	<auth-constraint> <role-name>**Admin**</role-name> </auth-constraint>	Guests e Admins 
2	<auth-constraint> <role-name>**Guest**</role-name> </auth-constraint>	<auth-constraint> <role-name>*****</role-name> </auth-constraint>	Todos  
3	<auth-constraint**/**> *tag vazia*	<auth-constraint> <role-name>**Admin**</role-name> </auth-constraint>	Ninguém 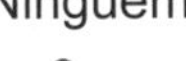  
4	***NENHUM elemento <auth-constraint>***	<auth-constraint> <role-name>**Admin**</role-name> </auth-constraint>	Todos  

Regras para a interpretação desta tabela:

1 Ao combinar nomes de papéis individuais, *todos* os nomes de papéis listados serão permitidos.

2 Um nome de papel de "*" combina com qualquer outra coisa para permitir acesso a *todos*.

3 Uma tag <auth-constraint> vazia se combina com *qualquer coisa* para não permitir acesso a ninguém! Em outras palavras, uma tag <auth-constraint> vazia sempre tem a última palavra!

4 Se um dos elementos <security-constraint> *não* tiver nenhum elemento <auth-constraint>, ele se combina com qualquer outra coisa para permitir acesso a *todos*.

> Quando dois diferentes elementos <auth-constraint> não-vazios se aplicam ao mesmo recurso restrito, o acesso é concedido à união entre todos os papéis de ambos os elementos <auth-constraint>.

Não existem Perguntas Idiotas

P: Eu entendo que colocar um elemento <auth-constraint/> vazio diz ao Container que NINGUÉM, de nenhum papel, pode acessar o recurso restrito. Mas não entendo POR QUE você faria isso. Para que serve um recurso que ninguém pode acessar?

R: Quando dissemos "NINGUÉM", queríamos dizer "ninguém DE FORA da aplicação web". Em outras palavras, um *cliente* não pode acessar o recurso restrito, mas uma outra parte da aplicação web *pode*. Você poderia querer usar um request dispatcher para encaminhar algo para outra parte da aplicação web, mas você nunca desejaria que os clientes pudessem requisitar esse recurso diretamente. Pense nos recursos 100% restritos como se fossem como os métodos privados de uma classe Java – para uso interno, somente.

P: Por que o elemento <auth-constraint> é colocado dentro de <security-constraint>, mas NÃO dentro do elemento <web-resource-collection>?

R: Desta maneira, você pode especificar um só elemento <auth-constraint> (que poderia incluir múltiplos papéis), e depois especificar múltiplas coleções de recursos para as quais a lista de papéis de <auth-constraint> aplicar-se-ia. Por exemplo, você poderia definir um <auth-constraint> para um papel de Frequent Buyer, e então colocar elementos <web-resource-collection> para todas as diferentes partes da aplicação web às quais um Frequent Buyer tem acesso especial.

P: Eu tenho mesmo que sentar e digitar cada um dos meus usuários, nome por nome, com as suas senhas e os seus papéis?

R: Se estiver usando o realm de memória de test do Tomcat, sim. Porém, no mundo real, é provável que você esteja usando um servidor de produção que lhe forneça uma conexão ao LDAP ou banco de dados onde as informações reais de segurança dos seus usuários estão armazenadas.

O servlet recipe de Alice, uma história sobre segurança programática...

Alice sabe que, na maioria dos casos, a segurança declarativa é a melhor solução. Ela é flexível, poderosa, portátil e robusta. À medida que as arquiteturas de aplicações web foram evoluindo, os servlets foram ficando mais e mais especializados. Antigamente, um *único* servlet seria usado para fornecer a lógica de negócios para dar suporte a funcionários e gerentes. Hoje em dia, estas funções provavelmente seriam divididas em pelo menos dois servlets distintos.

Mas, a sortuda Alice simplesmente herdou o "RecipeServlet" de alguém. Alice ouviu um boato dizendo que o RecipeServlet usa segurança programática, então, ela começa a verificar o código-fonte e encontra este fragmento...

```
if( request.isUserInRole("Manager")) {
  // crie a página UpdateRecipe
  ...

} else {
  // crie a página ViewRecipe
  ...

}
```

Quem colocou "Manager" como nome de um papel? E se a sua empresa tivesse papéis diferentes, cujos nomes o programador do servlet desconhece?

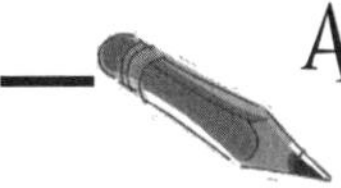

Aponte seu lápis

Quais são as implicações?

Pense no que você aprendeu até aqui neste capítulo, observe o pequeno fragmento de código acima, e tente responder as questões.

Que passo referente à segurança deve ser realizado *antes* deste fragmento rodar?

Que passo referente à segurança está implícito *neste* fragmento?

Qual a função, se é que há alguma, desempenhada pelo DD neste fragmento?

Como você acha que este código funciona?

E se o papel de "Manager" não existir no seu container?

Customizando métodos: isUserInRole()

No **HttpServletRequest**, três métodos são associados à segurança programática:

O **getUserPrincipal()**, que é usado principalmente com EJBs. Não iremos abordá-lo neste livro.*

O **getRemoteUser()**, que pode ser usado para verificar o status da autenticação. Não é usado normalmente, então não iremos abordá-lo neste livro (e não há nada que você precise saber sobre ele para o exame).

O **isUserInRole()**, que examinaremos *agora*. Em vez de autorizar no nível do método HTTP (GET, POST, etc.), você pode autorizar o acesso a *partes* de um método. Isto lhe fornece uma maneira de *customizar* como um método de serviço se comportará, com base no papel do usuário. Se você estiver neste método de serviço (doGet(), doPost(), etc.), significa que o usuário passou pela autorização declarativa, mas agora você deseja fazer algo no método de forma condicional, com base em se o usuário está em um determinado papel.

Acabei de receber este servlet do Stan, do departamento de contabilidade, e ele escreveu diretamente no código alguns papéis que nós nem **temos**. (que %$&# é um **superCliente**?) Não vou redefinir, de jeito nenhum, todos os papéis no meu container, só para poder usar o servlet idiota do Stan...

Como você combina papéis no DD com papéis em um servlet?

Como funciona:

1. Antes de isUserInRole() ser chamado, o usuário precisa ser **autenticado**. Se o método for chamado para um usuário que *não* estiver autenticado, o Container sempre retornará "falso".

2. O Container pega o argumento de isUserInRole(), neste exemplo, "Manager", e o compara aos papéis definidos para o usuário nesta solicitação.

3. Se o usuário *estiver* mapeado a este papel, o Container retorna "verdadeiro".

* Nós conhecemos, no entanto, um livro sobre EJB muito bom...

O lado declarativo da segurança programática

Há uma boa chance de que, quando um programador escreve nomes de papéis de segurança diretamente no código de um servlet (para usar como o argumento para isUserInRole()), o programador está apenas *inventando um nome qualquer*. Ou ele nem sequer *sabia* os nomes reais dos papéis, ou está escrevendo um componente reutilizável que será usado por mais de uma empresa, e essas empresas dificilmente terão os mesmos exatos nomes de papéis que o programador usou. (É claro que, se o programador realmente quisesse criar componentes *reutilizáveis*, escrever um nome de papel diretamente no código seria uma Péssima Idéia, mas vamos deixar isso para lá.)

Ocorre que o Deployment Descriptor tem um mecanismo para mapear nomes de papéis escritos diretamente no código (o que equivale a dizer *inventados*) de um *servlet* às declarações "oficiais" de <security-role> no seu *Container*. Imagine, por exemplo, que o programador tenha usado "Manager" como o argumento de isUserInRole(), mas a sua empresa usa "Admin" como o <security-role>, e você nem sequer tem um papel de segurança chamado "Manager". Assim, mesmo que não possa impedir um programador de escrever nomes de papéis diretamente no código, você pelo menos tem um remédio para quando os papéis escritos diretamente não coincidirem com os seus *reais* nomes de papéis. Porque, mesmo que você *tenha* o código-fonte do servlet, você realmente vai querer modificar, recompilar e testar novamente o seu código, só para mudar todas as ocorrências de "Manager" para "Admin"?

No servlet

```
if( request.isUserInRole("Manager")) {
    // crie a página UpdateRecipe
    ...

} else {
    // crie a página ViewRecipe
    ...

}
```

Neste caso, se o <security-role-ref> não existisse, isto falharia, porque não há nenhum <security-role> chamado "Manager".

No DD

```
<web-app...>
  <servlet>
    <security-role-ref>
     <role-name>Manager</role-name>
     <role-link>Admin</role-link>
    </security-role-ref>
   ...
   </servlet>
  ...

  <security-role>
    <role-name>Admin</role-name>
  </security-role>
  ...
</web-app>
```

O elemento <security-role-ref> mapeia nomes de papéis programáticos (escritos diretamente no código) a elementos declarativos <security-role>.

O Container usará um mapeamento com <security-role-ref> mesmo SE o nome programático coincidir com um nome "real" de <security-role>.

Quando o Container designa um argumento para "isUserInRole()", ele procura PRIMEIRO por um <security-role-ref> correspondente. Se encontrar um, é isso que o Container usa, mesmo que o nome escrito diretamente no código DE FATO coincida com um nome de <security-role>. Pense nisso – você poderia de fato TER um papel de segurança "Manager" na sua empresa, mas ele poderia significar algo completamente diferente daquilo que o programador tinha em mente. Assim, você poderia, por exemplo, mapear o "Manager" escrito no código a "Admin", e depois mapear um "Director" escrito no código a "Manager". Assim, o <security-role-ref> sempre tem precedência quando ambos incluem o mesmo <role-name>.

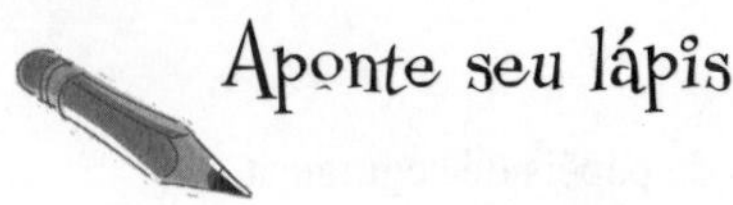

Suponha que todos os constraints abaixo tenham os mesmos elementos <url-pattern> e <http-method>. Com base nas combinações mostradas, decida quem poderá acessar diretamente o recurso restrito.

	Ninguém	Guest	Member	Admin	Todos
1 <security-constraint> ... **<auth-constraint>** **<role-name>Guest</role-name>** **</auth-constraint>** </security-constraint>					
2 <security-constraint> ... **<auth-constraint/>** </security-constraint>					
3 <security-constraint> ... **<auth-constraint>** **<role-name>Admin</role-name>** **</auth-constraint>** </security-constraint> <security-constraint> ... **<auth-constraint>** **<role-name>Guest</role-name>** **</auth-constraint>** </security-constraint>					
4 <security-constraint> ... **<auth-constraint>** **<role-name>Guest</role-name>** **</auth-constraint>** </security-constraint> <security-constraint> ... **<auth-constraint>** **<role-name>*</role-name>** **</auth-constraint>** </security-constraint>					
5 <security-constraint> ... **<auth-constraint>** **<role-name>Member</role-name>** **</auth-constraint>** </security-constraint> <security-constraint> ... </security-constraint> ← Assuma que NENHUM <auth-constraint> foi definido.					
6 <security-constraint> ... **<auth-constraint>** **<role-name>Member</role-name>** **</auth-constraint>** </security-constraint> <security-constraint> ... **<auth-constraint/>** </security-constraint>					

Tudo bem, então eu sei tudo sobre autorização, mas ainda não sei como a autenticação acontece, ou o que exatamente eu tenho que fazer para o Container pedir um nome e uma senha...

Autenticação revisitada

Para um Container J2EE, a autenticação se resume a isto: pedir um *nome* de usuário e uma *senha*, e depois verificar se eles estão *corretos*.

Na primeira vez que um usuário não-autenticado pedir um recurso restrito, o Container automaticamente iniciará o processo de autenticação. Há quatro tipos de autenticação que o Container pode fornecer, e a *principal* diferença entre eles é "O quão seguramente as informações de nome e senha são transmitidas?"

Os QUATRO tipos de autenticação

A autenticação **BASIC** transmite as informações de login em uma forma codificada (*não criptografada*). Isso pode *parecer* seguro, mas você provavelmente já sabe que, uma vez que o esquema de codificação (**base64**) é bastante conhecido, o BASIC fornece muito pouca segurança.

A autenticação **DIGEST** transmite as informações de login de uma forma mais segura, mas, pelo fato de o mecanismo de criptografia não ser muito usado, os containers J2EE não são obrigados a suportá-lo. Para mais informações sobre a autenticação DIGEST, consulte a IETF RFC 2617 (www.ietf.org/rfc/rfc2617.txt).

A autenticação **CLIENT-CERT** transmite as informações de login de uma forma extremamente segura, usando Certificados de Chave Pública (Public Key Certificates, ou PKC). A desvantagem deste mecanismo é que os seus clientes precisam ter um certificado antes de eles fazerem login no seu sistema. É bem raro que consumidores tenham um certificado, então, a autenticação CLIENT-CERT é usada principalmente em cenários de empresa para empresa.

Todos os três tipos acima – BASIC, DIGEST e CLIENT-CERT – usam o formulário pop-up padrão do browser para inserir o nome e a senha. Mas o quarto tipo, FORM, é diferente.

A autenticação **FORM** lhe permite criar o seu próprio formulário de login customizado a partir de qualquer coisa que seja HTML permitido. Mas... de todos os quatro tipos, as informações do formulário são transmitidas da forma menos segura. O username e a senha são enviados de volta na solicitação HTTP, *sem* criptografia.

Implementando a Autenticação

Esta é a parte simples – basta declarar o esquema de autenticação no DD. O principal elemento do DD para autenticação é o **<login-config>**.

Quatro exemplos de <login-config>:

```
<web-app...>
  ...
  <login-config>
    <auth-method>BASIC</auth-method>
  </login-config>
</web-app>
```

O BASIC é básico. Uma vez declarado este elemento no seu DD, o container faz o resto, requisitando automaticamente um username e uma senha quando um recurso restrito é requisitado.

— ou —

```
<web-app...>
  ...
  <login-config>
    <auth-method>DIGEST</auth-method>
  </login-config>
</web-app>
```

Se o seu container suportar o DIGEST, ele manipulará TODOS os detalhes.

— ou —

```
<web-app...>
  ...
  <login-config>
    <auth-method>CLIENT-CERT</auth-method>
  </login-config>
</web-app>
```

O CLIENT é fácil de configurar, mas os seus clientes deverão ter certificados. Mas, de fato, ele lhe fornece segurança EXTRAFORTE!

— ou —

```
<web-app...>
  ...
  <login-config>
    <auth-method>FORM</auth-method>
    <form-login-config>
      <form-login-page>/loginPage.html</form-login-page>
      <form-error-page>/loginError.html</form-error-page>
    </form-login-config>
  </login-config>
</web-app>
```

O FORM é o mais complicado de implementar; iremos examiná-lo com mais detalhes a seguir.

Com exceção de FORM, assim que você declara o elemento <login-config> no DD, a implementação da Autenticação está feita! (Supondo que você já configurou as informações de username/senha/papel no seu servidor.)

Autenticação Baseada em Formulários

Embora seja mais complicada de implementar do que as *outras* formas, a autenticação FORM não é tão ruim. Primeiramente, você cria o seu próprio formulário HTML customizado para o login do usuário (embora ele possa certamente ser gerado por um JSP). Em seguida, você cria uma página de erro HTML customizada para o Container usar quando o usuário cometer um erro de login. Finalmente, você junta os dois formulários no DD, usando o elemento <login-config>. Nota: se estiver usando a autenticação de formulário, certifique-se de ativar o SSL ou o tracking de sessão, ou o seu Container poderá não reconhecer o formulário de login quando este for retornado!

O que VOCÊ faz:

1. **Declara <login-config> no DD**
2. **Cria um formulário de login HTML**
3. **Cria um formulário de erro HTML**

Três entradas no formulário de login são a chave para a comunicação com o container:

— j_security_check

— j_username

— j_password

❶ No DD...

```
<login-config>
  <auth-method>FORM</auth-method>
  <form-login-config>
    <form-login-page>/loginPage.html</form-login-page>
    <form-error-page>/loginError.html</form-error-page>
  </form-login-config>
</login-config>
```

❷ Dentro de loginPage.html...

```
Please login daddy-o
<form method="POST" action="j_security_check">
  <input type="text" name="j_username">
  <input type="password" name="j_password">
  <input type="submit" value="Enter">
</form>
```

O Container exige que a solicitação HTTP armazene o nome do usuário em: j_username

Para o container funcionar, a ação do formulário de login HTML DEVE ser: j_security_check

O Container exige que a solicitação HTTP armazene a senha em: j_password

❸ Dentro de loginError.html...

```
<html><body>
  Sorry dude, wrong password
</body></html>
```

Não Relaxe! | **Você precisa saber tudo nesta página para o exame!**

Resumo dos tipos de Autenticação

Esta tabela resume os principais atributos dos quatro tipos de autenticação. "Spec" refere-se a se o tipo do mecanismo de autenticação em questão é definido na especificação HTTP ou na J2EE. (Dica: você terá que se lembrar desta tabela quando for fazer o exame.)

Tipo	Spec	Integridade dos Dados	Comentários
BASIC	HTTP	Base64 – fraca	Padrão HTTP, todos os browsers o suportam.
DIGEST	HTTP	Mais forte – mas sem SSL	Opcional para containers HTTP e J2EE.
FORM	J2EE	Muito fraca, sem criptografia	Permite o uso de uma tela de login customizada.
CLIENT-CERT	J2EE	Forte – chave pública (PKC)	Forte, mas os usuários deverão ter certificados.

Não existem Perguntas Idiotas

P: O que a integridade dos dados tem a ver com a Autenticação?

R: Quando você está autenticando um usuário, este lhe envia o seu username e senha. A **integridade dos dados** e a **confidencialidade** referem-se a até que ponto um espião pode roubar ou modificar estas informações. Em instantes, falaremos sobre como implementar a integridade dos dados e a confidencialidade durante o login.

A *integridade* dos dados significa que os dados que chegam são os mesmos que foram enviados. Em outras palavras, ninguém os modificou no caminho. A *confidencialidade* dos dados significa que ninguém mais pode ver os dados durante o percurso. Na maioria dos casos, no entanto, trataremos a integridade dos dados *e* a confidencialidade como um só objetivo – coisas que você precisa fazer para *proteger os dados durante a transmissão.*

Aponte seu lápis

Preencha as lacunas para esta aplicação de autenticação baseada em formulário. Isto é apenas para ajudá-lo a *memorizar* as partes do DD relacionadas à autenticação e o formulário HTML. (As respostas estão na página anterior.)

DD

```
<login-config>
  <auth-method>[      ]</auth-method>
  <form-login-config>
    <[          ]>/loginPage.html<[          ]
>
    <form-error-page>/loginError.html</form-error-
page>
  </form-login-config>
</login-config>
```

HTML

```
Please login daddy-o
<form method="POST" action=[          ]>
  <input type="text" name=[          ]>
  <input type="password" name="j_password">
  <input type="submit" value="Enter">
</form>
```

A autenticação baseada em formulários não tem nenhuma proteção para os dados. Mas eu não quero usar aquela janela horrorosa de login do browser que os outros três tipos de autenticação usam. Se pelo menos houvesse uma forma de usar o meu próprio formulário customizado, mas ainda assim protegendo o username e a senha quando eles forem enviados de volta...

Ela não conhece a "conexão de camada de transporte protegida" do J2EE

Não entre em pânico. Você pode ter o seu formulário de login customizado e seguro. Os dados de login ainda são ***dados***, então você pode proteger a segurança deles da mesma forma que você protegeria um número de cartão de crédito em uma loja virtual – usando os recursos de integridade de dados e de confidencialidade compatíveis com o J2EE do seu Container.

Protegendo a segurança dos dados em trânsito: HTTPS em ação

Quando você diz a um Container J2EE que deseja implementar a confidencialidade e/ou integridade dos dados, a especificação J2EE garante que os dados a serem transmitidos viajarão através de uma "**conexão de camada de transporte protegida**". Em outras palavras, os Containers não são *obrigados* a usar nenhum protocolo específico para manipular transmissões seguras, mas, na prática, quase todos usam HTTPS, em vez de SSL.

solicitação HTTP – *não segura*

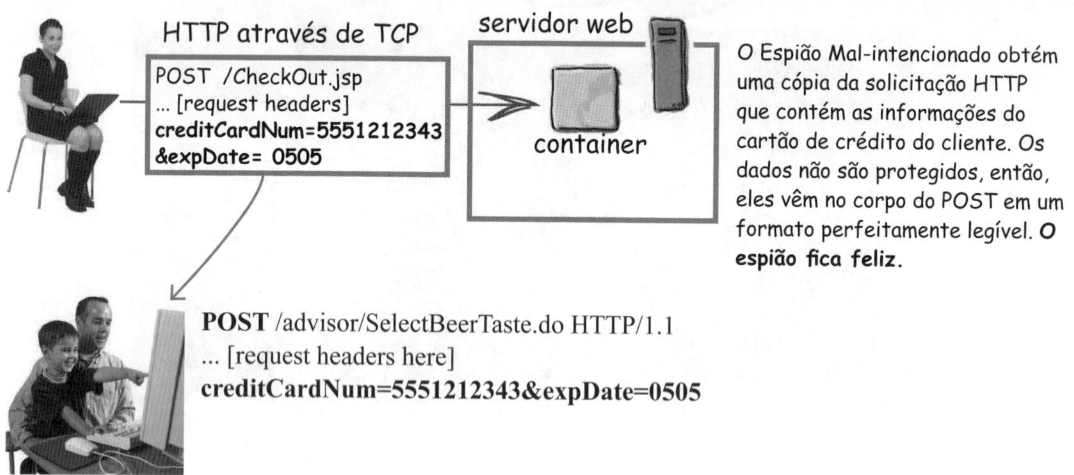

Uma solicitação *segura* HTTPS através de SSL

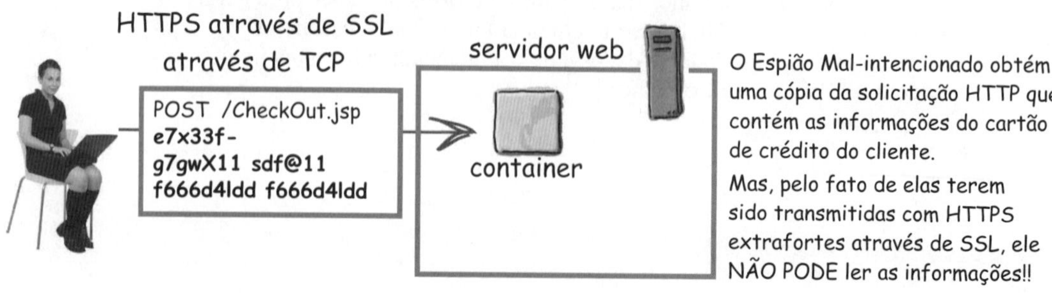

NÃO me diga que, se eu decidir usar proteção de dados, ela criptografa TODAS as solicitações e respostas na minha aplicação...

Aponte seu lápis

Pense no que foi abordado neste capítulo. Para a sua aplicação web ser rápida, eficiente e segura, você terá que responder a algumas questões... (não há respostas para este exercício; você deve descobri-las).

Você precisa que cada solicitação e resposta sejam seguras? Se não, quais partes da sua aplicação precisam de transmissões seguras? ________________

O que você acha que a confidencialidade dos dados significa? ________________

O que você acha que a integridade dos dados significa? ________________

Se você pudesse aplicar medidas de segurança de transmissão a apenas algumas solicitações e respostas, como você desejaria dizer ao Container *quais* solicitações e respostas são essas? ________________

____

Você consegue pensar em quaisquer outros elementos do DD que funcionem no mesmo nível de granularidade que você deseja para declarar transmissões protegidas? ________________

Como implementar confidencialidade e integridade de dados caso a caso e declarativamente

Mais uma vez, observaremos o DD. Na verdade, usaremos o nosso velho amigo **<security-constraint>** para a confidencialidade e a integridade, adicionando um elemento chamado **<user-data-constraint>**. E quando você pára pra pensar, faz sentido – se estiver considerando a autorização para um recurso, você provavelmente irá considerar se quer os dados transmitidos de forma segura.

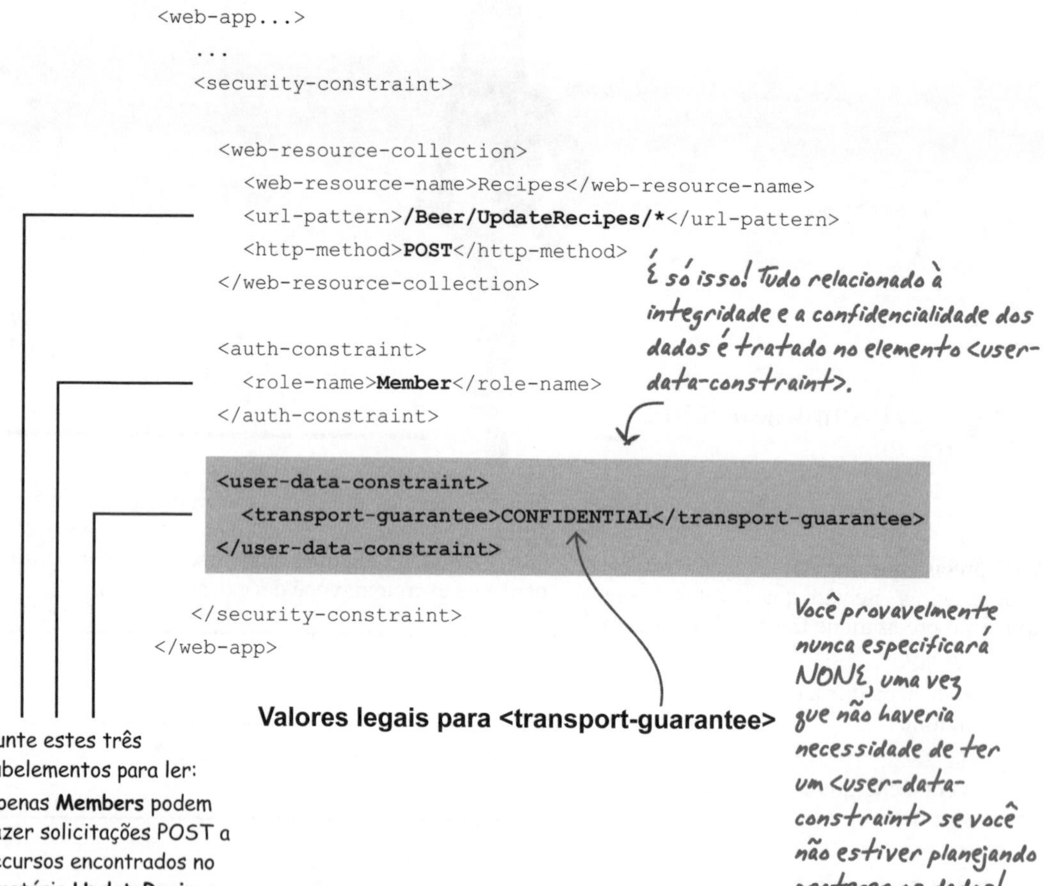

```
<web-app...>
  ...
  <security-constraint>

    <web-resource-collection>
      <web-resource-name>Recipes</web-resource-name>
      <url-pattern>/Beer/UpdateRecipes/*</url-pattern>
      <http-method>POST</http-method>
    </web-resource-collection>

    <auth-constraint>
      <role-name>Member</role-name>
    </auth-constraint>

    <user-data-constraint>
      <transport-guarantee>CONFIDENTIAL</transport-guarantee>
    </user-data-constraint>

  </security-constraint>
</web-app>
```

É só isso! Tudo relacionado à integridade e a confidencialidade dos dados é tratado no elemento <user-data-constraint>.
Você provavelmente nunca especificará NONE, uma vez que não haveria necessidade de ter um <user-data-constraint> se você não estiver planejando proteger os dados!
Junte estes três subelementos para ler: Apenas **Members** podem fazer solicitações POST a recursos encontrados no diretório **UpdateRecipes**, e certifique-se de que a transmissão é segura.

Valores legais para <transport-guarantee>

NONE
Este é o padrão, e significa que não haverá proteção dos dados.

INTEGRAL
Os dados não podem ser modificados ao longo do caminho.

CONFIDENTIAL
Os dados não podem ser vistos por ninguém ao longo do caminho.

NOTA: embora não garantido pela especificação, na prática quase todos os Containers usam o SSL para o transporte garantido, o que significa que tanto INTEGRAL como CONFIDENTIAL fazem a mesma coisa – qualquer um dos dois lhe fornece tanto confidencialidade quanto integridade. Uma vez que você só pode ter um <user-data-constraint> por <security-constraint>, algumas pessoas recomendam que você use CONFIDENTIAL, mas, novamente, isso provavelmente nunca fará diferença na prática, a não ser que você mude para um novo (e incomum) Container que não use SSL para transporte garantido.

Espere aí... como é possível garantir que os dados da **solicitação** sejam confidenciais? O Container só fica sabendo que ele deve proteger a transmissão DEPOIS de o cliente fazer a solicitação...

Protegendo os dados da solicitação

Lembre-se de que, no DD, o <security-constraint> refere-se ao que acontece *após* a solicitação. Em outras palavras, o cliente já fez a solicitação quando o Container começa a olhar os elementos <security-constraint> para decidir como responder. *Os dados da solicitação já foram enviados através da conexão.* Como é possível lembrar o browser de que "ah, a propósito... se por acaso o usuário requisitar *este* recurso, mude para os sockets seguros (SSL) *antes* de enviar a solicitação".

O que você pode fazer?

Você já sabe como forçar o cliente a receber uma tela de login – definindo um recurso restrito no DD, o Container automaticamente iniciará o processo de autenticação quando um usuário não-autenticado fizer a solicitação.

Então, agora temos que descobrir como proteger os dados vindos de uma solicitação... até mesmo (e, às vezes, *principalmente*) quando o cliente ainda não tiver feito o login.

Poderíamos querer proteger os seus dados de login!

Vamos ver como tudo isso funciona...

O cliente não-autorizado requisita um recurso restrito que NÃO tem garantia de transporte

1

O cliente requisita /BuyStuff.jsp, que foi configurado no DD com um <security-constraint>.

O Container verifica o <security-constraint> e percebe que /BuyStuff é um recurso restrito... o que significa que o usuário DEVE ser autenticado. O Container descobre que NÃO há garantia de transporte para esta solicitação.

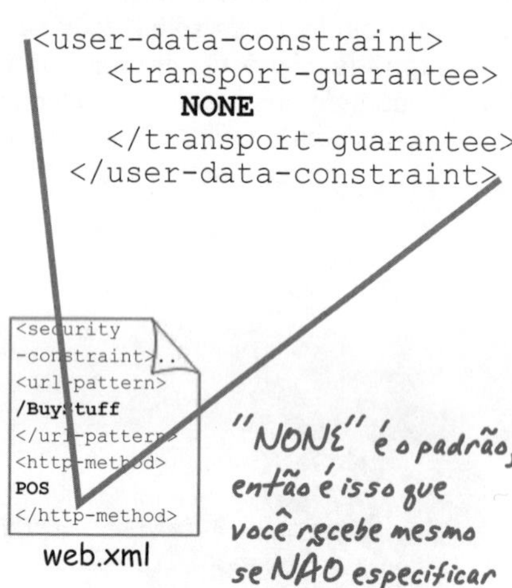

HTTP através de TCP

POST /BuyStuff.jsp

container

"NONE" é o padrão, então é isso que você recebe mesmo se NÃO especificar um elemento DD para <transport-guarantee>

2

O Container envia um 401, que diz ao browser para obter informações de login do usuário, como resposta ao cliente.

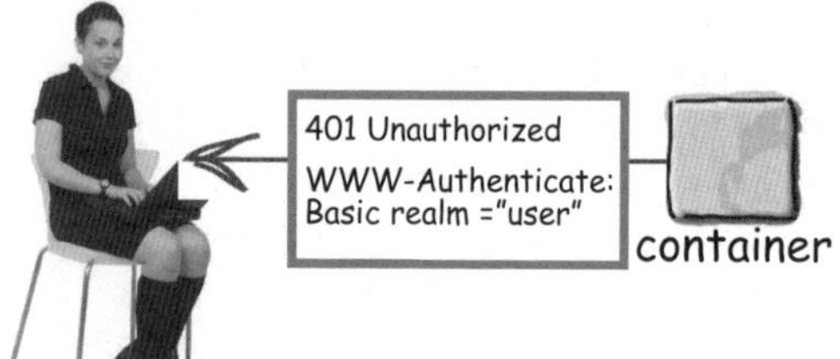

3

O browser faz a mesma solicitação novamente, mas desta vez com as informações de login do usuário no header.

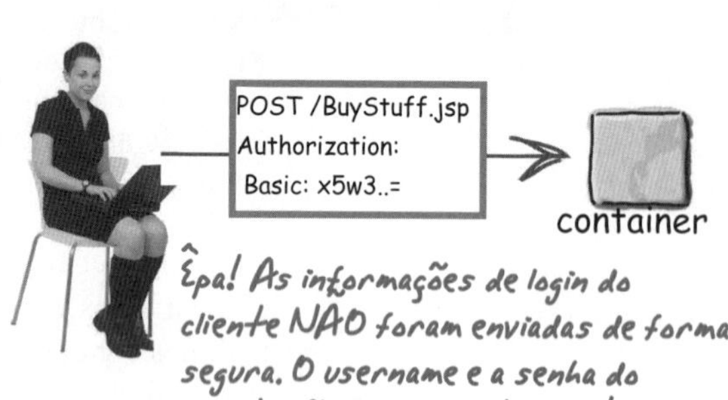

Êpa! As informações de login do cliente NÃO foram enviadas de forma segura. O username e a senha do cliente não foram protegidos!

4

O Container autentica o cliente (verifica se o username e a senha coincidem com os dados do usuário configurados no servidor). Em seguida, o Container autoriza a solicitação para certificar-se de que o usuário em questão está em um papel que tem permissão para obter o recurso restrito. Tudo está certo, então a resposta é enviada.

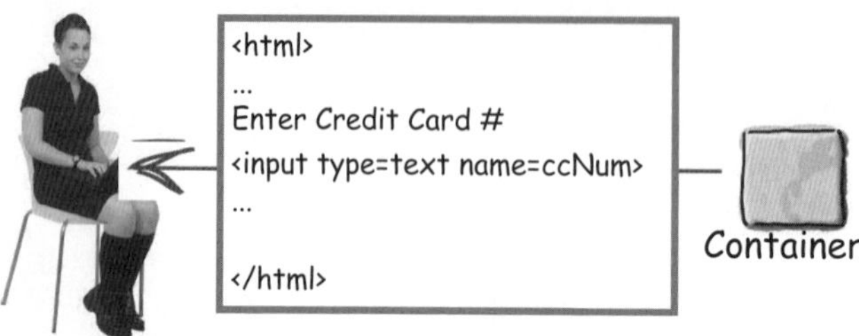

O cliente não-autorizado requisita um recurso restrito, que tem uma garantia de transporte de CONFIDENCIALIDADE

O cliente requisita /BuyStuff.jsp, um recurso restrito que tem também uma garantia de transporte.

O Container vê que este recurso restrito tem uma garantia de transporte. O Container percebe que a solicitação NÃO chegou de forma segura...

1

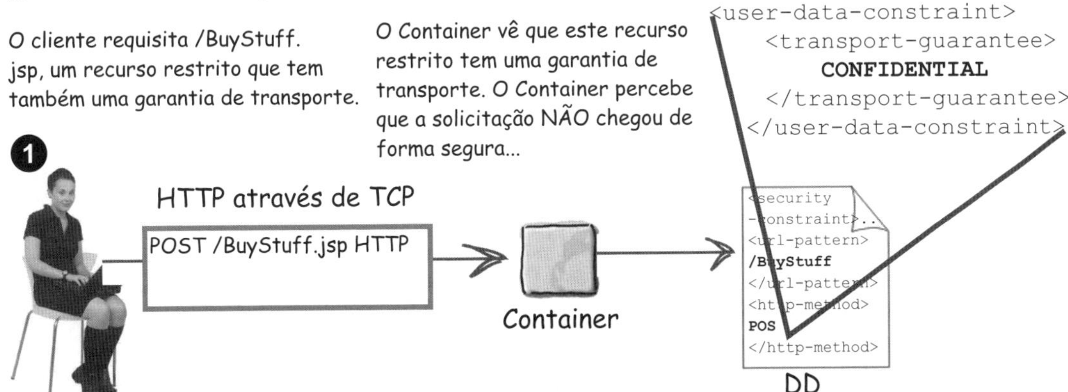
<user-data-constraint>
<transport-guarantee>
CONFIDENTIAL
</transport-guarantee>
</user-data-constraint>
HTTP através de TCP
POST /BuyStuff.jsp HTTP
Container
DD

2 O Container envia um 301, que diz ao browser para redirecionar a solicitação usando um transporte seguro, como resposta ao cliente.

301 Redirect
Location:HTTPS://...
Container

Sim, o "301" é usado para redirecionamentos normais, mas é TAMBÉM a forma pela qual o Container diz ao browser: "Amigo, volte através de uma conexão segura da próxima vez e DAÍ veremos se podemos conversar..."

3 O browser faz a mesma solicitação novamente, mas, desta vez, através de uma conexão segura. Em outras palavras, o recurso permanece o mesmo, mas o protocolo agora é o HTTPS.

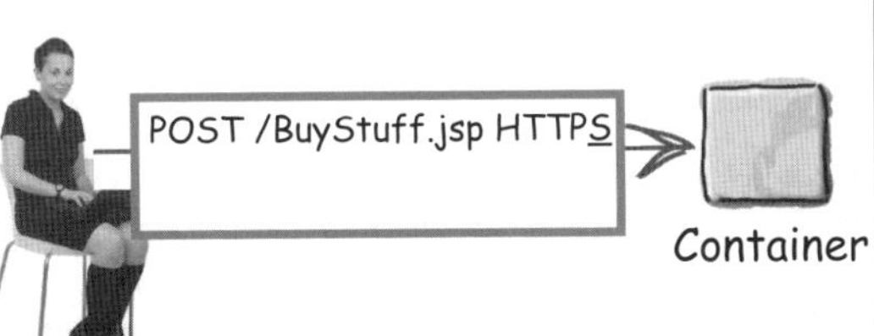
POST /BuyStuff.jsp HTTPS
Container

4 **Agora**, o Container vê que o recurso é restrito, e que o usuário não foi autenticado. Então, **agora** o Container inicia o processo de autenticação, enviando um "401" ao browser...

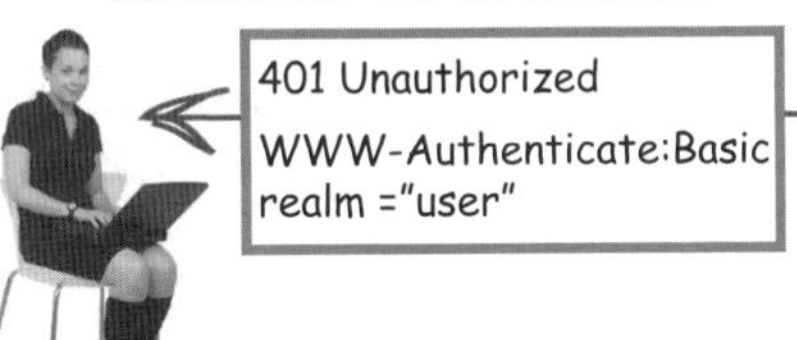
401 Unauthorized
WWW-Authenticate:Basic realm ="user"
Container

5 O browser **torna** a fazer a mesma solicitação (sim, pela TERCEIRA vez), mas **desta** vez a solicitação tem os dados de login do usuário no header E a solicitação chega através de uma conexão segura. Então, **desta** vez os dados de login do cliente são transmitidos de forma segura!

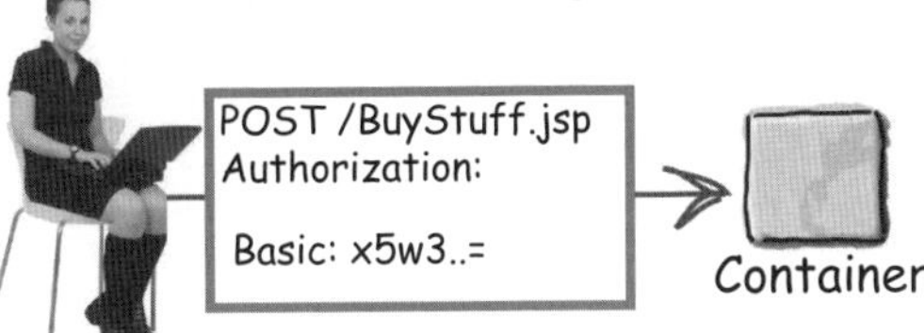
POST /BuyStuff.jsp
Authorization:
Basic: x5w3..=
Container

Resumindo: quando chega uma solicitação, o Container procura PRIMEIRO em <transport-guarantee>, e, se HOUVER uma, ele tenta resolver essa questão perguntando primeiro: "Esta solicitação chegou através de uma conexão segura?" Se não, o Container nem se dá ao trabalho de procurar por informações de autenticação/autorização. Ele simplesmente diz ao cliente: "Volte depois quando estiver seguro, e aí conversaremos..."

Para certificar-se de que as informações de login do usuário são submetidas ao servidor de forma segura, coloque uma garantia de transporte em TODOS os recursos restritos que possam iniciar o processo de login!

Lembre-se, quando você usar autenticação declarativa, o cliente nunca faz uma solicitação direta para o login. O cliente dispara o processo de login/autenticação requisitando um recurso restrito. Assim, se quiser certificar-se de que os dados de login do seu cliente chegarão ao servidor através de uma conexão segura, você precisa colocar uma <transport-guarantee> em TODOS os recursos restritos que possam disparar o formulário de login para o cliente!

Dessa maneira, o Container receberá a solicitação pelo recurso restrito, mas, ANTES de dizer ao browser para obter os dados de login do cliente, o Container diz a ele: "Você não deveria nem sequer FAZER esta solicitação sem estar usando uma conexão segura." Então, quando o cliente retorna, o Container AGORA diz: "Bom, estou vendo que você está em uma conexão segura, mas ainda assim preciso dos dados de autenticação do usuário." O browser apresenta o formulário de login para o usuário, obtém as suas informações, e envia de volta esta TERCEIRA solicitação, através de uma conexão segura.

Não existem
Perguntas Idiotas

P: **Eu não entendo por que o Container retorna um REDIRECT (301) ao cliente quando a solicitação chega sem uma conexão segura. Isto simplesmente não faz redirecionar de volta para a mesma solicitação original?**

R: Normalmente, você pensa no redirecionamento como significando "ei, browser, vá para uma URL *diferente*, em vez dessa". O redirecionamento é invisível ao cliente, lembre-se; o browser do cliente automaticamente faz a nova solicitação para a URL especificada no header redirect (301) que vem do servidor.

Mas, com a segurança de transporte é um pouco diferente. Em vez de dizer ao browser do cliente "redirecione para um recurso *diferente*", o Container diz: "redirecione para o *mesmo* recurso, mas com um protocolo *diferente* – use HTTP***S*** em vez de HTTP".

P: **Então, o HTTPS através do SSL já vem embutido de alguma forma no Container?**

R: Não é garantido pela especificação, mas é bastante provável que o seu Container esteja usando HTTPS através do SSL (sockets seguros). ***Mas isto não será necessariamente automático!*** Você provavelmente terá que configurar o SSL no seu Container e, mais importante – você precisa de um certificado!

Você terá que verificar na documentação do seu Container, mas é provável que o seu Container possa gerar um certificado que você poderá usar para testes, mas, para produção, você terá que obter uma certificação de Chave Pública a partir de uma fonte "oficial", como o VeriSign.

(Os certificados e os protocolos de segurança, como o HTTPS e o SSL, vão muito além do escopo do exame, a propósito. Só será cobrado que você saiba o que tem que fazer no DD, e por quê. Não se espera que você seja um especialista em sys-admin e segurança de redes.)

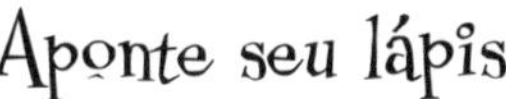

Aponte seu lápis

Configure os aspectos de segurança de uma aplicação web, preenchendo os três blocos no DD abaixo. A aplicação web deverá ter o seguinte comportamento:

Você quer que todos possam fazer um GET nos recursos dentro do diretório Beer/UpdateRecipes (incluindo quaisquer subdiretórios), mas quer que APENAS os que tiverem o papel de segurança "Admin" possam realizar um POST nos recursos dentro desse diretório. Além disso, você deseja que os dados sejam protegidos, de forma que ninguém possa espionar.

```
<web-app...>

  <security-constraint>

  </security-constraint>

...
</web-app>
```

Preencha a seguinte tabela com os elementos DD relevantes. Você verá as respostas ao virar a página (e nem sequer *OLHE* a página seguinte!).

Objetivo de segurança	O que você colocaria no DD
Você deseja que o Container faça autenticação BASIC automaticamente.	
Você deseja usar a sua própria página customizada de formulário, chamada "loginPage.html" (e distribuída diretamente na raiz da aplicação web), e deseja que "loginError.html" seja exibida, caso o cliente não possa ser autenticado.	
Você deseja restringir tudo que tiver uma extensão ".do" para que todos os clientes possam fazer um GET, mas apenas Members possam fazer um POST.(NÃO é preciso incluir os elementos do DD necessários para configurar as informações de login.)	
Você deseja restringir tudo dentro do diretório *foo/bar*, de modo que apenas os usuários com um papel de segurança Admin possam invocar QUAISQUER métodos HTTP para esses recursos.(NÃO é preciso incluir os elementos do DD necessários para configurar as informações de login.)	

Respostas

Você quer que todos possam fazer um GET nos recursos dentro do diretório Beer/UpdateRecipes (incluindo quaisquer subdiretórios), mas quer que APENAS os que tiverem o papel de segurança "Admin" possam realizar um POST nos recursos dentro desse diretório. Além disso, você deseja que os dados sejam protegidos, de forma que ninguém possa espionar.

```
<web-app...>

  <security-constraint>

    <web-resource-collection>
       <web-resource-name>Recipes</web-resource-name>
       <url-pattern>/Beer/UpdateRecipes/*</url-pattern>
       <http-method>POST</http-method>
    </web-resource-collection>

    <auth-constraint>
       <role-name>Member</role-name>
    </auth-constraint>

    <user-data-constraint>
       <transport-guarantee>CONFIDENTIAL</transport-guarantee>
    </user-data-constraint>

  </security-constraint>

...
</web-app>
```

Lembre-se, o padrão URL para diretórios protegidos tem que terminar com um "/*".

Se você não especificasse NENHUM <auth-constraint>, TODOS seriam capazes de realizar um POST. Inserir Admin significa que apenas Admin pode acessar a combinação do padrão URL com o Método HTTP.

Você poderia ter escrito INTEGRAL, aqui e para praticamente todos os Containers, que teria a confidencialidade do mesmo jeito, porque os Containers usam SSL para executar a garantia de transporte (embora isso não seja garantido pela especificação).

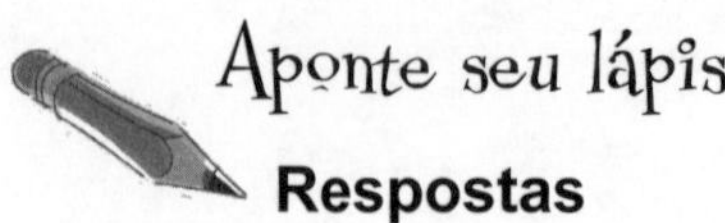

Respostas

<table>
<tr><th>Objetivo de segurança</th><th>O que você colocaria no DD</th></tr>
<tr><td>Você deseja que o Container faça autenticação BASIC automaticamente.</td><td><pre>
<web-app...>
  ...
  <login-config>
    <auth-method>BASIC</auth-method>
  </login-config>
</web-app>
</pre></td></tr>
<tr><td>Você deseja usar a sua própria página customizada de formulário, chamada “loginPage.html” (e distribuída diretamente na raiz da aplicação web), e deseja que “loginError.html” seja exibida, caso o cliente não possa ser autenticado.</td><td><pre>
<web-app...>
  ...
  <login-config>
    <auth-method>FORM</auth-method>
    <form-login-config>
      <form-login-page>/loginPage.html</form-login-page>
      <form-error-page>/loginError.html</form-error-page>
    </form-login-config>
  </login-config>
</web-app>
</pre></td></tr>
<tr><td>Você deseja restringir tudo que tiver uma extensão “.do” para que todos os clientes possam fazer um GET, mas apenas Members possam fazer um POST.(NÃO é preciso incluir os elementos do DD necessários para configurar as informações de login.)
Você configura duas coisas: um recurso restrito (por exemplo, o padrão URL mais o método HTTP) e <auth-constraint> que define o papel de segurança que pode acessar o <http-method> especificado no <url-pattern> especificado.</td><td><pre>
<web-app...>
  ...
  <security-constraint>
    <web-resource-collection>
      <web-resource-name>CoolThings</web-resource-name>
      <url-pattern>*.do</url-pattern>
      <http-method>POST</http-method>
    </web-resource-collection>
    <auth-constraint>
      <role-name>Member</role-name>
    </auth-constraint>
  </security-constraint>
</web-app>
</pre>Usamos o padrão URL de extensão que sempre inicia com um asterisco (*)</td></tr>
<tr><td>Você deseja restringir tudo dentro do diretório foo/bar, de modo que apenas os usuários com um papel de segurança Admin possam invocar QUAISQUER métodos HTTP para esses recursos.(NÃO é preciso incluir os elementos do DD necessários para configurar as informações de login.)</td><td><pre>
<web-app...>
  ...
  <security-constraint>
    <web-resource-collection>
      <web-resource-name>Stuff</web-resource-name>
      <url-pattern>/foo/bar/*</url-pattern>
    </web-resource-collection>

    <auth-constraint>
      <role-name>Admin</role-name>
    </auth-constraint>
  </security-constraint>
</web-app>
</pre>Omitimos <http-method> para que TODOS os métodos HTTP sejam restringidos como sendo acessíveis apenas para aqueles no papel Admin.</td></tr>
</table>

Aponte seu lápis

Respostas

	Ninguém	Guest	Member	Admin	Todos
1 <security-constraint> ... **<auth-constraint>** **<role-name>Guest</role-name>** **</auth-constraint>** </security-constraint>		X			
2 <security-constraint> ... **<auth-constraint/>** </security-constraint>	X				
3 <security-constraint> ... **<auth-constraint>** **<role-name>Admin</role-name>** **</auth-constraint>** </security-constraint> <security-constraint> ... **<auth-constraint>** **<role-name>Guest</role-name>** **</auth-constraint>** </security-constraint>		X		X	
4 <security-constraint> ... **<auth-constraint>** **<role-name>Guest</role-name>** **</auth-constraint>** </security-constraint> <security-constraint> ... **<auth-constraint>** **<role-name>*</role-name>** **</auth-constraint>** </security-constraint>					X
5 <security-constraint> ... **<auth-constraint>** **<role-name>Member</role-name>** **</auth-constraint>** </security-constraint> <security-constraint> ... </security-constraint> ← Assuma que NENHUM <auth-constraint> foi definido.					X
6 <security-constraint> ... **<auth-constraint>** **<role-name>Member</role-name>** **</auth-constraint>** </security-constraint> <security-constraint> ... **<auth-constraint/>** </security-constraint>	X				

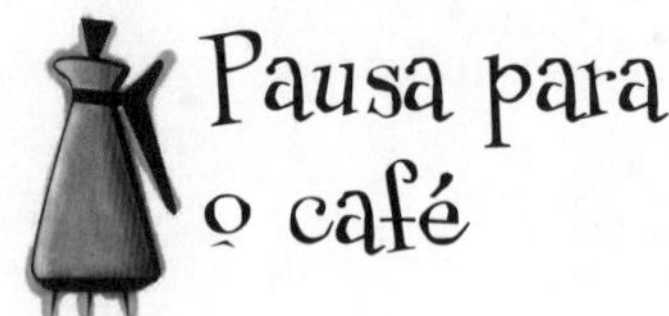

Teste Preparatório – Capítulo 12

---

1 Quais mecanismos de segurança sempre operam, independentemente da camada de transporte? (Escolha todas as que se aplicam.)

- [ ] A. autorização
- [ ] B. integridade dos dados
- [ ] C. autenticação
- [ ] D. confidencialidade

---

2 Dado um deployment descriptor com três elementos **<security-constraint>** válidos, todos eles restringindo o recurso web A, cujos respectivos subelementos **<auth-constraint>** são:

```
<auth-constraint/>
          <role-name>Bob</role-name>
</auth-constraint>
<auth-constraint/>
  <auth-constraint>
          <role-name>Alice</role-name>
</auth-constraint>
```

Quem pode acessar o recurso A?

- [ ] A. ninguém
- [ ] B. todos
- [ ] C. somente Bob
- [ ] D. somente Alice
- [ ] E. somente Bob e Alice
- [ ] F. todos menos Bob ou Alice

3 Quais atividades seriam abordadas pelo mecanismo de integridade de dados de um container J2EE 1.4? (Escolha todas as que se aplicam.)

- [ ] A. Verificar se um determinado usuário tem acesso permitido a uma determinada página HTML.
- [ ] B. Garantir que espiões não possam ler uma mensagem HTTP transmitida do cliente para o container.
- [ ] C. Verificar se o cliente que faz a solicitação por um JSP restrito tem o devido papel credenciado para acessar o JSP.
- [ ] D. Garantir que hackers não possam alterar o conteúdo de uma mensagem HTTP enquanto ela está em trânsito do container para o cliente.

4 Quais são os campos obrigatórios no formulário de login quando se usa a Autenticação Baseada em Formulário? (Escolha todas as que se aplicam.)

- [ ] A. `pw`
- [ ] B. **id**
- [ ] C. `j_pw`
- [ ] D. `j_id`
- [ ] E. `password`
- [ ] F. `j_password`

5 Quais tipos de autenticação requerem um tipo específico de ação HTML? (Escolha todas as que se aplicam.)

- [ ] A. Autenticação HTTP Basic
- [ ] B. Autenticação Baseada em Formulário
- [ ] C. Autenticação HTTP Digest
- [ ] D. Autenticação HTTPS Client

6 Quais mecanismos de segurança podem ser implementados usando-se um método da interface **HttpServletRequest**? (Escolha todas as que se aplicam.)

- [ ] A. autorização
- [ ] B. integridade dos dados
- [ ] C. autenticação
- [ ] D. confidencialidade

7 Qual método de **HttpServletRequest** está mais proximamente associado ao uso do elemento **<security-role-ref>**?

- [ ] A. **getHeader**
- [ ] B. **getCookies**
- [ ] C. **isUserInRole**
- [ ] D. **getUserPrincipal**
- [ ] E. **isRequestedSessionIDValid**

8 Que elementos do deployment descriptor podem conter um subelemento **<transport-guarantee>**? (Escolha todas as que se aplicam.)

- [ ] A. **<auth-constraint>**
- [ ] B. **<security-role-ref>**
- [ ] C. **<form-login-config>**
- [ ] D. **<user-data-constraint>**

9 Que mecanismo de autenticação é recomendado para ser usado somente se os cookies ou o tracking de sessão SSL estiverem ativados?

- [ ] A. Autenticação HTTP Basic
- [ ] B. Autenticação Baseada em Formulário
- [ ] C. Autenticação HTTP Digest
- [ ] D. Autenticação HTTPS Client

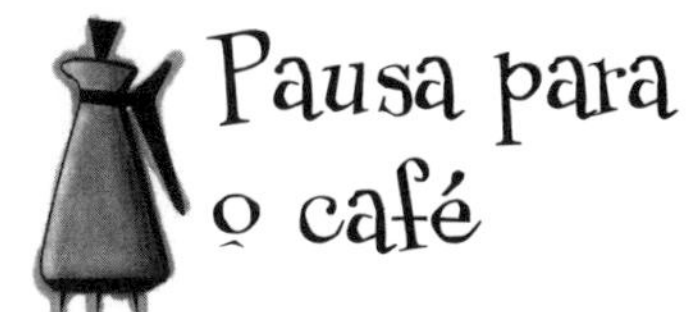

Respostas – Capítulo 12

---

1 Quais mecanismos de segurança sempre operam, independentemente da camada de transporte? (Escolha todas as que se aplicam.)

(especificação Servlet: cap. 12)

- ☑ A. autorização
- ☐ B. integridade dos dados
- ☐ C. autenticação
- ☐ D. confidencialidade

– A opção A está correta. A autorização opera completamente dentro do Container, uma vez ocorrida a autenticação. A autenticação pode afetar a camada de transporte, com base em como o elemento <auth-method> está configurado.

---

2 Dado um deployment descriptor com três elementos `<security-constraint>` válidos, todos eles restringindo o recurso web A, cujos respectivos subelementos `<auth-constraint>` são:

(especificação Servlet, 12.8.1)

```
<auth-constraint/>
          <role-name>Bob</role-name>
</auth-constraint>
<auth-constraint/>
  <auth-constraint>
          <role-name>Alice</role-name>
</auth-constraint>
```

Quem pode acessar o recurso A?

- ☑ A. ninguém
- ☐ B. todos
- ☐ C. somente Bob
- ☐ D. somente Alice
- ☐ E. somente Bob e Alice
- ☐ F. todos menos Bob ou Alice

– A opção A está correta. A existência de um elemento <auth-constraint> vazio anula todos os outros elementos <auth-constraint> que se refiram ao recurso em questão, impedindo o acesso.

(especificação Servlet, 12.1)

3 Quais atividades seriam abordadas pelo mecanismo de integridade de dados de um container J2EE 1.4? (Escolha todas as que se aplicam.)

- [ ] A. Verificar se um determinado usuário tem acesso permitido a uma determinada página HTML.
- [ ] B. Garantir que espiões não possam ler uma mensagem HTTP transmitida do cliente para o container.
- [ ] C. Verificar se o cliente que faz a solicitação por um JSP restrito tem o devido papel credenciado para acessar o JSP.
- [x] D. Garantir que hackers não possam alterar o conteúdo de uma mensagem HTTP enquanto ela está em trânsito do container para o cliente.

– A opção B descreve a confidencialidade.
– A opção D está correta. Isto normalmente seria realizado através do uso do HTTPS.

(especificação Servlet, 12.5.3)

4 Quais são os campos obrigatórios no formulário de login quando se usa a Autenticação Baseada em Formulário? (Escolha todas as que se aplicam.)

- [ ] A. `pw`
- [ ] B. **id**
- [ ] C. `j_pw`
- [ ] D. `j_id`
- [ ] E. `password`
- [x] F. `j_password`

– A opção F está correta; a senha do usuário deve ser armazenada em um campo chamado j_password. Além disso, o nome do usuário deve ser armazenado em j_username.

(especificação Servlet, 12.5.3.1)

5 Quais tipos de autenticação requerem um tipo específico de ação HTML? (Escolha todas as que se aplicam.)

- [ ] A. Autenticação HTTP Basic
- [x] B. Autenticação Baseada em Formulário
- [ ] C. Autenticação HTTP Digest
- [ ] D. Autenticação HTTPS Client

– A opção B está correta. Para a autenticação baseada em formulário funcionar, a ação do formulário de login tem que ser j_security_check.

(especificação Servlet, 12.3)

6 Quais mecanismos de segurança podem ser implementados usando-se um método da interface **HttpServletRequest**? (Escolha todas as que se aplicam.)

- [x] A. autorização
- [ ] B. integridade dos dados
- [x] C. autenticação
- [ ] D. confidencialidade

– A opção A está correta. O método isUserInRole pode ser usado programaticamente, para ajudar a determinar se o papel do cliente está autorizado a acessar um dado recurso.

– A opção C está correta. O método getRemoteUser pode ser usado programaticamente, para ajudar a determinar se o cliente já foi autenticado.

(especificação Servlet, 12.3)

7 Qual método de **HttpServletRequest** está mais proximamente associado ao uso do elemento **<security-role-ref>**?

- [ ] A. **getHeader**
- [ ] B. **getCookies**
- [x] C. **isUserInRole**
- [ ] D. **getUserPrincipal**
- [ ] E. **isRequestedSessionIDValid**

– A opção C está correta. O elemento <security-role-ref> é usado para mapear papéis escritos diretamente no código de um servlet a papéis declarados no deployment descriptor. O método isUserInRole é usado em servlets para testar o conteúdo dos elementos <security-role-ref>.

(especificação Servlet, 13.4)

8 Que elementos do deployment descriptor podem conter um subelemento **<transport-guarantee>**? (Escolha todas as que se aplicam.)

- [ ] A. **<auth-constraint>**
- [ ] B. **<security-role-ref>**
- [ ] C. **<form-login-config>**
- [x] D. **<user-data-constraint>**

– A opção D está correta. Usa-se um elemento <transport-guarantee> dentro de um elemento <user-data-constraint> para especificar se uma coleção de recursos web deve ser transmitida usando-se um mecanismo como o SSL.

(especificação Servlet, 12.5.3.1)

9 Que mecanismo de autenticação é recomendado para ser usado somente se os cookies ou o tracking de sessão SSL estiverem ativados?

- [ ] A. Autenticação HTTP Basic
- [x] B. Autenticação Baseada em Formulário
- [ ] C. Autenticação HTTP Digest
- [ ] D. Autenticação HTTPS Client

– A opção B está correta. O tracking de sessões de login baseadas em formulário pode ser difícil de implementar, portanto recomenda-se um mecanismo de tracking de sessões separado.

13 filtros e wrappers

O poder dos filtros

Os filtros lhe permitem interceptar a solicitação. E se puder interceptar a *solicitação*, você poderá também controlar a *resposta*. E, melhor de tudo, o **servlet nem percebe o que aconteceu**. Ele nunca ficará sabendo que alguém intercedeu entre a solicitação do cliente e a invocação do método service() do servlet pelo Container. O que isso significa para você? Mais férias. Porque o tempo que você levaria reescrevendo apenas *um* dos seus servlets pode ser despendido, em vez disso, escrevendo e configurando um filtro com a capacidade de afetar *todos* os seus servlets. Adicionar tracking das solicitações do usuário a *todos* os servlets da sua aplicação? Sem problema. Manipular o output de cada *servlet* da sua aplicação? Sem problema. E você não precisa nem sequer *tocar* no código do servlet. Os filtros podem acabar sendo a ferramenta de desenvolvimento de aplicações web mais poderosa à sua disposição.

Filtros

3.3 Descrever o modelo de processamento de solicitações do Container Web; escrever e configurar um filtro; criar um wrapper de solicitação ou de resposta; e, dado um determinado problema de design, descrever a forma de se aplicar um filtro ou um wrapper.

11.1 Dada a descrição de um cenário com uma lista de questões, selecionar um padrão que resolva todas as questões. A lista de padrões que você deve conhecer é a seguinte: **Intercepting Filter**, *Model-View-Controller, Front Controller, Service Locator, Business Delegate e Transfer Object.*

11.2 Combinar padrões de design com declarações que descrevam potenciais benefícios advindos do uso do padrão, para qualquer um dos seguintes padrões: **Intercepting Filter**, *Model-View-Controller, Service Locator, Business Delegate e Transfer Object.*

Notas sobre a Abrangência:

Este objetivo é abordado completamente neste capítulo.

Os filtros, que são abordados neste capítulo, são um exemplo do padrão (imagine só) Intercepting Filter. Só abordaremos informações específicas de cada padrão no capítulo dedicado a eles, mas é NESTE capítulo que você verá de fato um design que demonstra o padrão Intercepting Filter.

Aprimorando toda a aplicação web

Em alguns casos, você terá que aprimorar o seu sistema em maneiras que compreenderão muitos casos ou requerimentos de uso diferentes. Por exemplo, você poderia desejar manter um registro dos tempos de resposta do seu sistema, marcados em todas as suas diferentes interações com os usuários.

Recebi boas e más notícias hoje. A boa é que o novo recurso "Adicionar sua receita favorita" no site da Cerveja se tornou bastante popular! A má é que o chefe agora quer que mantenhamos registro de todos os usuários que acessarem estes servlets...

Eu não quero de jeito nenhum sair modificando um monte de servlets que já estão funcionando, **principalmente** sabendo que, assim que eu **adicionar** o tracking dos usuários, o chefe me mandará retirá-lo de novo...

Que tal algum tipo de "filtro"?

Os filtros são componentes Java – muito semelhantes aos servlets – que você pode usar para interceptar e processar solicitações *antes* de elas serem enviadas ao servlet, ou para processar respostas *depois* de o servlet ser finalizado, mas *antes* de a resposta voltar para o cliente.

O Container decide quando invocar os seus filtros com base em declarações no DD. No DD, o distribuidor mapeia quais filtros serão chamados para quais padrões de URL requisitados. Então, é o distribuidor, e não o programador, quem decide qual subconjunto de solicitações ou respostas deve ser processado por quais filtros.

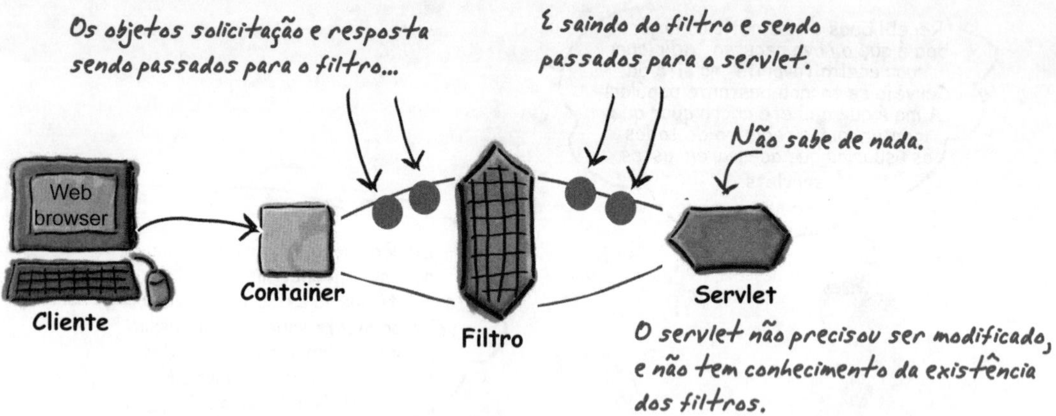

Coisas divertidas para se fazer com Filtros

Filtros de **solicitação** podem:

- realizar verificações de segurança
- reformatar headers ou corpos de solicitações
- auditar solicitações ou registrá-las em log

Filtros de **resposta** podem:

- comprimir o stream de resposta
- anexar algo ou alterar o stream de resposta
- criar uma resposta totalmente diferente

Existe apenas UMA Interface de filtros, Filter.

Não existem interfaces RequestFilter, nem ResponseFilter – apenas Filter. Quando falamos de um filtro de solicitação ou de um filtro de resposta, estamos falando apenas sobre o modo como você USA o filtro, e não da interface propriamente dita do filtro. No que diz respeito ao Container, só existe um tipo de filtro – qualquer coisa que implemente a interface Filter.

Os filtros são modulares, e configuráveis no DD

Os filtros podem ser encadeados de forma a rodar um após o outro. Eles são elaborados para serem totalmente autocontidos. O filtro não se preocupa com quais (se houve algum) filtros rodaram antes *dele*, e também não se preocupa com qual rodará em seguida.*

O DD controla a ordem na qual s filtros rodam; falaremos sobre a configuração dos filtros no DD um pouco mais adiante neste capítulo.

Configuração do DD 1:

Usando o DD, você pode encadeá-los, dizendo ao Container: "Para estas URLs, rode o filtro 1, depois o filtro 7, depois o filtro 3, e depois rode o servlet-alvo."

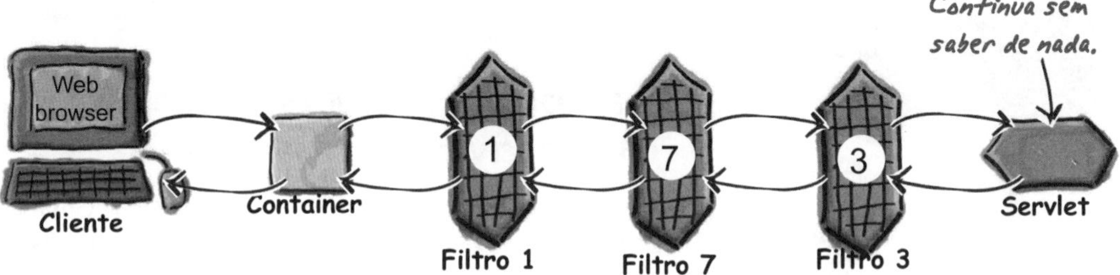

Configuração do DD 2:

Então, com uma pequena modificação no DD, você pode apagar e mudar a ordem dos filtros com: "Para estas URLs, rode o filtro 3, depois o filtro 7, e depois o servlet-alvo."

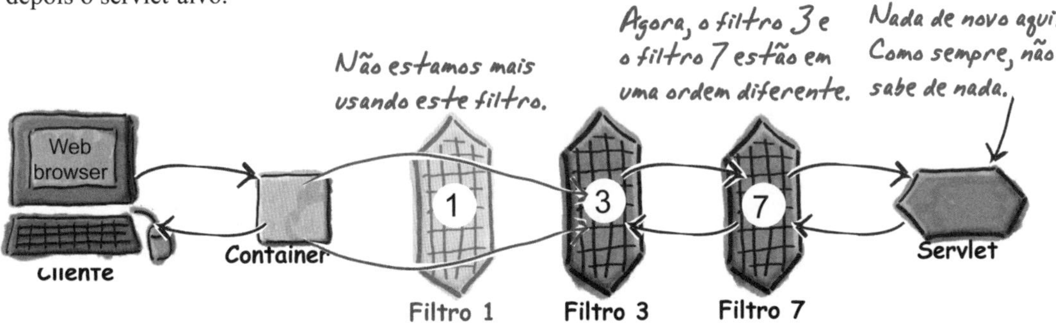

* Estamos simplificando um pouco. O deployer freqüentemente *precisa* sim configurar a ordem com base nas conseqüências das transformações realizadas pelos filtros. Você não iria, por exemplo, adicionar uma marca d'água a uma imagem, depois de ter aplicado um filtro de compressão. Nesse exemplo, o filtro da marca d'água teria que fazer o seu trabalho antes dos dados chegarem ao filtro de compressão. A questão é que você, como *programador*, não escreverá dependências diretamente no seu código.

Se os filtros são como os servlets, então imagino que eles devem ser invocados pelo Container, como qualquer outro servlet. Eles provavelmente têm o seu próprio ciclo de vida...

Três maneiras pelas quais os filtros são como os servlets

Kim está certo, os filtros residem no Container. De muitas formas, eles são semelhantes aos seus co-residentes, os servlets. Eis algumas maneiras pelas quais os filtros são como os servlets:

O Container conhece a API deles

Os filtros têm a sua própria API. Quando uma classe Java implementa a **interface Filter**, ela está estabelecendo um acordo com o Container, e ela deixa de ser uma simples classe para se tornar um Filtro J2EE oficial. Outros membros da API dos filtros permitem que estes obtenham acesso ao ServletContext, e que sejam vinculados a outros filtros.

O Container gerencia o ciclo de vida deles

Assim como os servlets, os filtros têm um ciclo de vida. Como os servlets, eles têm métodos **init()** e **destroy()**. Com função semelhante aos métodos **doGet()/doPost()** dos servlets, os filtros têm um método **doFilter()**.

Eles são declarados no DD

Uma aplicação web pode ter **vários filtros**, e uma dada solicitação pode causar a execução de mais de um filtro. O DD é o lugar onde você declara quais filtros rodarão em resposta a quais solicitações, e em que *ordem*.

Construindo o filtro de tracking de solicitações

Nossa tarefa é aprimorar a aplicação Beer para que, sempre que alguém requisitar qualquer um dos recursos associados com a atualização da receita, nós possamos manter um registro de quem fez a solicitação. Eis uma versão de como seria um filtro deste tipo.

Os filtros não tem idéia de quem irá chamá-los, nem de quem é o próximo da fila!

Filter e FilterChain estão em javax.servlet.

```
package com.example.web;

import java.io.*;
import javax.servlet.*;
import javax.servlet.http.HttpServletRequest;

public class BeerRequestFilter implements Filter {

   private FilterConfig fc;

   public void init(FilterConfig config) throws ServletException {
      this.fc = config;
   }

   public void doFilter(ServletRequest req,
          ServletResponse resp,
          FilterChain chain)
   throws ServletException, IOException {

      HttpServletRequest httpReq = (HttpServletRequest) req;

      String name = httpReq.getRemoteUser();

      if (name != null) {

  fc.getServletContext().log("User " + name + " is updating");
      }

      chain.doFilter(req, resp);
   }

   public void destroy() {
      // fazer o serviço de limpeza
   }
}
```

Todo filtro DEVE implementar a interface Filter.

Você deve implementar init(); normalmente, basta que você salve o objeto config.

O doFilter() é onde você faz o trabalho de verdade... Repare que o método não carrega objetos HTTP solicitação, nem resposta... apenas objetos ServletRequest e ServletResponse normais.

Mas, estamos bem certos de que podemos converter a solicitação e a resposta para os seus subtipos HTTP.

É assim que o próximo filtro ou servlet da fila é chamado – falaremos muito mais sobre isto nas próximas páginas.

Você deve implementar destroy(), mas normalmente ele fica vazio.

O ciclo de vida de um filtro

Todo filtro deve implementar os três métodos da interface Filter: **init()**, **doFilter()** e **destroy()**.

Primeiramente, o init()

Quando o Container decide instar um filtro, o método **init()** é a sua chance de realizar quaisquer tarefas de configuração antes de o filtro ser chamado. A implementação mais comum foi mostrada na página anterior: salvar uma referência ao objeto **FilterConfig** para uso posterior no filtro.

O doFilter() faz o trabalho pesado

O método **doFilter()** é chamado toda vez que o Container determina que o filtro deve ser aplicado à solicitação atual. O método doFilter() usa três argumentos:

- Um **ServletRequest** (e **não** um **HttpServletRequest**)!
- Um **ServletResponse** (e **não** um **HttpServletResponse**)!
- Um **FilterChain**

O método doFilter() é a sua chance de implementar a função do filtro. Se a função do seu filtro é registrar os nomes dos usuários em um arquivo de log, faça-o no doFilter(). Deseja comprimir o output da resposta? Faça-o no doFilter().

Por último, o destroy()

Quando o Container decide remover a instância de um filtro, ele chama o método **destroy()**, dando a ele uma chance de fazer qualquer limpeza que precisar, antes de a instância ser destruída.

Não existem
Perguntas Idiotas

P: O que é um *FilterChain*?

R: O FilterChain é a coisa mais legal em todo o reino da Filtrolândia. Os filtros são elaborados como blocos de construção modulares, que você pode misturar de uma série de formas para fazer acontecer uma combinação de coisas, e o FilterChain é uma parte muito importante do que torna isto possível. *É ele quem sabe o que vem em seguida.* Já mencionamos que os filtros (para não falar dos servlets) não devem saber nada sobre os outros filtros envolvidos na solicitação... mas alguém precisa saber qual é a ordem, e esse alguém é o FilterChain, dirigido pelos elementos filter que você especificar no DD.
A propósito, o FilterChain localiza-se no mesmo pacote que o Filter, *javax.servlet*.

P: Reparei que no seu método doFilter(), vocês fizeram esta chamada: *chain.doFilter()*... o que um doFilter() está fazendo dentro de um doFilter()? Vocês não vão começar a ficar cheios de recursividade, ou vão?

R: O doFilter() da interface ***FilterChain*** é ligeiramente diferente do doFilter() da interface ***Filter***. Eis a principal diferença:
O método doFilter() de ***FilterChain*** se ocupa de descobrir qual método doFilter() invocar em seguida (ou, se estiver no fim da cadeia, o método service() de qual servlet). Mas o método doFilter() de um ***Filter*** de fato *realiza* a filtragem – a razão pela qual o filtro foi criado.
Isto significa que um FilterChain pode invocar OU um filtro OU um servlet, caso esteja no meio ou no fim da cadeia. O fim da cadeia é *sempre* um servlet ou um JSP (o que significa o servlet gerado de um JSP, é claro), supondo que o Container possa mapear a URL da solicitação a um servlet ou JSP. (Se o Container não puder localizar o recurso correto para a solicitação, o filtro nunca é invocado.)

Pense nos filtros como sendo "empilháveis"

A especificação dos servlets não determina como o método **chain.doFilter(req, resp)** deve ser manipulado dentro do container. Na prática, entretanto, você pode pensar no processo de encadear filtros uns com os outros como se eles fossem simplesmente chamadas a métodos em uma mesma **pilha**. Sabemos que acontecem mais coisas nos bastidores dentro do Container, mas isso não nos importa, desde que possamos prever como os nossos filtros rodarão, e uma pilha *conceitual* (mesmo não sendo física) nos permite fazer isso.

Esta "pilha conceitual" é apenas uma maneira de se pensar nas invocações de cadeias de filtros. Não sabemos (nem nos importamos) como o Container irá realmente implementar isto - mas pensar deste modo permite a você prever como a sua cadeia de filtros comportar-se-á.

Um exemplo de pilha conceitual de chamadas

Neste exemplo, uma solicitação para o ServletA será filtrada pelo Filtro3 e, em seguida, pelo Filtro7.

Filtro3 doFilter(r,r,c)

a pilha 1

Ao receber a solicitação, o Container chama o método doFilter() do Filtro3, o qual roda até encontrar a sua chamada a chain.doFilter().

Filtro7 doFilter(r,r,c)
Filtro3 doFilter(r,r,c)

a pilha 2

O Container empurra o método doFilter() do Filtro7 para o topo da pilha - onde ele é executado até atingir a sua chamada a chain. doFilter().

Filtro7 doFilter(r,r,c)
Filtro3 doFilter(r,r,c)

a pilha 3

O Container empurra o método service() do ServletA para o topo da pilha, onde ele é executado até finalizar, e então é retirado da pilha.

Filtro7 doFilter(r,r,c)
Filtro3 doFilter(r,r,c)

a pilha 4

O Container retorna o controle para o Filtro7, onde o seu método doFilter() finaliza e, em seguida, é retirado.

Filtro3 doFilter(r,r,c)

a pilha 5

O Container retorna o controle para o Filtro3, onde o seu método doFilter() finaliza e é retirado. Então, o Container finaliza a resposta.

Declarando e ordenando filtros

Quando configurar filtros no DD, você normalmente fará três coisas:

- ▶ Declarar o seu filtro
- ▶ Mapear o seu filtro aos recursos web que deseja filtrar
- ▶ Arranjar estes mapeamentos para criar seqüências de invocação de filtros

Declarando um filtro

```
<filter>
  <filter-name>BeerRequest</filter-name>
  <filter-class>com.example.web.
BeerRequestFilter
        </filter-class>
  <init-param>
    <param-name>LogFileName</param-
name>
    <param-value>UserLog.txt</param-
value>
  </init-param>
</filter>
```

Declarando um mapeamento de um filtro para um padrão URL

```
<filter-mapping>
  <filter-name>BeerRequest</filter-name>
  <url-pattern>*.do</url-pattern>
</filter-mapping>
```

Declarando um mapeamento de um filtro para um nome de servlet

```
<filter-mapping>
  <filter-name>BeerRequest</filter-name>
  <servlet-name>AdviceServlet</
servlet-name>
</filter-mapping>
```

Regras para <filter>

- ▶ O <filter-name> é obrigatório.
- ▶ A <filter-class> é obrigatória.
- ▶ O <init-param> é opcional, e você pode ter vários.

Regras para <filter-mapping>

- ▶ O <filter-name> é obrigatório e é usado para ligar ao elemento <filter> correto.
- ▶ É obrigatório haver ou o elemento <url-pattern> ou o <servlet-name>.
- ▶ O elemento <url-pattern> define quais recursos da aplicação web usarão este filtro.
- ▶ O elemento <servlet-name> define qual recurso da aplicação web usará este filtro.

IMPORTANTE: As regras do Container para ordenar os filtros:

Quando mais de um filtro estiver mapeado a um dado recurso, o Container usa as seguintes regras:

1) TODOS os filtros com padrões URL correspondentes são localizados primeiro. Isto NÃO é a mesma coisa que as regras de mapeamento de URL que o Container usa para escolher o "vencedor", quando um cliente faz uma solicitação por um recurso, porque TODOS os filtros correspondentes serão colocados na cadeia!! Os filtros com padrões URL correspondentes são colocados na cadeia na ordem em que estiverem declarados no DD.

2) Uma vez colocados na cadeia todos os filtros com URLs correspondentes, o Container faz o mesmo com os filtros que tiverem um <servlet-name> correspondente no DD.

Essa é BOA... eles nos dão uma maneira de filtrar as solicitações vindas do **cliente**, e simplesmente se esquecem das solicitações que NÓS geramos através de **forwards** e **request dispatches**. Caramba... eles tratam o request dispatching como se fosse uma técnica de invocação de quinta categoria?!

Extra! A partir da versão 2.4, os filtros podem ser aplicados a request dispatchers

Pense nisso. É ótimo que os filtros possam ser aplicados a solicitações que vêm diretamente do *cliente*. Mas, e quanto aos recursos requisitados a partir de um **forward** ou **include**, de um **request dispatch** e/ou do handler de **erros**? A especificação servlet 2.4 é a solução.

Declarando um mapeamento de filtro para recursos web request-dispatched

```
<filter-mapping>
  <filter-name>MonitorFilter</filter-
name>
  <url-pattern>*.do</url-pattern>
  <dispatcher>REQUEST</dispatcher>
```

— e / ou —

```
  <dispatcher>INCLUDE</dispatcher>
```

— e / ou —

```
  <dispatcher>FORWARD</dispatcher>
```

— e / ou —

```
  <dispatcher>ERROR</dispatcher>
</filter>
```

Regras de Declaração

- O <filter-name> é obrigatório.
- É obrigatório haver ou o elemento <url-pattern> ou o <servlet-name>.
- É possível ter de zero a quatro elementos <dispatcher>.
- O valor REQUEST ativa o filtro para solicitações do cliente. Se não houver nenhum elemento <dispatcher> presente, REQUEST é o padrão.
- O valor INCLUDE ativa o filtro para request dispatching a partir de uma chamada ao include().
- O valor FORWARD ativa o filtro para request dispatching a partir de uma chamada ao forward().
- O valor ERROR ativa o filtro para recursos chamados pelo handler de erros.

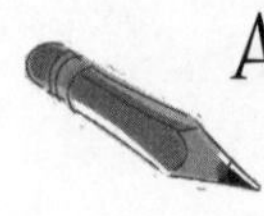

Aponte seu lápis

Com base no seguinte fragmento de DD, escreva a seqüência na qual os filtros serão executados para cada caminho de solicitação. Suponha que os Filtros 1 a 5 foram devidamente declarados. (As respostas se encontram no final deste capítulo.)

```
<filter-mapping>
  <filter-name>Filter1</filter-name>
  <url-pattern>/Recipes/*</url-pattern>
</filter-mapping>

<filter-mapping>
  <filter-name>Filter2</filter-name>
  <servlet-name>/Recipes/HopsList.do</servlet-name>
</filter-mapping>

<filter-mapping>
  <filter-name>Filter3</filter-name>
  <url-pattern>/Recipes/Add/*</url-pattern>
</filter-mapping>

<filter-mapping>
  <filter-name>Filter4</filter-name>
  <servlet-name>/Recipes/Modify/ModRecipes.do</servlet-name>
</filter-mapping>

<filter-mapping>
  <filter-name>Filter5</filter-name>
  <url-pattern>/*</url-pattern>
</filter-mapping>
```

Caminho da solicitação	Seqüência de Filtros
/Recipes/HopsReport.do	**Filtros:**
/Recipes/HopsList.do	**Filtros:**
/Recipes/Modify/ModRecipes.do	**Filtros:**
/HopsList.do	**Filtros:**
/Recipes/Add/AddRecipes.do	**Filtros:**

Comprimindo o output com um filtro no lado da resposta

Anteriormente, mostramos um filtro de *solicitação* bastante simples. Mas agora, veremos um filtro de *resposta*. Os filtros de resposta são um pouco mais complicados, mas podem ser incrivelmente úteis. Eles nos permitem fazer algo com o output da resposta depois de o servlet finalizar o seu trabalho, mas antes de a resposta ser enviada ao cliente. Assim, em vez de intercedermos no início – *antes* de o servlet receber a solicitação – nós intercedemos no final – *depois* de o servlet ter obtido a solicitação e gerado uma resposta.

Bem, *mais ou menos isso*... pense no seguinte: os filtros são *sempre* invocados na cadeia *antes* do servlet. Não existe um filtro que seja invocado somente após o servlet. Mas... lembre-se da figura da pilha. **O filtro entra em ação novamente *após* o servlet finalizar o seu trabalho e ser retirado da pilha (virtual)!**

Meu chefe gostou tanto do meu primeiro filtro que me pediu para escrever outro. A conexão da empresa à Internet está ficando bem congestionada, então agora ele quer que a gente comprima todos os nossos streams de resposta...

Parece que um filtro seria a melhor opção... Mas, já que estamos lidando com respostas, terei que colocar o código da compressão DEPOIS da chamada a chain.doFilter()...

Arquitetura de um filtro de resposta

Rachel está falando da estrutura básica do que você põe em um método doFilter() – primeiro você faz o trabalho relacionado à solicitação, em seguida chama chain.doFilter() e depois, finalmente, quando o servlet (e qualquer outro filtro na cadeia após o seu filtro) finaliza e o controle é retornado ao seu método doFilter() original, você pode fazer algo com a resposta.

O pseudocódigo de Rachel para o filtro de compressão

```
class MyCompressionFilter implements Filter {

  init();

  public void doFilter(request, response, chain) {

     // a manipulação da solicitação seria colocada aqui

     chain.doFilter(request, response);

     // ponha a lógica da compressão aqui
  }

  destroy();
}
```

O servlet faz o seu trabalho neste ponto.

Agora que o servlet finalizou o seu trabalho, podemos trabalhar na compressão da resposta que o servlet gerou...

A pilha conceitual de chamadas

MyCompressionFilter
doFilter(r,r,c)

O método doFilter() do filtro de Compressão roda e invoca chain. doFilter(). É muito cedo para fazer qualquer compressão - o objetivo é comprimir o output da resposta gerada pelo servlet.

MyCompressionFilter
doFilter(r,r,c)

O método service() do Servlet vai para o topo da pilha, faz algum trabalho, gera um output de resposta e finaliza.

MyCompressionFilter
doFilter(r,r,c)

Agora que o método service() do Servlet foi retirado da pilha, o restante do método doFilter() do filtro de compressão pode rodar e (ele espera que possa) realizar a compressão em qualquer coisa que o servlet tenha escrito no output da resposta!

Mas é realmente tão simples assim?

Será que comprimir a resposta realmente não envolve mais nada além de esperar que o servlet finalize, para depois comprimir o output da resposta do servlet? Afinal, o método doFilter() do filtro tem uma referência ao mesmo objeto resposta que seguiu para o servlet, então, em tese, o filtro deve ter acesso ao output da resposta...

```
public void doFilter(request, response, chain) {

  // a manipulação da solicitação seria colocada aqui

   chain.doFilter(request, response); ❶ ❷

  // ponha a lógica da compressão aqui ❸
}
```

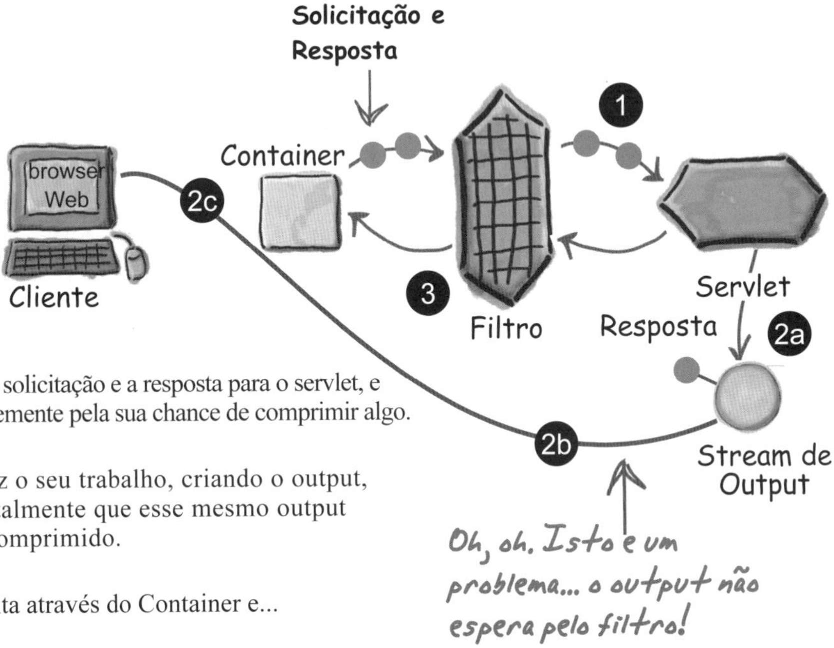

Solicitação e Resposta

Container

Cliente

Filtro

Servlet

Resposta

Stream de Output

Oh, oh. Isto é um problema... o output não espera pelo filtro!

1 O filtro passa a solicitação e a resposta para o servlet, e espera pacientemente pela sua chance de comprimir algo.

2a O servlet faz o seu trabalho, criando o output, sem saber totalmente que esse mesmo output deveria ser comprimido.

2b O output volta através do Container e...

2c É enviado de volta ao cliente! Humm... isto pode ser um problema. O filtro estava esperando que pudesse ter uma chance de fazer algo com o output (comprimi-lo), antes que o output seguisse para o cliente.

3 A chamada a chain.doFilter() foi retornada, e o filtro estava esperando para poder capturar o output e começar a compressão...
SÓ QUE agora é tarde demais! O output já foi enviado para o cliente! O Container não armazena em buffer o output para o filtro. Quando o método doFilter() do próprio filtro chega ao topo da pilha (conceitual), é ***tarde demais para o filtro poder afetar o output***.

O output já deixou o recinto

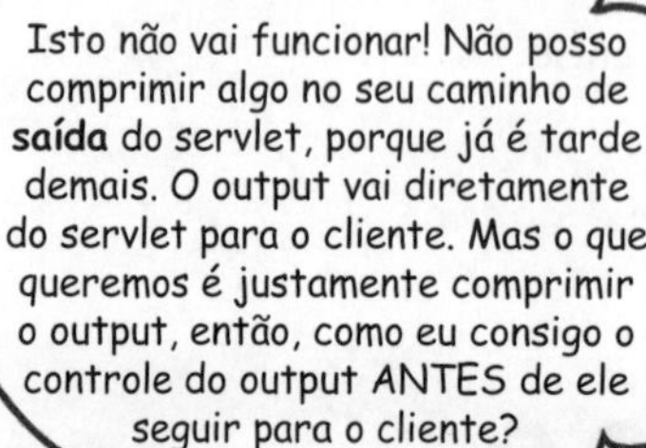

Isto não vai funcionar! Não posso comprimir algo no seu caminho de **saída** do servlet, porque já é tarde demais. O output vai diretamente do servlet para o cliente. Mas o que queremos é justamente comprimir o output, então, como eu consigo o controle do output ANTES de ele seguir para o cliente?

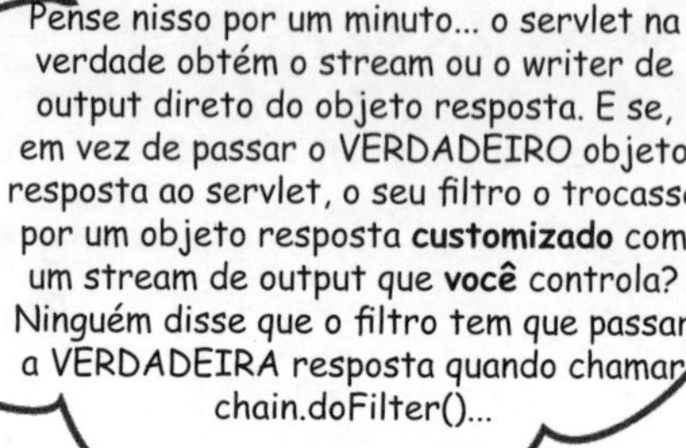

Pense nisso por um minuto... o servlet na verdade obtém o stream ou o writer de output direto do objeto resposta. E se, em vez de passar o VERDADEIRO objeto resposta ao servlet, o seu filtro o trocasse por um objeto resposta **customizado** com um stream de output que **você** controla? Ninguém disse que o filtro tem que passar a VERDADEIRA resposta quando chamar chain.doFilter()...

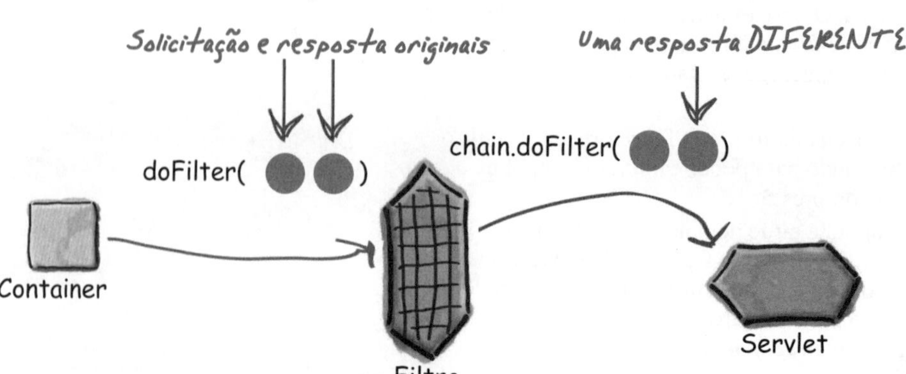

Nós podemos implementar nossa PRÓPRIA resposta

O Container já implementa a interface HttpServletResponse; é isso que você obtém nos métodos doFilter() e service(). Mas, para fazer este filtro de compressão funcionar, temos que criar a nossa *própria* implementação customizada da interface HttpServletResponse e passar *essa* implementação ao servlet, por meio da chamada a chain.doFilter(). E essa implementação customizada precisa também incluir um *stream de output customizado*, uma vez que o objetivo é esse – capturar o output *depois* de o servlet escrever nele, mas *antes* de ser enviado de volta para o cliente.

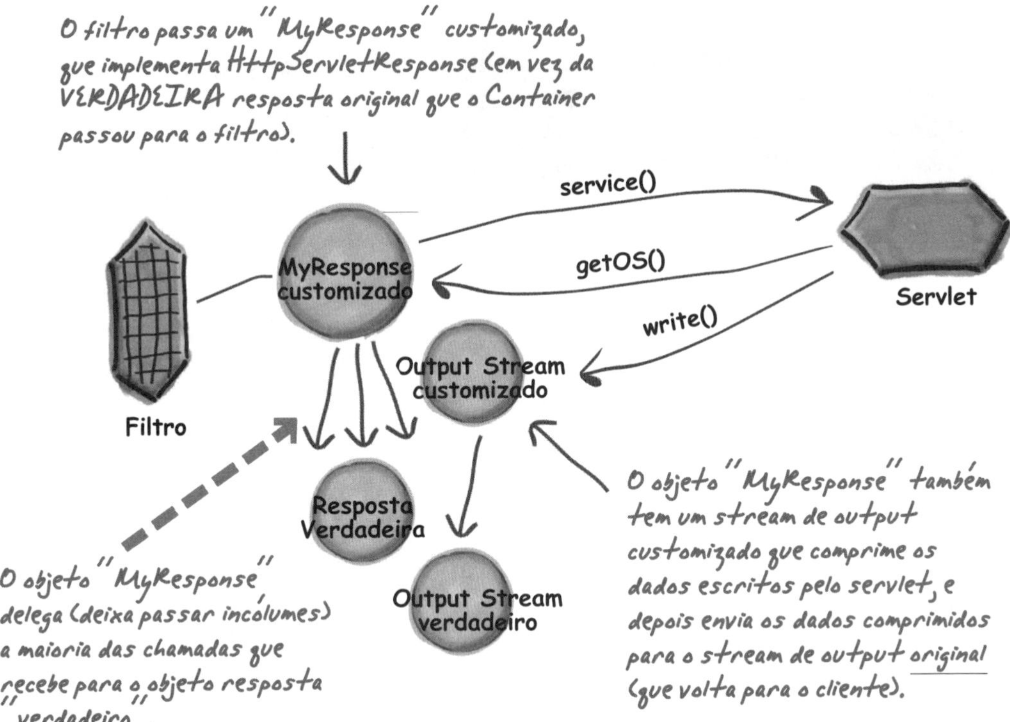

P: Os filtros passam objetos ServletRequest e ServletResponse para o próximo elemento da cadeia, e NÃO HttpServletResponse! Então, por que vocês estão falando em implementar HttpServletResponse?

R: Os filtros foram elaborados para serem genéricos, então você está certo, oficialmente. Se pensarmos que um dos nossos filtros acabaria sendo usado em uma aplicação *não*-web, implementaríamos a interface *não*-HTTP (ServletResponse), mas, hoje em dia, as chances de alguém desenvolver servlets não-HTTP é quase zero, por isso não nos preocupamos. E uma vez que ServletResponse é o supertipo de HttpServletResponse, não tem problema passar um HttpServletResponse onde se espera um ServletResponse.

HttpServletResponse é uma interface tão complicada... se ao menos houvesse uma maneira de não precisar implementar todos aqueles métodos e delegar chamadas para a resposta verdadeira...

Ela não conhece as classes Wrapper dos servlets

Criar a sua própria implementação de HttpServletResponse *poderia* ser um saco. Principalmente quando tudo o que você quer implementar são apenas *alguns* dos métodos. E uma vez que HttpServletResponse é uma interface que estende uma outra interface, para implementar a sua própria resposta customizada, você teria que implementar *tudo*, tanto em HttpServletResponse, *quanto* na sua superinterface, ServletResponse.

Mas, felizmente, alguém na Sun já fez isso por você, criando uma classe de conveniência de suporte que implementa a interface HttpServletResponse. Todos os métodos dessa classe delegam as chamadas para a resposta verdadeira subjacente, criada pelo Container.

interface ServletResponse
(javax.servlet.ServletResponse)

<<interface>>
ServletResponse

getBufferSize()
setContentType()
getOutputStream()
getWriter()
// muito mais métodos...

interface HttpServletResponse
(javax.servlet.HttpServletResponse)

<<interface>>
HttpServletResponse

addCookie()
addDateHeader()
addHeader()
encodeRedirectURL()
encodeURL()
sendError()
sendRedirect()
setDateHeader()
setHeader()
setStatus()
// mais métodos

Lembre-se, para implementar HttpServletResponse você tem que implementar TUDO, tanto daquela, quanto da sua superinterface ServletResponse.

Os wrappers são demais

As classes wrapper da API dos servlets são fantásticas – elas implementam todos os métodos necessários para o que você está tentando embrulhar, delegando todas as chamadas para o objeto solicitação ou resposta subjacente. Tudo o que você precisa fazer é estender um dos wrappers, e substituir apenas os métodos de que precisa para fazer o seu trabalho customizado.

Você já viu classes de apoio na API J2SE, é claro, com coisas como as classes adaptadoras de Listeners para GUIs. E você as viu na API JSP com as classes de apoio das tags customizadas. Mas, enquanto essas classes de apoio e estes wrappers de solicitação e resposta são todos classes de conveniência, os wrappers são um pouco diferentes porque eles, bem, *embrulham* (wrap) um objeto do tipo que eles implementam. Em outras palavras, eles não apenas fornecem a *implementação* de uma *interface*, mas, na verdade, armazenam uma referência a um objeto do mesmo tipo da interface à qual delegam chamadas a métodos (a propósito, isto não tem rigorosamente nada a ver com as classes "primitive wrapper" do J2SE, tais como Integer, Boolean, Double, etc.).

Criar uma versão especializada de uma solicitação ou resposta é uma abordagem tão comum ao se criar filtros, que a Sun elaborou quatro classes "de conveniência" para facilitar o trabalho:

- `ServletRequestWrapper`
- `HttpServletRequestWrapper`
- `ServletResponseWrapper`
- `HttpServletResponseWrapper`

Sempre que você quiser criar um objeto solicitação ou resposta customizado, basta subclassificar uma das classes "wrapper" de conveniência para solicitações ou respostas. O wrapper embrulha o VERDADEIRO objeto solicitação ou resposta e delega (deixa passar) as chamadas ao objeto verdadeiro, enquanto permite que você faça as outras coisas de que precisa em relação à sua solicitação ou resposta customizada.

Embora não esteja listado nos objetivos oficiais, você PODERIA ver "Decorator" no exame.

Se estiver familiarizado com os antigos (não-J2EE) padrões de design regulares, você provavelmente reconhecerá estas classes wrapper como um exemplo de se usar um padrão Decorator (embora ele às vezes também seja chamado de padrão Wrapper). O Decorator/Wrapper decora/embrulha um tipo de objeto com uma implementação "aprimorada". E por "aprimorada", queremos dizer "adiciona novas capacidades", enquanto continua fazendo tudo o que o wrapper original fazia.

É como dizer: "Eu sou apenas uma versão MELHOR da coisa que estou embrulhando – eu faço tudo o que ela faz, e mais ainda." Uma característica de um Decorator/Wrapper é que ele delega invocações de métodos à coisa que embrulha, em vez de ser um substituto completo.

Adicionando um Wrapper simples ao design

Vamos aprimorar o primeiro pseudocódigo de Rachel, adicionando um wrapper.

Vamos subclassificar esta classe wrapper para os nossos próprios propósitos malignos...

Design do filtro de compressão, versão 2 (pseudocódigo)

```
class CompressionResponseWrapper extends 'HttpServletResponseWrapper {

  // substitua quaisquer métodos que quiser customizar
}
```

Vamos substituir um monte de coisas daqui a pouco!

```
class MyCompressionFilter implements Filter {

    public void init(FilterConfig cfg) { }

    public void doFilter( request, response, chain) {

      CompressionResponseWrapper wrappedResp
       = new CompressionResponseWrapper(response);

      chain.doFilter(request, wrappedResp);

      // ponha a lógica da compressão aqui
    }
    public void destroy() { }
  }
}
```

O ato de embrulhar a resposta com a nossa classe Wrapper customizada.

Agora, enviamos isto através da cadeia de filtros. Nenhum dos componentes na cadeia jamais saberá que o objeto resposta que receberam era um substituto customizado.

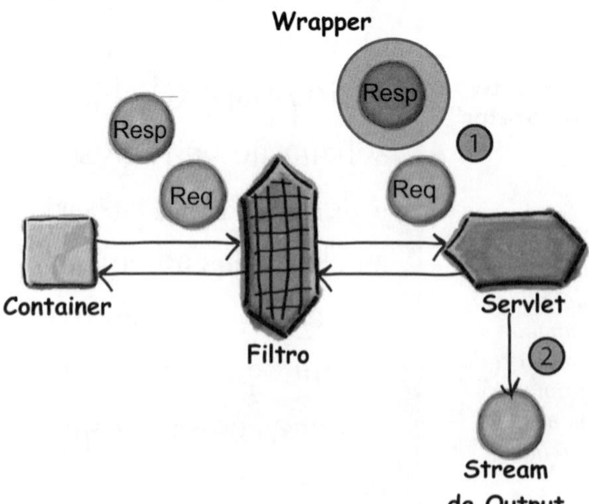

1 O filtro passa o objeto solicitação e um objeto resposta **customizado** ao servlet.

2 Uma vez que não substituímos nenhum método no Wrapper, o stream de output não foi afetado... ainda.

Adicionando um Wrapper de stream de output

Vamos adicionar um segundo Wrapper...

Substitua este método para retornar um stream de output customizado.

Design do filtro de compressão, versão 3 (pseudocódigo)

```
class CompressionResponseWrapper extends HttpServletResponseWrapper {

    public ServletOutputStream getOutputStream() throws... {
       ...
       servletGzipOS = new GzipSOS(resp.getOutputStream());
       return servletGzipOS;
    }

  // talvez substituição de outros métodos
}
```

Retorna um ServletOutputStream "especial" para quem pedir.

"Embrulhando" o ServletOutputStream com a nossa classe ServletOutputStreamWrapper customizada. Por enquanto, vamos supor que GzipServletOutputStream estenda ServletOutputStream.

```
class MyCompressionFilter implements Filter {

  public void init(FilterConfig cfg) { }

  public void doFilter( request, response, chain) {

    CompressionResponseWrapper wrappedResp
      = new CompressionResponseWrapper(response);

    chain.doFilter(request, wrappedResp);

    // ponha a lógica da compressão aqui
  }
  public void destroy() { }

}
```

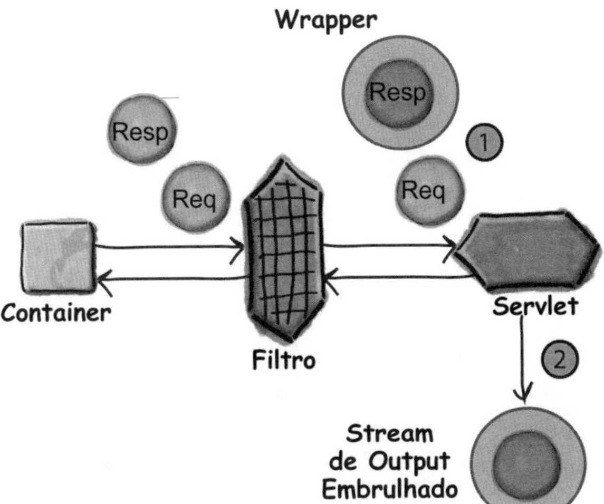

1 O filtro passa ao servlet o objeto solicitação e um objeto resposta ***customizado***. A resposta customizada tem um método **getOutputStream** especial.

2 Quando o servlet pede por um stream de output, ele não SABE que receberá um stream de output "especial".

O código do verdadeiro filtro de compressão

Hora de programar. Terminaremos este capítulo dando uma olhada no código que implementa tanto o filtro de compressão quanto o wrapper que o primeiro usa. Estamos dando um passo além em relação à discussão anterior e, embora haja novidades aqui, em geral trata-se apenas de simples código Java.

Este filtro fornece um mecanismo para comprimir o conteúdo do corpo da resposta. Este tipo de filtro normalmente seria aplicado a qualquer conteúdo de texto, como HTML, mas não à maioria dos formatos de mídia, como PNG ou MPEG, porque estes formatos já são comprimidos.

Você não precisa estudar este código para o exame.

O restante deste exemplo é uma demonstração de um filtro de resposta em ação, apenas para que você possa ver algo um pouco mais parecido com o que encontrará no mundo real. Não é preciso aprender nem entender este exemplo em particular para o exame, então, considere o restante deste capítulo como totalmente opcional.

```
package com.example.web:

import javax.servlet.*;
import javax.servlet.http.*;
import java.io.*;
import java.util.zip.GZIPOutputStream;

public class CompressionFilter implements Filter {

  private ServletContext ctx;
  private FilterConfig cfg;

  public void init(FilterConfig cfg)
 throws ServletException {
    this.cfg = cfg;
    ctx = cfg.getServletContext();
    ctx.log(cfg.getFilterName() + " initialized.");
  }
```

O método init salva o objeto config e também uma referência rápida ao objeto contexto do servlet (para propósitos de logging).

O núcleo deste filtro embrulha o objeto resposta com um Decorator, que embrulha o stream de output com um stream de I/O comprimido.

A compressão do stream de output é realizada se e somente se o cliente incluir um header Accept-Encoding (especificamente para o gzip).

```
 public void doFilter(ServletRequest req,
          ServletResponse resp,
          FilterChain fc)
 throws IOException, ServletException {
    HttpServletRequest request = (HttpServletRequest) req;
    HttpServletResponse response = (HttpServletResponse) resp;

    String valid_encodings = request.getHeader("Accept-Encoding");
    if ( valid_encodings.indexOf("gzip") > -1 ) {

      CompressionResponseWrapper wrappedResp
  = new CompressionResponseWrapper(response);
```

O cliente aceita compressão GZIP?

Se aceitar, embrulhe o objeto resposta com um wrapper de compressão.

O código do filtro de compressão - continuação

Dica da depuração!

Para testar este filtro, comente esta linha de código. Você deverá ver dados compactados e ilegíveis em seu browser.

```
        wrappedResp.setHeader("Content-Encoding", "gzip");

        fc.doFilter(request, wrappedResp);

        GZIPOutputStream gzos = wrappedResp.getGZIPOutputStream();
        gzos.finish();

        ctx.log(cfg.getFilterName() + ": finished the request.");

      } else {
        ctx.log(cfg.getFilterName() + ": no encoding performed.");
      }
    }

    public void destroy() {
        // anulando as variáveis das minhas instâncias
        cfg = null;
        ctx = null;
    }
  }
```

Declare que o conteúdo da resposta está sendo codificado com GZIP.

Encadeamento para o componente seguinte.

Um stream de compressão GZIP deve ser finalizado, o que também limpa o buffer do stream GZIP, e envia todos os seus dados para o stream da resposta original. O container se encarrega do resto do trabalho.

"Fora do caminho"

A compressão encontra o HTTP

Como o servidor sabe que ele pode enviar dados comprimidos? Como o browser sabe quando está recebendo dados comprimidos? Ocorre que o HTTP é "ciente da compressão"; eis como isso funciona:

- Um dos headers enviados pelo browser ("Accept-Encoding:gzip") informa o servidor sobre as capacidades do browser de lidar com diferentes tipos de conteúdo.
- Se o servidor percebe que o browser é capaz de lidar com dados comprimidos, ele realiza a compressão e adiciona um header ("Content-Encoding:gzip") à resposta.
- Quando o browser recebe a resposta, o header "Content-Encoding:gzip" diz ao browser para descomprimir os dados antes de estes serem exibidos.

Até aqui, tudo bem. Que trabalho pode dar uma coisinha tão simples como um wrapper? (Famosas últimas palavras...)

Código do wrapper de compressão

Já vimos o filtro de Compressão; agora, vamos dar uma olhada no wrapper que ele usa. Este é um dos tópicos mais complicados em todo o reino da Servletlândia, então, não entre em pânico se você não conseguir pegar o espírito da coisa de primeira. Este wrapper de resposta decora o objeto resposta original, adicionando um decorator de compressão no stream de output do servlet original.

```
package com.example.web;

// importações de Servlets
import javax.servlet.http.*;
import javax.servlet.*;
// importações de I/O
import java.io.*;
import java.util.zip.GZIPOutputStream;

class CompressionResponseWrapper extends HttpServletResponseWrapper {

  private GZIPServletOutputStream servletGzipOS = null;

  private PrintWriter pw = null;

  CompressionResponseWrapper(HttpServletResponse resp) {
    super(resp);
  }

  public void setContentLength(int len) { }

  public GZIPOutputStream getGZIPOutputStream() {
  return this.servletGzipOS.internalGzipOS;
  }
```

O stream de output comprimido para a resposta do servlet.

O objeto PrintWriter para o stream de output comprimido.

O superconstrutor realiza a incumbência do Decorator de armazenar uma referência ao objeto sendo decorado, neste caso, o objeto da resposta HTTP.

Ignore este método – o output será comprimido.

Este método decorator, usado pelo filtro, dá ao filtro de compressão um handle no stream de output GZIP, para que o filtro possa finalizar e limpar o stream GZIP.

Código do wrapper de compressão - continuação

```
private Object streamUsed = null;

public ServletOutputStream getOutputStream() throws IOException {

  if ((streamUsed != null) && (streamUsed == pw)) {
    throw new IllegalStateException();
  }

  if ( servletGzipOS == null ) {
    servletGzipOS
= new GZIPServletOutputStream(getResponse()
        .getOutputStream());
    streamUsed = servletGzipOS;
  }
  return servletGzipOS;
}

public PrintWriter getWriter() throws IOException {

  if ( (streamUsed != null) && (streamUsed == servletGzipOS)) {
    throw new IllegalStateException();
  }

  if ( pw == null ) {

    servletGzipOS
  = new GZIPServletOutputStream(getResponse()
                        .getOutputStream());
    OutputStreamWriter osw
  = new OutputStreamWriter(servletGzipOS,
          getResponse().getCharacterEncoding());

    pw = new PrintWriter(osw);
    streamUsed = pw;
  }
  return pw;
 }
}
```

Fornece acesso ao stream de output de um servlet decorado.

Permite ao servlet acessar um stream de output de servlet, mas apenas se já não tiver acessado o print writer.

Embrulha o stream de output do servlet original com o nosso stream de output com compressão.

Fornece acesso a um print writer decorado.

Permite ao servlet acessar um print writer, mas apenas se já não tiver acessado o stream de output de servlet.

Para criar um print writer, temos que primeiramente embrulhar o stream de output de servlet, e depois fazer o mesmo com o stream de output de servlet com compressão em dois decorators de stream de output adicionais: OutputStreamWriter, que converte caracteres em bytes, e depois um PrintWriter em cima do objeto OutputStreamWriter.

Wrapper de compressão, código da classe auxiliar

Esta classe auxiliar é um Decorator na classe abstrata ServletOutputStream, que delega o trabalho propriamente dito de comprimir o conteúdo gerado usando-se um stream de output GZIP padrão.

Há apenas um método abstrato em ServletOutputStream que este Decorator precisa implementar: write(int). É aí que toda a mágica da delegação ocorre!

```
class GZIPServletOutputStream extends ServletOutputStream {

  GZIPOutputStream internalGzipOS;

  /** Decorator constructor */
  GZIPServletOutputStream(ServletOutputStream sos) throws IOException {
    this.internalGzipOS = new GZIPOutputStream(sos);
  }

  public void write(int param) throws java.io.IOException {
    internalGzipOS.write(param);
  }
}
```

Mantenha uma referência ao stream GZIP puro. Esta variável de instância é package-private, para permitir que o wrapper de resposta com compressão acesse a variável.

Este método implementa a decoração da compressão, delegando a chamada a write() para o stream de compressão GZIP, que está embrulhando o ServletOutputStream original (que, por sua vez, está embrulhando, em última análise, o stream de output da rede TCP para o cliente).

RESPOSTAS

Escreva a seqüência na qual os filtros serão executados para cada caminho de solicitação. Suponha que os Filtros 1 a 5 foram devidamente declarados.

```
<filter-mapping>
  <filter-name>Filter1</filter-name>
  <url-pattern>/Recipes/*</url-pattern>
</filter-mapping>

<filter-mapping>
  <filter-name>Filter2</filter-name>
  <servlet-name>/Recipes/HopsList.do</servlet-name>
</filter-mapping>

<filter-mapping>
  <filter-name>Filter3</filter-name>
  <url-pattern>/Recipes/Add/*</url-pattern>
</filter-mapping>

<filter-mapping>
  <filter-name>Filter4</filter-name>
  <servlet-name>/Recipes/Modify/ModRecipes.do</servlet-name>
</filter-mapping>

<filter-mapping>
  <filter-name>Filter5</filter-name>
  <url-pattern>/*</url-pattern>
</filter-mapping>
```

Caminho da solicitação	Seqüência de Filtros
/Recipes/HopsReport.do	**Filtros:** 1, 5
/Recipes/HopsList.do	**Filtros:** 1, 5, 2
/Recipes/Modify/ModRecipes.do	**Filtros:** 1, 5, 4
/HopsList.do	**Filtros:** 5
/Recipes/Add/AddRecipes.do	**Filtros:** 1, 3, 5

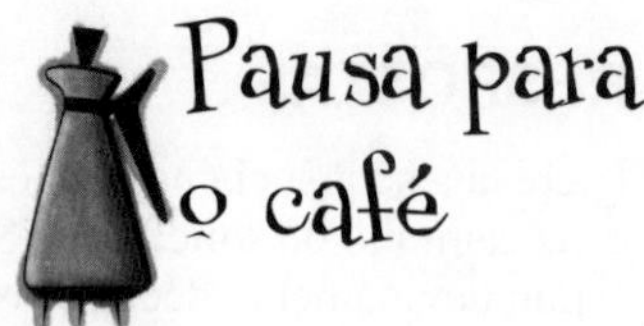

Teste Preparatório – Capítulo 13

---

1 Quais afirmativas são verdadeiras sobre os filtros? (Escolha todas as que se aplicam.)

- ❑ A. Um filtro somente pode agir sobre o objeto resposta ou sobre o objeto solicitação, mas não em ambos.
- ❑ B. O método **destroy** é sempre um método callback de um container.
- ❑ C. O método **doFilter** é sempre um método callback de um container.
- ❑ D. A única maneira pela qual um filtro pode ser invocado é através de uma declaração no DD.
- ❑ E. O filtro seguinte, em uma cadeia de filtros, pode ser especificado ou pelo filtro anterior, ou pelo DD.

---

2 Quais afirmativas são verdadeiras sobre declaração de filtros no DD? (Escolha todas as que se aplicam.)

- ❑ A. Ao contrário dos servlets, os filtros NÃO PODEM declarar parâmetros de inicialização.
- ❑ B. A ordem na cadeia de filtros é sempre determinada pela ordem em que os elementos aparecem no DD.
- ❑ C. Uma classe que estenda uma classe wrapper de solicitação ou de resposta API deve ser declarada no DD.
- ❑ D. Uma classe que estenda uma classe wrapper de solicitação ou de resposta API está usando o padrão Intercepting Filter.
- ❑ E. A ordem na cadeia de filtros é afetada por se declarar os mapeamentos dos filtros por meio de **<url-pattern>** ou de **<servlet-name>**.

---

3 Dado que a classe UserRequest é uma implementação de HttpServletRequest, e dado este método em uma implementação de **Filter** corretamente definida:

```
20. public void doFilter(ServletRequest req,
21.                      ServletResponse response,
22.                      FilterChain chain)
22.          throws IOException, ServletException {
23.   HttpServletRequest request = (HttpServletRequest) req;
23.   HttpSession session = request.getSession();
25.   Object user = session.getAttribute("user");
26.   if (user != null) {
27.     UserRequest ureq = new UserRequest(request, user);
28.     chain.doFilter(ureq, response);
29.   } else {
30.     RequestDispatcher rd = request.getRequestDispatcher("/login.jsp");
31.     rd.forward(request, response);
32.   }
33. }
```

Qual afirmativa é verdadeira?

- [ ] A. Sempre será jogada uma exceção, caso a linha 31 seja executada.
- [ ] B. A linha 28 está incorreta, porque **request** deve ser passado como o primeiro argumento.
- [ ] C. Esta linha: **chain.doFilter(request, response)** deve ser inserida em algum lugar do bloco **else**.
- [ ] D. Este método não implementa **Filter.doFilter()** corretamente, porque a assinatura do método está incorreta.
- [ ] E. Nenhuma das anteriores.

---

4 Dado o seguinte deployment descriptor parcial:

```
<filter>
  <filter-name>My Filter</filter-name>
  <filter-class>com.example.MyFilter</filter-class>
</filter>
<filter-mapping>
   <filter-name>My Filter</filter-name>
   <url-pattern>/my</url-pattern>
</filter-mapping>
<servlet>
  <servlet-name>My Servlet</servlet-name>
  <servlet-class>com.example.MyServlet</servlet-class>
</servlet>
<servlet-mapping>
  <servlet-name>My Servlet</servlet-name>
  <url-pattern>/my</url-pattern>
</servlet-mapping>
```

Quais afirmativas são verdadeiras? (Escolha todas as que se aplicam.)

- ☐ A. O arquivo é inválido, porque o padrão URL **/my** está mapeado tanto a um servlet quanto a um filtro.
- ☐ B. O arquivo é inválido, porque nem o nome do servlet nem o do filtro podem conter espaços.
- ☐ C. O filtro **MyFilter** será invocado depois do servlet **MyServlet** para cada solicitação que coincidir com o padrão **/my**.
- ☐ D. O filtro **MyFilter** será invocado antes do servlet **MyServlet** para cada solicitação que coincidir com o padrão **/my**.
- ☐ E. O arquivo é inválido, porque o elemento **<filter>** deve conter um elemento **<servlet-name>** que defina a qual servlet o filtro deve ser aplicado.

5 Quais afirmativas sobre os filtros são verdadeiras? (Escolha todas as que se aplicam.)

- ❑ A. Os filtros podem ser usados para criar wrappers de solicitação ou de resposta.
- ❑ B. Os wrappers podem ser usados para criar filtros de solicitação ou de resposta.
- ❑ C. Ao contrário dos servlets, todo o código de inicialização dos filtros deve ser colocado no construtor, uma vez que não há um método **init()**.
- ❑ D. Os filtros suportam um mecanismo de inicialização, que inclui um método **init()** que garantidamente será chamado antes de o filtro ser usado para manipular solicitações.
- ❑ E. O método **doFilter()** de um filtro deve chamar o **doFilter()** para o objeto **FilterChain** de input, para garantir que todos os filtros tenham uma chance de serem executados.
- ❑ F. Ao chamar o **doFilter()** para o **FilterChain** de input, o todo **doFilter()** de um filtro deve passar os mesmos objetos **ServletRequest** e **ServletResponse** que foram passados a ele.
- ❑ G. O **doFilter()** de um filtro pode bloquear subseqüentes processamentos de solicitações.

6 Quais afirmativas são verdadeiras sobre classes Wrapper de servlets? (Escolha todas as que se aplicam.)

- ❑ A. Elas fornecem o único mecanismo disponível para Embrulhar objetos **ServletResponse**.
- ❑ B. Elas podem ser usadas para decorar classes que implementem **Filter**.
- ❑ C. Elas podem ser usadas mesmo quando a aplicação NÃO tem suporte a HTTP.
- ❑ D. A API fornece wrappers para os objetos **ServletRequest**, **ServletResponse** e **FilterChain**.
- ❑ E. Elas implementam o padrão Intercepting Filter.
- ❑ F. Quando você subclassifica uma classe wrapper, deve substituir ao menos um dos métodos da classe wrapper.

Respostas – Capítulo 13

---

1 Quais afirmativas são verdadeiras sobre os filtros? (Escolha todas as que se aplicam.)

(Servlet v2.4, seção 6)

- [ ] A. Um filtro somente pode agir sobre o objeto resposta ou sobre o objeto solicitação, mas não em ambos.
- [x] B. O método **destroy** é sempre um método callback de um container.
- [ ] C. O método **doFilter** é sempre um método callback de um container.
- [x] D. A única maneira pela qual um filtro pode ser invocado é através de uma declaração no DD.
- [ ] E. O filtro seguinte, em uma cadeia de filtros, pode ser especificado ou pelo filtro anterior, ou pelo DD.

– A opção C está incorreta. O doFilter() é tanto um método callback, quanto um inline.
– A opção E está incorreta. A ordem de execução dos filtros é sempre determinada no DD.

---

2 Quais afirmativas são verdadeiras sobre declaração de filtros no DD? (Escolha todas as que se aplicam.)

(Servlet v2.4, seção 6)

- [ ] A. Ao contrário dos servlets, os filtros NÃO PODEM declarar parâmetros de inicialização.
- [ ] B. A ordem na cadeia de filtros é sempre determinada pela ordem em que os elementos aparecem no DD.
- [ ] C. Uma classe que estenda uma classe wrapper de solicitação ou de resposta API deve ser declarada no DD.
- [ ] D. Uma classe que estenda uma classe wrapper de solicitação ou de resposta API está usando o padrão Intercepting Filter.
- [x] E. A ordem na cadeia de filtros é afetada por se declarar os mapeamentos dos filtros por meio de **<url-pattern>** ou de **<servlet-name>**.

– A opção B está incorreta, porque mapeamentos <url-pattern> são encadeados antes de mapeamentos <servlet-name>.
– A opção D está incorreta, os wrappers são exemplos do padrão Decorator.

3 Dado que a classe UserRequest é uma implementação de HttpServletRequest, e dado este método em uma implementação de **Filter** corretamente definida:

(Servlet v2.4, pág. 49)

```
20. public void doFilter(ServletRequest req,
21.                      ServletResponse response,
22.                      FilterChain chain)
22.        throws IOException, ServletException {
23.   HttpServletRequest request = (HttpServletRequest) req;
23.   HttpSession session = request.getSession();
25.   Object user = session.getAttribute("user");
26.   if (user != null) {
27.     UserRequest ureq = new UserRequest(request, user);
28.     chain.doFilter(ureq, response);
29.   } else {
30.     RequestDispatcher rd = request.getRequestDispatcher("/login.jsp");
31.     rd.forward(request, response);
32.   }
33. }
```

Qual afirmativa é verdadeira?

- ☐ A. Sempre será jogada uma exceção, caso a linha 31 seja executada.
- ☐ B. A linha 28 está incorreta, porque **request** deve ser passado como o primeiro argumento.
- ☐ C. Esta linha: **chain.doFilter(request, response)** deve ser inserida em algum lugar do bloco **else**.
- ☐ D. Este método não implementa **Filter.doFilter()** corretamente, porque a assinatura do método está incorreta.
- ☑ E. Nenhuma das anteriores.

– A opção A está incorreta, porque é permitido que um filtro encaminhe uma solicitação.
– A opção B está incorreta, porque é permitido que um filtro embrulhe uma solicitação (repare que UserRequest deve implementar ServletRequest).
– A opção C está incorreta, porque o método doFilter NÃO é obrigado a chamar chain.doFilter().
– A opção D está incorreta, porque a assinatura do método está correta.

4 Dado o seguinte deployment descriptor parcial: (Servlet v2.4, pág. 53)

```
<filter>
  <filter-name>My Filter</filter-name>
  <filter-class>com.example.MyFilter</filter-class>
</filter>
<filter-mapping>
   <filter-name>My Filter</filter-name>
   <url-pattern>/my</url-pattern>
</filter-mapping>
<servlet>
  <servlet-name>My Servlet</servlet-name>
  <servlet-class>com.example.MyServlet</servlet-class>
</servlet>
<servlet-mapping>
  <servlet-name>My Servlet</servlet-name>
  <url-pattern>/my</url-pattern>
</servlet-mapping>
```

Quais afirmativas são verdadeiras? (Escolha todas as que se aplicam.)

☐ A. O arquivo é inválido, porque o padrão URL **/my** está mapeado tanto a um servlet quanto a um filtro.

☐ B. O arquivo é inválido, porque nem o nome do servlet nem o do filtro podem conter espaços.

☐ C. O filtro **MyFilter** será invocado depois do servlet **MyServlet** para cada solicitação que coincidir com o padrão **/my**.

☑ D. O filtro **MyFilter** será invocado antes do servlet **MyServlet** para cada solicitação que coincidir com o padrão **/my**.

☐ E. O arquivo é inválido, porque o elemento <**filter**> deve conter um elemento <**servlet-name**> que defina a qual servlet o filtro deve ser aplicado.

– A opção B está incorreta, porque a terminologia está ao contrário.
– A opção C está incorreta, porque há um método init() que deve ser usado para a inicialização de filtros.
– A opção E está incorreta, porque chamar o doFilter() não é necessário, caso o filtro deseje bloquear processamentos subseqüentes de solicitações.
– A opção F está incorreta, porque o filtro pode escolher embrulhar o objeto solicitação ou resposta, e passar as versões embrulhadas, em vez das originais.

5 Quais afirmativas sobre os filtros são verdadeiras? (Escolha todas as que se aplicam.) (Servlet v2.4 pág. 51)

- [x] A. Os filtros podem ser usados para criar wrappers de solicitação ou de resposta.
- [ ] B. Os wrappers podem ser usados para criar filtros de solicitação ou de resposta.
- [ ] C. Ao contrário dos servlets, todo o código de inicialização dos filtros deve ser colocado no construtor, uma vez que não há um método **init()**.
- [x] D. Os filtros suportam um mecanismo de inicialização, que inclui um método **init()** que garantidamente será chamado antes de o filtro ser usado para manipular solicitações.
- [ ] E. O método **doFilter()** de um filtro deve chamar o **doFilter()** para o objeto **FilterChain** de input, para garantir que todos os filtros tenham uma chance de serem executados.
- [ ] F. Ao chamar o **doFilter()** para o **FilterChain** de input, o todo **doFilter()** de um filtro deve passar os mesmos objetos **ServletRequest** e **ServletResponse** que foram passados a ele.
- [x] G. O **doFilter()** de um filtro pode bloquear subseqüentes processamentos de solicitações.

– A opção A está incorreta, porque esta sintaxe é usada para mapear um filtro ao mesmo padrão como um servlet.
– A opção B está incorreta, porque não existe essa restrição.
– A opção C está incorreta, porque os filtros são executados antes dos servlets, e não depois.
– A opção E está incorreta, porque podem ser usados tanto elementos <servlet-name> quanto <url-pattern> dentro de um elemento <filter-mapping>.

6 Quais afirmativas são verdadeiras sobre classes Wrapper de servlets? (Escolha todas as que se aplicam. (API)

- [ ] A. Elas fornecem o único mecanismo disponível para Embrulhar objetos **ServletResponse**.
- [ ] B. Elas podem ser usadas para decorar classes que implementem **Filter**.
- [x] C. Elas podem ser usadas mesmo quando a aplicação NÃO tem suporte a HTTP.
- [ ] D. A API fornece wrappers para os objetos **ServletRequest**, **ServletResponse** e **FilterChain**.
- [ ] E. Elas implementam o padrão Intercepting Filter.
- [ ] F. Quando você subclassifica uma classe wrapper, deve substituir ao menos um dos métodos da classe wrapper.

– A opção A está incorreta, porque você pode criar suas próprias classes wrapper.
– A opção B está incorreta, porque estas classes são usadas para embrulhar solicitações e respostas.
– A opção D está incorreta, porque a API NÃO fornece um wrapper para FilterChain.
– A opção E está incorreta, porque estes wrappers implementam o padrão Decorator.

14 padrões e o struts

Padrões de Design Enterprise

Alguém já fez isso antes. Se estiver começando agora a desenvolver aplicações web em Java, você tem sorte. Poderá se beneficiar do saber coletivo das dezenas de milhares de desenvolvedores que já trilharam esse caminho e sobreviveram para contar. Usando tanto os padrões de projeto específicos do J2EE quanto *outros* padrões, é possível simplificar o seu código *e* a sua vida. E o padrão de projeto mais significativo para aplicações web, o MVC, possui até mesmo um framework absurdamente popular, o Struts, que ajudará você a criar um servlet Front Controller flexível e de fácil manutenção. Você deve a si mesmo tirar vantagem do trabalho dos *outros* para que possa despender mais tempo nas coisas mais importantes da vida (esquiar, jogar golfe, dançar salsa, jogar futebol, pôquer, tocar sanfona...).

Objetivos

Padrões J2EE

11.1 Dada a descrição de um cenário com uma lista de problemas, selecionar o padrão da lista seguinte que resolveria esses problemas: Intercepting Filter, Model-View-Controller, Front Controller, Service Locator, Business Delegate e Transfer Object.

11.2 Combinar padrões de projeto com declarações que descrevam potenciais benefícios advindos do uso do padrão, para qualquer um dos seguintes padrões: Intercepting Filter, Model-View-Controller, Front Controller, Service Locator, Business Delegate e Transfer Object.

Notas sobre a Abrangência:

Os objetivos desta seção são abordados completamente neste capítulo. Melhor dizendo, são abordados MAIS do que completamente. As questões sobre padrões são as menos complicadas de todas as possíveis questões que você verá no exame, então, você pode quase relaxar nesta seção. Se já estiver familiarizado com os padrões de projeto enterprise fundamentais, você provavelmente já é capaz de responder as questões sobre padrões no exame.
E, embora o Struts não seja cobrado no exame, este capítulo inclui também uma introdução ao Struts, atualmente o framework mais popular para aplicações web que usam o MVC.

O hardware de um site pode ser complicado

No Mundo Real, as aplicações web podem ficar complicadas. Um site popular pode chegar a receber centenas de milhares de acessos por dia. Para lidar com este tipo de volume, a maioria dos grandes sites cria complexas arquiteturas de hardware, nas quais o software e os dados são distribuídos através de várias máquinas.

Uma arquitetura comum com a qual você já deve estar familiarizado é a que configura o hardware em camadas (ou "tiers") de funcionalidade. A adição de mais computadores a uma camada é conhecida como **scaling horizontal**, e esta é considerada uma das melhores maneiras de se aumentar a velocidade.

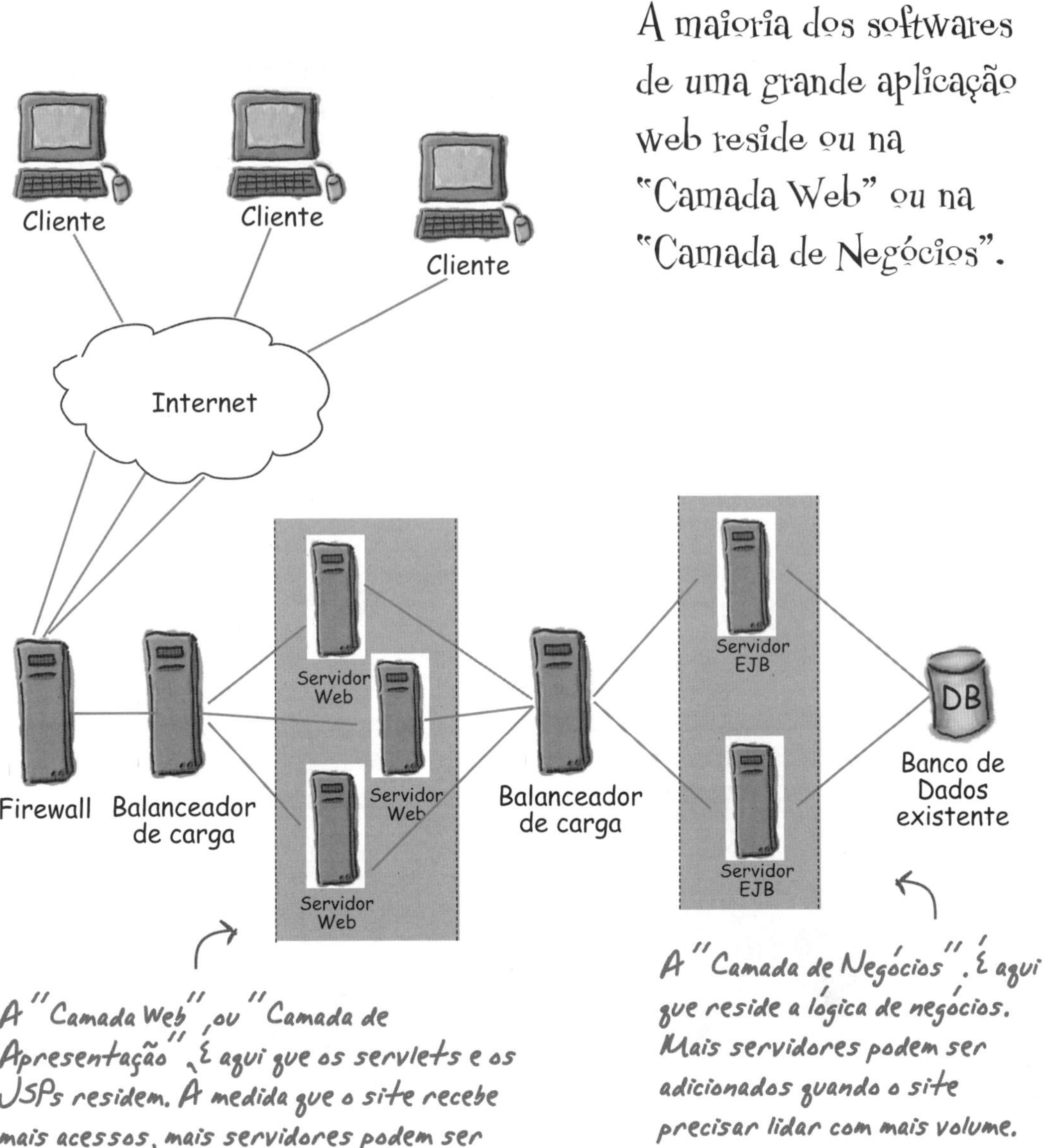

A maioria dos softwares de uma grande aplicação web reside ou na "Camada Web" ou na "Camada de Negócios".
Cliente
Cliente
Cliente
Internet
Firewall
Balanceador de carga
Servidor Web
Servidor Web
Servidor Web
Balanceador de carga
Servidor EJB
Servidor EJB
DB
Banco de Dados existente
A "Camada Web", ou "Camada de Apresentação", é aqui que os servlets e os JSPs residem. À medida que o site recebe mais acessos, mais servidores podem ser adicionados para lidar com a carga.
A "Camada de Negócios". É aqui que reside a lógica de negócios. Mais servidores podem ser adicionados quando o site precisar lidar com mais volume.

O software de uma aplicação web pode ser complicado

Como já vimos, é muito comum que uma aplicação web seja composta de muitos tipos diferentes de componentes de software. A camada web freqüentemente contém páginas HTML, JSPs, servlets, controladores, componentes de modelo, imagens, e assim por diante. A camada de negócios pode conter EJBs, aplicações existentes, registros de busca e, na maioria dos casos, drivers de bancos de dados e os próprios bancos de dados.

views
drivers
filtros
controladores
imagens
JSPs
servlets
modelos
JNDI

Como eu vou manter tudo isso organizado? E se os requerimentos mudarem? Como eu posso fazer isso rodar rapidamente?

Estamos na era da Internet, amizade. Esse código já tem algumas **semanas** de vida, está velho demais... Hora de incluirmos alguns recursos novos!

Para nossa sorte, temos os padrões J2EE

A boa notícia é que *muitas* pessoas já vêm usando os containers J2EE para resolver os mesmos problemas que você provavelmente encontrará. Elas descobriram questões recorrentes na natureza dos problemas com os quais estavam lidando, e inventaram soluções reutilizáveis para estes problemas. Estes **padrões de projetos** foram usados, testados e refinados por outros desenvolvedores, de modo que *você* não precisa reinventar a roda.

Um padrão de projeto em software é uma "solução reutilizável para um problema de ocorrência freqüente em um software".

Pressões comuns

O trabalho mais importante de uma aplicação web é fornecer ao usuário final uma experiência confiável, útil e correta. Em outras palavras, o programa deve satisfazer a *requerimentos funcionais*, tais como "selecione um tipo de cerveja" ou "adicione malte ao meu carrinho de compras". Após certificar-se de que o sistema é capaz de suportar estes tipos de usos, é provável que você se depare com um outro conjunto de requerimentos – os requerimentos para as coisas que ocorrem *nos bastidores*, ou seja, os requerimentos *não*-funcionais.

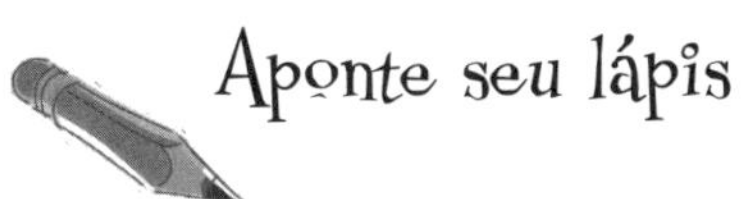

Quais são as "-idades"?

Quais são alguns dos requerimentos não-funcionais importantes de um sistema com o qual você já tenha trabalhado (ou no qual poder-se-ia imaginar trabalhando)? Uma dica é que a maioria das palavras que descreve requerimentos termina com "-idade" (por exemplo, "flexibil*idade*").

Desempenho (e as "-idades")

Aqui estão três dos mais importantes requerimentos não-funcionais com os quais você provavelmente irá se deparar:

 Desempenho

Se o seu site for lento demais, você (obviamente) perderá usuários. Neste capítulo, veremos como os padrões podem ajudar os acessos dos usuários a terem um **tempo de resposta** mais rápido, e como os padrões podem ajudar o seu sistema a oferecer suporte a um maior número de usuários simultâneos (**throughput**). (Falaremos mais sobre isto quando discutirmos o ***Transfer Object***.)

 Modularidade

Para que as diferentes partes da sua aplicação possam rodar em diferentes máquinas ao mesmo tempo, o seu software terá que ser modular... e modular *apenas das maneiras corretas*.

 Flexibilidade, Gerenciabilidade e Extensibilidade

Flexibilidade: Você precisa ter a capacidade de modificar seu sistema, sem passar por grandes ciclos de desenvolvimento. Você poderia, por exemplo, ter que adicionar componentes de "oferta especial por tempo limitado" para uma grande liquidação. Talvez você encontre um bug em um novo componente e tenha que reativar o componente antigo temporariamente. É preciso que o seu sistema seja flexível.

Gerenciabilidade: Talvez você precise mudar para um banco de dados de outra marca, e atualizar o sistema rapidamente. Talvez você descubra bugs obscuros e precise eliminá-los o quanto antes. Os administradores podem decidir reestruturar o serviço de nomeação da empresa, e você precisará fazer o ajuste – **agora mesmo!** É preciso que o seu sistema seja gerenciável.

Extensibilidade: Os caras do departamento de marketing podem precisar de um novo recurso para o novo cliente importante. Os seus usuários podem exigir que você inclua suporte a um recurso novinho que os browsers introduziram. É melhor o seu sistema ser extensível!

Acertando o nosso vernáculo...

Todos os padrões J2EE dependem fundamentalmente de princípios de projeto de software com os quais você provavelmente já está bem familiarizado. Nas próximas páginas, definiremos vários termos para estes princípios de projeto. Diferentes pessoas e livros podem ter diferentes perspectivas sobre os mesmos termos, então, estamos lhe apresentando as *nossas* definições agora, para que você saiba o que *nós* queremos dizer com tal termo.

Código para interfaces

Como você se lembra, uma interface é um tipo de **contrato entre dois objetos**. Quando uma classe implementa uma interface, ela na verdade está dizendo: "Os meus objetos sabem falar a sua língua." Um outro grande benefício das interfaces é o **polimorfismo**. Muitas classes podem implementar a mesma interface. O objeto que faz a chamada não se importa com quem está falando, desde que o contrato seja mantido. Por exemplo, o container web pode usar qualquer componente que implemente a interface Servlet.

Separação de Objetivos e Coesão

Todos sabemos que, quando especializamos as capacidades dos nossos componentes de software, eles ficam mais fáceis de se criar, manter e reutilizar. Uma conseqüência natural de separar os objetivos é que a **coesão** tende a aumentar. Coesão significa em que medida uma determinada classe foi elaborada para apenas uma, *coesiva*, tarefa ou propósito.

Esconder a Complexidade

Esconder a complexidade freqüentemente anda de mãos dadas com a separação de objetivos. Por exemplo, se o seu sistema precisar se comunicar com um serviço de busca, é melhor esconder a complexidade dessa operação em um único componente, e permitir que todos os outros componentes que precisem de acesso ao serviço de busca usem o componente especializado. Esta abordagem simplifica todos os componentes de sistema envolvidos.

Mais design principais

Uniões soltas

Pela sua própria natureza, os sistemas OO requerem que objetos falem uns com os outros. Escrevendo códigos para interfaces, você pode reduzir o número de coisas que uma classe precisa saber sobre outra para comunicar-se com ela. Quanto menos as duas classes souberem uma sobre a outra, mais **solta é a união** entre elas. Uma abordagem muito comum quando a classe A deseja usar métodos da classe B é criar uma interface entre as duas. Uma vez que a classe B implementa esta interface, a classe A pode usar B através da interface. Isto é útil, porque mais tarde você poderá usar uma classe B atualizada, ou até mesmo uma classe completamente diferente, desde que ela mantenha o contrato da interface.

Proxy Remoto

Hoje em dia, quando um site cresce, a resposta é juntar mais servidores, em vez de fazer upgrade em um único servidor gigante e monolítico. O resultado é que objetos Java em máquinas diferentes, nos seus blocos separados, precisam se comunicar uns com os outros.

Alavancando o poder das interfaces, um proxy remoto é um objeto local ao objeto "cliente", que *finge* ser um objeto remoto (o proxy é remoto no sentido de que é remoto em relação ao objeto que está emulando). O objeto cliente comunica-se com o proxy, e o proxy se encarrega de todas as complexidades de rede referentes à comunicação com o objeto de "serviço" verdadeiro. No que concerne ao objeto cliente, ele está falando com um objeto local.

Maior Controle Declarativo

O controle declarativo sobre as aplicações é um poderoso recurso dos Containers J2EE. Normalmente, este controle declarativo é implementado usando-se o deployment descriptor (ou DD) da aplicação. Modificar o DD nos dá o poder de modificar comportamentos do sistema, sem mudar o código. O DD é um arquivo XML que pode ser gerenciado e atualizado por não-programadores. Quanto mais escrevermos as nossas aplicações para aproveitarem o poder do DD, mais abstrato e genérico se torna o nosso código.

Padrões para dar suporte a componentes de modelos remotos

Já falamos, em um nível bastante teórico, sobre como os padrões J2EE podem ajudar a simplificar aplicações web complexas. Também já falamos sobre os princípios de projeto de software subjacentes aos padrões J2EE. Tendo isto como alicerce, vamos colocar a mão na massa, falando sobre alguns dos padrões J2EE mais simples. Todos os três padrões que estamos prestes a discutir compartilham o objetivo de tornar gerenciáveis os componentes de *modelos* remotos.

Uma Fábula: A Aplicação Beer Cresce

Era uma vez uma pequena empresa pontocom que tinha um site que oferecia receitas caseiras de fabricação de cerveja, dicas, ingredientes e produtos para fãs de cerveja. Sendo uma pequena empresa (com grandes planos), eles tinham apenas um servidor de produção para suportar o site, mas tinham criado duas equipes de desenvolvimento de software separadas para manter e estender a aplicação. A primeira equipe, conhecida como os "Web Designers", concentrou a sua atenção nos componentes de *visualização* do sistema. A segunda, conhecida como a "Equipe de Negócios", concentrou-se nos componentes *controladores* (o foco de Rachel) e nos componentes de *modelo* (a área de Kim).

O importante é a experiência do usuário, cara... O nosso negócio são os style sheets. Não nos incomode com os seus problemas da camada de negócios - estamos criando **arte**.

O desempenho está se tornando um grande problema. O nosso orçamento para hardware por enquanto é pequeno, mas eu **sei** que teremos de estar prontos para dividir a aplicação em mais pedaços, quando for a hora.

Estou ficando cansado...

Web Designers / atores / empregados

Servidor

Rachel e Kim, a Equipe de Negócios

Como a Equipe de Negócios dá suporte aos web designers, quando os componentes MVC estão rodando em uma JVM

Enquanto o pessoal dos negócios mantiver as interfaces para os seus componentes de modelos consistentes, todos ficarão felizes. Os dois pontos principais referentes à interface no projeto são quando o *controlador* interage pela primeira vez com um componente de *modelo* (passos 1 e 2 abaixo), e, posteriormente, quando um *view* JSP interage com o bean de que precisa (passos 3 e 4 abaixo).

Obtendo dados do usuário para um cliente...

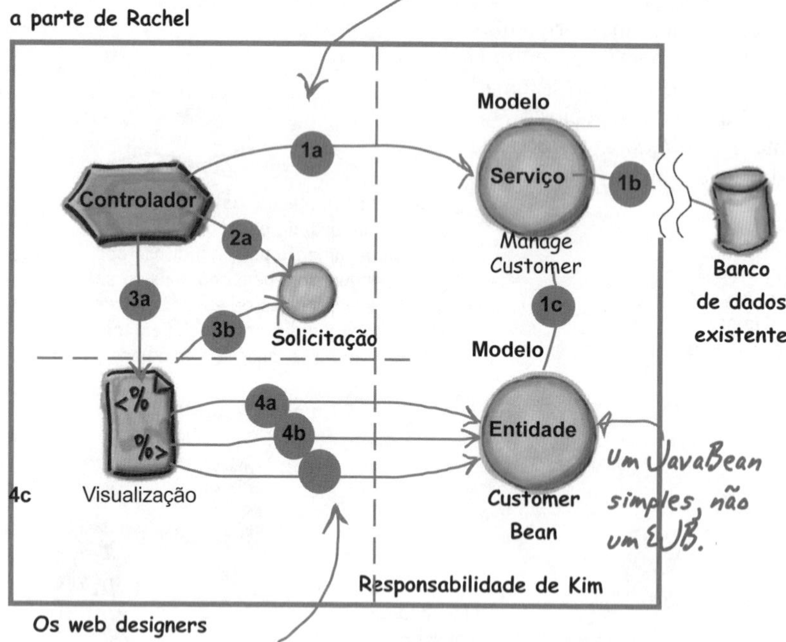
A solicitação getCustomerData do cliente sendo enviada para o modelo. A necessidade de Rachel é que esta interface seja estável.
a parte de Rachel
Modelo
1a
Serviço
1b
Controlador
2a
Manage Customer
Banco de dados existente
3a
1c
3b
Solicitação
Modelo
4a
4b
Entidade
Um JavaBean simples, não um EJB.
4c
Visualização
Customer Bean
Responsabilidade de Kim
Os web designers ficam aqui...
O JSP usa a EL para acessar as propriedades do Bean Customer. A necessidade do web designer é que esta interface seja estável.

1 Tendo recebido uma solicitação por informações do usuário, o **Controlador** chama o componente de serviço **ManageCustomer** (um **Modelo**). O componente de serviço faz uma chamada JDBC ao banco de dados existente, e depois cria um bean **Customer** (este NÃO é um EJB, apenas um simples JavaBean normal), preenchido com dados do usuário retirados do banco de dados.

2 O Controlador adiciona a referência bean Customer ao objeto solicitação, na forma de um atributo.

3 O Controlador encaminha para o JSP **View**. O JSP obtém a referência ao bean Customer a partir do objeto solicitação.

4 O JSP View usa a EL para obter as propriedades do Bean Customer de que precisa para satisfazer a sua solicitação original.

Como eles lidarão com objetos remotos?

As coisas são razoavelmente simples quando todos os componentes da aplicação web (modelo, view e controlador) estão no mesmo servidor, rodando na mesma JVM. Trata-se de simples código Java – obtenha uma referência, chame um método. Mas, *agora*, Kim e Rachel têm que descobrir o que fazer quando os componentes do seu modelo são *remotos* em relação à aplicação web.

Então, temos que retirar alguns dos nossos componentes de modelos do hardware do servidor web e passá-los para os servidores da camada de negócios. E você **sabe** que esta não será a última vez...

JNDI e RMI, uma rápida revisão

O Java e o J2EE fornecem mecanismos que lidam com duas das dificuldades mais comuns que surgem quando os objetos precisam se comunicar através de uma rede – ***localizar*** os objetos remotos, e lidar com todas as ***comunicações*** de rede/IO de baixo nível entre os objetos locais e os remotos (em outras palavras, como *encontrar* objetos remotos e como *invocar* os seus métodos).

JNDI em resumo

JNDI significa Java Naming and Directory Interface (Interface Java de Nomeação e Diretórios), e trata-se de uma API para acessar serviços de nomeação e de diretórios. A JNDI dá à rede uma localização centralizada de onde encontrar coisas. Se tiver objetos que deseja que outros programas da sua rede possam achar e acessar, você registra os seus objetos com a JNDI. Quando algum outro programa deseja *usar* os seus objetos, esse programa usa a JNDI para procurá-los.

A JNDI facilita o deslocamento de componentes na sua rede. Após mudar um componente de lugar, tudo o que você precisa fazer é informar à *JNDI* a nova localização. Dessa maneira, os outros componentes do cliente precisarão saber apenas como encontrar a JNDI, sem saber onde os objetos *registrados* com a JNDI estão localizados de fato.

Exatamente! Além disso, pode apostar que, no fim das contas, estaremos afetando um monte de objetos. É melhor que o nosso design para comunicações de rede seja o mais simples possível.

RMI em resumo

RMI significa Remote Method Invocation (Invocação de Métodos Remotos), um mecanismo que simplifica enormemente o processo de fazer objetos se comunicarem através de uma rede. Nesta página e apresentaremos uma breve revisão, caso você esteja um pouco enferrujado. Por que considerar a RMI aqui? Porque isto ajudará a tornar dois dos padrões de projeto J2EE mais fáceis de entender e apreciar.

A RMI facilita a sua vida

Você deseja que seus objetos se comuniquem através de uma rede. Em outras palavras, você quer que um objeto em uma JVM cause a invocação de um método em um objeto **remoto** (ou seja, um objeto em uma *diferente* JVM), mas quer *fingir* que está invocando um método em um objeto *local*. É isso que a RMI lhe dá – a capacidade de fingir (ou quase) que você está fazendo uma simples chamada local a um método.

O que queremos...

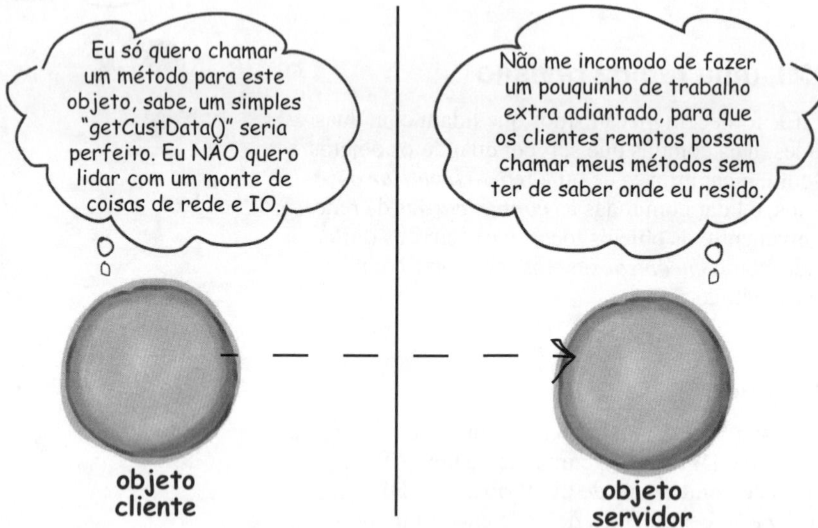

Como a RMI faz isso

Digamos que você está interpretando o seu papel de "cara dos negócios", e deseja tornar um objeto disponível para clientes remotos. Usando a RMI, você criará um **proxy** e **registrará** o seu objeto em algum tipo de registro. Qualquer cliente que deseje chamar os seus métodos fará uma busca nesse registro e obterá uma cópia do *proxy* remoto. Em seguida, o cliente fará chamadas no proxy remoto, **como se ele fosse o objeto real**. O proxy remoto (também chamado de **stub**) se encarrega de todos os detalhes da comunicação, como sockets, streams de I/O, TCP/IP, serializar e desserializar argumentos de métodos e valores de retorno, manipular exceções, e assim por diante. (Ah, a propósito, normalmente sempre há um proxy no lado do servidor – freqüentemente chamado de "**esqueleto**" – realizando tarefas semelhantes no lado do servidor, onde o objeto remoto reside.)

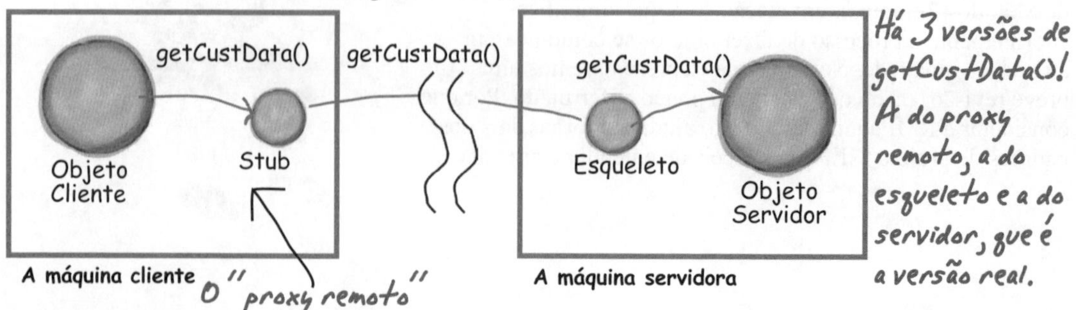

Apenas um pouquinho mais de revisão sobre a RMI

Sem a pretensão de fazer um tutorial RMI inteiro*, veremos mais alguns tópicos de alto nível sobre a RMI, para nos certificarmos de que estamos todos falando a mesma língua. Especificamente, veremos o lado do servidor e o lado do cliente durante o uso da RMI.

A RMI no lado do Servidor em 4 passos

(Uma visão geral dos passos para se criar um serviço de modelo remoto que rode no servidor.)

1. Crie uma **interface remota**. É nela que as assinaturas para métodos como **getCustData()** residirão. Tanto o **stub** (proxy), quanto o **serviço** de modelo propriamente dito (o objeto remoto), implementarão esta interface.

2. Crie a **implementação remota**, em outras palavras, o objeto modelo propriamente dito que residirá no servidor de modelos. Isto inclui o código que registra o modelo em um serviço de registro conhecido, como a JNDI ou a RMI.

3. Gere o stub e (possivelmente) o esqueleto. A RMI fornece um compilador chamado **rmic**, que cria os proxies para você.

4. Inicie/rode o serviço de modelos (que irá registrar a si mesmo no registro e esperará por chamadas vindas de clientes distantes).

O lado do cliente, com e sem RMI

Vamos comparar o pseudocódigo de um cliente usando RMI ao pseudocódigo de um cliente que NÃO usa a RMI.

O cliente *sem* RMI

```
public void goClient() {

  try {
   // obtenha um novo Socket

   // obtenha um OutputStream
   // junte-o a um ObjectOutputStream

   // envie um opcode e argumentos op
   // limpe o OS

   // obtenha o InputStream
   // junte-o a um ObjectInputStream

   // leia o valor de retorno e/ou
   // trate as exceções

   // feche tudo

 } // capture e trate as exceções remotas
}
```

O cliente *com* RMI

```
public void goClient() {

    try {

      // procure o objeto remoto (stub)

      // chame o método do objeto remoto

    } // capture e trate as exceções remotas
}
```

*Se não estiver muito familiarizado com a RMI, vá até a livraria mais próxima, abra (mas não *compre*) uma cópia de Use a Cabeça! Java, e simplesmente leia as seções sobre RMI. Depois, ponha o livro de volta na estante, com a capa para frente, na *frente* do livro concorrente de sua escolha. Certifique-se de limpar a poeira da capa e não derrame café nela.

Adicionando RMI e JNDI ao controlador

Vamos nos concentrar no que precisamos fazer para manter a vida de Rachel tão simples quanto possível. Em outras palavras, que impacto a adição de RMI e JNDI tem sobre o controlador?

3 passos para se usar um objeto remoto

1. Kim, o cara dos modelos, *registra* o seu componente de modelo com o serviço *JNDI*.

2. Quando o controlador de Rachel recebe uma solicitação, o código do controlador faz uma *busca* JNDI para obter o proxy stub para o serviço de modelos remoto de Kim.

3. O controlador realiza chamadas de métodos de negócios para o stub, como se este fosse o próprio objeto modelo. *Quase isso...*

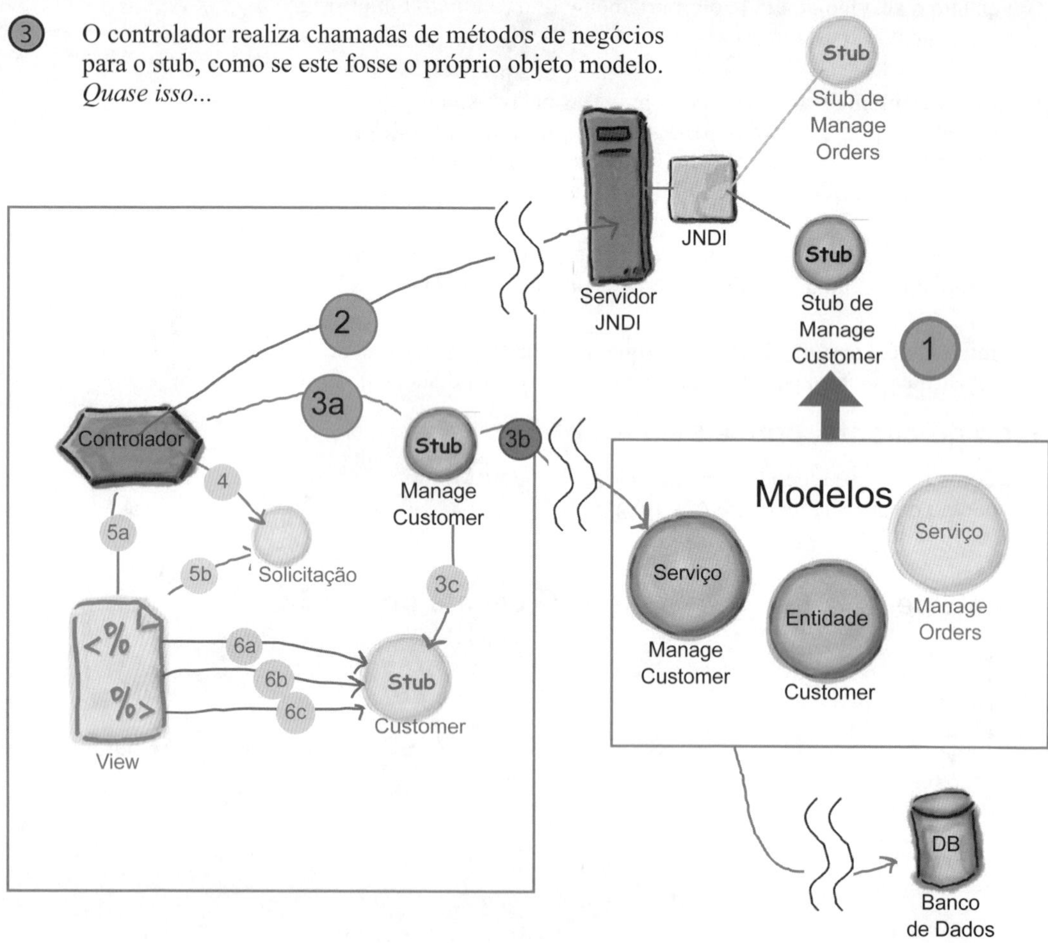

Claro, as chamadas a métodos são bem próximas daquilo que eu estava fazendo quando o modelo era local, mas ainda tenho que modificar o código do Controlador para inserir toda a busca JNDI. Eu estava esperando que algo me permitisse usar o mesmo Controlador, independentemente de se o modelo é local ou remoto.

Como este projeto pode ser melhorado?

1 – Quais são os problemas com este projeto? (liste pelo menos dois)

2 – Como você poderia modificar este projeto para resolver esses problemas?

Problemas:

Solução:

Que tal um objeto "intermediário"?

Uma solução comum para os problemas de projeto que lhe apresentamos é criar um novo objeto – um único objeto "intermediário" com o qual o controlador fale, em vez de fazer o controlador lidar diretamente com a *distância* do modelo remoto.

Problema 1: Esconder a complexa busca JNDI

Se o controlador de Rachel deixar que um objeto "intermediário" se encarregue da busca JNDI, o código do controlador pode permanecer mais simples, livre de ter que saber onde (e como) buscar o modelo.

Problema 2: Esconder a "complexidade da distância"

Se o objeto "intermediário" puder se encarregar de falar com o stub, o controlador de Rachel pode ser protegido de todas as questões remotas, incluindo as *exceções* remotas.

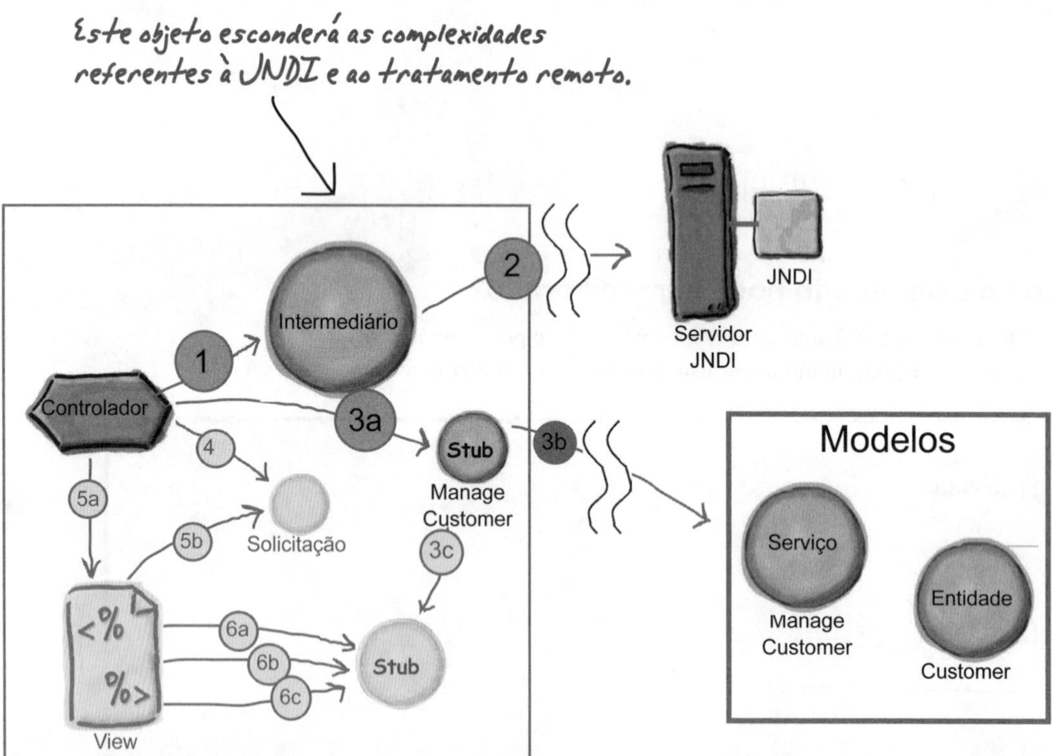

O "intermediário" é um Business Delegate

Vamos dar uma olhada no pseudocódigo para um Business Delegate típico, e em como os Business Delegates tendem a ser distribuídos no container web. Repare que haverá MUITOS Business Delegates na camada web.

O pseudocódigo de um Business Delegate

```
// obtenha a solicitação e faça uma busca JNDI
// receba um stub

// chamada ao método de negócios
// tratamento e abstração de quaisquer exceções remotas
// envie o valor de retorno ao controlador
```

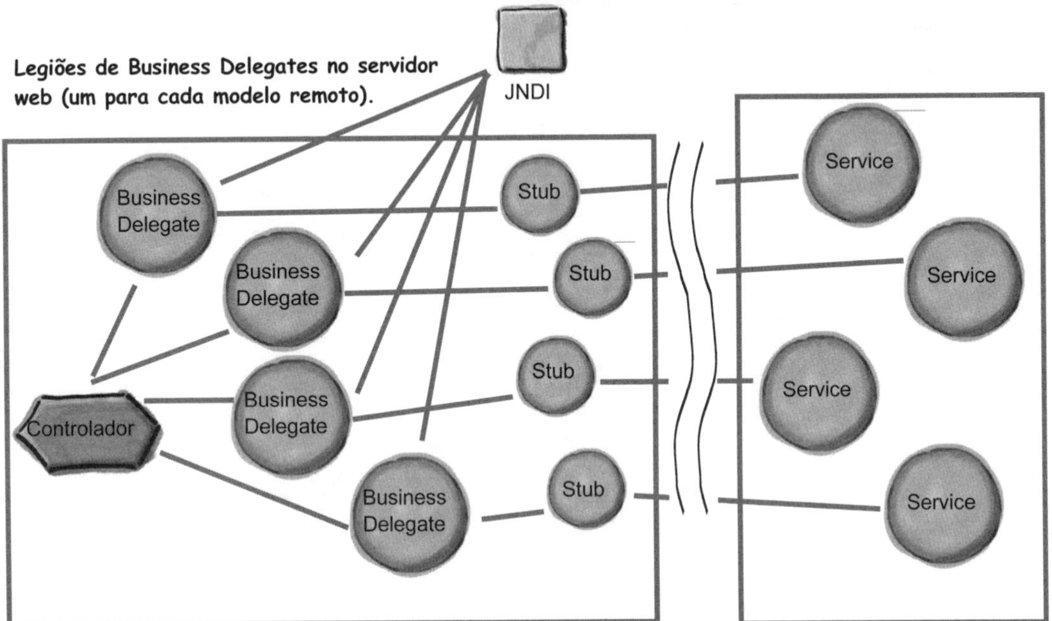

Aponte seu lápis

Oh, oh. *Alarme de código duplicado.*

(Descreva onde está o código duplicado e como você poderia resolver esse problema.)

Simplifique os seus Business Delegates com o Service Locator

A não ser que os seus Business Delegates usem um Service Locator, eles terão código duplicado para lidar com o serviço de busca.

Para implementar um Service Locator, pegaremos toda a lógica para a realização da busca JNDI e iremos *retirá-la* dos vários Business Delegates para *colocá-la* em um só Service Locator.

Normalmente, em aplicações J2EE, haverá uma série de componentes que usam todos o mesmo serviço JNDI. Enquanto que uma aplicação complexa pode usar vários registros diferentes, como JNDI e UDDI (para extremidades de serviços web), um *componente* individual normalmente só precisará acessar *um* registro. Em geral, um único Service Locator dará suporte a um único registro específico.

Ao tornar o ***Business*** Delegate um objeto que lida apenas com os métodos ***business*** (de negócios), em vez de lidar *também* com o código de busca no registro, você aumenta a coesão dos Business Delegates.

O pseudocódigo de um Service Locator

```
// obtenha um objeto InitialContext
// realize a busca remota
// resolva as questões remotas
// opcionalmente, guarde as
referências em cache
```

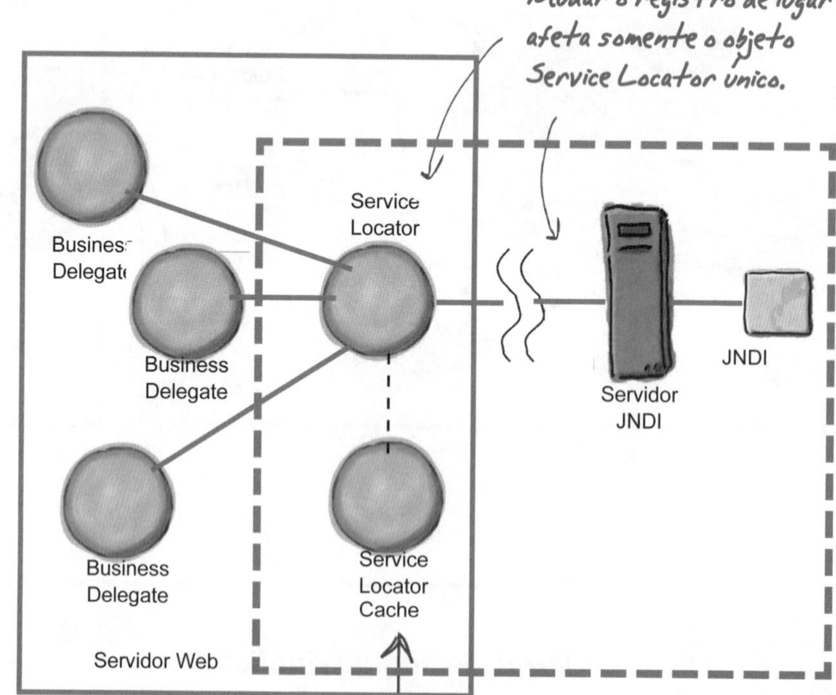
Mudar o registro de lugar afeta somente o objeto Service Locator único.
A coesão é aumentada para todos estes Business Delegates.
Business Delegate
Business Delegate
Business Delegate
Service Locator
Service Locator Cache
Servidor Web
Servidor JNDI
JNDI
A obtenção do stub é feita agora pelo Service Locator. Tudo o que o Delegate tem que fazer é lidar com os métodos de negócios no stub.
Este cache opcional pode reduzir as chamadas na rede.

Não existem
Perguntas Idiotas

P: Toda esta discussão partiu do princípio que se está usando RMI; e se a minha empresa estiver usando CORBA?

R: Todos os padrões que estamos discutindo podem ser implementados de forma mais ou menos independente das tecnologias J2EE. Admitimos que eles serão mais fáceis de implementar com o J2EE, mas se aplicam a outras situações também.

P: Isso também vale para a JNDI?

R: Bem, *existem* outros registros relacionados ao Java *além* da JNDI – como RMI e Jini. Desses três, a JNDI provavelmente é a melhor opção para a maioria das aplicações web, já que é fácil e poderosa (embora os autores *pessoalmente* adorariam que o Jini tomasse o seu lugar de direito no mundo da distribuição). Você poderá também lidar com registros não-Java, como o UDDI. Em qualquer caso, os *padrões* ainda funcionarão, mesmo que o código mude, é claro.

P: Parece que estes padrões estão sempre adicionando uma nova camada de objetos à arquitetura. Por que essa abordagem é tão comum?

R: Você está certo em dizer que esta é uma parte comum de vários padrões. Considerando que o seu projeto é satisfatório, pense nos benefícios em termos de projeto de software inerentes a esta abordagem...

P: Tudo bem, a *coesão* me vem à mente...

R: Certo! Tanto o Business Delegate quanto o Service Locator aumentam a **coesão** dos objetos que eles suportam. Um outro benefício é a **transparência da rede**. Adicionar uma camada freqüentemente isola os objetos existentes de problemas na rede. E, é claro, uma coisa intimamente relacionada à **coesão** é a **separação dos objetivos**.

P: A separação dos objetivos me interessa porque...

R: Vamos usar o Service Locator como exemplo. No evento de o seu registro obter um novo endereço de rede e/ou interface de registro, é muito mais fácil modificar um único Service Locator do que modificar toda uma frota de Business Delegates. Em geral, a separação dos objetivos é interessante, porque nos propicia melhor flexibilidade e gerenciabilidade.

P: Nos seus exemplos até aqui, você pegou POJOs que eram locais e os transformou em remotos. Não é mais provável que eu irei me deparar com a situação de ter que integrar EJBs existentes à minha aplicação web?

R: Por POJOs, estamos supondo que você quis dizer "Plain Old Java Objects" (Simples Objetos Java), é claro. E sim, é provável que você terá de integrar EJBs à sua aplicação. E, na verdade, essa é uma outra razão para usar estes dois padrões... o seu controlador (e view) não devem nunca ter que se preocupar se o modelo é um JavaBean local, um POJO remoto ou um *enterprise* JavaBean (EJB). Sem usar Service Locators nem Business Delegates, essa diferença importa muito – os enterprise beans e os simples objetos remotos java não usam o mesmo código para a busca!

Usando estes padrões, você pode encapsular as questões relacionadas a como e onde o modelo é descoberto e usado, e manter o controlador feliz e sem saber o que está acontecendo, para que você não tenha que modificar o código do seu controlador quando o pessoal dos negócios mudarem e moverem coisas na camada de negócios. Você atualizará somente o Service Locator e (possivelmente) o Business Delegate.

Protegendo os JSPs do web designer contra a complexidade do modelo remoto

Usando os padrões Business Delegate e Service Locator, conseguimos proteger os controladores da Rachel contra as complexidades dos componentes de modelos remotos. Agora, vejamos se podemos fazer o mesmo para os JSPs do web designer.

Rápida revisão da velha maneira *não-remota* – o JSP usa a EL para obter informações do modelo local.

Este diagrama deverá parecer familiar de um ponto anterior deste capítulo. O JSP obtém a referência do bean a partir do objeto solicitação (passo 3), e depois chama getters para o bean (passo 4).

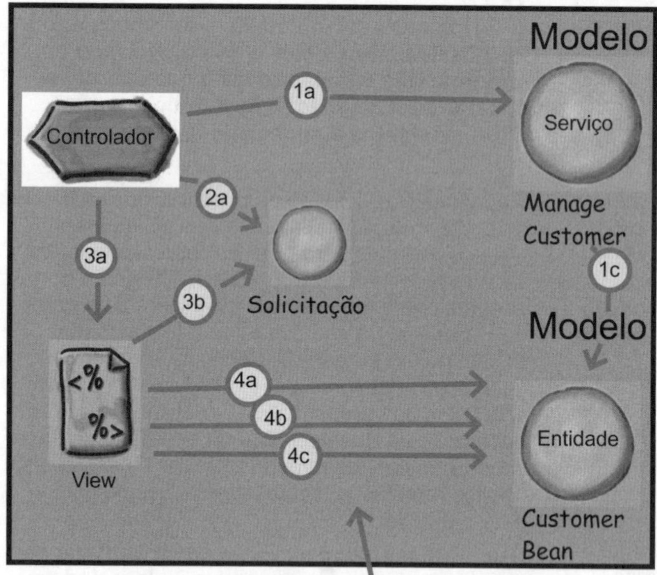

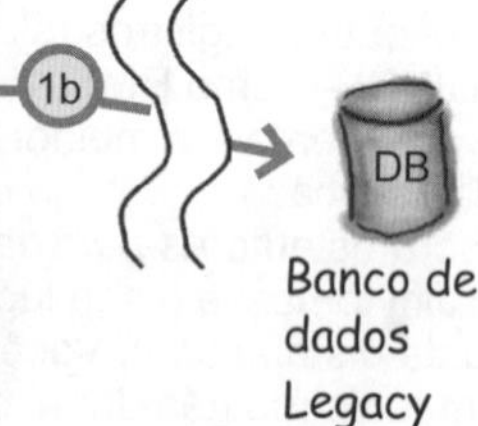

Estas podem ser simples expressões EL como:
`${customer.name}`

1 Tendo recebido uma solicitação por informações do usuário, o **Controlador** chama o componente de modelo **ManageCustomer**. O componente de modelo faz uma chamada remota ao banco de dados existente, e depois cria um bean **Customer**, preenchido com dados do usuário retirados do banco de dados.

2 O Controlador adiciona a referência a Customer ao objeto solicitação, na forma de um atributo.

3 O Controlador encaminha para o JSP **View**. O JSP obtém a referência ao bean Customer a partir do objeto solicitação.

4 O JSP View usa a EL para obter as propriedades do Bean Customer de que precisa para satisfazer a sua solicitação original.

Compare o diagrama do modelo local com este diagrama do modelo remoto

A área cinza neste diagrama dever-se-á parecer BASTANTE com o diagrama anterior, especialmente se você se lembrar que o **Business Delegate** está fingindo ser o modelo **Manage Customer**.

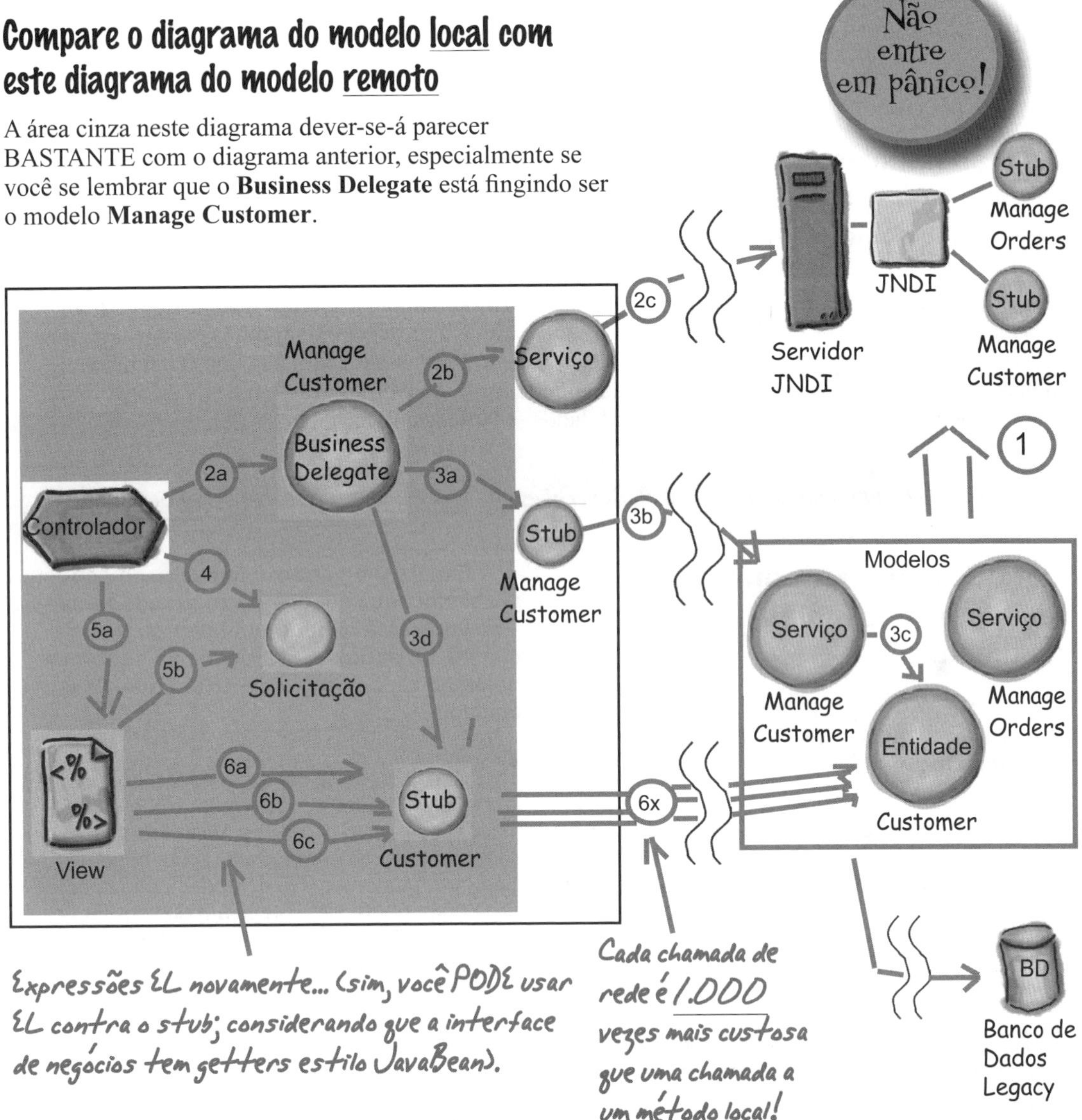

Uma revisão de 6 passos:

1 Registre os seus serviços com a JNDI.

2 Use o Business Delegate e o Service Locator para obter o stub de Manage Customer a partir da JNDI.

3 Use o Business Delegate e o stub para obter o "Bean Customer", que, neste caso, é um outro stub. Retorne a referência deste stub ao controlador.

4 Adicione a referência do stub Customer à solicitação.

5 O controlador encaminha para o JSP **View**. O JSP obtém uma referência ao (stub do) bean Customer a partir do objeto solicitação.

6 O JSP View usa a EL para obter as propriedades do Bean Customer de que precisa para satisfazer a solicitação original.

NOTA IMPORTANTÍSSIMA:
Toda vez que o JSP invoca um getter, o stub de Customer faz uma chamada de rede.

Tenho boas e más notícias...

A arquitetura anterior esconde com sucesso a complexidade tanto dos controladores quanto dos JSPs. E faz um bom uso dos padrões Business Delegate e Service Locator.

As más notícias:

Quando chegar a hora de o JSP obter dados, haverá dois problemas, ambos relacionados ao fato de que o bean com o qual o JSP está lidando é na verdade um *stub para um objeto remoto*.

1 – ***Todas essas chamadas de rede pormenorizadas provavelmente terão um grande impacto no desempenho.*** Pense nisso. Cada expressão EL aciona uma invocação a um método remoto. Isto não apenas é uma questão de largura de banda/latência, como todas essas chamadas causam também alguns problemas ao servidor. Cada chamada poderia levar a uma transação e um carregamento (e possivelmente armazenamento!) do banco de dados separados no servidor.

2 – O JSP ***NÃO é um bom lugar para tratar exceções*** que possam ocorrer, caso o servidor remoto trave.

Por que não fazer com que o JSP fale com um simples bean em vez de um stub?

P: Se você quiser que o JSP fale com um JavaBean, de onde sairá este bean?

R: Bem, ele costumava sair do objeto de modelo/serviço local, então por que não fazê-lo vir do objeto de modelo/serviço *remoto*?

P: Como você transporta um bean através da rede?

R: Ei, desde que ela seja serializável, a RMI não tem nenhum problema para enviar um objeto através da rede.

P: Então, novamente, de que isto me interessaria?

R: Primeiramente, teríamos apenas uma grande chamada de rede, em vez de várias pequenas. Em segundo lugar, uma vez que o JSP estaria falando com um objeto local, não precisaríamos nos preocupar com exceções remotas!

P: Espere um minuto... eu vejo um pequeno problema aqui. Ou talvez um grande problema – se você está usando um bean no lado do cliente, os dados desse bean não se tornam desatualizados no momento em que ele é enviado?

R: Sim, você está certo, e isto É algo que tem que ser pesado: desempenho X o quão atualizados estão os dados. Você tem que decidir qual é mais importante, com base nos seus requerimentos. Se os dados usados pelo seu componente view precisam absoluta e positivamente representar o estado atual do banco de dados em todos os momentos, então você precisa de uma referência remota. Por exemplo, se fizer três chamadas, digamos, getName(), getAddress() e getPhone() para customer, você provavelmente decidirá que estas informações não se modificam rapidamente o suficiente para justificar uma *volta* ao banco de dados (por meio do objeto remoto), apenas para o caso de o número de telefone do cliente ter se modificado NO CAMINHO entre a chamada a getName() e a getAddress().

Por outro lado, você pode decidir que, em um ambiente altamente dinâmico, no qual o cliente faz transações 24 horas por dia, 7 dias por semana, seria REALMENTE preciso mostrar as informações mais atualizadas. Enviar um JavaBean de volta ao cliente significa que a View teria um instantâneo do banco de dados no momento em que o bean foi preenchido, mas, uma vez que o bean não tem conexão com o banco de dados, os dados começam a ficar desatualizados imediatamente.

Hora de usar um Transfer Object?

No caso de uma probabilidade em que um serviço de negócios possa ser pedido para enviar ou receber todos ou a maioria dos seus dados em uma única grande mensagem, é comum que esse serviço forneça esse recurso na sua API. Normalmente, o serviço de negócios cria um objeto Java serializável que contém muitas variáveis de instâncias. A Sun chama este objeto de **Transfer Object**. Fora da Sun, há um padrão chamado ***Data* Transfer Object**. Adivinhe só? Eles são a mesma coisa. (Sim, nós pensamos a mesma coisa que você sobre isso.)

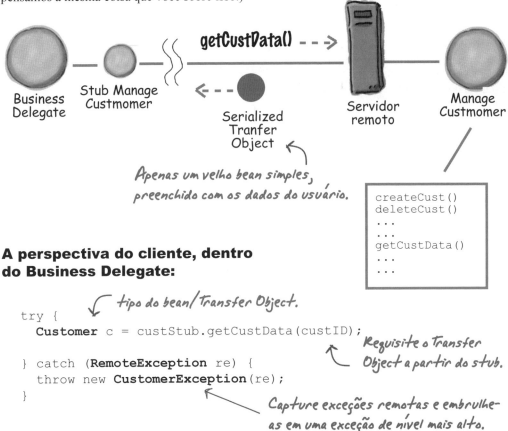

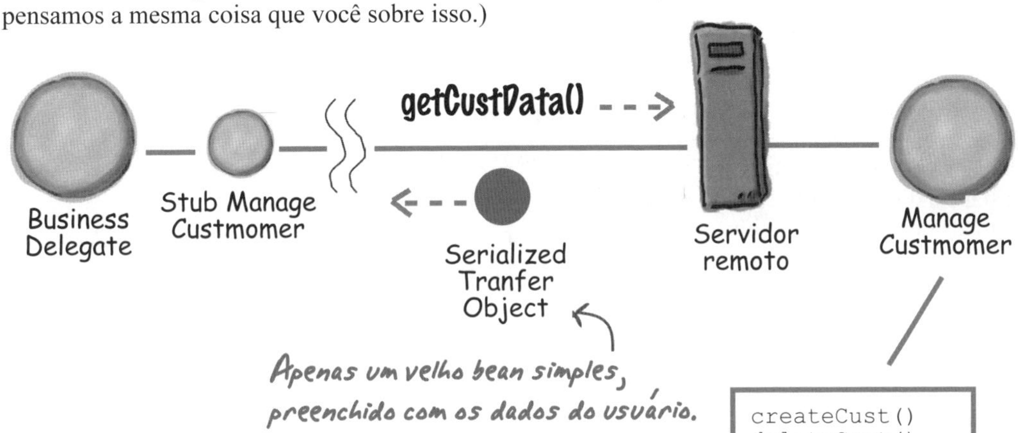

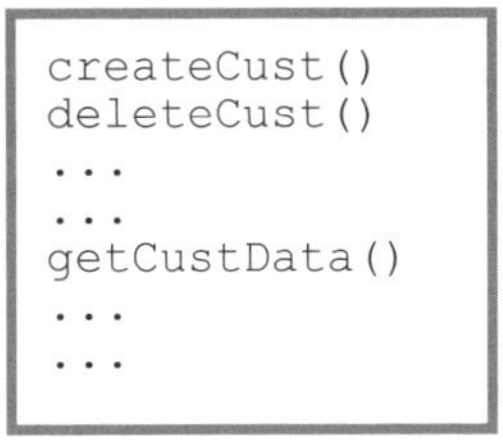

A perspectiva do cliente, dentro do Business Delegate:

```
try {
  Customer c = custStub.getCustData(custID);

} catch (RemoteException re) {
  throw new CustomerException(re);
}
```

tipo do bean/Transfer Object.

Requisite o Transfer Object a partir do stub.

Capture exceções remotas e embrulhe-as em uma exceção de nível mais alto.

É isso. Por debaixo dos panos, o Transfer Object é serializado, enviado e desserializado no bloco da JVM local do cliente. Nesse ponto, ele é apenas um bean local como qualquer outro.

Os dados em um Transfer Object ficam desatualizados!

Uma vez enviado através da rede, o Transfer Object fica completamente sem contato com a sua fonte, e começa a perder sincronização em relação ao estado dos dados no banco de dados subjacente. Você terá que decidir para cada caso se é melhor manter a integridade/sincronização dos dados às custas da queda no desempenho.

Tanto o Service Locator quanto o Business Delegate simplificam os componentes de modelos

Preste atenção ao debate entre os nossos dois faixas-pretas sobre qual padrão é melhor – Service Locator ou Business Delegate.

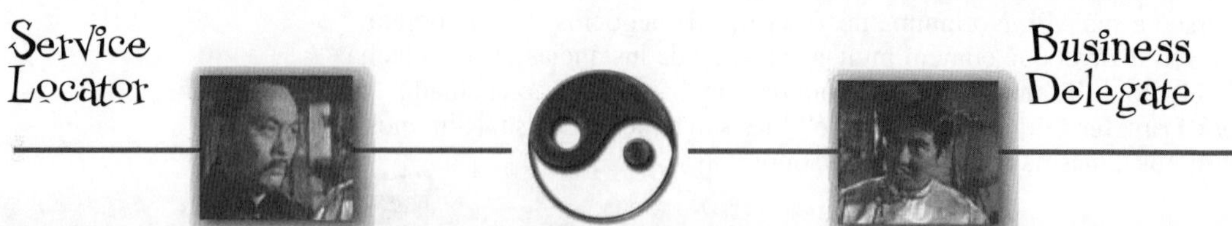

Service Locator: O Service Locator é o padrão superior. Antes de mais nada, ao contrário do Business Delegate, uma instância do Service Locator pode suportar uma camada de aplicação inteira.

Business Delegate: Isso é verdade, mas o Service Locator só precisa falar com *uma* entidade remota. Os Business Delegates precisam lidar com *vários* objetos de entidades.

Service Locator: O Service Locator é mais eficiente com chamadas de rede. Ele pode armazenar em cache referências a stubs ou stubs de serviço uma vez localizados, reduzindo o tráfego de rede para chamadas subseqüentes.

Business Delegate: Com todo o respeito, você está se esquecendo de que o Service Locator tem uma tarefa muito mais fácil. O Business Delegate tem que carregar a pesada carga de se comunicar com um objeto dinâmico, cujos dados podem se modificar a qualquer momento.

Service Locator: Carga pesada? Os seus dados de negócios simples não me impressionam.

Business Delegate: Um Business Delegate dá aos programadores de aplicações web muito mais *benefícios* do que o seu Service Locator.

Service Locator: Ah, talvez os programadores se beneficiem, mas o seu padrão simples parece se esquecer de que ele freqüentemente existe em um ambiente de *rede*. Ele faz várias chamadas a serviços de negócios, sem nenhuma restrição ou consideração quanto à *carga extra* representada pelas chamadas remotas.

Business Delegate: Ha ha! O Business Delegate não tem vergonha de formar uma aliança com o Transfer Object! Trabalhando em equipe, eles podem ajudar o programador E minimizar as chamadas remotas.

Service Locator: Sim, sim, o seu padrão fraco precisa de *assistência*, todos sabemos disso. Mas quando você se associa a um Transfer Object, outros demônios podem lhe assombrar... você não está se esquecendo dos seu pequenos problemas com a desatualização e a concorrência dos dados, está?

Business Delegate: Não, não estou me esquecendo. Mas quando estes problemas surgem, eles podem ser solucionados. Você não pode esperar conseguir grandes coisas sem um pouco de esforço adicional... nada no J2EE jamais é simples assim.

Padrões da camada de negócios: revisão rápida

Para finalizar a nossa discussão dos padrões da camada de negócios, eis um diagrama que mostra um Business Delegate, um Service Locator e um Transfer Object em ação. No final do capítulo, você encontrará algumas páginas resumindo estes padrões e os padrões da camada de apresentação que discutiremos a seguir.

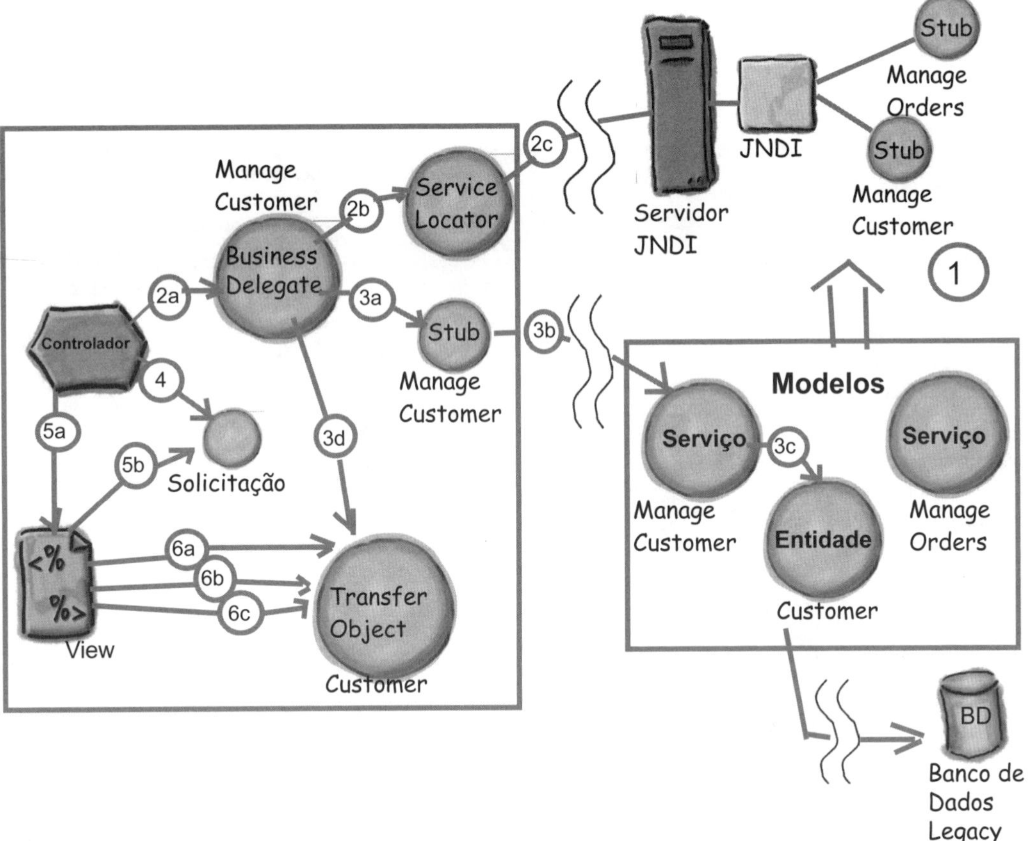

Uma revisão de 6 passos:

1 Registre os seus serviços com a JNDI.

2 Use o Business Delegate e o Service Locator para obter o stub de Manage Customer a partir da JNDI.

3 Use o Business Delegate e o stub para obter o "Bean Customer", que neste caso é um Transfer Object. Retorne a referência deste Transfer Object ao controlador.

4 Adicione a referência do bean à solicitação

5 O controlador encaminha para o JSP **View**. O JSP obtém uma referência ao bean Transfer Object Customer a partir do objeto solicitação.

6 O JSP View usa a EL para obter as propriedades do Bean Transfer Object Customer de que precisa para satisfazer a solicitação original.

Nosso primeiro padrão revisitado... MVC

Por um acaso, o mesmo padrão que estivemos usando no livro cai no exame. Os dois últimos padrões que iremos abordar são padrões da camada de apresentação, como era o Intercepting Filter. Primeiramente, vamos retomar a discussão sobre o MVC de onde paramos. Ela nos levará ao Struts e, finalmente, ao Front Controller.

Onde paramos...

Vamos fazer uma rápida revisão de onde paramos, no capítulo 2.

MODELO

Armazena a lógica de negócios e o estado. Em outras palavras, ele sabe as regras para se obter e atualizar o estado.

O conteúdo de um Carrinho de Compras (e as regras para o que fazer com ele) fariam parte do Modelo, no MVC.

É a única parte da aplicação que fala com o banco de dados.

CONTROLADOR

Recebe o input do usuário a partir da solicitação e descobre o que esse input significa para o modelo.

Diz ao modelo para atualizar a si mesmo, torna o estado do modelo disponível para a view (o JSP) e encaminha para o JSP.

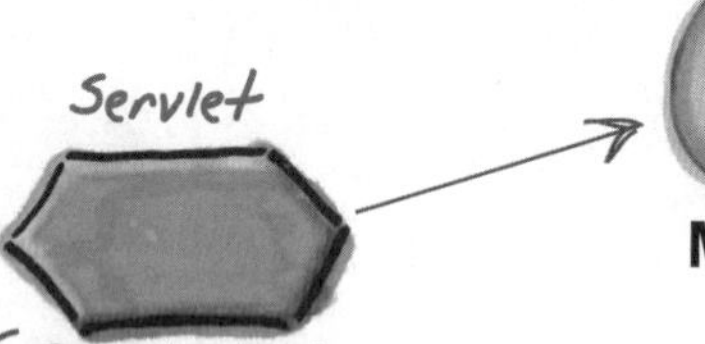

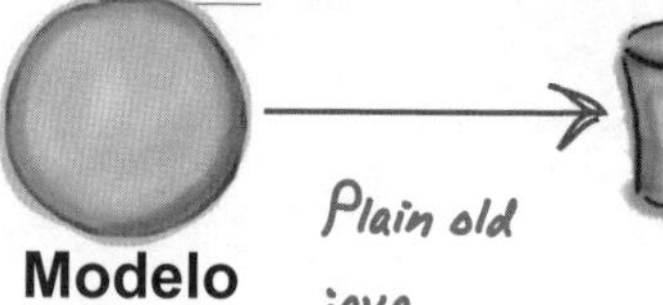

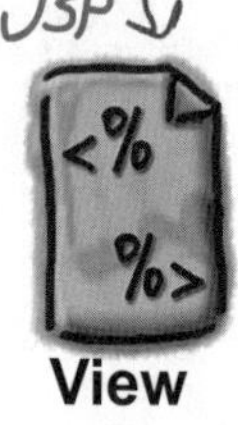

VIEW

Responsável pela apresentação. Obtém o estado do modelo a partir do Controlador (embora não diretamente; o Controlador põe os dados do modelo em um lugar em que a View possa encontrá-los).

Curiosidade: MVC GUI x MVC Web

O MVC já existia antes de surgir a World Wide Web. Na sua primeira encarnação, o MVC era um construtor criado para simplificar aplicações GUI complexas. Criado primeiramente no Smalltalk, um dos principais atributos do MVC era que a View seria notificada automaticamente se houvesse mudanças no Modelo.

Mais recentemente, o MVC passou a ser usado na web, embora a View esteja no browser e não possa ser atualizada automaticamente quando o Modelo se modifica na camada web. O nosso foco recai completamente sobre a versão web do MVC.

Finalmente, estamos sempre falando sobre o MVC modelo 2, nunca os antigos MVC Modelo 1 ou 1.5.

MVC em uma aplicação web real

Lá atrás, no capítulo 2, deixamos você com um exercício "Exercite sua mente" sobre potenciais problemas com a arquitetura MVC da nossa Aplicação de Encontros. Vamos revisar de onde paramos e vamos tentar responder a questão que certamente permaneceu te assombrando durante todos estes capítulos: o que poderia ser melhor que o MVC?

Para o caso de cada um dos browsers, haverá um respectivo conjunto de componentes de Modelo, View e Controlador, os quais podem ser misturados, combinados e recombinados de várias formas diferentes para cada caso específico.

O problema que tínhamos na aplicação de encontros era que possuíamos muitos controladores especializados, o que parecia bom de um ponto de vista OO, mas nos deixava com código duplicado em todos os diferentes controladores da aplicação, e não nos dava um sentimento exatamente feliz no que se refere à gerenciabilidade e à flexibilidade.

Uma única aplicação MVC tem vários modelos, views e controladores.

Analisando o controlador MVC

Vamos ver se concordamos com o que vem sendo dito sobre os controladores. Primeiramente, um lembrete sobre o trabalho do controlador:

Pseudocódigo para um controlador MVC genérico

```
public class ControllerServlet extends HttpServlet {

    public void doPost(request, response) {

        String c = req.getParameter("startDate");
(1)     // faça uma conversão de dados no parâmetro date
        // verifique se a data está na faixa permitida
        // se ocorrerem erros na validação acima,
        // encaminhe para o JSP "retry" definido no código
```

Lide com os parâmetros da solicitação

```
(2)     // invoque o(s) componente(s) de modelo definido(s) no código

        // adicione os resultados do modelo ao objeto solicitação
        // (talvez uma referência a um bean)
```

Lide com o modelo

```
(3)
        // faça o dispatch para o JSP da view
        // (que, é claro, está definido diretamente no código)
    }
}
```

Lide com a view

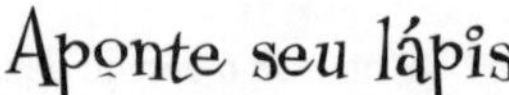

Quais princípios este componente viola?

Liste três ou mais princípios de projeto de software que o pseudocódigo acima viola.

Aprimorando os controladores MVC

Além da falta de coesão, o controlador também está firmemente vinculado aos componentes do modelo e da visão. E ainda há mais um Alarme de Código Duplicado aqui. Como podemos consertar as coisas?

As três principais tarefas do controlador	Uma forma melhor de lidar com elas?
Obter e lidar com os **parâmetros da solicitação**	Atribua esta tarefa a um componente separado de validação do formulário, o qual possa obter os parâmetros do formulário, convertê-los, tratar os erros de validação e criar um objeto para armazenar os valores do parâmetro.
Invocar o **modelo**	Humm... nós não gostamos de programar o modelo diretamente no código do controlador, então talvez possamos fazê-lo declarativamente, listando uma série de modelos no nosso próprio deployment descriptor customizado, o qual o controlador poderia ler e, baseado na solicitação, descobrir qual(is) modelo(s) usar.
Fazer dispatch para a **View**	Por que não fazer isto declarativamente também? Assim, com base na URL da solicitação, o controlador pode descobrir (olhando no nosso deployment descriptor customizado) para qual view deve fazer o dispatch.

Um pseudocódigo novo (e mais curto) para o controlador

```
public class ControllerServlet extends HttpServlet {

  public void doPost(request, response) {

    // chame um componente de validação declarativamente
    // (faça-o tratar os erros da validação também!)

    // invoque declarativamente um componente de processamento
    // de solicitações, para chamar um componente de Modelo

    // faça o dispatch para o JSP da view declarativamer
  }
}
```

Pra mim está ótimo desse jeito! Vou me sentir bem menos esquizofrênico se for implementado dessa forma.

Elaborando o controlador dos nossos sonhos

Vamos desenhar mais um dos nossos agora já famosos diagramas de arquitetura para ver qual seria a aparência deste controlador e dos seus componentes de apoio.

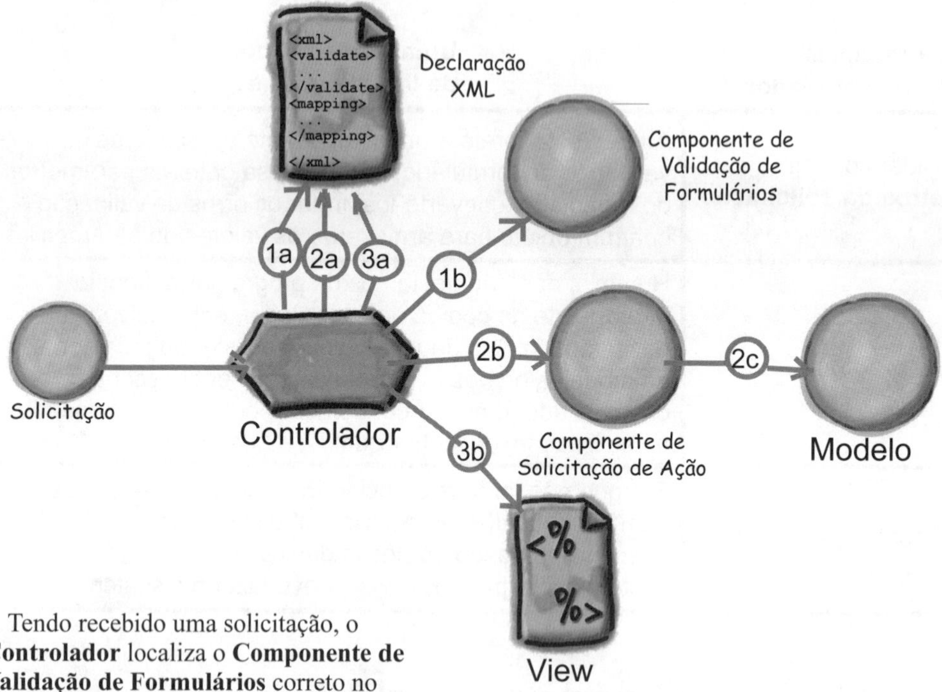

1 Tendo recebido uma solicitação, o **Controlador** localiza o **Componente de Validação de Formulários** correto no arquivo **XML contendo as Declarações**. O Controlador invoca o validador de Formulários, enviando a ele a solicitação. Se o validador encontra quaisquer erros, ele diz ao controlador qual view retornar.

2 Usando o arquivo XML que contém as Declarações, o Controlador localiza e invoca o **Componente de Solicitação de Ação**, o qual invoca o modelo.

3 Usando o arquivo XML que contém as Declarações, o Controlador localiza e invoca a **View**.

Sim! É o Struts resumido

Obviamente esta é uma visão geral, e deixamos de fora praticamente todos os detalhes, mas esta é a idéia básica por trás do framework Struts. Vejamos mais alguns detalhes, começando com o fato de que mudamos todos os nomes...

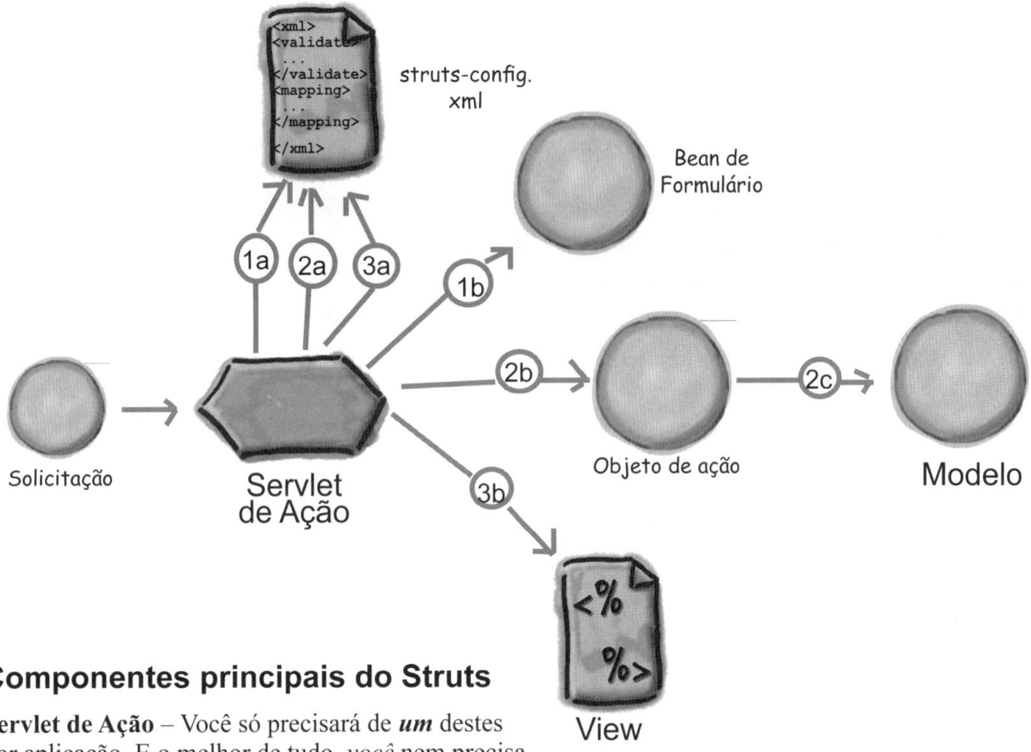

```
<xml>
<validate>
...
</validate>
<mapping>
...
</mapping>
</xml>
```

struts-config.xml

Bean de Formulário

1a 2a 3a 1b 2b 2c 3b

Solicitação

Servlet de Ação

Objeto de ação

Modelo

<%
%>

View

Componentes principais do Struts

Servlet de Ação – Você só precisará de ***um*** destes por aplicação. E o melhor de tudo, *você* nem precisa escrevê-lo, **o Struts lhe fornece.**

Beans de Formulários – Você escreverá um destes para cada formulário HTML que a sua aplicação precise processar. Eles são beans Java e, após ter chamado os setters para o bean de formulário (para preenchê-lo com os parâmetros do formulário), o Servlet de Ação do Struts chama o método validate() do bean. Este é um ótimo lugar para colocar a lógica de conversão de dados e de tratamento de erros.

Objetos de Ação – Em geral, um objeto de ação é mapeado a uma única atividade em um determinado caso. Possui um método do tipo callback chamado **execute()**, que é um ótimo lugar para *obter* os parâmetros dos formulários já validados e para chamar componentes de modelo. Pense no objeto Ação como um tipo de "servlet júnior".

struts-config.xml – Este é o deployment descriptor específico do Struts. Nele, você mapeará: **URLs de solicitações a Ações, Ações a beans de Formulários** e **Ações a views**.

O Struts é um container?

Oficialmente, o Struts é considerado um framework. Os frameworks são coleções de interfaces e classes elaboradas para trabalharem juntas para lidar com um determinado tipo de problema. No caso do Struts, o escopo se refere a problemas de aplicações web. O objetivo de um framework é "ajudar os programadores no desenvolvimento e na manutenção de aplicações complexas".

Então, o Struts não é um container, mas de algumas formas ele age como um.

Cinco principais semelhanças entre o Struts e um container de servlets

1 Declarativos: Ambos usam um arquivo XML para configurar a aplicação declarativamente.

2 Ciclo de vida: Ambos fornecem ciclos de vida para tipos de objetos pré-determinados.

3 Callbacks: Ambos realizam callbacks automáticos de métodos importantes do ciclo de vida.

4 APIs: Ambos fornecem APIs para tipos importantes de objetos que são suportados.

5 Controle da aplicação: Ambos fornecem um ambiente controlado no qual a sua aplicação roda. Eles são a janela da sua aplicação para o mundo exterior.

Não há nada sobre o Struts no exame!

Você DEVE saber o propósito e a função de um Front Controller (e o Struts é apenas um Front Controller mais complexo), mas não haverá nenhuma questão sobre o framework Struts. Então, você pode relaxar e seguir adiante, sem ter que memorizar cada detalhezinho sobre ele.

Como o Front Controller entra na história?

Ah, sim. O Front Controller é um outro padrão J2EE, que por acaso cai no exame. Na verdade, ***o Struts é um exemplo bonitinho do uso de um padrão Front Controller***. A idéia básica do padrão Front Controller é que um único componente, normalmente um servlet mas possivelmente um JSP, age como o único ponto de controle para a camada de apresentação de uma aplicação web. Com o padrão Front Controller, todas as solicitações da aplicação passam por um só controlador, o qual se encarrega de fazer o dispatching da solicitação para os lugares apropriados.

No mundo real, é raro implementar um Front Controller sozinho. Mesmo a implementação mais simples normalmente inclui um outro padrão J2EE, chamado **Controlador de Aplicação**. O Struts inclui uma classe chamada RequestProcessor, que é responsável, em última análise, pelo tratamento das solicitações HTTP.

Embora o exame possa conter questões sobre o padrão Front Controller, basta você se lembrar dos benefícios do Struts, e do fato de que o Struts é simplesmente um Front Controller todo enfeitado.

Oito recursos que o Struts adiciona a um Front Controller

1 **Controle Declarativo:** O Struts lhe permite criar mapas declarativos entre URLs, objetos de validação, objetos que invocam modelos e views.

2 **Dispatching Automatizado de Solicitações:** O método Action.execute() retorna um ActionForward simbólico, que diz ao Servlet de Ação para qual view fazer o dispatching. Isto fornece mais uma camada de abstração (e união mais solta) entre os componentes controlador e view.

3 **DataSources:** O Struts pode fornecer gerenciamento de DataSources.

4 **Tags Customizadas:** O Struts fornece várias tags customizadas.

5 **Suporte à Internacionalização:** As classes de erros e as tags customizadas têm suporte à internacionalização.

6 **Validação Declarativa:** O Struts fornece um framework de validação, que elimina a necessidade de se programar o método de validação nos seus beans de formulários. As regras para se validar um formulário são configuradas em um arquivo XML e podem ser modificadas sem afetar o código do seu bean de formulário.

7 **Tratamento global de exceções:** O Struts fornece um mecanismo de tratamento declarativo de erros semelhante ao <error-page> nos DDs. Entretanto, com o Struts as exceções podem ser específicas ao código da aplicação no seu objeto Action.

8 **Plug-ins:** O Struts fornece uma interface PlugIn com dois métodos: init() e destroy(). Você pode criar seus próprios plug-ins para aprimorar sua aplicação Struts, e eles serão gerenciados para você. Por exemplo, o framework Validator é inicializado usando-se um plug-in.

Refatorando a aplicação Beer para o Struts

Chega de teoria, vamos escrever uma aplicação com o Struts. Primeiramente, vamos rever a nossa aplicação MVC Beer, do capítulo 3. A única parte do código que será modificada quando refatorarmos para o Struts relaciona-se ao controlador MVC (o modelo e a view não são afetados).

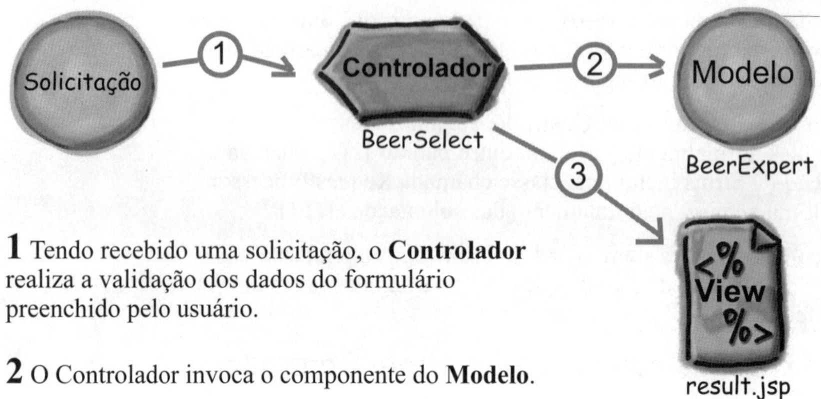

1 Tendo recebido uma solicitação, o **Controlador** realiza a validação dos dados do formulário preenchido pelo usuário.

2 O Controlador invoca o componente do **Modelo**.

3 O Controlador encaminha para a **View**.

Código do controlador MVC (do capítulo 3)

```
package com.example.web;
import com.example.model.*;
import javax.servlet.*;
import javax.servlet.http.*;
import java.io.*;
import java.util.*;

public class BeerSelect extends HttpServlet {
  public void doPost(HttpServletRequest request,
                     HttpServletResponse response)
            throws IOException, ServletException {

  String c = request.getParameter("color");

  BeerExpert be = new BeerExpert();
  ArrayList result = be.getBrands(c);

  request.setAttribute("styles", result);
  RequestDispatcher disp =
     request.getRequestDispatcher("result.jsp");
  disp.forward(request, response);
  }
}
```

Não acontece muita validação de formulário por aqui. :)

Invoca o modelo.

Encaminha para a View escrita diretamente no código.

A arquitetura da aplicação Beer com o Struts

Eis a arquitetura da aplicação Beer, toda feita no Struts...

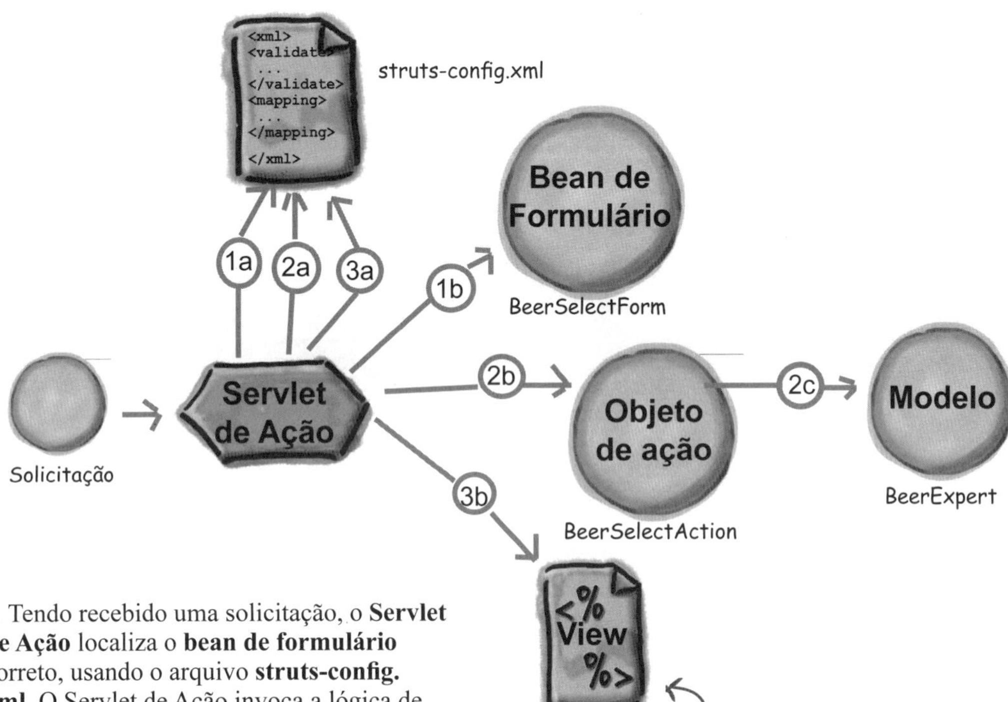

1 Tendo recebido uma solicitação, o **Servlet de Ação** localiza o **bean de formulário** correto, usando o arquivo **struts-config.xml**. O Servlet de Ação invoca a lógica de validação do bean de formulário. Se o bean encontrar quaisquer erros, ele preenche um objeto **ActionErrors**.

2 Usando o arquivo struts-config.xml, o Servlet de Ação localiza e invoca o objeto **Action**, o qual invoca o modelo e retorna um objeto **ActionForward** para o Servlet de Ação .

3 Tendo retirado anteriormente os mapeamentos necessários de struts-config.xml, o Servlet de Ação usa o objeto ActionForward para fazer o dispatch para o componente correto da view.

*Bem, está certo, a view *irá* se modificar em uma aplicação web do Struts. Por exemplo, o Struts fornece uma biblioteca de tags que possui uma tag, <html:errors/>, que exibe os erros de validação do bean de formulário. Além disso, a biblioteca de tags HTML fornece tags que preenchem novamente o formulário, em caso de um erro.*

Um bean de formulário exposto

Lembre-se, o trabalho do bean de formulário é validar os parâmetros do formulário preenchido pelo usuário. Um benefício legal do Struts é que o passo da validação já vem embutido na arquitetura.

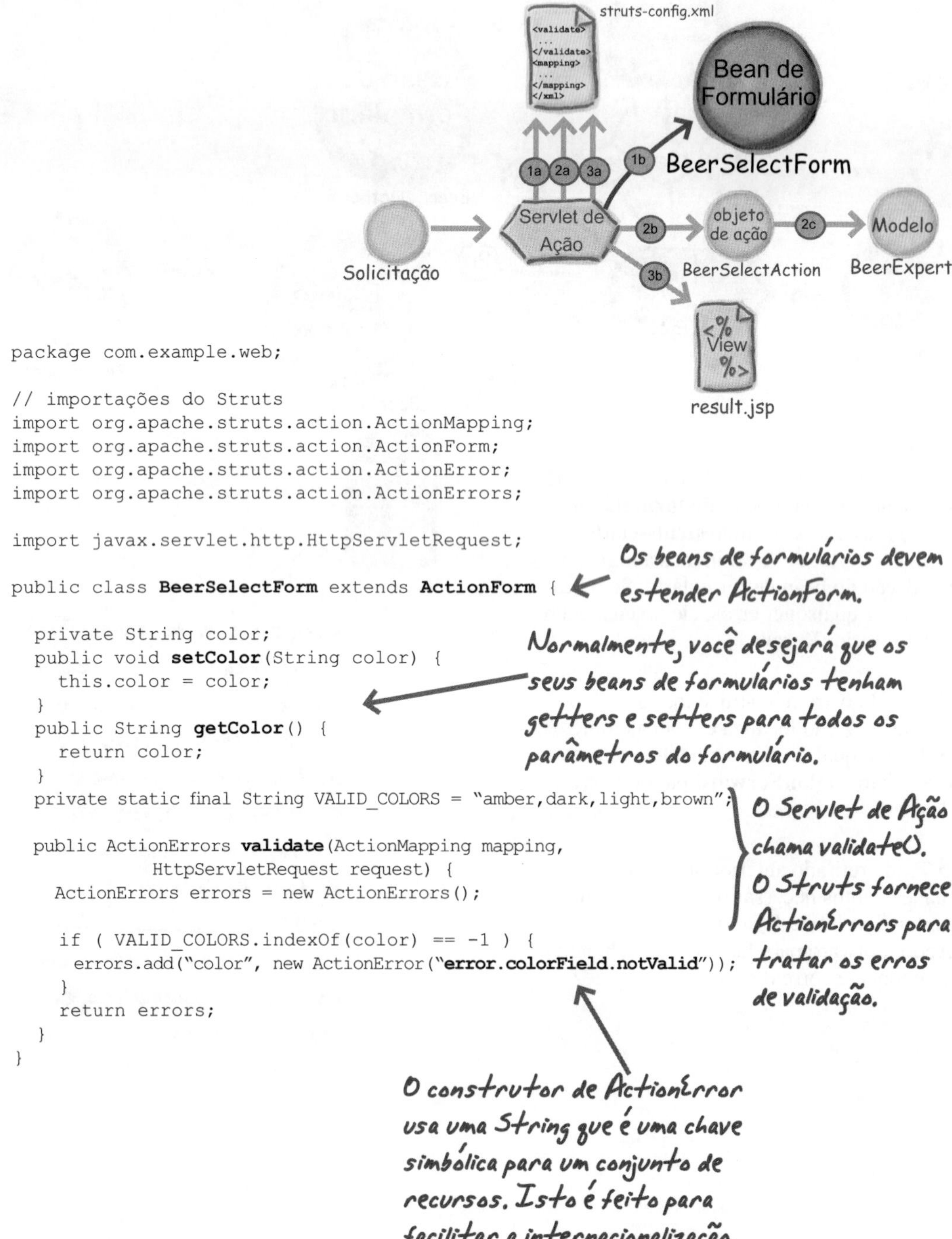


```
package com.example.web;

// importações do Struts
import org.apache.struts.action.ActionMapping;
import org.apache.struts.action.ActionForm;
import org.apache.struts.action.ActionError;
import org.apache.struts.action.ActionErrors;

import javax.servlet.http.HttpServletRequest;

public class BeerSelectForm extends ActionForm {

  private String color;
  public void setColor(String color) {
    this.color = color;
  }
  public String getColor() {
    return color;
  }
  private static final String VALID_COLORS = "amber,dark,light,brown";

  public ActionErrors validate(ActionMapping mapping,
             HttpServletRequest request) {
   ActionErrors errors = new ActionErrors();

    if ( VALID_COLORS.indexOf(color) == -1 ) {
     errors.add("color", new ActionError("error.colorField.notValid"));
    }
    return errors;
  }
}
```

Como funciona um objeto Action

O objeto Action é principalmente um dispatcher. Ele é invocado pelo Servlet de Ação, que chama o método execute() do objeto Action.

struts-config.xml

```
<validate>
...
</validate>
<mapping>
...
</mapping>
</xml>
```

Solicitação → Servlet de Ação (1a, 2a, 3a → struts-config.xml; 1b → Bean de formulário BeerSelectForm; 2b → Objeto de Ação BeerSelectAction; 2c → Modelo BeerExpert; 3b → View result.jsp)

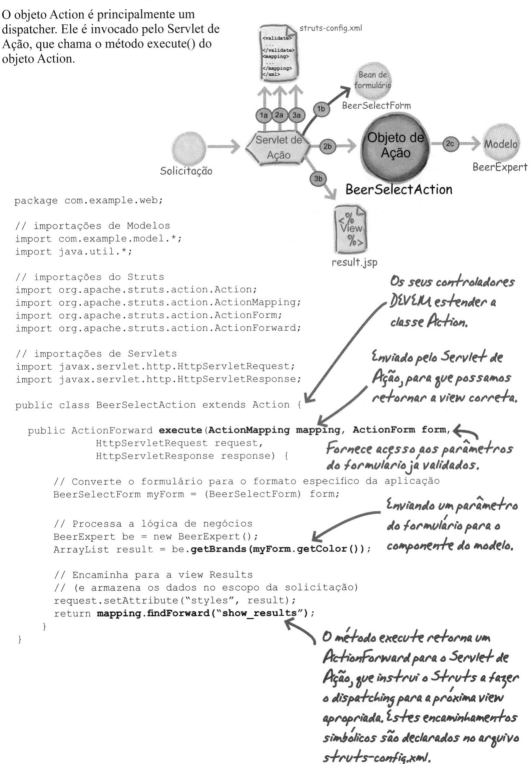

```
package com.example.web;

// importações de Modelos
import com.example.model.*;
import java.util.*;

// importações do Struts
import org.apache.struts.action.Action;
import org.apache.struts.action.ActionMapping;
import org.apache.struts.action.ActionForm;
import org.apache.struts.action.ActionForward;

// importações de Servlets
import javax.servlet.http.HttpServletRequest;
import javax.servlet.http.HttpServletResponse;

public class BeerSelectAction extends Action {

  public ActionForward execute(ActionMapping mapping, ActionForm form,
            HttpServletRequest request,
            HttpServletResponse response) {

      // Converte o formulário para o formato específico da aplicação
      BeerSelectForm myForm = (BeerSelectForm) form;

      // Processa a lógica de negócios
      BeerExpert be = new BeerExpert();
      ArrayList result = be.getBrands(myForm.getColor());

      // Encaminha para a view Results
      // (e armazena os dados no escopo da solicitação)
      request.setAttribute("styles", result);
      return mapping.findForward("show_results");
    }
}
```

Os seus controladores DEVEM estender a classe Action.

Enviado pelo Servlet de Ação, para que possamos retornar a view correta.

Fornece acesso aos parâmetros do formulário já validados.

Enviando um parâmetro do formulário para o componente do modelo.

O método execute retorna um ActionForward para o Servlet de Ação, que instrui o Struts a fazer o dispatching para a próxima view apropriada. Estes encaminhamentos simbólicos são declarados no arquivo struts-config.xml.

struts-config.xml: costurando tudo

O arquivo struts-config.xml é análogo ao DD. Na verdade, você pode dar a ele o nome que quiser, embora struts-config.xml seja o seu nome convencional. De forma semelhante ao DD, é neste arquivo que você irá declarar e mapear componentes do Struts na sua aplicação web. Este mecanismo ajuda a sua aplicação a se tornar mais fracamente unida.

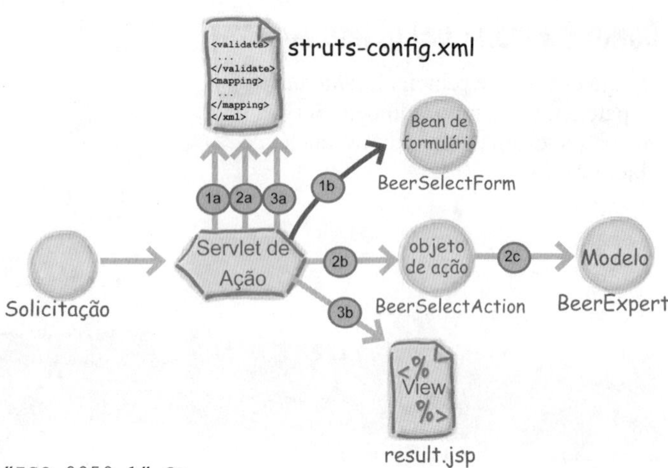


```
<?xml version="1.0" encoding="ISO-8859-1" ?>
<!DOCTYPE struts-config PUBLIC
   "-//Apache Software Foundation//DTD Struts Configuration 1.0//EN"
   "http://jakarta.apache.org/struts/dtds/struts-config_1_0.dtd">

<struts-config>

  <form-beans>
    <form-bean name="selectBeerForm"
               type="com.example.web.BeerSelectForm" />
  </form-beans>

  <action-mappings>
    <action path="/SelectBeer"
    type="com.example.web.BeerSelectAction"
    name="selectBeerForm" scope="request"
    validate="true" input="/form.jsp">

<forward name="show_results"
    path="/result.jsp" />
    </action>
  </action-mappings>
```

O elemento <form-bean> declara o nome e a classe simbólicos de um objeto bean de formulário.

Um elemento <action> mapeia o caminho URL até a classe controladora; repare que a extensão .do para o caminho NÃO é incluída na configuração do Struts.

O <action> também associa um bean de formulário com a ação. Isto é especificado pelo nome simbólico do bean. O Struts cria esse bean e o armazena no escopo especificado. Se ocorrer a validação e forem retornados erros a partir do método validate, o atributo input determina qual a View responsável por exibir a mensagem de erro; este é normalmente o formulário que submeteu a ação.

O elemento <forward> cria um mapeamento entre o nome simbólico da view, usado pelo objeto Action, e o caminho físico até o componente da view.

```
  <message-resources parameter="ApplicationResources" null="false" />
</struts-config>
```

Especificando o Struts no DD web.xml

No que concerne ao Container, o Servlet de Ação é apenas mais um servlet. Então, você tem que declará-lo e certificar-se de que todas as solicitações da aplicação web estão mapeadas a ele.

```
<web-app xmlns="http://java.sun.com/xml/ns/j2ee"
    xmlns:xsi="http://www.w3.org/2001/XMLSchema-instance"
    xsi:schemaLocation="http://java.sun.com/xml/ns/j2ee/web-app_2_4.xsd"
    version="2.4">

   <!— Defina o servlet controlador —>
   <servlet>
     <servlet-name>FrontController</servlet-name>
     <servlet-class>org.apache.struts.action.ActionServlet</servlet-class>

     <!— Nomeie o arquivo de configuração do struts —>
     <init-param>
<param-name>config</param-name>
<param-value>/WEB-INF/struts-config.xml</param-value>
     </init-param>

     <!— Certifique-se de que este servlet seja carregado durante a inicialização.
—>
     <load-on-startup>1</load-on-startup>
   </servlet>

   <!— O mapeamento do controlador do Struts —>
   <servlet-mapping>
     <servlet-name>FrontController</servlet-name>
     <url-pattern>*.do</url-pattern>
   </servlet-mapping>
   <!— FIM: do mapeamento do controlador do Struts —>

</web-app>
```

Nomear o Servlet de Ação como FrontController não é obrigatório, mas isso irá ajudá-lo a lembrar do propósito desse servlet na aplicação.

O parâmetro de inicialização config diz ao Servlet de Ação onde encontrar o arquivo de configuração do Struts.

O Servlet de Ação tem um método de inicialização complexo; é melhor carregar este servlet durante a inicialização.

Uau! Este servlet sozinho vai lidar com TODAS as solicitações desta aplicação (considerando que você nomeie as URLs das solicitações com uma extensão .do).

Você deve nomear o DD do Struts como "struts-config.xml"

E se NÃO o fizer, então você DEVE declarar no seu DD web.xml um init-param "config", para definir o nome do DD do Struts. Se DE FATO usar o nome "struts-config.xml", o Struts encontrará o arquivo automaticamente, sem um init-param, mas ainda assim é considerada uma "boa prática" declará-lo no DD.

Instale o Struts, e Simplesmente Execute-o!

Instalar o Struts é simples.

Os links e versões mencionados nesta página estavam atualizados no momento em que escrevemos este livro. O que não te ajuda em nada, mas simplesmente significa: *não temos a menor idéia de como as coisas estarão no momento em que você estiver lendo isto, mas tentamos o nosso melhor, de qualquer forma.*

Seis passos fáceis para instalar o Struts

1. Inicie seu browser e vá para:
   `http://jakarta.apache.org/site/binindex.cgi`

2. Navegue até a seção do Struts e selecione o link para:
   `1.1 zip`

3. Baixe o arquivo zip para um diretório temporário.

4. Descompacte o arquivo, que vai para:

```
jakarta-struts-1.1/
      README
      lib/
  struts.jar
         commons-beanutils.jar
         commons-digester.jar
      webapps/
      .....
```

5. Copie os seguintes arquivos para o diretório **WEB-INF/lib/** da sua aplicação web:

```
struts.jar
commons-beanutils.jar
commons-digester.jar
```

6. Para Sua Informação: certifique-se de haver uma cópia de **struts.jar** no seu classpath quando compilar seus beans de formulários e objetos de ação (lembre-se, o Servlet de Ação front controller é criado automaticamente para você).

7. Para Sua Informação: certifique-se de que exista uma cópia do arquivo JAR Struts em seu classpath quando compilar os componentes de seu formulário e objetos de ação. (Lembre-se, o controlador ActionServlet é criado automaticamente para você.)

Criando o ambiente de distribuição

Esta é a estrutura de diretórios que você criará para rodar a versão Struts da aplicação Beer.

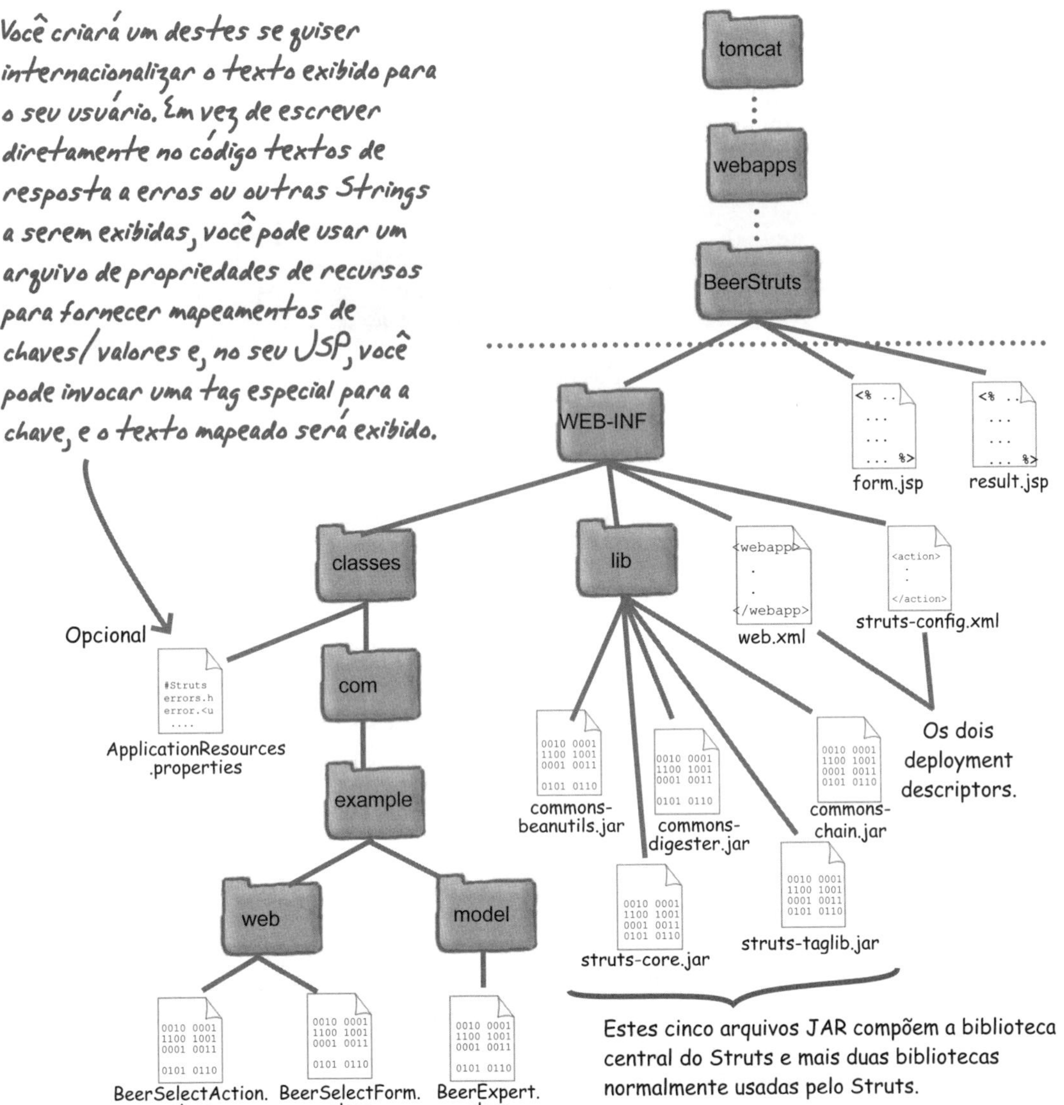

Você criará um destes se quiser internacionalizar o texto exibido para o seu usuário. Em vez de escrever diretamente no código textos de resposta a erros ou outras Strings a serem exibidas, você pode usar um arquivo de propriedades de recursos para fornecer mapeamentos de chaves/valores e, no seu JSP, você pode invocar uma tag especial para a chave, e o texto mapeado será exibido.
tomcat
webapps
BeerStruts
WEB-INF
form.jsp
result.jsp
classes
lib
web.xml
struts-config.xml
Opcional
ApplicationResources .properties
com
example
web
model
commons-beanutils.jar
commons-digester.jar
commons-chain.jar
struts-core.jar
struts-taglib.jar
Os dois deployment descriptors.
BeerSelectAction. class
BeerSelectForm. class
BeerExpert. class
Estes cinco arquivos JAR compõem a biblioteca central do Struts e mais duas bibliotecas normalmente usadas pelo Struts.

Revisão dos padrões para o SCWCD

Abordamos vários padrões nos últimos dois capítulos. As próximas páginas juntam vários dos detalhes que você desejará estudar para o exame SCWCD.

Business Delegate

Use o padrão Business Delegate para isolar os controladores da sua camada web do fato de alguns dos componentes de modelos da sua aplicação serem remotos.

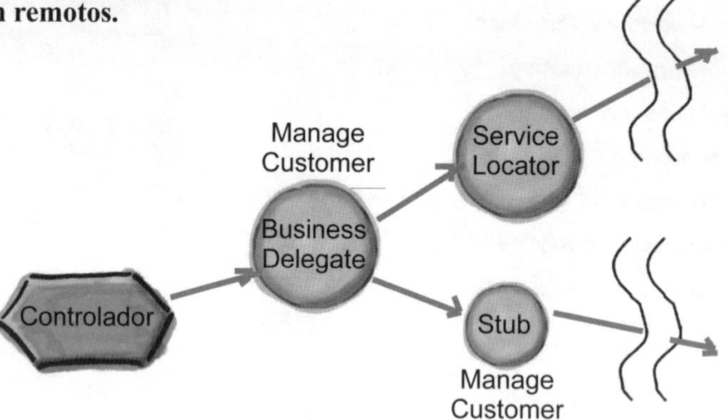

Recursos do Business Delegate

- Age como um proxy, implementando a interface do serviço remoto.
- Inicia a comunicação com um serviço remoto.
- Encarrega-se dos detalhes e das exceções relacionadas à comunicação.
- Recebe solicitações de um componente controlador.
- Traduz a solicitação e encaminha-a ao serviço de negócios (por meio do stub).
- Traduz a resposta e retorna-a para o componente controlador.
- Por se encarregar dos detalhes referentes à busca de componentes remotos e à comunicação, permite aos controladores que sejam mais coesos.

Princípios do Business Delegate

- O Business Delegate baseia-se em:
    - esconder a complexidade
    - programar para interfaces
    - união solta
    - separação dos objetivos
- Minimiza o impacto sobre a camada web quando ocorrem mudanças na camada de negócios.
- Reduz a união entre as camadas.
- Adiciona uma camada à aplicação, o que aumenta a complexidade.
- As chamadas de métodos para o Business Delegate devem ser limitadas, para reduzir o tráfego na rede.

Service Locator

Use o padrão Service Locator para realizar buscas em registros, para que você possa simplificar todos os outros componentes (tais como Business Delegates) que precisem fazer buscas JNDI (ou em outros tipos de registros).

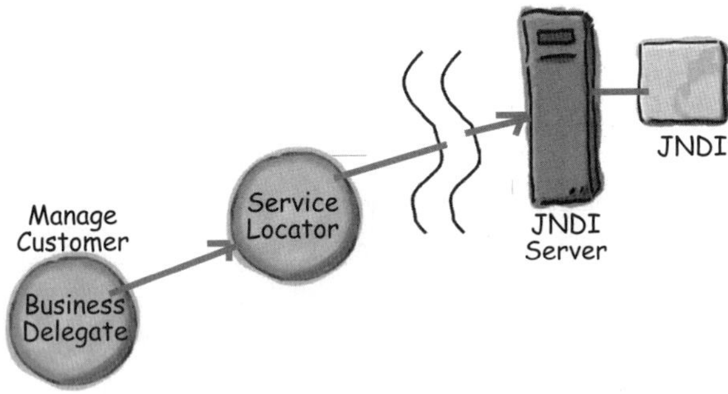

Recursos do Service Locator

- Obtém objetos InitialContext.
- Realiza buscas em registros.
- Encarrega-se dos detalhes e exceções referentes à comunicação.
- Pode melhorar o desempenho por armazenar em cache referências anteriormente obtidas.
- Funciona com uma série de registros, tais como: JNDI, RMI, UDDI e nomeação COS.

Princípios do Service Locator

- O Service Locator baseia-se em:
  - esconder a complexidade
  - separação dos objetivos
- Minimiza o impacto sobre a camada web quando componentes remotos mudam de localização ou de containers.
- Reduz a união entre as camadas.

Transfer Object

Use o padrão Transfer Object para minimizar o tráfego de rede ao fornecer uma representação local de um componente remoto detalhado (normalmente uma entidade).

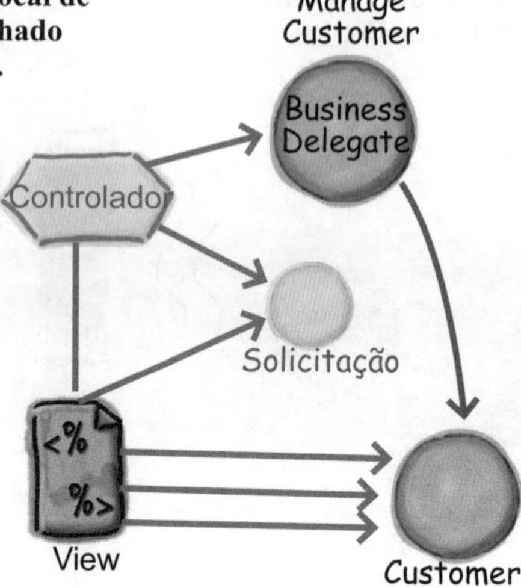

Funções do Transfer Object

- Fornece uma representação local de uma entidade remota (ou seja, um objeto que mantém algum estado de dados).
- Minimiza o tráfego na rede.
- Pode seguir convenções Java bean, para que possa ser facilmente acessado por outros objetos.
- Implementado como um objeto serializável, para que possa se mover através da rede.
- Normalmente, é facilmente acessível por componentes de views.

Princípios do Transfer Object

- O Transfer Object baseia-se em:
  - reduzir o tráfego da rede
- Minimiza o impacto sobre o desempenho na camada web quando os dados de componentes remotos são acessados com chamadas detalhadas.
- Reduz a união entre as camadas.
- Uma desvantagem é que os componentes que acessam o Transfer Object podem receber dados desatualizados, porque os dados do Transfer Object na realidade representam estados que estão armazenados em outro lugar.
- Criar Transfer Objects atualizáveis sem problemas de concorrência é normalmente complexo.

Intercepting Filter

Use o padrão Intercepting Filter para modificar solicitações sendo enviadas a servlets, ou para modificar respostas sendo enviadas a usuários.

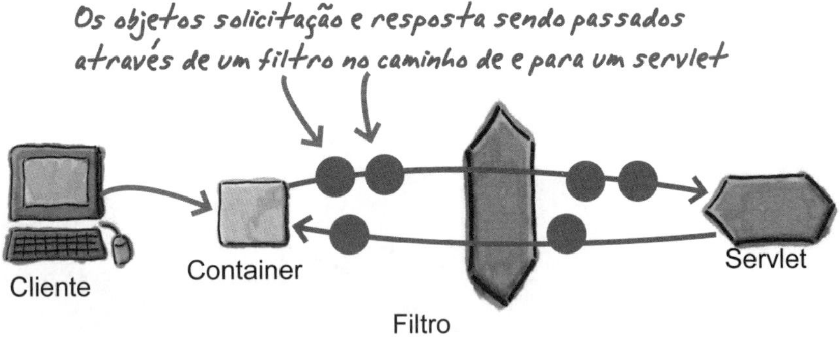
Os objetos solicitação e resposta sendo passados através de um filtro no caminho de e para um servlet
Cliente
Container
Filtro
Servlet
Os filtros são um exemplo do... padrão Intercepting Filter. Vai entender.

Funções do Intercepting Filter

- Pode interceptar e/ou modificar solicitações antes de elas atingirem o servlet.
- Pode interceptar e/ou modificar respostas antes de elas serem retornadas ao cliente.
- Os filtros são distribuídos declarativamente usando-se o DD.
- Os filtros são modulares, para que possam ser executados em cadeias.
- Os filtros têm ciclos de vida gerenciados pelo Container.
- Os filtros devem implementar métodos callback do Container.

Princípios do Intercepting Filter

- O Intercepting Filter baseia-se em:
    - coesão
    - união solta
    - aumentar o controle declarativo
- O controle declarativo permite que os Filtros sejam facilmente implementados, de forma temporária ou permanente.
- O controle declarativo permite que a seqüência de invocação seja atualizada facilmente.

Modelo, View, Controlador (MVC)

Use o padrão MVC para criar uma estrutura lógica que separe o código em três tipos básicos de componentes (Modelo, View, Controlador) na sua aplicação. Isto aumenta a coesão de cada componente e permite maior reutilizabilidade, especialmente no caso dos componentes de modelos.

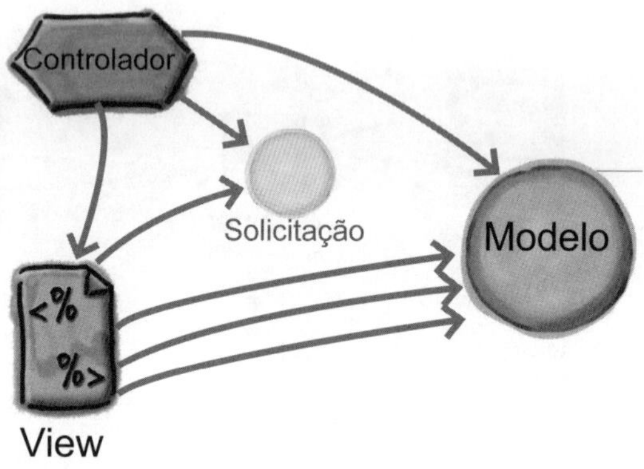

recursos do MVC

- As views podem se modificar independentemente dos controladores e dos modelos.
- Os componentes de modelos escondem detalhes internos (estruturas de dados) dos componentes de views e de controladores.
- Se o modelo aderir a um contrato estrito (interface), então estes componentes podem ser reutilizados em outras áreas da aplicação, tais como GUIs ou J2ME.
- A separação entre o código dos modelos e o código dos controladores permite migração mais fácil para o uso de componentes de negócios remotos.

princípios do MVC

- O MVC baseia-se em:
    - separação dos objetivos
    - uniões soltas
- Aumenta a coesão em componentes individuais.
- Aumenta a complexidade geral da aplicação (isto ocorre porque mesmo que os componentes individuais se tornem mais coesos, o MVC adiciona muitos componentes novos à aplicação).
- Minimiza o impacto das mudanças feitas em outras camadas da aplicação.

Front Controller

Use o padrão Front Controller para juntar códigos comuns (e freqüentemente redundantes) de processamento de solicitações em um só componente. Isto permite que o controlador da aplicação seja mais coeso e menos complexo.

<validate>
...
</validate>
<mapping>
...
</mapping>
</xml>

struts-config.xml

Bean de Formulário

Solicitação

Servlet de Ação

Objeto de Ação

Modelo

<%

%>

View

Uma implementação Struts do padrão Front Controller.

Recursos do Front Controller

• Centraliza as tarefas iniciais de tratamento de solicitações de uma aplicação web em um só componente.

• Usar o Front Controller com outros padrões pode fornecer uma união mais solta, por tornar a camada de apresentação declarativa no que se refere ao dispatching.

• Uma desvantagem do Front Controller (usado sozinho, sem o Struts) é que ele é bem simples, se comparado ao Struts. Para criar uma aplicação razoável a partir do zero usando o padrão Front Controller, você acabaria reescrevendo muitos dos recursos já disponíveis no Struts.

Princípios do Front Controller

• O Front Controller baseia-se em:

- esconder a complexidade
- separação dos objetivos
- união solta

• Aumenta a coesão em componentes controladores de aplicações.

• Diminui a complexidade geral da aplicação.

• Melhora a gerenciabilidade do código da infra-estrutura.

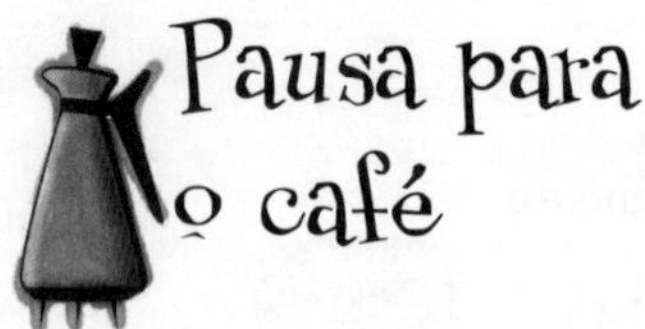

Teste Preparatório – Capítulo 14

1 Dada a seguinte lista de atributos:

— relaciona-se ao Intercepting Filter

— suporta a separação de papéis entre desenvolvedores

— adiciona a reutilizabilidade

Qual padrão de design está sendo descrito?

- ❑ A. Transfer Object
- ❑ B. Service Locator
- ❑ C. Front Controller
- ❑ D. Business Delegate

2 O projeto da sua aplicação web pede que certas medidas de segurança sejam tomadas para cada solicitação recebida. Algumas destas verificações de segurança serão aplicadas, independentemente do tipo da solicitação.

Qual padrão de projeto pode ser usado para atender a este requerimento de projeto?

- ❑ A. Transfer Object
- ❑ B. Service Locator
- ❑ C. Composite Entity
- ❑ D. Business Delegate
- ❑ E. Intercepting Filter

3 Sua empresa deseja alavancar os seus silos distribuídos. Sua tarefa é integrar, da melhor forma possível, os terminais do serviço web da sua aplicação com os seus DAOs. Além disso, os seus Controller Locators devem ser aprimorados para dar suporte a J2ME e a registros UDDI.

Qual padrão de projeto pode ser usado para atender a estes requerimentos de projeto?

- ❑ A. Domain Activator
- ❑ B. Intercepting Observer
- ❑ C. Composite Delegate
- ❑ D. Transfer Facade

---

4 O seguinte parágrafo descreve os benefícios potenciais de um padrão de projeto:

O padrão reduz as viagens de ida e volta dentro da rede entre um cliente e um Enterprise Bean, e dá ao cliente uma cópia local dos dados encapsulados por um Enterprise Bean após uma só chamada ao método, em vez de exigir várias chamadas. Qual padrão de projeto está sendo descrito?

- ❑ A. Transfer Object
- ❑ B. Intercepting Filter
- ❑ C. Model-View-Controller
- ❑ D. Business Delegate

---

5 A sua empresa, Models 'R Us, está criando um componente avançado de maximização de inventário, que possa ser usado com todos os containers J2EE dos principais fabricantes. Sua tarefa é elaborar a parte deste componente que irá realizar buscas JNDI com qualquer tipo de container, de qualquer fabricante, que o cliente esteja usando.

Qual padrão de projeto pode ajudá-lo a realizar esta tarefa?

- ❑ A. Transfer Object
- ❑ B. Intercepting Filter
- ❑ C. Model-View-Controller
- ❑ D. Business Delegate
- ❑ E. Service Locator

---

6 Ao ajustar a sua aplicação de negócios J2EE de várias camadas, você descobriu que teria um melhor desempenho se reduzisse o número de solicitações remotas que a sua aplicação faz, e se aumentasse a quantia de dados coletados em cada solicitação feita.

Qual padrão de projeto você deveria considerar para implementar esta mudança em sua aplicação?

- ❑ A. Transfer Object
- ❑ B. Service Locator
- ❑ C. Front Controller
- ❑ D. Intercepting Filter
- ❑ E. Model-View-Controller

---

7 Dada a seguinte lista de atributos:

— relaciona-se ao Service Locator

— reduz a união

— pode adicionar uma camada e alguma complexidade

Qual padrão de projeto está sendo descrito?

- [ ] A. Transfer Object
- [ ] B. Front Controller
- [ ] C. Business Delegate
- [ ] D. Intercepting Filter
- [ ] E. Model-View-Controller

---

8 Sua aplicação web usa um componente SessionBean em uma aplicação distribuída para fazer um cálculo especializado, como, por exemplo, validar números de cartão de crédito. Entretanto, você deseja isolar os seus componentes web do código envolvido, com a busca do componente SessionBean e com o uso da sua interface. Você deseja desacoplar as classes da aplicação local responsáveis pela busca e pelo uso do componente distribuído, cuja interface pode se modificar. Qual padrão de projeto J2EE você pode usar neste caso?

- [ ] A. Transfer Object
- [ ] B. Service Locator
- [ ] C. Model-View-Controller
- [ ] D. Business Delegate

---

9 Dada a seguinte lista de atributos:

— relaciona-se ao Business Delegate

— melhora o desempenho da rede

— pode melhorar o desempenho do cliente por meio do caching

Que padrão de projeto está sendo descrito?

- [ ] A. Transfer Object
- [ ] B. Service Locator
- [ ] C. Front Controller
- [ ] D. Intercepting Filter
- [ ] E. Model-View-Controller

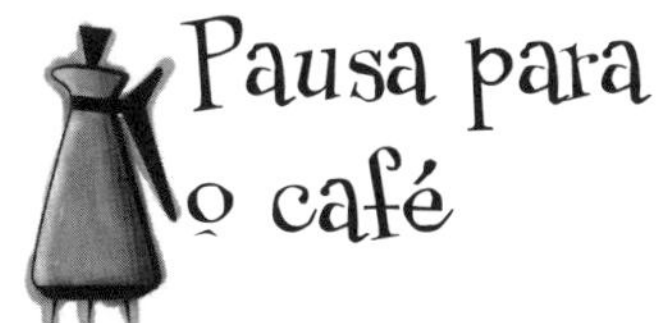

Respostas – Capítulo 14

1 Dada a seguinte lista de atributos: (Core J2EE Patterns, pág. 180)

— relaciona-se ao Intercepting Filter

— suporta a separação de papéis entre desenvolvedores

— adiciona a reutilizabilidade

Qual padrão de design está sendo descrito?

- [ ] A. Transfer Object
- [ ] B. Service Locator
- [x] C. Front Controller
- [ ] D. Business Delegate

— Este padrão (entre outros) ajuda a separar as tarefas realizadas pelos desenvolvedores da aplicação daquelas realizadas pelos web designers.

2 O projeto da sua aplicação web pede que certas medidas de segurança sejam tomadas para cada solicitação recebida. Algumas destas verificações de segurança serão aplicadas, independentemente do tipo da solicitação. (Core J2EE Patterns, pág. 144)

Qual padrão de projeto pode ser usado para atender a este requerimento de projeto?

- [ ] A. Transfer Object
- [ ] B. Service Locator
- [ ] C. Composite Entity
- [ ] D. Business Delegate
- [x] E. Intercepting Filter

— O Intercepting Filter é uma boa opção quando você deseja interceptar e manipular solicitações antes de ocorrer o processamento normal da solicitação.

3 Sua empresa deseja alavancar os seus silos distribuídos. Sua tarefa é integrar, da melhor forma possível, os terminais do serviço web da sua aplicação com os seus DAOs. Além disso, os seus Controller Locators devem ser aprimorados para dar suporte a J2ME e a registros UDDI. (Dating Design Patterns, cap. 7)

Qual padrão de projeto pode ser usado para atender a estes requerimentos de projeto?

- [ ] A. Domain Activator
- [ ] B. Intercepting Observer
- [x] C. Composite Delegate
- [ ] D. Transfer Facade

— Dadas as irregularidades dos requerimentos, o padrão Composite Delegate é o que fornece a maior flexibilidade de refatoramento :)

(Core J2EE Patterns, pág. 424)

4 O seguinte parágrafo descreve os benefícios potenciais de um padrão de projeto:

O padrão reduz as viagens de ida e volta dentro da rede entre um cliente e um Enterprise Bean, e dá ao cliente uma cópia local dos dados encapsulados por um Enterprise Bean após uma só chamada ao método, em vez de exigir várias chamadas. Qual padrão de design está sendo descrito?

- [x] A. Transfer Object
- [ ] B. Intercepting Filter
- [ ] C. Model-View-Controller
- [ ] D. Business Delegate

– Um benefício importante do Transfer Object é a redução do tráfego na rede.

(Core J2EE Patterns, pág. 316)

5 A sua empresa, Models 'R Us, está criando um componente avançado de maximização de inventário, que possa ser usado com todos os containers J2EE dos principais fabricantes. Sua tarefa é elaborar a parte deste componente que irá realizar buscas JNDI com qualquer tipo de container, de qualquer fabricante, que o cliente esteja usando.

Qual padrão de projeto pode ajudá-lo a realizar esta tarefa?

- [ ] A. Transfer Object
- [ ] B. Intercepting Filter
- [ ] C. Model-View-Controller
- [ ] D. Business Delegate
- [x] E. Service Locator

– O Service Locator pode ser usado quando você deseja encapsular dependências de fabricantes relativas aos serviços de busca. Usar este padrão ajudará a isolar o código que deverá ser modificado conforme o fabricante.

(Core J2EE Patterns, pág. 415-416)

6 Ao ajustar a sua aplicação de negócios J2EE de várias camadas, você descobriu que teria um melhor desempenho se reduzisse o número de solicitações remotas que a sua aplicação faz, e se aumentasse a quantia de dados coletados em cada solicitação feita.

Qual padrão de projeto você deveria considerar para implementar esta mudança em sua aplicação?

- [x] A. Transfer Object
- [ ] B. Service Locator
- [ ] C. Front Controller
- [ ] D. Intercepting Filter
- [ ] E. Model-View-Controller

– O Transfer Object pode ser usado para agregar múltiplas chamadas remotas detalhadas em uma só chamada. Em muitos casos, a redução no tráfego da rede compensa e muito a sobrecarga de se preencher um objeto maior, e ainda por cima pode-se obter um aumento no desempenho.

7 Dada a seguinte lista de atributos:

(Core J2EE Patterns, pág. 308-309)

— relaciona-se ao Service Locator

— reduz a união

— pode adicionar uma camada e alguma complexidade

Qual padrão de projeto está sendo descrito?

- ☐ A. Transfer Object
- ☐ B. Front Controller
- ☑ C. Business Delegate
- ☐ D. Intercepting Filter
- ☐ E. Model-View-Controller

— Embora uma camada seja adicionada, os benefícios deste padrão (tais como a união mais solta e uma interface de camada de negócios mais simples) fazem valer a pena o seu uso.

(Core J2EE Patterns, pág. 308)

8 Sua aplicação web usa um componente SessionBean em uma aplicação distribuída para fazer um cálculo especializado, como, por exemplo, validar números de cartão de crédito. Entretanto, você deseja isolar os seus componentes web do código envolvido, com a busca do componente SessionBean e com o uso da sua interface. Você deseja desacoplar as classes da aplicação local responsáveis pela busca e pelo uso do componente distribuído, cuja interface pode se modificar. Qual padrão de projeto J2EE você pode usar neste caso?

- ☐ A. Transfer Object
- ☐ B. Service Locator
- ☐ C. Model-View-Controller
- ☑ D. Business Delegate

— Um importante benefício do Business Delegate é a união mais solta entre a camada de apresentação e a camada de negócios.

9 Dada a seguinte lista de atributos:

(Core J2EE Patterns, pág. 329)

— relaciona-se ao Business Delegate

— melhora o desempenho da rede

— pode melhorar o desempenho do cliente por meio do caching

Que padrão de projeto está sendo descrito?

- ☐ A. Transfer Object
- ☑ B. Service Locator
- ☐ C. Front Controller
- ☐ D. Intercepting Filter
- ☐ E. Model-View-Controller

— Usando este padrão, você pode combinar as chamadas de rede necessárias para buscar e criar objetos de negócios.

Apendice: Exame simulado final

Pausa para o café

NÃO tente fazer este exame até achar que está pronto para tanto. Se o fizer cedo demais, então, quando voltar a ele de novo, já terá alguma lembrança das perguntas e poderá ter uma pontuação alta artificial. Realmente queremos que passe na primeira vez. (A menos que exista algum modo de convencê-lo que você precisa comprar uma cópia nova deste livro sempre que refizer o exame...)

Para ajudar a vencer o problema "lembro-me desta questão", tornamos este exame apenas um pouco mais difícil que o real, não dizendo quantas respostas estão corretas para cada uma de nossas questões. Nossas perguntas e respostas são realmente idênticas ao tom, estilo, dificuldade e tópicos do exame real, mas não informamos quantas respostas escolher, você não pode eliminar automaticamente qualquer uma delas. É cruel, de fato, e queremos dizer-lhe que nos magoa mais do que a você ter um exame assim. (Mas fique grato – até há alguns anos, os exames Java reais da Sun eram feitos assim, onde a maioria das questões terminava com "Escolha tudo que se aplica.")

A maioria dos candidatos do exame disse que nossos exames simulados são um pouco mais difíceis do que o SCWCD real, mas que suas pontuações em nosso exame e no real foram muito próximas. Este exame simulado é um modo perfeito de saber se você está pronto, mas apenas se:

1) Não tiver mais de duas horas e 15 minutos para completá-lo, exatamente como o exame real.

2) Não vir nada mais no livro enquanto está fazendo o exame!

3) Não o fizer várias vezes. Na quarta vez, você poderá estar 98% bem e ainda não ser capaz de passar no exame real, simplesmente porque estava decorando nossas perguntas e respostas exatas.

4) Espere até *depois* de terminar o exame para consumir grandes quantidades de álcool ou outras substâncias que alteram a mente...

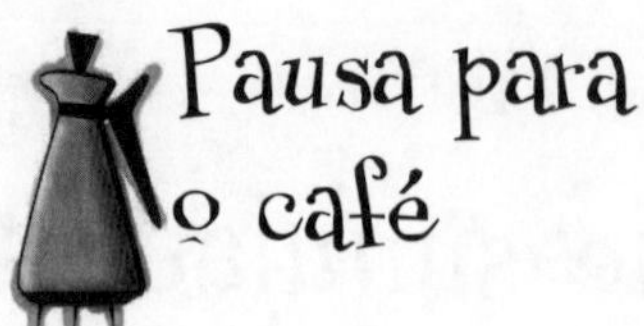

Exame Simulado Final

---

1 Um programador tem uma estrutura de diretório configurada de modo válido para seu aplicativo Web Java EE que é chamada de MyWebApp. Em quais diretórios um arquivo chamado myTag.tag poderia residir para ser acessado corretamente pelo contêiner? (Escolha dois)

☐ A. **`MyWebApp/WEB-INF`**

☐ B. **`MyWebApp/META-INF`**

☐ C. **`MyWebApp/WEB-INF/lib`**

☐ D. **`MyWebApp/WEB-INF/tags`**

☐ E. **`MyWebApp/WEB-INF/TLDs`**

☐ F. **`MyWebApp/WEB-INF/tags/myTags`**

---

2 Qual é uma EL legal? (Escolha tudo que se aplica.)

☐ A. **`${"1" + "2"}`**

☐ B. **`${1 plus 2}`**

☐ C. **`${1 eq 2}`**

☐ D. **`${2 div 1}`**

☐ E. **`${2 & 1}`**

☐ F. **`${"head"+"first"}`**

3 Um TLD de um website do fórum Java contém esta definição de tag:

```
<tag>
  <name>avatar</name>
  <tag-class>hf.avatarTagHandler</tag-class>
  <body-content>empy</body-content>

  <attribute>
    <name>userId</name>
    <required>true</required>
    <rtexprvalue>true</rtexprvalue>
  </attribute>
  <attribute>
    <name>size</name>
    <required>false</required>
    <rtexprvalue>false</rtexprvalue>
  </attribute>
</tag>
```

O que é verdadeiro sobre AvatarTagHandler, supondo que estende SimpleTagSupport e produz o HTML que exibe a imagem avatar de um usuário? (Escolha tudo que se aplica.)

☐ A. A classe deve ter um método setler chamado `setSize`

☐ B. Nenhuma variável size é necessária no código porque o TLD determina que não é requerido.

☐ C. Um método da vida útil de **doTag** anulado é necessário.

☐ D. Um método da vida útil de **doStartTag** anulado é necessário.

☐ E. A classe deve sobrecarregar todos os métodos de vida útil implementados com uma versão que inclua um parâmetro extra para cada atributo definido no TLD. Nesse caso, há apenas um.

4 Um Servlet configura um bean antes de enviar para um JSP.

Dado:

```
foo.User user = new foo.User();
user.setFirst(request.getParemeter("firstName"));
user.setLast(request.getParameter("lastName"));
user.setStreet(request.getParameter("streetAddress));
user.steCity(request.getParameter("city"));
user.setState(request.getParameter("state"));
user.setZipCode(request.getParameter("zipCode"));
request.setAttribute("user", user);
```

Qual fragmento, se colocado em um JSP, poderia substituir o código Servlet acima? (Escolha tudo que se aplica.)

☐ A.
```
<jsp:useBean id="user" type="foo.User" scope="request"/>
```

☐ B.
```
<jsp:useBean id="user" type="foo.User" scope="request"
    <jsp:setProperty name="user" property="*"/>
</jsp:useBean>
```

☐ C.
```
<jsp:useBean id="user" class="foo.User" scope="request"
    <jsp:setProperty name="user" property="first"
  param="firstName"/>
    <jsp:setProperty name="user" property="last"
  param="lastName"/>
    <jsp:setProperty name="user" property="street"
  param="streetAddress"/>
    <jsp:setProperty name="user" property="city"/>
    <jsp:setProperty name="user" property="state"/>
    <jsp:setProperty name="user" property="zipCode"/>
</jsp:useBean>
```

☐ D.
```
<jsp:useBean id="user" class="foo.User" scope="request"
    <jsp:setProperty name="user" property="*"/>
    <jsp:setProperty name="user" property="first"
  param="firstName"/>
    <jsp:setProperty name="user" property="last"
  param="lastName"/>
    <jsp:setProperty name="user" property="street"
  param="streetAddress"/>
</jsp:useBean>
```

5 Ao comparar as vantagens, limites e usos de um objeto representante comercial e de um objeto localizador de serviços, o que é verdadeiro? (Escolha tudo que se aplica.)

- ☐ A. Têm a mesma probabilidade de fazer chamadas da rede.
- ☐ B. Têm a mesma probabilidade de chamar métodos em um objeto de transferência.
- ☐ C. Têm a mesma probabilidade de ser chamados diretamente a partir de um objeto controlador.
- ☐ D. O localizador de serviços geralmente será considerado um servidor para o representante comercial.
- ☐ E. Quando ambos forem implementados com um cache, o envelhecimento dos dados será uma preocupação maior para o representante comercial.

---

6 Ao criar receptores de sessão, o que é verdadeiro? (Escolha tudo que se aplica.)

- ☐ A. São todos declarados na DD.
- ☐ B. Nem todos eles devem ser declarados na DD.
- ☐ C. A tag DD usada para declará-los é **<listener>**.
- ☐ D. A tag DD usada para declará-los é **<session-listener>**.
- ☐ E. A tag DD usada para declará-los é colocada dentro da tag **<web.app>**.
- ☐ F. A tag DD usada para declará-los é colocada dentro da tag **<servlet>**.

---

7 Alguns usuários reclamaram que coisas estranhas estão acontecendo quando têm duas janelas do navegador abertas em uma única máquina e ambas as janelas acessam o aplicativo ao mesmo tempo. Você deseja testar os vários navegadores para saber se uma sessão seria compartilhada em diversas janelas. Você decide fazer isso produzindo **JSESSIONID** em um JSP. Você poderia fazer isso supondo que têm cookies ativados em seus navegadores de teste? (Escolha tudo que se aplica.)

- ☐ A. `${cookie.JSESSIONID}`
- ☐ B. `${cookie.JSESSIONID.value}`
- ☐ C. `${cookie["JSESSIONID"]["value"]}`
- ☐ D. `${cookie.JSESSIONID["value"]}`
- ☐ E. `${cookie["JSESSIONID"].value}`
- ☐ F. `${cookieValues[0].value}`

8 Qual objeto implícito pode acessar os atributos a partir de **ServletContext**?

☐ A. **server**

☐ B. **context**

☐ C. **request**

☐ D. **application**

☐ E. **servletContext**

9 Quais métodos existem em **HttpServlet**? (Escolha tudo que se aplica.)

☐ A. **doGet**

☐ B. **doTrace**

☐ C. **doError**

☐ D. **doConnect**

☐ E. **doOptions**

10 Você determinou que certas capacidades em seu aplicativo Web irão requerer que os usuários sejam membros registrados. E mais, seu aplicativo Web algumas vezes lida com os dados do usuário que seus usuários desejam manter como confidenciais.

O que é verdadeiro? (Escolha tudo que se aplica.)

☐ A. Você pode tornar confidenciais os dados transmitidos apenas depois de seu aplicativo ter verificado a senha do usuário.

☐ B. Dos vários tipos de autenticação assegurados por um contêiner Java EE, apenas BASIC, Digest e Form Based são implementados coincidindo um nome de usuário com uma senha.

☐ C. Não importa o tipo de mecanismo de autenticação Java EE usado, ele apenas será ativado quando um recurso restrito for requerido.

☐ D. Todos os tipos de autenticação assegurada do Java EE fornecem uma forte segurança dos dados sem precisar implementar o suporte dos recursos de segurança.

11 Dados estes fragmentos de dentro de uma única tag em uma Java EE DD:

```
<web-resource-collection>
    <web-resource-name>Recipes</web-resource-name>
    <url-pattern>/Beer/Update/*<url-pattern>
    <http-method>POST</http-method>
</web-resource-collection>
...
<auth-constraint>
    <role-name>member</role-name>
</auth-constraint>
...
<user-data-constraint>
    <transport-guarantee>CONFIDENTIAL</transport-
    guarantee>
</user-data-constraint>
```

O que é verdadeiro? (Escolha tudo que se aplica.)

☐ A. Uma Java EE DD pode conter uma única tag na qual todas essas tags podem coexistir legalmente.

☐ B. É válido que mais instâncias de **<auth-constraint>** existam dentro da única tag descrita acima.

☐ C. É válido que mais instâncias de **<user-data-constraint>** existam dentro da única tag descrita acima.

☐ D. É válido que mais instâncias de **<url-pattern>** existam dentro da tag **<web-resource-collection>** descrita acima.

☐ E. É válido que outras tags do mesmo tipo da única tag que envolve tudo descrita acima tenha o mesmo **<url-pattern>** da tag acima.

☐ F. Esta tag implica que os recursos de autorização, autenticação e segurança da integridade dos dados sejam declarados para o aplicativo Web.

12 Você está criando um JSP Document que gera uma imagem SVG dinâmica que é representado por uma estrutura de documento XML. O JSP deve declarar o cabeçalho de resposta HTTP **`'Content-Type'`** como **`'image/svg+xml'`** para que o navegador Web apresente a resposta como uma imagem SVG.

Qual fragmento de código JSP declara que esse JSP Document é uma resposta SVG?

- [ ] A. **`<%@ page contentType='image/svg+xml' %>`**
- [ ] B. **`<jsp:page contentType='image/svg+xml' />`**
- [ ] C. **`<jsp:directive.page contentType='image/svg+xml' />`**
- [ ] D. **`<jsp:page.contentType>image/svg+xml'</jsp:page.contentType>`**

---

13 Dada uma página JSP, a linha:

```
<%- - out.print("Hello World"); - -%>
```

Qual é a saída HTML?

- [ ] A. **`Hello World`**
- [ ] B. **`out.print("Hello World");`**
- [ ] C. **`<!-- Hello World -->`**
- [ ] D. Nenhuma saída é gerada por esta linha.

---

14 Quais instruções sobre o suporte da sessão HTTP são verdadeiras? (Escolha tudo que se aplica.)

- [ ] A. Os contêineres Java EE devem suportar os cookies HTTP.
- [ ] B. Os contêineres Java EE devem suportar a rescrita URL.
- [ ] C. Os contêineres Java EE devem suportar a Secure Sockets Layer.
- [ ] D. Os contêineres Java EE devem suportar as sessões HTTP, mesmo para os clientes que não suportam os cookies.
- [ ] E. Os contêineres Java EE devem reconhecer o sinal de término HTTP que é usado para indicar que uma sessão do cliente não está mais ativa.

15 Sua empresa comprou uma licença para uma biblioteca JavaScript de terceiros para construir menus. Sua equipe encontrou incontáveis erros fazendo um mau uso, por engano, da biblioteca e os usuários estão insistindo que certos itens do menu devem estar visíveis apenas para os usuários com o papel de segurança autorizado. Uma biblioteca de tags personalizada usando as sub-rotinas de tag Simple poderia proteger os desenvolvedores contra os erros JavaScript sintáticos e fornecer os recursos de segurança que os usuários desejam.

Depois de uma reunião de design, o chefe de sua equipe documentou que gostaria que o menu ficasse como a seguir:

```
<menu:main>
   <menu:headItem text="My Account" url="/myAccount.do"/>
   <menu:headItem text="Transactions">
      <menu:subItem text="Incoming" url="/incomingTx.do"/>
      <menu:subItem text="Outgoing" url="/outgoingTx.do"/>
      <menu:subItem text="Pending" url="/pendingTx.do"
                    requiredRole="accountant"/>
   </menu:headItem>
   <menu:headItem text="Admin" url="/admin.do"
                    requiredRole="admin"/>
</menu:main>
```

Você deseja colocar o total de responsabilidade de gerar a saída na sub-rotina de tag **<menu:main>** externa, supondo que centralizar a lógica da exibição será mais fácil de manter. A sub-rotina de tag externa precisará acessar suas tags descendentes para fazer isso. Qual das seguintes opções fornece a melhor abordagem?

- ☐ A. Toda tag interna deve registrar-se diretamente com sua mãe imediata. A mãe imediata pode armazenar suas filhas em uma coleção ordenada.
- ☐ B. Toda tag interna deve registrar-se diretamente com a sub-rotina de tag externa e a sub-rotina de tags externa pode armazená-las em um único **HashSet**.
- ☐ C. Diferente das tags Classic, SimpleTagSupport fornece os métodos **findDescendentWithClass()** e **getChildren()** que dão à tag externa principal total acesso às suas filhas sem nenhuma codificação extra necessária.
- ☐ D. Faça com que cada tag interna grave-se como um atributo no escopo da página, com seu valor de texto como a chave do atributo.

16 Qual fase da vida útil do JSP pode fazer com que um código de status HTTP 500 seja retornado em uma solicitação para uma página JSP? (Escolha tudo que se aplica.)

☐ A. A compilação da página JSP

☐ B. A execução do método de serviço

☐ C. A execução do método de destruição

☐ D. A execução do método de inicialização

17 Dado que **`session`** é uma referência para um **`HttpSession`** válido e **`"myAttr"`** é o nome de um objeto vinculado a **`session`**, qual que pode ser usado para desvincular o(s) objeto(s) de uma sessão? (Escolha tudo que se aplica.)

☐ A. **`session.unbind( );`**

☐ B. **`session.invalidate( );`**

☐ C. **`session.unbind("myAttr");`**

☐ D. **`session.remove("myAttr");`**

☐ E. **`session.invalidate("myAttr");`**

☐ F. **`session.removeAttribute("myAttr");`**

☐ G. **`session.unbindAttribute("myAttr");`**

18 Se **`req`** for uma referência para **`HttpServletRequest`** e não houver nenhuma sessão atual, o que é verdadeiro sobre **`req.getSession( )`**? (Escolha tudo que se aplica.)

☐ A. Chamar **`req.getSession( )`** retornará null.

☐ B. Chamar **`req.getSession(true)`** retornará null.

☐ C. Chamar **`req.getSession(false)`** retornará null.

☐ D. Chamar **`req.getSession( )`** retornará uma nova sessão.

☐ E. Chamar **`req.getSession(true)`** retornará uma nova sessão.

☐ F. Chamar **`req.getSession(false)`** retornará uma nova sessão.

19 Uma sub-rotina de tag Classic existe no código de herança. O autor escreveu uma sub-rotina que avalia o corpo de sua tag cem vezes, para ser usado ao testar outras tags que produzem um conteúdo aleatório.

Dado:

```
public classHundredTimeTag extends TagSupport {
    private int iterationCount;
    public int doTag() throws JspException {
        iteractionCount = 0;
        return EVAL_BODY_INCLUDE
    }

    public int doAfterBody() throws JspException {
        if(iteractionCount <100){
            iteractionCount++;
            return EVAL_BODY_AGAIN;
        }else{
            return SKIP_BODY;
        }
    }
}
```

O que é incorreto no código?

☐ A. As sub-rotinas da tag não têm um encadeamento seguro, portanto, **iterationCount** poderá ficar sem sincronia se diversos usuários estiverem acessando a página ao mesmo tempo.

☐ B. O método **doAfterBody** nunca está sendo chamado porque não faz parte da vida útil da sub-rotina de tag. O desenvolvedor deveria ter estendido a classe **IterationTagSupport** para incluir esse método na vida útil.

☐ C. O método **doTag** deve ser doStartTag. Como escrito, o **doStartTag** padrão de **TagSupport** é chamado, o que simplesmente retorna **SKIP_BODY**, fazendo com que **doAfterBody** nunca seja chamado.

☐ D. Quando **doAfterBody** retorna **EVAL_BODY_AGAIN**, o método **doTag** é chamado de novo. O método **doTag** redefine **iterationCount** para 0, resultando em um loop infinito e um **java.lang.OutOfMemoryError** é gerado.

20 Dado este fragmento a partir de DD de um aplicativo Web:

```
<session-config>
    <session-timeout>10</session-timeout>
</session-config>
```

E dado que **session** é uma referência para um **HttpSession** válido e este fragmento de um servlet:

```
30. session.setMaxInactiveInterval(120);
```

Depois da execução da linha 30, quais são verdadeiras? (Escolha tudo que se aplica.)

☐ A. O fragmento DD não é válido.

☐ B. A chamada de **setMaxInactiveInternal** modificará o valor na tag **<session-timeout>**.

☐ C. É impossível determinar os limites do intervalo de tempo da sessão dados acima.

☐ D. Se o contêiner não receber nenhuma solicitação do cliente para esta sessão em 2 horas, o contêiner irá invalidar a sessão.

☐ E. Se o contêiner não receber nenhuma solicitação do cliente para esta sessão em 2 minutos, o contêiner irá invalidar a sessão.

☐ F. Se o contêiner não receber nenhuma solicitação do cliente para esta sessão em 10 segundos, o contêiner irá invalidar a sessão.

☐ G. Se o contêiner não receber nenhuma solicitação do cliente para esta sessão em 10 minutos, o contêiner irá invalidar a sessão.

---

21 Você criou uma estrutura de diretórios válida e um arquivo **WAR** válido para seu aplicativo Java EE da Web. Dado que:

- **ValidApp.war** é o nome do arquivo **WAR**.

- **WARdir** representa o diretório que deve existir em cada arquivo **WAR**.

- **APPdir** representa o diretório que deve existir em cada aplicativo Web.

Qual é verdadeira?

☐ A. O nome real de **WARdir** NÃO é previsível.

☐ B. O nome de seu aplicativo NÃO é previsível.

☐ C. Nessa estrutura de diretórios, **APPdir** existirá dentro de **WARdir**.

☐ D. Nessa estrutura de diretórios, o descritor de distribuição do aplicativo residirá no mesmo diretório de **WARdir**.

☐ E. Colocar seu aplicativo em um arquivo **WAR** fornecerá a opção para o contêiner executar verificações adicionais de execução, não asseguradas de outro modo.

22 Ao comparar HTTP **GET** com HTTP **POST**, o que é verdadeiro? (Escolha tudo que se aplica.)

☐ A. Apenas HTTP **GET** é idempotente.

☐ B. Ambos requerem uma declaração explícita nas tags do formulário HTML.

☐ C. Apenas HTTP **POST** pode suportar diversos parâmetros em uma única solicitação.

☐ D. Ambos suportam solicitações com um parâmetro que enviam diversos valores.

☐ E. Apenas as solicitações HTTP **POST** devem ser lidadas anulando o método **service( )** de um servlet.

---

23 Dado este código em um servlet:

```
82.  String s = getServletConfig(
   ).getInitParamater("myThing");
```

Qual fragmento DD atribuirá um s ao valor "**myStuff**"?

☐ A.
```
<init-param>
    <param>myThing</param>
    <value>myStuff</value>
</init-param>
```

☐ B.
```
<init-param>
    <name>myThing</name>
    <value>myStuff</value>
</init-param>
```

☐ C.
```
<init-param>
    <param-name>myThing</param-name>
    <param-value>myStuff</param-value>
</init-param>
```

☐ D.
```
<servlet-param>
    <name>myThing</name>
    <value>myStuff</value>
</servlet-param>
```

☐ E.
```
<servlet-param>
    <param-name>myThing</param-name>
    <param-value>myStuff</param-value>
</servlet-param>
```

---

24 Dado que uma String é armazenada como um atributo denominado **accountNumber** com algum escopo, qual(is) scriptlet(s) produzirá(ão) o atributo?

☐ A.
```
<%= pageContext.findAttribute("accountNumber") %>
```

☐ B.
```
<%= out.print("${accountNumber}") %>
```

☐ C.
```
<%= Object accNum = pageContext.
    getAttribute("accountNumber");
    if(accNum ==nul){
      accNum = request.getAttribute("accountNumber");
    }
    if(accNum == null){
      accNum = session.getAttribute("accountNumber");
    }
    if(accNum == Null)}
      accNum = servletContext.getAttribute("accountNumber");
    }
    out.print(accNum);
%>
```

☐ D.
```
<% requestDispatcher.include("accountNumber"); %>
```

---

25 Você herdou um aplicativo Web JSP de herança com muito código de script. Seu gerente pediu que cada JSP seja recomposto para remover o código de script. Ele deseja que você assegure que nenhum código script exista em seu código de base JSP e que o contêiner Web aplique uma política de "nenhum script".

Qual elemento de configuração **web.xml** realizará o objetivo?

☐ A.
```
<jsp-property-group>
    <url-pattern> *.jsp </url-pattern>
    <permit-scripting> false </permit-scripting>
</jsp-property-group>
```

☐ B.
```
<jsp-config>
    <url-pattern> *.jsp </url-pattern>
    <permit-scripting> false </permit-scripting>
</jsp-config>
```

☐ C.
```
<jsp-property-group>
    <url-pattern> *.jsp </url-pattern>
    <scripting-invalid> true </scripting-invalid>
</jsp-property-group>
```

☐ D.
```
<jsp-config>
    <url-pattern> *.jsp </url-pattern>
    <scripting-invalid> false </scripting-invalid>
</jsp-config>
```

26 Dado:

```
01. <%@ taglib uri="http://java.sun.com/jsp/jstl/core"
prefix="c" %>
02.
03. <%
04. java.util.List books = new java.util.ArrayList( );
05. // adicione a linha aqui
06. request.setAttribute("myFavoriteBooks", books);
07.%>
08.
09. <c:choose>
10. <c:when test="${not empty myFavoriteBooks}">
11.    My favorite books are:
12.    <c:forEach var="books" items="${myFavoriteBooks}">
13.       <br/> * ${book}
14.    </c:forEach>
15. </c:when>
16. <c:otherwise>
17.    I have not selected any favorite books.
18. </c:otherwise>
19. </c:choose>
```

Quais das seguintes linhas de código, se inseridas de modo independente na Linha 5, farão com que o texto dentro da tag **c:otherwise** seja exibido? (Escolha tudo que se aplica.)

☐ A. `books.add("");`

☐ B. `books.add(null);`

☐ C. `books.clear( );`

☐ D. `books.add("Head First");`

☐ E. `books = null;`

27 Você está trabalhando em um aplicativo que gerencia um diretório de listagem comercial:

Dado:

```
<c:forEach var="phoneNumber" items='${company.
                contactInfo.phoeNumber}'>
    <c:if test='${verify:isTollFree(phoneNumber)}'>
      <img src="/images/TollFree.gif"/>
    </c:if>
    ${phoneNumber}<br/>
</c:forEach>
```

O fragmento acima adiciona um ícone especial na frente dos números de telefone que são gratuitos. Qual instrução sobre a função EL desse fragmento de código é verdadeira?

☐ A. A função EL deve ser declarada como sendo pública e estática

☐ B. A função EL não deve retornar nenhum valor e ser declarada como void

☐ C. O valor **<uri>** no TLD da função EL deve ser **Verify**

☐ D. O nome da classe que implementa a função EL deve ser **Verify**

☐ E. Se **phoneNumber** for uma String, o valor **<function-signature>** no TLD deve ser **isTollFree(String)**

28 Quais são os métodos de **HttpServletRequest** que recuperam o corpo da solicitação? (Escolha tudo que se aplica.)

☐ A. **getReader()**

☐ B. **getStream()**

☐ C. **getInputReader()**

☐ D. **getInputStream()**

☐ E. **getServletReader()**

☐ F. **getServletStream()**

29 Dado um aplicativo Web Java EE no qual a seguinte solicitação do navegador:

```
http://www.wickedlysmart.com/MyApp/myDir/DoSomething
```

será lidada por um servlet no aplicativo, quais são verdadeiras? (Escolha três.)

☐ A. O descritor de distribuição deve incluir instruções para lidar com a solicitação como especificado.

☐ B. A solicitação pode ser lidada como especificado sem nenhuma instrução relacionada no descritor de distribuição.

☐ C. O servlet que lida com esta solicitação de ser chamado `DoSomething.class`.

☐ D. O nome do servlet não é previsível com base nas informações fornecidas.

☐ E. O aplicativo deve conter um diretório chamado `myDir`.

☐ F. O nome do diretório no qual o servlet reside não é previsível com base nas informações fornecidas.

30 Seu aplicativo Web tem um descritor de distribuição válido no qual `student` e `sensei` são os únicos papéis de segurança que foram definidos. O descritor de distribuição contém dois limites de segurança que declaram o mesmo recurso a ser limitado. O primeiro limite de segurança contém:

```
<auth-constraint>
   <role-name>student</role-name>
</auth-constraint>
```

E o segundo limite de segurança contém:

```
<auth-constraint/>
```

Quais são verdadeiras? (Escolha tudo que se aplica.)

☐ A. Como o descritor de distribuição está agora, o recurso limitado pode ser acessado pelos dois papéis.

☐ B. Como o descritor de distribuição está agora, o recurso limitado pode ser acessado apenas pelos usuários `sensei`.

☐ C. Como o descritor de distribuição está agora, o recurso limitado pode ser acessado apenas pelos usuários `student`.

☐ D. Se a segunda tag `<auth-constraint>` for removida, o recurso limitado poderá ser acessado pelos dois papéis.

☐ E. Se a segunda tag `<auth-constraint>` for removida, o recurso limitado poderá ser acessado apenas pelos usuários `sensei`.

☐ F. Se a segunda tag `<auth-constraint>` for removida, o recurso limitado poderá ser acessado apenas pelos usuários `student`.

31 Quais das seguintes tags personalizadas falham? (Escolha tudo que se aplica.)

☐ A.
```
<mine:border:>
<mine:photos album="${albumSelected}">
</mine:border>
</mine:photos>
```

☐ B.
```
<mine:border>
      <mine:photos album="${albumSelected}"/>
    </mine:border>
```

☐ C.
```
<mine:border>
   ${albumSelected.title}
   <mine:photos>${albumSelected}</mine:photos>
</mine:border>
```

☐ D.
```
<mine:photos includeBorder="${userPreference.border}"
    album="${albumSelected}" />
```

32 Seu aplicativo Web com n níveis usa padrões Java EE que são geralmente mais utilizados quando tal aplicativo deseja acessar registros remotos. Quais são as vantagens desses padrões? (Escolha tudo que se aplica.)

☐ A. Coesão aumentada

☐ B. Desempenho melhor

☐ C. Manutenção melhor

☐ D. Tráfego de rede reduzido

☐ E. Capacidades do navegador mais interativas

33 O que é verdadeiro, geralmente, sobre a vida útil de um servlet? (Escolha tudo que se aplica.)

☐ A. Você NÃO deve escrever um construtor para um servlet.

☐ B. Você NÃO deve anular o método `init()` de um servlet.

☐ C. Você NÃO deve anular o método `doGet()` de um servlet.

☐ D. Você NÃO deve anular o método `doPost()` de um servlet.

☐ E. Você NÃO deve anular o método `service()` de um servlet.

☐ F. Você NÃO deve anular o método `destroy()` de um servlet.

34 Dada esta parte da estrutura de diretórios de um arquivo .war Java EE:

```
MyApp
  |-- META-INF
  |         |-- MANIFEST.MF
  |         |-- web.xml
  |
  |-- WEB-INF
  |         |-- index.html
  |         |-- TLDs
  |               |-- Header.tag
```

Qual(is) alteração(ões) é(são) necessárias para tornar esta estrutura válida e os recursos acessíveis? (Escolha tudo que se aplica.)

☐ A. Nenhuma alteração é necessária.

☐ B. O arquivo **web.xml** deve ser movido.

☐ C. O arquivo **index.html** deve ser movido.

☐ D. O arquivo **Header.tag** deve ser movido.

☐ E. O arquivo **MANIFEST.MF** deve ser movido.

☐ F. O diretório **WEB-INF** deve ser movido.

☐ G. O diretório **META-INF** deve ser movido.

---

35 Você está considerando implementar alguma variedade de MVC em seu aplicativo Java EE com n níveis. Quais são verdadeiras? (Escolha tudo que se aplica.)

☐ A. Esta construção geralmente atenderá os objetos representantes comerciais.

☐ B. Em geral, reduz o tráfego da rede armazenando em cache os dados localizados remotamente.

☐ C. Este objetivo de construção simplifica as comunicações com os registros de recursos heterogêneos.

☐ D. Mesmo que as soluções MVC tenham muitas vantagens, geralmente elas aumentam a complexidade da construção.

☐ E. O padrão do controlador da frente e Struts podem ser considerados soluções para este objetivo de construção.

☐ F. Esta construção fornecerá a capacidade de recombinar facilmente as sub-rotinas de solicitação e resposta.

36 Dada, em uma página JSP, a linha:

```
<% List myList = new ArrayList( ); %>
```

Quais fragmentos de código HSP você pode usar para importar esses tipos de dados? (Escolha dois.)

☐ A. `<%! import java.util.*; %>`

☐ B. `<%@ import java.util.List java.util.ArrayList %>`

☐ C. `<%@ page import='java.util.List,java.util.ArrayList' %>`

☐ D. `<%! import java.util.List; import java.util.ArrayList; %>`

☐ E. `<%@ page import='java.util.List' %> <%@ page import='java.util.ArrayList' %>`

37 Você tem a tarefa de adicionar diversos recursos de segurança ao aplicativo Web Java EE de sua empresa. Especificamente, você precisa criar diversas classes de usuários e com base na classe de um usuário, precisa limitá-los a usar apenas algumas páginas do aplicativo. Para limitar o acesso, você deve determinar que os usuários sejam quem dizem ser.

Quais são verdadeiras? (Escolha tudo que se aplica.)

☐ A. Se você precisar verificar se os usuários são quem dizem ser, deve usar o descritor de distribuição do aplicativo para implementar essa exigência.

☐ B. As capacidades de autorização do Java EE devem ser usadas para determinar se os usuários são quem dizem ser.

☐ C. Para ajudar a determinar se os usuários são quem dizem ser, você pode usar as tags **<login-config>** do descritor de distribuição.

☐ D. Para ajudar a determinar se os usuários são quem dizem ser, você pode usar as tags **<user-data-constraint>** do descritor de distribuição.

---

38 ValidApp é um aplicativo Java EE com uma estrutura de diretório válida. ValidApp contém arquivos de imagem .gif em três locais dentro da estrutura de diretórios:

- **`ValidApp/imageDir/`**
- **`ValidApp/META-INF/`**
- **`ValidApp/WEB-INF/`**

Em qual desses locais os clientes podem acessar diretamente esses arquivos .gif?

☐ A. Apenas em **`ValidApp/META-INF/`**

☐ B. Apenas em **`ValidApp/imageDir/`**

☐ C. Todos os locais acima

☐ D. Apenas em **`ValidApp/imageDir/`** e **`ValidApp/WEB-INF/`**

☐ E. Apenas em **`ValidApp/imageDir/`** e **`ValidApp/META-INF/`**

---

39 Dado que **`req`** é uma referência para um **`HttpServletRequest`** válido e:

```
13. String[] s = reg.getCookies();
14. Cookie[] c = req.getCookies();
15. req.setAttribute(“myAttr1”, “42”);
16. String[] s2 = req.getAttributeNames();
17. String[] s3 = req.getParameterValues(“attr”);
```

Quais linhas de código não serão compiladas? (Escolha tudo que se aplica.)

☐ A. linha 13

☐ B. linha 14

☐ C. linha 15

☐ D. linha 17

☐ E. linha 18

40 Um Tag File chamado Products.tag exibe uma lista de produtos.

Dado este fragmento do Tag File:

```
<%@ attribute name="header" required="false"
  rtexprvalue="false" %>
<%@ attribute name="products" required="true"
  rtexprvalue="false" %>
<%@ tag body-content="tagdependent" %>
```

Quais dos seguintes são usos legais do Tag File? (Escolha tudo que se aplica.)

☐ A. **<display:Products header="Shopping Cart" products="${shoppingCart}"/>**

☐ B. **<display:Products header="Wish List" products="${wishList}" body-content="${body}"/>**

☐ C. **<display:Products header="Similar Products" products="${similarProducts}">
Customers who bought this item also bought:
</display:Products>**

☐ D. **<display:Products header='<%= request.getParameter("listType") %>' />**

41 Você está participando de uma iniciativa para remover os scriptlets dos JSPs de um aplicativo Web de herança para um grande banco. Você encontra as seguintes linhas de código:

```
<% if((com.yourcompany.account)request.
            getAttribute("account")).
isPersonalCheking()){ %>
  cheking that fits your lifestile.
<% } %>
```

Como você substitui isso usando JSTL? (Escolha tudo que se aplica.)

☐ A. **<c:if test='${account.personalChecking}'>Checking that fits your lifestyle.</c:if>**

☐ B. **<c:if test='${account["personalChecking"]}'>Checking that fits your lifestyle.</c:if>**

☐ C. **<c:if test="${account['personalChecking']}">Checking that fits your lifestyle.</c:if>**

☐ D. **<c:if test='${account.isPersonalChecking}'>Checking that fits your lifestyle.</c:if>**

---

42 Dados os seguintes tipos de evento:

- **HttpSessionEvent**
- **HttpSessionBindingEvent**
- **HttpSessionAttributeEvent**

Coincida os tipos de evento acima com suas respectivas interfaces receptoras. (Nota: você pode coincidir um tipo de evento com mais de um Listener.)

HttpSessionAttributeListener	....
HttpSessionListener	....
HttpSessionActivationListener	....
HttpSessionBindingListener	....

---

43 O que é verdadeiro sobre a vida útil de um servlet? (Escolha tudo que se aplica.)

☐ A. O método **service()** é o primeiro método chamado pelo contêiner quando uma nova solicitação é recebida.

☐ B. O método **service()** é o primeiro método chamado por **doPost()** ou **doGet()** depois de terem completado uma solicitação.

☐ C. Sempre que **doPost()** é chamado, ele é executado em seu próprio encadeamento.

☐ D. O método **destroy()** é chamado depois de cada chamada de **doGet()** completar.

☐ E. O contêiner gera um encadeamento separado para cada solicitação do cliente.

---

44 Quando um JSP pode ser convertido? (Escolha tudo que se aplica.)

☐ A. Quando o desenvolvedor compila o código na pasta src

☐ B. Quando o aplicativo é iniciado

☐ C. Na primeira vez em que um usuário solicita um JSP

☐ D. Depois de **jspDestroy( )** ser chamado, ele é convertido de novo

45 Dado este fragmento de um método **doGet( )** válido:

```
OutputStream os = response.getOutputStream();
byte[] ba = {1,2,3};
os.write(ba);
RequestDispatcher rd = request.getRequestDispatcher("my.jsp");
rd.foward(request, response);
```

Supondo que "**my.jsp**" adiciona os bytes **4**, **5** e **6** à resposta, qual é o resultado?

☐ A. **123**

☐ B. **456**

☐ C. **123456**

☐ D. **456123**

☐ E. Uma exceção é gerada

---

46 Um programador precisa atualizar os parâmetros de inicialização de um servlet em execução dinâmico para que o aplicativo Web comece a usar os novos parâmetros imediatamente.

Para tanto, o que deve ser verdadeiro (embora não necessariamente suficiente)? (Escolha tudo que se aplica.)

☐ A. Para cada parâmetro, você deve modificar uma tag DD que especifica o nome do servlet, o nome do parâmetro e o novo valor do parâmetro.

☐ B. O construtor do servlet deve recuperar o parâmetro DD atualizado a partir do objeto **ServletConfig** do servlet.

☐ C. O contêiner deve destruir e, então, reinicializar o servlet.

☐ D. Para cada parâmetro, DD deve ter uma tag **<init-param>** separada.

---

47 Quais tipos podem ser usados junto com os métodos **HttpServletResponse** para transmitir os dados de saída? (Escolha tudo que se aplica.)

☐ A. **java.io.PrintStream**

☐ B. **java.io.PrintWriter**

☐ C. **java.servlet.OutputStream**

☐ D. **java.io.FileOutputStream**

☐ E. **java.servlet.ServletOutputStream**

☐ F. **java.io.ByteArrayOutputStream**

48 Seu aplicativo Web tem um dd válido com uma única tag **<security-constraint>** válida. Dentro dessa tag existe:

- um único padrão url que declara **directory1**

- um único método http que declara **POST**

- um único nome do papel que declara **GUEST**

Se todos os recursos para seu aplicativo existirem dentro de **directory1** e **directory2**, e **MEMBER** também for um papel válido, quais são verdadeiraas? (Escolha tudo que se aplica.)

☐ A. **GUEST**s não podem fazer solicitações **GET** no diretório1.

☐ B. **GUEST**s não podem fazer solicitações **GET** nos dois diretórios.

☐ C. **GUEST**s não podem fazer solicitações **POST** no diretório2.

☐ D. **MEMBER**s podem fazer solicitações **GET** nos dois diretórios.

☐ E. **GUEST**s podem fazer solicitações **POST** nos dois diretórios.

☐ F. **MEMBER**s podem fazer solicitações **POST** no diretório1.

49 Dado:

```
1. <%@ taglib prefix="c" uri="http://java.sun.com/jsp
           jspl/core" %>
2. <%@ taglib prefix="tables" uri="http://www.javaranch.
           com/tables" %>
3. <%@ taglib prefix="jsp" tagdir="/WEB-INF/tags" %>
4. <%@ taglib uri="UtilityFunctions" prefix="util" %>
```

Quais diretivas tablig acima fariam com que o JSP não funcionasse?

☐ A. A linha 4 está errada porque o atributo prefix deve vir antes do atributo uri.

☐ B. A linha 3 está errada porque não há nenhum atributo uri.

☐ C. A linha 4 está errada porque o valor uri deve começar com **http://**

☐ D. A linha 3 está errada porque o prefixo **jsp** é reservado para as ações padrões.

50 Dado que **resp** é uma referência para um objeto **HttpServletResponse** que contém, entre outros, os seguintes cabeçalhos:

```
Content-Type: text/html
MyHeader: mydata
```

E as seguintes chamadas:

```
25. resp.addHeader("MyHeader", "mydata2");
26. resp.addHeader("MyHeader", "mydata3");
27. resp.addHeader("MyHeader", "mydata");
```

Quais dados existirão para o cabeçalho **MyHeader**?

- ☐ A. **mydata**
- ☐ B. **mydata3**
- ☐ C. **mydata3,mydata**
- ☐ D. **mydata3,mydata2**
- ☐ E. **mydata,mydata2,mydata3**
- ☐ F. **mydata,mydata2,mydata3,mydata**

---

51 Dada a seguinte parte de um web.xml de um aplicativo de herança:

```
<jsp-config>
<taglib>
   <taglib-uri>prettyTables</taglib-uri>
   <taglib-location>/WEB-INF/tlds/
prettyTables.tld</taglib-location>
</taglib>
</jsp-config>
```

Supondo que o servidor que executa seu código agora suporta o Java 1.4 EE ou superior, o que você poderia fazer para remover a tag **<jsp-config>** acima e ainda ter seu código funcionando?

- ☐ A. Mude o atributo uri da diretiva taglib em seus JSPs para usar "*" e o contêiner irá mapeá-lo automaticamente.
- ☐ B. Coloque **<uri>prettyTables</uri>** em seu arquivo TLD.
- ☐ C. Remova as diretivas **taglib** que usaram este mapeamento em seus JSPs. O contêiner lidará com ele automaticamente.
- ☐ D. Isto é impossível. A entrada **<jsp-config>** aqui deve ser apresentada para o contêiner mapear o TLD para o uri referido em seus JSPs.

52 Para uma página que lista os itens do carrinho de compras, a mensagem "Your shopping cart is empty" deve aparecer quando o carrinho estiver vazio. Quais dos seguintes fragmentos de código poderiam atender essa funcionalidade supondo que o carrinho com atributo no escopo é uma lista de produtos? (Escolha tudo que se aplica.)

☐ A.
```
<c:if test='${empy cart}'>
   your shopping cart is empy.
</c:if>
<c:forEach var="itemCart" items="${cart}">
   <shop:displayItem item="${itemInCart}"/>
</c:forEach>
```

☐ B.
```
<c:forEach var="itemInCart" items="${cart}">
   <c:choose>
      <c:when test='${empy itemInCart}'>
         your shopping cart is empy.
      </c:when>
      <c:otherwise>
         <shop:displayItem item="${itemInCart}"/>
      </c:otherwise>
   </c:choose>
</c:forEach>
```

☐ C.
```
<c:choose>
   <c:when test='${empy cart}'>
      your shopping cart is empy.
   </c:when>
   <c:when test='${not empy cart}'>
      <c:forEach var="itemInCart" items="${cart}">
         <shop:displayItem item="${itemInCart}"/>
      </c:forEach>
   </c:when>
</c:choose>
```

☐ D.
```
<c:choose>
   <c:when test='${empy cart}'>
      your shopping cart is empy.
   </c:when>
   <c:otherwise>
      <c:forEach var="itemInCart" items="${cart}">
         <shop:displayItem item="${itemInCart}"/>
      </c:forEach>
   </c:othewise>
</c:choose>
```

53 Dado o seguinte código de um servlet e dado que **myVar** é uma referência para **HttpSession** ou **ServletContext**:

```
15. myVar.setAttribute("myName", "myVal");
16. String s = (String) myVar.
getAttribute("myName");
17. // mais código
```

Depois da linha 16 ser executada, quais são verdadeiras? (Escolha tudo que se aplica.)

☐ A. O valor d **s** não pode ser assegurado.

☐ B. Se **myVar** for **HttpSession**, a compilação falhará.

☐ C. Se **myVar** for **ServletContext**, a compilação falhará.

☐ D. Se **myVar** for **HttpSession**, **s** terá o valor **"myVal"**.

☐ E. Se **myVar** for **ServletContext**, **s** terá o valor **"myVal"**.

54 Dada uma parte do descritor de distribuição do aplicativo Web EE:

```
<error-page>
    <exception-type>IOException</exception-type>
    <location/mailError.jsp</location>
</error-page>
<error-page>
    <error-code>404</error-code>
    <location>/notFound.jsp</location>
</error-page>
```

Qual é verdadeira?

☐ A. O descritor de distribuição não é válido.

☐ B. Se o aplicativo gerar uma IOException, nada será atendido.

☐ C. Se o aplicativo gerar uma IOException, notFound.jsp será atendido.

☐ D. Se o aplicativo gerar uma IOException, mainError.jsp será atendido.

---

55 Dado o seguinte JSP:

```
<%! String GREETING = “Welcome to my page”; %>
<% request.setAttribute(“gretting”, GRETTING); %>
Gretting: ${gretting}
Again: <%= request.getAttribute(“gretting”) %>
```

Uma tentativa é feita para converter o JSP acima em um JSP Document:

```
<jsp:declaration>
    String TITLE = “Welcome to my page”;
</jsp:declaration>
<jsp:scriptlet>
    request.setAttribute(“gretting”, GRETTING);
</jsp:scriptlet>
Gretting: ${gretting}
Again: <jsp:expression>
    request.getAttribute(“gretting”);
</jsp:expression>
```

O que está errado com o novo JSP Document? (Escolha tudo que se aplica.)

☐ A. Nenhuma **<jsp:root>** foi declarada.

☐ B. O texto de modelo deve ser colocado em uma tag **<jsp:text>**.

☐ C. As expressões EL não são permitidas nos documentos JSP.

☐ D. O conteúdo **<jsp:expression>** não deve ter um ponto-e-vírgula.

---

56 Qual das seguintes tem MENOS probabilidade de fazer ou receber chamadas da rede?

☐ A. Servidor JNDI

☐ B. Objeto de transferência

☐ C. Localizador de serviços

☐ D. Controlador de frente

☐ E. Filtro de interceptação

---

57 Dado:

```
${question}: ${question}
<c:forEach var="answer" items="${answers}">
...
</c:forEach>
```

O atributo question é uma String que pode conter tags XML que devem ser exibidas no navegador como texto normal. Com o fragmento acima, o navegador não está exibindo as tags XML. O que pode ser mudado para corrigir isso? (Escolha tudo que se aplica.)

- ☐ A. Substitua **`${question}`** por **`<c:out value="${question}"/>`**
- ☐ B. Substitua **`${question}`** por **`<c:out>${question}</c:out>`**
- ☐ C. Substitua **`${question}`** por **`<c:out escapeXml="true" value="${question}"/>`**
- ☐ D. Substitua **`${question}`** por **`<%=${question} %>`**

---

58 Seu aplicativo Web Java EE está conseguindo popularidade e você decide adicionar um segundo servidor para suportar o volume de solicitações do cliente. Quais são verdadeiras sobre a migração de uma sessão de um servidor para outro? (Escolha tudo que se aplica.)

- ☐ A. Tais migrações não são possíveis dentro de uma sessão.
- ☐ B. Quando uma sessão é migrada, seu **`HttpSession`** acompanha.
- ☐ C. Quando uma sessão é migrada, seu **`ServletContext`** acompanha.
- ☐ D. Quando uma sessão é migrada, seu **`HttpServletRequest`** acompanha.
- ☐ E. Se um objeto for adicionado usando **`HttpSession.setAttribute`**, o objeto deverá ser **`Serializable`** para ser migrado de um servidor para outro.
- ☐ F. Se um objeto for adicionado usando **`HttpSession.setAttribute`**, a classe do objeto tiver implementado **`Serializable.readObject`** e **`Serializable.writeObject`** e a sessão for migrada, o contêiner chamará esses métodos **`readObject`** e **`writeObject`**.
- ☐ G. Se um atributo session implementar **`HttpSessionActivationListener`**, a única exigência do contêiner será notificar os receptores assim que a sessão tiver sido ativada no novo servidor.

---

59 Um descritor de distribuição Java EE declara vários filtros cujos URLs coincidem com uma dada solicitação e também declara vários filtros cujas tags **<servlet-name>** coincidem com a mesma solicitação.

Quais instruções são verdadeiras sobre as regras que o contêiner usa para chamar o(s) filtro(s) para essa solicitação? (Escolha tudo que se aplica.)

- ☐ A. Apenas os filtros **<servlet-name>** coincididos serão chamados.
- ☐ B. Dos filtros URL coincididos, apenas o primeiro será chamado.
- ☐ C. Dos filtros **<servlet-name>** coincididos, apenas o primeiro será chamado.
- ☐ D. Os filtros **<servlet-name>** coincididos serão chamados antes dos filtros URL coincididos.
- ☐ E. Todos os filtros URL coincididos serão chamados, mas a ordem da chamada é indefinida.
- ☐ F. Todos os filtros URL coincididos serão chamados, na ordem na qual aparecem em DD.

---

60 Ao comparar os parâmetros de inicialização do servlet com os parâmetros de inicialização do contexto, quais são verdadeiras para ambos? (Escolha tudo que se aplica.)

- ☐ A. Em suas respectivas tags DD, ambos têm uma tag **<param-name>** e uma tag **<param-value>**.
- ☐ B. Suas respectivas tags DD são colocadas diretamente sob a tag **<web-app>**.
- ☐ C. Seus respectivos métodos usados para recuperar os valores do parâmetro de inicialização são chamados **getInitParameter**.
- ☐ D. Ambos podem ser acessados diretamente a partir de um JSP usando uma liguagem de expressão.
- ☐ E. Apenas as mudanças nos parâmetros de inicialização do contexto em DD podem ser acessadas sem redistribuir o aplicativo Web.

---

61 Um desenvolvedor JSP deseja incluir o conteúdo do arquivo **copyright.jsp** em todas as páginas JSP primárias.

Quais mecanismos podem fazer isto? (Escolha tudo que se aplica.)

- ☐ A. `<jsp:directive.include file="copyright.jsp" />`
- ☐ B. `<%@ include file="copyright.jsp" %>`
- ☐ C. `<%@ page include="copyright.jsp" %>`
- ☐ D. `<jsp:include page="copyright.jsp" />`
- ☐ E. `<jsp:insert file="copyright.jsp" />`

62 Você está desenvolvendo um aplicativo para gerenciar as contas do cliente para uma empresa que oferece serviços de telefone, cabo e Internet. Muitas das páginas contêm uma funcionalidade de pesquisa. A caixa de pesquisa deve ser igual em cada página, mas algumas páginas devem limitar a pesquisa a somente as contas de telefone, cabo ou Internet.

Dado um JSP separado chamado Search.jsp:

```
<form action ="/search.go">
 Find ${param.accountType} Account:
 <input type ="text" name="searchText"/>
 <input type="hidden" name="accountType"value="${param.accountType}"/>
 <input type="submit" value="Search "
</form>
```

Qual tag você deve usar em um JSP que precisa pesquisar as contas de cabo?

☐ A.
```
<jsp:include page="Search.jsp"
accountType="Cable"/>
```

☐ B.
```
<jsp:include page="Search.jsp">
    <jsp:param name="accountType"
 value="Cable"/>
</jsp:include>
```

☐ C.
```
<jsp:include file="Search.jsp"
accountType="Cable"/>
```

☐ D.
```
<jsp:include file="Search.jsp">
    <jsp:attribute name="accountType"
 value="Cable"/>
</jsp:include>
```

63 Ao testar como funcionam vários tags e scriptlets, um desenvolvedor cria o seguinte JSP:

```
<% request.setAttribute("name", "World"); %>
<!-- Test -->
<c:out value='Hello, 4{name}'/>
```

Para grande surpresa do desenvolvedor, o navegador não exibe nada quando seu JSP é recuperado. Se o desenvolvedor exibir a fonte HTML da página, o que encontrará na saída?

☐ A.
```
<!- - Test - ->
```

☐ B.
```
<!- - Test - ->
<c:out value='Hello, ${name}'/>
```

☐ C.
```
<!- - Test - ->
<c:out value='Hello, World'/>
```

☐ D. Nenhuma saída

64 Um aplicativo de serviços de encontros faz a seus usuários várias perguntas. Um atributo no escopo da sessão chamado compatibilityProfile do tipo HashMap já existe, no qual cada par de ID da pergunta e resposta enviado é armazenado.

Dado:

```
<%((java.utilHashMap).getSession().getAttribute("
        compabilityProfile")).put(
            request.getParameter("questionIdSubmitted"),
            Request.getParameter("answerSubmitted"));
%>
```

Como isto pode ser substituído sem usar os scriptlets? (Escolha tudo que se aplica.)

☐ A.
```
<c:map target="${compatibilityProfile}
      key="$(param.questionIdSubmitted}"
      value="${param.answerSubmitted}"/>
```

☐ B.
```
jsb:useBean id="compabilityProfile" class="java.util.HashMap"
      scope="session">
   <jsb:setProperty name="compabilityProfile"
        property="${param.questionIdSubmitted}"
        value="${param.answerSubmitted}"/>
</jsb:useBean>
```

☐ C.
```
${compabilityProfile[param.questionIdSubmitted] =
      param.answerSubmitted}
```

☐ D.
```
<c:set target="${compapilityProfile}"
      property="${param.questionIdSubmitted}"
      value="{param.answerSubmitted
```

65 Um programador está criando um filtro para um aplicativo Web Java EE. Dado o seguinte código:

```
public class MyFilter implements Filter {
   public void init(FilterConfig config) throws filterException

   public void doFilter(HttpServletRequest request,
                        HttpServletResponse response,
                        FilterChain chain)
      throws IOException, ServletException { }

}
```

Qual(is) alteração(ões) é(são) necessária(s) para criar um filtro válido? (Escolha tudo que se aplica.)

- ☐ A. Nenhuma alteração é necessária.
- ☐ B. Um método **destroy()** deve ser adicionado.
- ☐ C. O corpo do método **doFilter()** deve ser alterado.
- ☐ D. A assinatura do método **init()** deve ser alterada.
- ☐ E. Os argumentos do método **doFilter()** devem ser alterados.
- ☐ F. As exceções do método **doFilter()** devem ser alteradas.

66 Sua empresa deseja incluir uma página splash, **SplashAd.jsp**, para anunciar outras ofertas da empresa para os usuários que entram pela primeira vez no site. Nessa página nova, os usuários terão a opção de clicar em uma caixa de seleção na página de propaganda que diz: "Não mostrar esta oferta de novo" e clicar em um botão de envio que diz: "Continuar com Minha Conta". Se o usuário enviar este formulário com a caixa de seleção marcada, o Servlet receptor definirá um Cookie com o nome "skipSplashAd" para o navegador do usuário e, então, passará o controle de volta para o JSP principal.

O JSP principal será responsável por enviar a solicitação para a página splash. Qual fragmento poderá ser adicionado à parte superior da página principal para enviar o usuário para a página splash se ele ainda não tiver selecionado a caixa de seleção para evitar a oferta de propaganda?

☐ A.
```
<c:if test="${empty cookie.skipSplashAd and pageContext.session.new}">
      <jsp:forward page="SplashAd.jsp"/>
</c:if>
```

☐ B.
```
<jsp:forward page="SplashAd.jsp" flush="${empty cookie.skipSplasheAd}"/>
```

☐ C.
```
<jsp:redirect page="SplashAd.jsp"/>
```

☐ D.
```
<jsp:redirect file="SplashAd.jsp"/>
```

☐ E.
```
<% if(cookie.get("skipSplashAd") = = null&& session.isNew( )){ %>
      <jsp:forward page="SplashAd.jsp"/>
<% } %>
```

67 Um programador deseja implementar um ServletContextListener. Dado o seguinte fragmento DD:

```
<!-- insert tag1 here-->
 <param-name>myParam</param-name>
 <param-value>myValue</param-value>
<!-- insert tag2 here -->
<listener>
 <!-- insert tag2 here -->
    com.wickedlysmart.MySClistener
 <!-- close tag2 here - >
</listener>
```

E este pseudocódigo da classe receptora:

```
// pacotes e importações aqui
public class MySCListener implements ServletContextListener {
    // método 1 aqui
    // finalize método relacionado aqui
}
```

Quais são verdadeiras? (Escolha tudo que se aplica.)

☐ A. O fragmento DD não pode ser válido

☐ B. A tag1 deve ser **<context-param>**

☐ C. A tag 1 deve ser **<servlet-param>**

☐ D. A tag2 deve ser **<listener-class>**

☐ E. A tag2 deve ser **<servlet-context-class>**

☐ F. O método1 deve ser **initializeListener**

☐ G. O método1 deve ser **contextInitialized**

68 O website wickedlysmart tem um aplicativo Web Java EE distribuído de modo válido e o descritor Deployment que contém o seguinte:

```
<welcome-file-list>
    <welcome-file>welcome.html</welcome-file>
    <welcome-file>howdy.html</welcome-file>
    <welcome-file>index.html</welcome-file>
</welcome-file-list>
```

Uma parte da estrutura de diretórios do aplicativo Web fica assim:

```
MyWebApp
|
|-- index.html
|
|-- welcome
|         |-- welcome.html
|
|-- footbar
|         |-- howdy.html
```

Se o aplicativo receber as duas solicitações a seguir:

```
http://www.wickedlysmart.com/MyWebApp/foobar
http://www.wickedlysmart.com/MyWebApp
```

Qual conjunto de respostas será atendido?

- ☐ A. **howdy.html**, então, **404**
- ☐ B. **index.html**, então, **404**
- ☐ C. **welcome.html**, então, **404**
- ☐ D. **howdy.html**, então, **index.html**
- ☐ E. **index.html**, então, **index.html**
- ☐ F. **howdy.html**, então, **welcome.html**
- ☐ G. **welcome.html**, então, **index.html**

---

69 Seu aplicativo Web tem um dd válido com uma única tag **`<security-constraint>`**. Dentro dessa tag existe:

- um único método http que declara **`GET`**

Todos os recursos em seu aplicativo existem dentro de **`directory1`** e **`directory2`** e os únicos papéis definidos são **`BEGINNER`** e **`EXPERT`**.

Se você quiser limitar os **`BEGINNER`**s quanto a recuperação dos recursos estáticos em **`directory2`**, quais são verdadeiras sobre a(s) tag(s) url e role que você deve declarar? (Escolha tudo que se aplica.)

☐ A. Uma única tag url deve declarar **`directory1`** e uma única tag role deve declarar **`EXPERT`**.

☐ B. Uma única tag url deve declarar **`directory2`** e uma única tag role deve declarar **`EXPERT`**.

☐ C. Uma única tag url deve declarar **`directory1`** e uma única tag role deve declarar **`BEGINNER`**.

☐ D. Uma única tag url deve declarar **`directory2`** e uma única tag role deve declarar **`BEGINNER`**.

☐ E. Uma tag url deve declarar **`ANY`**, sua tag role deve declarar **`EXPERT`**, a outra tag url deve declarar **`directory2`** e sua tag role deve declarar **`BEGINNER`**.

☐ F. Uma tag url deve declarar os dois diretórios, sua tag role deve declarar **`EXPERT`**, a outra tag url deve declarar **`directory1`** e sua tag role deve declarar **`BEGINNER`**.

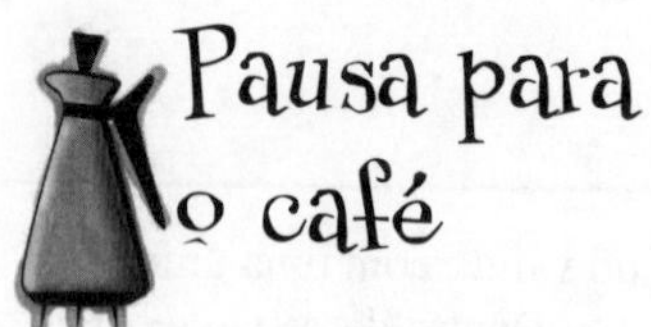

Exame Final – Respostas

1 Um programador tem uma estrutura de diretório configurada de modo válido para seu aplicativo Web Java EE que é chamada de MyWebApp. Em quais diretórios um arquivo chamado myTag.tag poderia residir para ser acessado corretamente pelo contêiner? (Escolha dois)

jsp 8, Use a Cabeça 608

☐ A. `MyWebApp/WEB-INF`

☐ B. `MyWebApp/META-INF`

☐ C. `MyWebApp/WEB-INF/lib`

☑ D. `MyWebApp/WEB-INF/tags`

☐ E. `MyWebApp/WEB-INF/TLDs`

☑ F. `MyWebApp/WEB-INF/tags/myTags`

- Opções D e F: os arquivos de tag DEVEM ser localizados no diretório de tags ou em um subdiretório de tags

2 Qual é uma EL legal? (Escolha tudo que se aplica.)

JSPv2.0, seção 2.3.5, Use a Cabeça 396

☑ A. `${"1" + "2"}`

☐ B. `${1 plus 2}`

☑ C. `${1 eq 2}`

☑ D. `${2 div 1}`

☐ E. `${2 & 1}`

☐ F. `${"head"+"first"}`

- Opção A: "1" e "2" podem ser convertidos no tipo Long, produzindo 3.

- Opção B: plus não é um operador EL.

- A opção C é válida; produz false.

- A opção D é válida; produz 2.0.

- Opção E: & não é um operador EL válido, diferente de && ou and.

- Opção F: você não pode concatenar Strings com o operador +. EL fala em converter os valores String no tipo Double.

3 Um TLD de um website do fórum Java contém esta definição de tag:

JSP v2.0, seção 7.4.1.1
Use a Cabeça 476-480

```
<tag>
   <name>avatar</name>
   <tag-class>hf.avatarTagHandler</tag-class>
   <body-content>empy</body-content>

   <attribute>
      <name>userId</name>
      <required>true</required>
      <rtexprvalue>true</rtexprvalue>
   </attribute>
   <attribute>
      <name>size</name>
      <required>false</required>
      <rtexprvalue>false</rtexprvalue>
   </attribute>
</tag>
```

- Opção A: a sub-rotina da tag deve armazenar o tamanho mesmo que o uso da tag nem sempre o requeira.

O que é verdadeiro sobre AvatarTagHandler, supondo que estende SimpleTagSupport e produz o HTML que exibe a imagem avatar de um usuário? (Escolha tudo que se aplica.)

☑ A. A classe deve ter um método setler chamado `setSize`.

☐ B. Nenhuma variável size é necessária no código porque o TLD determina que não é requerido.

☑ C. Um método da vida útil de **doTag** anulado é necessário.

☐ D. Um método da vida útil de **doStartTag** anulado é necessário.

☐ E. A classe deve sobrecarregar todos os métodos de vida útil implementados com uma versão que inclua um parâmetro extra para cada atributo definido no TLD. Nesse caso, há apenas um.

- A opção C não fará nada, a menos que você anule isto e forneça o comportamento necessário. Há uma implementação padrão em SimpleTagSupport, mas não faz nada.

- Opção D: doStartTag é para as sub-rotinas da tag Classic.

- Opção E: há apenas um método de vida útil para as sub-rotinas da tag Simple e qualquer versão sobrecarregada não será reconhecida pelo contêiner.

4 Um Servlet configura um bean antes de enviar para um JSP.

JSP v2.0, seções 5.0-5.1
Use a Cabeça 350-363

Dado:

```
foo.User user = new foo.User();
user.setFirst(request.getParemeter("firstName"));
user.setLast(request.getParameter("lastName"));
user.setStreet(request.getParameter("streetAddress));
user.steCity(request.getParameter("city"));
user.setState(request.getParameter("state"));
user.setZipCode(request.getParameter("zipCode"));
request.setAttribute("user", user);
```

- As opções A e B usam o atributo type que requer que o bean já esteja gravado em algum escopo. Mesmo que usassem o atributo class, seria insuficiente para preencher as propriedades do bean.

Qual fragmento, se colocado em um JSP, poderia substituir o código Servlet acima? (Escolha tudo que se aplica.)

☐ A.
```
<jsp:useBean id="user" type="foo.User"scope="request"/>
```

☐ B.
```
<jsp:useBean id="user" type="foo.User"scope="request" >
    <jsp:setProperty name="user" property="*"/>
</jsp:useBean>
```

☑ C.
```
<jsp:useBean id="user" class="foo.User" "scope="request" >
    <jsp:setProperty name="user" property="first"
  param="firstName"/>
    <jsp:setProperty name="user" property="last"
  param="lastName"/>
    <jsp:setProperty name="user" property="street"
  param="streetAddress"/>
    <jsp:setProperty name="user" property="city"/>
    <jsp:setProperty name="user" property="state"/>
    <jsp:setProperty name="user" property="zipCode"/>
</jsp:useBean>
```

☑ D.
```
<jsp:useBean id="user" class="foo.User"scope="request">
    <jsp:setProperty name="user" property="*"/>
    <jsp:setProperty name="user" property="first"
  param="firstName"/>
    <jsp:setProperty name="user" property="last"
  param="lastName"/>
    <jsp:setProperty name="user" property="street"
  param="streetAddress"/>
</jsp:useBean>
```

- Opções C e D: as tags <jsp:setProperty> individuais devem ser usadas para mapear os parâmetros para as propriedades bean quando os nomes não coincidem. Para os nomes do parâmetro que coincidem, property="*" poderá ser usado para transmiti-los automaticamente para o bean.

5 Ao comparar as vantagens, limites e usos de um objeto representante comercial e de um objeto localizador de serviços, o que é verdadeiro? (Escolha tudo que se aplica.)

j2ee 302 principal, 315
Use a Cabeça 760-761

- ☐ A. Têm a mesma probabilidade de fazer chamadas da rede.
- ☐ B. Têm a mesma probabilidade de chamar métodos em um objeto de transferência.
- ☐ C. Têm a mesma probabilidade de ser chamados diretamente a partir de um objeto controlador.
- ☑ D. O localizador de serviços geralmente será considerado um servidor para o representante comercial.
- ☑ E. Quando ambos forem implementados com um cache, o envelhecimento dos dados será uma preocupação maior para o representante comercial.

- Opção A: geralmente, o representante comercial pedirá outro objeto para fazer uma chamada da rede.

- Opção B: geralmente, o localizador de serviços não usa um objeto de transferência.

- Opção C: geralmente, o controlador faz solicitações de um representante comercial e, quando necessário, o representante comercial fará uma solicitação do localizador de recursos.

6 Ao criar receptores de sessão, o que é verdadeiro? (Escolha tudo que se aplica.)

Aplicativo servlet 6, Use a Cabeça 256-263

- ☐ A. São todos declarados na DD.
- ☑ B. Nem todos eles devem ser declarados na DD.
- ☑ C. A tag DD usada para declará-los é **<listener>**
- ☐ D. A tag DD usada para declará-los é **<session-listener>**.
- ☑ E. A tag DD usada para declará-los é colocada dentro da tag **<web.app>**.
- ☐ F. A tag DD usada para declará-los é colocada dentro da tag **<servlet>**.

- Opção A: HttpSessionBindingListener não é declarado na DD

- Opção C: estamos esperando que você possa descobrir isso sem decorar.

Opção F: lembre que as sessões podem englobar muitos servlets.

7 Alguns usuários reclamaram que coisas estranhas estão acontecendo quando têm duas janelas do navegador abertas em uma única máquina e ambas as janelas acessam o aplicativo ao mesmo tempo. Você deseja testar os vários navegadores para saber se uma sessão seria compartilhada em diversas janelas. Você decide fazer isso produzindo **JSESSIONID** em um JSP. Você poderia fazer isso supondo que têm cookies ativados em seus navegadores de teste? (Escolha tudo que se aplica.)

JSP v2.0, seção 2.2.3
Servlet v2.4, seção 7.1.1
Use a Cabeça 232 e 390

- ☐ A. `${cookie.JSESSIONID}`
- ☑ B. `${cookie.JSESSIONID.value}`
- ☑ C. `${cookie["JSESSIONID"]["value"]}`
- ☑ D. `${cookie.JSESSIONID["value"]}`
- ☑ E. `${cookie["JSESSIONID"].value}`
- ☐ F. `${cookieValues[0].value}`

- A opção A avalia um objeto Cookie, que produz a referência para o objeto Cookie, não seu valor interno.

- Opções B, C, D, E: o objeto implícito EL do cookie é um mapa de objetos Cookie. Estas opções recuperam o JSESSIONID Cookie e chama seu método getValue().

- Opção F: cookieValues não é um objeto implícito EL

8 Qual objeto implícito pode acessar os atributos a partir de `ServletContext`?

JSP v2.0, seção 1.8.3

- [ ] A. `server`
- [ ] B. `context`
- [x] C. `request`
- [x] D. `application`
- [ ] E. `servletContext`

- As opções A, B e E são incorretas porque são nomes ilegais para os objetos implícitos JSP.

- A opção C é correta porque você pode acessar o ServletContext usando o HTTPSession.

- A opção D é correta. O objeto implícito application é equivalente a ServletContext.

9 Quais métodos existem em `HttpServlet`? (Escolha tudo que se aplica.)

HTTP 1.1, Use a Cabeça - ca

- [x] A. `doGet`
- [x] B. `doTrace`
- [ ] C. `doError`
- [ ] D. `doConnect`
- [x] E. `doOptions`

- Opção C: não há um método HTTPERROR também.

- Opção D: HTTP tem um método CONNECT, mas é a exceção à regra, é o único método que não é espelhado em HttpServlet.

10 Você determinou que certas capacidades em seu aplicativo Web irão requerer que os usuários sejam membros registrados. E mais, seu aplicativo Web algumas vezes lida com os dados do usuário que seus usuários desejam manter como confidenciais.

Use a Cabeça 677-684

O que é verdadeiro? (Escolha tudo que se aplica.)

- [ ] A. Você pode tornar confidenciais os dados transmitidos apenas depois de seu aplicativo ter verificado a senha do usuário.
- [ ] B. Dos vários tipos de autenticação assegurados por um contêiner Java EE, apenas BASIC, Digest e Form Based são implementados coincidindo um nome de usuário com uma senha.
- [x] C. Não importa o tipo de mecanismo de autenticação Java EE usado, ele apenas será ativado quando um recurso restrito for requerido.
- [ ] D. Todos os tipos de autenticação assegurada do Java EE fornecem uma forte segurança dos dados sem precisar implementar o suporte dos recursos de segurança.

11 Dados estes fragmentos de dentro de uma única tag em uma Java EE DD:

Servlet 12, Use a Cabeça 684

```
<web-resource-collection>
   <web-resource-name>Recipes</web-resource-name>
   <url-pattern>/Beer/Update/*<url-pattern>
   <http-method>POST</http-method>
</web-resource-collection>
...
<auth-constraint>
   <role-name>member</role-name>
</auth-constraint>
...
<user-data-constraint>
   <transport-guarantee>CONFIDENTIAL</transport-
   guarantee>
</user-data-constraint>
```

O que é verdadeiro? (Escolha tudo que se aplica.)

☑ A. Uma Java EE DD pode conter uma única tag na qual todas essas tags podem coexistir legalmente.

☐ B. É válido que mais instâncias de **<auth-constraint>** existam dentro da única tag descrita acima.

☐ C. É válido que mais instâncias de **<user-data-constraint>** existam dentro da única tag descrita acima.

☑ D. É válido que mais instâncias de **<url-pattern>** existam dentro da tag **<web-resource-collection>** descrita acima.

☑ E. É válido que outras tags do mesmo tipo da única tag que envolve tudo descrita acima tenha o mesmo **<url-pattern>** da tag acima.

☐ F. Esta tag implica que os recursos de autorização, autenticação e segurança da integridade dos dados sejam declarados para o aplicativo Web.

- Opção C: uma tag <security-constraint> válida como esta pode declarar apenas um tipo de integridade de dados.

12 Você está criando um JSP Document que gera uma imagem SVG dinâmica que é representado por uma estrutura de documento XML. O JSP deve declarar o cabeçalho de resposta HTTP **'Content-Type'** como **'image/svg+xml'** para que o navegador Web apresente a resposta como uma imagem SVG.

JSPv2.0, seção 1.1

Qual fragmento de código JSP declara que esse JSP Document é uma resposta SVG?

- [ ] A. `<%@ page contentType='image/svg+xml' %>`
- [ ] B. `<jsp:page contentType='image/svg+xml' />`
- [x] C. `<jsp:directive.page contentType='image/svg+xml' />`
- [ ] D. `<jsp:page.contentType>image/svg+xml'</jsp:page.contentType>`

- A opção A está incorreta porque a sintaxe da diretiva JSP padrão <%@ ... %> não é válida no formato JSP Document.

- A opção B está incorreta porque não há nenhuma tag padrão jsp.page nos JSP Documents.

- A opção C está correta porque jsp:directive.page é o devido JSP Document padrão

- A opção D está incorreta porque não há nenhuma tag padrão jsp:page.contextType nos JSP Documents.

---

13 Dada uma página JSP, a linha:

```
<%- - out.print("Hello World"); - -%>
```

JSPv2.0, seção 1.5.2, Use a Cabeça 304

Qual é a saída HTML?

- [ ] A. **Hello World**
- [ ] B. **out.print("Hello World");**
- [ ] C. **<!-- Hello World -->**
- [x] D. Nenhuma saída é gerada por esta linha.

---

14 Quais instruções sobre o suporte da sessão HTTP são verdadeiras? (Escolha tudo que se aplica.)

Servlet 7, Use a Cabeça 231-240

- [x] A. Os contêineres Java EE devem suportar os cookies HTTP.
- [x] B. Os contêineres Java EE podem suportar a rescrita URL.
- [x] C. Os contêineres Java EE devem suportar a Secure Sockets Layer.
- [x] D. Os contêineres Java EE devem suportar as sessões HTTP, mesmo para os clientes que não suportam os cookies.
- [ ] E. Os contêineres Java EE devem reconhecer o sinal de término HTTP que é usado para indicar que uma sessão do cliente não está mais ativa.

- Opção B: a rescrita URL está sempre disponível como a retirada quando os cookies não estão disponíveis, mas NÃO é uma exigência para os contêineres.

- Opção E: HTTP não tem um sinal de término da sessão.

15 Sua empresa comprou uma licença para uma biblioteca JavaScript de terceiros para construir menus. Sua equipe encontrou incontáveis erros fazendo um mau uso, por engano, da biblioteca e os usuários estão insistindo que certos itens do menu devem estar visíveis apenas para os usuários com o papel de segurança autorizado. Uma biblioteca de tags personalizada usando as sub-rotinas de tag Simple poderia proteger os desenvolvedores contra os erros JavaScript sintáticos e fornecer os recursos de segurança que os usuários desejam.

Use a Cabeça 570-573

Depois de uma reunião de design, o chefe de sua equipe documentou que gostaria que o menu ficasse como a seguir:

```
<menu:main>
<menu:headItem text="My Account" url="/myAccount.do"/>
<menu:headItem text="Transactions">
   <menu:subItem text="Incoming" url="/incomingTx.do"/>
   <menu:subItem text="Outgoing" url="/outgoingTx.do"/>
   <menu:subItem text="Pending" url="/pendingTx.do"
                 requiredRole="accounttant"/>
</menu:headItem>
<menu:headItem text="Admin" url="/admin.do"
                 requiredRole="admin"/>
</menu:main>
```

Você deseja colocar o total de responsabilidade de gerar a saída na sub-rotina de tag **<menu:main>** externa, supondo que centralizar a lógica da exibição será mais fácil de manter. A sub-rotina de tag externa precisará acessar suas tags descendentes para fazer isso. Qual das seguintes opções fornece a melhor abordagem?

- ☑ A. Toda tag interna deve registrar-se diretamente com sua mãe imediata. A mãe imediata pode armazenar suas filhas em uma coleção ordenada.
- ☐ B. Toda tag interna deve registrar-se diretamente com a sub-rotina de tag externa e a sub-rotina de tags externa pode armazená-las em um único **HashSet**.
- ☐ C. Diferente das tags Classic, SimpleTagSupport fornece os métodos **findDescendentWithClass()** e **getChildren()** que dão à tag externa principal total acesso às suas filhas sem nenhuma codificação extra necessária.
- ☐ D. Faça com que cada tag interna grave-se como um atributo no escopo da página, com seu valor de texto como a chave do atributo.

- A opção A é a solução mais simples, pois cria uma estrutura de árvore simples de tags que fornece o acesso <menu:main> a todas as suas tags descendentes.

- As opções B e D não forneceriam à tag externa nenhuma dica sobre como as tags internas são estruturadas.

- Opção C: estes métodos não existem. Apenas findAncestorWithClass( ) e setParent( ) estão disponíveis a partir da API.

16 Qual fase da vida útil do JSP pode fazer com que um código de status HTTP 500 seja retornado em uma solicitação para uma página JSP? (Escolha tudo que se aplica.)

JSP v2.0, seção 1.1

☑ A. A compilação da página JSP

☑ B. A execução do método de serviço

☐ C. A execução do método de destruição

☑ D. A execução do método de inicialização

- A opção A está correta porque se o código do servlet JSP falhar em compilar, então, o contêiner terá que gerar um erro no lado do servidor.

- A opção B está correta porque qualquer exceção de execução gerada no JSP deve ser lidada pelo contêiner e deve gerar um erro no lado do servidor.

- A opção C está incorreta; o método de destruição não pode causar um erro 500.

- A opção D está correta porque se o método de inicialização gerar uma exceção, então, contêiner não poderá enviar solicitações para o JSP e terá que enviar um erro no lado do servidor.

17 Dado que **session** é uma referência para um **HttpSession** válido e **"myAttr"** é o nome de um objeto vinculado a **session**, qual que pode ser usado para desvincular o(s) objeto(s) de uma sessão? (Escolha tudo que se aplica.)

API, Use a Cabeça - cap. 6

☐ A. `session.unbind( );`

☑ B. `session.invalidate( );`

☐ C. `session.unbind("myAttr");`

☐ D. `session.remove("myAttr");`

☐ E. `session.invalidate("myAttr");`

☑ F. `session.removeAttribute("myAttr");`

☐ G. `session.unbindAttribute("myAttr");`

- Opção E: invalidate( ) é usado para desvincular todos os objetos vinculados a session

- Opção F: removeAttribute( ) é usado para desvincular um único objeto.

18 Se **req** for uma referência para **HttpServletRequest** e não houver nenhuma sessão atual, o que é verdadeiro sobre **req.getSession( )**? (Escolha tudo que se aplica.)

API, Use a Cabeça 232-233

☐ A. Chamar **req.getSession( )** retornará null.

☐ B. Chamar **req.getSession(true)** retornará null.

☑ C. Chamar **req.getSession(false)** retornará null.

☑ D. Chamar **req.getSession( )** retornará uma nova sessão.

☑ E. Chamar **req.getSession(true)** retornará uma nova sessão.

☐ F. Chamar **req.getSession(false)** retornará uma nova sessão.

- Opções A e B: nestes casos, uma nova sessão é criada.

19 Uma sub-rotina de tag Classic existe no código de herança. O autor escreveu uma sub-rotina que avalia o corpo de sua tag cem vezes, para ser usado ao testar outras tags que produzem um conteúdo aleatório.

API TagSupport
JSP v2.0, seção 13.1
Use a Cabeça 536-537

Dado:

```
public classHundredTimeTag extends TagSupport {
    private int iterationCount;
    public int doTag() throws JspException {
        iteractionCount = 0;
        return EVAL_BODY_INCLUDE
    }

    public int doAfterBody() throws JspException {
        if(iteractionCount <100){
            iteractionCount++;
            return EVAL_BODY_AGAIN;
        }else{
            return SKIP_BODY;
        }
    }
}
```

O que é incorreto no código?

- Opção A: as sub-rotinas da tag têm um encadeamento seguro, portanto, é permitido armazenar o estado nelas.

☐ A. As sub-rotinas da tag não têm um encadeamento seguro, portanto, **iterationCount** poderá ficar sem sincronia se diversos usuários estiverem acessando a página ao mesmo tempo.

☐ B. O método **doAfterBody** nunca está sendo chamado porque não faz parte da vida útil da sub-rotina de tag. O desenvolvedor deveria ter estendido a classe **IterationTagSupport** para incluir esse método na vida útil.

- Opção B: IterationTagSupport não é uma classe real. O método doAfterBody faz parte da interface IterationTag que TagSupport implementa.

☑ C. O método **doTag** deve ser doStartTag. Como escrito, o **doStartTag** padrão de **TagSupport** é chamado, o que simplesmente retorna **SKIP_BODY**, fazendo com que **doAfterBody** nunca seja chamado.

☐ D. Quando **doAfterBody** retorna **EVAL_BODY_AGAIN**, o método **doTag** é chamado de novo. O método **doTag** redefine **iterationCount** para 0, resultando em um loop infinito e um **java.lang.OutOfMemoryError** é gerado.

- Opção C: simplesmente mudar o nome deste método não corrige o problema. Se o projeto usar o Java 5 SE, será uma boa idéia utilizar a anotação @Override nesses métodos de vida útil para assegurar que um erro como este não ocorrerá.

- Opção D: mesmo que a alteração do nome do método na Opção C seja corrigida, um loop infinito nunca ocorrerá porque a vida útil de uma tag Classic nunca chama doStartTag mais de uma vez.

20 Dado este fragmento a partir de DD de um aplicativo Web:

```
<session-config>
   <session-timeout>10</session-timeout>
</session-config>
```

API, Use a Cabeça 244-245

E dado que **session** é uma referência para um **HttpSession** válido e este fragmento de um servlet:

```
30. session.setMaxInactiveInterval(120);
```

Depois da execução da linha 30, quais são verdadeiras? (Escolha tudo que se aplica.)

- ☐ A. O fragmento DD não é válido.
- ☐ B. A chamada de **setMaxInactiveInternal** modificará o valor na tag **<session-timeout>**.
- ☐ C. É impossível determinar os limites do intervalo de tempo da sessão dados acima.
- ☐ D. Se o contêiner não receber nenhuma solicitação do cliente para esta sessão em 2 horas, o contêiner irá invalidar a sessão.
- ☑ E. Se o contêiner não receber nenhuma solicitação do cliente para esta sessão em 2 minutos, o contêiner irá invalidar a sessão.
- ☐ F. Se o contêiner não receber nenhuma solicitação do cliente para esta sessão em 10 segundos, o contêiner irá invalidar a sessão.
- ☐ G. Se o contêiner não receber nenhuma solicitação do cliente para esta sessão em 10 minutos, o contêiner irá invalidar a sessão.

- Opção B: o método anula apenas o intervalo de tempo para esta sessão.

- Opção E: o argumento para este método representa os segundos, por mais que o valor na tag represente os minutos.

---

21 Você criou uma estrutura de diretórios válida e um arquivo **WAR** válido para seu aplicativo Java EE da Web. Dado que:

Servlet 9, Use a Cabeça 612

- **ValidApp.war** é o nome do arquivo **WAR**.
- **WARdir** representa o diretório que deve existir em cada arquivo **WAR**.
- **APPdir** representa o diretório que deve existir em cada aplicativo Web.

Qual é verdadeira?

- ☐ A. O nome real de **WARdir** NÃO é previsível.
- ☑ B. O nome de seu aplicativo NÃO é previsível.
- ☐ C. Nessa estrutura de diretórios, **APPdir** existirá dentro de **WARdir**.
- ☐ D. Nessa estrutura de diretórios, o descritor de distribuição do aplicativo residirá no mesmo diretório de **WARdir**.
- ☐ E. Colocar seu aplicativo em um arquivo **WAR** fornecerá a opção para o contêiner executar verificações adicionais de execução, não asseguradas de outro modo.

- Opção A: o diretório deve ser chamado de META-INF.

- Opção B: geralmente, o contêiner nomeará o aplicativo usando o nome do arquivo WAR, mas não é requerido.

- Opção E: um arquivo WAR fornece a opção de executar verificações adicionais durante a distribuição.

22 Ao comparar HTTP **GET** com HTTP **POST**, o que é verdadeiro? (Escolha tudo que se aplica.)

Especificação HTTP 1.1 e Use a cabeça, cap. 4

- [x] A. Ambos requerem uma declaração explícita nas tags do formulário HTML..
- [ ] B. Apenas HTTP **GET** é idempotente.
- [ ] C. Apenas HTTP **POST** pode suportar diversos parâmetros em uma única solicitação.
- [x] D. Ambos suportam solicitações com um parâmetro que enviam diversos valores.
- [ ] E. Apenas as solicitações HTTP **POST** devem ser lidadas anulando o método **service( )** de um servlet.

- Opção B: se um formulário não declarar explicitamente um método, GET será adotado.

- Opção D: ambos podem lidar com isto.

- Opção E: para o exame, você nunca deve anular o método service( ).

23 Dado este código em um servlet:

Servlet: aplicativo 6, Use a Cabeça 150

```
82.  String s = getServletConfig(
   ).getInitParamater("myThing");
```

Qual fragmento DD atribuirá um s ao valor "**myStuff**"?

- [ ] A.
```
<init-param>
    <param>myThing</param>
    <value>myStuff</value>
</init-param>
```
- [ ] B.
```
<init-param>
    <name>myThing</name>
    <value>myStuff</value>
</init-param>
```
- [x] C.
```
<init-param>
    <param-name>myThing</param-name>
    <param-value>myStuff</param-value>
</init-param>
```
- [ ] D.
```
<servlet-param>
    <name>myThing</name>
    <value>myStuff</value>
</servlet-param>
```
- [ ] E.
```
<servlet-param>
    <param-name>myThing</param-name>
    <param-value>myStuff</param-value>
</servlet-param>
```

- A opção C é a sintaxe correta para a tag <init-param>.

24 Dado que uma String é armazenada como um atributo denominado **accountNumber** com algum escopo, qual(is) scriptlet(s) produzirá(ão) o atributo?

seção c 1.8.3, Use a Cabeça 298

☑ A.
```
<%= pageContext.findAttribute("accountNumber") %>
```

☐ B.
```
<%= out.print("${accountNumber}") %>
```

☐ C.
```
<%= Object accNum = pageContext.
getAttribute("accountNumber");
if(accNum ==nul){
  accNum = request.getAttribute("accountNumber");
}
if(accNum == null){
  accNum = session.getAttribute("accountNumber");
}
if(accNum == Null)}
  accNum = servletContext.getAttribute("accountNumber");
}
out.print(accNum);
%>
```

☐ D.
```
<% requestDispatcher.include("accountNumber"); %>
```

- Opção A: se você tiver que usar scriptlets, este é o modo mais fácil.

- Opção B: EL não é avaliada dentro dos scriptlets. Este é um uso ilegal dos scriptlets, portanto, não considere que isso foi apenas um truque!

- Opção C: Passou perto. servletContext não é um objeto implícito válido. Ele deveria ter usado o aplicativo.

- Opção D: requestDispatcher não é um objeto implícito. Mesmo que fosse, isso estaria errado.

---

25 Você herdou um aplicativo Web JSP de herança com muito código de script. Seu gerente pediu que cada JSP seja recomposto para remover o código de script. Ele deseja que você assegure que nenhum código script exista em seu código de base JSP e que o contêiner Web aplique uma política de "nenhum script".

JSP, versão 2.0 seção 3.3.3

Qual elemento de configuração **web.xml** realizará o objetivo?

☐ A.
```
<jsp-property-group>
    <url-pattern> *.jsp </url-pattern>
    <permit-scripting> false </permit-scripting>
</jsp-property-group>
```

- A opção A é incorreta porque <permit-scripting> não é um elemento de configuração válido.

☐ B.
```
<jsp-config>
    <url-pattern> *.jsp </url-pattern>
    <permit-scripting> false </permit-scripting>
</jsp-config>
```

- A opção B está incorreta porque nem <jsp-config> nem <permit-scripting> são elementos de configuração válidos.

☑ C.
```
<jsp-property-group>
    <url-pattern> *.jsp </url-pattern>
    <scripting-invalid> true </scripting-invalid>
</jsp-property-group>
```

☐ D.
```
<jsp-config>
    <url-pattern> *.jsp </url-pattern>
    <scripting-invalid> false </scripting-invalid>
</jsp-config>
```

- A opção D está incorreta porque <jsp-config> não é um elemento de configuração válido.

26 Dado:

```
01. <%@ taglib uri="http://java.sun.com/jsp/jstl/core"
prefix="c" %>
02.
03. <%
04. java.util.List books = new java.util.ArrayList( );
05. // adicione a linha aqui
06. request.setAttribute("myFavoriteBooks", books);
07.%>
08.
09. <c:choose>
10. <c:when test="${not empty myFavoriteBooks}">
11.    My favorite books are:
12.    <c:forEach var="books" items="${myFavoriteBooks}">
13.       <br/> * ${book}
14.    </c:forEach>
15. </c:when>
16. <c:otherwise>
17.    I have not selected any favorite books.
18. </c:otherwise>
19. </c:choose>
```

JSP v2.0, seção 2.3.7, Use a Cabeça 396

Quais das seguintes linhas de código, se inseridas de modo independente na Linha 5, farão com que o texto dentro da tag **c:otherwise** seja exibido? (Escolha tudo que se aplica.)

- ☐ A. `books.add("");`
- ☐ B. `books.add(null);`
- ☑ C. `books.clear( );`
- ☐ D. `books.add("Head First");`
- ☑ E. `books = null;`

- As opções A, B e D adicionam algo a books List, NÃO permitindo que fique vazia.

- A opção C esvazia a List já vazia.

- Opção E: tornar a referência List um valor null satisfaz o operador empty.

JSP v2.0, seção 2.6
Use a Cabeça 388-391

27 Você está trabalhando em um aplicativo que gerencia um diretório de listagem comercial:

Dado:

```
<c:forEach var="phoneNumber" items='${company.
            contactInfo.phoeNumber}'>
    <c:if test='${verify:isTollFree(phoneNumber)}'>
      <img src="/images/TollFree.gif"/>
    </c:if>
    ${phoneNumber}<br/>
</c:forEach>
```

O fragmento acima adiciona um ícone especial na frente dos números de telefone que são gratuitos. Qual instrução sobre a função EL desse fragmento de código é verdadeira?

- [x] A. A função EL deve ser declarada como sendo pública e estática
- [ ] B. A função EL não deve retornar nenhum valor e ser declarada como void
- [ ] C. O valor **<uri>** no TLD da função EL deve ser **Verify**
- [ ] D. O nome da classe que implementa a função EL deve ser **Verify**
- [ ] E. Se **phoneNumber** for uma String, o valor **<function-signature>** no TLD deve ser **isTollFree(String)**

- Opção A: todas as funções EL devem ser declaradas como sendo públicas e estáticas.

- Opção B: deve retornar um valor booleano de modo que possa ser usado pela tag <c:if>.

- Opção C: o valor <uri> deve coincidir com qualquer coisa declarada na diretiva taglib do JSP, que não é mostrado.

- Opção D: o nome da classe totalmente qualificado é mapeado no TLD usando <function-class> e não tem que coincidir com nenhuma convenção de nomenclatura em particular para ser usado para as funções EL.

- Opção E: <function-signature> requer que um tipo de retorno seja declarado. Também requer que todos os tipos da classe sejam totalmente qualificados, portanto, String deveria ser java.lang.String.

API

28 Quais são os métodos de **HttpServletRequest** que recuperam o corpo da solicitação? (Escolha tudo que se aplica.)

- [x] A. **getReader()**
- [ ] B. **getStream()**
- [ ] C. **getInputReader()**
- [x] D. **getInputStream()**
- [ ] E. **getServletReader()**
- [ ] F. **getServletStream()**

- Opção A: getReader() recupera o corpo como dados do caractere.

- Opção D: este método recupera o corpo como dados binários.

---

29 Dado um aplicativo Web Java EE no qual a seguinte solicitação do navegador:

Serv 11, Use a Cabeça 616

```
http://www.wickedlysmart.com/MyApp/myDir/DoSomething
```

será lidada por um servlet no aplicativo, quais são verdadeiras? (Escolha três.)

- [x] A. O descritor de distribuição deve incluir instruções para lidar com a solicitação como especificado.
- [ ] B. A solicitação pode ser lidada como especificado sem nenhuma instrução relacionada no descritor de distribuição.
- [ ] C. O servlet que lida com esta solicitação de ser chamado **DoSomething.class**.
- [x] D. O nome do servlet não é previsível com base nas informações fornecidas.
- [ ] E. O aplicativo deve conter um diretório chamado **myDir**.
- [x] F. O nome do diretório no qual o servlet reside não é previsível com base nas informações fornecidas.

- Opção A: uma tag <servlet-mapping> deve ser especificada em DD.

- Opções C e E: myDir e DoSomething são nomes virtuais conhecidos apenas por DD.

---

30 Seu aplicativo Web tem um descritor de distribuição válido no qual **student** e **sensei** são os únicos papéis de segurança que foram definidos. O descritor de distribuição contém dois limites de segurança que declaram o mesmo recurso a ser limitado. O primeiro limite de segurança contém:

Servlet 12.8, Use a Cabeça 668-669

```
<auth-constraint>
   <role-name>student</role-name>
</auth-constraint>
```

E o segundo limite de segurança contém:

```
<auth-constraint/>
```

Quais são verdadeiras? (Escolha tudo que se aplica.)

- [ ] A. Como o descritor de distribuição está agora, o recurso limitado pode ser acessado pelos dois papéis.
- [ ] B. Como o descritor de distribuição está agora, o recurso limitado pode ser acessado apenas pelos usuários **sensei**.
- [ ] C. Como o descritor de distribuição está agora, o recurso limitado pode ser acessado apenas pelos usuários **student**.
- [ ] D. Se a segunda tag **<auth-constraint>** for removida, o recurso limitado poderá ser acessado pelos dois papéis.
- [ ] E. Se a segunda tag **<auth-constraint>** for removida, o recurso limitado poderá ser acessado apenas pelos usuários **sensei**.
- [x] F. Se a segunda tag **<auth-constraint>** for removida, o recurso limitado poderá ser acessado apenas pelos usuários **student**.

- Opções A, B e C: a segunda tag é vazia, o que significa que nenhum papel pode usar este recurso.

31 Quais das seguintes tags personalizadas falham? (Escolha tudo que se aplica.)

JSP v2.0 1-31, Use a Cabeça, cap. 10

☑ A.
```
<mine:border:>
<mine:photos album="${albumSelected}">
</mine:border>
</mine:photos>
```

- Opção A: a tag <mine:photos> não está devidamente aninhada.

☐ B.
```
<mine:border>
        <mine:photos album="${albumSelected}"/>
    </mine:border>
```

☐ C.
```
<mine:border>
    ${albumSelected.title}
    <mine:photos>${albumSelected}</mine:photos>
  </mine:border>
```

- As opções B, C e D são potencialmente usos legais das tags personalizadas.

☐ D.
```
<mine:photos includeBorder="${userPreference.border}"
      album="${albumSelected}" />
```

---

32 Seu aplicativo Web com n níveis usa padrões Java EE que são geralmente mais utilizados quando tal aplicativo deseja acessar registros remotos. Quais são as vantagens desses padrões? (Escolha tudo que se aplica.)

j2ee principal 315-318, Use a Cabeça 754

☑ A. Coesão aumentada

☐ B. Desempenho melhor

☑ C. Manutenção melhor

☐ D. Tráfego de rede reduzido

☐ E. Capacidades do navegador mais interativas

- Os padrões usados aqui são o representante comercial e o localizador de serviços. Usando esses dois padrões juntos, cada componente tem responsabilidades mais focadas e quando ocorrerem alterações arquiteturais, os esforços da manutenção serão reduzidos.

- Opção D: se você selecionou a opção D, não se preocupe - quando o localizador de serviços for implementado com um cache, você poderá, de fato, reduzir o tráfego da rede. Contudo, os caches sempre têm suas próprias desvantagens, portanto, esta não é a solução mais padrão.

---

33 O que é verdadeiro, geralmente, sobre a vida útil de um servlet? (Escolha tudo que se aplica.)

API, Servlet, Use a Cabeça 97-99

☑ A. Você NÃO deve escrever um construtor para um servlet.

☐ B. Você NÃO deve anular o método `init()` de um servlet.

☐ C. Você NÃO deve anular o método `doGet()` de um servlet.

☐ D. Você NÃO deve anular o método `doPost()` de um servlet.

☐ E. Você NÃO deve anular o método `service()` de um servlet.

☐ F. Você NÃO deve anular o método `destroy()` de um servlet.

- As opções B e F geralmente são feitas quando o servlet precisa criar e destruir os recursos usados pelo servlet, como, por exemplo, as conexões do banco de dados.

34 Dada esta parte da estrutura de diretórios de um arquivo .war Java EE:

Serv 9, Use a Cabeça 612-613

```
MyApp

|-- META-INF
|          |-- MANIFEST.MF
|          |-- web.xml
|
|-- WEB-INF
|          |-- index.html
|          |-- TLDs
|               |-- Header.tag
```

Qual(is) alteração(ões) é(são) necessárias para tornar esta estrutura válida e os recursos acessíveis? (Escolha tudo que se aplica.)

- [ ] A. Nenhuma alteração é necessária.
- [x] B. O arquivo **web.xml** deve ser movido.
- [x] C. O arquivo **index.html** deve ser movido.
- [x] D. O arquivo **Header.tag** deve ser movido.
- [ ] E. O arquivo **MANIFEST.MF** deve ser movido.
- [ ] F. O diretório **WEB-INF** deve ser movido.
- [ ] G. O diretório **META-INF** deve ser movido.

- Opção B: web.xml deve estar no diretório WEB-INF.

- A opção C: index.html deve estar fora do diretório WEB-INF/ para estar acessível

- Opção D: os arquivos tag devem estar na parte WEB-INF/tags/ da árvore.

35 Você está considerando implementar alguma variedade de MVC em seu aplicativo Java EE com n níveis. Quais são verdadeiras? (Escolha tudo que se aplica.)

j2ee principal 166, Use a Cabeça, cap. 14

- [ ] A. Esta construção geralmente atenderá os objetos representantes comerciais.
- [ ] B. Em geral, reduz o tráfego da rede armazenando em cache os dados localizados remotamente.
- [ ] C. Este objetivo de construção simplifica as comunicações com os registros de recursos heterogêneos.
- [x] D. Mesmo que as soluções MVC tenham muitas vantagens, geralmente elas aumentam a complexidade da construção.
- [x] E. O padrão do controlador da frente e Struts podem ser considerados soluções para este objetivo de construção.
- [ ] F. Esta construção fornecerá a capacidade de recombinar facilmente as sub-rotinas de solicitação e resposta.

- Opção A: os representantes comerciais fornecem controladores.

- Opção B: os objetos que suportam o MVC podem ficar em cache, mas o próprio MVC geralmente não.

- Opção C: este é um trabalho do localizador de serviços.

- Opção F: isto é serviço do filtro de interceptação, que pode trabalhar com MVC, mas que é separado.

36 Dada, em uma página JSP, a linha:

```
<% List myList = new ArrayList( ); %>
```

JSP v2.0, seção 1.10.1

Quais fragmentos de código HSP você pode usar para importar esses tipos de dados? (Escolha dois.)

☐ A. `<%! import java.util.*; %>`

☐ B. `<%@ import java.util.List java.util.ArrayList %>`

☑ C. `<%@ page import='java.util.List,java.util.ArrayList' %>`

☐ D. `<%! import java.util.List; import java.util.ArrayList; %>`

☑ E. `<%@ page import='java.util.List' %> <%@ page import='java.util.ArrayList' %>`

- A opção A está incorreta porque a tag de declaração JSP não pode ser usada para inserir instruções import no código do servlet convertido.

- A opção B está incorreta porque não há nenhuma diretiva JSP import.

- A opção D está incorreta porque a tag de declaração JSP não pode ser usada para inserir instruções import no código do servlet convertido.

- A opção E está correta porque o atributo import da diretiva page pode ser especificado mais de uma vez.

---

37 Você tem a tarefa de adicionar diversos recursos de segurança ao aplicativo Web Java EE de sua empresa. Especificamente, você precisa criar diversas classes de usuários e com base na classe de um usuário, precisa limitá-los a usar apenas algumas páginas do aplicativo. Para limitar o acesso, você deve determinar que os usuários sejam quem dizem ser.

Servlet 12, Use a Cabeça, cap. 12

Quais são verdadeiras? (Escolha tudo que se aplica.)

☐ A. Se você precisar verificar se os usuários são quem dizem ser, deve usar o descritor de distribuição do aplicativo para implementar essa exigência.

- Opção A: você também pode executar a autenticação programaticamente.

☐ B. As capacidades de autorização do Java EE devem ser usadas para determinar se os usuários são quem dizem ser.

- Opção B: esta questão é sobre a autenticação.

☑ C. Para ajudar a determinar se os usuários são quem dizem ser, você pode usar as tags **<login-config>** do descritor de distribuição.

☐ D. Para ajudar a determinar se os usuários são quem dizem ser, você pode usar as tags **<user-data-constraint>** do descritor de distribuição.

- Opção D: esta tag é usada para implementar a integridade dos dados.

38 ValidApp é um aplicativo Java EE com uma estrutura de diretório válida. ValidApp contém arquivos de imagem .gif em três locais dentro da estrutura de diretórios:

Servlet 9, Use a Cabeça 614

- **ValidApp/imageDir/**
- **ValidApp/META-INF/**
- **ValidApp/WEB-INF/**

Em qual desses locais os clientes podem acessar diretamente esses arquivos .gif?

☐ A. Apenas em **ValidApp/META-INF/**

☑ B. Apenas em **ValidApp/imageDir/**

☐ C. Todos os locais acima

☐ D. Apenas em **ValidApp/imageDir/** e **ValidApp/WEB-INF/**

☐ E. Apenas em **ValidApp/imageDir/** e **ValidApp/META-INF/**

- Opção B: se um cliente tentar acessar os arquivos em WEB-INF ou META-INF, o contêiner deverá retornar 404.

---

39 Dado que **req** é uma referência para um **HttpServletRequest** válido e:

API

```
13. String[] s = reg.getCookies();
14. Cookie[] c = req.getCookies();
15. req.setAttribute("myAttr1", "42");
16. String[] s2 = req.getAttributeNames();
17. String[] s3 = req.getParameterValues("attr");
```

Quais linhas de código não serão compiladas? (Escolha tudo que se aplica.)

☑ A. linha 13

☐ B. linha 14

☐ C. linha 15

☑ D. linha 16

☐ E. linha 17

- Opção A: getCookies() retorna um array Cookie

- Opção D: setAttribute() obtém String e Object e a partir do Java 5, 42 pode ser colocado em Object.

- Opção E: getAttributeName() retorna Enumeration

Sabemos que isto é um tipo de memorização da questão e sentimos muito, mas você pode ter esse tipo de coisa no exame real.

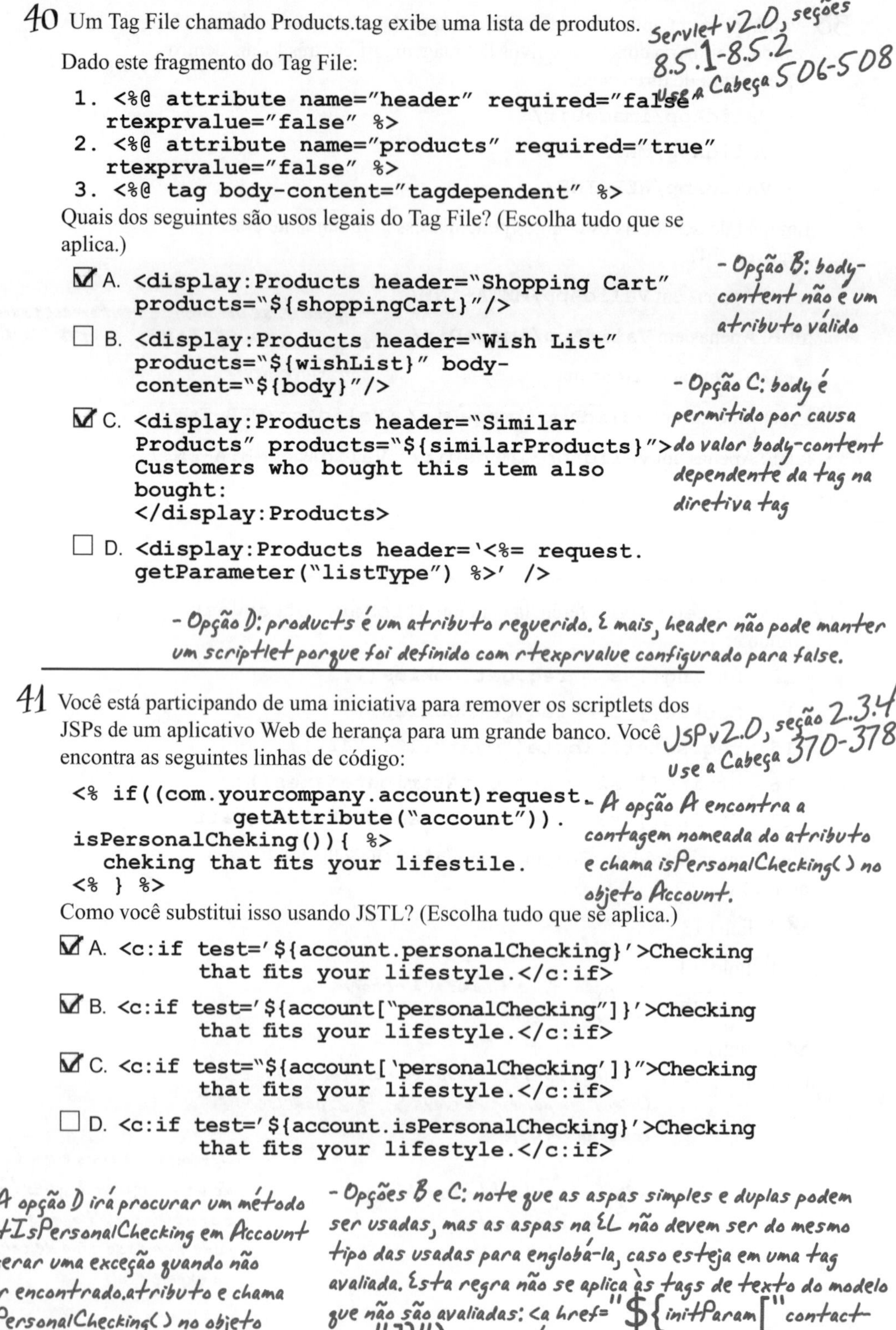

40 Um Tag File chamado Products.tag exibe uma lista de produtos.

Servlet v2.0, seções 8.5.1-8.5.2
Use a Cabeça 506-508

Dado este fragmento do Tag File:

```
1. <%@ attribute name="header" required="false"
   rtexprvalue="false" %>
2. <%@ attribute name="products" required="true"
   rtexprvalue="false" %>
3. <%@ tag body-content="tagdependent" %>
```

Quais dos seguintes são usos legais do Tag File? (Escolha tudo que se aplica.)

- [x] A. `<display:Products header="Shopping Cart" products="${shoppingCart}"/>`
- [ ] B. `<display:Products header="Wish List" products="${wishList}" body-content="${body}"/>`
- [x] C. `<display:Products header="Similar Products" products="${similarProducts}">Customers who bought this item also bought: </display:Products>`
- [ ] D. `<display:Products header='<%= request.getParameter("listType") %>' />`

- Opção B: body-content não é um atributo válido

- Opção C: body é permitido por causa do valor body-content dependente da tag na diretiva tag

- Opção D: products é um atributo requerido. E mais, header não pode manter um scriptlet porque foi definido com rtexprvalue configurado para false.

41 Você está participando de uma iniciativa para remover os scriptlets dos JSPs de um aplicativo Web de herança para um grande banco. Você encontra as seguintes linhas de código:

JSP v2.0, seção 2.3.4, Use a Cabeça 370-378

```
<% if((com.yourcompany.account)request.
            getAttribute("account")).
isPersonalCheking()){ %>
    cheking that fits your lifestile.
<% } %>
```

- A opção A encontra a contagem nomeada do atributo e chama isPersonalChecking( ) no objeto Account.

Como você substitui isso usando JSTL? (Escolha tudo que se aplica.)

- [x] A. `<c:if test='${account.personalChecking}'>Checking that fits your lifestyle.</c:if>`
- [x] B. `<c:if test='${account["personalChecking"]}'>Checking that fits your lifestyle.</c:if>`
- [x] C. `<c:if test="${account['personalChecking']}">Checking that fits your lifestyle.</c:if>`
- [ ] D. `<c:if test='${account.isPersonalChecking}'>Checking that fits your lifestyle.</c:if>`

- A opção D irá procurar um método getIsPersonalChecking em Account e gerar uma exceção quando não for encontrado.atributo e chama isPersonalChecking( ) no objeto Account.

- Opções B e C: note que as aspas simples e duplas podem ser usadas, mas as aspas na EL não devem ser do mesmo tipo das usadas para englobá-la, caso esteja em uma tag avaliada. Esta regra não se aplica às tags de texto do modelo que não são avaliadas: <a href="${initParam["contact-email"]}") >email</a>

42 Dados os seguintes tipos de evento:

- **HttpSessionEvent**
- **HttpSessionBindingEvent**
- **HttpSessionAttributeEvent**

API, Use a Cabeça 264

Coincida os tipos de evento acima com suas respectivas interfaces receptoras. (Nota: você pode coincidir um tipo de evento com mais de um Listener.)

HttpSessionAttributeListener	HttpSessionBindingEvent
HttpSessionListener	HttpSessionEvent
HttpSessionActivationListener	HttpSessionEvent
HttpSessionBindingListener	HttpSessionBindingEvent

Acabamos de criar AttributeEvent.

43 O que é verdadeiro sobre a vida útil de um servlet? (Escolha tudo que se aplica.)

serv 2, Use a Cabeça 97-101

☐ A. O método **service()** é o primeiro método chamado pelo contêiner quando uma nova solicitação é recebida.

☐ B. O método **service()** é o primeiro método chamado por **doPost()** ou **doGet()** depois de terem completado uma solicitação.

- Opção A: o método init() é chamado primeiro.

☑ C. Sempre que **doPost()** é chamado, ele é executado em seu próprio encadeamento.

- Opção B: o método service() chama doGet() ou doPost().

☐ D. O método **destroy()** é chamado depois de cada chamada de **doGet()** completar.

☑ E. O contêiner gera um encadeamento separado para cada solicitação do cliente.

- Opção D: o contêiner chama destroy() quando decide remover um servlet.

44 Quando um JSP pode ser convertido? (Escolha tudo que se aplica.)

JSP v2.0, seção 1.1.4
Use a Cabeça 308

☐ A. Quando o desenvolvedor compila o código na pasta src

☑ B. Quando o aplicativo é iniciado

☑ C. Na primeira vez em que um usuário solicita um JSP

☐ D. Depois de **jspDestroy( )** ser chamado, ele é convertido de novo

- A opção D não causará nenhuma conversão para a mesma página.

- Opções B e C: pode ocorrer a qualquer momento entre sua distribuição inicial no contêiner JSP e o processamento da solicitação de um cliente para a página.

- Opção A: os JSPs não estão localizados na pasta src e o desenvolvedor não os compila como o código.

45 Dado este fragmento de um método **doGet( )** válido:

API, Use a Cabeça 205-207

```
OutputStream os = response.getOutputStream();
byte[] ba = {1,2,3};
os.write(ba);
RequestDispatcher rd = request.getRequestDispatcher("my.
jsp");
rd.foward(request, response);
```

Supondo que **"my.jsp"** adiciona os bytes **4**, **5** e **6** à resposta, qual é o resultado?

- ☐ A. **123**
- ☑ B. **456**
- ☐ C. **123456**
- ☐ D. **456123**
- ☐ E. Uma exceção é gerada

- Opção B: como os.flush( ) não foi chamado, a saída (123) não aceita é limpa e forward é chamado sem exceção. Se os.flush( ) tivesse sido chamado antes de forward, uma IllegalStateException teria sido gerada.

46 Um programador precisa atualizar os parâmetros de inicialização de um servlet em execução dinâmico para que o aplicativo Web comece a usar os novos parâmetros imediatamente.

Servlet 2, Use a Cabeça 151-155

Para tanto, o que deve ser verdadeiro (embora não necessariamente suficiente)? (Escolha tudo que se aplica.)

- ☐ A. Para cada parâmetro, você deve modificar uma tag DD que especifica o nome do servlet, o nome do parâmetro e o novo valor do parâmetro.
- ☐ B. O construtor do servlet deve recuperar o parâmetro DD atualizado a partir do objeto **ServletConfig** do servlet.
- ☑ C. O contêiner deve destruir e, então, reinicializar o servlet.
- ☑ D. Para cada parâmetro, DD deve ter uma tag **<init-param>** separada.

- Opção A: a tag <init-param> deve ser colocada dentro da tag <servlet>, portanto, a tag <init-param> não tem o nome do servlet.

- Opção B: você não pode recuperar o objeto ServletConfig até depois do construtor ser executado.

- Opção C: Um novo Servlet deve ser inicializado para manter o novo ServletConfig.

47 Quais tipos podem ser usados junto com os métodos **HttpServletResponse** para transmitir os dados de saída? (Escolha tudo que se aplica.)

API, Use a Cabeça 132

- ☐ A. **java.io.PrintStream**
- ☐ B. **java.io.PrintWriter**
- ☐ C. **javax.servlet.OutputStream**
- ☐ D. **java.io.FileOutputStream**
- ☑ E. **javax.servlet.ServletOutputStream**
- ☐ F. **java.io.ByteArrayOutputStream**

- Opção A: o método getWriter( ) retorna PrintWriter

- Opção E: o método getOutputStream( ) retorna um ServletOutputStream

---

48 Seu aplicativo Web tem um dd válido com uma única tag **<security-constraint>** válida. Dentro dessa tag existe:

Servlet 12.8, Use a Cabeça 666

- um único padrão url que declara **directory1**

- um único método http que declara **POST**

- um único nome do papel que declara **GUEST**

Se todos os recursos para seu aplicativo existirem dentro de **directory1** e **directory2**, e **MEMBER** também for um papel válido, quais são verdadeiraas? (Escolha tudo que se aplica.)

- [ ] A. **GUEST**s não podem fazer solicitações **GET** no diretório1.
- [x] B. **GUEST**s não podem fazer solicitações **GET** nos dois diretórios.
- [ ] C. **GUEST**s não podem fazer solicitações **POST** no diretório2.
- [x] D. **MEMBER**s podem fazer solicitações **GET** nos dois diretórios.
- [x] E. **GUEST**s podem fazer solicitações **POST** nos dois diretórios.
- [ ] F. **MEMBER**s podem fazer solicitações **POST** no diretório1.

A restrição neste cenário é a que apenas os GUESTs podem fazer POSTs no diretório 1.

---

49 Dado:

JSP v2.0, seção 1.10.2, Use a Cabeça 314, 502

```
1. <%@ taglib prefix="c" uri="http://java.sun.com/jsp
          jspl/core" %>
2. <%@ taglib prefix="tables" uri="http://www.javaranch.
          com/tables" %>
3. <%@ taglib prefix="jsp" tagdir="/WEB-INF/tags" %>
4. <%@ taglib uri="UtilityFunctions" prefix="util" %>
```

Quais diretivas tablig acima fariam com que o JSP não funcionasse?

- [ ] A. A linha 4 está errada porque o atributo prefix deve vir antes do atributo uri.
- [ ] B. A linha 3 está errada porque não há nenhum atributo uri.
- [ ] C. A linha 4 está errada porque o valor uri deve começar com **http://**
- [x] D. A linha 3 está errada porque o prefixo **jsp** é reservado para as ações padrões.

- Opção A: os atributos podem estar em qualquer ordem.

- Opção B: ao usar Tag Files, tagdir é usado ao invés de uri.

- Opção C: um URI simplesmente deve coincidir com o modo como TLD é identificado pelo contêiner.

- Opção D: o prefixo jsp é reservado para as ações padrões.

50 Dado que **resp** é uma referência para um objeto **HttpServletResponse** que contém, entre outros, os seguintes cabeçalhos:

serv 5 Use a Cabeça 133

```
Content-Type: text/html
MyHeader: mydata
```

E as seguintes chamadas:

```
25. resp.addHeader("MyHeader", "mydata2");
26. resp.addHeader("MyHeader", "mydata3");
27. resp.addHeader("MyHeader", "mydata");
```

Quais dados existirão para o cabeçalho **MyHeader**?

- ☐ A. **mydata**
- ☐ B. **mydata3**
- ☑ C. **mydata3,mydata**
- ☐ D. **mydata3,mydata2**
- ☐ E. **mydata,mydata2,mydata3**
- ☐ F. **mydata,mydata2,mydata3,mydata**

- Opção C: setHeader( ) substitui qualquer dado existente em header; addHeader( ) adiciona dados a qualquer dado existente.

51 Dada a seguinte parte de um web.xml de um aplicativo de herança:

JSP v2.0, seção 7.3.4 Use a Cabeça 485

```
<jsp-config>
<taglib>
  <taglib-uri>prettyTables</taglib-uri>
  <taglib-location>/WEB-INF/tlds/
prettyTables.tld</taglib-location>
</taglib>
</jsp-config>
```

- Opção A: * não é um curinga para taglibs.

Supondo que o servidor que executa seu código agora suporta o Java 1.4 EE ou superior, o que você poderia fazer para remover a tag **<jsp-config>** acima e ainda ter seu código funcionando?

- ☐ A. Mude o atributo uri da diretiva taglib em seus JSPs para usar "*" e o contêiner irá mapeá-lo automaticamente.
- ☑ B. Coloque **<uri>prettyTables</uri>** em seu arquivo TLD.
- ☐ C. Remova as diretivas **taglib** que usaram este mapeamento em seus JSPs. O contêiner lidará com ele automaticamente.
- ☐ D. Isto é impossível. A entrada **<jsp-config>** aqui deve ser apresentada para o contêiner mapear o TLD para o uri referido em seus JSPs.

- Opção B: Correta. Podemos ver que TLD está sob WEB-INF, portanto, o contêiner irá encontrá-lo. Se TLD contiver um <uri>, então, o contêiner mapeará implicitamente esse valor para o devido local TLD.

- Opção C: Remova as diretivas taglib dos JSPs e as tags para prettyTables serão transmitidas como o texto do modelo.

- Opção D: não é possível. Veja a opção B!

52 Para uma página que lista os itens do carrinho de compras, a mensagem "Your shopping cart is empty" deve aparecer quando o carrinho estiver vazio. Quais dos seguintes fragmentos de código poderiam atender essa funcionalidade supondo que o carrinho com atributo no escopo é uma lista de produtos? (Escolha tudo que se aplica.)

JSTL v1.1, seções 5.3-5.6 e 6.2, Use a Cabeça 447-454

☑ A.
```
<c:if test='${empy cart}'>
   your shopping cart is empy.
</c:if>
<c:forEach var="itemCart" items="${cart}">
   <shop:displayItem item="${itemInCart}"/>
</c:forEach>
```

- As opções A, C e D são válidas. A é a solução mais simples e preferida.

☐ B.
```
<c:forEach var="itemInCart" items="${cart}">
   <c:choose>
      <c:when test='${empy itemInCart}'>
         your shopping cart is empy.
      </c:when>
      <c:otherwise>
         <shop:displayItem item="${itemInCart}"/>
      </c:otherwise>
   </c:choose>
</c:forEach>
```

- Opção B: se o carrinho estiver vazio ou for null, c:forEach nunca executará seu corpo. Você nunca verá a mensagem quando o carrinho estiver vazio.

☑ C.
```
<c:choose>
   <c:when test='${empy cart}'>
      your shopping cart is empy.
   </c:when>
   <c:when test='${not empy cart}'>
      <c:forEach var="itemInCart" items="${cart}">
         <shop:displayItem item="${itemInCart}"/>
      </c:forEach>
   </c:when>
</c:choose>
```

☑ D.
```
<c:choose>
   <c:when test='${empy cart}'>
      your shopping cart is empy.
   </c:when>
   <c:otherwise>
      <c:forEach var="itemInCart" items="${cart}">
         <shop:displayItem item="${itemInCart}"/>
      </c:forEach>
   </c:othewise>
</c:choose>
```

53 Dado o seguinte código de um servlet e dado que **myVar** é uma referência para **HttpSession** ou **ServletContext**:

Servlet 2, Use a Cabeça 190-199

```
15. myVar.setAttribute("myName", "myVal");
16. String s = (String) myVar.
getAttribute("myName");
17. // mais código
```

Depois da linha 16 ser executada, quais são verdadeiras? (Escolha tudo que se aplica.)

- [x] A. O valor d **s** não pode ser assegurado.
- [ ] B. Se **myVar** for **HttpSession**, a compilação falhará.
- [ ] C. Se **myVar** for **ServletContext**, a compilação falhará.
- [ ] D. Se **myVar** for **HttpSession**, **s** terá o valor **"myVal"**.
- [ ] E. Se **myVar** for **ServletContext**, **s** terá o valor **"myVal"**.

- Opção A: sem sincronização, até os valores HttpSession podem mudar inesperadamente (imagine um usuário abrindo um segundo navegador.)

54 Dada uma parte do descritor de distribuição do aplicativo Web EE:

Serv: aplicativo B, Use a Cabeça 627

```
<error-page>
    <exception-type>IOException</exception-type>
    <location/mailError.jsp</location>
</error-page>
<error-page>
    <error-code>404</error-code>
    <location>/notFound.jsp</location>
</error-page>
```

Qual é verdadeira?

- [x] A. O descritor de distribuição não é válido.
- [ ] B. Se o aplicativo gerar uma IOException, nada será atendido.
- [ ] C. Se o aplicativo gerar uma IOException, notFound.jsp será atendido.
- [ ] D. Se o aplicativo gerar uma IOException, mainError.jsp será atendido.

- Opção A: ao especificar um tipo de exceção em DD, um nome totalmente qualificado (como java.io.IOException) deve ser usado.

JSP v2.0, seções 6.2.2 e 6.3.2
Use a Cabeça 629

55 Dado o seguinte JSP:

```
<%! String GREETING = "Welcome to my page"; %>
<% request.setAttribute("gretting", GRETTING); %>
Gretting: ${gretting}
Again: <%= request.getAttribute("gretting") %>
```

Uma tentativa é feita para converter o JSP acima em um JSP Document:

```
<jsp:declaration>
    String TITLE = "Welcome to my page";
</jsp:declaration>
<jsp:scriptlet>
    request.setAttribute("gretting", GRETTING);
</jsp:scriptlet>
Gretting: ${gretting}
Again: <jsp:expression>
    request.getAttribute("gretting");
</jsp:expression>
```

O que está errado com o novo JSP Document? (Escolha tudo que se aplica.)

- Opção A: <jsp:root> não é uma tag requerida.

☐ A. Nenhuma **<jsp:root>** foi declarada.

☑ B. O texto de modelo deve ser colocado em uma tag **<jsp:text>**.

☐ C. As expressões EL não são permitidas nos documentos JSP.

☑ D. O conteúdo **<jsp:expression>** não deve ter um ponto-e-vírgula.

- Opção B: Do contrário, este não será um XML válido!

- Opção D: Opa! Um erro tipográfico!

---

56 Qual das seguintes tem MENOS probabilidade de fazer ou receber chamadas da rede?

j2ee principal 302,
Use a Cabeça 761

☐ A. Servidor JNDI

☑ B. Objeto de transferência

☐ C. Localizador de serviços

☐ D. Controlador de frente

☐ E. Filtro de interceptação

- Opção A: se você vir um padrão ou componente que não está nos objetivos, poderá excluí-lo como a resposta correta!

- Opção B: os objetos de transferência são geralmente enviados dentro das chamadas da rede, mas raramente iniciam ou respondem às chamadas da rede.

57 Dado:

JSTL v1.1, seção 4.2

```
${question}: ${question}
<c:forEach var="answer" items="${answers}">
...
</c:forEach>
```

O atributo question é uma String que pode conter tags XML que devem ser exibidas no navegador como texto normal. Com o fragmento acima, o navegador não está exibindo as tags XML. O que pode ser mudado para corrigir isso? (Escolha tudo que se aplica.)

☑ A. Substitua **${question}** por **<c:out value="${question}"/>**

☐ B. Substitua **${question}** por **<c:out>${question}</c:out>**

☑ C. Substitua **${question}** por **<c:out escapeXml="true" value="${question}"/>**

☐ D. Substitua **${question}** por **<%=${question} %>**

- Opção B: o atributo value é requerido para <c:out>. Mesmo que <c:out> possa ter um corpo, o corpo substituirá o atributo default, não o atributo value.

- Opções A e C: escapeXml é true por padrão, portanto A e C estão corretas. escapeXml de <c:out> pode converter os caracteres XML (<, >, &, ', ") no código especial para que seu navegador exiba-os devidamente, ao invés de interpretá-los mal para o html.

58 Seu aplicativo Web Java EE está conseguindo popularidade e você decide adicionar um segundo servidor para suportar o volume de solicitações do cliente. Quais são verdadeiras sobre a migração de uma sessão de um servidor para outro? (Escolha tudo que se aplica.)

Servlet 7, Use a Cabeça 257-264

☐ A. Tais migrações não são possíveis dentro de uma sessão.

☑ B. Quando uma sessão é migrada, seu **HttpSession** acompanha.

☐ C. Quando uma sessão é migrada, seu **ServletContext** acompanha.

☐ D. Quando uma sessão é migrada, seu **HttpServletRequest** acompanha.

- Opção E: não há nenhum modo de você poder mover um objeto, a menos que seja serializável.

☑ E. Se um objeto for adicionado usando **HttpSession.setAttribute**, o objeto deverá ser **Serializable** para ser migrado de um servidor para outro.

- Opção F: estas chamadas não têm garantias!

☐ F. Se um objeto for adicionado usando **HttpSession.setAttribute**, a classe do objeto tiver implementado **Serializable.readObject** e **Serializable.writeObject** e a sessão for migrada, o contêiner chamará esses métodos **readObject** e **writeObject**.

☐ G. Se um atributo session implementar **HttpSessionActivationListener**, a única exigência do contêiner será notificar os receptores assim que a sessão tiver sido ativada no novo servidor.

- Opção G: o contêiner também deve enviar uma notificação de passividade.

59 Um descritor de distribuição Java EE declara vários filtros cujos URLs coincidem com uma dada solicitação e também declara vários filtros cujas tags **<servlet-name>** coincidem com a mesma solicitação.

Servlet 6, Use a Cabeça 710

Quais instruções são verdadeiras sobre as regras que o contêiner usa para chamar o(s) filtro(s) para essa solicitação? (Escolha tudo que se aplica.)

- ☐ A. Apenas os filtros **<servlet-name>** coincididos serão chamados.
- ☐ B. Dos filtros URL coincididos, apenas o primeiro será chamado.
- ☐ C. Dos filtros **<servlet-name>** coincididos, apenas o primeiro será chamado.
- ☐ D. Os filtros **<servlet-name>** coincididos serão chamados antes dos filtros URL coincididos.
- ☐ E. Todos os filtros URL coincididos serão chamados, mas a ordem da chamada é indefinida.
- ☑ F. Todos os filtros URL coincididos serão chamados, na ordem na qual aparecem em DD.

Primeiro, o contêiner chamará todos os filtros URL coincididos, na ordem da declaração DD, então, os filtros <servlet-name> coincididos serão chamados, também na ordem DD declarada.

serv 9, 13 Use a Cabeça 157-160

60 Ao comparar os parâmetros de inicialização do servlet com os parâmetros de inicialização do contexto, quais são verdadeiras para ambos? (Escolha tudo que se aplica.)

- ☑ A. Em suas respectivas tags DD, ambos têm uma tag **<param-name>** e uma tag **<param-value>**.
- ☐ B. Suas respectivas tags DD são colocadas diretamente sob a tag **<web-app>**.
- ☑ C. Seus respectivos métodos usados para recuperar os valores do parâmetro de inicialização são chamados **getInitParameter**.
- ☐ D. Ambos podem ser acessados diretamente a partir de um JSP usando uma linguagem de expressão.
- ☐ E. Apenas as mudanças nos parâmetros de inicialização do contexto em DD podem ser acessadas sem redistribuir o aplicativo Web.

- Opção B: apenas a tag <context-param> é colocada diretamente sob a tag <web-app>

- Opção D: apenas os parâmetros do contexto podem ser acessados diretamente a partir de JSPs.

- Opção E: em nenhum caso, as alterações em DD são acessíveis dinamicamente.

JSP versão 2.0 seção 1.10.5

61 Um desenvolvedor JSP deseja incluir o conteúdo do arquivo **copyright.jsp** em todas as páginas JSP primárias.

Quais mecanismos podem fazer isto? (Escolha tudo que se aplica.)

- ☑ A. `<jsp:directive.include file="copyright.jsp" />`
- ☑ B. `<%@ include file="copyright.jsp" %>`
- ☐ C. `<%@ page include="copyright.jsp" %>`
- ☑ D. `<jsp:include page="copyright.jsp" />`
- ☐ E. `<jsp:insert file="copyright.jsp" />`

- A opção A está correta porque esta sintaxe é adequada para os JSP Documents.

- A opção E está incorreta porque esta ação padrão não existe.

- A opção D está correta porque a ação padrão executa a inclusão do conteúdo durante a execução.

- A opção C está incorreta porque você não pode usar a diretiva page para importar o conteúdo.

- A opção B está correta porque esta sintaxe é adequada para as páginas JSP.

62 Você está desenvolvendo um aplicativo para gerenciar as contas do cliente para uma empresa que oferece serviços de telefone, cabo e Internet. Muitas das páginas contêm uma funcionalidade de pesquisa. A caixa de pesquisa deve ser igual em cada página, mas algumas páginas devem limitar a pesquisa a somente as contas de telefone, cabo ou Internet.

JSP v2.0, seções 5.4, 5.6
Use a Cabeça 400-408

Dado um JSP separado chamado Search.jsp:

```
<form action ="/search.go">
 Find ${param.accountType} Account:
 <input type ="text" name="searchText"/>
 <input type="hidden" name="accountType"value="${param.accountType}"/>
 <input type="submit" value="Search "
</form>
```

Qual tag você deve usar em um JSP que precisa pesquisar as contas de cabo?

☐ A.
```
<jsp:include page="Search.jsp"
    accountType="Cable"/>
```

- Opção A: <jsp:include> não pode ter um atributo chamado accountType.

☑ B.
```
<jsp:include page="Search.jsp">
    <jsp:param name="accountType"
  value="Cable"/>
 </jsp:include>
```

- Opção B: &{param.accountType} encontrará nosso parâmetro Cable transmitido com <jsp:param>

☐ C.
```
<jsp:include file="Search.jsp"
    accountType="Cable"/>
```

☐ D.
```
<jsp:include file="Search.jsp">
    <jsp:attribute name="accountType"
  value="Cable"/>
 </jsp:include>
```

- Opções C e D: <jsp:include> usa o atributo page. O atributo file é usado nas diretivas include.

63 Ao testar como funcionam vários tags e scriptlets, um desenvolvedor cria o seguinte JSP:

JSP v2.0, seções 1.3.1 e 1.5
Use a Cabeça 304, 483

```
<% request.setAttribute("name", "World"); %>
<!-- Test -->
<c:out value='Hello, 4{name}'/>
```

Para grande surpresa do desenvolvedor, o navegador não exibe nada quando seu JSP é recuperado. Se o desenvolvedor exibir a fonte HTML da página, o que encontrará na saída?

☐ A.
```
<!- - Test - ->
```

☐ B.
```
<!- - Test - ->
<c:out value='Hello, ${name}'/>
```

☑ C.
```
<!- - Test - ->
<c:out value='Hello, World'/>
```

☐ D. Nenhuma saída

- Opção C: A EL &{name} é avaliado, mas o JSP não reconhecerá a tag <c:out> e irá tratá-la como o texto de modelo porque taglib não foi declarada no JSP.

64 Um aplicativo de serviços de encontros faz a seus usuários várias perguntas. Um atributo no escopo da sessão chamado compatibilityProfile do tipo HashMap já existe, no qual cada par de ID da pergunta e resposta enviado é armazenado.

JSTL v1.1, seção 4.3
Use a Cabeça 455-457

Dado:

```
<%((java.utilHashMap).getSession().getAttribute(“
        compabilityProfile”)).put(
            request.getParameter(“questionIdSubmitted”),
            Request.getParameter(“answerSubmitted”));
%>
```

Como isto pode ser substituído sem usar os scriptlets? (Escolha tudo que se aplica.)

☐ A.
```
<c:map target=”${compatibilityProfile}
      key=”$(param.questionIdSubmitted}”
      value=”${param.answerSubmitted}”/>
```

- Opção A: <c:map> não é uma tag real.

☐ B.
```
jsb:useBean id=”compabilityProfile” class=”java.util.HashMap”
      scope=”session”>
   <jsb:setProperty name=”compabilityProfile”
      property=”${param.questionIdSubmitted}”
      value=”${param.answerSubmitted}”/>
</jsb:useBean>
```

- Opção B: <jsp:useBean> funciona apenas com beans, não com mapas!

☐ C.
```
${compabilityProfile[param.questionIdSubmitted] =
      param.answerSubmitted}
```

☑ D.
```
<c:set target=”${compapilityProfile}”
      property=”${param.questionIdSubmitted}”
      value=”{param.answerSubmitted
```

- Opção D: <c:set> pode ser usado para colocar valores em um mapa.

- Opção C: EL apenas não pode definir um valor para um objeto.

65 Um programador está criando um filtro para um aplicativo Web Java EE. Dado o seguinte código:

API
Use a Cabeça 707

```
public class MyFilter implements Filter {
    public void init(FilterConfig config) throws filterException

    public void doFilter(HttpServletRequest request,
                         HttpServletResponse response,
                         FilterChain chain)
        throws IOException, ServletException { }

}
```

Qual(is) alteração(ões) é(são) necessária(s) para criar um filtro válido? (Escolha tudo que se aplica.)

- [ ] A. Nenhuma alteração é necessária.
- [x] B. Um método **destroy()** deve ser adicionado.
- [x] C. O corpo do método **doFilter()** deve ser alterado.
- [x] D. A assinatura do método **init()** deve ser alterada.
- [x] E. Os argumentos do método **doFilter()** devem ser alterados.
- [ ] F. As exceções do método **doFilter()** devem ser alteradas.

- Opção C: você precisa inovar chain.doFilter() ou gerar uma resposta apropriada

- Opção D: init() gera uma ServletException.doFilter() deverá chamar chain.doFilter().

- Opção E: doFilter() obtém ServletRequest e ServletResponse.

66 Sua empresa deseja incluir uma página splash, **SplashAd.jsp**, para anunciar outras ofertas da empresa para os usuários que entram pela primeira vez no site. Nessa página nova, os usuários terão a opção de clicar em uma caixa de seleção na página de propaganda que diz: "Não mostrar esta oferta de novo" e clicar em um botão de envio que diz: "Continuar com Minha Conta". Se o usuário enviar este formulário com a caixa de seleção marcada, o Servlet receptor definirá um Cookie com o nome "skipSplashAd" para o navegador do usuário e, então, passará o controle de volta para o JSP principal.

JSP v2.0, seção 5.5
Use a Cabeça 409-410

O JSP principal será responsável por enviar a solicitação para a página splash. Qual fragmento poderá ser adicionado à parte superior da página principal para enviar o usuário para a página splash se ele ainda não tiver selecionado a caixa de seleção para evitar a oferta de propaganda?

- [x] A.
```
<c:if test="${empty cookie.skipSplashAd and pageContext.session.new}">
        <jsp:forward page="SplashAd.jsp"/>
</c:if>
```
- [ ] B.
```
<jsp:forward page="SplashAd.jsp" flush="${empty cookie.skipSplasheAd}"/>
```
- [ ] C.
```
<jsp:redirect page="SplashAd.jsp"/>
```
- [ ] D.
```
<jsp:redirect file="SplashAd.jsp"/>
```
- [ ] E.
```
<% if(cookie.get("skipSplashAd") = = null&& session.isNew( )){ %>
        <jsp:forward page="SplashAd.jsp"/>
<% } %>
```

- Opção B: O atributo flush não ajudará aqui.

- Opções C e D: não há nenhuma tag <jsp:redirect>.

- Opção A: Correta. forward apenas ocorre quando o Cookie não foi definido. Saiba que os usuários com cookies desativados nunca conseguirão pular a propaganda com esta solução.

- Opção E: Aqui, o scriptlet é inválido. cookie é um objeto implícito na EL, mas não nos scriptlets.

67 Um programador deseja implementar um ServletContextListener. Dado o seguinte fragmento DD:

API, apêndice do servlet 6, Use a Cabeça 171-174

```
<!-- insert tag1 here-->
 <param-name>myParam</param-name>
 <param-value>myValue</param-value>
<!-- insert tag2 here -->
<listener>
 <!-- insert tag2 here -->
    com.wickedlysmart.MySClistener
 <!-- close tag2 here - >
</listener>
```

E este pseudocódigo da classe receptora:

```
// pacotes e importações aqui
public class MySCListener implements ServletContextListener {
    // método 1 aqui
    // finalize método relacionado aqui
}
```

Quais são verdadeiras? (Escolha tudo que se aplica.)

- [ ] A. O fragmento DD não pode ser válido
- [x] B. A tag1 deve ser `<context-param>`
- [ ] C. A tag 1 deve ser `<servlet-param>`
- [x] D. A tag2 deve ser `<listener-class>`
- [ ] E. A tag2 deve ser `<servlet-context-class>`
- [ ] F. O método1 deve ser `initializeListener`
- [x] G. O método1 deve ser `contextInitialized`

Algumas vezes, você só tem que decorar algumas coisas.

68 O website wickedlysmart tem um aplicativo Web Java EE distribuído de modo válido e o descritor Deployment que contém o seguinte:

Serv 9, Use a Cabeça 625

```
<welcome-file-list>
    <welcome-file>welcome.html</welcome-file>
    <welcome-file>howdy.html</welcome-file>
    <welcome-file>index.html</welcome-file>
</welcome-file-list>
```

Uma parte da estrutura de diretórios do aplicativo Web fica assim:

```
MyWebApp
|
|-- index.html
|
|-- welcome
|         |-- welcome.html
|
|-- footbar
|         |-- howdy.html
```

Se o aplicativo receber as duas solicitações a seguir:

```
http://www.wickedlysmart.com/MyWebApp/foobar
http://www.wickedlysmart.com/MyWebApp
```

Qual conjunto de respostas será atendido?

- [ ] A. **howdy.html**, então, **404**
- [ ] B. **index.html**, então, **404**
- [ ] C. **welcome.html**, então, **404**
- [x] D. **howdy.html**, então, **index.html**
- [ ] E. **index.html**, então, **index.html**
- [ ] F. **howdy.html**, então, **welcome.html**
- [ ] G. **welcome.html**, então, **index.html**

- Opção D: se DD não contiver um mapeamento do servlet, pesquisará o diretório especificado na solicitação e fornecerá o primeiro arquivo encontrado na lista welcome que coincide com um arquivo no diretório solicitado.

69 Seu aplicativo Web tem um dd válido com uma única tag **<security-constraint>**. Dentro dessa tag existe:

Servlet 12.8, Use a Cabeça 664-665

- um único método http que declara **GET**

Todos os recursos em seu aplicativo existem dentro de **directory1** e **directory2** e os únicos papéis definidos são **BEGINNER** e **EXPERT**.

Se você quiser limitar os **BEGINNER**s quanto a recuperação dos recursos estáticos em **directory2**, quais são verdadeiras sobre a(s) tag(s) url e role que você deve declarar? (Escolha tudo que se aplica.)

- [ ] A. Uma única tag url deve declarar **directory1** e uma única tag role deve declarar **EXPERT**.
- [x] B. Uma única tag url deve declarar **directory2** e uma única tag role deve declarar **EXPERT**.
- [ ] C. Uma única tag url deve declarar **directory1** e uma única tag role deve declarar **BEGINNER**.
- [ ] D. Uma única tag url deve declarar **directory2** e uma única tag role deve declarar **BEGINNER**.
- [ ] E. Uma tag url deve declarar **ANY**, sua tag role deve declarar **EXPERT**, a outra tag url deve declarar **directory2** e sua tag role deve declarar **BEGINNER**.
- [ ] F. Uma tag url deve declarar os dois diretórios, sua tag role deve declarar **EXPERT**, a outra tag url deve declarar **directory1** e sua tag role deve declarar **BEGINNER**.

Lembre-se, no DD você está sempre declarando restrições.

Índice

B

C

D

E

F

G

H

I

J

L

M

N

O

P

Q

R

S

T

U

V

W

X